D1696407

Joachim Jens Hesse · Thomas Ellwein

Das Regierungssystem der Bundesrepublik Deutschland

Band 2: Materialien

Joachim Jens Hesse · Thomas Ellwein

Das Regierungssystem der Bundesrepublik Deutschland

Band 2: Materialien

8., völlig neubearbeitete und erweiterte Auflage

Westdeutscher Verlag

1. Auflage 1963
2. überarbeitete und erweiterte Auflage 1965
3. überarbeitete und erweiterte Auflage 1973
4. völlig neubearbeitete Auflage 1977
5. neubearbeitete Auflage 1983
6. überarbeitete und erweiterte Auflage 1987
7. völlig neubearbeitete und erweiterte Auflage 1992
8. völlig neubearbeitete und erweiterte Auflage 1997

Umschlagbild: Eva Keller, Wiesbaden
Umschlaggestaltung: Horst Dieter Bürkle, Darmstadt
Druck und buchbinderische Verarbeitung: MediaPrint, Paderborn

Printed in Germany

ISBN 3-531-13124-9 (gesamt, kartoniert)
ISBN 3-531-13065-X (Band 1, kartoniert)
ISBN 3-531-13067-6 (Band 2, kartoniert)

Inhalt

III. Deutschland als Bundesstaat — Föderale Aufgabenteilung und Politikverflechtung

IV. Politische Willensbildung im Parteien- und Verbändestaat

VI. Die Parlamente — Aufgaben und Organisation

VII. Regieren und Verwalten

VIII. Die Bundesrepublik als Rechtsstaat

IX. Angaben zur Staatstätigkeit

X. Die Bundesrepublik im internationalen Staatensystem

Aufbau von Band 1: Text

I. Ausgangsbedingungen und Entwicklungsphasen

II. Aufgabenteilung und Politikverflechtung

III. Politische Willensbildung

IV. Parlament und Regierung

V. Verwaltung und Vollzug

VI. Recht und Rechtsprechung

VII. Zur Zukunft des deutschen Regierungssystems

Einführung

Der vorliegende Materialband zum „Regierungssystem der Bundesrepublik Deutschland" er-
gänzt den gesondert erscheinenden Textband um den Ausweis von Quellen, Dokumenten und
Informationen, die für die Entwicklung und die Beurteilung des deutschen Regierungssystems
von zentraler Bedeutung sind. Während der Textband den Gliederungsprinzipien der Vorgän-
gerauflagen im wesentlichen folgt und auf entsprechende Unterlagen im Materialband ver-
weist, ist dieser auch eigenständig zu nutzen, zumal die systematische Aufbereitung der wich-
tigsten Dokumente nicht nur den Nachvollzug der Argumentation, sondern vor allem auch
eine schnelle und zuverlässige Information ermöglichen sollte.
Die Eigenständigkeit des Materialbandes (als Ergänzungs-, Informations- und Nachschlage-
werk) ergibt sich auch daraus, daß einzelne Dokumente und weitere aufbereitete Primärmate-
rialien zu Schwerpunkten zusammengefaßt werden:

I. Völkerrechtliche Grundlagen der Bundesrepublik Deutschland
II. Verfassungsrechtliche Dokumente
III. Deutschland als Bundesstaat – Föderale Aufgabenteilung und Politikverflechtung
IV. Politische Willensbildung im Parteien- und Verbändestaat
V. Wahlen und Wähler
VI. Das Parlament – Aufgaben und Organisation
VII. Regieren und Verwalten
VIII. Die Bundesrepublik als Rechtsstaat
IX. Angaben zur Staatstätigkeit
X. Die Bundesrepublik im internationalen Staatensystem

Die Auswahl der Materialien erfolgte zum einen mit Blick auf die Ausgestaltung des deutschen
Regierungssystems, verbindet sich zum zweiten mit historischen oder aktuellen Besonderheiten
und nimmt schließlich Bezug auf politische, rechtliche, ökonomische und soziokulturelle Rah-
menbedingungen, die zum weiteren Verständnis des Regierungssystems und seiner Wirkungs-
weise wichtig sind. Die stark erweiterte Dokumentation sucht vor allem den im Zuge des deut-
schen Vereinigungs- wie des europäischen Integrationsprozesses geschaffenen Handlungsvor-
aussetzungen zu entsprechen. Hinzu kommt eine deutlichere Berücksichtigung der Stellung
und Funktion der Bundesrepublik im Kontext internationaler Beziehungen.
So stehen in den folgenden Kapiteln neben dem Text der militärischen Kapitulationsurkunde
vom 8. Mai 1945 Auszüge aus dem Grundgesetz und den Landesverfassungen, treten zur
Übersicht über organisatorische Voraussetzungen in Parteien, Verbänden oder Kirchen Infor-
mationen zur Wirtschafts- und Sozialstruktur, werden Auszüge aus Parteiprogrammen und
Zusammenfassungen von Wahlergebnissen durch Aussagen zur Haushaltsfinanzierung oder
zum Engagement der Bundesrepublik im Rahmen der Europäischen Union ergänzt. Dabei
mußte angesichts des Umfanges potentiell einzubeziehender Dokumente notwendigerweise
ausgewählt werden – nicht zuletzt in der Hoffnung, daß der Leser aufgrund der detaillierten
Quellenverweise bei weitergehendem Informationsbedarf auf Primärunterlagen zurückgreift.

Formal werden Dokumente und Vertragswerke in ihrer ursprünglichen Fassung abgedruckt. Die sich damit verbindende „Authentizität" mag auf den jeweiligen historischen Kontext verweisen, vielleicht aber auch auf spezifische Entwicklungsprozesse – etwa den von der Potsdamer Konferenz über den Deutschland- und den Grundlagenvertrag bis hin zum Einigungsvertrag und zu den Vertragswerken von Maastricht und Amsterdam. Zudem verweisen die Aussagen zur Entwicklung des Verfassungsrahmens, der föderativen Aufgabenteilung und der Willensbildung in Parteien und Verbänden auf einzelne Stufen beim Ausbau des Regierungssystems; dessen Leistungsfähigkeit wird wiederum in zahlreichen Statistiken dokumentiert. Daß sich mit diesen Prozessen auch Anpassungs- und Reformbedarf verbinden, machen nicht nur Auszüge aus Urteilen des Bundesverfassungsgerichtes oder aus Aufgabenkatalogen von Reformkommissionen deutlich.

Es sei dankbar vermerkt, daß eine Reihe von Kollegen bei der Auswahl der Dokumente behilflich waren. Ein besonderer Dank gilt Dr. Martin Schaad, ohne dessen Mithilfe dieser Materialband nicht rechtzeitig hätte erscheinen können.

Schließlich danke ich den Lesern, die ohne Ausnahme die zweibändige Ausgabe des Regierungssystems begrüßten und zahlreiche Anregungen für die Weiterentwicklung des Materialbandes übermittelten.

Oxford/Berlin, im Frühjahr 1997 *Joachim Jens Hesse*

I. Völkerrechtliche Grundlagen der Bundesrepublik Deutschland

I/1 Text der Militärischen Kapitulationsurkunde vom 8. Mai 1945

1. Wir, die hier Unterzeichneten, die wir im Auftrage des Oberkommandos der Deutschen Wehrmacht handeln, übergeben hiermit bedingungslos dem Obersten Befehlshaber der Alliierten Expeditionsstreitkräfte und gleichzeitig dem Oberkommando der Roten Armee alle gegenwärtig unter deutschem Befehl stehenden Streitkräfte zu Lande, zu Wasser und in der Luft.
2. Das Oberkommando der Deutschen Wehrmacht wird unverzüglich allen deutschen Land-, See- und Luftstreitkräften und allen unter deutschem Befehl stehenden Streitkräften den Befehl geben, die Kampfhandlungen um 23.01 Uhr mitteleuropäischer Zeit am 8. Mai 1945 einzustellen, in den Stellungen zu verbleiben, die sie in diesem Zeitpunkt innehaben, und sich vollständig zu entwaffnen, indem sie ihre Waffen und Ausrüstungen den örtlichen alliierten Befehlshabern oder den von den Vertretern der obersten alliierten Militärführungen bestimmten Offizieren übergeben. Kein Schiff, Seefahrzeug oder Flugzeug irgendwelcher Art darf zerstört werden, noch dürfen Schiffsrümpfe, maschinelle Einrichtungen oder Geräte, Maschinen irgendwelcher Art, Waffen, Apparaturen und alle technischen Mittel zur Fortsetzung des Krieges im allgemeinen beschädigt werden.
3. Das Oberkommando der Deutschen Wehrmacht wird unverzüglich den zuständigen Befehlshabern alle von dem Obersten Befehlshaber der Alliierten Expeditionsstreitkräfte und dem Oberkommando der Roten Armee erlassenen zusätzlichen Befehle weitergeben und deren Durchführung sicherstellen.
4. Diese Kapitulationserklärung stellt kein Präjudiz für an ihre Stelle tretende allgemeine Kapitulationsbestimmungen dar, die durch die Vereinten Nationen oder in deren Namen festgesetzt werden und Deutschland und die Deutsche Wehrmacht als Ganzes betreffen werden.
5. Im Falle, daß das Oberkommando der Deutschen Wehrmacht oder irgendwelche unter seinem Befehl stehenden Streitkräfte es versäumen sollten, sich gemäß den Bestimmungen dieser Kapitulationserklärung zu verhalten, werden der Oberste Befehlshaber der Alliierten Expeditionsstreitkräfte und das Oberkommando der Roten Armee alle diejenigen Straf- und andere Maßnahmen ergreifen, die sie als zweckmäßig erachten.
6. Diese Erklärung ist in englischer, russischer und deutscher Sprache aufgesetzt. Allein maßgebend sind die englische und die russische Fassung.

Unterzeichnet zu Berlin, am 8. Mai 1945

gez. v. Friedeburg, gez. Keitel, gez. Stumpff
Für das Oberkommando der Deutschen Wehrmacht . . .

Quelle: Europa-Archiv, 1946, S. 212 f.

I/2 Erklärung in Anbetracht der Niederlage Deutschlands und der Übernahme der obersten Regierungsgewalt hinsichtlich Deutschlands durch die Regierungen des Vereinigten Königreichs, der Vereinigten Staaten von Amerika und der Union der Sozialistischen Sowjetrepubliken und durch die Provisorische Regierung der Französischen Republik vom 5. Juni 1945 — Auszüge

Die deutschen Streitkräfte zu Lande, zu Wasser und in der Luft sind vollständig geschlagen und haben bedingungslos kapituliert, und Deutschland, das für den Krieg verantwortlich ist, ist nicht mehr fähig, sich dem Willen der siegreichen Mächte zu widersetzen. Dadurch ist die bedingungslose Kapitulation Deutschlands erfolgt, und Deutschland unterwirft sich allen Forderungen, die ihm jetzt oder später auferlegt werden.

Es gibt in Deutschland keine zentrale Regierung oder Behörde, die fähig wäre, die Verantwortung für die Aufrechterhaltung der Ordnung, für die Verwaltung des Landes und für die Ausführung der Forderungen der siegreichen Mächte zu übernehmen.

Unter diesen Umständen ist es notwendig, unbeschadet späterer Beschlüsse, die hinsichtlich Deutschlands getroffen werden mögen, Vorkehrungen für die Einstellung weiterer Feindseligkeiten seitens der deutschen Streitkräfte, für die Aufrechterhaltung der Ordnung in Deutschland und für die Verwaltung des Landes zu treffen und die sofortigen Forderungen zu verkünden, denen Deutschland nachzukommen verpflichtet ist.

Die Vertreter der obersten Kommandobehörden des Vereinigten Königreichs, der Vereinigten Staaten von Amerika, der Union der Sozialistischen Sowjetrepubliken und die Provisorische Regierung der Französischen Republik übernehmen hiermit die oberste Regierungsgewalt in Deutschland, einschließlich aller Befugnisse der deutschen Regierung, des Oberkommandos der Wehrmacht und der Regierungen, Verwaltungen oder Behörden der Länder, Städte und Gemeinden. Die Übernahme der besagten Regierungsgewalt und Befugnisse zu den vorstehend genannten Zwecken bewirkt nicht die Annektierung Deutschlands.

Die Regierungen des Vereinigten Königsreichs, der Vereinigten Staaten von Amerika, der Union der Sozialistischen Sowjetrepubliken und die Provisorische Regierung der Französischen Republik werden später die Grenzen Deutschlands oder irgendeines Teiles Deutschlands und die rechtliche Stellung Deutschlands oder irgendeines Gebietes, das gegenwärtig einen Teil deutschen Gebietes bildet, festlegen. (...)

Quelle: Europa-Archiv, 1946, S. 213 ff.

I/3 Erklärungen der Alliierten vom 5. Juni 1945 (Berlin)

Feststellung seitens der Regierungen des Vereinigten Königreichs, der Vereinigten Staaten von Amerika und der Union der Sozialistischen Sowjetrepubliken sowie der provisorischen Regierung der Französischen Republik über Beratung mit den Regierungen anderer Vereinter Nationen.

Durch den die Niederlage Deutschlands betreffenden Beschluß, der in Berlin am 5. Juni 1945 veröffentlicht worden ist, haben die Regierungen des Vereinigten Königreichs, der Vereinigten Staaten von Amerika und der Union der Sozialistischen Sowjetrepubliken sowie die provisorische Regierung der Französischen Republik die oberste Gewalt über Deutschland übernommen. Die Regierungen der vier Mächte verkünden hiermit, daß es ihre Absicht ist, sich mit den Regierungen anderer Vereinter Nationen gelegentlich der Ausübung dieser Gewalt zu beraten.

Feststellung seitens der Regierung des Vereinigten Königreichs, der Vereinigten Staaten von Amerika und der Union der Sozialistischen Sowjetrepubliken sowie der provisorischen Regierung der Französischen Republik über die Besatzungszonen in Deutschland
1. Deutschland wird innerhalb seiner Grenzen, wie sie am 31.12.1937 bestanden, für Besatzungszwecke in vier Zonen aufgeteilt, von denen eine jeder der vier Mächte wie folgt zugeteilt wird:
 eine östliche Zone der Union der Sozialistischen Sowjetrepubliken;
 eine nordwestliche Zone dem Vereinigten Königreich;
 eine südwestliche Zone den Vereinigten Staaten von Amerika;
 eine westliche Zone Frankreich.
 Die Besatzungstruppen jeder Zone unterstehen einem von der verantwortlichen Macht bestimmten Oberbefehlshaber. Jede der vier Mächte darf nach ihrem Ermessen in die unter dem Befehl ihres Oberbefehlshabers stehenden Besatzungstruppen Hilfsverbände aus den Streitkräften irgendeiner anderen alliierten Macht, welche an den militärischen Operationen gegen Deutschland aktiv beteiligt war, aufnehmen.
2. Das Gebiet von Groß-Berlin wird von Truppen einer jeden der vier Mächte besetzt. Zwecks gemeinsamer Leitung der Verwaltung dieses Gebietes wird eine interalliierte Behörde (russisch: Komendatura) errichtet, welche aus vier von den entsprechenden Oberbefehlshabern ernannten Kommandanten besteht.

Feststellung seitens der Regierung des Vereinigten Königreichs, der Vereinigten Staaten von Amerika und der Union der Sozialistischen Sowjetrepubliken sowie der provisorischen Regierung der Französischen Republik über das Kontrollverfahren in Deutschland.
1. Während der Zeit, in der Deutschland die sich aus der bedingungslosen Kapitulation ergebenden grundlegenden Forderungen erfüllt, wird in Deutschland die oberste Gewalt von den Oberbefehlshabern Großbritanniens, der Vereinigten Staaten, Sowjetrußlands und Frankreichs auf Anweisung ihrer Regierungen ausgeübt, von jedem in seiner eigenen Besatzungszone und gemeinsam in allen Deutschland als Ganzes betreffenden Angelegenheiten. Die vier Oberbefehlshaber bilden zusammen den Kontrollrat. Jeder Oberbefehlshaber wird von einem politischen Berater unterstützt.
2. Der Kontrollrat, dessen Entscheidungen einstimmig getroffen werden müssen, trägt für eine angemessene Einheitlichkeit des Vorgehens der einzelnen Oberbefehlshaber in ihren entsprechenden Besatzungszonen Sorge und trifft im gegenseitigen Einvernehmen Entscheidungen über alle Deutschland als Ganzes betreffenden wesentlichen Fragen.
3. Unter dem Kontrollrat sind ein ständiger Koordinationsausschuß, der sich aus je einem Vertreter der vier Oberbefehlshaber zusammensetzt, und ein Kontrollstab tätig, der aus folgenden Abteilungen besteht (wobei auf Grund praktischer Erfahrung vorgenommene Änderungen zulässig sind): Heer, Marine, Luft, Transport, Politik, Wirtschaft, Finanzen, Reparationen und Wiedererstattung, Innere Angelegenheiten und Nachrichtenwesen, Rechtswesen, Kriegsgefangene und Zwangsverschleppte, Arbeitseinsatz. . . .

4. Die Funktionen des Koordinationsausschusses sowie des Kontrollstabes bestehen in der Beratung des Kontrollrates, der Ausführung seiner Beschlüsse und deren Weiterleitung an die entsprechenden deutschen Behörden sowie in der Überwachung und Kontrolle der laufenden Tätigkeit dieser Behörden.
5. Die Verbindung zu den anderen hauptsächlich interessierten Regierungen der Vereinten Nationen wird durch Ernennung von Militärmissionen (denen auch Zivilpersonen angehören können) beim Kontrollrat seitens dieser Regierungen hergestellt. Diese Missionen haben zu den die Kontrolle ausübenden Dienststellen auf dem entsprechenden Dienstweg Zutritt.
6. Organisationen der Vereinten Nationen, sofern sie von dem Kontrollrat zur Betätigung in Deutschland zugelassen werden, sind dem alliierten Kontrollapparat untergeordnet und ihm gegenüber verantwortlich.
7. Die Verwaltung des Gebietes von Groß-Berlin wird von einer Interalliierten Behörde geleitet, die unter der Leitung des Kontrollrates arbeitet und aus vier Kommandanten besteht, deren jeder abwechselnd als Hauptkommandant fungiert. Sie werden von einem Stab von Sachbearbeitern unterstützt, der die Tätigkeit der örtlichen deutschen Behörden überwacht und kontrolliert.
8. Die oben dargelegte Regelung gilt für die der deutschen Kapitulation folgende Besatzungszeit, innerhalb welcher Deutschland die sich aus der bedingungslosen Kapitulation ergebenden grundlegenden Forderungen erfüllt. Eine Regelung für die darauffolgende Zeit wird Gegenstand einer Sondervereinbarung bilden.

Quelle: Europa-Archiv, 1946, S. 215.

I/4 Amtliche Verlautbarung über die Konferenz von Potsdam vom 17. Juli bis 2. August 1945 — Auszüge

I.

Am 17. Juli 1945 trafen sich der Präsident der Vereinigten Staaten von Amerika, Harry S. Truman, der Vorsitzende des Rates der Volkskommissare der Union der Sozialistischen Sowjetrepubliken, Generalissimus J. W. Stalin, und der Premierminister Großbritanniens, Winston S. Churchill, sowie Herr Clement R. Attlee auf der von den drei Mächten beschickten Berliner Konferenz. Sie wurden begleitet von den Außenministern der drei Regierungen, W. M. Molotow, Herrn D. F. Byrnes und Herrn A. Eden, den Stabschefs und anderen Beratern.
. . .

II. Die Einrichtung eines Rates der Außenminister

. . .

1. Es ist ein Rat zu errichten, bestehend aus den Außenministern des Vereinigten Königreiches, der Union der Sozialistischen Sowjetrepubliken, Chinas, Frankreichs und der Vereinigten Staaten von Amerika.

2. (I) Der Rat tagt normalerweise in London, wo der ständige Sitz des Vereinigten Sekretariats sein wird, das durch den Rat zu schaffen ist. Jeder Außenminister wird durch einen Stellvertreter von hohem Rang begleitet werden, welcher gegebenenfalls bevollmächtigt ist, während seiner, des Außenministers, Abwesenheit die Arbeit weiterzuführen, sowie von einem kleinen Stab technischer Mitarbeiter.

. . .

3. (I) Als eine vordringliche und wichtige Aufgabe des Rates wird ihm aufgetragen, Friedensverträge für Italien, Rumänien, Bulgarien, Ungarn und Finnland aufzusetzen, um sie den Vereinten Nationen vorzulegen, und Vorschläge zur Regelung der ungelösten territorialen Fragen, die in Verbindung mit der Beendigung des Krieges in Europa entstehen, auszuarbeiten. Der Rat wird zur Vorbereitung einer friedlichen Regelung für Deutschland benutzt werden, damit das entsprechende Dokument durch die für diesen Zweck geeignete Regierung Deutschlands angenommen werden kann, nachdem eine solche Regierung gebildet sein wird.

. . .

(III) Andere Angelegenheiten werden von Zeit zu Zeit dem Rat übertragen werden nach Übereinkunft zwischen den Regierungen, die seine Mitglieder sind.

4. (I) Wenn der Rat eine Frage erörtern wird, an der unmittelbar ein Staat interessiert ist, der in ihm nicht vertreten ist, so muß dieser Staat eingeladen werden, seine Vertreter zur Teilnahme an der Beratung und Prüfung dieser Frage zu entsenden.

(II) . . .

Der Entschließung der Konferenz entsprechend, schickte jede der drei Regierungen gleichlautende Einladungen an die Regierungen von China und Frankreich, diesen Text anzunehmen und sich ihnen zur Errichtung des Rates anzuschließen.

. . .

Die Konferenz überprüfte auch die Situation der Europäischen Konsultativen Kommission im Sinne der Übereinkunft über die Errichtung des Rates der Außenminister. Mit Genugtuung wurde festgestellt, daß die Kommission erfolgreich ihre Hauptaufgaben bewältigt hat, indem sie die Vorschläge betreffend die bedingungslose Kapitulation, die Besatzungszonen Deutschlands und Österreichs und das internationale Kontrollsystem in diesen Ländern vorlegte. Es wurde für richtig befunden, daß die speziellen Fragen, die die gegenseitige Angleichung der Politik der Alliierten hinsichtlich der Kontrolle über Deutschland und Österreich betreffen, in Zukunft der Zuständigkeit des Kontrollrats in Berlin und der Alliierten Kommission in Wien unterliegen sollen. Demgemäß ist man darüber einig geworden, die Auflösung der Europäischen Konsultativen Kommission zu empfehlen.

III. Deutschland

. . .

Politische und wirtschaftliche Grundsätze, deren man sich bei der Behandlung Deutschlands in der Anfangsperiode der Kontrolle bedienen muß:

A) Politische Grundsätze

1. Entsprechend der Übereinkunft über das Kontrollsystem in Deutschland wird die höchste Regierungsgewalt in Deutschland durch die Oberbefehlshaber der Streitkräfte der Vereinigten Staaten von Amerika, des Vereinigten Königreichs, der Union der Sozialistischen Sowjetrepubliken und der Französischen Republik nach den Weisungen ihrer entsprechenden Regierungen ausgeübt, und zwar von jedem in seiner Besatzungszone sowie ge-

meinsam in ihrer Eigenschaft als Mitglieder des Kontrollrates in den Deutschland als Ganzes betreffenden Fragen.

2. Soweit dieses praktisch durchführbar ist, muß die Behandlung der deutschen Bevölkerung in ganz Deutschland gleich sein.

3. Die Ziele der Besetzung Deutschlands, durch welche der Kontrollrat sich leiten lassen soll, sind:

(I) Völlige Abrüstung und Entmilitarisierung Deutschlands und die Ausschaltung der gesamten deutschen Industrie, welche für eine Kriegsproduktion benutzt werden kann, oder deren Überwachung.

Zu diesem Zweck:

a) werden alle Land-, See- und Luftstreitkräfte Deutschlands, SS, SA, SD und Gestapo mit allen ihren Organisationen, Stäben und Ämtern, einschließlich des Generalstabes, des Offizierkorps, der Reservisten, der Kriegsschulen, der Kriegervereine und aller anderen militärischen und halbmilitärischen Organisationen zusammen mit ihren Verbänden und Unterorganisationen, die den Interessen der Erhaltung der militärischen Tradition dienen, völlig und endgültig aufgelöst, um damit für immer der Wiedergeburt oder Wiederaufrichtung des deutschen Militarismus und Nazismus vorzubeugen;

b) müssen sich alle Waffen, Munition und Kriegsgeräte und alle Spezialmittel zu deren Herstellung in der Gewalt der Alliierten befinden oder vernichtet werden. Der Unterhaltung und Herstellung aller Flugzeuge und aller Waffen, Ausrüstung und Kriegsgeräte wird vorgebeugt werden.

(II) Das deutsche Volk muß überzeugt werden, daß es eine totale militärische Niederlage erlitten hat und daß es sich nicht der Verantwortung entziehen kann für das, was es selbst dadurch auf sich geladen hat, daß seine eigene mitleidlose Kriegführung und der fanatische Widerstand der Nazis die deutsche Wirtschaft zerstört und Chaos und Elend unvermeidlich gemacht haben.

(III) Die Nationalsozialistische Partei mit ihren angeschlossenen Gliederungen und Unterorganisationen ist zu vernichten; alle nationalsozialistischen Ämter sind aufzulösen; es sind Sicherheiten dafür zu schaffen, daß sie in keiner Form wiederauferstehen können; jeder nazistischen und militärischen Betätigung und Propaganda ist vorzubeugen.

(IV) Die endgültige Umgestaltung des deutschen politischen Lebens auf demokratischer Grundlage und eine eventuelle friedliche Mitarbeit Deutschlands am internationalen Leben sind vorzubereiten.

4. Alle nazistischen Gesetze, welche die Grundlagen für das Hitlerregime geliefert haben oder eine Diskriminierung auf Grund der Rasse, Religion oder politischer Überzeugung, müssen abgeschafft werden. Keine solche Diskriminierung, weder eine rechtliche noch eine administrative oder irgendeiner anderen Art, wird geduldet werden.

5. Kriegsverbrecher und alle diejenigen, die an der Planung oder Verwirklichung nazistischer Maßnahmen, die Greuel oder Kriegsverbrechen nach sich zogen oder als Ergebnis hatten, teilgenommen haben, sind zu verhaften und dem Gericht zu übergeben. Nazistische Parteiführer, einflußreiche Nazianhänger und die Leiter der nazistischen Ämter und Organisationen und alle anderen Personen, die für die Besetzung und ihre Ziele gefährlich sind, sind zu verhaften und zu internieren.

6. Alle Mitglieder der nazistischen Partei, welche mehr als nominell an ihrer Tätigkeit teilgenommen haben, und alle anderen Personen, die den alliierten Zielen feindlich gegenüberstehen, sind aus den öffentlichen oder halböffentlichen Ämtern und von den verantwortlichen Posten in wichtigen Privatunternehmungen zu entfernen. Diese Personen müssen durch Personen ersetzt werden, welche nach ihren politischen und moralischen Eigen-

schaften fähig erscheinen, an der Entwicklung wahrhaft demokratischer Einrichtungen in Deutschland mitzuwirken.

7. Das Erziehungswesen in Deutschland muß so überwacht werden, daß die nazistischen und militaristischen Lehren völlig entfernt werden und eine erfolgreiche Entwicklung der demokratischen Ideen möglich gemacht wird.

8. Das Gerichtswesen wird entsprechend den Grundsätzen der Demokratie und der Gerechtigkeit auf der Grundlage der Gesetzlichkeit und der Gleichheit aller Bürger vor dem Gesetz ohne Unterschied der Rasse, der Nationalität und der Religion reorganisiert werden.

9. Die Verwaltung Deutschlands muß in Richtung auf eine Dezentralisierung der politischen Struktur und der Entwicklung einer örtlichen Selbstverwaltung durchgeführt werden. Zu diesem Zwecke:
(I) Die lokale Selbstverwaltung wird in ganz Deutschland nach demokratischen Grundsätzen, und zwar durch Wahlausschüsse (Räte), so schnell wie es mit der Wahrung der militärischen Sicherheit und den Zielen der militärischen Besatzung vereinbar ist, wiederhergestellt.
(II) In ganz Deutschland sind alle demokratischen politischen Parteien zu erlauben und zu fördern mit der Einräumung des Rechtes, Versammlungen einzuberufen und öffentliche Diskussionen durchzuführen.
(III) Der Grundsatz der Wahlvertretung soll in die Gemeinde-, Kreis-, Provinzial- und Landesverwaltungen, so schnell wie es durch die erfolgreiche Anwendung dieser Grundsätze in der örtlichen Selbstverwaltung gerechtfertigt werden kann, eingeführt werden.
(IV) Bis auf weiteres wird keine zentrale deutsche Regierung errichtet werden. Jedoch werden einige wichtige zentrale deutsche Verwaltungsabteilungen errichtet werden, an deren Spitze Staatssekretäre stehen, und zwar auf den Gebieten des Finanzwesens, des Außenhandels und der Industrie. Diese Abteilungen werden unter der Leitung des Kontrollrates tätig sein.

10. Unter Berücksichtigung der Notwendigkeit zur Erhaltung der militärischen Sicherheit wird die Freiheit der Rede, der Presse und der Religion gewährt. Die religiösen Einrichtungen sollen respektiert werden. Die Schaffung freier Gewerkschaften, gleichfalls unter Berücksichtigung der Notwendigkeit der Erhaltung der militärischen Sicherheit, wird gestattet werden.

B) Wirtschaftliche Grundsätze

11. Mit dem Ziele der Vernichtung des deutschen Kriegspotentials ist die Produktion von Waffen, Kriegsausrüstung und Kriegsmitteln, ebenso die Herstellung aller Typen von Flugzeugen und Seeschiffen zu verbieten und zu unterbinden. Die Herstellung von Metallen und Chemikalien, der Maschinenbau und die Herstellung anderer Gegenstände, die unmittelbar für die Kriegswirtschaft notwendig sind, ist streng zu überwachen und zu beschränken, entsprechend dem genehmigten Stand der friedlichen Nachkriegsbedürfnisse Deutschlands, um die in dem Punkt 15 angeführten Ziele zu befriedigen. Die Produktionskapazität, entbehrlich für die Industrie, welche erlaubt sein wird, ist entsprechend dem Reparationsplan, empfohlen durch die interalliierte Reparationskommission und bestätigt durch die beteiligten Regierungen, entweder zu entfernen oder, falls sie nicht entfernt werden kann, zu vernichten.

12. In praktisch kürzester Frist ist das deutsche Wirtschaftsleben zu dezentralisieren mit dem Ziel der Vernichtung der bestehenden übermäßigen Konzentration der Wirtschaftskraft, dargestellt insbesondere durch Kartelle, Syndikate, Trusts und andere Monopolvereinigungen.

13. Bei der Organisation des deutschen Wirtschaftslebens ist das Hauptgewicht auf die Entwicklung der Landwirtschaft und der Friedensindustrie für den inneren Bedarf (Verbrauch) zu legen.

14. Während der Besatzungszeit ist Deutschland als eine wirtschaftliche Einheit zu betrachten. Mit diesem Ziel sind gemeinsame Richtlinien aufzustellen hinsichtlich:

 a) der Erzeugung und der Verteilung der Produkte der Bergbau- und der verarbeitenden Industrie;

 b) der Landwirtschaft, Forstwirtschaft und der Fischerei;

 c) der Löhne, Preise und der Rationierung;

 d) des Import- und Exportprogramms für Deutschland als Ganzes;

 e) der Währung und des Bankwesens, der zentralen Besteuerung und der Zölle;

 f) der Reparationen und der Beseitigung des militärischen Industriepotentials;

 g) des Transport- und Verkehrswesens.

 Bei der Durchführung dieser Richtlinien sind gegebenenfalls die verschiedenen örtlichen Bedingungen zu berücksichtigen.

15. Es ist eine alliierte Kontrolle über das deutsche Wirtschaftsleben zu errichten, jedoch nur in den Grenzen, die notwendig sind:

 a) zur Erfüllung des Programms der industriellen Abrüstung und Entmilitarisierung, der Reparationen und der erlaubten Aus- und Einfuhr;

 b) zur Sicherung der Warenproduktion und der Dienstleistungen, die zur Befriedigung der Bedürfnisse der Besatzungsstreitkräfte und der verpflanzten Personen in Deutschland notwendig sind und die wesentlich sind für die Erhaltung eines mittleren Lebensstandards in Deutschland, der den mittleren Lebensstandard der europäischen Länder nicht übersteigt (europäische Länder in diesem Sinne sind alle europäischen Länder mit Ausnahme des Vereinigten Königreiches und der Sowjetunion);

 c) zur Sicherung – in der Reihenfolge, die der Kontrollrat festsetzt – einer gleichmäßigen Verteilung der wesentlichsten Waren unter den verschiedenen Zonen, um ein ausgeglichenes Wirtschaftsleben in ganz Deutschland zu schaffen und die Einfuhrnotwendigkeiten einzuschränken;

 d) zur Überwachung der deutschen Industrie und aller wirtschaftlichen und finanziellen internationalen Abkommen einschließlich der Aus- und Einfuhr mit dem Ziel der Unterbindung einer Entwicklung des Kriegspotentials Deutschlands und der Erreichung der anderen genannten Aufgaben;

 e) zur Überwachung aller deutschen öffentlichen oder privaten wissenschaftlichen Forschungs- oder Versuchsanstalten, Laboratorien usw., die mit einer Wirtschaftstätigkeit verbunden sind.

16. Zur Einführung und Unterstützung der wirtschaftlichen Kontrolle, die durch den Kontrollrat errichtet worden ist, ist ein deutscher Verwaltungsapparat zu schaffen. Den deutschen Behörden ist nahezulegen, in möglichst vollem Umfange die Verwaltung dieses Apparates zu fördern und zu übernehmen. So ist dem deutschen Volk klarzumachen, daß die Verantwortung für diese Verwaltung und deren Versagen auf ihm ruhen wird. Jede deutsche Verwaltung, die dem Ziel der Besatzung nicht entsprechen wird, wird verboten werden.

17. Es sind unverzüglich Maßnahmen zu treffen zur:

 a) Durchführung der notwendigen Instandsetzungen des Verkehrswesens;

 b) Hebung der Kohlenerzeugung;

 c) weitestmöglichen Vergrößerung der landwirtschaftlichen Produktion und

 d) Durchführung einer beschleunigten Instandsetzung der Wohnungen und der wichtigsten öffentlichen Einrichtungen.

18. Der Kontrollrat hat entsprechende Schritte zur Verwirklichung der Kontrolle und der Verfügung über alle deutschen Guthaben im Auslande zu übernehmen, welche noch nicht unter die Kontrolle der alliierten Nationen, die an dem Krieg gegen Deutschland teilgenommen haben, geraten sind.

19. Die Bezahlung der Reparationen soll dem deutschen Volk genügend Mittel belassen, um ohne eine Hilfe von außen zu existieren. Bei der Aufstellung des Haushaltsplanes Deutschlands sind die nötigen Mittel für die Einfuhr bereitzustellen, die durch den Kontrollrat in Deutschland genehmigt worden ist. Die Einnahmen aus der Ausfuhr der Erzeugnisse der laufenden Produktion und der Warenbestände dienen in erster Linie der Bezahlung dieser Einfuhr. Die hier erwähnten Bedingungen werden nicht angewandt bei den Einrichtungen und Produkten, die in den Punkten 4a und 4b der Übereinkunft über die deutschen Reparationen erwähnt sind.

IV. Reparationen aus Deutschland

In Übereinstimmung mit der Entscheidung der Krim-Konferenz, wonach Deutschland gezwungen werden soll, in größtmöglichem Ausmaß für die Verluste und die Leiden, die es den Vereinten Nationen verursacht hat, und wofür das deutsche Volk der Verantwortung nicht entgehen kann, Ausgleich zu schaffen, wurde folgende Übereinkunft über Reparationen erreicht:

1. Die Reparationsansprüche der UdSSR sollen durch Entnahmen aus der von der UdSSR besetzten Zone in Deutschland und durch angemessene deutsche Auslandsguthaben befriedigt werden.
2. Die UdSSR wird die Reparationsansprüche Polens aus ihrem eigenen Anteil an den Reparationen befriedigen.
3. Die Reparationsansprüche der Vereinigten Staaten, des Vereinigten Königreiches und der anderen zu Reparationsforderungen berechtigten Länder werden aus den westlichen Zonen und den entsprechenden deutschen Auslandsguthaben befriedigt werden.
4. In Ergänzung der Reparationen, die die UdSSR aus ihrer eigenen Besatzungszone erhält, wird die UdSSR zusätzlich aus den westlichen Zonen erhalten:
 a) 15 % derjenigen verwendungsfähigen und vollständigen industriellen Ausrüstungen, vor allem der metallurgischen, chemischen und maschinenerzeugenden Industrien, soweit sie für die deutsche Friedenswirtschaft unnötig und aus den westlichen Zonen Deutschlands zu entnehmen sind, im Austausch für einen entsprechenden Wert an Nahrungsmitteln, Kohle, Kali, Zink, Holz, Tonprodukten, Petroleumprodukten und anderen Waren, nach Vereinbarung.
 b) 10 % derjenigen industriellen Ausrüstung, die für die deutsche Friedenswirtschaft unnötig ist und aus den westlichen Zonen zu entnehmen und auf Reparationskonto an die Sowjetregierung zu übertragen ist ohne Bezahlung oder Gegenleistung irgendwelcher Art. Die Entnahmen der Ausrüstung, wie sie oben in a) und b) vorgesehen sind, sollen gleichzeitig erfolgen.
5. Der Umfang der aus den westlichen Zonen zu entnehmenden Ausrüstung, der auf Reparationskonto geht, muß spätestens innerhalb von sechs Monaten von jetzt ab bestimmt sein.
6. Die Entnahme der industriellen Ausrüstung soll so bald wie möglich beginnen und innerhalb von zwei Jahren, gerechnet vom Zeitpunkt der in § 5 spezifizierten Bestimmung, abgeschlossen sein. Die Auslieferung der in § 4a genannten Produkte soll so schnell wie möglich beginnen, und zwar in durch Vereinbarung bedingten Teillieferungen seitens der Sowjetunion und innerhalb von fünf Jahren von dem erwähnten Datum ab erfolgen. Die Bestimmung des Umfangs und der Art der industriellen Ausrüstung, die für die deutsche

Friedenswirtschaft unnötig ist und der Reparation unterliegt, soll durch den Kontrollrat gemäß den Richtlinien erfolgen, die von der alliierten Kontrollmission für Reparationen, unter Beteiligung Frankreichs, festgelegt sind, wobei die endgültige Entscheidung durch den Kommandierenden der Zone getroffen wird, aus der die Ausrüstung entnommen werden soll.

7. Vor der Festlegung des Gesamtumfanges der der Entnahme unterworfenen Ausrüstung sollen Vorschußlieferungen solcher Ausrüstungen erfolgen, die als zur Auslieferung verfügbar bestimmt werden in Übereinstimmung mit dem Verfahren, das im letzten Satz des § 6 vorgesehen ist.

8. Die Sowjetregierung verzichtet auf alle Ansprüche bezüglich der Reparationen aus Anteilen an deutschen Unternehmen, die in den westlichen Besatzungszonen in Deutschland gelegen sind. Das gleiche gilt für deutsche Auslandsguthaben in allen Ländern, mit Ausnahme der weiter unten in § 9 gekennzeichneten Fälle.

9. Die Regierungen der USA und des Vereinigten Königreichs verzichten auf ihre Ansprüche im Hinblick auf Reparationen hinsichtlich der Anteile an deutschen Unternehmungen, die in der östlichen Besatzungszone in Deutschland gelegen sind. Das gleiche gilt für deutsche Auslandsguthaben in Bulgarien, Finnland, Ungarn, Rumänien und Österreich.

10. Die Sowjetregierung erhebt keine Ansprüche auf das von den alliierten Truppen in Deutschland erbeutete Geld.

V. Die deutsche Kriegs- und Handelsmarine

Die Konferenz erzielte im Prinzip Einigung hinsichtlich der Maßnahmen über die Ausnutzung und die Verfügung über die ausgelieferte deutsche Flotte und die Handelsschiffe. Es wurde beschlossen, daß die drei Regierungen Sachverständige bestellen, um gemeinsam detaillierte Pläne zur Verwirklichung der vereinbarten Grundsätze auszuarbeiten. Eine weitere gemeinsame Erklärung wird von den drei Regierungen gleichzeitig zu gegebener Zeit veröffentlicht werden.

VI. Stadt Königsberg und das anliegende Gebiet

Die Konferenz prüfte einen Vorschlag der Sowjetregierung, daß vorbehaltlich der endgültigen Bestimmung der territorialen Fragen bei der Friedensregelung derjenige Abschnitt der Westgrenze der Union der Sozialistischen Sowjetrepubliken, der an die Ostsee grenzt, von einem Punkt an der östlichen Küste der Danziger Bucht in östlicher Richtung nördlich von Braunsberg-Goldap und von da zu dem Schnittpunkt der Grenzen Litauens, der Polnischen Republik und Ostpreußens verlaufen soll. Die Konferenz hat grundsätzlich dem Vorschlag der Sowjetregierung hinsichtlich der endgültigen Übergabe der Stadt Königsberg und des anliegenden Gebietes an die Sowjetunion gemäß der obigen Beschreibung zugestimmt, wobei der genaue Grenzverlauf einer sachverständigen Prüfung vorbehalten bleibt.

Der Präsident der USA und der britische Premierminister haben erklärt, daß sie den Vorschlag der Konferenz bei der bevorstehenden Friedensregelung unterstützen werden.

VII. Kriegsverbrecher

Die drei Regierungen haben von dem Meinungsaustausch Kenntnis genommen, der in den letzten Wochen in London zwischen britischen, USA-, sowjetischen und französischen Vertretern mit dem Ziel stattgefunden hat, eine Vereinbarung über die Methoden des Verfahrens gegen alle Hauptkriegsverbrecher zu erzielen, deren Verbrechen nach der Moskauer Erklärung vom Oktober 1943 räumlich nicht besonders begrenzt sind.

Die drei Regierungen bekräftigen ihre Absicht, diese Verbrecher einer schnellen und sicheren Gerichtsbarkeit zuzuführen. Sie hoffen, daß die Verhandlungen in London zu einer schnellen Vereinbarung führen, die diesem Zwecke dient, und sie betrachten es als eine Angelegenheit von größter Wichtigkeit, daß der Prozeß gegen diese Hauptverbrecher zum frühestmöglichen Zeitpunkt beginnt. Die erste Liste der Angeklagten wird vor dem 1.9. dieses Jahres veröffentlicht werden.

. . .

IX. Polen

Die Konferenz hat die Fragen, die sich auf die Polnische Provisorische Regierung der Nationalen Einheit und auf die Westgrenze Polens beziehen, der Betrachtung unterzogen.

. . .

b) Bezüglich der Westgrenze Polens wurde folgendes Abkommen erzielt: In Übereinstimmung mit dem bei der Krim-Konferenz erzielten Abkommen haben die Häupter der drei Regierungen die Meinung der Polnischen Provisorischen Regierung der Nationalen Einheit hinsichtlich des Territoriums im Norden und Westen geprüft, das Polen erhalten soll. Der Präsident des Nationalrates Polens und die Mitglieder der Polnischen Provisorischen Regierung der Nationalen Einheit sind auf der Konferenz empfangen worden und haben ihre Auffassung in vollem Umfange dargelegt. Die Häupter der drei Regierungen bekräftigen ihre Auffassung, daß die endgültige Festlegung der Westgrenze Polens bis zur Friedenskonferenz zurückgestellt werden soll.

Die Häupter der drei Regierungen stimmen darin überein, daß bis zur endgültigen Festlegung der Westgrenze Polens die früher deutschen Gebiete östlich der Linie, die von der Ostsee unmittelbar westlich von Swinemünde und von dort die Oder entlang bis zur Einmündung der westlichen Neiße und die westliche Neiße entlang bis zur tschechoslowakischen Grenze verläuft, einschließlich des Teiles Ostpreußens, der nicht unter die Verwaltung der Union der Sozialistischen Sowjetrepubliken in Übereinstimmung mit den auf dieser Konferenz erzielten Vereinbarungen gestellt wird, und einschließlich des Gebietes der früheren Freien Stadt Danzig, unter die Verwaltung des polnischen Staates kommen und in dieser Hinsicht nicht als Teil der sowjetischen Besatzungszone in Deutschland betrachtet werden sollen.

. . .

XIII. Ordnungsgemäße Überführung deutscher Bevölkerungsteile

Die Konferenz erzielte folgendes Abkommen über die Ausweisung Deutscher aus Polen, der Tschechoslowakei und Ungarn:

Die drei Regierungen haben die Frage unter allen Gesichtspunkten beraten und erkennen an, daß die Überführung der deutschen Bevölkerung oder Bestandteile derselben, die in Polen, der Tschechoslowakei und Ungarn zurückgeblieben sind, nach Deutschland durchgeführt werden muß. Sie stimmen darin überein, daß jede derartige Überführung, die stattfinden wird, in ordnungsgemäßer und humaner Weise erfolgen soll. Da der Zustrom einer großen Zahl Deutscher nach Deutschland die Lasten vergrößern würde, die bereits auf den Besatzungsbehörden ruhen, halten sie es für wünschenswert, daß der alliierte Kontrollrat in Deutschland zunächst das Problem unter besonderer Berücksichtigung der Frage einer gerechten Verteilung dieser Deutschen auf die einzelnen Besatzungszonen prüfen soll . . .

Quelle: Europa-Archiv, 1946, S. 215 ff.

I/5 Vertrag über die Beziehungen zwischen der Bundesrepublik Deutschland und den Drei Mächten (Deutschlandvertrag) in der geänderten Fassung vom 23. Oktober 1954

DIE BUNDESREPUBLIK DEUTSCHLAND,
DIE VEREINIGTEN STAATEN VON AMERIKA,
DAS VEREINIGTE KÖNIGREICH VON GROSSBRITANNIEN UND NORDIRLAND
und
DIE FRANZÖSISCHE REPUBLIK

haben zur Festlegung der Grundlage ihres neuen Verhältnisses den folgenden Vertrag geschlossen:

Artikel 1

(1) Mit dem Inkrafttreten dieses Vertrags werden die Vereinigten Staaten von Amerika, das Vereinigte Königreich von Großbritannien und Nordirland und die Französische Republik (in diesem Vertrag und in den Zusatzverträgen auch als »Drei Mächte« bezeichnet) das Besatzungsregime in der Bundesrepublik beenden, das Besatzungsstatut aufheben und die Alliierte Hohe Kommission sowie die Dienststellen der Landeskommissare in der Bundesrepublik auflösen.

(2) Die Bundesrepublik wird demgemäß die volle Macht eines souveränen Staates über ihre inneren und äußeren Angelegenheiten haben.

Artikel 2

Im Hinblick auf die internationale Lage, die bisher die Wiedervereinigung Deutschlands und den Abschluß eines Friedensvertrages verhindert hat, behalten die Drei Mächte die bisher von ihnen ausgeübten oder innegehabten Rechte und Verantwortlichkeiten in bezug auf Berlin und auf Deutschland als Ganzes einschließlich der Wiedervereinigung Deutschlands und einer friedensvertraglichen Regelung. Die von den Drei Mächten beibehaltenen Rechte und Verantwortlichkeiten in bezug auf die Stationierung von Streitkräften in Deutschland und der Schutz der Sicherheit dieser Streitkräfte bestimmen sich nach den Artikeln 4 und 5 dieses Vertrags.

Artikel 3

(1) Die Bundesrepublik wird ihre Politik in Einklang mit den Prinzipien der Satzung der Vereinten Nationen und mit den im Statut des Europarates aufgestellten Zielen halten.

(2) Die Bundesrepublik bekräftigt ihre Absicht, sich durch ihre Mitgliedschaft in internationalen Organisationen, die zur Erreichung der gemeinsamen Ziele der freien Welt beitragen, mit der Gemeinschaft der freien Nationen völlig zu verbinden. Die Drei Mächte werden zu gegebener Zeit Anträge der Bundesrepublik unterstützen, die Mitgliedschaft in solchen Organisationen zu erlangen.

(3) Bei Verhandlungen mit Staaten, mit denen die Bundesrepublik keine Beziehungen unterhält, werden die Drei Mächte die Bundesrepublik in Fragen konsultieren, die deren politische Interessen unmittelbar berühren.

(4) Auf Ersuchen der Bundesregierung werden die Drei Mächte die erforderlichen Vorkehrungen treffen, die Interessen der Bundesrepublik in ihren Beziehungen zu anderen Staaten

und in gewissen internationalen Organisationen oder Konferenzen zu vertreten, soweit die Bundesrepublik dazu nicht selbst in der Lage ist.

Artikel 4

(1) Bis zum Inkrafttreten der Abmachungen über den deutschen Verteidigungsbeitrag behalten die Drei Mächte weiterhin ihre bisher ausgeübten oder innegehabten Rechte in bezug auf die Stationierung von Streitkräften in der Bundesrepublik. Die Aufgabe dieser Streitkräfte wird die Verteidigung der freien Welt sein, zu der die Bundesrepublik und Berlin gehören. Vorbehaltlich der Bestimmungen des Artikels 5 Absatz (2) dieses Vertrags bestimmen sich die Rechte und Pflichten dieser Streitkräfte nach dem Vertrag über die Rechte und Pflichten ausländischer Streitkräfte und ihrer Mitglieder in der Bundesrepublik Deutschland (im folgenden als »Truppenvertrag« bezeichnet), auf den in Artikel 8 Absatz (1) dieses Vertrags Bezug genommen ist.

(2) Die von den Drei Mächten bisher ausgeübten oder innegehabten und weiterhin beizubehaltenden Rechte in bezug auf die Stationierung von Streitkräften in Deutschland werden von den Bestimmungen dieses Artikels nicht berührt, soweit sie für die Ausübung der im ersten Satz des Artikels 2 dieses Vertrags genannten Rechte erforderlich sind. Die Bundesrepublik ist damit einverstanden, daß vom Inkrafttreten der Abmachungen über den deutschen Verteidigungsbeitrag an Streitkräfte der gleichen Nationalität und Effektivstärke wie zur Zeit dieses Inkrafttretens in der Bundesrepublik stationiert werden dürfen. Im Hinblick auf die in Artikel 1 Absatz (2) dieses Vertrags umschriebene Rechtsstellung der Bundesrepublik und im Hinblick darauf, daß die Drei Mächte gewillt sind, ihre Rechte betreffend die Stationierung von Streitkräften in der Bundesrepublik, soweit diese betroffen ist, nur in vollem Einvernehmen mit der Bundesrepublik auszuüben, wird diese Frage in einem besonderen Vertrag geregelt.

Artikel 5

(1) Für die in der Bundesrepublik stationierten Streitkräfte gelten bis zum Inkrafttreten der Abmachungen über den deutschen Verteidigungsbeitrag die folgenden Bestimmungen:

(a) Die Drei Mächte werden die Bundesregierung in allen die Stationierung dieser Streitkräfte betreffenden Fragen konsultieren, soweit es die militärische Lage erlaubt. Die Bundesrepublik wird nach Maßgabe dieses Vertrages und der Zusatzverträge im Rahmen ihres Grundgesetzes mitwirken, um diesen Streitkräften ihre Aufgabe zu erleichtern.

(b) Die Drei Mächte werden nur nach vorheriger Einwilligung der Bundesrepublik Truppen eines Staates, der zur Zeit keine Kontingente stellt, als Teil ihrer Streitkräfte im Bundesgebiet stationieren. Jedoch dürfen solche Kontingente im Falle eines Angriffs oder unmittelbar drohenden Angriffs ohne Einwilligung der Bundesrepublik in das Bundesgebiet gebracht werden, dürfen dagegen nach Beseitigung der Gefahr nur mit Einwilligung der Bundesrepublik dort verbleiben.

(2) Die von den Drei Mächten bisher innegehabten oder ausgeübten Rechte in bezug auf den Schutz der Sicherheit von in der Bundesrepublik stationierten Streitkräften, die zeitweilig von den Drei Mächten beibehalten werden, erlöschen, sobald die zuständigen deutschen Behörden entsprechende Vollmachten durch die deutsche Gesetzgebung erhalten haben und dadurch in Stand gesetzt sind, wirksame Maßnahmen zum Schutz der Sicherheit dieser Streitkräfte zu treffen, einschließlich der Fähigkeit, einer ernstlichen Störung der öffentlichen Sicherheit und Ordnung zu begegnen. Soweit diese Rechte weiterhin ausgeübt werden können, werden sie nur nach Konsultation mit der Bundesregierung ausgeübt werden, soweit die militärische Lage eine solche Konsultation nicht ausschließt, und wenn die Bundesregierung darin übereinstimmt, daß die Umstände die Ausübung derartiger Rechte erfordern. Im übrigen be-

stimmt sich der Schutz der Sicherheit dieser Streitkräfte nach den Vorschriften des Truppen-
vertrags oder den Vorschriften des Vertrags, welcher den Truppenvertrag ersetzt, und nach
deutschem Recht, soweit nicht in einem anwendbaren Vertrag etwas anderes bestimmt ist.

Artikel 6

(1) Die Drei Mächte werden die Bundesrepublik hinsichtlich der Ausübung ihrer Rechte in
bezug auf Berlin konsultieren.

(2) Die Bundesrepublik ihrerseits wird mit den Drei Mächten zusammenwirken, um es ih-
nen zu erleichtern, ihren Verantwortlichkeiten in bezug auf Berlin zu genügen.

Artikel 7

(1) Die Unterzeichnerstaaten sind darüber einig, daß ein wesentliches Ziel ihrer gemeinsa-
men Politik eine zwischen Deutschland und seinen ehemaligen Gegnern frei vereinbarte frie-
densvertragliche Regelung für ganz Deutschland ist, welche die Grundlage für einen dauerhaf-
ten Frieden bilden soll. Sie sind weiterhin darüber einig, daß die endgültige Festlegung der
Grenzen Deutschlands bis zu dieser Regelung aufgeschoben werden muß.

(2) Bis zum Abschluß der friedensvertraglichen Regelung werden die Unterzeichnerstaaten
zusammenwirken, um mit friedlichen Mitteln ihr gemeinsames Ziel zu verwirklichen: Ein
wiedervereinigtes Deutschland, das eine freiheitlich-demokratische Verfassung, ähnlich wie
die Bundesrepublik, besitzt und das in die europäische Gemeinschaft integriert ist.

(3) (gestrichen)

(4) Die Drei Mächte werden die Bundesrepublik in allen Angelegenheiten konsultieren,
welche die Ausübung ihrer Rechte in bezug auf Deutschland als Ganzes berühren.

Artikel 8

(1) a) Die Unterzeichnerstaaten haben die folgenden Zusatzverträge geschlossen:
Vertrag über die Rechte und Pflichten ausländischer Streitkräfte und ihrer Mitglieder in der
Bundesrepublik Deutschland;

Finanzvertrag;

Vertrag zur Regelung aus Krieg und Besatzung entstandener Fragen.

b) Der Vertrag über die Rechte und Pflichten ausländischer Streitkräfte und ihrer Mitglie-
der in der Bundesrepublik Deutschland und das am 26. Mai 1952 in Bonn unterzeichnete Ab-
kommen über die steuerliche Behandlung der Streitkräfte und ihrer Mitglieder in der durch
das Protokoll vom 26. Juli 1952 abgeänderten Fassung bleiben bis zum Inkrafttreten neuer
Vereinbarungen über die Rechte und Pflichten der Streitkräfte der Drei Mächte und sonstiger
Staaten, die Truppen auf dem Gebiet der Bundesrepublik unterhalten, in Kraft. Die neuen
Vereinbarungen werden auf der Grundlage des in London am 19. Juni 1951 zwischen den Par-
teien des Nordatlantikpakts über den Status ihrer Streitkräfte unterzeichneten Abkommens
getroffen, ergänzt durch diejenigen Bestimmungen, die im Hinblick auf die besonderen Ver-
hältnisse in bezug auf die in der Bundesrepublik stationierten Streitkräfte erforderlich sind.

c) Der Finanzvertrag bleibt bis zum Inkrafttreten neuer Vereinbarungen in Kraft, über die
gemäß Artikel 4 Absatz (4) jenes Vertrages mit anderen Mitgliedstaaten der Nordatlantikpakt-
Organisation verhandelt wird, die Truppen im Bundesgebiet stationiert haben.

(2) Während der in Artikel 6 Absatz (4) des Ersten Teils des Vertrags zur Regelung aus Krieg
und Besatzung entstandener Fragen vorgesehenen Übergangszeit bleiben die in jedem Absatz
erwähnten Rechte der drei Unterzeichnerstaaten erhalten.

Artikel 9

(1) Es wird ein Schiedsgericht errichtet werden, das gemäß den Bestimmungen der beigefügten Satzung tätig werden wird.

(2) Das Schiedsgericht ist ausschließlich zuständig für alle Streitigkeiten, die sich zwischen der Bundesrepublik und den Drei Mächten aus den Bestimmungen dieses Vertrags oder der beigefügten Satzung oder eines der Zusatzverträge ergeben und welche die Parteien nicht durch Verhandlungen oder auf eine andere zwischen allen Unterzeichnerstaaten vereinbarte Weise beizulegen vermögen, soweit sich nicht aus Absatz (3) dieses Artikels oder aus der beigefügten Satzung oder aus den Zusatzverträgen etwas anderes ergibt.

(3) Streitigkeiten, welche die in Artikel 2, den ersten beiden Sätzen des Absatzes (1) des Artikels 4, dem ersten Satz des Absatzes (2) des Artikels 4 und den ersten beiden Sätzen des Absatzes (2) des Artikels 5 angeführten Rechte der Drei Mächte oder Maßnahmen auf Grund der Rechte berühren, unterliegen nicht der Gerichtsbarkeit des Schiedsgerichtes oder eines anderen Gerichtes.

Artikel 10

Die Unterzeichnerstaaten überprüfen die Bestimmungen dieses Vertrags und der Zusatzverträge:

a) auf Ersuchen eines von ihnen im Falle der Wiedervereinigung Deutschlands oder einer unter Beteiligung oder mit Zustimmung der Staaten, die Mitglieder dieses Vertrags sind, erzielten internationalen Verständigung über Maßnahmen zur Herbeiführung der Wiedervereinigung Deutschlands oder der Bildung einer europäischen Föderation, oder

b) in jeder Lage, die nach Auffassung aller Unterzeichnerstaaten aus einer Änderung grundlegenden Charakters in den zur Zeit des Inkrafttretens des Vertrags bestehenden Verhältnissen entstanden ist.

In beiden Fällen werden sie in gegenseitigem Einvernehmen diesen Vertrag und die Zusatzverträge in dem Umfang ändern, der durch die grundlegende Änderung der Lage erforderlich oder ratsam geworden ist.

Artikel 11

(1) (gestrichen)

(2) (gestrichen)

(3) Dieser Vertrag und die Zusatzverträge werden in den Archiven der Regierung der Bundesrepublik Deutschland hinterlegt; diese wird jedem Unterzeichnerstaat beglaubigte Ausfertigungen übermitteln und jeden Unterzeichnerstaat vom Zeitpunkt des Inkrafttretens dieses Vertrags und der Zusatzverträge in Kenntnis setzen.

Zu Urkund dessen haben die unterzeichneten von ihren Regierungen gehörig beglaubigten Vertreter diesen Vertrag unterschrieben.

Geschehen zu Bonn am sechsundzwanzigsten Tage des Monats Mai 1952 in deutscher, englischer und französischer Sprache, wobei alle drei Fassungen gleichermaßen authentisch sind.

Für die Bundesrepublik Deutschland
gezeichnet:
Adenauer

Für das Vereinigte Königreich
von Großbritannien und Nordirland
gezeichnet:
Anthony Eden

Für die Vereinigten Staaten
von Amerika
gezeichnet:
Dean Acheson

Für die Französische Republik
gezeichnet:
Robert Schuman

Quelle: Bundesgesetzblatt, Teil II, 1955, S. 306.

I/6 Vertrag zwischen der Bundesrepublik Deutschland und der Französischen Republik über die deutsch-französische Zusammenarbeit vom 22. Januar 1963

Im Anschluß an die Gemeinsame Erklärung des Bundeskanzlers der Bundesrepublik Deutschland und des Präsidenten der Französischen Republik vom 22. Januar 1963 über die Organisation und die Grundsätze der Zusammenarbeit zwischen den beiden Staaten wurden die folgenden Bestimmungen vereinbart:

1. Organisation

1. Die Staats- und Regierungschefs geben nach Bedarf die erforderlichen Weisungen und verfolgen laufend die Ausführung des im folgenden festgelegten Programms. Sie treten zu diesem Zweck zusammen, sooft es erforderlich ist und grundsätzlich mindestens zweimal jährlich.

2. Die Außenminister tragen für die Ausführung des Programms in seiner Gesamtheit Sorge. Sie treten mindestens alle drei Monate zusammen. Unbeschadet der normalen Kontakte über die Botschaften treten diejenigen leitenden Beamten der beiden Außenministerien, denen die politischen, wirtschaftlichen und kulturellen Angelegenheiten obliegen, allmonatlich abwechselnd in Bonn und Paris zusammen, um den Stand der vorliegenden Fragen festzustellen und die Zusammenkunft der Minister vorzubereiten. Ferner nehmen die diplomatischen Vertretungen und die Konsulate der beiden Staaten sowie ihre ständigen Vertretungen bei den internationalen Organisationen die notwendige Verbindung in den Fragen gemeinsamen Interesses auf.

3. Zwischen den zuständigen Behörden beider Staaten finden regelmäßige Zusammenkünfte auf den Gebieten der Verteidigung, der Erziehung und der Jugendfragen statt. Sie beeinträchtigen in keiner Weise die Tätigkeit der bereits bestehenden Organe — Deutsch-Französische Kulturkommission, Ständige Gruppe der Generalstäbe —, deren Tätigkeit vielmehr erweitert wird. Die Außenminister sind bei diesen Zusammenkünften vertreten, um die Gesamtkoordinierung der Zusammenarbeit zu gewährleisten.

a) Der Verteidigungs- und der Armeeminister treten wenigstens einmal alle drei Monate zusammen. Ferner trifft sich der französische Erziehungsminister in den gleichen Zeitabständen mit derjenigen Persönlichkeit, die auf deutscher Seite benannt wird, um die Ausführung des Programms der Zusammenarbeit auf kulturellem Gebiet zu verfolgen.

b) Die Generalstabschefs beider Staaten treten wenigstens einmal alle zwei Monate zusammen; im Verhinderungsfalle werden sie durch ihre verantwortlichen Vertreter ersetzt.

c) Der Bundesminister für Familien- und Jugendfragen oder sein Vertreter trifft sich wenigstens einmal alle zwei Monate mit dem französischen Hohen Kommissar für Jugend und Sport.

4. In jedem der beiden Staaten wird eine interministerielle Kommission beauftragt, die Fragen der Zusammenarbeit zu verfolgen. In dieser Kommission, der Vertreter aller beteiligten Ministerien angehören, führt ein hoher Beamter des Außenministeriums den Vorsitz. Ihre Aufgabe besteht darin, das Vorgehen der beteiligten Ministerien zu koordinieren und in regelmäßigen Abständen ihrer Regierung einen Bericht über den Stand der deutsch-französischen Zusammenarbeit zu erstatten. Die Kommission hat ferner die Aufgabe, zweckmäßige Anregungen für die Ausführung des Programms der Zusammenarbeit und dessen etwaige Ausdehnung auf neue Gebiete zu geben.

II. Programm

A. Auswärtige Angelegenheiten

1. Die beiden Regierungen konsultieren sich vor jeder Entscheidung in allen wichtigen Fragen der Außenpolitik und in erster Linie in den Fragen von gemeinsamem Interesse, um so weit wie möglich zu einer gleichgerichteten Haltung zu gelangen. Diese Konsultation betrifft unter anderem folgende Gegenstände:

— Fragen der Europäischen Gemeinschaften und der europäischen politischen Zusammenarbeit;

— Ost-West-Beziehungen sowohl im politischen als auch im wirtschaftlichen Bereich;

— Angelegenheiten, die in der Nordatlantikvertragsorganisation und in den verschiedenen internationalen Organisationen behandelt werden und an denen die beiden Regierungen interessiert sind, insbesondere im Europarat, in der Westeuropäischen Union, in der Organisation für Wirtschaftliche Zusammenarbeit und Entwicklung, in den Vereinten Nationen und ihren Sonderorganisationen.

2. Die auf dem Gebiet des Informationswesens bereits bestehende Zusammenarbeit wird zwischen den beteiligten Dienststellen in Bonn und Paris und zwischen den Vertretungen in Drittstaaten fortgeführt und ausgebaut.

3. Hinsichtlich der Entwicklungshilfe stellen die beiden Regierungen ihre Programme einander systematisch gegenüber, um dauernd eine enge Koordinierung durchzuführen. Sie prüfen die Möglichkeit, Vorhaben gemeinsam in Angriff zu nehmen. Da sowohl auf deutscher als auch auf französischer Seite mehrere Ministerien für diese Angelegenheit zuständig sind, wird es Sache der beiden Außenministerien sein, die praktischen Grundlagen dieser Zusammenarbeit gemeinsam festzulegen.

4. Die beiden Regierungen prüfen gemeinsam die Mittel und Wege dazu, ihre Zusammenarbeit im Rahmen des Gemeinsamen Marktes in anderen wichtigen Bereichen der Wirtschaftspolitik, zum Beispiel der Land- und Forstwirtschaftspolitik, der Energiepolitik, der Verkehrs- und Transportfragen, der industriellen Entwicklung ebenso wie der Ausfuhrkreditpolitik, zu verstärken.

B. Verteidigung

I. Auf diesem Gebiet werden nachstehende Ziele verfolgt:

1. Auf dem Gebiet der Strategie und der Taktik bemühen sich die zuständigen Stellen beider Länder, ihre Auffassungen einander anzunähern, um zu gemeinsamen Konzeptionen zu gelangen. Es werden deutsch-französische Institute für operative Forschung errichtet.

2. Der Personalaustausch zwischen den Streitkräften wird verstärkt; er betrifft insbesondere die Lehrkräfte und Schüler der Generalstabsschulen; der Austausch kann sich auf die zeitweilige Abordnung ganzer Einheiten erstrecken. Zur Erleichterung dieses Austausches werden beide Seiten um den praktischen Sprachunterricht für das in Betracht kommende Personal bemüht sein.

3. Auf dem Gebiet der Rüstung bemühen sich die beiden Regierungen, eine Gemeinschaftsarbeit vom Stadium der Ausarbeitung geeigneter Rüstungsvorhaben und der Vorbereitung der Finanzierungspläne an zu organisieren.
Zu diesem Zweck untersuchen gemischte Kommissionen die in beiden Ländern hierfür betriebenen Forschungsvorhaben und nehmen eine vergleichende Prüfung vor. Sie unterbreiten den Ministern Vorschläge, die diese bei ihren dreimonatlichen Zusammenkünften prüfen und zu deren Ausführung sie die notwendigen Richtlinien geben.

II. Die Regierungen prüfen die Voraussetzungen, unter denen eine deutsch-französische Zusammenarbeit auf dem Gebiet des zivilen Bevölkerungsschutzes hergestellt werden kann.

C. Erziehungs- und Jugendfragen

Auf dem Gebiet des Erziehungswesens und der Jugendfragen werden die Vorschläge, die in den französischen und deutschen Memoranden vom 19. September und 8. November 1962 enthalten sind, nach dem oben erwähnten Verfahren einer Prüfung unterzogen.

1. Auf dem Gebiet des Erziehungswesens richten sich die Bemühungen hauptsächlich auf folgende Punkte:

a) Sprachunterricht
Die beiden Regierungen erkennen die wesentliche Bedeutung an, die der Kenntnis der Sprache des anderen in jedem der beiden Länder für die deutsch-französische Zusammenarbeit zukommt. Zu diesem Zweck werden sie sich bemühen, konkrete Maßnahmen zu ergreifen, um die Zahl der deutschen Schüler, die Französisch lernen, und die der französischen Schüler, die Deutsch lernen, zu erhöhen.

Die Bundesregierung wird in Verbindung mit den Länderregierungen, die hierfür zuständig sind, prüfen, wie es möglich ist, eine Regelung einzuführen, die es gestattet, dieses Ziel zu erreichen.

Es erscheint angebracht, an allen Hochschulen in Deutschland einen für alle Studierenden zugänglichen praktischen Unterricht in der französischen Sprache und in Frankreich einen solchen in der deutschen Sprache einzurichten.

b) Frage der Gleichwertigkeit der Diplome

Die zuständigen Behörden beider Staaten sollen gebeten werden, beschleunigt Bestimmungen über die Gleichwertigkeit der Schulzeiten, der Prüfungen, der Hochschultitel und -diplome zu erlassen.

c) Zusammenarbeit auf dem Gebiet der wissenschaftlichen Forschung

Die Forschungsstellen und die wissenschaftlichen Institute bauen ihre Verbindungen untereinander aus, wobei sie mit einer gründlicheren gegenseitigen Unterrichtung beginnen; vereinbarte Forschungsprogramme werden in den Disziplinen aufgestellt, in denen sich dies als möglich erweist.

2. Der deutschen und französischen Jugend sollen alle Möglichkeiten geboten werden, um die Bande, die zwischen ihnen bestehen, enger zu gestalten und ihr Verständnis füreinander zu vertiefen. Insbesondere wird der Gruppenaustausch weiter ausgebaut.

Es wird ein Austausch- und Förderungswerk der beiden Länder errichtet, an dessen Spitze ein unabhängiges Kuratorium steht. Diesem Werk wird ein deutsch-französischer Gemeinschaftsfonds zur Verfügung gestellt, der der Begegnung und dem Austausch von Schülern, Studenten, jungen Handwerkern und jungen Arbeitern zwischen beiden Ländern dient.

III. Schlußbestimmungen

1. In beiden Ländern werden die erforderlichen Anordnungen zur unverzüglichen Verwirklichung des Vorstehenden getroffen. Die Außenminister stellen bei jeder ihrer Zusammenkünfte fest, welche Fortschritte erzielt worden sind.

2. Die beiden Regierungen werden die Regierungen der übrigen Mitgliedstaaten der Europäischen Gemeinschaften über die Entwicklung der deutsch-französischen Zusammenarbeit laufend unterrichtet halten.

3. Dieser Vertrag gilt mit Ausnahme der die Verteidigung betreffenden Bestimmungen auch für das Land Berlin, sofern nicht die Regierung der Bundesrepublik Deutschland gegenüber der Regierung der Französischen Republik innerhalb von drei Monaten nach Inkrafttreten des Vertrages eine gegenteilige Erklärung abgibt.

4. Die beiden Regierungen können die Anpassungen vornehmen, die sich zur Ausführung dieses Vertrages als wünschenswert erweisen.

5. Dieser Vertrag tritt in Kraft, sobald jeder der beiden Vertragschließenden dem anderen mitgeteilt hat, daß die dazu erforderlichen innerstaatlichen Voraussetzungen erfüllt sind.

Quelle: Bundesgesetzblatt, Teil II, 1963, S. 707.

I/7 Zum Grundlagenvertrag

a.) Vertrag über die Grundlagen der Beziehungen zwischen der Bundesrepublik Deutschland und der Deutschen Demokratischen Republik — Vom 21. Dezember 1972

Die Hohen Vertragschließenden Seiten
eingedenk ihrer Verantwortung für die Erhaltung des Friedens,
in dem Bestreben, einen Beitrag zur Entspannung und Sicherheit in Europa zu leisten,
in dem Bewußtsein, daß die Unverletzlichkeit der Grenzen und die Achtung der territorialen Integrität und der Souveränität aller Staaten in Europa in ihren gegenwärtigen Grenzen eine grundlegende Bedingung für den Frieden sind,
in der Erkenntnis, daß sich daher die beiden deutschen Staaten in ihren Beziehungen der Androhung oder Anwendung von Gewalt zu enthalten haben,
ausgehend von den historischen Gegebenheiten und unbeschadet der unterschiedlichen Auffassungen der Bundesrepublik Deutschland und der Deutschen Demokratischen Republik zu grundsätzlichen Fragen, darunter zur nationalen Frage,
geleitet von dem Wunsch, zum Wohle der Menschen in den beiden deutschen Staaten die Voraussetzungen für die Zusammenarbeit zwischen der Bundesrepublik Deutschland und der Deutschen Demokratischen Republik zu schaffen,
sind wie folgt übereingekommen:

Art. 1 Die Bundesrepublik Deutschland und die Deutsche Demokratische Republik entwickeln normale gutnachbarliche Beziehungen zueinander auf der Grundlage der Gleichberechtigung.

Art. 2 Die Bundesrepublik Deutschland und die Deutsche Demokratische Republik werden sich von den Zielen und Prinzipien leiten lassen, die in der Charta der Vereinten Nationen niedergelegt sind, insbesondere der souveränen Gleichheit aller Staaten, der Achtung der Unabhängigkeit, Selbständigkeit und territorialen Integrität, dem Selbstbestimmungsrecht, der Wahrung der Menschenrechte und der Nichtdiskriminierung.

Art. 3 Entsprechend der Charta der Vereinten Nationen werden die Bundesrepublik Deutschland und die Deutsche Demokratische Republik ihre Streitfragen ausschließlich mit friedlichen Mitteln lösen und sich der Drohung mit Gewalt oder der Anwendung von Gewalt enthalten.
Sie bekräftigen die Unverletzlichkeit der zwischen ihnen bestehenden Grenze jetzt und in der Zukunft und verpflichten sich zur uneingeschränkten Achtung ihrer territorialen Integrität.

Art. 4 Die Bundesrepublik Deutschland und die Deutsche Demokratische Republik gehen davon aus, daß keiner der beiden Staaten den anderen international vertreten oder in seinem Namen handeln kann.

Art. 5 Die Bundesrepublik Deutschland und die Deutsche Demokratische Republik werden friedliche Beziehungen zwischen den europäischen Staaten fördern und zur Sicherheit und Zusammenarbeit in Europa beitragen. Sie unterstützen die Bemühungen um eine Verminderung der Streitkräfte und Rüstungen in Europa, ohne daß dadurch Nachteile für die Sicherheit der Beteiligten entstehen dürfen.

Die Bundesrepublik Deutschland und die Deutsche Demokratische Republik werden mit dem Ziel einer allgemeinen und vollständigen Abrüstung unter wirksamer internationaler Kontrolle der internationalen Sicherheit dienende Bemühungen um Rüstungsbegrenzung und Abrüstung, insbesondere auf dem Gebiet der Kernwaffen und anderen Massenvernichtungsmitteln, unterstützen.

Art. 6 Die Bundesrepublik Deutschland und die Deutsche Demokratische Republik gehen von dem Grundsatz aus, daß die Hoheitsgewalt jedes der beiden Staaten sich auf sein Staatsgebiet beschränkt. Sie respektieren die Unabhängigkeit und Selbständigkeit jedes der beiden Staaten in seinen inneren und äußeren Angelegenheiten.

Art. 7 Die Bundesrepublik Deutschland und die Deutsche Demokratische Republik erklären ihre Bereitschaft, im Zuge der Normalisierung ihrer Beziehungen praktische und humanitäre Fragen zu regeln. Sie werden Abkommen schließen, um auf der Grundlage des Vertrages und zum beiderseitigen Vorteil die Zusammenarbeit auf dem Gebiet der Wirtschaft, der Wissenschaft und Technik, des Verkehrs, des Rechtsverkehrs, des Post- und Fernmeldewesens, des Gesundheitswesens, der Kultur, des Sports, des Umweltschutzes und auf anderen Gebieten zu entwickeln und zu fördern. Einzelheiten sind in dem Zusatzprotokoll geregelt.

Art. 8 Die Bundesrepublik Deutschland und die Deutsche Demokratische Republik werden ständige Vertretungen austauschen. Sie werden am Sitz der jeweiligen Regierung errichtet. Die praktischen Fragen, die mit der Einrichtung der Vertretungen zusammenhängen, werden zusätzlich geregelt.

Art. 9 Die Bundesrepublik Deutschland und die Deutsche Demokratische Republik stimmen darin überein, daß durch diesen Vertrag die von ihnen früher abgeschlossenen oder sie betreffenden zweiseitigen und mehrseitigen internationalen Verträge und Vereinbarungen nicht berührt werden.

Art. 10 Dieser Vertrag bedarf der Ratifikation und tritt am Tage nach dem Austausch entsprechender Noten in Kraft.

ZU URKUND DESSEN haben die Bevollmächtigten der Hohen Vertragschließenden Seiten diesen Vertrag unterzeichnet.

GESCHEHEN in Berlin am 21. Dezember 1972 in zwei Urschriften in deutscher Sprache.

Für die Bundesrepublik Für die Deutsche
Deutschland Demokratische Republik
Egon B a h r Michael K o h l

Quelle: Bundesgesetzblatt, Teil II, 1972, S. 423.

b.) Brief der Regierung der Bundesrepublik Deutschland zur deutschen Einheit an die Regierung der Deutschen Demokratischen Republik — Vom 21. Dezember 1972

Bundesminister für besondere Aufgaben
beim Bundeskanzler

Bonn, den 21. Dezember 1972

An den
Staatssekretär beim Ministerrat
der Deutschen Demokratischen Republik
Herrn Dr. Michael Kohl

Berlin

Sehr geehrter Herr Kohl!

Im Zusammenhang mit der heutigen Unterzeichnung des Vertrages über die Grundlagen der Beziehungen zwischen der Bundesrepublik Deutschland und der Deutschen Demokratischen Republik beehrt sich die Regierung der Bundesrepublik Deutschland festzustellen, daß dieser Vertrag nicht im Widerspruch zu dem politischen Ziel der Bundesrepublik Deutschland steht, auf einen Zustand des Friedens in Europa hinzuwirken, in dem das deutsche Volk in freier Selbstbestimmung seine Einheit wiedererlangt.

Mit vorzüglicher Hochachtung
B a h r

Quelle: Bundesgesetzblatt, Teil II, 1972, S. 423.

c.) Zusatzprotokoll zum Vertrag über die Grundlagen der Beziehungen zwischen der Bundesrepublik Deutschland und der Deutschen Demokratischen Republik

I

Zu Art. 3:

Die Bundesrepublik Deutschland und die Deutsche Demokratische Republik kommen überein, eine Kommission aus Beauftragten der Regierungen beider Staaten zu bilden. Sie wird die Markierung der zwischen den beiden Staaten bestehenden Grenze überprüfen und, soweit erforderlich, erneuern oder ergänzen sowie die erforderlichen Dokumentationen über den Grenzverlauf erarbeiten. Gleichermaßen wird sie zur Regelung sonstiger mit dem Grenzverlauf im Zusammenhang stehender Probleme, zum Beispiel der Wasserwirtschaft, der Energieversorgung und der Schadensbekämpfung, beitragen.

Die Kommission nimmt nach Unterzeichnung des Vertrages ihre Arbeit auf.

II

Zu Art. 7:

1. Der Handel zwischen der Bundesrepublik Deutschland und der Deutschen Demokratischen Republik wird auf der Grundlage der bestehenden Abkommen entwickelt.
 Die Bundesrepublik Deutschland und die Deutsche Demokratische Republik werden langfristige Vereinbarungen mit dem Ziel abschließen, eine kontinuierliche Entwicklung der wirtschaftlichen Beziehungen zu fördern, überholte Regelungen anzupassen und die Struktur des Handels zu verbessern.

2. Die Bundesrepublik Deutschland und die Deutsche Demokratische Republik bekunden ihren Willen, zum beiderseitigen Nutzen die Zusammenarbeit auf den Gebieten der Wissenschaft und Technik zu entwickeln und die hierzu erforderlichen Verträge abzuschließen.

3. Die mit dem Vertrag vom 26. Mai 1972 begonnene Zusammenarbeit auf dem Gebiet des Verkehrs wird erweitert und vertieft.

4. Die Bundesrepublik Deutschland und die Deutsche Demokratische Republik erklären ihre Bereitschaft, im Interesse der Rechtsuchenden den Rechtsverkehr, insbesondere in den Bereichen des Zivil- und Strafrechts, vertraglich so einfach und zweckmäßig wie möglich zu regeln.

5. Die Bundesrepublik Deutschland und die Deutsche Demokratische Republik stimmen überein, auf der Grundlage der Satzung des Weltpostvereins und des Internationalen Fernmeldevertrages ein Post- und Fernmeldeabkommen abzuschließen. Sie werden dieses Abkommen dem Weltpostverein (UPU) und der Internationalen Fernmelde-Union (UIT) notifizieren.
 In dieses Abkommen werden die bestehenden Vereinbarungen und die für beide Seiten vorteilhaften Verfahren übernommen werden.

6. Die Bundesrepublik Deutschland und die Deutsche Demokratische Republik erklären ihr Interesse an einer Zusammenarbeit auf dem Gebiet des Gesundheitswesens. Sie stimmen überein, daß in dem entsprechenden Vertrag auch der Austausch von Medikamenten sowie die Behandlung in Spezialkliniken und Kuranstalten im Rahmen der gegebenen Möglichkeiten geregelt werden.

7. Die Bundesrepublik Deutschland und die Deutsche Demokratische Republik beabsichtigen, die kulturelle Zusammenarbeit zu entwickeln. Zu diesem Zweck werden sie Verhandlungen über den Abschluß von Regierungsabkommen aufnehmen.

8. Die Bundesrepublik Deutschland und die Deutsche Demokratische Republik bekräftigen ihre Bereitschaft, nach Unterzeichnung des Vertrages die zuständigen Sportorganisationen bei den Absprachen zur Förderung der Sportbeziehungen zu unterstützen.

9. Auf dem Gebiet des Umweltschutzes sollen zwischen der Bundesrepublik Deutschland und der Deutschen Demokratischen Republik Vereinbarungen geschlossen werden, um zur Abwendung von Schäden und Gefahren für die jeweils andere Seite beizutragen.

10. Die Bundesrepublik Deutschland und die Deutsche Demokratische Republik werden Verhandlungen mit dem Ziel führen, den gegenseitigen Bezug von Büchern, Zeitschriften, Rundfunk- und Fernsehproduktionen zu erweitern.

11. Die Bundesrepublik Deutschland und die Deutsche Demokratische Republik werden im
 Interesse der beteiligten Menschen Verhandlungen zur Regelung des nichtkommerziellen
 Zahlungs- und Verrechnungsverkehrs aufnehmen. Dabei werden sie im gegenseitigen In-
 teresse vorrangig für den kurzfristigen Abschluß von Vereinbarungen unter sozialen Ge-
 sichtspunkten Sorge tragen.

Protokollvermerk zum Vertrag

Wegen der unterschiedlichen Rechtspositionen zu Vermögensfragen konnten diese durch
den Vertrag nicht geregelt werden.

Vorbehalt zu Staatsangehörigkeitsfragen durch die Bundesrepublik Deutschland

Die Bundesrepublik Deutschland erklärt:
„Staatsangehörigkeitsfragen sind durch den Vertrag nicht geregelt worden."

Quelle: Bundesgesetzblatt, Teil II, 1972, S. 423.

d.) Briefwechsel vom 21. Dezember 1972 zur Familienzusammenführung, zu Reiseerleichterungen und Verbesserungen des nichtkommerziellen Warenverkehrs

Staatssekretär beim Ministerrat
der Deutschen Demokratischen Republik

<div align="right">Berlin, den 21. Dezember 1972</div>

Bundesminister für besondere Aufgaben
beim Bundeskanzler
Herrn Egon Bahr

Bonn

Bundeskanzleramt der
Bundesrepublik Deutschland

Sehr geehrter Herr Bahr!

Anläßlich der heute erfolgten Unterzeichnung des Vertrages über die Grundlagen der Bezie-
hungen zwischen der Deutschen Demokratischen Republik und der Bundesrepublik Deutsch-
land habe ich die Ehre, Ihnen folgendes mitzuteilen:

Die Regierung der Deutschen Demokratischen Republik wird im Zuge der Normalisierung der Beziehungen nach Inkrafttreten des Vertrages Schritte zur Regelung von Fragen auf folgenden Gebieten unternehmen:

1. Lösung von Problemen, die sich aus der Trennung von Familien ergeben.
2. In Fortführung des Briefwechsels vom 26. Mai 1972 Maßnahmen zur weiteren Verbesserung des grenzüberschreitenden Reise- und Besucherverkehrs einschließlich des Tourismus.
3. Verbesserung des nichtkommerziellen Warenverkehrs zwischen der Deutschen Demokratischen Republik und der Bundesrepublik Deutschland:
 — Weitere Erleichterungen des grenzüberschreitenden Geschenkpaket- und -päckchenverkehrs;
 — weitere Erleichterung des Mitführens nichtkommerzieller Güter im grenzüberschreitenden Reise- und Besucherverkehr;
 — entsprechende Überprüfung der bestehenden Ein- und Ausfuhrbestimmungen;
 — Vereinfachung des Genehmigungsverfahrens für Umzugs- und Erbschaftsgut

<div style="text-align:right">

Mit vorzüglicher Hochachtung
Dr. K o h l

</div>

Bundesminister für besondere Aufgaben
beim Bundeskanzler

<div style="text-align:right">

Bonn, den 21. Dezember 1972

</div>

An den
Staatssekretär
beim Ministerrat der
Deutschen Demokratischen Republik
Herrn Dr. Michael Kohl

Berlin

Sehr geehrter Herr Kohl!

Ich habe die Ehre, den Empfang Ihres Schreibens vom heutigen Tage zu bestätigen, das folgenden Wortlaut hat:

„Anläßlich der heute erfolgten Unterzeichnung des Vertrages über die Grundlagen der Beziehungen zwischen der Deutschen Demokratischen Republik und der Bundesrepublik Deutschland habe ich die Ehre, Ihnen folgendes mitzuteilen:

Die Regierung der Deutschen Demokratischen Republik wird im Zuge der Normalisierung der Beziehungen nach Inkrafttreten des Vertrages Schritte zur Regelung von Fragen auf folgenden Gebieten unternehmen:

1. Lösung von Problemen, die sich aus der Trennung von Familien ergeben.
2. In Fortführung des Briefwechsels vom 26. Mai 1972 Maßnahmen zur weiteren Verbesserung des grenzüberschreitenden Reise- und Besucherverkehrs einschließlich des Tourismus.
3. Verbesserung des nichtkommerziellen Warenverkehrs zwischen der Deutschen Demokratischen Republik und der Bundesrepublik Deutschland:
 — Weitere Erleichterungen des grenzüberschreitenden Geschenkpaket- und -päckchenverkehrs;
 — weitere Erleichterung des Mitführens nichtkommerzieller Güter im grenzüberschreitenden Reise- und Besucherverkehr;

— entsprechende Überprüfung der bestehenden Ein- und Ausfuhrbestimmungen;
— Vereinfachung des Genehmigungsverfahrens für Umzugs- und Erbschaftsgut."

Mit vorzüglicher Hochachtung
B a h r

Quelle: Bundesgesetzblatt, Teil II, 1972, S. 423.

Anmerkung: Aus Platzgründen muß auf die Wiedergabe weiterer in engem Zusammenhang mit dem Vertragswerk stehender Dokumente verzichtet werden. Es handelt sich um:

— Briefwechsel vom 21. Dezember 1972 zur Öffnung weiterer Grenzübergangsstellen
— Briefwechsel vom 21. Dezember 1972 mit dem Wortlaut der Noten der Regierung der Bundesrepublik Deutschland und der Regierung der Deutschen Demokratischen Republik zu Artikel 9 des Vertrages
— Erklärung beider Seiten in bezug auf Berlin (West)
— Denkschrift zum Vertrag über die Grundlagen der Beziehungen zwischen der Bundesrepublik Deutschland und der Deutschen Demokratischen Republik
— Mündliche Vereinbarung über politische Konsultationen bei Vertragsunterzeichnung
— Erklärung zu Protokoll über die Aufgaben der Grenzkommission durch die beiden Delegationsleiter
— Erläuterungen zum Briefwechsel zur Familienzusammenführung, zu Reiseerleichterungen und Verbesserung des nichtkommerziellen Warenverkehrs
— Anlage 1, Aufzählung der Kreise im grenznahen Bereich in der Bundesrepublik Deutschland
— Anlage 2, Aufzählung der Kreise im grenznahen Bereich in der Deutschen Demokratischen Republik
— Briefwechsel zum Post- und Fernmeldewesen
— Erklärung zu Protokoll über den Verwaltungsverkehr durch den Delegationsleiter der DDR
— Briefwechsel über Arbeitsmöglichkeiten für Journalisten
— Erklärung zu Protokoll im Zusammenhang mit dem Briefwechsel über Arbeitsmöglichkeiten von Journalisten
— Erklärung beider Seiten über Ausdehnung der Vereinbarung über Arbeitsmöglichkeiten für Journalisten auf Berlin (West) bei der Paraphierung

I/8 Aus dem Urteil des Bundesverfassungsgerichts vom 31. Juli 1973 zum Grundlagenvertrag — Auszüge

Entscheidungsformel:

Das Gesetz zu dem Vertrag vom 21. Dezember 1972 zwischen der Bundesrepublik Deutschland und der Deutschen Demokratischen Republik über die Grundlagen der Beziehungen zwischen der Bundesrepublik Deutschland und der Deutschen Demokratischen Republik vom 6. Juni

1973 (Bundesgesetzbl. Teil II S. 421) ist in der sich aus den Gründen ergebenden Auslegung mit dem Grundgesetz vereinbar.

Gründe:

A.

. . .

II.

1. Am 28. Mai 1973 hat die Bayerische Staatsregierung gemäß Art. 93 Abs. 1 Nr. 2 GG in Verbindung mit § 13 Nr. 6 und § 76 Nr. 1 BVerfGG beim Bundesverfassungsgericht beantragt festzustellen:

> Das Gesetz zu dem Vertrag vom 21. Dezember 1972 zwischen der Bundesrepublik Deutschland und der Deutschen Demokratischen Republik ist mit dem Grundgesetz nicht vereinbar und deshalb nichtig.

Für die Zulässigkeit bezieht sie sich auf die bisherige Rechtsprechung des Gerichts. Zur Begründetheit ihres Antrags trägt sie im wesentlichen vor: Der Vertrag verstoße gegen das Gebot der Wahrung der staatlichen Einheit Deutschlands. Er beruhe auf der vom Grundgesetz verworfenen Rechtsauffassung vom Untergang des Deutschen Reiches und dem Neuentstehen zweier unabhängiger Staaten auf dem Gebiet des alten Reiches . . .

Der Vertrag verletze auch das grundgesetzliche Wiedervereinigungsgebot. Der Vertrag erkenne die DDR als (mit der BRD) gleichberechtigten, unabhängigen und selbständigen Staat an . . .

Der Vertrag sei außerdem mit den Vorschriften des Grundgesetzes über Berlin unvereinbar: Die Berlinklausel des Vertragsgesetzes unterscheide sich von der üblichen Formel; sie bestimme nur, das Gesetz gelte „soweit sich die Regelungen des Vertragswerks auf das Land Berlin beziehen, auch im Lande Berlin, sofern das Land Berlin die Anwendung dieses Gesetzes feststellt". Danach würden von der Klausel nur die Erklärungen beider Seiten in bezug auf Berlin (West) erfaßt . . .

Der Vertrag verletze schließlich die im Grundgesetz begründete Schutz- und Fürsorgepflicht gegenüber den Deutschen in der Deutschen Demokratischen Republik . . . Jedenfalls dürfe ein Vertrag mit der Deutschen Demokratischen Republik nur abgeschlossen werden, wenn in ihm — gewissermaßen als verfassungsrechtliches Minimum — ein Ausreiserecht für alle Deutschen aus der Deutschen Demokratischen Republik nach der Bundesrepublik Deutschland bindend vereinbart sei . . .

2. Die Bundesregierung hat beantragt, festzustellen

> Das Gesetz vom 6. Juni 1973 zu dem Vertrag vom 21. Dezember 1972 zwischen der Bundesrepublik Deutschland und der Deutschen Demokratischen Republik über die Grundlagen der Beziehungen zwischen der Bundesrepublik Deutschland und der Deutschen Demokratischen Republik ist mit dem Grundgesetz vereinbar.

Zur Begründung hat sie im wesentlichen folgendes vorgetragen:

Nach der bisherigen Rechtsprechung des Bundesverfassungsgerichts zur verfassungsrechtlichen Prüfung völkerrechtlicher Verträge müsse zunächst verlangt werden, daß der Antrag der Bayerischen Staatsregierung schlüssig sei; dazu gehöre, daß er die maßgebenden Erwägungen der Bundesregierung und der parlamentarischen Verhandlungen zur Kenntnis nehme und belege, daß ein Verfassungsverstoß ernstlich in Betracht gezogen werden müsse. Dabei sei im Antrag bereits erkennbar zu berücksichtigen, daß bei der Überprüfung völkerrechtlicher und zwischenstaatlicher Maßnahmen ein hohes Maß an Justitiabilität und Evidenz zu fordern sei. Ent-

spreche ein Antrag diesen unverzichtbaren Erfordernissen nicht, sei vielmehr die von der Bundesregierung und von den gesetzgebenden Körperschaften beobachtete Sorgfalt in der Wahrnehmung des Verfassungsrechts evident, so genüge ein Antrag nicht den an eine eingehende Sachprüfung durch das Bundesverfassungsgericht zu stellenden Anforderungen. Er sei dann offensichtlich oder mindestens eindeutig unbegründet. Er müsse insbesondere scheitern, weil die Bayerische Staatsregierung ihre rein politischen Vorstellungen als Rechtssätze in das Grundgesetz hineininterpretiere, weil sie ihre politischen Wertungen auch bei der Auslegung des Vertrags in einseitiger Weise einführe, weil sie die politische Ausgangslage gänzlich außer Betracht lasse und weil sie die mit dem Vertrag in Übereinstimmung mit den elementaren Zielen des Grundgesetzes verfolgten Absichten entgegen dem eindeutigen Inhalt dieses Vertrags leugne.

Eine Alternative zum Vertrag gebe es nicht. Vergleiche man die Lage nach dem Inkrafttreten des Vertrags mit der Lage, die bestehen würde, wenn er nicht geschlossen worden wäre, so seien seine Vorteile evident. Der Vertrag diene praktisch dem Verfassungsziel der Friedenssicherung, er diene dem Verfassungsziel der Humanität, indem er den Menschen praktische Vorteile bringe, er halte in Übereinstimmung mit dem Grundgesetzgeber am Fortbestand Deutschlands fest, er sei gemäß den Vorstellungen des Grundgesetzgebers ein Dokument für eine Politik, die sich nicht an den Interessen der Bundesrepublik, sondern an den Belangen der ganzen Nation orientiere und er halte die deutsche Frage offen.

Das Grundgesetz enthalte keine Festlegung auf die „Identitätsthese", sondern unterscheide zwischen der Bundesrepublik Deutschland und *Deutschland.* Der Vertrag setze sich auch nicht in Widerspruch mit dem Wiedervereinigungsgebot. Denn die drei Westmächte blieben daran gebunden, den Viermächtevorbehalt auf Deutschland als Ganzes zu beziehen; der Vertrag gebe nicht die Fortexistenz Deutschlands als Rechtssubjekt auf; er vermeide die Qualifizierung der Deutschen Demokratischen Republik als Ausland; er halte fest an der Einheit der deutschen Nation und an der deutschen Staatsangehörigkeit; er enthalte auch keine völkerrechtliche Anerkennung der Deutschen Demokratischen Republik. Mit dem Vertrag sei das politisch Erreichbare erreicht worden. Er verbaue jedoch weder rechtlich noch praktisch die Wiedervereinigung, gleichgültig, in welcher Form sie einmal verwirklicht werden könne. Er bringe aber Verbesserungen sowohl im politischen als auch im menschlichen Bereich und begründe darüber hinaus den Anspruch auf Abkommen, die zu weiteren Verbesserungen führen könnten. Der Vertrag schließe nichts ab, regele nichts endgültig, sondern halte im Gegenteil die Situation für künftige Verbesserungen offen und schaffe die Grundlage dafür.

Der Status Berlins bleibe vom Vertrag unberührt, schon deshalb, weil er durch die Viermächte-Vereinbarung fixiert sei, an der die Vertragsteile nichts zu ändern vermöchten.

Eine Verpflichtung der Bundesregierung, innerhalb des Gebietes der Deutschen Demokratischen Republik für den Schutz und die Fürsorge der Deutschen, die dort ihren ständigen Aufenthalt haben, einzustehen, bestehe nach dem Grundgesetz nicht. An der Schutz- und Fürsorgebefugnis der Bundesorgane für Deutsche im Ausland ändere der Vertrag weder rechtlich noch faktisch etwas. Die Gewährung der Ausreisefreiheit für alle Deutschen aus der Deutschen Demokratischen Republik sei keine verfassungsrechtliche Voraussetzung für Vereinbarungen, die konkreten Verbesserungen in den menschlichen Beziehungen dienen sollen.

3. Dem Gericht lagen u.a. alle Protokolle über die Beratungen der gesetzgebenden Körperschaften vor, die den Vertrag betreffen, außerdem die den Verfahrensbeteiligten in der mündlichen Verhandlung eingeräumten Schriftsätze zu der in der mündlichen Verhandlung vorgelegten Urkunde über den Empfang des Briefes zur deutschen Einheit.

B.

. . .

II.

. . .

2. Maßstab im Normenkontrollverfahren ist das Grundgesetz. Es verbindlich auszulegen, ist Sache des Bundesverfassungsgerichts. Auf dieser Grundlage gibt es kein Spannungsverhältnis zwischen politischer Wirklichkeit und Verfassungsordnung, das behoben werden könnte durch die Überlegung, die geltende Verfassungsordnung könne durch einen Vertrag geändert werden. Er schafft weder materielles Verfassungsrecht, noch kann er zur Auslegung des Grundgesetzes herangezogen werden. Es ist vielmehr umgekehrt: Ein Vertrag, der mit dem geltenden Verfassungsrecht in Widerspruch steht, kann verfassungsrechtlich nur durch eine entsprechende Verfassungsänderung mit dem Grundgesetz in Einklang gebracht werden.

Dies vorausgesetzt, gilt auch für die verfassungsrechtliche Prüfung eines Vertrags der Grundsatz, den das Bundesverfassungsgericht in Rücksicht auf die Verantwortung der anderen Verfassungsorgane im freiheitlich-demokratischen Rechtsstaat des Grundgesetzes allgemein entwickelt hat: Daß unter mehreren möglichen Auslegungen die Auslegung zu wählen ist, nach der der Vertrag vor dem Grundgesetz Bestand hat (vgl. BVerfGE 4, 157 [168]). Zu den gerade in der Verbindung mit der verfassungsrechtlichen Prüfung von Verträgen bedeutsamen Auslegungsgrundsätzen gehört außerdem, daß bei der Auslegung von Verfassungsbestimmungen, die sich auf Beziehungen der Bundesrepublik mit anderen Staaten beziehen, deren schrankensetzender, also Spielraum für die politische Gestaltung lassender Charakter nicht außer Betracht bleiben darf. In dieser Begrenzung setzt das Grundgesetz jeder politischen Macht, auch im Bereich der auswärtigen Politik, rechtliche Schranken; das ist das Wesen einer rechtsstaatlichen Ordnung, wie sie das Grundgesetz konstituiert hat. Die Durchsetzung dieser Verfassungsordnung obliegt letztverbindlich dem Bundesverfassungsgericht. Der Grundsatz des judicial self-restraint, den sich das Bundesverfassungsgericht auferlegt, bedeutet nicht eine Verkürzung oder Abschwächung seiner eben dargelegten Kompetenz, sondern den Verzicht, „Politik zu treiben", d. h. in den von der Verfassung geschaffenen und begrenzten Raum freier politischer Gestaltung einzugreifen. Er zielt also darauf ab, den von der Verfassung für die anderen Verfassungsorgane garantierten Raum freier politischer Gestaltung offenzuhalten . . .

III.

Der Vertrag regelt die *Grundlagen* der Beziehungen zwischen der Bundesrepublik Deutschland und der Deutschen Demokratischen Republik. Seine Beurteilung macht erforderlich, sich mit den Aussagen des Grundgesetzes über den Rechtsstatus Deutschlands auseinanderzusetzen:

1. Das Grundgesetz — nicht nur eine These der Völkerrechtslehre und der Staatsrechtslehre! — geht davon aus, daß das Deutsche Reich den Zusammenbruch 1945 überdauert hat und weder mit der Kapitulation noch durch Ausübung fremder Staatsgewalt in Deutschland durch die alliierten Okkupationsmächte, noch später untergegangen ist; das ergibt sich aus der Präambel, aus Art. 16, Art. 23, Art. 116 und Art. 146 GG. Das entspricht auch der ständigen Rechtsprechung des Bundesverfassungsgerichts, an der der Senat festhält. Das Deutsche Reich existiert fort (BVerfGE 2, 266 [277]; 3, 288 [319 f.]; 5, 85 [126]; 6, 309 [336, 363]), besitzt nach wie vor Rechtsfähigkeit, ist allerdings als Gesamtstaat mangels Organisation, insbesondere mangels institutionalisierter Organe, selbst nicht handlungsfähig. Im Grundgesetz ist auch die Auffassung vom gesamtdeutschen Staatsvolk und von der gesamtdeutschen Staatsgewalt „verankert"

(BVerfGE 2, 266 [277]). Verantwortung für „Deutschland als Ganzes" tragen — auch — die vier Mächte (BVerfGE 1, 351 [362 f., 367]).

Mit der Errichtung der Bundesrepublik Deutschland wurde nicht ein neuer westdeutscher Staat gegründet, sondern ein Teil Deutschlands neu organisiert (vgl. Carlo Schmid in der 6. Sitzung des Parlamentarischen Rates — StenBer. S. 70). Die Bundesrepublik Deutschland ist also nicht „Rechtsnachfolger" des Deutschen Reiches, sondern als Staat identisch mit dem Staat „Deutsches Reich" — in bezug auf seine räumliche Ausdehnung allerdings „teilidentisch", so daß insoweit die Identität keine Ausschließlichkeit beansprucht . . .

2. Zum Wiedervereinigungsgebot und Selbstbestimmungsrecht, das im Grundgesetz enthalten ist, hat das Bundesverfassungsgericht bisher erkannt, und daran hält der Senat fest: Dem Vorspruch des Grundgesetzes kommt nicht nur politische Bedeutung zu, er hat auch rechtlichen Gehalt. Die Wiedervereinigung ist ein verfassungsrechtliches Gebot. Es muß jedoch den zu politischem Handeln berufenen Organen der Bundesrepublik überlassen bleiben zu entscheiden, welche Wege sie zur Herbeiführung der Wiedervereinigung als politisch richtig und zweckmäßig ansehen. Die Verfassungsorgane, denen im Grundgesetz auch der Schutz der freiheitlich-demokratischen Grundordnung und ihrer Institutionen zur Pflicht gemacht ist, haben zu entscheiden, ob eine bestimmte, sonst verfassungsmäßige Maßnahme die Wiedervereinigung rechtlich hindern oder faktisch unmöglich machen würde und aus diesem Grunde unterbleiben müßte. Ein breiter Raum politischen Ermessens besteht hier besonders für die Gesetzgebungsorgane. Das Bundesverfassungsgericht kann dem Gesetzgeber erst entgegentreten, wenn er die Grenzen des Ermessens eindeutig überschreitet, wenn seine Maßnahme also rechtlich oder tatsächlich einer Wiedervereinigung in Freiheit offensichtlich entgegensteht (BVerfGE 5, 85 [126 ff.]; 12, 45 [51 f.]) . . .

Zur *politischen* These vom „Alleinvertretungsanspruch" hat sich das Bundesverfassungsgericht niemals geäußert. Es hatte und hat auch jetzt keinen Anlaß zu prüfen und zu entscheiden, ob sich aus dem Grundgesetz rechtlich ein *Allein*vertretungsanspruch der Bundesrepublik Deutschland für Gesamtdeutschland begründen läßt.

3. Der Vertrag kann so interpretiert werden, daß er mit keiner der dargelegten Aussagen des Grundgesetzes in Widerspruch gerät. Keine amtliche Äußerung innerhalb der Bundesrepublik Deutschland kann dahin verstanden werden, daß sie bei der Interpretation des Vertrags diesen verfassungsrechtlichen Boden verlassen hat oder verläßt . . .

V.

Im einzelnen ist zur verfassungsrechtlichen Beurteilung des Vertrags noch folgendes auszuführen:

1. Wie oben dargelegt, setzt das Wiedervereinigungsgebot des Grundgesetzes der Gestaltungsfreiheit der Staatsorgane verfassungsrechtliche Grenzen: Es darf keine Rechtsposition aus dem Grundgesetz, die der Wiedervereinigung auf der Grundlage der freien Selbstbestimmung des deutschen Volkes dienlich ist, aufgegeben werden, und es darf andererseits kein mit dem Grundgesetz unvereinbares Rechtsinstrument unter Beteiligung der Verfassungsorgane der Bundesrepublik Deutschland geschaffen werden, das der Bemühung der Bundesregierung um Wiedervereinigung entgegengehalten werden kann. In diesem Zusammenhang hat der Brief der Bundesregierung zur deutschen Einheit an die Regierung der Deutschen Demokratischen Republik seine Bedeutung: Nach dem Ergebnis der mündlichen Verhandlung vom 19. Juni 1973 steht fest, daß der wesentliche Inhalt des Briefes vor Abschluß der Verhandlungen angekündigt und der Brief der Gegenseite unmittelbar vor Unterzeichnung des Vertrags zugestellt worden ist. In

ihm ist festgehalten, daß der Vertrag nicht in Widerspruch steht „zu dem politischen Ziel der Bundesrepublik Deutschland, auf einen Zustand des Friedens in Europa hinzuwirken, in dem das deutsche Volk in freier Selbstbestimmung seine Einheit wiedererlangt" . . . In der Präambel des Vertrags heißt es: „unbeschadet der unterschiedlichen Auffassungen der Bundesrepublik Deutschland und der Deutschen Demokratischen Republik zu grundsätzlichen Fragen, darunter zur nationalen Frage". Die „nationale Frage" ist für die Bundesrepublik Deutschland konkreter das Wiedervereinigungsgebot des Grundgesetzes, das auf die „Wahrung der staatlichen Einheit des deutschen Volkes" geht. Die Präambel, so gelesen, ist ein entscheidender Satz zur Auslegung des ganzen Vertrages: Er steht mit dem grundgesetzlichen Wiedervereinigungsgebot nicht in Widerspruch. Die Bundesregierung verliert durch den Vertrag nicht den Rechtstitel, überall im internationalen Verkehr, auch gegenüber der Deutschen Demokratischen Republik, nach wie vor die staatliche Einheit des deutschen Volkes im Wege seiner freien Selbstbestimmung fordern zu können . . .

2. In Art. 3 Abs. 2 des Vertrags bekräftigen die vertragschließenden Teile „die Unverletzlichkeit der zwischen ihnen bestehenden Grenze jetzt und in der Zukunft und verpflichten sich zur uneingeschränkten Achtung ihrer territorialen Integrität". Es gibt Grenzen verschiedener rechtlicher Qualität: Verwaltungsgrenzen, Demarkationsgrenzen, Grenzen von Interessensphären, eine Grenze des Geltungsbereichs des Grundgesetzes, die Grenzen des Deutschen Reiches nach dem Stand vom 31. Dezember 1937, staatsrechtliche Grenzen und hier wiederum solche, die den Gesamtstaat einschließen, und solche, die innerhalb eines Gesamtstaates Gliedstaaten (z. B. die Länder der Bundesrepublik Deutschland) voneinander trennen. Daß in Artikel 3 Abs. 2 eine *staatsrechtliche* Grenze gemeint ist, ergibt sich unzweideutig aus dem übrigen Inhalt des Vertrags (Art. 1, 2, 3 Abs. 1, 4, 6). Für die Frage, ob die Anerkennung der Grenze zwischen den beiden Staaten als *Staats*grenze mit dem Grundgesetz vereinbar ist, ist entscheidend die Qualifizierung als staatsrechtliche Grenze zwischen zwei Staaten, deren „Besonderheit" ist, daß sie auf dem Fundament des noch existierenden Staates „Deutschland als Ganzes" existieren, daß es sich also um eine staatsrechtliche Grenze handelt ähnlich denen, die zwischen den Ländern der Bundesrepublik Deutschland verlaufen. Mit dieser Qualifizierung der Grenze ist einerseits vereinbar die Abrede, daß die beiden Staaten „normale gutnachbarliche Beziehungen zueinander auf der Grundlage der Gleichberechtigung" entwickeln (Art. 1 des Vertrags), die Abrede, wonach beide Staaten sich von dem Prinzip der „souveränen Gleichheit aller Staaten", das in der Charta der Vereinten Nationen niedergelegt ist, leiten lassen (Art. 2 des Vertrags), und die Abrede, daß beide Staaten von dem Grundsatz ausgehen, daß die Hoheitsgewalt jedes der beiden Staaten sich auf sein Staatsgebiet beschränkt und daß sie die Unabhängigkeit und Selbständigkeit jedes der beiden Staaten in seinen inneren und äußeren Angelegenheiten respektieren (Art. 6 des Vertrags). Andererseits trägt diese Qualifizierung der Staatsgrenze in Art. 3 Abs. 2 des Vertrags dem Anspruch des Grundgesetzes Rechnung, daß die nationale Frage, das ist die Forderung nach Erreichung der staatlichen Einheit des deutschen Volkes, offenbleibt . . .

4. Art. 23 GG bestimmt: „Dieses Grundgesetz gilt *zunächst* im Gebiet der Länder . . . *In anderen Teilen Deutschlands* ist es nach deren Beitritt in Kraft zu setzen." Daß diese Bestimmung in einem inneren Zusammenhang mit dem Wiedervereinigungsgebot steht, liegt auf der Hand. Doch darauf kommt es hier nicht an. Die Bestimmung hat ihre *eigene* Bedeutung und gehört nach ihrem Inhalt zu den zentralen Vorschriften, die dem Grundgesetz ihr besonderes Gepräge geben. Sie besagt, daß sich diese Bundesrepublik Deutschland als gebietlich unvollständig versteht, daß sie, sobald es möglich ist und die Bereitschaft anderer Teile Deutschlands zum Beitritt vorliegt, von sich aus kraft dieser Verfassungsbestimmung das dazu Nötige zu tun verpflichtet ist und daß sie erst „vollständig" das ist, was sie sein will, wenn die anderen Teile Deutschlands ihr angehören. Dieses „rechtlich Offensein" gegenüber dem erstrebten Zuwachs liegt spezifisch

darin, daß sie, die Bundesrepublik, rechtlich allein Herr der Entschließung über die Aufnahme der anderen Teile ist, sobald diese sich dafür entschieden haben beizutreten. Diese Vorschrift verbietet also, daß sich die Bundesregierung *vertraglich in eine Abhängigkeit begibt,* nach der sie rechtlich nicht mehr *allein,* sondern nur noch im Einverständnis mit dem Vertragspartner die Aufnahme verwirklichen kann. Das ist etwas anderes als die *politische,* die faktische Abhängigkeit jeder Bundesregierung, derzeit Gelegenheit zur Aufnahme eines weiteren Teils Deutschlands nur zu haben, wenn die inzwischen anderweit staatlich organisierten Teile Deutschlands nach deren Verfassungsrecht die Voraussetzung für eine „Aufnahme" schaffen. Art. 23 GG ist weder durch die politische Entwicklung überholt noch sonst aus irgendeinem Grund rechtlich obsolet geworden. Er gilt unverändert fort. „Andere Teile Deutschlands" haben allerdings mittlerweile in der Deutschen Demokratischen Republik ihre Staatlichkeit gefunden. In dieser Weise organisiert, können sie ihren Willen zur Vereinigung mit der Bundesrepublik (ihren „Beitritt") nur in der Form äußern, die ihre Verfassung zuläßt. Die Voraussetzung für die Realisierung des Beitritts ist also ein staatsrechtlicher Vorgang in der Deutschen Demokratischen Republik, der einem rechtlichen Einfluß durch die Bundesrepublik nicht zugänglich ist. Das berührt jedoch nicht die beschriebene, in Art. 23 GG enthaltene Verfassungspflicht, den anderen Teilen Deutschlands den Beitritt offenzuhalten. Und daran hat auch der Vertrag nichts geändert. Anders ausgedrückt: Die im Vertrag hingenommene Abhängigkeit vom Rechtswillen der Deutschen Demokratischen Republik bei der Realisierung der Aufnahme anderer Teile Deutschlands ist nichts weiter als eine Bestätigung dessen, was ohnehin rechtens ist, nachdem andere Teile Deutschlands sich in einem Staat Deutsche Demokratische Republik organisiert haben . . .

7. Aus der dargelegten besonderen Natur des Vertrags folgt, daß der Vertrag auch nicht unvereinbar ist mit der nach dem Grundgesetz der Bundesregierung aufgegebenen Pflicht, allen Deutschen im Sinne des Art. 116 Abs. 1 GG Schutz und Fürsorge angedeihen zu lassen. Sie ist nach wie vor befugt, innerhalb des Geltungsbereichs des Grundgesetzes, durch alle ihre diplomatischen Vertretungen und in allen internationalen Gremien, deren Mitglied sie ist, ihre Stimme zu erheben, ihren Einfluß geltend zu machen und einzutreten für die Interessen der deutschen Nation, zum Schutz der Deutschen im Sinne des Art. 116 Abs. 1 GG und Hilfe zu leisten auch jedem einzelnen von ihnen, der sich an eine Dienststelle der Bundesrepublik Deutschland wendet mit der Bitte um wirksame Unterstützung in der Verteidigung seiner Rechte, insbesondere seiner Grundrechte. Hier gibt es für die Bundesrepublik Deutschland auch künftig keinen rechtlichen Unterschied zwischen den Bürgern der Bundesrepublik Deutschland und „den anderen Deutschen". Das Eigentümliche dieses Vertrags liegt gerade darin, daß er *selbst* als „Grundlagenvertrag" *neben* den Rechtsgrundlagen, die schon vorher das rechtlich besondere Verhältnis zwischen Bundesrepublik Deutschland und Deutscher Demokratischer Republik begründet haben — die Rechtslage des nicht untergegangenen, aber nicht organisierten Gesamtdeutschlands und die Viermächte-Verantwortung für dieses Deutschland als Ganzes —, eine zusätzliche neue Rechtsgrundlage bildet, die die beiden Staaten in Deutschland enger als normale völkerrechtliche Verträge zwischen zwei Staaten aneinander binden.

8. Der Vertrag ändert nichts an der Rechtslage Berlins, wie sie seit je von Bundestag, Bundesrat und Bundesregierung, den Ländern der Bundesrepublik und dem Bundesverfassungsgericht gemeinsam unter Berufung auf das Grundgesetz verteidigt worden ist. Das Grundgesetz verpflichtet auch für die Zukunft alle Verfassungsorgane in Bund und Ländern, diese Rechtsposition ohne Einschränkung geltend zu machen und dafür einzutreten. Nur in diesem Kontext dürfen die Erklärungen beider Seiten in bezug auf Berlin (West) ausgelegt und verstanden werden . . .

9. Alles, was bisher zur Auslegung des Vertragswerks ausgeführt worden ist, gilt sinngemäß auch für den Abschluß der im Zusatzprotokoll zu Artikel 7 vorgesehenen und der sonst zur Ausfüllung des Vertrags noch denkbaren Folgeverträge und -vereinbarungen mit der Deutschen Demokratischen Republik. Das bedeutet beispielsweise:

. . .

b) Was Fernsehen und Rundfunk angeht, die in der Programmgestaltung staatsunabhängig sind, ist klarzustellen, daß sich daran auch nach dem Vertrag nichts ändert, daß insbesondere der Vertrag keine Rechtsgrundlage dafür abgibt, durch entsprechende gesetzliche oder verwaltungsmäßige Maßnahmen Sendungen, die der Deutschen Demokratischen Republik unerwünscht sind, zu unterbinden. Was immer in der Bundesrepublik Deutschland innerhalb der allgemeinen anstaltseigenen Richtlinien und im Rahmen der bestehenden Anstaltsorganisationsgesetze ausgestrahlt wird, kann nicht als mit dem Vertrag unvereinbar angesehen werden; erst recht nicht darf die Bundesrepublik Deutschland sich in eine Vereinbarung einlassen, durch die diese Freiheit der Anstalten eingeschränkt wird. . . .

c) Entsprechendes gilt für das Grundrecht der Vereinigungsfreiheit. Auch die Bildung von Vereinigungen, die der anderen Seite wegen ihres Programms unerwünscht sind, kann, solange sie sich an die grundgesetzliche Ordnung halten, nicht an die Zügel genommen werden, wenn der Vertragspartner ihre Ziele und Propaganda als mit dem Inhalt und Geist der Verträge unvereinbar angreift und verlangt, daß sie wegen angeblicher Einmischung in innere Verhältnisse der Deutschen Demokratischen Republik verboten werden.

d) Ebensowenig darf der Vertrag dahin verstanden werden, daß er die Bundesregierung und alle übrigen Organe in Bund und Ländern von der verfassungsmäßigen Pflicht entbinde, das öffentliche Bewußtsein nicht nur für die bestehenden Gemeinsamkeiten, sondern auch dafür wachzuhalten, welche weltanschaulichen, politischen und sozialen Unterschiede zwischen der Lebens- und Rechtsordnung der Bundesrepublik Deutschland und der Lebens- und Rechtsordnung der Deutschen Demokratischen Republik bestehen . . .

VI.

Abschließend bedarf es zur Klarstellung der Bedeutung dieser Begründung des Urteils noch folgender Bemerkungen:

1. Die vorstehende Begründung behandelt den Vertrag wie ein vom Bundesgesetzgeber erlassenes Gesetz, läßt also beiseite, daß es auch spezifische Grenzen für die *Vertrags*auslegung gibt. Ihnen ist Rechnung getragen durch die Überlegung: Alle Ausführungen zur verfassungskonformen Auslegung des Vertrags lassen sich zurückführen auf den *einen* Grunddissens, den der Vertrag selbst in der Präambel offenlegt; die Vertragschließenden sind sich einig, daß sie über die „nationale Frage" nicht einig sind; wörtlich heißt es: „unbeschadet der unterschiedlichen Auffassungen der Bundesrepublik Deutschland und der Deutschen Demokratischen Republik zu grundsätzlichen Fragen, darunter zur nationalen Frage". Es entspricht also in diesem Fall den besonderen Regeln über die Auslegung von Verträgen, wenn das Urteil aus diesem Dissens für die Auslegung des Vertrags alle Konsequenzen zieht, die die Bundesrepublik Deutschland als Vertragspartner nach dem Recht des Grundgesetzes für sich in Anspruch nehmen muß.

2. Aus dem bisher Dargelegten ergibt sich, daß der Vertrag als ein Vertrag, der auf Ausfüllung angelegt ist, rechtlich außerordentlich bedeutsam ist nicht nur durch seine Existenz und durch seinen Inhalt, sondern vor allem auch als Rahmen für die künftigen Folgeverträge. Alle Ausführungen der Urteilsbegründung, auch die, die sich nicht ausschließlich auf den Inhalt des Vertrags selbst beziehen, sind nötig, also im Sinne der Rechtsprechung des Bundesverfassungsgerichts Teil der die Entscheidung tragenden Gründe.

3. Die Deutsche Demokratische Republik hatte vor Inkraftsetzen des Vertrags (20. Juni 1973) volle Kenntnis von dem beim Bundesverfassungsgericht anhängigen Verfahren, von der Kompetenz des Bundesverfassungsgerichts, von der Bindung der Bundesregierung und aller Verfassungsorgane, Gerichte und Behörden des Bundes und der Länder an die Entscheidungen des Bundesverfassungsgerichts, kannte die rechtlichen Darlegungen der Bundesregierung im Gesetzgebungsverfahren, die in der Substanz mit der durch dieses Urteil verbindlich gewordenen Rechtsauffassung nicht in Widerspruch stehen, und den vollen, im Bundesgesetzblatt veröffentlichten Text des Vertraggesetzes einschließlich des schon bei der Paraphierung des Vertrags angekündigten Briefes zur deutschen Einheit und war von der Bundesregierung — ohne daß ihr von der anderen Seite widersprochen wurde — immer wieder darauf hingewiesen worden, daß sie den Vertrag nur abschließen könne so, wie er mit dem Grundgesetz vereinbar sei. Diese Umstände sind geeignet, auch in der völkerrechtlichen Auseinandersetzung, insbesondere auch gegenüber dem Vertragspartner, dem Vertrag die Auslegung zu geben, die nach dem Grundgesetz erforderlich ist. Das steht im Einklang mit einem Satz des allgemeinen Völkergewohnheitsrechts, der in der Staatenpraxis Bedeutung hat, wenn es darum geht, ob ausnahmsweise ein Vertragteil sich dem anderen gegenüber darauf berufen kann, dieser hätte erkennen können und müssen, daß dem Vertrag in einer bestimmten Auslegung das innerstaatliche Verfassungsrecht entgegensteht.

Quelle: Entscheidungen des Bundesverfassungsgerichts, Band 36, 1974, S. 1 ff.

I/9 Vertrag über die Schaffung einer Währungs-, Wirtschafts- und Sozialunion zwischen der Bundesrepublik Deutschland und der Deutschen Demokratischen Republik vom 18. Mai 1990 — Auszüge

Die Hohen Vertragschließenden Seiten —

dank der Tatsache, daß in der Deutschen Demokratischen Republik im Herbst 1989 eine friedliche und demokratische Revolution stattgefunden hat,

entschlossen, in Freiheit die Einheit Deutschlands in einer europäischen Friedensordnung alsbald zu vollenden,

in dem gemeinsamen Willen, die Soziale Marktwirtschaft als Grundlage für die weitere wirtschaftliche und gesellschaftliche Entwicklung mit sozialem Ausgleich und sozialer Absicherung und Verantwortung gegenüber der Umwelt auch in der Deutschen Demokratischen Republik einzuführen und hierdurch die Lebens- und Beschäftigungsbedingungen ihrer Bevölkerung stetig zu verbessern,

ausgehend von dem beiderseitigen Wunsch, durch die Schaffung einer Währungs-, Wirtschafts- und Sozialunion einen ersten bedeutsamen Schritt in Richtung auf die Herstellung der staatlichen Einheit nach Artikel 23 des Grundgesetzes der Bundesrepublik Deutschland als Beitrag zur europäischen Einigung unter Berücksichtigung der Tatsache zu unternehmen, daß die äußeren Aspekte der Herstellung der Einheit Gegenstand der Gespräche mit den Regie-

rungen der Französischen Republik, der Union der Sozialistischen Sowjetrepubliken, des Vereinigten Königreichs Großbritannien und Nordirland und der Vereinigten Staaten von Amerika sind,

in der Erkenntnis, daß mit der Herstellung der staatlichen Einheit die Entwicklung föderativer Strukturen in der Deutschen Demokratischen Republik einhergeht,

in dem Bewußtsein, daß die Regelungen dieses Vertrags die Anwendung des Rechts der Europäischen Gemeinschaften nach Herstellung der staatlichen Einheit gewährleisten sollen —

sind übereingekommen, einen Vertrag über die Schaffung einer Währungs-, Wirtschafts- und Sozialunion mit den nachfolgenden Bestimmungen zu schließen:

Kapitel I

Grundlagen

Artikel 1

Gegenstand des Vertrags

(1) Die Vertragsparteien errichten eine Währungs-, Wirtschafts- und Sozialunion.

(2) Die Vertragsparteien bilden beginnend mit dem 1. Juli 1990 eine Währungsunion mit einem einheitlichen Währungsgebiet und der Deutschen Mark als gemeinsamer Währung. Die Deutsche Bundesbank ist die Währungs- und Notenbank dieses Währungsgebiets. Die auf Mark der Deutschen Demokratischen Republik lautenden Verbindlichkeiten und Forderungen werden nach Maßgabe dieses Vertrags auf Deutsche Mark umgestellt.

(3) Grundlage der Wirtschaftsunion ist die Soziale Marktwirtschaft als gemeinsame Wirtschaftsordnung beider Vertragsparteien. Sie wird insbesondere bestimmt durch Privateigentum, Leistungswettbewerb, freie Preisbildung und grundsätzlich volle Freizügigkeit von Arbeit, Kapital, Gütern und Dienstleistungen; hierdurch wird die gesetzliche Zulassung besonderer Eigentumsformen für die Beteiligung der öffentlichen Hand oder anderer Rechtsträger am Wirtschaftsverkehr nicht ausgeschlossen, soweit private Rechtsträger dadurch nicht diskriminiert werden. Sie trägt den Erfordernissen des Umweltschutzes Rechnung.

(4) Die Sozialunion bildet mit der Währungs- und Wirtschaftsunion eine Einheit. Sie wird insbesondere bestimmt durch eine der Sozialen Marktwirtschaft entsprechende Arbeitsrechtsordnung und ein auf den Prinzipien der Leistungsgerechtigkeit und des sozialen Ausgleichs beruhendes umfassendes System der sozialen Sicherung.

Artikel 2

Grundsätze

(1) Die Vertragsparteien bekennen sich zur freiheitlichen, demokratischen, föderativen, rechtsstaatlichen und sozialen Grundordnung. Zur Gewährleistung der in diesem Vertrag oder in Ausführung dieses Vertrags begründeten Rechte garantieren sie insbesondere die Vertragsfreiheit, Gewerbe-, Niederlassungs- und Berufsfreiheit, die Freizügigkeit von Deutschen in dem gesamten Währungsgebiet, die Freiheit, zur Wahrung und Förderung der Arbeits- und Wirtschaftsbedingungen Vereinigungen zu bilden, sowie nach Maßgabe der Anlage IX das Eigentum privater Investoren an Grund und Boden sowie an Produktionsmitteln.

(2) Entgegenstehende Vorschriften der Verfassung der Deutschen Demokratischen Republik über die Grundlagen ihrer bisherigen sozialistischen Gesellschafts- und Staatsordnung werden nicht mehr angewendet.

Artikel 3

Rechtsgrundlagen

Für die Errichtung der Währungsunion und die Währungsumstellung gelten die in der Anlage I aufgeführten vereinbarten Bestimmungen. Bis zur Errichtung der Währungsunion werden die in der Anlage II bezeichneten Rechtsvorschriften der Bundesrepublik Deutschland auf den Gebieten des Währungs-, Kredit-, Geld- und Münzwesens sowie der Wirtschafts- und Sozialunion in der Deutschen Demokratischen Republik in Kraft gesetzt; danach gelten sie in der jeweiligen Fassung im gesamten Währungsgebiet nach Maßgabe der Anlage II, soweit sich aus diesem Vertrag nichts anderes ergibt. Die Deutsche Bundesbank, das Bundesaufsichtsamt für das Kreditwesen und das Bundesaufsichtsamt für das Versicherungswesen üben die ihnen nach diesem Vertrag und nach diesen Rechtsvorschriften zustehenden Befugnisse im gesamten Geltungsbereich dieses Vertrags aus.

Artikel 4

Rechtsanpassung

(1) Für die mit der Errichtung der Währungs-, Wirtschafts- und Sozialunion erforderliche Rechtsanpassung in der Deutschen Demokratischen Republik gelten die in Artikel 2 Absatz 1 niedergelegten Grundsätze und die im Gemeinsamen Protokoll vereinbarten Leitsätze; fortbestehendes Recht ist gemäß diesen Grund- und Leitsätzen auszulegen und anzuwenden. Die Deutsche Demokratische Republik hebt bis zur Errichtung der Währungsunion die in der Anlage III bezeichneten Vorschriften auf oder ändert sie und erläßt die in der Anlage IV bezeichneten neuen Rechtsvorschriften, soweit nicht im Vertrag oder in den Anlagen ein anderer Zeitpunkt festgelegt ist.

(2) Die in der Bundesrepublik Deutschland beabsichtigten Änderungen von Rechtsvorschriften sind in der Anlage V aufgeführt. Die in der Deutschen Demokratischen Republik beabsichtigten Regelungen sind in der Anlage VI aufgeführt.

(3) Bei der Übermittlung personenbezogener Informationen gelten die in der Anlage VII enthaltenen Grundsätze.

Artikel 5

Amtshilfe

Die Behörden der Vertragsparteien leisten sich nach Maßgabe des innerstaatlichen Rechts bei der Durchführung dieses Vertrags Amtshilfe. Artikel 32 bleibt unberührt.

Artikel 6

Rechtsschutz

(1) Wird jemand durch die öffentliche Gewalt in seinen durch diesen Vertrag oder in Ausführung dieses Vertrags gewährleisteten Rechten verletzt, so steht ihm der Rechtsweg zu den Gerichten offen. Soweit eine andere Zuständigkeit nicht begründet ist, ist der ordentliche Rechtsweg gegeben.

(2) Die Deutsche Demokratische Republik gewährleistet gerichtlichen Rechtsschutz einschließlich eines effektiven einstweiligen Rechtsschutzes. Soweit für öffentlich-rechtliche Streitigkeiten keine besonderen Gerichte bestehen, werden Spezialspruchkörper bei den ordentlichen Gerichten eingerichtet. Die Zuständigkeit für diese Streitigkeiten wird bei bestimmten Kreis- und Bezirksgerichten konzentriert.

(3) Bis zum Aufbau einer besonderen Arbeitsgerichtsbarkeit werden Rechtsstreitigkeiten zwischen Arbeitgebern und Arbeitnehmern aus dem Arbeitsverhältnis von neutralen Schiedsstellen entschieden, die paritätisch mit Arbeitgebern und Arbeitnehmern sowie einem neutralen Vorsitzenden zu besetzen sind. Gegen ihre Entscheidung können die staatlichen Gerichte angerufen werden.

(4) Die Deutsche Demokratische Republik läßt eine freie Schiedsgerichtsbarkeit auf dem Gebiet des Privatrechts zu.

Artikel 7

Schiedsgericht

(1) Streitigkeiten über die Auslegung oder Anwendung dieses Vertrags einschließlich des Gemeinsamen Protokolls und der Anlagen werden durch die Regierungen der beiden Vertragsparteien im Verhandlungswege beigelegt.

(2) Kann eine Streitigkeit auf diese Weise nicht beigelegt werden, so kann jede Vertragspartei die Streitigkeit einem Schiedsgericht zur Entscheidung vorlegen. Die Vorlage ist unabhängig davon zulässig, ob in der Angelegenheit gemäß Artikel 6 ein staatliches Gericht zuständig ist.

(3) Das Schiedsgericht setzt sich aus einem Präsidenten und vier Mitgliedern zusammen. Innerhalb einer Frist von einem Monat nach Inkrafttreten dieses Vertrags ernennt die Regierung einer jeden Vertragspartei zwei ordentliche und zwei stellvertretende Mitglieder. Innerhalb der gleichen Frist werden der Präsident und der Stellvertreter des Präsidenten im Einvernehmen zwischen den Regierungen der beiden Vertragsparteien ernannt. Werden die in Satz 2 und 3 genannten Fristen nicht eingehalten, so werden die erforderlichen Ernennungen vom Präsidenten des Gerichtshofs der Europäischen Gemeinschaften vorgenommen.

(4) Die Amtszeit beträgt zwei Jahre.

(5) Der Präsident und die Mitglieder des Schiedsgerichts üben ihr Amt unabhängig und frei von Weisungen aus. Vor Beginn ihrer Tätigkeit übernehmen der Präsident und die Mitglieder des Schiedsgerichts die Verpflichtung, ihre Aufgabe unabhängig und gewissenhaft zu erfüllen und das Beratungsgeheimnis zu wahren.

(6) Die Bestimmungen über die Einberufung und das Verfahren des Schiedsgerichts sind in der Anlage VIII geregelt.

Artikel 8

Gemeinsamer Regierungsausschuß

Die Vertragsparteien bilden einen Gemeinsamen Regierungsausschuß. Sie werden in diesem Ausschuß Fragen der Durchführung des Vertrags erörtern und — soweit erforderlich — das notwendige Einvernehmen herstellen. Zu den Aufgaben des Ausschusses gehört auch die Beilegung von Streitigkeiten gemäß Artikel 7 Absatz 1.

Artikel 9

Vertragsänderungen

Erscheinen Änderungen oder Ergänzungen dieses Vertrags erforderlich, um eines seiner Ziele zu verwirklichen, so werden sie zwischen den Regierungen der Vertragsparteien vereinbart.

Kapitel II

Bestimmungen über die Währungsunion

Artikel 10

Voraussetzungen und Grundsätze

(1) Durch die Errichtung einer Währungsunion zwischen den Vertragsparteien ist die Deutsche Mark Zahlungsmittel, Rechnungseinheit und Wertaufbewahrungsmittel im gesamten Währungsgebiet. Zu diesem Zweck wird die geldpolitische Verantwortung der Deutschen Bundesbank als alleiniger Emissionsbank dieser Währung auf das gesamte Währungsgebiet ausgeweitet. Das Recht zur Ausgabe von Münzen obliegt ausschließlich der Bundesrepublik Deutschland.

(2) Die Nutzung der Vorteile der Währungsunion setzt einen stabilen Geldwert für die Wirtschaft der Deutschen Demokratischen Republik voraus, ebenso muß die Währungsstabilität in der Bundesrepublik Deutschland gewährleistet bleiben. Die Vertragsparteien wählen deshalb Umstellungsmodalitäten, die keine Inflationsimpulse im Gesamtbereich der Währungsunion entstehen lassen und gleichzeitig die Wettbewerbsfähigkeit der Unternehmen in der Deutschen Demokratischen Republik stärken.

(3) Die Deutsche Bundesbank regelt durch den Einsatz ihrer Instrumente in eigener Verantwortung, gemäß § 12 Bundesbankgesetz unabhängig von Weisungen der Regierungen der Vertragsparteien, den Geldumlauf und die Kreditversorgung im gesamten Währungsgebiet mit dem Ziel, die Währung zu sichern.

(4) Voraussetzung für die monetäre Steuerung ist, daß die Deutsche Demokratische Republik ein marktwirtschaftliches Kreditsystem aufbaut. Dazu gehört ein nach privatwirtschaftlichen Grundsätzen operierendes Geschäftsbankensystem im Wettbewerb privater, genossenschaftlicher und öffentlich-rechtlicher Banken, ein freier Geld- und Kapitalmarkt und eine nicht reglementierte Zinsbildung an den Finanzmärkten.

(5) Um die in den Absätzen 1 bis 4 bezeichneten Ziele zu erreichen, vereinbaren die Vertragsparteien nach näherer Maßgabe der in der Anlage I niedergelegten Bestimmungen folgende Grundsätze für die Währungsunion:

— Mit Wirkung vom 1. Juli 1990 wird die Deutsche Mark als Währung in der Deutschen Demokratischen Republik eingeführt. Die von der Deutschen Bundesbank ausgegebenen, auf Deutsche Mark lautenden Banknoten und die von der Bundesrepublik Deutschland ausgegebenen, auf Deutsche Mark oder Pfennig lautenden Bundesmünzen sind vom 1. Juli 1990 an alleiniges gesetzliches Zahlungsmittel.

— Löhne, Gehälter, Stipendien, Renten, Mieten und Pachten sowie weitere wiederkehrende Zahlungen werden im Verhältnis 1 zu 1 umgestellt.

— Alle anderen auf Mark der Deutschen Demokratischen Republik lautenden Forderungen und Verbindlichkeiten werden grundsätzlich im Verhältnis 2 zu 1 auf Deutsche Mark umgestellt.

— Die Umstellung von auf Mark der Deutschen Demokratischen Republik lautenden Banknoten und Münzen ist nur für Personen oder Stellen mit Wohnsitz oder Sitz in der Deutschen Demokratischen Republik über Konten bei Geldinstituten in der Deutschen Demokratischen Republik möglich, auf die die umzustellenden Bargeldbeträge eingezahlt werden können.

— Guthaben bei Geldinstituten von natürlichen Personen mit Wohnsitz in der Deutschen Demokratischen Republik werden auf Antrag bis zu bestimmten Betragsgrenzen im Verhältnis 1 zu 1 umgestellt, wobei eine Differenzierung nach dem Lebensalter des Berechtigten stattfindet.

— Sonderregelungen gelten für Guthaben von Personen, deren Wohnsitz oder Sitz sich außerhalb der Deutschen Demokratischen Republik befindet.

— Mißbräuchen wird entgegengewirkt.

(6) Nach einer Bestandsaufnahme des volkseigenen Vermögens und seiner Ertragsfähigkeit sowie nach seiner vorrangigen Nutzung für die Strukturanpassung der Wirtschaft und für die Sanierung des Staatshaushalts wird die Deutsche Demokratische Republik nach Möglichkeit vorsehen, daß den Sparern zu einem späteren Zeitpunkt für den bei der Umstellung 2 zu 1 reduzierten Betrag ein verbrieftes Anteilsrecht am volkseigenen Vermögen eingeräumt werden kann.

(7) Die Deutsche Bundesbank übt die ihr nach diesem Vertrag und nach dem Gesetz über die Deutsche Bundesbank zustehenden Befugnisse im gesamten Währungsgebiet aus. Sie errichtet zu diesem Zweck eine Vorläufige Verwaltungsstelle in Berlin mit bis zu fünfzehn Filialen in der Deutschen Demokratischen Republik, wozu die Betriebsstellen der Staatsbank der Deutschen Demokratischen Republik genutzt werden.

Kapitel III

Bestimmungen über die Wirtschaftsunion

Artikel 11

Wirtschaftspolitische Grundlagen

(1) Die Deutsche Demokratische Republik stellt sicher, daß ihre wirtschafts- und finanzpolitischen Maßnahmen mit der Sozialen Marktwirtschaft in Einklang stehen. Die Maßnahmen werden so getroffen, daß sie im Rahmen der marktwirtschaftlichen Ordnung gleichzeitig zur Stabilität des Preisniveaus, zu einem hohen Beschäftigungsstand und zu außenwirtschaftlichem Gleichgewicht bei stetigem und angemessenem Wirtschaftswachstum beitragen.

(2) Die Deutsche Demokratische Republik schafft die Rahmenbedingungen für die Entfaltung der Marktkräfte und der Privatinitiative, um den Strukturwandel, die Schaffung moderner Arbeitsplätze, eine breite Basis aus kleinen und mittleren Unternehmen sowie freien Berufen und den Schutz der Umwelt zu fördern. Die Unternehmensverfassung wird so gestaltet, daß sie auf den in Artikel 1 beschriebenen Prinzipien der Sozialen Marktwirtschaft mit der

freien Entscheidung der Unternehmen über Produkte, Mengen, Produktionsverfahren, Investitionen, Arbeitsverhältnisse, Preise und Gewinnverwendung beruht.

(3) Die Deutsche Demokratische Republik richtet ihre Politik unter Beachtung ihrer gewachsenen außenwirtschaftlichen Beziehungen mit den Ländern des Rates für Gegenseitige Wirtschaftshilfe schrittweise auf das Recht und die wirtschaftspolitischen Ziele der Europäischen Gemeinschaften aus.

(4) Die Regierung der Deutschen Demokratischen Republik wird bei Entscheidungen, welche die wirtschaftspolitischen Grundsätze der Absätze 1 und 2 berühren, das Einvernehmen mit der Regierung der Bundesrepublik Deutschland im Rahmen des Gemeinsamen Regierungsausschusses nach Artikel 8 herstellen.

Artikel 12

Innerdeutscher Handel

(1) Das zwischen den Vertragsparteien vereinbarte Berliner Abkommen vom 20. September 1951 wird im Hinblick auf die Währungs- und Wirtschaftsunion angepaßt. Der dort geregelte Verrechnungsverkehr wird beendet, und der Abschlußsaldo des Swing wird ausgeglichen. Bestehende Verpflichtungen werden in Deutscher Mark abgewickelt.

(2) Die Vertragsparteien stellen sicher, daß Waren, die nicht Ursprungswaren der Bundesrepublik Deutschland oder der Deutschen Demokratischen Republik sind, über die innerdeutsche Grenze in einem zollamtlich überwachten Verfahren befördert werden.

(3) Die Vertragsparteien sind bestrebt, so bald wie möglich die Voraussetzungen für einen vollständigen Wegfall der Kontrollen an der innerdeutschen Grenze zu schaffen.

Artikel 13

Außenwirtschaft

(1) Bei der Gestaltung des freien Außenwirtschaftsverkehrs trägt die Deutsche Demokratische Republik den Grundsätzen eines freien Welthandels, wie sie insbesondere im Allgemeinen Zoll- und Handelsabkommen (GATT) zum Ausdruck kommen, Rechnung. Die Bundesrepublik Deutschland wird zur weiteren Integration der Wirtschaft der Deutschen Demokratischen Republik in die Weltwirtschaft ihre Erfahrungen umfassend zur Verfügung stellen.

(2) Die gewachsenen außenwirtschaftlichen Beziehungen der Deutschen Demokratischen Republik, insbesondere bestehende vertragliche Verpflichtungen gegenüber den Ländern des Rates für Gegenseitige Wirtschaftshilfe, genießen Vertrauensschutz. Sie werden unter Berücksichtigung der Gegebenheiten der Währungs- und Wirtschaftsunion und der Interessen aller Beteiligten fortentwickelt sowie unter Beachtung marktwirtschaftlicher Grundsätze ausgebaut. Soweit erforderlich, werden bestehende vertragliche Verpflichtungen von der Deutschen Demokratischen Republik im Einvernehmen mit ihren Vertragspartnern an diese Gegebenheiten angepaßt.

(3) Zur Vertretung der außenwirtschaftlichen Interessen arbeiten die Vertragsparteien unter Beachtung der Zuständigkeiten der Europäischen Gemeinschaften eng zusammen.

Artikel 14

Strukturanpassung der Unternehmen

Um die notwendige Strukturanpassung der Unternehmen in der Deutschen Demokratischen Republik zu fördern, wird die Regierung der Deutschen Demokratischen Republik im Rahmen der haushaltspolitischen Möglichkeiten während einer Übergangszeit Maßnahmen ergreifen, die eine rasche strukturelle Anpassung der Unternehmen an die neuen Marktbedingungen erleichtern. Über die konkrete Ausgestaltung der Maßnahmen verständigen sich die Regierungen der Vertragsparteien. Ziel ist es, auf der Grundlage der Sozialen Marktwirtschaft die Leistungsfähigkeit der Unternehmen zu stärken und durch die Entfaltung privater Initiative eine breit gefächerte, moderne Wirtschaftsstruktur auch mit möglichst vielen kleinen und mittleren Betrieben in der Deutschen Demokratischen Republik zu erreichen, um so die Grundlage für mehr Wachstum und zukunftssichere Arbeitsplätze zu schaffen.

Artikel 15

Agrar- und Ernährungswirtschaft

(1) Wegen der zentralen Bedeutung der Regelungen der Europäischen Gemeinschaften für die Agrar- und Ernährungswirtschaft führt die Deutsche Demokratische Republik ein Preisstützungs- und Außenschutzsystem entsprechend dem EG-Marktordnungssystem ein, so daß sich die landwirtschaftlichen Erzeugerpreise in der Deutschen Demokratischen Republik denen in der Bundesrepublik Deutschland angleichen. Die Deutsche Demokratische Republik wird keine Abschöpfungen und Erstattungen gegenüber den Europäischen Gemeinschaften einführen, soweit diese entsprechend verfahren.

. . .

Artikel 16

Umweltschutz

(1) Der Schutz von Menschen, Tieren und Pflanzen, Boden, Wasser, Luft, Klima und Landschaft sowie von Kultur- und sonstigen Sachgütern vor schädlichen Umwelteinwirkungen ist besonderes Anliegen beider Vertragsparteien. Sie lassen sich dabei von dem Vorsorge-, Verursacher- und Kooperationsprinzip leiten. Sie streben die schnelle Verwirklichung einer deutschen Umweltunion an.

(2) Die Deutsche Demokratische Republik trifft Regelungen, die mit Inkrafttreten dieses Vertrags sicherstellen, daß auf ihrem Gebiet für neue Anlagen und Einrichtungen die in der Bundesrepublik Deutschland geltenden Sicherheits- und Umweltschutzanforderungen Voraussetzung für die Erteilung umweltrechtlicher Genehmigungen sind. Für bestehende Anlagen und Einrichtungen trifft die Deutsche Demokratische Republik Regelungen, die möglichst schnell zu entsprechenden Anforderungen führen.

(3) Die Deutsche Demokratische Republik wird parallel zur Entwicklung des föderativen Staatsaufbaus auf Länderebene und mit dem Entstehen einer Verwaltungsgerichtsbarkeit das Umweltrecht der Bundesrepublik Deutschland übernehmen.

(4) Bei der weiteren Gestaltung eines gemeinsamen Umweltrechts werden die Umweltanforderungen der Bundesrepublik Deutschland und der Deutschen Demokratischen Republik so schnell wie möglich auf hohem Niveau angeglichen und weiterentwickelt.

(5) Die Deutsche Demokratische Republik harmonisiert die Bestimmungen zur staatlichen Förderung von Umweltschutzmaßnahmen mit denen der Bundesrepublik Deutschland.

Kapitel IV

Bestimmungen über die Sozialunion

Artikel 17

Grundsätze der Arbeitsrechtsordnung

In der Deutschen Demokratischen Republik gelten Koalitionsfreiheit, Tarifautonomie, Arbeitskampfrecht, Betriebsverfassung, Unternehmensmitbestimmung und Kündigungsschutz entsprechend dem Recht der Bundesrepublik Deutschland; näheres ergibt sich aus dem Gemeinsamen Protokoll über die Leitsätze und den Anlagen II und III.

Artikel 18

Grundsätze der Sozialversicherung

(1) Die Deutsche Demokratische Republik führt ein gegliedertes System der Sozialversicherung ein, für das folgende Grundsätze gelten:

1. Die Renten-, Kranken-, Unfall- und Arbeitslosenversicherung werden jeweils durch Selbstverwaltungskörperschaften des öffentlichen Rechts unter der Rechtsaufsicht des Staates durchgeführt.

2. Die Renten-, Kranken-, Unfall- und Arbeitslosenversicherung einschließlich der Arbeitsförderung werden vor allem durch Beiträge finanziert. Die Beiträge zur Renten-, Kranken- und Arbeitslosenversicherung werden grundsätzlich je zur Hälfte von Arbeitnehmern und Arbeitgebern entsprechend den Beitragssätzen in der Bundesrepublik Deutschland und zur Unfallversicherung von den Arbeitgebern getragen.

3. Lohnersatzleistungen orientieren sich an der Höhe der versicherten Entgelte.

(2) Zunächst werden die Aufgaben der Renten-, Kranken- und Unfallversicherung von einem gemeinsamen Träger durchgeführt; die Einnahmen und Ausgaben werden getrennt nach den Versicherungsarten erfaßt und abgerechnet. Möglichst bis zum 1. Januar 1991 werden für die Renten-, Kranken- und Unfallversicherung eigenständige Träger gebildet. Ziel dabei ist eine Organisationsstruktur der Sozialversicherung, die der in der Bundesrepublik Deutschland entspricht.
. . .

Artikel 19

Arbeitslosenversicherung und Arbeitsförderung

Die Deutsche Demokratische Republik führt ein System der Arbeitslosenversicherung einschließlich Arbeitsförderung ein, das den Regelungen des Arbeitsförderungsgesetzes der Bundesrepublik Deutschland entspricht. Dabei haben Maßnahmen der aktiven Arbeitsmarktpolitik, wie berufliche Bildung und Umschulung, besondere Bedeutung. Belange der Frauen und Behinderten werden berücksichtigt. In der Übergangsphase wird Besonderheiten in der Deutschen Demokratischen Republik Rechnung getragen. Die Regierungen beider Vertragspar-

teien werden beim Aufbau der Arbeitslosenversicherung einschließlich Arbeitsförderung eng zusammenarbeiten.

Artikel 20

Rentenversicherung

(1) Die Deutsche Demokratische Republik leitet alle erforderlichen Maßnahmen ein, um ihr Rentenrecht an das auf dem Grundsatz der Lohn- und Beitragsbezogenheit beruhende Rentenversicherungsrecht der Bundesrepublik Deutschland anzugleichen. Dabei wird in einer Übergangszeit von fünf Jahren für die rentennahen Jahrgänge dem Grundsatz des Vertrauensschutzes Rechnung getragen.

(2) Die Rentenversicherung verwendet die ihr zur Verfügung stehenden Mittel ausschließlich zur Erfüllung der ihr obliegenden Aufgaben bei Rehabilitation, Invalidität, Alter und Tod. Die bestehenden Zusatz- und Sonderversorgungssysteme werden grundsätzlich zum 1. Juli 1990 geschlossen. Bisher erworbene Ansprüche und Anwartschaften werden in die Rentenversicherung überführt, wobei Leistungen aufgrund von Sonderregelungen mit dem Ziel überprüft werden, ungerechtfertigte Leistungen abzuschaffen und überhöhte Leistungen abzubauen. Die der Rentenversicherung durch die Überführung entstehenden Mehraufwendungen werden ihr aus dem Staatshaushalt erstattet.

. . .

Artikel 21

Krankenversicherung

(1) Die Deutsche Demokratische Republik leitet alle erforderlichen Maßnahmen ein, um ihr Krankenversicherungsrecht an das der Bundesrepublik Deutschland anzugleichen.

(2) Leistungen, die bisher nach den Rechtsvorschriften der Deutschen Demokratischen Republik aus der Krankenversicherung finanziert worden sind, die aber nach den Rechtsvorschriften der Bundesrepublik Deutschland nicht Leistungen der Krankenversicherung sind, werden vorerst aus dem Staatshaushalt der Deutschen Demokratischen Republik finanziert.

(3) Die Deutsche Demokratische Republik führt eine Entgeltfortzahlung im Krankheitsfall ein, die den gesetzlichen Regelungen der Entgeltfortzahlung der Bundesrepublik Deutschland entspricht.

(4) Die Rentner sind in der Krankenversicherung versichert. Maßgebend ist der jeweilige Beitragssatz in der Krankenversicherung. Die Krankenversicherungsbeiträge der Rentner werden von der Rentenversicherung an die Krankenversicherung pauschal abgeführt. Die Höhe des pauschal abzuführenden Betrages bestimmt sich nach dem Gesamtbetrag der Renten vor Abzug des auf die Rentner entfallenden Anteils am Krankenversicherungsbeitrag. Das bei der Umstellung der Renten vorgesehene Nettorentenniveau bleibt davon unberührt.

(5) Die Investitionen bei stationären und ambulanten Einrichtungen des Gesundheitswesens der Deutschen Demokratischen Republik werden aus Mitteln des Staatshaushalts und nicht aus Beitragsmitteln finanziert.

Artikel 22

Gesundheitswesen

(1) Die medizinische Betreuung und der Schutz der Gesundheit der Menschen sind besonderes Anliegen der Vertragsparteien.

(2) Neben der vorläufigen Fortführung der derzeitigen Versorgungsstrukturen, die zur Aufrechterhaltung der medizinischen Versorgung der Bevölkerung notwendig ist, wird die Deutsche Demokratische Republik schrittweise eine Veränderung in Richtung des Versorgungsangebots der Bundesrepublik Deutschland mit privaten Leistungserbringern vornehmen, insbesondere durch Zulassung niedergelassener Ärzte, Zahnärzte und Apotheker sowie selbständig tätiger Erbringer von Heil- und Hilfsmitteln und durch Zulassung privater und frei-gemeinnütziger Krankenhausträger.

(3) Zum Aufbau der erforderlichen vertraglichen, insbesondere vergütungsrechtlichen Beziehungen zwischen Trägern der Krankenversicherung und den Leistungserbringern wird die Deutsche Demokratische Republik die erforderlichen gesetzlichen Rahmenbedingungen schaffen.

Artikel 23

Renten der Unfallversicherung

(1) Die Deutsche Demokratische Republik leitet alle erforderlichen Maßnahmen ein, um ihr Unfallversicherungsrecht an das der Bundesrepublik Deutschland anzugleichen.

. . .

Artikel 24

Sozialhilfe

Die Deutsche Demokratische Republik führt ein System der Sozialhilfe ein, das dem Sozialhilfegesetz der Bundesrepublik Deutschland entspricht.

Artikel 25

Anschubfinanzierung

Soweit in einer Übergangszeit in der Arbeitslosenversicherung der Deutschen Demokratischen Republik die Beiträge und in der Rentenversicherung der Deutschen Demokratischen Republik die Beiträge und der Staatszuschuß die Ausgaben für die Leistungen nicht voll abdecken, leistet die Bundesrepublik Deutschland an die Deutsche Demokratische Republik eine vorübergehende Anschubfinanzierung im Rahmen der nach Artikel 28 zugesagten Haushaltshilfe.

Kapitel V

Bestimmungen über den Staatshaushalt und die Finanzen

1. Abschnitt
Staatshaushalt

Artikel 26

Grundsätze für die Finanzpolitik der Deutschen Demokratischen Republik

(1) Die öffentlichen Haushalte in der Deutschen Demokratischen Republik werden von der jeweiligen Gebietskörperschaft grundsätzlich in eigener Verantwortung unter Beachtung der Erfordernisse des gesamtwirtschaftlichen Gleichgewichts aufgestellt. Ziel ist eine in die marktwirtschaftliche Ordnung eingepaßte Haushaltswirtschaft. Die Haushalte werden in Einnahmen und Ausgaben ausgeglichen. Alle Einnahmen und Ausgaben werden in den jeweiligen Haushaltsplan eingestellt.

(2) Die Haushalte werden den Haushaltsstrukturen der Bundesrepublik Deutschland angepaßt. Hierzu werden, beginnend ab der Errichtung der Währungsunion mit dem Teilhaushalt 1990, aus dem Staatshaushalt insbesondere die folgenden Bereiche ausgegliedert:

— der Sozialbereich, soweit er in der Bundesrepublik Deutschland ganz oder überwiegend beitrags- oder umlagenfinanziert ist,

— die Wirtschaftsunternehmen durch Umwandlung in rechtlich und wirtschaftlich selbständige Unternehmen,

— die Verkehrsbetriebe unter rechtlicher Verselbständigung,

— die Führung der Deutschen Reichsbahn und der Deutschen Post als Sondervermögen.

Die öffentlichen Wohnungsbaukredite werden substanzgerecht den Einzelobjekten zugeordnet.

(3) Die Gebietskörperschaften in der Deutschen Demokratischen Republik unternehmen bei Aufstellung und Vollzug der Haushalte alle Anstrengungen zur Defizitbegrenzung. Dazu gehören bei den Ausgaben:

— der Abbau von Haushaltssubventionen, insbesondere kurzfristig für Industriewaren, landwirtschaftliche Produkte und Nahrungsmittel, wobei für letztere autonome Preisstützungen entsprechend den Regelungen der Europäischen Gemeinschaften zulässig sind, und schrittweise unter Berücksichtigung der allgemeinen Einkommensentwicklung in den Bereichen des Verkehrs, der Energien für private Haushalte und des Wohnungswesens,

— die nachhaltige Absenkung der Personalausgaben im öffentlichen Dienst,

— die Überprüfung aller Ausgaben einschließlich der ihnen zugrundeliegenden Rechtsvorschriften auf Notwendigkeit und Finanzierbarkeit,

— die Strukturverbesserung des Bildungswesens sowie vorbereitende Aufteilung nach föderativer Struktur (einschließlich Forschungsbereich).

Bei den Einnahmen erfordert die Defizitbegrenzung neben Maßnahmen des 2. Abschnitts dieses Kapitels die Anpassung beziehungsweise Einführung von Beiträgen und Gebühren für öffentliche Leistungen entsprechend den Strukturen in der Bundesrepublik Deutschland.

(4) Es wird eine Bestandsaufnahme des volkseigenen Vermögens vorgenommen. Das volkseigene Vermögen ist vorrangig für die Strukturanpassung der Wirtschaft und für die Sanierung des Staatshaushalts in der Deutschen Demokratischen Republik zu nutzen.

Artikel 27

Kreditaufnahme und Schulden

(1) Die Kreditermächtigungen in den Haushalten der Gebietskörperschaften der Deutschen Demokratischen Republik werden für 1990 auf 10 Milliarden Deutsche Mark und für 1991 auf 14 Milliarden Deutsche Mark begrenzt und im Einvernehmen mit dem Bundesminister der Finanzen der Bundesrepublik Deutschland auf die Ebenen verteilt. Für das Treuhandvermögen wird zur Vorfinanzierung zu erwartender Erlöse aus seiner Verwertung ein Kreditermächtigungsrahmen für 1990 von 7 Milliarden Deutsche Mark und für 1991 von 10 Milliarden Deutsche Mark festgelegt. Der Bundesminister der Finanzen der Bundesrepublik Deutschland kann bei grundlegend veränderten Bedingungen eine Überschreitung der Kreditobergrenzen zulassen.

(2) Die Aufnahme von Krediten und das Einräumen von Ausgleichsforderungen erfolgen im Einvernehmen zwischen dem Minister der Finanzen der Deutschen Demokratischen Republik und dem Bundesminister der Finanzen der Bundesrepublik Deutschland. Gleiches gilt für die Übernahme von Bürgschaften, Garantien oder sonstigen Gewährleistungen sowie für die Summe der in den Haushalten auszubringenden Verpflichtungsermächtigungen.

(3) Nach dem Beitritt wird die aufgelaufene Verschuldung des Republikhaushalts in dem Umfang an das Treuhandvermögen übertragen, soweit sie durch die zu erwartenden künftigen Erlöse aus der Verwertung des Treuhandvermögens getilgt werden kann. Die danach verbleibende Verschuldung wird je zur Hälfte auf den Bund und die Länder, die sich auf dem Gebiet der Deutschen Demokratischen Republik neu gebildet haben, aufgeteilt. Von den Ländern und Gemeinden aufgenommene Kredite verbleiben bei diesen.

Artikel 28

Finanzzuweisungen der Bundesrepublik Deutschland

(1) Die Bundesrepublik Deutschland gewährt der Deutschen Demokratischen Republik zweckgebundene Finanzzuweisungen zum Haushaltsausgleich für das 2. Halbjahr 1990 von 22 Milliarden Deutsche Mark und für 1991 von 35 Milliarden Deutsche Mark. Außerdem werden gemäß Artikel 25 zu Lasten des Bundeshaushalts als Anschubfinanzierung für die Rentenversicherung 750 Millionen Deutsche Mark für das 2. Halbjahr 1990 sowie für die Arbeitslosenversicherung 2 Milliarden Deutsche Mark für das 2. Halbjahr 1990 und 3 Milliarden Deutsche Mark für 1991 gezahlt. Die Zahlungen erfolgen bedarfsgerecht.

(2) Die Vertragsparteien stimmen darin überein, daß die gemäß Artikel 18 des Abkommens vom 17. Dezember 1971 über den Transitverkehr von zivilen Personen und Gütern zwischen der Bundesrepublik Deutschland und Berlin (West) zu zahlende Transitpauschale mit Inkrafttreten dieses Vertrags entfällt. Die Deutsche Demokratische Republik hebt die Vorschriften über die in diesem Abkommen sowie in dem Abkommen vom 31. Oktober 1979 über die Befreiung von Straßenfahrzeugen von Steuern und Gebühren geregelten Gebühren mit Wirkung für die beiden Vertragsparteien auf. In Abänderung der Vereinbarung vom 5. Dezember 1989 vereinbaren die Vertragsparteien, daß ab dem 1. Juli 1990 keine Einzahlungen in den Reise-Devisenfonds mehr geleistet werden. Über die Verwendung eines bei Einführung der Wäh-

rungsunion noch vorhandenen Betrags der Gegenwertmittel aus dem Reise-Devisenfonds wird zwischen den Finanzministern der Vertragsparteien eine ergänzende Vereinbarung getroffen.

Artikel 29

Übergangsregelung im öffentlichen Dienst

Die Regierung der Deutschen Demokratischen Republik gewährleistet unter Beachtung von Artikel 2 Absatz 1 Satz 1, daß in Tarifverträgen oder sonstigen Regelungen im Bereich der öffentlichen Verwaltung unter Beschränkung neuer dienstrechtlicher Vorschriften auf Übergangsregelungen die allgemeinen wirtschaftlichen und finanziellen Verhältnisse in der Deutschen Demokratischen Republik und die Erfordernisse der Konsolidierung des Haushalts beachtet werden. Das Bundespersonalvertretungsgesetz findet sinngemäß Anwendung.

2. Abschnitt
Finanzen

Artikel 30

Zölle und besondere Verbrauchsteuern

. . .

Artikel 31

Besitz- und Verkehrsteuern

. . .

Artikel 32

Informationsaustausch

. . .

Artikel 33

Konsultationsverfahren

. . .

Artikel 34

Aufbau der Finanzverwaltung

. . .

Kapitel VI

Schlußbestimmungen

Artikel 35

Völkerrechtliche Verträge

Dieser Vertrag berührt nicht die von der Bundesrepublik Deutschland oder der Deutschen Demokratischen Republik mit dritten Staaten abgeschlossenen völkerrechtlichen Verträge.

Artikel 36

Überprüfung des Vertrags

Die Bestimmungen dieses Vertrags werden bei grundlegender Änderung der gegebenen Umstände überprüft.

Artikel 37

Berlin-Klausel

Entsprechend dem Viermächte-Abkommen vom 3. September 1971 wird dieser Vertrag in Übereinstimmung mit den festgelegten Verfahren auf Berlin (West) ausgedehnt.

Artikel 38

Inkrafttreten

Dieser Vertrag einschließlich des Gemeinsamen Protokolls sowie der Anlagen I–IX tritt an dem Tag in Kraft, an dem die Regierungen der Vertragsparteien einander mitgeteilt haben, daß die erforderlichen verfassungsrechtlichen und sonstigen innerstaatlichen Voraussetzungen für das Inkrafttreten erfüllt sind.

Geschehen in Bonn am 18. Mai 1990 in zwei Urschriften in deutscher Sprache.

Für die Bundesrepublik Deutschland Für die Deutsche Demokratische Republik
 T h e o d o r W a i g e l W a l t e r R o m b e r g

Gemeinsames Protokoll über Leitsätze

In Ergänzung des Vertrags über die Schaffung einer Währungs-, Wirtschafts- und Sozialunion haben die Hohen Vertragschließenden Seiten folgende Leitsätze vereinbart, die gemäß Artikel 4 Absatz 1 Satz 1 des Vertrags verbindlich sind:

A. Generelle Leitsätze

I. Allgemeines

1. Das Recht der Deutschen Demokratischen Republik wird nach den Grundsätzen einer freiheitlichen, demokratischen, föderativen, rechtsstaatlichen und sozialen Ordnung gestaltet und sich an der Rechtsordnung der Europäischen Gemeinschaft orientieren.

2. Vorschriften, die den Einzelnen oder Organe der staatlichen Gewalt einschließlich Gesetzgebung und Rechtsprechung auf die sozialistische Gesetzlichkeit, die sozialistische Staats- und Gesellschaftsordnung, die Vorgaben und Ziele zentraler Leitung und Planung der Volkswirtschaft, das sozialistische Rechtsbewußtsein, die sozialistischen Anschauungen, die Anschauungen einzelner Bevölkerungsgruppen oder Parteien, die sozialistische Moral oder vergleichbare Begriffe verpflichten, werden nicht mehr angewendet. Die Rechte und Pflichten der am Rechtsverkehr Beteiligten finden ihre Schranken in den guten Sitten, dem Grundsatz von Treu und Glauben und dem Schutz des wirtschaftlich schwächeren Vertragsteils vor unangemessener Benachteiligung.

3. Genehmigungsvorbehalte sollen nur aus zwingenden Gründen des allgemeinen Wohls bestehen. Ihre Voraussetzungen sind eindeutig zu bestimmen.

II. Wirtschaftsunion

1. Wirtschaftliche Leistungen sollen vorrangig privatwirtschaftlich und im Wettbewerb erbracht werden.

2. Die Vertragsfreiheit wird gewährleistet. In die Freiheit der wirtschaftlichen Betätigung darf nur so wenig wie möglich eingegriffen werden.

3. Unternehmerische Entscheidungen sind frei von Planvorgaben (z. B. im Hinblick auf Produktion, Bezüge, Lieferungen, Investitionen, Arbeitsverhältnisse, Preise und Gewinnverwendung).

4. Private Unternehmen und freie Berufe dürfen nicht schlechter behandelt werden als staatliche und genossenschaftliche Betriebe.

5. Die Preisbildung ist frei, sofern nicht aus zwingenden gesamtwirtschaftlichen Gründen Preise staatlich festgesetzt werden.

6. Die Freiheit des Erwerbs, der Verfügung und der Nutzung von Grund und Boden und sonstiger Produktionsmittel wird für wirtschaftliche Tätigkeit gewährleistet.

7. Unternehmen im unmittelbaren oder mittelbaren Staatseigentum werden nach den Grundsätzen der Wirtschaftlichkeit geführt. Sie sind so rasch wie möglich wettbewerblich zu strukturieren und soweit wie möglich in Privateigentum zu überführen. Dabei sollen insbesondere kleineren und mittleren Unternehmen Chancen eröffnet werden.

8. Für das Post- und Fernmeldewesen werden die ordnungspolitischen und organisatorischen Grundsätze des Poststrukturgesetzes der Bundesrepublik Deutschland schrittweise verwirklicht.

III. Sozialunion

1. Jedermann hat das Recht, zur Wahrung und Förderung der Arbeits- und Wirtschaftsbedingungen Vereinigungen zu bilden, bestehenden Vereinigungen beizutreten, aus solchen Vereinigungen auszutreten und ihnen fernzubleiben. Ferner wird das Recht gewährleistet, sich in den Koalitionen zu betätigen. Alle Abreden, die diese Rechte einschränken, sind unwirksam. Gewerkschaften und Arbeitgeberverbände sind in ihrer Bildung, ihrer Existenz, ihrer organisatorischen Autonomie und ihrer koalitionsgemäßen Betätigung geschützt.

2. Tariffähige Gewerkschaften und Arbeitgeberverbände müssen frei gebildet, gegnerfrei, auf überbetrieblicher Grundlage organisiert und unabhängig sein sowie das geltende Tarifrecht als für sich verbindlich anerkennen; ferner müssen sie in der Lage sein, durch Ausüben von Druck auf den Tarifpartner zu einem Tarifabschluß zu kommen.

3. Löhne und sonstige Arbeitsbedingungen werden nicht vom Staat, sondern durch freie Vereinbarungen von Gewerkschaften, Arbeitgeberverbänden und Arbeitgebern festgelegt.

4. Rechtsvorschriften, die besondere Mitwirkungsrechte des Freien Deutschen Gewerkschaftsbundes, von Betriebsgewerkschaftsorganisationen und betrieblichen Gewerkschaftsleitungen vorsehen, werden nicht mehr angewendet.

B. Leitsätze für einzelne Rechtsgebiete

I. Rechtspflege

1. Vorschriften werden nicht mehr angewendet, soweit sie die Mitwirkung von Kollektiven, gesellschaftlichen Organen, der Gewerkschaften, der Betriebe, von gesellschaftlichen Anklägern und gesellschaftlichen Verteidigern an der Rechtspflege und deren Unterrichtung über Verfahren regeln; das Recht der Gewerkschaften zur Beratung und Prozeßvertretung in Arbeitsstreitigkeiten bleibt unberührt.

2. Vorschriften werden nicht mehr angewendet, soweit sie die Zusammenarbeit der Gerichte mit den örtlichen Volksvertretungen und anderen Organen, die Berichtspflicht der Richter diesen gegenüber sowie die Gerichtskritik regeln.

3. Die Vorschriften über die Mitwirkung der Staatsanwaltschaft an der Rechtspflege werden nur noch angewendet, soweit sie ihre Mitwirkung im Strafverfahren und in Familienrechts-, Kindschafts- und Entmündigungssachen betreffen.

4. Die im Strafrecht der Deutschen Demokratischen Republik auf die sozialistische Gesetzlichkeit sowie auf die sozialistische Staats- und Gesellschaftsordnung bezogenen Grundsätze sowie Vorschriften, die der Verfestigung planwirtschaftlicher Strukturen dienen, einer künftigen Vereinigung beider deutscher Staaten entgegenstehen oder Grundsätzen eines freiheitlichen demokratischen Rechtsstaats widersprechen, finden auf nach Inkrafttreten dieses Vertrags begangene Taten keine Anwendung.

5. Soweit Vorschriften des Strafgesetzbuchs das sozialistische Eigentum betreffen, finden sie auf Taten, die nach Inkrafttreten dieses Vertrags begangen werden, keine Anwendung; die

das persönliche oder private Eigentum betreffenden Vorschriften finden nach dem Inkrafttreten dieses Vertrags auch Anwendung auf das sonstige Eigentum oder Vermögen.

6. Soweit die in der Anlage II des Vertrags genannten Regelungen straf- oder bußgeldbewehrt sind und sich diese Bewehrungsvorschriften nicht in das Sanktionensystem der Deutschen Demokratischen Republik einfügen, wird die Deutsche Demokratische Republik diese Vorschriften ihrem Recht in möglichst weitgehender Angleichung an das Recht der Bundesrepublik Deutschland anpassen.

II. Wirtschaftsrecht

1. Zum Zwecke der Besicherung der Kredite werden in der Deutschen Demokratischen Republik gleichwertige Rechte, insbesondere Grundpfandrechte, wie in der Bundesrepublik Deutschland geschaffen.

2. In der Deutschen Demokratischen Republik werden die Voraussetzungen für einen freien Kapitalmarkt geschaffen. Hierzu gehört insbesondere die Freigabe der Zinssätze und die Zulassung von handelbaren Wertpapieren (Aktien und Schuldverschreibungen).

3. Es werden die Voraussetzungen dafür geschaffen, daß Verwaltungsakte und sonstige Anordnungen der in Artikel 3 Satz 3 des Vertrags genannten Behörden gegenüber Personen mit Sitz oder Wohnsitz in der Deutschen Demokratischen Republik, notfalls auch mit Zwangsmitteln, durchgesetzt werden können.

4. Das bestehende Versicherungsmonopol in der Deutschen Demokratischen Republik wird abgeschafft, die Prämienkontrolle in den Versicherungszweigen, in denen die Tarife nicht zum Geschäftsplan gehören, wird beseitigt und die geltenden Rechtsvorschriften und Anordnungen über die Allgemeinen Bedingungen für Versicherungen werden aufgehoben.

5. Bestehende Hemmnisse im Zahlungsverkehr der Deutschen Demokratischen Republik werden beseitigt; seine privatrechtliche Ausgestaltung wird gefördert.

6. Der Außenwirtschaftsverkehr ist grundsätzlich frei. Beschränkungen sind nur aus zwingenden gesamtwirtschaftlichen Gründen sowie aufgrund von zwischenstaatlichen Vereinbarungen zulässig. Die Deutsche Demokratische Republik wird das Außenhandelsmonopol aufheben.

7. Zum Zwecke der Gewinnung vergleichbarer Grundlagen wird die Deutsche Demokratische Republik ihre Statistiken an die der Bundesrepublik Deutschland anpassen und in Abstimmung mit dem Statistischen Bundesamt oder der Deutschen Bundesbank Informationen nach den Maßstäben der Bundesstatistik aus folgenden Bereichen bereitstellen: Arbeitsmarkt, Preise, Produktion, Umsätze, Außenwirtschaft und Einzelhandel.

III. Baurecht

Die Deutsche Demokratische Republik wird zur Planungs- und Investitionssicherheit für bauliche Vorhaben baldmöglichst Rechtsgrundlagen schaffen, die dem Baugesetzbuch und dem Raumordnungsgesetz der Bundesrepublik Deutschland entsprechen.

IV. Arbeits- und Sozialrecht

1. Arbeitgeber in der Deutschen Demokratischen Republik können mit Arbeitnehmern aus der Bundesrepublik Deutschland, die vorübergehend in der Deutschen Demokratischen Republik beschäftigt werden, die Anwendung bundesdeutschen Arbeitsrechts vereinbaren.

2. Bei vorübergehenden Beschäftigungen von Arbeitskräften werden Befreiungen von der sich aus einer Beschäftigung ergebenden Versicherungspflicht in der Sozialversicherung ermöglicht, wenn eine Versicherung unabhängig von dieser Beschäftigung besteht.

3. Die Vorschriften der Deutschen Demokratischen Republik über die Sicherheit und den Gesundheitsschutz der Arbeitnehmer werden innerhalb einer angemessenen Übergangszeit an das in der Bundesrepublik Deutschland geltende Arbeitsschutzrecht angepaßt.

4. Die Deutsche Demokratische Republik wird bei einer Änderung der gesetzlichen Mindestkündigungsfristen für Arbeitsverhältnisse die in der Bundesrepublik Deutschland für Arbeiter und Angestellte jeweils geltenden gesetzlichen Mindestkündigungsfristen nicht überschreiten.

5. Die Deutsche Demokratische Republik wird für das Recht zur fristlosen Kündigung von Arbeitsverhältnissen aus wichtigem Grund eine gesetzliche Regelung schaffen, die den §§ 626, 628 des Bürgerlichen Gesetzbuches entspricht.

Anlagenverzeichnis

Anlage I: Bestimmungen über die Währungsunion und über die Währungsumstellung

Anlage II: Von der Deutschen Demokratischen Republik in Kraft zu setzende Rechtsvorschriften

Anlage III: Von der Deutschen Demokratischen Republik aufzuhebende oder zu ändernde Rechtsvorschriften

Anlage IV: Von der Deutschen Demokratischen Republik neu zu erlassende Rechtsvorschriften

Anlage V: Von der Bundesrepublik Deutschland zu ändernde Rechtsvorschriften

Anlage VI: Regelungen, die in der Deutschen Demokratischen Republik im weiteren Verlauf anzustreben sind

Anlage VII: Grundsätze für die Übermittlung personenbezogener Informationen zur Durchführung des Vertrags

Anlage VIII: Allgemeine Verfahrensvorschriften für das Schiedsgericht

Anlage IX: Möglichkeiten des Eigentumserwerbs privater Investoren an Grund und Boden sowie an Produktionsmitteln zur Förderung gewerblicher arbeitsplatzschaffender Investitionen

(Die Anlagen sind hier nicht abgedruckt.)

Quelle: Bundesgesetzblatt, Teil II, 1990, S. 518.

I/10 Vertrag zwischen der Bundesrepublik Deutschland und der Deutschen Demokratischen Republik über die Herstellung der Einheit Deutschlands vom 31. August 1990 (Einigungsvertrag)

Die Bundesrepublik Deutschland und die Deutsche Demokratische Republik —

entschlossen, die Einheit Deutschlands in Frieden und Freiheit als gleichberechtigtes Glied der Völkergemeinschaft in freier Selbstbestimmung zu vollenden,

ausgehend von dem Wunsch der Menschen in beiden Teilen Deutschlands, gemeinsam in Frieden und Freiheit in einem rechtsstaatlich geordneten, demokratischen und sozialen Bundesstaat zu leben,

in dankbarem Respekt vor denen, die auf friedliche Weise der Freiheit zum Durchbruch verholfen haben, die an der Aufgabe der Herstellung der Einheit Deutschlands unbeirrt festgehalten haben und sie vollenden,

im Bewußtsein der Kontinuität deutscher Geschichte und eingedenk der sich aus unserer Vergangenheit ergebenden besonderen Verantwortung für eine demokratische Entwicklung in Deutschland, die der Achtung der Menschenrechte und dem Frieden verpflichtet bleibt,

in dem Bestreben, durch die deutsche Einheit einen Beitrag zur Einigung Europas und zum Aufbau einer europäischen Friedensordnung zu leisten, in der Grenzen nicht mehr trennen und die allen europäischen Völkern ein vertrauensvolles Zusammenleben gewährleistet,

in dem Bewußtsein, daß die Unverletzlichkeit der Grenzen und der territorialen Integrität und Souveränität aller Staaten in Europa in ihren Grenzen eine grundlegende Bedingung für den Frieden ist —

sind übereingekommen, einen Vertrag über die Herstellung der Einheit Deutschlands mit den nachfolgenden Bestimmungen zu schließen:

Kapitel I. Wirkung des Beitritts

Art. 1 Länder. (1) Mit dem Wirksamwerden des Beitritts der Deutschen Demokratischen Republik zur Bundesrepublik Deutschland gemäß Artikel 23 des Grundgesetzes am 3. Oktober 1990 werden die Länder Brandenburg, Mecklenburg-Vorpommern, Sachsen, Sachsen-Anhalt und Thüringen Länder der Bundesrepublik Deutschland. Für die Bildung und die Grenzen dieser Länder untereinander sind die Bestimmungen des Verfassungsgesetzes zur Bildung von Ländern in der Deutschen Demokratischen Republik vom 22. Juli 1990 — Ländereinführungsgesetz — (GBl. I Nr. 51 S. 955) gemäß Anlage II maßgebend.

(2) Die 23 Bezirke von Berlin bilden das Land Berlin.

Art. 2 Hauptstadt, Tag der Deutschen Einheit. (1) Hauptstadt Deutschlands ist Berlin. Die Frage des Sitzes von Parlament und Regierung wird nach der Herstellung der Einheit Deutschlands entschieden.

(2) Der 3. Oktober ist als Tag der Deutschen Einheit gesetzlicher Feiertag.

Kapitel II. Grundgesetz

Art. 3 Inkrafttreten des Grundgesetzes. Mit dem Wirksamwerden des Beitritts tritt das Grundgesetz für die Bundesrepublik Deutschland in der im Bundesgesetzblatt Teil III, Gliederungsnummer 100-1, veröffentlichten bereinigten Fassung, zuletzt geändert durch Gesetz vom 21. Dezember 1983 (BGBl. I S. 1481), in den Ländern Brandenburg, Mecklenburg-Vorpommern, Sachsen, Sachsen-Anhalt und Thüringen sowie in dem Teil des Landes Berlin, in dem es bisher nicht galt, mit den sich aus Artikel 4 ergebenden Änderungen in Kraft, soweit in diesem Vertrag nichts anderes bestimmt ist.

Art. 4 Beitrittsbedingte Änderungen des Grundgesetzes. Das Grundgesetz für die Bundesrepublik Deutschland wird wie folgt geändert.

1. Die Präambel wird wie folgt gefaßt:
 „Im Bewußtsein seiner Verantwortung vor Gott und den Menschen,
 von dem Willen beseelt, als gleichberechtigtes Glied in einem vereinten Europa dem Frieden der Welt zu dienen, hat sich das Deutsche Volk kraft seiner verfassungsgebenden Gewalt dieses Grundgesetz gegeben.
 Die Deutschen in den Ländern Baden-Württemberg, Bayern, Berlin, Brandenburg, Bremen, Hamburg, Hessen, Mecklenburg-Vorpommern, Niedersachsen, Nordrhein-Westfalen, Rheinland-Pfalz, Saarland, Sachsen, Sachsen-Anhalt und Thüringen haben in freier Selbstbestimmung die Einheit und Freiheit Deutschlands vollendet. Damit gilt dieses Grundgesetz für das gesamte Deutsche Volk.“

2. Artikel 23 wird aufgehoben.

3. Artikel 51 Abs. 2 des Grundgesetzes wird wie folgt gefaßt:
 „(2) Jedes Land hat mindestens drei Stimmen. Länder mit mehr als zwei Millionen Einwohnern haben vier, Länder mit mehr als sechs Millionen Einwohnern fünf, Länder mit mehr als sieben Millionen Einwohnern sechs Stimmen.“

4. Der bisherige Wortlaut des Artikels 135a wird Absatz 1. Nach Absatz 1 wird folgender Absatz angefügt:
 „(2) Absatz 1 findet entsprechende Anwendung auf Verbindlichkeiten der Deutschen Demokratischen Republik oder ihrer Rechtsträger sowie auf Verbindlichkeiten des Bundes oder anderer Körperschaften und Anstalten des öffentlichen Rechts, die mit dem Übergang von Vermögenswerten der Deutschen Demokratischen Republik auf Bund, Länder und Gemeinden im Zusammenhang stehen, und auf Verbindlichkeiten, die auf Maßnahmen der Deutschen Demokratischen Republik oder ihrer Rechtsträger beruhen.“

5. In das Grundgesetz wird folgender neuer Artikel 143 eingefügt:
 „Artikel 143
 (1) Recht in dem in Artikel 3 des Einigungsvertrags genannten Gebiet kann längstens bis zum 31. Dezember 1992 von Bestimmungen dieses Grundgesetzes abweichen, soweit und solange infolge der unterschiedlichen Verhältnisse die völlige Anpassung an die grundgesetzliche Ordnung noch nicht erreicht werden kann. Abweichungen dürfen nicht gegen Artikel 19 Abs. 2 verstoßen und müssen mit den in Artikel 79 Abs. 3 genannten Grundsätzen vereinbar sein.
 (2) Abweichungen von den Abschnitten II, VIII, VIII a, IX, X und XI sind längstens bis zum 31. Dezember 1995 zulässig.

(3) Unabhängig von Absatz 1 und 2 haben Artikel 41 des Einigungsvertrags und Regelungen zu seiner Durchführung auch insoweit Bestand, als sie vorsehen, daß Eingriffe in das Eigentum auf dem in Artikel 3 dieses Vertrags genannten Gebiet nicht mehr rückgängig gemacht werden."

6. Artikel 146 wird wie folgt gefaßt:
„Artikel 146
Dieses Grundgesetz, das nach Vollendung der Einheit und Freiheit Deutschlands für das gesamte deutsche Volk gilt, verliert seine Gültigkeit an dem Tage, an dem eine Verfassung in Kraft tritt, die von dem deutschen Volke in freier Entscheidung beschlossen worden ist."

Art. 5 Künftige Verfassungsänderungen. Die Regierungen der beiden Vertragsparteien empfehlen den gesetzgebenden Körperschaften des vereinten Deutschlands, sich innerhalb von zwei Jahren mit den im Zusammenhang mit der deutschen Einigung aufgeworfenen Fragen zur Änderung oder Ergänzung des Grundgesetzes zu befassen, insbesondere
— in bezug auf das Verhältnis zwischen Bund und Ländern entsprechend dem Gemeinsamen Beschluß der Ministerpräsidenten vom 5. Juli 1990,
— in bezug auf die Möglichkeit einer Neugliederung für den Raum Berlin/Brandenburg abweichend von den Vorschriften des Artikels 29 des Grundgesetzes durch Vereinbarung der beteiligten Länder,
— mit den Überlegungen zur Aufnahme von Staatszielbestimmungen in das Grundgesetz sowie
— mit der Frage der Anwendung des Artikels 146 des Grundgesetzes und in deren Rahmen einer Volksabstimmung.

Art. 6 Ausnahmebestimmung. Artikel 131 des Grundgesetzes wird in dem in Artikel 3 genannten Gebiet vorerst nicht in Kraft gesetzt.

Art. 7 Finanzverfassung. (1) Die Finanzverfassung der Bundesrepublik Deutschland wird auf das in Artikel 3 genannte Gebiet erstreckt, soweit in diesem Vertrag nichts anderes bestimmt ist.

(2) Für die Verteilung des Steueraufkommens auf den Bund sowie auf die Länder und Gemeinden (Gemeindeverbände) in dem in Artikel 3 genannten Gebiet gelten die Bestimmungen des Artikels 106 des Grundgesetzes mit der Maßgabe, daß

1. bis zum 31. Dezember 1994 Absatz 3 Satz 4 und Absatz 4 keine Anwendung finden;

2. bis zum 31. Dezember 1996 der Anteil der Gemeinden an dem Aufkommen der Einkommensteuer nach Artikel 106 Abs. 5 des Grundgesetzes von den Ländern an die Gemeinden nicht auf der Grundlage der Einkommensteuerleistung ihrer Einwohner, sondern nach der Einwohnerzahl der Gemeinden weitergeleitet wird;

3. bis zum 31. Dezember 1994 abweichend von Artikel 106 Abs. 7 des Grundgesetzes den Gemeinden (Gemeindeverbänden) von dem Länderanteil am Gesamtaufkommen der Gemeinschaftssteuern und dem gesamten Aufkommen der Landessteuern ein jährlicher Anteil von mindestens 20 vom Hundert sowie vom Länderanteil aus den Mitteln des Fonds „Deutsche Einheit" nach Absatz 5 Nr. 1 ein jährlicher Anteil von 40 vom Hundert zufließt.

(3) Artikel 107 des Grundgesetzes gilt in dem in Artikel 3 genannten Gebiet mit der Maßgabe, daß bis zum 31. Dezember 1994 zwischen den bisherigen Ländern der Bundesrepublik Deutschland und den Ländern in dem in Artikel 3 genannten Gebiet die Regelung des Absat-

zes 1 Satz 4 nicht angewendet wird und ein gesamtdeutscher Länderfinanzausgleich (Artikel 107 Abs. 2 des Grundgesetzes) nicht stattfindet.

Der gesamtdeutsche Länderanteil an der Umsatzsteuer wird so in einen Ost- und Westanteil aufgeteilt, daß im Ergebnis der durchschnittliche Umsatzsteueranteil pro Einwohner in den Ländern Brandenburg, Mecklenburg-Vorpommern, Sachsen, Sachsen-Anhalt und Thüringen in den Jahren

1991 55 vom Hundert
1992 60 vom Hundert
1993 65 vom Hundert
1994 70 vom Hundert

des durchschnittlichen Umsatzsteueranteils pro Einwohner in den Ländern Baden-Württemberg, Bayern, Bremen, Hessen, Hamburg, Niedersachsen, Nordrhein-Westfalen, Rheinland-Pfalz, Saarland und Schleswig-Holstein beträgt. Der Anteil des Landes Berlin wird vorab nach der Einwohnerzahl berechnet. Die Regelungen dieses Absatzes werden für 1993 in Ansehung der dann vorhandenen Gegebenheiten überprüft.

(4) Das in Artikel 3 genannte Gebiet wird in die Regelungen der Artikel 91 a, 91 b und 104 a Abs. 3 und 4 des Grundgesetzes einschließlich der hierzu ergangenen Ausführungsbestimmungen nach Maßgabe dieses Vertrags mit Wirkung vom 1. Januar 1991 einbezogen.

(5) Nach Herstellung der deutschen Einheit werden die jährlichen Leistungen des Fonds „Deutsche Einheit"

1. zu 85 vom Hundert als besondere Unterstützung den Ländern Brandenburg, Mecklenburg-Vorpommern, Sachsen, Sachsen-Anhalt und Thüringen sowie dem Land Berlin zur Deckung ihres allgemeinen Finanzbedarfs gewährt und auf diese Länder im Verhältnis ihrer Einwohnerzahl ohne Berücksichtigung der Einwohnerzahl von Berlin (West) verteilt sowie

2. zu 15 vom Hundert zur Erfüllung zentraler öffentlicher Aufgaben auf dem Gebiet der vorgenannten Länder verwendet.

(6) Bei grundlegender Veränderung der Gegebenheiten werden die Möglichkeiten weiterer Hilfe zum angemessenen Ausgleich der Finanzkraft für die Länder in dem in Artikel 3 genannten Gebiet von Bund und Ländern gemeinsam geprüft.

Kapitel III. Rechtsangleichung

Art. 8 Überleitung von Bundesrecht. Mit dem Wirksamwerden des Beitritts tritt in dem in Artikel 3 genannten Gebiet Bundesrecht in Kraft, soweit es nicht in seinem Geltungsanspruch auf bestimmte Länder oder Landesteile der Bundesrepublik Deutschland beschränkt ist und soweit durch diesen Vertrag, insbesondere dessen Anlage I, nichts anderes bestimmt wird.

Art. 9 Fortgeltendes Recht der Deutschen Demokratischen Republik. (1) Das zum Zeitpunkt der Unterzeichnung dieses Vertrags geltende Recht der Deutschen Demokratischen Republik, das nach der Kompetenzordnung des Grundgesetzes Landesrecht ist, bleibt in Kraft, soweit es mit dem Grundgesetz ohne Berücksichtigung des Artikels 143, mit in dem in Artikel 3 genannten Gebiet in Kraft gesetztem Bundesrecht sowie mit dem unmittelbar geltenden Recht der Europäischen Gemeinschaften vereinbar ist und soweit in diesem Vertrag nichts anderes bestimmt wird. Recht der Deutschen Demokratischen Republik, das nach der Kompetenzordnung des Grundgesetzes Bundesrecht ist und das nicht bundeseinheitlich geregelte Gegenstän-

de betrifft, gilt unter den Voraussetzungen des Satzes 1 bis zu einer Regelung durch den Bundes-
gesetzgeber als Landesrecht fort.

(2) Das in Anlage II aufgeführte Recht der Deutschen Demokratischen Republik bleibt mit
den dort genannten Maßgaben in Kraft, soweit es mit dem Grundgesetz unter Berücksichti-
gung dieses Vertrags sowie mit dem unmittelbar geltenden Recht der Europäischen Gemein-
schaften vereinbar ist.

(3) Nach Unterzeichnung dieses Vertrags erlassenes Recht der Deutschen Demokratischen
Republik bleibt in Kraft, sofern es zwischen den Vertragsparteien vereinbart wird. Absatz 2
bleibt unberührt.

(4) Soweit nach den Absätzen 2 und 3 fortgeltendes Recht Gegenstände der ausschließli-
chen Gesetzgebung des Bundes betrifft, gilt es als Bundesrecht fort. Soweit es Gegenstände der
konkurrierenden Gesetzgebung oder der Rahmengesetzgebung betrifft, gilt es als Bundesrecht
fort, wenn und soweit es sich auf Sachgebiete bezieht, die im übrigen Geltungsbereich des
Grundgesetzes bundesrechtlich geregelt sind.

(5) Das gemäß Anlage II von der Deutschen Demokratischen Republik erlassene Kirchen-
steuerrecht gilt in den in Artikel 1 Abs. 1 genannten Ländern als Landesrecht fort.

Art. 10 Recht der Europäischen Gemeinschaften. (1) Mit dem Wirksamwerden des Beitritts
gelten in dem in Artikel 3 genannten Gebiet die Verträge über die Europäischen Gemeinschaf-
ten nebst Änderungen und Ergänzungen sowie die internationalen Vereinbarungen, Verträge
und Beschlüsse, die in Verbindung mit diesen Verträgen in Kraft getreten sind.

(2) Die auf der Grundlage der Verträge über die Europäischen Gemeinschaften ergangenen
Rechtsakte gelten mit dem Wirksamwerden des Beitritts in dem in Artikel 3 genannten Ge-
biet, soweit nicht die zuständigen Organe der Europäischen Gemeinschaften Ausnahmerege-
lungen erlassen. Diese Ausnahmeregelungen sollen den verwaltungsmäßigen Bedürfnissen
Rechnung tragen und der Vermeidung wirtschaftlicher Schwierigkeiten dienen.

(3) Rechtsakte der Europäischen Gemeinschaften, deren Umsetzung oder Ausführung in
die Zuständigkeit der Länder fällt, sind von diesen durch landesrechtliche Vorschriften umzu-
setzen oder auszuführen.

Kapitel IV. Völkerrechtliche Verträge und Vereinbarungen

Art. 11 Verträge der Bundesrepublik Deutschland. Die Vertragsparteien gehen davon aus,
daß völkerrechtliche Verträge und Vereinbarungen, denen die Bundesrepublik Deutschland als
Vertragspartei angehört, einschließlich solcher Verträge, die Mitgliedschaften in internationaler
Organisationen oder Institutionen begründen, ihre Gültigkeit behalten und die daraus folgen-
den Rechte und Verpflichtungen sich mit Ausnahme der in Anlage I genannten Verträge auch
auf das in Artikel 3 genannte Gebiet beziehen. Soweit im Einzelfall Anpassungen erforderlich
sind, wird sich die gesamtdeutsche Regierung mit den jeweiligen Vertragspartnern ins Benehm-
men setzen.

Art. 12 Verträge der Deutschen Demokratischen Republik. (1) Die Vertragsparteien sind
sich einig, daß die völkerrechtlichen Verträge der Deutschen Demokratischen Republik im
Zuge der Herstellung der Einheit Deutschlands unter den Gesichtspunkten des Vertrauens-
schutzes, der Interessenlage der beteiligten Staaten und der vertraglichen Verpflichtungen der

Bundesrepublik Deutschland sowie nach den Prinzipien einer freiheitlichen, demokratischen und rechtsstaatlichen Grundordnung und unter Beachtung der Zuständigkeiten der Europäischen Gemeinschaften mit den Vertragspartnern der Deutschen Demokratischen Republik zu erörtern sind, um ihre Fortgeltung, Anpassung oder ihr Erlöschen zu regeln beziehungsweise festzustellen.

(2) Das vereinte Deutschland legt seine Haltung zum Übergang völkerrechtlicher Verträge der Deutschen Demokratischen Republik nach Konsultationen mit den jeweiligen Vertragspartnern und mit den Europäischen Gemeinschaften, soweit deren Zuständigkeiten berührt sind, fest.

(3) Beabsichtigt das vereinte Deutschland, in internationale Organisationen oder sonstige mehrseitige Verträge einzutreten, denen die Deutsche Demokratische Republik, nicht aber die Bundesrepublik Deutschland angehört, so wird Einvernehmen mit den jeweiligen Vertragspartnern und mit den Europäischen Gemeinschaften, soweit deren Zuständigkeiten berührt sind, hergestellt.

Kapitel V. Öffentliche Verwaltung und Rechtspflege

Art. 13 Übergang von Einrichtungen. Verwaltungsorgane und sonstige der öffentlichen Verwaltung oder Rechtspflege dienende Einrichtungen in dem in Artikel 3 genannten Gebiet unterstehen der Regierung des Landes, in dem sie örtlich gelegen sind. Einrichtungen mit länderübergreifendem Wirkungskreis gehen in die gemeinsame Trägerschaft der betroffenen Länder über. Soweit Einrichtungen aus mehreren Teileinrichtungen bestehen, die ihre Aufgaben selbständig erfüllen können, unterstehen die Teileinrichtungen jeweils der Regierung des Landes, in dem sich die Teileinrichtung befindet. Die Landesregierung regelt die Überführung oder Abwicklung. § 22 des Ländereinführungsgesetzes vom 22. Juli 1990 bleibt unberührt.

(2) Soweit die in Absatz 1 Satz 1 genannten Einrichtungen oder Teileinrichtungen bis zum Wirksamwerden des Beitritts Aufgaben erfüllt haben, die nach der Kompetenzordnung des Grundgesetzes vom Bund wahrzunehmen sind, unterstehen sie den zuständigen obersten Bundesbehörden. Diese regeln die Überführung oder Abwicklung.

(3) Zu den Einrichtungen nach den Absätzen 1 und 2 gehören auch

1. Einrichtungen der Kultur, der Bildung und Wissenschaft sowie des Sports,

2. Einrichtungen des Hörfunks und des Fernsehens,

deren Rechtsträger die öffentliche Verwaltung ist.

Art. 14 Gemeinsame Einrichtungen der Länder. (1) Einrichtungen oder Teile von Einrichtungen, die bis zum Wirksamwerden des Beitritts Aufgaben erfüllt haben, die nach der Kompetenzordnung des Grundgesetzes von den Ländern wahrzunehmen sind, werden bis zur endgültigen Regelung durch die in Artikel 1 Abs. 1 genannten Länder als gemeinsame Einrichtungen der Länder weitergeführt. Dies gilt nur, soweit die übergangsweise Weiterführung für die Erfüllung der Aufgaben der Länder unerläßlich ist.

(2) Die gemeinsamen Einrichtungen der Länder unterstehen bis zur Wahl des Ministerpräsidenten der Länder den Landesbevollmächtigten. Danach unterstehen sie den Ministerpräsidenten. Diese können die Aufsicht dem zuständigen Landesminister übertragen.

Art. 15 Übergangsregelungen für die Landesverwaltung. (1) Die Landessprecher in den in Artikel 1 Abs. 1 genannten Ländern und die Regierungsbevollmächtigten in den Bezirken nehmen ihre bisherigen Aufgaben vom Wirksamwerden des Beitritts bis zur Wahl der Ministerpräsidenten in der Verantwortung der Bundesregierung wahr und unterstehen deren Weisungen. Die Landessprecher leiten als Landesbevollmächtigte die Verwaltung ihre Landes und haben ein Weisungsrecht gegenüber den Bezirksverwaltungsbehörden sowie bei übertragenen Aufgaben auch gegenüber den Gemeinden und Landkreisen. Soweit in den in Artikel 1 Abs. 1 genannten Ländern bis zum Wirksamwerden des Beitritts Landesbeauftragte bestellt worden sind, nehmen sie die in den Sätzen 1 und 2 genannten Aufgaben und Befugnisse des Landessprechers wahr.

(2) Die anderen Länder und der Bund leisten Verwaltungshilfe beim Aufbau der Landesverwaltung.

(3) Auf Ersuchen der Ministerpräsidenten der in Artikel 1 Abs. 1 genannten Länder leisten die anderen Länder und der Bund Verwaltungshilfe bei der Durchführung bestimmter Fachaufgaben, und zwar längstens bis zum 30. Juni 1991. Soweit Stellen und Angehörige der Länder und des Bundes Verwaltungshilfe bei der Durchführung von Landesaufgaben leisten, räumt der Ministerpräsident ihnen insoweit ein Weisungsrecht ein.

(4) Soweit der Bund Verwaltungshilfe bei der Durchführung von Fachaufgaben leistet, stellt er auch die zur Durchführung der Fachaufgaben erforderlichen Haushaltmittel zur Verfügung. Die eingesetzten Haushaltsmittel werden mit dem Anteil des jeweiligen Landes an den Leistungen des Fonds „Deutsche Einheit" oder an der Einfuhr-Umsatzsteuer verrechnet.

Art. 16 Übergangsvorschrift bis zur Bildung einer gesamtberliner Landesregierung. Bis zur Bildung einer gesamtberliner Landesregierung nimmt der Senat von Berlin gemeinsam mit dem Magistrat die Aufgaben der gesamtberliner Landesregierung wahr.

Art. 17 Rehabilitierung. Die Vertragsparteien bekräftigen ihre Absicht, daß unverzüglich eine gesetzliche Grundlage dafür geschaffen wird, daß alle Personen rehabilitiert werden können, die Opfer einer politisch motivierten Strafverfolgungsmaßnahme oder sonst einer rechtsstaats- und verfassungswidrigen gerichtlichen Entscheidung geworden sind. Die Rehabilitierung dieser Opfer des SED-Unrechts-Regimes ist mit einer angemessenen Entschädigungsregelung zu verbinden.

Art. 18 Fortgeltung gerichtlicher Entscheidungen. (1) Vor dem Wirksamwerden des Beitritts ergangene Entscheidungen der Gerichte der Deutschen Demokratischen Republik bleiben wirksam und können nach Maßgabe des gemäß Artikel 8 in Kraft gesetzten oder des gemäß Artikel 9 fortgeltenden Rechts vollstreckt werden. Nach diesem Recht richtet sich auch eine Überprüfung der Vereinbarkeit von Entscheidungen und ihrer Vollstreckung mit rechtsstaatlichen Grundsätzen. Artikel 17 bleibt unberührt.

(2) Den durch ein Strafgericht der Deutschen Demokratischen Republik Verurteilten wird durch diesen Vertrag nach Maßgabe der Anlage I ein eigenes Recht eingeräumt, eine gerichtliche Kassation rechtskräftiger Entscheidungen herbeizuführen.

Art. 19 Fortgeltung von Entscheidungen der öffentlichen Verwaltung. Vor dem Wirksamwerden des Beitritts ergangene Verwaltungsakte der Deutschen Demokratischen Republik bleiben wirksam. Sie können aufgehoben werden, wenn sie mit rechtsstaatlichen Grundsätzen oder mit den Regelungen dieses Vertrags unvereinbar sind. Im übrigen bleiben die Vorschriften über die Bestandskraft von Verwaltungsakten unberührt.

Art. 20 Rechtsverhältnisse im öffentlichen Dienst. (1) Für die Rechtsverhältnisse der Angehörigen des öffentlichen Dienstes zum Zeitpunkt des Beitritts gelten die in Anlage I vereinbarten Übergangsregelungen.

(2) Die Wahrnehmung von öffentlichen Aufgaben (hoheitsrechtliche Befugnisse im Sinne von Artikel 33 Abs. 4 des Grundgesetzes) ist sobald wie möglich Beamten zu übertragen. Das Beamtenrecht wird nach Maßgabe der in Anlage I vereinbarten Regelungen eingeführt. Artikel 92 des Grundgesetzes bleibt unberührt.

(3) Das Soldatenrecht wird nach Maßgabe der in Anlage I vereinbarten Regelungen eingeführt.

Kapitel VI. Öffentliches Vermögen und Schulden

Art. 21 Verwaltungsvermögen. (1) Das Vermögen der Deutschen Demokratischen Republik, das unmittelbar bestimmten Verwaltungsaufgaben dient (Verwaltungsvermögen), wird Bundesvermögen, sofern es nicht nach seiner Zweckbestimmung am 1. Oktober 1989 überwiegend für Verwaltungsaufgaben bestimmt war, die nach dem Grundgesetz von Ländern, Gemeinden (Gemeindeverbänden) oder sonstigen Trägern öffentlicher Verwaltung wahrzunehmen sind. Soweit Verwaltungsvermögen überwiegend für Aufgaben des ehemaligen Ministeriums für Staatssicherheit/des Amtes für Nationale Sicherheit genutzt wurde, steht es der Treuhandanstalt zu, es sei denn, daß es nach dem genannten Zeitpunkt bereits neuen sozialen oder öffentlichen Zwecken zugeführt worden ist.

(2) Soweit Verwaltungsvermögen nicht Bundesvermögen gemäß Absatz 1 wird, steht es mit Wirksamwerden des Beitritts demjenigen Träger öffentlicher Verwaltung zu, der nach dem Grundgesetz für die Verwaltungsaufgabe zuständig ist.

(3) Vermögenswerte, die dem Zentralstaat oder den Ländern und Gemeinden (Gemeindeverbänden) von einer anderen Körperschaft des öffentlichen Rechts unentgeltlich zur Verfügung gestellt worden sind, werden an diese Körperschaft oder ihre Rechtsnachfolgerin unentgeltlich zurückübertragen; früheres Reichsvermögen wird Bundesvermögen.

(4) Soweit nach den Absätzen 1 bis 3 oder aufgrund eines Bundesgesetzes Verwaltungsvermögen Bundesvermögen wird, ist es für die Erfüllung öffentlicher Aufgaben in dem in Artikel 3 genannten Gebiet zu verwenden. Dies gilt auch für die Verwendung der Erlöse aus Veräußerungen von Vermögenswerten.

Art. 22 Finanzvermögen. (1) Öffentliches Vermögen von Rechtsträgern in dem in Artikel 3 genannten Gebiet einschließlich des Grundvermögens und des Vermögens in der Land- und Forstwirtschaft, das nicht unmittelbar bestimmten Verwaltungsaufgaben dient (Finanzvermögen), ausgenommen Vermögen der Sozialversicherung, unterliegt, soweit es nicht der Treuhandanstalt übertragen ist, oder durch Gesetz gemäß § 1 Abs. 1 Sätze 2 und 3 des Treuhandgesetzes Gemeinden, Städten oder Landkreisen übertragen wird, mit Wirksamwerden des Beitritts der Treuhandverwaltung des Bundes. Soweit Finanzvermögen überwiegend für Aufgaben des ehemaligen Ministeriums für Staatssicherheit/des Amtes für Nationale Sicherheit genutzt wurde, steht es der Treuhandanstalt zu, es sei denn, daß es nach dem 1. Oktober 1989 bereits neuen sozialen oder öffentlichen Zwecken zugeführt worden ist. Durch Bundesgesetz ist das Finanzvermögen auf den Bund und die in Artikel 1 genannten Länder so aufzuteilen, daß der Bund und die in Artikel 1 genannten Länder je die Hälfte des Vermögensgesamtwerts erhalten. An dem Länderanteil sind die Gemeinden (Gemeindeverbände) angemessen zu beteiligen. Vermö-

genswerte, die hiernach der Bund erhält, sind zur Erfüllung öffentlicher Aufgaben in dem in Artikel 3 genannten Gebiet zu verwenden. Die Verteilung des Länderanteils auf die einzelnen Länder soll grundsätzlich so erfolgen, daß das Verhältnis der Gesamtwerte der den einzelnen Ländern übertragenen Vermögensanteile dem Verhältnis der Bevölkerungszahlen dieser Länder mit Wirksamwerden des Beitritts ohne Berücksichtigung der Einwohnerzahl von Berlin (West) entspricht. Artikel 21 Abs. 3 ist entsprechend anzuwenden.

(2) Bis zu einer gesetzlichen Regelung wird das Finanzvermögen von den bisher zuständigen Behörden verwaltet, soweit nicht der Bundesminister der Finanzen die Übernahme der Verwaltung durch Behörden der Bundesvermögensverwaltung anordnet.

(3) Die in den Absätzen 1 und 2 bezeichneten Gebietskörperschaften gewähren sich untereinander auf Verlangen Auskunft über und Einsicht in Grundbücher, Grundakten und sonstige Vorgänge, die Hinweise zu Vermögenswerten enthalten, deren rechtliche und tatsächliche Zuordnung zwischen den Gebietskörperschaften ungeklärt oder streitig ist.

(4) Absatz 1 gilt nicht für das zur Wohnungsversorgung genutzte volkseigene Vermögen, das sich in Rechtsträgerschaft der volkseigenen Betriebe der Wohnungswirtschaft befindet. Gleiches gilt für volkseigenes Vermögen, für das bereits konkrete Ausführungsplanungen für Objekte der Wohnungsversorgung vorliegen. Dieses Vermögen geht mit Wirksamwerden des Beitritts mit gleichzeitiger Übernahme der anteiligen Schulden in das Eigentum der Kommunen über. Die Kommunen überführen ihren Wohnungsbestand unter Berücksichtigung sozialer Belange schrittweise in eine marktwirtschaftliche Wohnungswirtschaft. Dabei soll die Privatisierung auch zur Förderung der Bildung individuellen Wohneigentums beschleunigt durchgeführt werden. Hinsichtlich des volkseigenen Wohnungsbestandes staatlicher Einrichtungen, soweit dieser nicht bereits unter Artikel 21 fällt, bleibt Absatz 1 unberührt.

Art. 23 Schuldenregelung. (1) Mit dem Wirksamwerden des Beitritts wird die bis zu diesem Zeitpunkt aufgelaufene Gesamtverschuldung des Republikhaushalts der Deutschen Demokratischen Republik von einem nicht rechtsfähigen Sondervermögen des Bundes übernommen, das die Schuldendienstverpflichtungen erfüllt. Das Sondervermögen wird ermächtigt, Kredite aufzunehmen

1. zur Tilgung von Schulden des Sondervermögens,

2. zur Deckung anfallender Zins- und Kreditbeschaffungskosten,

3. zum Zweck des Ankaufs von Schuldtiteln des Sondervermögens im Wege der Marktpflege.

(2) Der Bundesminister der Finanzen verwaltet das Sondervermögen. Das Sondervermögen kann unter seinem Namen im rechtsgeschäftlichen Verkehr handeln, klagen und verklagt werden. Der allgemeine Gerichtsstand des Sondervermögens ist der Sitz der Bundesregierung. Der Bund haftet für die Verbindlichkeiten des Sondervermögens.

(3) Vom Tage des Wirksamwerdens des Beitritts bis zum 31. Dezember 1993 erstatten der Bund und die Treuhandanstalt jeweils die Hälfte der vom Sondervermögen erbrachten Zinsleistungen.

Die Erstattung erfolgt bis zum Ersten des Monats, der dem Monat folgt, in dem das Sondervermögen die in Satz 1 genannten Leistungen erbracht hat.

(4) Mit Wirkung vom 1. Januar 1994 übernehmen der Bund und die in Artikel 1 genannten Länder und die Treuhandanstalt, die beim Sondervermögen zum 31. Dezember 1993 aufgelaufene Gesamtverschuldung nach Maßgabe des Artikels 27 Abs. 3 des Vertrags vom 18.

Mai 1990 über die Schaffung einer Währungs-, Wirtschafts- und Sozialunion zwischen der Bundesrepublik Deutschland und der Deutschen Demokratischen Republik. Die Verteilung der Schulden im einzelnen wird durch besonderes Gesetz gemäß Artikel 34 des Gesetzes vom 25. Juli 1990 zu dem Vertrag vom 18. Mai 1990 (BGBl. 1990 II S. 518) geregelt. Die Anteile der in Artikel 1 genannten Länder an dem von der Gesamtheit der in Artikel 1 genannten Länder zu übernehmenden Betrag werden im Verhältnis ihrer Einwohnerzahl zum Zeitpunkt des Wirksamwerdens des Beitritts ohne Berücksichtigung der Einwohnerzahl von Berlin (West) berechnet.

(5) Das Sondervermögen wird mit Ablauf des Jahres 1993 aufgelöst.

(6) Die Bundesrepublik Deutschland tritt mit Wirksamwerden des Beitritts in die von der Deutschen Demokratischen Republik zu Lasten des Staatshaushalts bis zur Einigung übernommenen Bürgschaften, Garantien und Gewährleistungen ein. Die in Artikel 1 Abs. 1 genannten Länder und das Land Berlin für den Teil, in dem das Grundgesetz bisher nicht galt, übernehmen für die auf die Bundesrepublik Deutschland übergegangenen Bürgschaften, Garantien und Gewährleistungen gesamtschuldnerisch eine Rückbürgschaft in Höhe von 50 vom Hundert. Die Schadensbeträge werden zwischen den Ländern im Verhältnis ihrer Einwohnerzahl zum Zeitpunkt des Wirksamwerdens des Beitritts ohne Berücksichtigung der Einwohnerzahl von Berlin (West) aufgeteilt.

(7) Die Beteiligung der Deutschen Demokratischen Republik an der Staatsbank Berlin kann auf die in Artikel 1 genannten Länder übertragen werden. Bis zu einer Übertragung der Beteiligung nach Satz 1 oder einer Übertragung nach Satz 3 stehen die Rechte aus der Beteiligung der Deutschen Demokratischen Republik an der Staatsbank Berlin dem Bund zu. Die Vertragsparteien werden, unbeschadet einer kartellrechtlichen Prüfung, die Möglichkeit vorsehen, daß die Staatsbank Berlin ganz oder teilweise auf ein öffentlich-rechtliches Kreditinstitut in der Bundesrepublik Deutschland oder auf andere Rechtsträger übertragen wird. Werden nicht alle Gegenstände oder Verbindlichkeiten von einer Übertragung erfaßt, ist der verbleibende Teil der Staatsbank Berlin abzuwickeln. Der Bund tritt in die Verbindlichkeiten aus der Gewährträgerhaftung der Deutschen Demokratischen Republik für die Staatsbank Berlin ein. Dies gilt nicht für Verbindlichkeiten, die nach der Übertragung der Beteiligung nach Satz 1 oder nach einer Übertragung nach Satz 3 begründet werden. Satz 5 gilt für von der Staatsbank Berlin in Abwicklung begründete neue Verbindlichkeiten entsprechend. Wird der Bund aus der Gewährträgerhaftung in Anspruch genommen, wird die Belastung in die Gesamtverschuldung des Republikhaushalts einbezogen und mit Wirksamwerden des Beitritts in das nicht rechtsfähige Sondervermögen nach Absatz 1 übernommen.

Art. 24 Abwicklung der Forderungen und Verbindlichkeiten gegenüber dem Ausland und der Bundesrepublik Deutschland. (1) Die Abwicklung des beim Wirksamwerden des Beitritts noch bestehenden Forderungen und Verbindlichkeiten, soweit sie im Rahmen des Außenhandels- und Valutamonopols oder in Wahrnehmung anderer staatlicher Aufgaben der Deutschen Demokratischen Republik bis zum 1. Juli 1990 gegenüber dem Ausland und der Bundesrepublik Deutschland begründet worden sind, erfolgt auf Weisung und unter Aufsicht des Bundesministers der Finanzen. In Umschuldungsvereinbarungen der Regierung der Bundesrepublik Deutschland, die nach Wirksamwerden des Beitritts getroffen werden, sind auch die in Satz 1 genannten Forderungen einzubeziehen. Die betroffenen Forderungen werden durch den Bundesminister der Finanzen treuhänderisch verwaltet oder auf den Bund übertragen, soweit die Forderungen wertberichtigt werden.

(2) Das Sondervermögen gemäß Artikel 23 Abs. 1 übernimmt bis zum 30. November 1993 gegenüber den mit der Abwicklung beauftragten Instituten die notwendigen Verwaltungsaufwendungen, die Zinskosten, die durch eine Differenz der Zinsaufwendungen und Zinserlöse entstehen, sowie die sonstigen Verluste, die den Instituten während der Abwicklungszeit entstehen, soweit sie durch eigene Mittel nicht ausgeglichen werden können. Nach dem 30. November 1993 übernehmen der Bund und die Treuhandanstalt die in Satz 1 genannten Aufwendungen, Kosten und den Verlustausgleich je zur Hälfte. Das Nähere wird durch Bundesgesetz geregelt.

(3) Forderungen und Verbindlichkeiten, die auf die Mitgliedschaft der Deutschen Demokratischen Republik oder ihrer Einrichtungen im Rat für Gegenseitige Wirtschaftshilfe zurückgehen, können Gegenstand gesonderter Regelungen der Bundesrepublik Deutschland sein. Diese Regelungen können auch Forderungen und Verbindlichkeiten betreffen, die nach dem 30. Juni 1990 entstehen oder entstanden sind.

Art. 25 Treuhandvermögen. Das Gesetz zur Privatisierung und Reorganisation des volkseigenen Vermögens — Treuhandgesetz — vom 17. Juni 1990 (GBl. I Nr. 33 S. 300) gilt mit Wirksamwerden des Beitritts mit folgender Maßgabe fort:

(1) Die Treuhandanstalt ist auch künftig damit beauftragt, gemäß den Bestimmungen des Treuhandgesetzes die früheren volkseigenen Betriebe wettbewerblich zu strukturieren und zu privatisieren. Sie wird rechtsfähige bundesunmittelbare Anstalt des öffentlichen Rechts. Die Fach- und Rechtsaufsicht obliegt dem Bundesminister der Finanzen, der die Fachaufsicht im Einvernehmen mit dem Bundesminister für Wirtschaft und dem jeweils zuständigen Bundesminister wahrnimmt. Beteiligungen der Treuhandanstalt sind mittelbare Beteiligungen des Bundes. Änderungen der Satzung bedürfen der Zustimmung der Bundesregierung.

(2) Die Zahl der Mitglieder des Verwaltungsrats der Treuhandanstalt wird von 16 auf 20, für den ersten Verwaltungsrat auf 23, erhöht. Anstelle der beiden aus der Mitte der Volkskammer gewählten Vertreter erhalten die in Artikel 1 genannten Länder im Verwaltungsrat der Treuhandanstalt je einen Sitz. Abweichend von § 4 Abs. 2 des Treuhandgesetzes werden der Vorsitzende und die übrigen Mitglieder des Verwaltungsrats von der Bundesregierung berufen.

(3) Die Vertragsparteien bekräftigen, daß das volkseigene Vermögen ausschließlich und allein zugunsten von Maßnahmen in dem in Artikel 3 genannten Gebiet unabhängig von der haushaltsmäßigen Trägerschaft verwendet wird. Entsprechend sind Erlöse der Treuhandanstalt gemäß Artikel 26 Abs. 4 und Artikel 27 Abs. 3 des Vertrags vom 18. Mai 1990 zu verwenden. Im Rahmen der Strukturanpassung der Landwirtschaft können Erlöse der Treuhandanstalt im Einzelfall auch für Entschuldungsmaßnahmen zu Gunsten von landwirtschaftlichen Unternehmen verwendet werden. Zuvor sind deren eigene Vermögenswerte einzusetzen. Schulden, die auszugliedernden Betriebsteilen zuzuordnen sind, bleiben unberücksichtigt. Hilfe zur Entschuldung kann auch mit der Maßgabe gewährt werden, daß die Unternehmen die gewährten Leistungen im Rahmen ihrer wirtschaftlichen Möglichkeiten ganz oder teilweise zurückerstatten.

(4) Die der Treuhandanstalt durch Artikel 27 Abs. 1 des Vertrags vom 18. Mai 1990 eingeräumte Ermächtigung zur Aufnahme von Krediten wird von insgesamt bis zu 17 Milliarden Deutsche Mark auf bis zu 25 Milliarden Deutsche Mark erhöht. Die vorgenannten Kredite sollen in der Regel bis zum 31. Dezember 1995 zurückgeführt werden. Der Bundesminister

der Finanzen kann eine Verlängerung der Laufzeiten und bei grundlegend geänderten Bedingungen eine Überschreitung der Kreditobergrenzen zulassen.

(5) Die Treuhandanstalt wird ermächtigt, im Einvernehmen mit dem Bundesminister der Finanzen Bürgschaften, Garantien und sonstige Gewährleistungen zu übernehmen.

(6) Nach Maßgabe des Artikels 10 Abs. 6 des Vertrags vom 18. Mai 1990 sind Möglichkeiten vorzusehen, daß den Sparern zu einem späteren Zeitpunkt für den bei der Umstellung 2 : 1 reduzierten Betrag ein verbrieftes Anteilrecht am volkseigenen Vermögen eingeräumt werden kann.

(7) Bis zur Feststellung der DM-Eröffnungsbilanz sind die Zins- und Tilgungsleistungen auf Kredite, die vor dem 30. Juni 1990 aufgenommen wurden, auszusetzen. Die anfallenden Zinszahlungen sind der Deutschen Kreditbank AG und den anderen Banken durch die Treuhandanstalt zu erstatten.

Art. 26 Sondervermögen Deutsche Reichsbahn. (1) Das Eigentum und alle sonstigen Vermögensrechte der Deutschen Demokratischen Republik sowie das Reichsvermögen in Berlin (West), die zum Sondervermögen Deutsche Reichsbahn im Sinne des Artikels 26 Abs. 2 des Vertrags vom 18. Mai 1990 gehören, sind mit Wirksamwerden des Beitritts als Sondervermögen Deutsche Reichsbahn Vermögen der Bundesrepublik Deutschland. Dazu gehören auch alle Vermögensrechte, die nach dem 8. Mai 1945 entweder mit Mitteln des Sondervermögens Deutsche Reichsbahn erworben oder die ihrem Betrieb oder dem ihrer Vorgängerverwaltungen gewidmet worden sind, ohne Rücksicht darauf, für welchen Rechtsträger sie erworben wurden, es sei denn, sie sind in der Folgezeit mit Zustimmung der Deutschen Reichsbahn einem anderen Zweck gewidmet worden. Vermögensrechte, die von der Deutschen Reichsbahn bis zum 31. Januar 1991 in entsprechender Anwendung des § 1 Abs. 4 der Verordnung über die Anmeldung vermögensrechtlicher Ansprüche vom 11. Juli 1990 (GBl. I Nr. 44 S. 718) benannt werden, gelten nicht als Vermögen, das mit Zustimmung der Deutschen Reichsbahn einem anderen Zweck gewidmet wurde.

(2) Mit den Vermögensrechten gehen gleichzeitig die mit ihnen im Zusammenhang stehenden Verbindlichkeiten und Forderungen auf das Sondervermögen Deutsche Reichsbahn über.

(3) Der Vorsitzer des Vorstands der Deutschen Bundesbahn und der Vorsitzer des Vorstands der Deutschen Reichsbahn sind für die Koordinierung der beiden Sondervermögen verantwortlich. Dabei haben sie auf das Ziel hinzuwirken, die beiden Bahnen technisch und organisatorisch zusammenzuführen.

Art. 27 Sondervermögen Deutsche Post. (1) Das Eigentum und alle sonstigen Vermögensrechte, die zum Sondervermögen Deutsche Post gehören, werden Vermögen der Bundesrepublik Deutschland. Sie werden mit dem Sondervermögen Deutsche Bundespost vereinigt. Dabei gehen mit den Vermögensrechten gleichzeitig die mit ihnen im Zusammenhang stehenden Verbindlichkeiten und Forderungen auf das Sondervermögen Deutsche Bundespost über. Das den hoheitlichen und politischen Zwecken dienende Vermögen wird mit den entsprechenden Verbindlichkeiten und Forderungen nicht Bestandteil des Sondervermögens Deutsche Bundespost.

Zum Sondervermögen Deutsche Post gehören auch alle Vermögensrechte, die am 8. Mai 1945 zum Sondervermögen Deutsche Reichspost gehörten oder die nach dem 8. Mai 1945 entweder mit Mitteln des früheren Sondervermögens Deutsche Reichspost erworben oder die dem Betrieb der Deutschen Post gewidmet wurden, es sei denn, sie sind in der Folgezeit mit

Zustimmung der Deutschen Post einem anderen Zweck gewidmet worden. Vermögensrechte, die von der Deutschen Post bis zum 31. Januar 1991 in entsprechender Anwendung des § 1 Abs. 4 der Verordnung über die Anmeldung vermögensrechtlicher Ansprüche vom 11. Juli 1990 benannt werden, gelten nicht als Vermögen, das mit Zustimmung der Deutschen Post einem anderen Zweck gewidmet wurde.

(2) Der Bundesminister für Post und Telekommunikation regelt nach Anhörung der Unternehmen der Deutschen Bundespost abschließend die Aufteilung des Sondervermögens Deutsche Post in die Teilsondervermögen der drei Unternehmen. Der Bundesminister für Post und Telekommunikation legt nach Anhörung der drei Unternehmen der Deutschen Bundespost innerhalb einer Übergangszeit von drei Jahren fest, welche Vermögensgegenstände den hoheitlichen und politischen Zwecken dienen. Er übernimmt diese ohne Wertausgleich.

Art. 28 Wirtschaftsförderung. (1) Mit Wirksamwerden des Beitritts wird das in Artikel 3 genannte Gebiet in die im Bundesgebiet bestehenden Regelungen des Bundes zur Wirtschaftsförderung unter Berücksichtigung der Zuständigkeiten der Europäischen Gemeinschaften einbezogen. Während einer Übergangszeit werden dabei die besonderen Bedürfnisse der Strukturanpassung berücksichtigt. Damit wird ein wichtiger Beitrag zu einer möglichst raschen Entwicklung einer ausgewogenen Wirtschaftsstruktur unter besonderer Berücksichtigung des Mittelstands geleistet.

(2) Die zuständigen Ressorts bereiten konkrete Maßnahmenprogramme zur Beschleunigung des wirtschaftlichen Wachstums und des Strukturwandels in dem in Artikel 3 genannten Gebiet vor. Die Programme erstrecken sich auf folgende Bereiche:

— Maßnahmen der regionalen Wirtschaftsförderung unter Schaffung eines besonderen Programms zugunsten des in Artikel 3 genannten Gebiets; dabei wird ein Präferenzvorsprung zugunsten dieses Gebiets sichergestellt;
— Maßnahmen zur Verbesserung der wirtschaftlichen Rahmenbedingungen in den Gemeinden mit besonderem Schwerpunkt in der wirtschaftsnahen Infrastruktur;
— Maßnahmen zur raschen Entwicklung des Mittelstandes;
— Maßnahmen zur verstärkten Modernisierung und strukturellen Neuordnung der Wirtschaft auf der Grundlage von in Eigenverantwortung der Industrie erstellten Restrukturierungskonzepten (zum Beispiel Sanierungsprogramme, auch für RGW-Exportproduktion);
— Entschuldung von Unternehmen nach Einzelfallprüfung.

Art. 29 Außenwirtschaftsbeziehungen. (1) Die gewachsenen außenwirtschaftlichen Beziehungen der Deutschen Demokratischen Republik, insbesondere die bestehenden vertraglichen Verpflichtungen gegenüber den Ländern des Rates für Gegenseitige Wirtschaftshilfe, genießen Vertrauensschutz. Sie werden unter Berücksichtigung der Interessen aller Beteiligten und unter Beachtung marktwirtschaftlicher Grundsätze sowie der Zuständigkeiten der Europäischen Gemeinschaften fortentwickelt und ausgebaut. Die gesamtdeutsche Regierung wird dafür Sorge tragen, daß diese Beziehungen im Rahmen der fachlichen Zuständigkeit organisatorisch angemessen geregelt werden.

(2) Die Bundesregierung beziehungsweise die gesamtdeutsche Regierung wird sich mit den zuständigen Organen der Europäischen Gemeinschaften darüber abstimmen, welche Ausnahmeregelungen über eine Übergangszeit auf dem Gebiet des Außenhandels im Hinblick auf Absatz 1 erforderlich sind.

**Kapitel VII. Arbeit, Soziales, Familie, Frauen,
Gesundheitswesen und Umweltschutz**

Art. 30 Arbeit und Soziales. Es ist Aufgabe des gesamtdeutschen Gesetzgebers,

1. das Arbeitsvertragsrecht sowie das öffentlich-rechtliche Arbeitszeitrecht einschließlich der Zulässigkeit von Sonn- und Feiertagsarbeit und den besonderen Frauenarbeitsschutz möglichst bald einheitlich neu zu kodifizieren.

2. den öffentlich-rechtlichen Arbeitsschutz in Übereinstimmung mit dem Recht der Europäischen Gemeinschaften und dem damit konformen Teil des Arbeitsschutzrechts der Deutschen Demokratischen Republik zeitgemäß neu zu regeln.

(2) Arbeitnehmer können in dem in Artikel 3 genannten Gebiet ein Altersübergangsgeld nach Vollendung des 57. Lebensjahres für die Dauer von drei Jahren, längstens bis zum frühestmöglichen Bezug einer Altersrente aus der gesetzlichen Rentenversicherung erhalten. Die Höhe des Altersübergangsgeldes beträgt 65 vom Hundert des letzten durchschnittlichen Nettoarbeitsentgelts; für Arbeitnehmer, deren Anspruch bis zum 1. April 1991 entsteht, wird das Altersübergangsgeld für die ersten 312 Tage um einen Zuschlag von 5 Prozentpunkten erhöht. Das Altersübergangsgeld gewährt die Bundesanstalt für Arbeit in Anlehnung an die Regelungen des Arbeitslosengeldes, insbesondere der Regelung des § 105 c des Arbeitsförderungsgesetzes. Die Bundesanstalt für Arbeit kann einen Antrag ablehnen, wenn feststeht, daß in der Region für die bisherige berufliche Tätigkeit des Antragstellers ein deutlicher Mangel an Arbeitskräften besteht. Das Altersübergangsgeld wird vom Bund erstattet, soweit es die Dauer des Anspruchs auf Arbeitslosengeld übersteigt. Die Altersübergangsgeldregelung findet für neu entstehende Ansprüche bis zum 31. Dezember 1991 Anwendung. Der Geltungszeitraum kann um ein Jahr verlängert werden. In der Zeit vom Wirksamwerden des Vertrags bis zum 31. Dezember 1990 können Frauen Altersübergangsgeld nach Vollendung des 55. Lebensjahres für längstens fünf Jahre erhalten.

(3) Der in dem in Artikel 3 genannten Gebiet in Verbindung mit dem Vertrag vom 18. Mai 1990 eingeführte Sozialzuschlag zu Leistungen der Renten-, Unfall- und Arbeitslosenversicherung wird auf Neuzugänge bis 31. Dezember 1991 begrenzt. Die Leistung wird längstens bis zum 30. Juni 1995 gezahlt.

(4) Die Übertragung von Aufgaben der Sozialversicherung auf die einzelnen Träger hat so zu erfolgen, daß die Erbringung der Leistungen und deren Finanzierung sowie die personelle Wahrnehmung der Aufgaben gewährleistet wird. Die Vermögensaufteilung (Aktiva und Passiva) auf die einzelnen Träger der Sozialversicherung wird endgültig durch Gesetz festgelegt.

(5) Die Einzelheiten der Überleitung des Sechsten Buches Sozialgesetzbuch (Rentenversicherung) und der Vorschriften des Dritten Buches der Reichsversicherungsordnung (Unfallversicherung) werden in einem Bundesgesetz geregelt.

Für Personen, deren Rente aus der gesetzlichen Rentenversicherung in der Zeit vom 1. Januar 1992 bis 30. Juni 1995 beginnt, wird

1. eine Rente grundsätzlich mindestens in der Höhe des Betrags geleistet, der sich am 30. Juni 1990 nach dem bis dahin geltenden Rentenrecht in dem in Artikel 3 genannten Gebiet ohne Berücksichtigung von Leistungen aus Zusatz- oder Sonderversorgungssystemen ergeben hätte.

2. eine Rente auch dann bewilligt, wenn am 30. Juni 1990 nach dem bis dahin geltenden Rentenrecht in dem in Artikel 3 genannten Gebiet ein Rentenanspruch bestanden hätte.

Im übrigen soll die Überleitung von der Zielsetzung bestimmt sein, mit der Angleichung der Löhne und Gehälter in dem in Artikel 3 genannten Gebiet an diejenigen in den übrigen Ländern auch eine Angleichung der Renten zu verwirklichen.

(6) Bei der Fortentwicklung der Berufskrankheitenverordnung ist zu prüfen, inwieweit die bisher in dem in Artikel 3 des Vertrags genannten Gebiet geltenden Regelungen berücksichtigt werden können.

Art. 31 Familie und Frauen. (1) Es ist Aufgabe des gesamtdeutschen Gesetzgebers, die Gesetzgebung zur Gleichberechtigung zwischen Männern und Frauen weiterzuentwickeln.

(2) Es ist Aufgabe des gesamtdeutschen Gesetzgebers, angesichts unterschiedlicher rechtlicher und institutioneller Ausgangssituationen bei der Erwerbstätigkeit von Müttern und Vätern die Rechtslage unter dem Gesichtspunkt der Vereinbarkeit von Familie und Beruf zu gestalten.

(3) Um die Weiterführung der Einrichtungen zur Tagesbetreuung von Kindern in dem in Artikel 3 genannten Gebiet zu gewährleisten, beteiligt sich der Bund für eine Übergangszeit bis zum 30. Juni 1991 an den Kosten dieser Einrichtungen.

(4) Es ist Aufgabe des gesamtdeutschen Gesetzgebers, spätestens bis zum 31. Dezember 1992 eine Regelung zu treffen, die den Schutz vorgeburtlichen Lebens und die verfassungskonforme Bewältigung von Konfliktsituationen schwangerer Frauen vor allem durch rechtlich gesicherte Ansprüche für Frauen, insbesondere auf Beratung und soziale Hilfen, besser gewährleistet, als dies in beiden Teilen Deutschlands derzeit der Fall ist. Zur Verwirklichung dieser Ziele wird in dem in Artikel 3 genannten Gebiet mit finanzieller Hilfe des Bundes unverzüglich ein flächendeckendes Netz von Beratungsstellen verschiedener Träger aufgebaut. Die Beratungsstellen sind personell und finanziell so auszustatten, daß sie ihrer Aufgabe gerecht werden können, schwangere Frauen zu beraten und ihnen notwendige Hilfen — auch über den Zeitpunkt der Geburt hinaus — zu leisten. Kommt eine Regelung in der in Satz 1 genannten Frist nicht zustande, gilt das materielle Recht in dem in Artikel 3 genannten Gebiet weiter.

Art. 32 Freie gesellschaftliche Kräfte. Die Verbände der Freien Wohlfahrtspflege und die Träger der Freien Jugendhilfe leisten mit ihren Einrichtungen und Diensten einen unverzichtbaren Beitrag zur Sozialstaatlichkeit des Grundgesetzes. Der Auf- und Ausbau einer Freien Wohlfahrtspflege und einer Freien Jugendhilfe in dem in Artikel 3 genannten Gebiet wird im Rahmen der grundgesetzlichen Zuständigkeiten gefördert.

Art. 33 Gesundheitswesen. (1) Es ist Aufgabe der Gesetzgeber, die Voraussetzungen dafür zu schaffen, daß das Niveau der stationären Versorgung der Bevölkerung in dem in Artikel 3 genannten Gebiet zügig und nachhaltig verbessert und der Situation im übrigen Bundesgebiet angepaßt wird.

(2) Zur Vermeidung von Defiziten bei den Arzneimittelausgaben der Krankenversicherung in dem in Artikel 3 genannten Gebiet trifft der gesamtdeutsche Gesetzgeber eine zeitlich befristete Regelung, durch die der Herstellerabgabepreis im Sinne der Arzneimittelpreisverordnung um einen Abschlag verringert wird, der dem Abstand zwischen den beitragspflichtigen Einkommen in dem in Artikel 3 genannten Gebiet und im heutigen Bundesgebiet entspricht.

Art. 34 Umweltschutz. (1) Ausgehend von der in Artikel 16 des Vertrags vom 18. Mai 1990 in Verbindung mit dem Umweltrahmengesetz der Deutschen Demokratischen Republik vom

29. Juni 1990 (GBl. I Nr. 42 S. 649) begründeten deutschen Umweltunion ist es Aufgabe der Gesetzgeber, die natürlichen Lebensgrundlagen des Menschen unter Beachtung des Vorsorge-, Verursacher- und Kooperationsprinzips zu schützen und die Einheitlichkeit der ökologischen Lebensverhältnisse auf hohem, zumindest jedoch dem in der Bundesrepublik Deutschland erreichten Niveau zu fördern.

(2) Zur Förderung des in Absatz 1 genannten Ziels sind im Rahmen der grundgesetzlichen Zuständigkeitsregelungen ökologische Sanierungs- und Entwicklungsprogramme für das in Artikel 3 genannte Gebiet aufzustellen. Vorrangig sind Maßnahmen zur Abwehr von Gefahren für die Gesundheit der Bevölkerung vorzusehen.

Kapitel VIII. Kultur, Bildung und Wissenschaft, Sport

Art. 35 Kultur. (1) In den Jahren der Teilung waren Kunst und Kultur — trotz unterschiedlicher Entwicklung der beiden Staaten in Deutschland — eine Grundlage der fortbestehenden Einheit der deutschen Nation. Sie leisten im Prozeß der staatlichen Einheit der Deutschen auf dem Weg zur europäischen Einigung einen eigenständigen und unverzichtbaren Beitrag. Stellung und Ansehen eines vereinten Deutschlands in der Welt hängen außer von seinem politischen Gewicht und seiner wirtschaftlichen Leistungskraft ebenso von seiner Bedeutung als Kulturstaat ab. Vorrangiges Ziel der Auswärtigen Kulturpolitik ist der Kulturaustausch auf der Grundlage partnerschaftlicher Zusammenarbeit.

(2) Die kulturelle Substanz in dem in Artikel 3 genannten Gebiet darf keinen Schaden nehmen.

(3) Die Erfüllung der kulturellen Aufgaben einschließlich ihrer Finanzierung ist zu sichern, wobei Schutz und Förderung von Kultur und Kunst den neuen Ländern und Kommunen entsprechend der Zuständigkeitsverteilung des Grundgesetzes obliegen.

(4) Die bisher zentral geleiteten kulturellen Einrichtungen gehen in die Trägerschaft der Länder oder Kommunen über, in denen sie gelegen sind. Eine Mitfinanzierung durch den Bund wird in Ausnahmefällen, insbesondere im Land Berlin, nicht ausgeschlossen.

(5) Die durch die Nachkriegsereignisse getrennten Teile der ehemaligen staatlichen preußischen Sammlungen (unter anderem Staatliche Museen, Staatsbibliotheken, Geheimes Staatsarchiv, Ibero-Amerikanisches Institut, Staatliches Institut für Musikforschung) sind in Berlin wieder zusammenzuführen. Die Stiftung Preußischer Kulturbesitz übernimmt die vorläufige Trägerschaft. Auch für die künftige Regelung ist eine umfassende Trägerschaft für die ehemals staatlichen preußischen Sammlungen in Berlin zu finden.

(6) Der Kulturfonds wird zur Förderung von Kultur, Kunst und Künstlern übergangsweise bis zum 31. Dezember 1994 in dem in Artikel 3 genannten Gebiet weitergeführt. Eine Mitfinanzierung durch den Bund im Rahmen der Zuständigkeitsverteilung des Grundgesetzes wird nicht ausgeschlossen. Über eine Nachfolgeeinrichtung ist im Rahmen der Verhandlungen über den Beitritt der Länder der in Artikel 1 Abs. 1 genannten Länder zur Kulturstiftung der Länder zu verhandeln.

(7) Zum Ausgleich der Auswirkungen der Teilung Deutschlands kann der Bund übergangsweise zur Förderung der kulturellen Infrastruktur einzelne kulturelle Maßnahmen und Einrichtungen in dem in Artikel 3 genannten Gebiet mitfinanzieren.

Art. 36 Rundfunk. (1) Der „Rundfunk der DDR" und der „Deutsche Fernsehfunk" werden als gemeinschaftliche staatsunabhängige, rechtsfähige Einrichtungen von den in Artikel 1 Abs. 1 genannten Ländern und dem Land Berlin für den Teil, in dem das Grundgesetz bisher nicht galt, bis spätestens 31. Dezember 1991 weitergeführt, soweit sie Aufgaben wahrnehmen, für die die Zuständigkeit der Länder gegeben ist. Die Einrichtung hat die Aufgabe, die Bevölkerung in dem in Artikel 3 genannten Gebiet nach den allgemeinen Grundsätzen des öffentlich-rechtlichen Rundfunks mit Hörfunk und Fernsehen zu versorgen. Die bisher der Deutschen Post zugehörige Studiotechnik sowie die der Produktion und der Verwaltung des Rundfunks und des Fernsehens dienenden Liegenschaften werden der Einrichtung zugeordnet. Artikel 21 gilt entsprechend.

(2) Die Organe der Einrichtung sind

1. der Rundfunkbeauftragte,

2. der Rundfunkbeirat.

(3) Der Rundfunkbeauftragte wird auf Vorschlag des Ministerpräsidenten der Deutschen Demokratischen Republik von der Volkskammer gewählt. Kommt eine Wahl durch die Volkskammer nicht zustande, wird der Rundfunkbeauftragte von den Landessprechern der in Artikel 1 Abs. 1 genannten Länder und dem Oberbürgermeister von Berlin mit Mehrheit gewählt. Der Rundfunkbeauftragte leitet die Einrichtung und vertritt sie gerichtlich und außergerichtlich. Er ist für die Erfüllung des Auftrags der Einrichtung im Rahmen der hierfür verfügbaren Mittel verantwortlich und hat für das Jahr 1991 unverzüglich einen in Einnahmen und Ausgaben ausgeglichenen Haushaltsplan aufzustellen.

(4) Dem Rundfunkbeirat gehören 18 anerkannte Persönlichkeiten des öffentlichen Lebens als Vertreter gesellschaftlich relevanter Gruppen an. Je drei Mitglieder werden von den Landtagen der in Artikel 1 Abs. 1 genannten Länder und von der Stadtverordnetenversammlung von Berlin gewählt. Der Rundfunkbeirat hat in allen Programmfragen ein Beratungsrecht und bei wesentlichen Personal-, Wirtschafts- und Haushaltsfragen ein Mitwirkungsrecht. Der Rundfunkbeirat kann den Rundfunkbeauftragten mit der Mehrheit von zwei Dritteln seiner Mitglieder abberufen. Er kann mit der Mehrheit von zwei Dritteln seiner Mitglieder einen neuen Rundfunkbeauftragten wählen.

(5) Die Einrichtung finanziert sich vorrangig durch die Einnahmen aus dem Rundfunkgebührenaufkommen der Rundfunkteilnehmer, die in dem in Artikel 3 genannten Gebiet wohnen. Sie ist insoweit Gläubiger der Rundfunkgebühr. Im übrigen deckt sie ihre Ausgaben durch Einnahmen aus Werbesendungen und durch sonstige Einnahmen.

(6) Innerhalb des in Absatz 1 genannten Zeitraums ist die Einrichtung nach Maßgabe der föderalen Struktur des Rundfunks durch gemeinsamen Staatsvertrag der in Artikel 1 genannten Länder aufzulösen oder in Anstalten des öffentlichen Rechts einzelner oder mehrerer Länder überzuführen. Kommt ein Staatsvertrag nach Satz 1 bis zum 31. Dezember 1991 nicht zustande, so ist die Einrichtung mit Ablauf dieser Frist aufgelöst. Zu diesem Zeitpunkt bestehendes Aktiv- und Passivvermögen geht auf die in Artikel 1 genannten Länder in Anteilen über. Die Höhe der Anteile bemißt sich nach dem Verhältnis des Rundfunkgebührenaufkommens nach dem Stand vom 30. Juni 1991 in dem in Artikel 3 genannten Gebiet. Die Pflicht der Länder zur Fortführung der Rundfunkversorgung in dem in Artikel 3 genannten Gebiet bleibt hiervon unberührt.

(7) Mit Inkraftsetzung des Staatsvertrags nach Absatz 6, spätestens am 31. Dezember 1991, treten die Absätze 1 bis 6 außer Kraft.

Art. 37 Bildung. (1) In der Deutschen Demokratischen Republik erworbene oder staatlich anerkannte schulische, berufliche und akademische Abschlüsse oder Befähigungsnachweise gelten in dem in Artikel 3 genannten Gebiet weiter. In dem in Artikel 3 genannten Gebiet oder in den anderen Ländern der Bundesrepublik Deutschland einschließlich Berlin (West) abgelegte Prüfungen oder erworbene Befähigungsnachweise stehen einander gleich und verleihen die gleichen Berechtigungen, wenn sie gleichwertig sind. Die Gleichwertigkeit wird auf Antrag von der jeweils zuständigen Stelle festgestellt. Rechtliche Regelungen des Bundes und der Europäischen Gemeinschaften über die Gleichstellung von Prüfungen oder Befähigungsnachweisen sowie besondere Regelungen in diesem Vertrag haben Vorrang. Das Recht auf Führung erworbener, staatlich anerkannter oder verliehener akademischer Berufsbezeichnungen, Grade und Titel bleibt in jedem Fall unberührt.

(2) Für Lehramtsprüfungen gilt das in der Kultusministerkonferenz übliche Anerkennungsverfahren. Die Kultusministerkonferenz wird entsprechende Übergangsregelungen treffen.

(3) Prüfungszeugnisse nach der Systematik der Ausbildungsberufe und der Systematik der Facharbeiterberufe und Abschlußprüfungen und Gesellenprüfungen in anerkannten Ausbildungsberufen stehen einander gleich.

(4) Die bei der Neugestaltung des Schulwesens in dem in Artikel 3 genannten Gebiet erforderlichen Regelungen werden von den in Artikel 1 genannten Ländern getroffen. Die notwendigen Regelungen zur Anerkennung von Abschlüssen schulrechtlicher Art werden in der Kultusministerkonferenz vereinbart. In beiden Fällen sind Basis das Hamburger Abkommen und die weiteren einschlägigen Vereinbarungen der Kultusministerkonferenz.

(5) Studenten, die vor Abschluß eines Studiums die Hochschule wechseln, werden bisher erbrachte Studien- und Prüfungsleistungen nach den Grundsätzen des § 7 der Allgemeinen Bestimmungen für Diplomprüfungsordnungen (ABD) oder im Rahmen der für die Zulassung zu Staatsprüfungen geltenden Vorschriften anerkannt.

(6) Die auf Abschlußzeugnissen der Ingenieur- und Fachschulen der Deutschen Demokratischen Republik bestätigten Hochschulzugangsberechtigungen gelten gemäß Beschluß der Kultusministerkonferenz vom 10. Mai 1990 und seiner Anlage B. Weitergehende Grundsätze und Verfahren für die Anerkennung von Fachschul- und Hochschulabschlüssen für darauf aufbauende Schul- und Hochschulausbildungen sind im Rahmen der Kultusministerkonferenz zu entwickeln.

Art. 38 Wissenschaft und Forschung. (1) Wissenschaft und Forschung bilden auch im vereinten Deutschland wichtige Grundlagen für Staat und Gesellschaft. Der notwendigen Erneuerung leistungsfähiger Einrichtungen in dem in Artikel 3 genannten Gebiet dient eine Begutachtung von öffentlich getragenen Einrichtungen durch den Wissenschaftsrat, die bis zum 31. Dezember 1991 abgeschlossen sein wird, wobei einzelne Ergebnisse schon vorher schrittweise umgesetzt werden sollen. Die nachfolgenden Regelungen sollen diese Begutachtung ermöglichen sowie die Einpassung von Wissenschaft und Forschung in dem in Artikel 3 genannten Gebiet in die gemeinsame Forschungsstruktur der Bundesrepublik Deutschland gewährleisten.

(2) Mit dem Wirksamwerden des Beitritts wird die Akademie der Wissenschaften der Deutschen Demokratischen Republik als Gelehrtensozietät von den Forschungsinstituten und sonstigen Einrichtungen getrennt. Die Entscheidung, wie die Gelehrtensozietät der Akademie der Wissenschaften der Deutschen Demokratischen Republik fortgeführt werden soll, wird landesrechtlich getroffen. Die Forschungsinstitute und sonstigen Einrichtungen bestehen zunächst bis zum 31. Dezember 1991 als Einrichtungen der Länder in dem in Artikel 3 genann-

ten Gebiet fort, soweit sie nicht vorher aufgelöst oder umgewandelt werden. Die Übergangsfinanzierung dieser Institute und Einrichtungen wird bis zum 31. Dezember 1991 sichergestellt; die Mittel hierfür werden im Jahr 1991 vom Bund und den in Artikel 1 genannten Ländern bereitgestellt.

(3) Die Arbeitsverhältnisse der bei den Forschungseinrichtungen und sonstigen Einrichtungen der Akademie der Wissenschaften der Deutschen Demokratischen Republik beschäftigten Arbeitnehmer bestehen bis zum 31. Dezember 1991 als befristete Arbeitsverhältnisse mit den Ländern fort, auf die diese Institute und Einrichtungen übergehen. Das Recht zur ordentlichen oder außerordentlichen Kündigung dieser Arbeitsverhältnisse in den in Anlage I dieses Vertrags aufgeführten Tatbeständen bleibt unberührt.

(4) Für die Bauakademie der Deutschen Demokratischen Republik und die Akademie der Landwirtschaftswissenschaften der Deutschen Demokratischen Republik sowie die nachgeordneten wissenschaftlichen Einrichtungen des Ministeriums für Ernährung, Land- und Forstwirtschaft gelten die Absätze 1 bis 3 sinngemäß.

(5) Die Bundesregierung wird mit den Ländern Verhandlungen mit dem Ziel aufnehmen, die Bund-Länder-Vereinbarungen gemäß Artikel 91 b des Grundgesetzes so anzupassen oder neu abzuschließen, daß die Bildungsplanung und die Förderung der Einrichtungen und Vorhaben der wissenschaftlichen Forschung von überregionaler Bedeutung auf as in Artikel 3 genannte Gebiet erstreckt werden.

(6) Die Bundesregierung strebt an, daß die in der Bundesrepublik Deutschland bewährten Methoden und Programme der Forschungsförderung so schnell wie möglich auf das gesamte Bundesgebiet angewendet werden und daß den Wissenschaftlern und wissenschaftlichen Einrichtungen in dem in Artikel 3 genannten Gebiet der Zugang zu laufenden Maßnahmen der Forschungsförderung ermöglicht wird. Außerdem sollen einzelne Förderungsmaßnahmen für Forschung und Entwicklung, die im Bereich der Bundesrepublik Deutschland terminlich abgeschlossen sind, für das in Artikel 3 genannte Gebiet wieder aufgenommen werden; davon sind steuerliche Maßnahmen ausgenommen.

(7) Mit dem Wirksamwerden des Beitritts der Deutschen Demokratischen Republik ist der Forschungsrat der Deutschen Demokratischen Republik aufgelöst.

Art. 39 Sport. (1) Die in dem in Artikel 3 genannten Gebiet befindlichen Strukturen des Sports werden auf Selbstverwaltung umgestellt. Die öffentlichen Hände fördern den Sport ideell und materiell nach der Zuständigkeitsverteilung des Grundgesetzes.

(2) Der Spitzensport und seine Entwicklung in dem in Artikel 3 genannten Gebiet wird, soweit er sich bewährt hat, weiter gefördert. Die Förderung erfolgt im Rahmen der in der Bundesrepublik Deutschland bestehenden Regeln und Grundsätze nach Maßgabe der öffentlichen Haushalte in dem in Artikel 3 genannten Gebiet. In diesem Rahmen werden das Forschungsinstitut für Körperkultur und Sport (FKS) in Leipzig, das vom Internationalen Olympischen Komitee (IOC) anerkannte Dopingkontrollabor in Kreischa (bei Dresden) und die Forschungs- und Entwicklungsstelle für Sportgeräte (FES) in Berlin (Ost) — in der jeweils angemessenen Rechtsform — als Einrichtungen im vereinten Deutschland in erforderlichem Umfang fortgeführt oder bestehenden Einrichtungen angegliedert.

(3) Für eine Übergangszeit bis zum 31. Dezember 1992 unterstützt der Bund den Behindertensport.

Kapitel IX. Übergangs- und Schlußbestimmungen

Art. 40 Verträge und Vereinbarungen. (1) Die Verpflichtungen aus dem Vertrag vom 18. Mai 1990 über die Schaffung einer Währungs-, Wirtschafts- und Sozialunion zwischen der Bundesrepublik Deutschland und der Deutschen Demokratischen Republik gelten fort, soweit nicht in diesem Vertrag Abweichendes bestimmt wird oder die Vereinbarungen im Zuge der Herstellung der Einheit Deutschlands gegenstandslos werden.

(2) Soweit Rechte und Pflichten aus sonstigen Verträgen und Vereinbarungen zwischen der Bundesrepublik Deutschland oder den Bundesländern und der Deutschen Demokratischen Republik nicht im Zuge der Herstellung der Einheit Deutschlands gegenstandslos geworden sind, werden sie von den innerstaatlichen zuständigen Rechtsträgern übernommen, angepaßt oder abgewickelt.

Art. 41 Regelung von Vermögensfragen. (1) Die von der Regierung der Bundesrepublik Deutschland und der Regierung der Deutschen Demokratischen Republik abgegebene Gemeinsame Erklärung vom 15. Juni 1990 zur Regelung offener Vermögensfragen (Anlage III) ist Bestandteil dieses Vertrages.

(2) Nach Maßgabe besonderer gesetzlicher Regelung findet eine Rückübertragung von Eigentumsrechten an Grundstücken oder Gebäuden nicht statt, wenn das betroffene Grundstück oder Gebäude für dringende, näher festzulegende Investitionszwecke benötigt wird, insbesondere der Errichtung einer gewerblichen Betriebsstätte dient und die Verwirklichung dieser Investitionsentscheidung volkswirtschaftlich förderungswürdig ist, vor allem Arbeitsplätze schafft oder sichert. Der Investor hat einen die wesentlichen Merkmale des Vorhabens aufzeigenden Plan vorzulegen und sich zur Durchführung des Vorhabens auf dieser Basis zu verpflichten. In dem Gesetz ist auch die Entschädigung des früheren Eigentümers zu regeln.

(3) Im übrigen wird die Bundesrepublik Deutschland keine Rechtsvorschriften erlassen, die der in Absatz 1 genannten Gemeinsamen Erklärung widersprechen.

Art. 42 Entsendung von Abgeordneten. (1) Vor dem Wirksamwerden des Beitritts der Deutschen Demokratischen Republik wählt die Volkskammer auf der Grundlage ihrer Zusammensetzung 144 Abgeordnete zur Entsendung in den 11. Deutschen Bundestag sowie eine ausreichende Anzahl von Ersatzpersonen. Entsprechende Vorschläge machen die in der Volkskammer vertretenen Fraktionen und Gruppen.

(2) Die Gewählten erwerben die Mitgliedschaft im 11. Deutschen Bundestag aufgrund der Annahmeerklärung gegenüber dem Präsidenten der Volkskammer, jedoch erst mit Wirksamwerden des Beitritts. Der Präsident der Volkskammer übermittelt das Ergebnis der Wahl unter Beifügung der Annahmeerklärung unverzüglich dem Präsidenten des Deutschen Bundestages.

(3) Für die Wählbarkeit und den Verlust der Mitgliedschaft im 11. Deutschen Bundestag gelten im übrigen die Bestimmungen des Bundeswahlgesetzes in der Fassung der Bekanntmachung vom 1. September 1975 (BGBl. I S. 2325), zuletzt geändert durch Gesetz vom 29. August 1990 (BGBl. II S. 813).

Scheidet ein Mitglied aus, so rückt die nächste Ersatzperson nach. Sie muß derselben Partei angehören wie das ausgeschiedene Mitglied zur Zeit seiner Wahl. Die Feststellung, wer als Ersatzperson nachrückt, trifft vor Wirksamwerden des Beitritts der Präsident der Volkskammer, danach der Präsident des Deutschen Bundestages.

Art. 43 Übergangsvorschrift für den Bundesrat bis zur Bildung von Landesregierungen. Von der Bildung der in Artikel 1 Abs. 1 genannten Länder bis zur Wahl des Ministerpräsidenten kann der Landesbevollmächtigte an den Sitzungen des Bundesrates mit beratender Stimme teilnehmen.

Art. 44 Rechtswahrung. Rechte aus diesem Vertrag zugunsten der Deutschen Demokratischen Republik oder der in Artikel 1 genannten Länder können nach Wirksamwerden des Beitritts von jedem dieser Länder geltend gemacht werden.

Art. 45 Inkrafttreten des Vertrags. (1) Dieser Vertrag einschließlich des anliegenden Protokolls und der Anlagen I bis III tritt an dem Tag in Kraft, an dem die Regierungen der Bundesrepublik Deutschland und der Deutschen Demokratischen Republik einander mitgeteilt haben, daß die erforderlichen innerstaatlichen Voraussetzungen für das Inkrafttreten erfüllt sind.

(2) Der Vertrag bleibt nach Wirksamwerden des Beitritts als Bundesrecht geltendes Recht.

Geschehen zu Berlin am 31. August 1990 in zwei Urschriften in deutscher Sprache.

<div style="text-align:center">

Für die

Bundesrepublik Deutschland Für die

Wolfgang Schäuble Deutsche Demokratische Republik

Günther Krause

</div>

Quelle: Bundesgesetzblatt, Teil II, 1990, S. 889.

Protokoll — Auszug

Bei Unterzeichnung des Vertrags zwischen der Bundesrepublik Deutschland und der Deutschen Demokratischen Republik über die Herstellung der Einheit Deutschlands wurden mit Bezug auf diesen Vertrag folgende Klarstellungen getroffen:

I. Zu den Artikeln und Anlagen des Vertrag

1. Zu Artikel 1:
 (1) Die Grenzen des Landes Berlin werden durch das Gesetz über die Bildung einer neuen Stadtgemeinde Berlin vom 27. April 1920 (Pr.GS 190 S. 123) bestimmt mit der Maßgabe
 — daß der Protokollvermerk zu Artikel 1 der „Vereinbarung zwischen dem Senat und der Regierung der Deutschen Demokratischen Republik vom 31. März 1988 über die Einbeziehung von weiteren Enklaven und anderen kleinen Gebieten in die Vereinbarung vom 20. Dezember 1971 über die Regelung der Fragen von Enklaven durch Gebietsaustausch" als auf alle Bezirke erstreckt gilt und im Verhältnis zwischen den Ländern Berlin und Brandenburg fortwirkt;
 — daß alle Gebiete, in denen nach dem 7. Oktober 1949 eine Wahl zum Abgeordnetenhaus oder zur Stadtverordnetenversammlung von Berlin stattgefunden hat, Bestandteile der Bezirke von Berlin sind.
 (2) Die Länder Berlin und Brandenburg überprüfen und dokumentieren innerhalb eines Jahres den sich nach Absatz 1 ergebenden Grenzverlauf.

2. Zu Artikel 2 Abs. 1:

Die Vertragsparteien stimmen darin überein, daß die Entscheidungen nach Satz 2 der Beschlußfassung der gesetzgebenden Körperschaften des Bundes nach Wahl des ersten gesamtdeutschen Bundestages und nach Herstellung der vollen Mitwirkungsrechte der in Artikel 1 Abs. 1 dieses Vertrags genannten Länder vorbehalten bleiben.

3. Zu Artikel 2 Abs. 2:

Die Vertragsparteien sind darüber einig, daß der Charakter des 3. Oktober 1990 als gesetzlicher Feiertag Handlungen nicht ausschließt, die bei Inkrafttreten des Vertrags bereits unaufhebbar festgelegt waren.

4. Zu Artikel 4 Nr. 5:

Artikel 143 Absätze 1 und 2 haben nur zeitliche Bedeutung; sie sind deshalb keine Vorgabe für die künftige Gesetzgebung.

5. Zu Artikel 9 Abs. 5:

Beide Vertragsparteien nehmen die Erklärung des Landes Berlin zur Kenntnis, daß das in Berlin (West) geltende Kirchensteuerrecht mit Wirkung vom 1. Januar 1991 auf den Teil Berlins erstreckt wird, in dem es bisher nicht galt.

6. Zu Artikel 13:

Einrichtungen oder Teileinrichtungen, die bis zum Wirksamwerden des Beitritts Aufgaben erfüllt haben, die künftig nicht mehr von der öffentlichen Verwaltung wahrgenommen werden sollen, werden wie folgt abgewickelt:

(1) Soweit ein Sachzusammenhang zu öffentlichen Aufgaben besteht, werden die Einrichtungen oder Teileinrichtungen von demjenigen abgewickelt, der Träger dieser öffentlichen Aufgaben ist (Bund, Land, Länder gemeinsam).

(2) in den sonstigen Fällen werden die Einrichtungen oder Teileinrichtungen vom Bund abgewickelt.

In Zweifelsfällen kann von dem betroffenen Land oder vom Bund eine Stelle angerufen werden, die von Bund und Ländern gebildet wird.

. . .

17. Zu Anlage II Kapitel II Abschnitt III Nr. 2:

Die Parteien haben Anspruch auf Chancengleichheit bei der Wahlvorbereitung und im Wahlwettbewerb. Geld oder geldwertes Vermögen, das den Parteien weder durch Mitgliedsbeiträge noch durch Spenden oder eine staatliche Wahlkampfkostenerstattung zugeflossen ist, insbesondere Vermögensgegenstände ehemaliger Blockparteien und der PDS in der Deutschen Demokratischen Republik, dürfen weder zur Wahlvorbereitung noch im Wahlkampf verwendet werden. Die Parteien sind verpflichtet, darüber eidesstattliche Erklärungen der Schatzmeister abzugeben und den Verzicht auf den Einsatz solcher Mittel durch Wirtschaftsprüfer zum 1. Dezember 1990 bestätigen zu lassen. Soweit sich Parteien in der Bundesrepublik Deutschland vor dem Wahltag mit ehemaligen Blockparteien der Deutschen Demokratischen Republik zusammenschließen, haben sie zum Zeitpunkt ihrer Vereinigung über ihr Vermögen in der Weise Rechenschaft abzulegen, daß sie bis zum 1. November 1990 jeweils eine Schlußbilanz und eine Eröffnungsbilanz vorlegen, die den Kriterien von § 24 Abs. 4 des Parteiengesetzes entspricht.

18. Zu Anlage III:

Beide Vertragsparteien stimmen darin überein, daß für die in den Sätzen 2 und 3 der Ziffer 6 geregelten Fälle auch eine Umsetzung nach Ziffer 7 der Gemeinsamen Erklärung vorgesehen werden kann.

II. Protokollerklärung zum Vertrag

Beide Vertragsparteien sind sich einig, daß die Festlegungen des Vertrags unbeschadet der zum Zeitpunkt der Unterzeichnung noch bestehenden Rechte und Verantwortlichkeiten der Vier Mächte in bezug auf Berlin und Deutschland als Ganzes sowie der noch ausstehenden Ergebnisse der Gespräche über die äußeren Aspekte der Herstellung der deutschen Einheit getroffen werden.

Quelle: Bundesgesetzblatt, Teil II, 1990, S. 889.

I/11 Vertrag über die abschließende Regelung in bezug auf Deutschland vom 12. September 1990

Die Bundesrepublik Deutschland, die Deutsche Demokratische Republik, die Französische Republik, das Vereinigte Königreich Großbritannien und Nordirland, die Union der Sozialistischen Sowjetrepubliken und die Vereinigten Staaten von Amerika —

in dem Bewußtsein, daß ihre Völker seit 1945 miteinander in Frieden leben,

eingedenk der jüngsten historischen Veränderungen in Europa, die es ermöglichen, die Spaltung des Kontinents zu überwinden,

unter Berücksichtigung der Rechte und Verantwortlichkeiten der Vier Mächte in bezug auf Berlin und Deutschland als Ganzes und der entsprechenden Vereinbarungen und Beschlüsse der Vier Mächte aus der Kriegs- und Nachkriegszeit,

entschlossen, in Übereinstimmung mit ihren Verpflichtungen aus der Charta der Vereinten Nationen freundschaftliche, auf der Achtung vor dem Grundsatz der Gleichberechtigung und Selbstbestimmung der Völker beruhende Beziehungen zwischen den Nationen zu entwickeln und andere geeignete Maßnahmen zur Festigung des Weltfriedens zu treffen,

eingedenk der Prinzipien der in Helsinki unterzeichneten Schlußakte der Konferenz über Sicherheit und Zusammenarbeit in Europa,

in Anerkennung, daß diese Prinzipien feste Grundlagen für den Aufbau einer gerechten und dauerhaften Friedensordnung in Europa geschaffen haben,

entschlossen, die Sicherheitsinteressen eines jeden zu berücksichtigen,

überzeugt von der Notwendigkeit, Gegensätze endgültig zu überwinden und die Zusammenarbeit in Europa fortzuentwickeln,

in Bekräftigung ihrer Bereitschaft, die Sicherheit zu stärken, insbesondere durch wirksame Maßnahmen zur Rüstungskontrolle, Abrüstung und Vertrauensbildung; ihrer Bereitschaft, sich gegenseitig nicht als Gegner zu betrachten, sondern auf ein Verhältnis des Vertrauens und der Zusammenarbeit hinzuarbeiten sowie dementsprechend ihrer Bereitschaft, die Schaffung geeigneter institutioneller Vorkehrungen im Rahmen der Konferenz über Sicherheit und Zusammenarbeit in Europa positiv in Betracht zu ziehen,

in Würdigung dessen, daß das deutsche Volk in freier Ausübung des Selbstbestimmungs-
rechts seinen Willen bekundet hat, die staatliche Einheit Deutschlands herzustellen, um als
gleichberechtigtes und souveränes Glied in einem vereinten Europa dem Frieden der Welt zu
dienen,

in der Überzeugung, daß die Vereinigung Deutschlands als Staat mit endgültigen Grenzen
ein bedeutsamer Beitrag zu Frieden und Stabilität in Europa ist,

mit dem Ziel, die abschließende Regelung in bezug auf Deutschland zu vereinbaren,

in Anerkennung dessen, daß dadurch und mit der Vereinigung Deutschlands als einem de-
mokratischen und friedlichen Staat die Rechte und Verantwortlichkeiten der Vier Mächte in
bezug auf Berlin und Deutschland als Ganzes ihre Bedeutung verlieren,

vertreten durch ihre Außenminister, die entsprechend der Erklärung von Ottawa vom 13.
Februar 1990 am 5. Mai 1990 in Bonn, am 22. Juni 1990 in Berlin, am 17. Juli 1990 in Paris
unter Beteiligung des Außenministers der Republik Polen und am 12. September 1990 in
Moskau zusammengetroffen sind —

sind wie folgt übereingekommen:

Artikel 1

(1) Das vereinte Deutschland wird die Gebiete der Bundesrepublik Deutschland, der Deut-
schen Demokratischen Republik und ganz Berlins umfassen. Seine Außengrenzen werden die
Grenzen der Deutschen Demokratischen Republik und der Bundesrepublik Deutschland sein
und werden am Tage des Inkrafttretens dieses Vertrages endgültig sein. Die Bestätigung des end-
gültigen Charakters der Grenzen des vereinten Deutschland ist ein wesentlicher Bestandteil der
Friedensordnung in Europa.

(2) Das vereinte Deutschland und die Republik Polen bestätigen die zwischen ihnen beste-
hende Grenze in einem völkerrechtlich verbindlichen Vertrag.

(3) Das vereinte Deutschland hat keinerlei Gebietsansprüche gegen andere Staaten und
wird solche auch nicht in Zukunft erheben.

(4) Die Regierung der Bundesrepublik Deutschland und der Deutschen Demokratischen
Republik werden sicherstellen, daß die Verfassung des vereinten Deutschland keinerlei Be-
stimmungen enthalten wird, die mit diesen Prinzipien unvereinbar sind. Dies gilt dementspre-
chend für die Bestimmungen, die in der Präambel und in den Artikeln 23 Satz 2 und 146 des
Grundgesetzes für die Bundesrepublik Deutschland niedergelegt sind.

(5) Die Regierungen der Französischen Republik, des Vereinigten Königreichs Großbritan-
nien und Nordirland, der Union der Sozialistischen Sowjetrepubliken und der Vereinigten
Staaten von Amerika nehmen die entsprechenden Verpflichtungen und Erklärungen der Re-
gierungen der Bundesrepublik Deutschland und der Deutschen Demokratischen Republik
förmlich entgegen und erklären, daß mit deren Verwirklichung der endgültige Charakter der
Grenzen des vereinten Deutschland bestätigt wird.

Artikel 2

Die Regierungen der Bundesrepublik Deutschland und der Deutschen Demokratischen Repu-
blik bekräftigen ihre Erklärung, daß von deutschem Boden nur Frieden ausgehen wird. Nach
der Verfassung des vereinten Deutschland sind Handlungen, die geeignet sind und in der Ab-
sicht vorgenommen werden, das friedliche Zusammenleben der Völker zu stören, insbesondere
die Führung eines Angriffskrieges vorzubereiten, verfassungswidrig und strafbar. Die Regierun-
gen der Bundesrepublik Deutschland und der Deutschen Demokratischen Republik erklären,
daß das vereinte Deutschland keine seiner Waffen jemals einsetzen wird, es sei denn in Überein-
stimmung mit seiner Verfassung und der Charta der Vereinten Nationen.

Artikel 3

(1) Die Regierungen der Bundesrepublik Deutschland und der Deutschen Demokratischen Republik bekräftigen ihren Verzicht auf Herstellung und Besitz von und auf Verfügungsgewalt über atomare, biologische und chemische Waffen. Sie erklären, daß auch das vereinte Deutschland sich an diese Verpflichtungen halten wird. Insbesondere gelten die Rechte und Verpflichtungen aus dem Vertrag über die Nichtverbreitung von Kernwaffen vom 1. Juli 1968 für das vereinte Deutschland fort.

(2) Die Regierung der Bundesrepublik Deutschland hat in vollem Einvernehmen mit der Regierung der Deutschen Demokratischen Republik am 30. August 1990 in Wien bei den Verhandlungen über Konventionelle Streitkräfte in Europa folgende Erklärung abgegeben: »Die Regierung der Bundesrepublik Deutschland verpflichtet sich, die Streitkräfte des vereinten Deutschland innerhalb von drei bis vier Jahren auf eine Personalstärke von 370 000 Mann (Land-, Luft- und Seestreitkräfte) zu reduzieren. Diese Reduzierung soll mit dem Inkrafttreten des ersten KSE-Vertrages beginnen. Im Rahmen dieser Gesamtobergrenze werden nicht mehr als 345 000 Mann den Land- und Luftstreitkräften angehören, die gemäß vereinbartem Mandat allein Gegenstand der Verhandlungen über konventionelle Streitkräfte in Europa sind. Die Bundesregierung sieht in ihrer Verpflichtung zur Reduzierung von Land- und Luftstreitkräften einen bedeutsamen deutschen Beitrag zur Reduzierung der konventionellen Streitkräfte in Europa. Sie geht davon aus, daß in Folgeverhandlungen auch die anderen Verhandlungsteilnehmer ihren Beitrag zur Festigung von Sicherheit und Stabilität in Europa, einschließlich Maßnahmen zur Begrenzung der Personalstärken, leisten werden.«

Die Regierung der Deutschen Demokratischen Republik hat sich dieser Erklärung ausdrücklich angeschlossen.

(3) Die Regierungen der Französischen Republik, des Vereinigten Königreichs Großbritannien und Nordirland, die Union der Sozialistischen Sowjetrepubliken und der Vereinigten Staaten von Amerika nehmen diese Erklärungen der Regierungen der Bundesrepublik Deutschland und der Deutschen Demokratischen Republik zur Kenntnis.

Artikel 4

(1) Die Regierungen der Bundesrepublik Deutschland, der Deutschen Demokratischen Republik und der Union der Sozialistischen Sowjetrepubliken erklären, daß das vereinte Deutschland und die Union der Sozialistischen Sowjetrepubliken in vertraglicher Form die Bedingungen und die Dauer des Aufenthalts der sowjetischen Streitkräfte auf dem Gebiet der heutigen Deutschen Demokratischen Republik und Berlins sowie die Abwicklung des Abzugs dieser Streitkräfte regeln werden, der bis zum Ende des Jahres 1994 im Zusammenhang mit der Verwirklichung der Verpflichtungen der Regierungen der Bundesrepublik Deutschland und der Deutschen Demokratischen Republik, auf die sich Absatz 2 des Artikels 3 dieses Vertrags bezieht, vollzogen sein wird.

(2) Die Regierungen der Französischen Republik, des Vereinigten Königreichs Großbritannien und Nordirland und der Vereinigten Staaten von Amerika nehmen diese Erklärung zur Kenntnis.

Artikel 5

(1) Bis zum Abschluß des Abzugs der sowjetischen Streitkräfte vom Gebiet der heutigen Deutschen Demokratischen Republik und Berlins in Übereinstimmung mit Artikel 4 dieses Vertrags werden auf diesem Gebiet als Streitkräfte des vereinten Deutschland ausschließlich deutsche Verbände der Territorialverteidigung stationiert sein, die nicht in die Bündnisstrukturen inte-

griert sind, denen deutsche Streitkräfte auf dem übrigen deutschen Territorium zugeordnet sind. Unbeschadet der Regelung in Absatz 2 dieses Artikels werden während dieses Zeitraums Streitkräfte anderer Staaten auf diesem Gebiet nicht stationiert oder irgendwelche andere militärische Tätigkeiten dort ausüben.

(2) Für die Dauer des Aufenthalts sowjetischer Streitkräfte auf dem Gebiet der heutigen Deutschen Demokratischen Republik und Berlins werden auf deutschen Wunsch Streitkräfte der Französischen Republik, des Vereinigten Königreichs Großbritannien und Nordirland und der Vereinigten Staaten von Amerika auf der Grundlage entsprechender vertraglicher Vereinbarungen zwischen der Regierung des vereinten Deutschland und den Regierungen der betreffenden Staaten in Berlin stationiert bleiben. Die Zahl aller nichtdeutschen in Berlin stationierten Streitkräfte und deren Ausrüstungsumfang werden nicht stärker sein als zum Zeitpunkt der Unterzeichnung dieses Vertrags. Neue Waffenkategorien werden von nichtdeutschen Streitkräften dort nicht eingeführt. Die Regierung des vereinten Deutschland wird mit den Regierungen der Staaten, die Streitkräfte in Berlin stationiert haben, Verträge zu gerechten Bedingungen unter Berücksichtigung der zu den betreffenden Staaten bestehenden Beziehungen abschließen.

(3) Nach dem Abschluß des Abzugs der sowjetischen Streitkräfte vom Gebiet der heutigen Deutschen Demokratischen Republik und Berlins können in diesem Teil Deutschlands auch deutsche Streitkräfteverbände stationiert werden, die in gleicher Weise militärischen Bündnisstrukturen zugeordnet sind wie diejenigen auf dem übrigen deutschen Hoheitsgebiet, allerdings ohne Kernwaffenträger. Darunter fallen nicht konventionelle Waffensysteme, die neben konventioneller andere Einsatzfähigkeiten haben können, die jedoch in diesem Teil Deutschlands für eine konventionelle Rolle ausgerüstet und nur dafür vorgesehen sind. Ausländische Streitkräfte und Atomwaffen oder deren Träger werden in diesem Teil Deutschlands weder stationiert noch dorthin verlegt.

Artikel 6

Das Recht des vereinten Deutschland, Bündnissen mit allen sich daraus ergebenden Rechten und Pflichten anzugehören, wird von diesem Vertrag nicht berührt.

Artikel 7

(1) Die Französische Republik, das Vereinigte Königreich Großbritannien und Nordirland, die Union der Sozialistischen Sowjetrepubliken und die Vereinigten Staaten von Amerika beenden hiermit ihre Rechte und Verantwortlichkeiten in bezug auf Berlin und Deutschland als Ganzes. Als Ergebnis werden die entsprechenden, damit zusammenhängenden vierseitigen Vereinbarungen, Beschlüsse und Praktiken beendet und alle entsprechenden Einrichtungen der Vier Mächte aufgelöst.

(2) Das vereinte Deutschland hat demgemäß volle Souveränität über seine inneren und äußeren Angelegenheiten.

Artikel 8

(1) Dieser Vertrag bedarf der Ratifikation oder Annahme, die so bald wie möglich herbeigeführt werden soll. Die Ratifikation erfolgt auf deutscher Seite durch das vereinte Deutschland. Dieser Vertrag gilt daher für das vereinte Deutschland.

(2) Die Ratifikations- oder Annahmeurkunden werden bei der Regierung des vereinten Deutschland hinterlegt. Diese unterrichtet die Regierungen der anderen vertragschließenden Seiten von der Hinterlegung jeder Ratifikations- oder Annahmeurkunde.

Artikel 9

Dieser Vertrag tritt für das vereinte Deutschland, die Französische Republik, das Vereinigte Königreich Großbritannien und Nordirland, die Union der Sozialistischen Sowjetrepubliken und die Vereinigten Staaten von Amerika am Tag der Hinterlegung der letzten Ratifikations- und Annahmeurkunde durch diese Staaten in Kraft.

Artikel 10

Die Urschrift dieses Vertrags, dessen deutscher, englischer, französischer und russischer Wortlaut gleichermaßen verbindlich ist, wird bei der Regierung der Bundesrepublik Deutschland hinterlegt, die den Regierungen der anderen vertragschließenden Seiten beglaubigte Ausfertigung übermittelt.

Zu Urkund dessen haben die unterzeichneten, hierzu gehörig Bevollmächtigten diesen Vertrag unterschrieben.

Geschehen zu Moskau am 12. September 1990

<table>
<tr><td>Für die Bundesrepublik
Deutschland
Hans-Dietrich Genscher</td><td>Für die Deutsche
Demokratische Republik
Lothar de Maizière</td></tr>
<tr><td>Für die Französische Republik
Roland Dumas</td><td>Für das Vereinigte Königreich
Großbritannien und
Nordirland
Douglas Hurd</td></tr>
<tr><td>Für die Union der
Sozialistischen
Sowjetrepubliken
Eduard Schewardnadse</td><td>Für die Vereinigten Staaten
von Amerika
James Baker</td></tr>
</table>

Quelle: Bundesgesetzblatt, Teil II, 1990, S. 1317.

I/12 Erklärung zur Aussetzung der Wirksamkeit der Vier-Mächte-Rechte und -Verantwortlichkeiten, abgegeben von den Außenministern Frankreichs, der Sowjetunion, des Vereinigten Königreichs und der Vereinigten Staaten am 1. Oktober 1990 in New York

Die Regierungen der Französischen Republik, der Union der Sozialistischen Sowjetrepubliken, des Vereinigten Königreichs Großbritannien und Nordirland und der Vereinigten Staaten von Amerika,

 vertreten durch ihre Außenminister, die am 1. Oktober 1990 in New York zusammengetroffen sind,

unter Berücksichtigung des am 12. September 1990 in Moskau unterzeichneten Vertrags über die abschließenden Regelung in bezug auf Deutschland, der die Beendigung ihrer Rechte und Verantwortlichkeit in bezug auf Berlin und Deutschland als Ganzes festlegt,

erklären, daß die Wirksamkeit ihrer Rechte und Verantwortlichkeiten in bezug auf Berlin und Deutschland als Ganzes mit Wirkung vom Zeitpunkt der Vereinigung Deutschlands bis zum Inkrafttreten des Vertrags über die abschließende Regelung in bezug auf Deutschland ausgesetzt wird. Als Ergebnis werden die Wirksamkeit der entsprechenden, damit zusammenhängenden vierseitigen Vereinbarungen, Beschlüsse und Praktiken und die Tätigkeit aller entsprechenden Einrichtungen der Vier Mächte ab dem Zeitpunkt der Vereinigung Deutschlands ebenfalls ausgesetzt.

Die Regierung der Bundesrepublik Deutschland, vertreten durch ihren Außenminister, und die Regierung der Deutschen Demokratischen Republik, vertreten durch ihren Minister für Bildung und Wissenschaft, nehmen diese Erklärung zur Kenntnis.

<table>
<tr><td>Für die Regierung der
Französischen Republik
Roland Dumas</td><td>Für die Regierung der Vereinigten Staaten von Amerika
James Baker</td></tr>
<tr><td>Für die Regierung
der Union der Sozialistischen
Sowjetrepubliken
E. Schewardnadse</td><td>Für die Regierung der
Bundesrepublik Deutschland
Hans-Dietrich Genscher</td></tr>
<tr><td>Für die Regierung
des Vereinigten Königreichs
Großbritannien und
Nordirland
Douglas Hurd</td><td>Für die Regierung der
Deutschen Demokratischen
Republik
Hans-Joachim Meyer</td></tr>
</table>

Quelle: Bundesgesetzblatt, Teil II, 1990, S. 1331.

I/13 Vertrag zwischen der Bundesrepublik Deutschland und der Union der Sozialistischen Sowjetrepubliken vom 12. August 1970 (Moskauer Vertrag)

a) Text des Vertrages

Die Hohen Vertragschließenden Parteien

IN DEM BESTREBEN, zur Festigung des Friedens und der Sicherheit in Europa und in der Welt beizutragen,

IN DER ÜBERZEUGUNG, daß die friedliche Zusammenarbeit zwischen den Staaten auf der Grundlage der Ziele und Grundsätze der Charta der Vereinten Nationen den sehnlichen Wünschen der Völker und den allgemeinen Interessen des internationalen Friedens entspricht,

IN WÜRDIGUNG der Tatsache, daß die früher von ihnen verwirklichten vereinbarten Maßnahmen, insbesondere der Abschluß des Abkommens vom 13. September 1955 über die Aufnahme der diplomatischen Beziehungen, günstige Bedingungen für neue wichtige Schritte zur Weiterentwicklung und Festigung ihrer gegenseitigen Beziehungen geschaffen haben,

IN DEM WUNSCHE, in vertraglicher Form ihrer Entschlossenheit zur Verbesserung und Erweiterung der Zusammenarbeit zwischen ihnen Ausdruck zu verleihen, einschließlich der wirtschaftlichen Beziehungen sowie der wissenschaftlichen, technischen und kulturellen Verbindungen, im Interesse beider Staaten,

SIND wie folgt übereingekommen:

Artikel 1

Die Bundesrepublik Deutschland und die Union der Sozialistischen Sowjetrepubliken betrachten es als wichtiges Ziel ihrer Politik, den internationalen Frieden aufrechtzuerhalten und die Entspannung zu erreichen.
Sie bekunden ihr Bestreben, die Normalisierung der Lage in Europa und die Entwicklung friedlicher Beziehungen zwischen allen europäischen Staaten zu fördern und gehen dabei von der in diesem Raum bestehenden wirklichen Lage aus.

Artikel 2

Die Bundesrepublik Deutschland und die Union der Sozialistischen Sowjetrepubliken werden sich in ihren gegenseitigen Beziehungen sowie in Fragen der Gewährleistung der europäischen und der internationalen Sicherheit von den Zielen und Grundsätzen, die in der Charta der Vereinten Nationen niedergelegt sind, leiten lassen. Demgemäß werden sie ihre Streitfragen ausschließlich mit friedlichen Mitteln lösen und übernehmen die Verpflichtung, sich in Fragen, die die Sicherheit in Europa und die internationale Sicherheit berühren, sowie in ihren gegenseitigen Beziehungen gemäß Artikel 2 der Charta der Vereinten Nationen der Drohung mit Gewalt oder der Anwendung von Gewalt zu enthalten.

Artikel 3

In Übereinstimmung mit den vorstehenden Zielen und Prinzipien stimmen die Bundesrepublik Deutschland und die Union der Sozialistischen Sowjetrepubliken in der Erkenntnis überein, daß der Friede in Europa nur erhalten werden kann, wenn niemand die gegenwärtigen Grenzen antastet.
— Sie verpflichten sich, die territoriale Integrität aller Staaten in Europa in ihren heutigen Grenzen uneingeschränkt zu achten;
— sie erklären, daß sie keine Gebietsansprüche gegen irgend jemand haben und solche in Zukunft auch nicht erheben werden;
— sie betrachten heute und künftig die Grenzen aller Staaten in Europa als unverletzlich, wie sie am Tage der Unterzeichnung dieses Vertrages verlaufen, einschließlich der Oder-Neiße-Linie, die die Westgrenze der Volksrepublik Polen bildet, und der Grenze zwischen der Bundesrepublik Deutschland und der Deutschen Demokratischen Republik.

Artikel 4

Dieser Vertrag zwischen der Bundesrepublik Deutschland und der Union der Sozialistischen Sowjetrepubliken berührt nicht die von ihnen früher abgeschlossenen zweiseitigen und mehrseitigen Verträge und Vereinbarungen.

Artikel 5

Dieser Vertrag bedarf der Ratifikation und tritt am Tage des Austausches der Ratifikationsurkunden in Kraft, der in Bonn stattfinden soll.

GESCHEHEN zu Moskau
am 12. August 1970 in zwei Urschriften, jede in deutscher und russischer Sprache, wobei jeder Wortlaut gleichermaßen verbindlich ist.

Für die	Für die
Bundesrepublik Deutschland	Union der Sozialistischen Sowjetrepubliken
Willy Brandt	A. Kossygin
Walter Scheel	A. Gromyko

b) Brief zur deutschen Einheit

Die Bundesregierung übergab anläßlich der Vertragsunterzeichnung im sowjetischen Außenministerium folgenden Brief:

Sehr geehrter Herr Minister,

im Zusammenhang mit der heutigen Unterzeichnung des Vertrages zwischen der Bundesrepublik Deutschland und der Union der Sozialistischen Sowjetrepubliken beehrt sich die Regierung der Bundesrepublik Deutschland festzustellen, daß dieser Vertrag nicht im Widerspruch zu dem politischen Ziel der Bundesrepublik Deutschland steht, auf einen Zustand des Friedens in Europa hinzuwirken, in dem das deutsche Volk in freier Selbstbestimmung seine Einheit wiedererlangt.
Genehmigen Sie, Herr Minister, die Versicherung meiner ausgezeichnetsten Hochachtung.

Walter Scheel

Quelle: Bundesgesetzblatt, Teil II, 1972, S. 353.

I/14 Vertrag über gute Nachbarschaft, Partnerschaft und Zusammenarbeit zwischen der Bundesrepublik Deutschland und der Union der Sozialistischen Sowjetrepubliken vom 9. November 1990

Die Bundesrepublik Deutschland und die Union der Sozialistischen Sowjetrepubliken —

im Bewußtsein ihrer Verantwortung für die Erhaltung des Friedens in Europa und in der Welt,

in dem Wunsch, mit der Vergangenheit endgültig abzuschließen und durch Verständigung und Versöhnung einen gewichtigen Beitrag zur Überwindung der Trennung Europas zu leisten,

überzeugt von der Notwendigkeit, ein neues, durch gemeinsame Werte vereintes Europa aufzubauen und eine dauerhafte und gerechte europäische Friedensordnung einschließlich stabiler Strukturen der Sicherheit zu schaffen,

in der Überzeugung, daß den Menschenrechten und Grundfreiheiten als Teil des gesamteuropäischen Erbes hohe Bedeutung zukommt und daß ihre Achtung wesentliche Voraussetzung für einen Fortschritt beim Aufbau dieser Friedensordnung ist,

in Bekräftigung ihres Bekenntnisses zu den Zielen und Grundsätzen der Charta der Vereinten Nationen und zu den Bestimmungen der Schlußakte von Helsinki vom 1. August 1975 sowie der nachfolgenden Dokumente der Konferenz über Sicherheit und Zusammenarbeit in Europa,

entschlossen, an die guten Traditionen ihrer jahrhundertelangen Geschichte anzuknüpfen, gute Nachbarschaft, Partnerschaft und Zusammenarbeit zur Grundlage ihrer Beziehungen zu machen und den historischen Herausforderungen an der Schwelle zum dritten Jahrtausend gerecht zu werden,

gestützt auf die Grundlagen, die in den vergangenen Jahren durch die Entwicklung der Zusammenarbeit zwischen der Bundesrepublik Deutschland sowie der Deutschen Demokratischen Republik und der Union der Sozialistischen Sowjetrepubliken geschaffen wurden,

erfüllt von dem Wunsch, die fruchtbare und gegenseitig vorteilhafte Zusammenarbeit zwischen den beiden Staaten auf allen Gebieten weiter zu entwickeln und zu vertiefen und ihrem Verhältnis zueinander im Interesse ihrer Völker und des Friedens in Europa eine neue Qualität zu verleihen,

unter Berücksichtigung der Unterzeichnung des Vertrages über die abschließende Regelung in bezug auf Deutschland vom 12. September 1990, mit dem die äußeren Aspekte der Herstellung der deutschen Einheit geregelt wurden —

sind wie folgt übereingekommen:

Artikel 1

Die Bundesrepublik Deutschland und die Union der Sozialistischen Sowjetrepubliken lassen sich bei der Gestaltung ihrer Beziehungen von folgenden Grundsätzen leiten:

Sie achten gegenseitig ihre souveräne Gleichheit und ihre territoriale Integrität und politische Unabhängigkeit.

Sie stellen den Menschen mit seiner Würde und mit seinen Rechten, die Sorge für das Überleben der Menschheit und die Erhaltung der natürlichen Umwelt in den Mittelpunkt ihrer Politik.

Sie bekräftigen das Recht aller Völker und Staaten, ihr Schicksal frei und ohne äußere Einmischung zu bestimmen und ihre politische, wirtschaftliche, soziale und kulturelle Entwicklung nach eigenen Wünschen zu gestalten.

Sie bekennen sich zu dem Grundsatz, daß jeder Krieg, ob nuklear oder konventionell, zuverlässig verhindert und der Frieden erhalten und gestaltet werden muß.

Sie gewährleisten den Vorrang der allgemeinen Regeln des Völkerrechts in der Innen- und internationalen Politik und bekräftigen ihre Entschlossenheit, ihre vertraglichen Verpflichtungen gewissenhaft zu erfüllen.

Sie bekennen sich dazu, das schöpferische Potential des Menschen und der modernen Gesellschaft für die Sicherung des Friedens und für die Mehrung des Wohlstands aller Völker zu nutzen.

Artikel 2

Die Bundesrepublik Deutschland und die Union der Sozialistischen Sowjetrepubliken verpflichten sich, die territoriale Integrität aller Staaten in Europa in ihren heutigen Grenzen uneingeschränkt zu achten.

Sie erklären, daß sie keine Gebietsansprüche gegen irgend jemand haben und solche auch in Zukunft nicht erheben werden.

Sie betrachten heute und künftig die Grenzen aller Staaten in Europa als unverletzlich, wie sie am Tage der Unterzeichnung dieses Vertrags verlaufen.

Artikel 3

Die Bundesrepublik Deutschland und die Union der Sozialistischen Sowjetrepubliken bekräftigen, daß sie sich der Androhung oder Anwendung von Gewalt enthalten werden, die gegen die territoriale Integrität oder politische Unabhängigkeit der anderen Seite gerichtet oder auf irgendeine andere Art und Weise mit den Zielen und Grundsätzen der Charta der Vereinten Nationen oder mit der KSZE-Schlußakte unvereinbar ist.

Sie werden ihre Streitigkeiten ausschließlich mit friedlichen Mitteln lösen und keine ihrer Waffen jemals anwenden, es sei denn zur individuellen oder kollektiven Selbstverteidigung. Sie werden niemals und unter keinen Umständen als erste Streitkräfte gegeneinander oder gegen dritte Staaten einsetzen. Sie fordern alle anderen Staaten auf, sich dieser Verpflichtung zum Nichtangriff anzuschließen.

Sollte eine der beiden Seiten zum Gegenstand eines Angriffs werden, so wird die andere Seite dem Angreifer keine militärische Hilfe oder sonstigen Beistand leisten und alle Maßnahmen ergreifen, um den Konflikt unter Anwendung der Grundsätze und Verfahren der Vereinten Nationen und anderer Strukturen kollektiver Sicherheit beizulegen.

Artikel 4

Die Bundesrepublik Deutschland und die Union der Sozialistischen Sowjetrepubliken werden darauf hinwirken, daß durch verbindliche, wirksam nachprüfbare Vereinbarungen Streitkräfte und Rüstungen wesentlich reduziert werden, so daß, zusammen mit einseitigen Maßnahmen, ein stabiles Gleichgewicht auf niedrigerem Niveau insbesondere in Europa hergestellt wird, das zur Verteidigung, aber nicht zum Angriff ausreicht.

Das gleiche gilt für einen multilateralen wie bilateralen Ausbau vertrauensbildender und stabilisierender Maßnahmen.

Artikel 5

Beide Seiten werden den Prozeß der Sicherheit und Zusammenarbeit in Europa auf der Grundlage der Schlußakte von Helsinki vom 1. August 1975 nach Kräften unterstützen und unter Mitwirkung aller Teilnehmerstaaten weiter stärken und entwickeln, namentlich durch Schaffung ständiger Einrichtungen und Organe. Ziel dieser Bemühungen ist die Festigung von Frieden, Stabilität und Sicherheit und das Zusammenwachsen Europas zu einem einheitlichen Raum des Rechts, der Demokratie und der Zusammenarbeit im Bereich der Wirtschaft, der Kultur und der Information.

Artikel 6

Die Bundesrepublik Deutschland und die Union der Sozialistischen Sowjetrepubliken sind übereingekommen, regelmäßige Konsultationen abzuhalten, um eine Weiterentwicklung und Vertiefung der bilateralen Beziehungen sicherzustellen und ihre Haltung zu internationalen Fragen abzustimmen.

Konsultationen auf höchster politischer Ebene finden so oft wie erforderlich, mindestens jedoch einmal jährlich statt.

Die Außenminister treffen mindestens zweimal im Jahr zusammen.

Die Verteidigungsminister werden zu regelmäßigen Treffen zusammenkommen.

Zwischen den zuständigen Fachministern beider Staaten finden nach Bedarf Zusammenkünfte zu beiderseitig interessierenden Themen statt.

Die bereits existierenden gemeinsamen Kommissionen werden Möglichkeiten der Intensivierung ihrer Arbeit prüfen. Neue gemischte Kommissionen werden bei Bedarf nach gegenseitiger Absprache gegründet.

Artikel 7

Falls eine Situation entsteht, die nach Meinung einer Seite eine Bedrohung für den Frieden oder eine Verletzung des Friedens darstellt oder gefährliche internationale Verwicklungen hervorrufen kann, so werden beide Seiten unverzüglich miteinander Verbindung aufnehmen und bemüht sein, ihre Positionen abzustimmen und Einverständnis über Maßnahmen zu erzielen, die geeignet sind, die Lage zu verbessern oder zu bewältigen.

Artikel 8

Die Bundesrepublik Deutschland und die Union der Sozialistischen Sowjetrepubliken sind sich darüber einig, ihre zweiseitige Zusammenarbeit, insbesondere auf wirtschaftlichem, indu-

striellem und wissenschaftlich-technischem Gebiet und auf dem Gebiet des Umweltschutzes, wesentlich auszubauen und zu vertiefen, um die beiderseitigen Beziehungen auf einer stabilen und langfristigen Grundlage zu entwickeln und das Vertrauen zwischen beiden Staaten und Völkern zu stärken. Sie werden zu diesem Zweck einen umfassenden Vertrag über die Entwicklung der Zusammenarbeit auf dem Gebiet der Wirtschaft, Industrie, Wissenschaft und Technik und, soweit erforderlich, besondere Vereinbarungen für einzelne Sachgebiete schließen.

Beide Seiten messen der Zusammenarbeit in der Aus- und Weiterbildung von Fach- und Führungskräften der Wirtschaft eine wichtige Bedeutung für die Ausgestaltung der bilateralen Beziehungen bei und sind bereit, sie wesentlich auszubauen und zu vertiefen.

Artikel 9

Die Bundesrepublik Deutschland und die Union der Sozialistischen Sowjetrepubliken werden die wirtschaftliche Zusammenarbeit zum gegenseitigen Nutzen weiter ausbauen und vertiefen. Sie werden für Bürger, Unternehmen und staatliche sowie nichtstaatliche Einrichtungen der jeweils anderen Seite die günstigsten Rahmenbedingungen für unternehmerische und sonstige wirtschaftliche Tätigkeit schaffen, die nach ihrer innerstaatlichen Gesetzgebung und ihren Verpflichtungen aus internationalen Verträgen möglich sind. Das gilt insbesondere für die Behandlung von Kapitalanlagen und Investoren.

Beide Seiten werden die für die wirtschaftliche Zusammenarbeit notwendigen Initiativen der unmittelbar Interessierten fördern, insbesondere mit dem Ziel, die Möglichkeiten der geschlossenen Verträge und vereinbarten Programme voll auszuschöpfen.

Artikel 10

Beide Seiten werden auf der Grundlage des Abkommens vom 22. Juli 1986 über wissenschaftlich-technische Zusammenarbeit den Austausch auf diesem Gebiet weiter entwickeln und gemeinsame Vorhaben durchführen. Sie wollen die Leistungen moderner Wissenschaft und Technik im Interesse der Menschen, ihrer Gesundheit und ihres Wohlstands nutzen. Sie fördern und unterstützen gleichgerichtete Initiativen der Forscher und Forschungseinrichtungen in diesem Bereich.

Artikel 11

In der Überzeugung, daß die Erhaltung der natürlichen Lebensgrundlagen für eine gedeihliche wirtschaftliche und gesellschaftliche Entwicklung unverzichtbar ist, bekräftigen beide Seiten ihre Entschlossenheit, die Zusammenarbeit auf dem Gebiet des Umweltschutzes auf der Grundlage des Abkommens vom 25. Oktober 1988 fortzuführen und zu intensivieren.

Sie wollen wichtige Probleme des Umweltschutzes gemeinsam lösen, schädliche Einwirkungen auf die Umwelt untersuchen und Maßnahmen zu ihrer Verhütung entwickeln. Sie beteiligen sich an der Entwicklung abgestimmter Strategien und Konzepte einer Staatsgrenzen überschreitenden Umweltpolitik im internationalen, insbesondere europäischen Rahmen.

Artikel 12

Beide Seiten streben eine Erweiterung der Transportverbindungen (Luft-, Eisenbahn-, See-, Binnenschiffahrts- und Straßenverkehr) zwischen der Bundesrepublik Deutschland und der Union der Sozialistischen Sowjetrepubliken unter Nutzung modernster Technologien an.

Artikel 13

Beide Seiten werden sich bemühen, das Visumsverfahren für Reisen von Bürgern beider Länder, in erster Linie zu geschäftlichen, wirtschaftlichen und kulturellen Zwecken und zu Zwecken der wissenschaftlich-technischen Zusammenarbeit, auf der Grundlage der Gegenseitigkeit erheblich zu vereinfachen.

Artikel 14

Beide Seiten unterstützen die umfassende Begegnung der Menschen aus beiden Ländern und den Ausbau der Zusammenarbeit von Parteien, Gewerkschaften, Stiftungen, Schulen, Hochschulen, Sportorganisationen, Kirchen und sozialen Einrichtungen, Frauen-, Umweltschutz- und sonstigen gesellschaftlichen Organisationen und Verbänden.

Besondere Aufmerksamkeit wird der Vertiefung der Kontakte zwischen den Parlamenten beider Staaten gewidmet.

Sie begrüßen die partnerschaftliche Zusammenarbeit zwischen Gemeinden, Regionen, Bundesländern und Unionsrepubliken.

Eine bedeutende Rolle kommt dem deutsch-sowjetischen Gesprächsforum sowie der Zusammenarbeit der Medien zu.

Beide Seiten werden es allen Jugendlichen und ihren Organisationen erleichtern, an Austausch, Begegnungen und gemeinsamen Vorhaben teilzunehmen.

Artikel 15

Die Bundesrepublik Deutschland und die Union der Sozialistischen Sowjetrepubliken werden im Bewußtsein der jahrhundertelangen gegenseitigen Bereicherung der Kulturen ihrer Völker und deren unverwechselbaren Beitrag zum gemeinsamen kulturellen Erbe Europas sowie der Bedeutung des kulturellen Austausches für die gegenseitige Verständigung der Völker ihre kulturelle Zusammenarbeit wesentlich ausbauen.

Beide Seiten werden das Abkommen über die Errichtung und die Tätigkeit von Kulturzentren mit Leben erfüllen und voll ausschöpfen.

Beide Seiten bekräftigen ihre Bereitschaft, allen interessierten Personen umfassenden Zugang zu Sprachen und Kultur der anderen Seite zu ermöglichen und fördern staatliche und private Initiativen.

Beide setzen sich nachdrücklich dafür ein, die Möglichkeiten auszubauen, in Schulen, Hochschulen und anderen Bildungseinrichtungen die Sprache des anderen Landes zu erlernen und dazu der jeweils anderen Seite bei der Aus- und Fortbildung von Lehrkräften zu helfen sowie Lehrmittel, einschließlich des Einsatzes von Fernsehen, Hörfunk, Audio-, Video- und Computertechnik, zur Verfügung zu stellen. Sie werden Initiativen zur Errichtung zweisprachiger Schulen unterstützen.

Sowjetischen Bürgern deutscher Nationalität sowie aus der Union der Sozialistischen Sowjetrepubliken stammenden und ständig in der Bundesrepublik Deutschland wohnenden Bürgern, die ihre Sprache, Kultur oder Tradition bewahren wollen, wird es ermöglicht, ihre nationale, sprachliche und kulturelle Identität zu entfalten. Dementsprechend ermöglichen und erleichtern sie im Rahmen der geltenden Gesetze der anderen Seite Förderungsmaßnahmen zugunsten dieser Personen oder ihrer Organisationen.

Artikel 16

Die Bundesrepublik Deutschland und die Union der Sozialistischen Sowjetrepubliken werden sich für die Erhaltung der in ihrem Gebiet befindlichen Kulturgüter der anderen Seite einsetzen.

Sie stimmen darin überein, daß verschollene oder unrechtmäßig verbrachte Kunstschätze, die sich auf ihrem Territorium befinden, an den Eigentümer oder seinen Rechtsnachfolger zurückgegeben werden.

Artikel 17

Beide Seiten unterstreichen die besondere Bedeutung der humanitären Zusammenarbeit in ihren bilateralen Beziehungen. Sie werden diese Zusammenarbeit auch unter Einbeziehung der karitativen Organisationen beider Seiten verstärken.

Artikel 18

Die Regierung der Bundesrepublik Deutschland erklärt, daß die auf deutschem Boden errichteten Denkmäler, die den sowjetischen Opfern des Krieges und der Gewaltherrschaft gewidmet sind, geachtet werden und unter dem Schutz deutscher Gesetze stehen. Das gleiche gilt für die sowjetischen Kriegsgräber, sie werden erhalten und gepflegt.

Die Regierung der Union der Sozialistischen Sowjetrepubliken gewährleistet den Zugang zu Gräbern von Deutschen auf sowjetischem Gebiet, ihre Erhaltung und Pflege.

Die zuständigen Organisationen beider Seiten werden ihre Zusammenarbeit in diesen Bereichen verstärken.

Artikel 19

Die Bundesrepublik Deutschland und die Union der Sozialistischen Sowjetrepubliken werden den Rechtshilfeverkehr in Zivilrechts- und Familienrechtssachen auf der Grundlage des zwischen ihnen geltenden Haager Übereinkommens über den Zivilprozeß intensivieren. Beide Seiten werden unter Berücksichtigung ihrer Rechtsordnungen und im Einklang mit dem Völkerrecht den Rechtshilfeverkehr in Strafsachen zwischen beiden Staaten weiterentwickeln.

Die zuständigen Behörden der Bundesrepublik Deutschland und der Union der Sozialistischen Sowjetrepubliken werden zusammenwirken bei der Bekämpfung des organisierten Verbrechens, des Terrorismus, der Rauschgiftkriminalität, der rechtswidrigen Eingriffe in die Zivilluftfahrt und in die Seeschiffahrt, der Herstellung oder Verbreitung von Falschgeld, des Schmuggels, einschließlich der illegalen Verschiebung von Kunstgegenständen über die Grenzen. Verfahren und Bedingungen für das Zusammenwirken beider Seiten werden gesondert vereinbart.

Artikel 20

Die beiden Regierungen werden unter Berücksichtigung der beiderseitigen Interessen und der beiderseits bestehenden Zusammenarbeit mit anderen Ländern ihre Zusammenarbeit im Rahmen der internationalen Organisationen verstärken. Sie werden einander behilflich sein, die Zusammenarbeit mit internationalen, insbesondere europäischen Organisationen und Institutionen zu entwickeln, denen eine Seite als Mitglied angehört, falls die andere Seite ein entsprechendes Interesse bekundet.

Artikel 21

Dieser Vertrag berührt nicht die Rechte und Verpflichtungen aus geltenden zweiseitigen und mehrseitigen Übereinkünften, die von beiden Seiten mit anderen Staaten geschlossen wurden. Dieser Vertrag richtet sich gegen niemanden, beide Seiten betrachten ihre Zusammenarbeit als einen Bestandteil und ein dynamisches Element der Weiterentwicklung des KSZE-Prozesses.

Artikel 22

Dieser Vertrag bedarf der Ratifikation; die Ratifikationsurkunden werden so bald wie möglich in Moskau ausgetauscht.

Dieser Vertrag tritt am Tage des Austauschs der Ratifikationsurkunden in Kraft.

Dieser Vertrag gilt für die Dauer von zwanzig Jahren. Danach verlängert er sich stillschweigend um jeweils weitere fünf Jahre, sofern nicht einer der Vertragsstaaten den Vertrag unter Einhaltung einer Frist von einem Jahr vor Ablauf der jeweiligen Geltungsdauer schriftlich kündigt.

Geschehen zu Bonn am 9. November 1990 in zwei Urschriften, jede in deutscher und russischer Sprache, wobei jeder Wortlaut gleichermaßen verbindlich ist.

Für die Bundesrepublik Deutschland
Dr. Helmut Kohl

Für die Union der Sozialistischen Sowjetrepubliken
Michail S. Gorbatschow

Quelle: Bundesgesetzblatt, Teil II, 1991, S. 702.

I/15 Vertrag zwischen der Bundesrepublik Deutschland und der Volksrepublik Polen über die Normalisierung ihrer gegenseitigen Beziehungen vom 7. Dezember 1970 (Warschauer Vertrag)

Die Bundesrepublik Deutschland
und die
Volksrepublik Polen

IN DER ERWÄGUNG, daß mehr als 25 Jahre seit Ende des Zweiten Weltkrieges vergangen sind, dessen erstes Opfer Polen wurde und der über die Völker Europas schweres Leid gebracht hat,

EINGEDENK DESSEN, daß in beiden Ländern inzwischen eine neue Generation herangewachsen ist, der eine friedliche Zukunft gesichert werden soll,

IN DEM WUNSCHE, dauerhafte Grundlagen für ein friedliches Zusammenleben und die Entwicklung normaler und guter Beziehungen zwischen ihnen zu schaffen,

IN DEM BESTREBEN, den Frieden und die Sicherheit in Europa zu festigen,

IN DEM BEWUSSTSEIN, daß die Unverletzlichkeit der Grenzen und die Achtung der territorialen Integrität und der Souveränität aller Staaten in Europa in ihren gegenwärtigen Grenzen eine grundlegende Bedingung für den Frieden sind,

SIND wie folgt übereingekommen:

Artikel I

(1) Die Bundesrepublik Deutschland und die Volksrepublik Polen stellen übereinstimmend fest, daß die bestehende Grenzlinie, deren Verlauf im Kapitel IX der Beschlüsse der Potsdamer Konferenz vom 2. August 1945 von der Ostsee unmittelbar westlich von Swinemünde und von dort die Oder entlang bis zur Einmündung der Lausitzer Neiße und die Lausitzer Neiße entlang bis zur Grenze mit der Tschechoslowakei festgelegt worden ist, die westliche Staatsgrenze der Volksrepublik Polen bildet.

(2) Sie bekräftigen die Unverletzlichkeit ihrer bestehenden Grenzen jetzt und in der Zukunft und verpflichten sich gegenseitig zur uneingeschränkten Achtung ihrer territorialen Integrität.

(3) Sie erklären, daß sie gegeneinander keinerlei Gebietsansprüche haben und solche auch in Zukunft nicht erheben werden.

Artikel II

(1) Die Bundesrepublik Deutschland und die Volksrepublik Polen werden sich in ihren gegenseitigen Beziehungen sowie in Fragen der Gewährleistung der Sicherheit in Europa und in der Welt von den Zielen und Grundsätzen, die in der Charta der Vereinten Nationen niedergelegt sind, leiten lassen.

(2) Demgemäß werden sie entsprechend den Artikeln 1 und 2 der Charta der Vereinten Nationen alle ihre Streitfragen ausschließlich mit friedlichen Mitteln lösen und sich in Fragen, die die europäische und internationale Sicherheit berühren, sowie in ihren gegenseitigen Beziehungen der Drohung mit Gewalt oder der Anwendung von Gewalt enthalten.

Artikel III

(1) Die Bundesrepublik Deutschland und die Volksrepublik Polen werden weitere Schritte zur vollen Normalisierung und umfassenden Entwicklung ihrer gegenseitigen Beziehungen unternehmen, deren feste Grundlage dieser Vertrag bildet.

(2) Sie stimmen darin überein, daß eine Erweiterung ihrer Zusammenarbeit im Bereich der wirtschaftlichen, wissenschaftlichen, wissenschaftlich-technischen, kulturellen und sonstigen Beziehungen in ihrem beiderseitigen Interesse liegt.

Artikel IV

Dieser Vertrag berührt nicht die von den Parteien früher geschlossenen oder sie betreffenden zweiseitigen oder mehrseitigen internationalen Vereinbarungen.

Artikel V
Dieser Vertrag bedarf der Ratifikation und tritt am Tage des Austausches der Ratifikationsurkunden in Kraft, der in Bonn stattfinden soll.

ZU URKUND DESSEN haben die Bevollmächtigten der Vertragsparteien diesen Vertrag unterschrieben.

GESCHEHEN zu Warschau am 7. Dezember 1970 in zwei Urschriften, jede in deutscher und polnischer Sprache, wobei jeder Wortlaut gleichermaßen verbindlich ist.

<table>
<tr><td>Für die
Bundesrepublik Deutschland</td><td>Für die
Volksrepublik Polen</td></tr>
<tr><td>Willy Brandt
Walter Scheel</td><td>J. Cyrankiewicz
S. Jedrychowski</td></tr>
</table>

Quelle: Bundesgesetzblatt, Teil II, 1972, S. 362.

I/16 Vertrag zwischen der Bundesrepublik Deutschland und der Republik Polen über die Bestätigung der zwischen ihnen bestehenden Grenze vom 14. November 1990 — Auszüge

Die Bundesrepublik Deutschland und die Republik Polen —
IN DEM BESTREBEN, ihre gegenseitigen Beziehungen in Übereinstimmung mit dem Völkerrecht, insbesondere der Charta der Vereinten Nationen, und mit der in Helsinki unterzeichneten Schlußakte der Konferenz über Sicherheit und Zusammenarbeit in Europa sowie den Dokumenten der Folgekonferenzen zukunftsgewandt zu gestalten,
ENTSCHLOSSEN, gemeinsam einen Beitrag zum Aufbau einer europäischen Friedensordnung zu leisten, in der Grenzen nicht mehr trennen und die allen europäischen Völkern ein vertrauensvolles Zusammenleben und umfassende Zusammenarbeit zum Wohle aller sowie dauerhaften Frieden, Freiheit und Stabilität gewährleistet,
IN DER TIEFEN ÜBERZEUGUNG, daß die Vereinigung Deutschlands als Staat mit endgültigen Grenzen ein bedeutsamer Beitrag zu der Friedensordnung in Europa ist,
UNTER BERÜCKSICHTIGUNG des am 12. September 1990 unterzeichneten Vertrags über die abschließende Regelung in bezug auf Deutschland,
EINGEDENK dessen, daß seit Ende des Zweiten Weltkriegs 45 Jahre vergangen sind, und im Bewußtsein, daß das schwere Leid, das dieser Krieg mit sich gebracht hat, insbesondere auch der von zahlreichen Deutschen und Polen erlittene Verlust ihrer Heimat durch Vertreibung oder Aussiedlung, eine Mahnung und Herausforderung zur Gestaltung friedlicher Beziehungen zwischen den beiden Völkern und Staaten darstellt,
IN DEM WUNSCH, durch die Entwicklung ihrer Beziehungen feste Grundlagen für ein freundschaftliches Zusammenleben zu schaffen und die Politik der dauerhaften Verständigung und Versöhnung zwischen Deutschen und Polen fortzusetzen —
SIND wie folgt ÜBEREINGEKOMMEN:

Artikel 1
Die Vertragsparteien bestätigen die zwischen ihnen bestehende Grenze, deren Verlauf sie nach dem Abkommen vom 6. Juli 1950 zwischen der Deutschen Demokratischen Republik und der Republik Polen über die Markierung der festgelegten und bestehenden deutsch-polnischen Staatsgrenze und den zu seiner Durchführung und Ergänzung geschlossenen Vereinbarungen (Akt vom 27. Januar 1951 über die Ausführung der Markierung der Staatsgrenze zwischen Deutschland und Polen; Vertrag vom 22. Mai 1989 zwischen der Deutschen Demokratischen Republik und der Volksrepublik Polen über die Abgrenzung der Seegebiete in der Oderbucht) sowie dem Vertrag vom 7. Dezember 1970 zwischen der Bundesrepublik Deutschland und der Volksrepublik Polen über die Grundlagen der Normalisierung ihrer gegenseitigen Beziehungen bestimmt.

Artikel 2
Die Vertragsparteien erklären, daß die zwischen ihnen bestehende Grenze jetzt und in Zukunft unverletzlich ist und verpflichten sich gegenseitig zur uneingeschränkten Achtung ihrer Souveränität und territorialen Integrität.

Artikel 3
Die Vertragsparteien erklären, daß sie gegeneinander keinerlei Gebietsansprüche haben und solche auch in Zukunft nicht erheben werden.

Artikel 4
(1) Dieser Vertrag bedarf der Ratifikation; die Ratifikationsurkunden werden so bald wie möglich in Bonn ausgetauscht.
(2) Dieser Vertrag tritt am Tage des Austausches der Ratifikationsurkunden in Kraft.

Zu Urkund dessen haben die Vertreter der Vertragsparteien diesen Vertrag unterzeichnet und mit Siegeln versehen.

GESCHEHEN zu Warschau am 14. November 1990
in zwei Urschriften, jede in deutscher und polnischer Sprache, wobei jeder Wortlaut gleichermaßen verbindlich ist.
. . .

Quelle: Bundesgesetzblatt, Teil II, 1991, S. 1328.

I/17 Deutsch-tschechische Erklärung über die gegenseitigen Beziehungen und deren künftige Entwicklung vom 21. Januar 1997

Die Regierungen der Bundesrepublik Deutschland und der Tschechischen Republik —

eingedenk des Vertrags vom 27. Februar 1992 zwischen der Bundesrepublik Deutschland und der Tschechischen und Slowakischen Föderativen Republik über gute Nachbarschaft und freundschaftliche Zusammenarbeit, mit dem Deutsche und Tschechen einander die Hand gereicht haben,

in Würdigung der langen Geschichte fruchtbaren und friedlichen Zusammenlebens von Deutschen und Tschechen, in deren Verlauf ein reiches kulturelles Erbe geschaffen wurde, das bis heute fortwirkt,

in der Überzeugung, daß zugefügtes Unrecht nicht ungeschehen gemacht, sondern allenfalls gemildert werden kann, und daß dabei kein neues Unrecht entstehen darf, im Bewußtsein, daß die Bundesrepublik Deutschland die Aufnahme der Tschechischen Republik in die Europäische Union und die Nordatlantische Allianz nachdrücklich und aus der Überzeugung heraus unterstützt, daß dies im gemeinsamen Interesse liegt,

im Bekenntnis zu Vertrauen und Offenheit in den beiderseitigen Beziehungen als Voraussetzung für dauerhafte und zukunftsgerichtete Versöhnung —

erklären gemeinsam:

I

Beide Seiten sind sich ihrer Verpflichtung und Verantwortung bewußt, die deutsch-tschechischen Beziehungen im Geiste guter Nachbarschaft und Partnerschaft weiter zu entwickeln und damit zur Gestaltung des zusammenwachsenden Europa beizutragen.

Die Bundesrepublik Deutschland und die Tschechische Republik teilen heute gemeinsame demokratische Werte, achten die Menschenrechte, die Grundfreiheiten und die Normen des Völkerrechts und sind den Grundsätzen der Rechtsstaatlichkeit und einer Politik des Friedens verpflichtet. Auf dieser Grundlage sind sie entschlossen, auf allen für die beiderseitigen Beziehungen wichtigen Gebieten freundschaftlich und eng zusammenzuarbeiten.

Beide Seiten sind sich zugleich bewußt, daß der gemeinsame Weg in die Zukunft ein klares Wort zur Vergangenheit erfordert, wobei Ursache und Wirkung in der Abfolge der Geschehnisse nicht verkannt werden dürfen.

II

Die deutsche Seite bekennt sich zur Verantwortung Deutschlands für seine Rolle in einer historischen Entwicklung, die zum Münchner Abkommen von 1938, der Flucht und Vertreibung von Menschen aus dem tschechoslowakischen Grenzgebiet sowie zur Zerschlagung und Besetzung der Tschechoslowakischen Republik geführt hat.

Sie bedauert das Leid und das Unrecht, das dem tschechischen Volk durch die nationalsozialistischen Verbrechen von Deutschen angetan worden ist. Die deutsche Seite würdigt die Opfer na-

tionalsozialistischer Gewaltherrschaft und diejenigen, die dieser Gewaltherrschaft Widerstand geleistet haben.

Die deutsche Seite ist sich auch bewußt, daß die nationalsozialistische Gewaltpolitik gegenüber dem tschechischen Volk dazu beigetragen hat, den Boden für Flucht, Vertreibung und zwangsweise Aussiedlung nach Kriegsende zu bereiten.

III

Die tschechische Seite bedauert, daß durch die nach dem Kriegsende erfolgte Vertreibung sowie zwangsweise Aussiedlung der Sudetendeutschen aus der damaligen Tschechoslowakei, die Enteignung und Ausbürgerung unschuldigen Menschen viel Leid und Unrecht zugefügt wurde, und dies auch angesichts des kollektiven Charakters der Schuldzuweisung. Sie bedauert insbesondere die Exzesse, die im Widerspruch zu elementaren humanitären Grundsätzen und auch den damals geltenden rechtlichen Normen gestanden haben, und bedauert darüber hinaus, daß es aufgrund des Gesetzes Nr. 115 vom 8. Mai 1946 ermöglicht wurde, diese Exzesse als nicht widerrechtlich anzusehen, und daß infolge dessen diese Taten nicht bestraft wurden.

IV

Beide Seiten stimmen darin überein, daß das begangene Unrecht der Vergangenheit angehört und werden daher ihre Beziehungen auf die Zukunft ausrichten. Gerade deshalb, weil sie sich der tragischen Kapitel ihrer Geschichte bewußt bleiben, sind sie entschlossen, in der Gestaltung ihrer Beziehungen weiterhin der Verständigung und dem gegenseitigen Einvernehmen Vorrang einzuräumen, wobei jede Seite ihrer Rechtsordnung verpflichtet bleibt und respektiert, daß die andere Seite eine andere Rechtsauffassung hat. Beide Seiten erklären deshalb, daß sie ihre Beziehungen nicht mit aus der Vergangenheit herrührenden politischen und rechtlichen Fragen belasten werden.

V

Beide Seiten bekräftigen ihre Verpflichtungen aus den Artikeln 20 und 21 des Vertrags über gute Nachbarschaft und freundschaftliche Zusammenarbeit vom 27. Februar 1992, in denen die Rechte der Angehörigen der deutschen Minderheit in der Tschechischen Republik und von Personen tschechischer Abstammung in der Bundesrepublik Deutschland im einzelnen niedergelegt sind.

Beide Seiten sind sich bewußt, daß diese Minderheit und diese Personen in den beiderseitigen Beziehungen eine wichtige Rolle spielen und stellen fest, daß deren Förderung auch weiterhin im beiderseitigen Interesse liegt.

VI

Beide Seiten sind überzeugt, daß der Beitritt der Tschechischen Republik zur Europäischen Union und die Freizügigkeit in diesem Raum das Zusammenleben von Deutschen und Tschechen weiter erleichtern wird.

In diesem Zusammenhang geben sie ihrer Genugtuung Ausdruck, daß aufgrund des Europaabkommens über die Assoziation zwischen der Tschechischen Republik und den Europäischen Gemeinschaften und ihren Mitgliedstaaten wesentliche Fortschritte auf dem Gebiet der wirt-

schaftlichen Zusammenarbeit einschließlich der Möglichkeiten selbständiger Erwerbstätigkeit und unternehmerischer Tätigkeit gemäß Artikel 45 dieses Abkommens erreicht worden sind.

Beide Seiten sind bereit, im Rahmen ihrer geltenden Rechtsvorschriften bei der Prüfung von Anträgen auf Aufenthalt und Zugang zum Arbeitsmarkt humanitäre und andere Belange, insbesondere verwandtschaftliche Beziehungen und familiäre und weitere Bindungen, besonders zu berücksichtigen.

VII

Beide Seiten werden einen deutsch-tschechischen Zukunftsfonds errichten. Die deutsche Seite erklärt sich bereit, für diesen Fonds den Betrag von 140 Millionen DM zur Verfügung zu stellen. Die tschechische Seite erklärt sich bereit, ihrerseits für diesen Fonds den Betrag von 440 Millionen Kc zur Verfügung zu stellen. Über die gemeinsame Verwaltung dieses Fonds werden beide Seiten eine gesonderte Vereinbarung treffen.

Dieser gemeinsame Fonds wird der Finanzierung von Projekten gemeinsamen Interesses dienen (wie Jugendbegegnung, Altenfürsorge, Sanatorienbau und -betrieb, Pflege und Renovierung von Baudenkmälern und Grabstätten, Minderheitenförderung, Partnerschaftsprojekte, deutsch-tschechische Gesprächsforen, gemeinsame wissenschaftliche und ökologische Projekte, Sprachunterricht, grenzüberschreitende Zusammenarbeit).

Die deutsche Seite bekennt sich zu ihrer Verpflichtung und Verantwortung gegenüber all jenen, die Opfer nationalsozialistischer Gewalt geworden sind. Daher sollen die hierfür in Frage kommenden Projekte insbesondere Opfern nationalsozialistischer Gewalt zugute kommen.

VIII

Beide Seiten stimmen darin überein, daß die historische Entwicklung der Beziehungen zwischen Deutschen und Tschechen insbesondere in der ersten Hälfte des 20. Jahrhunderts der gemeinsamen Erforschung bedarf und treten daher für die Fortführung der bisherigen erfolgreichen Arbeit der deutsch-tschechischen Historikerkommission ein.

Beide Seiten sehen zugleich in der Erhaltung und Pflege des kulturellen Erbes, das Deutsche und Tschechen verbindet, einen wichtigen Beitrag zum Brückenschlag in die Zukunft.

Beide Seiten vereinbaren die Einrichtung eines deutsch-tschechischen Gesprächsforums, das insbesondere aus den Mitteln des deutsch-tschechischen Zukunftsfonds gefördert wird und in dem unter der Schirmherrschaft beider Regierungen und Beteiligung aller an einer engen und guten deutsch-tschechischen Partnerschaft interessierten Kreise der deutsch-tschechische Dialog gepflegt werden soll.

Quelle: Bulletin des Presse- und Informationsamtes der Bundesregierung, 1997, Nr. 11, S. 101 ff.

II. Verfassungsrechtliche Dokumente

II/1 Grundgesetz für die Bundesrepublik Deutschland

Vom 23. Mai 1949 (BGBl. I S. 1, zuletzt geändert durch Änderungsgesetz vom 3. November 1995 [BGBl. I S. 1492]) — Auszüge

Der Parlamentarische Rat hat am 23. Mai 1949 in Bonn am Rhein in öffentlicher Sitzung festgestellt, daß das am 8. Mai des Jahres 1949 vom Parlamentarischen Rat beschlossene Grundgesetz für die Bundesrepublik Deutschland in der Woche vom 16.–22. Mai 1949 durch die Volksvertretungen von mehr als Zweidritteln der beteiligten deutschen Länder angenommen worden ist.

Auf Grund dieser Feststellung hat der Parlamentarische Rat, vertreten durch seine Präsidenten, das Grundgesetz ausgefertigt und verkündet.

Das Grundgesetz wird hiermit gemäß Artikel 145 Absatz 3 im Bundesgesetzblatt veröffentlicht:

Präambel

Im Bewußtsein seiner Verantwortung vor Gott und den Menschen,
von dem Willen beseelt, als gleichberechtigtes Glied in einem vereinten Europa dem Frieden der Welt zu dienen, hat sich das Deutsche Volk kraft seiner verfassungsgebenden Gewalt dieses Grundgesetz gegeben.

Die Deutschen in den Ländern Baden-Württemberg, Bayern, Berlin, Brandenburg, Bremen, Hamburg, Hessen, Mecklenburg-Vorpommern, Niedersachsen, Nordrhein-Westfalen, Rheinland-Pfalz, Saarland, Sachsen, Sachsen-Anhalt, Schleswig-Holstein und Thüringen haben in freier Selbstbestimmung die Einheit und Freiheit Deutschlands vollendet. Damit gilt dieses Grundgesetz für das gesamte Deutsche Volk.

I. Die Grundrechte

Art. 1 [Schutz der Menschenwürde]. (1) Die Würde des Menschen ist unantastbar. Sie zu achten und zu schützen ist Verpflichtung aller staatlichen Gewalt.

(2) Das Deutsche Volk bekennt sich darum zu unverletzlichen und unveräußerlichen Menschenrechten als Grundlage jeder menschlichen Gemeinschaft, des Friedens und der Gerechtigkeit in der Welt.

(3) Die nachfolgenden Grundrechte binden Gesetzgebung, vollziehende Gewalt und Rechtsprechung als unmittelbar geltendes Recht.

Art. 2 [Allgemeines Persönlichkeitsrecht]. (1) Jeder hat das Recht auf die freie Entfaltung seiner Persönlichkeit, soweit er nicht die Rechte anderer verletzt und nicht gegen die verfassungsmäßige Ordnung oder das Sittengesetz verstößt.

(2) Jeder hat das Recht auf Leben und körperliche Unversehrtheit. Die Freiheit der Person ist unverletzlich. In diese Rechte darf nur auf Grund eines Gesetzes eingegriffen werden.

Art. 3 [Gleichheit vor dem Gesetz]. (1) Alle Menschen sind vor dem Gesetz gleich.

(2) Männer und Frauen sind gleichberechtigt. Der Staat fördert die tatsächliche Durchsetzung der Gleichberechtigung von Frauen und Männern und wirkt auf die Beseitigung bestehender Nachteile hin.

(3) Niemand darf wegen seines Geschlechtes, seiner Abstammung, seiner Rasse, seiner Sprache, seiner Heimat und Herkunft, seines Glaubens, seiner religiösen oder politischen Anschauungen benachteiligt oder bevorzugt werden. Niemand darf wegen seiner Behinderung benachteiligt werden.

Art. 4 [Glaubens-, Gewissens- und Bekenntnisfreiheit, Kriegsdienstverweigerung]. (1) Die Freiheit des Glaubens, des Gewissens und die Freiheit des religiösen und weltanschaulichen Bekenntnisses sind unverletzlich.

(2) Die ungestörte Religionsausübung wird gewährleistet.

(3) Niemand darf gegen sein Gewissen zum Kriegsdienst mit der Waffe gezwungen werden. Das Nähere regelt ein Bundesgesetz.

Art. 5 [Recht der freien Meinungsäußerung]. (1) Jeder hat das Recht, seine Meinung in Wort, Schrift und Bild frei zu äußern und zu verbreiten und sich aus allgemein zugänglichen Quellen ungehindert zu unterrichten. Die Pressefreiheit und die Freiheit der Berichterstattung durch Rundfunk und Film werden gewährleistet. Eine Zensur findet nicht statt.

(2) Diese Rechte finden ihre Schranken in den Vorschriften der allgemeinen Gesetze, den gesetzlichen Bestimmungen zum Schutze der Jugend und in dem Recht der persönlichen Ehre.

(3) Kunst und Wissenschaft, Forschung und Lehre sind frei. Die Freiheit der Lehre entbindet nicht von der Treue zur Verfassung.

Art. 6 [Ehe, Familie, nichteheliche Kinder]. (1) Ehe und Familie stehen unter dem besonderen Schutze der staatlichen Ordnung.

(2) Pflege und Erziehung der Kinder sind das natürliche Recht der Eltern und die zuvörderst ihnen obliegende Pflicht. Über ihre Betätigung wacht die staatliche Gemeinschaft.

(3) Gegen den Willen der Erziehungsberechtigten dürfen Kinder nur auf Grund eines Gesetzes von der Familie getrennt werden, wenn die Erziehungsberechtigten versagen oder wenn die Kinder aus anderen Gründen zu verwahrlosen drohen.

(4) Jede Mutter hat Anspruch auf den Schutz und die Fürsorge der Gemeinschaft.

(5) Den unehelichen Kindern sind durch die Gesetzgebung die gleichen Bedingungen für ihre leibliche und seelische Entwicklung und ihre Stellung in der Gesellschaft zu schaffen wie den ehelichen Kindern.

Art. 7 [Schulwesen]. (1) Das gesamte Schulwesen steht unter der Aufsicht des Staates.

(2) Die Erziehungsberechtigten haben das Recht, über die Teilnahme des Kindes am Religionsunterricht zu bestimmen.

(3) Der Religionsunterricht ist in den öffentlichen Schulen mit Ausnahme der bekenntnisfreien Schulen ordentliches Lehrfach. Unbeschadet des staatlichen Aufsichtsrechtes wird der

Religionsunterricht in Übereinstimmung mit den Grundsätzen der Religionsgemeinschaften erteilt. Kein Lehrer darf gegen seinen Willen verpflichtet werden, Religionsunterricht zu erteilen.

(4) Das Recht zur Errichtung von privaten Schulen wird gewährleistet. Private Schulen als Ersatz für öffentliche Schulen bedürfen der Genehmigung des Staates und unterstehen den Landesgesetzen. Die Genehmigung ist zu erteilen, wenn die privaten Schulen in ihren Lehrzielen und Einrichtungen sowie in der wissenschaftlichen Ausbildung ihrer Lehrkräfte nicht hinter den öffentlichen Schulen zurückstehen und eine Sonderung der Schüler nach den Besitzverhältnissen der Eltern nicht gefördert wird. Die Genehmigung ist zu versagen, wenn die wirtschaftliche und rechtliche Stellung der Lehrkräfte nicht genügend gesichert ist.

(5) Eine private Volksschule ist nur zuzulassen, wenn die Unterrichtsverwaltung ein besonderes pädagogisches Interesse anerkennt oder, auf Antrag von Erziehungsberechtigten, wenn sie als Gemeinschaftsschule, als Bekenntnis- oder Weltanschauungsschule errichtet werden soll und eine öffentliche Volksschule dieser Art in der Gemeinde nicht besteht.

(6) Vorschulen bleiben aufgehoben.

Art. 8 [Versammlungsfreiheit]. (1) Alle Deutschen haben das Recht, sich ohne Anmeldung oder Erlaubnis friedlich und ohne Waffen zu versammeln.

(2) Für Versammlungen unter freiem Himmel kann dieses Recht durch Gesetz oder auf Grund eines Gesetzes beschränkt werden.

Art. 9 [Vereinigungsfreiheit]. (1) Alle Deutschen haben das Recht, Vereine und Gesellschaften zu bilden.

(2) Vereinigungen, deren Zwecke oder deren Tätigkeit den Strafgesetzen zuwiderlaufen oder die sich gegen die verfassungsmäßige Ordnung oder gegen den Gedanken der Völkerverständigung richten, sind verboten.

(3) Das Recht, zur Wahrung und Förderung der Arbeits- und Wirtschaftsbedingungen Vereinigungen zu bilden, ist für jedermann und für alle Berufe gewährleistet. Abreden, die dieses Recht einschränken oder zu behindern suchen, sind nichtig, hierauf gerichtete Maßnahmen sind rechtswidrig. Maßnahmen nach den Artikeln 12a, 35 Abs. 2 und 3, Artikel 87a Abs. 4 und Artikel 91 dürfen sich nicht gegen Arbeitskämpfe richten, die zur Wahrung und Förderung der Arbeits- und Wirtschaftsbedingungen von Vereinigungen im Sinne des Satzes 1 geführt werden.

Art. 10 [Brief-, Post- und Fernmeldegeheimnis]. (1) Das Briefgeheimnis sowie das Post- und Fernmeldegeheimnis sind unverletzlich.

(2) Beschränkungen dürfen nur auf Grund eines Gesetzes angeordnet werden. Dient die Beschränkung dem Schutze der freiheitlichen demokratischen Grundordnung oder des Bestandes oder der Sicherung des Bundes oder eines Landes, so kann das Gesetz bestimmen, daß sie dem Betroffenen nicht mitgeteilt wird und daß an die Stelle des Rechtsweges die Nachprüfung durch von der Volksvertretung bestellte Organe und Hilfsorgane tritt.

Art. 11 [Freizügigkeit]. (1) Alle Deutschen genießen Freizügigkeit im ganzen Bundesgebiet.

(2) Dieses Recht darf nur durch Gesetz oder auf Grund eines Gesetzes und nur für die Fälle eingeschränkt werden, in denen eine ausreichende Lebensgrundlage nicht vorhanden ist und der Allgemeinheit daraus besondere Lasten entstehen würden oder in denen es zur Abwehr ei-

ner drohenden Gefahr für den Bestand oder die freiheitliche demokratische Grundordnung des Bundes oder eines Landes, zur Bekämpfung von Seuchengefahr, Naturkatastrophen oder besonders schweren Unglücksfällen, zum Schutze der Jugend vor Verwahrlosung oder um strafbaren Handlungen vorzubeugen, erforderlich ist.

Art. 12 [Berufsfreiheit]. (1) Alle Deutschen haben das Recht, Beruf, Arbeitsplatz und Ausbildungsstätte frei zu wählen. Die Berufsausübung kann durch Gesetz oder auf Grund eines Gesetzes geregelt werden.

(2) Niemand darf zu einer bestimmten Arbeit gezwungen werden, außer im Rahmen einer herkömmlichen allgemeinen, für alle gleichen öffentlichen Dienstleistungspflicht.

(3) Zwangsarbeit ist nur bei einer gerichtlich angeordneten Freiheitsentziehung zulässig.

Art. 12a [Dienstverpflichtungen]. (1) Männer können vom vollendeten achtzehnten Lebensjahr an zum Dienst in den Streitkräften, im Bundesgrenzschutz oder in einem Zivilschutzverband verpflichtet werden.

(2) Wer aus Gewissensgründen den Kriegsdienst mit der Waffe verweigert, kann zu einem Ersatzdienst verpflichtet werden. Die Dauer des Ersatzdienstes darf die Dauer des Wehrdienstes nicht übersteigen. Das Nähere regelt ein Gesetz, das die Freiheit der Gewissensentscheidung nicht beeinträchtigen darf und auch eine Möglichkeit des Ersatzdienstes vorsehen muß, die in keinem Zusammenhang mit den Verbänden der Streitkräfte und des Bundesgrenzschutzes steht.

(3) Wehrpflichtige, die nicht zu einem Dienst nach Absatz 1 oder 2 herangezogen sind, können im Verteidigungsfalle durch Gesetz oder auf Grund eines Gesetzes zu zivilen Dienstleistungen für Zwecke der Verteidigung einschließlich des Schutzes der Zivilbevölkerung in Arbeitsverhältnisse verpflichtet werden; Verpflichtungen in öffentlich-rechtliche Dienstverhältnisse sind nur zur Wahrnehmung polizeilicher Aufgaben oder solcher hoheitlichen Aufgaben der öffentlichen Verwaltung, die nur in einem öffentlich-rechtlichen Dienstverhältnis erfüllt werden können, zulässig. Arbeitsverhältnisse nach Satz 1 können bei den Streitkräften, im Bereich ihrer Versorgung sowie bei der öffentlichen Verwaltung begründet werden; Verpflichtungen in Arbeitsverhältnisse im Bereiche der Versorgung der Zivilbevölkerung sind nur zulässig, um ihren lebensnotwendigen Bedarf zu decken oder ihren Schutz sicherzustellen.

(4) Kann im Verteidigungsfalle der Bedarf an zivilen Dienstleistungen im zivilen Sanitäts- und Heilwesen sowie in der ortsfesten militärischen Lazarettorganisation nicht auf freiwilliger Grundlage gedeckt werden, so können Frauen vom vollendeten achtzehnten bis zum vollendeten fünfundfünfzigsten Lebensjahr durch Gesetz oder auf Grund eines Gesetzes zu derartigen Dienstleistungen herangezogen werden. Sie dürfen auf keinen Fall Dienst mit der Waffe leisten.

(5) Für die Zeit vor dem Verteidigungsfalle können Verpflichtungen nach Absatz 3 nur nach Maßgabe des Artikels 80a Abs. 1 begründet werden. Zur Vorbereitung auf Dienstleistungen nach Absatz 3, für die besondere Kenntnisse oder Fertigkeiten erforderlich sind, kann durch Gesetz oder auf Grund eines Gesetzes die Teilnahme an Ausbildungsveranstaltungen zur Pflicht gemacht werden. Satz 1 findet insoweit keine Anwendung.

(6) Kann im Verteidigungsfalle der Bedarf an Arbeitskräften für die in Absatz 3 Satz 2 genannten Bereiche auf freiwilliger Grundlage nicht gedeckt werden, so kann zur Sicherung dieses Bedarfs die Freiheit der Deutschen, die Ausübung eines Berufs oder den Arbeitsplatz aufzugeben, durch Gesetz oder auf Grund eines Gesetzes eingeschränkt werden. Vor Eintritt des Verteidigungsfalles gilt Absatz 5 Satz 1 entsprechend.

Art. 13 [Unverletzlichkeit der Wohnung]. (1) Die Wohnung ist unverletzlich.

(2) Durchsuchungen dürfen nur durch den Richter, bei Gefahr im Verzuge auch durch die in den Gesetzen vorgesehenen anderen Organe angeordnet und nur in der dort vorgeschriebenen Form durchgeführt werden.

(3) Eingriffe und Beschränkungen dürfen im übrigen nur zur Abwehr einer gemeinen Gefahr oder einer Lebensgefahr für einzelne Personen, auf Grund eines Gesetzes auch zur Verhütung dringender Gefahren für die öffentliche Sicherheit und Ordnung, insbesondere zur Behebung der Raumnot, zur Bekämpfung von Seuchengefahr oder zum Schutze gefährdeter Jugendlicher, vorgenommen werden.

Art. 14 [Eigentum, Erbrecht und Enteignung]. (1) Das Eigentum und das Erbrecht werden gewährleistet. Inhalt und Schranken werden durch die Gesetze bestimmt.

(2) Eigentum verpflichtet. Sein Gebrauch soll zugleich dem Wohle der Allgemeinheit dienen.

(3) Eine Enteignung ist nur zum Wohle der Allgemeinheit zulässig. Sie darf nur durch Gesetz oder auf Grund eines Gesetzes erfolgen, das Art und Ausmaß der Entschädigung regelt. Die Entschädigung ist unter gerechter Abwägung der Interessen der Allgemeinheit und der Beteiligten zu bestimmen. Wegen der Höhe der Entschädigung steht im Streitfalle der Rechtsweg vor den ordentlichen Gerichten offen.

Art. 15 [Sozialisierung]. Grund und Boden, Naturschätze und Produktionsmittel können zum Zwecke der Vergesellschaftung durch ein Gesetz, das Art und Ausmaß der Entschädigung regelt, in Gemeineigentum oder in andere Formen der Gemeinwirtschaft überführt werden. Für die Entschädigung gilt Artikel 14 Abs. 3 Satz 3 und 4 entsprechend.

Art. 16 [Staatsangehörigkeit, Auslieferung]. (1) Die deutsche Staatsangehörigkeit darf nicht entzogen werden. Der Verlust der Staatsangehörigkeit darf nur auf Grund eines Gesetzes und gegen den Willen des Betroffenen nur dann eintreten, wenn der Betroffene dadurch nicht staatenlos wird.

(2) Kein Deutscher darf an das Ausland ausgeliefert werden.

Art. 16a [Asylrecht]. (1) Politisch Verfolgte genießen Asylrecht.

(2) Auf Absatz 1 kann sich nicht berufen, wer aus einem Mitgliedstaat der Europäischen Gemeinschaften oder aus einem anderen Drittstaat einreist, in dem die Anwendung des Abkommens über die Rechtsstellung der Flüchtlinge und der Konvention zum Schutze der Menschenrechte und Grundfreiheiten sichergestellt ist. Die Staaten außerhalb der Europäischen Gemeinschaften, auf die die Voraussetzungen des Satzes 1 zutreffen, werden durch Gesetz, das der Zustimmung des Bundesrates bedarf, bestimmt. In den Fällen des Satzes 1 können aufenthaltsbeendende Maßnahmen unabhängig von einem hiergegen eingelegten Rechtsbehelf vollzogen werden.

(3) Durch Gesetz, das der Zustimmung des Bundesrates bedarf, können Staaten bestimmt werden, bei denen auf Grund der Rechtslage, der Rechtsanwendung und der allgemeinen politischen Verhältnisse gewährleistet erscheint, daß dort weder politische Verfolgung noch unmenschliche oder erniedrigende Bestrafung oder Behandlung stattfindet. Es wird vermutet, daß ein Ausländer aus einem solchen Staat nicht verfolgt wird, solange er nicht Tatsachen vorträgt, die die Annahme begründen, daß er entgegen dieser Vermutung politisch verfolgt wird.

(4) Die Vollziehung aufenthaltsbeendender Maßnahmen wird in den Fällen des Absatzes 3 und in anderen Fällen, die offensichtlich unbegründet sind oder als offensichtlich unbegründet gelten, durch das Gericht nur ausgesetzt, wenn ernstliche Zweifel an der Rechtmäßigkeit der Maßnahme bestehen; der Prüfungsumfang kann eingeschränkt werden und verspätetes Vorbringen unberücksichtigt bleiben. Das Nähere ist durch Gesetz zu bestimmen.

(5) Die Absätze 1 bis 4 stehen völkerrechtlichen Verträgen von Mitgliedstaaten der Europäischen Gemeinschaften untereinander und mit dritten Staaten nicht entgegen, die unter Beachtung der Verpflichtungen aus dem Abkommen über die Rechtsstellung der Flüchtlinge und der Konvention zum Schutze der Menschenrechte und Grundfreiheiten, deren Anwendung in den Vertragsstaaten sichergestellt sein muß, Zuständigkeitsregelungen für die Prüfung von Asylbegehren einschließlich der gegenseitigen Anerkennung von Asylentscheidungen treffen.

Art. 17 [Petitionsrecht]. Jedermann hat das Recht, sich einzeln oder in Gemeinschaft mit anderen schriftlich mit Bitten oder Beschwerden an die zuständigen Stellen und an die Volksvertretung zu wenden.

Art. 17a [Einschränkung von Grundrechten bei Soldaten]. (1) Gesetze über Wehrdienst und Ersatzdienst können bestimmen, daß für die Angehörigen der Streitkräfte und des Ersatzdienstes während der Zeit des Wehr- oder Ersatzdienstes das Grundrecht, seine Meinung in Wort, Schrift und Bild frei zu äußern und zu verbreiten (Artikel 5 Abs. 1 Satz 1 erster Halbsatz), das Grundrecht der Versammlungsfreiheit (Artikel 8) und das Petitionsrecht (Artikel 17), soweit es das Recht gewährt, Bitten oder Beschwerden in Gemeinschaft mit anderen vorzubringen, eingeschränkt werden.

(2) Gesetze, die der Verteidigung einschließlich des Schutzes der Zivilbevölkerung dienen, können bestimmen, daß die Grundrechte der Freizügigkeit (Artikel 11) und der Unverletzlichkeit der Wohnung (Artikel 13) eingeschränkt werden.

Art. 18 [Verwirkung von Grundrechten]. Wer die Freiheit der Meinungsäußerung, insbesondere die Pressefreiheit (Artikel 5 Abs. 1), die Lehrfreiheit (Artikel 5 Abs. 3), die Versammlungsfreiheit (Artikel 8), die Vereinigungsfreiheit (Artikel 9), das Brief-, Post- und Fernmeldegeheimnis (Artikel 10), das Eigentum (Artikel 14) oder das Asylrecht (Artikel 16a) zum Kampfe gegen die freiheitliche demokratische Grundordnung mißbraucht, verwirkt diese Grundrechte. Die Verwirkung und ihr Ausmaß werden durch das Bundesverfassungsgericht ausgesprochen.

Art. 19 [Einschränkung von Grundrechten]. (1) Soweit nach diesem Grundgesetz ein Grundrecht durch Gesetz oder auf Grund eines Gesetzes eingeschränkt werden kann, muß das Gesetz allgemein und nicht nur für den Einzelfall gelten. Außerdem muß das Gesetz das Grundrecht unter Angabe des Artikels nennen.

(2) In keinem Falle darf ein Grundrecht in seinem Wesensgehalt angetastet werden.

(3) Die Grundrechte gelten auch für inländische juristische Personen, soweit sie ihrem Wesen nach auf diese anwendbar sind.

(4) Wird jemand durch die öffentliche Gewalt in seinen Rechten verletzt, so steht ihm der Rechtsweg offen. Soweit eine andere Zuständigkeit nicht begründet ist, ist der ordentliche Rechtsweg gegeben. Artikel 10 Abs. 2 Satz 2 bleibt unberührt.

II. Der Bund und die Länder

Art. 20 [Bundesstaatliche Verfassung; Widerstandsrecht]. (1) Die Bundesrepublik Deutschland ist ein demokratischer und sozialer Bundesstaat.

(2) Alle Staatsgewalt geht vom Volke aus. Sie wird vom Volke in Wahlen und Abstimmungen und durch besondere Organe der Gesetzgebung, der vollziehenden Gewalt und der Rechtsprechung ausgeübt.

(3) Die Gesetzgebung ist an die verfassungsmäßige Ordnung, die vollziehende Gewalt und die Rechtsprechung sind an Gesetz und Recht gebunden.

(4) Gegen jeden, der es unternimmt, diese Ordnung zu beseitigen, haben alle Deutschen das Recht zum Widerstand, wenn andere Abhilfe nicht möglich ist.

Art. 20a [Schutz der natürlichen Lebensgrundlagen]. Der Staat schützt auch in Verantwortung für die künftigen Generationen die natürlichen Lebensgrundlagen im Rahmen der verfassungsmäßigen Ordnung durch die Gesetzgebung und nach Maßgabe von Gesetz und Recht durch die vollziehende Gewalt und die Rechtsprechung.

Art. 21 [Parteien]. (1) Die Parteien wirken bei der politischen Willensbildung des Volkes mit. Ihre Gründung ist frei. Ihre innere Ordnung muß demokratischen Grundsätzen entsprechen. Sie müssen über die Herkunft und Verwendung ihrer Mittel sowie über ihr Vermögen öffentlich Rechenschaft geben.

(2) Parteien, die nach ihren Zielen oder nach dem Verhalten ihrer Anhänger darauf ausgehen, die freiheitliche demokratische Grundordnung zu beeinträchtigen oder zu beseitigen oder den Bestand der Bundesrepublik Deutschland zu gefährden, sind verfassungswidrig. Über die Frage der Verfassungswidrigkeit entscheidet das Bundesverfassungsgericht.

(3) Das Nähere regeln Bundesgesetze.

Art. 22 [Bundesflagge]. Die Bundesflagge ist schwarz-rot-gold.

Art. 23 [Europäische Union]. (1) Zur Verwirklichung eines vereinten Europas wirkt die Bundesrepublik Deutschland bei der Entwicklung der Europäischen Union mit, die demokratischen, rechtsstaatlichen, sozialen und föderativen Grundsätzen und dem Grundsatz der Subsidiarität verpflichtet ist und einen diesem Grundgesetz im wesentlichen vergleichbaren Grundrechtsschutz gewährleistet. Der Bund kann hierzu durch Gesetz mit Zustimmung des Bundesrates Hoheitsrechte übertragen. Für die Begründung der Europäischen Union sowie für Änderungen ihrer vertraglichen Grundlagen und vergleichbare Regelungen, durch die dieses Grundgesetz seinem Inhalt nach geändert oder ergänzt wird oder solche Änderungen oder Ergänzungen ermöglicht werden, gilt Artikel 79 Abs. 2 und 3.

(2) In Angelegenheiten der Europäischen Union wirken der Bundestag und durch den Bundesrat die Länder mit. Die Bundesregierung hat den Bundestag und den Bundesrat umfassend und zum frühestmöglichen Zeitpunkt zu unterrichten.

(3) Die Bundesregierung gibt dem Bundestag Gelegenheit zur Stellungnahme vor ihrer Mitwirkung an Rechtsetzungsakten der Europäischen Union. Die Bundesregierung berücksichtigt die Stellungnahmen des Bundestages bei den Verhandlungen. Das Nähere regelt ein Gesetz.

(4) Der Bundesrat ist an der Willensbildung des Bundes zu beteiligen, soweit er an einer entsprechenden innerstaatlichen Maßnahme mitzuwirken hätte oder soweit die Länder innerstaatlich zuständig wären.

(5) Soweit in einem Bereich ausschließlicher Zuständigkeiten des Bundes Interessen der Länder berührt sind oder soweit im übrigen der Bund das Recht zur Gesetzgebung hat, berücksichtigt die Bundesregierung die Stellungnahme des Bundesrates. Wenn im Schwerpunkt Gesetzgebungsbefugnisse der Länder, die Einrichtung ihrer Behörden oder ihre Verwaltungsverfahren betroffen sind, ist bei der Willensbildung des Bundes insoweit die Auffassung des Bundesrates maßgeblich zu berücksichtigen; dabei ist die gesamtstaatliche Verantwortung des Bundes zu wahren. In Angelegenheiten, die zu Ausgabenerhöhungen oder Einnahmeminderungen für den Bund führen können, ist die Zustimmung der Bundesregierung erforderlich.

(6) Wenn im Schwerpunkt ausschließliche Gesetzgebungsbefugnisse der Länder betroffen sind, soll die Wahrnehmung der Rechte, die der Bundesrepublik Deutschland als Mitgliedstaat der Europäischen Union zustehen, vom Bund auf einen vom Bundesrat benannten Vertreter der Länder übertragen werden. Die Wahrnehmung der Rechte erfolgt unter Beteiligung und in Abstimmung mit der Bundesregierung; dabei ist die gesamtstaatliche Verantwortung des Bundes zu wahren.

(7) Das Nähere zu den Absätzen 4 bis 6 regelt ein Gesetz, das der Zustimmung des Bundesrates bedarf.

Art. 24 [Zwischenstaatliche Einrichtungen]. (1) Der Bund kann durch Gesetz Hoheitsrechte auf zwischenstaatliche Einrichtungen übertragen.

(1a) Soweit die Länder für die Ausübung der staatlichen Befugnisse und die Erfüllung der staatlichen Aufgaben zuständig sind, können sie mit Zustimmung der Bundesregierung Hoheitsrechte auf grenznachbarschaftliche Einrichtungen übertragen.

(2) Der Bund kann sich zur Wahrung des Friedens einem System gegenseitiger kollektiver Sicherheit einordnen; er wird hierbei in die Beschränkungen seiner Hoheitsrechte einwilligen, die eine friedliche und dauerhafte Ordnung in Europa und zwischen den Völkern der Welt herbeiführen und sichern.

(3) Zur Regelung zwischenstaatlicher Streitigkeiten wird der Bund Vereinbarungen über eine allgemeine, umfassende, obligatorische, internationale Schiedsgerichtsbarkeit beitreten.

Art. 25 [Völkerrecht Bestandteil des Bundesrechts]. Die allgemeinen Regeln des Völkerrechtes sind Bestandteil des Bundesrechtes. Sie gehen den Gesetzen vor und erzeugen Rechte und Pflichten unmittelbar für die Bewohner des Bundesgebietes.

Art. 26 [Verbot des Angriffskrieges]. (1) Handlungen, die geeignet sind und in der Absicht vorgenommen werden, das friedliche Zusammenleben der Völker zu stören, insbesondere die Führung eines Angriffskrieges vorzubereiten, sind verfassungswidrig. Sie sind unter Strafe zu stellen.

(2) Zur Kriegführung bestimmte Waffen dürfen nur mit Genehmigung der Bundesregierung hergestellt, befördert und in Verkehr gebracht werden. Das Nähere regelt ein Bundesgesetz.

Art. 27 [Handelsflotte]. ...

Art. 28 [Bundesgarantie für die Landesverfassungen, Gewährleistung der kommunalen Selbstverwaltung]. (1) Die verfassungsmäßige Ordnung in den Ländern muß den Grundsätzen des republikanischen, demokratischen und sozialen Rechtsstaates im Sinne dieses Grundgesetzes entsprechen. In den Ländern, Kreisen und Gemeinden muß das Volk eine Vertretung haben, die aus allgemeinen, unmittelbaren, freien, gleichen und geheimen Wahlen hervorgegangen ist. Bei Wahlen in Kreisen und Gemeinden sind auch Personen, die die Staatsangehörigkeit eines Mitgliedstaates der Europäischen Gemeinschaft besitzen, nach Maßgabe von Recht der Europäischen Gemeinschaft wahlberechtigt und wählbar. In Gemeinden kann an die Stelle einer gewählten Körperschaft die Gemeindeversammlung treten.

(2) Den Gemeinden muß das Recht gewährleistet sein, alle Angelegenheiten der örtlichen Gemeinschaft im Rahmen der Gesetze in eigener Verantwortung zu regeln. Auch die Gemeindeverbände haben im Rahmen ihres gesetzlichen Aufgabenbereiches nach Maßgabe der Gesetze das Recht der Selbstverwaltung. Die Gewährleistung der Selbstverwaltung umfaßt auch die Grundlagen der finanziellen Eigenverantwortung.

(3) Der Bund gewährleistet, daß die verfassungsmäßige Ordnung der Länder den Grundrechten und den Bestimmungen der Absätze 1 und 2 entspricht.

Art. 29 [Neugliederung des Bundesgebietes]. (1) Das Bundesgebiet kann neu gegliedert werden, um zu gewährleisten, daß die Länder nach Größe und Leistungsfähigkeit die ihnen obliegenden Aufgaben wirksam erfüllen können. Dabei sind die landsmannschaftliche Verbundenheit, die geschichtlichen und kulturellen Zusammenhänge, die wirtschaftliche Zweckmäßigkeit sowie die Erfordernisse der Raumordnung und der Landesplanung zu berücksichtigen.

(2) Maßnahmen zur Neugliederung des Bundesgebietes ergehen durch Bundesgesetz, das der Bestätigung durch Volksentscheid bedarf. Die betroffenen Länder sind zu hören.

(3) Der Volksentscheid findet in den Ländern statt, aus deren Gebieten oder Gebietsteilen ein neues oder neu umgrenztes Land gebildet werden soll (betroffene Länder). Abzustimmen ist über die Frage, ob die betroffenen Länder wie bisher bestehenbleiben sollen oder ob das neue oder neu umgrenzte Land gebildet werden soll. Der Volksentscheid für die Bildung eines neuen oder neu umgrenzten Landes kommt zustande, wenn in dessen künftigem Gebiet und insgesamt in den Gebieten oder Gebietsteilen eines betroffenen Landes, deren Landeszugehörigkeit im gleichen Sinne geändert werden soll, jeweils eine Mehrheit der Änderung zustimmt. Er kommt nicht zustande, wenn im Gebiet eines der betroffenen Länder eine Mehrheit die Änderung ablehnt; die Ablehnung ist jedoch unbeachtlich, wenn in einem Gebietsteil, dessen Zugehörigkeit zu dem betroffenen Land geändert werden soll, eine Mehrheit von zwei Dritteln der Änderung zustimmt, es sei denn, daß im Gesamtgebiet des betroffenen Landes eine Mehrheit von zwei Dritteln die Änderung ablehnt.

(4) Wird in einem zusammenhängenden, abgegrenzten Siedlungs- und Wirtschaftsraum, dessen Teile in mehreren Ländern liegen und der mindestens eine Million Einwohner hat, von einem Zehntel der in ihm zum Bundestag Wahlberechtigten durch Volksbegehren gefordert, daß für diesen Raum eine einheitliche Landeszugehörigkeit herbeigeführt werde, so ist durch Bundesgesetz innerhalb von zwei Jahren entweder zu bestimmen, ob die Landeszugehörigkeit gemäß Absatz 2 geändert wird, oder daß in den betroffenen Ländern eine Volksbefragung stattfindet.

(5) Die Volksbefragung ist darauf gerichtet festzustellen, ob eine in dem Gesetz vorzuschlagende Änderung der Landeszugehörigkeit Zustimmung findet. Das Gesetz kann verschiedene, jedoch nicht mehr als zwei Vorschläge der Volksbefragung vorlegen. Stimmt eine Mehrheit einer vorgeschlagenen Änderung der Landeszugehörigkeit zu, so ist durch Bundesgesetz inner-

halb von zwei Jahren zu bestimmen, ob die Landeszugehörigkeit gemäß Absatz 2 geändert wird. Findet ein der Volksbefragung vorgelegter Vorschlag eine den Maßgaben des Absatzes 3 Satz 3 und 4 entsprechende Zustimmung, so ist innerhalb von zwei Jahren nach der Durchführung der Volksbefragung ein Bundesgesetz zur Bildung des vorgeschlagenen Landes zu erlassen, das der Bestätigung durch Volksentscheid nicht mehr bedarf.

(6) Mehrheit im Volksentscheid und in der Volksbefragung ist die Mehrheit der abgegebenen Stimmen, wenn sie mindestens ein Viertel der zum Bundestag Wahlberechtigten umfaßt. Im übrigen wird das Nähere über Volksentscheid, Volksbegehren und Volksbefragung durch ein Bundesgesetz geregelt; dieses kann auch vorsehen, daß Volksbegehren innerhalb eines Zeitraumes von fünf Jahren nicht wiederholt werden können.

(7) Sonstige Änderungen des Gebietsbestandes der Länder können durch Staatsverträge der beteiligten Länder oder durch Bundesgesetz mit Zustimmung des Bundesrates erfolgen, wenn das Gebiet, dessen Landeszugehörigkeit geändert werden soll, nicht mehr als 50 000 Einwohner hat. Das Nähere regelt ein Bundesgesetz, das der Zustimmung des Bundesrates und der Mehrheit der Mitglieder des Bundestages bedarf. Es muß die Anhörung der betroffenen Gemeinden und Kreise vorsehen.

(8) Die Länder können eine Neugliederung für das jeweils von ihnen umfaßte Gebiet oder für Teilgebiete abweichend von den Vorschriften der Absätze 2 bis 7 durch Staatsvertrag regeln. Die betroffenen Gemeinden und Kreise sind zu hören. Der Staatsvertrag bedarf der Bestätigung durch Volksentscheid in jedem beteiligten Land. Betrifft der Staatsvertrag Teilgebiete der Länder, kann die Bestätigung auf Volksentscheide in diesen Teilgebieten beschränkt werden; Satz 5 zweiter Halbsatz findet keine Anwendung. Bei einem Volksentscheid entscheidet die Mehrheit der abgegebenen Stimmen, wenn sie mindestens ein Viertel der zum Bundestag Wahlberechtigten umfaßt; das Nähere regelt ein Bundesgesetz. Der Staatsvertrag bedarf der Zustimmung des Bundestages.

Art. 30 [Funktionen der Länder]. Die Ausübung der staatlichen Befugnisse und die Erfüllung der staatlichen Aufgaben ist Sache der Länder, soweit dieses Grundgesetz keine andere Regelung trifft oder zuläßt.

Art. 31 [Vorrang des Bundesrechts]. Bundesrecht bricht Landesrecht.

Art. 32 [Auswärtige Beziehungen]. (1) Die Pflege der Beziehungen zu auswärtigen Staaten ist Sache des Bundes.

(2) Vor dem Abschlusse eines Vertrages, der die besonderen Verhältnisse eines Landes berührt, ist das Land rechtzeitig zu hören.

(3) Soweit die Länder für die Gesetzgebung zuständig sind, können sie mit Zustimmung der Bundesregierung mit auswärtigen Staaten Verträge abschließen.

Art. 33 [Staatsbürgerliche Rechte]. (1) Jeder Deutsche hat in jedem Lande die gleichen staatsbürgerlichen Rechte und Pflichten.

(2) Jeder Deutsche hat nach seiner Eignung, Befähigung und fachlichen Leistung gleichen Zugang zu jedem öffentlichen Amte.

(3) Der Genuß bürgerlicher und staatsbürgerlicher Rechte, die Zulassung zu öffentlichen Ämtern sowie die im öffentlichen Dienste erworbenen Rechte sind unabhängig von dem religiösen Bekenntnis. Niemandem darf aus seiner Zugehörigkeit oder Nichtzugehörigkeit zu einem Bekenntnisse oder einer Weltanschauung ein Nachteil erwachsen.

(4) Die Ausübung hoheitsrechtlicher Befugnisse ist als ständige Aufgabe in der Regel Angehörigen des öffentlichen Dienstes zu übertragen, die in einem öffentlich-rechtlichen Dienstund Treueverhältnis stehen.

(5) Das Recht des öffentlichen Dienstes ist unter Berücksichtigung der hergebrachten Grundsätze des Berufsbeamtentums zu regeln.

Art. 34 [Haftung bei Amtspflichtverletzungen]. ...

Art. 35 [Rechts- und Amtshilfe]. ...

Art. 36 [Beamte der Bundesbehörden]. (1) Bei den obersten Bundesbehörden sind Beamte aus allen Ländern in angemessenem Verhältnis zu verwenden. Die bei den übrigen Bundesbehörden beschäftigten Personen sollen in der Regel aus dem Lande genommen werden, in dem sie tätig sind.

(2) Die Wehrgesetze haben auch die Gliederung des Bundes in Länder und ihre besonderen landsmannschaftlichen Verhältnisse zu berücksichtigen.

Art. 37 [Bundeszwang]. (1) Wenn ein Land die ihm nach dem Grundgesetze oder einem anderen Bundesgesetze obliegenden Bundespflichten nicht erfüllt, kann die Bundesregierung mit Zustimmung des Bundesrates die notwendigen Maßnahmen treffen, um das Land im Wege des Bundeszwanges zur Erfüllung seiner Pflichten anzuhalten.

(2) Zur Durchführung des Bundeszwanges hat die Bundesregierung oder ihr Beauftragter das Weisungsrecht gegenüber allen Ländern und ihren Behörden.

III. Der Bundestag

Art. 38 [Wahl]. (1) Die Abgeordneten des Deutschen Bundestages werden in allgemeiner, unmittelbarer, freier, gleicher und geheimer Wahl gewählt. Sie sind Vertreter des ganzen Volkes, an Aufträge und Weisungen nicht gebunden und nur ihrem Gewissen unterworfen.

(2) Wahlberechtigt ist, wer das achtzehnte Lebensjahr vollendet hat; wählbar ist, wer das Alter erreicht hat, mit dem die Volljährigkeit eintritt.

(3) Das Nähere bestimmt ein Bundesgesetz.

Art. 39 [Zusammentritt und Wahlperiode]. (1) Der Bundestag wird auf vier Jahre gewählt. Seine Wahlperiode endet mit dem Zusammentritt eines neuen Bundestages. Die Neuwahl findet frühestens fünfundvierzig, spätestens siebenundvierzig Monate nach Beginn der Wahlperiode statt. Im Falle einer Auflösung des Bundestages findet die Neuwahl innerhalb von sechzig Tagen statt.

(2) Der Bundestag tritt spätestens am dreißigsten Tage nach der Wahl zusammen.

(3) Der Bundestag bestimmt den Schluß und den Wiederbeginn seiner Sitzungen. Der Präsident des Bundestages kann ihn früher einberufen. Er ist hierzu verpflichtet, wenn ein Drittel der Mitglieder, der Bundespräsident oder der Bundeskanzler es verlangen.

Art. 40 [Präsident; Geschäftsordnung]. (1) Der Bundestag wählt seinen Präsidenten, dessen Stellvertreter und die Schriftführer. Er gibt sich eine Geschäftsordnung.

(2) Der Präsident übt das Hausrecht und die Polizeigewalt im Gebäude des Bundestages aus. Ohne seine Genehmigung darf in den Räumen des Bundestages keine Durchsuchung oder Beschlagnahme stattfinden.

Art. 41 [Wahlprüfung]. (1) Die Wahlprüfung ist Sache des Bundestages. Er entscheidet auch, ob ein Abgeordneter des Bundestages die Mitgliedschaft verloren hat.

(2) Gegen die Entscheidung des Bundestages ist die Beschwerde an das Bundesverfassungsgericht zulässig.

(3) Das Nähere regelt ein Bundesgesetz.

Art. 42 [Öffentlichkeit der Sitzungen; Mehrheitsprinzip]. (1) Der Bundestag verhandelt öffentlich. Auf Antrag eines Zehntels seiner Mitglieder oder auf Antrag der Bundesregierung kann mit Zweidrittelmehrheit die Öffentlichkeit ausgeschlossen werden. Über den Antrag wird in nichtöffentlicher Sitzung entschieden.

(2) Zu einem Beschlusse des Bundestages ist die Mehrheit der abgegebenen Stimmen erforderlich, soweit dieses Grundgesetz nichts anderes bestimmt. Für die vom Bundestage vorzunehmenden Wahlen kann die Geschäftsordnung Ausnahmen zulassen.

(3) Wahrheitsgetreue Berichte über die öffentlichen Sitzungen des Bundestages und seiner Ausschüsse bleiben von jeder Verantwortlichkeit frei.

Art. 43 [Anwesenheit der Bundesregierung]. (1) Der Bundestag und seine Ausschüsse können die Anwesenheit jedes Mitgliedes der Bundesregierung verlangen.

(2) Die Mitglieder des Bundesrates und der Bundesregierung sowie ihre Beauftragten haben zu allen Sitzungen des Bundestages und seiner Ausschüsse Zutritt. Sie müssen jederzeit gehört werden.

Art. 44 [Untersuchungsausschüsse]. (1) Der Bundestag hat das Recht und auf Antrag eines Viertels seiner Mitglieder die Pflicht, einen Untersuchungsausschuß einzusetzen, der in öffentlicher Verhandlung die erforderlichen Beweise erhebt. Die Öffentlichkeit kann ausgeschlossen werden.

(2) Auf Beweiserhebungen finden die Vorschriften über den Strafprozeß sinngemäß Anwendung. Das Brief-, Post- und Fernmeldegeheimnis bleibt unberührt.

(3) Gerichte und Verwaltungsbehörden sind zur Rechts- und Amtshilfe verpflichtet.

(4) Die Beschlüsse der Untersuchungsausschüsse sind der richterlichen Erörterung entzogen. In der Würdigung und Beurteilung des der Untersuchung zugrunde liegenden Sachverhaltes sind die Gerichte frei.

Art. 45 [Ausschuß für Angelegenheiten der Europäischen Union]. Der Bundestag bestellt einen Ausschuß für die Angelegenheiten der Europäischen Union. Er kann ihn ermächtigen, die Rechte des Bundestages gemäß Artikel 23 gegenüber der Bundesregierung wahrzunehmen.

Art. 45 a [Ausschüsse für auswärtige Angelegenheiten und für Verteidigung]. (1) Der Bundestag bestellt einen Ausschuß für auswärtige Angelegenheiten und einen Ausschuß für Verteidigung.

(2) Der Ausschuß für Verteidigung hat auch die Rechte eines Untersuchungsausschusses. Auf Antrag eines Viertels seiner Mitglieder hat er die Pflicht, eine Angelegenheit zum Gegenstand seiner Untersuchung zu machen.

(3) Artikel 44 Abs. 1 findet auf dem Gebiet der Verteidigung keine Anwendung.

Art. 45 b [Wehrbeauftragter des Bundestages]. Zum Schutz der Grundrechte und als Hilfsorgan des Bundestages bei der Ausübung der parlamentarischen Kontrolle wird ein Wehrbeauftragter des Bundestages berufen. Das Nähere regelt ein Bundesgesetz.

Art. 45 c [Petitionsausschuß des Bundestages]. (1) Der Bundestag bestellt einen Petitionsausschuß, dem die Behandlung der nach Artikel 17 an den Bundestag gerichteten Bitten und Beschwerden obliegt.

(2) Die Befugnisse des Ausschusses zur Überprüfung von Beschwerden regelt ein Bundesgesetz.

Art. 46 [Indemnität und Immunität der Abgeordneten]. (1) Ein Abgeordneter darf zu keiner Zeit wegen seiner Abstimmung oder wegen einer Äußerung, die er im Bundestage oder in einem seiner Ausschüsse getan hat, gerichtlich oder dienstlich verfolgt oder sonst außerhalb des Bundestages zur Verantwortung gezogen werden. Dies gilt nicht für verleumderische Beleidigungen.

(2) Wegen einer mit Strafe bedrohten Handlung darf ein Abgeordneter nur mit Genehmigung des Bundestages zur Verantwortung gezogen oder verhaftet werden, es sei denn, daß er bei Begehung der Tat oder im Laufe des folgenden Tages festgenommen wird.

(3) Die Genehmigung des Bundestages ist ferner bei jeder anderen Beschränkung der persönlichen Freiheit eines Abgeordneten oder zur Einleitung eines Verfahrens gegen einen Abgeordneten gemäß Artikel 18 erforderlich.

(4) Jedes Strafverfahren und jedes Verfahren gemäß Artikel 18 gegen einen Abgeordneten, jede Haft und jede sonstige Beschränkung seiner persönlichen Freiheit sind auf Verlangen des Bundestages auszusetzen.

Art. 47 [Zeugnisverweigerungsrecht der Abgeordneten]. ...

Art. 48 [Ansprüche der Abgeordneten]. ...

Art. 49 *(gestrichen)*

IV. Der Bundesrat

Art. 50 [Aufgaben]. Durch den Bundesrat wirken die Länder bei der Gesetzgebung und Verwaltung des Bundes und in Angelegenheiten der Europäischen Union mit.

Art. 51 [Zusammensetzung]. (1) Der Bundesrat besteht aus Mitgliedern der Regierungen der Länder, die sie bestellen und abberufen. Sie können durch andere Mitglieder ihrer Regierungen vertreten werden.

(2) Jedes Land hat mindestens drei Stimmen, Länder mit mehr als zwei Millionen Einwohnern haben vier, Länder mit mehr als sechs Millionen Einwohnern fünf, Länder mit mehr als sieben Millionen Einwohnern sechs Stimmen.

(3) Jedes Land kann so viele Mitglieder entsenden, wie es Stimmen hat. Die Stimmen eines Landes können nur einheitlich und nur durch anwesende Mitglieder oder deren Vertreter abgegeben werden.

Art. 52 [Präsident, Geschäftsordnung]. (1) Der Bundesrat wählt seinen Präsidenten auf ein Jahr.

(2) Der Präsident beruft den Bundesrat ein. Er hat ihn einzuberufen, wenn die Vertreter von mindestens zwei Ländern oder die Bundesregierung es verlangen.

(3) Der Bundesrat faßt seine Beschlüsse mit mindestens der Mehrheit seiner Stimmen. Er gibt sich eine Geschäftsordnung. Er verhandelt öffentlich. Die Öffentlichkeit kann ausgeschlossen werden.

(3a) Für Angelegenheiten der Europäischen Union kann der Bundesrat eine Europakammer bilden, deren Beschlüsse als Beschlüsse des Bundesrates gelten; Artikel 51 Abs. 2 und 3 Satz 2 gilt entsprechend.

(4) Den Ausschüssen des Bundesrates können andere Mitglieder oder Beauftragte der Regierungen der Länder angehören.

Art. 53 [Teilnahme der Bundesregierung]. Die Mitglieder der Bundesregierung haben das Recht und auf Verlangen die Pflicht, an den Verhandlungen des Bundesrates und seiner Ausschüsse teilzunehmen. Sie müssen jederzeit gehört werden. Der Bundesrat ist von der Bundesregierung über die Führung der Geschäfte auf dem laufenden zu halten.

IVa. Gemeinsamer Ausschuß

Art. 53 a [Gemeinsamer Ausschuß]. (1) Der Gemeinsame Ausschuß besteht zu zwei Dritteln aus Abgeordneten des Bundestages, zu einem Drittel aus Mitgliedern des Bundesrates. Die Abgeordneten werden vom Bundestage entsprechend dem Stärkeverhältnis der Fraktionen bestimmt; sie dürfen nicht der Bundesregierung angehören. Jedes Land wird durch ein von ihm bestelltes Mitglied des Bundesrates vertreten; diese Mitglieder sind nicht an Weisungen gebunden. Die Bildung des Gemeinsamen Ausschusses und sein Verfahren werden durch eine Geschäftsordnung geregelt, die vom Bundestage zu beschließen ist und der Zustimmung des Bundesrates bedarf.

(2) Die Bundesregierung hat den Gemeinsamen Ausschuß über ihre Planungen für den Verteidigungsfall zu unterrichten. Die Rechte des Bundestages und seiner Ausschüsse nach Artikel 43 Abs. 1 bleiben unberührt.

V. Der Bundespräsident

Art. 54 [Wahl durch die Bundesversammlung]. (1) Der Bundespräsident wird ohne Aussprache von der Bundesversammlung gewählt. Wählbar ist jeder Deutsche, der das Wahlrecht zum Bundestage besitzt und das vierzigste Lebensjahr vollendet hat.

(2) Das Amt des Bundespräsidenten dauert fünf Jahre. Anschließende Wiederwahl ist nur einmal zulässig.

(3) Die Bundesversammlung besteht aus den Mitgliedern des Bundestages und einer gleichen Anzahl von Mitgliedern, die von den Volksvertretungen der Länder nach den Grundsätzen der Verhältniswahl gewählt werden.

(4) Die Bundesversammlung tritt spätestens dreißig Tage vor Ablauf der Amtszeit des Bundespräsidenten, bei vorzeitiger Beendigung spätestens dreißig Tage nach diesem Zeitpunkt zusammen. Sie wird von dem Präsidenten des Bundestages einberufen.

(5) Nach Ablauf der Wahlperiode beginnt die Frist des Absatzes 4 Satz 1 mit dem ersten Zusammentritt des Bundestages.

(6) Gewählt ist, wer die Stimmen der Mehrheit der Mitglieder der Bundesversammlung erhält. Wird diese Mehrheit in zwei Wahlgängen von keinem Bewerber erreicht, so ist gewählt, wer in einem weiteren Wahlgang die meisten Stimmen auf sich vereinigt.

(7) Das Nähere regelt ein Bundesgesetz.

Art. 55 [Berufs- und Gewerbeverbot]. ...

Art. 56 [Amtseid]. ...

Art. 57 [Vertretung]. Die Befugnisse des Bundespräsidenten werden im Falle seiner Verhinderung oder bei vorzeitiger Erledigung des Amtes durch den Präsidenten des Bundesrates wahrgenommen.

Art. 58 [Gegenzeichnung]. Anordnungen und Verfügungen des Bundespräsidenten bedürfen zu ihrer Gültigkeit der Gegenzeichnung durch den Bundeskanzler oder durch den zuständigen Bundesminister. Dies gilt nicht für die Ernennung und Entlassung des Bundeskanzlers, die Auflösung des Bundestages gemäß Artikel 63 und das Ersuchen gemäß Artikel 69 Abs. 3.

Art. 59 [Völkerrechtliche Vertretungsmacht]. (1) Der Bundespräsident vertritt den Bund völkerrechtlich. Er schließt im Namen des Bundes die Verträge mit auswärtigen Staaten. Er beglaubigt und empfängt die Gesandten.

(2) Verträge, welche die politischen Beziehungen des Bundes regeln oder sich auf Gegenstände der Bundesgesetzgebung beziehen, bedürfen der Zustimmung oder der Mitwirkung der jeweils für die Bundesgesetzgebung zuständigen Körperschaften in der Form eines Bundesgesetzes. Für Verwaltungsabkommen gelten die Vorschriften über die Bundesverwaltung entsprechend.

Art. 59 a *(aufgehoben)*

Art. 60 [Ernennung der Bundesbeamten und Soldaten]. (1) Der Bundespräsident ernennt und entläßt die Bundesrichter, die Bundesbeamten, die Offiziere und Unteroffiziere, soweit gesetzlich nichts anderes bestimmt ist.

(2) Er übt im Einzelfalle für den Bund das Begnadigungsrecht aus.

(3) Er kann diese Befugnisse auf andere Behörden übertragen.

(4) Die Absätze 2 bis 4 des Artikels 46 finden auf den Bundespräsidenten entsprechende Anwendung.

Art. 61 [Anklage vor dem Bundesverfassungsgericht]. ...

VI. Die Bundesregierung

Art. 62 [Zusammensetzung]. Die Bundesregierung besteht aus dem Bundeskanzler und aus den Bundesministern.

Art. 63 [Wahl des Bundeskanzlers]. (1) Der Bundeskanzler wird auf Vorschlag des Bundespräsidenten vom Bundestage ohne Aussprache gewählt.

(2) Gewählt ist, wer die Stimmen der Mehrheit der Mitglieder des Bundestages auf sich vereinigt. Der Gewählte ist vom Bundespräsidenten zu ernennen.

(3) Wird der Vorgeschlagene nicht gewählt, so kann der Bundestag binnen vierzehn Tagen nach dem Wahlgange mit mehr als der Hälfte seiner Mitglieder einen Bundeskanzler wählen.

(4) Kommt eine Wahl innerhalb dieser Frist nicht zustande, so findet unverzüglich ein neuer Wahlgang statt, in dem gewählt ist, wer die meisten Stimmen erhält. Vereinigt der Gewählte die Stimmen der Mehrheit der Mitglieder des Bundestages auf sich, so muß der Bundespräsident ihn binnen sieben Tagen nach der Wahl ernennen. Erreicht der Gewählte diese Mehrheit nicht, so hat der Bundespräsident binnen sieben Tagen entweder ihn zu ernennen oder den Bundestag aufzulösen.

Art. 64 [Ernennung der Bundesminister]. (1) Die Bundesminister werden auf Vorschlag des Bundeskanzlers vom Bundespräsidenten ernannt und entlassen.

(2) Der Bundeskanzler und die Bundesminister leisten bei der Amtsübernahme vor dem Bundestage den in Artikel 56 vorgesehenen Eid.

Art. 65 [Verantwortung]. Der Bundeskanzler bestimmt die Richtlinien der Politik und trägt dafür die Verantwortung. Innerhalb dieser Richtlinien leitet jeder Bundesminister seinen Geschäftsbereich selbständig und unter eigener Verantwortung. Über Meinungsverschiedenheiten zwischen den Bundesministern entscheidet die Bundesregierung. Der Bundeskanzler leitet ihre Geschäfte nach einer von der Bundesregierung beschlossenen und vom Bundespräsidenten genehmigten Geschäftsordnung.

Art. 65 a [Befehls- und Kommandogewalt über die Streitkräfte]. Der Bundesminister für Verteidigung hat die Befehls- und Kommandogewalt über die Streitkräfte.

Art. 66 [Berufs- und Gewerbeverbot]. ...

Art. 67 [Mißtrauensvotum]. (1) Der Bundestag kann dem Bundeskanzler das Mißtrauen nur dadurch aussprechen, daß er mit der Mehrheit seiner Mitglieder einen Nachfolger wählt und den Bundespräsidenten ersucht, den Bundeskanzler zu entlassen. Der Bundespräsident muß dem Ersuchen entsprechen und den Gewählten ernennen.

(2) Zwischen dem Antrag und der Wahl müssen achtundvierzig Stunden liegen.

Art. 68 [Auflösung des Bundestages]. (1) Findet ein Antrag des Bundeskanzlers, ihm das Vertrauen auszusprechen, nicht die Zustimmung der Mehrheit der Mitglieder des Bundestages, so kann der Bundespräsident auf Vorschlag des Bundeskanzlers binnen einundzwanzig Tagen

den Bundestag auflösen. Das Recht zur Auflösung erlischt, sobald der Bundestag mit der Mehrheit seiner Mitglieder einen anderen Bundeskanzler wählt.

(2) Zwischen dem Antrage und der Abstimmung müssen achtundvierzig Stunden liegen.

Art. 69 [Stellvertreter des Bundeskanzlers]. (1) Der Bundeskanzler ernennt einen Bundesminister zu seinem Stellvertreter.

(2) Das Amt des Bundeskanzlers oder eines Bundesministers endigt in jedem Falle mit dem Zusammentritt eines neuen Bundestages, das Amt eines Bundesministers auch mit jeder anderen Erledigung des Amtes des Bundeskanzlers.

(3) Auf Ersuchen des Bundespräsidenten ist der Bundeskanzler, auf Ersuchen des Bundeskanzlers oder des Bundespräsidenten ein Bundesminister verpflichtet, die Geschäfte bis zur Ernennung seines Nachfolgers weiterzuführen.

VII. Die Gesetzgebung des Bundes

Art. 70 [Gesetzgebung des Bundes und der Länder]. (1) Die Länder haben das Recht der Gesetzgebung, soweit dieses Grundgesetz nicht dem Bunde Gesetzgebungsbefugnisse verleiht.

(2) Die Abgrenzung der Zuständigkeit zwischen Bund und Ländern bemißt sich nach den Vorschriften dieses Grundgesetzes über die ausschließliche und die konkurrierende Gesetzgebung.

Art. 71 [Ausschließliche Gesetzgebung des Bundes]. Im Bereiche der ausschließlichen Gesetzgebung des Bundes haben die Länder die Befugnis zur Gesetzgebung nur, wenn und soweit sie hierzu in einem Bundesgesetze ausdrücklich ermächtigt werden.

Art. 72 [Konkurrierende Gesetzgebung des Bundes, Begriff]. (1) Im Bereich der konkurrierenden Gesetzgebung haben die Länder die Befugnis zur Gesetzgebung, solange und soweit der Bund von seiner Gesetzgebungszuständigkeit nicht durch Gesetz Gebrauch gemacht hat.

(2) Der Bund hat in diesem Bereich das Gesetzgebungsrecht, wenn und soweit die Herstellung gleichwertiger Lebensverhältnisse im Bundesgebiet oder die Wahrung der Rechts- oder Wirtschaftseinheit im gesamtstaatlichen Interesse eine bundesgesetzliche Regelung erforderlich macht.

(3) Durch Bundesgesetz kann bestimmt werden, daß eine bundesgesetzliche Regelung, für die eine Erforderlichkeit im Sinne des Absatzes 2 nicht mehr besteht, durch Landesrecht ersetzt werden kann.

Art. 73 [Ausschließliche Gesetzgebung des Bundes, Katalog]. Der Bund hat die ausschließliche Gesetzgebung über:

1. die auswärtigen Angelegenheiten sowie die Verteidigung einschließlich des Schutzes der Zivilbevölkerung;

2. die Staatsangehörigkeit im Bunde;

3. die Freizügigkeit, das Paßwesen, die Ein- und Auswanderung und die Auslieferung;

4. das Währungs-, Geld- und Münzwesen, Maße und Gewichte sowie die Zeitbestimmung;

5. die Einheit des Zoll- und Handelsgebietes, die Handels- und Schiffahrtsverträge, die Freizügigkeit des Warenverkehrs und den Waren- und Zahlungsverkehr mit dem Auslande einschließlich des Zoll- und Grenzschutzes;

6. den Luftverkehr;

6a. den Verkehr von Eisenbahnen, die ganz oder mehrheitlich im Eigentum des Bundes stehen (Eisenbahnen des Bundes), den Bau, die Unterhaltung und das Betreiben von Schienenwegen der Eisenbahnen des Bundes sowie die Erhebung von Entgelten für die Benutzung dieser Schienenwege;

7. das Postwesen und die Telekommunikation;

8. die Rechtsverhältnisse der im Dienste des Bundes und der bundesunmittelbaren Körperschaften des öffentlichen Rechtes stehenden Personen;

9. den gewerblichen Rechtsschutz, das Urheberrecht und das Verlagsrecht;

10. die Zusammenarbeit des Bundes und der Länder

 a) in der Kriminalpolizei,

 b) zum Schutze der freiheitlichen demokratischen Grundordnung, des Bestandes und der Sicherheit des Bundes oder eines Landes (Verfassungsschutz) und

 c) zum Schutze gegen Bestrebungen im Bundesgebiet, die durch Anwendung von Gewalt oder darauf gerichtete Vorbereitungshandlungen auswärtige Belange der Bundesrepublik Deutschland gefährden, sowie die Einrichtung eines Bundeskriminalpolizeiamtes und die internationale Verbrechensbekämpfung;

11. die Statistik für Bundeszwecke.

Art. 74 [Konkurrierende Gesetzgebung des Bundes, Katalog]. (1) Die konkurrierende Gesetzgebung erstreckt sich auf folgende Gebiete:

1. das bürgerliche Recht, das Strafrecht und den Strafvollzug, die Gerichtsverfassung, das gerichtliche Verfahren, die Rechtsanwaltschaft, das Notariat und die Rechtsberatung;

2. das Personenstandswesen;

3. das Vereins- und Versammlungsrecht;

4. das Aufenthalts- und Niederlassungsrecht der Ausländer;

4a. das Waffen- und Sprengstoffrecht;

5. [aufgehoben]

6. die Angelegenheiten der Flüchtlinge und Vertriebenen;

7. die öffentliche Fürsorge;

8. [aufgehoben]

9. die Kriegsschäden und die Wiedergutmachung;

10. die Versorgung der Kriegsbeschädigten und Kriegshinterbliebenen und die Fürsorge für die ehemaligen Kriegsgefangenen

10a. die Kriegsgräber und Gräber anderer Opfer des Krieges und Opfer von Gewaltherrschaft;

11. das Recht der Wirtschaft (Bergbau, Industrie, Energiewirtschaft, Handwerk, Gewerbe, Handel, Bank- und Börsenwesen, privatrechtliches Versicherungswesen);

11a. die Erzeugung und Nutzung der Kernenergie zu friedlichen Zwecken, die Errichtung und den Betrieb von Anlagen, die diesen Zwecken dienen, den Schutz gegen Gefahren, die bei Freiwerden von Kernenergie oder durch ionisierende Strahlen entstehen, und die Beseitigung radioaktiver Stoffe;

12. das Arbeitsrecht einschließlich der Betriebsverfassung, des Arbeitsschutzes und der Arbeitsvermittlung sowie die Sozialversicherung einschließlich der Arbeitslosenversicherung;

13. die Regelung der Ausbildungsbeihilfen und die Förderung der wissenschaftlichen Forschung;

14. das Recht der Enteignung, soweit sie auf den Sachgebieten der Artikel 73 und 74 in Betracht kommt;

15. die Überführung von Grund und Boden, von Naturschätzen und Produktionsmitteln in Gemeineigentum oder in andere Formen der Gemeinwirtschaft;

16. die Verhütung des Mißbrauchs wirtschaftlicher Machtstellung;

17. die Förderung der land- und forstwirtschaftlichen Erzeugung, die Sicherung der Ernährung, die Ein- und Ausfuhr land- und forstwirtschaftlicher Erzeugnisse, die Hochsee- und Küstenfischerei und den Küstenschutz;

18. den Grundstücksverkehr, das Bodenrecht (ohne das Recht der Erschließungsbeiträge) und das landwirtschaftliche Pachtwesen, das Wohnungswesen, das Siedlungs- und Heimstättenwesen;

19. die Maßnahmen gegen gemeingefährliche und übertragbare Krankheiten bei Menschen und Tieren, die Zulassung zu ärztlichen und anderen Heilberufen und zum Heilgewerbe, den Verkehr mit Arzneien, Heil- und Betäubungsmitteln und Giften;

19a. die wirtschaftliche Sicherung der Krankenhäuser und die Regelung der Krankenhauspflegesätze;

20. den Schutz beim Verkehr mit Lebens- und Genußmitteln, Bedarfsgegenständen, Futtermitteln und land- und forstwirtschaftlichem Saat- und Pflanzgut, den Schutz der Pflanzen gegen Krankheiten und Schädlinge sowie den Tierschutz;

21. die Hochsee- und Küstenschiffahrt sowie die Seezeichen, die Binnenschiffahrt, den Wetterdienst, die Seewasserstraßen und die dem allgemeinen Verkehr dienenden Binnenwasserstraßen;

22. den Straßenverkehr, das Kraftfahrwesen, den Bau und die Unterhaltung von Landstraßen für den Fernverkehr sowie die Erhebung und Verteilung von Gebühren für die Benutzung öffentlicher Straßen mit Fahrzeugen;

23. die Schienenbahnen, die nicht Eisenbahnen des Bundes sind, mit Ausnahme der Bergbahnen;

24. die Abfallbeseitigung, die Luftreinhaltung und die Lärmbekämpfung;

25. die Staatshaftung;

26. die künstliche Befruchtung beim Menschen, die Untersuchung und die künstliche Veränderung von Erbinformationen sowie Regelungen zur Transplantation von Organen und Geweben.

(2) Gesetze nach Absatz 1 Nr. 25 bedürfen der Zustimmung des Bundesrates.

Art. 74 a [Konkurrierende Gesetzgebung für Besoldung und Versorgung im öffentlichen Dienst]. (1) Die konkurrierende Gesetzgebung erstreckt sich ferner auf die Besoldung und Versorgung der Angehörigen des öffentlichen Dienstes, die in einem öffentlich-rechtlichen Dienst- und Treueverhältnis stehen, soweit dem Bund nicht nach Artikel 73 Nr. 8 die ausschließliche Gesetzgebung zusteht.

...

Art. 75 [Rahmengesetzgebung des Bundes, Katalog]. (1) Der Bund hat das Recht, unter den Voraussetzungen des Artikels 72 Rahmenvorschriften für die Gesetzgebung der Länder zu erlassen über:

1. die Rechtsverhältnisse der im öffentlichen Dienste der Länder, Gemeinden und anderen Körperschaften des öffentlichen Rechtes stehenden Personen, soweit Artikel 74a nichts anderes bestimmt;

1a. die allgemeinen Grundsätze des Hochschulwesens;

2. die allgemeinen Rechtsverhältnisse der Presse;

3. das Jagdwesen, den Naturschutz und die Landschaftspflege;

4. die Bodenverteilung, die Raumordnung und den Wasserhaushalt;

5. das Melde- und Ausweiswesen;

6. den Schutz deutschen Kulturgutes gegen Abwanderung ins Ausland.

Artikel 72 Abs. 3 gilt entsprechend.

(2) Rahmenvorschriften dürfen nur in Ausnahmefällen in Einzelheiten gehende oder unmittelbar geltende Regelungen enthalten.

(3) Erläßt der Bund Rahmenvorschriften, so sind die Länder verpflichtet, innerhalb einer durch das Gesetz bestimmten angemessenen Frist die erforderlichen Landesgesetze zu erlassen.

Art. 76 [Gesetzesvorlagen]. (1) Gesetzesvorlagen werden beim Bundestage durch die Bundesregierung, aus der Mitte des Bundestages oder durch den Bundesrat eingebracht.

(2) Vorlagen der Bundesregierung sind zunächst dem Bundesrat zuzuleiten. Der Bundesrat ist berechtigt, innerhalb von sechs Wochen zu diesen Vorlagen Stellung zu nehmen. Verlangt er aus wichtigem Grunde, insbesondere mit Rücksicht auf den Umfang einer Vorlage, eine Fristverlängerung, so beträgt die Frist neun Wochen. Die Bundesregierung kann eine Vorlage, die sie bei der Zuleitung an den Bundesrat ausnahmsweise als besonders eilbedürftig bezeichnet hat, nach drei Wochen oder, wenn der Bundesrat ein Verlangen nach Satz 3 geäußert hat, nach sechs Wochen dem Bundestag zuleiten, auch wenn die Stellungnahme des Bundesrates noch nicht bei ihr eingegangen ist; sie hat die Stellungnahme des Bundesrates unverzüglich nach Eingang dem Bundestag nachzureichen. Bei Vorlagen zur Änderung dieses Grundgesetzes und zur Übertragung von Hoheitsrechten nach Artikel 23 oder Artikel 24 beträgt die Frist zur Stellungnahme neun Wochen; Satz 4 findet keine Anwendung.

(3) Vorlagen des Bundesrates sind dem Bundestag durch die Bundesregierung innerhalb von sechs Wochen zuzuleiten. Sie soll hierbei ihre Auffassung darlegen. Verlangt sie aus wichtigem Grunde, insbesondere mit Rücksicht auf den Umfang einer Vorlage, eine Fristverlängerung, so beträgt die Frist neun Wochen. Wenn der Bundesrat eine Vorlage ausnahmsweise als besonders eilbedürftig bezeichnet hat, beträgt die Frist drei Wochen oder, wenn die Bundesre-

gierung ein Verlangen nach Satz 3 geäußert hat, sechs Wochen. Bei Vorlagen zur Änderung dieses Grundgesetzes und zur Übertragung von Hoheitsrechten nach Artikel 23 oder Artikel 24 beträgt die Frist neun Wochen; Satz 4 findet keine Anwendung. Der Bundestag hat über die Vorlagen in angemessener Frist zu beraten und Beschluß zu fassen.

Art. 77 [Gesetzgebungsverfahren]. (1) Die Bundesgesetze werden vom Bundestage beschlossen. Sie sind nach ihrer Annahme durch den Präsidenten des Bundestages unverzüglich dem Bundesrate zuzuleiten.

(2) Der Bundesrat kann binnen drei Wochen nach Eingang des Gesetzesbeschlusses verlangen, daß ein aus Mitgliedern des Bundestages und des Bundesrates für die gemeinsame Beratung von Vorlagen gebildeter Ausschuß einberufen wird. Die Zusammensetzung und das Verfahren dieses Ausschusses regelt eine Geschäftsordnung, die vom Bundestag beschlossen wird und der Zustimmung des Bundesrates bedarf. Die in diesen Ausschuß entsandten Mitglieder des Bundesrates sind nicht an Weisungen gebunden. Ist zu einem Gesetze die Zustimmung des Bundesrates erforderlich, so können auch der Bundestag und die Bundesregierung die Einberufung verlangen. Schlägt der Ausschuß eine Änderung des Gesetzesbeschlusses vor, so hat der Bundestag erneut Beschluß zu fassen.

(2a) Soweit zu einem Gesetz die Zustimmung des Bundesrates erforderlich ist, hat der Bundesrat, wenn ein Verlangen nach Absatz 2 Satz 1 nicht gestellt oder das Vermittlungsverfahren ohne einen Vorschlag zur Änderung des Gesetzesbeschlusses beendet ist, in angemessener Frist über die Zustimmung Beschluß zu fassen.

(3) Soweit zu einem Gesetze die Zustimmung des Bundesrates nicht erforderlich ist, kann der Bundesrat, wenn das Verfahren nach Absatz 2 beendigt ist, gegen ein vom Bundestage beschlossenes Gesetz binnen zwei Wochen Einspruch einlegen. Die Einspruchsfrist beginnt im Falle des Absatzes 2 letzter Satz mit dem Eingange des vom Bundestage erneut gefaßten Beschlusses, in allen anderen Fällen mit dem Eingange der Mitteilung des Vorsitzenden des in Absatz 2 vorgesehenen Ausschusses, daß das Verfahren vor dem Ausschusse abgeschlossen ist.

(4) Wird der Einspruch mit der Mehrheit der Stimmen des Bundesrates beschlossen, so kann er durch Beschluß der Mehrheit der Mitglieder des Bundestages zurückgewiesen werden. Hat der Bundesrat den Einspruch mit einer Mehrheit von mindestens zwei Dritteln seiner Stimmen beschlossen, so bedarf die Zurückweisung durch den Bundestag einer Mehrheit von zwei Dritteln, mindestens der Mehrheit der Mitglieder des Bundestages.

Art. 78 [Zustandekommen von Bundesgesetzen]. Ein vom Bundestage beschlossenes Gesetz kommt zustande, wenn der Bundesrat zustimmt, den Antrag gemäß Artikel 77 Abs. 2 nicht stellt, innerhalb der Frist des Artikels 77 Abs. 3 keinen Einspruch einlegt oder ihn zurücknimmt oder wenn der Einspruch vom Bundestage überstimmt wird.

Art. 79 [Änderungen des Grundgesetzes]. (1) Das Grundgesetz kann nur durch ein Gesetz geändert werden, das den Wortlaut des Grundgesetzes ausdrücklich ändert oder ergänzt. Bei völkerrechtlichen Verträgen, die eine Friedensregelung, die Vorbereitung einer Friedensregelung oder den Abbau einer besatzungsrechtlichen Ordnung zum Gegenstand haben oder der Verteidigung der Bundesrepublik zu dienen bestimmt sind, genügt zur Klarstellung, daß die Bestimmungen des Grundgesetzes dem Abschluß und dem Inkraftsetzen der Verträge nicht entgegenstehen, eine Ergänzung des Wortlautes des Grundgesetzes, die sich auf diese Klarstellung beschränkt.

(2) Ein solches Gesetz bedarf der Zustimmung von zwei Dritteln der Mitglieder des Bundestages und zwei Dritteln der Stimmen des Bundesrates.

(3) Eine Änderung dieses Grundgesetzes, durch welche die Gliederung des Bundes in Länder, die grundsätzliche Mitwirkung der Länder bei der Gesetzgebung oder die in den Artikeln 1 und 20 niedergelegten Grundsätze berührt werden, ist unzulässig.

Art. 80 [Erlaß von Rechtsverordnungen]. (1) Durch Gesetz können die Bundesregierung, ein Bundesminister oder die Landesregierungen ermächtigt werden, Rechtsverordnungen zu erlassen. Dabei müssen Inhalt, Zweck und Ausmaß der erteilten Ermächtigung im Gesetze bestimmt werden. Die Rechtsgrundlage ist in der Verordnung anzugeben. Ist durch Gesetz vorgesehen, daß eine Ermächtigung weiter übertragen werden kann, so bedarf es zur Übertragung der Ermächtigung einer Rechtsverordnung.

(2) Der Zustimmung des Bundesrates bedürfen, vorbehaltlich anderweitiger bundesgesetzlicher Regelung, Rechtsverordnungen der Bundesregierung oder eines Bundesministers über Grundsätze und Gebühren für die Benutzung der Einrichtungen des Postwesens und der Telekommunikation, über die Grundsätze der Erhebung des Entgelts für die Benutzung der Einrichtungen der Eisenbahnen des Bundes, über den Bau und Betrieb der Eisenbahnen, sowie Rechtsverordnungen auf Grund von Bundesgesetzen, die der Zustimmung des Bundesrates bedürfen oder die von den Ländern im Auftrage des Bundes oder als eigene Angelegenheit ausgeführt werden.

(3) Der Bundesrat kann der Bundesregierung Vorlagen für den Erlaß von Rechtsverordnungen zuleiten, die seiner Zustimmung bedürfen.

(4) Soweit durch Bundesgesetz oder auf Grund von Bundesgesetzen Landesregierungen ermächtigt werden, Rechtsverordnungen zu erlassen, sind die Länder zu einer Regelung auch durch Gesetz befugt.

Art. 80 a [Spannungsfall]. (1) Ist in diesem Grundgesetz oder in einem Bundesgesetz über die Verteidigung einschließlich des Schutzes der Zivilbevölkerung bestimmt, daß Rechtsvorschriften nur nach Maßgabe dieses Artikels angewandt werden dürfen, so ist die Anwendung außer im Verteidigungsfalle nur zulässig, wenn der Bundestag den Eintritt des Spannungsfalles festgestellt oder wenn er der Anwendung besonders zugestimmt hat. Die Feststellung des Spannungsfalles und die besondere Zustimmung in den Fällen des Artikels 12a Abs. 5 Satz 1 und Abs. 6 Satz 2 bedürfen einer Mehrheit von zwei Dritteln der abgegebenen Stimmen.

(2) Maßnahmen auf Grund von Rechtsvorschriften nach Absatz 1 sind aufzuheben, wenn der Bundestag es verlangt.

(3) Abweichend von Absatz 1 ist die Anwendung solcher Rechtsvorschriften auch auf der Grundlage und nach Maßgabe eines Beschlusses zulässig, der von einem internationalen Organ im Rahmen eines Bündnisvertrages mit Zustimmung der Bundesregierung gefaßt wird. Maßnahmen nach diesem Absatz sind aufzuheben, wenn der Bundestag es mit der Mehrheit seiner Mitglieder verlangt.

Art. 81 [Gesetzgebungsnotstand]. (1) Wird im Falle des Artikels 68 der Bundestag nicht aufgelöst, so kann der Bundespräsident auf Antrag der Bundesregierung mit Zustimmung des Bundesrates für eine Gesetzesvorlage den Gesetzgebungsnotstand erklären, wenn der Bundestag sie ablehnt, obwohl die Bundesregierung sie als dringlich bezeichnet hat. Das gleiche gilt, wenn eine Gesetzesvorlage abgelehnt worden ist, obwohl der Bundeskanzler mit ihr den Antrag des Artikels 68 verbunden hatte.

(2) Lehnt der Bundestag die Gesetzesvorlage nach Erklärung des Gesetzgebungsnotstandes erneut ab oder nimmt er sie in einer für die Bundesregierung als unannehmbar bezeichneten Fassung an, so gilt das Gesetz als zustande gekommen, soweit der Bundesrat ihm zustimmt. Das gleiche gilt, wenn die Vorlage vom Bundestage nicht innerhalb von vier Wochen nach der erneuten Einbringung verabschiedet wird.

(3) Während der Amtszeit eines Bundeskanzlers kann auch jede andere vom Bundestage abgelehnte Gesetzesvorlage innerhalb einer Frist von sechs Monaten nach der ersten Erklärung des Gesetzgebungsnotstandes gemäß Absatz 1 und 2 verabschiedet werden. Nach Ablauf der Frist ist während der Amtszeit des gleichen Bundeskanzlers eine weitere Erklärung des Gesetzgebungsnotstandes unzulässig.

(4) Das Grundgesetz darf durch ein Gesetz, das nach Absatz 2 zustande kommt, weder geändert, noch ganz oder teilweise außer Kraft oder außer Anwendung gesetzt werden.

Art. 82 [Verkündung und Inkrafttreten der Gesetze]. (1) Die nach den Vorschriften dieses Grundgesetzes zustande gekommenen Gesetze werden vom Bundespräsidenten nach Gegenzeichnung ausgefertigt und im Bundesgesetzblatte verkündet. Rechtsverordnungen werden von der Stelle, die sie erläßt, ausgefertigt und vorbehaltlich anderweitiger gesetzlicher Regelung im Bundesgesetzblatte verkündet.

(2) Jedes Gesetz und jede Rechtsverordnung soll den Tag des Inkrafttretens bestimmen. Fehlt eine solche Bestimmung, so treten sie mit dem vierzehnten Tage nach Ablauf des Tages in Kraft, an dem das Bundesgesetzblatt ausgegeben worden ist.

VIII. Die Ausführung der Bundesgesetze und die Bundesverwaltung

Art. 83 [Länderexekutive]. Die Länder führen die Bundesgesetze als eigene Angelegenheit aus, soweit dieses Grundgesetz nichts anderes bestimmt oder zuläßt.

Art. 84 [Länderverwaltung und Bundesaufsicht]. (1) Führen die Länder die Bundesgesetze als eigene Angelegenheit aus, so regeln sie die Einrichtung der Behörden und das Verwaltungsverfahren, soweit nicht Bundesgesetze mit Zustimmung des Bundesrates etwas anderes bestimmen.

(2) Die Bundesregierung kann mit Zustimmung des Bundesrates allgemeine Verwaltungsvorschriften erlassen.

(3) Die Bundesregierung übt die Aufsicht darüber aus, daß die Länder die Bundesgesetze dem geltenden Rechte gemäß ausführen. Die Bundesregierung kann zu diesem Zwecke Beauftragte zu den obersten Landesbehörden entsenden, mit deren Zustimmung und, falls diese Zustimmung versagt wird, mit Zustimmung des Bundesrates auch zu den nachgeordneten Behörden.

(4) Werden Mängel, die die Bundesregierung bei der Ausführung der Bundesgesetze in den Ländern festgestellt hat, nicht beseitigt, so beschließt auf Antrag der Bundesregierung oder des Landes der Bundesrat, ob das Land das Recht verletzt hat. Gegen den Beschluß des Bundesrates kann das Bundesverfassungsgericht angerufen werden.

(5) Der Bundesregierung kann durch Bundesgesetz, das der Zustimmung des Bundesrates bedarf, zur Ausführung von Bundesgesetzen die Befugnis verliehen werden, für besondere Fälle Einzelweisungen zu erteilen. Sie sind, außer wenn die Bundesregierung den Fall für dringlich erachtet, an die obersten Landesbehörden zu richten.

Art. 85 [Landesexekutive im Bundesauftrag]. (1) Führen die Länder die Bundesgesetze im Auftrage des Bundes aus, so bleibt die Einrichtung der Behörden Angelegenheit der Länder, soweit nicht Bundesgesetze mit Zustimmung des Bundesrates etwas anderes bestimmen.

(2) Die Bundesregierung kann mit Zustimmung des Bundesrates allgemeine Verwaltungsvorschriften erlassen. Sie kann die einheitliche Ausbildung der Beamten und Angestellten regeln. Die Leiter der Mittelbehörden sind mit ihrem Einvernehmen zu bestellen.

(3) Die Landesbehörden unterstehen den Weisungen der zuständigen obersten Bundesbehörden. Die Weisungen sind, außer wenn die Bundesregierung es für dringlich erachtet, an die obersten Landesbehörden zu richten. Der Vollzug der Weisung ist durch die obersten Landesbehörden sicherzustellen.

(4) Die Bundesaufsicht erstreckt sich auf Gesetzmäßigkeit und Zweckmäßigkeit der Ausführung. Die Bundesregierung kann zu diesem Zwecke Bericht und Vorlage der Akten verlangen und Beauftragte zu allen Behörden entsenden.

Art. 86 [Bundeseigene Verwaltung]. Führt der Bund die Gesetze durch bundeseigene Verwaltung oder durch bundesunmittelbare Körperschaften oder Anstalten des öffentlichen Rechtes aus, so erläßt die Bundesregierung, soweit nicht das Gesetz Besonderes vorschreibt, die allgemeinen Verwaltungsvorschriften. Sie regelt, soweit das Gesetz nichts anderes bestimmt, die Einrichtung der Behörden.

Art. 87 [Gegenstände bundeseigener Verwaltung]. (1) In bundeseigener Verwaltung mit eigenem Verwaltungsunterbau werden geführt der Auswärtige Dienst, die Bundesfinanzverwaltung und nach Maßgabe des Artikels 89 die Verwaltung der Bundeswasserstraßen und der Schiffahrt. Durch Bundesgesetz können Bundesgrenzschutzbehörden, Zentralstellen für das polizeiliche Auskunfts- und Nachrichtenwesen, für die Kriminalpolizei und zur Sammlung von Unterlagen für Zwecke des Verfassungsschutzes und des Schutzes gegen Bestrebungen im Bundesgebiet, die durch Anwendung von Gewalt oder darauf gerichtete Vorbereitungshandlungen auswärtige Belange der Bundesrepublik Deutschland gefährden, eingerichtet werden.

(2) Als bundesunmittelbare Körperschaften des öffentlichen Rechtes werden diejenigen sozialen Versicherungsträger geführt, deren Zuständigkeitsbereich sich über das Gebiet eines Landes hinaus erstreckt. Soziale Versicherungsträger, deren Zuständigkeitsbereich sich über das Gebiet eines Landes, aber nicht über mehr als drei Länder hinaus erstreckt, werden abweichend von Satz 1 als landesunmittelbare Körperschaften des öffentlichen Rechtes geführt, wenn das aufsichtsführende Land durch die beteiligten Länder bestimmt ist.

(3) Außerdem können für Angelegenheiten, für die dem Bunde die Gesetzgebung zusteht, selbständige Bundesoberbehörden und neue bundesunmittelbare Körperschaften und Anstalten des öffentlichen Rechtes durch Bundesgesetz errichtet werden. Erwachsen dem Bunde auf Gebieten, für die ihm die Gesetzgebung zusteht, neue Aufgaben, so können bei dringendem Bedarf bundeseigene Mittel- und Unterbehörden mit Zustimmung des Bundesrates und der Mehrheit der Mitglieder des Bundestages errichtet werden.

Art. 87 a [Streitkräfte]. (1) Der Bund stellt Streitkräfte zur Verteidigung auf. Ihre zahlenmäßige Stärke und die Grundzüge ihrer Organisation müssen sich aus dem Haushaltsplan ergeben.

(2) Außer zur Verteidigung dürfen die Streitkräfte nur eingesetzt werden, soweit dieses Grundgesetz es ausdrücklich zuläßt.

(3) Die Streitkräfte haben im Verteidigungsfalle und im Spannungsfalle die Befugnis, zivile Objekte zu schützen und Aufgaben der Verkehrsregelung wahrzunehmen, soweit dies zur Erfüllung ihres Verteidigungsauftrages erforderlich ist. Außerdem kann den Streitkräften im Verteidigungsfalle und im Spannungsfalle der Schutz ziviler Objekte auch zur Unterstützung polizeilicher Maßnahmen übertragen werden; die Streitkräfte wirken dabei mit den zuständigen Behörden zusammen.

(4) Zur Abwehr einer drohenden Gefahr für den Bestand oder die freiheitliche demokratische Grundordnung des Bundes oder eines Landes kann die Bundesregierung, wenn die Voraussetzungen des Artikels 91 Abs. 2 vorliegen und die Polizeikräfte sowie der Bundesgrenzschutz nicht ausreichen, Streitkräfte zur Unterstützung der Polizei und des Bundesgrenzschutzes beim Schutze von zivilen Objekten und bei der Bekämpfung organisierter und militärisch bewaffneter Aufständischer einsetzen. Der Einsatz von Streitkräften ist einzustellen, wenn der Bundestag oder der Bundesrat es verlangen.

Art. 87 b [Bundeswehrverwaltung]. (1) Die Bundeswehrverwaltung wird in bundeseigener Verwaltung mit eigenem Verwaltungsunterbau geführt. Sie dient den Aufgaben des Personalwesens und der unmittelbaren Deckung des Sachbedarfs der Streitkräfte. Aufgaben der Beschädigtenversorgung und des Bauwesens können der Bundeswehrverwaltung nur durch Bundesgesetz, das der Zustimmung des Bundesrates bedarf, übertragen werden. Der Zustimmung des Bundesrates bedürfen ferner Gesetze, soweit sie die Bundeswehrverwaltung zu Eingriffen in Rechte Dritter ermächtigen; das gilt nicht für Gesetze auf dem Gebiete des Personalwesens.

(2) Im übrigen können Bundesgesetze, die der Verteidigung einschließlich des Wehrersatzwesens und des Schutzes der Zivilbevölkerung dienen, mit Zustimmung des Bundesrates bestimmen, daß sie ganz oder teilweise in bundeseigener Verwaltung mit eigenem Verwaltungsunterbau oder von den Ländern im Auftrage des Bundes ausgeführt werden. Werden solche Gesetze von den Ländern im Auftrage des Bundes ausgeführt, so können sie mit Zustimmung des Bundesrates bestimmen, daß die der Bundesregierung und den zuständigen obersten Bundesbehörden auf Grund des Artikels 85 zustehenden Befugnisse ganz oder teilweise Bundesoberbehörden übertragen werden; dabei kann bestimmt werden, daß diese Behörden beim Erlaß allgemeiner Verwaltungsvorschriften gemäß Artikel 85 Abs. 2 Satz 1 nicht der Zustimmung des Bundesrates bedürfen.

Art. 87 c [Bestimmungen über Erzeugung und Nutzung der Kernenergie]. Gesetze, die auf Grund des Artikels 74 Nr. 11a ergehen, können mit Zustimmung des Bundesrates bestimmen, daß sie von den Ländern im Auftrage des Bundes ausgeführt werden.

Art. 87 d [Luftverkehrsverwaltung]. ...

Art. 87 e [Verwaltung der Eisenbahnen des Bundes]. (1) Die Eisenbahnverkehrsverwaltung für Eisenbahnen des Bundes wird in bundeseigener Verwaltung geführt. Durch Bundesgesetz können Aufgaben der Eisenbahnverkehrsverwaltung den Ländern als eigene Angelegenheit übertragen werden.

(2) Der Bund nimmt die über den Bereich der Eisenbahnen des Bundes hinausgehenden Aufgaben der Eisenbahnverkehrsverwaltung wahr, die ihm durch Bundesgesetz übertragen werden.

(3) Eisenbahnen des Bundes werden als Wirtschaftsunternehmen in privat-rechtlicher Form geführt. Diese stehen im Eigentum des Bundes, soweit die Tätigkeit des Wirtschaftsunternehmens den Bau, die Unterhaltung und das Betreiben von Schienenwegen umfaßt. Die

Veräußerung von Anteilen des Bundes an den Unternehmen nach Satz 2 erfolgt auf Grund eines Gesetzes; die Mehrheit der Anteile an diesen Unternehmen verbleibt beim Bund. Das Nähere wird durch Bundesgesetz geregelt.

(4) Der Bund gewährleistet, daß dem Wohl der Allgemeinheit, insbesondere den Verkehrsbedürfnissen, beim Ausbau und Erhalt des Schienennetzes der Eisenbahnen des Bundes sowie bei deren Verkehrsangeboten auf diesem Schienennetz, soweit diese nicht den Schienenpersonennahverkehr betreffen, Rechnung getragen wird. Das Nähere wird durch Bundesgesetz geregelt.

(5) Gesetze auf Grund der Absätze 1 bis 4 bedürfen der Zustimmung des Bundesrates. Der Zustimmung des Bundesrates bedürfen ferner Gesetze, die die Auflösung, die Verschmelzung und die Aufspaltung von Eisenbahnunternehmen des Bundes, die Übertragung von Schienenwegen der Eisenbahnen des Bundes an Dritte sowie die Stillegung von Schienenwegen der Eisenbahnen des Bundes regeln oder Auswirkungen auf den Schienenpersonennahverkehr haben.

Art. 87 f [Verwaltung des Postwesens und der Telekommunikation]. (1) Nach Maßgabe eines Bundesgesetzes, das der Zustimmung des Bundesrates bedarf, gewährleistet der Bund im Bereich des Postwesens und der Telekommunikation flächendeckend angemessene und ausreichende Dienstleistungen.

(2) Dienstleistungen im Sinne des Absatzes 1 werden als privatwirtschaftliche Tätigkeiten durch die aus dem Sondervermögen Deutsche Bundespost hervorgegangenen Unternehmen und durch andere private Anbieter erbracht. Hoheitsaufgaben im Bereich des Postwesens und der Telekommunikation werden in bundeseigener Verwaltung ausgeführt.

(3) Unbeschadet des Absatzes 2 Satz 2 führt der Bund in der Rechtsform einer bundesunmittelbaren Anstalt des öffentlichen Rechts einzelne Aufgaben in bezug auf die aus dem Sondervermögen Deutsche Bundespost hervorgegangenen Unternehmen nach Maßgabe eines Bundesgesetzes aus.

Art. 88 [Bundesbank]. Der Bund errichtet eine Währungs- und Notenbank als Bundesbank. Ihre Aufgaben und Befugnisse können im Rahmen der Europäischen Union der Europäischen Zentralbank übertragen werden, die unabhängig ist und dem vorrangigen Ziel der Sicherung der Preisstabilität verpflichtet.

Art. 89 [Bundeswasserstraßen]. ...

Art. 90 [Bundesautobahnen und Bundesstraßen]. ...

Art. 91 [Abwehr von Gefahren für den Bestand des Bundes]. (1) Zur Abwehr einer drohenden Gefahr für den Bestand oder die freiheitliche demokratische Grundordnung des Bundes oder eines Landes kann ein Land Polizeikräfte anderer Länder sowie Kräfte und Einrichtungen anderer Verwaltungen und des Bundesgrenzschutzes anfordern.

(2) Ist das Land, in dem die Gefahr droht, nicht selbst zur Bekämpfung der Gefahr bereit oder in der Lage, so kann die Bundesregierung die Polizei in diesem Lande und die Polizeikräfte anderer Länder ihren Weisungen unterstellen sowie Einheiten des Bundesgrenzschutzes einsetzen. Die Anordnung ist nach Beseitigung der Gefahr, im übrigen jederzeit auf Verlangen des Bundesrates aufzuheben. Erstreckt sich die Gefahr auf das Gebiet mehr als eines Landes, so

kann die Bundesregierung, soweit es zur wirksamen Bekämpfung erforderlich ist, den Landes-
regierungen Weisungen erteilen; Satz 1 und Satz 2 bleiben unberührt.

VIIIa. Gemeinschaftsaufgaben

Art. 91 a [Mitwirkungsbereiche des Bundes bei Länderaufgaben]. (1) Der Bund wirkt auf
folgenden Gebieten bei der Erfüllung von Aufgaben der Länder mit, wenn diese Aufgaben für
die Gesamtheit bedeutsam sind und die Mitwirkung des Bundes zur Verbesserung der Lebens-
verhältnisse erforderlich ist (Gemeinschaftsaufgaben):

1. Ausbau und Neubau von Hochschulen einschließlich der Hochschulkliniken,

2. Verbesserung der regionalen Wirtschaftsstruktur,

3. Verbesserung der Agrarstruktur und des Küstenschutzes.

(2) Durch Bundesgesetz mit Zustimmung des Bundesrates werden die Gemeinschaftsauf-
gaben näher bestimmt. Das Gesetz soll allgemeine Grundsätze für ihre Erfüllung enthalten.

(3) Das Gesetz trifft Bestimmungen über das Verfahren und über Einrichtungen für eine
gemeinsame Rahmenplanung. Die Aufnahme eines Vorhabens in die Rahmenplanung bedarf
der Zustimmung des Landes, in dessen Gebiet es durchgeführt wird.

(4) Der Bund trägt in den Fällen des Absatzes 1 Nr. 1 und 2 die Hälfte der Ausgaben in je-
dem Land. In den Fällen des Absatzes 1 Nr. 3 trägt der Bund mindestens die Hälfte; die Betei-
ligung ist für alle Länder einheitlich festzusetzen. Das Nähere regelt das Gesetz. Die Bereitstel-
lung der Mittel bleibt der Feststellung in den Haushaltsplänen des Bundes und der Länder
vorbehalten.

(5) Bundesregierung und Bundesrat sind auf Verlangen über die Durchführung der Ge-
meinschaftsaufgaben zu unterrichten.

Art. 91 b Bund und Länder können auf Grund von Vereinbarungen bei der Bildungsplanung
und bei der Förderung von Einrichtungen und Vorhaben der wissenschaftlichen Forschung
von überregionaler Bedeutung zusammenwirken. Die Aufteilung der Kosten wird in der Ver-
einbarung geregelt.

IX. Die Rechtsprechung

Art. 92 [Gerichtsorganisation]. Die rechtsprechende Gewalt ist den Richtern anvertraut; sie
wird durch das Bundesverfassungsgericht, durch die in diesem Grundgesetze vorgesehenen
Bundesgerichte und durch die Gerichte der Länder ausgeübt.

Art. 93 [Zuständigkeit des Bundesverfassungsgerichts]. (1) Das Bundesverfassungsgericht
entscheidet:

1. über die Auslegung dieses Grundgesetzes aus Anlaß von Streitigkeiten über den Umfang
 der Rechte und Pflichten eines obersten Bundesorgans oder anderer Beteiligter, die durch
 dieses Grundgesetz oder in der Geschäftsordnung eines obersten Bundesorgans mit eigenen
 Rechten ausgestattet sind;

2. bei Meinungsverschiedenheiten oder Zweifeln über die förmliche und sachliche Vereinbar-
 keit von Bundesrecht oder Landesrecht mit diesem Grundgesetze oder die Vereinbarkeit

von Landesrecht mit sonstigem Bundesrechte auf Antrag der Bundesregierung, einer Landesregierung oder eines Drittels der Mitglieder des Bundestages;

2a. bei Meinungsverschiedenheiten, ob ein Gesetz den Voraussetzungen des Artikels 72 Abs. 2 entspricht, auf Antrag des Bundesrates, einer Landesregierung oder der Volksvertretung eines Landes;

3. bei Meinungsverschiedenheiten über Rechte und Pflichten des Bundes und der Länder, insbesondere bei der Ausführung von Bundesrecht durch die Länder und bei der Ausübung der Bundesaufsicht;

4. in anderen öffentlich-rechtlichen Streitigkeiten zwischen dem Bunde und den Ländern, zwischen verschiedenen Ländern oder innerhalb eines Landes, soweit nicht ein anderer Rechtsweg gegeben ist;

4a. über Verfassungsbeschwerden, die von jedermann mit der Behauptung erhoben werden können, durch die öffentliche Gewalt in einem seiner Grundrechte oder in einem seiner in Artikel 20 Abs. 4, 33, 38, 101, 103 und 104 enthaltenen Rechte verletzt zu sein;

4b. über Verfassungsbeschwerden von Gemeinden und Gemeindeverbänden wegen Verletzung des Rechts auf Selbstverwaltung nach Artikel 28 durch ein Gesetz, bei Landesgesetzen jedoch nur, soweit nicht Beschwerde beim Landesverfassungsgericht erhoben werden kann;

5. in den übrigen in diesem Grundgesetze vorgesehenen Fällen.

(2) Das Bundesverfassungsgericht wird ferner in den ihm sonst durch Bundesgesetz zugewiesenen Fällen tätig.

Art. 94 [Bundesverfassungsgericht, Zusammensetzung]. (1) Das Bundesverfassungsgericht besteht aus Bundesrichtern und anderen Mitgliedern. Die Mitglieder des Bundesverfassungsgerichtes werden je zur Hälfte vom Bundestage und vom Bundesrate gewählt. Sie dürfen weder dem Bundestage, dem Bundesrate, der Bundesregierung noch entsprechenden Organen eines Landes angehören.

(2) Ein Bundesgesetz regelt seine Verfassung und das Verfahren und bestimmt, in welchen Fällen seine Entscheidungen Gesetzeskraft haben. Es kann für Verfassungsbeschwerden die vorherige Erschöpfung des Rechtsweges zur Voraussetzung machen und ein besonderes Annahmeverfahren vorsehen.

Art. 95 [Oberste Bundesgerichtshöfe]. (1) Für die Gebiete der ordentlichen, der Verwaltungs-, der Finanz-, der Arbeits- und der Sozialgerichtsbarkeit errichtet der Bund als oberste Gerichtshöfe den Bundesgerichtshof, das Bundesverwaltungsgericht, den Bundesfinanzhof, das Bundesarbeitsgericht und das Bundessozialgericht.

(2) Über die Berufung der Richter dieser Gerichte entscheidet der für das jeweilige Sachgebiet zuständige Bundesminister gemeinsam mit einem Richterwahlausschuß, der aus den für das jeweilige Sachgebiet zuständigen Ministern der Länder und einer gleichen Anzahl von Mitgliedern besteht, die vom Bundestage gewählt werden.

(3) Zur Wahrung der Einheitlichkeit der Rechtsprechung ist ein Gemeinsamer Senat der in Absatz 1 genannten Gerichte zu bilden. Das Nähere regelt ein Bundesgesetz.

Art. 96 [Bundesgerichte]. (1) Der Bund kann für Angelegenheiten des gewerblichen Rechtsschutzes ein Bundesgericht errichten.

(2) Der Bund kann Wehrstrafgerichte für die Streitkräfte als Bundesgerichte errichten. Sie können die Strafgerichtsbarkeit nur im Verteidigungsfalle sowie über Angehörige der Streitkräfte ausüben, die in das Ausland entsandt oder an Bord von Kriegsschiffen eingeschifft sind. Das Nähere regelt ein Bundesgesetz. Diese Gerichte gehören zum Geschäftsbereich des Bundesjustizministers. Ihre hauptamtlichen Richter müssen die Befähigung zum Richteramt haben.

(3) Oberster Gerichtshof für die in Absatz 1 und 2 genannten Gerichte ist der Bundesgerichtshof.

(4) Der Bund kann für Personen, die zu ihm in einem öffentlich-rechtlichen Dienstverhältnis stehen, Bundesgerichte zur Entscheidung in Disziplinarverfahren und Beschwerdeverfahren errichten.

(5) Für Strafverfahren auf den Gebieten des Artikels 26 Abs. 1 und des Staatsschutzes kann ein Bundesgesetz mit Zustimmung des Bundesrates vorsehen, daß Gerichte der Länder Gerichtsbarkeit des Bundes ausüben.

Art. 97 [Unabhängigkeit der Richter]. (1) Die Richter sind unabhängig und nur dem Gesetze unterworfen.

(2) Die hauptamtlich und planmäßig endgültig angestellten Richter können wider ihren Willen nur kraft richterlicher Entscheidung und nur aus Gründen und unter den Formen, welche die Gesetze bestimmen, vor Ablauf ihrer Amtszeit entlassen oder dauernd oder zeitweise ihres Amtes enthoben oder an eine andere Stelle oder in den Ruhestand versetzt werden. Die Gesetzgebung kann Altersgrenzen festsetzen, bei deren Erreichung auf Lebenszeit angestellte Richter in den Ruhestand treten. Bei Veränderung der Einrichtung der Gerichte oder ihrer Bezirke können Richter an ein anderes Gericht versetzt oder aus dem Amte entfernt werden, jedoch nur unter Belassung des vollen Gehaltes.

Art. 98 [Rechtsstellung der Richter]. (1) Die Rechtsstellung der Bundesrichter ist durch besonderes Bundesgesetz zu regeln.

...

Art. 99 [Verfassungsstreit innerhalb eines Landes]. Dem Bundesverfassungsgerichte kann durch Landesgesetz die Entscheidung von Verfassungsstreitigkeiten innerhalb eines Landes, den in Artikel 95 Abs. 1 genannten obersten Gerichtshöfen für den letzten Rechtszug die Entscheidung in solchen Sachen zugewiesen werden, bei denen es sich um die Anwendung von Landesrecht handelt.

Art. 100 [Verfassungswidrigkeit von Gesetzen]. (1) Hält ein Gericht ein Gesetz, auf dessen Gültigkeit es bei der Entscheidung ankommt, für verfassungswidrig, so ist das Verfahren auszusetzen und, wenn es sich um die Verletzung der Verfassung eines Landes handelt, die Entscheidung des für Verfassungsstreitigkeiten zuständigen Gerichtes des Landes, wenn es sich um die Verletzung dieses Grundgesetzes handelt, die Entscheidung des Bundesverfassungsgerichtes einzuholen. Dies gilt auch, wenn es sich um die Verletzung dieses Grundgesetzes durch Landesrecht oder um die Unvereinbarkeit eines Landesgesetzes mit einem Bundesgesetze handelt.

(2) Ist in einem Rechtsstreite zweifelhaft, ob eine Regel des Völkerrechtes Bestandteil des Bundesrechtes ist und ob sie unmittelbar Rechte und Pflichten für den Einzelnen erzeugt (Artikel 25), so hat das Gericht die Entscheidung des Bundesverfassungsgerichtes einzuholen.

(3) Will das Verfassungsgericht eines Landes bei der Auslegung des Grundgesetzes von einer Entscheidung des Bundesverfassungsgerichtes oder des Verfassungsgerichtes eines anderen Landes abweichen, so hat das Verfassungsgericht die Entscheidung des Bundesverfassungsgerichtes einzuholen.

Art. 101 [Ausnahmegerichte]. (1) Ausnahmegerichte sind unzulässig. Niemand darf seinem gesetzlichen Richter entzogen werden.

(2) Gerichte für besondere Sachgebiete können nur durch Gesetz errichtet werden.

Art. 102 [Abschaffung der Todesstrafe]. Die Todesstrafe ist abgeschafft.

Art. 103 [Grundrechte des Angeklagten]. (1) Vor Gericht hat jedermann Anspruch auf rechtliches Gehör.

(2) Eine Tat kann nur bestraft werden, wenn die Strafbarkeit gesetzlich bestimmt war, bevor die Tat begangen wurde.

(3) Niemand darf wegen derselben Tat auf Grund der allgemeinen Strafgesetze mehrmals bestraft werden.

Art. 104 [Rechtsgarantien bei Freiheitsentziehung]. (1) Die Freiheit der Person kann nur auf Grund eines förmlichen Gesetzes und nur unter Beachtung der darin vorgeschriebenen Formen beschränkt werden. Festgehaltene Personen dürfen weder seelisch noch körperlich mißhandelt werden.

(2) Über die Zulässigkeit und Fortdauer einer Freiheitsentziehung hat nur der Richter zu entscheiden. Bei jeder nicht auf richterlicher Anordnung beruhenden Freiheitsentziehung ist unverzüglich eine richterliche Entscheidung herbeizuführen. Die Polizei darf aus eigener Machtvollkommenheit niemanden länger als bis zum Ende des Tages nach dem Ergreifen in eigenem Gewahrsam halten. Das Nähere ist gesetzlich zu regeln.

(3) Jeder wegen des Verdachtes einer strafbaren Handlung vorläufig Festgenommene ist spätestens am Tage nach der Festnahme dem Richter vorzuführen, der ihm die Gründe der Festnahme mitzuteilen, ihn zu vernehmen und ihm Gelegenheit zu Einwendungen zu geben hat. Der Richter hat unverzüglich entweder einen mit Gründen versehenen schriftlichen Haftbefehl zu erlassen oder die Freilassung anzuordnen.

(4) Von jeder richterlichen Entscheidung über die Anordnung oder Fortdauer einer Freiheitsentziehung ist unverzüglich ein Angehöriger des Festgehaltenen oder eine Person seines Vertrauens zu benachrichtigen.

X. Das Finanzwesen[1]

Art. 104 a [Ausgabenverteilung; Finanzhilfen]. (1) Der Bund und die Länder tragen gesondert die Ausgaben, die sich aus der Wahrnehmung ihrer Aufgaben ergeben, soweit dieses Grundgesetz nichts anderes bestimmt.

(2) Handeln die Länder im Auftrage des Bundes, trägt der Bund die sich daraus ergebenden Ausgaben.

1 Beachte hierzu für die Zeit nach der Herstellung der Einheit Deutschlands Art. 7 d. EVertr. v. 31. 8. 1990 (BGBl. II S. 889), in diesem Band S. 71 ff.

(3) Bundesgesetze, die Geldleistungen gewähren und von den Ländern ausgeführt werden, können bestimmen, daß die Geldleistungen ganz oder zum Teil vom Bund getragen werden. Bestimmt das Gesetz, daß der Bund die Hälfte der Ausgaben oder mehr trägt, wird es im Auftrage des Bundes durchgeführt. Bestimmt das Gesetz, daß die Länder ein Viertel der Ausgaben oder mehr tragen, so bedarf es der Zustimmung des Bundesrates.

(4) Der Bund kann den Ländern Finanzhilfen für besonders bedeutsame Investitionen der Länder und Gemeinden (Gemeindeverbände) gewähren, die zur Abwehr einer Störung des gesamtwirtschaftlichen Gleichgewichts oder zum Ausgleich unterschiedlicher Wirtschaftskraft im Bundesgebiet oder zur Förderung des wirtschaftlichen Wachstums erforderlich sind. Das Nähere, insbesondere die Arten der zu fördernden Investitionen, wird durch Bundesgesetz, das der Zustimmung des Bundesrates bedarf, oder auf Grund des Bundeshaushaltsgesetzes durch Verwaltungsvereinbarung geregelt.

(5) Der Bund und die Länder tragen die bei ihren Behörden entstehenden Verwaltungsausgaben und haften im Verhältnis zueinander für eine ordnungsmäßige Verwaltung. Das Nähere bestimmt ein Bundesgesetz, das der Zustimmung des Bundesrates bedarf.

Art. 105 [Gesetzgebungsrecht]. (1) Der Bund hat die ausschließliche Gesetzgebung über die Zölle und Finanzmonopole.

(2) Der Bund hat die konkurrierende Gesetzgebung über die übrigen Steuern, wenn ihm das Aufkommen dieser Steuern ganz oder zum Teil zusteht oder die Voraussetzungen des Artikels 72 Abs. 2 vorliegen.

(2a) Die Länder haben die Befugnis zur Gesetzgebung über die örtlichen Verbrauch- und Aufwandsteuern, solange und soweit sie nicht bundesgesetzlich geregelten Steuern gleichartig sind.

(3) Bundesgesetze über Steuern, deren Aufkommen den Ländern oder den Gemeinden (Gemeindeverbänden) ganz oder zum Teil zufließt, bedürfen der Zustimmung des Bundesrates.

Art. 106 [Verteilung des Steueraufkommens und des Ertrages der Finanzmonopole]. (1) Der Ertrag der Finanzmonopole und das Aufkommen der folgenden Steuern stehen dem Bund zu:

1. die Zölle,

2. die Verbrauchsteuern, soweit sie nicht nach Absatz 2 den Ländern, nach Absatz 3 Bund und Ländern gemeinsam oder nach Absatz 6 den Gemeinden zustehen,

3. die Straßengüterverkehrsteuer,

4. die Kapitalverkehrsteuern, die Versicherungsteuer und die Wechselsteuer,

5. die einmaligen Vermögensabgaben und die zur Durchführung des Lastenausgleichs erhobenen Ausgleichsabgaben,

6. die Ergänzungsabgabe zur Einkommensteuer und zur Körperschaftsteuer,

7. Abgaben im Rahmen der Europäischen Gemeinschaften.

(2) Das Aufkommen der folgenden Steuern steht den Ländern zu:

1. die Vermögensteuer,

2. die Erbschaftsteuer,

3. die Kraftfahrzeugsteuer,

4. die Verkehrsteuern, soweit sie nicht nach Absatz 1 dem Bund oder nach Absatz 3 Bund und Ländern gemeinsam zustehen,

5. die Biersteuer,

6. die Abgabe von Spielbanken.

(3) Das Aufkommen der Einkommensteuer, der Körperschaftsteuer und der Umsatzsteuer steht dem Bund und den Ländern gemeinsam zu (Gemeinschaftsteuern), soweit das Aufkommen der Einkommensteuer nicht nach Absatz 5 den Gemeinden zugewiesen wird. Am Aufkommen der Einkommensteuer und der Körperschaftsteuer sind der Bund und die Länder je zur Hälfte beteiligt. Die Anteile von Bund und Ländern an der Umsatzsteuer werden durch Bundesgesetz, das der Zustimmung des Bundesrates bedarf, festgesetzt. Bei der Festsetzung ist von folgenden Grundsätzen auszugehen:

1. Im Rahmen der laufenden Einnahmen haben der Bund und die Länder gleichmäßig Anspruch auf Deckung ihrer notwendigen Ausgaben. Dabei ist der Umfang der Ausgaben unter Berücksichtigung einer mehrjährigen Finanzplanung zu ermitteln.

2. Die Deckungsbedürfnisse des Bundes und der Länder sind so aufeinander abzustimmen, daß ein billiger Ausgleich erzielt, eine Überbelastung der Steuerpflichtigen vermieden und die Einheitlichkeit der Lebensverhältnisse im Bundesgebiet gewahrt wird.

Zusätzlich werden in die Festsetzung der Anteile von Bund und Ländern an der Umsatzsteuer Steuermindereinnahmen einbezogen, die den Ländern ab 1. Januar 1996 aus der Berücksichtigung von Kindern im Einkommensteuerrecht entstehen. Das Nähere bestimmt das Bundesgesetz nach Satz 3.

(4) Die Anteile von Bund und Ländern an der Umsatzsteuer sind neu festzusetzen, wenn sich das Verhältnis zwischen den Einnahmen und Ausgaben des Bundes und der Länder wesentlich anders entwickelt; Steuermindereinnahmen, die nach Absatz 3 Satz 5 in die Festsetzung der Umsatzsteueranteile zusätzlich einbezogen werden, bleiben hierbei unberücksichtigt. Werden den Ländern durch Bundesgesetz zusätzliche Ausgaben auferlegt oder Einnahmen entzogen, so kann die Mehrbelastung durch Bundesgesetz, das der Zustimmung des Bundesrates bedarf, auch mit Finanzzuweisungen des Bundes ausgeglichen werden, wenn sie auf einen kurzen Zeitraum begrenzt ist. In dem Gesetz sind die Grundsätze für die Bemessung dieser Finanzzuweisungen und für ihre Verteilung auf die Länder zu bestimmen.

(5) Die Gemeinden erhalten einen Anteil an dem Aufkommen der Einkommensteuer, der von den Ländern an ihre Gemeinden auf der Grundlage der Einkommensteuerleistungen ihrer Einwohner weiterzuleiten ist. Das Nähere bestimmt ein Bundesgesetz, das der Zustimmung des Bundesrates bedarf. Es kann bestimmen, daß die Gemeinden Hebesätze für den Gemeindeanteil festsetzen.

(6) Das Aufkommen der Realsteuern steht den Gemeinden, das Aufkommen der örtlichen Verbrauch- und Aufwandsteuern steht den Gemeinden oder nach Maßgabe der Landesgesetzgebung den Gemeindeverbänden zu. Den Gemeinden ist das Recht einzuräumen, die Hebesätze der Realsteuern im Rahmen der Gesetze festzusetzen. Bestehen in einem Land keine Gemeinden, so steht das Aufkommen der Realsteuern und der örtlichen Verbrauch- und Aufwandsteuern dem Land zu. Bund und Länder können durch eine Umlage an dem Aufkommen der Gewerbesteuer beteiligt werden. Das Nähere über die Umlage bestimmt ein Bundesgesetz, das der Zustimmung des Bundesrates bedarf. Nach Maßgabe der Landesgesetzgebung können die Realsteuern und der Gemeindeanteil vom Aufkommen der Einkommensteuer als Bemessungsgrundlagen für Umlagen zugrunde gelegt werden.

(7) Von dem Länderanteil am Gesamtaufkommen der Gemeinschaftsteuern fließt den Gemeinden und Gemeindeverbänden insgesamt ein von der Landesgesetzgebung zu bestimmender Hundertsatz zu. Im übrigen bestimmt die Landesgesetzgebung, ob und inwieweit das Aufkommen der Landessteuern den Gemeinden (Gemeindeverbänden) zufließt.

(8) Veranlaßt der Bund in einzelnen Ländern oder Gemeinden (Gemeindeverbänden) besondere Einrichtungen, die diesen Ländern oder Gemeinden (Gemeindeverbänden) unmittelbar Mehrausgaben oder Mindereinnahmen (Sonderbelastungen) verursachen, gewährt der Bund den erforderlichen Ausgleich, wenn und soweit den Ländern oder Gemeinden (Gemeindeverbänden) nicht zugemutet werden kann, die Sonderbelastungen zu tragen. Entschädigungsleistungen Dritter und finanzielle Vorteile, die diesen Ländern oder Gemeinden (Gemeindeverbänden) als Folge der Einrichtungen erwachsen, werden bei dem Ausgleich berücksichtigt.

(9) Als Einnahmen und Ausgaben der Länder im Sinne dieses Artikels gelten auch die Einnahmen und Ausgaben der Gemeinden (Gemeindeverbände).

Art. 106 a [Finanzausgleich für den Personennahverkehr]. Den Ländern steht ab 1. Januar 1996 für den öffentlichen Personennahverkehr ein Betrag aus dem Steueraufkommen des Bundes zu. Das Nähere regelt ein Bundesgesetz, das der Zustimmung des Bundesrates bedarf. Der Betrag nach Satz 1 bleibt bei der Bemessung der Finanzkraft nach Artikel 107 Abs. 2 unberücksichtigt.

Art. 107 [Finanzausgleich, Ergänzungszuweisungen]. (1) Das Aufkommen der Landessteuern und der Länderanteil am Aufkommen der Einkommensteuer und der Körperschaftsteuer stehen den einzelnen Ländern insoweit zu, als die Steuern von den Finanzbehörden in ihrem Gebiet vereinnahmt werden (örtliches Aufkommen). Durch Bundesgesetz, das der Zustimmung des Bundesrates bedarf, sind für die Körperschaftsteuer und die Lohnsteuer nähere Bestimmungen über die Abgrenzung sowie über Art und Umfang der Zerlegung des örtlichen Aufkommens zu treffen. Das Gesetz kann auch Bestimmungen über die Abgrenzung und Zerlegung des örtlichen Aufkommens anderer Steuern treffen. Der Länderanteil am Aufkommen der Umsatzsteuer steht den einzelnen Ländern nach Maßgabe ihrer Einwohnerzahl zu; für einen Teil, höchstens jedoch für ein Viertel dieses Länderanteils, können durch Bundesgesetz, das der Zustimmung des Bundesrates bedarf, Ergänzungsanteile für die Länder vorgesehen werden, deren Einnahmen aus den Landessteuern und aus der Einkommensteuer und der Körperschaftsteuer je Einwohner unter dem Durchschnitt der Länder liegen.

(2) Durch das Gesetz ist sicherzustellen, daß die unterschiedliche Finanzkraft der Länder angemessen ausgeglichen wird; hierbei sind die Finanzkraft und der Finanzbedarf der Gemeinden (Gemeindeverbände) zu berücksichtigen. Die Voraussetzungen für die Ausgleichsansprüche der ausgleichsberechtigten Länder und für die Ausgleichsverbindlichkeiten der ausgleichspflichtigen Länder sowie die Maßstäbe für die Höhe der Ausgleichsleistungen sind in dem Gesetz zu bestimmen. Es kann auch bestimmen, daß der Bund aus seinen Mitteln leistungsschwachen Ländern Zuweisungen zur ergänzenden Deckung ihres allgemeinen Finanzbedarfs (Ergänzungszuweisungen) gewährt.

Art. 108 [Finanzverwaltung]. (1) Zölle, Finanzmonopole, die bundesgesetzlich geregelten Verbrauchsteuern einschließlich der Einfuhrumsatzsteuer und die Abgaben im Rahmen der Europäischen Gemeinschaften werden durch Bundesfinanzbehörden verwaltet. Der Aufbau dieser Behörden wird durch Bundesgesetz geregelt. Die Leiter der Mittelbehörden sind im Benehmen mit den Landesregierungen zu bestellen.

(2) Die übrigen Steuern werden durch Landesfinanzbehörden verwaltet. Der Aufbau dieser Behörden und die einheitliche Ausbildung der Beamten können durch Bundesgesetz mit Zustimmung des Bundesrates geregelt werden. Die Leiter der Mittelbehörden sind im Einvernehmen mit der Bundesregierung zu bestellen.

(3) Verwalten die Landesfinanzbehörden Steuern, die ganz oder zum Teil dem Bund zufließen, so werden sie im Auftrage des Bundes tätig. Artikel 85 Abs. 3 und 4 gilt mit der Maßgabe, daß an die Stelle der Bundesregierung der Bundesminister der Finanzen tritt.

(4) Durch Bundesgesetz, das der Zustimmung des Bundesrates bedarf, kann bei der Verwaltung von Steuern ein Zusammenwirken von Bundes- und Landesfinanzbehörden sowie für Steuern, die unter Absatz 1 fallen, die Verwaltung durch Landesfinanzbehörden und für andere Steuern die Verwaltung durch Bundesfinanzbehörden vorgesehen werden, wenn und soweit dadurch der Vollzug der Steuergesetze erheblich verbessert oder erleichtert wird. Für die den Gemeinden (Gemeindeverbänden) allein zufließenden Steuern kann die den Landesfinanzbehörden zustehende Verwaltung durch die Länder ganz oder zum Teil den Gemeinden (Gemeindeverbänden) übertragen werden.

(5) Das von den Bundesfinanzbehörden anzuwendende Verfahren wird durch Bundesgesetz geregelt. Das von den Landesfinanzbehörden und in den Fällen des Absatzes 4 Satz 2 von den Gemeinden (Gemeindeverbänden) anzuwendende Verfahren kann durch Bundesgesetz mit Zustimmung des Bundesrates geregelt werden.

(6) Die Finanzgerichtsbarkeit wird durch Bundesgesetz einheitlich geregelt.

(7) Die Bundesregierung kann allgemeine Verwaltungsvorschriften erlassen, und zwar mit Zustimmung des Bundesrates, soweit die Verwaltung den Landesfinanzbehörden oder Gemeinden (Gemeindeverbänden) obliegt.

Art. 109 [Haushaltswirtschaft in Bund und Ländern]. (1) Bund und Länder sind in ihrer Haushaltswirtschaft selbständig und voneinander unabhängig.

(2) Bund und Länder haben bei ihrer Haushaltswirtschaft den Erfordernissen des gesamtwirtschaftlichen Gleichgewichts Rechnung zu tragen.

(3) Durch Bundesgesetz, das der Zustimmung des Bundesrates bedarf, können für Bund und Länder gemeinsam geltende Grundsätze für das Haushaltsrecht, für eine konjunkturgerechte Haushaltswirtschaft und für eine mehrjährige Finanzplanung aufgestellt werden.

(4) Zur Abwehr einer Störung des gesamtwirtschaftlichen Gleichgewichts können durch Bundesgesetz, das der Zustimmung des Bundesrates bedarf, Vorschriften über

1. Höchstbeträge, Bedingungen und Zeitfolge der Aufnahme von Krediten durch Gebietskörperschaften und Zweckverbände und

2. eine Verpflichtung von Bund und Ländern, unverzinsliche Guthaben bei der Deutschen Bundesbank zu unterhalten (Konjunkturausgleichsrücklagen),

erlassen werden. Ermächtigungen zum Erlaß von Rechtsverordnungen können nur der Bundesregierung erteilt werden. Die Rechtsverordnungen bedürfen der Zustimmung des Bundesrates. Sie sind aufzuheben, soweit der Bundestag es verlangt; das Nähere bestimmt das Bundesgesetz.

Art. 110 [Haushaltsplan des Bundes]. ...

Art. 111 [Ausgaben vor Etatgenehmigung]. ...

Art. 112 [Überplanmäßige und außerplanmäßige Ausgaben]. ...

Art. 113 [Ausgabenerhöhungen, Einnahmeminderungen]. ...

Art. 114 [Rechnungslegung, Bundesrechnungshof]. (1) Der Bundesminister der Finanzen hat dem Bundestage und dem Bundesrate über alle Einnahmen und Ausgaben sowie über das Vermögen und die Schulden im Laufe des nächsten Rechnungsjahres zur Entlastung der Bundesregierung Rechnung zu legen.

(2) Der Bundesrechnungshof, dessen Mitglieder richterliche Unabhängigkeit besitzen, prüft die Rechnung sowie die Wirtschaftlichkeit und Ordnungsmäßigkeit der Haushalts- und Wirtschaftsführung. Er hat außer der Bundesregierung unmittelbar dem Bundestage und dem Bundesrate jährlich zu berichten. Im übrigen werden die Befugnisse des Bundesrechnungshofes durch Bundesgesetz geregelt.

Art. 115 [Kreditbeschaffung]. (1) Die Aufnahme von Krediten sowie die Übernahme von Bürgschaften, Garantien oder sonstigen Gewährleistungen, die zu Ausgaben in künftigen Rechnungsjahren führen können, bedürfen einer der Höhe nach bestimmten oder bestimmbaren Ermächtigung durch Bundesgesetz. Die Einnahmen aus Krediten dürfen die Summe der im Haushaltsplan veranschlagten Ausgaben für Investitionen nicht überschreiten; Ausnahmen sind nur zulässig zur Abwehr einer Störung des gesamtwirtschaftlichen Gleichgewichts. Das Nähere wird durch Bundesgesetz geregelt.

(2) Für Sondervermögen des Bundes können durch Bundesgesetz Ausnahmen von Absatz 1 zugelassen werden.

Xa. Verteidigungsfall

Art. 115 a [Feststellung des Verteidigungsfalles]. (1) Die Feststellung, daß das Bundesgebiet mit Waffengewalt angegriffen wird oder ein solcher Angriff unmittelbar droht (Verteidigungsfall), trifft der Bundestag mit Zustimmung des Bundesrates. Die Feststellung erfolgt auf Antrag der Bundesregierung und bedarf einer Mehrheit von zwei Dritteln der abgegebenen Stimmen, mindestens der Mehrheit der Mitglieder des Bundestages.

(2) Erfordert die Lage unabweisbar ein sofortiges Handeln und stehen einem rechtzeitigen Zusammentritt des Bundestages unüberwindliche Hindernisse entgegen oder ist er nicht beschlußfähig, so trifft der Gemeinsame Ausschuß diese Feststellung mit einer Mehrheit von zwei Dritteln der abgegebenen Stimmen, mindestens der Mehrheit seiner Mitglieder.

(3) Die Feststellung wird vom Bundespräsidenten gemäß Artikel 82 im Bundesgesetzblatte verkündet. Ist dies nicht rechtzeitig möglich, so erfolgt die Verkündung in anderer Weise; sie ist im Bundesgesetzblatte nachzuholen, sobald die Umstände es zulassen.

(4) Wird das Bundesgebiet mit Waffengewalt angegriffen und sind die zuständigen Bundesorgane außerstande, sofort die Feststellung nach Absatz 1 Satz 1 zu treffen, so gilt diese Feststellung als getroffen und als zu dem Zeitpunkt verkündet, in dem der Angriff begonnen hat. Der Bundespräsident gibt diesen Zeitpunkt bekannt, sobald die Umstände es zulassen.

(5) Ist die Feststellung des Verteidigungsfalles verkündet und wird das Bundesgebiet mit Waffengewalt angegriffen, so kann der Bundespräsident völkerrechtliche Erklärungen über das Bestehen des Verteidigungsfalles mit Zustimmung des Bundestages abgeben. Unter den Voraussetzungen des Absatzes 2 tritt an die Stelle des Bundestages der Gemeinsame Ausschuß.

Art. 115 b [Übergang der Befehls- und Verteidigungsgewalt]. Mit der Verkündung des Verteidigungsfalles geht die Befehls- und Kommandogewalt über die Streitkräfte auf den Bundeskanzler über.

Art. 115 c [Landesgesetzgebung wird konkurrierende Bundesgesetzgebung]. ...

Art. 115 d [Verfahren der Bundesgesetzgebung]. ...

Art. 115 e [Befugnisse des Gemeinsamen Ausschusses]. (1) Stellt der Gemeinsame Ausschuß im Verteidigungsfalle mit einer Mehrheit von zwei Dritteln der abgegebenen Stimmen, mindestens mit der Mehrheit seiner Mitglieder fest, daß dem rechtzeitigen Zusammentritt des Bundestages unüberwindliche Hindernisse entgegenstehen oder daß dieser nicht beschlußfähig ist, so hat der Gemeinsame Ausschuß die Stellung von Bundestag und Bundesrat und nimmt deren Rechte einheitlich wahr.

(2) Durch ein Gesetz des Gemeinsamen Ausschusses darf das Grundgesetz weder geändert noch ganz oder teilweise außer Kraft oder außer Anwendung gesetzt werden. Zum Erlaß von Gesetzen nach Artikel 23 Abs. 1 Satz 2, Artikel 24 Abs. 1 oder Artikel 29 ist der Gemeinsame Ausschuß nicht befugt.

Art. 115 f [Weisungen an Landesregierungen und Landesbehörden]. ...

Art. 115 g [Bundesverfassungsgericht nach Eintritt des Verteidigungsfalles]. ...

Art. 115 h [Neuwahlen über Eintritt des Verteidigungsfalles]. ...

Art. 115 i [Befugnisse der Landesregierungen und Landesbehörden]. ...

Art. 115 k [Geltung von Gesetzen und Rechtsverordnungen]. ...

Art. 115 l [Aufhebung von Gesetzen des Gemeinsamen Ausschusses; Friedensschluß]. ...

XI. Übergangs- und Schlußbestimmungen

Art. 116 [Deutsche Staatsangehörigkeit]. (1) Deutscher im Sinne dieses Grundgesetzes ist vorbehaltlich anderweitiger gesetzlicher Regelung, wer die deutsche Staatsangehörigkeit besitzt oder als Flüchtling oder Vertriebener deutscher Volkszugehörigkeit oder als dessen Ehegatte oder Abkömmling in dem Gebiete des Deutschen Reiches nach dem Stande vom 31. Dezember 1937 Aufnahme gefunden hat.

(2) Frühere deutsche Staatsangehörige, denen zwischen dem 30. Januar 1933 und dem 8. Mai 1945 die Staatsangehörigkeit aus politischen, rassischen oder religiösen Gründen entzogen worden ist, und ihre Abkömmlinge sind auf Antrag wieder einzubürgern. Sie gelten als nicht ausgebürgert, sofern sie nach dem 8. Mai 1945 ihren Wohnsitz in Deutschland genommen haben und nicht einen entgegengesetzten Willen zum Ausdruck gebracht haben.

Art. 117 [Übergangsregelung zu Art. 3 Abs. 2 und Art. 11]. ...

Art. 118 [Neugliederung der badischen und württembergischen Länder]. ...

Art. 118 a [Neugliederung Berlins und Brandenburgs]. Die Neugliederung in dem die Länder Berlin und Brandenburg umfassenden Gebiet kann abweichend von den Vorschriften des

Artikels 29 unter Beteiligung ihrer Wahlberechtigten durch Vereinbarung beider Länder erfolgen.

Art. 119 [Flüchtlinge und Vertriebene]. In Angelegenheiten der Flüchtlinge und Vertriebenen, insbesondere zu ihrer Verteilung auf die Länder, kann bis zu einer bundesgesetzlichen Regelung die Bundesregierung mit Zustimmung des Bundesrates Verordnungen mit Gesetzeskraft erlassen. Für besondere Fälle kann dabei die Bundesregierung ermächtigt werden, Einzelweisungen zu erteilen. Die Weisungen sind außer bei Gefahr im Verzuge an die obersten Landesbehörden zu richten.

Art. 120 [Kriegsfolgelasten]. ...

Art. 120 a [Lastenausgleich]. ...

Art. 121 [Begriff der Mehrheit]. Mehrheit der Mitglieder des Bundestages und der Bundesversammlung im Sinne dieses Grundgesetzes ist die Mehrheit ihrer gesetzlichen Mitgliederzahl.

Art. 122 [Bisherige Gesetzgebungskompetenzen]. ...

Art. 123 [Fortgeltung des alten Rechts]. ...

Art. 124 [Altes Recht auf dem Gebiet der ausschließlichen Gesetzgebung]. ...

Art. 125 [Altes Recht auf dem Gebiet der konkurrierenden Gesetzgebung]. ...

Art. 126 [Streit über das Fortgelten alten Rechts]. ...

Art. 127 [Recht des Vereinigten Wirtschaftsgebietes]. ...

Art. 128 [Fortbestehen von Weisungsrechten]. ...

Art. 129 [Fortgeltung von Ermächtigungen zu Rechtsverordnungen]. ...

Art. 130 [Körperschaften des öffentlichen Rechts]. ...

Art. 131[2] [Frühere Angehörige des öffentlichen Dienstes]. ...

Art. 132 [Pensionierung von Beamten].[3] ...

Art. 133 [Rechtsnachfolge, Vereinigtes Wirtschaftsgebiet]. ...

Art. 134 [Rechtsnachfolge in das Reichsvermögen]. ...

Art. 135 [Vermögen bei Änderung des Gebietsstandes]. ...

Art. 135 a [Verbindlichkeiten des Reiches und anderer Körperschaften]. ...

Art. 136 [Erster Zusammentritt des Bundesrates].[4] ...

2 Art. 131 wird gem. Art. 6 EVertr. 31. 8. 1990 (BGBl. II S. 889) im Gebiet der ehem. DDR vorerst nicht in Kraft gesetzt.

3 Infolge Zeitablaufs gegenstandslos.

4 Infolge Zeitablaufs gegenstandslos.

Art. 137 [Wählbarkeit von Beamten usw.]. (1) Die Wählbarkeit von Beamten, Angestellten des öffentlichen Dienstes, Berufssoldaten, freiwilligen Soldaten auf Zeit und Richtern im Bund, in den Ländern und den Gemeinden kann gesetzlich beschränkt werden.[5]
...

Art. 138 [Notariat]. ...

Art. 139 [Befreiungsgesetz]. ...

Art. 140 [Geltung von Artikeln der Weimarer Verfassung]. Die Bestimmungen der Artikel 136, 137, 138, 139 und 141 der Deutschen Verfassung[6] vom 11. August 1919 sind Bestandteil dieses Grundgesetzes.

5 Art. 137 Abs. 2 und 3 infolge Zeitablaufs gegenstandslos.

6 Die Artikel 139–139 und 141 der Weimarer Verfassung lauten wie folgt:

„**Art. 136.** Die bürgerlichen und staatsbürgerlichen Rechte und Pflichten werden durch die Ausübung der Religionsfreiheit weder bedingt noch beschränkt.

Der Genuß bürgerlicher und staatsbürgerlicher Rechte sowie die Zulassung zu öffentlichen Ämtern sind unabhängig von dem religiösen Bekenntnis.

Niemand ist verpflichtet, seine religiöse Überzeugung zu offenbaren. Die Behörden haben nur soweit das Recht, nach der Zugehörigkeit zu einer Religionsgesellschaft zu fragen, als davon Rechte und Pflichten abhängen oder eine gesetzlich angeordnete statistische Erhebung dies erfordert.

Niemand darf zu einer kirchlichen Handlung oder Feierlichkeit oder zur Teilnahme an religiösen Übungen oder zur Benutzung einer religiösen Eidesform gezwungen werden.

Art. 137. Es besteht keine Staatskirche.

Die Freiheit der Vereinigung zu Religionsgesellschaften wird gewährleistet. Der Zusammenschluß von Religionsgesellschaften innerhalb des Reichsgebiets unterliegt keinen Beschränkungen.

Jede Religionsgesellschaft ordnet und verwaltet ihre Angelegenheiten selbständig innerhalb der Schranken des für alle geltenden Gesetzes. Sie verleiht ihre Ämter ohne Mitwirkung des Staates oder der bürgerlichen Gemeinde.

Religionsgesellschaften erwerben die Rechtsfähigkeit nach den allgemeinen Vorschriften des bürgerlichen Rechtes.

Die Religionsgesellschaften bleiben Körperschaften des öffentlichen Rechtes, soweit sie solche bisher waren. Anderen Religionsgesellschaften sind auf ihren Antrag gleiche Rechte zu gewähren, wenn sie durch ihre Verfassung und die Zahl ihrer Mitglieder die Gewähr der Dauer bieten. Schließen sich mehrere derartige öffentlich-rechtliche Religionsgesellschaften zu einem Verbande zusammen, so ist auch dieser Verband eine öffentlich-rechtliche Körperschaft.

Die Religionsgesellschaften, welche Körperschaften des öffentlichen Rechtes sind, sind berechtigt, auf Grund der bürgerlichen Steuerlisten nach Maßgabe der landesrechtlichen Bestimmungen Steuern zu erheben.

Den Religionsgesellschaften werden die Vereinigungen gleichgestellt, die sich die gemeinschaftliche Pflege einer Weltanschauung zur Aufgabe machen.

Soweit die Durchführung dieser Bestimmungen eine weitere Regelung erfordert, liegt diese der Landesgesetzgebung ob.

Art. 138. Die auf Gesetz, Vertrag oder besonderen Rechtstiteln beruhenden Staatsleistungen an die Religionsgesellschaften werden durch die Landesgesetzgebung abgelöst. Die Grundsätze hierfür stellt das Reich auf.

Das Eigentum und andere Rechte der Religionsgesellschaften und religiösen Vereine an ihren für Kultus-, Unterrichts- und Wohltätigkeitszwecke bestimmten Anstalten, Stiftungen und sonstigen Vermögen werden gewährleistet.

Art. 139. Der Sonntag und die staatlich anerkannten Feiertage bleiben als Tage der Arbeitsruhe und der seelischen Erhebung gesetzlich geschützt.

Art. 141. Soweit das Bedürfnis nach Gottesdienst und Seelsorge im Heer, in Krankenhäusern, Strafanstalten oder sonstigen öffentlichen Anstalten besteht, sind die Religionsgesellschaften zur Vornahme religiöser Handlungen zuzulassen, wobei jeder Zwang fernzuhalten ist.“

Art. 141 [„Bremer Klausel"]. Artikel 7 Absatz 3 Satz 1 findet keine Anwendung in einem Lande, in dem am 1. Januar 1949 eine andere landesrechtliche Regelung bestand.

Art. 142 [Grundrechte in Landesverfassungen]. Ungeachtet der Vorschrift des Artikels 31 bleiben Bestimmungen der Landesverfassungen auch insoweit in Kraft, als sie in Übereinstimmung mit den Artikeln 1 bis 18 dieses Grundgesetzes Grundrechte gewährleisten.

Art. 142 a *(aufgehoben)*

Art. 143 [Abweichungen von Bestimmungen des GG als Übergangsrecht]. (1) Recht in dem in Artikel 3 des Einigungsvertrags genannten Gebiet kann längstens bis zum 31. Dezember 1992 von Bestimmungen dieses Grundgesetzes abweichen, soweit und solange infolge der unterschiedlichen Verhältnisse die völlige Anpassung an die grundgesetzliche Ordnung noch nicht erreicht werden kann. Abweichungen dürfen nicht gegen Artikel 19 Abs. 2 verstoßen und müssen mit den in Artikel 79 Abs. 3 genannten Grundsätzen vereinbar sein.

(2) Abweichungen von den Abschnitten II, VIII, VIIIa, IX, X und XI sind längstens bis zum 31. Dezember 1995 zulässig.

(3) Unabhängig von Absatz 1 und 2 haben Artikel 41 des Einigungsvertrags und Regelungen zu seiner Durchführung auch insoweit Bestand, als sie vorsehen, daß Eingriffe in das Eigentum auf dem in Artikel 3 dieses Vertrags genannten Gebiet nicht mehr rückgängig gemacht werden.

Art. 143 a [Umwandlung der Bundeseisenbahnen in Wirtschaftsunternehmen]. (1) Der Bund hat die ausschließliche Gesetzgebung über alle Angelegenheiten, die sich aus der Umwandlung der in bundeseigener Verwaltung geführten Bundeseisenbahnen in Wirtschaftsunternehmen ergeben. Artikel 87e Abs. 5 findet entsprechende Anwendung. Beamte der Bundeseisenbahnen können durch Gesetz unter Wahrung ihrer Rechtsstellung und der Verantwortung des Dienstherrn einer privatrechtlich organisierten Eisenbahn des Bundes zur Dienstleistung zugewiesen werden.

(2) Gesetze nach Absatz 1 führt der Bund aus.

(3) Die Erfüllung der Aufgaben im Bereich des Schienenpersonennahverkehrs der bisherigen Bundeseisenbahnen ist bis zum 31. Dezember 1995 Sache des Bundes. Dies gilt auch für die entsprechenden Aufgaben der Eisenbahnverkehrsverwaltung. Das Nähere wird durch Bundesgesetz geregelt, das der Zustimmung des Bundesrates bedarf.

Art. 143 b [Umwandlung der Deutschen Bundespost]. (1) Das Sondervermögen Deutsche Bundespost wird nach Maßgabe eines Bundesgesetzes in Unternehmen privater Rechtsform umgewandelt. Der Bund hat die ausschließliche Gesetzgebung über alle sich hieraus ergebenden Angelegenheiten.

(2) Die vor der Umwandlung bestehenden ausschließlichen Rechte des Bundes können durch Bundesgesetz für eine Übergangszeit den aus der Deutschen Bundespost POSTDIENST und der Deutschen Bundespost TELEKOM hervorgegangenen Unternehmen verliehen werden. Die Kapitalmehrheit am Nachfolgeunternehmen der Deutschen Bundespost POSTDIENST darf der Bund frühestens fünf Jahre nach Inkrafttreten des Gesetzes aufgeben. Dazu bedarf es eines Bundesgesetzes mit Zustimmung des Bundesrates.

(3) Die bei der Deutschen Bundespost tätigen Bundesbeamten werden unter Wahrung ihrer Rechtsstellung und der Verantwortung des Dienstherrn bei den privaten Unternehmen be-

schäftigt. Die Unternehmen üben Dienstherrenbefugnisse aus. Das Nähere bestimmt ein Bundesgesetz.

Art. 144 [Ratifizierung des Grundgesetzes]. (1) Dieses Grundgesetz bedarf der Annahme durch die Volksvertretungen in zwei Dritteln der deutschen Länder, in denen es zunächst gelten soll.

(2) Soweit die Anwendung dieses Grundgesetzes in einem der in Artikel 23 aufgeführten Länder oder in einem Teile eines dieser Länder Beschränkungen unterliegt, hat das Land oder der Teil des Landes das Recht, gemäß Artikel 38 Vertreter in den Bundestag und gemäß Artikel 50 Vertreter in den Bundesrat zu entsenden.

Art. 145 [Verkündung des Grundgesetzes]. ...

Art. 146[7] [Geltungsdauer des Grundgesetzes]. Dieses Grundgesetz, das nach Vollendung der Einheit und Freiheit Deutschlands für das gesamte deutsche Volk gilt, verliert seine Gültigkeit an dem Tage, an dem eine Verfassung in Kraft tritt, die von dem deutschen Volke in freier Entscheidung beschlossen worden ist.

Quelle: Bundesgesetzblatt, 1949, S. 1, zuletzt geändert durch Einigungsvertrag, Bundesgesetzblatt, Teil II, 1990, S. 889.

II/2 Bisherige Änderungen des Grundgesetzes

Lfd. Nr.	Änderndes Gesetz	Datum	Fundstelle	Geänderte Artikel	Art der Änderg.
1.	Strafrechtsänderungsgesetz	30. 8. 1951	BGBl. I 739	143	aufgeh.
2.	Gesetz zur Einfügung eines Art. 120 a in das Grundgesetz	14. 8. 1952	BGBl. I 445	120 a	eingef.
3.	Gesetz zur Änderung des Art. 107 des Grundgesetzes	20. 4. 1953	BGBl. I 130	107	geänd.
4.	Gesetz zur Ergänzung des Grundgesetzes	26. 3. 1954	BGBl. I 45	73 Nr. 1 79 Abs. 1 Satz 2, 142 a	geänd. eingef.
5.	Zweites Gesetz zur Änderung des Art. 107 des Grundgesetzes	25. 12. 1954	BGBl. I 517	107	geänd.
6.	Finanzverfassungsgesetz	23. 12. 1955	BGBl. I 817	106, 107	geänd.

7 Beachte hierzu Art. 5 d. EVertr. v. 31. 8. 1990 (BGBl. II S. 889), in diesem Band S. 73 ff.

Lfd. Nr.	Änderndes Gesetz	Datum	Fundstelle	Geänderte Artikel	Art der Änderg.
7.	Gesetz zur Ergänzung des Grundgesetzes	19. 3. 1956	BGBl. I 111	1 Abs. 3, 12, 36, 49, 60 Abs. 1, 96 Abs. 3, 137 Abs. 1	geänd.
				17 a, 45 a, 45 b, 59 a, 65 a, 87 a, 87 b, 96 a, 143	eingef.
8.	Gesetz zur Änderung und Ergänzung des Art. 106 GG	24. 12. 1956	BGBl. I 1077	106	geänd.
9.	Gesetz zur Einfügung eines Artikels 135 a in das Grundgesetz	22. 10. 1957	BGBl. I 1745	135 a	eingef.
10.	Gesetz zur Ergänzung des GG	23. 12. 1959	BGBl. I 813	74 Nr. 11 a, 87 c	eingef.
11.	Gesetz zur Einfügung eines Artikels über die Luftverkehrsverwaltung in das Grundgesetz (11. Änderung des Grundgesetzes)	6. 2. 1961	BGBl. I 65	87 d	eingef.
12.	12. ÄndG	6. 3. 1961	BGBl. I 141	96 Abs. 3 96 a	gestr. geänd.
13.	13. ÄndG	16. 6. 1965	BGBl. I 513	74	geänd.
14.	14. ÄndG	30. 7. 1965	BGBl. I 649	120 Abs. 1	geänd.
15.	15. ÄndG	8. 6. 1967	BGBl. I 581	109	geänd.
16.	16. ÄndG	18. 6. 1968	BGBl. I 657	92, 95, 96 a, 99, 100 Abs. 3	geänd.
				96	aufgeh.
17.	Siebzehntes Gesetz zur Ergänzung des Grundgesetzes	24. 6. 1968	BGBl. I 709	9 Abs. 3, 10 11 Abs. 2, 12 19 Abs. 4, 73 Nr. 1, 87 a, 91 12 a, 20 Abs. 4,	geänd.
				35 Abs. 2 u. 3 Abschn. IV a 53 a, 80 a, Abschn. X a 115 a–115 l	eingef.
				59 a, 65 a Abs. 2, 142 a, 143	aufgeh.
18.	18. ÄndG (Artikel 76 und 77)	15. 11. 1968	BGBl. I 1177	76, 77	geänd.
19.	19. ÄndG	29. 1. 1969	BGBl. I 97	93 Abs. 1 Nrn. 4 a, 4 b, 94 Abs. 2 Satz 2	eingef.
20.	20. ÄndG	12. 5. 1969	BGBl. I 357	109 Abs. 3, 110, 112, 113, 114, 115	geänd.
21.	21. ÄndG (Finanzreformgesetz)	12. 5. 1969	BGBl. I 359	91 a, 19b, 104 a 105, 106, 107, 108, 115 c Abs. 3, 115 k Abs. 3	eingef. geänd.

Lfd. Nr.	Änderndes Gesetz	Datum	Fundstelle	Geänderte Artikel	Art der Än- derg.
22.	22. ÄndG	12. 5. 1969	BGBl. I 363	74, 75, 96 Abs. 4	geänd.
23.	23. ÄndG	17. 7. 1969	BGBl. I 817	76 Abs. 3 Satz 1	geänd.
24.	24. ÄndG	28. 7. 1969	BGBl. I 985	120 Abs. 1 Satz 2	geänd.
25.	25. ÄndG	19. 8. 1969	BGBl. I 1241	29	geänd.
26.	26. ÄndG (Artikel 96)	26. 8. 1969	BGBl. I 1357	96 Abs. 5	eingef.
27.	27. ÄndG	31. 7. 1970	BGBl. I 1161	38 Abs. 2 91 a Abs. 1 Nr. 1	geänd.
28.	28. ÄndG (Artikel 74 a GG)	18. 3. 1971	BGBl. I 206	74 a 75, 98 III	eingef. geänd.
29.	29. ÄndG	18. 3. 1971	BGBl. I 207	74 Nr. 20	geänd.
30.	30. ÄndG (Artikel 74 GG – Umweltschutz)	12. 4. 1972	BGBl. I 593	74 Nr. 24	eingef.
31.	31. ÄndG	28. 7. 1972	BGBl. I 1305	35 Abs. 2, 73 Nr. 10 87 Abs. 1 Satz 2 74 Nr. 4 a	geänd. eingef.
32.	32. ÄndG (Artikel 45 c)	15. 7. 1975	BGBl. I 1901	45 c	eingef.
33.	33. ÄndG (Artikel 29 und 39)	23. 8. 1976	BGBl. I 2381	29, 39 Abs. 1, 2 45, 45 a Abs. 1 Satz 2, 49	neugef. gestr.
34.	34. ÄndG (Artikel 74 Nr. 4 a)	23. 8. 1976	BGBl. I 2383	74 Nr. 4 a	neugef.
35.	35. ÄndG (Artikel 21 Abs. 1)	21. 12. 1983	BGBl. I 1481	21 Abs. 1 Satz 4	neugef.
36.	Einigungsvertrag vom 31.8.1990 in Ver- bindung mit Art. 1 des Einigungsgesetzes	23. 9. 1990	BGBl. II 885	Präambel 23 51 Abs. 2 135 a Abs. 2 143 146	neugef. aufgeh. eingef. neugef. eingef. neugef.
37.	Gesetz zur Änderung des Grundgesetzes	14. 7. 1992	BGBl. I 1254	87d Abs. 1 Satz 2	eingef.
38.	Gesetz zur Änderung des Grundgesetzes	21. 12. 1992	BGBl. I 2086	50, 115e Abs. 2 Satz 2 23, 24 Abs. 1a, 28 Abs. 1 Satz 3, 45, 52 Abs. 3a, 88 Satz 2	geänd. eingef.
39.	Gesetz zur Änderung des Grundgesetzes	28. 6. 1993	BGBl. I 1002	18 Satz 1 16a 16 Abs. 2 Satz 2	geänd. eingef. aufgeh.

Lfd. Nr.	Änderndes Gesetz	Datum	Fundstelle	Geänderte Artikel	Art der Änderg.
40.	Gesetz zur Änderung des Grundgesetzes	20. 12. 1993	BGBl. I 2089	73 Nr. 6, 74 Nr.. 23, 80 Abs. 2, 87 Abs. 1 Satz 1	geänd.
				73 Nr. 6a, 87e, 106a, 143a	eingef.
41.	Gesetz zur Änderung des Grundgesetzes	30. 8. 1994	BGBl. I 2245	73 Nr. 7, 80 Abs. 2, 87 Abs. 1 Satz 1	geänd.
				87f, 143b	eingef.
42.	Gesetz zur Änderung des Grundgesetzes	27. 10. 1994	BGBl. I 3146	29 Abs. 7 Satz 1, 72, 74 Abs. 1 Nr. 5, 8, 18, 24, 76 Abs. 2 u. 3	geänd.
				3 Abs. 2 Satz 2, 3 Abs. 3 Satz 2, 20a, 28 Abs. 2 Satz 3, 29 Abs. 8, 74 Abs. 1 Nr. 25 u. 26, 74 Abs. 2, 75 Abs. 1 Nr. 6, 75 Abs. 1 Satz 2, 75 Abs. 2 u. 3, 77 Abs. 2a, 80 Abs. 3 u. 4, 87 Abs. 2 Satz 2, 93 Abs. 1 Nr. 2a, 118a, 125a	eingef.
43.	Gesetz zur Änderung des Grundgesetzes	3. 11. 1995	BGBl. I 1492	106 Abs. 3 Sätze 5 u. 6, Abs. 4 Satz 1 zweiter Halbsatz	eingef.

Quelle: Eigene Zusammenstellung.

II/3 Themenkatalog der Enquête-Kommission Verfassungsreform (1993)

A
Parlament und Regierung

I. Planung

1	**Die verschiedenen Planungsarten (z.B. Zielplanung, Entwicklungsplanung, Aufgaben- und Ausgabenplanung, Fachplanung, Vollzugsplanung, Raumplanung) beim Zusammenwirken von Parlament und Regierung**

2 **Probleme der funktional unterschiedlichen Aufgabenbereiche von Parlament und Regierung**
2.1 Wahrung der Planungsinitiative der Regierung
2.2 Beteiligung des Parlaments an der Planung im Hinblick auf die
2.2.1 Vorverfügung über parlamentarische Entscheidungsbefugnisse durch die Planung der Regierung
2.2.2 Wirksamkeit der parlamentarischen Kontrolle durch rechtzeitige Einschaltung in den Planungsprozeß
2.2.3 Verstärkung des Anteils des Parlaments an der politischen Führung

3 **Planungszuständigkeiten innerhalb der Bundesregierung**
3.1 Verhältnis Ressortplanung — Gesamt(aufgaben)planung: Gesamtplanung als Koordination oder Grundlage der Ressortplanung
3.2 Organisation der Planung: Einrichtung und ressortmäßige Zuordnung (Kanzleramt oder Gesamtregierung) eines „zivilen Generalstabs"

4 **Effektivität der bisherigen Einflußmöglichkeiten des Parlaments, insbesondere durch**
4.1 Einwirkung der parlamentarischen Mehrheit auf das Regierungsprogramm
4.2 die Gesetzgebung, und zwar durch
4.2.1 „allgemeine Planungsgesetze" (z.B. Grüner Plan, Bundesraumordnungsgesetz, Bundesfernstraßengesetz)
4.2.2 Gesetze nach Artikel 91 a, 104 a Abs. 3 und 4 GG
4.3 Das parlamentarische Budgetrecht
4.4 „Resolutionen" an die Regierung zur Entfaltung von Planungsinitiativen

5 **Möglichkeiten einer stärkeren Beteiligung des Parlaments an der Planung**
5.1 Verpflichtung der Regierung zur rechtzeitigen Information des Parlaments bei Beginn und Fortschreiten der Planung
5.2 Grundsätzliche Billigung von Planungszielen und Festlegung von Prioritäten
5.3 Parlamentarische Planungsbeiräte oder zentraler parlamentarischer Planungsausschuß
5.4 Gemeinschaftliche Planungsgremien von Parlament und Regierung

6 **Verbindlichkeit von Planungsentscheidungen**

III. **Berücksichtigung von Rechten der Länder durch den Bund bei Ausübung der auswärtigen Gewalt**

1 Soll den Ländern das Recht zum Abschluß internationaler Verträge gemäß Artikel 32 GG erhalten bleiben?

2 Soll der Bund auch im Bereich der ausschließlichen Gesetzgebungskompetenz der Länder zum Abschluß internationaler Verträge ermächtigt werden und die innerstaatlichen Rechtsanwendungsorgane zu ihrer Beachtung verpflichten können?
2.1 Soll dafür die Zustimmung des Bundesrates zum Zustimmungsgesetz ausreichen?
2.2 Soll die Mehrheit der Landtage der Länder dem zustimmen müssen?

3 Soll den Ländern zum Ausgleich des Verlustes ihrer beschränkten Kompetenz zum Abschluß internationaler Verträge ein Recht eingeräumt werden, an der Aushandlung und dem Abschluß völkerrechtlicher Verträge des Bundes beteiligt zu werden, die besondere oder wesentliche Interessen eines Landes berühren (Ablösung von Artikel 32 Abs. 2 GG und Übernahme des Lindauer Abkommens in das Grundgesetz)?

4 Gesetzgebungskompetenz des Bundes zur Durchführung von EG-Recht?

5 Zustimmung des Bundesrates bei der Übertragung von Hoheitsrechten der Länder auf zwischenstaatliche Einrichtungen gemäß Artikel 24 Abs. 1 GG?

IV. **Gesetzgebung**

1 **Grundsätzliche Kompetenzprobleme**
1.1 Beibehaltung der Kompetenzvermutung zugunsten der Länder (Artikel 70 Abs. 1 GG) und der bisherigen Dreiteilung in ausschließliche, konkurrierende und Rahmenkompetenzen?
1.1.1 Bewährung dieses Systems; Flexibilität?
1.2 Andere Verteilungssysteme
1.2.1 Einführung einer allgemeinen oder sektoralen Kompetenzvermutung zugunsten des Bundes, Katalog ausschließlicher Gesetzgebungskompetenzen der Länder?
1.2.2 Kataloge ausschließlicher Gesetzgebungskompetenzen des Bundes und der Länder; übriger Bereich zur konkurrierenden Gesetzgebung?
1.2.3 Erweiterung der Kompetenzen des Bundes mit qualifizierter Mehrheit; Zustimmung des Bundesrates?
1.2.4 Einführung einer neuen Grundsätze- und Planungskompetenz
1.3 Bestätigung durch Volksentscheid

2 **Änderungen unter Beibehaltung der Einteilung in ausschließliche, konkurrierende und Rahmengesetzgebung**
2.1 Ausschließliche Gesetzgebung
2.1.1 für den Bund
2.1.1.1 Enumerativsystem
2.1.1.2 Pauschalformulierung (nationales Interesse; Wahrung der Rechtseinheit)
2.1.2 für die Länder

Quelle: Beratungen und Empfehlungen zur Verfassungsreform. Schlußbericht der Enquête-Kommission Verfassungsreform des Deutschen Bundestages, in: Zur Sache 3/96, Teil 1: Parlament und Regierung, S. 272 ff.

Zum Auftrag der im Januar 1992 eingesetzten Verfassungskommission vgl. § 5 Einigungsvertrag.

II/4 Synopse der Bestimmungen des Grundgesetzes und der von der Gemeinsamen Verfassungskommission des Bundestages und Bundesrates empfohlenen Änderungen – Stand: Oktober 1993

Geltendes Recht	*Vorschlag der Gemeinsamen Verfassungskommission*
Artikel 3 GG (2) Männer und Frauen sind gleichberechtigt.	**Artikel 3 GG** (2) Männer und Frauen sind gleichberechtigt. Der Staat fördert die tatsächliche Durchsetzung der Gleichberechtigung von Frauen und Männern und wirkt auf die Beseitigung bestehender Nachteile hin.
	Artikel 20a GG Der Staat schützt auch in Verantwortung für die künftigen Generationen die natürlichen Lebensgrundlagen im Rahmen der verfassungsmäßigen Ordnung durch die Gesetzgebung und nach Maßgabe von Gesetz und Recht durch die vollziehende Gewalt und die Rechtsprechung.

Geltendes Recht

*Vorschlag der Gemeinsamen
Verfassungskommission*

Artikel 20b GG
Der Staat achtet die Identität der ethnischen,
kulturellen und sprachlichen Minderheiten.

Artikel 23 GG
(1) Zur Verwirklichung eines vereinten Euro-
pas wirkt die Bundesrepublik Deutschland bei
der Entwicklung der Europäischen Union mit,
die demokratischen, rechtsstaatlichen, sozialen
und föderativen Grundsätzen und dem Grund-
satz der Subsidiarität verpflichtet ist und einen
diesem Grundgesetz im wesentlichen vergleich-
baren Grundrechtsschutz gewährleistet. Der
Bund kann hierzu durch Gesetz mit Zustim-
mung des Bundesrates Hoheitsrechte übertra-
gen. Für die Begründung der Europäischen Uni-
on und Änderungen ihrer vertraglichen Grund-
lagen, durch die dieses Grundgesetz seinem In-
halt nach geändert oder ergänzt wird oder solche
Änderungen oder Ergänzungen ermöglicht wer-
den, gilt Artikel 79 Abs. 2 und 3.

(2) In Angelegenheiten der Europäischen Uni-
on wirken der Bundestag und durch den Bun-
desrat die Länder mit. Die Bundesregierung hat
den Bundestag und den Bundesrat umfassend
und zum frühestmöglichen Zeitpunkt zu unter-
richten.

(3) Die Bundesregierung gibt dem Bundestag
Gelegenheit zur Stellungnahme vor ihrer Mit-
wirkung an Rechtsetzungsakten der Europäi-
schen Union. Die Bundesregierung berücksich-
tigt die Stellungnahmen des Bundestages bei
den Verhandlungen. Das Nähere regelt ein Ge-
setz.

(4) Der Bundesrat ist an der Willensbildung
des Bundes zu beteiligen, soweit er an einer ent-
sprechenden innerstaatlichen Maßnahme mit-
zuwirken hätte oder soweit die Länder inner-
staatlich zuständig wären.

Geltendes Recht	*Vorschlag der Gemeinsamen Verfassungskommission*

(5) Soweit in einem Bereich ausschließlicher Zuständigkeiten des Bundes Interessen der Länder berührt sind oder soweit im übrigen der Bund das Recht zur Gesetzgebung hat, berücksichtigt die Bundesregierung die Stellungnahme des Bundesrates. Wenn im Schwerpunkt Gesetzgebungsbefugnisse der Länder, die Einrichtung ihrer Behörden oder ihre Verwaltungsverfahren betroffen sind, ist bei der Willensbildung des Bundes insoweit die Auffassung des Bundesrates maßgeblich zu berücksichtigen; dabei ist die gesamtstaatliche Verantwortung des Bundes zu wahren. In Angelegenheiten, die zu Ausgabenerhöhungen oder Einnahmeminderungen für den Bund führen können, ist die Zustimmung der Bundesregierung erforderlich.

(6) Wenn im Schwerpunkt ausschließliche Gesetzgebungsbefugnisse der Länder betroffen sind, soll die Wahrnehmung der Rechte, die der Bundesrepublik Deutschland als Mitgliedstaat der Europäischen Union zustehen, vom Bund auf einen vom Bundesrat benannten Vertreter der Länder übertragen werden. Die Wahrnehmung der Rechte erfolgt unter Beteiligung und in Abstimmung mit der Bundesregierung; dabei ist die gesamtstaatliche Verantwortung des Bundes zu wahren.

(7) Das Nähere zu den Absätzen 4 bis 6 regelt ein Gesetz, das der Zustimmung des Bundesrates bedarf.

Artikel 24 GG

(1) Der Bund kann durch Gesetz Hoheitsrechte auf zwischenstaatliche Einrichtungen übertragen.

Artikel 24 GG

(1) Der Bund kann durch Gesetz Hoheitsrechte auf zwischenstaatliche Einrichtungen übertragen.

(1a) Soweit die Länder für die Ausübung der staatlichen Befugnisse und die Erfüllung der staatlichen Aufgaben zuständig sind, können sie mit Zustimmung der Bundesregierung Hoheitsrechte auf grenznachbarschaftliche Einrichtungen übertragen.

(2) Der Bund kann sich zur Wahrung des Friedens einem System gegenseitiger kollektiver Sicherheit einordnen; er wird hierbei in die Beschränkungen seiner Hoheitsrechte einwilligen, die eine friedliche und dauerhafte Ordnung in Europa und zwischen den Völkern der Welt herbeiführen und sichern.

(2) Der Bund kann sich zur Wahrung des Friedens einem System gegenseitiger kollektiver Sicherheit einordnen; er wird hierbei in die Beschränkungen seiner Hoheitsrechte einwilligen, die eine friedliche und dauerhafte Ordnung in Europa und zwischen den Völkern der Welt herbeiführen und sichern.

Artikel 28 GG

(1) Die verfassungsmäßige Ordnung in den Ländern muß den Grundsätzen des republikanischen, demokratischen und sozialen Rechtsstaates im Sinne dieses Grundgesetzes entsprechen. In den Ländern, Kreisen und Gemeinden muß das Volk eine Vertretung haben, die aus allgemeinen, unmittelbaren, freien, gleichen und geheimen Wahlen hervorgegangen ist. In Gemeinden kann an die Stelle einer gewählten Körperschaft die Gemeindeversammlung treten.

(2) Den Gemeinden muß das Recht gewährleistet sein, alle Angelegenheiten der örtlichen Gemeinschaft im Rahmen der Gesetze in eigener Verantwortung zu regeln. Auch die Gemeindeverbände haben im Rahmen ihres gesetzlichen Aufgabenbereiches nach Maßgabe der Gesetze das Recht der Selbstverwaltung.

(3) Der Bund gewährleistet, daß die verfassungsmäßige Ordnung der Länder den Grundrechten und den Bestimmungen der Absätze 1 und 2 entspricht.

Artikel 29 GG

(7) Sonstige Änderungen des Gebietsstandes der Länder können durch Staatsverträge der beteiligten Länder oder durch Bundesgesetz mit Zustimmung des Bundesrates erfolgen, wenn das Gebiet, dessen Landeszugehörigkeit geändert werden soll, nicht mehr als *10 000* Einwohner hat. Das Nähere regelt ein Bundesgesetz, das der Zustimmung des Bundesrates und der Mehrheit des Mitglieder des Bundestages bedarf. Es muß die Anhörung der betroffenen Gemeinden und Kreise vorsehen.

Artikel 28 GG

(1) Die verfassungsmäßige Ordnung in den Ländern muß den Grundsätzen des republikanischen, demokratischen und sozialen Rechtsstaates im Sinne dieses Grundgesetzes entsprechen. In den Ländern, Kreisen und Gemeinden muß das Volk eine Vertretung haben, die aus allgemeinen, unmittelbaren, freien, gleichen und geheimen Wahlen hervorgegangen ist. In Gemeinden kann an die Stelle einer gewählten Körperschaft die Gemeindeversammlung treten. **Bei Wahlen in Kreisen und Gemeinden sind auch Personen, die die Staatsangehörigkeit eines Mitgliedstaates der Europäischen Gemeinschaft besitzen, nach Maßgabe von Recht der Europäischen Gemeinschaft wahlberechtigt und wählbar.**

(2) Den Gemeinden muß das Recht gewährleistet sein, alle Angelegenheiten der örtlichen Gemeinschaft im Rahmen der Gesetze in eigener Verantwortung zu regeln. Auch die Gemeindeverbände haben im Rahmen ihres gesetzlichen Aufgabenbereiches nach Maßgabe der Gesetze das Recht der Selbstverwaltung. **Die Gewährleistung der Selbstverwaltung umfaßt auch die Grundlagen der finanziellen Eigenverantwortung.**

(3) Der Bund gewährleistet, daß die verfassungsmäßige Ordnung der Länder den Grundrechten und den Bestimmungen der Absätze 1 und 2 entspricht.

Artikel 29 GG

(7) Sonstige Änderungen des Gebietsstandes der Länder können durch Staatsverträge der beteiligten Länder oder durch Bundesgesetz mit Zustimmung des Bundesrates erfolgen, wenn das Gebiet, dessen Landeszugehörigkeit geändert werden soll, nicht mehr als **50 000** Einwohner hat. Das Nähere regelt ein Bundesgesetz, das der Zustimmung des Bundesrates und der Mehrheit des Mitglieder des Bundestages bedarf. Es muß die Anhörung der betroffenen Gemeinden und Kreise vorsehen.

(8) Die Länder können eine Neugliederung für das jeweils von ihnen umfaßte Gebiet oder für Teilgebiete abweichend von den Vorschriften der Absätze 2 bis 7 durch Staatsvertrag regeln. Die betroffenen Gemeinden und Kreise sind zu hören. Der Staatsvertrag bedarf der Bestätigung durch Volksentscheid in jedem beteiligten Land. Betrifft der Staatsvertrag Teilgebiete der Länder, kann die Bestätigung auf Volksentscheide in diesen Teilgebieten beschränkt werden; Satz 5 2. Halbsatz findet keine Anwendung. Bei einem Volksentscheid entscheidet die Mehrheit der abgegebenen Stimmen, wenn sie mindestens ein Viertel der zum Bundestag Wahlberechtigten umfaßt; das Nähere regelt ein Bundesgesetz. Der Staatsvertrag bedarf der Zustimmung des Bundestages.

Artikel 45 GG

Der Bundestag bestellt einen Ausschuß für die Angelegenheiten der Europäischen Union. Er kann ihn ermächtigen, die Rechte des Bundestages gemäß Artikel 23 gegenüber der Bundesregierung wahrzunehmen.

Artikel 50 GG

Durch den Bundesrat wirken die Länder bei der Gesetzgebung und Verwaltung des Bundes mit.

Artikel 50 GG

Durch den Bundesrat wirken die Länder bei der Gesetzgebung und Verwaltung des Bundes und in Angelegenheiten der Europäischen Union mit.

Artikel 52 GG

(3) Der Bundesrat faßt seine Beschlüsse mit mindestens der Mehrheit seiner Stimmen. Er gibt sich eine Geschäftsordnung. Er verhandelt öffentlich. Die Öffentlichkeit kann ausgeschlossen werden.

Artikel 52 GG

(3) Der Bundesrat faßt seine Beschlüsse mit mindestens der Mehrheit seiner Stimmen. Er gibt sich eine Geschäftsordnung. Er verhandelt öffentlich. Die Öffentlichkeit kann ausgeschlossen werden.

(3a) Für Angelegenheiten der Europäischen Union kann der Bundesrat eine Europakammer bilden, deren Beschlüsse als Beschlüsse des Bundesrates gelten; Artikel 51 Abs. 2 und 3 Satz 2 gelten entsprechend.

(4) Den Ausschüssen des Bundesrates können andere Mitglieder oder Beauftragte der Regierungen der Länder angehören.

(4) Den Ausschüssen des Bundesrates können andere Mitglieder oder Beauftragte der Regierungen der Länder angehören.

Geltendes Recht

Vorschlag der Gemeinsamen Verfassungskommission

Artikel 72 GG

(1) Im Bereiche der konkurrierenden Gesetzgebung haben die Länder die Befugnis zur Gesetzgebung, solange und soweit der Bund von seinem Gesetzgebungsrechte keinen Gebrauch macht.

(2) Der Bund hat in diesem Bereich das Gesetzgebungsrecht, soweit ein Bedürfnis nach bundesgesetzlicher Regelung besteht, weil

1. eine Angelegenheit durch die Gesetzgebung einzelner Länder nicht wirksam geregelt werden kann oder

2. die Regelung einer Angelegenheit durch ein Landesgesetz die Interessen anderer Länder oder der Gesamtheit beeinträchtigen könnte oder

3. die Wahrung der Rechts- oder Wirtschaftseinheit, insbesondere die Wahrung der Einheitlichkeit der Lebensverhältnisse über das Gebiet eines Landes hinaus sie erfordert.

Artikel 72 GG

(1) Im Bereiche der konkurrierenden Gesetzgebung haben die Länder die Befugnis zur Gesetzgebung, **solange und soweit der Bund von seiner Gesetzgebungszuständigkeit nicht durch Gesetz Gebrauch gemacht hat.**

(2) Der Bund hat in diesem Bereich das Gesetzgebungsrecht, **wenn und soweit die Herstellung gleichwertiger Lebensverhältnisse im Bundesgebiet oder die Wahrung der Rechtseinheit im gesamtstaatlichen Interesse eine bundesgesetzliche Regelung erforderlich macht.**

(3) **Durch Bundesgesetz kann bestimmt werden, daß eine bundesgesetzliche Regelung, für die eine Erforderlichkeit im Sinne von Absatz 2 nicht mehr besteht, durch Landesrecht ersetzt werden kann.**

Artikel 74 GG

Die konkurrierende Gesetzgebung erstreckt sich auf folgende Gebiete:

5. den Schutz deutschen Kulturgutes gegen Abwanderung in das Ausland;

8. die Staatsangehörigkeit in den Ländern;

18. den Grundstücksverkehr, das Bodenrecht und das landwirtschaftliche Pachtwesen, das Wohnungswesen, das Siedlungs- und Heimstättenwesen;

Artikel 74 GG

Die konkurrierende Gesetzgebung erstreckt sich auf folgende Gebiete:

5. —;
 [Überführung der Materie in die Rahmengesetzgebungskompetenz des Bundes als Art. 75 Abs. 1 Nr. 6 (neu)]

8. —;

18. den Grundstücksverkehr, das Bodenrecht **(ohne das Recht der Erschließungsbeiträge)** und das landwirtschaftliche Pachtwesen, das Wohnungswesen, das Siedlungs- und Heimstättenwesen;

25. **die Staatshaftung;**

26. **die künstliche Befruchtung beim Menschen sowie die Untersuchung und die künstliche Veränderung von Erbinformationen sowie Regelungen zur Transplantation von Organen und Geweben;**

Geltendes Recht

(2) Gesetze nach Absatz 1 Nr. 25 bedürfen der Zustimmung des Bundesrates.

Artikel 75 GG

(1) Der Bund hat das Recht, unter den Voraussetzungen des Artikels 72 Rahmenvorschriften zu erlassen über:

1.a) die allgemeinen Grundsätze des Hochschulwesens;

2. die allgemeinen Rechtsverhältnisse der Presse und des Films;

Artikel 75 GG

(1) Der Bund hat das Recht, unter den Voraussetzungen des Artikels 72 Rahmenvorschriften **für die Gesetzgebung der Länder zu erlassen** über:

1.a) die allgemeinen Grundsätze des Hochschulwesens, **soweit sie die Zulassung zum Studium, die Studiengänge, die Prüfungen, die Hochschulgrade, das wissenschaftliche und künstlerische Personal betreffen;**

2. die allgemeinen Rechtsverhältnisse der Presse;

6. den Schutz deutschen Kulturgutes gegen Abwanderung in das Ausland.

(2) Rahmenvorschriften dürfen nur in Ausnahmefällen in Einzelheiten gehende oder unmittelbar geltende Regelungen enthalten.

(3) Erläßt der Bund Rahmenvorschriften, so sind die Länder verpflichtet, innerhalb einer durch das Gesetz bestimmten angemessenen Frist die erforderlichen Landesgesetze zu erlassen.

Artikel 76 GG
(Einbringung von Gesetzesvorlagen)

(2) Vorlagen der Bundesregierung sind zunächst dem Bundesrate zuzuleiten. Der Bundesrat ist berechtigt, innerhalb von sechs Wochen zu diesen Vorlagen Stellung zu nehmen. Die Bundesregierung kann eine Vorlage, die sie bei der Zuleitung an den Bundesrat ausnahmsweise als besonders eilbedürftig bezeichnet hat, nach drei Wochen dem Bundestage zuleiten, auch wenn die Stellungnahme des Bundesrates noch nicht bei ihr eingegangen ist; sie hat die Stellungnahme des Bundesrates unverzüglich nach Eingang dem Bundestage nachzureichen.

Artikel 76 GG

(2) Vorlagen der Bundesregierung sind zunächst dem Bundesrate zuzuleiten. Der Bundesrat ist berechtigt, innerhalb von sechs Wochen zu diesen Vorlagen Stellung zu nehmen. **Verlangt er aus wichtigem Grunde, insbesondere mit Rücksicht auf den Umfang einer Vorlage, eine Fristverlängerung, so beträgt die Frist neun Wochen.** Die Bundesregierung kann eine Vorlage, die sie bei der Zuleitung an den Bundesrat ausnahmsweise als besonders eilbedürftig bezeichnet hat, nach drei Wochen **oder, wenn der Bundesrat ein Verlangen nach Satz 3 geäußert hat, nach sechs Wochen** dem Bundestage zuleiten, auch wenn die Stellungnahme des Bundesrates noch nicht bei ihr eingegangen ist; sie hat die Stellungnahme des Bundesrates unverzüglich nach Eingang dem Bundestage nachzureichen. **Bei Vorlagen zur Änderung dieses Grundgesetzes und zur Übertragung von Hoheitsrechten nach Artikel 23 oder 24 beträgt die Frist zur Stellungnahme neun Wochen; Satz 4 findet keine Anwendung.**

(3) Vorlagen des Bundesrates sind dem Bundestage durch die Bundesregierung innerhalb von drei Monaten zuzuleiten. Sie hat hierbei ihre Auffassung darzulegen.

(3) Vorlagen des Bundesrates sind dem Bundestage durch die Bundesregierung innerhalb von sechs Wochen zuzuleiten. Sie soll hierbei ihre Auffassung darlegen. Verlangt sie aus wichtigem Grunde, insbesondere mit Rücksicht auf den Umfang einer Vorlage, eine Fristverlängerung, so beträgt die Frist neun Wochen. Wenn der Bundesrat eine Vorlage ausnahmsweise als besonders eilbedürftig bezeichnet hat, beträgt die Frist drei Wochen oder, wenn die Bundesregierung ein Verlangen nach Satz 3 geäußert hat, sechs Wochen. Bei Vorlagen zur Änderung dieses Grundgesetzes und zur Übertragung von Hoheitsrechten nach Artikel 23 oder 24 beträgt die Frist neun Wochen; Satz 4 findet keine Anwendung. Der Bundestag hat über die Vorlagen in angemessener Frist zu beraten und Beschluß zu fassen.

Artikel 77 GG
(Gesetzgebungsverfahren).

(1) Die Bundesgesetze werden vom Bundestage beschlossen. Sie sind nach ihrer Annahme durch den Präsidenten des Bundestages unverzüglich dem Bundesrate zuzuleiten.

(2) Der Bundesrat kann binnen drei Wochen nach Eingang des Gesetzesbeschlusses verlangen, daß ein aus Mitgliedern des Bundestages und des Bundesrates für die gemeinsame Beratung von Vorlagen gebildeter Ausschuß einberufen wird. Die Zusammensetzung und das Verfahren dieses Ausschusses regelt eine Geschäftsordnung, die vom Bundestage beschlossen wird und der Zustimmung des Bundesrates bedarf. Die in diesen Ausschuß entsandten Mitglieder des Bundesrates sind nicht an Weisungen gebunden. Ist zu einem Gesetze die Zustimmung des Bundesrates erforderlich, so können auch der Bundestag und die Bundesregierung die Einberufung verlangen. Schlägt der Ausschuß eine Änderung des Gesetzesbeschlusses vor, so hat der Bundestag erneut Beschluß zu fassen.

Artikel 77 GG

(2a) Soweit zu einem Gesetze die Zustimmung des Bundesrates erforderlich ist, hat der Bundesrat, wenn ein Verlangen nach Abs. 2 Satz 1 nicht gestellt oder das Vermittlungsverfahren ohne einen Vorschlag zur Änderung des Gesetzesbeschlusses beendet ist, in angemessener Frist über die Zustimmung Beschluß zu fassen.

(3) Soweit zu einem Gesetze die Zustimmung des Bundesrates nicht erforderlich ist, kann der Bundesrat, wenn das Verfahren nach Abs. 2 beendigt ist, gegen ein vom Bundestage beschlossenes Gesetz binnen zwei Wochen Einspruch einlegen. Die Einspruchsfrist beginnt im Falle des Abs. 2 letzter Satz mit dem Eingange des vom Bundestage erneut gefaßten Beschlusses. in allen anderen Fällen mit dem Eingange der Mitteilung des Vorsitzenden des in Abs. 2 vorgesehenen Ausschusses, daß das Verfahren vor dem Ausschusse abgeschlossen ist.

(4) Wird der Einspruch mit der Mehrheit der Stimmen des Bundesrates beschlossen, so kann er durch Beschluß der Mehrheit der Mitglieder des Bundestages zurückgewiesen werden. Hat der Bundesrat den Einspruch mit einer Mehrheit von mindestens zwei Dritteln seiner Stimmen beschlossen, so bedarf die Zurückweisung durch den Bundestag einer Mehrheit von zwei Dritteln, mindestens der Mehrheit der Mitglieder des Bundestages.

Artikel 80 GG
(Erlaß von Rechtsverordnungen).

(1) Durch Gesetz können die Bundesregierung, ein Bundesminister oder die Landesregierungen ermächtigt werden, Rechtsverordnungen zu erlassen. Dabei müssen Inhalt, Zweck und Ausmaß der erteilten Ermächtigung im Gesetze bestimmt werden. Die Rechtsgrundlage ist in der Verordnung anzugeben. Ist durch Gesetz vorgesehen, daß eine Ermächtigung weiter übertragen werden kann, so bedarf es zur Übertragung der Ermächtigung einer Rechtsverordnung.

(2) Der Zustimmung des Bundesrates bedürfen, vorbehaltlich anderweitiger bundesgesetzlicher Regelung, Rechtsverordnungen der Bundesregierung oder eines Bundesministers über Grundsätze und Gebühren für die Benutzung der Einrichtungen der Bundeseisenbahnen und des Post- und Fernmeldewesens, über den Bau und Betrieb der Eisenbahnen, sowie Rechtsverordnungen auf Grund von Bundesgesetzen, die der Zustimmung des Bundesrates bedürfen oder die von den Ländern im Auftrage des Bundes oder als eigene Angelegenheit ausgeführt werden.

Artikel 80 GG

Geltendes Recht

Vorschlag der Gemeinsamen Verfassungskommission

(3) Der Bundesrat kann der Bundesregierung Vorlagen für den Erlaß von Rechtsverordnungen zuleiten, die seiner Zustimmung bedürfen.

(4) Soweit durch Bundesgesetz oder auf Grund von Bundesgesetzen Landesregierungen ermächtigt werden, Rechtsverordnungen zu erlassen, sind die Länder zu einer Regelung auch durch Gesetz befugt.

Artikel 87 GG

(2) Als bundesunmittelbare Körperschaften des öffentlichen Rechtes werden diejenigen sozialen Versicherungsträger geführt, deren Zuständigkeitsbereich sich über das Gebiet eines Landes hinaus erstreckt.

Artikel 87 GG

(2) Als bundesunmittelbare Körperschaften des öffentlichen Rechtes werden diejenigen sozialen Versicherungsträger geführt, deren Zuständigkeitsbereich sich über das Gebiet eines Landes hinaus erstreckt. Soziale Versicherungsträger, deren Zuständigkeitsbereich sich über das Gebiet eines Landes, aber nicht über mehr als drei Länder hinaus erstreckt, werden abweichend von Satz 1 als landesunmittelbare Körperschaften des öffentlichen Rechts geführt, wenn das aufsichtsführende Land durch die beteiligten Länder bestimmt ist.

Artikel 87d GG

(1) Die Luftverkehrsverwaltung wird in bundeseigener Verwaltung geführt.

Artikel 87d GG

(1) Die Luftverkehrsverwaltung wird in bundeseigener Verwaltung geführt. Über die öffentlich-rechtliche oder privat-rechtliche Organisationsform wird durch Bundesgesetz entschieden.

Artikel 88 GG

Der Bund errichtet eine Währungs- und Notenbank als Bundesbank.

Artikel 88 GG

Der Bund errichtet eine Währungs- und Notenbank als Bundesbank. Ihre Aufgaben und Befugnisse können einer Europäischen Zentralbank übertragen werden.

Artikel 93 GG

(1) Das Bundesverfassungsgericht entscheidet:

Artikel 93 GG

(1) Das Bundesverfassungsgericht entscheidet:

2.a) bei Meinungsverschiedenheiten, ob ein Gesetz den Voraussetzungen des Artikels 72 Abs. 2 entspricht, auf Antrag des Bundesrates, einer Landesregierung oder der Volksvertretung eines Landes;

<div style="text-align:center">

Geltendes Recht

*Vorschlag der Gemeinsamen
Verfassungskommission*

</div>

Artikel 115e GG

(2) Durch ein Gesetz des Gemeinsamen Ausschusses darf das Grundgesetz weder geändert noch ganz oder teilweise außer Kraft oder außer Anwendung gesetzt werden. Zum Erlaß von Gesetzen nach Artikel 24 Abs. 1 und Artikel 29 ist der Gemeinsame Ausschuß nicht befugt.

Artikel 115e GG

(2) Durch ein Gesetz des Gemeinsamen Ausschusses darf das Grundgesetz weder geändert noch ganz oder teilweise außer Kraft oder außer Anwendung gesetzt werden. Zum Erlaß von Gesetzen nach **Artikel 23 Abs. 1 Satz 2, Artikel 24 Abs. 1 oder Artikel 29 ist der Gemeinsame Ausschuß nicht befugt.**

Artikel 118a GG

Die Neugliederung in dem die Länder Berlin und Brandenburg umfassenden Gebiet kann abweichend von den Vorschriften des Artikels 29 unter Beteiligung ihrer Wahlberechtigten durch Vereinbarung beider Länder erfolgen.

Artikel 125a GG

Recht, das als Bundesrecht erlassen worden ist, aber wegen nachträglicher Änderung dieses Grundgesetzes nicht mehr als Bundesrecht erlassen werden könnte, gilt als Bundesrecht fort. Es kann durch Landesrecht aufgehoben und ergänzt werden.

Quelle: Bericht der Gemeinsamen Verfassungskommission, in: Zur Sache 5/93, S. 254 ff.

II/5 Landesverfassung der Freien Hansestadt Bremen

Vom 21. Oktober 1947 (Brem. Ges.-Bl. S. 251) i. d. F. der Änderungsgesetze vom 16. Januar 1953 (Brem. Ges.-Bl. S. 7), vom 29. März 1960 (Brem. Ges.-Bl. S. 41), vom 8. September 1970 (Brem. Ges.-Bl. S. 93), vom 13. März 1973 (Brem. Ges.-Bl. S. 17), vom 9. Dezember 1986 (Brem. Ges.-Bl. S. 283), vom 8. September 1987 (Brem. Ges.-Bl. S. 233) und vom 1. November 1994 (Brem. Ges.-Bl. S. 289) — Auszüge

Erster Hauptteil
Grundrechte und Grundpflichten

Art. 1 (Bindung der Staatsgewalt)

Gesetzgebung, Verwaltung und Rechtsprechung sind an die Gebote der Sittlichkeit und Menschlichkeit gebunden.

Art. 2 (Gleichheit vor dem Gesetz)

Alle Menschen sind vor dem Gesetz gleich und haben das Recht auf gleiche wirtschaftliche und kulturelle Entwicklungsmöglichkeiten.

Niemand darf wegen seines Geschlechts, seiner Abstammung, seiner sozialen Stellung, seiner religiösen und politischen Anschauungen bevorzugt oder benachteiligt werden.

Art. 3 (Handlungsfreiheit)

Alle Menschen sind frei. Ihre Handlungen dürfen nicht die Rechte anderer verletzten oder gegen das Gemeinwohl verstoßen.

Die Freiheit kann nur durch Gesetz eingeschränkt werden, wenn die öffentliche Sicherheit, Sittlichkeit, Gesundheit oder Wohlfahrt es erfordert.

Niemand darf zu einer Handlung, Duldung oder Unterlassung gezwungen werden, wenn nicht ein Gesetz oder eine auf Gesetz beruhende Bestimmung dies verlangt oder zuläßt.

Art. 4 (Glaubens- und Gewissensfreiheit)

Glaube, Gewissen und Überzeugung sind frei. Die ungehinderte Ausübung der Religion wird gewährleistet.

Art. 5 (Freiheit der Person, Einschränkung: Recht auf Verteidigung) . . .

Art. 6 (Verbot von Sondergerichten) . . .

Art. 7 (Verbot rückwirkender Anwendung von Strafgesetzen und Doppelbestrafung) . . .

Art. 8 (Recht auf Arbeit, freie Berufswahl)

Jeder hat die sittliche Pflicht zu arbeiten und ein Recht auf Arbeit.

Jeder hat das Recht, seinen Beruf frei zu wählen.

Art. 9 (Verfassungstreue, Ehrenämter)

Jeder hat die Pflicht der Treue gegen Volk und Verfassung. Er hat die Pflicht, am öffentlichen Leben Anteil zu nehmen und seine Kräfte zum Wohle der Allgemeinheit einzusetzen. Er ist nach Maßgabe der Gesetze verpflichtet, Ehrenämter anzunehmen.

Art. 10 (Hilfeleistungspflicht)

Bei Unglücksfällen, Notständen und Naturkatastrophen besteht eine allgemeine Verpflichtung zu gegenseitiger Hilfeleistung.

Art. 11 (Kunst, Wissenschaft und Lehre)

Die Kunst, die Wissenschaft und ihre Lehre sind frei.

Der Staat gewährt ihnen Schutz und nimmt an ihrer Pflege teil.

Art. 11 a (Schutz der natürlichen Umwelt)

Staat, Gemeinden und Körperschaften des öffentlichen Rechts tragen Verantwortung für die natürlichen Lebensgrundlagen. Daher gehört es auch zu ihren vorrangigen Aufgaben, Boden, Wasser und Luft zu schützen, mit Naturgütern und Energie sparsam umzugehen sowie die heimischen Tier- und Pflanzenarten und ihre natürliche Umgebung zu schonen und zu erhalten.

Schäden im Naturhaushalt sind zu beheben oder auszugleichen.

Art. 12 (Mensch und Technik)

Der Mensch steht höher als Technik und Maschine.

Zum Schutz der menschlichen Persönlichkeit und des menschlichen Zusammenlebens kann durch Gesetz die Benutzung wissenschaftlicher Erfindungen und technischer Einrichtungen unter staatliche Aufsicht und Lenkung gestellt sowie beschränkt und untersagt werden.

Art. 13 (Eigentum, Erbrecht, Enteignung)

Eigentum verpflichtet gegenüber der Gemeinschaft. Sein Gebrauch darf dem Gemeinwohl nicht zuwiderlaufen. Unter diesen Voraussetzungen werden Eigentum und Erbrecht gewährleistet.

Eigentum darf nur zu Zwecken des Gemeinwohls, auf gesetzlicher Grundlage und, vorbehaltlich der Bestimmung des Artikels 44, nur gegen angemessene Entschädigung entzogen werden.

Art. 14 (Wohnung; Anspruch und Unverletzlichkeit)

Jeder Bewohner der Freien Hansestadt Bremen hat Anspruch auf eine angemessene Wohnung. Es ist Aufgabe des Staates und der Gemeinden, die Verwirklichung dieses Anspruchs zu fördern . . .

Art. 15 (Freie Meinungsäußerung, Postgeheimnis, Informationsfreiheit) . . .

Art. 16 (Versammlungsfreiheit) . . .

Art. 17 (Vereinigungsfreiheit) . . .

Art. 18 (Freizügigkeit) . . .

Art. 19 (Widerstandsrecht)

Wenn die in der Verfassung festgelegten Menschenrechte durch die öffentliche Gewalt verfassungswidrig angetastet werden, ist Widerstand jedermanns Recht und Pflicht.

Art. 20 (Verfassungsänderungen)

Verfassungsänderungen, die die in diesem Abschnitt enthaltenen Grundgedanken der allgemeinen Menschenrechte verletzen, sind unzulässig.

Die Grundrechte und Grundpflichten binden den Gesetzgeber, den Verwaltungsbeamten und den Richter unmittelbar.

Artikel 1 und Artikel 20 sind unabänderlich.

Zweiter Hauptteil
Ordnung des sozialen Lebens
I. Abschnitt: Die Familie

Art. 21 (Schutz der Familie)

Ehe und Familie bilden die Grundlagen des Gemeinschaftslebens und haben darum Anspruch auf den Schutz und die Förderung des Staates.

Art. 22 (Gleichberechtigung)

Mann und Frau haben in der Ehe grundsätzlich die gleichen bürgerlichen Rechte und Pflichten.

Die häusliche Arbeit der Frau wird der Berufsarbeit des Mannes gleichgeachtet.

Art. 23 (Erziehung)

Die Eltern haben das Recht und die Pflicht, ihre Kinder zu aufrechten und lebenstüchtigen Menschen zu erziehen. Staat und Gemeinde leisten ihnen hierbei die nötige Hilfe.

In persönlichen Erziehungsfragen ist der Wille der Eltern maßgebend.

Das Erziehungsrecht kann den Eltern nur durch Richterspruch nach Maßgabe des Gesetzes entzogen werden.

Art. 24 (Uneheliche Kinder)

Eheliche und uneheliche Kinder haben den gleichen Anspruch auf Förderung und werden im beruflichen und öffentlichen Leben gleich behandelt.

Art. 25 (Jugendschutz)

Es ist Aufgabe des Staates, die Jugend vor Ausbeutung und vor körperlicher, geistiger und sittlicher Verwahrlosung zu schützen.

Fürsorgemaßnahmen, die auf Zwang beruhen, bedürfen der gesetzlichen Grundlage.

II. Abschnitt: Erziehung und Unterricht

Art. 26 (Aufgaben und Ziele)

Die Erziehung und Bildung der Jugend hat im wesentlichen folgende Aufgaben:

1. Die Erziehung zu einer Gemeinschaftsgesinnung, die auf der Achtung vor der Würde jedes Menschen und auf dem Willen zu sozialer Gerechtigkeit und politischer Verantwortung beruht, zur Sachlichkeit und Duldsamkeit gegenüber den Meinungen anderer führt und zur friedlichen Zusammenarbeit mit anderen Menschen und Völkern aufruft.

2. Die Erziehung zu einem Arbeitswillen, der sich dem allgemeinen Wohl einordnet, sowie die Ausrüstung mit den für den Eintritt ins Berufsleben erforderlichen Kenntnissen und Fähigkeiten.

3. Die Erziehung zum eigenen Denken, zur Achtung vor der Wahrheit, zum Mut, sie zu bekennen und das als richtig und notwendig Erkannte zu tun.

4. Die Erziehung zur Teilnahme am kulturellen Leben des eigenen Volkes und fremder Völker.

5.[1] Die Erziehung zum Verantwortungsbewußtsein für Natur und Umwelt.

Art. 27 (Recht auf Bildung)

Jeder hat nach Maßgabe seiner Begabung das gleiche Recht auf Bildung.

Dieses Recht wird durch öffentliche Einrichtungen gesichert.

Art. 28 (Aufsicht des Schulwesens) . . .

Art. 29 (Privatschulen) . . .

Art. 30 (Schulpflicht) . . .

Art. 31 (Lehrgeld- und Lernmittelfreiheit, Begabtenförderung) . . .

Art. 32 (Gemeinschaftsschule, Religionsunterricht)

Die allgemeinbildenden öffentlichen Schulen sind Gemeinschaftsschulen mit bekenntnismäßig nicht gebundenem Unterricht in Biblischer Geschichte auf allgemein christlicher Grundlage.

Unterricht in Biblischer Geschichte wird nur von Lehrern erteilt, die sich dazu bereit erklärt haben. Über die Teilnahme der Kinder an diesem Unterricht entscheiden die Erziehungsberechtigten.

Kirchen-, Religions- und Weltanschauungsgemeinschaften haben das Recht, außerhalb der Schulzeit in ihrem Bekenntnis oder ihrer Weltanschauung diejenigen Kinder zu unterweisen, deren Erziehungsberechtigte dies wünschen.

Art. 33 (Religiöse Toleranz)

In allen Schulen herrscht der Grundsatz der Duldsamkeit. Der Lehrer hat in jedem Fach auf die religiösen und weltanschaulichen Empfindungen aller Schüler Rücksicht zu nehmen.

Art. 34 (Hochschulen) . . .

Art. 35 (Erwachsenenbildung) . . .

Art. 36 (Jugendförderung) . . .

III. Abschnitt: Arbeit und Wirtschaft

Art. 37 (Schutz der Arbeit)

Die Arbeit steht unter dem besonderen Schutz des Staates.

Jede Arbeit hat den gleichen sittlichen Wert.

1 Eingefügt durch Gesetz vom 9. Dezember 1986.

Art. 38 (Wirtschaftszweck)

Die Wirtschaft hat dem Wohle des ganzen Volkes und der Befriedigung seines Bedarfs zu dienen.

Die Wirtschaft der Freien Hansestadt Bremen ist ein Glied der einheitlichen deutschen Wirtschaft und hat in ihrem Rahmen die besondere Aufgabe, Seehandel, Seeschiffahrt und Seefischerei zu pflegen.

Art. 39 (Wirtschaftsordnung)

Der Staat hat die Pflicht, die Wirtschaft zu fördern, eine sinnvolle Lenkung der Erzeugung, der Verarbeitung und des Warenverkehrs durch Gesetz zu schaffen, jedermann einen gerechten Anteil an dem wirtschaftlichen Ertrag aller Arbeit zu sichern und ihn vor Ausbeutung zu schützen. Im Rahmen der hierdurch gezogenen Grenzen ist die wirtschaftliche Betätigung frei.

Art. 40 (Mittelstand, Genossenschaften)

Selbständige Klein- und Mittelbetriebe in Landwirtschaft, Industrie, Handwerk, Handel und Schiffahrt sind durch Gesetzgebung und Verwaltung zu schützen und zu fördern.

Genossenschaften aller Art und gemeinnützige Unternehmen sind als Form der Gemeinwirtschaft zu fördern.

Art. 41 (Wettbewerbsfreiheit)

Die Aufrechterhaltung oder Bildung aller die Freiheit des Wettbewerbs beschränkenden privaten Zusammenschlüsse in der Art von Monopolen, Konzernen, Trusts, Kartellen und Syndikaten ist in der Freien Hansestadt Bremen untersagt. Unternehmen, die solchen Zusammenschlüssen angehören, haben mit Inkrafttreten dieser Verfassung daraus auszuscheiden.

Durch Gesetz können nach gutachtlicher Äußerung der Wirtschaftskammer Ausnahmen zugelassen werden.

Art. 42 (Überführung in Gemeineigentum)

I. Durch Gesetz sind in Gemeineigentum zu überführen:

 a) Unternehmen, die den im Artikel 41 bezeichneten Zusammenschlüssen angehört haben und auch nach ihrem Ausscheiden aus diesen Zusammenschlüssen noch eine Macht innerhalb der deutschen Wirtschaft verkörpern, die die Gefahr eines politischen, wirtschaftlichen oder sozialen Mißbrauchs in sich schließt.

 b) Unternehmen, deren Wirtschaftszweck besser in gemeinwirtschaftlicher Form erreicht werden kann.

II. Durch Gesetz können in Gemeineigentum überführt werden:

 a) Unternehmen, die eine nicht auf eigener technischer Leistung beruhende Monopolstellung innerhalb der deutschen Wirtschaft einnehmen.

 b) Die mit öffentlichen Mitteln für Rüstungszwecke geschaffenen Betriebe und die daraus entstandenen neuen Unternehmen.

 c) Unternehmen, die volkswirtschaftlich notwendig sind, aber nur durch laufende staatliche Kredite, Subventionen oder Garantien bestehen können.

d) Unternehmen, die aus eigensüchtigen Beweggründen volkswirtschaftlich notwendige Güter verschwenden oder die sich beharrlich den Grundsätzen der sozialen Wirtschaftsverfassung widersetzen.

III. Ob diese Voraussetzungen vorliegen und welche Unternehmen davon betroffen werden, ist in jedem Falle nach gutachtlicher Äußerung der Wirtschaftskammer durch Gesetz zu bestimmen.

Art. 43 (Rechtsträger und Verwaltung von Gemeineigentum) . . .

Art. 44 (Entschädigung bei Enteignungen) . . .

Art. 45 (Raumordnung)

1. Der Staat übt eine Aufsicht darüber aus, wie der Grundbesitz verteilt ist und wie er genutzt wird. Er hat das Fortbestehen und die Neubildung von übermäßig großem Grundbesitz zu verhindern.

2. Enteignet werden kann Grundbesitz auf gesetzlicher Grundlage,

 a) soweit er eine bestimmte, vom Gesetz vorgeschriebene Größe übersteigt,

 b) soweit sein Erwerb zur Befriedigung des Wohnungsbedürfnisses, zur Förderung der Siedlung und Urbarmachung oder zur Hebung der Landwirtschaft nötig ist,

 c) soweit sein Erwerb zur Schaffung lebensnotwendiger Anlagen wirtschaftlicher und sozialer Art erforderlich ist.

3. Eine Umlegung von Grundstücken ist nach näherer gesetzlicher Regelung vorzunehmen,

 a) zur Herbeiführung einer besseren wirtschaftlichen Nutzung getrennt liegender landwirtschaftlicher Grundstücke,

 b) zur Durchführung einer Stadt- oder Landesplanung, insbesondere auch in kriegszerstörten Gebieten sowie zur Erschließung von Baugelände und zur Herbeiführung einer zweckmäßigen Gestaltung von Baugrundstücken.

 Durch Gesetz kann vorgeschrieben werden, daß zu öffentlichen Zwecken, insbesondere für Straßen, Plätze, Grün- und Erholungsflächen, Wasserzüge und ähnliche öffentliche Einrichtungen, Grundflächen der Umlegungsmasse ohne Entschädigung in das Eigentum des Staates oder der Gemeinde übergehen.

4. Grundbesitz ist der Spekulation zu entziehen. Steigerungen des Bodenwertes, die ohne besonderen Arbeits- oder Kapitalaufwand des Eigentümers entstehen, sind für die Allgemeinheit nutzbar zu machen.

5. Bei Grundbesitz, der landwirtschaftlichen, forstwirtschaftlichen oder gartenwirtschaftlichen Zwecken dient, sind durch Gesetz Maßnahmen zu treffen, daß der Grundbesitz ordnungsmäßig bewirtschaftet wird. Das Gesetz kann vorsehen, daß ein Grundstück, das trotz behördlicher Anmahnung nicht ordnungsmäßig bewirtschaftet wird, von einem Treuhänder verwaltet oder einem anderen zur Nutzung auf Zeit übertragen, in besonderen Fällen auch enteignet wird.

Art. 46 (Wirtschaftskammer)

Zur Förderung der Wirtschaft und der Sozialpolitik wird eine Wirtschaftskammer errichtet. Sie ist paritätisch durch Vertreter der Unternehmer und Arbeitnehmer zu bilden und zu verwalten.

Das Nähere regelt das Gesetz.

Art. 47 (Betriebsvertretungen)

Alle Personen in Betrieben und Behörden erhalten gemeinsame Betriebsvertretungen, die in allgemeiner, gleicher, geheimer und unmittelbarer Wahl von den Arbeitnehmern zu wählen sind.

Die Betriebsvertretungen sind dazu berufen, im Benehmen mit den Gewerkschaften gleichberechtigt mit den Unternehmern in wirtschaftlichen, sozialen und personellen Fragen des Betriebes mitzubestimmen.

Das hierfür geltende Recht wird das Gesetz über die Betriebsvertretungen unter Beachtung des Grundsatzes schaffen, daß zentrales Recht Landesrecht bricht. In dem Gesetz sind die öffentlich-rechtlichen Befugnisse der zuständigen Stellen des Landes und der Gemeinden sowie die parlamentarische Verantwortlichkeit bei den Behörden und bei den Betrieben, die in öffentlicher Hand sind, zu wahren.

Art. 48 (Koalitionsfreiheit)

Arbeitnehmer und Unternehmer haben die Freiheit, sich zu vereinigen, um die Arbeits- und Wirtschaftsbedingungen zu gestalten. Niemand darf gehindert oder gezwungen werden, Mitglied einer solchen Vereinigung zu werden.

Art. 49 (Recht auf Arbeit oder Arbeitslosenhilfe)

Die menschliche Arbeitskraft genießt den besonderen Schutz des Staates.

Der Staat ist verpflichtet, geeignete Maßnahmen zu treffen, daß jeder, der auf Arbeit angewiesen ist, durch Arbeit seinen Lebensunterhalt erwerben kann.

Wer ohne Schuld arbeitslos ist, hat Anspruch auf Unterhalt für sich und seine unterhaltsberechtigten Angehörigen.

Art. 50 (Arbeitsrecht)

Für alle Personen in Betrieben und Behörden ist ein neues soziales Arbeitsrecht zu schaffen.

Im Rahmen dieses Arbeitsrechts können Gesamtvereinbarungen nur zwischen den Vereinigungen der Arbeitnehmer und Unternehmer oder ihren Vertretungen abgeschlossen werden. Sie schaffen verbindliches Recht, das grundsätzlich nur zugunsten der Arbeitnehmer abbedungen werden kann.

Art. 51 (Schlichtungswesen; Streikrecht)

Das Schlichtungswesen wird gesetzlich geregelt. Die zuständigen staatlichen Schlichtungsstellen haben die Aufgabe, eine Verständigung zwischen den Beteiligten zu fördern und auf Antrag einer oder beider Parteien oder auf Antrag des Senats Schiedssprüche zu fällen.

Die Schiedssprüche können aus Gründen des Gemeinwohls für verbindlich oder allgemein verbindlich erklärt werden.

Das Streikrecht der wirtschaftlichen Vereinigungen wird anerkannt.

Art. 52 (Arbeitsbedingungen)

Die Arbeitsbedingungen müssen die Gesundheit, die Menschenwürde, das Familienleben und die wirtschaftlichen und kulturellen Bedürfnisse des Arbeitnehmers sichern. Sie haben insbesondere die leibliche, geistige und sittliche Entwicklung der Jugendlichen zu fördern.

Kinderarbeit ist verboten.

Art. 53 (Gleicher Lohn für gleiche Leistung)

Bei gleicher Arbeit haben Jugendliche und Frauen Anspruch auf gleichen Lohn, wie ihn die Männer erhalten.

Der Frau steht bei gleicher Eignung ein gleichwertiger Arbeitsplatz zu.

Art. 54 (Mutterschutz)

Durch Gesetz sind Einrichtungen zum Schutz der Mütter und Kinder zu schaffen und die Gewähr, daß die Frau ihre Aufgabe im Beruf und als Bürgerin mit ihren Pflichten als Frau und Mutter vereinen kann.

Art. 55 (1. Mai, Sonn- und Feiertag; Arbeitszeitbegrenzung)

Der 1. Mai ist gesetzlicher Feiertag als Bekenntnis zu sozialer Gerechtigkeit und Freiheit, zu Frieden und Völkerverständigung.

Der Achtstundentag ist der gesetzliche Arbeitstag.

Alle Sonn- und gesetzlichen Feiertage sind arbeitsfrei.

Ausnahmen können durch Gesetz oder Gesamtvereinbarungen zugelassen werden, wenn die Art der Arbeit oder das Gemeinwohl es erfordern. Das Arbeitsentgelt für die in die Arbeitszeit fallenden gesetzlichen Feiertage wird weitergezahlt.

Art. 56 (Mindesturlaub)

Jeder Arbeitende hat Anspruch auf einen bezahlten, zusammenhängenden Urlaub von mindestens 12 Arbeitstagen im Jahr. Dieser Anspruch ist unabdingbar und kann auch nicht abgegolten werden.

Näheres wird durch Gesetz oder Vereinbarungen der beteiligten Stellen geregelt.

Art. 57 (Sozialversicherung)

Es ist eine das gesamte Volk verbindende Sozialversicherung zu schaffen.

Die Sozialversicherung hat die Aufgabe, den Gesundheitszustand des Volkes, auch durch vorbeugende Maßnahmen, zu heben, Kranken, Schwangeren und Wöchnerinnen jede erforderliche Hilfe zu leisten und eine ausreichende Versorgung für Erwerbsbeschränkte, Erwerbsunfähige und Hinterbliebene sowie im Alter zu sichern.

Leistungen sind in einer Höhe zu gewähren, die den notwendigen Lebensunterhalt sichern.

Die Sozialversicherung ist sinnvoll aufzubauen. Die Selbstverwaltung der Versicherten wird anerkannt. Ihre Organe werden in allgemeiner, gleicher und geheimer Wahl gewählt.

Das Nähere bestimmt das Gesetz.

Art. 58 (Sozialfürsorge)

Wer nicht in der Lage ist, für sich und seine unterhaltsberechtigten Angehörigen den notwendigen Lebensunterhalt zu erwerben, erhält ihn aus öffentlichen Mitteln, wenn er ihn nicht aus vorhandenem Vermögen bestreiten kann oder einen gesetzlichen oder anderweitigen Anspruch auf Lebensunterhalt hat.

Durch den Bezug von Unterstützung aus öffentlichen Mitteln dürfen staatsbürgerliche Rechte nicht beeinträchtigt werden.

IV. Abschnitt: Kirchen und Religionsgesellschaften

Art. 59 (Selbstverwaltung) . . .

Art. 60 (Vereinigungsfreiheit) . . .

Art. 61 (Rechtspersönlichkeit) . . .

Art. 62 (Anstaltsseelsorger) . . .

Art. 63 (Gemeinnützigkeiten) . . .

Dritter Hauptteil
Aufbau und Aufgaben des Staates
I. Abschnitt: Allgemeines

Art. 64 (Freie Hansestadt)

Der bremische Staat führt den Namen „Freie Hansestadt Bremen" und ist ein Glied der deutschen Republik und Europas.

Art. 65 (Bekenntnis zur Demokratie)

Die Freie Hansestadt Bremen bekennt sich zu Demokratie, sozialer Gerechtigkeit, Freiheit, Schutz der natürlichen Umwelt, Frieden und Völkerverständigung.

Sie fördert die grenzüberschreitende regionale Zusammenarbeit, die auf den Aufbau nachbarschaftlicher Beziehungen, auf das Zusammenwachsen Europas und auf die friedliche Entwicklung der Welt gerichtet ist.

Die Freie Hansestadt Bremen bekennt sich zum Zusammenhalt der Gemeinden des Landes und wirkt auf gleichwertige Lebensverhältnisse hin.

Art. 66 (Volkssouveränität)

Die Staatsgewalt geht vom Volke aus.

Sie wird nach Maßgabe dieser Verfassung und der auf Grund der Verfassung erlassenen Gesetze ausgeübt:

a) unmittelbar durch die Gesamtheit der stimmberechtigten Bewohner des bremischen Staatsgebietes, die ihren Willen durch Abstimmung (Volksentscheid) und durch Wahl zur Volksvertretung (Landtag) äußert.

b) mittelbar durch den Landtag (Bürgerschaft) und die Landesregierung (Senat).

Art. 67 (Gewaltenteilung)

Die gesetzgebende Gewalt steht ausschließlich dem Volk (Volksentscheid) und der Bürgerschaft zu.

Die vollziehende Gewalt liegt in den Händen des Senats und der nachgeordneten Vollzugsbehörden.

Die richterliche Gewalt wird durch unabhängige Richter ausgeübt.

Art. 68 (Symbole)

Die Freie Hansestadt Bremen führt ihre bisherigen Wappen und Flaggen.

II. Abschnitt:
Volksentscheid, Landtag und Landesregierung

a) Der Volksentscheid

Art. 69 (Stimmberechtigung – Abstimmung)

Beim Volksentscheid ist stimmberechtigt, wer zur Bürgerschaft wahlberechtigt ist.

Die Abstimmung ist allgemein, gleich, unmittelbar, frei und geheim; sie kann nur bejahend oder verneinend lauten.

Der Abstimmungstag muß ein Sonntag oder allgemeiner öffentlicher Ruhetag sein.

Art. 70 (Gegenstand des Volksentscheids)

Der Volksentscheid findet statt:

a) wenn die Bürgerschaft mit der Mehrheit ihrer Mitglieder eine Verfassungsänderung dem Volksentscheid unterbreitet;

b) wenn die Bürgerschaft eine andere zu ihrer Zuständigkeit gehörende Frage dem Volksentscheid unterbreitet;

c) wenn ein Fünftel der Stimmberechtigten die vorzeitige Beendigung der Wahlperiode verlangt;

d) wenn ein Zehntel der Stimmberechtigten das Begehren auf Beschlußfassung über einen Gesetzentwurf stellt. Soll die Verfassung geändert werden, muß ein Fünftel der Stimmberechtigten das Begehren unterstützen. Der Gesetzentwurf ist vom Senat unter Darlegung seiner Stellungnahme der Bürgerschaft zu unterbreiten. Der Volksentscheid findet nicht statt, wenn der Gesetzentwurf in der Bürgerschaft unverändert angenommen worden ist. Ist das Gesetz durch Volksentscheid abgelehnt, so ist ein erneutes Volksbegehren auf Vorlegung desselben Gesetzentwurfes erst zulässig, nachdem inzwischen die Bürgerschaft neu gewählt ist.

Ein Volksentscheid über den Haushaltsplan, über Dienstbezüge und über Steuern, Abgaben und Gebühren sowie über Einzelheiten solcher Gesetzesvorlagen ist unzulässig.

Art. 71 (Inhalt) . . .

Art. 72 (Beteiligung, Mehrheiten) . . .

Art. 73 (Ausfertigung und Verkündung) . . .

Art. 74 (Verfahrensregelung) . . .

b) Der Landtag (Bürgerschaft)

Art. 75 (Zusammensetzung, Wahl)

Die Mitglieder der Bürgerschaft werden in den Wahlbereichen Bremen und Bremerhaven auf vier Jahre in allgemeiner, gleicher, unmittelbarer, freier und geheimer Wahl gewählt. Das Nähere, insbesondere über Wahlberechtigung und Wählbarkeit, bestimmt das Wahlgesetz.

Die Zahl der Mitglieder der Bürgerschaft wird durch Gesetz festgelegt. Auf Wahlvorschläge, für die weniger als fünf vom Hundert der Stimmen im Wahlbereich Bremen bzw. im Wahlbereich Bremerhaven abgegeben werden, entfallen keine Sitze.

Gewählt wird innerhalb des letzten Monats der Wahlperiode der vorhergehenden Bürgerschaft, soweit die Verfassung nichts anderes bestimmt.

Der Wahltag muß ein Sonntag oder allgemeiner öffentlicher Ruhetag sein.

Art. 76 (Vorzeitige Beendigung der Wahlperiode)

Die Wahlperiode kann vorzeitig beendet werden:

a) durch Beschluß der Bürgerschaft. Der Antrag muß von wenigstens einem Drittel der gesetzlichen Mitgliederzahl gestellt und mindestens zwei Wochen vor der Sitzung, auf deren Tagesordnung er gebracht wird, allen Abgeordneten und dem Senat mitgeteilt werden. Der Beschluß bedarf der Zustimmung von mindestens zwei Dritteln der Mitglieder der Bürgerschaft.

b) durch Volksentscheid, wenn ein Fünftel der Stimmberechtigten es verlangt (Volksbegehren).

Durch Volksentscheid kann die Wahlperiode nur vorzeitig beendet werden, wenn die Mehrheit der Stimmberechtigten zustimmt.

Die Neuwahl findet spätestens an dem Sonntag oder allgemeinen öffentlichen Ruhetag statt, der auf den siebzigsten Tag nach der Entscheidung über die vorzeitige Beendigung der Wahlperiode folgt.

Art. 77 (Fraktionen) . . .

Art. 78 (Parlamentarische Opposition) . . .

Art. 79 (Unterrichtung durch den Senat) . . .

Art. 80 (Beendigung der Mitgliedschaft in der Bürgerschaft) . . .

Art. 81 (Konstituierung, Einberufung) . . .

Art. 82 (Entschädigungen) . . .

Art. 83 (Treue und Geheimhaltungspflicht) . . .

Art. 84 (Befangenheit) . . .

Art. 85 (Ausschluß) . . .

Art. 86 (Wahl des Präsidiums) . . .

Art. 87 (Anträge) . . .

Art. 88 (Sitzungsperioden) . . .

Art. 89 (Beschlußfähigkeit) . . .

Art. 90 (Beschlußfassung) . . .

Art. 91 (Öffentlichkeit) . . .

Art. 92 (Aufgaben des Präsidenten) . . .

Art. 93 (Verhandlungsberichte) . . .

Art. 94 (Indemnität) . . .

Art. 95 (Immunität) . . .

Art. 96 (Zeugnisverweigerungsrecht, Durchsuchung und Beschlagnahme) . . .

Art. 97 (Ausübung der Abgeordnetentätigkeit) . . .

Art. 98 (Benachrichtigung des Senats; Teilnahme der Senatsmitglieder) . . .

Art. 99 *(fortgefallen)* . . .

Art. 100 (Anfragen an den Senat) . . .

Art. 101 (Zuständigkeit der Bürgerschaft)

Die Bürgerschaft beschließt, abgesehen von den ihr durch diese Verfassung zugewiesenen sonstigen Aufgaben, insbesondere über

1. Erlaß, Änderung und Aufhebung von Gesetzen,
2. Festsetzung von Abgaben und Tarifen,
3. Übernahme neuer Aufgaben, für die eine gesetzliche Verpflichtung nicht besteht, besonders vor Errichtung und Erweiterung von öffentlichen Einrichtungen, Betrieben und wirtschaftlichen Unternehmen sowie vor Beteiligung an solchen Unternehmen,

4. Umwandlung der Rechtsform von Eigenbetrieben oder Unternehmen, an denen die Freie Hansestadt Bremen maßgebend beteiligt ist,

5. Bewilligung über- und außerplanmäßiger Ausgaben sowie Genehmigung von Anordnungen, durch die Verbindlichkeiten der Freien Hansestadt Bremen entstehen können, für die keine Mittel im Haushaltsplan vorgesehen sind,

6. Verfügung über Vermögen der Freien Hansestadt Bremen, besonders Erwerb, Veräußerungen und Belastung von Grundstücken, Schenkungen und Darlehnshingaben, soweit es sich nicht um Geschäfte der laufenden Verwaltung handelt,

7. Verzicht auf Ansprüche der Freien Hansestadt Bremen und Abschluß von Vergleichen, soweit es sich nicht um Geschäfte der laufenden Verwaltung handelt.

Anordnungen, die der Gesetzesform bedürfen, können, wenn außerordentliche Umstände ein sofortiges Eingreifen erfordern, durch Verordnung des Senats getroffen werden. Die Verordnung darf keine Änderung der Verfassung enthalten; sie ist sofort der Bürgerschaft zur Bestätigung vorzulegen, und wenn die Bestätigung versagt wird, unverzüglich wieder aufzuheben.

Das Nähere über die Rechte der Bürgerschaft bei der Benennung von Mitgliedern in europäischen Organen regelt das Gesetz.

Art. 102 (Deckungsnachweispflicht bei Beschlüssen) . . .

Art. 103 (Zustellung der Beschlüsse) . . .

Art. 104 *(fortgefallen)*

Art. 105 (Ausschüsse) . . .

Art. 106 (Geschäftsordnung) . . .

c) Die Landesregierung (Senat)

Art. 107 (Zusammensetzung, Wahl)

Die Landesregierung besteht aus einem Senat, dessen Mitgliederzahl durch Gesetz bestimmt wird.

Die Senatsmitglieder werden von der Bürgerschaft mit der Mehrheit der abgegebenen Stimmen für die Dauer der Wahlperiode der Bürgerschaft gewählt. Dabei wird zunächst der Präsident des Senats in einem gesonderten Wahlgang gewählt.

Bis zur Wahl eines Senats durch die neue Bürgerschaft führt der bisherige Senat die Geschäfte weiter.

Gewählt werden kann, wer in die Bürgerschaft wählbar ist. Er braucht weder seine Wohnung noch seinen Aufenthalt in der Freien Hansestadt Bremen gehabt zu haben.

Wiederwahl der Mitglieder des Senats ist zulässig.

Der Gewählte ist zur Annahme der Wahl nicht verpflichtet; auch steht ihm der Austritt aus dem Senat jederzeit frei.

Art. 108 (Inkompatibilität zur Bürgerschaft)

Die Senatsmitglieder können nicht gleichzeitig der Bürgerschaft angehören.

Ist ein Bürgerschaftsmitglied in den Senat gewählt und daraufhin gemäß Absatz 1 dieses Artikels aus der Bürgerschaft ausgetreten, so hat es, wenn es von dem Amt eines Senatsmitgliedes zurücktritt, das Recht, wieder in die Bürgerschaft als Mitglied einzutreten; wer an seiner Stelle aus der Bürgerschaft auszuscheiden hat, bestimmt das Wahlgesetz. Das gleiche gilt, wenn ein Senatsmitglied in die Bürgerschaft gewählt, aber mit Rücksicht auf diesen Artikel nicht in die Bürgerschaft eingetreten ist, für den Fall seines späteren Rücktritts von dem Amt eines Senatsmitgliedes.

Art. 109 (Amtseid) . . .

Art. 110 (Rücktritt, Vertrauensentzug)

Der Senat oder ein Mitglied des Senats hat zurückzutreten, wenn die Bürgerschaft ihm durch ausdrücklichen Beschluß das Vertrauen entzieht.

Ein Antrag, dem Senat oder einem Mitglied des Senats das Vertrauen zu entziehen, muß von mindestens einem Viertel der gesetzlichen Mitgliederzahl der Bürgerschaft gestellt und mindestens eine Woche vor der Sitzung, auf deren Tagesordnung er gebracht wird, allen Bürgerschaftsmitgliedern und dem Senat mitgeteilt werden.

Der Beschluß auf Entziehung des Vertrauens kommt nur zustande, wenn die Mehrheit der gesetzlichen Mitgliederzahl zustimmt. Er wird rechtswirksam, wenn die Bürgerschaft einen neuen Senat oder ein neues Mitglied des Senats gewählt oder ein Gesetz beschlossen hat, durch das die Zahl der Mitglieder entsprechend herabgesetzt wird.

Wenn sich ein Mitglied des Senats beharrlich weigert, den ihm gesetzlich oder nach der Geschäftsordnung obliegenden Verbindlichkeiten nachzukommen oder der Pflicht zur Geheimhaltung zuwiderhandelt oder die dem Senat oder seiner Stellung schuldige Achtung gröblich verletzt, so kann ihm auf Antrag des Senats durch Beschluß der Bürgerschaft die Mitgliedschaft im Senat entzogen werden.

Art. 111 (Anklage der Senatoren) . . .

Art. 112 (Rechtsstellung der Senatoren) . . .

Art. 113 (Berufliche Inkompatibilität)

Mit dem Amt eines Senatsmitgliedes ist die Ausübung eines anderen öffentlichen Amtes oder einer anderen Berufstätigkeit in der Regel unvereinbar. Der Senat kann Senatsmitgliedern die Beibehaltung ihrer Berufstätigkeit gestatten.

Die Wahl in den Vorstand, Verwaltungsrat oder Aufsichtsrat industrieller oder ähnlicher dem Gelderwerb bezweckender Unternehmungen dürfen Senatsmitglieder nur mit besonderer Genehmigung des Senats annehmen. Einer solchen Genehmigung bedarf es auch, wenn sie nach ihrem Eintritt in den Senat in dem Vorstand, Verwaltungsrat oder Aufsichtsrat einer der erwähnten Unternehmungen bleiben wollen. Die erteilte Genehmigung ist dem Präsidenten der Bürgerschaft anzuzeigen.

Art. 114 (Bürgermeister)

Der Präsident des Senats und ein weiteres vom Senat zu wählendes Mitglied sind Bürgermeister.

Art. 115 (Befugnisse des Präsidenten)

Der Präsident des Senats wird zunächst durch den anderen Bürgermeister und erforderlichenfalls durch ein anderes, von ihm dazu bestimmtes Mitglied des Senats vertreten.

Der Präsident des Senats hat die Leitung der Geschäfte des Senats; er hat für den ordnungsmäßigen Geschäftsgang Sorge zu tragen sowie für die gehörige Ausführung der von den einzelnen Mitgliedern des Senats wahrzunehmenden Geschäfte.

Von allen an ihn für den Senat gelangenden Eingaben muß er dem Senat in der nächsten Versammlung Mitteilung machen.

Art. 116 (Antragsrecht im Senat) . . .

Art. 117 (Beschlußfassung) . . .

Art. 118 (Aufgaben des Senats)

Der Senat führt die Verwaltung nach den Gesetzen und den von der Bürgerschaft gegebenen Richtlinien. Er vertritt die Freie Hansestadt Bremen nach außen. Zur Abgabe von rechtsverbindlichen Erklärungen für die Freie Hansestadt Bremen ist der Präsident des Senats oder sein Stellvertreter ermächtigt.

Soweit die Verfassung nichts anderes bestimmt, ist der Senat Dienstvorgesetzter aller im Dienste der Freien Hansestadt Bremen stehenden Personen, er stellt sie ein und entläßt sie. Dabei hat er den Stellenplan zu beachten. Durch Gesetz kann bestimmt werden, daß der Ernennung von Personen, die Kontrollaufgaben gegenüber der vollziehenden Gewalt wahrnehmen, dabei sachlich unabhängig und nur dem Gesetz unterworfen sind und über ihre Tätigkeit der Bürgerschaft Bericht zu erstatten haben, eine Wahl in der Bürgerschaft vorangeht.

Der Senat kann seine Befugnisse nach Absatz 1 und 2 ganz oder teilweise auf seine Mitglieder übertragen.

Zur Übernahme des ihm übertragenen Geschäfts ist regelmäßig jedes Mitglied verpflichtet.

Bei Verhinderung einzelner Mitglieder ist eine Vertretung durch andere Mitglieder des Senats zulässig.

Art. 119 (Ausführung von Beschlüssen, Ausgaben) . . .

Art. 120 (Geschäftsverteilung) . . .

Art. 121 (Begnadigung, Amnestien, Niederschlagung) . . .

III. Abschnitt: Rechtsetzung

Art. 122 (Völkerrecht im Landesrecht) . . .

Art. 123 (Gesetze, Initiative, Ausfertigung und Verkündung) . . .

Art. 124 (Rechtsverordnungen) . . .

Art. 125 (Verfassungsänderung)

Eine Verfassungsänderung kann nur in der Form erfolgen, daß eine Änderung des Wortlauts der Verfassung oder ein Zusatzartikel zur Verfassung beschlossen wird.

Bei einer Verfassungsänderung haben drei Lesungen an verschiedenen Tagen stattzufinden. Die Bürgerschaft hat den Antrag auf Verfassungsänderung nach der ersten Lesung an einen nichtständigen Ausschuß im Sinne des Artikels 105 dieser Verfassung zu verweisen. Nach Eingang des Berichtes dieses Ausschusses haben zwei weitere Lesungen an verschiedenen Tagen stattzufinden.

Ein Beschluß auf Abänderung der Verfassung kommt außer durch Volksentscheid nur zustande, wenn die Bürgerschaft mit der Mehrheit von zwei Dritteln ihrer Mitglieder zustimmt.

Eine Änderung dieser Landesverfassung, durch welche die in den Artikeln 143, 144, 145 Abs. 1 und 147 niedergelegten Grundsätze und die Einteilung des Wahlgebiets in die Wahlbereiche Bremen und Bremerhaven (Art. 75) berührt werden, ist nur durch Volksentscheid oder einstimmigen Beschluß der Bürgerschaft zulässig.

Art. 126 (Inkrafttreten der Gesetze) . . .

IV. Abschnitt: Verwaltung

Art. 127 (Behördenleiter) . . .

Art. 128 (Anstellung und Beförderung) . . .

Art. 129 (Deputationen) . . .

Art. 130 (Vermögen) . . .

Art. 131 (Rechnungsjahr; Haushaltsgesetz) . . .

Art. 132 (Haushaltsführung) . . .

Art. 133 (Rechnungslegung) . . .

Art. 133a (Rechnungshof)

Der Rechnungshof prüft die Rechnung sowie die Ordnungsmäßigkeit und Wirtschaftlichkeit der Haushalts- und Wirtschaftsführung.

Die Mitglieder des Rechnungshofs sind unabhängig und nur dem Gesetz unterworfen.

Sie werden von der Bürgerschaft gewählt und sind vom Senat zu ernennen.

Das Nähere wird durch Gesetz geregelt.

V. Abschnitt: Rechtspflege

Art. 134 (Grundsätze) . . .

Art. 135 (Ausübung) . . .

Art. 136 (Richterwahlausschuß; Berufung und Abberufung der Richter) . . .

Art. 137 (Amtsversetzung und -enthebung der Richter) . . .

Art. 138 (Richteranklage) . . .

Art. 139 (Staatsgerichtshof)

Es wird ein Staatsgerichtshof errichtet.

Der Staatsgerichtshof besteht, sofern er nicht gemeinsam mit anderen deutschen Ländern oder gemeinsam für alle deutschen Länder eingerichtet wird, aus dem Präsidenten des Oberverwaltungsgerichts oder seinem Stellvertreter sowie aus sechs gewählten Mitgliedern, von denen zwei rechtsgelehrte bremische Richter sein müssen. Die gewählten Mitglieder werden von der Bürgerschaft unverzüglich nach ihrem ersten Zusammentritt für die Dauer ihrer Wahlperiode gewählt und bleiben im Amt, bis die nächste Bürgerschaft die Neuwahl vorgenommen hat. Bei der Wahl soll die Stärke der Parteien nach Möglichkeit berücksichtigt werden. Die gewählten Mitglieder dürfen nicht Mitglieder des Senats oder der Bürgerschaft sein. Wiederwahl ist zulässig.

Art. 140 (Zuständigkeit des Staatsgerichtshofes)

Der Staatsgerichtshof ist zuständig für die Entscheidung von Zweifelsfragen über die Auslegung der Verfassung und andere staatsrechtliche Fragen, die ihm der Senat, die Bürgerschaft oder ein Fünftel der gesetzlichen Mitgliederzahl der Bürgerschaft oder eine öffentlich-rechtliche Körperschaft des Landes Bremen vorlegt. Bei Organstreitigkeiten sind antragsberechtigt Verfassungsorgane oder Teile von ihnen, die durch diese Verfassung oder die Geschäftsordnung der Bürgerschaft mit eigenen Rechten ausgestattet sind.

Der Staatsgerichtshof ist ferner zuständig in den anderen durch Verfassung oder Gesetz vorgesehenen Fällen.

Art. 141 (Rechtswege) . . .

Art. 142 (Verfassungswidrige Gesetze)

Gelangt ein Gericht bei der Anwendung eines Gesetzes, auf dessen Gültigkeit es bei der Entscheidung ankommt, zu der Überzeugung, daß das Gesetz mit dieser Verfassung nicht vereinbar sei, so führt es eine Entscheidung des Staatsgerichtshofes herbei. Dessen Entscheidung ist im Gesetzblatt der Freien Hansestadt Bremen zu veröffentlichen und hat Gesetzeskraft.

VI. Abschnitt: Gemeinden

Art. 143 (Gemeinde und Gemeindeverband)

Die Stadt Bremen und die Stadt Bremerhaven bilden jede für sich eine Gemeinde des bremischen Staates.

Die Freie Hansestadt Bremen bildet einen aus den Gemeinden Bremen und Bremerhaven zusammengesetzten Gemeindeverband höherer Ordnung.

Art. 144 (Selbstverwaltung)

Die Gemeinden sind Gebietskörperschaften des öffentlichen Rechts. Sie haben das Recht auf eine selbständige Gemeindeverfassung und innerhalb der Schranken der Gesetze das Recht der Selbstverwaltung.

Art. 145 (Gemeindeverfassungen, Bezirksvertretungen)

Die Verfassungen der Gemeinden werden von den Gemeinden selbst festgestellt. Durch Gesetz können dafür Grundsätze bestimmt werden.

Die Gemeinden können für die Verwaltung örtlicher Angelegenheiten bestimmter Stadtteile, insbesondere der stadtbremischen Außenbezirke, durch Gemeindegesetz örtlich gewählte Bezirksvertretungen einrichten.

Art. 146 (Gemeindefinanzen)

Für das Finanzwesen der Gemeinden gelten die Bestimmungen der Artikel 102, 131, 132 und 133 entsprechend.

Art. 147 (Gemeindeaufsicht)

Der Senat hat die Aufsicht über die Gemeinden.

Die Aufsicht beschränkt sich auf die Gesetzmäßigkeit der Verwaltung.

Art. 148 (Organe der Stadtgemeinde Bremen)

Sofern nicht die Stadtgemeinde Bremen gemäß Artikel 145 durch Gesetz etwas anderes bestimmt, sind die Stadtbürgerschaft und der Senat die gesetzlichen Organe der Stadtgemeinde Bremen. Auf die Verwaltung der Stadtgemeinde Bremen sind in diesem Falle die Bestimmungen dieser Verfassung über Volksentscheid, Bürgerschaft und Senat entsprechend anzuwenden. Die Stadtbürgerschaft besteht aus den von den stadtbremischen Wählern in die Bürgerschaft gewählten Vertretern.

Der Präsident der Bürgerschaft ist, sofern die Stadtbürgerschaft nicht etwas anderes beschließt, zugleich Präsident der Stadtbürgerschaft. Seine Befugnisse in der Stadtbürgerschaft beschränken sich jedoch, wenn er nicht von den stadtbremischen Wählern in die Bürgerschaft gewählt ist, lediglich auf die Führung der Präsidialgeschäfte. Dasselbe gilt entsprechend von den übrigen Mitgliedern des Vorstandes.

Art. 149 (Auftragsverwaltungen) . . .

Übergangs- und Schlußbestimmungen

Art. 150 (Abweichungen vom geltenden Reichsrecht) . . .

Art. 151 (Abtretung von Zuständigkeiten) . . .

Art. 152 (Verfassungsvorbehalt)

Bestimmungen dieser Verfassung, die der künftigen deutschen Verfassung widersprechen, treten außer Kraft, sobald diese rechtswirksam wird.

Art. 153 (Vorübergehende Eingriffe in Grundrechte) . . .

Art. 154 (Nationalsozialismus und Militarismus) . . .

Art. 155 (Verkündung und Inkrafttreten) . . .

II/6 Verfassung des Freistaates Sachsen

Vom 27. Mai 1992 (Sächsisches Gesetz- und Verordnungsblatt, 1992, S. 243) — Auszüge

Präambel

Anknüpfend an die Geschichte der Mark Meißen, des sächsischen Staates und des niederschlesischen Gebietes,

gestützt auf Traditionen der sächsischen Verfassungsgeschichte,

ausgehend von den leidvollen Erfahrungen nationalsozialistischer und kommunistischer Gewaltherrschaft,

eingedenk eigener Schuld an seiner Vergangenheit,

von dem Willen geleitet, der Gerechtigkeit, dem Frieden und der Bewahrung der Schöpfung zu dienen,

hat sich das Volk im Freistaat Sachsen dank der friedlichen Revolution des Oktober 1989

diese Verfassung gegeben.

1. Abschnitt: Die Grundlagen des Staates

Artikel 1

Der Freistaat Sachsen ist ein Land der Bundesrepublik Deutschland. Er ist ein demokratischer, dem Schutz der natürlichen Lebensgrundlagen und der Kultur verpflichteter sozialer Rechtsstaat.

Artikel 2

(1) Die Hauptstadt des Freistaates ist Dresden.

(2) Die Landesfarben sind Weiß und Grün.

(3) Das Landeswappen zeigt im neunmal von Schwarz und Gold geteilten Feld einen schrägrechten grünen Rautenkranz. Das Nähere bestimmt ein Gesetz.

(4) Im Siedlungsgebiet der Sorben können neben den Landesfarben und dem Landeswappen Farben und Wappen der Sorben, im schlesischen Teil des Landes die Farben und das Wappen Niederschlesiens gleichberechtigt geführt werden.

Artikel 3

(1) Alle Staatsgewalt geht vom Volk aus. Sie wird vom Volk in Wahlen und Abstimmungen sowie durch besondere Organe der Gesetzgebung, der vollziehenden Gewalt und der Rechtsprechung ausgeübt.

(2) Die Gesetzgebung steht dem Landtag oder unmittelbar dem Volk zu. Die vollziehende Gewalt liegt in der Hand von Staatsregierung und Verwaltung. Die Rechtsprechung wird durch unabhängige Richter ausgeübt.

(3) Die Gesetzgebung ist an die verfassungsmäßige Ordnung, die vollziehende Gewalt und die Rechtsprechung sind an Gesetz und Recht gebunden.

Artikel 4

(1) Alle nach der Verfassung durch das Volk vorzunehmenden Wahlen und Abstimmungen sind allgemein, unmittelbar, frei, gleich und geheim.

(2) Wahl- und stimmberechtigt sind alle Bürger, die im Land wohnen oder sich dort gewöhnlich aufhalten und am Tag der Wahl oder Abstimmung das 18. Lebensjahr vollendet haben.

(3) Das Nähere bestimmen die Gesetze. Dabei kann das Wahl- und Stimmrecht von einer bestimmten Dauer des Aufenthaltes im Land und, wenn die Wahl- und Stimmberechtigten mehrere Wohnungen innehaben, auch davon abhängig gemacht werden, daß ihre Hauptwohnung im Land liegt.

Artikel 5

(1) Dem Volk des Freistaates Sachsen gehören Bürger deutscher, sorbischer und anderer Volkszugehörigkeit an. Das Land erkennt das Recht auf die Heimat an.

(2) Das Land gewährleistet und schützt das Recht nationaler und ethnischer Minderheiten deutscher Staatsangehörigkeit auf Bewahrung ihrer Identität sowie auf Pflege ihrer Sprache, Religion, Kultur und Überlieferung.

(3) Das Land achtet die Interessen ausländischer Minderheiten, deren Angehörige sich rechtmäßig im Land aufhalten.

Artikel 6

(1) Die im Land lebenden Bürger sorbischer Volkszugehörigkeit sind gleichberechtigter Teil des Staatsvolkes. Das Land gewährleistet und schützt das Recht auf Bewahrung ihrer Identität sowie auf Pflege und Entwicklung ihrer angestammten Sprache, Kultur und Überlieferung, insbesondere durch Schulen, vorschulische und kulturelle Einrichtungen.

(2) In der Landes- und Kommunalplanung sind die Lebensbedürfnisse des sorbischen Volkes zu berücksichtigen. Der deutsch-sorbische Charakter des Siedlungsgebietes der sorbischen Volksgruppe ist zu erhalten.

(3) Die landesübergreifende Zusammenarbeit der Sorben, insbesondere in der Ober- und Niederlausitz, liegt im Interesse des Landes.

Artikel 7

(1) Das Land erkennt das Recht eines jeden Menschen auf ein menschenwürdiges Dasein, insbesondere auf Arbeit, auf angemessenen Wohnraum, auf angemessenen Lebensunterhalt, auf soziale Sicherung und auf Bildung, als Staatsziel an.

(2) Das Land bekennt sich zur Verpflichtung der Gemeinschaft, alte und behinderte Menschen zu unterstützen und auf die Gleichwertigkeit ihrer Lebensbedingungen hinzuwirken.

Artikel 8

Die Förderung der rechtlichen und tatsächlichen Gleichstellung von Frauen und Männern ist Aufgabe des Landes.

Artikel 9

(1) Das Land erkennt das Recht eines jeden Kindes auf eine gesunde seelische, geistige und körperliche Entwicklung an.

(2) Die Jugend ist vor sittlicher, geistiger und körperlicher Gefährdung besonders zu schützen.

(3) Das Land fördert den vorbeugenden Gesundheitsschutz für Kinder und Jugendliche sowie Einrichtungen zu ihrer Betreuung.

Artikel 10

(1) Der Schutz der Umwelt als Lebensgrundlage ist, auch in Verantwortung für kommende Generationen, Pflicht des Landes und Verpflichtung aller im Land. Das Land hat insbesondere den Boden, die Luft und das Wasser, Tiere und Pflanzen sowie die Landschaft als Ganzes einschließlich ihrer gewachsenen Siedlungsräume zu schützen. Es hat auf den sparsamen Gebrauch und die Rückgewinnung von Rohstoffen und die sparsame Nutzung von Energie und Wasser hinzuwirken.

(2) Anerkannte Naturschutzverbände haben das Recht, nach Maßgabe der Gesetze an umweltbedeutsamen Verwaltungsverfahren mitzuwirken. Ihnen ist Klagebefugnis in Umweltbelangen einzuräumen; das Nähere bestimmt ein Gesetz.

(3) Das Land erkennt das Recht auf Genuß der Naturschönheiten und Erholung in der freien Natur an, soweit dem nicht die Ziele nach Absatz 1 entgegenstehen. Der Allgemeinheit ist in diesem Rahmen der Zugang zu Bergen, Wäldern, Feldern, Seen und Flüssen zu ermöglichen.

Artikel 11

(1) Das Land fördert das kulturelle, das künstlerische und wissenschaftliche Schaffen, die sportliche Betätigung sowie den Austausch auf diesen Gebieten.

(2) Die Teilnahme an der Kultur in ihrer Vielfalt und am Sport ist dem gesamten Volk zu ermöglichen. Zu diesem Zweck werden öffentlich zugängliche Museen, Bibliotheken, Archive, Gedenkstätten, Theater, Sportstätten, musikalische und weitere kulturelle Einrichtungen sowie allgemein zugängliche Universitäten, Hochschulen, Schulen und andere Bildungseinrichtungen unterhalten.

(3) Denkmale und andere Kulturgüter stehen unter dem Schutz und der Pflege des Landes. Für ihr Verbleiben in Sachsen setzt sich das Land ein.

Artikel 12

Das Land strebt grenzüberschreitende regionale Zusammenarbeit an, die auf den Ausbau nachbarschaftlicher Beziehungen, auf das Zusammenwachsen Europas und auf eine friedliche Entwicklung in der Welt gerichtet ist.

Artikel 13

Das Land hat die Pflicht, nach seinen Kräften die in dieser Verfassung niedergelegten Staatsziele anzustreben und sein Handeln danach auszurichten.

2. Abschnitt: Die Grundrechte
(Art. 14 — 38)

3. Abschnitt: Der Landtag
(Art. 39 — 58)

4. Abschnitt: Die Staatsregierung
(Art. 59 — 69)

5. Abschnitt: Die Gesetzgebung

Artikel 70

(1) Gesetzesvorlagen werden von der Staatsregierung, aus der Mitte des Landtages oder vom Volk durch Volksantrag eingebracht.

(2) Die Gesetze werden vom Landtag oder unmittelbar vom Volk durch Volksentscheid beschlossen.

Artikel 71

(1) Alle im Land Stimmberechtigten haben das Recht, einen Volksantrag in Gang zu setzen. Er muß von mindestens 40 000 Stimmberechtigten durch ihre Unterschrift unterstützt sein. Ihm muß ein mit Begründung versehener Gesetzentwurf zugrunde liegen.

(2) Der Volksantrag ist beim Landtagspräsidenten einzureichen. Er entscheidet nach Einholen der Stellungnahme der Staatsregierung unverzüglich über die Zulässigkeit. Hält er den Volksantrag für verfassungswidrig, entscheidet auf seinen Antrag der Verfassungsgerichtshof. Der Volksantrag darf bis zu einer gegenteiligen Entscheidung nicht als unzulässig behandelt werden.

(3) Der Landtagspräsident veröffentlicht den zulässigen Volksantrag mit Begründung.

(4) Der Landtag gibt den Antragstellern Gelegenheit zur Anhörung.

Artikel 72

(1) Stimmt der Landtag dem unveränderten Volksantrag nicht binnen sechs Monaten zu, können die Antragsteller ein Volksbegehren mit dem Ziel in Gang setzen, einen Volksentscheid über den Antrag herbeizuführen. Dem Volksbegehren kann von den Antragstellern ein gegenüber dem Volksantrag veränderter Gesetzentwurf zugrunde gelegt werden. In diesem Falle findet Artikel 71 Absatz 2 entsprechende Anwendung.

(2) Ein Volksentscheid findet statt, wenn mindestens 450 000, jedoch nicht mehr als 15 vom Hundert, der Stimmberechtigten das Volksbegehren durch ihre Unterschrift unterstützen. Für die Unterstützung müssen mindestens sechs Monate zur Verfügung stehen. Der Landtag kann zum Volksentscheid einen eigenen Gesetzentwurf beifügen.

(3) Zwischen einem erfolgreich abgeschlossenen Volksbegehren und dem Volksentscheid muß eine Frist von mindestens drei und höchstens sechs Monaten liegen, die der öffentlichen Information und Diskussion über den Gegenstand des Volksentscheides dient. Diese Frist kann nur mit Einverständnis der Antragsteller unter- oder überschritten werden.

(4) Bei dem Volksentscheid wird mit Ja oder Nein gestimmt. Es entscheidet die Mehrheit der abgegebenen gültigen Stimmen.

Artikel 73

(1) Über Abgaben-, Besoldungs- und Haushaltsgesetze finden Volksantrag, Volksbegehren und Volksentscheid nicht statt.

(2) Ein durch Volksentscheid abgelehnter Volksantrag kann frühestens nach Ablauf der Wahlperiode des Landtages erneut in Gang gesetzt werden.

(3) Das Nähere über Volksantrag, Volksbegehren und Volksentscheid bestimmt ein Gesetz, in dem auch der Anspruch auf Erstattung der notwendigen Kosten für die Organisation des Volksbegehrens und eines angemessenen Abstimmungskampfes geregelt wird.

. . .

6. Abschnitt: Die Rechtsprechung
(Art. 77 — 81)

7. Abschnitt: Die Verwaltung
(Art. 82 — 92)

8. Abschnitt: Das Finanzwesen
(Art. 93 — 100)

9. Abschnitt: Das Bildungswesen
(Art. 101 — 108)

10. Abschnitt: Die Kirchen und Religionsgemeinschaften
(Art. 109 — 112)

11. Abschnitt: Übergangs- und Schlußbestimmungen
(Art. 113 — 122)

Anhang zu Artikel 109 Absatz 4: Art. 136 — 141 Weimarer Reichsverfassung

II/7 Verfassung der Deutschen Demokratischen Republik

Vom 6. April 1968 i. d. F. des Gesetzes zur Ergänzung und Änderung der Verfassung der Deutschen Demokratischen Republik vom 7. Oktober 1974 (Gesetzblatt der Deutschen Demokratischen Republik, 1974, Teil 1, S. 432)

a.) Gliederung

Präambel

b.) Auszüge

In Fortsetzung der revolutionären Traditionen der deutschen Arbeiterklasse und gestützt auf die Befreiung vom Faschismus hat das Volk der Deutschen Demokratischen Republik in Übereinstimmung mit den Prozessen der geschichtlichen Entwicklung unserer Epoche sein Recht auf sozial-ökonomische, staatliche und nationale Selbstbestimmung verwirklicht und gestaltet die entwickelte sozialistische Gesellschaft.

Erfüllt von dem Willen, seine Geschicke frei zu bestimmen, unbeirrt auch weiter den Weg des Sozialismus und Kommunismus, des Friedens, der Demokratie und Völkerfreundschaft zu gehen, hat sich das Volk der Deutschen Demokratischen Republik diese sozialistische Verfassung gegeben.

Abschnitt I

Grundlagen der sozialistischen Gesellschafts- und Staatsordnung

Kapitel 1

Politische Grundlagen

Artikel 1

Die Deutsche Demokratische Republik ist ein sozialistischer Staat der Arbeiter und Bauern. Sie ist die politische Organisation der Werktätigen in Stadt und Land unter Führung der Arbeiterklasse und ihrer marxistisch-leninistischen Partei.

Die Hauptstadt der Deutschen Demokratischen Republik ist Berlin.

Die Staatsflagge der Deutschen Demokratischen Republik besteht aus den Farben Schwarz-Rot-Gold und trägt auf beiden Seiten in der Mitte das Staatswappen der Deutschen Demokratischen Republik.

Das Staatswappen der Deutschen Demokratischen Republik besteht aus Hammer und Zirkel, umgeben von einem Ährenkranz, der im unteren Teil von einem schwarz-rot-goldenen Band umschlungen ist.

Artikel 2

(1) Alle politische Macht in der Deutschen Demokratischen Republik wird von den Werktätigen in Stadt und Land ausgeübt. Der Mensch steht im Mittelpunkt aller Bemühungen der sozialistischen Gesellschaft und ihres Staates. Die weitere Erhöhung des materiellen und kulturellen Lebensniveaus des Volkes auf der Grundlage eines hohen Entwicklungstempos der sozialistischen Produktion, der Erhöhung der Effektivität, des wissenschaftlich-technischen Fortschritts und des Wachstums der Arbeitsproduktivität ist die entscheidende Aufgabe der entwickelten sozialistischen Gesellschaft.

(2) Das feste Bündnis der Arbeiterklasse mit der Klasse der Genossenschaftsbauern, den Angehörigen der Intelligenz und den anderen Schichten des Volkes, das sozialistische Eigentum an Produktionsmitteln, die Leitung und Planung der gesellschaftlichen Entwicklung nach den fortgeschrittensten Erkenntnissen der Wissenschaft bilden unantastbare Grundlagen der sozialistischen Gesellschaftsordnung.

(3) Die Ausbeutung des Menschen durch den Menschen ist für immer beseitigt. Was des Volkes Hände schaffen, ist des Volkes Eigen. Das sozialistische Prinzip „Jeder nach seinen Fähigkeiten, jedem nach seiner Leistung" wird verwirklicht.

Artikel 3

(1) Das Bündnis aller Kräfte des Volkes findet in der Nationalen Front der Deutschen Demokratischen Republik seinen organisierten Ausdruck.

(2) In der Nationalen Front der Deutschen Demokratischen Republik vereinigen die Parteien und Massenorganisationen alle Kräfte des Volkes zum gemeinsamen Handeln für die Entwicklung der sozialistischen Gesellschaft. Dadurch verwirklichen sie das Zusammenleben aller Bürger in der sozialistischen Gemeinschaft nach dem Grundsatz, daß jeder Verantwortung für das Ganze trägt.

Artikel 4

Alle Macht dient dem Wohle des Volkes. Sie sichert sein friedliches Leben, schützt die sozialistische Gesellschaft und gewährleistet die sozialistische Lebensweise der Bürger, die freie Entwicklung des Menschen, wahrt seine Würde und garantiert die in dieser Verfassung verbürgten Rechte.

Artikel 5

(1) Die Bürger der Deutschen Demokratischen Republik üben ihre politische Macht durch demokratisch gewählte Volksvertretungen aus.

(2) Die Volksvertretungen sind die Grundlage des Systems der Staatsorgane. Sie stützen sich in ihrer Tätigkeit auf die aktive Mitgestaltung der Bürger an der Vorbereitung, Durchführung und Kontrolle ihrer Entscheidungen.

(3) Zu keiner Zeit und unter keinen Umständen können andere als die verfassungsmäßig vorgesehenen Organe staatliche Macht ausüben.

Artikel 6

(1) Die Deutsche Demokratische Republik hat getreu den Interessen des Volkes und den internationalen Verpflichtungen auf ihrem Gebiet den deutschen Militarismus und Nazismus ausgerottet. Sie betreibt eine dem Sozialismus und dem Frieden, der Völkerverständigung und der Sicherheit dienende Außenpolitik.

(2) Die Deutsche Demokratische Republik ist für immer und unwiderruflich mit der Union der Sozialistischen Sowjetrepubliken verbündet. Das enge und brüderliche Bündnis mit ihr garantiert dem Volk der Deutschen Demokratischen Republik das weitere Voranschreiten auf dem Wege des Sozialismus und des Friedens.

Die Deutsche Demokratische Republik ist untrennbarer Bestandteil der sozialistischen Staatengemeinschaft. Sie trägt getreu den Prinzipien des sozialistischen Internationalismus zu ihrer Stärkung bei, pflegt und entwickelt die Freundschaft, die allseitige Zusammenarbeit und den gegenseitigen Beistand mit allen Staaten der sozialistischen Gemeinschaft.

(3) Die Deutsche Demokratische Republik unterstützt die Staaten und Völker, die gegen den Imperialismus und sein Kolonialregime, für nationale Freiheit und Unabhängigkeit kämpfen, in ihrem Ringen um gesellschaftlichen Fortschritt. Die Deutsche Demokratische Republik tritt für die Verwirklichung der Prinzipien der friedlichen Koexistenz von Staaten unterschiedlicher Gesellschaftsordnung ein und pflegt auf der Grundlage der Gleichberechtigung und gegenseitigen Achtung die Zusammenarbeit mit allen Staaten.

(4) Die Deutsche Demokratische Republik setzt sich für Sicherheit und Zusammenarbeit in Europa, für eine stabile Friedensordnung in der Welt und für die allgemeine Abrüstung ein.

(5) Militaristische und revanchistische Propaganda in jeder Form, Kriegshetze und Bekundung von Glaubens-, Rassen- und Völkerhaß werden als Verbrechen geahndet.

Artikel 7

(1) Die Staatsorgane gewährleisten die territoriale Integrität der Deutschen Demokratischen Republik und die Unverletzlichkeit ihrer Staatsgrenzen einschließlich ihres Luftraumes und ihrer Territorialgewässer sowie den Schutz und die Nutzung ihres Festlandsockels.

(2) Die Deutsche Demokratische Republik organisiert die Landesverteidigung sowie den Schutz der sozialistischen Ordnung und des friedlichen Lebens der Bürger. Die Nationale Volksarmee und die anderen Organe der Landesverteidigung schützen die sozialistischen Errungenschaften des Volkes gegen alle Angriffe von außen. Die Nationale Volksarmee pflegt im Interesse der Wahrung des Friedens und der Sicherung des sozialistischen Staates enge Waffenbrüderschaft mit den Armeen der Sowjetunion und anderer sozialistischer Staaten.

Artikel 8

(1) Die allgemein anerkannten, dem Frieden und der friedlichen Zusammenarbeit der Völker dienenden Regeln des Völkerrechts sind für die Staatsmacht und jeden Bürger verbindlich.

(2) Die Deutsche Demokratische Republik wird niemals einen Eroberungskrieg unternehmen oder ihre Streitkräfte gegen die Freiheit eines anderen Volkes einsetzen.

Kapitel 2
Ökonomische Grundlagen, Wissenschaft, Bildung und Kultur

Artikel 9

(1) Die Volkswirtschaft der Deutschen Demokratischen Republik beruht auf dem sozialistischen Eigentum an den Produktionsmitteln. Sie entwickelt sich gemäß den ökonomischen Gesetzen des Sozialismus auf der Grundlage der sozialistischen Produktionsverhältnisse und der zielstrebigen Verwirklichung der sozialistischen ökonomischen Integration.

(2) Die Volkswirtschaft der Deutschen Demokratischen Republik dient der Stärkung der sozialistischen Ordnung, der ständig besseren Befriedigung der materiellen und kulturellen Bedürfnisse der Bürger, der Entfaltung ihrer Persönlichkeit und ihrer sozialistischen gesellschaftlichen Beziehungen.

(3) In der Deutschen Demokratischen Republik gilt der Grundsatz der Leitung und Planung der Volkswirtschaft sowie aller anderen gesellschaftlichen Bereiche. Die Volkswirtschaft der Deutschen Demokratischen Republik ist sozialistische Planwirtschaft. Die zentrale staatliche Leitung und Planung der Grundfragen der gesellschaftlichen Entwicklung ist mit der Eigenverantwortung der örtlichen Staatsorgane und Betriebe sowie der Initiative der Werktätigen verbunden.

(4) Die Festlegung des Währungs- und Finanzsystems ist Sache des sozialistischen Staates. Abgaben und Steuern werden auf der Grundlage von Gesetzen erhoben.

(5) Die Außenwirtschaft einschließlich des Außenhandels und der Valutawirtschaft ist staatliches Monopol.

Artikel 10

(1) Das sozialistische Eigentum besteht

als gesamtgesellschaftliches Volkseigentum,

als genossenschaftliches Gemeineigentum werktätiger Kollektive sowie

als Eigentum gesellschaftlicher Organisationen der Bürger.

(2) Das sozialistische Eigentum zu schützen und zu mehren ist Pflicht des sozialistischen Staates und seiner Bürger.

Artikel 11

(1) Das persönliche Eigentum der Bürger und das Erbrecht sind gewährleistet. Das persönliche Eigentum dient der Befriedigung der materiellen und kulturellen Bedürfnisse der Bürger.

(2) Die Rechte von Urhebern und Erfindern genießen den Schutz des sozialistischen Staates.

(3) Der Gebrauch des Eigentums sowie von Urheber- und Erfinderrechten darf den Interessen der Gesellschaft nicht zuwiderlaufen.

Artikel 12

(1) Die Bodenschätze, die Bergwerke, Kraftwerke, Talsperren und großen Gewässer, die Naturreichtümer des Festlandsockels, Industriebetriebe, Banken und Versicherungseinrichtungen, die volkseigenen Güter, die Verkehrswege, die Transportmittel der Eisenbahn, der Seeschiffahrt sowie der Luftfahrt, die Post- und Fernmeldeanlagen sind Volkseigentum. Privateigentum daran ist unzulässig.

(2) Der sozialistische Staat gewährleistet die Nutzung des Volkseigentums mit dem Ziel des höchsten Ergebnisses für die Gesellschaft. Dem dienen die sozialistische Planwirtschaft und das sozialistische Wirtschaftsrecht. Die Nutzung und Bewirtschaftung des Volkseigentums erfolgt grundsätzlich durch die volkseigenen Betriebe und staatlichen Einrichtungen. Seine Nutzung und Bewirtschaftung kann der Staat durch Verträge genossenschaftlichen oder gesellschaftlichen Organisationen und Vereinigungen übertragen. Eine solche Übertragung hat den Interessen der Allgemeinheit und der Mehrung des gesellschaftlichen Reichtums zu dienen.

Artikel 13

Die Geräte, Maschinen, Anlagen, Bauten der landwirtschaftlichen, handwerklichen und sonstigen sozialistischen Genossenschaften sowie die Tierbestände der landwirtschaftlichen Produktionsgenossenschaften und das aus genossenschaftlicher Nutzung des Bodens sowie genossenschaftlicher Produktionsmittel erzielte Ergebnis sind genossenschaftliches Eigentum.

Artikel 14

(1) Privatwirtschaftliche Vereinigungen zur Begründung wirtschaftlicher Macht sind nicht gestattet.

(2) Die auf überwiegend persönlicher Arbeit beruhenden kleinen Handwerks- und anderen Gewerbebetriebe sind auf gesetzlicher Grundlage tätig. In der Wahrnehmung ihrer Verantwortung für die sozialistische Gesellschaft werden sie vom Staat gefördert.

Artikel 15

(1) Der Boden der Deutschen Demokratischen Republik gehört zu ihren kostbarsten Naturreichtümern. Er muß geschützt und rationell genutzt werden. Land- und forstwirtschaftlich genutzter Boden darf nur mit Zustimmung der verantwortlichen staatlichen Organe seiner Zweckbestimmung entzogen werden.

(2) Im Interesse des Wohlergehens der Bürger sorgen Staat und Gesellschaft für den Schutz der Natur. Die Reinhaltung der Gewässer und der Luft sowie der Schutz der Pflanzen- und Tierwelt und der landschaftlichen Schönheiten der Heimat sind durch die zuständigen Organe zu gewährleisten und sind darüber hinaus auch Sache jedes Bürgers.

Artikel 16

Enteignungen sind nur für gemeinnützige Zwecke auf gesetzlicher Grundlage und gegen angemessene Entschädigung zulässig. Sie dürfen nur erfolgen, wenn auf andere Weise der angestrebte gemeinnützige Zweck nicht erreicht werden kann.

. . .

Abschnitt II
Bürger und Gemeinschaften in der sozialistischen Gesellschaft

Kapitel 1
Grundrechte und Grundpflichten der Bürger

Artikel 19

(1) Die Deutsche Demokratische Republik garantiert allen Bürgern die Ausübung ihrer Rechte und ihre Mitwirkung an der Leitung der gesellschaftlichen Entwicklung. Sie gewährleistet die sozialistische Gesetzlichkeit und Rechtssicherheit.

(2) Achtung und Schutz der Würde und Freiheit der Persönlichkeit sind Gebot für alle staatlichen Organe, alle gesellschaftlichen Kräfte und jeden einzelnen Bürger.

(3) Frei von Ausbeutung, Unterdrückung und wirtschaftlicher Abhängigkeit hat jeder Bürger gleiche Rechte und vielfältige Möglichkeiten, seine Fähigkeiten in vollem Umfange zu entwikkeln und seine Kräfte aus freiem Entschluß zum Wohle der Gesellschaft und zu seinem eigenen Nutzen in der sozialistischen Gemeinschaft ungehindert zu entfalten. So verwirklicht er Freiheit und Würde seiner Persönlichkeit. Die Beziehungen der Bürger werden durch gegenseitige Achtung und Hilfe, durch die Grundsätze sozialistischer Moral geprägt.

(4) Die Bedingungen für den Erwerb und den Verlust der Staatsbürgerschaft der Deutschen Demokratischen Republik werden durch Gesetz bestimmt.

Artikel 20

(1) Jeder Bürger der Deutschen Demokratischen Republik hat unabhängig von seiner Nationalität, seiner Rasse, seinem weltanschaulichen oder religiösen Bekenntnis, seiner sozialen Herkunft und Stellung die gleichen Rechte und Pflichten. Gewissens- und Glaubensfreiheit sind gewährleistet. Alle Bürger sind vor dem Gesetz gleich.

(2) Mann und Frau sind gleichberechtigt und haben die gleiche Rechtsstellung in allen Bereichen des gesellschaftlichen, staatlichen und persönlichen Lebens. Die Förderung der Frau, besonders in der beruflichen Qualifizierung, ist eine gesellschaftliche und staatliche Aufgabe.

(3) Die Jugend wird in ihrer gesellschaftlichen und beruflichen Entwicklung besonders gefördert. Sie hat alle Möglichkeiten, an der Entwicklung der sozialistischen Gesellschaftsordnung verantwortungsbewußt teilzunehmen.

Artikel 21

(1) Jeder Bürger der Deutschen Demokratischen Republik hat das Recht, das politische, wirtschaftliche, soziale und kulturelle Leben der sozialistischen Gemeinschaft und des sozialistischen Staates umfassend mitzugestalten. Es gilt der Grundsatz „Arbeite mit, plane mit, regiere mit!".

(2) Das Recht auf Mitbestimmung und Mitgestaltung ist dadurch gewährleistet, daß die Bürger

alle Machtorgane demokratisch wählen, an ihrer Tätigkeit und an der Leitung, Planung und Gestaltung des gesellschaftlichen Lebens mitwirken;

Rechenschaft von den Volksvertretungen, ihren Abgeordneten, den Leitern staatlicher und wirtschaftlicher Organe über ihre Tätigkeit fordern können;

mit der Autorität ihrer gesellschaftlichen Organisationen ihrem Wollen und ihren Forderungen Ausdruck geben;

sich mit ihren Anliegen und Vorschlägen an die gesellschaftlichen, staatlichen und wirtschaftlichen Organe und Einrichtungen wenden können;

in Volksabstimmungen ihren Willen bekunden.

(3) Die Verwirklichung dieses Rechts der Mitbestimmung und Mitgestaltung ist zugleich eine hohe moralische Verpflichtung für jeden Bürger.

Die Ausübung gesellschaftlicher oder staatlicher Funktionen findet die Anerkennung und Unterstützung der Gesellschaft und des Staates.

Artikel 22

(1) Jeder Bürger der Deutschen Demokratischen Republik, der am Wahltage das 18. Lebensjahr vollendet hat, ist wahlberechtigt.

(2) Jeder Bürger kann in die Volkskammer und in die örtlichen Volksvertretungen gewählt werden, wenn er am Wahltage das 18. Lebensjahr vollendet hat.

(3) Die Leitung der Wahlen durch demokratisch gebildete Wahlkommissionen, die Volksaussprache über die Grundfragen der Politik und die Aufstellung und Prüfung der Kandidaten durch die Wähler sind unverzichtbare sozialistische Wahlprinzipien.

Artikel 23

(1) Der Schutz des Friedens und des sozialistischen Vaterlandes und seiner Errungenschaften ist Recht und Ehrenpflicht der Bürger der Deutschen Demokratischen Republik. Jeder Bürger ist zum Dienst und zu Leistungen für die Verteidigung der Deutschen Demokratischen Republik entsprechend den Gesetzen verpflichtet.

(2) Kein Bürger darf an kriegerischen Handlungen und ihrer Vorbereitung teilnehmen, die der Unterdrückung eines Volkes dienen.

(3) Die Deutsche Demokratische Republik kann Bürgern anderer Staaten oder Staatenlosen Asyl gewähren, wenn sie wegen politischer, wissenschaftlicher oder kultureller Tätigkeit zur Verteidigung des Friedens, der Demokratie, der Interessen des werktätigen Volkes oder wegen ihrer Teilnahme am sozialen und nationalen Befreiungskampf verfolgt werden.

Artikel 24

(1) Jeder Bürger der Deutschen Demokratischen Republik hat das Recht auf Arbeit. Er hat das Recht auf einen Arbeitsplatz und dessen freie Wahl entsprechend den gesellschaftlichen Erfordernissen und der persönlichen Qualifikation. Er hat das Recht auf Lohn nach Qualität und Quantität der Arbeit. Mann und Frau, Erwachsene und Jugendliche haben das Recht auf gleichen Lohn bei gleicher Arbeitsleistung.

(2) Gesellschaftlich nützliche Tätigkeit ist eine ehrenvolle Pflicht für jeden arbeitsfähigen Bürger. Das Recht auf Arbeit und die Pflicht zur Arbeit bilden eine Einheit.

(3) Das Recht auf Arbeit wird gewährleistet

durch das sozialistische Eigentum an den Produktionsmitteln;

durch die sozialistische Leitung und Planung des gesellschaftlichen Reproduktionsprozesses;

durch das stetige und planmäßige Wachstum der sozialistischen Produktivkräfte und der Arbeitsproduktivität;

durch die konsequente Durchführung der wissenschaftlich-technischen Revolution;

durch ständige Bildung und Weiterbildung der Bürger und durch das einheitliche sozialistische Arbeitsrecht.

Artikel 25

(1) Jeder Bürger der Deutschen Demokratischen Republik hat das gleiche Recht auf Bildung. Die Bildungsstätten stehen jedermann offen. Das einheitliche sozialistische Bildungssystem gewährleistet jedem Bürger eine kontinuierliche sozialistische Erziehung, Bildung und Weiterbildung.

. . .

Artikel 27

(1) Jeder Bürger der Deutschen Demokratischen Republik hat das Recht, den Grundsätzen dieser Verfassung gemäß seine Meinung frei und öffentlich zu äußern. Dieses Recht wird durch kein Dienst- oder Arbeitsverhältnis beschränkt. Niemand darf benachteiligt werden, wenn er von diesem Recht Gebrauch macht.

(2) Die Freiheit der Presse, des Rundfunks und des Fernsehens ist gewährleistet.

Artikel 28

(1) Alle Bürger haben das Recht, sich im Rahmen der Grundsätze und Ziele der Verfassung friedlich zu versammeln.

(2) Die Nutzung der materiellen Voraussetzungen zur unbehinderten Ausübung dieses Rechts, der Versammlungsgebäude, Straßen und Kundgebungsplätze, Druckereien und Nachrichtenmittel wird gewährleistet.

Artikel 29

Die Bürger der Deutschen Demokratischen Republik haben das Recht auf Vereinigung, um durch gemeinsames Handeln in politischen Parteien, gesellschaftlichen Organisationen, Vereinigungen und Kollektiven ihre Interessen in Übereinstimmung mit den Grundsätzen und Zielen der Verfassung zu verwirklichen.

Artikel 30

(1) Die Persönlichkeit und Freiheit jedes Bürgers der Deutschen Demokratischen Republik sind unantastbar.

(2) Einschränkungen sind nur im Zusammenhang mit strafbaren Handlungen oder einer Heilbehandlung zulässig und müssen gesetzlich begründet sein. Dabei dürfen die Rechte solcher Bürger nur insoweit eingeschränkt werden, als dies gesetzlich zulässig und unumgänglich ist.

(3) Zum Schutze seiner Freiheit und der Unantastbarkeit seiner Persönlichkeit hat jeder Bürger den Anspruch auf die Hilfe der staatlichen und gesellschaftlichen Organe.

Artikel 31

(1) Post- und Fernmeldegeheimnis sind unverletzbar.

(2) Sie dürfen nur auf gesetzlicher Grundlage eingeschränkt werden, wenn es die Sicherheit des sozialistischen Staates oder eine strafrechtliche Verfolgung erfordern.

Artikel 32

Jeder Bürger der Deutschen Demokratischen Republik hat im Rahmen der Gesetze das Recht auf Freizügigkeit innerhalb des Staatsgebietes der Deutschen Demokratischen Republik.

Artikel 33

(1) Jeder Bürger der Deutschen Demokratischen Republik hat bei Aufenthalt außerhalb der Deutschen Demokratischen Republik Anspruch auf Rechtsschutz durch die Organe der Deutschen Demokratischen Republik.

(2) Kein Bürger der Deutschen Demokratischen Republik darf einer auswärtigen Macht ausgeliefert werden.

Artikel 34

(1) Jeder Bürger der Deutschen Demokratischen Republik hat das Recht auf Freizeit und Erholung.

(2) Das Recht auf Freizeit und Erholung wird gewährleistet

durch die gesetzliche Begrenzung der täglichen und wöchentlichen Arbeitszeit,

durch einen vollbezahlten Jahresurlaub und

durch den planmäßigen Ausbau des Netzes volkseigener und anderer gesellschaftlicher Erholungs- und Urlaubszentren.

Artikel 35

(1) Jeder Bürger der Deutschen Demokratischen Republik hat das Recht auf Schutz seiner Gesundheit und seiner Arbeitskraft.

(2) Dieses Recht wird durch die planmäßige Verbesserung der Arbeits- und Lebensbedingungen, die Pflege der Volksgesundheit, eine umfassende Sozialpolitik, die Förderung der Körperkultur, des Schul- und Volkssports und der Touristik gewährleistet.

(3) Auf der Grundlage eines sozialen Versicherungssystems werden bei Krankheit und Unfällen materielle Sicherheit, unentgeltliche ärztliche Hilfe, Arzneimittel und andere medizinische Sachleistungen gewährt.

Artikel 36

(1) Jeder Bürger der Deutschen Demokratischen Republik hat das Recht auf Fürsorge der Gesellschaft im Alter und bei Invalidität.

(2) Dieses Recht wird durch eine steigende materielle, soziale und kulturelle Versorgung und Betreuung alter und arbeitsunfähiger Bürger gewährleistet.

Artikel 37

(1) Jeder Bürger der Deutschen Demokratischen Republik hat das Recht auf Wohnraum für sich und seine Familie entsprechend den volkswirtschaftlichen Möglichkeiten und örtlichen Bedingungen. Der Staat ist verpflichtet, dieses Recht durch die Förderung des Wohnungsbaus, die Werterhaltung vorhandenen Wohnraumes und die öffentliche Kontrolle über die gerechte Verteilung des Wohnraumes zu verwirklichen.

(2) Es besteht Rechtsschutz bei Kündigungen.

(3) Jeder Bürger hat das Recht auf Unverletzbarkeit seiner Wohnung.

Artikel 38

(1) Ehe, Familie und Mutterschaft stehen unter dem besonderen Schutz des Staates.

Jeder Bürger der Deutschen Demokratischen Republik hat das Recht auf Achtung, Schutz und Förderung seiner Ehe und Familie.

. . .

Artikel 39

(1) Jeder Bürger der Deutschen Demokratischen Republik hat das Recht, sich zu einem religiösen Glauben zu bekennen und religiöse Handlungen auszuüben.

(2) Die Kirchen und anderen Religionsgemeinschaften ordnen ihre Angelegenheiten und üben ihre Tätigkeit aus in Übereinstimmung mit der Verfassung und den gesetzlichen Bestimmungen der Deutschen Demokratischen Republik. Näheres kann durch Vereinbarungen geregelt werden.

Artikel 40

Bürger der Deutschen Demokratischen Republik sorbischer Nationalität haben das Recht zur Pflege ihrer Muttersprache und Kultur. Die Ausübung dieses Rechts wird vom Staat gefördert.

Kapitel 2

Betriebe, Städte und Gemeinden in der sozialistischen Gesellschaft

Artikel 41

Die sozialistischen Betriebe, Städte, Gemeinden und Gemeindeverbände sind im Rahmen der zentralen staatlichen Leitung und Planung eigenverantwortliche Gemeinschaften, in denen die Bürger arbeiten und ihre gesellschaftlichen Verhältnisse gestalten. Sie sichern die Wahrnehmung der Grundrechte der Bürger, die wirksame Verbindung der persönlichen mit den gesellschaftlichen Interessen sowie ein vielfältiges gesellschaftlich-politisches und kulturell-geistiges Leben. Sie stehen unter dem Schutz der Verfassung. Eingriffe in ihre Rechte können nur auf der Grundlage von Gesetzen erfolgen.

Artikel 42

(1) Im Betrieb, dessen Tätigkeit die Grundlage für die Schaffung und Mehrung des gesellschaftlichen Reichtums ist, wirken die Werktätigen unmittelbar und mit Hilfe ihrer gewählten Organe an der Leitung mit. Näheres regeln Gesetze oder Statuten.

(2) Zur Erhöhung der gesellschaftlichen Produktivität können von den staatlichen Organen, den Betrieben und Genossenschaften Vereinigungen und Gesellschaften gebildet sowie andere Formen der kooperativen Zusammenarbeit entwickelt werden.

Artikel 43

(1) Die Städte, Gemeinden und Gemeindeverbände der Deutschen Demokratischen Republik gestalten die notwendigen Bedingungen für eine ständig bessere Befriedigung der materiellen, sozialen, kulturellen und sonstigen gemeinsamen Bedürfnisse der Bürger. Zur Lösung dieser Aufgaben arbeiten sie mit den Betrieben und Genossenschaften ihres Gebietes zusammen. Alle Bürger nehmen daran durch die Ausübung ihrer politischen Rechte teil.

(2) Die Verantwortung für die Verwirklichung der gesellschaftlichen Funktion der Städte und Gemeinden obliegt den von den Bürgern gewählten Volksvertretungen. Sie entscheiden eigenverantwortlich auf der Grundlage der Gesetze über ihre Angelegenheiten. Sie tragen die Verantwortung für die rationelle Nutzung aller Werte des Volksvermögens, über die sie verfügen.

Kapitel 3

Die Gewerkschaften und ihre Rechte

Artikel 44

(1) Die freien Gewerkschaften, vereinigt im Freien Deutschen Gewerkschaftsbund, sind die umfassende Klassenorganisation der Arbeiterklasse. Sie nehmen die Interessen der Arbeiter, Angestellten und Angehörigen der Intelligenz durch umfassende Mitbestimmung in Staat, Wirtschaft und Gesellschaft wahr.

(2) Die Gewerkschaften sind unabhängig. Niemand darf sie in ihrer Tätigkeit einschränken oder behindern.

(3) Die Gewerkschaften nehmen durch die Tätigkeit ihrer Organisationen und Organe, durch ihre Vertreter in den gewählten staatlichen Machtorganen und durch ihre Vorschläge an die staatlichen und wirtschaftlichen Organe maßgeblich teil

an der Gestaltung der sozialistischen Gesellschaft,

an der Leitung und Planung der Volkswirtschaft,

an der Verwirklichung der wissenschaftlich-technischen Revolution,

an der Entwicklung der Arbeits- und Lebensbedingungen, des Gesundheits- und Arbeitsschutzes, der Arbeitskultur, des kulturellen und sportlichen Lebens der Werktätigen.

Die Gewerkschaften arbeiten in den Betrieben und Institutionen an der Ausarbeitung der Pläne mit. Sie leiten die Ständigen Produktionsberatungen.

. . .

Kapitel 4

Die sozialistischen Produktionsgenossenschaften und ihre Rechte

Artikel 46

(1) Die landwirtschaftlichen Produktionsgenossenschaften sind die freiwilligen Vereinigungen der Bauern zur gemeinsamen sozialistischen Produktion, zur ständig besseren Befriedigung ihrer materiellen und kulturellen Bedürfnisse und zur Versorgung des Volkes und der Volkswirtschaft. Sie gestalten auf der Grundlage der Gesetze eigenverantwortlich ihre Arbeits- und Lebensbedingungen.

. . .

Abschnitt III

Aufbau und System der staatlichen Leitung

Artikel 47

(1) Der Aufbau und die Tätigkeit der staatlichen Organe werden durch die in dieser Verfassung festgelegten Ziele und Aufgaben der Staatsmacht bestimmt.

(2) Die Souveränität des werktätigen Volkes, verwirklicht auf der Grundlage des demokratischen Zentralismus, ist das tragende Prinzip des Staatsaufbaus.

Kapitel 1

Die Volkskammer

Artikel 48

(1) Die Volkskammer ist das oberste staatliche Machtorgan der Deutschen Demokratischen Republik. Sie entscheidet in ihren Plenarsitzungen über die Grundfragen der Staatspolitik.

(2) Die Volkskammer ist das einzige verfassungs- und gesetzgebende Organ in der Deutschen Demokratischen Republik. Niemand kann ihre Rechte einschränken.

(3) Die Volkskammer verwirklicht in ihrer Tätigkeit den Grundsatz der Einheit von Beschlußfassung und Durchführung.

Artikel 49

(1) Die Volkskammer bestimmt durch Gesetze und Beschlüsse endgültig und für jedermann verbindlich die Ziele der Entwicklung der Deutschen Demokratischen Republik.

(2) Die Volkskammer legt die Hauptregeln für das Zusammenwirken der Bürger, Gemeinschaften und Staatsorgane sowie deren Aufgaben bei der Durchführung der staatlichen Pläne der gesellschaftlichen Entwicklung fest.

(3) Die Volkskammer gewährleistet die Verwirklichung ihrer Gesetze und Beschlüsse. Sie bestimmt die Grundsätze der Tätigkeit des Staatsrates, des Ministerrates, des Nationalen Verteidigungsrates, des Obersten Gerichts und des Generalstaatsanwalts.

. . .

Kapitel 2

Der Staatsrat

Artikel 66

(1) Der Staatsrat nimmt als Organ der Volkskammer die Aufgaben wahr, die ihm durch die Verfassung sowie die Gesetze und Beschlüsse der Volkskammer übertragen sind. Er ist der Volkskammer für seine Tätigkeit verantwortlich. Zur Durchführung der ihm übertragenen Aufgaben faßt er Beschlüsse.

(2) Der Staatsrat vertritt die Deutsche Demokratische Republik völkerrechtlich. Er ratifiziert und kündigt Staatsverträge und andere völkerrechtliche Verträge, für die die Ratifizierung vorgesehen ist.

Artikel 67

(1) Der Staatsrat besteht aus dem Vorsitzenden, seinen Stellvertretern, den Mitgliedern und dem Sekretär.

. . .

Artikel 70

Im Auftrage der Volkskammer unterstützt der Staatsrat die örtlichen Volksvertretungen als Organe der einheitlichen sozialistischen Staatsmacht, fördert deren demokratische Aktivität bei der Gestaltung der entwickelten sozialistischen Gesellschaft und nimmt Einfluß auf die Wahrung sowie die ständige Festigung der sozialistischen Gesetzlichkeit in der Tätigkeit der örtlichen Volksvertretungen.

. . .

Artikel 73

(1) Der Staatsrat faßt grundsätzliche Beschlüsse zu Fragen der Verteidigung und Sicherheit des Landes. Er organisiert die Landesverteidigung mit Hilfe des Nationalen Verteidigungsrates.

(2) Der Staatsrat beruft die Mitglieder des Nationalen Verteidigungsrates. Der Nationale Verteidigungsrat ist der Volkskammer und dem Staatsrat für seine Tätigkeit verantwortlich.

Artikel 74

(1) Der Staatsrat nimmt im Auftrage der Volkskammer die ständige Aufsicht über die Verfassungsmäßigkeit und Gesetzlichkeit der Tätigkeit des Obersten Gerichts und des Generalstaatsanwalts wahr.

(2) Der Staatsrat übt das Amnestie- und Begnadigungsrecht aus.

. . .

Kapitel 3

Der Ministerrat

Artikel 76

(1) Der Ministerrat ist als Organ der Volkskammer die Regierung der Deutschen Demokratischen Republik. Er leitet im Auftrage der Volkskammer die einheitliche Durchführung der Staatspolitik und organisiert die Erfüllung der politischen, ökonomischen, kulturellen und sozialen sowie der ihm übertragenen Verteidigungsaufgaben. Für seine Tätigkeit ist er der Volkskammer verantwortlich und rechenschaftspflichtig.

(2) Der Ministerrat leitet die Volkswirtschaft und die anderen gesellschaftlichen Bereiche. Er sichert die planmäßige proportionale Entwicklung der Volkswirtschaft, die harmonisch abgestimmte Gestaltung der gesellschaftlichen Bereiche und Territorien sowie die Verwirklichung der sozialistischen ökonomischen Integration.

(3) Der Ministerrat leitet die Durchführung der Außenpolitik der Deutschen Demokratischen Republik entsprechend den Grundsätzen dieser Verfassung. Er vertieft die allseitige Zusammenarbeit mit der Union der Sozialistischen Sowjetrepubliken und den anderen sozialistischen Staaten und gewährleistet den aktiven Beitrag der Deutschen Demokratischen Republik zur Stärkung der sozialistischen Staatengemeinschaft.

(4) Der Ministerrat entscheidet entsprechend seiner Zuständigkeit über den Abschluß und die Kündigung völkerrechtlicher Verträge. Er bereitet Staatsverträge vor.

Artikel 77

Der Ministerrat arbeitet die zu lösenden Aufgaben der staatlichen Innen- und Außenpolitik aus und unterbreitet der Volkskammer Entwürfe von Gesetzen und Beschlüssen.

Artikel 78

(1) Der Ministerrat leitet, koordiniert und kontrolliert die Tätigkeit der Ministerien, der anderen zentralen Staatsorgane und der Räte der Bezirke. Er fördert die Anwendung wissenschaftlicher Leitungsmethoden und die Einbeziehung der Werktätigen in die Verwirklichung der Politik des sozialistischen Staates. Er gewährleistet, daß die ihm unterstellten staatlichen Organe, die wirtschaftsleitenden Organe, Kombinate, Betriebe und Einrichtungen ihre Tätigkeit auf der Grundlage der Gesetze und anderen Rechtsvorschriften ausüben.

(2) Im Rahmen der Gesetze und Beschlüsse der Volkskammer erläßt der Ministerrat Verordnungen und faßt Beschlüsse.

Artikel 79

(1) Der Ministerrat besteht aus dem Vorsitzenden des Ministerrates, den Stellvertretern des Vorsitzenden und den Ministern.

. . .

Kapitel 4

Die örtlichen Volksvertretungen und ihre Organe

Artikel 81

(1) Die örtlichen Volksvertretungen sind die von den wahlberechtigten Bürgern gewählten Organe der Staatsmacht in den Bezirken, Kreisen, Städten, Stadtbezirken, Gemeinden und Gemeindeverbänden.

(2) Die örtlichen Volksvertretungen entscheiden auf der Grundlage der Gesetze in eigener Verantwortung über alle Angelegenheiten, die ihr Gebiet und seine Bürger betreffen. Sie organisieren die Mitwirkung der Bürger an der Gestaltung des politischen, wirtschaftlichen, kulturellen und sozialen Lebens und arbeiten mit den gesellschaftlichen Organisationen der Werktätigen zusammen.

(3) Die Tätigkeit der örtlichen Volksvertretungen ist darauf gerichtet,

das sozialistische Eigentum zu mehren und zu schützen, die Arbeits- und Lebensbedingungen der Bürger ständig zu verbessern und das gesellschaftliche und kulturelle Leben der Bürger und ihrer Gemeinschaften zu fördern,

das sozialistische Staats- und Rechtsbewußtsein der Bürger zu heben und die öffentliche Ordnung zu sichern, die sozialistische Gesetzlichkeit zu festigen und die Rechte der Bürger zu wahren.

. . .

Abschnitt IV

Sozialistische Gesetzlichkeit und Rechtspflege

Artikel 86

Die sozialistische Gesellschaft, die politische Macht des werktätigen Volkes, ihre Staats- und Rechtsordnung sind die grundlegende Garantie für die Einhaltung und die Verwirklichung der Verfassung im Geiste der Gerechtigkeit, Gleichheit, Brüderlichkeit und Menschlichkeit.

Artikel 87

Gesellschaft und Staat gewährleisten die Gesetzlichkeit durch die Einbeziehung der Bürger und ihrer Gemeinschaften in die Rechtspflege und in die gesellschaftliche und staatliche Kontrolle über die Einhaltung des sozialistischen Rechts.

Artikel 88

Die Verantwortlichkeit aller leitenden Mitarbeiter in Staat und Wirtschaft gegenüber den Bürgern ist durch ein System der Rechenschaftspflicht gewährleistet.

. . .

Artikel 90

(1) Die Rechtspflege dient der Durchführung der sozialistischen Gesetzlichkeit, dem Schutz und der Entwicklung der Deutschen Demokratischen Republik und ihrer Staats- und Gesell-

schaftsordnung. Sie schützt die Freiheit, das friedliche Leben, die Rechte und die Würde der Menschen.

(2) Die Bekämpfung und Verhütung von Straftaten und anderen Rechtsverletzungen sind gemeinsames Anliegen der sozialistischen Gesellschaft, ihres Staates und aller Bürger.

(3) Die Teilnahme der Bürger an der Rechtspflege ist gewährleistet. Sie wird im einzelnen durch Gesetz bestimmt.

Artikel 91

Die allgemein anerkannten Normen des Völkerrechts über die Bestrafung von Verbrechen gegen den Frieden, gegen die Menschlichkeit und von Kriegsverbrechen sind unmittelbar geltendes Recht. Verbrechen dieser Art unterliegen nicht der Verjährung.

Artikel 92

Die Rechtsprechung wird in der Deutschen Demokratischen Republik durch das Oberste Gericht, die Bezirksgerichte, die Kreisgerichte und die gesellschaftlichen Gerichte im Rahmen der ihnen durch Gesetz übertragenen Aufgaben ausgeübt. In Militärstrafsachen üben das Oberste Gericht, die Militärobergerichte und die Militärgerichte die Rechtsprechung aus.

Artikel 93

(1) Das Oberste Gericht ist das höchste Organ der Rechtsprechung.

(2) Das Oberste Gericht leitet die Rechtsprechung der Gerichte auf der Grundlage der Verfassung, der Gesetze und anderen Rechtsvorschriften der Deutschen Demokratischen Republik. Es sichert die einheitliche Rechtsanwendung durch alle Gerichte.

(3) Das Oberste Gericht ist der Volkskammer und zwischen ihren Tagungen dem Staatsrat verantwortlich.

Artikel 94

(1) Richter kann nur sein, wer dem Volk und seinem sozialistischen Staat treu ergeben ist und über ein hohes Maß an Wissen und Lebenserfahrung, an menschlicher Reife und Charakterfestigkeit verfügt.

(2) Die demokratische Wahl aller Richter, Schöffen und Mitglieder gesellschaftlicher Gerichte gewährleistet, daß die Rechtsprechung von Frauen und Männern aller Klassen und Schichten des Volkes ausgeübt wird.

Artikel 95

Alle Richter, Schöffen und Mitglieder der gesellschaftlichen Gerichte werden durch die Volksvertretungen oder unmittelbar durch die Bürger gewählt. Sie erstatten ihren Wählern Bericht über ihre Arbeit. Sie können von ihren Wählern abberufen werden, wenn sie gegen die Verfassung oder die Gesetze verstoßen oder sonst ihre Pflichten gröblich verletzen.

Artikel 96

(1) Die Richter, Schöffen und Mitglieder der gesellschaftlichen Gerichte sind in ihrer Rechtsprechung unabhängig. Sie sind nur an die Verfassung, die Gesetze und anderen Rechtsvorschriften der Deutschen Demokratischen Republik gebunden.

(2) Die Schöffen üben die Funktion eines Richters in vollem Umfang und mit gleichem Stimmrecht wie die Berufsrichter aus.

Artikel 97

Zur Sicherung der sozialistischen Gesellschafts- und Staatsordnung und der Rechte der Bürger wacht die Staatsanwaltschaft auf der Grundlage der Gesetze und anderen Rechtsvorschriften der Deutschen Demokratischen Republik über die strikte Einhaltung der sozialistischen Gesetzlichkeit. Sie schützt die Bürger vor Gesetzesverletzungen. Die Staatsanwaltschaft leitet den Kampf gegen Straftaten und sichert, daß die Personen, die Verbrechen oder Vergehen begangen haben, vor Gericht zur Verantwortung gezogen werden.

. . .

Artikel 101

(1) Niemand darf seinem gesetzlichen Richter entzogen werden.

(2) Ausnahmegerichte sind unstatthaft.

Artikel 102

(1) Jeder Bürger hat das Recht, vor Gericht gehört zu werden.

(2) Das Recht auf Verteidigung wird während des gesamten Strafverfahrens gewährleistet.

Artikel 103

(1) Jeder Bürger kann sich mit Eingaben (Vorschlägen, Hinweisen, Anliegen oder Beschwerden) an die Volksvertretungen, ihre Abgeordneten oder die staatlichen und wirtschaftlichen Organe wenden. Dieses Recht steht auch den gesellschaftlichen Organisationen und den Gemeinschaften der Bürger zu. Ihnen darf aus der Wahrnehmung dieses Rechts kein Nachteil entstehen.

(2) Die für die Entscheidung verantwortlichen Organe sind verpflichtet, die Eingaben der Bürger oder der Gemeinschaften innerhalb der gesetzlich vorgeschriebenen Frist zu bearbeiten und den Antragstellern das Ergebnis mitzuteilen.

(3) Das Verfahren der Bearbeitung der Eingaben wird durch Gesetz bestimmt.

Artikel 104

(1) Für Schäden, die einem Bürger oder seinem persönlichen Eigentum durch ungesetzliche Maßnahmen von Mitarbeitern der Staatsorgane zugefügt werden, haftet das staatliche Organ, dessen Mitarbeiter den Schaden verursacht hat.

(2) Voraussetzungen und Verfahren der Staatshaftung werden durch Gesetz geregelt.

Abschnitt V

Schlußbestimmungen

Artikel 105

Die Verfassung ist unmittelbar geltendes Recht.

Artikel 106

Die Verfassung kann nur von der Volkskammer der Deutschen Demokratischen Republik durch Gesetz geändert werden, das den Wortlaut der Verfassung ausdrücklich ändert oder ergänzt.

II/8 Entwurf der Arbeitsgruppe „Neue Verfassung der DDR" des Zentralen Runden Tisches — Auszüge

Präambel

Ausgehend von den humanistischen Traditionen, zu welchen die besten Frauen und Männer aller Schichten unseres Volkes beigetragen haben, eingedenk der Verantwortung aller Deutschen für ihre Geschichte und deren Folgen,
gewillt, als friedliche, gleichberechtigte Partner in der Gemeinschaft der Völker zu leben, am Einigungsprozeß Europas beteiligt, in dessen Verlauf auch das deutsche Volk seine staatliche Einheit schaffen wird,
überzeugt, daß die Möglichkeit zu selbstbestimmtem — verantwortlichem Handeln höchste Freiheit ist,
gründend auf der revolutionären Erneuerung,
entschlossen, ein demokratisches und solidarisches Gemeinwesen zu entwickeln, das Würde und Freiheit des einzelnen sichert,
gleiches Recht für alle gewährleistet, die Gleichstellung der Geschlechter verbürgt und unsere natürliche Umwelt schützt, geben sich die Bürgerinnen und Bürger der Deutschen Demokratischen Republik diese Verfassung.
I. Kapitel
Menschen- und Bürgerrechte

1. Abschnitt
Würde, Gleichheit, Freiheit, Solidarität

Artikel 1

(1) Die Würde des Menschen ist unantastbar. Sie zu achten und zu schützen ist die oberste Pflicht des Staates.
(2) Jeder schuldet jedem die Anerkennung als Gleicher. Niemand darf wegen seiner Rasse, Abstammung, Nationalität, Sprache, seines Geschlechts, seiner sexuellen Orientierung, seiner sozialen Stellung, seines Alters, seiner Behinderung, seiner religiösen, weltanschaulichen oder politischen Überzeugung benachteiligt werden.

Artikel 2

(1) Vor der öffentlichen Gewalt sind alle Menschen gleich. Jede Willkür und jede sachwidrige Ungleichbehandlung ist untersagt.

Artikel 3

(1) Frauen und Männer sind gleichberechtigt.

(2) Der Staat ist verpflichtet, auf die Gleichstellung der Frau in Beruf und öffentlichem Leben, in Bildung und Ausbildung, in der Familie sowie im Bereich der sozialen Sicherung hinzuwirken.

Artikel 4

(1) Jeder hat das Recht auf Leben, körperliche Unversehrtheit und Achtung seiner Würde im Sterben. In das Recht auf körperliche Unversehrtheit darf nur durch Gesetz eingegriffen werden.

(2) Niemand darf grausamer, unmenschlicher oder erniedrigender Behandlung oder Strafe und ohne seine freiwillige und ausdrückliche Zustimmung medizinischen oder wissenschaftlichen Experimenten unterworfen werden.

(3) Frauen haben das Recht auf selbstbestimmte Schwangerschaft. Der Staat schützt das ungeborene Leben durch das Angebot sozialer Hilfen.

Artikel 5

Die allgemeine Handlungsfreiheit ist unter dem Vorbehalt des Gesetzes gewährleistet.

· · ·

Artikel 7

(1) Keinem Bürger darf die Staatsbürgerschaft entzogen noch darf er ausgewiesen oder ausgeliefert werden.

(2) Ausländer dürfen in kein Land ausgeliefert oder ausgewiesen werden, in dem ihnen die Beeinträchtigung ihrer Menschenwürde oder die Todesstrafe droht.

(3) Politisch Verfolgte genießen Asylrecht.

Artikel 8

(1) Jeder hat Anspruch auf Achtung und Schutz seiner Persönlichkeit und Privatheit.

(2) Jeder hat das Recht an seinen persönlichen Daten und auf Einsicht in ihn betreffende Akten und Dateien. Ohne freiwillige und ausdrückliche Zustimmung des Berechtigten dürfen persönliche Daten nicht erhoben, gespeichert, verwendet, verarbeitet oder weitergegeben werden. Beschränkungen dieses Rechtes bedürfen des Gesetzes und müssen dem Berechtigten zur Kenntnis gebracht werden.

· · ·

Artikel 19

(1) Die Wissenschaft ist frei. Der Staat sichert die Ausübung der Freiheit von Forschung und Lehre.

(2) Durch Gesetz kann die Zulässigkeit von Mitteln oder Methoden der Forschung beschränkt werden. Es kann Informationspflichten in bezug auf besonders risikobehaftete Forschungen vorsehen.

(3) Die staatlich geförderten Universitäten pflegen die Wissenschaften in Forschung, Lehre und Ausbildung. Sie sind Körperschaften des öffentlichen Rechts und verfügen im Rahmen des Gesetzes in allen akademischen Angelegenheiten über das Recht der Selbstverwaltung.

(4) Die geistige Arbeit, das Recht der Urheber und der Erfinder genießen den Schutz des Staates.

Artikel 20

(1) Die Kunst ist frei.

(2) Das kulturelle Leben sowie die Bewahrung und Vermittlung des kulturellen Erbes werden gefördert. In den Haushalten des Bundes, der Länder und der Träger der Kommunalautonomie sind die dafür erforderlichen Mittel vorzusehen.

Artikel 21

(1) Jeder Bürger hat das gleiche Recht auf politische Mitgestaltung. Die Verfassung und die Gesetze gestalten aus, wie das Recht unmittelbar oder durch frei gewählte Vertreter ausgeübt wird.

(2) Jeder Bürger hat mit vollendetem 18. Lebensjahr das Recht, an allgemeinen, gleichen, freien, geheimen und direkten Wahlen zur Volkskammer, zu den Landtagen und den Kommunalvertretungen teilzunehmen und in sie gewählt zu werden. Ausländer und Staatenlose mit ständigem Wohnsitz haben Wahlrecht auf kommunaler Ebene.

(3) Jeder Bürger hat den gleichen Zugang zu öffentlichen Ämtern. Das gleiche Recht steht für die kommunale Ebene den in Absatz 2 Satz 2 genannten Personen zu. Die Rechtsstellung der Angehörigen des öffentlichen Dienstes, die hoheitliche Befugnisse ausüben (Beamte), ist gemäß den Funktionsanforderungen einer bürgernahen Verwaltung durch Gesetz zu regeln.

(4) Jeder, dessen Rechte und Belange durch die öffentliche Planung von Vorhaben, insbesondere von Verkehrswegen und -anlagen, Energieanlagen, Produktionsstätten und Großbauten betroffen werden, hat das Recht auf Verfahrensbeteiligung. Dasselbe Recht haben Zusammenschlüsse von Betroffenen.

(5) Jeder hat das Recht, sich einzeln und in Gemeinschaft mit anderen mit Anregung, Kritik und Beschwerde an jede staatliche Stelle zu wenden. Es besteht Anspruch auf Gehör und begründeten Bescheid in angemessener Frist.

Artikel 22

(1) Die Familie ist durch den Staat zu schützen und zu fördern.

(2) Andere Lebensgemeinschaften, die auf Dauer angelegt sind, haben Anspruch auf Schutz vor Diskriminierung.

(3) Eltern haben das Recht und die Pflicht zur Erziehung ihrer Kinder. Wer Kinder erzieht, hat Anspruch auf angemessene staatliche Hilfen und gesellschaftliche Rücksichtnahme. Der Staat fördert die Möglichkeit der Erwerbstätigkeit und der beruflichen Bildung Erziehender, insbesondere durch Arbeitszeitregelungen.

(4) Kindern ist durch Gesetz eine Rechtsstellung einzuräumen, die ihrer wachsenden Einsichtsfähigkeit durch die Anerkennung zunehmender Selbständigkeit gerecht wird.

(5) Kinder genießen staatlichen Schutz vor körperlicher und seelischer Vernachlässigung und Mißhandlung. Kinderarbeit ist verboten.

Artikel 23

(1) Das Gemeinwesen achtet das Alter. Es respektiert Behinderung.

(2) Jeder Bürger hat das Recht auf soziale Sicherung gegen die Folgen von Krankheit, Unfall, Invalidität, Behinderung, Pflegebedürftigkeit, Alter und Arbeitslosigkeit.

(3) Das Recht wird durch öffentlich-rechtliche Versicherungssysteme gewährleistet, an denen teilzunehmen jeder berechtigt und verpflichtet ist. Bestandteile der Versicherungssysteme sind mindestens die Arbeitslosenunterstützung und eine Altersrente für jeden.

(4) Bei besonderen Notlagen besteht ein Anspruch auf Sozialfürsorge.

(5) Soziale Sicherung und Sozialfürsorge haben das Ziel, eine gleichberechtigte, eigenverantwortliche Lebensgestaltung zu ermöglichen. In Heimen stehen den Bewohnern Mitverantwortungs- und Mitentscheidungsrechte zu.

Artikel 24

(1) Jeder Bürger hat das Recht auf gleichen, unentgeltlichen Zugang zu den öffentlichen Bildungs- und Ausbildungseinrichtungen. In dieses Recht kann nur durch Gesetz oder aufgrund eines Gesetzes eingegriffen werden.

(2) Es besteht eine mindestens zehnjährige allgemeine Schulpflicht. Die Schule hat die Fähigkeiten und Begabungen der Schüler zu fördern. Das Schulwesen muß die Offenheit und Durchlässigkeit der Bildungsgänge gewährleisten.

(3) Der Staat fördert die Einrichtung und Unterhaltung von Kinderkrippen und Kindergärten sowie Schulhorten.

(4) Für den Schulbesuch können andere als staatliche Schulen gewählt werden, die vom Gesetz festgelegten Mindestnormen entsprechen. Die Einrichtung von Privatschulen darf nicht zur Sonderung der Schüler nach den Einkommensverhältnissen der Eltern führen. Die Privatschulen haben Anspruch auf öffentliche Finanzierung, soweit dadurch der Vorrang des öffentlichen Schulwesens nicht gefährdet wird.

(5) Schüler und Studenten haben Anspruch auf staatliche Ausbildungsförderung nach Maßgabe des Gesetzes.

Artikel 25

(1) Jeder Bürger hat das Recht auf angemessenen Wohnraum. Es ist ein gesetzlicher Kündigungsschutz vorzusehen. Bei der Abwägung der Interessen des Nutzers und des Eigentümers der Wohnung ist der überragenden Bedeutung der Wohnung für die Führung eines menschenwürdigen Lebens besonderes Gewicht beizumessen. Eine Räumung darf nur vollzogen werden, wenn Ersatz zur Verfügung steht.

(2) Der soziale Wohnungsbau und die Wohnungserhaltung sind staatlich zu fördern. Der Staat ist besonders zur Förderung des Baus alters- und behindertengerechten Wohnraums verpflichtet.

2. Abschnitt
Arbeit, Wirtschaft, Umwelt

Artikel 26

Jeder hat das Recht, seinen Beruf frei zu wählen und auszuüben. In diese Freiheit kann nur durch Gesetz oder aufgrund eines Gesetzes eingegriffen werden.

Artikel 27

(1) Jeder Bürger hat das Recht auf Arbeit oder Arbeitsförderung.

(2) Das Recht jedes Bürgers, über seine Arbeitskraft frei zu verfügen und seinen Arbeitsplatz frei zu wählen, ist gewährleistet. Öffentliche Arbeits- und Dienstpflichten sind nur für besondere, durch Gesetz festgelegte Zwecke zulässig. Sie müssen für alle gleich sein. Frauen dürfen nur zur Abwendung aktueller Notlage zu einer öffentlichen Dienstleistung verpflichtet werden. Die Wehrpflicht ist abgeschafft.

(3) Der Staat schützt die Arbeitskraft durch gesetzliche Regelungen über die Arbeitssicherheit, die Arbeitshygiene und die Begrenzung der Arbeitszeit. Er fördert das Recht des einzel-

nen, seine Arbeitskraft zur Führung eines menschenwürdigen Lebens zu verwenden. Er hat in seiner Wirtschaftspolitik dem Ziel der Vollbeschäftigung in der Regel Vorrang einzuräumen. Jeder Bürger hat im Falle von Arbeitslosigkeit oder drohender Arbeitslosigkeit ein Recht auf öffentlich finanzierte Maßnahmen der Arbeitsförderung. Dabei ist der beruflichen Weiterbildung oder Umschulung der Vorrang vor Arbeitslosengeld und Arbeitslosenhilfe einzuräumen.

(4) Für gleiche Arbeit besteht ein Anspruch auf gleichen Lohn.

(5) Lehrlinge, Schwangere, Alleinerziehende, Kranke, Werktätige mit Behinderung und ältere Werktätige genießen erweiterten Kündigungsschutz.

Artikel 28

Jeder in einem Betrieb oder Unternehmen beschäftigte Werktätige hat das Recht, durch Vertretungsorgane in den wirtschaftlichen, sozialen und personellen Angelegenheiten des Betriebes und auch des Unternehmens mitzubestimmen, falls dieses aufgrund der Zahl seiner Beschäftigten, seiner Marktstellung oder anderer Merkmale eine besondere Bedeutung für das Gemeinwesen hat. Das Nähere regelt das Gesetz.

. . .

Artikel 30

Die Bildung von Kartellen und marktbeherrschenden Unternehmen ist unzulässig. Ausnahmen sind nur auf gesetzlicher Grundlage im Interesse der Sicherung gefährdeter Arbeitsplätze, der Förderung strukturschwacher Regionen und der Erhaltung der internationalen Wettbewerbsfähigkeit möglich.

. . .

Artikel 32

(1) Die Nutzung des Bodens und der Gewässer ist in besonderem Maße den Interessen der Allgemeinheit und künftiger Generationen verpflichtet. Ihre Verkehrsfähigkeit kann durch Gesetz beschränkt werden. Die Nutzung von Grund und Boden ist nur im Rahmen einer Flächennutzungsplanung zulässig. Das Eigentum und die Nutzung von land- und forstwirtschaftlichen Flächen, die einhundert Hektar übersteigen, ist genossenschaftlichen und öffentlichen Einrichtungen und den Kirchen vorbehalten. Die Veräußerung von Grund und Boden und die Überlassung von Nutzungsrechten an Ausländer bedürfen der Genehmigung.

(2) Steigert sich der Wert von Boden aufgrund seiner planerischen Umwandlung in Bauland, so steht den Trägern der Kommunalautonomie ein Ausgleich für die Wertsteigerung zu. Dieser Planungswertausgleich wird in der Regel durch die entschädigungslose Abgabe eines Anteils des beplanten Bodens erbracht. Der Anteil entspricht dem Maß der Wertsteigerung, darf aber die Hälfte des Bodens nicht übersteigen.

(3) Der Abbau von Bodenschätzen bedarf der staatlichen Genehmigung. Dabei ist dem öffentlichen Interesse an der schonenden Nutzung des Bodens besonderes Gewicht beizumessen.

Artikel 33

(1) Der Schutz der natürlichen Umwelt als Lebensgrundlage gegenwärtiger und künftiger Generationen ist Pflicht des Staates und aller Bürger. Die staatliche Umweltpolitik hat Vorsorge gegen das Entstehen schädlicher Umwelteinwirkungen zu treffen sowie auf den sparsamen Gebrauch und die Wiederverwendung nichterneuerbarer Rohstoffe und die sparsame Nutzung von Energie hinzuwirken.

(2) Eine schwere Beeinträchtigung oder Gefährdung der natürlichen Umwelt darf nur in dem Umfang zugelassen werden, in dem dies zum Schutz überragend wichtiger Interessen der Allgemeinheit unerläßlich ist.

(3) Niemand darf durch nachteilige Veränderungen der natürlichen Lebensgrundlagen in seiner Gesundheit verletzt oder unzumutbar gefährdet werden. Jedermann kann mit der Behauptung, durch nachteilige Veränderungen der natürlichen Umwelt in seinem Recht auf Leben und körperliche Unversehrtheit gefährdet oder verletzt zu sein, die Offenlegung der Daten über die Umweltbeschaffenheit seines Lebenskreises verlangen. Die Verbandsklage ist zulässig.

(4) Wer Umweltschäden verursacht, haftet und ist für Ausgleichsmaßnahmen verantwortlich.

(5) Der Staat und die Träger der Kommunalautonomie sind verpflichtet, der Allgemeinheit die Zugänge zu Bergen, Wäldern, Feldern, Seen und Flüssen frei zu halten und gegebenenfalls durch Einschränkungen des Eigentumsrechts frei zu machen.
. . .

4. Abschnitt
Gesellschaftliche Gruppen und Verbände

Artikel 35

(1) Vereinigungen, die sich öffentlichen Aufgaben widmen und dabei auf die öffentliche Meinungsbildung einwirken (Bürgerbewegungen), genießen als Träger freier gesellschaftlicher Gestaltung, Kritik und Kontrolle den besonderen Schutz der Verfassung.

(2) Bürgerbewegungen, deren Tätigkeit sich auf den Bereich eines Landes oder des Bundes erstreckt, haben das Recht des Vorbringens und der sachlichen Behandlung ihrer Anliegen in den zuständigen Ausschüssen der Volkskammer oder der Landtage. Sie haben, soweit die Persönlichkeit und die Privatheit Dritter nicht verletzt werden, nach Abwägung entgegenstehender öffentlicher Interessen Anspruch auf Zugang zu den bei den Trägern öffentlicher Verwaltung vorhandenen Informationen, die ihre Anliegen betreffen.
. . .

Artikel 37

(1) Die Freiheit der Parteien, gleichberechtigt an der politischen Willensbildung in der Gesellschaft mitzuwirken, ist gewährleistet.

(2) Die innere Ordnung der Parteien muß demokratischen Grundsätzen entsprechen. Die Mitglieder haben das Recht auf die ungehinderte Ausübung der Meinungs- und Versammlungsfreiheit im Rahmen des Parteiprogramms sowie auf gleichberechtigte Teilnahme an der innerparteilichen Willensbildung.

(3) Die Parteien haben über ihre Finanzierung öffentlich Rechenschaft abzulegen. Die Wahlkampfkostenerstattung ist an eine gesonderte Entscheidung der wahlberechtigten Bürger gebunden (Bürgerbonus). Diese Regelungen gelten auch für Bürgerbewegungen, soweit sie sich an Wahlen zur Volkskammer oder zu den Landtagen beteiligen.

(4) Die Rechte von Parteien, die systematisch und nachhaltig in ihrer Programmatik die Menschenwürde angreifen oder in dieser Weise durch ihre Tätigkeit gegen die Grundsätze eines offenen und gewaltlosen politischen Willensbildungsprozesses verstoßen, können, sofern Gefahren für den politischen Willensbildungsprozeß anders nicht abgewendet werden können, von einer Wahl ausgeschlossen oder verboten werden. Die Entscheidungen sind dem Verfassungsgericht vorbehalten; ihre Wirkung ist zeitlich zu begrenzen. Vor einer Entscheidung des Verfassungsgerichts ist keinerlei Benachteiligung der Partei oder ihrer Mitglieder zulässig.

Die bürgerlichen und staatsbürgerlichen Rechte der Mitglieder werden auch durch die Entscheidungen des Verfassungsgerichts in keiner Weise berührt.

Artikel 39

(1) Jedermann hat das Recht, Gewerkschaften zu bilden, ihnen beizutreten und sich in ihnen den Gewerkschaftszwecken gemäß zu betätigen. Abreden, die dieses Recht einschränken oder zu behindern suchen, sind nichtig, hierauf gerichtete Maßnahmen sind rechtswidrig und durch Gesetz mit Sanktionen zu belegen. Die Errichtung berufsständischer öffentlich-rechtlicher Vereinigungen mit Zwangsmitgliedschaft ist unzulässig.

(2) Die Freiheit und Unabhängigkeit der Gewerkschaften ist gewährleistet. Sie haben das Recht des Zutritts zu den Betrieben. Das Nähere über die gewerkschaftliche Tätigkeit in den Betrieben wird durch Gesetz geregelt.

(3) Die Gewerkschaften müssen in tarifrechtlicher Hinsicht gegnerfrei sein. Ihre innere Ordnung muß demokratischen Grundsätzen entsprechen. Das Recht der Mitglieder auf die ungehinderte Ausübung der Meinungs- und Versammlungsfreiheit, auf Freiheit der Gruppenbildung sowie auf gleichberechtigte Teilnahme an der innergewerkschaftlichen Willensbildung ist zu gewährleisten.

(4) Gewerkschaften haben das Recht, über alle die Arbeits- und Lebensbedingungen der Werktätigen betreffenden Angelegenheiten Tarifverträge abzuschließen. Tarifvertragsparteien sind Gewerkschaften und ihre Dachverbände, Unternehmen aller Eigentumsformen und Unternehmensverbände, der Bund, die Länder und die Träger der Kommunalautonomie.

(5) Das Streikrecht der Gewerkschaften ist gewährleistet. Bei Arbeitskämpfen ist der Schadenersatz, nicht aber die Androhung und Erhebung von Zwangsgeldern zur Durchsetzung gerichtlicher Entscheidungen ausgeschlossen. Der Lohnersatz bei mittelbar arbeitskampfbedingten Produktionsausfällen ist Gemeinlast der sozialen Autonomie und wird den Betrieben nach Maßgabe gesetzlicher Regelungen erstattet.

(6) Eine das Arbeitsrechtsverhältnis beendende Aussperrung ist verboten. In nicht bestreikten Betrieben ist jegliche Aussperrung verboten.

5. Abschnitt
Geltung

Artikel 40

(1) Die Menschen- und Bürgerrechte dieser Verfassung binden Gesetzgebung, vollziehende Gewalt, Rechtsprechung und soweit die Verfassung dies vorsieht, auch Dritte unmittelbar.

(2) Soweit Menschen- und Bürgerrechte durch Gesetz oder aufgrund eines Gesetzes eingeschränkt werden können, muß der Grundsatz der Verhältnismäßigkeit gewahrt werden. Solche Beschränkungen dürfen in keinem Falle den Wesensgehalt eines Menschen- und Bürgerrechts antasten.

(3) Die Menschen- und Bürgerrechte gelten auch für inländische juristische Personen des privaten und öffentlichen Rechts, soweit sie ihrem Wesen nach auf diese anwendbar sind.

(4) Wird jemand in seinen Menschen- und Bürgerrechten verletzt, so kann er sie auf dem Rechtsweg einklagen.
. . .

Quelle: Neues Deutschland, 4. 4. 1990, S. 7 ff.

III. Deutschland als Bundesstaat —
Föderale Aufgabenteilung und Politikverflechtung

III/1 Ministerpräsidentenkonferenz und Fachministerkonferenzen

Ministerpräsidentenkonferenz (MPK)
(Vorsitz und Geschäftsführung im jährlichen Wechsel)

Ständige Konferenz der Innenminister und -senatoren der Länder (IMK)
(Vorsitz im jährlichen Wechsel, Geschäftsführung ab 1997 beim Bundesrat)

Konferenz der Justizminister und -senatoren (JMK)
(Vorsitz und Geschäftsführung im jährlichen Wechsel)

Konferenz der Landesfinanzminister
(Vorsitz im jährlichen Wechsel, Geschäftsführung beim Bundesrat)

Wirtschaftsministerkonferenz (WMK)
(Vorsitz im zweijährigen Wechsel, Geschäftsführung beim Bundesrat)

Agrarministerkonferenz
(Vorsitz und Geschäftsführung im zweijährigen Wechsel)

Arbeits- und Sozialministerkonferenz (ASMK)
(Vorsitz und Geschäftsführung im jährlichen Wechsel)

Konferenz der für das Gesundheitswesen zuständigen Minister und Senatoren der Länder (GMK)
(Vorsitz und Geschäftsführung im zweijährigen Wechsel)

Jugendministerkonferenz (JMK)
(Vorsitz und Geschäftsführung im zweijährigen Wechsel)

Verkehrsministerkonferenz (VMK)
(Vorsitz im zweijährigen Wechsel, Geschäftsführung beim Bundesrat)

Umweltministerkonferenz des Bundes und der Länder (UMK)
(Vorsitz und Geschäftsführung im jährlichen Wechsel unter den Ländern)

Arbeitsgemeinschaft der für das Bau-, Wohnungs- und Siedlungswesen zuständigen Minister der Länder (ARGEBAU)
(Vorsitz im zweijährigen Wechsel, Geschäftsführung beim Land Nordrhein-Westfalen)

Ministerkonferenz für Raumordnung (MKRO)
(Vorsitz im zweijährigen Wechsel zwischen Bund und Ländern, Geschäftsführung beim Bund)

Ständige Konferenz der Kultusminister der Länder der Bundesrepublik Deutschland (KMK)
(Präsidentschaft im jährlichen Wechsel)

Konferenz der Sportminister der Länder der Bundesrepublik Deutschland (SMK)
(Vorsitz und Geschäftsführung im zweijährigen Wechsel)

Konferenz der Gleichstellungs- und Frauenministerinnen, -minister, -senatorinnen und -senatoren der Länder (GFMK)
(Vorsitz und Geschäftsführung im jährlichen Wechsel)

Europaministerkonferenz (EMK)
(Vorsitz und Geschäftsführung im jährlichen Wechsel)

Quelle: Laut Auskunft des Bundesrates.

III/2 Die Ständige Konferenz der Kultusminister der Länder in der Bundesrepublik Deutschland

a.) Geschäftsordnung gemäß Beschluß vom 19. November 1955
i. d. F. vom 2. Dezember 1993

Die Ständige Konferenz der Kultusminister der Länder in der Bundesrepublik Deutschland (Kultusministerkonferenz) behandelt Angelegenheiten der Kulturpolitik von überregionaler Bedeutung mit dem Ziel einer gemeinsamen Meinungs- und Willensbildung und der Vertretung gemeinsamer Anliegen.

Sie hat sich die nachstehende Geschäftsordnung gegeben:

A. ORGANE DER KONFERENZ

Organe der Konferenz sind das Plenum, das Präsidium und die Präsidentin oder der Präsident.

I. Plenum

1. Das Plenum besteht aus den Kultusministerinnen oder Kultusministern und Kultussenatorinnen oder Kultussenatoren der Länder in der Bundesrepublik Deutschland (Mitglieder der Kultusministerkonferenz). Die Mitglieder der Kultusministerkonferenz können sich in den Plenarsitzungen vertreten lassen. An den Plenarsitzungen können aus jedem Land außerdem weitere Mitarbeiterinnen oder Mitarbeiter teilnehmen.

2. Das Plenum beschließt über alle Angelegenheiten der Kultusministerkonferenz, sofern die Entscheidung darüber nicht allgemein oder im Einzelfall einer anderen Stelle übertragen ist. Auch der Haushalt (einschließlich des Stellenplans) des Sekretariats und der gemeinsam finanzierten Einrichtungen sowie gemeinsame Zuschüsse werden vom Plenum beschlossen.

Beschlüsse, die der Zustimmung anderer Landesstellen bedürfen, werden erst wirksam, wenn diese in jedem der beteiligten Länder herbeigeführt ist.

Das Plenum wählt die Generalsekretärin oder den Generalsekretär.

3. Sitzungen des Plenums werden bei Bedarf oder auf Antrag von mindestens zwei Mitgliedern der Kultusministerkonferenz von der Präsidentin oder dem Präsidenten einberufen.

4. Die Einladungen mit Angabe aller Beratungspunkte sind zwei Wochen vor der Sitzung den Mitgliedern der Kultusministerkonferenz zuzustellen.

 Die Behandlung von Beratungspunkten, die nicht fristgerecht mitgeteilt sind, ist zulässig, wenn kein Widerspruch dagegen erhoben wird.

 Ein Beratungsgegenstand muß auf die Tagesordnung gesetzt werden, wenn dies von einem Land spätestens drei Wochen vor einer Plenarsitzung beantragt wird.

 Jeder Vorlage für das Plenum ist ein Vorblatt beizufügen, welches das Beratungsziel und den Beschlußvorschlag, den Anlaß bzw. Auftrag, den wesentlichen Sachverhalt und die Problemstellung darlegt und einen Abschnitt Kosten/Finanzierung enthält.

5. Bei Abstimmungen hat jedes Land eine Stimme. Für Beschlüsse ist Einstimmigkeit der Länder erforderlich.

 Für Wahlen und Entscheidungen in Personalfragen genügt die Zustimmung von zwei Dritteln der Länder.

6. Über Verlauf und Ergebnis jeder Sitzung ist eine Niederschrift anzufertigen, die vom Sekretariat spätestens zwei Wochen nach der Sitzung den Mitgliedern der Kultusministerkonferenz übersandt wird. Einwendungen gegen den Inhalt der Niederschrift sind innerhalb von zwei Wochen nach Zugang an das Sekretariat zu richten.

7. Im Falle einstimmiger Empfehlungen von Ständigen Kommissionen und Hauptausschüssen können Beschlüsse der Kultusministerkonferenz im Schriftverfahren herbeigeführt werden. Das Verfahren wird durch ein Rundschreiben des Sekretariats eingeleitet, in dem auf das eingeleitete Schriftverfahren und die Ausschlußfrist hingewiesen wird. Das Rundschreiben geht den Mitgliedern der jeweils betroffenen Ständigen Kommissionen und Hauptausschüsse nachrichtlich zu. Dem Rundschreiben ist für eine Eingangsbestätigung ein Formular beizufügen, auf dem der postalische Eingang im Ministerium zu bestätigen ist. Das Bestätigungsformular ist dem Sekretariat umgehend zurückzusenden. Der Beschluß ist zustande gekommen, wenn innerhalb einer Frist von acht Wochen (vom Datum der letzten im Sekretariat vorliegenden Eingangsbestätigung an gerechnet) keine Einwendungen gegen ihn erhoben worden sind. Das Zustandekommen und das Datum des Beschlusses werden den Mitgliedern der Kultusministerkonferenz durch Rundschreiben vom Sekretariat mitgeteilt.

II. Präsidium und Präsident

1. Das Plenum wählt aus seiner Mitte ein Präsidium, das aus der Präsidentin oder dem Präsidenten, drei Vizepräsidentinnen oder Vizepräsidenten sowie bis zu zwei weiteren kooptierten Mitgliedern besteht.

2. Die Amtszeit der Präsidentin oder des Präsidenten dauert ein Jahr. Ihr geht grundsätzlich eine zweijährige Tätigkeit als Vizepräsidentin oder Vizepräsident voraus. An die Präsidentschaft schließt sich ein weiteres Jahr als Vizepräsidentin oder Vizepräsident an.

3. Die Präsidentin oder der Präsident stellt die Tagesordnung für die Plenarsitzungen auf. Sie bzw. er leitet die Plenarsitzungen und vertritt die Kultusministerkonferenz nach außen. Im Falle der Verhinderung wird sie bzw. er durch eine der Vizepräsidentinnen oder einen der Vizepräsidenten vertreten. Die Präsidentin oder der Präsident ist Dienstvorgesetzte/r der Bediensteten des Sekretariats der Kultusministerkonferenz.

4. Das Präsidium stellt für jedes Geschäftsjahr ein politisches Arbeitsprogramm der Konferenz auf und legt es dem Plenum zur Zustimmung vor.

 Das Präsidium berät wichtige Plenarangelegenheiten vor. Die Präsidiumsmitglieder sind befugt, durch einstimmigen Beschluß über unaufschiebbare Angelegenheiten, insbesondere Angelegenheiten der Europäischen Union, anstelle des Plenums der Kultusministerkonferenz zu entscheiden. Für die Beschlußfassung ist die Mitwirkung der Hälfte der Präsidiumsmitglieder notwendig. Die Mitglieder des Plenums sind unverzüglich mit Rundschreiben über den Inhalt des Beschlusses zu unterrichten.

 Das Präsidium beschließt über die Einstellung der Bediensteten des höheren Dienstes im Sekretariat.

B. AMTSCHEFSKONFERENZ

Die Amtschefskonferenz besteht aus den Stellvertreterinnen oder Stellvertretern bzw. den Amtschefinnen oder Amtschefs der Mitglieder der Kultusministerkonferenz. Die Amtschefskonferenz berät wichtige Angelegenheiten für das Plenum der Kultusministerkonferenz vor. Sie entscheidet abschließend in Angelegenheiten, in denen sich nicht das Plenum eine Entscheidung vorbehalten hat oder mit denen das Plenum nicht befaßt werden muß. Die für das Plenum geltenden Verfahrensregelungen sind für die Amtschefskonferenz entsprechend anzuwenden. Vorsitzende oder Vorsitzender der Amtschefskonferenz ist die Stellvertreterin oder der Stellvertreter bzw. die Amtschefin oder der Amtschef der jeweils amtierenden Präsidentin oder des jeweils amtierenden Präsidenten.

C. KOMMISSIONEN UND AUSSCHÜSSE

Für die Bearbeitung einzelner Sachgebiete werden von der Kultusministerkonferenz Kommissionen und Ausschüsse eingesetzt. Für die Einsetzung und Arbeitsweise von Kommissionen und Ausschüssen sowie sonstiger Gremien gelten die anliegenden Richtlinien in der jeweils geltenden Fassung.

D. SEKRETARIAT

1. Die laufenden Arbeiten der Kultusministerkonferenz werden vom Sekretariat erledigt; hierzu gehören insbesondere die Vorbereitung der Sitzungen des Plenums, der Amtschefskonferenz sowie der Kommissionen und Ausschüsse, die laufende Unterrichtung der Konferenz und ihrer Gremien von den kulturpolitischen Plänen und Maßnahmen der Bundesstellen und überregionalen Institutionen, die Bearbeitung der sich aus der internationalen kulturellen Zusammenarbeit ergebenden Angelegenheiten und der gemeinsamen Finanzierungen der Kultusministerkonferenz.

2. Zahl und Vergütung der Bediensteten des Sekretariats bestimmt der jährlich vom Plenum zu beschließende Entwurf des Stellenplans, der gemäß § 2 des Abkommens über das Sekretariat der Zustimmung durch die Finanzministerkonferenz bedarf.

3. Das Sekretariat wird von einer Generalsekretärin oder einem Generalsekretär geleitet. Sie bzw. er ist auch Beauftragte/r für den Haushalt.

 Die Generalsekretärin oder der Generalsekretär ist Vorgesetzte/r der Bediensteten des Sekretariats der Kultusministerkonferenz.

 Sie bzw. er ist an Weisungen der Präsidentin oder des Präsidenten gebunden.

4. Die gemäß Stellenplan vorgesehenen Bediensteten der BAT-Gruppe III und niedriger werden von der Generalsekretärin oder dem Generalsekretär angestellt und entlassen.

5. Die Kosten für das Sekretariat und andere von der Kultusministerkonferenz finanzierte oder unterstützte Einrichtungen und Maßnahmen tragen die Länder gemeinsam. Sie werden nach dem Königsteiner Schlüssel umgelegt.

Für die Durchführung der Rechts- und Kassengeschäfte wird eine besondere Rechtspersönlichkeit gebildet, deren Haushaltsführung und Rechnungslegung vom Rechnungshof des Sitzlandes zu prüfen sind.

b.) Richtlinien für die Einsetzung und Arbeitsweise von Gremien der Kultusministerkonferenz — Auszüge

Die nachstehenden Richtlinien dienen der Ausführung der Geschäftsordnung, Teil C.

1. *Einsetzung von Kommissionen und Ausschüssen*

 (1) Die Kultusministerkonferenz hat folgende Ständige Kommissionen und Hauptausschüsse:

 > Kommission für internationale Angelegenheiten
 > Kommission für Angelegenheiten der Europäischen Union
 > Verwaltungskommission
 > Kommission „Sport"
 > Schulausschuß
 > Hochschulausschuß
 > Kulturausschuß
 > Ausschuß für Fort- und Weiterbildung
 > Bund-Länder-Ausschuß für schulische Arbeit im Ausland

 In den Ständigen Kommissionen und Hauptausschüssen — mit Ausnahme der Verwaltungskommission — sowie im Unterausschuß für Berufliche Bildung sollen alle Länder vertreten sein. In den übrigen Gremien gilt grundsätzlich das Repräsentationsprinzip. Der Grundsatz der Länderoffenheit wird nicht berührt. Die Vertretung in den Hauptausschüssen soll möglichst auf Abteilungsleiterinnen- oder Abteilungsleiterebene erfolgen.

 (2) Bei den Ständigen Kommissionen und Hauptausschüssen können mit Einwilligung der Amtschefskonferenz/des Plenums für wichtige Teilbereiche ihres Sachgebietes ständige Unterkommissionen bzw. Unterausschüsse eingesetzt werden.

 (3) Ein Gremium mit besonderer Zusammensetzung ist der Bund-Länder-Ausschuß für schulische Arbeit im Ausland (BLASchA). Ihm gehören außer den Vertreterinnen oder Vertretern aller Länder die Leiterin oder der Leiter des Schulreferats im Auswärtigen Amt und die Leiterin oder der Leiter der Zentralstelle für das Auslandsschulwesen des Bundesverwaltungsamtes als Mitglieder an.

 (4) Soweit erforderlich, können die Ständigen Kommissionen und Hauptausschüsse für sachlich und zeitlich begrenzte Aufgaben Berichterstatterinnen oder Berichterstatter ernennen oder mit Einwilligung der Vorsitzenden oder des Vorsitzenden der Amtschefskonferenz Sitzungen von Arbeitsgruppen sowie zur Erledigung von speziellen Aufgaben

Sitzungen der zuständigen Referentinnen oder Referenten genehmigen. Die Zusammensetzung der Arbeitsgruppe soll in der Regel auf wenige Länder beschränkt werden.

(5) Zur Bearbeitung besonderer projektgebundener Aufgaben, die nicht in den vorgenannten Gremien erledigt werden können, setzt die Kultusministerkonferenz (Plenum/ Amtschefskonferenz) im unbedingt notwendigen Umfange Projektkommissionen ein.

2. *Auftrag und Bezeichnung*

(1) Die Aufträge sollen im Einsetzungsbeschluß festgelegt und, soweit es sich nicht um ständige Gremien handelt, befristet werden. Bei der Erteilung des Auftrages ist eine Frist zu setzen und jeweils zu prüfen, ob der Auftrag im Rahmen der verfügbaren Arbeitskapazität vom Sekretariat erledigt werden kann.

(2) Die Bezeichnungen der Projektkommissionen, Unterausschüsse und Arbeitsgruppen sollen ihren Auftrag und ihre Zuordnung kennzeichnen. Bezeichnungen und Aufträge sind aufeinander abzustimmen.

(3) Arbeitsgruppen, die ihren Auftrag erledigt haben, gelten ohne besondere Maßnahme als aufgelöst.

3. *Verkürztes Verfahren**

(1) Bei Beratungsmaterien, die nicht in der Amtschefskonferenz oder im Plenum erörtert werden müssen, sind die Kommissionen und Hauptausschüsse ermächtigt, für die Kultusministerkonferenz abschließend zu entscheiden. Dies gilt in folgenden Fällen:

— Beschlüsse zur Ausführung von Kultusministerkonferenz- und Amtschefskonferenz-Beschlüssen und weitere Beschlüsse ohne grundsätzliche Bedeutung

— Verfahrensbeschlüsse

— Empfehlungen zur Koordinierung der Verwaltungspraxis in den Ländern

— Benennungen für den jeweiligen Zuständigkeitsbereich.

(2) Voraussetzung für eine abschließende Beschlußfassung im verkürzten Verfahren durch eine Kommission oder einen Hauptausschuß ist ein einstimmiges Beratungsergebnis. Bei Enthaltung kommt ein Beschluß nicht zustande. In dem Beschluß wird festgestellt, daß es sich um einen Beschluß der Kultusministerkonferenz handelt. Der Beschluß trägt das Datum der Beschlußfassung.

(3) Die Mitglieder der Amtschefskonferenz werden über den Beschluß der Kommission oder des Hauptausschusses durch Rundschreiben unverzüglich unterrichtet. Der Beschluß wird wirksam, wenn kein Land innerhalb von drei Wochen nach Absendung des Rundschreibens beantragt, daß die nächste Amtschefskonferenz über die Angelegenheit berät. Das Wirksamwerden des Beschlusses wird den Mitgliedern der Kultusministerkonferenz durch Rundschreiben vom Sekretariat mitgeteilt.

4. *Vorsitz*

(1) Die Vorsitzenden der Ständigen Kommissionen und der Hauptausschüsse werden vom Plenum gewählt. Für die Unterkommissionen und Unterausschüsse wird die oder der

* Das von der Kultusministerkonferenz am 03.12.1993 beschlossene KMK-Verfahren in Angelegenheiten der Europäischen Union bleibt unberührt.

Vorsitzende auf Vorschlag der Ständigen Kommission bzw. des Hauptausschusses, für die Projektkommissionen unmittelbar vom Plenum/von der Amtschefskonferenz gewählt. Die Wahl der Vorsitzenden oder des Vorsitzenden in den Hauptausschüssen erfolgt im Zeitabstand von drei Jahren.

(2) Die Vorsitzenden für die Arbeitsgruppen und Referentensitzungen werden durch die Hauptausschüsse bestimmt. Sie sollen in der Regel Mitglieder des Hauptausschusses sein.

(3) Die Vorsitzenden berufen die Gremien nach Bedarf ein und führen den Vorsitz in den Sitzungen. Sie haben die Gremien einzuberufen, wenn mindestens zwei im jeweiligen Gremium vertretene Länder die Einberufung verlangen.

(4) Im Wege der Geschäftsführung können die Vorsitzenden, soweit es sich nicht um Grundsatzangelegenheiten handelt, zwischen den Sitzungen dringende Stellungnahmen ohne vorherige Befassung des zuständigen Gremiums abgeben; hiervon ist das jeweilige Gremium unverzüglich zu unterrichten.*

5. *Weitere Teilnehmer an Sitzungen*

(1) Die Ständigen Kommissionen, Hauptausschüsse, Projektkommissionen und Unterausschüsse haben das Recht, zu ihren Beratungen Sachverständige oder Vertreterinnen oder Vertreter anderer Dienststellen und Organisationen hinzuzuziehen. Das Plenum/die Amtschefskonferenz kann im Einzelfall abweichend entscheiden.

(2) Bei den Unterkommissionen entscheiden die Ständigen Kommissionen. Bei den Arbeitsgruppen- und Referentensitzungen entscheiden die Hauptausschüsse.

(3) Für Anhörungen von Verbänden und Organisationen zu Beratungsergebnissen der Ständigen Kommissionen und der Hauptausschüsse ist die Zustimmung des Plenums/der Amtschefskonferenz erforderlich.

6. *Sitzungsort und -zeit*

(1) Als Sitzungsort für alle Sitzungen der Gremien sollen verkehrstechnisch günstig gelegene Orte gewählt werden. Ausnahmen sind nur im Einvernehmen mit der oder dem Vorsitzenden der Amtschefskonferenz möglich.

(2) Die Sitzungen sollen grundsätzlich nur einen Tag dauern bzw. nicht mehr als eine Übernachtung notwendig machen; dies gilt nicht für die Ständigen Kommissionen und die Hauptausschüsse.

7. *Tagesordnung und Vorbereitung der Sitzungen*

(1) Die Vorsitzenden stellen die vorläufige Tagesordnung auf. Von Mitgliedern oder von einem Land beantragte Beratungsgegenstände sind in die vorläufige Tagesordnung aufzunehmen. Die Anträge sind unmittelbar nach Eingang durch Rundschreiben zu versenden. Die endgültige Tagesordnung stellt das Gremium fest.

(2) Das Sekretariat soll die Einladungen unter Beifügung einer vorläufigen Tagesordnung möglichst drei Wochen vor dem Sitzungstermin an die Mitglieder des jeweiligen Gremiums der Kultusministerkonferenz versenden.

* Das von der Kultusministerkonferenz am 03.12.1993 beschlossene KMK-Verfahren in Angelegenheiten der Europäischen Union bleibt unberührt.

(3) Die Beratung der einzelnen Tagesordnungspunkte soll schriftlich vorbereitet werden, insbesondere durch Arbeitspapiere mit formulierten Beschluß- und Verfahrensvorschlägen. Die Beratungsunterlagen sollen spätestens zwei Wochen vor dem Sitzungstermin in den Kultusministerien vorliegen. In begründeten Ausnahmefällen können Beratungsunterlagen nachgereicht werden.

c.) Das KMK-Verfahren in Angelegenheiten der Europäischen Union i. d. F. vom 12. Mai 1995

A. GRUNDSATZ

1. Anwendungsbereich

Angelegenheiten der Europäischen Union (EU) sind insbesondere EU-Vorhaben im Bundesratsverfahren, Beratungsgegenstände von formellen und informellen EU-Ministerräten oder -Ausschüssen und sonstigen Beratungsgremien des Rates oder der Kommission.

2. Mandat innerhalb der KMK

Die vom Bundesrat als Vertreter der Länder in EU-Ministerräten ernannten Mitglieder der KMK (im folgenden: „benannte Minister") sind auch innerhalb der KMK jeweils im Rahmen ihres Mandats Berichterstatter für EU-Angelegenheiten. Sie arbeiten dabei eng mit der oder dem Vorsitzenden der Kommission für Angelegenheiten der Europäischen Union (Europa-Kommission) zusammen.

3. Unterstützung der benannten Minister

Die Bundesratsbeauftragten in den die Ministerräte vorbereitenden EU-Gremien nehmen innerhalb der KMK Beraterfunktion gegenüber den benannten Ministern wahr. Insbesondere informieren sie das Mitglied des Ministerrats zeitgerecht über relevante Vorgänge in den Gremien. Sie stimmen sich bezüglich eigener Initiativen in den Gremien der EU mit dem Mitglied des Ministerrats ab, sofern hinreichend bestimmte Bundesratsbeschlüsse nicht oder noch nicht vorliegen; sie bereiten es auf die Sitzungen des Ministerrats vor. Sie werden sich darum bemühen, Initiativen im Bundesrat, der KMK und der BLK mit dem Mitglied des Ministerrats abzustimmen.

4. Rolle des KMK-Sekretariats

Das KMK-Sekretariat unterstützt die benannten Minister und sonstigen Bundesratsbeauftragten in den Gremien der Europäischen Union und im Verhältnis Bund-Länder.

5. Auftrag der Europa-Kommission

Stellungnahmen der KMK in Angelegenheiten der Europäischen Union werden unter Beteiligung der Fachausschüsse von der Europa-Kommission vorbereitet und nach Beratung durch die Amtschefskonferenz vom KMK-Plenum beschlossen.

Für die fachliche Vorbereitung in Forschungsangelegenheiten ist innerhalb der KMK der Hochschulausschuß/UA Forschung zuständig. Soweit eine Behandlung unter rechtlichen

oder politischen Aspekten der Europäischen Union erforderlich ist, ist die Europa-Kommission zu beteiligen.

6. *Eilverfahren*

Bei Eilbedürftigkeit treten, je nach Terminlage und Bedarf,

— an die Stelle der Fachausschüsse ihre Vorsitzenden

— an die Stelle der Europa-Kommission deren Vorsitzende(r) und Stellvertretende(r) Vorsitzende(r)

— an die Stelle des KMK-Plenums das KMK-Präsidium.

Die Feststellung der Eilbedürftigkeit trifft die benannte Ministerin bzw. der benannte Minister.

B. BUNDESRATSVERFAHREN

1. Eine EU-Vorlage, an der der Bundesrat zu beteiligen ist, soll von der KMK mit dem Ziel der Abstimmung beraten werden. Die Befassung der KMK-Gremien erfolgt auf Antrag eines ihrer Mitglieder. Vor allem die benannten Minister prüfen aufgrund der ihnen vorliegenden Informationen Bedeutung und Eilbedürftigkeit der Vorgänge und bemühen sich um ein angemessenes Verfahren. Zur Vorbereitung von Stellungnahmen können sie länderoffene ad-hoc-Arbeitsgruppen einberufen.

 Bei EU-Angelegenheiten von untergeordneter Bedeutung oder nur marginaler Auswirkung auf die Geschäftsbereiche der Bildungs-, Kultur- und Wissenschaftsressorts kann das KMK-Verfahren insgesamt entfallen.

2. Kommt es zu einer Stellungnahme der KMK, so soll diese im Bundesratskulturausschuß von der benannten Ministerin bzw. dem Minister oder einer anderen von ihnen mandatierten Person vertreten werden.

 Die Mitglieder der KMK vertreten Stellungnahmen des KMK-Plenums zu EU-Vorhaben in ihren Kabinetten.

 In der Europakammer sollen Stellungnahmen der KMK von den benannten Ministern, von der oder dem Vorsitzenden der Europa-Kommission oder einem anderen Amtschef im Rahmen der Teilnahme als Beauftragter einer Landesregierung vertreten werden (§ 45g Geschäftsordnung Bundesrat).

3. Liegt kein Plenarbeschluß der KMK vor, sind die Mitglieder der KMK bei ihrer Willensäußerung im Bundesratsverfahren frei. Sie werden hierbei Stellungnahmen berücksichtigen, die bereits von KMK-Fachausschüssen beschlossen worden sind.

C. VERFAHREN AUSSERHALB DES BUNDESRATES

1. Soweit eine Vorlage nicht als Bundesratsdrucksache umgedruckt ist, bildet die Stellungnahme des KMK-Plenums oder des KMK-Präsidiums die Grundlage für die weitere Verhandlungsführung oder die Mitwirkung der benannten Minister in den EU-Ministerräten.

2. Bei EU-Angelegenheiten, die sich noch in einem frühen Vorbereitungsstadium befinden, kann die Befassung der AK und des Plenums entfallen. Dann bildet die Stellungnahme der Europa-Kommission bzw. ihres oder ihrer Vorsitzenden die Grundlage für die Verhand-

lungsführung oder die Mitwirkung der Ländervertreter in Ausschüssen oder sonstigen Beratungsgremien des Rates und der Kommission, soweit diese Ländervertreter auf Vorschlag der KMK oder eines Kultus- oder Wissenschaftsministeriums bestellt worden sind.

3. In EU-Angelegenheiten außerhalb des Bundesratsverfahrens soll die Abstimmung mit dem BMBF oder mit anderen fachlich zuständigen Bundesressorts durch die Europa-Kommission oder im Rahmen der AK erfolgen.

In EU-Forschungsangelegenheiten gilt die Absprache vom 8. März 1994

Quelle: Sekretariat der Ständigen Konferenz der Kultusminister der Länder in der Bundesrepublik Deutschland, Handbuch für die Kultusministerkonferenz 1995, 1995, S. 31 ff.

d.) Organisationsschema der Ständigen Konferenz der Kultusminister der Länder in der Bundesrepublik Deutschland
— Stand: Januar 1995

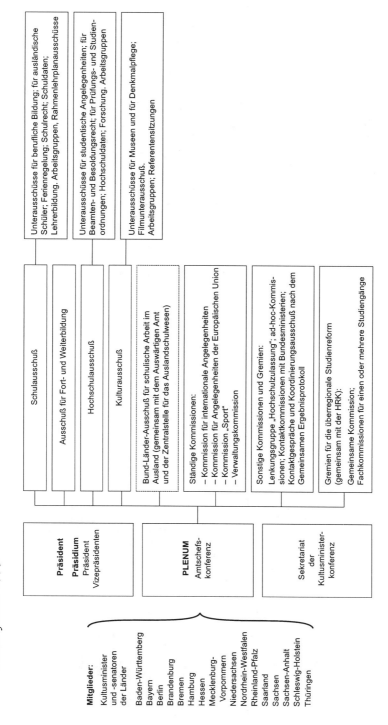

Mitglieder:
Kultusminister und -senatoren der Länder

Baden-Württemberg
Bayern
Berlin
Brandenburg
Bremen
Hamburg
Hessen
Mecklenburg-Vorpommern
Niedersachsen
Nordrhein-Westfalen
Rheinland-Pfalz
Saarland
Sachsen
Sachsen-Anhalt
Schleswig-Holstein
Thüringen

Präsident
Präsidium
Präsident
Vizepräsidenten

PLENUM
Amtschefskonferenz

Sekretariat der Kultusministerkonferenz

Schulausschuß

Ausschuß für Fort- und Weiterbildung

Hochschulausschuß

Kulturausschuß

Bund-Länder-Ausschuß für schulische Arbeit im Ausland (gemeinsam mit dem Auswärtigen Amt und der Zentralstelle für das Auslandsschulwesen)

Ständige Kommissionen:
– Kommission für internationale Angelegenheiten
– Kommission für Angelegenheiten der Europäischen Union
– Kommission „Sport"
– Verwaltungskommission

Sonstige Kommissionen und Gremien:
Lenkungsgruppe „Hochschulzulassung"; ad-hoc-Kommissionen; Kontaktkommissionen mit Bundesministerien; Kontaktgespräche und Koordinierungsausschuß nach dem Gemeinsamen Ergebnisprotokoll

Gremien für die überregionale Studienreform (gemeinsam mit der HRK):
Gemeinsame Kommission;
Fachkommissionen für einen oder mehrere Studiengänge

Unterausschüsse für berufliche Bildung; für ausländische Schüler, Ferienregelung; Schulrecht; Schuldaten; Lehrerbildung. Arbeitsgruppen, Rahmenlehrplanausschüsse

Unterausschüsse für studentische Angelegenheiten; für Beamten- und Besoldungsrecht; für Prüfungs- und Studienordnungen; Hochschuldaten; Forschung. Arbeitsgruppen

Unterausschüsse für Museen und für Denkmalpflege; Filmunterausschuß.
Arbeitsgruppen; Referentensitzungen

Quelle: Sekretariat der Ständigen Konferenz der Kultusminister der Länder in der Bundesrepublik Deutschland, Handbuch für die Kultusministerkonferenz 1995, 1995, S. 525.

e.) Organisationsschema des Sekretariats der Ständigen Konferenz der Kultusminister der Länder in der Bundesrepublik Deutschland — Stand: April 1995

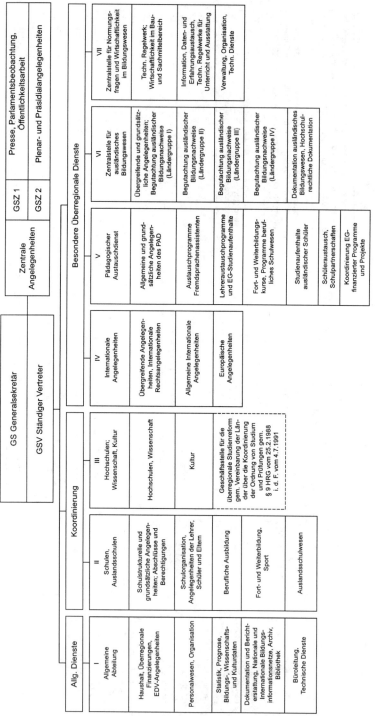

Quelle: Sekretariat der Ständigen Konferenz der Kultusminister der Länder in der Bundesrepublik Deutschland, Handbuch für die Kultusministerkonferenz 1995, 1995, S. 527.

III/3 Aus einer Übersicht über das Zusammenwirken der Kultusministerien und der Kultusministerkonferenz mit anderen Behörden und Organisationen im In- und Ausland — Stand: 1994

A. Zusammenarbeit von Bund, Ländern und z.T. Gemeinden

1. *Durch Gesetz*

Planungsausschuß (gemäß § 7 des Hochschulbauförderungsgesetzes)

Nach dem Gesetz über die Gemeinschaftsaufgabe „Ausbau und Neubau von Hochschulen" (Hochschulbauförderungsgesetz) vom 1. September 1969 i. d. F. vom 23. September 1990 bilden Bundesregierung und Landesregierungen für die gemeinsame Rahmenplanung einen Planungsausschuß. Ihm gehören der Bundesminister für Bildung und Wissenschaft (als Vorsitzender), der Bundesminister der Finanzen und ein Minister (Senator) jedes Landes an.

Vgl. dazu Text des Hochschulbauförderungsgesetzes unter II, 3 und Geschäftsordnung des Planungsausschusses unter II, 3.

2. *Durch gemeinsame Gründerschaft und durch Abkommen oder sonstige schriftliche Vereinbarungen gesicherte Zusammenarbeit*

Bund-Länder-Kommission für Bildungsplanung und Forschungsförderung (auf Grund Art. 91 b GG)

Gegründet durch das Verwaltungsabkommen zwischen Bund und Ländern über die Errichtung einer gemeinsamen Kommission für Bildungsplanung vom 25. Juni 1970. Die Kommission ist „das ständige Gesprächsforum für alle Bund und Länder gemeinsam berührenden Fragen des Bildungswesens und der Forschungsförderung". Der Kommission gehören acht Vertreter der Bundesregierung (die 16 Stimmen führen) und je ein* Vertreter der Landesregierungen an. Für Beschlüsse der Kommission ist eine Mehrheit von 25 Stimmen erforderlich. Die Empfehlungen der Kommission und die möglichen Minderheitsvoten werden den Regierungschefs (von Bund und Ländern) vorgelegt, die nach dem Abkommen ihrerseits bei Zustimmung von mindestens 13 Regierungschefs (d.h. ebenfalls mit Dreiviertelmehrheit) Beschlüsse fassen können, die allerdings nur für die Zustimmenden verbindlich sind.

Vgl. dazu Text des Verwaltungsabkommens, der Rahmenvereinbarung Forschungsförderung und der Geschäftsordnung der Kommission unter II, 4.

Wissenschaftsrat

Der Wissenschaftsrat wurde durch ein Verwaltungsabkommen zwischen der Bundesregierung und den Länderregierungen am 5. September 1957 geschaffen. Er besteht aus 54 Mitgliedern, die eine Wissenschaftliche Kommission (32 vom Bundespräsidenten berufene

* In Angelegenheiten der Forschungsförderung je zwei Vertreter mit einer Stimme pro Land.

Mitglieder) und eine Verwaltungskommission (6 von der Bundesregierung und 16 von den Länderregierungen entsandte Mitglieder) bilden.

Vgl. dazu Text des Verwaltungsabkommens unter II, 4 und Geschäftsordnung für den Wissenschaftsrat unter II, 4.

Bund-Länder-Abstimmung im Bereich der beruflichen Bildung

Im Gemeinsamen Ergebnisprotokoll vom 30. Mai 1972 ist zwischen der Bundesregierung und den Kultusministern (-senatoren) der Länder das Verfahren bei der Abstimmung von Ausbildungsordnungen und Rahmenlehrplänen im Bereich der beruflichen Bildung vereinbart worden. Das Verfahren dient der Erörterung von Grundsatzfragen der Koordinierung von betrieblicher und schulischer Berufsausbildung sowie der Erarbeitung und Abstimmung der Ausbildungsordnungen für die anerkannten Ausbildungsberufe und der Rahmenlehrpläne für den berufsbezogenen Unterricht in der Berufsschule.

Gremien des Gemeinsamen Ergebnisprotokolls:

— *Kontaktgespräch zur beruflichen Bildung*

Vertretung der Bundesregierung durch
Bundesministerium für Bildung, Wissenschaft, Forschung und Technologie,
Bundesministerium für Wirtschaft
Vertretung der Kultusminister (-senatoren) durch
Baden-Württemberg,
Hamburg

— *Koordinierungsausschuß von Ausbildungsordnungen/Rahmenlehrplänen*

Vertretung der Bundesregierung durch
Bundesministerium für Bildung, Wissenschaft, Forschung und Technologie
Bundesministerium für Wirtschaft,
weitere für den jeweiligen Ausbildungsberuf zuständige Fachminister
Vertretung der Kultusminister (-senatoren) durch je einen Beauftragten der Ministerien

— *Gemeinsame Sitzungen für die jeweilige Berufsausbildung*

Sachverständige des Bundes und Mitglieder des Rahmenlehrplan-Ausschusses

— *Sachverständigenausschüsse des Bundes zur Erarbeitung der Ausbildungsordnung*

— *Rahmenlehrplan-Ausschüsse der Länder zur Erarbeitung des Rahmenlehrplans*

Nach dem Gemeinsamen Ergebnisprotokoll wurden bis 1994 über 250 Ausbildungsordnungen und Rahmenlehrpläne erarbeitet und abgestimmt. Damit werden über 97 % der Ausbildungsverhältnisse durch neue Ordnungsmittel für die Berufsausbildung in anerkannten Ausbildungsberufen erfaßt.

3. Zusammenwirken in Fragen der internationalen kulturellen Beziehungen

Ständige Vertragskommission der Länder

Nach der Verständigung zwischen der Bundesregierung und den Staatskanzleien der Länder über das Vertragsschließungsrecht des Bundes („Lindauer Abkommen") vom 14. November 1957. Die Kommission ist Gesprächspartner des Auswärtigen Amtes und der Fachressorts der Bundesregierung bei der Aushandlung internationaler Verträge.

Siehe auch Text des Abkommens unter II, 4.

Kontaktstelle beim Vorsitzenden der Ständigen Vertragskommission der Länder

Eingerichtet auf Grund eines Beschlusses der Ministerpräsidentenkonferenz vom 31. Oktober 1968 zur Durchführung der Bund/Länder-Absprache über das Zusammenwirken zwischen Bund und Ländern im Rahmen der Auswärtigen Gewalt vom 5. Juli bzw. 26. Juli 1968.

Text der Absprache siehe unter II, 4.

Der Bevollmächtigte der Bundesrepublik Deutschland für kulturelle Angelegenheiten im Rahmen des Vertrages über die deutsch-französische Zusammenarbeit

Auf Grund der Vereinbarung zwischen der Bundesregierung und den Regierungen der Länder zur Durchführung des Vertrages über die deutsch-französische Zusammenarbeit vom 22. Januar 1963 wird der Bevollmächtigte auf Vorschlag der Länder aus dem Kreise der Ministerpräsidenten (Reg. Bürgermeister) der Länder von der Bundesregierung bestellt. Der Bevollmächtigte vertritt im Rahmen der Durchführung des Vertrages die Bundesrepublik Deutschland für den kulturellen Bereich, der innerstaatlich der ausschließlichen Genehmigung der Länder unterliegt.

Text der Vereinbarung siehe unter II, 4.

4. *Mitwirkung von Bund und Ländern in überregionalen Einrichtungen auf Grund von Bestimmungen in den jeweiligen Satzungen und/oder durch gemeinsame Finanzierung*

 a) Auf dem Gebiet der Wissenschaft und Forschung

 Deutsche Forschungsgemeinschaft

Kuratorium:	Im Kuratorium sind alle Länder vertreten.
Hauptausschuß:	U.a. 8 Vertreter der Bundesregierung und 8 Vertreter der Länderkultusministerien.

 Max-Planck-Gesellschaft

Im Senat sind 2 Bundesminister und 2 Kultusminister sowie 1 Finanzminister der Länder ständige Mitglieder.

 Deutscher Akademischer Austauschdienst

Im Kuratorium sind u.a. 7 Vertreter der Bundesregierung und 3 Vertreter der Länderkultusministerien als von der KMK bestellte Mitglieder.

 Vermittlungsstelle im DAAD für deutsche Wissenschaftler im Ausland

Gebildet auf Grund einer schriftlichen Absprache zwischen dem Bundesminister des Auswärtigen und dem Präsidenten der Kultusministerkonferenz vom 25. Januar 1968. Siehe auch Text der Absprache unter II, 4.

 Alexander von Humboldt-Stiftung

Dem Vorstand gehören kraft Amtes 2 Mitglieder der Bundesregierung und 1 Vertreter der Länder (Präsident der KMK) an.

 Studienstiftung des Deutschen Volkes

Mitglieder im Kuratorium sind u.a. 4 Kultusminister der Länder sowie 1 Vertreter der Bundesregierung, der 3 Stimmen führt.

Deutsches Studentenwerk

Im Beirat sind mit beratender Stimme 1 Vertreter der Bundesregierung, 1 Vertreter der Länderregierungen und 1 Vertreter des Deutschen Städtetages beteiligt.

b) Auf dem Gebiet der allgemeinen Kulturpflege

Deutsches Bibliotheksinstitut

Bund und Länder sind in den Organen des Instituts vertreten, die Finanzierung wird teilweise gemeinsam getragen.

Deutsche Künstlerhilfe

Bund und Länder bringen gemeinsam die Mittel für den vom Bundespräsidialamt verwalteten Fonds auf, die Verteilung der Mittel erfolgt auf Grund von Vorschlägen von Landesausschüssen der Länder.

Deutscher Musikrat — Sektion Bundesrepublik Deutschland im Internationalen Musikrat e. V.

Bund und Länder tragen weitgehend gemeinsam die Finanzierung, im Planungsbeirat und Verwaltungsbeirat sind sie durch Beauftragte vertreten.

Deutsche Sektion des Internationalen Theaterinstituts

Bund und Länder sind in den Organen beobachtend vertreten; sie tragen weitgehend gemeinsam die Finanzierung.

5. *Gemeinsame Beratungen und Kontaktkommissionen*

Gemeinsame Besprechungen zwischen dem Hochschulausschuß der KMK und Mitarbeitern der Geschäftsstelle der Deutschen Forschungsgemeinschaft sowie zwischen dem Hochschulausschuß der KMK und Mitarbeitern der Stiftung Volkswagenwerk.

Regelmäßige Besprechungen mit der Deutschen UNESCO-Kommission. Seit 1953 treten Vertreter des AA, des BMI (seit 1970: BMBW; seit 1994: BMBF), des BMZ und der KMK bei der DUK in Bonn zu regelmäßigen Besprechungen zusammen. Gesprächsführung: DUK.

Kontaktkommission KMK/BM Verteidigung

Kontaktkommission KMK/Bundesanstalt für Arbeit

Teilnahme von Vertretern des Kulturausschusses der KMK an Sitzungen des Kulturausschusses des Deutschen Städtetages und umgekehrt.

6. *Mitwirkung in Kommissionen, Ausschüssen und Gesprächskreisen*

Ständiger Ausschuß für geographische Namen der Bundesrepublik Deutschland

Bundesverkehrssicherheitsausschuß

Statistischer Beirat beim Statistischen Bundesamt

Kommission „Bibliothekstantieme".

B. Zusammenwirken der Länder untereinander

1. *Ministerpräsidentenkonferenz*

 Finanzministerkonferenz

 Sportministerkonferenz

 Filmausschuß der Länder

 Alle Länder sind beteiligt (Kultusverwaltungen, Staatskanzleien bzw. Wirtschaftsministerien)

 Gemischte Kommission „Daten im Bildungsbereich"

 Kommission Gemeinsame Finanzierung der Forschungseinrichtungen auf Länderseite (Refinanzierung)

2. *Gemeinsam gegründete Einrichtungen*

 Filmbewertungsstelle der Länder

 Benennung der Mitglieder durch die Länder und der Vorsitzenden der Ausschüsse durch die KMK.

 Institut für Film und Bild in Wissenschaft und Unterricht, München

 Alle Länder sind beteiligt.

 Institut für den wissenschaftlichen Film, Göttingen

 Alle Länder sind beteiligt.

 Zentralstelle für Fernunterricht, Köln

 Gemäß Staatsvertrag der Länder (vgl. unten unter II, 5). Alle Länder sind beteiligt.

 Zentralstelle für die Vergabe von Studienplätzen, Dortmund

 Gemäß Staatsvertrag der Länder (vgl. unten unter II, 5). Alle Länder sind beteiligt. Der Bund entsendet in den Verwaltungsausschuß 2 Vertreter mit beratender Stimme.

 Kulturstiftung der Länder

 Gemäß Länderabkommen (vgl. unten unter II, 5); alle Länder sind beteiligt. Mitwirkung des Bundes gemäß besonderem Abkommen.

C. Zusammenwirken oder Mitwirkung der Kultusministerien der Länder bzw. der Kultusministerkonferenz mit oder in anderen Gremien und Institutionen

Gemeinsame Beratungen von Kultusministern und Rektoren der wissenschaftlichen Hochschulen

Expertengespräche von Mitgliedern des Hochschulausschusses der KMK und Vertretern der HRK

Gemeinsame Kommission für die Koordinierung der Ordnung von Studium und Prüfungen

Ständiger Gesprächskreis für Äquivalenzen (mit Auswärtigem Amt, BMBF, HRK und DAAD)

Kontaktkommission KMK/Deutscher Sportbund

Gemischte Kommission der Arbeitsgemeinschaft Schulfunk/Schulfernsehen KMK/ARD/ZDF/ Deutschland Radio Berlin

Ausschuß für deutsche Kunstausstellungen im Ausland (beim Auswärtigen Amt)

Auswahlausschuß Villa Massimo beim BMI

Deutsche Akademie für Sprache und Dichtung

Deutsche Sportkonferenz

Deutscher Bibliotheksverband

Deutsches Historisches Museum

Deutsches Museum, München

Germanisches Nationalmuseum

Römisch-germanisches Zentralmuseum

Deutsches Institut für Internationale Pädagogische Forschung; Stiftungsrat

Deutsches Nationalkomitee für Denkmalschutz

Arbeitsgruppe Rechts- und Steuerfragen, Exekutivkomitee

Goethe-Institut, München

Hochschul-Informations-System GmbH

Johann-Sebastian-Bach-Institut

Künstlersozialkasse

Institut für die Pädagogik der Naturwissenschaften

Stiftung Kuratorium Junger Deutscher Film

Stiftung Begabtenförderung im Handwerk

Stiftung „Deutsches Institut für Fernstudien"

Otto-Benecke-Stiftung.

D. Mitwirkung der Kultusministerien der Länder bzw. der Kultusminister-konferenz in der internationalen kulturellen Zusammenarbeit

1. *Bei Internationalen Organisationen*

UNESCO

Teilnahme von Mitgliedern der KMK sowie von Sachverständigen der Kultusministerien der Länder an den Generalkonferenzen und europäischen Regionalkonferenzen der Kultur- und Erziehungsminister (Helsinki, Bukarest, Sofia, Paris); Entsendung von Ländervertretern zu Expertentreffen etc.; Mitarbeit bei der Vorbereitung der Konferenzen und Auswertung und Umsetzung der Beschlüsse; Mitarbeit in der Deutschen UNESCO-Kommission und ihren Gremien.

Internationales Bildungsbüro Genf

Seit 1968 Teil der UNESCO. Die Internationalen Bildungs-Konferenzen auf Ministerebe-
ne, die das Büro alle zwei Jahre durchführt, haben die allgemeine Entwicklung des Bil-
dungswesens sowie Spezialthemen aus dem Bildungswesen zum Gegenstand.

Organisation für wirtschaftliche Zusammenarbeit und Entwicklung (OECD)

Beteiligung an den OECD-Ministerkonferenzen der für die Wissenschafts- und Bildungs-
politik verantwortlichen Minister und an besonderen Konferenzen zu Spezialthemen.

Mitarbeit im

Bildungsausschuß (EDC)

Ausschuß für Wissenschafts- und Technologiepolitik (CSTP)

sowie im der OECD zugeordneten Zentrum für Bildungsforschung und -reform
(CERI).

Organisation für Sicherheit und Zusammenarbeit in Europa (OSZE)

Mitarbeit insbesondere in Angelegenheiten der „Zusammenarbeit in humanitären und an-
deren Bereichen" (Korb III) sowie Teilnahme von Mitgliedern der KMK bzw. Experten aus
den Kultusministerien der Länder an einschlägigen Konferenzen.

Europarat

Mitarbeit im Rat für kulturelle Zusammenarbeit (CDCC) und den nachgeordneten Fach-
ausschüssen für Hochschulwesen, Bildung, Kultur und kulturelles Erbe.

Ständige Konferenz der Europäischen Erziehungsminister

Deutscher Vertreter und Delegationsleiter bei den bisherigen 18 Konferenzen (Sitzungen),
die dem freien Erfahrungsaustausch der europäischen Erziehungsminister dienen, war der
jeweilige Präsident der KMK. Konferenzen fanden statt:

1. Sitzung	12.—13. November 1959	in Den Haag
2. Sitzung	12.—14. April 1961	in Hamburg
3. Sitzung	8.—13. Oktober 1962	in Rom
4. Sitzung	13.—16. August 1964	in London
5. Sitzung	12.—14. April 1965	in Wien
ad hoc-Konferenz	12.—14. September 1967	in Straßburg
6. Sitzung	20.—22. Mai 1969	in Versailles
7. Sitzung	8.—10. Juni 1971	in Brüssel
8. Sitzung	5.— 7. Juni 1973	in Bern
9. Sitzung	10.—12. Juni 1975	in Stockholm
10. Sitzung	28.—30. Juni 1977	in Straßburg
11. Sitzung	10.—13. Juni 1979	in Den Haag
12. Sitzung	2.— 4. Juni 1981	in Lissabon
13. Sitzung	10.—12. Mai 1983	in Dublin
14. Sitzung	7.— 9. Mai 1985	in Brüssel
15. Sitzung	5.— 7. Mai 1987	in Helsinki
16. Sitzung	11.—12. Oktober 1989	in Istanbul
17. Sitzung	16.—17. Oktober 1991	in Wien
18. Sitzung	23.—24. März 1994	in Madrid

Konferenzen der Europäischen Kulturminister

Die Konferenzen dienen dem freien Meinungsaustausch über Fragen der kulturellen Entwicklung und Zusammenarbeit in Europa. Ab der 2. Konferenz leitete der jeweilige Präsident der KMK die deutsche Delegation.

1. Konferenz	15.—17. Juni 1976	in Oslo
2. Konferenz	23.—26. Oktober 1978	in Athen
3. Konferenz	5.— 7. Mai 1981	in Luxemburg
4. Konferenz	23.—25. Mai 1984	in Berlin
5. Konferenz	15.—17. September 1987	in Sintra (Portugal)
6. Konferenz	25.—26. April 1990	in Palermo
7. Konferenz	15.—16. Oktober 1992	in Paris

Europäische Union

Die Kultusministerien der Länder wirken bei allen die Kultur- und Bildungspolitik betreffenden Fragen mit.

Europäische und Internationale Schulen

Die Vertretung der Bundesrepublik im Obersten Schulrat der Europäischen Schulen erfolgt durch das AA und den Präs. der KMK. Die Vertreter in den beiden Inspektionsausschüssen in den Europäischen Schulen — dem Inspektionsausschuß „Kindergärten und Grundschulen" und dem Inspektionsausschuß „Höhere Schulen" — werden dem AA von der KMK vorgeschlagen. Die Mitwirkung der KMK bezieht sich bei den Europäischen und Internationalen Schulen auf Fragen der Schulaufsicht, Lehrplangestaltung und Schulverwaltung.

NATO — Wissenschaftsausschuß

Vorbereitung der Sitzungen und deutsche Stellungnahmen in sogenannten Ressortbesprechungen beim AA.

2. *Bilaterale Kulturabkommen*

Vertretung der Länder in Gemischten Kommissionen zur Durchführung von Kulturabkommen mit Ägypten, Albanien, Argentinien, Belarus, Belgien, Bolivien, Brasilien, Bulgarien, Chile, China, Costa-Rica, Ecuador, Griechenland, Großbritannien, Indien, Indonesien, Italien, Japan, Kasachstan, Kirgisien, Kolumbien, Korea, Lettland, Litauen, Malta, Niederlande, Norwegen, Pakistan, Peru, Polen, Portugal, Ruanda, Rumänien, Russland, Slowakische Republik, Slowenien, Spanien, Türkei, Tunesien, Ukraine, Ungarn, Venezuela, Zypern sowie bei Kulturverhandlungen bzw. kulturpolitischen Konsultationen mit Äthiopien, Australien, Benin, Dänemark, El Salvador, Finnland, Guatemala, Guinea, Irak, Iran, Irland, Israel, Jordanien, Kamerun, Kanada, Kenia, Kuwait, Luxemburg, Marokko, Mexiko, Mongolei, Österreich, Philippinen, Senegal, Singapur, Somalia, Syrien, Tansania, Thailand, Uruguay, USA, Usbekistan, Vietnam, Zentralafrikanische Republik.

3. *Mitwirkung in den vom deutsch-französischen Vertrag vorgesehenen Gremien der Zusammenarbeit im allgemeinbildenden und beruflichen Schulwesen und im Bereich Wissenschaft und Hochschule*

4. *Mitwirkung in Gremien und Institutionen im Gebiet der Bundesrepublik Deutschland, die der internationalen Zusammenarbeit dienen*

Deutsche Fulbright-Kommission für den Lehrer- und Schüleraustausch zwischen den USA und der Bundesrepublik Deutschland

Deutsche Stiftung für internationale Entwicklung

Deutsche UNESCO-Kommission

Deutsch-Französisches Jugendwerk

Deutsch-Polnisches Jugendwerk

Europäischer Schultag/Europäischer Wettbewerb, Deutsches Komitee

ICOM — International Council of Museums, Deutsches Komitee

Internationale Schulsportföderation (ISF)

Internationale Studienzentrale für die Erhaltung und Restaurierung von Kulturgut in Rom

Europäische Kulturstiftung

Ständiger Gesprächskreis für Äquivalenzen (AA, BMBF, KMK, HRK, DAAD)

Expertenkommissionen/Äquivalenzen

Arbeitskreis der nationalen Äquivalenzzentren

Gesprächskreis zur Förderung der Zusammenarbeit mit Entwicklungsländern im Hochschulbereich (AA, BMZ, BMBF, KMK, HRK u.a.).

Quelle: Sekretariat der Ständigen Konferenz der Kultusminister der Länder in der Bundesrepublik Deutschland, Handbuch für die Kultusministerkonferenz 1995, 1995, S. 55 ff.

III/4 Übersicht über die verschiedenen Kooperationsformen und -gremien im Land Baden-Württemberg — Stand: Oktober 1988[1]

Staatsministerium: Ministerpräsidentenkonferenz; Besprechung der Regierungschefs von Bund und Ländern; Besprechung der Chefs der Staats- und Senatskanzleien der Länder mit dem Chef des Bundeskanzleramts; Deutsch-amerikanisches Committee on Acid Rain; Deutsch-französische Medienkonsultationsgruppe; Deutsch-französisch-schweizerische Regierungskommission; Regionalausschüsse; LänderArGr zum neuen Beteiligungsverfahren bei Maßnahmen der EG und Gebieten, die zur Gesetzgebungskompetenz der Länder gehören oder deren wesentliche Interessen berühren; Rundfunkkommission der Ministerpräsidenten; Rundfunkreferentenbesprechung mit ArGr; Ständiger Beirat nach § 9 GOBRat; Kontakte zu europäischen und außereuropäischen Regionen (Liaoning, Jiangsu, Ontario, Rhône-Alpes etc.).

1 Abkürzungen: ArGe = Arbeitsgemeinschaft(en); ArKr = Arbeitskreis(e); Aus = Ausschuß (Ausschüsse); UntAus = Unterausschuß (Unterausschüsse); FachAus = Fachausschuß (Fachausschüsse); ArGr = Arbeitsgruppe(n).

Innenministerium: ArGe der Innenministerien der Länder (AGdI), mit: ArKr I Staatsrecht, Verwaltung und Verwaltungsgerichtsbarkeit (mit UntAus), ArKr II Öffentliche Sicherheit und Ordnung (mit UntAus EDV im Einwohnerwesen, Technische Kommission, Vorschriftenkommission), mit ArGe Kriminalpolizei, Leitende Exekutivbeamte, Sicherung kerntechnischer Einrichtungen, Recht der Polizei, Projektleitung Kriminalpolizeiliches Vorbeugungsprogramm des Bundes und der Länder; ArKr III Kommunale Angelegenheiten (mit UntAus); ArKr IV Verfassungsschutz (mit UntAus Ausbildungs- und Vorschriftenkommission); ArKr V Feuerwehrangelegenheiten, Rettungswesen, Katastrophenschutz und Zivilverteidigung (mit UntAus); ArGe der für das Bau-, Wohnungs- und Siedlungswesen zuständigen Minister (Senatoren) der Länder (ARGEBAU), mit Allgemeinem Aus, BaufinanzierungsAus sowie deren Fachkommissionen und ArKr; Ministerkonferenz für Raumordnung: HauptAus mit ArGr Bundesraumordnungsprogramm sowie den UntAus Recht und Verfahren, Struktur und Umwelt, Technische Infrastruktur und Verkehr und Daten der Raumordnung; Akademie für Raumforschung und Landesplanung; ArGr Notfallschutz der deutsch-französischen bzw. deutsch-schweizerischen Kommission für die Sicherheit kerntechnischer Anlagen; ArGe der Vermessungsverwaltungen der Länder (AdV) mit ArKr Automation und ArKr Liegenschaftskataster; ArGe für Bauforschung; ArGe des Bundes und der Länder für Bürowesen; ArGe der Landesflüchtlingsverwaltung (Argeflü): Plenum mit RechtsAus, KulturAus, Aus Eingliederung und soziale Fragen (Vorsitz) und Aus Ausländische Flüchtlinge; ArGe Betriebsfunk der Straßenunterhaltungs-, Pannenhilfs- und Wasserregulierungsdienste (ABS); ArGr Innere Sicherheit; Untergruppe Bekämpfung des Terrorismus im Rahmen der deutsch-italienischen Zusammenarbeit; ArGr I Bekämpfung des Terrorismus der Konferenz der für innere Sicherheit verantwortlichen Minister der EG-Länder; ArKr Fahrlehrerrecht beim Bundesminister für Verkehr; ArKr für Beamtenrechtsfragen; ArKr der Länder für Sparkassen, Girozentralen, Landesbausparkassen (über Vorsitz Mitgliedschaft im SparkassenAus des Deutschen Sparkassen- und Giroverbandes e. V. und in der ArGr Sparkassenbesoldung der Besoldungskommission des Bundes und der Länder); ArKr Mittlere Datentechnik mit Ad-hoc-Gruppe Kosten-Nutzen-Rechnung MDT; ArKr Anlagensicherung des LänderAus der Genehmigungs- und Aufsichtsbehörden nach AtG (mit ArGr); ArKr Ordnungswidrigkeiten im Straßenverkehr beim Bundesminister für Verkehr; ArKr zur Koordinierung der Bauvergabeangelegenheiten der Länder (Würzburger ArKr); ArKr Fahrerlaubnisrecht und Straßenverkehrsordnung beim Bundesminister für Verkehr; ArKr Längenausgleich Straßendatenbank; ArKr LKE-Verfahren; ArKr für Textilien der Bundesbehörden (ATB) als Vertreter der Länder entsprechend Beschluß des AK II der AGdI; ArKr Sicherung von Nukleartransporten des LänderAus der Genehmigungs- und Aufsichtsbehörden nach AtG (mit ArGr); ArKr Gerätedatei; ArKr Mechanisierung; Aus Erwachsenenaufklärung beim Deutschen Verkehrssicherheitsrat; Aus der Justizministerkonferenz zur Reform der Juristenausbildung; Aus für die Anerkennung von Prüfingenieuren für Baustatik; Aus für Städtebau und Wohnungswesen des Bundesrats; Aus für wirtschaftliche Verwaltung in Wirtschaft und öff. Verwaltung e. V. (AWV); Aus Notfallschutz in der Umgebung kerntechnischer Anlagen bei der Strahlenschutzkommission; Bearbeitergruppe Dichtungsschicht aus Flüssigkunststoffen; BetreuungsAus des Bundesministers für Verkehr für das Forschungsvorhaben Kunststoffverbesserte Betonsysteme im Brücken- und Ingenieurbau; BetreuungsAus des Bundesministers für Verkehr für das Forschungsvorhaben Langzeitbeobachtungen an ausgewählten Straßenabschnitten; Bund-Länder-ArGr Ermittlung des Erhaltungsbedarfs für Bundesfernstraßen; Bund-Länder-ArbeitsAus Straßendatenbank; Bund-Länder-ArKr Landschaftspflegerische Begleitplanung; Bund-Länder-ArKr Minimaldatenkatalog; Bund-Länder-ArbeitsAus Ingenieurbiologie und Landschaftsgestaltung; Bund-Länder-ArKr Überarbeitung der RE-Richtlinien; Bund-Länder-Aus für das Handwerksrecht (s. Wirtschaftsministerium) und das Schornsteinfegerwesen; Bund-Länder-FachAus im ArKr Verdin-

gungswesen im Straßenbau (AV-StB) (mit UntAus und ArKr); Bund-Länder-FachAus Straßenbautechnik; Bund-Länder-FachAus Markierungsstoffe; Bund-Länder-FachAus Brücken- und Ingenieurbau; Bund-Länder-Kommission EG-Infrastruktur; Bundesverband für den Selbstschutz; Deutsch-Französisch-Schweizerische Regierungskommission; Deutsch-Österreichische und Deutsch-Schweizerische Raumordnungskommission; Deutscher Aufzugs-Aus; Deutscher Rat für Stadtentwicklung; Deutscher Aus für Stahlbeton (DAfSt); Deutsches Nationalkomitee für Denkmalschutz; DIN-NormenAus Materialprüfung, ArKr Prüfung von Asphalt; DV-Koordinierungsgruppe (DV-KDA) Bund/Länder (Straßenwesen) mit ArKr Bildschirmtext; DV-Zusammenarbeit der Länder (DV-LZA); FachAus Spätaussiedler der Liga der freien Wohlfahrtspflege; Fachbereich III Vermessungswesen im NormAus Bauwesen (NA Bau) und Fachnormenausschüsse Bauwesen/Feuerwehrwesen des DIN Deutsches Institut für Normung e. V.; Vorstand und LenkungsAus mit ArbeitsAus Ausrüstung und Rettungsgeräte, Fahrzeuge, Löschmittel, Löschgeräte, Löschanlagen, Schläuche und Armaturen, Anlagen zur Löschwasserbevorratung und -entnahme, Begriffe und Bildzeichen, Bauliche Anlagen und Einrichtungen; Forschungsgesellschaft für das Straßenwesen; Fortbildungsreferentenbesprechung; GebührenAus beim Bundesausgleichsamt; Informationszentrum Raum und Bau (IRB); Institut für Bautechnik Berlin (Verwaltungsrat und Sachverständigenausschüsse); Interministerieller Aus für das Vergabewesen (IMA-Bau); Interministerieller Aus für Unterbringungs- und Liegenschaftsfragen der Streitkräfte (IMA); Jury für den ostdeutschen Literatur- und den donauschwäbischen Kulturpreis; Kerntechnischer Aus (KTA) mit UntAus Reaktorsicherheitsbehälter, Baulicher Brandschutz und Anlagen- und Bautechnik sowie Arbeitsgremien KTA-Regeln; Konferenz der Leiter der Straßenbauverwaltungen der Länder; Kontaktkreis Bedarfsplan für Bundesfernstraßen; KontrollAus beim Bundesausgleichsamt; KooperationsAus ADV Bund/Länder/kommunaler Bereich; KoordinierungsAus Zivil-militärische Zusammenarbeit; Kuratorium der Fachhochschule für Polizei; Kuratorium für die Wasserschutzpolizeischule Hamburg; Kuratorium bei der Polizei-Führungsakademie Hiltrup; Länder-FachAus Straßenbaurecht; Länder-FachAus Straßenunterhaltung und Betriebsdienst; LänderAus für Atomenergie (Bautechnik); LänderAus für Atomenergie: HauptAus und FachAus Recht, Reaktorsicherheit, Strahlenschutz und Brennstoffkreislauf; Länder-FachAus der EG-Verkehrsreferenten; LenkungsAus Automatisiertes Liegenschaftsbuch; NormprüfungsAus; Ökumenischer ArKr Kirchengemeinde und Aussiedler; Ölwehr-Aus der Internationalen Gewässerschutzkommission für den Bodensee; Personenstandsreferentenbesprechung; Planungsbegleitender ArKr der Länder zur Bundesverkehrswegeplanung; Programmbeirat der Verwaltungs- und Wirtschaftsakademie (VWA); PrüfungsAus für den höheren und den gehobenen bautechnischen Verwaltungsdienst; Raumordnungskommission Rhein-Neckar; Redaktionsgruppe Längenausgleich; Referentenbesprechung der obersten Aufsichtsbehörden für den Datenschutz im nicht-öffentlichen Bereich (Düsseldorfer Kreis); Staatsangehörigkeitsreferentenbesprechung; Ständiger Aus für zivile Verteidigung mit UntAus; Ständiger Aus der Internationalen Bodenseekonferenz; Tagung der Amtsleiter für Verfassungsschutz von Bund und Ländern mit Fachtagungen und Untergruppen; Tagungen der Leiter der Landesausgleichsämter mit dem Bundesausgleichsamt; UnterAus Museen und Denkmalpflege (UAMD) des Aus für Kunst und Erwachsenenbildung (AKE) bei der KMK; VerkehrssicherheitsAus beim Bundesminister für Verkehr; Verwaltungsrat der Forschungsgemeinschaft Bauen und Wohnen; Verwaltungsrat der Hochschule für Verwaltungswissenschaften Speyer und Verwaltungsrat des Forschungsinstituts für öff. Verwaltung ebd.; Zentraler ProgrammierungsAus für die EDV in der Ausgleichsverwaltung; Zusammenarbeit der Länder Baden-Württemberg und Bayern bei der Landesentwicklung; Zusammenarbeit der Länder Rheinland-Pfalz und Baden-Württemberg in der Raumordnung im Mittleren Oberrhein und in der Südpfalz.

Ministerium für Justiz, Bundes- und Europaangelegenheiten: Justizministerkonferenz; UnterAus MiStra: UnterAus für die Organisation der Staatsanwaltschaft; UnterAus für die organisatorische Ausgestaltung der Bewährungshilfe: UnterAus zur Überarbeitung der Richtlinien für das Straf- und das Bußgeldverfahren; Unterkommission für ZPO; Ständige Vertragskommission der Länder nach Ziff. 4.2 der Lindauer Vereinbarung; Aus Aktenordnung; Aus der Justizministerkonferenz zur Koordinierung der Juristenausbildung; Aus für Justizstatistik; Besoldungskommission der Landesjustizverwaltungen; Bund-Länder-ArGr Fortpflanzungsmedizin; Gemeinsame Kommission Verdeckte Ermittler; Kommission für das Insolvenzrecht; Kommission für Fragen der Personalbedarfsrechnungen; Kommission für Datenverarbeitung (Rationalisierungskonferenz); Konferenz der Referenten für die Anerkennung ausländischer Entscheidungen in Ehesachen; Konferenz der Entschädigungs-(Wiedergutmachungs-)referenten der Länder; Konferenz der Rechtshilfereferenten der Landesverwaltungen und des BMJ; Konferenz der Referenten für Strafvollstreckung der Landesjustizverwaltungen und des BMJ; Konferenz der Kostenrechtsreferenten der Landesjustizverwaltungen und des BMJ; Koordinierungs-Aus für die Rechtspflegerausbildung; Programmkonferenz der Deutschen Richterakademie; Sachverständigenkommissionen für das Urheberrecht und den gewerblichen Rechtsschutz; Schuldrechtskommission des BMJ; Straßenverkehrs-SicherheitsAus; StrafvollzugsAus; Zusammenkunft der Präsidenten der Landesjustizprüfungsämter.

Ministerium für Kultus und Sport: Ständige Konferenz der Kultusminister (mit Amtschefkonferenz, 4 Hauptausschüssen, mehreren UntAus und Kommissionen; Sportministerkonferenz (mit Sportreferentenkonferenz); Jugendministerkonferenz (einschl. ArGe der obersten Landesjugendbehörden mit mehreren Kommissionen); Bund-Länder-Kommission für Bildungsplanung und Forschungsförderung (Gemeinschaftsaufgabe) mit 4 Ausschüssen und mehreren ArGr; KoordinierungAus nach dem Gemeinsamen Ergebnisprotokoll betr. Verfahren zur Abstimmung von Ausbildungsordnungen und Rahmenlehrplänen vom 30. 5. 1972; Vollversammlung und Exekutivkomitee des Bundeswettbewerbs der Schulen »Jugend trainiert für Olympia«; Deutsche Sportkonferenz (DSK) (mit LenkungsAus); Bilaterale Kommissionen (bislang 6) für den Unterricht ausländischer Schüler: Deutsch-französisches Jugendwerk (MD); Deutsch-französische Expertenkommissionen Allgemeinbildendes Schulwesen und Berufliche Bildung; Beirat Inlandsinstitute des Goethe-Instituts.

Ministerium für Wissenschaft und Kunst: Ständige Konferenz der Kultusminister (mit Amtschefkonferenz, 4 Hauptausschüssen und mehreren UntAus und Kommissionen); KulturAus des Bundesrates; Gemeinsame Kommission für Bildungsplanung und Forschungsförderung (Gemeinschaftsaufgabe) mit 4 Ausschüssen und mehreren ArGr; Aus Akademienvorhaben; PlanungsAus für den Hochschulbau (Gemeinschaftsaufgabe) mit 6 UntAus; Wissenschaftsrat; VerwaltungsAus der Zentralstelle für die Vergabe von Studienplätzen (mit 3 Unterausschüssen); Aus für Hochschulstatistik; Gemeinsame Kommission für die Koordinierung der Ordnung von Studium und Prüfungen (einschließlich Fachkommissionen); HauptAus der DFG; BewilligungsAus für die Sonderforschungsbereiche; AuswahlAus für das Heisenbergprogramm; Vertretung in der Referentenkommission der Stiftung Preußischer Kulturbesitz.

Finanzministerium: Konferenz der Landesfinanzminister; Finanzplanungsrat (mit ArKr und ad-hoc-ArGr); FinanzAus des Bundesrates (mit UnterAus); Finanzreferenten-Besprechung; ArbeitsAus Bauingenieurwesen in der Finanzbauverwaltung; ArbeitsAus für die Richtlinien für die Durchführung von Bauaufgaben des Bundes im Zuständigkeitsbereich der Finanzbauverwaltungen (RBBau); ArbeitsAus Verteidigungswesen der Finanzbauverwaltung der Länder (AVF); ArbeitsAus Kassen- und Rechnungswesen; ArGe von Verwaltungen des Bundes und

der Länder über Vordruck- und Bürowesen; ArKr der Länder für Besoldungsfragen; ArKr Kommunalfinanzen; ArKr für nichtsteuerliche Grundstückswerte (AfG); ArKr der Wohnungsfürsorgereferenten des Bundes und der Länder; ArKr Steuerschätzungen; ArKr des Bundes und der Länder für die Automation der Haushaltswirtschaft; ArKr für Versorgungsfragen der Länder; ArKr der Referatsleiter Organisation der obersten Finanzbehörden der Länder; ArKr der Koordinierung der Vergabeangelegenheiten der Länder (Würzburger ArKr); Arbeitsstab Verteidigungslasten des Bundes und der Länder; Aus Bildungsplanung der Bund-Länder-Kommission für Bildungsplanung (BLK) (zwei Vertreter BW und NRW); Aus für Finanz- und Steuerstatistik beim Statistischen Bundesamt; Aus Forschungsförderung der Bund-Länder-Kommission für Bildungsplanung und Forschungsförderung mit ArGr; Aus für Kreditfragen der öffentlichen Hand nach § 18 III StabG; Besoldungskommission des Bundes; Bund-Länder-ArKr für die Behandlung von Fragen der Vermögensverwaltung; Bund-Länder-ArbeitsAus für Haushaltsrecht und -systematik; Bund-Länder-Kommission Reisekosten-, Umzugskosten- und Beihilferecht; Bund-Länder-Kommission für Bildungsplanung und Forschungsförderung (mit Finanzminister als stellv. Mitglied); Dienstaufsichtsbehörden der Statistischen Ämter des Bundes und der Länder; Haushaltskommission der Finanzreferenten; Konferenz der Entschädigungsreferenten der Länder (mit UnterAus Heilverfahren); KoordinierungsAus gem. § 8 Steuerbeamtenausbildungsgesetz; Kuratorium, Verwaltungs- und FinanzAus der Stiftung Deutsches Krebsforschungszentrum Heidelberg; LänderArGe Hochbau (HochbauAus der ARGEBAU); Stiftungsrat der Stiftung Preußischer Kulturbesitz; Tagung der für das Dienst- und Besoldungsrecht zuständigen Abteilungsleiter; Tagung der für Angelegenheiten der Bundeswehr und der ausländischen Streitkräfte (Liegenschaften und Manöver) zuständigen obersten Landesbehörden; Tagungen der Steuerabteilungsleiter bzw. der für die Organisation der Steuerverwaltungen zuständigen Abteilungsleiter sowie der Referenten der obersten Finanzbehörden des Bundes und der Länder (mit ArGr); Tarifgemeinschaft deutscher Länder (TdL) mit Untergruppen; Tarifgremium gem. Art. 56 des Zusatzabkommens zum NATO-Truppenstatut, Bund-Länderbesprechung für Tariffragen der bei den alliierten Streitkräften beschäftigten Arbeitnehmer; Verwaltungsrat der Versorgungsanstalt des Bundes und der Länder; Vorstand des Deutschen Verdingungsausschusses für Bauleistungen.

Ministerium für Wirtschaft, Mittelstand und Technologie: Wirtschaftsministerkonferenz; ArKr Versicherungsaufsichtsbehörden des Bundes und der Länder; ArKr des Konjunkturrates für die öffentliche Hand; ArKr der Steuerreferenten der Wirtschaftsministerien des Bundes und der Länder; ArKr EG-Referenten der Wirtschaftsministerien der Länder (Bund-LänderAus EDV- und Elektroindustrie); ArKr Energiepreise; ArKr Lastenverteilung Elektrizität beim BMW; ArKr Energiepolitik und Energiewirtschaft der Wirtschaftsministerkonferenz mit Bund-LänderAus Regionale Aspekte der Energiemarktentwicklung; ArKr der Regionalreferenten der Länder; ArKr Alarmplanung; ArKr Umweltschutz der Wirtschaftsministerkonferenz; ArKr Börsen und Wertpapierfragen; ArKr Preisbildung und Preisprüfung bei öffentlichen Aufträgen; Bund-Länder-Kommission nach § 7 Krankenhausfinanzierungsgesetz; Bund-LänderAus: Außenwirtschaft; DFVLR; EDV- und Elektronikindustrie; Handwerkswirtschaft und Gewerbeförderung im Handwerk; öffentliches Auftragswesen; Berufliche Bildung; Elektrizitätswirtschaft; Versorgungswirtschaft der Kartellbehörden; Statistik; Holz, Zellstoff, Papier und Druck; Zivile Verteidigung mit ArKr Erarbeitung von Durchführungsvorschriften zum Wirtschaftssicherstellungsgesetz; Gaswirtschaft, Gewerberecht; Forschung; Glas, Keramik, Steine und Erden, Kunststoffverarbeitung; Bergbau (mit ArKr Bergbehördliche Verordnungen, Markscheidewesen, Rechtsfragen, Erhebung und Berichterstattung, Personal- und Ausbildungsfragen); Sektorale Strukturpolitik; Wirtschaftliche Zusammenarbeit; Verbraucherfragen; Mittelstand; Handel; Fahrzeugbau; Metall/Metallverarbeitung; Mineralöl; Bauwirtschaft;

Preisauszeichnung; Beschaffungswesen; Schiffbau; Bodenforschung; Messen und Ausstellungen; Gesetzliches Meßwesen (mit ArKr Eichaufsichtsbeamten); Luft- und Raumfahrtindustrie; Innerdeutscher Handel; Filmwirtschaft und Filmförderung; Handwerksrecht und Schornsteinfegerwesen (s. Innenministerium), Wirtschaftliches Prüfungs- und Beratungswesen (Wirtschaftsprüfer); Rationalisierung; Freie Berufe; Industrie- und Handelskammern; Kartellrecht; Deutsch-Französisch-Schweizerische Regierungskommission; ArGr Regionale Wirtschaftspolitik der Deutsch-französischen bzw. Deutsch-schweizerischen Kommission für Fragen der Sicherheit kerntechnischer Einrichtungen; HauptAus und UnterAus des Bundesinstituts für Berufsbildung; Kooperation mit der französischen Region Rhône-Alpes; Länderarbeitskreis Neuordnung des Fernmeldewesens; LänderAus Atomkernenergie mit Fachausschüssen; LänderAus Fremdenverkehr; OECD-Aus für Informations-, Computer- und Kommunikationspolitik; PlanungsAus der Gemeinschaftsaufgabe Verbesserung der regionalen Wirtschaftsstruktur mit UnterAus; Wirtschaftspolitischer Aus Bund/Länder mit UnterAus gesamtwirtschaftliche (bzw. mittelfristige) Projektionen für die Bundesländer.

Ministerium für Ländlichen Raum, Ernährung, Landwirtschaft und Forsten: Agrarministerkonferenz; Abteilungsleiterbesprechung Markt und Ernährung; Amtschefkonferenz: ArGe für Düngemittelverkehrskontrolle; ArGe der nach dem Berufsbildungsgesetz zuständigen Behörden und zuständigen Stellen im Bereich der Landwirtschaft; ArGe Forsteinrichtungen; ArGe Waldbewertung; ArGe Flurbereinigung (ArGe Flurb); ArGe der leitenden Veterinärbeamten; ArGe für Anerkennungsstellen (Saatgut); ArGr der Haushalts- und Koordinierungsreferenten; ArKr Grüne Woche Berlin, Gremien des Bundes (Hinzuziehung der Länder); ArKr Betriebswirtschaft im Gartenbau; Besprechungen der Chefs der Länderforstverwaltungen; Besprechungen der Länderreferenten für: Haushalt, Flurneuordnung, Forstpolitik, Europäische Agrarfragen, Agrarpolitik, Verwaltungs- und Rechtsangelegenheiten, Entwicklungshilfe und Sozialmaßnahmen, Holzmarkt, Personal, Umweltschutz in der Agrarwirtschaft, Waldarbeit, Agrarfinanzierung, Bildung und Beratung, Weinbau (bei BML und BMJFG), Tierzucht, Waldbau; Bevollmächtigtenkonferenz nach Artikel 14 der Übereinkunft über die Anwendung gleichartiger Bestimmungen für die Fischerei im Bodensee (Bregenzer Übereinkunft) vom 5. Juli 1893 (bad. GVBl. 1894 S. 135); Deutsch-niederländische ArGr Alternative im Landbau; EG-ArKr der Landwirtschaftsministerien; Fischereikommission für den Untersee (§ 33 Vertrag zwischen dem Land Baden-Württemberg und der Schweizerischen Eidgenossenschaft über die Fischerei im Untersee und Seerhein vom 2. November 1977 [GBl. 1978, S. 210]); ForstAus der Tarifgemeinschaften deutscher Länder; Kommission für die Fischerei am Hochrhein (Art. 11 Übereinkunft über die Anwendung gleichartiger Bestimmungen für die Fischerei im Rhein und seinen Zuflüssen einschließlich des Bodensees vom 18. Mai 1887 [Bad. GVBl. 1888, S. 5]); LänderArGe für Naturschutz, Landschaftspflege und Erholung; PlanungsAus der Gemeinschaftsaufgabe Verbesserung der Agrarstruktur und des Küstenschutzes mit UntA; SachverständigenAus zur Vorbereitung und Durchführung der besonderen Ernteermittlungen; Sachverständigenkreis am BMFT zur Koordinierung der Forschungsarbeiten zum Waldsterben; Statistischer Aus; SteuerAus der Länderministerien; VerwaltungsAus FisELF (Bund-Ländervereinbarung); Zivilmilitärische Zusammenarbeit.

Ministerium für Arbeit, Gesundheit, Familie und Sozialordnung: Konferenz der Minister und Senatoren für Arbeit und Soziales der Länder (ASMK); Konferenz der für das Gesundheitswesen zuständigen Minister und Senatoren der Länder; Jugendministerkonferenz; Familienministerkonferenz; ArbeitsAus Unfallverhütung in Schulen und häuslichem Bereich; ArGe der obersten Landesjugendbehörden mit Unterkommissionen; ArGe der leitenden Gewerbeaufsichtsbeamten mit ArKr; ArGe der leitenden Medizinalbeamten der Länder (AGLMB) mit

Aus/ArGr; ArGr Personalbedarf in der Arbeitsgerichtsbarkeit beim BMA; ArGr Landessammelstelle des LänderAus Atomkernenergie; ArKr Arbeitsmarktreferenten der Länder; ArKr Kriegsopferfürsorge/Schwerbehindertenrecht; ArKr der Gesundheitserziehungsreferenten der Länder bei der Bundeszentrale für gesundheitliche Aufklärung; ArKr der Bundesländer betr. ADV im Bereich des Tarifregisters; ArKr Heimgesetz; ArKr Sozialvorschriften im Straßenverkehr; Arbeitstagung der für die Sozialversicherung zuständigen Aufsichtsbehörden der Länder und des Bundesversicherungsamts; Arbeitstagungen der für die Rehabilitation Behinderter zuständigen Länderreferenten; Ärztlicher Sachverständigenrat beim Bundesminister für Arbeit und Sozialordnung; Aus für Gashochdruckleitungen; Aus für gefährliche Arbeitsstoffe mit UntAus/ArKr; Beirat für Orthopädietechnik beim Bundesminister für Arbeit und Sozialordnung mit Ausschüssen; Beirat der Bayerischen Akademie für öffentliches Gesundheitswesen; Beirat für die Rehabilitation der Behinderten beim BMA; Bund-Länder-ArGr Unentgeltliche Beförderung Schwerbehinderter im öffentlichen Personennahverkehr; Bund-Länder-ArGr Automation im Krankenhaus; Bund-Länder-Aus MedGV; Bund-Länder-Aus Ausländerpolitik; Bund-Länder-Aus Rettungswesen; Bund-Länder-Kommission zur Krebsbekämpfung (mit Fachbereichskommissionen); Bund-Länder-Referenten zu Fragen des Unterhaltssicherungsgesetzes; Bund-Länder-Referenten zu Fragen des sozialen Entschädigungsrechts; Bund-Länder-Referenten zur Auslandsversorgung Ost; BundesArGe der Träger Psychiatrischer Krankenhäuser (BAG); BundesArGe für Rehabilitation mit ArKrn; BundesAus der Kriegsbeschädigten- und Kriegshinterbliebenenfürsorge (mit UntAus); Bundesgesundheitsrat; Deutsch-spanische ständige Kommission zum Vertrag über Kriegsopferversorgung; Deutscher Aus für brennbare Flüssigkeiten (mit UnterAus); Deutscher Acetylen-Aus (mit UnterAus); Deutscher Aus für explosionsgeschützte elektrische Anlagen; Deutscher AufzugAus (mit UntAus/ArKrn); Deutscher Druckbehälter-Aus (mit UntAus/ArGr); Deutscher DampfkesselAus (mit UntAus/ArKr); EG-Aus Öffentliche Gesundheit/Gruppe Gesundheitsfragen; Gesamtprogramm zur Krebsbekämpfung beim BMJFG; Gremium zur Durchführung der Stufenplanverfahren nach §§ 62-62 a AMG; Heimkehrerstiftung; Konferenz der Präsidenten der Landesversorgungsämter; Konferenz der Präsidenten der Landessozialgerichte; Konferenz der obersten Landessozialbehörden; Konferenz der Präsidenten der Landesarbeitsgerichte; Konzertierte Aktion im Gesundheitswesen; KoordinierungsAus Ausländischer Arbeitnehmer; Kuratorium der Bundesanstalt für Arbeitsschutz und Unfallforschung mit Fachausschüssen und Beiräten; LänderAus für Arbeitsschutz und Sicherheitstechnik; LänderAus für Atomkernenergie; LänderAus zur Durchführung der RöntgenVO; Nationaler AIDS-Beirat; Referentenbesprechungen: Strahlenschutzverordnung, Überwachungsbedürftige Anlagen, Arbeitsstättenverordnung, Arbeitsmedizin, Gerätesicherheitsgesetz, Gefahrstoffverordnung; Ständiger ArKr der für die Psychiatrie zuständigen Referenten von Bund und Ländern; Ständiger ArKr der Drogenbeauftragten des Bundes und der Länder; Stiftungsrat der Bundesstiftung Mutter und Kind — Schutz des ungeborenen Lebens; Verwaltungsrat des Instituts für Medizinische und Pharmazeutische Prüfungsfragen (IMPP); Vorbereitender Aus der Konzertierten Aktion beim BMA.

Ministerium für Umwelt: Umweltministerkonferenz mit ständigem Bund-Länder-AbteilungsleiterAus für Umweltfragen; Bund-LänderArKr Umweltchemikalien: Bund-LänderArKr Umweltverträglichkeitsprüfung; Bund-LänderArKr wasserwirtschaftliche Rahmenplanung; Bund-LänderArKr Steuerliche und wirtschaftliche Fragen des Umweltschutzes; Bund-Länder-ArKr Umweltinformation; Bund LänderAus Bodenforschung; Deutsch-Französische-Schweizerische Regierungskommission, ArGr Umwelt; LänderArGe Naturschutz; Landschaftspflege und Erholung; LänderArGe Wasser; LänderArGe Abfallbeseitigung (mit UntAus: Abfallrecht, Abfalltechnik, LänderAus für Immissionsschutz (mit UntAus: Recht, Luft/Technik, Luft/ Überwachung, Lärm/Erschütterungen — Grundsätze und Lärm/Erschütterungen — Tech-

nik); LänderAus für Atomkernenergie, HauptAus mit FachAus: Recht, Strahlenschutz, Reaktorsicherheit und Brennstoffkreislauf.

Auf Bundesebene ist Baden-Württemberg in den Ausschüssen des Bundesrats, des Gemeinsamen Ausschusses (Art. 53 a GG) und im Vermittlungsausschuß (Art. 77 GG) vertreten. Den Vorsitz führt es im BR-Ausschuß für Fragen der EG.

Quelle: Wolfgang Graf Vitzhum und Wolfgang März, Baden-Württembergs Stellung in der Zwischenländer Zusammenarbeit, in Baden-Württemberg und der Bund, hrsg. Hartmut Klatt (Stuttgart: Landeszentrale für politische Bildung Baden-Württemberg) 1988, S. 147-174 (166 ff.). (Bislang nicht aktualisiert)

III/5 Verwaltungsabkommen zwischen Bund und Ländern über die Errichtung eines Wissenschaftsrates

Vom 5. September 1957 i. d. F. vom 30. Juni 1995

Artikel 1

Die Bundesregierung und die Regierungen der Länder Baden-Württemberg, Bayern, Berlin, Brandenburg, Bremen, Hamburg, Hessen, Mecklenburg-Vorpommern, Niedersachsen, Nordrhein-Westfalen, Rheinland-Pfalz, Saarland, Sachsen, Sachsen-Anhalt, Schleswig-Holstein und Thüringen sind gemeinsam Träger des Wissenschaftsrates.

Artikel 2

(1) Der Wissenschaftsrat hat die Aufgabe, im Rahmen von Arbeitsprogrammen Empfehlungen zur inhaltlichen und strukturellen Entwicklung der Hochschulen, der Wissenschaft und der Forschung zu erarbeiten, die den Erfordernissen des sozialen, kulturellen und wirtschaftlichen Lebens entsprechen. Die Empfehlungen sollen mit Überlegungen zu den quantitativen und finanziellen Auswirkungen und ihrer Verwirklichung verbunden sein. Im übrigen hat der Wissenschaftsrat die ihm durch besondere Vorschriften, insbesondere durch das Hochschulbauförderungsgesetz übertragenen Aufgaben. Der Wissenschaftsrat hat ferner die Aufgabe, auf Anforderung eines Landes, des Bundes, der Bund-Länder-Kommission für Bildungsplanung und Forschungsförderung oder der Ständigen Konferenz der Kultusminister der Länder gutachtlich zu Fragen der Entwicklung der Hochschulen, der Wissenschaft und der Forschung Stellung zu nehmen.

(2) Der Wissenschaftsrat legt seine Empfehlungen und Stellungnahmen den Vertragschließenden, bei Anforderung durch die Bund-Länder-Kommission für Bildungsplanung und Forschungsförderung oder die Ständige Konferenz der Kultusminister der Länder auch diesen vor.

Artikel 3[1]

(1) Die Bundesregierung und die Landesregierungen werden die Empfehlungen des Wissenschaftsrates bei der Aufstellung ihrer Haushaltspläne im Rahmen der haushaltsmäßigen Möglichkeiten berücksichtigen.

(2) Die zuständigen Behörden des Bundes und der Länder unterstützen die Arbeit des Wissenschaftsrates durch laufende Unterrichtung und durch Auskünfte. Der Verkehr mit den Landesstellen ist über die für Angelegenheiten der Wissenschaftsverwaltung zuständige oberste Landesbehörde, der Verkehr mit den Bundesstellen über das Bundesministerium für Bildung, Wissenschaft, Forschung und Technologie zu leiten.

Artikel 4

(1) Der Wissenschaftsrat besteht aus 54 Mitgliedern. Die Mitglieder sollen Wissenschaftler und Wissenschaftlerinnen oder anerkannte Persönlichkeiten des öffentlichen Lebens sein oder durch ihre dienstliche oder Berufstätigkeit der Wissenschaft und ihrer Förderung nahestehen.

(2) 32 Mitglieder beruft der Bundespräsident, und zwar 24 auf gemeinsamen Vorschlag der Deutschen Forschungsgemeinschaft, der Max-Planck-Gesellschaft, der Hochschulrektorenkonferenz und der Arbeitsgemeinschaft der Großforschungseinrichtungen und acht auf gemeinsamen Vorschlag der Bundesregierung und der Landesregierung. Diese Mitglieder werden auf drei Jahre berufen; Wiederberufung ist zulässig.

(3) 22 Mitglieder werden von den Regierungen des Bundes und der Länder entsandt, und zwar entsenden die Bundesregierung sechs Mitglieder, die Landesregierungen je ein Mitglied. Für jedes Mitglied ist eine ständige Stellvertretung zu bestellen.

(4) Der Wissenschaftsrat wählt jährlich aus seiner Mitte ein Vorsitzendes Mitglied und dessen Stellvertretung. Wiederwahl ist zulässig.

Artikel 5

(1) Der Wissenschaftsrat tritt als Vollversammlung oder in Kommission zusammen.

(2) Es werden eine Wissenschaftliche Kommission und eine Verwaltungskommission gebildet.

(3) Der Wissenschaftlichen Kommission gehören die vom Bundespräsidenten berufenen Mitglieder, der Verwaltungskommission die von den Regierungen entsandten Mitglieder an.

(4) Der oder die Vorsitzende einer Kommission und zwei weitere von der Kommission bestimmte Mitglieder nehmen an den Sitzungen der anderen Kommission mit beratender Stimme teil.

Artikel 6

(1) Die Beschlüsse der Vollversammlung des Wissenschaftsrates werden von der Wissenschaftlichen Kommission unter fachlichen und wissenschaftlichen Gesichtspunkten und von der Verwaltungskommission unter verwaltungsmäßigen und finanziellen Gesichtspunkten vorbereitet.

1 Für den Bereich der Gemeinschaftsaufgabe Hochschulbau gelten die besonderen Vorschriften des Hochschulbauförderungsgesetzes.

(2) Die Verwaltungskommission äußert sich ferner Bund und Ländern gegenüber gutachtlich über die Finanzierung der vom Wissenschaftsrat festgestellten Schwerpunktvorhaben.

Artikel 7[2]

(1) Die Vollversammlung des Wissenschaftsrates wird vom Vorsitzenden Mitglied einberufen. Auf Verlangen einer Kommission oder von 14 Mitgliedern ist sie einzuberufen.

(2) Die Vollversammlung und die Kommissionen fassen ihre Beschlüsse mit einer Mehrheit von zwei Dritteln der abgegebenen Stimmen, sie sind beschlußfähig, wenn die Mehrheit ihrer Mitglieder anwesend ist. Die von der Bundesregierung entsandten Mitglieder führen insgesamt 16 Stimmen, im übrigen hat jedes Mitglied eine Stimme. Die vom Bundespräsidenten berufenen Mitglieder können bei Verhinderung im Einzelfalle ein anderes berufenes Mitglied zur Stimmabgabe ermächtigen. Für die nach Art. 4 Abs. 3 entsandten Mitglieder und deren ständige Stellvertretung gilt das entsprechende.

(3) Das weitere Verfahren regelt der Wissenschaftsrat durch eine Geschäftsordnung.

Artikel 8

Der Wissenschaftsrat bedient sich einer im Einvernehmen mit Bund und Ländern eingerichteten Geschäftsstelle.

Artikel 9

(1) Die persönlichen und sächlichen Ausgaben des Wissenschaftsrates werden je zur Hälfte vom Bund und von den Ländern getragen. Der Haushaltsplan wird jährlich vom Wissenschaftsrat aufgestellt. Er bedarf der Zustimmung des Bundes sowie von zwei Dritteln der Länder. Die Vertragschließenden übernehmen Verpflichtungen nach diesem Abkommen vorbehaltlich der Bereitstellung der erforderlichen Haushaltsmittel durch ihre gesetzgebenden Körperschaften.

(2) Der Gesamtbetrag der von den Ländern hierfür aufzubringenden Mittel wird auf die einzelnen Länder zu zwei Drittel nach dem Verhältnis ihrer Steuereinnahmen und zu einem Drittel nach dem Verhältnis ihrer Bevölkerungszahl umgelegt. Abweichend davon wird für die Jahre 1991 bis 1994 der auf die in Artikel 3 des Einigungsvertrages (BGBl. 1991 II S. 885, 890) genannten Gebiete entfallende Finanzierungsanteil nach dem Verhältnis ihrer Bevölkerungszahl umgelegt.

(3) Als Steuereinnahmen gelten die im Länderfinanzausgleich zugrunde gelegten Steuereinnahmen der Länder. Die Steuereinnahmen erhöhen oder vermindern sich um die Beträge, welche die Länder im Rahmen des Länderfinanzausgleichs von anderen Ländern erhalten oder an andere Länder abführen. Maßgebend sind die Steuereinnahmen und die vom Statistischen Bundesamt für den 30. Juni festgestellte Bevölkerungszahl des dem Rechnungsjahr zwei Jahre vorhergehenden Rechnungsjahres.

(4) Die auf die einzelnen Länder entfallenden Finanzierungsanteile werden in den Jahren 1991 bis 1994 jeweils im voraus so festgesetzt, daß der auf die in Artikel 3 des Einigungsvertrages genannten Gebiete entfallende Anteil zusammen der Hälfte des einigungsbedingten Zuwen-

2 Protokollnotiz zu Artikel 7: „Zwischen den Vertragschließenden besteht Einvernehmen, daß sich die von der Bundesregierung und die von den Landesregierungen entsandten Mitglieder in der Vollversammlung der Stimme enthalten können und dies auf Wunsch des betreffenden Mitgliedes in der Empfehlung kenntlich zu machen ist. Entsprechendes gilt bei der Abgabe von Gegenstimmen."

dungsmehrbedarfs des Wissenschaftsrates gegenüber 1990 entspricht. Bei der Festsetzung werden die Erfahrungen aus den Vorjahren berücksichtigt.

Artikel 10

Dieses Abkommen gilt bis zum 30. Juni 2000. Es tritt mit dem Tag der Unterzeichnung in Kraft.

Quelle: Geschäftsstelle des Wissenschaftsrates, Köln.

III/6 Satzung der Deutschen Forschungsgemeinschaft

i. d. F. vom 6. Juli 1993 — Auszüge

§ 1

Zweck des Vereins

Die Deutsche Forschungsgemeinschaft dient der Wissenschaft in allen ihren Zweigen durch die finanzielle Unterstützung von Forschungsaufgaben und durch die Förderung der Zusammenarbeit unter den Forschern. Sie berät Parlamente und Behörden in wissenschaftlichen Fragen und pflegt die Verbindungen der Forschung zur Wirtschaft und zur ausländischen Wissenschaft. Der Förderung und Ausbildung des wissenschaftlichen Nachwuchses gilt ihre besondere Aufmerksamkeit.

§ 2

Name, Sitz und Geschäftsjahr

1. Der Verein führt den Namen »Deutsche Forschungsgemeinschaft« und hat seinen Sitz zunächst in Bonn. Er wird in das Vereinsregister eingetragen. Das Geschäftsjahr beginnt am 1. Januar und endet am 31. Dezember. Diese Bestimmung tritt am 1. Januar 1961 in Kraft.

2. Die Deutsche Forschungsgemeinschaft verfolgt ausschließlich und unmittelbar gemeinnützige Zwecke im Sinne des Abschnitts »Steuerbegünstigte Zwecke« der Abgabenordnung. Der Verein ist selbstlos tätig; er verfolgt nicht in erster Linie eigenwirtschaftliche Zwecke. Mittel des Vereins dürfen nur für die satzungsmäßigen Zwecke verwendet werden.

3. Die Mitglieder erhalten als solche keine Zuwendungen aus Mitteln des Vereins, die den steuerbegünstigten Zwecken entgegenstehen. Ausscheidende Mitglieder haben keinen Anspruch an das Vereinsvermögen.

4. Es darf keine Person durch Ausgaben, die dem Zweck der Körperschaft fremd sind, oder durch unverhältnismäßig hohe Vergütungen begünstigt werden.

§ 3

Mitgliedschaft

1. Als Mitglieder des Vereins können aufgenommen werden:

 a) Hochschulen, die Einrichtungen der Forschung von allgemeiner Bedeutung sind,

 b) andere Einrichtungen der Forschung von allgemeiner Bedeutung,

 c) die in der Konferenz der Akademien der Wissenschaft in der Bundesrepublik Deutschland zusammengeschlossenen Akademien für ihre wissenschaftlichen Klassen,

 d) wissenschaftliche Verbände von allgemeiner Bedeutung, die dem Zweck des Vereins dienlich sind.

2. Die Aufnahme der Mitglieder erfolgt durch Beschluß der Mitgliederversammlung mit der Mehrheit der Stimmen der Mitglieder. Die Aufnahmeanträge sind in der Mitgliederversammlung mit einem Entscheidungsvorschlag des Senats vorzulegen.

3. Beiträge sind von den Mitgliedern nicht zu entrichten.

4. Der Austritt aus dem Verein kann nur zum Schluß des Geschäftsjahres erklärt werden. Die Erklärung muß spätestens sechs Wochen vorher dem Präsidium zugehen.

§ 4

Mitgliederversammlung

1. Die ordentliche Mitgliederversammlung findet jährlich einmal statt. Ort und Zeit der Tagung bestimmt die letzte Mitgliederversammlung oder, falls sie darüber nicht beschlossen hat, das Präsidium.
 Der Präsident beruf die Mitgliederversammlung ein. Die Einladung soll spätestens drei Wochen vor der Tagung den Mitgliedern mit der Tagesordnung zugegangen sein. Eine Mitgliederversammlung ist außerdem einzuberufen, wenn es das Präsidium, das Kuratorium oder ein Drittel der Mitglieder verlangen.

2. Zu der Mitgliederversammlung sind die Mitglieder des Präsidiums und des Kuratoriums einzuladen. Sie haben beratende Stimme.

3. Die Mitgliederversammlung wird vom Präsidenten geleitet. Für jede Tagung ist ein Schriftführer zu wählen, der die Verhandlungsniederschrift führt. Die Niederschrift ist von dem Versammlungsleiter und dem Schriftführer zu unterzeichnen.

4. Die Mitgliederversammlung bestimmt die Richtlinien für die Arbeit der Deutschen Forschungsgemeinschaft. Sie nimmt den Jahresbericht des Präsidiums und die Jahresrechnung mit den Bemerkungen des Kuratoriums entgegen und entlastet das Präsidium. Die Jahresrechnung wird zuvor durch drei von ihr bestellte Revisoren geprüft.

5. Die Mitgliederversammlung wählt nach Maßgabe der folgenden Bestimmungen das Präsidium und den Senat. Die Amtszeit der Gewählten dauert jeweils bis zum Ende der Mitgliederversammlung, in der die Neuwahlen stattfinden, es sei denn, daß die Mitgliederversammlung eine andere Regelung trifft.

6. Die Mitgliederversammlung bestätigt die Fachausschüsse.

§ 5

Präsidium

1. Das Präsidium besteht aus dem Präsidenten und aus Vizepräsidenten, deren Zahl jeweils von der Mitgliederversammlung festgelegt wird. Sie werden auf drei Jahre gewählt. Wird der Präsident hauptamtlich bestellt, so kann er auf eine längere Zeitdauer als drei Jahre gewählt werden. Außerdem gehört dem Präsidium der Vorsitzer des Vorstandes des Stifterverbandes für die Deutsche Wissenschaft mit beratender Stimme an.

2. Vorstand im Sinne des § 26 BGB sind der Präsident und der Direktor. Das Präsidium kann für bestimmte Rechtsfragen die Berechtigung zur Einzelvertretung festlegen.

3. Der Präsident repräsentiert die Deutsche Forschungsgemeinschaft nach innen und außen. Er lädt zu den Sitzungen ein und führt den Vorsitz in den Organen; im Falle der Behinderung wird er durch einen von ihm zu bestimmenden Vizepräsidenten vertreten.

4. Das Präsidium ist verantwortlich für die Führung der laufenden Geschäfte. Der Senat und der Hauptausschuß können dem Präsidium Angelegenheiten zur selbständigen Erledigung übertragen. Beschlüsse des Präsidiums werden mit Stimmenmehrheit gefaßt. Zur Beschlußfähigkeit bedarf es der Mitwirkung des Präsidenten und eines weiteren Mitgliedes des Präsidiums. Bei Stimmengleichheit gibt die Stimme des Präsidenten den Ausschlag. Der Präsident kann Fragen der Geschäftsführung nach pflichtgemäßem Ermessen allein entscheiden, hat dann aber die Genehmigung des Präsidiums einzuholen.

5. Die Mitglieder des Präsidiums nehmen an den Sitzungen des Kuratoriums, des Senats und des Hauptausschusses mit beratender Stimme teil. Sie können mit beratender Stimme an den Sitzungen aller Ausschüsse teilnehmen.

6. Das Präsidium bedient sich zur Erledigung der laufenden Geschäfte der Geschäftsführung, an deren Spitze der Direktor der Deutschen Forschungsgemeinschaft steht. Der Direktor wird auf Vorschlag des Präsidiums vom Kuratorium bestellt. Sein Dienstverhältnis wird vom Kuratorium geregelt. Er nimmt mit beratender Stimme an den Sitzungen des Präsidiums teil. Er kann auch an den Sitzungen aller anderen Organe beratend teilnehmen.

§ 6

Kuratorium

1. Das Kuratorium besteht aus:
 a) den Mitgliedern des Senats;
 b) Vertretern der Bundesregierung und der Kultusverwaltungen der Länder,
 c) bis zu fünf Vertretern des Stifterverbandes für die Deutsche Wissenschaft.
 Die Zahl der Vertreter zu b) und c) darf nicht größer sein als die Zahl der Mitglieder zu a).

2. Das Kuratorium stellt den vom Hauptausschuß aufgestellten Haushaltsplan fest. Nach Ablauf des Geschäftsjahres erstattet das Präsidium dem Kuratorium Bericht über seine Geschäftsführung. Jahresbericht und Jahresrechnung sind mit den Bemerkungen des Kuratoriums der Mitgliederversammlung vorzulegen.

§ 7
Senat

1. Der Senat besteht aus 39 wissenschaftlichen Mitgliedern. Der Präsident der Hochschulrektorenkonferenz, der Vorsitzende der Konferenz der Akademien der Wissenschaft in der Bundesrepublik Deutschland und der Präsident der Max-Planck-Gesellschaft gehören als solche dem Senat an. Die übrigen 36 Mitglieder werden von der Mitgliederversammlung auf 3 Jahre gewählt; jedes Jahr scheidet ein Drittel von ihnen aus. Bei der Zusammensetzung der gewählten Mitglieder soll eine angemessene Verteilung auf die Disziplinen der Geisteswissenschaften, der Naturwissenschaften und der angewandten einschließlich der technischen und landwirtschaftlichen Wissenschaften angestrebt und sowohl die Hochschulforschung wie die freie Forschung berücksichtigt, jedoch zugunsten der Auswahl geeigneter Persönlichkeiten eine feste Schlüsselung vermieden werden.

2. Für die Wahlen stellt der Senat die Vorschlagslisten auf, die in der Regel für jeden freien Sitz drei Namen enthalten sollen. Eine sofortige Wiederwahl ist zulässig, eine zweite jedoch nur, wenn der Senat dies nach geheimer Abstimmung ohne Gegenstimme vorschlägt.

3. Scheidet ein Mitglied des Senats während der Amtszeit aus, so kann der Senat für den Rest der Amtszeit des ausgeschiedenen Mitglieds aus den letzten Vorschlagslisten ein Ersatzmitglied kooptieren.

4. Die Sitzungen des Senats werden vom Präsidenten einberufen. Die Beschlüsse des Senats werden mit einfacher Mehrheit der abgegebenen Stimmen gefaßt. Falls kein Mitglied Widerspruch erhebt, kann auch durch Umfrage bei allen Mitgliedern abgestimmt werden. Der Präsident muß den Senat einberufen, wenn es mindestens ein Drittel der Mitglieder verlangt.

5. Der Senat nimmt gemeinsame Anliegen der Forschung wahr, fördert die Zusammenarbeit in der Forschung, berät Regierungsstellen in wissenschaftlichen Fragen gutachtlich und nimmt die Interessen der deutschen Forschung im Verhältnis zur ausländischen Wissenschaft wahr; er kann Forschungsarbeiten anregen und vorbereiten und soll auf die Koordinierung getrennt begonnener Vorhaben hinwirken.

6. Der Senat kann im Rahmen seiner Zuständigkeit Ausschüsse bilden, deren Mitglieder dem Senat nicht anzugehören brauchen.

§ 8
Hauptausschuß

1. Der Hauptausschuß besteht aus 19 wissenschaftlichen Mitgliedern, die der Senat aus seiner Mitte nach den Grundsätzen des § 7 Abs. 1 Satz 4 jeweils für ein Jahr bestellt, aus höchstens 16 Vertretern der Bundesregierung und der Kultusverwaltung der Länder sowie aus 2 Vertretern des Stifterverbandes für die Deutsche Wissenschaft. Die Aufteilung der Regierungsvertreter zwischen Bund und Ländern wird von diesen im gegenseitigen Einvernehmen festgelegt. Die Mitglieder des Hauptausschusses müssen zugleich dem Kuratorium angehören.

2. Scheidet ein wissenschaftliches Mitglied des Hauptausschusses während der Amtszeit aus, so bestimmt der Senat für den Rest der Amtszeit ein Ersatzmitglied.

3. Der Hauptausschuß faßt seine Beschlüsse in Sitzungen oder durch schriftliche Abstimmung. Die Beschlüsse werden mit einfacher Mehrheit der abgegebenen Stimmen gefaßt.

4. Der Hauptausschuß ist zuständig für die finanzielle Förderung der Forschung. Bei der Bewilligung oder Ablehnung von Forschungsbeihilfen soll er in voller Unparteilichkeit die Ansprüche der verschiedenen Wissenschaftszweige gegeneinander abwägen und für eine zweckmäßige Verwendung der vorhandenen Mittel durch Vereinheitlichung und Zusammenfassung der auf den verschiedenen Teilgebieten erforderlichen Maßnahmen Sorge tragen. Die Vorschläge der Ausschüsse sind nach Möglichkeit zu beachten.

5. Der Hauptausschuß stellt den Haushaltsplan auf, der vom Kuratorium festgestellt wird.

6. Der Hauptausschuß kann im Rahmen seiner Zuständigkeit Ausschüsse bilden, deren Mitglieder dem Hauptausschuß nicht anzugehören brauchen.

. . .

Quelle: Deutsche Forschungsgemeinschaft, Jahresbericht 1996, 1997, S. 343 ff.

III/7 Urteil des Bundesverfassungsgerichts vom 27. Mai 1992 zum Länderfinanzausgleich — Auszüge

3. Im Fall der extremen Haushaltsnotlage eines Landes, wie sie gegenwärtig für das Saarland und Bremen besteht, ist das bundesstaatliche Prinzip als solches berührt. Aus ihm erwächst den anderen Gliedern der bundesstaatlichen Gemeinschaft die Pflicht, mit konzeptionell aufeinander abgestimmten Maßnahmen dem betroffenen Land beizustehen. Dabei dürfen im Rahmen eines von dem betroffenen Land aufzustellenden Programms zur Haushaltssanierung Bundesergänzungszuweisungen auch in einem über das normale Maß hinausgehenden Umfang geleistet werden, wenn sie innerhalb dieses Konzepts geeignet sind, zur Behebung der Haushaltsnotlage beizutragen.

a) Die finanzverfassungsrechtlichen Normen des Grundgesetzes sollen insgesamt eine Finanzordnung sicherstellen, die Bund und Länder am Finanzaufkommen sachgerecht beteiligt und finanziell in die Lage versetzt, die ihnen verfassungsrechtlich zukommenden Aufgaben auch wahrzunehmen (vgl. BVerfGE 55, 274 [300]; 72, 330 [388]). Ihr Sinn und Zweck ist nicht allein, eine geordnete öffentliche Finanzwirtschaft der verschiedenen staatlichen Aufgabenträger zu ermöglichen, sondern ebenso, die Voraussetzungen dafür zu schaffen, daß die staatliche Selbständigkeit von Bund und Ländern real werden, ihre politische Autonomie sich in der Eigenständigkeit und Eigenverantwortlichkeit der Aufgabenwahrnehmung und der Haushaltswirtschaft (Art. 109 Abs. 1 GG) entfalten (vgl. auch BVerfGE 72, 330 [383]) und die gemeinsame Verpflichtung auf die Erfordernisse des gesamtwirtschaftlichen Gleichgewichts (Art. 109 Abs. 2 GG) erfüllt werden kann. Sie sind darin zugleich Ausdruck der im Bundesstaat bestehenden Solidargemeinschaft von Bund und Ländern und des bündischen Prinzips des Einstehens füreinander, das zur bundesstaatlichen Ordnung (Art. 20 Abs. 1 GG) gehört. Befindet sich ein Glied der bundesstaatlichen Gemeinschaft — sei es der Bund, sei es ein Land — in einer extremen Haushaltsnotlage, die seine Fähigkeit zur Erfüllung der ihm verfassungsrechtlich zugewiesenen Aufgaben in Frage stellt und aus der es sich mit eigener

Kraft nicht befreien kann, so erfährt dieses bundesstaatliche Prinzip seine — hier mit der durch Art. 109 Abs. 2 GG gebotenen Wahrung der Erfordernisse des gesamtwirtschaftlichen Gleichgewichts verknüpfte — Konkretisierung in der Pflicht aller anderen Glieder der bundesstaatlichen Gemeinschaft, dem betroffenen Glied mit dem Ziel der haushaltswirtschaftlichen Stabilisierung auf der Grundlage konzeptionell aufeinander abgestimmter Maßnahmen Hilfe zu leisten, damit es wieder zur Wahrung seiner politischen Autonomie und zur Beachtung seiner verfassungsrechtlichen Verpflichtungen befähigt wird.

aa) Diese verfassungsrechtliche Pflicht trifft nicht den Bund allein, sondern — dem bundesstaatlichen Prinzip entsprechend — Bund und Länder. Sie bedingt Kooperationspflichten zwischen Bund und Ländern wie auf seiten des betroffenen Landes. Sie ist bezogen auf eine extreme Haushaltsnotlage in dem dargelegten Sinn und daran gebunden; das schließt freilich nicht aus, daß schon im Vorfeld Maßnahmen ergriffen werden, um eine solche Notlage vorbeugend abzuwehren.

Handlungssubjekt aus dieser Pflicht ist zunächst der Bund. Nach der gegebenen Kompetenzaufteilung verfügt er allein über die einschlägigen Handlungsinstrumente, insbesondere die weitreichenden Gesetzgebungsbefugnisse im Bereich des Steuer-, Finanzausgleichs-, Haushaltsgrundsätzerechts (Art. 105 bis 107, 109 Abs. 3 GG) sowie nach Art. 91a, Art. 91b und Art. 104a Abs. 4 GG. Bei der Wahrnehmung seiner Befugnisse prägt er auch weitgehend die Haushalts-, Einnahme- und Ausgabenstruktur der Länder vor. Das ändert jedoch nichts daran, daß Bund und Länder im bündischen Einstehen füreinander dem von der extremen Haushaltsnotlage betroffenen Bundesglied zum gemeinsamen Beistand verpflichtet sind. Diese Pflicht ergreift auch das Verfahren des Bundesgesetzgebers und damit die an ihm beteiligten Organe des Bundes. Die finanziellen Lasten, die sich aus der Wahrnehmung dieser Pflicht ergeben, haben sowohl der Bund als auch die Länder zu tragen.

bb) Die Pflicht bundesstaatlicher Hilfeleistung, die im Bundesstaatsprinzip wurzelt, begründet allerdings nicht aus sich heraus eigene Regelungs- und Eingriffsbefugnisse neben den im Grundgesetz, insbesondere in der Finanzverfassung, vorgesehenen; ein solcher unmittelbarer Schluß von der Aufgabe auf die Befugnisse ist der rechtsstaatlichen Verfassung fremd. Sie vermag aber — und darin liegt ihre normative Wirkung — die Wahrnehmung bestehender Befugnisse nach Grund und Umfang zu dirigieren, bestehende Verpflichtungen zu intensivieren und als Interpretationsgesichtspunkt für die Auslegung von Art und Umfang bestehender Handlungsmöglichkeiten zu wirken.

cc) Demgemäß besteht für den Bund im Zusammenwirken mit den Ländern die Verpflichtung, die nach dem Grundgesetz eröffneten Handlungsmöglichkeiten, die zur Behebung oder Abwehr der Notlage in Betracht kommen, zu prüfen und je nach ihrer Eignung einzeln, nebeneinander oder in Verbindung miteinander so einzusetzen, daß eine stabilisierende Abhilfe erreicht wird. Rührt die Haushaltsnotlage aus einer Kombination von wirtschaftlicher Strukturschwäche und hierdurch mitverursachter übermäßiger Verschuldung her, ist zu berücksichtigen, daß in einer solchen Lage schwerlich allein der Einsatz mittel- und längerfristig wirksamer Maßnahmen zur Verstärkung der Wirtschaftskraft, so unentbehrlich sie sein mögen, weiterhelfen kann, noch allein der Abbau der akuten, in der Schuldenlast sich manifestierenden Haushaltsnotlage — auch wenn dieser dringlich sein mag, um einer weiteren Verschlechterung der Lage entgegenzutreten —, sondern nur das Ineinandergreifen verschiedener Maßnahmen.

b) Als vom Grundgesetz eröffnete *Handlungsmöglichkeiten* sind insbesondere die folgenden in Betracht zu ziehen:

aa) Zuvörderst nötig und besonders dringlich ist es, Bund und Länder gemeinsam treffende Verpflichtungen und Verfahrensregelungen festzulegen, die der Entstehung einer Haushaltsnotlage entgegenwirken und zum Abbau einer eingetretenen Haushaltsnotlage beizutragen geeignet sind. Dem Bundesgesetzgeber bietet hierzu Art. 109 Abs. 3 GG die Regelungskompetenz.

Die durch Haushaltsnotlagen der hier in Rede stehenden Art Betroffenen sind daran gehindert, durch ihre Haushaltswirtschaft und die Gestaltung der Haushaltspolitik den Erfordernissen des gesamtwirtschaftlichen Gleichgewichts Rechnung zu tragen; sie verlieren die Fähigkeit zu einem konjunkturgerechten Haushaltsgebaren und zu konjunktursteuerndem Handeln. Normative Vorkehrungen hiergegen — etwa im Rahmen des Haushaltsgrundsätzegesetzes — sind daher durch Art. 109 Abs. 2 GG nicht nur nahegelegt sondern geboten. Regelungsgegenstand könnten beispielsweise Grundsätze über die Obliegenheit von Bund und Ländern sein, in ihrer Haushaltsplanung — unter Berücksichtigung der Nebenhaushalte — gewisse durch finanzwirtschaftliche Kennziffern bezeichnete Grenzen, etwa bei der Kreditfinanzierung und beim Schuldensockel, zu beachten, und, sollten diese Grenzen überschritten sein, ein (verbindliches) Sanierungsprogramm aufzustellen, das die Haushaltswirtschaft in eine Normallage zurückführen soll.

Regelungen dieser oder ähnlicher Art sind nicht nur für die Erhaltung oder Wiedergewinnung der Handlungsfähigkeit nach Art. 109 Abs. 2 GG von Bedeutung, sie sollen zugleich eine Grundlage dafür bieten, daß finanzwirksame Instrumentarien, die als Hilfe zum Einsatz kommen, die erstrebte stabilisierende Wirung herbeiführen.

bb) Weitere Handlungsmöglichkeiten eröffnen die verfassungsrechtlichen Instrumente der Gemeinschaftsaufgaben (Art. 91a und Art. 91b GG), der Investitionshilfen nach Art. 104a Abs. 4 GG, und der Leistungen nach Art. 106 Abs. 8 GG sowie Standortentscheidungen, für die der Bund zuständig ist oder an denen er mitwirkt.

(1) Maßnahmen zur Aktivierung von Gemeinschaftsaufgaben nach Art. 91a und Art. 91b GG, können, je nach den Gegebenheiten, dazu geeignet sein, die Wirtschafts- und Einnahmestruktur eines Landes mittel- und längerfristig nachhaltig zu verbessern. Das kann durch öffentliche Investitionen, beispielsweise im Bereich der Förderung regionaler Wirtschaftsstruktur (Art. 91a Abs. 1 Ziff. 2 GG), oder durch Standortentscheidungen für wissenschaftliche Forschungseinrichtungen (Art. 91b GG) geschehen. Beides vermag nicht zuletzt im Blick auf dadurch angeregte private Investitionen dauerhaft zur Konsolidierung der Finanzlage eines Landes beizutragen.

(2) Die Investitionshilfen des Bundes für besonders bedeutsame Investitionen der Länder und Gemeinden gemäß Art. 104a Abs. 4 GG können gezielt auch für Länder eingesetzt werden, die sich in einer extremen Haushaltsnotlage befinden. Soweit eine solche Haushaltsnotlage durch das Zusammenwirken von wirtschaftlicher Strukturschwäche und Überschuldung gekennzeichnet ist, bietet der Förderungszweck des Ausgleichs unterschiedlicher Wirtschaftskraft eine hinreichende Handlungsermächtigung. Der Bund ist dabei durch das föderative Gleichbehandlungsgebot nicht gehindert, die Investitionsförderung gerade auf solche Länder auszurichten und zu beschränken, die von der Haushaltsnotlage betroffen sind. Der gesamtstaatlich rechtfertigende Grund seiner Hilfe liegt gerade in der Qualität der Haushaltsnotlage, in der sich so nur die betroffenen Länder befinden. Der Bund bleibt allerdings darauf beschränkt, die förderungsfähigen Investitionsbereiche zu bestimmen (vgl. BVerfGE 39, 96 [115]).

Werden Investitionshilfen durch Gesetz oder Verwaltungsvereinbarung gewährt, ist es dem Bund unbenommen, sie davon abhängig zu machen, daß das betroffene Land sich zu Absprachen über ein Sanierungsprogramm verpflichtet. So kann die Stabilisierungswirkung der Investitionshilfen gesichert und insbesondere ausgeschlossen werden, daß vom Land ersparte Mittel nicht stabilisierungsbezogen verwendet werden. Das entspricht der Kooperationspflicht, die im Rahmen bundesstaatlicher Hilfeleistung das betroffene Land ebenso wie den Bund trifft.

(3) Wie weit Leistungen nach Art. 106 Abs. 8 GG in Frage kommen, ist nach den konkreten Gegebenheiten zu beurteilen. Es ist nicht auszuschließen, daß eine extreme Haushaltsnotlage in einem Land auch durch besondere Einrichtungen bestimmt wird, die vom Bund veranlaßt sind und besondere Belastungen verursachen. Unter diesen Voraussetzungen kann sogar eine Leistungspflicht bestehen.

(4) Schließlich sind auch Standortentscheidungen, für die der Bund zuständig ist oder an denen er mitwirkt, ein geeignetes Mittel, um der wirtschaftlichen Strukturschwäche eines Landes ein Stück weit abzuhelfen. Dafür kommen etwa Entscheidungen über den Sitz von Behörden ebenso in Frage wie solche über den Standort wissenschaftlich-technischer Forschungseinrichtungen und Anstalten.

c) Bezogen auf die Verwirklichung der bundesstaatlichen Hilfeleistungspflicht zur Überwindung einer extremen Haushaltsnotlage gewinnt auch die Gewährung von Bundesergänzungszuweisungen gemäß Art. 107 Abs. 2 Satz 3 GG eine über die zunächst gegebene Funktion hinausgehende Bedeutung.

aa) Die Vorschrift des Art. 107 Abs. 2 Satz 3 GG schließt es nach ihrem Wortlaut nicht aus, in einer extremen Haushaltsnotlage eines Landes, aus der dieses sich aus eigener Kraft nicht mehr befreien kann, zur Verwirklichung der bundesstaatlichen Hilfeleistungspflicht angewandt zu werden. In einem solchen Ausnahmefall erweitert sich, von der verfassungsbegründeten bundesstaatlichen Hilfeleistungspflicht normativ dirigiert, ihr Sinn und Zweck. Der Umfang der Bundesergänzungszuweisungen kann dann das sonst zulässige Ausmaß (s. oben 2 a) vorübergehend überschreiten. Im Hinblick auf die im Prinzip bundesstaatlicher Hilfeleistung angelegte und in Art. 109 Abs. 2 GG ausdrücklich niedergelegte Kooperationspflicht von Bund und Ländern kann dabei die Gewährung der Bundesergänzungszuweisungen daran gebunden werden, daß das betreffende Land sich zur Aufstellung und Durchführung eines Sanierungsprogramms verpflichtet. Dem steht die Festlegung in Art. 107 Abs. 2 Satz 3 GG, daß Bundesergänzungszuweisungen zur Deckung des allgemeinen Finanzbedarfs gewährt werden, nicht entgegen. Die Verpflichtung des Landes auf ein Sanierungsprogramm stellt keine vom Bund verordnete Zweckbindung der Bundesergänzungszuweisungen dar, sondern nimmt ein in Art. 109 Abs. 2 und 3 GG angelegtes, durch die extreme Haushaltsnotlage zu konkreten Handlungspflichten verdichtetes Handlungsrichtmaß auf.

bb) Die Zulässigkeit des umfangmäßig erweiterten Einsatzes von Bundesergänzungszuweisungen zur Abhilfe in einer extremen Haushaltsnotlage eines Landes besagt nicht, daß der Bundesgesetzgeber hierzu verfassungsrechtlich verpflichtet ist. Welche der mehreren gegebenen Handlungsmöglichkeiten in einer solchen Notlage zu ergreifen und in welchem Umfang die einzelnen Instrumentarien einzusetzen sind, obliegt gesetzgeberischer Entscheidung. Hierbei besteht ein Einschätzungs- und Entscheidungsspielraum. Da die bundesstaatliche Hilfeleistungspflicht indes zu mehr als einer bloßen Prüfung verpflichtet, kann sich je nach Beschaffenheit der extremen Haushaltsnotlage und ihrer Ursachen der Entscheidungsspielraum des

Gesetzgebers dahin verengen, daß bestimmte Mittel zur Abhilfe nicht nur eingesetzt werden können, sondern auch müssen.

Allerdings hat der Bund bei der Entscheidung über die Anwendung der verfügbaren Handlungsmöglichkeiten seinerseits — im Blick auf seine eigene und die Belastung der übrigen Länder — Art. 109 Abs. 2 GG zu beachten; auch die Fähigkeit des Bundes und der anderen Länder zur Erfüllung der ihnen verfassungsrechtlich zugewiesenen Aufgaben darf nicht in Frage gestellt werden. Not, die kraft einer Solidaritätspflicht gemeinsam zu beseitigen ist, erfordert Anstrengungen und Einschränkungen auf *allen* Seiten. Die Pflicht zu finanzieller Beistandsleistung kann dadurch begrenzt werden.

Besteht eine verfassungsrechtliche Verpflichtung, zum Abbau der gegebenen extremen Haushaltsnotlage Bundesergänzungszuweisungen nach Art. 107 Abs. 2 Satz 3 GG zu gewähren, so obliegt es, wie auch sonst, dem Bundesgesetzgeber zu entscheiden, ob und inwieweit die zu gewährenden Leistungen zu Lasten nur des Bundes durch eine Erhöhung des Gesamtvolumens der Bundesergänzungszuweisungen aus Bundesmitteln — die freilich auch durch eine Belastung der Ländergesamtheit (vgl. Art. 106 Abs. 3 Satz 4 und Abs. 4 GG) gewonnen werden können —, zu Lasten sowohl des Bundes wie der Länder oder auch zu Lasten der anderen Empfänger von Bundesergänzungszuweisungen zu erbringen sind.

d) Insgesamt ergibt sich, daß der Bund und — was die Mitwirkung im Verfahren und die Verteilung der sich daraus ergebenden finanziellen Lasten angeht — auch die Länder verpflichtet sind, der extremen Haushaltsnotlage eines Landes nach Maßgabe der im Grundgesetz eingeräumten Befugnisse und der im Gesamtstaat verfügbaren Mittel abzuhelfen. Erweist sich das vorhandene Finanzvolumen als dafür nicht ausreichend, so bleibt allerdings nur der Ausweg größerer Sparsamkeit oder einer Erhöhung der Einnahmen; insoweit enthält das Verfassungsrecht lediglich die Vorgabe, den Erfordernissen des gesamtwirtschaftlichen Gleichgewichts Rechnung zu tragen (Art. 109 Abs. 2 GG).

Schließlich ist auf die Möglichkeit hinzuweisen, das Bundesgebiet neu zu gliedern, um, wie es in Art. 29 Abs. 1 GG heißt, zu gewährleisten, daß die Länder nach Größe und Leistungsfähigkeit die ihnen obliegenden Aufgaben wirksam erfüllen können.

Quelle: Geschäftsstelle des Bundesverfassungsgerichtes Karlsruhe, Az 2 BvF 1/88.

III/8 Das Prinzip der „Bundestreue" in der Rechtsprechung des Bundesverfassungsgerichts — Auszug aus einem Urteilsspruch

„Hält sich der Bundesgesetzgeber im Rahmen seiner Gesetzgebungskompetenz und ist seine Regelung materiellrechtlich mit dem Grundgesetz vereinbar — wenn auch nur eine unter verschiedenen möglichen verfassungsrechtlichen unbedenklichen Regelungen —, so kann sie im Bundesstaat noch kollidieren mit dem Verfassungsgrundsatz der Bundestreue, d. h. unvereinbar sein mit der Pflicht des Bundesgesetzgebers zu bundesfreundlichem Verhalten. Der Grundsatz entspringt dem eigentümlichen Grundverhältnis von Gesamtstaat und Gliedstaaten im Bundesstaat; es ist ein spezifisch bundesstaatlicher Verfassungsrechtssatz. Er kann aus diesem Zusammenhang nicht herausgelöst werden. Seine Funktion ist die Festigung des Bun-

desstaates, zu der Bund und Länder beizutragen haben. Er hält die Egoismen des Bundes und der Länder in Grenzen, soweit sie kraft der ihnen eingeräumten Kompetenzen die Freiheit und Möglichkeit hätten, „rücksichtslos" ihre eigenen Vorstellungen zu verwirklichen und nur ihren eigenen Interessen zu folgen. Er bindet Bund und Länder im Rahmen ihrer Kompetenzen in der Art und Weise der Ausübung dieser Kompetenzen, indem er fordert, daß sich Bund und Länder in gewissen Grenzen wechselseitig helfen (vgl. BVerfGE 1, 117 [131]), daß sie sich eines Mindestmaßes an fairem Verhandlungsstil, wo immer sie zusammenarbeiten müssen, befleißigen (vgl. BVerfGE 12, 205 [255]), daß sie den anderen Teil nicht in die Verlegenheit bringen, vertragsbrüchig zu werden, oder daran hindern, seine Kompetenzen in Freiheit wahrnehmen zu können (BVerfGE 6, 309 [328, 361 f.]; 8, 122 [138 ff.]), daß sie unterlassen, was in seiner Auswirkung zu unzumutbaren Belastungen der Finanzkraft einzelner Länder (oder des Bundes) oder zur empfindlichen Störung oder Zerrüttung des Gesamtgefüges der Haushalte von Bund und Ländern führen würde (BVerfGE 3, 52 [57]; 4, 115 [140]). Nach dem Prinzip der Bundestreue ist also bei jeder Wahrnehmung einer Kompetenz des Bundes oder der Länder zu beachten, daß sie neben der Rücksicht auf die eigenen Belange auch die Rücksicht auf die Belange der übrigen Teile des Bundesstaates, in diesem Sinn die Rücksicht auf das wohlverstandene Gesamtinteresse des Bundesstaates verlangt. Das Prinzip greift also dort ein, wo die Interessen des Bundes und der Länder auseinanderlaufen, und zwar so, daß der eine Teil (und damit mittelbar das Ganze) Schaden nimmt, wenn der andere Teil seine Maßnahmen (seine gesetzliche Regelung) ausschließlich seinen Interessen entsprechend treffen würde . . ."

Quelle: Entscheidungen des Bundesverfassungsgerichts, 31. Band, 1972, S. 314 (354 f.).

III/9 Staatsvertrag der Länder Berlin und Brandenburg über die Bildung eines gemeinsamen Bundeslandes (Neugliederungs-Vertrag)[1] — Auszüge

a.) Inhaltsübersicht:

Präambel

Kapitel I. Neugliederung

Artikel 1
Neugliederung, Name, Landeshauptstadt

Artikel 2
Landesfarben und Wappen

Artikel 3
Zustimmung der Parlamente und Volksabstimmungen

1 Dieser Vertrag ist in der Volksabstimmung am 5. Mai 1996 am Votum der Brandenburger Bevölkerung gescheitert.

Kapitel X. Rechtsnachfolge, Rechtswahrung, Streitentscheidung, Gleichstellung und Inkrafttreten

Artikel 55
Verträge und Mitgliedschaften

Artikel 56
Rechtswahrung

Artikel 57
Streitentscheidung

Artikel 58
Vertragsänderungen

Artikel 59
Gleichstellung

Artikel 60
Inkrafttreten

Protokollnotizen zum Neugliederungs-Vertrag

Briefwechsel anläßlich der Unterzeichnung des Neugliederungs-Vertrages der Länder Berlin und Brandenburg

b.) Textauszug

Präambel

In dem Bewußtsein ihrer historischen Zusammengehörigkeit,

in dem Bestreben, zur Vollendung der inneren Einheit Deutschlands beizutragen,

in der Überzeugung, durch die Neugliederung ihrer Länder den Föderalismus sowie die soziale und rechtsstaatliche Demokratie in Deutschland zu stärken,

in dem Bemühen, das kulturelle Erbe in der Region zu pflegen und der Verantwortung gerecht zu werden, die Berlin als deutscher Hauptstadt und europäischer Kulturmetropole zugewachsen ist,

in der Verantwortung des gemeinsamen Landes und insbesondere der deutschen Hauptstadt für die europäische Integration,

in Anerkennung der Verantwortung des gemeinsamen Landes für Frieden und Freiheit in einem zusammenwachsenden Europa, seiner Verbundenheit mit den europäischen Völkern und der Freundschaft mit den ehemaligen Schutzmächten,

eingedenk ihrer Verantwortung für ein gutnachbarliches Verhältnis zu Polen,

in der Erkenntnis, daß das gemeinsame Land im Wettbewerb der europäischen Regionen erfolgreicher bestehen und die Voraussetzungen für die Wohlfahrt des Landes und seiner Bürger schaffen und verbessern kann,

mit dem Ziel, gleichwertige Lebensbedingungen in allen Teilen des gemeinsamen Landes zu schaffen insbesondere durch

— Schutz, Erhaltung und Pflege der natürlichen Lebensgrundlagen,
— hohen Beschäftigungsstand,
— stetiges, angemessenes und umweltgerechtes Wirtschaftswachstum sowie ausgewogene Verteilung von Entwicklungschancen,
— ausreichenden Wohnraum,
— öffentliche und soziale Sicherheit,
— gleichen Zugang zu den Bildungseinrichtungen,
— Bewahrung, Förderung und Entwicklung der Anziehungs- und Leistungskraft der Berlin-Brandenburger Kultur- und Wissenschaftslandschaft,

in dem Willen, für das gemeinsame Land eine Verfassung zu schaffen, die den Bürgern wirksame politische Mitgestaltungsrechte und eine gerechte Teilhabe am politischen und kulturellen Leben gewährleistet,

entschlossen, durch die Neugliederung ihrer Länder eine leistungsfähige, sparsame, moderne und bürgernahe Verwaltung zu schaffen und die kommunale Selbstverwaltung zu stärken,

auf der Grundlage von Artikel 118a des Grundgesetzes, Artikel 97 der Verfassung von Berlin und Artikel 116 der Verfassung des Landes Brandenburg

kommen die Länder Berlin und Brandenburg überein, den nachfolgenden Vertrag über die Bildung eines gemeinsamen Bundeslandes (Neugliederungs-Vertrag) zu schließen:
. . .

Quelle: Abgeordnetenhaus von Berlin, Drucksache 12/5521.

IV. Politische Willensbildung im Parteien- und Verbändestaat

IV/1 Zur Auslegung des Artikels 21 Absatz 2 GG

Auszüge aus dem Urteil des Bundesverfassungsgerichts vom 17. 8. 1956

1. Auszugehen ist davon, daß eine politische Partei nur dann aus dem politischen Leben ausgeschaltet werden darf, wenn sie, wie das Bundesverfassungsgericht in dem SRP-Urteil vom 23. 10. 1952 ausgeführt hat, „die obersten Grundsätze der freiheitlichen Demokratie ablehnt". Die grundlegenden Prinzipien, die das Grundgesetz unter dem Begriff der freiheitlichen demokratischen Grundordnung zusammenfaßt, sind nach dem erwähnten Urteil mindestens die folgenden:
„Die Achtung vor den im Grundgesetz konkretisierten Menschenrechten, vor allem vor dem Recht der Persönlichkeit auf Leben und freie Entfaltung, die Volkssouveränität, die Gewaltenteilung, die Verantwortlichkeit der Regierung, die Gesetzmäßigkeit der Verwaltung, die Unabhängigkeit der Gerichte, das Mehrparteienprinzip und die Chancengleichheit für alle politischen Parteien mit dem Recht auf verfassungsmäßige Bildung und Ausübung einer Opposition."
Eine Partei ist nicht schon dann verfassungswidrig, wenn sie einzelne Bestimmungen, ja ganze Institutionen des Grundgesetzes ablehnt. Sie muß vielmehr die obersten Werte der Verfassungsordnung verwerfen, die elementaren Verfassungsgrundsätze, die die Verfassungsordnung zu einer freiheitlichen demokratischen machen, Grundsätze, über die sich mindestens alle Parteien einig sein müssen, wenn dieser Typus der Demokratie überhaupt sinnvoll funktionieren soll.

2. Eine Partei ist auch nicht schon dann verfassungswidrig, wenn sie diese obersten Prinzipien einer freiheitlichen demokratischen Grundordnung nicht anerkennt, sie ablehnt, ihnen andere entgegensetzt. Es muß vielmehr eine aktiv kämpferische, aggressive Haltung gegenüber der bestehenden Ordnung hinzukommen; sie muß planvoll das Funktionieren dieser Ordnung beeinträchtigen, im weiteren Verlauf diese Ordnung selbst beseitigen wollen. Das bedeutet, daß der freiheitlich-demokratische Staat gegen Parteien mit einer ihm feindlichen Zielrichtung nicht von sich aus vorgeht; er verhält sich vielmehr defensiv, er wehrt lediglich Angriffe auf seine Grundordnung ab. Schon diese gesetzliche Konstruktion des Tatbestandes schließt einen Mißbrauch der Bestimmungen im Dienste eifernder Verfolgung unbequemer Oppositionsparteien aus . . .

4. Eine Partei kann nach dem Gesagten auch dann verfassungswidrig im Sinne des Art. 21 Abs. 2 GG sein, wenn nach menschlichem Ermessen keine Aussicht darauf besteht, daß sie ihre verfassungswidrige Absicht in absehbarer Zukunft werde verwirklichen können. Ebensowenig ist die Anwendung des Art. 21 Abs. 2 GG deshalb ausgeschlossen, weil eine Partei etwa die Realisierung ihrer verfassungswidrigen Ziele zurückstellt, da sie im Augenblick keine Aussicht auf Verwirklichung sieht; wenn die verfassungsfeindliche Absicht überhaupt nachweisbar ist, braucht nicht abgewartet zu werden, ob sich die politische Lage ändert und die Partei nun die Verwirklichung ihrer verfassungswidrigen Ziele tatsächlich in Angriff nimmt . . .

6. Für den Nachweis der verfassungsfeindlichen Absicht sollen nach Art. 21 Abs. 2 GG die Ziele der Partei das wichtigste Erkenntnismittel sein („nach ihren Zielen"). Entsprechend ihrem präventiven Charakter unterscheidet die Bestimmung dabei nicht zwischen (erhebli-

chen) Nah- und (unerheblichen) Fernzielen. Entscheidend ist allein, ob eine Partei nach ihren Zielen hic et nunc beabsichtigt, die freiheitliche demokratische Grundordnung zu beeinträchtigen oder zu beseitigen. Ist aus ihren Zielen diese Absicht in der Gegenwart nachweisbar, dann ist der Zeitpunkt, in dem nach ihrer Vorstellung ein Erfolg der Absicht eintreten soll oder wird, ohne rechtliche Bedeutung. Der Wille des Verfassungsgebers war es, keine Partei sich entwickeln zu lassen, die während der Geltungsdauer des Grundgesetzes darauf ausgeht, die freiheitliche demokratische Grundordnung zu verletzen.

Die Zielsetzungen einer Partei werden sich in der Regel ergeben: aus dem Programm und den sonstigen parteiamtlichen Erklärungen, aus den Schriften der von ihr als maßgebend anerkannten Autoren über die politische Ideologie der Partei, aus den Reden der führenden Funktionäre, aus dem in der Partei verwendeten Schulungs- und Propagandamaterial sowie aus den von ihr herausgegebenen oder beeinflußten Zeitungen und Zeitschriften. Das Verhalten der Parteiorgane und der Anhänger kann Schlüsse auf die Zielsetzung zulassen. Eine Dokumentation der Zielsetzung in dem Sinne, daß alle Ziele schriftlich niedergelegt oder sonstwie fixiert sein müßten, verlangt Art. 21 Abs. 2 GG nicht. Eine Verständigung innerhalb der Führungsgremien einer Partei ist auch ohne solche Festlegung möglich und — der Natur der Sache nach — nicht selten. Daher sind auch geheime Zielsetzungen und nachträgliche tatsächliche Änderungen ursprünglich schriftlich verlautbarter Zielsetzungen rechtserheblich, sofern sie nachweisbar sind. Im einzelnen mag es schwierig sein, den wahren Inhalt der offenen und das Bestehen verborgener Ziele zu erkennen. Ohne weiteres leuchtet es ein, daß Ziele, aus denen sich die Verfassungswidrigkeit einer Partei ergeben könnte, niemals offen verkündet werden. Die politischen Erfahrungen der vergangenen Jahrzehnte geben genügend Hinweise, um aus der Art der von einer Partei verwendeten politischen Mittel, aus dem „Stil" ihrer Aktionen, ihre echten Ziele zu erkennen und sie von den vorgetäuschten richtig zu unterscheiden.

7. Die KPD ist der Ansicht, daß die Theorie des Marxismus-Leninismus, von der sie sich in ihrer gesamten Tätigkeit leiten läßt (vgl. den Vorspruch des Parteistatuts), als Ziel im Sinne des Art. 21 Abs. 2 GG nicht angesehen werden könne, da sie „eine mehr als 100 Jahre alte und über die ganze Welt verbreitete wissenschaftliche Lehre (sei), auf deren Grundsätzen heute schon die gesellschaftliche Organisation von über einem Drittel der Welt beruht" (Prot. I, 876). Eine solche wissenschaftliche Theorie entziehe sich der rechtlichen Wertung, da eine Rechtsnorm kein adäquater Maßstab zur Beurteilung einer wissenschaftlichen Weltanschauung sei; andernfalls wäre Art. 5 Abs. 3 GG, der die Freiheit der wissenschaftlichen Forschung und Lehre garantiere, verletzt; das gegen die KPD abhängige Verfahren sei dann in Wahrheit ein „Hexenprozeß", ein „Inquisitionsverfahren".

Diese Einwendungen sind gegenstandslos; denn das Bekenntnis zu einer wissenschaftlichen Lehre wird der KPD nicht zum Vorwurf gemacht. Es handelt sich in diesem Verfahren nicht darum, die Theorie des Marxismus-Leninismus als eine „einheitliche Wissenschaft" für verfassungswidrig zu erklären. Dabei kann ganz dahingestellt bleiben, ob, wie die KPD behauptet, die Lehren der von ihr als maßgebend angesehenen politischen Schriftsteller in ihrer Gesamtheit ein einheitliches geschlossenes Lehrgebäude von den die Entwicklung von Staat, Gesellschaft und Wirtschaft beherrschenden Gesetzen darstellen. Soweit es sich hierbei um wissenschaftliche Erkenntnisse, um Wissenschaft im Sinne des Art. 5 Abs. 3 GG handelt, ist diese Wissenschaft als solche selbstverständlich frei, sie kann vorgetragen, gelehrt, weiterentwickelt, allerdings auch diskutiert und bekämpft werden. Sie ist nicht Gegenstand dieses Verfahrens.

Quelle: Entscheidungen des Bundesverfassungsgerichts, 5. Band, 1956, S. 85 (140 ff.).

IV/2 Zur Auslegung des Artikels 21 Absatz 1 GG

a.) Auszüge aus dem Urteil des Bundesverfassungsgerichts vom 14. 7. 1986

I. 1. Das Recht des Bürgers auf gleiche Teilhabe an der politischen Willensbildung des Volkes äußert sich in einer lebendigen Demokratie nicht nur in der Stimmabgabe bei den Wahlen, sondern auch in der Einflußnahme auf den Prozeß der politischen Meinungsbildung. Dieses Gleichheitsrecht ist zu beachten, wenn die finanzielle Unterstützung politischer Parteien steuerlich begünstigt wird. Erläßt der Gesetzgeber solche Bestimmungen und wird dadurch dem Bürger die Einflußnahme auf das politische Geschehen erleichtert, so darf er das Recht des Einzelnen auf gleiche Teilhabe an der politischen Willensbildung grundsätzlich nicht in der Weise beeinträchtigen, daß er bestimmten Bürgern eine größere Einflußnahme auf den Willensbildungsprozeß ermöglicht als anderen. Der Gesetzgeber ist zwar nicht gehalten, die auf der wirtschaftlichen Leistungsfähigkeit beruhenden unterschiedlichen Möglichkeiten der Bürger zur finanziellen Unterstützung von politischen Parteien auszugleichen; er darf indes die vorgegebenen Unterschiede auch nicht durch eine steuerliche Regelung verschärfen, die einen Teil der Bürger in gleichheitswidriger Weise bevorzugt (*BVerfGE* 8, 31 [69 f.]; *BVerfGE* 24, 300 [360], *BVerfGE* 52, 63 [88]. . . .

Das Änderungsgesetz hat die Vorschriften über die steuerliche Begünstigung von Parteispenden (§ 10b EStG, § 9 Nr. 3 KStG) jedoch in einem neuen Regelungszusammenhang eingeordnet, von dem die verfassungsrechtliche Würdigung nicht unbeeinflußt bleibt. Dabei verfolgt das Änderungsgesetz das verfassungsrechtlich grundsätzlich nicht zu beanstandende Ziel, die Finanzierung der politischen Parteien durch die steuerliche Begünstigung von Beiträgen und Spenden zu stärken. Dem liegt die Absicht des Gesetzgebers zugrunde, angesichts von Schranken, die die Verfassung einer unmittelbaren staatlichen Parteienfinanzierung vorgibt, die Finanzierung durch Mittel aus privaten Quellen zu erleichtern. Für eine solche Neuregelung sprach auch, daß zunehmend Vereinigungen, denen die steuerliche Begünstigung von finanziellen Zuwendungen durch die Steuerpflichtigen nach dem früher geltenden Recht in sehr viel größerem Ausmaß zugute kam, auf das politische Geschehen einzuwirken suchen und insoweit zu den politischen Parteien in Wettbewerb treten. Dabei hielt es der Gesetzgeber zugleich für geboten, die Parteienfinanzierung für die Zukunft durch eine klare gesetzliche Regelung durchschaubarer zu gestalten und zweifelhafte Umwegfinanzierungen auszuschließen . . .

c) Die . . . Regelungen führen — auch in ihrem Zusammenspiel — zu erheblichen Unterschieden bei den für Zuwendungen an Parteien gewährten Steuervergünstigungen im Einkommensteuerrecht . . .

2. a) Dieses Ausmaß unterschiedlicher steuerlicher Begünstigung steht mit dem Recht der Bürger auf gleiche Teilhabe an der politischen Willensbildung nicht in Einklang. Indem § 10 EStG und § 9 Nr. 3 KStG an einen bestimmten Vomhundertsatz des Gesamtbetrages der Einkünfte bzw. des Einkommens anknüpfen, hindern sie Steuerpflichtige auch dann, wenn sie einer Partei einen diesen Vomhundertsatz übersteigenden Betrag zu spenden in der Lage und willens sind, an dessen steuerlicher Geltendmachung. Damit werden — wie die dargestellten Beispiele zeigen — von Gesetzes wegen verfassungsrechtlich nicht mehr hinnehmbare Differenzierungen zwischen den Beziehern großer und kleiner Einkünfte geschaffen.

b) Die Ungleichbehandlung wird noch dadurch verstärkt, daß sowohl § 10b EStG als auch § 9 Nr. 3 KStG die Möglichkeit eröffnen, statt bis zu einer Höhe von 5 v. H. des Gesamtbetrags der Einkünfte oder des Einkommens Ausgaben zur Förderung staatspolitischer Zwecke bis zu insgesamt 2 v. T. der Summe der gesamten Umsätze und der im Kalenderjahr aufgewendeten

Löhne und Gehälter steuerlich geltend zu machen. Den unternehmerisch tätigen Steuerpflichtigen wird also eine Wahlmöglichkeit eingeräumt, von der andere Steuerpflichtige, die keine Umsätze erzielen und keine Löhne und Gehälter aufwenden, nicht Gebrauch machen können. Damit werden Einkommensteuerpflichtige, deren Gesamtbetrag der Einkünfte gleich hoch ist, unterschiedlich behandelt; einem Teil von ihnen wird, falls sie sich für die Berechnung nach der Höhe ihres erzielten Umsatzes und der Lohn- und Gehaltssumme entscheiden, ermöglicht, sehr viel höhere Zuwendungen an politische Parteien steuerbegünstigt zu leisten als den übrigen Steuerpflichtigen mit einem der Höhe nach gleichen Gesamtbetrag der Einkünfte. Für ein derartiges, nur einem bestimmten Kreis von Steuerpflichtigen eingeräumtes Wahlrecht ist jedenfalls im Bereich der Bürgerteilhabe an der politischen Willensbildung kein Raum.

c) Die Begrenzung der Abzugsfähigkeit von Zuwendungen an politische Parteien auf 5 v. H. des Gesamtbetrags der Einkünfte bzw. des Einkommens oder wahlweise auf 2 v. T. der Summe der gesamten Umsätze und der im Kalenderjahr aufgewendeten Löhne und Gehälter führt mithin zu einer krassen Ungleichbehandlung der Steuerpflichtigen. Bürger mit einem hohen Einkommen werden in die Lage gesetzt, an politische Parteien ungleich höhere Zuwendungen steuerwirksam zu leisten als Bürger mit geringeren Einkünften. Das ist mit dem Recht der Bürger auf gleiche Teilhabe an der politischen Willensbildung nicht vereinbar; der Grundsatz der Bürgergleichheit verlangt jedenfalls, daß allen Bürgern in gleicher Weise die Möglichkeit offensteht, die steuerliche Begünstigung der von ihnen erbrachten Zuwendungen und den damit für sie verbundenen Steuervorteil in Anspruch zu nehmen.

d) Die politischen Parteien werden herkömmlich nicht nur von Einzelpersonen, sondern auch von Personenvereinigungen und juristischen Personen finanziell unterstützt, die insoweit für die in ihnen zusammengeschlossenen und durch gemeinsame Interessen verbundenen Bürger handeln. Dies nimmt das Grundgesetz als eine geläufige Form tatsächlicher politischer Interessenwahrnehmung hin (*BVerfG* 20, 56 [105]). Im Hinblick darauf bezieht § 9 Nr. 3 KStG — wie bisher — auch die Körperschaften und Personenvereinigungen in die steuerliche Begünstigung von Zuwendungen an politische Parteien ein. Daran war der Gesetzgeber von Verfassungs wegen nicht gehindert. Zwar können Mitglieder einer Partei nur natürliche Personen sein (§ 2 I 2 PartG). Darauf kommt es aber in diesem Zusammenhang ebensowenig an wie darauf, ob der einzelne Steuerpflichtige, der sich zu einer Spende an eine Partei entschließt, Mitglied dieser Partei ist (*BVerfG* 24, 300 [360]). Die rechtliche Möglichkeit, eine politische Partei finanziell zu unterstützen, ist auch nicht an das Wahlrecht geknüpft; sie steht auch natürlichen Personen offen, die gem. §§ 12, 13 BWahlG nicht wahlberechtigt sind. . . .

Die erweiterte Abzugsfähigkeit von Zuwendungen an politische Parteien erleichtert es Steuerpflichtigen mit hohem Einkommen, ihre Spende erheblich zu erhöhen. Die Möglichkeit einer Einflußnahme wächst tendenziell mit der Höhe der gewährten Steuervergünstigung. Die die Steuerlast mindernde Spende verbleibt in voller Höhe der Partei, der sie zugedacht ist. Der Staat trägt also durch die von ihm gewährte Steuerermäßigung je nach dem Ausmaß, das sie erreicht, möglicherweise dazu bei, daß einzelne Steuerpflichtige mit Hilfe des in ihrer Zuwendung enthaltenen Steuervorteils die Empfängerpartei in ihrem Sinne beeinflussen können. Zwar gewährleistet Art. 2 GG den Parteien keinen absoluten Schutz vor dem Versuch politischer Einflußnahme durch große Spenden. Das Grundgesetz begegnet den mit solchen Spenden möglicherweise verbundenen Gefahren durch das in Art. 21 I 4 GG an die Parteien gerichtete Gebot, über die Herkunft ihrer Mittel öffentlich Rechenschaft zu geben. Damit stellt das Grundgesetz sicher, daß große Spenden an die politischen Parteien nicht anonym bleiben und daß auf diese Weise nicht unerkannt Einfluß auf die politische Willensbildung genommen wird. . . .

2. a) Die durch § 10b EStG und § 9 Nr. 3 KStG erweiterte steuerliche Abzugsfähigkeit von Beiträgen und Spenden an politische Parteien und der in § 22a PartG statuierte Chancenausgleich sind wechselseitig aufeinander bezogen. Die den Beitragszahlern und Spendern gewährte Steuervergünstigung, die mittelbar den Empfängerparteien zugute kommt, kann sich in einer gegen den Grundsatz der Chancengleichheit der politischen Parteien verstoßenden Weise auswirken. Dem begegnet der Chancenausgleich dadurch, daß er die unterschiedliche Auswirkung des staatlichen Steuerverzichts zwischen den Parteien nach ihrem Anteil an den Zweitstimmen ausgleicht. Die Gewährung der Steuervergünstigung und der Chancenausgleich stehen also in einem Wirkungszusammenhang, aus dem sie nicht herausgelöst werden können; deshalb dürfen sie auch nicht getrennt gewürdigt werden. Sie sind zwei wesentliche Bestandteile einer aufeinander abgestimmten Gesamtregelung und als eine „geschlossene konzeptionelle Einheit" gedacht (vgl. Bericht des Innenausschusses vom 29.11.1983 — BT-Dr. 10/697, S. 9). So gesehen erweist sich der Chancenausgleich als eine verfassungsrechtlich gebotene Ergänzung der angegriffenen steuerrechtlichen Regelung. . . .

III. Art. 1 Nr. 3b Änderungsgesetz hat dem § 18 PartG einen neuen Absatz 6 angefügt, wonach die Summe der Erstattungen der Kosten angemessener Wahlkämpfe aus öffentlichen Mitteln gegenüber den Gesamteinnahmen einer Partei nach § 24 II Nr. 1 bis 5 und 8 PartG im zweiten Kalenderjahr nach der Erstattung der Kosten des Bundestagswahlkampfes und in den diesem Jahre vorangegangenen drei Kalenderjahren nicht überwiegen darf. Über diese Grenze hinausgehende Erstattungsbeträge sind von der nächstfälligen Erstattungszahlung in Abzug zu bringen. Diese Regelung verletzt die Ast. nicht in ihrem Recht auf Chancengleichheit. . . .

Der Grundsatz der Staatsfreiheit der Parteien verbietet eine völlige oder vorwiegende Deckung des Finanzbedarfs der Parteien aus öffentlichen Mitteln (vgl. *BVerfGE* 20, 56 [102], *BVerfGE* 52, 63 [85]). Andererseits verlangt der Grundsatz der Chancengleichheit, daß alle Parteien, die am Wahlkampf teilgenommen haben, in grundsätzlich gleicher Weise bei der Erstattung der Wahlkampfkosten berücksichtigt werden; eine unterschiedliche Behandlung der Parteien ist dabei nur aus einem besonderen zwingenden Grund verfassungsrechtlich hinnehmbar (vgl. *BVerfGE* 20, 56 [116 ff.]; *BVerfGE* 24, 300 [339 f., 344 f.]; st. Rspr.). Zwischen beiden Grundsätzen kann sich dann ein Konflikt ergeben, wenn die volle Wahlkampfkostenerstattung, die nach der gesetzlichen Regelung zusteht, bei einer Partei dazu führt, daß sie überwiegend aus staatlichen Mitteln finanziert wird. Dieser Konflikt läßt sich nur lösen, indem ermittelt wird, welcher Verfassungsgrundsatz in dem konkreten Zusammenhang das höhere Gewicht hat. Ihm ist in erster Linie Rechnung zu tragen. Der daneben zu beachtende Verfassungsgrundsatz tritt zurück. Er darf indes nur soweit zurückgedrängt werden, wie das zwingend geboten erscheint; sein sachlicher Gehalt muß soweit als möglich respektiert werden (vgl. *BVerfGE* 2, 1 [72 f.]; *BVerfGE* 28, 243 [261]).

In dem hier gegebenen Zusammenhang kommt dem Grundsatz der Staatsfreiheit ein Vorrang zu. Art. 21 GG hat an der überkommenen Struktur der Parteien als frei konkurrierender und aus eigener Kraft wirkender Gruppen nichts ändern wollen (vgl. dazu im einzelnen *BVerfGE* 20, 56 [107 ff.]); er verwehrt eine völlige oder vorwiegende Deckung des Finanzbedarfs der politischen Parteien durch Haushaltsmittel. Würde dieses Gebot für die Erstattung von Wahlkampfkosten durchbrochen, wäre es praktisch preisgegeben. Wird es hier beachtet, so wird dadurch das aus dem Grundsatz der Chancengleichheit fließende Gebot, grundsätzlich alle Parteien, die am Wahlkampf teilgenommen haben, an der Wahlkampfkostenerstattung zu beteiligen, nicht verdrängt, aber modifiziert.

Quelle: Entscheidungen des Bundesverfassungsgerichts, 73. Band, 1987, S. 40 (71 ff.).

b.) Auszüge aus dem Urteil des Bundesverfassungsgerichts vom 9. 4. 1992

I. Leitsätze

1. Die vom Grundgesetz vorausgesetzte Staatsfreiheit der Parteien erfordert nicht nur die Gewährleistung ihrer Unabhängigkeit vom Staat, sondern auch, daß die Parteien sich ihren Charakter als frei gebildete, im gesellschaftlich-politischen Bereich wurzelnde Gruppen bewahren (vgl. BVerfGE 20, 56 [101]).

2. Entgegen der bisher vom Senat vertretenen Auffassung ist der Staat verfassungsrechtlich nicht gehindert, den Parteien Mittel für die Finanzierung der *allgemein* ihnen nach dem Grundgesetz obliegenden Tätigkeit zu gewähren. Der Grundsatz der Staatsfreiheit erlaubt jedoch nur eine Teilfinanzierung der allgemeinen Tätigkeit der politischen Parteien aus staatlichen Mitteln. Er wird durch die Gewährung finanzieller Zuwendungen dann verletzt, wenn durch sie die Parteien der Notwendigkeit enthoben werden, sich um die finanzielle Unterstützung ihrer Aktivitäten durch ihre Mitglieder und ihnen nahestehende Bürger zu bemühen.

 a) Das Gesamtvolumen solcher staatlicher Zuwendungen an eine Partei darf die Summe ihrer selbsterwirtschafteten Einnahmen (vgl. § 24 Abs. 2 Nr. 1 bis 4 und 8 PartG) nicht überschreiten („relative Obergrenze").

 b) Der Umfang der den Parteien in den Jahren 1989 bis 1992 aus öffentlichen Kassen zugeflossenen finanziellen Mittel muß, solange die bestehenden Verhältnisse keine einschneidende Veränderung erfahren, als hinreichend angesehen werden. Der sich aus diesen Zuwendungen als Mittelwert für ein Jahr ergebende Betrag bildet das Gesamtvolumen staatlicher Mittel, die den Parteien äußerstenfalls von Bund und Ländern insgesamt zugewendet werden dürfen („absolute Obergrenze").

 c) Der Erfolg, den eine Partei beim Wähler, den sie bei der Summe der Mitgliedsbeiträge sowie bei dem Umfang der von ihr eingeworbenen Spenden erzielt, muß zu einem jeweils ins Gewicht fallenden, im einzelnen allerdings vom Gesetzgeber zu bestimmenden Anteil in den Maßstab eingehen, nach dem die zur Verfügung stehenden staatlichen Mittel an die Parteien verteilt werden.

3. Die Regelung des Chancenausgleichs in § 22a Abs. 2 PartG ist nicht vereinbar mit dem aus Art. 21 Abs. 1 und Art. 3 Abs. 1 GG folgenden Recht der Parteien auf Chancengleichheit im politischen Wettbewerb (teilweise Abweichung von BVerfGE 73, 40).

4. Einer zulässigen steuerlichen Begünstigung von Beiträgen und Spenden an politische Parteien ist dort eine verfassungsrechtliche Grenze gezogen, wo sie ein Ausmaß erreicht, das geeignet ist, die vorgegebene Wettbewerbslage zwischen den Parteien in einer ins Gewicht fallenden Weise zu verändern. Diese Grenze ist nicht erreicht, wenn die steuerliche Begünstigung von der Mehrzahl der Steuerpflichtigen in gleicher Weise genutzt werden kann.

5. Die steuerliche Begünstigung von Parteispenden, die von Körperschaften geleistet werden, ist im Blick auf das Recht des Bürgers auf gleiche Teilhabe an der politischen Willensbildung durchgreifenden verfassungsrechtlichen Bedenken ausgesetzt (Abweichung von BVerfGE 73, 40).

6. Die Festlegung der sogenannten Publizitätsgrenze in § 25 Abs. 2 PartG auf 40.000 DM verstößt gegen Art. 21 Abs. 1 Satz 4 GG.

II. Aus der Urteilsbegründung

1. Nach Art. 21 Abs. 1 Satz 1 GG wirken die Parteien bei der politischen Willensbildung des Volkes mit. Zwar haben sie kein Monopol, die Willensbildung des Volkes zu beeinflussen. Neben ihnen wirken auch die einzelnen Bürger sowie Verbände, Gruppen und Vereinigungen auf den Prozeß der Meinungs- und Willensbildung ein. Art. 21 GG rechtfertigt allerdings die herausgehobene Stellung der Parteien im Wahlrecht. Die Parteien sind indes nicht bloße Wahlvorbereitungsorganisationen, und nicht nur in dieser Funktion sind sie für die demokratische Ordnung unerläßlich. Sie sind vornehmlich berufen, die Bürger freiwillig zu politischen Handlungseinheiten mit dem Ziel der Beteiligung an der Willensbildung in den Staatsorganen organisatorisch zusammenzuschließen und ihnen so einen wirksamen Einfluß auf das staatliche Geschehen zu ermöglichen. Den Parteien obliegt es, politische Ziele zu formulieren und diese den Bürgern zu vermitteln sowie daran mitzuwirken, daß die Gesellschaft wie auch den einzelnen Bürger betreffende Probleme erkannt, benannt und angemessenen Lösungen zugeführt werden. Die für den Prozeß der politischen Willensbildung im demokratischen Staat entscheidende Rückkoppelung zwischen Staatsorganen und Volk ist auch Sache der Parteien. Sie erschöpft sich nicht in dem nur in Abständen wiederkehrenden Akt der Wahl des Parlaments. Willensbildung des Volkes und Willensbildung in den Staatsorganen vollziehen sich in vielfältiger und tagtäglicher, von den Parteien mitgeformter Wechselwirkung. Politisches Programm und Verhalten der Staatsorgane wirken auf die Willensbildung des Volkes ein und sind selbst Gegenstand seiner Meinungsbildung (vgl. BVerfGE 20, 56 [114]; 44, 125 [139 f.]; 73, 40 [85] m.w.N.).

Der dargelegten Rolle der politischen Parteien im Prozeß demokratischer Willensbildung und staatlicher Entscheidungsfindung hat das Grundgesetz in Art. 21 Ausdruck verliehen. Um ihr gerecht zu werden, müssen die Parteien zum einen eine ständige Wirksamkeit nach innen entfalten, indem sie ihre Mitglieder ansprechen und in die innerparteiliche Willensbildung einschalten. Sie genügen damit auch dem Gebot der Verfassung, nach dem ihre innere Ordnung demokratischen Grundsätzen zu entsprechen hat (Art. 21 Abs. 1 Satz 3 GG). Sie müssen aber nicht minder auch nach außen tätig werden, im Wettbewerb mit anderen Parteien und sonstigen auf die Bildung der öffentlichen Meinung Einfluß nehmenden Einrichtungen und Verbänden die Bürger von der Richtigkeit ihrer Politik zu überzeugen versuchen. All dies hat, wie gezeigt, einen unmittelbaren Bezug zu den Wahlen der Parlamente des Bundes und der Länder sowie der kommunalen Vertretungen.

2. Entgegen der bisher vom Senat vertretenen Auffassung ist der Staat verfassungsrechtlich nicht gehindert, den Parteien Mittel für die Finanzierung der *allgemein* ihnen nach dem Grundgesetz obliegenden Tätigkeit zu gewähren.

a) Die allgemeine politische Tätigkeit der Parteien ist außerhalb von Wahlkämpfen und während derselben die gleiche. Wahlen erfordern allerdings darüber hinaus Vorbereitungen besonderer Art wie etwa die Ausarbeitung von Wahlprogrammen, die Aufstellung von Wahlbewerbern und die Führung von Wahlkämpfen (vgl. BVerfGE 24, 300 [348 f.]). Dies alles dient dem Zweck, dem Bürger die politischen Ziele der Parteien zu vermitteln und ihn für sie zu gewinnen, also an der politischen Willensbildung des Volkes mitzuwirken (Art. 21 Abs. 1 Satz 1 GG). Dieser Zweck würde indes notwendig verfehlt, wären die Parteien nicht auch darauf bedacht, die im Volke vorhandenen Meinungen, Interessen und Bestrebungen zu sammeln, in sich auszugleichen und zu Alternativen zu formen, unter denen die Bürger auswählen können, und versuchten sie nicht, den Bürgerwillen zu artikulieren und gegenüber den Staatsorganen zur Geltung zu bringen (vgl. BVerfGE 44, 125 [145 f.]); nicht zuletzt über die Parteien nimmt

das Volk auch zwischen den Wahlen Einfluß auf die Entscheidungen der obersten Staatsorgane (vgl. BVerfGE 20, 56 [99]).

Die den Parteien in Art. 21 Abs. 1 Satz 1 GG aufgegebene Mitwirkung bei der politischen Willensbildung des Volkes beschränkt sich mithin nicht auf die unmittelbare Wahlvorbereitung. Diese bildet lediglich einen allenfalls in organisatorischer Hinsicht selbständigen Teil ihrer Aufgabe; sachlich inhaltlich fügt sich die Beteiligung an Wahlen in die ständige Wirksamkeit der Parteien bruchlos ein: Wahlen und ihre Ergebnisse geben den Parteien Aufschluß über den Widerhall, den ihre Politik im Volke findet, und über die Erwartungen, die die Bürger an sie richten. Nur rein äußerlich läßt sich die Tätigkeit der Parteien im Wahlkampf von ihrer sonstigen Tätigkeit abgrenzen. Bezieht man diese Abgrenzung auf die den Parteien von der Verfassung zugewiesene Aufgabe der Mitwirkung an der politischen Willensbildung des Volkes, so entbehrt sie der sachlichen Berechtigung. Deshalb ist es — entgegen der bisherigen Rechtsprechung des Senats (vgl. erstmals BVerfGE 20, 56 [113 ff.]) — nicht geboten, die Grenzen staatlicher Finanzierung der Parteien von Verfassungs wegen in der Erstattung der „notwendigen Kosten eines angemessenen Wahlkampfes" zu suchen.

b) Die Wirklichkeit der staatlichen Parteienfinanzierung hat sich davon — mit grundsätzlicher Billigung durch die Rechtsprechung des Bundesverfassungsgerichts — auch längst gelöst. Der Senat hat weder die Pauschalierung der Wahlkampfkosten noch deren abschlagsweise Zahlung verfassungsrechtlich beanstandet (vgl. BVerfGE 24, 300 [335 ff.]; 73, 40 [96]). Die Wahlkampfkostenerstattung hat sich nach Umfang und Funktion zu einer teilweisen Basisfinanzierung der Parteien entwickelt (vgl. BVerfGE 73, 40 [116] — Abweichende Meinung des Richters Böckenförde). Diesen Charakter der Wahlkampfkostenerstattung hat die Einführung des hier zur Überprüfung stehenden sogenannten Sockelbetrags (§ 18 Abs. 6 PartG) lediglich noch deutlicher hervortreten lassen.

3. Der verfassungsrechtliche Grundsatz der Staatsfreiheit erlaubt jedoch nur eine Teilfinanzierung der allgemeinen Tätigkeit der politischen Parteien aus staatlichen Mitteln. Er untersagt — unbeschadet der für den politischen Prozeß in der freiheitlichen Demokratie kennzeichnenden Verschränkung der Willensbildung des Volkes mit der Willensbildung in den Staatsorganen — eine Einflußnahme des Staates auf die Willensbildung in den Parteien und damit auf den Prozeß der politischen Willensbildung insgesamt (vgl. BVerfGE 73, 40 [87]). Einer Gefahr mittelbarer Einflußnahme durch finanzielle Leistungen ist allerdings durch die Art und Weise zu begegnen, in der der Staat solche Leistungen an die Parteien erbringt. Die vom Grundgesetz vorausgesetzte Staatsfreiheit der Parteien erfordert indes nicht nur die Gewährleistung ihrer Unabhängigkeit vom Staat, sondern auch, daß die Parteien sich ihren Charakter als frei gebildete, im gesellschaftlich-politischen Bereich wurzelnde Gruppen bewahren (vgl. BVerfGE 20, 56 [101]). Die Parteien müssen nicht nur politisch, sondern auch wirtschaftlich und organisatorisch auf die Zustimmung und Unterstützung der Bürger angewiesen bleiben. Durch öffentliche Mittel darf den einzelnen Parteien daher das Risiko des Fehlschlagens ihrer Bemühungen um eine hinreichende Unterstützung in der Wählerschaft nicht abgenommen werden (vgl. BVerfGE 73, 40 [86] m.w.N.).

Der Grundsatz der Staatsfreiheit der Parteien wird durch die Gewährung finanzieller Zuwendungen mithin dann verletzt, wenn durch sie die Parteien der Notwendigkeit enthoben werden, sich um die finanzielle Unterstützung ihrer Aktivitäten durch ihre Mitglieder und ihnen nahestehende Bürger zu bemühen. Wird dies außer acht gelassen, laufen die Parteien Gefahr, sich aus ihrer gesellschaftlichen Verwurzelung zu lösen (vgl. BVerfGE 73, 40 [88]).

Die Parteien können ihre Aufgabe der Mitwirkung an der politischen Willensbildung des Volkes im Rahmen eines demokratischen Staatsaufbaus, wie ihn Art. 21 GG voraussetzt, nur erfüllen, wenn ihre Führung und die ihr zur Verfügung stehende Organisation sich ihrer mit-

gliedschaftlichen Basis und der Bürgerschaft insgesamt nicht entfremden. Eine dahingehende Entwicklung wird nicht schon dadurch vermieden, daß der Staat sich auf die Finanzierung bestimmter Betätigungen der Parteien — wie bisher jedenfalls dem Anschein nach der Vorbereitung von Wahlen — beschränkt, sondern nur dadurch, daß Finanzhilfen „so gewährt werden, daß der politische Prozeß offen, der Parteienwettbewerb erhalten und die Rückbindung der Parteiführungen an ihre gesellschaftliche Basis erhalten bleiben" (Grimm in: Benda/Maihofer/Vogel (Hrsg.), HbVerfR, 1983, S. 352). Würde der Finanzbedarf der Parteien vorwiegend oder gar völlig aus öffentlichen Mitteln gedeckt, wären die Parteien in verfassungsrechtlich nicht mehr hinnehmbarer Weise vom Staat abhängig (vgl. BVerfGE 20, 56 [102]; 73, 40 [86]).

Es bedarf keiner Entscheidung, ob sich der Staat angesichts der Unentbehrlichkeit der Parteien für den Prozeß der politischen Willensbildung im demokratisch verfaßten Staat jeglicher finanziellen Unterstützung der Parteien enthalten dürfte, wenn sich eine ausreichende Eigenfinanzierung unter den Bedingungen der modernen Demokratie als nicht erreichbar erwiese; denn seit langem wendet der Staat den Parteien öffentliche Mittel in beträchtlichem Umfang zu. Jedenfalls aber ist der Gesetzgeber durch das Grundgesetz nicht gehindert, die Parteien bei der Erfüllung der ihnen durch ihren verfassungsrechtlichen Status zugewiesenen Aufgaben finanziell zu unterstützen, soweit hierdurch die von der Verfassung gewährleistete Offenheit des Prozesses der politischen Willensbildung des Volkes nicht beeinträchtigt wird (vgl. BVerfGE 73, 40 [86] m.w.N.).

4. Aus dem Grundsatz der Staatsfreiheit der Parteien lassen sich hinsichtlich des Umfangs einer allgemeinen staatlichen Parteienfinanzierung und in bezug auf die Kriterien der Mittelverteilung bestimmte Maßgaben ableiten, die zugleich dem Grundsatz der Chancengleichheit (dazu unter II. 1.) Rechnung tragen. Sie gelten nicht nur für Bundesgesetze nach Art. 21 Abs. 3 GG, sondern sind auch einzuhalten, soweit die Länder gemäß Art. 71 GG zur Gesetzgebung ermächtigt werden. Diese Maßgaben betreffen zum einen die relative Obergrenze, bis zu der — bezogen auf ihre Gesamteinnahmen — einer Partei staatliche Mittel zufließen dürfen (a), zum anderen die absolute Obergrenze des Gesamtvolumens staatlicher finanzieller Zuwendungen an die Parteien (b), schließlich die Bezugsgrößen, nach denen die den Parteien zufließenden staatlichen Mittel auf sie zu verteilen sind (c).

a) In jedem möglichen System staatlicher Parteienfinanzierung müssen Vorkehrungen dagegen getroffen werden, daß die Parteien in verfassungsrechtlich nicht mehr hinnehmbarer Weise vom Staat abhängig werden. Die Selbstfinanzierung der Parteien hat Vorrang vor der Staatsfinanzierung. Der Grundsatz der Staatsfreiheit der Parteien gestattet daher die Zuführung staatlicher Mittel nur bis zur Höhe einer relativen Obergrenze, die für jede Partei nach dem Verhältnis der von ihr selbst erwirtschafteten zu den ihr unmittelbar aus staatlichen Quellen zufließenden Einnahmen zu bestimmen ist. Das Gesamtvolumen solcher staatlicher Zuwendungen an eine Partei darf die Summe ihrer selbst erwirtschafteten Einnahmen (vgl. § 24 Abs. 2 Nr. 1 bis 4 und 8 PartG) nicht überschreiten. Die Einnahmen aus Krediten haben dabei außer Betracht zu bleiben, da anderenfalls die Parteien durch ihre Haushaltswirtschaft einen nicht an ihrer politischen Leistung orientierten Einfluß auf den Umfang der ihnen zufließenden staatlichen Mittel nehmen könnten.

In die Berechnung des höchstzulässigen Anteils staatlicher Mittel an der Finanzierung der Parteien — die weder mit den Parlamentsfraktionen noch den sogenannten parteinahen Stiftungen identisch sind (vgl. BVerfGE 73, 1 [31 ff.]; 80, 188 [219 f.]) — sind die ihnen unmittelbar aus der Staatskasse zufließenden Zuwendungen vollständig einzubeziehen. Hingegen ist es nicht geboten, in den staatlichen Anteil der Parteienfinanzierung diejenigen Vorteile einzurechnen, die den Parteien aus einer — verfassungsrechtlich unbedenklichen (dazu unter

III.) — steuerlichen Begünstigung von Beiträgen und kleinen, auch dem durchschnittlichen Einkommensempfänger möglichen Spenden indirekt zufließen. Die Größenordnung dieser Vorteile ist insbesondere bei den Spenden nur schwer einzuschätzen. Sie kommen unmittelbar auch nicht den Parteien selbst zugute, sondern den Spendern. Auch wenn der Spender für die Höhe der einer Partei zugewendeten Spende den dabei anfallenden steuerlichen Vorteil nicht selten berücksichtigen wird, bemißt sich der Erfolg einer Partei doch nach dem tatsächlichen Umfang der ihr zugedachten Spenden.

b) Die Begrenzung des Ausmaßes einer staatlichen Finanzierung der Parteien durch den Umfang ihrer selbsterwirtschafteten Einnahmen weist ihren eigenen Bemühungen um die finanzielle Unterstützung von seiten der Bürger den maßgebenden Einfluß auf die mögliche Höhe der ihnen aus öffentlichen Kassen zufließenden Mittel zu. Dies erhält die Verwurzelung der Parteien in der Gesellschaft, wie es der Grundsatz der Staatsfreiheit verlangt. Deshalb hat, wie dargelegt, die Selbstfinanzierung der Parteien Vorrang vor der Staatsfinanzierung. Daraus folgt indes nicht nur, daß das Gesamtvolumen staatlicher Zuwendungen an die Parteien die Summe ihrer selbsterwirtschafteten Einnahmen nicht übersteigen darf, sondern auch, daß eine Steigerung dieser Einnahmen nicht ohne weiteres dazu führen darf, daß der Umfang der Staatsfinanzierung der Parteien weiter anschwillt. Der Umfang der Staatsfinanzierung muß sich auf das beschränken, was zur Aufrechterhaltung der Funktionsfähigkeit der Parteien unerläßlich ist und von den Parteien nicht selbst aufgebracht werden kann. Der Finanzbedarf der Parteien zur Erfüllung der ihnen durch Verfassung und Parteiengesetz übertragenen Aufgaben muß sich an dem zur Verfügung stehenden Einnahmerahmen ausrichten. Der Staat darf den Parteien nicht mehr zuwenden, als sie unter Beachtung des Gebots sparsamer Verwendung öffentlicher Mittel, die ja im wesentlichen aus den von den Bürgern erhobenen Abgaben bestehen, zur Erfüllung ihrer Aufgaben benötigen. Gewönne der Bürger den Eindruck, die Parteien „bedienten" sich aus der Staatskasse, so führte dies notwendig zu einer Verminderung ihres Ansehens und würde letztlich ihre Fähigkeit beeinträchtigen, die ihnen von der Verfassung zugewiesenen Aufgaben zu erfüllen.

Gemessen an diesem Maßstab muß der Umfang der den Parteien in den abgelaufenen Jahren aus öffentlichen Kassen zugeflossenen finanziellen Mittel, solange die bestehenden Verhältnisse keine einschneidende Veränderung erfahren, als hinreichend angesehen werden. Es handelt sich um diejenigen Zuwendungen, welche die Parteien einerseits in den Jahren 1989 bis 1992 aus dem Chancenausgleich, andererseits in der Form der Erstattung von Wahlkampfkosten für die Bundestagswahl 1990 — einschließlich des Sockelbetrags gemäß §§ 18 Abs. 6, 39 Abs. 2 PartG, den der Gesetzgeber anstelle einer Anhebung der Wahlkampfkostenpauschale eingeführt hat — sowie für die jeweils letzten Wahlen zu den Landtagen und für die Wahlen zum Europäischen Parlament im Jahr 1989 tatsächlich erhalten haben. Dabei ist die Wahlkampfkostenerstattung diesen Jahren entsprechend der Dauer der jeweiligen Wahlperiode anteilig zuzurechnen. Der sich aus diesen Zuwendungen als Mittelwert für ein Jahr ergebende Betrag bildet das Gesamtvolumen staatlicher Mittel, die — unter den genannten Voraussetzung gleichbleibender Verhältnisse — den Parteien äußerstenfalls von Bund und Ländern insgesamt zugewendet werden dürfen („absolute Obergrenze"). Soweit in den Ländern Brandenburg, Mecklenburg-Vorpommern, Sachsen, Sachsen-Anhalt und Thüringen die Wahlkampfkostenerstattung bei den letzten Landtagswahlen hinter den im übrigen Bundesgebiet üblichen Betrag von fünf Deutsche Mark je Wahlberechtigten zurückgeblieben ist, kann für die Festlegung der absoluten Obergrenze von diesem üblichen Betrag ausgegangen werden.

Unbeschadet der Notwendigkeit einer gesetzlichen Regelung der Grundlagen staatlicher Parteienfinanzierung bleibt es dem Gesetzgeber unbenommen, für die mit Rücksicht auf Veränderungen des Geldwerts etwa notwendigen Anpassungen dieser absoluten Obergrenze staatli-

cher Zuwendungen an die Parteien einen Index festzulegen, der sich auf die Entwicklung der für die Erfüllung der Aufgaben der Parteien relevanten Preise bezieht. Ebenso kann sich der Gesetzgeber für die Beurteilung der Frage, ob sich die Verhältnisse einschneidend geändert haben und im Blick darauf eine Erhöhung des Gesamtvolumens staatlicher Zuwendungen zulässig erscheint, des Rates unabhängiger Sachverständiger bedienen. Denn ähnlich wie bei der Festlegung der Bezüge von Abgeordneten und sonstigen Inhabern politischer Ämter ermangelt das Gesetzgebungsverfahren in diesem Bereich regelmäßig des korrigierenden Elements gegenläufiger politischer Interessen, ein Umstand, dem durch die Einschaltung objektiven Sachverstandes abzuhelfen deshalb naheliegt.

c) Der Verfassung sind auch Maßgaben dafür zu entnehmen, wie die den Parteien zur Verfügung gestellten Mittel unter ihnen zu verteilen sind. Ob Geldzuweisungen aus der Staatskasse die Gefahr mit sich bringen, daß politische Parteien sich ihrer Mitgliedschaft und den ihre Politik unterstützenden Teilen der Bürgerschaft entfremden oder von ihnen lösen oder ob durch sie unmittelbare Abhängigkeiten vom Staat und damit Möglichkeiten staatlicher Einflußnahme auf die Parteien begründet werden, hängt — ebenso wie die Wahrung der Chancengleichheit — entscheidend davon ab, nach welchen Kriterien die staatlichen Zuwendungen erfolgen.
Dem Gebot, auch durch die Art ihrer Finanzierung die gesellschaftliche Verwurzelung der Parteien zu festigen, wird Rechnung getragen, wenn der Erfolg, den eine Partei beim Wähler, den sie bei der Summe der Mitgliedsbeiträge sowie bei dem Umfang der von ihr eingeworbenen Spenden erzielt, zu einem jeweils ins Gewicht fallenden, im einzelnen allerdings vom Gesetzgeber zu bestimmenden Anteil in den Verteilungsmaßstab eingeht. Ein staatliches Finanzierungssystem, das diesen Anforderungen genügt, indem es die Parteien nicht aus der Notwendigkeit entläßt, sich um Zustimmung und aktive — auch finanzielle — Unterstützung in der Bevölkerung zu bemühen, verstärkt die darauf gerichteten, um der Einbeziehung des Volkes in die politische Willensbildung willen erwünschten und gebotenen Anstrengungen der Parteien. Ein diesen Vorgaben entsprechendes System staatlicher Parteienfinanzierung führt dazu, daß die Entscheidung darüber, ob eine Partei staatliche Leistungen erhält und in welchem Umfang dies geschieht, nach gesetzlich vorbestimmten Regeln beim Bürger selbst verbleibt. Ein Verteilungsschlüssel, der die drei genannten Kriterien in angemessener Weise miteinander verbindet, genügt auch dem Anspruch, die autonome Entscheidung der Parteien über ihre innere Struktur und die Strategie, mit der sie den größtmöglichen Erfolg bei den Wählern erzielen wollen, möglichst wenig zu beeinflussen. Neben mitgliederstarken Parteien, die ihre finanzielle Basis hauptsächlich in einer breiten Unterstützung durch Beiträge und Spenden ihrer Mitglieder finden und im Wahlkampf versuchen, sich über ihre Stammwähler hinaus weitere Wählerschichten zu erschließen, muß es auch Parteien geben können, die sich auf einer schwächeren mitgliedschaftlichen Basis um politischen Einfluß und Wahlerfolge bemühen.
Soweit hier das Beitrags- und Spendenaufkommen der Parteien Berücksichtigung findet, dürfen allerdings, um die Chancengleichheit der Parteien und das Recht der Bürger auf gleiche Teilhabe am politischen Willensbildungsprozeß nicht zu beeinträchtigen, anders als bei der Bestimmung der relativen Obergrenze (oben a)) nur Zuwendungen einer Größenordnung berücksichtigt werden, wie sie alle Parteien ungeachtet ihrer politischen Zielvorstellungen verzeichnen und von den Beziehern durchschnittlicher Einkünfte auch geleistet werden können. Die für die steuerliche Begünstigung von Mitgliedsbeiträgen und Spenden maßgebende verfassungsrechtliche Grenze (dazu unten III. 2.) ist auch hier zu beachten.
In diesem Zusammenhang ergibt sich aus dem Grundsatz der Chancengleichheit ein Weiteres: Die im Blick auf die Funktionsfähigkeit der Parlamente verfassungsrechtlich grundsätzlich unbedenklichen Regelungen des Wahlrechts, die wie die Einführung einer Sperrklausel und eines Unterschriftenquorums einer Zersplitterung der Wählerstimmen entgegenzuwirken bestimmt

sind, erschweren den Eintritt neu entstehender und kleinerer Parteien in den politischen Wettbewerb und beeinträchtigen dessen Offenheit. Da sich diese Wirkung verstärkt hätte, wenn auch die Erstattung von Wahlkampfkosten vom Einzug einer Partei in das zu wählende Parlament abhängig gewesen wäre, hat der Senat entschieden, der Gesetzgeber dürfe die Erstattung dieser Kosten an eine Partei zwar an die Bedingung knüpfen, daß sie einen die Ernsthaftigkeit ihres Bemühens um einen Wahlerfolg und damit um die Verwirklichung eines politischen Programms belegenden Mindestanteil an Stimmen erreicht; dieser Mindeststimmenanteil müsse allerdings erheblich unter der Grenze von 5 v. H. liegen (vgl. BVerfGE 20, 56 [117 f.]; 24, 300 [339 ff.]). Entsprechendes gilt auch hier.

Bemißt aber der Staat — wozu er nach dem Gesagten grundsätzlich gehalten ist — den Umfang seiner Zuwendungen an politische Parteien nicht nur nach ihrem Wahlerfolg, sondern auch nach ihrem Erfolg bei der Erhebung von Mitgliedsbeiträgen und nach ihrem Spendenaufkommen, so kann dies diejenigen Parteien bevorzugen, die den Einzug in das Parlament erreicht haben. Sie haben als Parlamentsparteien im Vergleich zu den an der Sperrklausel gescheiterten Parteien größere Chancen, sich im Blick auf künftige Wahlen dem Wähler darzustellen und für ihre politischen Ziele zu werben. Der Gesetzgeber wird zu prüfen haben, ob dieser sich potentiell auch auf den Mitgliederzugang und auf das Spendenaufkommen auswirkende Vorteil der im Parlament vertretenen Parteien, der durch den staatlichen Eingriff der Sperrklausel ausgelöst wird, eines Ausgleichs bedarf; er könnte etwa dadurch bewirkt werden, daß dem Kriterium des Wahlerfolgs bei denjenigen Parteien, die einerseits den zu fordernden Mindeststimmenanteil erlangt, andererseits aber ein Mandat nicht errungen haben, ein relativ größeres Gewicht für die Verteilung der insgesamt an die Parteien auszuschüttenden Mittel zuerkannt wird. Allerdings darf dies mit Rücksicht auf den Grundsatz der Staatsfreiheit der Parteien in keinem Falle zu einer im Vergleich zu den selbsterwirtschafteten Einnahmen überwiegenden Finanzierung einer Partei aus öffentlichen Mitteln führen.

5. a) Gemessen an diesem Maßstab hält die in § 18 Abs. 6 PartG getroffene Regelung der verfassungsrechtlichen Prüfung nicht stand. Der Gesetzgeber hat durch sie gegen den Grundsatz der Staatsfreiheit der Parteien verstoßen und dadurch zugleich die Antragstellerin in ihrem ihr durch Art. 21 GG gewährleisteten verfassungsrechtlichen Status verletzt (vgl. BVerfGE 73, 40 [66]). Dies folgt schon daraus, daß der Sockelbetrag — unbeschadet des Umstands, daß der Gesetzgeber ihn als einen Bestandteil der Wahlkampfkostenerstattung angesehen hat — grundsätzlich unabhängig davon gewährt wird, welchen Erfolg die empfangsberechtigten Parteien, sei es beim Wähler, sei es bei der Einwerbung von Mitgliedsbeiträgen und Spenden, erzielt haben. Eine solchermaßen erfolgsunabhängige Basisfinanzierung der Parteien aber verfehlt den Zweck, den die Verfassung mit der Gewährleistung des Grundsatzes der Staatsfreiheit der Parteien verfolgt: die Festigung ihrer gesellschaftlichen Verwurzelung, ihre aktive Hinwendung zum Bürger und Wähler. An dieser Beurteilung ändert nichts, daß das Gesetz einerseits die Gewährung des Sockelbetrags denjenigen Parteien vorbehält, die mindestens 2 v. H. der im Wahlgebiet abgegebenen gültigen Zweitstimmen erreicht haben, und daß es andererseits durch die doppelte Kappungsgrenze des § 18 Abs. 6 Satz 2 und Abs. 7 PartG die Höhe des Sockelbetrags nach oben begrenzt. Abgesehen von verfassungsrechtlichen Zweifeln, denen diese Regelungen für sich betrachtet begegnen mögen, handelt es sich hier wie da nur um Einschränkungen, die zwar die Auswirkungen des der Regelung anhaftenden verfassungsrechtlichen Mangels begrenzen, ihn selbst jedoch nicht zu beheben vermögen.

b) Die Überprüfung der Sockelbetragsregelung des § 18 Abs. 6 PartG am Maßstab der Chancengleichheit der Parteien (Art. 21 Abs. 1 i.V.m. Art. 3 Abs. 1 GG) erübrigt sich. Da sich diese Form der staatlichen Grundfinanzierung der Parteien insgesamt als verfassungswidrig erwiesen hat und auf dieser Grundlage festzustellen ist, daß § 18 Abs. 6 PartG die Antragstellerin in ih-

rem verfassungsrechtlichen Status verletzt, ist kein schützenswertes Interesse der Antragstellerin erkennbar, die von ihr unter dem Gesichtspunkt eines Verstoßes gegen den Grundsatz der Chancengleichheit der Parteien angegriffenen Regelungsbestandteile der Vorschrift — die Begrenzung auf Parteien, die mindestens 2 v. H. der im Wahlgebiet abgegebenen Zweitstimmen erreicht haben, und die Gleichbehandlung der im gesamten Wahlgebiet mit den nur in einem Teil desselben zu Wahlen antretenden Parteien — noch einer gesonderten verfassungsrechtlichen Prüfung zu unterziehen.

Quelle: Geschäftsstelle des Bundesverfassungsgerichtes, Karlsruhe, Az 2 BvE 2/89.

IV/3 Bericht der Kommission unabhängiger Sachverständiger zur Parteienfinanzierung 1995 — Auszüge

. . .

A. Die Kommission und ihr Auftrag

. . .

II.

Der Auftrag, den der Gesetzgeber der Kommission erteilt hat, besteht aus drei Elementen:

1. Die Kommission hat einen Warenkorb der parteitypischen Ausgaben festzulegen und auf dessen Grundlage einen Preisindex festzustellen. (§ 18 Abs. 6 PartG)

 Der von der Kommission festzulegende Warenkorb soll ein Abbild der Ausgaben der Parteien sein und diejenigen Güter und Leistungen enthalten, die die Parteien zur Erfüllung ihrer in § 1 Abs. 2 PartG genannten typischen Aufgaben benötigen.

 Die Kommission hat die Preissteigerungen bei den für die Parteien bedeutsamen parteitypischen Ausgaben erstmalig im Jahre 1995 festzustellen, und zwar für den Zeitraum ab 1991. Die Ergebnisse ihrer Feststellungen hat die Kommission der Präsidentin des Deutschen Bundestages vorzulegen.

2. Die Kommission hat dem Deutschen Bundestag Empfehlungen vorzulegen, wenn der Gesetzgeber eine Änderung der Struktur und der Höhe der staatlichen Finanzierung beabsichtigt, die über die von der Kommission festgestellten Preissteigerungen hinausgeht (§ 18 Abs. 7 PartG). Im Rahmen ihrer Empfehlungen soll sich die Kommission insbesondere auch mit der Frage befassen, „ob sich die Verhältnisse einschneidend geändert haben und im Hinblick darauf eine Anpassung des Gesamtvolumens oder eine Veränderung der Struktur der staatlichen Teilfinanzierung angemessen ist".

3. Die Kommission soll beurteilen und prüfen, ob sich die Neuregelung der staatlichen Parteienfinanzierung in der Praxis bewährt und zu sachgerechten und angemessenen Ergebnissen führt. Dazu soll sie die Berechnungsgrundlagen und die Auswirkungen der Neuregelung überprüfen. Bis zum 31. März 1999 hat die Kommission hierüber dem Deutschen Bundes-

tag zu berichten (vgl. Artikel 6 des Sechsten Gesetzes zur Änderung des Parteiengesetzes und anderer Gesetze vom 28. Januar 1994).

...

B. Festlegung des Warenkorbes und Feststellung des Preisindexes

...

C. Zur Frage einer Erhöhung der staatlichen Teilfinanzierung der Parteien

II. Empfehlungen der Kommission

1. Die Kommission orientiert sich bei ihren Empfehlungen an den Maßstäben, die das Bundesverfassungsgericht (BVerfGE 85, 264, 290) für die Bemessung der Höhe der staatlichen Teilfinanzierung entwickelt hat:

„Der Umfang der Staatsfinanzierung muß sich auf das beschränken, was zur Aufrechterhaltung der Funktionsfähigkeit der Parteien unerläßlich ist und von den Parteien nicht selbst aufgebracht werden kann. Der Finanzbedarf der Parteien zur Erfüllung der ihnen durch Verfassung und Parteiengesetz übertragenen Aufgaben muß sich an dem zur Verfügung stehenden Einnahmerahmen ausrichten. Der Staat darf den Parteien nicht mehr zuwenden, als sie unter Beachtung des Gebots der sparsamen Verwendung öffentlicher Mittel, die ja im wesentlichen aus den von den Bürgern erhobenen Abgaben bestehen, zur Erfüllung ihrer Aufgaben benötigen. Gewönne der Bürger den Eindruck, die Parteien ‚bedienten' sich aus der Staatskasse, so führte dies notwendigerweise zu einer Verminderung ihres Ansehens und würde letztlich ihre Fähigkeit beeinträchtigen, die ihnen von der Verfassung zugewiesenen Aufgaben zu erfüllen."

Hinsichtlich einer Erhöhung der absoluten Obergrenze ist die Kommission darüber hinaus der Auffassung, daß nach der Rechtsprechung des Bundesverfassungsgerichts nur die nach dem 1. Januar 1994 eingetretene Veränderung des Geldwertes berücksichtigt werden kann. Das Bundesverfassungsgericht hat in seiner Entscheidung nicht nur die Berechnungsgrundlagen für die absolute Obergrenze festgelegt (BVerfGE 85, 264, 291), sondern auch vorgegeben, daß die auf ihrer Grundlage zu gestaltende Neuregelung der Parteienfinanzierung bis spätestens 1993 zu erfolgen habe (BVerfGE 85, 264, 326).

2. Unter Berücksichtigung dieser Vorhaben schlägt die Kommission dem Deutschen Bundestag vor:

2.1 Für die Jahre 1994 und 1995 sollte keine rückwirkende Erhöhung der staatlichen Leistungen an die Parteien erfolgen. Dies gilt insbesondere, weil die Parteien bereits durch die Übergangsregelungen in § 39 PartG, die im Zusammenhang mit der Anpassung der Parteienfinanzierung an die Rechtsprechung des Bundesverfassungsgerichts beschlossen wurde, in den Jahren 1994 und 1995 zusätzliche Leistungen in Höhe von jeweils 28,5 Mio. DM und 30,2 Mio. DM erhalten haben.

2.2 Unter Berücksichtigung der Vorgaben des Bundesverfassungsgerichts könnte die absolute Obergrenze für die Berechnung der staatlichen Teilfinanzierung im Jahre 1996 um einen Prozentsatz erhöht werden, der unterhalb der Summe der prozentualen Preissteigerungen in den Jahren 1994 und 1995 liegt (siehe unter D).

3. Für den Vorschlag einer maßvollen Erhöhung der staatlichen Leistungen sprechen nach Auffassung der Kommission die folgenden Gesichtspunkte:

Um die Funktionsfähigkeit der Parteien sicherzustellen, ist es nach Auffassung der Kommission notwendig, die Parteien finanziell so auszustatten, daß sie dem auf ihnen lastenden Kostendruck — unter Berücksichtigung der ihnen zur Verfügung stehenden Einsparmöglichkeiten — begegnen können. Erforderliche Anpassungen der absoluten Obergrenze sollten daher nicht hinausgezögert werden, um eine Summierung eines größeren Anpassungsbedarfs zu vermeiden.

Die Kommission ist andererseits aber auch der Auffassung, daß bei der Erhöhung der staatlichen Leistungen die allgemeine finanzielle Situation der öffentlichen und privaten Haushalte berücksichtigt werden muß: Sie ist gekennzeichnet durch einen zunehmenden Kostendruck bei einem sich gleichzeitig verengenden Einnahmerahmen. Auf diese Situation müssen sich nach Auffassung der Kommission die Parteien genauso einstellen, wie es die staatlichen Einrichtungen und die Bürger tun müssen.

D. Preisfeststellungen für das Jahr 1995

. . .

Quelle: Bundestagsdrucksache 13/3574.

IV/4 Gesetz über die politischen Parteien (Parteiengesetz)

i. d. F. der Bekanntmachung vom 31. Januar 1994 (BGBl. I S. 149) — Auszüge

Erster Abschnitt. Allgemeine Bestimmungen

§ 1 Verfassungsrechtliche Stellung und Aufgaben der Parteien. (1) Die Parteien sind ein verfassungsrechtlich notwendiger Bestandteil der freiheitlichen demokratischen Grundordnung. Sie erfüllen in ihrer freien, dauernden Mitwirkung an der politischen Willensbildung des Volkes eine ihnen nach dem Grundgesetz obliegende und von ihm verbürgte öffentliche Aufgabe.

(2) Die Parteien wirken an der Bildung des politischen Willens des Volkes auf allen Gebieten des öffentlichen Lebens mit, indem sie insbesondere auf die Gestaltung der öffentlichen Meinung Einfluß nehmen, die politische Bildung anregen und vertiefen, die aktive Teilnahme der Bürger am politischen Leben fördern, zur Übernahme öffentlicher Verantwortung befähigte Bürger heranbilden, sich durch Aufstellung von Bewerbern an den Wahlen in Bund, Ländern und Gemeinden beteiligen, auf die politische Entwicklung in Parlament und Regierung Einfluß nehmen, die von ihnen erarbeiteten politischen Ziele in den Prozeß der staatlichen Willensbildung einführen und für eine ständige lebendige Verbindung zwischen dem Volk und den Staatsorganen sorgen.

(3) Die Parteien legen ihre Ziele in politischen Programmen nieder.

(4) Die Parteien verwenden ihre Mittel ausschließlich für die ihnen nach dem Grundgesetz und diesem Gesetz obliegenden Aufgaben.

§ 2 Begriff der Partei. (1) Parteien sind Vereinigungen von Bürgern, die dauernd oder für längere Zeit für den Bereich des Bundes oder eines Landes auf die politische Willensbildung Einfluß nehmen und an der Vertretung des Volkes im Deutschen Bundestag oder einem Landtag mitwirken wollen, wenn sie nach dem Gesamtbild der tatsächlichen Verhältnisse, insbesondere nach Umfang und Festigkeit ihrer Organisation, nach der Zahl ihrer Mitglieder und nach ihrem Hervortreten in der Öffentlichkeit eine ausreichende Gewähr für die Ernsthaftigkeit dieser Zielsetzung bieten. Mitglieder einer Partei können nur natürliche Personen sein.

(2) Eine Vereinigung verliert ihre Rechtsstellung als Partei, wenn sie sechs Jahre lang weder an einer Bundestagswahl noch an einer Landtagswahl mit eigenen Wahlvorschlägen teilgenommen hat.

(3) Politische Vereinigungen sind nicht Parteien, wenn

1. ihre Mitglieder oder die Mitglieder ihres Vorstandes in der Mehrheit Ausländer sind oder

2. ihr Sitz oder ihre Geschäftsleitung sich außerhalb des Geltungsbereichs dieses Gesetzes befindet.

§ 3 Aktiv- und Passivlegitimation. Die Partei kann unter ihrem Namen klagen und verklagt werden. Das gleiche gilt für ihre Gebietsverbände der jeweils höchsten Stufe, sofern die Satzung der Partei nichts anderes bestimmt.

§ 4 Name. (1) Der Name einer Partei muß sich von dem Namen einer bereits bestehenden Partei deutlich unterscheiden; das gleiche gilt für Kurzbezeichnungen. In der Wahlwerbung und im Wahlverfahren darf nur der satzungsmäßige Name oder dessen Kurzbezeichnung geführt werden; Zusatzbezeichnungen können weggelassen werden.

(2) Gebietsverbände führen den Namen der Partei unter Zusatz ihrer Organisationsstellung. Der Zusatz für Gebietsverbände ist nur an nachfolgender Stelle zulässig. In der allgemeinen Werbung und in der Wahlwerbung kann der Zusatz weggelassen werden.

(3) Gebietsverbände, die aus der Partei ausscheiden, verlieren das Recht, den Namen der Partei weiterzuführen. Ein neu gewählter Name darf nicht in einem bloßen Zusatz zu dem bisherigen Namen bestehen. Entsprechendes gilt für Kurzbezeichnungen.

§ 5 Gleichbehandlung. (1) Wenn ein Träger öffentlicher Gewalt den Parteien Einrichtungen zur Verfügung stellt oder andere öffentliche Leistungen gewährt, sollen alle Parteien gleichbehandelt werden. Der Umfang der Gewährung kann nach der Bedeutung der Parteien bis zu dem für die Erreichung ihres Zweckes erforderlichen Mindestmaß abgestuft werden. Die Bedeutung der Parteien bemißt sich insbesondere auch nach den Ergebnissen vorausgegangener Wahlen zu Volksvertretungen. Für eine Partei, die im Bundestag in Fraktionsstärke vertreten ist, muß der Umfang der Gewährung mindestens halb so groß wie für jede andere Partei sein.

(2) Für die Gewährung öffentlicher Leistungen im Zusammenhang mit einer Wahl gilt Absatz 1 während der Dauer des Wahlkampfes nur für Parteien, die Wahlvorschläge eingereicht haben.

(3) Öffentliche Leistungen nach Absatz 1 können an bestimmte sachliche, von allen Parteien zu erfüllende Voraussetzungen gebunden werden.

(4) Der Vierte Abschnitt bleibt unberührt.

Zweiter Abschnitt. Innere Ordnung

§ 6 Satzung und Programm. (1) Die Partei muß eine schriftliche Satzung und ein schriftliches Programm haben. Die Gebietsverbände regeln ihre Angelegenheiten durch eigene Satzungen, soweit die Satzung des jeweils nächsthöheren Gebietsverbandes hierüber keine Vorschriften enthält.

(2) Die Satzungen müssen Bestimmungen enthalten über

1. Namen sowie Kurzbezeichnungen, sofern eine solche verwandt wird, Sitz und Tätigkeitsgebiet der Partei,

2. Aufnahme und Austritt der Mitglieder,

3. Rechte und Pflichten der Mitglieder,

4. zulässige Ordnungsmaßnahmen gegen Mitglieder und ihren Ausschluß (§ 10 Abs. 3 bis 5),

5. zulässige Ordungsmaßnahmen gegen Gebietsverbände,

6. allgemeine Gliederung der Partei,

7. Zusammensetzung und Befugnisse des Vorstandes und der übrigen Organe,

8. nach Beschlußfassung durch die Mitglieder- und Vertreterversammlungen nach § 9 vorbehaltene Angelegenheiten,

9. Voraussetzung, Form und Frist der Einberufung der Mitglieder- und Vertreterversammlungen sowie Beurkundung der Beschlüsse,

10. Gebietsverbände und Organe, die zur Einreichung (Unterzeichnung) von Wahlvorschlägen für Wahlen zu Volksvertretungen befugt sind, soweit hierüber keine gesetzlichen Vorschriften bestehen,

11. eine Urabstimmung der Mitglieder und das Verfahren, wenn der Parteitag die Auflösung der Partei oder des Gebietsverbandes oder die Verschmelzung mit anderen Parteien nach § 9 Abs. 3 beschlossen hat. Der Beschluß gilt nach dem Ergebnis der Urabstimmung als bestätigt, geändert oder aufgehoben,

12. Form und Inhalt einer Finanzordnung, die den Vorschriften des Fünften Abschnittes dieses Gesetzes genügt.

(3) Der Vorstand hat dem Bundeswahlleiter

1. Satzung und Programm der Partei,

2. Name der Vorstandsmitglieder der Partei und der Landesverbände mit Angabe ihrer Funktionen,

3. Auflösung der Partei oder eines Landesverbandes

mitzuteilen. Änderungen zu Satz 1 Nr. 1 und 2 sind bis zum 31. Dezember des jeweiligen Kalenderjahres anzuzeigen. Die Unterlagen können beim Bundeswahlleiter von jedermann eingesehen werden. Abschriften dieser Unterlagen sind auf Anforderung gebührenfrei zu erteilen.

(4) Bei Parteien, deren Organisation sich auf das Gebiet eines Landes beschränkt (Landesparteien), gelten die in diesem Gesetz für die Partei getroffenen Regelungen für den Landesverband.

§ 7 Gliederung. (1) Die Parteien gliedern sich in Gebietsverbände. Größe und Umfang der Gebietsverbände werden durch die Satzung festgelegt. Die gebietliche Gliederung muß so weit ausgebaut sein, daß den einzelnen Mitgliedern eine angemessene Mitwirkung an der Willensbildung der Partei möglich ist. Beschränkt sich die Organisation einer Partei auf das Gebiet eines Stadtstaates, braucht sie keine Gebietsverbände zu bilden; sie ist Partei im Sinne dieses Gesetzes. Organisatorische Zusammenschlüsse mehrerer Gebietsverbände, die den verbandsmäßigen Aufbau der Parteiorganisation nicht wesentlich beeinträchtigen, sind zulässig.

(2) Soweit in einer Partei Landesverbände nicht bestehen, gelten die in diesem Gesetz für Landesverbände getroffenen Regelungen für die der Partei folgenden nächstniedrigen Gebietsverbände.

§ 8 Organe. (1) Mitgliederversammlungen und Vorstand sind notwendige Organe der Partei und der Gebietsverbände. Durch die Satzung kann bestimmt werden, daß in den überörtlichen Verbänden an die Stelle der Mitgliederversammlung eine Vertreterversammlung tritt, deren Mitglieder für höchstens zwei Jahre durch Mitglieder- oder Vertreterversammlungen der nachgeordneten Verbände gewählt werden. Landesparteien ohne Gebietsverbände (§ 7 Abs. 1 Satz 4) können die Mitgliederversammlung durch eine Vertreterversammlung ersetzen, wenn sie mehr als 250 Mitglieder haben. Vertreterversammlungen können auch für Ortsverbände von mehr als 250 Mitgliedern oder mit großer räumlicher Ausdehnung gebildet werden.

(2) Die Satzung kann weitere der Willensbildung des jeweiligen Gebietsverbandes dienende Einrichtungen (Organe) vorsehen. Sie sind in der Satzung ausdrücklich als solche zu bezeichnen.

§ 9 Mitglieder- und Vertreterversammlung (Parteitag, Hauptversammlung). (1) Die Mitglieder- oder Vertreterversammlung (Parteitag, Hauptversammlung) ist das oberste Organ des jeweiligen Gebietsverbandes. Sie führt bei Gebietsverbänden höherer Stufen die Bezeichnung „Parteitag", bei Gebietsverbänden der untersten Stufe die Bezeichnung „Hauptversammlung"; die nachfolgenden Bestimmungen über den Parteitag gelten auch für die Hauptversammlung. Die Parteitage treten mindestens in jedem zweiten Kalenderjahr einmal zusammen.

(2) Vorstandsmitglieder, Mitglieder anderer Organe des Gebietsverbandes sowie Angehörige des in § 11 Abs. 2 genannten Personenkreises können einer Vertreterversammlung kraft Satzung angehören, dürfen aber in diesem Fall nur bis zu einem Fünftel der satzungsmäßigen Gesamtzahl der Versammlungsmitglieder mit Stimmrecht ausgestattet sein.

(3) Der Parteitag beschließt im Rahmen der Zuständigkeiten des Gebietsverbandes innerhalb der Partei über die Parteiprogramme, die Satzung, die Beitragsordnung, die Schiedsgerichtsordnung, die Auflösung sowie die Verschmelzung mit anderen Parteien.

(4) Der Parteitag wählt den Vorsitzenden des Gebietsverbandes, seine Stellvertreter und die übrigen Mitglieder des Vorstandes, die Mitglieder etwaiger anderer Organe und die Vertreter in den Organen höherer Gebietsverbände, soweit in diesem Gesetz nichts anderes zugelassen ist.

(5) Der Parteitag nimmt mindestens alle zwei Jahre einen Tätigkeitsbericht des Vorstandes entgegen und faßt über ihn Beschluß. Der finanzielle Teil des Berichts ist vor der Berichterstattung durch Rechnungsprüfer, die vor dem Parteitag gewählt werden, zu überprüfen.

§ 10 Rechte der Mitglieder. (1) Die zuständigen Organe der Partei entscheiden nach näherer Bestimmung der Satzung frei über die Aufnahme von Mitgliedern. Die Ablehnung eines Aufnahmeantrages braucht nicht begründet zu werden. Allgemeine, auch befristete Aufnahmesperren sind nicht zulässig. Personen, die infolge Richterspruchs die Wählbarkeit oder das Wahlrecht nicht besitzen, können nicht Mitglieder einer Partei sein.

(2) Die Mitglieder der Partei und die Vertreter in den Parteiorganen haben gleiches Stimmrecht. Die Ausübung des Stimmrechts kann nach näherer Bestimmung der Satzung davon abhängig gemacht werden, daß das Mitglied seine Beitragspflicht erfüllt hat. Das Mitglied ist jederzeit zum sofortigen Austritt aus der Partei berechtigt.

(3) In der Satzung sind Bestimmungen zu treffen über

1. die zulässigen Ordnungsmaßnahmen gegen Mitglieder,

2. die Gründe, die zu Ordnungsmaßnahmen berechtigen,

3. die Parteiorgane, die Ordnungsmaßnahmen anordnen können.

Im Falle der Enthebung von Parteiämtern oder der Aberkennung der Fähigkeit zu ihrer Bekleidung ist der Beschluß zu begründen.

(4) Ein Mitglied kann nur dann aus der Partei ausgeschlossen werden, wenn es vorsätzlich gegen die Satzung oder erheblich gegen Grundsätze oder Ordnung der Partei verstößt und ihr damit schweren Schaden zufügt.

(5) Über den Ausschluß entscheidet das nach der Schiedsgerichtsordnung zuständige Schiedsgericht. Die Berufung an ein Schiedsgericht höherer Stufe ist zu gewährleisten. Die Entscheidungen sind schriftlich zu begründen. In dringenden und schwerwiegenden Fällen, die sofortiges Eingreifen erfordern, kann der Vorstand der Partei oder eines Gebietsverbandes ein Mitglied von der Ausübung seiner Rechte bis zur Entscheidung des Schiedsgerichts ausschließen.

§ 11 Vorstand. (1) Der Vorstand wird mindestens in jedem zweiten Kalenderjahr gewählt. Er muß aus mindestens drei Mitgliedern bestehen.

(2) Dem Vorstand können Abgeordnete und andere Persönlichkeiten aus der Partei kraft Satzung angehören, wenn sie ihr Amt oder ihr Mandat aus einer Wahl erhalten haben. Der Anteil der nicht nach § 9 Abs. 4 gewählten Mitglieder darf ein Fünftel der Gesamtzahl der Vorstandsmitglieder nicht übersteigen. Vorsitzender und Schatzmeister einer Partei dürfen nicht in einer der Partei nahestehenden politischen Stiftung vergleichbare Funktionen ausüben.

(3) Der Vorstand leitet den Gebietsverband und führt dessen Geschäfte nach Gesetz und Satzung sowie den Beschlüssen der ihm übergeordneten Organe. Er vertritt den Gebietsverband gemäß § 26 Abs. 2 des Bürgerlichen Gesetzbuchs, soweit nicht die Satzung eine abweichende Regelung trifft.

(4) Zur Durchführung der Beschlüsse des Vorstandes sowie zur Erledigung der laufenden und der besonders dringlichen Vorstandsgeschäfte kann aus der Mitte des Vorstandes ein ge-

schäftsführender Vorstand (Präsidium) gebildet werden. Seine Mitglieder können auch vom Vorstand gewählt oder durch die Satzung bestimmt werden.

§ 12 Allgemeine Parteiausschüsse. (1) Die Mitglieder von allgemeinen Parteiausschüssen und ähnlichen Einrichtungen, die nach der Satzung umfassende Zuständigkeiten für die Beratung oder Entscheidung politischer und organisatorischer Fragen der Partei besitzen, können auch von nachgeordneten Gebietsverbänden gewählt werden.

(2) Der Vorstand und Angehörige des in § 11 Abs. 2 genannten Personenkreises können einem solchen Organ kraft Satzung angehören. Der Anteil der nicht gewählten Mitglieder darf ein Drittel der Gesamtmitgliederzahl des Organs nicht übersteigen; er kann um weitere Mitglieder mit nur beratender Stimme erhöht werden, muß jedoch auch dann noch unter der Hälfte der Gesamtmitgliederzahl des Organs liegen.

(3) Das Amt der gewählten Mitglieder der in Absatz 1 genannten Organe dauert höchstens zwei Jahre.

§ 13 Zusammensetzung der Vertreterversammlungen. Die Zusammensetzung einer Vertreterversammlung oder eines sonstigen Organs, das ganz oder zum Teil aus Vertretern von Gebietsverbänden besteht, ist in der Satzung festzulegen. Die Zahl der Vertreter des Gebietsverbandes ist in erster Linie nach der Zahl der vertretenen Mitglieder zu bemessen. Die Satzung kann bestimmen, daß die restliche Zahl der Vertreter, höchstens die Hälfte der Gesamtzahl, nach dem Verhältnis der im Bereich des Gebietsverbandes bei vorausgegangenen Wahlen zu Volksvertretungen erzielten Wählerstimmen auf die Gebietsverbände aufgeschlüsselt wird. Die Ausübung des Stimmrechts kann von der Erfüllung der Beitragspflicht des Gebietsverbandes abhängig gemacht werden.

§ 14 Parteischiedsgerichte. (1) Zur Schlichtung und Entscheidung von Streitigkeiten der Partei oder eines Gebietsverbandes mit einzelnen Mitgliedern und Streitigkeiten über Auslegung und Anwendung der Satzung sind zumindest bei der Partei und den Gebietsverbänden der jeweils höchsten Stufe Schiedsgerichte zu bilden. Für mehrere Gebietsverbände der Kreisstufe können gemeinsame Schiedsgerichte gebildet werden.

(2) Die Mitglieder der Schiedsgerichte werden für höchstens vier Jahre gewählt. Sie dürfen nicht Mitglied eines Vorstandes der Partei oder eines Gebietsverbandes sein, in einem Dienstverhältnis zu der Partei oder einem Gebietsverband stehen oder von ihnen regelmäßig Einkünfte beziehen. Sie sind unabhängig und an Weisungen nicht gebunden.

(3) Die Satzung kann vorsehen, daß die Schiedsgerichte allgemein oder im Einzelfall mit Beisitzern besetzt werden, die von den Streitteilen paritätisch benannt werden.

(4) Für die Tätigkeit des Schiedsgerichts ist eine Schiedsgerichtsordnung zu erlassen, die den Beteiligten rechtliches Gehör, ein gerechtes Verfahren und die Ablehnung eines Mitglieds des Schiedsgerichts wegen Befangenheit gewährleistet.

§ 15 Willensbildung in den Organen. (1) Die Organe fassen ihre Beschlüsse mit einfacher Stimmenmehrheit, soweit nicht durch Gesetz oder Satzung erhöhte Stimmenmehrheit vorgeschrieben ist.

(2) Die Wahlen der Vorstandsmitglieder und der Vertreter zu Vertreterversammlungen und zu Organen höherer Gebietsverbände sind geheim. Bei den übrigen Wahlen kann offen abgestimmt werden, wenn sich auf Befragen kein Widerspruch erhebt.

(3) Das Antragsrecht ist so zu gestalten, daß eine demokratische Willensbildung gewährleistet bleibt, insbesondere auch Minderheiten ihre Vorschläge ausreichend zur Erörterung bringen können. In den Versammlungen höherer Gebietsverbände ist mindestens den Vertretern der Gebietsverbände der beiden nächstniedrigen Stufen ein Antragsrecht einzuräumen. Bei Wahlen und Abstimmungen ist eine Bindung an Beschlüsse anderer Organe unzulässig.

§ 16 Maßnahmen gegen Gebietsverbände. (1) Die Auflösung und der Ausschluß nachgeordneter Gebietsverbände sowie die Amtsenthebung ganzer Organe derselben sind nur wegen schwerwiegender Verstöße gegen die Grundsätze oder die Ordnung der Partei zulässig. In der Satzung ist zu bestimmen,

1. aus welchen Gründen die Maßnahmen zulässig sind,

2. welcher übergeordnete Gebietsverband und welches Organ dieses Verbandes sie treffen können.

(2) Der Vorstand der Partei oder eines übergeordneten Gebietsverbandes bedarf für eine Maßnahme nach Absatz 1 der Bestätigung durch ein höheres Organ. Die Maßnahme tritt außer Kraft, wenn die Bestätigung nicht auf dem nächsten Parteitag ausgesprochen wird.

(3) Gegen Maßnahmen nach Absatz 1 ist die Anrufung eines Schiedsgerichts zuzulassen.

Dritter Abschnitt. Aufstellung von Wahlbewerbern

§ 17 Aufstellung von Wahlbewerbern. Die Aufstellung von Bewerbern für Wahlen zu Volksvertretungen muß in geheimer Abstimmung erfolgen. Die Aufstellung regeln die Wahlgesetze und die Satzungen der Parteien.

Vierter Abschnitt. Staatliche Finanzierung

§ 18 Grundsätze und Umfang der staatlichen Finanzierung. (1) Der Staat gewährt den Parteien Mittel als Teilfinanzierung der allgemein ihnen nach dem Grundgesetz obliegenden Tätigkeit. Maßstäbe für die Verteilung der staatlichen Mittel bilden der Erfolg, den eine Partei bei den Wählern bei Europa-, Bundestags- und Landtagswahlen erzielt, die Summe ihrer Mitgliedsbeiträge sowie der Umfang der von ihr eingeworbenen Spenden.

(2) Das jährliche Gesamtvolumen staatlicher Mittel, das allen Parteien höchstens ausgezahlt werden darf, beträgt im Zeitpunkt des Inkrafttretens der Regelung 230 Millionen Deutsche Mark (absolute Obergrenze).

(3) Die Parteien erhalten jährlich im Rahmen der staatlichen Teilfinanzierung

1. eine Deutsche Mark für jede für ihre jeweilige Liste abgegebene gültige Stimme oder

2. eine Deutsche Mark für jede für sie in einem Wahl- oder Stimmkreis abgegebene gültige Stimme, wenn in einem Land eine Liste für diese Partei nicht zugelassen war, und

3. 0,50 Deutsche Mark für jede Deutsche Mark, die sie als Zuwendung (Mitgliedsbeitrag oder rechtmäßig erlangte Spende) erhalten haben; dabei werden nur Zuwendungen bis zu 6 000 Deutsche Mark je natürliche Person berücksichtigt.

Die Parteien erhalten abweichend von den Nummern 1 und 2 für die von ihnen jeweils erzielten bis zu 5 Millionen gültigen Stimmen 1,30 Deutsche Mark je Stimme.

(4) Anspruch auf staatliche Mittel gemäß Absatz 3 Nr. 1 und 3 haben Parteien, die nach dem endgültigen Wahlergebnis der jeweils letzten Europa- oder Bundestagswahl mindestens 0,5 vom Hundert oder einer Landtagswahl 1,0 vom Hundert der für Listen abgegebenen gültigen Stimmen erreicht haben; für Zahlungen nach Absatz 3 Satz 1 Nr. 1 und Satz 2 muß die Partei diese Voraussetzungen bei der jeweiligen Wahl erfüllen. Anspruch auf die staatlichen Mittel gemäß Absatz 3 Nr. 2 haben Parteien, die nach dem endgültigen Wahlergebnis 10 vom Hundert der in einem Wahl- oder Stimmkreis abgegebenen gültigen Stimmen erreicht haben. Die Sätze 1 und 2 gelten nicht für Parteien nationaler Minderheiten.

(5) Die Höhe der staatlichen Teilfinanzierung darf bei einer Partei die Summe ihrer jährlich selbst erwirtschafteten Einnahmen (§ 24 Abs. 2 Nr. 1 bis 5 und 7) nicht überschreiten (relative Obergrenze). Die Summe der Finanzierung aller Parteien darf die absolute Obergrenze nicht überschreiten.

(6) Der Bundespräsident beruft nach Inkrafttreten dieses Gesetzes eine Kommission unabhängiger Sachverständiger. Diese Kommission hat zu Beginn ihrer Tätigkeit einen Warenkorb für diejenigen Güter und Leistungen der für die Parteien typischen Aufgaben festzulegen. Anhand dieses Warenkorbes stellt die Kommission jährlich, erstmalig im Jahr 1995 bezogen auf das Jahr 1991, die Preissteigerung bei den für die Parteien bedeutsamen Ausgaben fest. Das Ergebnis dieser Erhebung legt die Kommission dem Präsidenten des Deutschen Bundestages vor. Die Kommission wird jeweils für die Amtszeit des Bundespräsidenten berufen.

(7) Vor Änderungen in der Struktur und Höhe der staatlichen Finanzierung, die über die Feststellung von Preissteigerungen nach Absatz 6 hinausgehen, legt die in Absatz 6 genannte Kommission dem Deutschen Bundestag Empfehlungen vor. Das gilt insbesondere für die Beurteilung der Frage, ob sich die Verhältnisse einschneidend geändert haben und im Hinblick darauf eine Anpassung des Gesamtvolumens oder eine Veränderung der Struktur der staatlichen Teilfinanzierung angemessen ist.

(8) Löst sich eine Partei auf oder wird sie verboten, scheidet sie ab dem Zeitpunkt der Auflösung aus der staatlichen Teilfinanzierung aus.

§ 19 Festsetzungsverfahren. (1) Die Festsetzung und die Auszahlung der staatlichen Mittel sind von den Parteien schriftlich zum 30. September des jeweils laufenden Jahres beim Präsidenten des Deutschen Bundestages zu beantragen. Danach eingehende Anträge bleiben unberücksichtigt.

(2) Der Präsident des Deutschen Bundestages setzt jährlich zum 1. Dezember die Höhe der staatlichen Mittel für jede anspruchsberechtigte Partei für das laufende Jahr fest.

(3) Berechnungsgrundlage für die Festsetzung der Höhe der staatlichen Mittel sind die von den anspruchsberechtigten Parteien bis einschließlich zum 31. Oktober des laufenden Jahres erzielten gültigen Stimmen bei der jeweils letzten Europa- und Bundestagswahl sowie bei der jeweils letzten Landtagswahl und die in den Rechenschaftsberichten veröffentlichten Zuwendungen (§ 18 Abs. 3 Nr. 3) des jeweils vorangegangenen Jahres. Der Präsident des Deutschen Bundestages faßt die erzielten, nach § 18 Abs. 4 berücksichtigungsfähigen gültigen Stimmen jeder Partei in einem Stimmenkonto zusammen und schreibt dieses fort.

(4) Liegt der Rechenschaftsbericht einer Partei für das vorangegangene Jahr nicht so rechtzeitig vor, daß er für die Festsetzung nach Absatz 2 berücksichtigt werden kann, werden die Zuwendungen aus dem zuletzt vorgelegten Rechenschaftsbericht vorläufig zugrunde gelegt. Die endgültige Festsetzung erfolgt nach Vorlage des Rechenschaftsberichts für das vorangegan-

gene Jahr. Wird dieser bis zum 31. Dezember des laufenden Jahres nicht eingereicht, erfolgt die endgültige Festsetzung ohne Berücksichtigung der Zuwendungen an die Partei, die ihren Rechenschaftsbericht nicht eingereicht hat. Die sich zwischen der vorläufigen und der endgültigen Festsetzung ergebenden Unterschiedsbeträge sind mit der nächsten Abschlagszahlung an die Parteien zu verrechnen oder, wenn keine Verrechnungslage gegeben ist, auszugleichen.

(5) Der Berechnung der relativen Obergrenze (§ 18 Abs. 5) sind die in den Rechenschaftsberichten des jeweils vorangegangenen Jahres veröffentlichten selbst erwirtschafteten Einnahmen zugrunde zu legen.

(6) Bei der Festsetzung ist zunächst die absolute Obergrenze (§ 18 Abs. 2) und sodann für jede Partei die relative Obergrenze (§ 18 Abs 5) einzuhalten. Überschreitet die Summe der errechneten staatlichen Mittel die absolute Obergrenze, besteht der Anspruch der Parteien auf staatliche Mittel nur in der Höhe, der ihrem Anteil an dieser Summe entspricht.

(7) Abschlagszahlungen nach § 20 sind auf den festgesetzten Betrag anzurechnen.

(8) Die Auszahlung der staatlichen Mittel für die bei Landtagswahlen erzielten gültigen Stimmen erfolgt an den jeweiligen Landesverband der Partei in Höhe von 1,00 Deutsche Mark je Stimme; etwaige Kürzungen nach Absatz 6 bleiben außer Betracht. Die Auszahlung der übrigen staatlichen Mittel erfolgt an den Bundesverband der Partei, bei Landesparteien an den Landesverband.

§ 20 **Abschlagszahlungen.** (1) Den anspruchsberechtigten Parteien sind auf Antrag Abschlagszahlungen auf den vom Präsidenten des Deutschen Bundestages festzusetzenden Betrag zu gewähren. Berechnungsgrundlage sind die im vorangegangenen Jahr für jede Partei festgesetzten Mittel. Die Abschlagszahlungen sind zum 15. Februar zum 15. Mai sowie zum 15. August zu zahlen; sie dürfen jeweils 25 vom Hundert der Gesamtsumme der für das Vorjahr für die jeweilige Partei festgesetzten Mittel nicht überschreiten. Liegen Anhaltspunkte dafür vor, daß es zu einer Rückzahlungsverpflichtung kommen könnte, kann die Gewährung von einer Sicherheitsleistung abhängig gemacht werden.

(2) Der Antrag auf Abschlagszahlungen ist schriftlich bei dem Präsidenten des Deutschen Bundestages bis zum 15. Tag des jeweiligen Vormonats zu stellen. Danach eingehende Anträge bleiben unberücksichtigt. Der Antrag kann für mehrere Abschläge des Jahres gleichzeitig gestellt werden.

(3) Die Abschlagszahlungen sind zurückzuzahlen, soweit sie den festgesetzten Betrag überschreiten oder ein Anspruch nicht entstanden ist.

(4) § 19 Abs. 8 gilt entsprechend.

§ 21 **Bereitstellung von Bundesmitteln und Auszahlungsverfahren.** (1) Die Mittel nach den §§ 18 und 20 werden im Falle des § 19 Abs. 8 Satz 1 von den Ländern, im übrigen vom Bund durch den Präsidenten des Deutschen Bundestages an die Parteien ausgezahlt. Der Präsident des Deutschen Bundestages teilt den Ländern die auf die Landesverbände der Parteien entfallenden Beträge verbindlich mit.

(2) Der Bundesrechnungshof prüft, ob der Präsident des Deutschen Bundestages als mittelverwaltende Stelle die staatlichen Mittel entsprechend den Vorschriften dieses Abschnitts festgesetzt und ausgezahlt hat.

§ 22 Parteiinterner Finanzausgleich. Die Bundesverbände der Parteien haben für einen angemessenen Finanzausgleich für ihre Landesverbände Sorge zu tragen.

Fünfter Abschnitt. Rechenschaftslegung

§ 23 Pflicht zur öffentlichen Rechenschaftslegung. (1) Der Vorstand der Partei hat über die Herkunft und die Verwendung der Mittel, die seiner Partei innerhalb eines Kalenderjahres (Rechnungsjahr) zugeflossen sind, sowie über das Vermögen der Partei zum Ende des Kalenderjahres in einem Rechenschaftsbericht öffentlich Rechenschaft zu geben.

(2) Der Rechenschaftsbericht muß vor einem Wirtschaftsprüfer oder einer Wirtschaftsprüfungsgesellschaft nach den Vorschriften der §§ 29 bis 31 geprüft werden. Bei Parteien, die die Voraussetzungen des § 18 Abs. 4 Satz 1 erster Halbsatz nicht erfüllen, kann der Rechenschaftsbericht auch von einem vereidigten Buchprüfer geprüft werden. Er ist bis zum 30. September des dem Rechnungsjahr folgenden Jahres beim Präsidenten des Deutschen Bundestages einzureichen und von diesem als Bundestagsdrucksache zu verteilen. Der Präsident des Deutschen Bundestages kann die Frist aus besonderen Gründen bis zu drei Monaten verlängern. Der Rechenschaftsbericht der Partei ist dem jeweils auf seine Veröffentlichung folgenden Bundesparteitag zur Erörterung vorzulegen.

(3) Der Präsident des Deutschen Bundestages prüft, ob der Rechenschaftsbericht den Vorschriften des Fünften Abschnittes entspricht. Das Ergebnis der Prüfung ist in den Bericht nach Absatz 5 aufzunehmen.

(4) Der Präsident des Deutschen Bundestages darf staatliche Mittel für eine Partei nach den §§ 18 und 19 nicht festsetzen, solange ein den Vorschriften des Fünften Abschnitts entsprechender Rechenschaftsbericht nicht eingereicht worden ist. Maßgeblich für Zahlungen nach § 18 ist jeweils der für das vorangegangene Jahr vorzulegende Rechenschaftsbericht, für Zahlungen nach § 20 jeweils der im vorangegangenen Jahr vorgelegte Rechenschaftsbericht. Hat eine Partei diesen Rechenschaftsbericht bis zum 31. Dezember des folgenden Jahres nicht eingereicht, verliert sie den Anspruch auf staatliche Mittel; die Festsetzungen und Zahlungen an die übrigen Parteien bleiben unverändert.

(5) Der Präsident des Deutschen Bundestages erstattet dem Deutschen Bundestag jährlich über die Entwicklung der Parteienfinanzen sowie über die Rechenschaftsberichte der Parteien Bericht. Der Bericht wird als Bundestagsdrucksache verteilt.

§ 23 a Rechtswidrig erlangte Spenden. (1) Hat eine Partei Spenden rechtswidrig erlangt oder Mittel nach den Vorschriften dieses Gesetzes entsprechend nicht im Rechenschaftsbericht veröffentlicht (§ 25 Abs. 2), so verliert sie den Anspruch auf staatliche Mittel in Höhe des Zweifachen des rechtswidrig erlangten oder nicht den Vorschriften dieses Gesetzes entsprechend veröffentlichten Betrages. Die rechtswidrig angenommenen Spenden sind an das Präsidium des Deutschen Bundestages abzuführen.

(2) Als rechtswidrig erlangt gelten Spenden im Sinne des § 25 Abs. 1 Satz 2, soweit sie entgegen der Vorschrift des § 25 Abs. 3 nicht unverzüglich an das Präsidium des Deutschen Bundestages weitergeleitet werden.

(3) Das Präsidium des Deutschen Bundestages leitet die innerhalb eines Kalenderjahres eingegangenen Mittel zu Beginn des nächsten Kalenderjahres an Einrichtungen weiter, die mildtätigen, kirchlichen, religiösen oder wissenschaftlichen Zwecken dienen.

(4) Die Parteien sollen in die Satzungen Regelungen für den Fall aufnehmen, daß Maßnahmen nach Absatz 1 durch Landesverbände oder diesen nachgeordnete Gebietsverbände verursacht werden.

§ 24 Rechenschaftsbericht. (1) Der Rechenschaftsbericht besteht aus einer Einnahmen- und Ausgabenrechnung sowie einer Vermögensrechnung. Er ist nach den Grundsätzen der ordnungsgemäßen Buchführung unter Berücksichtigung des Gesetzeszweckes zu erstellen. In den Rechenschaftsbericht der Gesamtpartei sind die Rechenschaftsberichte jeweils getrennt nach Bundesverband und Landesverband sowie die Rechenschaftsberichte der nachgeordneten Gebietsverbände je Landesverband aufzunehmen. Die Landesverbände und die ihnen nachgeordneten Gebietsverbände haben ihren Rechenschaftsberichten eine lückenlose Aufstellung aller Zuwendungen je Zuwender mit Namen und Anschrift beizufügen. Die Landesverbände haben die Teilberichte der ihnen nachgeordneten Gebietsverbände gesammelt bei ihren Rechenschaftsunterlagen aufzubewahren.

(2) Die Einnahmerechnung umfaßt:

1. Mitgliedsbeiträge und ähnliche regelmäßige Beiträge,
2. Spenden von natürlichen Personen,
3. Spenden von juristischen Personen,
4. Einnahmen aus Vermögen,
5. Einnahmen aus Veranstaltungen, Vertrieb von Druckschriften und Veröffentlichungen und sonstiger mit Einnahmen verbundener Tätigkeit,
6. staatliche Mittel,
7. sonstige Einnahmen,
8. Zuschüssen von Gliederungen,
9. Gesamteinnahmen nach den Nummern 1 bis 8.

(3) Die Ausgaberechnung umfaßt:

1. Personalausgaben,
2. Ausgaben des laufenden Geschäftsbetriebes,
3. Ausgaben für allgemeine politische Arbeit,
4. Ausgaben für Wahlkämpfe,
5. Zinsen,
6. sonstige Ausgaben,
7. Zuschüsse an Gliederungen.
8. Gesamtausgaben nach den Nummern 1 bis 7.

(4) Die Vermögensrechnung umfaßt:

1. Besitzposten
 I. Anlagevermögen
 1. Haus- und Grundvermögen
 2. Geschäftsstellenausstattung
 3. Finanzanlagen

II. Umlaufvermögen
 1. Forderungen an Gliederungen
 2. Forderungen auf staatliche Mittel
 3. Geldbestände
 4. sonstige Vermögensgegenstände
2. Schuldposten
 I. Rückstellungen
 1. Pensionsverpflichtungen
 2. sonstige Rückstellungen
 II. Verbindlichkeiten
 1. Verbindlichkeiten gegenüber Gliederungen
 2. Verbindlichkeiten gegenüber Kreditinstituten
 3. sonstige Verbindlichkeiten
 III. Gesamte Schuldposten;
3. Reinvermögen (positiv oder negativ).

(5) Im Rechenschaftsbericht sind die Summe der Zuwendungen natürlicher Personen bis zu 6 000 Deutsche Mark je Person sowie die Summe der Zuwendungen natürlicher Personen, soweit sie den Betrag von 6 000 Deutsche Mark übersteigen, gesondert auszuweisen.

(6) Dem Rechenschaftsbericht ist eine Zusammenfassung voranzustellen:

1. Einnahmen der Gesamtpartei gemäß Absatz 2 Nr. 1 bis 7 und deren Summe,

2. Ausgaben der Gesamtpartei gemäß Absatz 3 Nr. 1 bis 6 und deren Summe,

3. Überschuß- und Defizitausweis,

4. Besitzposten der Gesamtpartei gemäß Absatz 4 Nr. 1 I und II 2 bis 4 und deren Summe,

5. Schuldposten der Gesamtpartei gemäß Absatz 4 Nr. 2 I und II 2 bis 3 und deren Summe,

6. Reinvermögen der Gesamtpartei (positiv oder negativ),

7. Gesamteinnahmen, Gesamtausgaben, Überschüsse oder Defizite sowie Reinvermögen der drei Gliederungsebenen Bundesverband, Landesverbände und der ihnen nachgeordneten Gebietsverbände.

Neben den absoluten Beträgen zu den Nummern 1 und 2 ist der Vomhundertsatz der Einnahmensumme nach Nummer 1 und der Ausgabensumme nach Nummer 2 auszuweisen.

(7) Die Anzahl der Mitglieder zum Jahresende ist zu verzeichnen.

(8) Die Partei kann dem Rechenschaftsbericht, insbesondere einzelnen seiner Positionen, kurzgefaßte Erläuterungen beifügen.

(9) Öffentliche Zuschüsse, die den politischen Jugendorganisationen zweckgebunden zugewendet werden, bleiben bei der Ermittlung der absoluten und relativen Obergrenze unberücksichtigt. Sie sind im Rechenschaftsbericht der jeweiligen Partei nachrichtlich auszuweisen und bleiben bei der Einnahme- und Ausgaberechnung der Partei unberücksichtigt.

§ 25 Spenden. (1) Parteien sind berechtigt, Spenden anzunehmen. Ausgenommen hiervon sind:

1. Spenden von politischen Stiftungen, Parlamentsfraktionen und -gruppen,

2. Spenden von Körperschaften, Personenvereinigungen und Vermögensmassen, die nach der Satzung, dem Stiftungsgeschäft oder der sonstigen Verfassung und nach der tatsächlichen Geschäftsführung ausschließlich und unmittelbar gemeinnützigen, mildtätigen oder kirchlichen Zwecken dienen (§§ 51 bis 68 der Abgabenordnung),

3. Spenden von außerhalb des Geltungsbereiches dieses Gesetzes, es sei denn, daß

 a) diese Spenden aus dem Vermögen eines Deutschen im Sinne des Grundgesetzes, eines Bürgers der Europäischen Union oder eines Wirtschaftsunternehmens, dessen Anteile sich zu mehr als 50 vom Hundert im Eigentum von Deutschen im Sinne des Grundgesetzes befinden, unmittelbar einer Partei zufließen,

 b) es sich um Spenden an Parteien nationaler Minderheiten in ihrer angestammten Heimat handelt, die diesen aus Staaten zugewendet werden, die an die Bundesrepublik Deutschland angrenzen und in denen Angehörige ihrer Volkszugehörigkeit leben,

 c) es sich um eine Spende eines Ausländers von nicht mehr als 1000 Deutsche Mark handelt,

4. Spenden von Berufsverbänden, die diesen mit der Maßgabe zugewandt wurden, sie an eine politische Partei weiterzuleiten,

5. Spenden, soweit sie im Einzelfall mehr als 1000 Deutsche Mark betragen und deren Spender nicht feststellbar sind oder bei denen es sich erkennbar um die Weiterleitung einer Spende eines nicht genannten Dritten handelt,

6. Spenden, die erkennbar in Erwartung eines bestimmten wirtschaftlichen oder politischen Vorteils gewährt werden.

(2) Spenden an eine Partei oder einen oder mehrere ihrer Gebietsverbände, deren Gesamtwert in einem Kalenderjahr (Rechnungsjahr) 20 000 Deutsche Mark übersteigt, sind unter Angabe des Namens und der Anschrift des Spenders sowie der Gesamthöhe der Spende im Rechenschaftsbericht zu verzeichnen.

(3) Nach Absatz 1 Satz 2 unzulässige Spenden sind von der Partei unverzüglich an das Präsidium des Deutschen Bundestages weiterzuleiten.

§ 26 Begriff der Einnahme. (1) Einnahme ist, soweit für einzelne Einnahmearten (§ 24 Abs. 2) nichts besonderes gilt, jede der Partei zufließende Geld- oder geldwerte Leistung. Als Einnahmen gelten auch die Freistellung von üblicherweise entstehenden Verbindlichkeiten sowie die Übernahme von Veranstaltungen und Maßnahmen, mit denen ausdrücklich für eine Partei geworben wird, durch andere.

(2) Alle Einnahmen sind mit ihrem vollen Betrag an der für sie vorgesehenen Stelle einzusetzen. § 27 Abs. 2 bleibt unberührt.

(3) Wirtschaftsgüter, die nicht in Geld bestehen, sind mit den im gewöhnlichen Geschäftsverkehr für gleiche oder vergleichbare Leistungen üblicherweise zu zahlenden Preisen anzusetzen.

(4) Die Mitarbeit von Bürgern in Parteien erfolgt grundsätzlich unentgeltlich. Sach-, Werk- und Dienstleistungen, die die Mitglieder außerhalb eines Geschäftsbetriebes üblicherweise unentgeltlich zur Verfügung stellen, bleiben als Einnahmen unberücksichtigt. Ein Kostenersatz bleibt hiervon unberührt.

(5) Durchlaufende Gelder und Leistungen sowie Mitgliedsbeiträge und sonstige Einnahmen, die von vornherein für eine schlüsselmäßige Verteilung unter mehreren Gebietsverbände bestimmt sind, werden bei der Stelle ausgewiesen, bei der sie endgültig verbleiben.

§ 27 Einzelne Einnahmearten. (1) Mitgliedsbeiträge sind nur solche Geldleistungen, die ein Mitglied auf Grund satzungsrechtlicher Vorschriften entrichtet. Spenden sind darüber hinausgehende Zahlungen, insbesondere Aufnahmegebühren, Sonderumlagen und Sammlungen sowie geldwerte Zuwendungen aller Art, sofern sie nicht üblicherweise unentgeltlich von Mitgliedern außerhalb eines Geschäftsbetriebes zur Verfügung gestellt werden.

(2) Bei den in § 24 Abs. 2 Nr. 4 und 5 genannten Einnahmequellen ist der Reinertrag einzusetzen. Die Ausweisungspflicht nach § 24 Abs. 2 Nr. 2 und 3 und Abs. 5 bleibt unberührt. Sonstige Einnahmen nach § 24 Abs. 2 Nr. 7 sind aufzugliedern und zu erläutern, soweit sie bei einer der in § 24 Abs. 1 aufgeführten Gliederungen mehr als 5 vom Hundert der Summe der Einnahmen aus den Nummern 1 bis 6 ausmachen.

(3) Bei der Einnahmerechnung können Sach-, Werk- und Dienstleistungen, die die Mitglieder der Partei außerhalb eines Geschäftsbetriebes üblicherweise unentgeltlich zur Verfügung stellen oder die einen Wert von 1000 Deutsche Mark im Einzelfall nicht übersteigen, unberücksichtigt bleiben. Für die Übernahme von Veranstaltungen und Maßnahmen der Parteiwerbung gilt Satz 1 entsprechend.

§ 28 Pflicht zur Buchführung. Die Parteien haben Bücher über ihre rechenschaftspflichtigen Einnahmen und Ausgaben sowie über ihr Vermögen zu führen. Dabei ist nach den Grundsätzen ordnungsgemäßer Buchführung unter Berücksichtigung des Gesetzeszweckes zu verfahren. Die Rechnungsunterlagen sind sechs Jahre, Bücher, Bilanzen und Rechenschaftsberichte zehn Jahre aufzubewahren. Die Aufbewahrungsfrist beginnt mit Ablauf des Rechnungsjahres.

§ 29 Prüfung des Rechenschaftsberichts. (1) Die Prüfung nach § 23 Abs. 2 Satz 1 und Abs. 3 erstreckt sich auf die Bundespartei, ihre Landesverbände sowie nach Wahl des Prüfers auf mindestens vier nachgeordnete Gebietsverbände.

(2) Der Prüfer kann von den Vorständen und den von ihnen dazu ermächtigten Personen alle Aufklärungen und Nachweise verlangen, welche die sorgfältige Erfüllung seiner Prüfungspflicht erfordert. Es ist ihm insoweit auch zu gestatten, die Unterlagen für die Zusammenstellung des Rechenschaftsberichts, die Bücher und Schriftstücke sowie die Kassen- und Vermögensbestände zu prüfen.

(3) Der Vorstand des zu prüfenden Gebietsverbandes hat dem Prüfer schriftlich zu versichern, daß in dem Rechenschaftsbericht alle rechenschaftspflichtigen Einnahmen, Ausgaben und Vermögenswerte erfaßt sind. Auf die Versicherung der Vorstände nachgeordneter Gebietsverbände kann Bezug genommen werden. Es genügt die Versicherung des für die Finanzangelegenheiten zuständigen Vorstandsmitgliedes.

§ 30 Prüfungsbericht und Prüfungsvermerk. (1) Das Ergebnis der Prüfung ist in einem schriftlichen Prüfungsbericht niederzulegen, der dem Vorstand der Partei und dem Vorstand des geprüften Gebietsverbandes zu übergeben ist.

(2) Sind nach dem abschließenden Ergebnis der Prüfung keine Einwendungen zu erheben, so hat der Prüfer durch einen Vermerk zu bestätigen, daß nach pflichtgemäßer Prüfung auf Grund der Bücher und Schriften der Partei sowie der von den Vorständen erteilten Aufklärungen und Nachweise der Rechenschaftsbericht in dem geprüften Umfang (§ 29 Abs. 1) den Vorschriften dieses Gesetzes entspricht.

Sind Einwendungen zu erheben, so hat der Prüfer in seinem Prüfungsvermerk die Bestätigung zu versagen oder einzuschränken. Die geprüften Gebietsverbände sind im Prüfungsvermerk namhaft zu machen.

(3) Der Prüfungsvermerk ist auf dem einzureichenden Rechenschaftsbericht anzubringen und in vollem Wortlaut nach § 23 Abs. 2 Satz 2 mit zu veröffentlichen.

§ 31 Prüfer. (1) Als Prüfer darf nicht bestellt werden, wer Vorstandsmitglied, Mitglied eines allgemeinen Parteiausschusses, Revisionsbeauftragter oder Angestellter der zu prüfenden Partei oder eines ihrer Gebietsverbände ist oder in den letzten drei Jahren vor der Bestellung war.

(2) Die Prüfer, ihre Gehilfen und die bei der Prüfung mitwirkenden gesetzlichen Vertreter einer Prüfungsgesellschaft sind zu gewissenhafter und unparteiischer Wahrnehmung ihrer Aufgaben und zur Verschwiegenheit verpflichtet. § 168 des Aktiengesetzes gilt entsprechend.

Sechster Abschnitt. Vollzug des Verbots verfassungswidriger Parteien

§ 32 Vollstreckung. (1) Wird eine Partei oder eine Teilorganisation einer Partei nach Artikel 21 Abs. 2 des Grundgesetzes für verfassungswidrig erklärt, so treffen die von den Landesregierungen bestimmten Behörden im Rahmen der Gesetze alle Maßnahmen, die zur Vollstreckung des Urteils und etwaiger zusätzlicher Vollstreckungsregelungen des Bundesverfassungsgerichts erforderlich sind. Die obersten Landesbehörden haben zu diesem Zweck unbeschränktes Weisungsrecht gegenüber den Behörden und Dienststellen des Landes, die für die Wahrung der öffentlichen Sicherheit oder Ordnung zuständig sind.

(2) Erstreckt sich die Organisation oder die Tätigkeit der Partei oder des für verfassungswidrig erklärten Teils der Partei über das Gebiet eines Landes hinaus, so trifft der Bundesminister des Innern die für eine einheitliche Vollstreckung erforderlichen Anordnungen.

(3) Das Bundesverfassungsgericht kann die Vollstreckung nach § 35 des Gesetzes über das Bundesverfassungsgericht abweichend von den Vorschriften der Absätze 1 und 2 regeln.

(4) Widerspruch und Anfechtungsklage gegen Vollstreckungsmaßnahmen haben keine aufschiebende Wirkung. Betrifft ein verwaltungsgerichtliches Verfahren eine Frage, die für die Vollstreckung des Urteils von grundsätzlicher Bedeutung ist, so ist das Verfahren auszusetzen und die Entscheidung des Bundesverfassungsgerichts einzuholen. Das Bundesverfassungsgericht entscheidet auch über Einwendungen gegen die Art und Weise der Durchführung der von ihm angeordneten besonderen Vollstreckungsmaßnahmen.

(5) Im Falle der Vermögenseinziehung werden die §§ 10 bis 13 des Vereinsgesetzes vom 5. August 1964 (BGBl. I S. 593) entsprechend angewendet. Verbotsbehörde ist die oberste Landesbehörde, im Fall des Absatzes 2 der Bundesminister des Innern.

§ 33 Verbot von Ersatzorganisationen. (1) Es ist verboten, Organisationen zu bilden, die verfassungswidrige Bestrebungen einer nach Artikel 21 Abs. 2 des Grundgesetzes in Verbindung mit § 46 des Gesetzes über das Bundesverfassungsgericht verbotenen Partei an deren Stelle weiter verfolgen (Ersatzorganisation) oder bestehende Organisationen als Ersatzorganisationen fortzuführen.

(2) Ist die Ersatzorganisation eine Partei, die bereits vor dem Verbot der ursprünglichen Partei bestanden hat oder im Bundestag oder in einem Landtag vertreten ist, so stellt das Bundesverfassungsgericht fest, daß es sich um eine verbotene Ersatzorganisation handelt; die §§ 38,

41, 43, 44 und 46 Abs. 3 des Gesetzes über das Bundesverfassungsgericht und § 32 dieses Gesetzes gelten entsprechend.

(3) Auf andere Parteien und Vereine im Sinne des § 2 des Vereinsgesetzes, die Ersatzorganisationen einer verbotenen Partei sind, wird § 8 Abs. 2 des Vereinsgesetzes entsprechend angewandt.

Siebenter Abschnitt. Schlußbestimmungen

. . .

IV/5 Zur Programmatik der Parteien

a.) Grundsatzprogramm der Christlich Demokratischen Union Deutschlands
Beschlossen vom 5. Parteitag Hamburg, 20. — 23. Februar 1994

1.) Inhaltsübersicht

I. Wir Christliche Demokraten

Wer wir sind
Die Chancen des Umbruchs nutzen — Die Einheit Deutschlands in Freiheit und Verantwortung gestalten

II. Für die freie Entfaltung der Person in unserer Gesellschaft

Gleichberechtigung und Partnerschaft von Frau und Mann
Die Familie — Fundament der Gesellschaft
Unsere Kultur — Ausdruck nationaler Identität und Weltoffenheit

III. Für eine ökologische und soziale Marktwirtschaft

Prinzipien der ökologischen und sozialen Marktwirtschaft
Die Wettbewerbsfähigkeit des Wirtschaftsstandortes Deutschland verbessern
Soziale Gerechtigkeit sichern — den Sozialstaat umbauen

IV. Für einen freiheitlichen Staat

Die Demokratie festigen
Den föderalen Rechts- und Sozialstaat sichern
Mit Menschen anderer Nationalität zusammenleben

V. Für eine freie und friedliche Welt

Deutschlands Rolle in der Welt
Europa — Einheit schaffen, Vielfalt bewahren
Unsere Verantwortung für die eine Welt

VI. Für die Bewahrung der Schöpfung

Unsere Verantwortung für die Schöpfung annehmen
Wissenschaft, Forschung und Technik in Verantwortung für die Schöpfung fördern
Für die Bewahrung der Schöpfung sorgen

2.) Textauszüge

KAPITEL I

WIR CHRISTLICHE DEMOKRATEN

1. WER WIR SIND

1. Die Christlich Demokratische Union Deutschlands ist eine **Volkspartei**
Volkspartei. Sie wendet sich an alle Menschen in allen Schichten und
Gruppen unseres Landes. Unsere Politik beruht auf dem christlichen
Verständnis vom Menschen und seiner Verantwortung vor Gott.

Für uns ist der Mensch Geschöpf Gottes und nicht das letzte Maß aller
Dinge. Wir wissen um die Fehlbarkeit des Menschen und die Grenzen
politischen Handelns. Gleichwohl sind wir davon überzeugt, daß der
Mensch zur ethisch verantwortlichen Gestaltung der Welt berufen
und befähigt ist.

2. Wir wissen, daß sich aus christlichem Glauben kein bestimmtes **Politik aus**
politisches Programm ableiten läßt. Aber das christliche Verständnis **christlicher**
vom Menschen gibt uns eine ethische Grundlage für verantwortliche **Verantwortung**
Politik. Aus der Berufung auf christliche Überzeugungen folgt für uns
nicht der Anspruch, nur innerhalb der Christlich Demokratischen
Union sei Politik aus christlicher Verantwortung gestaltbar. Die CDU
ist für jeden offen, der die Würde und Freiheit aller Menschen und die
daraus abgeleiteten Grundüberzeugungen unserer Politik bejaht. Dies
ist die Grundlage für das gemeinsame Handeln von Christen und
Nichtchristen in der CDU.

3. Die Christlich Demokratische Union Deutschlands wurde von **Sozial, liberal,**
Menschen gegründet, die nach dem Scheitern der Weimarer Republik, **konservativ**
den Verbrechen des Nationalsozialismus und angesichts des kommu-
nistischen Herrschaftsanspruchs nach 1945 die Zukunft Deutschlands
mit einer christlich geprägten, überkonfessionellen Volkspartei gestal-
ten wollten. Konrad Adenauer und Ludwig Erhard, Jakob Kaiser und
Helene Weber, Andreas Hermes und Gebhard Müller, Hermann Eh-
lers, Eugen Gerstenmaier und Karl Arnold, Elisabeth Schwarzhaupt
und Heinrich von Brentano haben gemeinsam mit vielen anderen die
CDU geprägt und eine christlich-demokratische Tradition in
Deutschland begründet. So entstand eine neue Volkspartei, in der sich
katholische und evangelische Christen, Konservative, Liberale und

Christlich-Soziale, Frauen und Männer aus verschiedenen Regionen, aus allen sozialen Schichten und demokratischen Traditionen zusammenfanden. Die CDU hat damit einen neuen Anfang in der deutschen Parteiengeschichte gesetzt. Ihre geistigen und politischen Wurzeln liegen im christlich motivierten Widerstand gegen das nationalsozialistische Terrorregime, in der Sozialethik der christlichen Kirchen und in der liberalen Tradition der europäischen Aufklärung.

Politische Grund-
entscheidungen
4. Auf der Grundlage gemeinsamer Wertüberzeugungen haben sich die Mitglieder der CDU ihrer Verantwortung gestellt und die politischen Grundentscheidungen im freien Teil Deutschlands durchgesetzt — für die freiheitliche und rechtsstaatliche Demokratie, für die Soziale Marktwirtschaft und die Einbindung der Bundesrepublik Deutschland in die westliche Werte- und Verteidigungsgemeinschaft, für die Einheit der Nation und die Einigung Europas.

Die ganze
Geschichte
Deutschlands
annehmen
5. Es gehört zur Tragik der deutschen Nachkriegsgeschichte, daß Deutschland geteilt wurde und die Menschen im Osten Deutschlands erneut den Diktaturen eines totalitären Systems unterworfen wurden. Von aufrechten Frauen und Männern gegründet, geriet die CDU in der Sowjetischen Besatzungszone und in der DDR zunehmend in das Mahlwerk des totalitären Regimes. An die Stelle demokratischer Prinzipien traten die Mechanismen des sozialistischen Zentralismus. Vielen Menschen, die den christlich-demokratischen Werten nahestanden, war so der Weg zur Mitarbeit versperrt. Andere blieben trotz innerer Zweifel in der Partei. Trotz Benachteiligungen und persönlicher Risiken haben viele Mitglieder ihre innere Unabhängigkeit bewahrt. Sie konnten jedoch nicht verhindern, daß Bequemlichkeit, Opportunismus und Kollaboration bis hin zur persönlichen Skrupellosigkeit einzelner das Bild der Partei prägten. Die CDU nimmt die ganze Geschichte Deutschlands und damit auch die der eigenen Partei an und stellt sich dem notwendigen Prozeß der Aufarbeitung und Erneuerung. Wir wollen dabei auch das Erbe der Bürgerbewegungen in der ehemaligen DDR aufnehmen und fortführen.

Bewahren und
Erneuern
6. Das christliche Verständnis vom Menschen ist unser geistiges Fundament und der historische Ausgangspunkt unserer Partei. Zu ihr gehören wertkonservative Gedanken ebenso wie christlich-soziale und liberale Überzeugungen. Diese Parteitradition wollen wir fortschreiben und dabei Bewährtes erhalten und Neues entwickeln. Die CDU will unterschiedliche Standpunkte durch gemeinsame Werte und Ziele verbinden. Unterschiede in den Meinungen und Interessen sollen offen, in gegenseitiger Achtung und Toleranz ausgetragen werden.

Unser Verständnis vom Menschen

Würde des
Menschen
7. Wir bekennen uns zur Würde des Menschen. Würde und Leben des Menschen — auch des ungeborenen — sind unantastbar. Wir achten jeden Menschen als einmalige und unverfügbare Person in allen

Lebensphasen. Die Würde aller ist gleich — unabhängig von Geschlecht, Rasse, Nationalität, Alter, Behinderung, von religiöser und politischer Überzeugung, von Gesundheit und Leistungskraft, von Erfolg oder Mißerfolg und vom Urteil anderer.

8. Aus der Würde des Menschen erwächst das Recht eines jeden auf die freie Entfaltung der Persönlichkeit. Die Freiheit gibt dem Menschen die Möglichkeit zur sittlichen Entscheidung. Jeder Mensch trägt dafür die Verantwortung vor seinem Gewissen und nach christlichem Verständnis vor Gott.

Verantwortung vor Gott

9. Jeder Mensch ist auf Gemeinschaft mit seinen Mitmenschen angelegt und angewiesen. Die Freiheit des einzelnen verwirklicht und bewährt sich in der Zuwendung zum Nächsten und in der Gestaltung des menschlichen Zusammenlebens. Das bedeutet, daß der einzelne Verantwortung für sich und seine Mitmenschen tragen muß.

Der einzelne und die Gemeinschaft

10. Jeder Mensch ist Irrtum und Schuld ausgesetzt. Die Unvollkommenheit und Endlichkeit des Menschen, die Begrenztheit seiner Planungs- und Gestaltungsfähigkeit, setzen auch der Politik Grenzen. Die Einsicht in diese Begrenztheit bewahrt uns vor ideologischen Heilslehren und einem totalitären Politikverständnis und schafft Bereitschaft zur Versöhnung. Bei allem Engagement können wir die vollkommene Welt nicht schaffen.

Irrtum und Schuld

11. Wir Christliche Demokraten verstehen den Menschen als Teil der Schöpfung. Die Natur ist nicht nur Voraussetzung und Instrument unseres Lebens, sondern Schöpfung Gottes, der eine Eigenbedeutung zukommt. Es steht uns nicht zu, nach Belieben über die Schöpfung zu verfügen. Sie ist dem Menschen zur Gestaltung und Bewahrung anvertraut.

Bewahrung der Schöpfung

Die Grundwerte unserer Politik — Freiheit, Solidarität, Gerechtigkeit

12. Unser Gemeinwesen lebt von geistigen Grundlagen, die nicht selbstverständlich und für alle Zeiten gesichert sind. Es ist die besondere Selbstverpflichtung der CDU, die christlich geprägten Wertgrundlagen unserer freiheitlichen Demokratie zu bewahren und zu stärken. Dies unterscheidet uns Christliche Demokraten wesentlich von sozialistischem, nationalistischem und liberalistischem Denken.

Selbstverpflichtung der CDU

Grundlage und Orientierung unseres politischen Handelns sind das christliche Verständnis vom Menschen und die daraus abgeleiteten Grundwerte Freiheit, Solidarität und Gerechtigkeit. Die Grundwerte erfordern und begrenzen sich gegenseitig. Keiner erfüllt ohne die anderen seinen Sinn. Ihre Gewichtung untereinander richtig zu gestalten ist Kern der politischen Auseinandersetzung.

Grundwerte im Spannungsverhältnis

Die Grundwerte sind als unteilbare Menschenrechte nicht auf nationale Grenzen beschränkt und sind verpflichtende Grundlage für unsere Außenpolitik.

Freiheit

Freie Entfaltung in der Gemeinschaft

13. Wir Christliche Demokraten treten für das Recht des einzelnen auf freie Entfaltung der Person ein. Als sittliches Wesen kann der Mensch vernünftig und verantwortlich entscheiden und handeln. Es ist Aufgabe der Politik, den Menschen den notwendigen Freiheitsraum zu sichern. Freiheit umfaßt Rechte und Pflichten. Wer Freiheit für sich fordert, muß die Freiheit seines Mitmenschen anerkennen. Die Freiheit des einzelnen findet ihre Grenzen in der Freiheit des anderen und in der Verantwortung für die zukünftigen Generationen und für die Bewahrung der Schöpfung.

Freiheit in Verantwortung

14. Der Mensch entfaltet sich in der Gemeinschaft. Freiheit verwirklicht sich durch Selbstverantwortung und Mitverantwortung. Jeder Bürger soll im geeinten Deutschland Freiheit in Familie, Nachbarschaft, Arbeitswelt und Freizeit sowie in Gemeinde und Staat erfahren und verwirklichen können. Die Verwirklichung der Freiheit des einzelnen ist ohne die Übernahme von Verantwortung für sich und die Gemeinschaft ethisch nicht möglich. Wir wenden uns gegen einen falsch verstandenen Individualismus auf Kosten anderer. Wir wollen den Sinn für Verantwortung und Gemeinwohl, für Pflichten und Bürgertugenden stärken.

Recht sichert Freiheit

15. Recht, das die personale Würde des Menschen schützt, sichert Freiheit. Es regelt das geordnete und friedliche Zusammenleben der Menschen in Freiheit. Die Verwirklichung der Freiheit bedarf der sozialen Gerechtigkeit. Die Verhältnisse, unter denen der Mensch lebt, dürfen der Freiheit nicht im Wege stehen. Aufgabe der Politik ist es daher, der Not zu wehren, unzumutbare Abhängigkeiten zu beseitigen und die materiellen Bedingungen der Freiheit zu sichern. Persönliches Eigentum erweitert den Freiheitsraum des einzelnen für seine persönliche Lebensgestaltung.

Subsidiarität

16. Die Verwirklichung der Freiheit bedarf der eigenverantwortlichen Lebensgestaltung. Aus ihr ergibt sich für die Ordnung des gesellschaftlichen Lebens das Prinzip der Subsidiarität, nach dem Staat und Gemeinden auf die Übernahme von Aufgaben verzichten, die von den einzelnen Bürgern oder jeweils kleineren Gemeinschaften erfüllt werden können.

Was der Bürger allein, in der Familie und im freiwilligen Zusammenwirken mit anderen ebensogut leisten kann, soll ihm vorbehalten bleiben. Der Grundsatz der Subsidiarität gilt auch zwischen kleineren und größeren Gemeinschaften sowie zwischen freien Verbänden und staatli-

chen Einrichtungen. Zur Verpflichtung des Staates und der Gemein-
schaft gehört es, die subsidiäre Aufgabenwahrnehmung zu erleichtern
und zu fördern. Das Prinzip der Subsidiarität verlangt aber auch, daß
die größeren Gemeinschaften, zuletzt auch die staatliche Ebene, tätig zu
werden haben, wenn gesellschaftspolitische Erfordernisse die Lei-
stungskraft der einzelnen oder der kleineren Gemeinschaften überfor-
dern.

17. Aus der Freiheit des einzelnen folgt das gleiche Recht auf freie **Gleichberechtigung**
Entfaltung der Persönlichkeit für Frauen und Männer in allen Berei-
chen. Ein partnerschaftliches Miteinander ist der beste Weg zur Ver-
wirklichung der Gleichberechtigung.

18. Der freien Entfaltung der Person entspricht unsere plurale Ge- **Plurale Gesellschaft**
sellschaft. Sie ist Ausdruck der Vielfalt der Meinungen, Bedürfnisse
und Interessen der Bürger und damit Grundlage unserer freiheitlichen
Demokratie. Nur eine freiheitliche, solidarische und gerechte Gesell-
schaft und ein nach diesen Grundwerten handelnder Staat werden der
Würde des Menschen gerecht.

19. Die eigene Leistung gehört zur freien Entfaltung der Person. Un- **Leistung**
sere Gesellschaft ist auf die Leistungsbereitschaft ihrer Mitglieder an-
gewiesen. Sie ist eine der wesentlichen Grundlagen für Wohlstand und
sozialen Frieden. Wir wollen den persönlichen Leistungswillen und
die Initiative einzelner anerkennen und fördern. Seine Würde und sein
Recht hat der Mensch unabhängig von jeder Leistung.

20. Zur Freiheit gehört die Bereitschaft, sie nach außen und innen **Wehrhafte**
zu schützen und für sie zu kämpfen. Wir bekennen uns zum Prinzip **Demokratie**
der wehrhaften Demokratie und Rechtsstaatlichkeit. Wer frei ist, hat
die Pflicht, für die Freiheit derer einzutreten, denen Freiheit vorenthal-
ten wird. Wir wollen Freiheit für alle, nicht nur für wenige. Sie darf
nicht auf wenige Völker oder gesellschaftliche Gruppen beschränkt
sein. Wir wollen dazu beitragen, unzumutbare Abhängigkeiten und
Not zu beseitigen sowie weltweit für Recht, soziale Gerechtigkeit und
Demokratie eintreten.

Solidarität

21. Solidarität heißt füreinander da sein, weil der einzelne und die **Soziale Natur des**
Gemeinschaft darauf angewiesen sind. Solidarität ist Ausdruck der so- **Menschen**
zialen Natur des Menschen und folgt dem Gebot der Nächstenlie-
be. Ihren ethischen Maßstab gewinnt sie aus der Würde des Men-
schen. Das Ziel, ein menschenwürdiges Leben für alle zu ermöglichen,
verpflichtet uns zu solidarischem Handeln. Solidarität muß deshalb
vor allem den Menschen gelten, die ihre Rechte nicht selbst vertreten
können.

Wechselseitige Verantwortung des einzelnen und der Gemeinschaft

22. Der einzelne und die Gemeinschaft sind auf die solidarische Mitwirkung aller angewiesen. Jeder hat das Recht auf und die Pflicht zur Solidarität und trägt mit seiner Arbeit und Leistung dazu bei, daß die Gemeinschaft aller für die einzelnen eintreten kann. Wir bekennen uns zu dieser wechselseitigen Verantwortung des einzelnen und der Gemeinschaft. Elementare Formen der Solidarität sind Hilfe und Unterstützung im unmittelbaren persönlichen Miteinander — in der Familie, unter Nachbarn und in privaten Gemeinschaften. Dort aber, wo die Kräfte des einzelnen, von freien Verbänden oder Gruppen überfordert sind, müssen die Gemeinschaft und der Staat helfen. Er muß die verantwortliche Selbsthilfe im Rahmen des Möglichen erleichtern und zumuten. Die CDU bekennt sich zu dieser wechselseitigen Verantwortlichkeit, die gleich weit entfernt ist vom ungebundenen Individualismus wie vom Kollektivismus.

Solidarität und Subsidiarität

23. Die soziale Sicherung beruht auf den Prinzipien der Solidarität und Subsidiarität. Durch die soziale Sicherung werden gemeinschaftlich die Risiken abgesichert, die der einzelne allein nicht bewältigen kann. Die soziale Sicherung hat befriedende und befreiende Wirkung. Solidarität verbietet den Mißbrauch des Systems der sozialen Sicherung. Durch die soziale Sicherung werden keine widerruflichen Almosen, sondern es wird für den einzelnen ein Recht auf Sicherheit begründet.

Solidarität und Mitverantwortung

Solidarität ist ohne Opfer nicht denkbar. Wer Hilfe und Solidarität von anderen erwartet, muß selbst bereit sein, anderen zu helfen. Wer sich davon ausschließt und nur für seinen persönlichen Vorteil wirtschaftet und lebt, entzieht der Gemeinschaft die Grundlage für den sozialen Frieden. Solidarität verbindet nicht nur Interessengruppen in der Wahrnehmung ihrer berechtigten Anliegen, sondern greift über die widerstreitenden Interessen hinaus. Solidarität verpflichtet die Starken zum Einsatz für die Schwachen und alle im Zusammenwirken für das Wohl des Ganzen.

Solidarische Gemeinschaft im wiedervereinigten Deutschland

24. Gelebte Solidarität ist das Kennzeichen der Menschen eines Volkes im Umgang miteinander. In Deutschland ist die Solidarität nach der Wiedervereinigung besonders gefordert. Wir werden die innere Einheit nur finden, wenn sich alle Deutschen als solidarische Gemeinschaft verstehen.

Solidarität mit den künftigen Generationen

25. Solidarität verpflichtet uns auch gegenüber den künftigen Generationen. Alle politischen Entscheidungen müssen dieser Verantwortung gerecht werden. Wir dürfen nicht weiter auf Kosten unserer Kinder und Kindeskinder leben. Der Eigenwert der Schöpfung und unsere Verantwortung für die kommenden Generationen verpflichten uns, die Lebensgrundlagen der Menschheit zu erhalten und die Schöpfung zu bewahren. Wir setzen uns für eine weltweite Solidarität in der Völkergemeinschaft ein. Ohne sie ist die Überwindung der Kluft zwischen

Arm und Reich in unserer Welt und die Bewahrung der Schöpfung nicht möglich.

Gerechtigkeit

26. Grundlage der Gerechtigkeit ist die Gleichheit aller Menschen in ihrer von Gott gegebenen Würde und Freiheit. Gerechtigkeit bedeutet gleiches Recht für alle. Recht schützt vor Willkür und Machtmißbrauch. Es sichert Freiheit auch für den Schwächeren und schützt ihn.

Gleichheit

27. Gerechtigkeit fordert die Anerkennung der persönlichen Leistung und Anstrengung ebenso wie den sozialen Ausgleich. Gerechtigkeit verlangt, Gleiches gleich und Ungleiches ungleich zu behandeln. Chancengerechtigkeit ist die notwendige Ergänzung der Gleichheit vor dem Recht. Sie soll jedem die Möglichkeit geben, sich in gleicher Freiheit so zu entfalten, wie es seiner persönlichen Eigenart entspricht. Wir setzen uns dafür ein, daß jeder Mensch seine Lebenschancen frei und verantwortlich wahrnehmen kann. Deshalb treten wir für eine Politik ausgleichender Gerechtigkeit ein. Chancengerechtigkeit wächst auf dem Boden möglichst gerecht verteilter Lebenschancen; dazu gehört ein offener Zugang zu den Bildungseinrichtungen unter Ausgleich nachteiliger Vorbedingungen ebenso wie die Möglichkeit der Mitsprache und Mitverantwortung, die Nutzung lebenswichtiger Güter und der Erwerb persönlichen Eigentums.

Chancengerechtigkeit

Ausgleichende Gerechtigkeit

28. Absolute Gerechtigkeit ist nicht erreichbar. Auch politisches Handeln stößt wegen der Unzulänglichkeit des Menschen an Grenzen. Aber wir setzen uns mit äußerster Anstrengung für mehr Gerechtigkeit in unserer Gesellschaft und eine gerechtere Welt ein.

Streben nach Gerechtigkeit

29. Gerechtigkeit schließt die Übernahme von Pflichten entsprechend der Leistungsfähigkeit des einzelnen zum Wohle des Ganzen ein. Soziale Gerechtigkeit verlangt, vor allem denjenigen Menschen zu helfen, die nur unzureichend zur Selbsthilfe fähig sind und allein ihre Belange nicht wirkungsvoll vertreten und durchsetzen können. Wir fühlen uns den Schwachen und sozial Benachteiligten besonders verpflichtet. Für uns gilt, niemanden fallen zu lassen und jedem in unserer Gesellschaft menschenwürdige Lebensverhältnisse zu sichern.

Soziale Gerechtigkeit

30. Jede Bürgerin und jeder Bürger in Deutschland soll Recht finden, soll Chancen wahrnehmen und durch Leistung verbessern können, soll Eigentum und Bildung erwerben und mit der eigenen Kraft zur ausgleichenden Gerechtigkeit beitragen. Im geeinten Deutschland ist es unsere besondere Aufgabe, uns um Gerechtigkeit für die Bürger zu bemühen, denen sie über Jahrzehnte vorenthalten wurde. Auch wo Gerechtigkeit nicht mehr erreichbar ist, muß Hilfe für die Opfer und Förderung der einst Benachteiligten im Zentrum stehen. Unter Un-

Gleiches Recht für alle

rechtsbedingungen erworbene Besitzansprüche bedürfen einer Über-
prüfung. Der feste Wille zur Gerechtigkeit muß die innere Einheit un-
seres Landes bestimmen und ihre Gestaltung leiten.

Einsatz für welt-
weite Gerechtigkeit

31. Wo das Recht der Menschen auf ein menschenwürdiges Leben
mißachtet wird, wo die Freiheit einzelner, bestimmter Gruppen oder
ganzer Völker unterdrückt wird, herrschen Gewalt und Unfrieden.
Wir treten ein für die Achtung der Menschen- und Bürgerrechte und
die Überwindung sozialer und wirtschaftlicher Not. Damit leisten wir
unseren Beitrag zum Frieden zwischen den Völkern und für eine ge-
rechtere Welt.

2. DIE CHANCEN DES UMBRUCHS NUTZEN —
DIE EINHEIT DEUTSCHLANDS IN FREIHEIT
UND VERANTWORTUNG GESTALTEN

Deutschland an
der Schwelle zum
21. Jahrhundert

32. Mit dem Scheitern des Sozialismus, dem Ende des alten Ost-
West-Konfliktes und der Wiedervereinigung Deutschlands sind wir in
eine neue Epoche der Geschichte eingetreten. Politik an der Schwelle
zum 21. Jahrhundert steht vor grundlegend veränderten Bedingun-
gen. Wir Christliche Demokraten stellen uns den Herausforderungen
dieser Umbruchszeit. Mit der Fortschreibung unseres Grundsatzpro-
gramms für das vereinte Deutschland nehmen wir auf der Grundlage
bewährter Prinzipien eine Neubestimmung unserer Politik für
Deutschland, Europa und die Welt vor.

Partei der
deutschen Einheit

33. Die CDU ist die Partei der deutschen Einheit. Wir haben an der
staatlichen Einheit Deutschlands in Freiheit stets festgehalten und in
einer historisch einmaligen Situation dieses Ziel mit Einverständnis
unserer Nachbarn und Partner verwirklicht. Der Wille der Menschen
in Ostdeutschland zur Freiheit und Einheit ist in der friedlichen Revo-
lution zum Durchbruch gekommen. Mit der Einheit ist eine Vision
Wirklichkeit geworden: die Freiheit für alle Bürger in Deutschland.

Europäische
Einigung

34. Die Einheit Deutschlands in Freiheit ist Teil der neuen Freiheit
und des Zusammenwachsens unseres ganzen Kontinents. Die europäi-
sche Einigung fortzuentwickeln, die Freiheit in ganz Europa dauerhaft
zu sichern und die jungen Demokratien zu stärken ist Aufgabe und
Chance für unsere gemeinsame europäische Zukunft. Deutschland in
der Mitte Europas ist dabei besonders gefordert.

Weltweite
Aufgaben

Die Globalität der politischen, wirtschaftlichen, sozialen und ökologi-
schen Entwicklungen verbindet die Menschen in einer neuen Dimensi-
on über Grenzen und Kontinente hinweg. Deutschland muß sich seiner
gewachsenen Verantwortung in der internationalen Politik stellen und
seinen Teil zur friedlichen Bewältigung von internationalen Konflikten
und zur Bewahrung der Schöpfung beitragen. Angesichts der weltwei-
ten Verflechtungen und veränderten Bedingungen ist auch unsere wirt-

schaftliche Leistungs- und Wettbewerbsfähigkeit, die Zukunft von Arbeit und sozialer Sicherheit vor neue Herausforderungen gestellt.

35. Die innere Einheit weiter zu verwirklichen ist die wichtigste Aufgabe in unserem vereinten Land. Die Schaffung der inneren Einheit Deutschlands verlangt von allen Deutschen großen Einsatz im persönlichen und geistigen, im finanziellen und materiellen Bereich. Der wirtschaftliche, soziale und ökologische Neuaufbau der neuen Bundesländer hat Vorrang. Die Herausforderungen und Anstrengungen, die mit der Vollendung der Einheit verbunden sind, zwingen nicht nur zur Überprüfung eingefahrener Wege und gewohnter Denkweisen, sondern fordern Kreativität und mobilisieren neue Kräfte für die Gestaltung unseres Landes. Der Aufbau in den neuen Ländern bietet deshalb die Chance zur Modernisierung in ganz Deutschland. Fehlentwicklungen in den alten Ländern treten angesichts neuer Bedingungen und zusätzlicher Anforderungen deutlicher hervor, und die notwendigen Erneuerungen sind dringender geworden. Die Einheit wird ganz Deutschland moderner machen, indem wir veraltete Strukturen aufbrechen, Besitzstandsdenken überwinden, Solidarität und Gemeinsinn neu zur Geltung bringen.

Verwirklichung der inneren Einheit

36. Unsere Nation ist geprägt durch die gemeinsame Geschichte, Sprache und Kultur und das Bekenntnis zu unserer Verfassungsordnung. Als Nation tragen wir gemeinsam Verantwortung für unsere Vergangenheit und für die Gestaltung unserer Zukunft. Die Gemeinsamkeit unseres kulturellen und geschichtlichen Erbes und unser gemeinsamer Wille zur Freiheit und Einheit sind Ausdruck nationaler Identität und Grundlage für das Zusammenwachsen der Menschen in unserem wiedervereinigten Volk und Staat. Die Einheit ist eine gemeinsame Herausforderung für alle Deutschen und eine neue Chance der Geschichte für unser Land. Als Bürger mit gleichen Rechten und Pflichten sind wir gemeinsam aufgerufen, unseren freiheitlichen und sozialen Staat zu festigen, unsere Demokratie zu verteidigen und weiterzuentwickeln und uns zu einem weltoffenen Patriotismus zu bekennen. Demokratisches Nationalbewußtsein fördert die Bereitschaft, Pflichten und Verantwortung für das Gemeinwesen wahrzunehmen.

Demokratisches National-bewußtsein

37. Für viele Menschen in den neuen Ländern bedeutet das Ende der sozialistischen Diktatur und die Wiedervereinigung Deutschlands einen tiefgreifenden Einschnitt in ihre persönliche Lebensgestaltung. Sie müssen grundlegende Veränderungen im persönlichen Miteinander, in Gemeinde, Staat und Arbeitsleben vollziehen und sich in einer freiheitlichen Gesellschaft neu orientieren. Dafür brauchen sie eigenständige Entscheidungs- und Gestaltungsspielräume.

Unterschiedliche Lebenserfahrungen und Lebens-prägungen nutzen

Im Westen Deutschlands erfordert die Gestaltung der inneren Einheit vor allem die Besinnung auf Tugenden und Werte, die im Zuge der Wohlstandsmehrung und eines einseitigen Freiheitsverständnisses zurückgedrängt worden sind. Es gilt, die Entwicklung eines falsch verstan-

denen Individualismus auf Kosten anderer und des Rückzugs aus der Verantwortung für das Gemeinwohl umzukehren.

Wir können die innere Einheit nur verwirklichen, wenn die Menschen im Osten und Westen mit ihren unterschiedlichen Lebenserfahrungen und Lebensprägungen aufeinander zugehen. Jeder muß bereit sein, die Erfahrungen und Lebensleistungen des jeweils anderen zu respektieren und als Grundlage für die gemeinsame Zukunft zu nutzen. Die Bundeshauptstadt Berlin bietet in diesem Prozeß exemplarische Erfahrungen.

Auseinandersetzung mit Kommunismus und Sozialismus

Auch nach dem Ende der sozialistischen Gewaltherrschaft darf die geistige Auseinandersetzung mit der ihr zugrunde liegenden Ideologie nicht beendet sein. Wir Christliche Demokraten sehen es als besondere Aufgabe an, die falschen Denkansätze des Kommunismus und Sozialismus offenzulegen. Zugleich müssen wir für den freiheitlich-demokratischen Rechtsstaat und die Ökologische und Soziale Marktwirtschaft nachdrücklich werben.

Unser Leitbild der freien und verantwortlichen Gesellschaft

38. Die Aufgaben an der Schwelle zum 21. Jahrhundert sind weder von heute auf morgen noch mit einfachen Lösungen zu bewältigen. Die Chancen dieser Umbruchzeit zu nutzen fordert die Bereitschaft aller zum Wandel im Denken und Handeln. Wir Christliche Demokraten sind davon überzeugt, daß wir den Wandel nur auf der Grundlage von Freiheit und Verantwortung erfolgreich bewältigen können. Das Prinzip verantworteter Freiheit gilt sowohl für die Innen- als auch für die Außenpolitik. Unser Leitbild ist eine freie und verantwortliche Gesellschaft. Sie dient der Verwirklichung unserer Grundwerte Freiheit, Solidarität und Gerechtigkeit. Dafür setzen wir uns ein:

Gemeinsinn

— Für eine Gesellschaft des Gemeinsinns. Wir treten für eine solidarische Gesellschaft ein und wenden uns gegen Egoismus, Entsolidarisierung und Anspruchsdenken, gegen soziale Kälte und Ellenbogenmentalität. Wir wehren uns gegen die zunehmende Gewaltbereitschaft. Wir fordern die Verantwortung und das Engagement des Bürgers für die Gemeinschaft. Wir wollen die Familie als Fundament der Gesellschaft stärken und uns für eine kinderfreundliche Gesellschaft nachdrücklich einsetzen. Wir brauchen eine wertorientierte Erneuerung von Erziehung und Bildung und treten ein für gemeinsame Wertorientierungen als unverzichtbare Grundlage einer freien und verantwortlichen Gesellschaft.

Freiheit

— Für eine Gesellschaft der Freiheit. Jeder einzelne, ob Frau oder Mann, ob jung oder alt, soll in unserer Gesellschaft möglichst viele Chancen der Entfaltung nutzen können. Wir wollen die Freiheitsrechte und die Verantwortungsbereitschaft des einzelnen für sich und die Gemeinschaft stärken. Wir wollen gemeinsam die Freiheit sichern, die nach Deutschland und Europa zurückgekehrt ist. Wir wollen, daß sich der Staat auf seine wesentlichen Aufgaben besinnt, um die Freiheit und Sicherheit der Bürger zu gewährleisten und wenden uns gegen ein Übermaß an Bürokratisierung und Regle-

mentierung. Wir wollen Leistungsfähigkeit stärken, Initiative und
Risikobereitschaft fördern und die Grundlagen für den sozialen
Ausgleich sichern.

— Für eine Gesellschaft der Verantwortung. Wir wenden uns gegen **Verantwortung**
eine Gesellschaft, die ihre Verantwortung auf nachfolgende Gene-
rationen abwälzt. Wir treten dem Raubbau an der Natur und der
Verschwendung natürlicher Ressourcen entgegen. Wir wollen die
wissenschaftlichen und technischen Möglichkeiten in ethischer
Verantwortung nutzen, um unseren Beitrag zur Bewahrung der
Schöpfung national wie international zu leisten.

— Für eine Gesellschaft der Offenheit. Wir wenden uns gegen Diskri- **Offenheit**
minierung und Rassenhaß. Wir setzen uns für ein friedliches Zu-
sammenleben von Menschen unterschiedlicher Nationalität ein
und wenden uns gegen einen Rückfall in Nationalismus und Fun-
damentalismus jeglicher Art. Wir wollen die Vollendung der Euro-
päischen Union vorantreiben. Wir wenden uns gegen Armut und
Hunger in der Welt und setzen uns für Menschen- und Bürger-
rechte und für eine dauerhafte Friedensordnung in Europa und der
Welt ein.

Deutschland wird für die Bewältigung des europäischen Umbruchs **Neubesinnung auf**
eine zentrale Rolle spielen müssen. Alle politischen Aufgaben müssen **die Verantwortung**
in ihrer Bedeutung dieser Zielsetzung unter- und nachgeordnet wer- **des einzelnen**
den. Um der neuen Verantwortung gerade für die Völker Mittel-, Ost-
und Südosteuropas gerecht werden zu können, bedarf es einer Neube-
sinnung auf die Verantwortung des einzelnen Menschen im Inneren
unserer Gesellschaft. Wenn wir diese nicht so umbauen, daß die Ver-
antwortung des einzelnen gestärkt wird, kann unser Gesellschaftsbild
weder Glaubwürdigkeit behalten, noch können wir die materiellen
Mittel freisetzen, die wir brauchen, um unseren Nachbarn im Osten
tatkräftig zu helfen. Nur wenn es uns gelingt, die Verantwortung des
Bürgers zu stärken, wird an den Staat nicht mehr wie an eine Vollkas-
koversicherung appelliert werden. Anderenfalls wird eben jenes Men-
schenbild zerstört, auf das eine freiheitliche Gesellschaft so sehr ange-
wiesen ist, daß seiner Zerstörung ihr eigener Untergang folgen muß.

Staatliches Handeln muß zukünftig einem neuen Selbstverständnis **Eigenverantwor-**
folgen: nämlich nicht mehr in erster Linie zuständig zu sein für die Si- **tung des Bürgers**
cherung aller denkbaren individuellen Lebensrisiken. Statt dessen **und Handlungs-**
muß der Staat eine größere Eigenverantwortung des Bürgers voraus- **fähigkeit des**
setzen können, nicht zuletzt deshalb, um so den finanziellen Spiel- **Staates**
raum zurückzugewinnen, der es erlaubt, den neuen politischen Priori-
täten die notwendige Aufmerksamkeit zukommen zu lassen: also vor-
rangig an der Lösung der Probleme mitzuwirken, um die sich das ge-
teilte Deutschland in der Nachkriegsepoche nicht zu kümmern
brauchte, weil es im Windschatten der Weltpolitik verharrte. Dieser
neu zu erkämpfende Handlungsspielraum des Staates ist aber die Vor-
aussetzung dafür, daß Deutschland auch in seiner Außenpolitik dem

Leitbild von Freiheit in Verantwortung folgen kann, also mit ganzer Kraft seine Möglichkeiten auf das Ziel der inneren Einheit Europas konzentriert.

Verantwortete Auf dem Weg zur inneren Einheit Deutschlands und Europas gibt die-
Freiheit in Europa ses Leitbild der verantworteten Freiheit gleichermaßen Orientierung für die Gestaltung der Beziehungen Deutschlands zu seinen Nachbarn wie für die soziale Ordnung des Zusammenlebens von Menschen in einer Gesellschaft. Wer den freiheitlichen und nicht den betreuenden Staat will, muß Strukturen begründen, die Freiheit und Verantwortung in allen Bereichen des Gemeinwesens zur Entfaltung kommen lassen. Diese Aufgabe stellt sich allen europäischen Völkern in vergleichbarer Weise, sie stellt sich ebenso im Blick auf die Neuordnung der Beziehung zwischen den Staaten in Europa.

Quelle: CDU-Bundesgeschäftsstelle, Bonn.

b.) Grundsatzprogramm der Christlich-Sozialen Union
Verabschiedet am 9. Dezember 1993 vom CSU-Parteitag in München

1.) Inhaltsverzeichnis

6. Soziale Sicherheit im Wandel:
 Menschenwürdig leben in einer arbeitsteiligen Gesellschaft

7. Soziale Marktwirtschaft:
 Arbeiten und Wirtschaften für eine bessere Welt

8. Leistungsgerechte Steuern und solide Finanzen

9. Verkehr und Mobilität:
 Für menschliche Begegnung und internationale Arbeitsteilung

10. Stadt und Land:
 Lebensräume gestalten

11. Land- und Forstwirtschaft:
 Grundpfeiler des ländlichen Raumes

12. Schöpfung bewahren — Umwelt schützen — Überleben der Menschheit sichern

13. Wissenschaft und Technik im Dienst eines menschlichen Fortschritts

14. Bildung und Erziehung für eine persönlichkeitsgerechte und leistungsorientierte Gesellschaft

15. Kultur und Medien:
 Freiheit mit Verantwortung nutzen

16. In Freiheit und Demokratie dem Gemeinwohl dienen

17. Bürger und Staat:
 Freiheit und Verantwortung für inneren Frieden und Gerechtigkeit

18. Europa:
 Frieden und Freiheit durch Zusammenarbeit sichern

19. Deutschlands Aufgabe in einer Welt im Wandel

20. Partnerschaft und Hilfe für eine Welt in Frieden

III. PROFIL DER CSU

In Freiheit leben.
Die Freiheit gestalten.

2.) Textauszug

In einer Zeit rascher gesellschaftlicher Veränderungen, eines allgemeinen Wertewandels und des vielfachen Umbruchs schöpft die CSU ihre Orientierung aus einer ungebrochenen Tradition. Die CSU will die gesellschaftliche und politische Entwicklung gestalten.

Dabei weiß sie, daß in einer differenzierten, von Wissenschaft und Technik bestimmten Welt mit komplizierten nationalen und internationalen Strukturen alle Probleme und Ziele auf vielfältige Weise miteinander verflochten sind. Deshalb kann es keine einfachen Lösungen geben. Vor jeder politischen Entscheidung müssen vielfältige und komplexe Zusammenhänge, Ursachen und Wirkungen bedacht werden.

1. Die CSU kann auf bewährten Grundsätzen aufbauen

Die Christlich-Soziale Union muß die Grundlagen ihres politischen Denkens und Handelns nicht korrigieren. Die politischen Leitideen von freiheitlichem Rechtsstaat und Sozialer Marktwirtschaft haben sich als überlegen erwiesen. Subsidiarität und Föderalismus waren für die CSU stets die unverzichtbaren Pfeiler einer freiheitlichen Staats- und Gesellschaftsordnung. In allen europäischen Ländern setzt sich die Erkenntnis durch, daß ein in Freiheit geeintes Europa nur auf der Grundlage dieser Bauelemente entstehen kann.

Mittelpunkt der Politik der CSU sind weiterhin der Mensch und seine Freiheit. Denn der Mensch ist nach dem christlichen Menschenbild zur Freiheit, zur Selbstverantwortung bestimmt. Er lebt in der Spannung zwischen Selbstbestimmung und Solidarität. Zur Verantwortung des Menschen gehört, daß er seine Freiheit nicht auf Kosten anderer auslebt, seine Interessen mit dem Gemeinwohl in Übereinstimmung bringt, sich seinen Mitmenschen verpflichtet weiß und solidarisch handelt. Der freie, in seinem Gewissen gebundene, selbst- und mitverantwortliche Bürger, nicht der Untertan und nicht der verantwortungslose Individualist, sind Maßstab unserer Politik. In dieser Wertgebundenheit will die CSU unsere freie und offene Gesellschaft gestalten.

Christliches Menschenbild, Selbstverantwortung in Solidarität und Subsidiarität als die Markenzeichen christlich-sozialer Politik sind als Grundlagen und Ordnungsprinzipien für Staat und Gesellschaft aktueller denn je.

2. Die CSU war für Bayern und Deutschland erfolgreich

Die Christlich-Soziale Union hat wesentlich mitgewirkt am Aufbau des demokratischen Rechtsstaates und an der Festigung unserer parlamentarischen Demokratie. Sie hat wie keine andere politische Kraft die föderative Ordnung verteidigt und die politischen Weichen mitgestellt für Wohlstand und soziale Sicherheit im Rahmen der Sozialen Marktwirtschaft. Sie hat eine aktive und erfolgreiche Politik zur Sicherung der natürlichen Lebensgrundlagen durchgesetzt.

Erfolge der von der CSU maßgeblich mitgestalteten Politik waren die Wiederaufnahme des deutschen Volkes in die Gemeinschaft der freien Völker, die Sicherung des Friedens im Rahmen des westlichen Bündnisses, die Wiedervereinigung Deutschlands und entscheidende Fortschritte auf dem Weg der wirtschaftlichen und politischen Einigung Europas. Dabei hat sich die Christlich-Soziale Union stets entschieden eingesetzt für Freiheit und Selbstbestimmung der Völker und Volksgruppen als Grundlage einer gerechten und friedlichen Ordnung Europas und der Welt.

3. Die CSU wird die neuen Herausforderungen in Deutschland und der Welt meistern

Frieden und Freiheit für die Welt

Alle politischen und sozialen Heilsideologien endeten im Totalitarismus. Das Scheitern des Sozialismus ist kein Betriebsunfall der Geschichte. Der Sozialismus leugnet die Schwächen und Fehler des Menschen und versucht, sie politisch durch Zwang und Diktatur auszugleichen. Nach dem ideologischen Zusammenbruch des Kommunismus sind die Kräfte der Freiheit und Demokratie zu stärken und zu unterstützen.

Nach der Auflösung der sozialistischen Zwangsordnungen in Europa und dem politischen und wirtschaftlichen Untergang der Sowjetunion ist die Gefahr gewaltsamer nationaler Auseinandersetzungen größer geworden. Europa braucht eine neue Architektur der Zusammenarbeit und Sicherheit.

Es ist ein Gebot politischer Vernunft und eine moralische Pflicht, die befreiten Völker Mittel- und Osteuropas beim politischen und ökonomischen Systemwechsel zu unterstützen und ihre Einbeziehung in den europäischen Wirtschaftsraum nach Kräften zu fördern.

Mit der Auflösung der bipolaren Welt muß ein neues Gleichgewicht für Sicherheit und Zusammenarbeit in der Welt gefunden werden. Die UNO muß eine dauerhafte internationale Friedensordnung schaffen. Deutschland hat dazu einen angemessenen Beitrag zu leisten.

Die Nord-Süd-Problematik besteht mit ungeminderter Schärfe fort. Das krasse Wohlstandsgefälle zwischen Industriestaaten und Entwicklungsländern entlädt sich in Verteilungskonflikten und Wanderungsbewegungen, auch nach Deutschland. Es kann zu neuen regionalen Konflikten und zur Bildung neuer Terrorbewegungen führen. Sie gefährden die freiheitliche Demokratie. Der Abbau des Gefälles zwischen arm und reich ist deshalb eine Aufgabe von nationalem Interesse und eine Herausforderung für die internationale Entwicklungs-, Wirtschafts- und Sozialpolitik.

Einheit Europas in Partnerschaft

Mit der Geburt neuer Nationalstaaten in Europa wächst die Gefahr ethnischer Konflikte. Frieden, Freiheit und Menschenrechte sind untrennbar. Unser Einsatz für die Menschenrechte ist unteilbar. In diesem Sinne muß das Völkerrecht um das Recht der Volksgruppen auf Minderheitenschutz ergänzt werden.

Der Aufbau des gemeinsamen europäischen Marktes und die politische Union Europas sind eine große Zukunftschance, bedeuten aber auch neue Herausforderungen für die nationale Identität der Deutschen, für unsere föderative Ordnung und für traditionelle gesellschaftliche Strukturen.

Verantwortung für das Gemeinwohl

Die Wiedervereinigung Deutschlands war ein Sieg der Freiheit und des Selbstbestimmungsrechts. Die Erblast von Nationalsozialismus und Sozialismus in den neuen Ländern erfordert einen geistigen, politischen, wirtschaftlichen und sozialen Neuaufbau. Die geistige und gesellschaftliche Einigung Deutschlands wird die geschichtliche Bewährungsprobe für das Zusammengehörigkeitsgefühl und die Solidarität aller Deutschen sein. Gesellschaftlicher Wandel, Traditionsverlust und gestiegene Mobilität gefährden die Verwurzelung in der Heimat und die Identitätsfindung. In einer Zeit wachsender Internationalisierung unseres Lebens ist es notwendig, bayerisches Lebensgefühl und bayerische Staatlichkeit zu stärken. Nur aus der kulturellen und landsmannschaftlichen Verwurzelung erwächst gefestigte Weltoffenheit.

Die politischen, geistigen und sozialen Umbrüche spiegeln sich in einem Wertewandel und der schwindenden Bereitschaft, Institutionen und überlieferte Ordnungen wie Familie, Kirche und Staat anzuerkennen. Die fortschreitende Individualisierung läßt gemeinsame Grundüberzeugungen verblassen und erschwert die Konsensbildung in der Gesellschaft.

Politik und Parteien haben an Integrationsfähigkeit und Glaubwürdigkeit verloren. Demokratie braucht aber glaubwürdige Mittler zwischen Bürger und Staat. Nur die Wiederherstellung des Vertrauens der Bürger in Politik und Parteien sichert die Demokratie.

Die aufkommende Scheu, dauerhafte Bindungen einzugehen und ehrenamtliche Aufgaben zu übernehmen, die wachsende Neigung, eigenen Sonderwünschen Vorrang vor übergeordneten Notwendigkeiten zu geben, erschweren die staatliche Durchsetzung des Gemeinwohls. Egoismus, Besitzstandsdenken und Intoleranz sind große Hindernisse für die Gestaltung der Zukunft Deutschlands.

Soziale Gerechtigkeit erfordert ein neues Gleichgewicht zwischen Individualität und Verantwortungsbereitschaft, zwischen Liberalität und Solidarität.

Gestaltung des technischen und sozialen Wandels

Umweltfragen werden künftig stärker als bisher die nationale und internationale Politik beschäftigen. Nationale Lösungen allein reichen nicht aus, unsere natürlichen Lebensgrundlagen zu sichern. Die Soziale Marktwirtschaft muß verstärkt in den Dienst der Umwelt genommen werden. Dabei kommt der Entkoppelung von Wachstum und Umweltbelastung entscheidende Bedeutung zu.

Wissenschaft und Technik bestimmen zunehmend das Leben; das eröffnet viele Chancen, birgt aber auch Risiken in sich. Die Politik hat aus ethischer Verantwortung die Grenzen der Anwendung wissenschaftlicher Erkenntnisse zu ziehen, wo die Würde des Menschen beeinträchtigt wird. Die Politik muß aber Rahmenbedingungen schaffen, die es Wissenschaft und Wirtschaft ermöglichen, verantwortbare Zukunftstechniken zu entwickeln und zu nutzen.

Die anhaltende Überperfektionierung unseres Rechtsstaates droht gesellschaftliche Innovation und wirtschaftliche Dynamik zu ersticken. Dies erschwert zunehmend auch die Wettbewerbsfähigkeit der Wirtschaft. Die Absicherungsmentalität in der Gesellschaft, die zu immer neuen Reglementierungen führt, muß abgebaut werden. Nur soweit dies gelingt, können Staatsaufgaben abgebaut oder privatisiert werden.

Der anhaltende Geburtenrückgang in Deutschland droht in eine Überforderung kommender Generationen umzuschlagen. Die Staatsfinanzierung und die sozialen Sicherungssysteme müssen auf die absehbaren Lasten vorbereitet und umgestaltet werden. Nur Leistung und Verzicht heute schaffen Wohlstand und soziale Sicherheit morgen.

Quelle: CSU-Landesleitung, München

c.) Grundsatzprogramm der Sozialdemokratischen Partei Deutschlands
Beschlossen vom Programm-Parteitag der Sozialdemokratischen Partei Deutschlands am 20. Dezember 1989 in Berlin — Auszüge

1.) Inhaltsverzeichnis

4. **Ökologisch und sozial verantwortliches Wirtschaften**
Der internationale Rahmen
 Internationale Verflechtung
 Gerechte und leistungsfähige Weltwirtschaftsordnung
 Die Europäische Gemeinschaft als regionaler Zusammenschluß
 Nationale Verantwortung
Ökologische Erneuerung
 Fortschritt, Wachstum und Struktur
Gestalten der Technik als politische Aufgabe
Wirtschaftsdemokratie
 Demokratische gesamtgesellschaftliche Steuerung
 Markt und Lenkung
 Mitbestimmung der Arbeitnehmer und Arbeitnehmerinnen
 Beteiligung der Arbeitnehmerschaft am Produktivvermögen
 Bodenrecht
 Mitwirkung der Verbraucher
 Öffentliche Finanzen
5. **Demokratie in Staat und Gesellschaft**
 Demokratie als Lebensform
 Der demokratische Staat
 Recht und Politik
 Demokratie und Öffentlichkeit
 Gegliederter Staatsaufbau
 Parlamentarische Demokratie und Mehrheitsprinzip
 Gewerkschaften
 Kirchen und Religionsgemeinschaften
 Bürgernahe Verwaltung
 Recht und Justiz
 Reformpolitik in der Bundesrepublik Deutschland
 Politische Kultur

V. Unser Weg in die Zukunft

2.) Textauszug

I. Was wir wollen

Wir Sozialdemokraten, Frauen und Männer kämpfen für eine friedliche Welt und eine lebensfähige Natur, für eine menschenwürdige, sozial gerechte Gesellschaft. Wir wollen Bewahrenswertes erhalten, lebensbedrohende Risiken abwenden und Mut machen, Fortschritt zu erstreiten.

Wir wollen Frieden.

Wir arbeiten für eine Welt,

in der alle Völker in gemeinsamer Sicherheit leben, ihre Konflikte nicht durch Krieg oder Wettrüsten, sondern in friedlichem Wettbewerb um ein menschenwürdiges Leben austragen,

in der eine Politik der Partnerschaft und eine Kultur des Streits den Konflikt zwischen Ost und West überwinden,

in der alle Völker Europas zusammenarbeiten in einer demokratischen und sozialen Ordnung des Friedens, von der Hoffnung und Frieden für die Völker des Südens ausgeht,

in der die Völker Asiens, Afrikas und Lateinamerikas durch eine gerechte Weltwirtschaftsordnung faire Chancen zu eigenständiger Entwicklung haben.

Wir wollen eine Weltgesellschaft, die durch eine neue Form des Wirschaftens das Leben von Mensch und Natur auf unserem Planeten dauerhaft bewahrt.

Wir wollen die gesellschaftliche Gleichheit von Frau und Mann, eine Gesellschaft ohne Klassen, Privilegien, Diskriminierungen und Ausgrenzungen.

Wir wollen eine Gesellschaft, in der alle Frauen und Männer das Recht auf humane Erwerbsarbeit haben und alle Formen der Arbeit als gleichwertig behandelt werden.

Wir wollen durch solidarische Anstrengung Wohlstand für alle erreichen und gerecht verteilen.

Wir wollen, daß Kultur in ihren vielfältigen Erscheinungsformen das Leben aller Menschen bereichert.

Wir wollen Demokratie in der ganzen Gesellschaft, auch in der Wirtschaft, im Betrieb und am Arbeitsplatz verwirklichen, wirtschaftliche Macht begrenzen und demokratisch kontrollieren.

Wir wollen, daß wirtschaftliche Grundentscheidungen, vor allem darüber, was wachsen und was schrumpfen soll, demokratisch getroffen werden.

Wir wollen, daß die Bürger über die Gestaltung der Technik mitbestimmen, damit die Qualität von Arbeit und Leben verbessert wird und die Risiken der Technik gemindert werden.

Wir wollen einen modernen demokratischen Staat, getragen vom politischen Engagement der Bürgerinnen und Bürger, der zur Durchsetzung gesellschaftlicher Ziele fähig ist und sich ständig an neuen Aufgaben wandelt und bewährt.

Bloßes Fortschreiben bisheriger Entwicklungen ergibt keine Zukunft mehr.

Wir wollen Fortschritt, der nicht auf Quantität, sondern auf Qualität, auf eine höhere Qualität menschlichen Lebens zielt. Er verlangt Umdenken, Umsteuern, Auswählen und Gestalten, vor allem in Technik und Wirtschaft.

Je gefährdeter die Welt, desto nötiger der Fortschritt. Wer Bewahrenswertes erhalten will, muß verändern: Wir brauchen einen Fortschritt, der den Frieden nach innen und außen sichert, das Leben von Mensch und Natur bewahrt, Angst überwindet und Hoffnung weckt. Wir brauchen einen Fortschritt, der unsere Gesellschaft freier, gerechter und solidarischer macht. Ohne diesen Fortschritt hätte der Rückschritt freie Bahn. Darum wollen wir Sozialdemokraten gemeinsam mit den demokratischen Sozialisten aller Länder für ihn arbeiten.

II. Die Grundlagen unserer Politik

1. Grunderfahrungen und Grundwerte

Die bürgerlichen Revolutionen der Neuzeit haben Freiheit, Gleichheit und Brüderlichkeit mehr beschworen als verwirklicht.

Deshalb hat die Arbeiterbewegung die Ideale dieser Revolutionen eingeklagt: Eine solidarische Gesellschaft mit gleicher Freiheit für alle Menschen. Es ist ihre historische Grunderfahrung, daß Reparaturen am Kapitalismus nicht genügen. Eine neue Ordnung von Wirtschaft und Gesellschaft ist nötig.

Die Sozialdemokratie führt die Tradition der demokratischen Volksbewegungen des neunzehnten Jahrhunderts fort und will daher beides: Demokratie und Sozialismus, Selbstbestimmung der Menschen in Politik und Arbeitswelt.

Dennoch ist ihre Geschichte nicht frei von Fehlern und Irrtümern: Im Ersten Weltkrieg enttäuschte die sozialdemokratische Arbeiterbewegung Europas viele in der Hoffnung, sie könne den Frieden erzwingen. Sie entzweite sich über das Verhältnis von nationalen zu internationalen Aufgaben der Arbeiterklasse.

Später trennten sich die Kommunisten, die vorgeblich im Namen der Arbeiterklasse die Diktatur ihrer Partei errichteten, von den demokratischen Sozialisten, die durch Reformen in parlamentarischen Demokratien eine bessere Ordnung der Gesellschaft anstrebten. Die Ordnungen, die als angeblich sozialistische Alternative zum Kapitalismus entstanden, haben die von ihnen geweckte Hoffnung bitter enttäuscht. Anstelle einer Gesellschaft brüderlich und schwesterlich zusammenlebender Menschen haben sie die Herrschaft einer privilegierten Bürokratie errichtet, die weder politische Freiheit noch kulturelle Entfaltung zu sichern vermochte.

Die Sozialdemokratische Partei übernahm am Ende des Ersten Weltkrieges erstmals nationale Regierungsverantwortung. Sie erwies sich als zuverlässigste Stütze der ersten deutschen Demokratie und begann mit dem Aufbau des demokratischen Sozialstaats. Die Sozialdemokratie trat der nationalsozialistischen Gewaltherrschaft entgegen, vermochte sie aber nicht zu verhindern. Ihr opferreicher Widerstand im Dritten Reich legitimierte den besonderen Anspruch der Sozialdemokraten, beim Aufbau der zweiten deutschen Demokratie prägend mitzuwirken. Die Erfahrungen mit Diktatur und Terror lassen uns besonders wachsam sein gegenüber der Verharmlosung nationalsozialistischer Verbrechen und einem Wiederaufleben faschistischer Ideologie. Der Widerstand vertiefte die Erfahrung, daß auch Menschen unterschiedlicher Glaubenshaltungen und politischer Grundüberzeugungen gemeinsam für gleiche politische Ziele arbeiten können.

Die politischen Machtverhältnisse, die unterschätzte Dynamik des Kapitalismus, aber auch die mangelnde Fähigkeit der Sozialdemokraten, Mehrheiten zu mobilisieren, verhinderten, daß sozialdemokratische Reformpolitik undemokratische Grundstrukturen des überkommenen Wirtschafts- und Gesellschaftssystems tiefgreifend verändern konnte. Die Macht der Großwirtschaft, das Übergewicht der Kapitaleigner und Unternehmensmanager konnten eingeschränkt, aber nicht überwunden werden. Die Einkommens- und Vermögensverteilung blieb ungerecht.

Das Godesberger Programm zog aus den geschichtlichen Erfahrungen neue Konsequenzen. Es verstand Demokratischen Sozialismus als Aufgabe, Freiheit, Gerechtigkeit und Solidarität durch Demokratisierung der Gesellschaft, durch soziale und wirtschaftliche Reform zu verwirklichen. Die Sozialdemokratische Partei stellte sich in Godesberg als das dar, was sie seit langem war: die linke Volkspartei. Sie wird es bleiben.

Als Regierungspartei konnte die Sozialdemokratie beachtliche Erfolge erringen: Rechte für Arbeitnehmer und Arbeitnehmerinnen im Betrieb und die Beteiligungsrechte der Bürger und Bürgerinnen erweitern, den Sozialstaat ausbauen und rechtliche Benachteiligung ganzer Bevölkerungsgruppen beseitigen. Aber auch in dieser Zeit unterlagen Sozialdemokraten Fehleinschätzungen oder trafen falsche Entscheidungen: Die Sicherung der natürlichen Lebensgrund-

lagen hatte noch nicht den notwendigen Stellenwert, der Extremistenbeschluß hat Gegnerinnen und Gegner unserer Demokratie eher geschaffen als bekämpft. Die herausragende Leistung dieser Zeit bleibt die Aussöhnung mit den Staaten Osteuropas und die Sicherung des Friedens.

Wir sind stolz darauf, in der Tradition einer Bewegung zu stehen, die niemals Krieg, Unterdrückung oder Gewaltherrschaft über unser Volk gebracht, sondern aus dem rechtlosen Proletariat selbstbewußte Staatsbürgerinnen und Staatsbürger gemacht hat.

Die Sozialdemokratische Partei steht, seit es sie gibt, für Frieden und internationale Zusammenarbeit. Inzwischen ist der Internationalismus der sozialdemokratischen Tradition zur einzig verantwortbaren Realpolitik geworden.

In unserer Geschichte wurzeln die Grundwerte des Demokratischen Sozialismus. Sie bilden auch künftig das Fundament unserer Reformpolitik.

Unsere geschichtlichen Wurzeln

In der Sozialdemokratischen Partei Deutschlands arbeiten Menschen verschiedener Grundüberzeugungen und Glaubenshaltungen zusammen. Ihre Übereinstimmung beruht auf gemeinsamen Grundwerten und gleichen politischen Zielen. Der Demokratische Sozialismus in Europa hat seine geistigen Wurzeln im Christentum und in der humanistischen Philosophie, in der Aufklärung, in Marxscher Geschichts- und Gesellschaftslehre und in den Erfahrungen der Arbeiterbewegung. Die Ideen der Frauenbefreiung sind bereits im 19. Jahrhundert von der Arbeiterbewegung aufgenommen und weiterentwickelt worden. Wir haben mehr als 100 Jahre gebraucht, diese Ideen wirksam werden zu lassen. Wir begrüßen und achten persönliche Grundüberzeugungen und Glaubenshaltungen. Sie können niemals Parteibeschlüssen unterworfen sein.

Unser Bild vom Menschen

Wie auch immer wir die Würde des Menschen begründen, sie ist Ausgangs- und Zielpunkt unseres Handelns. Für uns alle gilt der Satz, mit dem die Vereinten Nationen ihre Erklärung der Menschenrechte einleiten: „Menschen sind frei und gleich an Würde und Rechten geboren. Sie sind mit Vernunft und Gewissen begabt und sollen einander im Geiste der Brüderlichkeit begegnen."

Gemeinsam verstehen wir den Menschen als Vernunft- und Naturwesen, als Individual- und Gesellschaftswesen. Als Teil der Natur kann er nur in und mit der Natur leben. Seine Individualität entfaltet er nur in Gemeinschaft mit seinen Mitmenschen.

Der Mensch, weder zum Guten noch zum Bösen festgelegt, ist lernfähig und vernunftfähig. Daher ist Demokratie möglich. Er ist fehlbar, kann irren und in Unmenschlichkeit zurückfallen. Darum ist Demokratie nötig. Weil der Mensch offen ist und verschiedene Möglichkeiten in sich trägt, kommt es darauf an, in welchen Verhältnissen er lebt. Eine neue und bessere Ordnung, der Würde des Menschen verpflichtet, ist daher möglich und nötig zugleich.

Die Würde des Menschen verlangt, daß er sein Leben in Gemeinschaft mit anderen selbst bestimmen kann. Frauen und Männer sollen gleichberechtigt und solidarisch zusammenwirken. Alle sind für menschenwürdige Lebensbedingungen verantwortlich. Die Würde des Menschen ist unabhängig von seiner Leistung und Nützlichkeit.

Menschenrechte

Wir sind den Menschenrechten verpflichtet. Staat und Wirtschaft sind für die Menschen und ihre Rechte da, nicht umgekehrt.

Volle Geltung der Menschenrechte verlangt gleichrangige Sicherung der Freiheitsrechte, der politischen Teilhaberechte und der sozialen Grundrechte. Sie können einander nicht ersetzen und dürfen nicht gegeneinander ausgespielt werden. Auch kollektive Rechte dienen der Entfaltung des Individuums.

Nur wo Freiheitsrechte garantiert sind und genutzt werden, können Menschen als Freie und Gleiche leben und Demokratie praktizieren. Nur wo soziale Grundrechte verwirklicht sind, können Freiheitsrechte und politische Teilhaberechte von allen wahrgenommen werden. Nur wo die Respektierung von Freiheitsrechten und politischen Teilhaberechten freien Meinungsstreit und politisches Engagement erlaubt, können Menschen ihr Recht auf ausreichende Ernährung, Wohnung, Arbeit und Bildung geltend machen. Nur zusammen ermöglichen diese Menschenrechte menschenwürdiges Leben.

Alle Menschen haben ein Recht auf ihre Heimat, ihr Volkstum, ihre Sprache und Kultur. Ein Volksgruppenrecht, das im Einklang mit den Menschenrechten der Vereinten Nationen steht, ist unentbehrlich.

Unser Verständnis von Politik

Politik ist eine notwendige Dimension menschlichen Zusammenlebens. Sie beschränkt sich nicht auf Institutionen des Staates. Wo immer Information verbreitet oder vorenthalten, Bewußtsein oder Lebensverhältnisse verändert, Meinung gebildet, Wille geäußert, Macht ausgeübt oder Interessen vertreten werden, vollzieht sich Politik.

Politischem Handeln sind Grenzen gezogen. Sie lassen sich nicht ohne Schaden für den einzelnen und die Gesellschaft überschreiten. Irrtum und Schuld, Krankheit und Unglück, Schmerz und Verzweiflung, Versagen und Scheitern gehören auch in einer Gesellschaft der Freien und Gleichen zum Leben des Menschen.

Politik kann nur Bedingungen für ein sinnerfülltes Leben schaffen. Wenn sie selbst Glück und Erfüllung bewirken will, läuft sie Gefahr, in totalitäre Reglementierung abzugleiten.

Politik muß jedoch mehr und anderes sein als das Verwalten des unvermeidlich Gewordenen; um glaubwürdig sein und bleiben zu können, muß sie sich Handlungsspielräume sichern und neuen Aufgaben stellen. Überläßt sie die Weichenstellungen für Technik und Wachstum wirtschaftlichen Interessen, so handelt sie sich Sachzwänge ein, die sie nur noch vollziehen kann.

Der demokratische Staat bezieht seine Inhalte von den gesellschaftlichen Kräften. Er ist nicht Selbstzweck, sondern Instrument zur Gestaltung von Gesellschaft. Politische Parteien sind Anreger und Mittler zugleich. Sie vermitteln zwischen Gesellschaft und Staat, indem sie gesellschaftliche Impulse und Erfordernisse aufgreifen und in Gesetzgebung und Regierungshandeln umsetzen. Sie müssen selbst Denkanstöße geben und Entscheidungsvorschläge zur Diskussion stellen.

Politik, die mehr sein will als der Vollzug wirklicher oder angeblicher Sachzwänge, muß getragen und durchgesetzt werden vom Bewußtsein und Engagement der Bürgerinnen und Bürger. Sie wird möglich als Resultat eines freien, im Ergebnis offenen Bürgerdialogs, der die Kräfte der Gesellschaft fordert und einbezieht, Information vermittelt, Problembewußtsein schafft, Urteilsfähigkeit fördert und schließlich zu Konsens oder klaren Mehrheiten führt.

Der Bürgerdialog ist Ausdruck demokratischer Kultur. Er rückt ins Zentrum der Politik, wo — wie bei der Gestaltung der Technik — Entscheidungen zu treffen sind, die alle angehen und später nur schwer zu verändern sind.

Für den Bürgerdialog sind Meinungs- und Medienfreiheit unerläßlich. Alle Bürgerinnen und Bürger müssen das Recht und die Möglichkeit haben, zu Themen, die ihre oder ihrer Nachkommen Lebenschancen berühren, ihre Meinung zu erarbeiten und zu verbreiten. Staat, Wissenschaft und Medien müssen die Voraussetzungen zu einer fundierten Meinungsbildung und damit zu einer demokratischen Streitkultur schaffen.

Bürgerdialog bedeutet mehr Demokratie, nicht mehr Staat.

Grundwerte des Demokratischen Sozialismus

Freiheit, Gerechtigkeit und Solidarität sind die Grundwerte des Demokratischen Sozialismus. Sie sind unser Kriterium für die Beurteilung der politischen Wirklichkeit, Maßstab für eine neue und bessere Ordnung der Gesellschaft und zugleich Orientierung für das Handeln der einzelnen Sozialdemokratinnen und Sozialdemokraten.

Die Sozialdemokratie erstrebt eine Gesellschaft, in der jeder Mensch seine Persönlichkeit in Freiheit entfalten und verantwortlich am politischen, wirtschaftlichen und kulturellen Leben mitwirken kann.

Der Mensch ist als Einzelwesen zur **Freiheit** berufen und befähigt. Die Chance zur Entfaltung seiner Freiheit ist aber stets eine Leistung der Gesellschaft. Freiheit ist für uns die Freiheit eines jeden, auch und gerade des Andersdenkenden. Freiheit für wenige wäre Privileg.

Die Freiheit des anderen ist Grenze und Bedingung der Freiheit des einzelnen. Freiheit verlangt Freisein von entwürdigenden Abhängigkeiten, von Not und Furcht, aber auch die Chance, individuelle Fähigkeiten zu entfalten und in Gesellschaft und Politik verantwortlich mitzuwirken.

Nur wer sich sozial ausreichend gesichert weiß, kann seine Chance zur Freiheit nutzen. Auch um der Freiheit willen wollen wir gleiche Lebenschancen und umfassende soziale Sicherung.

Gerechtigkeit gründet in der gleichen Würde aller Menschen. Sie verlangt gleiche Freiheit, Gleichheit vor dem Gesetz, gleiche Chancen der politischen und sozialen Teilhabe und der sozialen Sicherung. Sie verlangt die gesellschaftliche Gleichheit von Mann und Frau.

Gerechtigkeit erfordert mehr Gleichheit in der Verteilung von Einkommen, Eigentum und Macht, aber auch im Zugang zu Bildung, Ausbildung und Kultur.

Gleiche Lebenschancen bedeuten nicht Gleichförmigkeit, sondern Entfaltungsraum für individuelle Neigungen und Fähigkeiten aller.

Gerechtigkeit, das Recht auf gleiche Lebenschancen, muß mit den Mitteln staatlicher Macht angestrebt werden.

Solidarität als die Bereitschaft, über Rechtsverpflichtungen hinaus füreinander einzustehen, läßt sich nicht erzwingen. Solidarität hat die Arbeiterbewegung im Kampf für Freiheit und Gleichheit geprägt und ermutigt. Ohne Solidarität gibt es keine menschliche Gesellschaft.

Solidarität ist zugleich Waffe der Schwachen im Kampf um ihr Recht und Konsequenz aus der Einsicht, daß der Mensch der Mitmenschen bedarf. Wir können als Freie und Gleiche nur dann menschlich miteinander leben, wenn wir füreinander einstehen und die Freiheit des anderen wollen. Wer in Not gerät, muß sich auf die Solidarität der Gesellschaft verlassen können.

Solidarität gebietet auch, daß die Menschen in der Dritten Welt die Chance für ein menschen-würdiges Leben erhalten. Kommende Generationen, über deren Lebenschancen wir heute ent-scheiden, haben Anspruch auf unsere Solidarität.

Solidarität ist auch nötig, um individuelle Entfaltungschancen zu erweitern. Nur gemeinsames Handeln, nicht egoistischer Individualismus schafft und sichert die Voraussetzungen individu-eller Selbstbestimmung.

Freiheit, Gerechtigkeit und Solidarität bedingen einander und stützen sich gegenseitig. Gleich im Rang einander erläuternd, ergänzend und begrenzend erfüllen sie ihren Sinn.

Diese Grundwerte zu verwirklichen und die Demokratie zu vollenden, ist die dauernde Aufgabe des Demokratischen Sozialismus.

2. Die Welt, in der wir leben

Industrielle Revolution und moderne Technik haben in Teilen der Welt einen geschichtlich bei-spiellosen Wohlstand geschaffen, der durch den Ausbau des Sozialstaats und die Politik der Ge-werkschaften allen zugute gekommen ist.

Die Überwindung des Mangels bei uns wurde weltweit mit neuen Gefährdungen für Mensch und Natur bezahlt. Die Dynamik der industriellen Zivilisation läßt alte Ungerechtigkeiten be-stehen und schafft darüber hinaus neue Bedrohungen für Freiheit und Gerechtigkeit, Gesund-heit und Leben.

Nie zuvor verfügten Menschen über so gewaltige Macht. Mit der Gentechnik können sie die Evolution in die eigene Hand nehmen. Die Entfesselung des Atoms kann zur Ausrottung der menschlichen Gattung führen.
Aber das Bewußtsein erhöhter Verantwortung wächst.

Die Gefahr, daß die Menschheit sich durch atomare, chemische oder biologische Massenver-nichtungsmittel auslöscht, ist nicht gebannt.
Aber der Widerstand gegen den Rüstungswahn wird stärker. Abrüstung ist in greifbare Nähe ge-rückt. Das Freund-Feind-Denken schwindet.

Durch Vergiftung von Boden, Wasser und Luft sterben Wälder und Meere, Pflanzen und Tiere. Wir entziehen uns selbst die Lebensgrundlagen.
Aber ökologisches Denken gewinnt an Kraft. Neue, aber auch voreilig für veraltet erklärte Tech-niken und Verfahren machen naturgerechtes Wirtschaften möglich.

Kein Land ist für sich allein lebensfähig. Klimaveränderungen oder der Abbau der schützenden Ozonschicht kümmern sich nicht um nationale Grenzen. Kriege treffen auch unbeteiligte Völ-ker. Wirtschaftliche Krisen oder Erfolge in einem Teil der Erde wirken sich auf alle anderen aus. Die Weltgesellschaft ist Wirklichkeit, eine gerechte Friedensordnung ist jedoch noch in weiter Ferne.
Aber die Einsicht wächst, daß sie notwendig ist. Gemeinsame Aufgaben zwingen zu Frieden und internationaler Zusammenarbeit.

Die Konzentration wirtschaftlicher Macht in immer weniger Händen scheint unaufhaltsam, der weltweite Wettlauf um Märkte und knappe Hilfsquellen unvermeidlich zu sein. In immer kürzerer Zeit bewegen sich Kapitalströme um den Erdball. Gigantische multinationale Konzer-ne planen ihre Gewinnstrategien weltweit, unterlaufen demokratische Kontrollen und erzwin-gen politische Entscheidungen. Expansionsmacht und Gewinnstreben schaffen gewaltigen Reichtum, erniedrigen aber gleichzeitig unzählige Menschen und ganze Nationen. Sie begren-

zen unseren nationalen Handlungsspielraum. Globale Konjunktur- und Strukturkrisen lassen Wirtschaftsregionen zusammenbrechen.
Aber Gegenmacht entsteht, wo sich Staaten erfolgreich zu regionalen Gemeinschaften zusammenschließen und Gewerkschaften nationale Grenzen überwinden.

Abhängig von Banken, Rohstoffbörsen, Konzernen und Staaten des Nordens, durch den Protektionismus der Industriestaaten in ihrer eigenständigen Entwicklung behindert, zum Manövrierfeld des Ost-West-Konflikts erniedrigt, oft von korrupten Eliten ausgebeutet, ringt der Süden um seine Zukunftschance. Je bedrückender das Elend, desto stürmischer das Bevölkerungswachstum, desto rascher die Zerstörung der Natur, desto geringer die Chance eigenständiger Ernährung, desto demütigender die Abhängigkeit von Entscheidungen im Norden. Aber die Armen wehren sich gegen Bevormundung und Ausbeutung. Sie schließen sich zusammen und suchen nach eigenen Wegen. Und auch der Norden beginnt zu erkennen, welche Gefahr die Verelendung des Südens für alle Menschen birgt. Das Bewußtsein gemeinsamer Verantwortung wächst in Ost und West.

Neue Technologien, insbesondere der Information und Kommunikation, prägen Arbeitswelt, Öffentlichkeit und zunehmend private Beziehungen. Sie bedrohen die Qualität der Arbeit, die Arbeitsplätze und die demokratische Willensbildung; wo immer ihr Einsatz einseitig an Gewinn- oder Machtinteressen ausgerichtet ist, verstärken sie Tendenzen der Manipulation und Überwachung.
Andererseits eröffnen sie neue Chancen für humanere Arbeitsorganisation, mehr Transparenz, bessere Information und Teilhabe.

Der Staat wird zum überforderten Reparaturbetrieb. Er soll durch soziale Nachsorge oder nachhinkenden Umweltschutz reparieren, was durch ökologisch und sozial unverantwortliches Wirtschaften zerstört wurde.
Aber immer mehr Menschen begreifen, daß Vorsorge und Gestaltung unabweisbar sind.

Das Verhältnis von Individuum und Gesellschaft ändert sich. Der einzelne, ohne feste Einbindung und ohne die Erfahrung von Gemeinschaft, sieht sich oft allein einer fremden und anonymen Gesellschaft gegenüber, die ihn durch immer neue Wahlmöglichkeiten zugleich fasziniert und überfordert.
Aber die Möglichkeit, frei zu wählen, wird nur dann zu mehr Freiheit und individueller Entfaltung führen, wenn sie in einen persönlichen Lebensentwurf eingeordnet und in Solidarität mit anderen wahrgenommen wird.

Noch immer leben wir in einer männlich bestimmten Gesellschaft. Die Organisation der Arbeit und des gesellschaftlichen Lebens benachteiligt die Frauen.
Aber die Frauen erkämpfen sich zunehmend ihre Rechte.

Viele Menschen leiden unter der Kluft zwischen dem, was politisch zu tun wäre und dem, was geschieht. Sie erwarten nichts mehr von Politik, ziehen sich ins Private und in kleine Gemeinschaften zurück oder fliehen vor der Wirklichkeit in neue Abhängigkeiten.

Wir Sozialdemokraten wollen beweisen, daß Politik der Mühe aller wert ist. Wir stellen uns den Gefährdungen unserer Zeit. Ohne uns von mächtigen Interessengruppen einschüchtern zu lassen, suchen wir den Dialog mit den Menschen, die sich mit uns an das Umsteuern, Planen und Gestalten heranwagen.

Quelle: Vorstand der SPD. Pressestelle, Bonn.

d.) Wiesbadener Grundsätze — Für die liberale Bürgergesellschaft
Beschlossen vom 48. Bundesparteitag der F.D.P am 24. Mai 1997

1.) Inhaltsverzeichnis

Bürger sind Teilhaber der Weltgesellschaft

14. Das Europa der Bürger
15. Die Bürgergesellschaft in der Weltverantwortung

Teil IV

Das Prinzip Verantwortung für die nächsten Generationen

1. Die Ökologische Marktwirtschaft
2. Der bescheidene Staat
3. Der neue Generationenvertrag
4. Die Generationenbilanz

2.) Textauszüge

Teil I

Die F.D.P. trägt Verantwortung für das, was war, was ist und für das, was wird

Liberale haben nach 1945 der Idee der Freiheit zum erneuten Durchbruch verholfen. Die F.D.P. war stets der Motor für Reformen, wenn es um Richtungsentscheidungen zugunsten der Freiheit ging. Nur durch die F.D.P. konnte in den fünfziger Jahren die Soziale Marktwirtschaft gegen die Sozialdemokraten und Teile der Christdemokraten durchgesetzt werden. Nur durch die F.D.P. konnte sich in den siebziger Jahren mehr Bürgerfreiheit gegen konservative Rechts- und Gesellschaftspolitik durchsetzen. Die Liberalen waren Vorreiter für die Demokratisierung und Liberalisierung der Gesellschaft, gegen obrigkeitsstaatliche Bevormundung und Engstirnigkeit. Unsere Politik der marktwirtschaftlichen Erneuerung in den achtziger Jahren brachte neue Arbeitsplätze und mehr Wohlstand für mehr Bürger.

Ein großer Teil des Widerstands gegen das sozialistische Staatswesen erwuchs aus der Attraktivität des freiheitlich-liberalen Gesellschafts- und Wirtschaftssystems. Das in den europäischen Integrationsprozeß eingebettete, vereinte Deutschland ist das freiheitlichste unserer Geschichte. Die aus der Wiedervereinigung erwachsenen Aufgaben liegen den Liberalen besonders am Herzen.

Nie war unser republikanisches Gemeinwesen insgesamt demokratischer organisiert, unser Wohlstandsniveau höher und unsere Gesellschaft aufgeklärter. Und doch können wir nicht so weitermachen wie bisher. Millionenfache Arbeitslosigkeit in Deutschland ist ein Anschlag auf die Freiheit. Deshalb ist die Überwindung der Arbeitslosigkeit die zentrale Frage der Zukunftsfähigkeit einer leistungsfähigen und solidarischen Gemeinschaft. Die meisten Menschen spüren, was die Experten längst wissen: Unser Land ist nicht hinreichend für die Herausforderungen der nächsten Jahrzehnte gerüstet. Deutschland verliert dramatisch an Reformkraft, Wettbewerbschancen und Zukunftsfähigkeit.

In Deutschland hat sich die Politik immer mehr daran orientiert, was bei den Betroffenen gut ankommt, was gefällt. Sie hat sich zur Gefälligkeitspolitik entwickelt. Die Politik hat den Menschen immer mehr Risiken abgenommen und jedes Problem für lösbar erklärt. Die Bürger haben ihrerseits der Politik immer mehr die Lösung der Probleme zugewiesen. Die Überforderung des Staates ging einher mit der Unterforderung der Bürger.

Bei der Gefälligkeitspolitik kommt es nicht mehr darauf an, ob eine Entscheidung gut oder schlecht ist, sondern nur noch darauf, ob sie ankommt oder nicht. Die Gefälligkeitspolitiker bringen nicht mehr den Mut auf, auch Unpopuläres zu sagen: Unser Wohlstand der Gegenwart wird mit immer neuen Hypotheken auf die Zukunft finanziert. 2.000 Mrd. DM Staatsverschuldung sind ein Skandal unserer Gefälligkeitspolitik, der der nächsten Generation nicht länger zugemutet werden darf. Die gesetzlichen Sozialsysteme sind derzeit Verträge zu Lasten künftiger Generationen. Sie nehmen den Bürgern den Freiraum für eigenverantwortliche Zukunftssicherung und sind schon heute kaum noch finanzierbar. Immer mehr Leistungsempfänger müssen durch immer weniger Beitragszahler mit immer höheren Beitragssätzen finanziert werden. Eine Umweltpolitik, die sich letztendlich in staatlichen Ge- und Verboten erschöpft, wird dem Schutz der natürlichen Lebensgrundlagen im Interesse der nächsten Generationen nicht gerecht.

Bei der Gefälligkeitspolitik geht der Mut zu Reformen verloren. Besitzstände werden heiliggesprochen. Veränderungen werden als Bedrohung empfunden und von organisierten Interessengruppen bekämpft. Flankierung von Strukturwandel wird zur Dauersubventionierung. Steuern, Abgaben und Regelungswut treiben Arbeitsplätze aus unserem Land. Gefälligkeitspolitik und Staatsbürokratie mit ihrer Subventions- und Vollkaskomentalität führt zu Strukturkonservatismus und einem Mangel an bezahlbarer Arbeit, was wir heute dramatisch spüren. Dauerarbeitslosigkeit aber gefährdet die Lebenschancen künftiger Generationen. Undurchschaubare Sozialgesetze verteilen nach dem Gießkannenprinzip an alle etwas, aber immer weniger kommt bei den wirklich Bedürftigen an. Die Sozialstaatsklauseln in den Verfassungen werden als Blankovollmachten mißbraucht, um immer neue Ausgaben zu rechtfertigen. Solidarität und Mitmenschlichkeit verkommen zur bürokratischen Dienstleistung. Verantwortung wird verstaatlicht, statt beim Einzelnen gestärkt zu werden.

Die Gefälligkeitspolitik trifft keine Vorsorge für Bedürftigkeit, sondern bedient die Bedürfnisse von Interessengruppen. Jede Berufsgruppe erhält eine Sondervergünstigung, jeder Wechselfall des Lebens wird mit einer staatlichen Versicherung versehen. Der Staat ist zu einer Agentur für die Bedienung von Klientelinteressen und die Versicherung privater Lebensrisiken geworden. Viele haben die von der Politik und mächtigen Interessengruppen geschaffene Illusion einer Rundumbetreuung gerne geglaubt. Sie haben den Wettbewerb der Versprechungen mit ihrer Stimmabgabe honoriert. Die Erkenntnis wächst, daß die Gefälligkeitspolitik, die allen alles verspricht, unfinanzierbar geworden ist. Die Bürger spüren: Die Gefälligkeitspolitik kann nicht halten, was sie verspricht. Der Bürokratiestaat bevormundet den Bürger. Der Steuerstaat enteignet Leistung und Chancen. Dier Schuldenstaat vernichtet Zukunft.

Wer dem Staat immer mehr Aufgaben aufbürdet, nimmt Steuererhöhungen und Verschuldung zur Finanzierung dieser zusätzlichen Aufgaben in Kauf. Wer über steigende Steuern klagt, darf nicht gleichzeitig nach immer neuen Wohltaten rufen. Die Neigung der Politik, jedes Problem mit staatlichen Programmen lösen zu wollen, korrespondiert mit der Neigung vieler Bürger, immer mehr Ansprüche an den Staat zu stellen. Die Trennung zwischen Freiheit und Verantwortung — möglichst viele Freiheiten beim Bürger und möglichst viele Pflichten und Verantwortung beim Staat — führt nicht nur zur Unfinanzierbarkeit unseres Gemeinwesens, sondern zum Verlust von Freiheitlichkeit und Engagement in unserer Gesellschaft.

Die Gefälligkeitspolitik zeigt sich auch im Umgang mit den Bürgerrechten. Statt die Ursachen von Regelverstößen anzugehen oder bestehende Gesetze durchzusetzen, werden Regeln symbolisch verschärft. In allen Parteien suchen sozialdemokratische Konservative und konservative Sozialdemokraten ihren politischen Erfolg in der Konkurrenz um die bessere Fortsetzung des

falschen Weges. Eine politische Kraft ist notwendig, die unbeirrt durch den Zeitgeist die Dinge beim Namen nennt und für ihren Weg wirbt: Für den Weg in die offene Bürgergesellschaft.

Die Lebenswege der Menschen in den neuen Bundesländern sind dabei eine wertvolle Erfahrung. Die offene Bürgergesellschaft erfordert nicht nur einen Strukturwandel in Ostdeutschland, sondern auch und gerade in den alten Bundesländern.

Zur offenen Gesellschaft in einer pluralen Demokratie gehören der Irrtum und die Fähigkeit, Fehlentwicklungen zu korrigieren. Parteien mit Anspruch auf Unfehlbarkeit sind undemokratisch. Auch wir haben zu oft mitgemacht bei der Gefälligkeitspolitik. Auch wir haben zu wenig Widerstand geleistet. Wir Liberalen stehen zu unserer Verantwortung für das, was bisher war. Aber wir lassen uns nicht das Recht nehmen, für die Zukunft das Umdenken zu verlangen, das jetzt gefordert ist.

Wir Liberale setzen der Gefälligkeitspolitik die Verantwortungsgesellschaft entgegen.

. . .

Teil IV

Das Prinzip Verantwortung für die nächsten Generationen

Jede Generation ist verpflichtet, die Freiheitschancen Nachgeborener zu bewahren und nicht durch Verbindlichkeiten und Verbrauch zu riskieren.

1. Die Ökologische Marktwirtschaft

Die Verantwortungsgesellschaft schützt die natürlichen Lebensgrundlagen. Zu den Lebensgrundlagen gehört biologische Vielfalt. Sie ist Voraussetzung für die Anpassungsfähigkeit der Natur an neue Umweltbedingungen. Die Liberalen setzen der ökologischen Staatswirtschaft die ökologische Marktwirtschaft entgegen. Das Verursacherprinzip führt zu effizienterem und effektiverem Umweltschutz. Wer Umwelt schont, muß sich auch ökonomisch besser stehen als der, der Umwelt schädigt. Die Liberalen treten für die Weiterentwicklung der Sozialen Marktwirtschaft zu einer Sozialen und Ökologischen Marktwirtschaft ein.

Ziel ist ein Strukturwandel hin zu nachhaltigen Formen des Wirtschaftens. Die Nutzung erneuerbarer Ressourcen findet ihre Grenze in der Regenerationsrate dieser Ressourcen, die Nutzung nicht-erneuerbarer Ressourcen muß den Bedarf künftiger Generationen berücksichtigen. Die Ressourcenproduktivität muß erhöht werden. Dafür brauchen wir technische und organisatorische Innovationen. Das verlangt ein Umdenken bei Produzenten und Konsumenten. Dazu gehört die Erforschung und Anwendung neuer technischer Verfahren zu höchsteffizienter Stoff- und Energiewandlung sowie der Umbau der staatlichen Rahmenbedingungen, die Umweltschutz und Ressourcenschonung zum wirtschaftlichen Eigeninteresse von Unternehmen und Bürgern machen. Dazu bedarf es des Einsatzes marktwirtschaftlicher Instrumente, insbesondere auch der Einführung von Umweltzertifikaten und einer Reform des Steuersystems, in der die Belastung von Arbeitsplätzen und Kapitalbildung abgebaut und dafür die steuerliche Belastung umweltschädigenden Verbrauchs erhöht wird.

Der ökologische Umbau durch marktwirtschaftliche Ökologie führt nicht zu einem Verzicht auf staatliche Auflagen. Er kann jedoch viele Gebote und Verbote überflüssig und die Umweltpolitik klarer und verständlicher machen. Umweltschutz läßt sich nicht allein vom Staat verord-

nen. Er ist nur wirkungsvoll, wenn er auf der Einsicht der Bürger beruht. Wir wollen einen Wertewandel durch Einsicht.

Die Aufnahme des Umweltschutzes als Staatsziel in das Grundgesetz beruht auf dem gesellschaftlichen Konsens, daß die Politik heute eine Verantwortung für die künftigen Generationen und ihre natürlichen Lebensgrundlagen trägt. Der neue Artikel 20 a des Grundgesetzes lautet entsprechend: „Der Staat schützt auch in Verantwortung für die künftigen Generationen die natürlichen Lebensgrundlagen im Rahmen der verfassungsmäßigen Ordnung durch die Gesetzgebung und nach Maßgabe von Gesetz und Recht durch die vollziehende Gewalt und Rechtsprechung."

Ebenso wie die natürlichen muß der Staat auch die strukturellen und politischen Lebensgrundlagen der künftigen Generationen schützen.

2. Der bescheidene Staat

Die Staatsverschuldung nimmt den künftigen Generationen ihre Freiheit und Chancen. Wer die Staatsverschuldung dauerhaft abbauen will, muß die Neuverschuldung im Grundgesetz verbieten. Innerhalb von zehn Jahren müssen in einem verbindlichen Stufenplan auf allen staatlichen Ebenen ausgeglichene Haushalte erreicht werden. Danach dürfen die Ausgaben die Einnahmen nicht mehr übersteigen. Kredite dürfen nicht als Einnahmen gezählt werden. Artikel 115 des Grundgesetzes ist entsprechend zu ändern.

Artikel 115 des Grundgesetzes, wonach die Kreditaufnahme des Bundes durch die Ausgaben für Investitionen begrenzt ist, hat sich nicht bewährt. Auch weil die erhöhte Kreditaufnahme zur Abwehr einer Störung des gesamtwirtschaftlichen Gleichgewichts zulässig ist, hat es keine wirksame Begrenzung gegeben. Die Unterscheidung von konsumtiven und investiven Ausgaben blieb zweifelhaft.

Derzeit wird der Wohlstand der Gegenwart auch mit Hypotheken auf die Zukunft finanziert. Die Staatsverschuldung führt dazu, daß bald Zins und Tilgung die größten Etatposten sein werden. Das darf den nächsten Generationen nicht zugemutet werden. Die Privatperson kann die überschuldete Erbschaft ausschlagen: Diese Möglichkeit hat die nächste Generation nicht.

Durch ein Verfassungsgebot ist eine Obergrenze für die Gesamtbelastung der Bürger durch Steuern und Abgaben zu verankern. Die Gesamtbelastung der Bürger darf ein Drittel nicht übersteigen. Zweidrittel dessen, was der Bürger erwirtschaftet, muß im Durchschnitt auch beim Bürger verbleiben.

Im Grundgesetz ist außerdem eine Obergrenze für die individuelle Höchstbesteuerung zu verankern. Der Staat muß den Bürgern mehr lassen, als er ihnen nimmt. Durch ein Verfassungsgebot darf deshalb die individuelle Gesamtbelastung der Bürger durch Steuern die Hälfte nicht übersteigen.

Die Staatsquote muß auf ein Drittel gesenkt werden. Wenn wie derzeit jede zweite Mark durch die Hände des Staates geht, dann ist das nicht mehr Marktwirtschaft, sondern Staatswirtschaft.

Wer eine neue Steuer einführen will, braucht hierfür künftig eine Zweidrittel-Mehrheit im jeweiligen Parlament. Neue Steuern einzuführen muß so schwierig wie eine Verfassungsänderung werden. Derzeit nicht mehr erhobene Steuern müssen in Artikel 106 des Grundgesetzes gestrichen werden. Damit kann die Wiedereinführung überholter Abgaben verhindert werden. Auch die Ergänzungsabgabe ist zu streichen. Damit soll verhindert werden, daß über den Umweg fortlaufender Ergänzungsabgaben eine dauerhafte Erhöhung der Abgabenlast erfolgt.

Staatliche Programme, die mit Ausgaben verbunden sind, bedürfen künftig der genauen Bestimmung eines Enddatums. Alle eingegangenen Verpflichtungen dürfen nicht weiter als bis zu diesem Zeitpunkt laufen. Danach ist eine vollständig neue Beschlußfassung erforderlich, wenn das Programm weiterlaufen soll. Ohne Begrenzung der Laufzeit wird aus vorübergehenden Hilfen regelmäßig eine Dauersubvention.

In das Grundgesetz ist ein Privatisierungsgebot aufzunehmen. Bund, Länder und Gemeinden haben bei der Erledigung von Aufgaben Privaten den Vorrang zu geben, wenn dadurch die angestrebten Zwecke nicht beeinträchtigt und ebenso wirtschaftlich wie bei der öffentlichen Wahrnehmung erreicht werden. Im Interesse der kommenden Generationen müssen die staatlichen Ausgaben tendenziell von konsumtiven auf investive Ausgaben umgeschichtet werden. Im Bereich der konsumtiven Ausgaben müssen Bildung und Wissenschaft wegen ihrer Bedeutung für gesellschaftliche und wirtschaftliche Zukunftschancen eine höhere Bedeutung erhalten.

Zwischen den Verfassungsschranken für Abgabenbelastung, dem Verfassungsgebot für materiell ausgeglichene Haushalte und dem Privatisierungsgebot besteht ein zwingender Zusammenhang, wenn das Ziel der Reduzierung der Staatsquote erreicht werden soll. Würde die Verfassung nur die Abgabenbelastung beschränken, könnte ein zu hoher Staatsanteil durch höhere Staatsverschuldung finanziert werden. Umgekehrt könnte beim Verfassungsgebot für die materiell ausgeglichenen Haushalte eine zu hohe Staatsquote durch höhere Steuern und Abgaben finanziert werden. Das Privatisierungsgebot nimmt zudem die ohnehin unwahrscheinliche Möglichkeit der Finanzierung von Staatsaufgaben bzw. Staatsausgaben durch die Gewinne von Staatsunternehmen.

Damit werden dem „maßlosen Staat" die Hauptnahrungsquellen verschlossen. Die freie Verfügung der Bürger über sich und ihr Eigentum entscheidet über den Grad von Freiheit und Verantwortung einer Gesellschaft. Deshalb garantieren freiheitliche Verfassungen das Bürgerrecht auf Eigentum. Dieses Bürgerrecht muß auch gegen die indirekte Enteignung durch Steuern und Abgaben geschützt werden. Die Staatsverschuldung führt sonst zu den Steuererhöhungen von morgen.

Grundrechte sind Abwehrrechte des Bürgers gegenüber dem Staat. Der Staat ist nicht alles. Der Staat darf nicht alles. Dies gilt auch beim Schutz des Bürgers vor dem Steuer- und Schuldenstaat, in dem Demokratie zur Bürokratie verkommt. Freiheit wird auch von einem unfinanzierbaren Staat bedroht, der mit immer mehr Steuern und Abgaben, immer mehr Bürokratie und Verwaltung die Freiheit und Verantwortungsbereitschaft einschränkt. Hierzu ist das Berufsbeamtentum für alle nicht hoheitlichen Aufgaben des Staates abzuschaffen. Liberale wollen den geordneten Rückzug aus dem überschuldeten Staat. Deswegen muß der „bescheidene Staat" konstitutionell verankert werden.

3. Der neue Generationenvertrag

Für einen verläßlichen Generationenvertrag brauchen wir ein generelles Umdenken. Die gesetzlichen Sozialversicherungen allein werden in Zukunft soziale Sicherheit nicht mehr gewährleisten. Gefordert sind deshalb mehr Freiräume für Eigenverantwortung innerhalb und außerhalb der gesetzlichen Sozialversicherung.

In der zentralen Frage der Alterssicherung brauchen wir für einen verläßlichen Generationenvertrag mehr Kapitalbildung und mehr Elemente des Kapitaldeckungsverfahrens. Die Alterssicherung heute stützt sich zu einseitig auf die Zwangsversicherung im Rahmen der Gesetzlichen Rentenversicherung nach dem Umlageverfahren. Selbst bei Ergänzung der Gesetzlichen Ren-

tenversicherung durch Betriebsrenten können die Bürger nicht mehr darauf vertrauen, daß ihr eigener Beitrag zum Sozialsystem den für das Alter angestrebten Lebensstandard sichert. Frühverrentungen als Verträge zu Lasten Dritter haben das Problem verschärft. Wir brauchen eine grundsätzliche Reform des Gesamtsystems der Alterssicherung. Sie muß die Lebensleistung der Älteren anerkennen und ein menschenwürdiges Leben im Alter ermöglichen. Ziel einer liberalen Reform ist Rentensicherheit, Generationengerechtigkeit und Beitragsstabilität.

In dem Bereich, in dem Politik gestalten kann und muß, hängen die Chancen der heute Jungen auf eine gesicherte Altersversorgung vor allem davon ab, welchen Beitrag wir heute durch Sparen für eine gute Kapitalausstattung leisten. Denn die Kapitalausstattung entscheidet zusammen mit der Qualität von Bildung, Ausbildung und der Wirtschaftsordnung, wie hoch morgen das Sozialprodukt sein wird, aus dem Renten und Pensionen zu leisten sind.

Trotz steigender Beiträge für die Gesetzliche Rentenversicherung nimmt ihre Leistungsfähigkeit beständig ab. Immer höhere Beitragslasten entziehen der Kapitalbildung im Dienst der eigenverantwortlichen Altersfürsorge die finanzielle Grundlage.

Verläßliche Alterssicherung der jungen Generation erfordert deshalb heute ein höheres Durchschnittsalter und Arbeitszeitflexibilität beim Eintritt in das Renten- bzw. Pensionsalter. Wir brauchen eine konsequente Abkehr von der falschen Arbeitsmarktpolitik der Frühverrentung. Die bisherigen Rentenreformen erweisen sich als unzulänglich, weil sie den Anstieg der Beitragssätze gegenüber einem uneingeschränkten „Weiter so!" lediglich gebremst haben. Diese Reformen haben aber weder einen ausreichenden Beitrag für verläßliche Alterssicherung geleistet, noch den Anstieg der Sozialabgabenquote verhindert.

Verläßliche Alterssicherung braucht mehr Freiraum für mehr Eigenverantwortung. Sie braucht bessere gesamtwirtschaftliche Rahmenbedingungen für Sparen im Dienst eigenverantwortlicher Altersvorsorge und für volkswirtschaftliche Kapitalbildung als Grundlage für die Freiheitschancen der jungen Generation.

Eigenverantwortliche Vorsorge in der Alterssicherung kann durch ein großes Maß an Vielfalt der Vorsorgeformen, vom Wohneigentum bis zu Kapitalanlagen mit unterschiedlichen Renditen und Risiken erreicht werden.

Das Pflichtsystem der Gesetzlichen Rentenversicherung soll erhalten bleiben, darf aber durch hohe Zwangsbeiträge die Anlagemöglichkeiten der jungen Generation in freie Kapitalanlagen zur Alterssicherung nicht zu stark beschränken. Bei Freiraum für eigenverantwortliche Altersvorsorge bliebe es Entscheidung des einzelnen Bürgers, auf welchem Niveau und mit welcher Gewichtung zwischen gesetzlicher Sicherung, betrieblicher Zusatzsicherung und rein privater Aufstockung nach dem Kapitaldeckungsverfahren die junge Generation insgesamt für ihre Alterssicherung und für ihre Kinder vorsorgen will.

Die Politik muß hierzu durch eine radikale Reform des Steuersystems in Richtung auf Steuerentlastung und Steuervereinfachung ihren Beitrag leisten. Kapitalbildung und der Wechsel von Anlageformen müssen steuerlich freigestellt werden.

Die bisherige steuerliche Diskriminierung der Altersvorsorge über den Kapitalmarkt gegenüber der Zwangsanlage in der Gesetzlichen Rentenversicherung muß aufgehoben werden. Steuerliche Gleichbehandlung der Anlageformen schafft zusätzlichen Spielraum für private, kapitalgedeckte Alterssicherung. Durch ein liberales Steuersystem wird auch die heute systematische Kapitalvergeudung durch Fehllenkung von Ersparnis verhindert. Eine solche Reform wird wirkungsvoll zu einem verläßlichen Generationenvertrag beitragen — auf der Grundlage besserer Kapitalausstattung der jungen Generation und ohne Verträge zu Lasten Dritter.

Die wachsenden Staatsaufgaben haben einen wachsenden Staatsapparat hervorgebracht. Jede neue Einstellung eines Beamten ist mit unabänderlichen Pensionslasten für die Zukunft verbunden. Schon die heute vom Staat eingegangenen Verpflichtungen für Pensionen drohen zu den Schulden und Steuern von morgen zu werden. Deswegen muß der Staat für die Pensionslasten von morgen heute Vorsorge treffen. Bei jeder Verbeamtung auf Lebenszeit muß der Staat aus dem laufenden Haushalt Rückstellungen für die Pensionen vornehmen. Pensionsfonds bei Bund, Ländern und Gemeinden verhindern, daß die heutige Generation die Finanzierung ihres Fürsorgestaats der nächsten Generation zumutet.

4. Die Generationenbilanz

Solidarität ist für Liberale auch die Solidarität zwischen den Generationen. Einmal im Jahr muß die Bundesregierung eine Generationenbilanz vorlegen, in der über die Belastungen der Generationen von heute und morgen umfassend berichtet wird. In ihr müssen Haben und Soll ausgewiesen sein: Auf der einen Seite die Leistungen beispielsweise für Bildung und Ausbildung, Infrastruktur und soziale Sicherheit. Auf der anderen Seite die Belastungen beispielsweise durch Staatsverschuldungen, Pensionslasten und Generationenverträge. Die Generationenbilanz fördert das Bewußtsein für das Prinzip Verantwortung für die nächste Generation und stärkt den Zusammenhalt der Generationen untereinander. Generationengerechtigkeit ist Zukunftssicherung für die junge Generation und Anerkennung der Lebensleistung der älteren Generation.

Quelle: Wiesbadener Grundsätze — Für die liberale Bürgergesellschaft, Beschluß des 48. ordentlichen Bundesparteitages der F.D.P., 24. Mai 1997 (Vorläufige Fassung vorbehaltlich einer Überprüfung des Wortprotokolls). F.D.P. Bundesgeschäftsstelle, Bonn.

e.) Politische Grundsätze der BÜNDNIS 90/DIE GRÜNEN — Auszüge

. . .

Grundkonsens

Präambel

Wir, DIE GRÜNEN und das BÜNDNIS 90, aus den Oppositionskulturen der beiden deutschen Staaten gewachsen, schließen uns zu BÜNDNIS 90/DIE GRÜNEN zusammen, um als gemeinsame politische Kraft unter den neuen nationalen und globalen Herausforderungen für unsere demokratischen Reformziele zu kämpfen und politische Verantwortung zu übernehmen.

Uns eint der Wille nach mehr Demokratie und sozialer Gerechtigkeit, das Gebot einer umfassenden Verwirklichung der Menschenrechte, das Engagement für Frieden und Abrüstung, Gleichstellung von Frauen und Männern, Schutz von Minderheiten, Bewahrung der Natur sowie umweltverträgliches Wirtschaften und Zusammenleben. Unsere gemeinsame Organisation soll Kristallisationskern für alle Kräfte sein, die sich diesen Zielen verpflichtet fühlen. Wir wollen die Ideen, die Kritik und den Protest von Bürgerinnen und Bürgern aufnehmen, sie zu Aktivität ermutigen und ganzheitliche Konzepte entwickeln, die ihre Gestaltungskraft aus der

Verbindung konkreter Utopien mit realisierbaren Schritten gewinnen. Wir wissen, daß die verpaßten Chancen der deutschen Vereinigung nur dann ausgeglichen und die schwere Hypothek ihres falschen Beginns nur dann abgetragen werden kann, wenn wir die Barrieren in den Köpfen und Herzen abbauen und uns gegenseitig in Achtung und Partnerschaft annehmen.

Ein Zurück in die alten Welten wird die Lösung der sich verschärfenden Probleme zwischen Ost und West sowie Nord und Süd nicht bringen. Nur ein fairer Interessen- und Lastenausgleich auf der Grundlager aktiver Solidarität, ein von gegenseitigem Verstehen und Toleranz bestimmtes Handeln werden ein Gemeinwesen fördern, das lebendigen Bestand hat und seine Verantwortung anderen Völkern und der natürlichen Umwelt gegenüber wahrnehmen kann.

Grundwerte

Menschenrechte

. . .

Ökologie

. . .

Demokratie

. . .

Soziale Gerechtigkeit

. . .

Gesellschaftliche Gleichstellung von Frauen und Männern

. . .

Gewaltfreiheit

. . .

Für eine neue politische Kultur

Die weltweit bestehenden wirtschaftlichen, ökologischen und sozialen Probleme werden von der gegenwärtig vorherrschenden Politik weitgehend übergangen. Weil die etablierten Machtverhältnisse auf Besitzstandswahrung und Wohlstandserweiterung ausgerichtet sind, beschränken die damit verbundenen Konkurrenzmechanismen und hervorgerufenen Existenzängste die tatsächlichen Handlungsmöglichkeiten der Menschen. Das Ausmaß der Probleme und die politischen Antworten, die öffentliche Problemwahrnehmung sowie Wort und Tat der Verantwortlichen fallen immer stärker auseinander. Die sich zuspitzende ökologische und soziale Krise ist mit den Instrumentarien der herkömmlichen Politik nicht mehr zu bewältigen.

Die Veränderung der gesellschaftlichen Verhältnisse setzt eine grundlegende Erneuerung der politischen Kultur voraus. Sie ist zugleich eine zentrale Aufgabe bei der Überwindung einer Krise, die längst die Existenzgrundlagen der Menschen zerstört.

Unser Handeln wird bestimmt von einer politischen Ethik, die von der Verantwortung für den Menschen als Individuum, für die Gemeinschaft der Menschen und das Leben im umfassenden Sinn ausgeht. Wir stellen dem Vorsatz egoistischer Einzelinteressen unser Interesse an einer durch Vernunft geordneten Welt entgegen.

Unsere politischen Vorstellungen beruhen auf der Überzeugung, daß unsere Ziele nicht durch Gewalt oder Machtmißbrauch erreicht werden können. Wir vertrauen auf die Kraft der Argumente. Uns geht es darum, die Menschen für eine aktive demokratische Politik zu ermutigen. Wir sind deshalb, wo immer die Voraussetzungen für eine vernünftige Verständigung bestehen, um Dialog, die gewissenhafte Suche nach Konsens oder tragbaren Kompromissen be-

müht. Einen solchen Politikansatz gilt es vor allem als Anspruch an uns selbst zu verwirklichen.

Unserem Politikverständnis liegt die Erkenntnis zugrunde, daß die Wirklichkeit nur als komplexes Ganzes in ihrer Wechselwirkung verstanden werden kann. Davon ausgehend strebt BÜNDNIS 90 DIE GRÜNEN komplementäre, einander ergänzende und aufeinander angewiesene Lösungen an, welche die Beschränkung auf Teilbereiche und Einzelprobleme überwinden. Das Denken in unaufhebbaren Widersprüchen, die Verabsolutierung von Teilinteressen in Form von Durchsetzungspolitik und Konfrontationsstrategien gilt es zu überwinden.

Wir sind uns gleichwohl bewußt, daß die Gesellschaft von widerstreitenden Interessen durchdrungen ist. Wo für uns die Suche und das Bemühen um Konsens und überzeugende Kompromisse scheitern, sind wir gewillt, die nötigen Konflikte und Konfrontationen einzugehen. Dialog- und Konfliktbereitschaft gehören gleichermaßen zu den Bestandteilen unserer Politikfähigkeit.

Wir wollen unsere praktische Politik nicht aus vorgefertigten Weltbildern ableiten, sondern konsequent von den vorfindbaren Problemen ausgehend die notwendigen und angemessenen Lösungen suchen. Dabei kann das Überschreiten heutiger „Systemgrenzen" weder das Ziel an sich, noch ein Tabu sein.

Unsere politische Kultur soll einladend und aufnehmend und nicht abweisend und ausgrenzend sein. Sie ist darauf orientiert, Ängste abzubauen und Bereitwilligkeit für die notwendigen Veränderungen zu wecken. Sie soll die Bereitschaft stärken, für die eigenen Einsichten und Überzeugungen auch dann einzustehen, wenn Sie nicht mit den herrschenden Ansichten konform gehen.

Eine solche politische Kultur schließt die entschiedene Stellungnahme gegen alle Arten und Tendenzen ein, aufgrund von Lagermentalitäten oder irrationalen Ängsten und Projektionen, anderen Menschen die gleichberechtigte Teilnahme an den politischen Prozessen zu verwehren. Sie fordert von uns Phantasie und vielfältige Aktivitäten, um die Einbeziehung der Ausgeschlossenen oder von Ausschließung Bedrohten zu erreichen. In diesem Sinne sind wir bemüht, die mißverstehende Unterstellung im politischen Diskurs unter uns wie auch mit anderen zu vermeiden.

Wir suchen für unsere politische Arbeit und Reformziele AnsprechpartnerInnen und Verbündete in der Gesellschaft. Unser Politikstil ist daher — auch im Konflikt von Interessen und Bewertungen — auf Dialog, d.h. auf Klärung und gewaltfreie Auseinandersetzung orientiert. Wir streben jenseits von Vorurteilen und ideologischer Engstirnigkeit eine demokratische Kultur des Streites an.

Unseren Grundwerten folgend erwächst unsere Politik aus der Betroffenheit von Gefühl und Verstand und konzentriert sich auf rationale Überlegungen, Sachfragen und die Erarbeitung umsetzbarer Konzepte. Der Verständigung sind allerdings dort Grenzen gesetzt, wo unsere definierten Grundwerte gewaltsam verletzt werden.

Unsere politische Meinungs- und Willensbildung vollzieht sich öffentlich und soll die sachliche Auseinandersetzung und das öffentliche Problembewußtsein fördern. Wir initiieren und unterstützen weit über unsere Organisation hinaus gehende öffentliche Diskurse zu allen gesellschaftlichen Lebensfragen.

Dadurch wolle wir Bürgerinnen und Bürger zu politischer Verantwortung anregen und in konkretes Handeln einbeziehen. Individualität der Einzelnen sowie Vielfalt der Erfahrungen und Meinungen werden als wichtige Quelle von Ideen und schöpferischer Entwicklung anerkannt.

Eine neue politische Organisation

Mit der Vereinigung von BÜNDNIS 90 und DIE GRÜNEN verbinden sich Erfahrung und der Anspruch politischer Bürgerbewegung und alternativer Partei zu einem gemeinsamen Projekt. Das gleichberechtigte Zusammengehen Beider ist nicht das Ende der jeweiligen Entwicklung, sondern der Beginn einer qualitativ neuen Zusammenarbeit in einer gemeinsamen Organisation im vereinten Deutschland. Sie beruht auf unterschiedlichen Erfahrungshintergründen, gemeinsamen Werten und übereinstimmenden Zielen. In der Verpflichtung auf gemeinsame Grundwerte, einer von gegenseitiger Achtung und Toleranz bestimmten Geisteshaltung und einem davon geprägten Handeln, bestehen die Herausforderungen, eine wirksame Arbeitsorganisation und sachgerechte Lösungswege zu finden.

Der Charakter der neuen politischen Organisation wird sich im Rahmen eines beiderseitigen Lern- und Austauschprozesses, der demokratischen Willensbildung und gesellschaftlichen Erfordernisse entwickeln.

Die innere Struktur unserer Organisation basiert auf Vereinbarungen, Regeln und Arbeitsmethoden, die eine aktive Beteiligung und Mitbestimmung ermöglichen; die Verselbstständigung gewählter Gremien verhindern; die inhaltliche Qualifizierung demokratischer Entscheidungsprozesse gewährleisten; Transparenz, Kontrolle und Korrekturen gestatten und einen möglichst weitgehenden Minderheitenschutz garantieren sollen. Bürokratische Methoden der Disziplinierung lehnen wir ab.

Unsere Basisbewegung braucht verbindliche Mitarbeit, rechtliche Form, durchdachte Logistik und die Einigung auf programmatische Inhalte. Die Basisgruppen, regionale Gliederungen und Landesverbände von BÜNDNIS 90 DIE GRÜNEN sind in den jeweiligen kommunalen, regionalen und landespolitischen Fragen politisch eigenverantwortlich. Die Meinungs- und Willensbildung von Initiativen und Vereinen, der Arbeits- und Basisgruppen wird auf allen Ebenen von BÜNDNIS 90 DIE GRÜNEN einbezogen.

Politische Flügel, Kreise oder Strömungen können einen wichtigen Beitrag zur innerorganisatorischen Willensbildung leisten. Eine konfrontative Verfestigung allerdings, ein Hang zur Abgrenzung, die Behauptung von Vielfalt und Beweglichkeit im Widerspruch zum gleichzeitigen Beharren auf der eigenen als der einzig richtigen Wahrheit, stehen einer auf Dialog und Konsens orientierten Sacharbeit und Streitkultur entgegen.

Politisches Anliegen unserer gemeinsamen Organisation ist eine gesellschaftliche Öffnung der innerorganisatorischen Arbeit.

Unser gemeinsames Wirken nach außen vollzieht sich in breiten Bündnissen mit Bürgerinitiativen, sozialen Bewegungen, den daraus hervorgegangenen Verbänden, Stiftungen und ExpertInnen, die sich gleichen Grundwerten verpflichtet fühlen.

Auch der Sachverstand und das Engagement derjenigen, die sich nicht parteipolitisch binden wollen, soll voll eingebracht werden können. Freie Mitarbeit sowie die Berücksichtigung auch von Nichtmitgliedern bei der Aufstellung von Wahlvorschlägen sind Beispiele dafür. Unsere parlamentarische Arbeit soll der Öffnung unserer Politik für engagierte und sachkundige BürgerInnen dienen. Lobbyismus als die Verquickung mit ökonomischen Sonderinteressen lehnen wir ab. Unsere Parlamentsfraktion soll die Meinung und Willensbildung der Gesamtorganisation, der sozialen Bewegung und die Anliegen der WählerInnen in die Parlamente tragen.

Gleichwohl bleiben unsere Abgeordnete ihrem Gewissen verantwortlich. Sie haben Anspruch darauf, ihre eventuell von der Mehrheit abweichende Meinung — eindeutig als solche deklariert — öffentlich zu äußern. Sache ihrer Verantwortung und Loyalität zur Organisation und

Fraktion ist es, sich der Auseinandersetzung mit den von ihnen vertretenen Positionen zu stellen. Das Parlament ist für uns nicht nur eine Tribüne der Öffentlichkeitsarbeit, sondern zugleich der Ort vielfältiger Kleinarbeit. Unser Streben nach weitreichenden Reformperspektiven schließt eine Beteiligung an Regierungskoalitionen ein, sofern dadurch wesentliche Schritte in Richtung auf die Zielsetzungen erreicht werden können.

Oppositionsarbeit und Regierungsbeteiligung sind für uns grundsätzlich gleichberechtigte und bewährte Möglichkeiten der politischen Arbeit.

Wir sind uns bewußt, daß ohne eine breite gesellschaftliche Reformbewegung, die auf allen Ebenen, in allen Bereichen und Nischen der Gesellschaft und des Staates, ihre demokratischen Forderungen erhebt, unser politisches Vorhaben nur geringe Wirkung entfalten kann. Deswegen unterstützen wir alle Möglichkeiten des politischen Wirkens, die sich aus der parlamentarischen Arbeit und außerparlamentarischen Impulsen und Initiativen ergeben. In unserem Einsatz für die notwendigen gesellschaftlichen Veränderungen verbinden sich parlamentarische Sacharbeit mit Zivilcourage und zivilem Ungehorsam. Dadurch erhalten einzelne Aktionen einen symbolischen Wert und nachvollziehbaren politischen Sinn, den sie für sich allein nicht beanspruchen könnten.

Quelle: BÜNDNIS 90/DIE GRÜNEN, Referat Öffentlichkeitsarbeit, Bonn 1996.

f.) Programm der Partei des Demokratischen Sozialismus
 Beschlossen von der 1. Tagung des 3. Parteitages der PDS,
 29. bis 31. Januar 1993 — Auszüge

1. Die gegenwärtige Welt

. . .

Die globalen Probleme
. . .

Die kapitalistischen Metropolen
. . .

Die Bundesrepublik Deutschland
. . .

2. Das Scheitern des sozialistischen Versuchs

Millionen von Menschen setzten sich nach 1945 für den Aufbau einer besseren Gesellschaftsordnung und für ein friedliebendes Deutschland in Überwindung des faschistischen Erbes ein. Das bedarf keiner Entschuldigung. Die antifaschistisch-demokratischen Verhältnisse im Osten Deutschlands und später das Bestreben, eine sozialistische Gesellschaft zu gestalten, standen in berechtigtem Gegensatz zur Rettung des Kapitalismus in Westdeutschland, der durch die in der Menschheitsgeschichte unvergleichlichen Verbrechen des deutschen Faschismus geschwächt und diskreditiert war. Zum Sozialismusversuch in der DDR gehören wertvolle Ergebnisse und Erfahrungen im Kampf um soziale Gerechtigkeit, um die Bestimmung der Ziele der Produktion im Interesse der werktätigen Bevölkerung, um ein solidarisches und friedliches Gemeinwesen auf deutschem Boden. Es gab jedoch auch Fehler, Irrwege, Versäumnisse und selbst Verbrechen.

Der Sozialismusversuch in der DDR hat die Lebensgeschichte der Menschen im Osten Deutschlands entscheidend geprägt. Zu ihren Erfahrungen zählen die Beseitigung von Arbeitslosigkeit, weitgehende Überwindung von Armut, ein umfassendes soziales Sicherungssystem, bedeutende Elemente sozialer Gerechtigkeit, insbesondere ein hohes Maß an sozialer Chancengleichheit im Bildungs- und Gesundheitsbereich sowie in der Kultur, neue Rechte für Frauen und Jugendliche. Die DDR war ein Staat, der konsequent mit dem deutschen Großmachtchauvinismus gebrochen hatte. Jedoch war auch die DDR-Gesellschaft nicht in der Lage, einen wirksamen Beitrag zum Ausbruch aus der bedrohlichen globalen Entwicklungslogik zu leisten. Und es ist deutlich geworden, daß ein Sozialismusversuch, der nicht von der großen Mehrheit des Volkes erkämpft, entwickelt und getragen wird, der nicht die Selbstbefreiung des Menschen gewährleistet, früher oder später scheitern muß.

Der Weg im Osten wie im Westen war zunächst vom Willen und Einfluß der jeweiligen Siegermacht und vom Kalten Krieg bestimmt. Ostdeutschland entwickelte sich unter anhaltend ungünstigen äußeren Wirtschaftsbedingungen, litt unter dem Aderlaß der Zahlung von 96 Prozent der Reparationen für ganz Deutschland und der Spaltung des gesamtdeutschen Wirtschaftssystems. Die Embargopolitik der westlichen Länder und dadurch begünstigte Autarkiebestrebungen schlossen die DDR weitgehend von der internationalen Arbeitsteilung außerhalb der RGW aus. Auch innerhalb des RGW wurde keine effektive Arbeitsteilung verwirklicht. Die DDR war einer Bedrohungs- und Konfrontationspolitik ausgesetzt. Die Beteiligung an dem von den kapitalistischen Ländern ausgehenden Wettrüsten verzehrte einen beträchtlichen Teil ihrer Wirtschaftskraft und beschleunigte den Niedergang.

Das Scheitern des sozialistischen Versuchs in der DDR ist ursächlich mit dem Scheitern des Modells der Sowjetunion verbunden. Dem welthistorischen Ereignis der sozialistischen Oktoberrevolution von 1917 verdankt die Menschheit grundlegende günstige Entwicklungen im 20. Jahrhundert. Sie hat den Zusammenbruch des Kolonialsystems befördert und dazu beigetragen, soziale und politische Zugeständnisse an die arbeitenden Menschen in den kapitalistischen Zentren durchzusetzen. Wesentlichen Anteil hatte die UdSSR an der Niederschlagung des deutschen Faschismus. Von Anfang an wurde der Versuch, eine sozialistische Ordnung zu schaffen, aber dadurch beeinträchtigt, daß er am Rande und außerhalb der entwickelteren kapitalistischen Industrieländer erfolgte, in einem sozialökonomischen, politisch und kulturell zurückgebliebenen Land, ständig bedroht von einer kapitalistischen Umwelt. Bis zur Unkenntlichkeit entstellt, wurde das, was als Aufbau des Sozialismus gedacht war, durch die von Willkür, Grausamkeit und Bürokratie erfüllte Herrschaft des Stalinismus.

Der Sozialismus in Osteuropa und in der DDR war nicht von vornherein zum Scheitern verurteilt. Sein Zusammenbruch war eine notwendige Folge seiner zunehmenden Unfähigkeit, das Eigentum an den Produktionsmitteln in einer für die Produzenten spürbaren Weise zu vergesellschaften. Alle Versuche zur Erneuerung und Rettung des Sozialismus wurden letztlich blockiert. Es gelang nicht, die erforderliche ökonomische Effektivität zu erreichen und sie mit wirtschaftlicher und politischer Demokratie sowie konsequenter ökologischer Orientierung zu verbinden. Die verabsolutierte Entgegensetzung von Plan und Markt führte zum Fehlen von Selbstregulierungsmechanismen in der Wirtschaft und zur Totalplanung. Bürokratische Verstaatlichung beherrschte das gesellschaftliche Leben. Trotz einiger bedeutender Schritte zur Gleichberechtigung und ökonomischen Unabhängigkeit der Frau wurde auch das Patriarchat nicht ernsthaft erschüttert. Die traditionelle Gewaltenteilung wurde abgelehnt, der Sinn demokratischer Wahlsysteme mißachtet; Mitbestimmungs- und Mitentscheidungsrechte wurden deklariert, aber zu selten realisiert. Es kam zu einer falschen, in großem Maße von Mißtrauen gegen die Bevölkerung des eigenen Landes erfüllten Sicherheitspolitik. Hinzu traten Bevormundung der Rechtsprechung, Verletzungen der Freiheit von Wissenschaft und Kultur,

Mediengängelei. Eine überzeugende alternative gesellschaftliche Produktions- und Lebensweise mit dem Ziel solidarischer Individualitätsentfaltung und im Einklang mit der Natur wurde nicht geschaffen.

Immer deutlicher wurde: Eine demokratische sozialistische Gesellschaft, nicht bestimmt vom Profitprinzip, kann nur auf den gemeinsamen Anstrengungen unterschiedlicher sozialer und politischer Kräfte basieren, oder sie muß untergehen. Sie braucht die Austragung der realen Widersprüche, Kompromiß und Konsens, Toleranz und demokratische Offenheit in einem pluralistischen Prozeß politischer Willensbildung. Wir brauchen neue Zugänge zu Theorie und Praxis des Sozialismus. Unsere heutige Kritik am sozialistischen Versuch läuft weder auf Abwertung der vergangenen gesellschaftlichen Verhältnisse noch auf Ablehnung oder auf Nichtachtung des persönlichen Einsatzes von Frauen, Männern und Jugendlichen hinaus. Für die Geschichte, Gegenwart und Zukunft Deutschlands wie auch für die Politik demokratischer Sozialistinnen und Sozialisten in diesem Land ist es ebenso notwendig, sich mit den Defiziten der DDR-Gesellschaft auseinanderzusetzen, wie die Berechtigung und Rechtmäßigkeit einer über den Kapitalismus hinausgehenden Entwicklung auf deutschem Boden zu verteidigen.

3. Sozialistische Erneuerung

Der Sozialismus ist für uns ein notwendiges Ziel — eine Gesellschaft, in der die freie Entwicklung der einzelnen zur Bedingung der freien Entwicklung aller geworden ist. Sozialismus ist für uns eine Bewegung gegen die Ausbeutung des Menschen durch den Menschen, gegen patriarchalische Unterdrückung, gegen die Ausplünderung der Natur, für die Bewahrung und Entwicklung menschlicher Kultur, für die Durchsetzung der Menschenrechte, für eine Gesellschaft, in der die Menschen ihre Angelegenheiten demokratisch und auf rationale Weise regeln. Sozialismus ist für uns ein Wertesystem, in dem Freiheit, Gleichheit und Solidarität, menschliche Emanzipation, soziale Gerechtigkeit, Erhalt der Natur und Frieden untrennbar verbunden sind.

Die Existenzkrise der Zivilisation macht die Umwälzung der herrschenden kapitalistischen Produktions- und Lebensweise zu einer Frage menschlichen Überlebens. Notwendig sind die radikale Ökologisierung der Gesellschaft und ein neuer Typ des wirtschaftlichen, wissenschaftlichen und technischen Fortschritts. Eine solche alternative Produktions- und Lebensweise bedarf einer von Entfremdung befreiten Arbeitswelt und eines Alltages, der nicht durch Konsum als Selbstzweck, sondern durch Befriedigung menschlicher Bedürfnisse, nicht durch private Nischen in einer Massengesellschaft, sondern durch Individualität und Gemeinschaftlichkeit bestimmt wird.

Es muß darum gehen, die von Profit und Kapitalverwertung bestimmte Entwicklung der Volkswirtschaften und der Gesellschaften zugunsten einer Entwicklung zu überwinden, die von der Verwirklichung gemeinschaftlicher Interessen geprägt ist. Reale Vergesellschaftung setzt demokratische Entscheidungsprozesse auf lokaler, regionaler, nationaler und globaler Ebene voraus. Strategische Entscheidungen über die Richtungen, Normen und Einschränkungen der sozialen, wissenschaftlich-technischen, ökologischen und kulturellen Entwicklung bedürfen bewußter und demokratischer Planung sowie der Mitbestimmung der Produzentinnen und Produzenten, der Kommunen und der gesellschaftlichen Bewegungen.

Bei allen Meinungsverschiedenheiten gehen wir gemeinsam davon aus, daß die Dominanz des privatkapitalistischen Eigentums überwunden werden muß. Eine Vielfalt der Eigentumsformen — private, genossenschaftliche, kommunale und staatliche — ist in den Dienst der Bedürfnisse der Menschen und der Erhaltung ihrer natürlichen und sozialen Lebensgrundlagen

zu stellen. Unterschiedliche Auffassungen bestehen hinsichtlich der Frage, ob die reale Verge-
sellschaftung von Eigentum primär durch die Vergesellschaftung der Verfügung über das Ei-
gentum erreichbar ist oder ob der Umwandlung in Gemeineigentum, insbesondere in gesamt-
gesellschaftliches Eigentum, die bestimmende Rolle zukommen muß.

Die konkreten Ziele der sozialistischen Bewegung ergeben sich aus den realen Widersprüchen
und Konflikten und aus den herangereiften Entwicklungspotentialen, nicht aber aus einem
abstrakten Geschichtsplan. Angesichts der drängenden Nöte kämpfen wir um alternative Ent-
wicklungswege. Sie werden das Resultat politischer Auseinandersetzungen sein, die bereits
heute geführt werden.

4. Alternative Entwicklungswege

. . .

4.1 Die Gesellschaft demokratisieren

Das grundlegende Ziel unserer Gesellschaftspolitik ist ebenso einfach wie radikal: Wir kämpfen
für die freie Entfaltung jedes einzelnen Menschen, die bestmögliche Entwicklung seiner persön-
lichen Fähigkeiten, für die Verwirklichung von Chancengleichheit für alle und in allen gesell-
schaftlichen Bereichen. Demokratisierung muß alle politischen, wirtschaftlichen, wissenschaft-
lich-technischen und kulturellen Entscheidungen der Gesellschaft durchdringen.

Wir wollen
die bevormundende Bürokratie des Staates zurückdrängen;
die Beseitigung aller Sperrklauseln;
direkte Bürgerbeteiligung, Selbstverwaltung und öffentliche Kontrolle;
Wirtschaft und Arbeitsleben demokratisieren;
mehr gesetzlich abgesicherte Mitbestimmungsmöglichkeiten für Gewerkschaften, Kommu-
nalvertretungen, Bürgerinitiativen, Frauen- und Behindertenbewegungen, Umweltschutz-
und andere demokratische Verbände;
Gegenöffentlichkeiten stärken, die Medien demokratisieren und die Beteiligung der gesell-
schaftlichen Bewegungen und Gewerkschaften an der öffentlichen Meinungsbildung;
die Manipulation der Menschen durch Meinungsproduzenten, Warenwerbung und Unterhal-
tungsindustrie zurückdrängen;
die Auflösung aller Geheimdienste;
die Sicherung und bewußte Wahrnehmung des durch die Verfassung garantierten Wider-
standsrechts.

Wir wehren uns gegen die Aushöhlung des Grundgesetzes, wollen seine demokratischen Prinzi-
pien verwirklichen helfen und die Staatsziele und Grundrechte ausweiten um
die Pflicht zu Abrüstung, Friedenssicherung und internationale Hilfe;
die Pflicht zur Erhaltung der natürlichen Umwelt;
die Herstellung gleichwertiger Lebensverhältnisse in Ost- und Westdeutschland;
das Recht auf Arbeit, Wohnung, Bildung und soziale Grundsicherung;
die Gleichstellung von Frau und Mann, die Pflicht zur Frauenförderung, das Recht der Frauen
auf gleiche Teilnahme an allen gesellschaftlichen Aktivitäten, auf gleichen Lohn für gleichwer-
tige Arbeit und auf selbstbestimmte Schwangerschaft;
die Gleichstellung der Menschen mit Behinderung und ihre Förderung;
die Bürgerrechte einschließlich des Wahlrechts für in Deutschland lebende Ausländerinnen
und Ausländer;

die Verpflichtung von Staat und Gesellschaft, jegliche juristische und gesellschaftliche Diskriminierung von Menschen auf Grund ihrer sexuellen Identität zu beenden und Bedingungen für die volle und gleichberechtigte Akzeptanz lesbischer Frauen und schwuler Männer und ihrer Lebensformen in der Gesellschaft zu schaffen;
das Recht jedes Menschen auf selbstbestimmte Sexualität als einvernehmliche Beziehung unter Wahrung der Würde der Partnerin bzw. des Partners.

Zum demokratischen Weg für diese Erweiterung gehört die Ausarbeitung einer neuen Verfassung, die dem ganzen Volk zur Abstimmung vorgelegt wird und Formen direkter Demokratie auf Dauer sichert.

4.2 Den Rechtsruck aufhalten
. . .

4.3 Den kalten Krieg in Deutschland beenden
. . .

4.4 Kommunale Selbstverwaltung verwirklichen
. . .

4.5 Das System der gesellschaftlichen Arbeit verändern
. . .

4.6 Ziele und Inhalte der Sozialpolitik erneuern
. . .

4.7 Die Wirtschaft sozial und ökologisch umgestalten
. . .

4.8 Individualität entfalten und Solidarität stärken
. . .

4.9 Kultur, Bildung und Wissenschaft befreien
. . .

4.10 Globale Bedrohungen abwehren
. . .

5. Veränderungen mit der PDS — Selbstveränderung der PDS

Die PDS ist eine sozialistische Partei in Deutschland. Die Mitglieder der PDS wirken in demokratischen, sozialen und politischen Bewegungen: in den Gewerkschaften und Betrieben, in der Frauenbewegung, antifaschistischen, antirassistischen und antimilitaristischen Organisationen, in Arbeitsloseninitiativen, Mieter- und Verbraucherverbänden, Umwelt- und Dritte-Welt-Gruppen sowie anderen sozialen und kulturellen Initiativen. Dabei lassen sie sich davon leiten, daß Veränderungen in der Gesellschaft nur bewirkt werden können, wenn Betroffene ihre Angelegenheiten selbst in die Hand nehmen und sich selbstbewußt in die notwendige Auseinandersetzung einbringen. In diesem Ensemble gesellschaftlicher Kräfte ist eine moderne sozialistische Partei notwendig. Die PDS setzt sich dafür ein, daß die Bewegungen Betroffener zu wirksamen Gegenmächten gegen Kapital, Markt und Staat werden, die grundlegende Veränderungen

in der Produktions- und Lebensweise durchsetzen und die Menschenrechte für alle verwirklichen können.

Die PDS will Vorstellungen umfassender Gesellschaftsveränderungen entwickeln und sie zum Gegenstand politischer Auseinandersetzung machen. Dazu bedarf es der Fähigkeit, Ideen und Erfahrungen anderer emanzipatorischer Bewegungen aufzunehmen, beständig politische Bildungs-, programmatische und strategische Arbeit zu leisten, die innerparteiliche Kommunikation zu entwickeln und die Öffentlichkeit für die eigenen Zielvorstellungen zu gewinnen. Die Mitglieder der PDS gestalten alle Willensbildungs- und Entscheidungsprozesse in der Partei demokratisch und transparent. Sie wollen ein Mehr an Handlungsfähigkeit der einzelnen. Das verlangt nicht weniger, sondern effektivere Organisationsformen, die offen und variabel sind.

Die PDS versteht sich als einen Zusammenschluß unterschiedlicher linker Kräfte. Ihr Eintreten für einen demokratischen Sozialismus ist an keine bestimmte Weltanschauung, Ideologie oder Religion gebunden. Sie vereinigt in ihren Reihen Frauen und Männer unabhängig von deren Nationalität. Die PDS will Mitglieder, Sympathisantinnen und Sympathisanten aus allen gesellschaftlichen Schichten gewinnen, die den Willen haben, zu grundlegenden gesellschaftlichen Veränderungen beizutragen. In der PDS haben sowohl Menschen einen Platz, die der kapitalistischen Gesellschaft Widerstand entgegensetzen wollen und die gegebenen Verhältnisse fundamental ablehnen, als auch jene, die ihren Widerstand damit verbinden, die gegebenen Verhältnisse positiv zu verändern und schrittweise zu überwinden.

Die PDS hält den außerparlamentarischen Kampf um gesellschaftliche Veränderungen für entscheidend. Die PDS ringt um parlamentarische Stärke und leistet eine an den unmittelbaren Problemen der Bürgerinnen und Bürger orientierte parlamentarische und kommunalpolitische Arbeit. Die PDS wird aktiv die Interessen der Menschen in Ostdeutschland gegenüber der zerstörerischen Tendenz kolonialistischer Anschlußpolitik vertreten. Sie ist bereit, politische Verantwortung für radikale gesellschaftliche und ökologische Veränderungen zu übernehmen.

Die PDS will zum Dialog und zur Zusammenarbeit der Linken in der Bundesrepublik Deutschland, in Europa und weltweit beitragen und sich dafür einsetzen, daß breite linke Bewegungen entstehen. Sie sucht insbesondere die Zusammenarbeit mit Kräften, die um eine Erneuerung sozialistischer Politik ringen. Sie bekennt sich zu einem konsequenten Internationalismus.

Dem Erbe von Marx und Engels, den vielfältigen Strömungen der deutschen und internationalen Arbeiterbewegung sowie anderen revolutionären und demokratischen Bewegungen kritisch verbunden und dem Antifaschismus verpflichtet, will sich die PDS als Oppositionskraft profilieren und eine neue innerparteiliche Kultur entwickeln, in der Toleranz gegenüber Andersdenkenden, Andersfühlenden und Anderslebenden, die Gleichstellung aller Mitglieder sowie Solidarität, Transparenz, Ehrlichkeit und Vielfalt selbstverständlich sind.

Quelle: Bundesgeschäftsführer der PDS.

IV/6 Organisationsstatut der SPD

Stand: 19. 11. 1993 — Auszüge

Präambel

Die SPD ist eine demokratische Volkspartei. Sie vereinigt Menschen verschiedener Glaubens- und Denkrichtungen, die sich zu Frieden, Freiheit, Gerechtigkeit und Solidarität, zur gesellschaftlichen Gleichheit von Mann und Frau und zur Bewahrung der natürlichen Umwelt bekennen.

Die SPD steht in der Gemeinschaft der in der Sozialistischen Internationale vereinigten Parteien.

Name, Sitz, Tätigkeitsgebiet

§ 1 (1) Die Partei führt den Namen Sozialdemokratische Partei Deutschlands (SPD).

(2) Ihr Tätigkeitsgebiet ist der Bereich des Bundes und der Länder.

(3) Sitz der Partei ist Bonn und Berlin.

Parteizugehörigkeit

§ 2 Zur Sozialdemokratischen Partei Deutschlands gehört jede Person, die sich zu den Grundsätzen der Partei bekennt und die Mitgliedschaft erworben hat. Die untere Grenze für den Eintritt ist das vollendete 16. Lebensjahr.

§ 3 (1) Über die Aufnahme als Mitglied entscheidet der Vorstand des Ortsvereins. Über die Aufnahme neuer Mitglieder muß der Ortsvereinsvorstand innerhalb von 4 Wochen entscheiden; danach entscheidet der Vorstand des zuständigen Unterbezirks auf seiner nächsten Sitzung.

(2) Gegen die Ablehnung des Aufnahmeantrags kann der Bewerber oder die Bewerberin beim Unterbezirksvorstand Einspruch erheben. Gegen dessen Entscheidung ist die Anrufung des Bezirksvorstandes gegeben. Die Entscheidung des Bezirksvorstandes ist endgültig.

(3) Wird gegen die Mitgliedschaft innerhalb eines Jahres kein Einspruch erhoben, so ist sie endgültig.

(4) Einspruchsrecht hat jedes Mitglied über seinen Ortsvereinsvorstand. Der Einspruch ist zu begründen. Über den Einspruch entscheidet der Unterbezirksvorstand. Gegen dessen Entscheidung ist die Anrufung des Bezirksvorstandes zulässig.

(5) Jedes Parteimitglied muß dem Ortsverein angehören, der für seine Gemeinde zuständig ist. Bestehen in einer Gemeinde mehrere Ortsvereine, so gehört es zu dem Ortsverein, in dessen Bereich es wohnt. Über Ausnahmen entscheidet der Unterbezirksvorstand nach Stellungnahme der betroffenen Ortsvereinsvorstände. Ausnahmegenehmigungen sind widerruflich. Doppelmitgliedschaften sind unzulässig.

§ 4 (1) Die Mitgliedschaft endet durch Tod, Austritt oder Ausschluß.

(2) Der Austritt ist schriftlich zu erklären. Die Rückgabe des Mitgliedsbuches gilt als Austritts-erklärung.

(3) Mit Beendigung der Mitgliedschaft verliert das frühere Parteimitglied jedes Recht, das es etwa gegen die Partei, gegen den Parteivorstand, gegen die Kontrollkommission oder gegen einzelne Parteimitglieder aus seiner Parteimitgliedschaft erworben hat. Es darf nicht länger in Gliederungen und Arbeitsgemeinschaften mitarbeiten.

§ 5 Jedes Mitglied hat das Recht und die Pflicht, sich im Rahmen der Statuten an der politi-schen Willensbildung, den Wahlen und Abstimmungen zu beteiligen und die Ziele der Sozial-demokratischen Partei zu unterstützen.

§ 6 (1) Unvereinbar mit der Mitgliedschaft in der SPD ist die gleichzeitige Mitgliedschaft in einer anderen politischen Partei. Das gleiche gilt für die Tätigkeit, Kandidatur oder Unter-schriftsleistung für eine andere politische Partei.

(2) Entsprechendes gilt für Vereinigungen, die gegen die SPD wirken. Die Feststellung der Unvereinbarkeit trifft der Parteivorstand im Benehmen mit dem Parteirat. Er kann die Fest-stellung wieder aufheben.

(3) Diese Feststellung bindet auch die Schiedskommissionen.

(4) Für kommunale Wählervereinigungen gilt Abs. 1 entsprechend, wenn eigene Parteilisten bestehen. Über Ausnahmen entscheidet der Bezirksvorstand.

§ 7 Der Antrag auf Wiederaufnahme einer aus der Partei ausgeschlossenen Person ist an den Vorstand des für ihren Wohnsitz zuständigen Bezirks zu richten. Vor der Entscheidung ist die Organisationsgliederung, die den Ausschluß beantragt hatte, zu hören. Gegen diese Entschei-dung steht sowohl dem Antragsteller oder der Antragstellerin als auch der Organisationsglie-derung, die den Anschluß beantragt hat, Berufung an den Parteivorstand zu.

Gliederung

§ 8 (1) Die SPD gliedert sich in Ortsvereine, Unterbezirke und Bezirke. In dieser Gliederung vollzieht sich die politische Willensbildung der Partei von unten nach oben.

Erläuterung: Abweichende Bezeichnungen können in ergänzenden Bezirksstatuten geregelt werden.

(2) Grundlage der Organisation ist der Bezirk, der vom Parteivorstand nach politischer und wirtschaftlicher Zweckmäßigkeit abgegrenzt wird. Nach den gleichen Grundsätzen erfolgt die Abgrenzung der Unterbezirke durch die Bezirksvorstände und der Ortsvereine durch die Un-terbezirksvorstände.

(3) In Ländern mit mehr als einem Bezirk können nach politischer Zweckmäßigkeit Landes-verbände als weitere Organisationsgliederung gebildet werden, wenn alle Bezirke des Landes zustimmen. Durch die Bildung eines Landesverbandes wird die Eigenschaft der Bezirke als Grundlage der Organisation nicht berührt. Diese Landesverbände haben die landespolitischen und die von allen Bezirken übertragenen Aufgaben zu erfüllen. Die Bezirke sind verpflichtet, dem Landesverband die für die Erfüllung seiner und der ihm übertragenen Aufgaben erforder-lichen finanziellen, organisatorischen und personellen Voraussetzungen zu schaffen. Der Lan-desverband hat Aufsichtsrechte im Rahmen seiner Aufgaben.

(4) Erfolgt die Bildung eines Landesverbandes nicht gem. Abs. 3, so gelten die Richtlinien des Parteivorstandes für die Bildung von Landesverbänden und Landesausschüssen. In diesem Fall ist der Landesverband keine Organisationsgliederung.

(4a) In Ländern mit einem Bezirk (Landesbezirk) können durch Bezirkssatzung regionale Zusammenschlüsse von mehreren Unterbezirken gebildet werden. Diesen regionalen Zusammenschlüssen kann durch die Bezirkssatzung die Wahl von Delegierten zum Parteitag nach § 15 und von Mitgliedern des Parteirats nach § 28 übertragen werden; außerdem können sie das Recht erhalten, Anträge an den Parteitag nach § 18 (2) und § 22 (2) zu stellen.

(5) Anderen regionalen Zusammenschlüssen außerhalb der Gliederung der Partei können kommunalpolitische und organisatorische Aufgaben übertragen werden.

Erläuterung: Die Ortsvereine können ihre Arbeit in mehreren Gruppen, z. B. themen- oder wohnsitz-orientiert, organisieren.

(6) In begründeten Einzelfällen können auch im Ausland Ortsvereine eingerichtet werden, um den dort lebenden Mitgliedern die Mitwirkung an der Willensbildung der SPD und die Unterstützung ihrer Ziele zu ermöglichen.

Über die Einrichtung, Abgrenzung und bezirkliche Eingliederung entscheidet der Parteivorstand, über die Eingliederung in einen Unterbezirk der Bezirksvorstand nach politischer und organisatorischer Zweckmäßigkeit.

§ 9 Ortsvereine, Unterbezirke, Bezirke, Landesverbände nach § 8 Abs. 3 und regionale Zusammenschlüsse (§ 8 Abs. 4 bis 5) regeln ihre Angelegenheiten durch eigene Satzungen, soweit die Satzung der nächsthöheren Gliederung hierüber keine Vorschriften enthält. Den regionalen Zusammenschlüssen kann die Satzung des Unterbezirks Antragsrecht für den Unterbezirksparteitag einräumen. Ortsvereine, Unterbezirke, Bezirke und Landesverbände nach § 8 Abs. 3 können in ihren Satzungen für ihren Zuständigkeitsbereich Bestimmungen über den Mitgliederentscheid entsprechend § 39a und über Urwahl entsprechend § 39b treffen. Die Satzungen dürfen nicht im Widerspruch zum Organisationsstatut stehen.

§ 9 a (1) Die betriebliche Vertrauensarbeit der Partei wird insbesondere durch die Betriebsorganisation geleistet. Ihre Tätigkeit richtet sich nach Grundsätzen des Parteivorstandes.

(2) In jedem Unterbezirk wird eine Betriebsgruppenkonferenz aus Vertreterinnen und Vertretern der Betriebsgruppen/Betriebsvertrauensleute gebildet. Die Satzungen der Bezirke und Unterbezirke können vorsehen, daß an den Unterbezirkskonferenzen der Partei unter Berücksichtigung des § 9 Abs. 2 PartG stimmberechtigte Delegierte der Betriebsgruppenkonferenz teilnehmen; das Verfahren zur Wahl der Delegierten zum Unterbezirksparteitag richtet sich nach Grundsätzen des Parteivorstandes. Die Betriebsgruppenkonferenz hat Antrags- und Personalvorschlagsrecht zu den Unterbezirksparteitagen.

§ 10 Für besondere Aufgaben können auf Beschluß des Parteivorstandes innerhalb der Partei Arbeitsgemeinschaften gebildet werden. Die Tätigkeit der Arbeitsgemeinschaften erfolgt nach vom Parteivorstand hierfür beschlossenen Grundsätzen. Diese Arbeitsgemeinschaften haben das Antrags- und Rederecht für den Parteitag auf der jeweiligen Ebene. Die Teilnahme von Personen, die nicht Mitglied der Partei sind, ist möglich.

Im Rahmen eines Modellprojektes wird bis zum 31.12.1998 folgende Regelung eingeführt. Es soll nach Ablauf ausgewertet und dann abschließend geregelt werden:

In der Arbeitsgemeinschaft der Jungsozialistinnen und Jungsozialisten können Jugendliche ohne Mitgliedschaft in der SPD die vollen Mitgliedsrechte wahrnehmen, wenn sie den Jungsozialisten gegenüber ihre Mitgliedschaft schriftlich erklären und keine Unvereinbarkeit vorliegt. Vertreterinnen und Vertreter der Jungsozialisten in Gremien der Partei müssen in jedem Fall Parteimitglied sein.

§ 10 a Von den Vorständen der Partei können themenspezifische Projektgruppen, in denen auch Nichtmitglieder mitarbeiten können, eingerichtet werden. Den Projektgruppen steht das Antrags- und Rederecht für den Parteitag auf der jeweiligen Ebene zu.

Parteiämter

§ 11 § (1) Funktionär oder Funktionärin der Partei ist, wer von der zuständigen Parteikörperschaft für eine bestimmte Funktion gewählt worden ist. In den Funktionen und Mandaten der Partei müssen nach Maßgabe dieses Statuts und der Wahlordnung Frauen und Männer mindestens zu je 40 % vertreten sein. Das Nähere regelt die Wahlordnung.

Erläuterung: Durch die Änderung des § 11 wird die Quotierung für alle Funktionen und Mandate der Partei zwingend vorgeschrieben. Die Regelung verpflichtet alle Gliederungen und Sonderorganisationen der Partei, bei der Besetzung von Mehrpersonengremien wie Vorständen und Delegationen, jedes Geschlecht zu mindestens 40 % zu berücksichtigen. Die Pflicht richtet sich an das wählende oder entsendende Gremium.

Von der Aufnahme von Sanktionsregelungen ist bewußt Abstand genommen worden. Das in § 8 Abs. 1a der Wahlordnung vorgesehene Wahlverfahren stellt sicher, daß bei allen Listenwahlen die Quote erreicht wird, sofern sich genügend Kandidatinnen bzw. Kandidaten zur Wahl gestellt haben.

(2) Ein Funktionär oder eine Funktionärin verliert seine bzw. ihre Funktion durch

a) Neubesetzung oder Erlöschen der Funktion oder Ablauf der satzungsmäßigen Amtszeit,
b) Niederlegung,
c) Aberkennung in einem Parteiordnungsverfahren,
d) Abberufung aus wichtigem Grund (§ 9 der Wahlordnung),
e) Verlust der Mitgliedschaft (§ 4).

(3) Als Vertreter oder Vertreterin der Partei gilt nur, wer durch die Parteiorganisation dazu beauftragt wurde.

(4) Kandidaten und Kandidatinnen für Gemeindevertretungen werden von den Ortsvereinen aufgestellt. Bestehen in einer Gemeinde mehrere Ortsvereine, so werden die Kandidaten und Kandidatinnen für die Gemeindevertretung durch Delegierte der zur Gemeinde gehörenden Ortsvereine aufgestellt.

(5) Kandidaten und Kandidatinnen für die Kreistage werden durch Delegierte der zum Kreis gehörenden Ortsvereine aufgestellt.

(6) Die Aufstellung erfolgt im Benehmen mit dem Unterbezirks- bzw. Bezirksvorstand.

(7) Wahlkreisvorschläge für Bundestag und Landtage werden durch die örtlich zuständigen Organisationsgliederungen im Benehmen mit dem Bezirksvorstand bzw. Parteivorstand beschlossen.

(7a) Soweit die Wahlgesetze es zulassen, können die Satzungen vorsehen, daß Kandidatinnen und Kandidaten für Gemeindevertretungen und Parlamente auch von Vollversammlungen

aufgestellt werden. Im Rahmen der Wahlgesetze sollen die Satzungen ferner vorsehen, daß die Vorstände der jeweils zuständigen Gliederungen Richtlinien zur Durchführung solcher Vollversammlungen erlassen.

(8) Landeswahlvorschläge für die Bundestagswahl werden von den Bezirken des Landes oder dem Landesverband im Benehmen mit dem Parteivorstand aufgestellt.

(9) 1. Sozialdemokratische Mandatsträger und Mandatsträgerinnen im Europaparlament, in den Parlamenten des Bundes, der Länder, der Kreise und Gemeinden dürfen keine Abmachungen mit außerparlamentarischen Interessenten oder Interessentinnen treffen, die mit persönlichen Vermögensvorteilen für sie und gleichzeitig mit bestimmten Erwartungen an ihr politisches und parlamentarisches Verhalten verbunden sind (bezahlte Interessenwahrnehmung).

2. Abmachungen, aus denen sich persönliche Vermögensvorteile für den Mandatsträger oder die Mandatsträgerin ergeben, bedürfen der schriftlich festzulegenden Ergänzung, daß Erwartungen an sein bzw. ihr politisches oder parlamentarisches Verhalten weder unmittelbar noch mittelbar damit verbunden sind.

3. Jede Abmachung nach Ziffer 2 muß darüber hinaus gegenüber der Partei und den Präsidenten oder Präsidentinnen der entsprechenden Parlamente offengelegt werden. Die Offenlegung gegenüber der Partei erfolgt durch schriftliche Erklärung an den zuständigen Bezirk.

(10) Nähere Bestimmungen über die mit der Wahrnehmung von Funktionen und Mandaten verbundenen Verpflichtungen enthalten die vom Parteivorstand beschlossenen Verhaltensregeln.

(11) Die Abstimmung über Wahlvorschläge ist geheim.

§ 12 (1) Für die Abberufung als Vertreter oder Vertreterin der Partei gelten dieselben Zuständigkeiten wie für die Aufstellung.

(2) Den Abberufenen sowie der antragstellenden Organisationsgliederung steht das Recht der Berufung an den Bezirksvorstand, danach an den Parteivorstand zu.

(3) Die Berufungsfrist beträgt 2 Wochen. Sie beginnt mit Ablauf des Tages, an dem der Beschluß über die Abberufung dem oder der Betroffenen zugestellt wird.

Beiträge

§ 13 Jedes Mitglied hat Beiträge zu zahlen. Das Nähere regelt die Finanzordnung, die Bestandteil des Organisationsstatuts ist.

Berichterstattung

§ 14 Jährlich, spätestens mit Ablauf des ersten Quartals des neuen Jahres, erstatten die Bezirksvorstände Bericht an den Parteivorstand über ihre Tätigkeit, die politische und wirtschaftliche Lage, über Einnahmen und Ausgaben im Bezirk und die Verwendung der vom Parteivorstand überwiesenen Materialien.

Parteitag

§ 15 (1) Der Parteitag ist das oberste Organ der Partei. Er setzt sich zusammen:

1. Aus 400 von den Bezirksparteitagen gewählten Delegierten. Die Verteilung der Mandate erfolgt nach der Mitgliederzahl, für die in den voraufgegangenen vier Quartalen Pflichtbeiträge an den Parteivorstand abgeführt worden sind. Bezirkssatzungen können bestimmen, daß die Wahl der auf den Bezirk entfallenden Delegierten durch die Unterbezirksparteitage erfolgt; dabei ist sicherzustellen, daß Frauen und Männer in der Delegation eines jeden Bezirkes mindestens zu je 40 % vertreten sind.

Erläuterung: Die Regelung soll gewährleisten, daß die Quote auch bei der Wahl der auf den Bezirk entfallenden Delegierten durch die Unterbezirksparteitage eingehalten wird. Wie dieses sichergestellt wird, haben die Bezirke selbst festzulegen. Nach Aussage von betroffenen Bezirken ist davon auszugehen, daß die Mindestbeteiligung von Frauen im vorgesehenen Zeitplan auch beim Entsendungsverfahren durch die Unterbezirke zu verwirklichen ist.

2. Aus den Mitgliedern des Parteivorstandes.

(2) Mit beratender Stimme nehmen am Parteitag teil:

1. die Mitglieder der Kontrollkommission;
2. die Mitglieder des Parteirats;
3. ein Zehntel der Bundestagsfraktion;
4. ein Zehntel der Gruppe der SPD-Abgeordneten im Europaparlament;
5. die vom Parteivorstand bestellten Parteitagsreferenten und -referentinnen und die Vertreter und Vertreterinnen von Parteiinstitutionen.

§ 16 (1) Der Parteitag prüft die Legitimation der Teilnehmer und Teilnehmerinnen, wählt die Leitung und bestimmt die Geschäftsordnung. Der Parteitag ist beschlußfähig, wenn mehr als die Hälfte der Stimmberechtigten anwesend sind.

(2) Über die Verhandlungen des Parteitages wird ein Wortprotokoll angefertigt, das allen Parteitagsdelegierten zuzusenden ist. Beschlüsse sind durch zwei Mitglieder des Präsidiums des Parteitags zu beurkunden.

§ 17 (1) Alle zwei Jahre findet ein Parteitag statt, der vom Parteivorstand einzuberufen ist.

(2) Hat der Parteitag über den Ort, an dem der nächste Parteitag stattfinden soll, keine Entscheidung getroffen, so hat der Parteivorstand nach Anhörung des Parteirats den Ort zu bestimmen.

§ 18 (1) Die Einberufung des Parteitages soll spätestens drei Monate vorher mit der vorläufigen Tagesordnung sowie den Entschließungen der auf den vorangegangenen Parteitagen eingesetzten Kommissionen veröffentlicht werden. Die Veröffentlichung der Tagesordnung ist mindestens dreimal in angemessenen Zwischenräumen zu wiederholen.

(2) Anträge von Organisationsgliederungen für den Parteitag sind 8 Wochen vorher dem Parteivorstand einzureichen. Die Anträge sind den Delegierten und den antragstellenden Organisationsgliederungen mit einer Stellungnahme der Antragskommission 2 Wochen vor dem Parteitag zuzustellen. Jeder Organisationsgliederung ist auf Anforderung ebenfalls ein Exemplar der Anträge zuzusenden.

(3) Anträge aus der Mitte des Parteitages (Initiativanträge) werden behandelt, soweit der Parteitag dem zustimmt. Das Nähere bestimmt die Geschäftsordnung.

§ 19 Die Antragskommission besteht aus je einem oder einer Delegierten der Bezirks- bzw. Landesverbände und acht vom Parteivorstand zu benennenden Mitgliedern. Sie ist durch den Parteivorstand einzuladen.

§ 20 Zu den Aufgaben des Parteitages gehören:

1. Entgegennahme des Berichtes über die Tätigkeit des Parteivorstandes, der Kontrollkommission und der Bundestagsfraktion; sowie des Rechenschaftsberichtes gem. § 23 PartG;

2. die Wahl des Parteivorstandes, der Kontrollkommission und der Bundesschiedskommission;

3. die Beschlußfassung über die Berichte nach Ziffer 1, über die Parteiorganisation und alle das Parteileben berührenden Fragen;

4. die Beschlußfassung über die eingegangenen Anträge.

§ 21 (1) Ein außerordentlicher Parteitag ist einzuberufen:

1. auf Beschluß des Parteitages;

2. auf mit Dreiviertelmehrheit gefaßten Beschluß des Parteivorstandes;

3. auf einstimmigen Beschluß der Kontrollkommission;

4. auf Antrag von mindestens zwei Fünfteln der Bezirksvorstände.

(2) Falls der Parteivorstand sich weigert, einem nach Abs. 1 Ziffer 3 und 4 gestellten Antrag stattzugeben, so ist der Parteitag von den Antragstellern zu berufen. Als Versammlungsort eines außerordentlichen Parteitages ist ein verkehrsmäßig möglichst günstig gelegener Ort zu bestimmen.

§ 22 (1) Die Einberufung des außerordentlichen Parteitages muß spätestens vier Wochen vorher veröffentlicht werden.

(2) Anträge sind spätestens 5 Tage vor dem Parteitag den Delegierten und antragstellenden Organisationsgliederungen mit einer Stellungnahme der Antragskommission zuzustellen.

(3) Im übrigen gelten für die außerordentlichen Parteitage die §§ 15 und 16.

Parteivorstand

§ 23 (1) Die Leitung der Partei obliegt dem Parteivorstand. Er besteht aus dem oder der Vorsitzenden, drei stellvertretenden Vorsitzenden, dem Bundesgeschäftsführer oder der Bundesgeschäftsführerin, dem Kassierer oder der Kassiererin (Schatzmeister bzw. Schatzmeisterin) und einer vom Parteitag festzusetzenden Zahl weiterer Mitglieder. Unter den Mitgliedern des Parteivorstandes insgesamt müssen Männer und Frauen mindestens zu je 40 % vertreten sein.

(2) Zur Durchführung der Parteivorstandsbeschlüsse und zur laufenden politischen und organisatorischen Geschäftsführung der Partei wählt der Parteivorstand aus seiner Mitte den geschäftsführenden Vorstand (Parteipräsidium). Im Präsidium müssen Männer und Frauen zu mindestens je 40 % vertreten sein. Die Zahl der Mitglieder des geschäftsführenden Vorstandes (Parteipräsidiums) bestimmt der Parteitag.

(3) Die Wahl des Parteivorstandes erfolgt durch den Parteitag mittels Stimmzettel in getrennten Wahlgängen. Hintereinander werden gewählt:

der oder die Vorsitzende,
die stellvertretenden Vorsitzenden in besonderen Wahlgängen,
der Bundesgeschäftsführer oder die Bundesgeschäftsführerin,
der Kassierer oder die Kassiererin (Schatzmeister bzw. Schatzmeisterin),
die weiteren Mitglieder des Parteivorstandes.

(4) Wahlen zum Parteivorstand sind geheim.

(5) Gewählt ist unter Berücksichtigung des § 8 Absatz 2 der Wahlordnung, wer mehr als die Hälfte der Stimmen der stimmberechtigten Delegierten erhalten hat.

(6) Haben die Kandidaten oder Kandidatinnen diese Mehrheit nicht erhalten, so findet ein weiterer Wahlgang statt. Gewählt sind dann diejenigen, die die meisten Stimmen auf sich vereinigen. Bei Stimmengleichheit findet erforderlichenfalls eine Stichwahl statt. Bei erneuter Stimmengleichheit entscheidet das Los.

(7) Der amtierende Vorstand unterbreitet vier Wochen vor dem Parteitag den Delegierten einen Vorschlag zur Wahl des Vorstandes.

(8) Der Parteitag kann bis spätestens einen Tag vor der Wahl zusätzliche Vorschläge unterbreiten. Die Vorschläge müssen von mindestens 40 Delegierten unterstützt werden.

(9) Der ergänzte Wahlvorschlag muß die Namen der Kandidierenden in alphabetischer Folge aufführen und am Morgen des Wahltages den Delegierten vorliegen.

(10) Der oder die Vorsitzende des Parteirats und der oder die Vorsitzende der Kontrollkommission nehmen an den Sitzungen des Parteivorstandes mit beratender Stimme teil.

§ 24 (1) Der Parteivorstand führt die Geschäfte der Partei und kontrolliert die grundsätzliche Haltung der Parteiorgane.

(2) Zur Geschäftsführung des Parteivorstandes gehört die Erfüllung der Pflicht zur öffentlichen Rechenschaftslegung nach § 23 PartG. Das Nähere regelt die Finanzordnung.

(3) Der Parteivorstand führt innerhalb der Gesamtpartei im Einvernehmen mit den Bezirken einen Finanzausgleich durch, um die Parteiarbeit in den finanzschwachen Bezirken zu fördern.

§ 25 (1) Der jeweilige Parteivorstand ist Eigentümer aller vorhandenen Gelder und sonstigen Vermögensstücke. Er ist insbesondere berechtigt, in eigenem Namen und aus eigenem Recht alle der Sozialdemokratischen Partei zustehenden Ansprüche gegen Schuldner und Schuldnerinnen geltend zu machen. Der Parteivorstand vertritt die Partei gerichtlich und außergerichtlich. Gerichtsstand ist Bonn.

(2) Er ist ermächtigt, die sonst nicht übertragbaren Persönlichkeitsrechte der Partei als einer Körperschaft, insbesondere das Namensrecht, in eigenem Namen geltend zu machen.

(3) Der Parteivorstand oder die Kontrollkommission können durch keinerlei Rechtsgeschäfte die einzelnen Parteimitglieder verpflichten.

(4) Kein Parteimitglied erwirbt aus seiner Parteizugehörigkeit ein klagbares Recht gegen die Partei, den Parteivorstand und die Kontrollkommission.

§ 26 (1) Der Parteivorstand kann jederzeit die Organisationsgliederungen und deren Unternehmungen sowie Arbeitsgemeinschaften kontrollieren, Aufschlüsse anfordern und Abrech-

nungen verlangen. Er hat das Recht, an allen Zusammenkünften aller Parteikörperschaften und Arbeitsgemeinschaften beratend teilzunehmen.

(2) Der Parteivorstand hat darauf hinzuwirken, daß jeder Vorstand einer Gliederung (Landesverband, Bezirk, Unterbezirk, Ortsverein) die Pflicht zur öffentlichen Rechenschaftslegung erfüllt. Für sonstige Organisationsformen der Partei mit eigenständiger Kassenführung gilt Satz 1 entsprechend.

§ 27 Kein Parteimitglied hat ohne ausdrücklichen Beschluß des Parteitages das Recht, die Geschäftsbücher oder Papiere des Parteivorstandes, der Kontrollkommission oder der Partei einzusehen oder sich aus ihnen Abschriften oder Auszüge anzufertigen oder eine Auskunft oder Übersicht über den Stand des Parteivermögens zu verlangen. Hierdurch wird das Recht der Delegierten, während der Tagung Einsicht in die Bücher zu nehmen, nicht berührt.

Parteirat

§ 28 (1) Der Parteirat setzt sich zusammen:

1. Mitglieder

90 von den Parteitagen der Bezirke/Landesverbände in geheimer Abstimmung zu wählende Vertreter und Vertreterinnen. Dabei erhält jeder Bezirk/Landesverband vorab ein Grundmandat. Die weiteren Mandate werden nach dem Schlüssel für die Errechnung der Delegiertenzahlen auf den Bundesparteitagen auf die Bezirke/Landesverbände verteilt.

2. Beratende Mitglieder

a) die Mitglieder der Kontrollkommission,
b) je ein Vertreter oder eine Vertreterin der Landesverbände in Ländern mit mehr als einem Bezirk,
c) die Vorsitzenden der Landtagsfraktionen,
d) der oder die Vorsitzende der Bundestagsfraktion,
e) der Obmann bzw. die Obfrau der Gruppe der SPD-Abgeordneten im Europaparlament,
f) die sozialdemokratischen Ministerpräsidenten und Ministerpräsidentinnen bzw. stellvertretenden Ministerpräsidenten und Ministerpräsidentinnen der Länder,
g) die sozialdemokratischen Mitglieder der Bundesregierung,
h) der oder die Vorsitzende des Seniorenrats,
i) der oder die Vorsitzende des Gewerkschaftsrats,
j) ein Vertreter oder eine Vertreterin des Gesamtbetriebsrates der SPD,
k) je ein Geschäftsführer oder eine Geschäftsführerin der Landesverbände und Bezirke.

In den Fällen c) bis f) kann das entsprechende Gremium eine andere Person als Vertreter oder Vertreterin benennen, falls die erwähnten Vertreter oder Vertreterinnen dem Parteirat bereits in anderer Funktion angehören.

Der Parteivorstand nimmt an den Sitzungen des Parteirates teil.

(2) Für die Leitung der Sitzungen wählt der Parteirat eine Vorsitzende oder einen Vorsitzenden und deren bzw. dessen Stellvertreter oder Stellvertreterinnen.

§ 29 (1) Der Parteirat wird durch den Vorsitzenden oder die Vorsitzende des Parteirates im Einvernehmen mit dem Parteivorstand unter Angabe der Tagesordnung einberufen. Er tritt in der Regel vierteljährlich zusammen.

(2) Auf Antrag eines Drittels seiner Mitglieder, der zu begründen ist, muß eine außerordentliche Sitzung einberufen werden.

(3) Die Einladungen sollen den Mitgliedern des Parteirates in der Regel spätestens fünf Tage vor der Sitzung zugehen.

§ 30 (1) Der Parteirat ist anzuhören vor Beschlüssen des Parteivorstandes über

— grundlegende außen- und innenpolitische Entscheidungen,
— grundsätzliche organisatorische Fragen,
— Einrichtungen von zentralen Parteiinstitutionen, die die Partei dauernd erheblich belasten,
— die Vorbereitung von Bundestagswahlen.

(2) Über die von einem Bundesparteitag an Parteivorstand und Parteirat überwiesenen Anträge beschließt der Parteivorstand, nachdem der Parteirat zuvor eine Empfehlung abgegeben hat.

(3) Der Parteirat hat außerdem die Aufgabe, die Politik in Bund, Ländern und Gemeinden aufeinander abzustimmen.

Kontrollkommission

§ 31 (1) Zur Kontrolle des Parteivorstandes sowie für die Behandlung von Beschwerden über den Parteivorstand wählt der Parteitag eine Kontrollkommission von neun Mitgliedern.

(2) Mitglieder des Parteivorstandes oder des Parteirates sowie hauptamtlich tätige Mitarbeiter und Mitarbeiterinnen der Partei können der Kontrollkommission nicht angehören.

(3) Die Wahl erfolgt in geheimer Abstimmung nach einfacher Mehrheit. Bei gleicher Stimmenzahl entscheidet das Los. Zur Leitung ihrer Geschäfte wählt die Kontrollkommission eine Vorsitzende oder einen Vorsitzenden aus ihrer Mitte.

(4) Die Kontrolle muß mindestens vierteljährlich einmal stattfinden.

(5) Alle Einsendungen für die Kontrollkommission sind an den Vorsitzenden oder die Vorsitzende derselben zu richten, der oder die seine bzw. ihre Adresse in geeigneter Weise bekanntzugeben hat.

(6) Auf Antrag der Kontrollkommission oder des Parteivorstandes finden gemeinsame Sitzungen statt.

(7) Die Mitglieder der Kontrollkommission erfüllen die Aufgaben der Rechnungsprüfer oder Rechnungsprüferinnen gemäß § 9 Abs. 5 PartG.

Veröffentlichungen

§ 32 Veröffentlichungen des Parteivorstandes erfolgen in dem Sozialdemokratischen Mitgliedermagazin „Vorwärts" oder in dem Informationsdienst des Parteivorstandes, den die Vorsitzenden aller Gliederungen erhalten.

Untersuchungs- und Feststellungsverfahren

§ 33 (1) Bei Streitigkeiten und Unstimmigkeiten können die Organisationsgliederungen (§ 8) Untersuchungskommissionen einsetzen, sofern Beweise im Parteiinteresse zu sichern sind oder

ein Sachverhalt, der zu einem Parteiordnungsverfahren führen kann, aufzuklären ist. Die Untersuchungskommissionen haben nur tatsächliche Feststellungen zu treffen. Sie haben der auftraggebenden Organisationsgliederung zu berichten.

(2) Das Verfahren regelt eine Schiedsordnung, die vom Parteitag zu beschließen ist.

Schiedskommissionen

§ 34 (1) Schiedskommissionen werden bei den Unterbezirken, den Bezirken und dem Parteivorstand gebildet. Bei Bedarf können mehrere Kommissionen gebildet werden, deren Zuständigkeit für die Dauer ihrer Amtszeit im voraus festzulegen ist.

(2) Schiedskommissionen sind zuständig für Entscheidungen in:

1. Parteiordnungsverfahren,

2. Streitigkeiten über die Anwendung und Auslegung des Organisationsstatuts und der Satzungen sowie der Grundsätze (§ 10) und Arbeitsrichtlinien der Arbeitsgemeinschaften,

3. Verfahren bei Wahlanfechtung oder Nichtigkeit von Wahlen.

(3) Für jede Schiedskommission werden ein Vorsitzender oder eine Vorsitzende, zwei Stellvertreter oder Stellvertreterinnen sowie vier weitere Mitglieder gewählt.

(4) Die Schiedskommissionen entscheiden in der Besetzung mit einem oder einer Vorsitzenden und zwei Beisitzerinnen oder Beisitzern (§ 4 Schiedsordnung).

(5) Die Mitglieder der Schiedskommissionen werden von Parteitagen in geheimer Wahl auf die Dauer von zwei Jahren gewählt.

(6) Die Mitglieder der Schiedskommissionen dürfen weder einem Vorstand der Partei angehören noch in einem Dienstverhältnis zur Partei stehen oder von ihr regelmäßige Einkünfte beziehen.

(7) Das Verfahren der Schiedskommissionen regelt eine Schiedsordnung, die vom Parteitag als Bestandteil dieses Statuts zu beschließen ist.

Parteiordnungsverfahren

§ 35 (1) Gegen ein Mitglied, das durch beharrliches Zuwiderhandeln gegen Beschlüsse des Parteitages oder der Parteiorganisation das Parteiinteresse schädigt oder sich einer ehrlosen Handlung oder eines groben Verstoßes gegen die Grundsätze der Partei schuldig macht, ist ein Verfahren durchzuführen.

(2) In dem Parteiordnungsverfahren kann erkannt werden auf:

1. die Erteilung einer Rüge,

2. die zeitweilige Aberkennung des Rechts zur Bekleidung einzelner oder aller Funktionen (§ 11 Abs. 1) bis zur Dauer von drei Jahren,

3. das zeitweilige Ruhen einzelner oder aller Rechte aus der Mitgliedschaft bis zur Dauer von drei Jahren,

4. den Ausschluß aus der Partei.

(3) Auf Ausschluß kann nur erkannt werden, wenn das Mitglied vorsätzlich gegen die Statuten oder erheblich gegen die Grundsätze oder die Ordnung der Partei verstoßen hat und dadurch schwerer Schaden für die Partei entstanden ist.

(4) Der Antrag auf Durchführung eines Parteiordnungsverfahrens kann von jeder Organisationsgliederung (§ 8) bei der Schiedskommission des Unterbezirks, dem das betroffene Mitglied angehört, gestellt werden. Der IV. Abschnitt der Schiedsordnung bleibt unberührt.

Urabstimmung

§ 36 Hat der Parteitag die Auflösung der Partei oder ihre Verschmelzung mit einer oder mehreren anderen Parteien beschlossen, so findet eine Urabstimmung statt. Der Beschluß des Parteitages wird durch das Ergebnis der Urabstimmung bestätigt oder aufgehoben; er darf nicht vor der Bestätigung durch die Urabstimmung ausgeführt werden.

§ 37 (1) Der Parteivorstand setzt Tag und Zeit der Abstimmung fest. Die Abstimmung muß innerhalb von drei Monaten durchgeführt werden.

(2) Termin und Gegenstand sind spätestens zwei Wochen vor dem Abstimmungstag in dem sozialdemokratischen Mitgliedermagazin „Vorwärts" zu veröffentlichen.

§ 38 Die Urabstimmung wird innerhalb der Ortsvereine in unmittelbarer und geheimer Form vorgenommen. Jedes Mitglied, das mit seinen Beiträgen nicht mehr als drei Monate im Rückstand ist, hat eine Stimme. Es finden einheitliche Stimmzettel Verwendung, die den Abstimmungsgegenstand so darstellen, daß eine Beantwortung mit „Ja" oder „Nein" möglich ist.

§ 39 (1) Der Parteivorstand ist für die rechtzeitige Veröffentlichung gem. § 37 Abs. 2 sowie für die Herstellung der Stimmzettel und deren Verteilung an die Bezirke verantwortlich. Die Bezirke leiten die Stimmzettel an die Ortsvereinsvorstände weiter.

(2) Die Ortsvereinsvorstände sind für die Durchführung der Urabstimmung verantwortlich. Insbesondere müssen sie den Mitgliedern Abstimmungszeit, Abstimmungslokal und Gegenstand der Abstimmung in geeigneter Weise bekanntgeben, für die geheime Abstimmung Vorkehrungen treffen, über die Gültigkeit der abgegebenen Stimmen entscheiden, den Abstimmungsvorgang protokollieren und das Ergebnis mitsamt den Stimmzetteln und Abstimmungsprotokollen unverzüglich an die Bezirke weiterleiten.

(3) Die Bezirke teilen das zusammengefaßte Abstimmungsergebnis dem Parteivorstand mit. Stimmzettel und Abstimmungsprotokolle sind bei den Bezirken für die Dauer eines Jahres aufzubewahren.

(4) Der Parteivorstand faßt die Abstimmungsergebnisse der Bezirke zusammen und veröffentlicht das Gesamtergebnis der Urabstimmung in dem sozialdemokratischen Mitgliedermagazin „Vorwärts".

Mitgliederentscheid

§ 39 a (1) Ein Mitgliederentscheid kann den Beschluß eines Organs ändern, aufheben oder einen solchen Beschluß anstelle eines Organs fassen.

(2) Gegenstand eines Entscheids können nur solche Beschlüsse sein, die nicht durch Parteiengesetz oder durch andere Gesetze ausschließlich einem Organ vorbehalten sind. Darüber hinaus können nicht Gegenstand eines Entscheids sein:

a) Fragen der Beitragsordnung, auch wenn sie in der Finanzordnung der Partei bzw. den entsprechenden Statuten oder Satzungen der Gliederungen nicht ausdrücklich und ausschließlich einem Organ zugewiesen sind,

b) die Beschlußfassung über die Wirtschaftspläne der Partei und ihrer Gliederungen,

c) die Beschlußfassung über Änderungen des Organisationsstatuts, der Wahl-, Schieds- und Finanzordnung, sowie der entsprechenden Statuten, Satzungen oder Ordnungen der Gliederungen.

(3) Ein Mitgliederentscheid findet aufgrund eines Mitgliederbegehrens statt. Das Mitgliederbegehren muß einen konkreten Entscheidungsvorschlag enthalten und mit Gründen versehen sein. Es kommt zustande, wenn es von 10 Prozent der Mitglieder unterstützt wird.

(4) Ein Mitgliederentscheid findet ferner statt, wenn es

a) der Parteitag mit einfacher Mehrheit oder

b) der Parteivorstand mit Dreiviertelmehrheit beschließt oder wenn es

c) mindestens zwei Fünftel der Bezirksvorstände beantragen.

Diese Beschlüsse oder Anträge müssen einen Entscheidungsvorschlag enthalten und mit Gründen versehen sein.

(5) In den Fällen des Mitgliederbegehrens und im Fall des Unterabsatzes 4 c) kann der Parteivorstand einen eigenen Vorschlag zur Abstimmung vorlegen.

(6) Durch den Mitgliederentscheid wird eine verbindliche Entscheidung gegenüber dem Organ getroffen, an das der Mitgliederentscheid gerichtet ist. Der Entscheid ist wirksam, wenn die Mehrheit derjenigen, die ihre Stimme abgegeben haben, mindestens aber $1/5$ der stimmberechtigten Parteimitglieder zugestimmt haben. Innerhalb von zwei Jahren nach dem Mitgliederentscheid kann der Parteitag mit $2/3$-Mehrheit eine andere Entscheidung treffen, danach genügt die einfache Mehrheit.

(7) Der Parteivorstand beschließt im Rahmen der gesetzlichen Zulässigkeit für ein Mitgliederbegehren und einen Mitgliederentscheid sowie auf Grundlage der §§ 37 bis 39 des Statuts eine Verfahrensrichtlinie zur Durchführung des Begehrens und des Entscheids.

Urwahl des/der Kanzlerkandidaten/in

§ 39 b (1) Die Bestimmung des/der Kanzlerkandidaten/in der Sozialdemokratischen Partei Deutschlands kann durch eine verbindliche Urwahl erfolgen.

(2) Eine Urwahl des/der Kanzlerkandidaten/in ist durchzuführen

a) auf Beschluß des Parteitages,

b) auf mit $3/4$-Mehrheit gefaßten Beschluß des Parteivorstandes,

c) auf Antrag von mindestens $2/5$ der Bezirksvorstände,

d) auf Begehren von 10 Prozent der Mitglieder.

(3) Gewählt ist, wer mehr als die Hälfte der abgegebenen gültigen Stimmen erhalten hat. Hat kein Kandidat/keine Kandidatin diese Mehrheit erhalten, so findet zwischen den beiden

Bestplazierten eine Stichwahl statt. Gewählt ist dann, wer die meisten Stimmen auf sich vereinigt.

(4) Die Durchführung der Urwahl geschieht nach den vom Parteivorstand auf Grunde der §§ 37 bis 39 des Statuts beschlossenen Richtlinien.

Abänderung des Statuts

§ 40 (1) Das Statut der Partei kann nur von einem Parteitag mit Zweidrittelmehrheit geändert werden.

(2) Anträge auf Abänderung des Statutes können nur beraten werden, wenn sie innerhalb der Fristen, die der § 18 vorschreibt, veröffentlicht worden sind. Abweichungen müssen auf dem Parteitag mit Dreiviertelmehrheit beschlossen werden.

. . .

Übergangsbestimmungen

§ 41 a Für die Zeit bis zum ordentlichen Parteitag 2002 gilt folgende Regelung für die Bundesebene:

1. § 15 Abs. 1 erhält folgende Fassung:

„1. Aus 480 von den Bezirksparteitagen gewählten Delegierten. Von diesen 480 Delegierten werden 160 im Verhältnis der bei der letzten Wahl zum Deutschen Bundestag im Bereich der einzelnen Bezirke der Sozialdemokratischen Partei Deutschlands abgegebenen Zweitstimmen, 320 im Verhältnis der Mitgliederzahlen, für die in den vorausgegangenen vier Quartalen Pflichtbeiträge an den Parteivorstand abgeführt worden sind, entsandt. Bezirkssatzungen können bestimmen ...“

2. § 28 Abs. 1 erhält folgende Fassung:

„1. Mitglieder

110 von den Parteitagen der Bezirke/Landesverbände in geheimer Abstimmung zu wählende Vertreter und Vertreterinnen. Dabei erhält jeder Bezirk/Landesverband vorab ein Grundmandat. Die weiteren Mandate werden nach dem Schlüssel für die Errechnung der Delegiertenzahlen auf den Bundesparteitagen auf die Bezirke/Landesverbände verteilt.“

§ 41 b Für die Zeit vom ordentlichen Parteitag 1993 bis zum nachfolgenden ordentlichen Parteitag 1995 gilt § 23 (1) mit folgender Maßgabe:

Die Zahl der vier stellvertretenden Vorsitzenden erhöht sich auf fünf stellvertretende Vorsitzende.

. . .

§ 41 e Für die Zeit nach dem ordentlichen Parteitag 1993 wird in § 15 Abs. 1 Nr. 1 die Zahl „400“ durch die Zahl ersetzt, die für die Delegierten des ordentlichen Parteitages 1993 aufgrund der dafür geltenden Bestimmungen maßgebend war.

§ 41 f Für die Zeit vom ordentlichen Parteitag 1991 bis zum nachfolgenden ordentlichen Parteitag gilt § 23 mit folgender Maßgabe:

Die Zahl von drei stellvertretenden Vorsitzenden erhöht sich auf vier stellvertretende Vorsitzende.

§ 41 g (1) Für die Zeit zwischen dem ordentlichen Parteitag 1991 und dem nachfolgenden ordentlichen Parteitag gilt folgende Übergangsbestimmung:

§ 28 Abs. 1 Nr. 1 erhält folgende Fassung:

„1. Mitglieder

a) 90 von den Parteitagen der Bezirke/Landesverbände mit Ausnahme der in Nummer 1 Buchst. b genannten Landesverbände in geheimer Abstimmung zu wählende Vertreter und Vertreterinnen. Dabei erhält jeder Bezirk/Landesverband vorab ein Grundmandat. Die weiteren Mandate werden nach dem Schlüssel für die Errechnung der Delegiertenzahlen auf den Bundesparteitagen auf die Bezirke/Landesverbände verteilt.

b) 20 von den Parteitagen der Landesverbände Brandenburg, Mecklenburg-Vorpommern, Sachsen, Sachsen-Anhalt und Thüringen in geheimer Abstimmung zu wählende Vertreterinnen und Vertreter. Dabei erhält jeder Landesverband vorab ein Grundmandat. Die weiteren Mandate werden nach der Zahl der Mitglieder verteilt, für die in den voraufgegangenen zwei Quartalen Pflichtbeiträge an den Parteivorstand abgeführt worden sind."

(2) Für die Zeit nach dem übernächsten ordentlichen Parteitag wird in § 28 Abs. 1 Nr. 1 die Zahl „90" durch die Zahl „110" ersetzt.

Quelle: Vorstand der SPD. Pressestelle, Bonn.

IV/7 Gesamteinnahmen der Bundestagsparteien von 1968 bis 1995

(bis 1983 ohne Kredite, ab 1984 ohne Zuschüsse an Gliederungen)
(in Millionen DM)

Jahr	CDU	CSU	F.D.P.	Grüne	SPD	PDS
1968	34	10	9,6	—	48	
1969	44,6	13,3	9,1	—	65	
1970	43,7	11,6	10,4	—	53,2	
1971	43,3	14	9,4	—	56,4	
1972	113,6	22,8	23,1	—	113	
1973	72,1	10,7	13,5	—	76,7	
1974	87,3	24,4	17,6	—	95,7	
1975	111,6	19,8	22,7	—	118,8	
1976	144,5	29,9	28,3	—	123,4	
1977	97,7	19,3	17	—	93,1	
1978	109,2	32,2	19,5	0,2	110,5	
1979	190,5	42,1	34,2	6	197,4	
1980	159,3	37,6	35	6,7	156,1	
1981	111,6	24	23,5	2,8	120	
1982	145,7	36,5	20,6	7	143,2	
1983	251,9	68,3	40,7	19,4	233,3	
1984	192,7	42,6	28,6	34,9	198,1	
1985	176,7	39,5	30,3	26,8	193,7	
1986	192,1	60,2	33,1	30,4	199,2	
1987	193	48,3	44,7	44,2	214	
1988	174	43,6	33,1	29,6	195,8	
1989	198,3	57,1	42,8	41,8	241,1	
1990	330,4	89,8	83,8	44,5	338	72,9
1991	212,8	51,7	52,2	32,5	339,6	60,7
1992	213,5	49,5	47,3	39,3	262,6	22,5
1993	234	57,1	51,4	42,5	298,2	40,2
1994	279,9	67,8	70,3	52,8	353,4	34,3
1995	218,3	52,9	45,9	48,4	285,2	40,8

Quellen:
1968 — 1991: Bundespräsidialamt (Hrsg.), Empfehlungen der Kommission unabhängiger Sachverständiger zur Parteienfinanzierung, (Baden-Baden: Nomos-Verlag, 1994), S. 144.
1992: Bundestagsdrucksache 13/140
1993: Bundestagsdrucksache 13/145
1994: Bundestagsdrucksache 13/3390
1995: Bundestagsdrucksache 13/6472

IV/8 Satzung der Konrad-Adenauer-Stiftung

Vom 20. Januar 1993 — Auszug

§ 2 Zweck

Die Konrad-Adenauer-Stiftung e. V. verfolgt auf christlich-demokratischer Grundlage ausschließlich und unmittelbar gemeinnützige Zwecke. Sie wird insbesondere
— politische Bildung vermitteln,
— die geschichtliche Entwicklung der christlich-demokratischen Bewegung erforschen und dokumentieren,
— durch Forschung und Beratung Grundlagen politischen Wirkens erarbeiten,
— die europäische Einigung unterstützen, die internationale Verständigung durch Informationen und Begegnungen pflegen sowie mit entwicklungspolitischen Projekten und Programmen Hilfe leisten,
— politisch verfolgten Demokraten ideelle und materielle Hilfe gewähren,
— die wissenschaftliche Aus- und Fortbildung begabter und charakterlich geeigneter junger Menschen fördern,
— Kunst und Kultur durch Veranstaltungen und Stipendien fördern,
— der Öffentlichkeit die Ergebnisse ihrer Arbeit zugänglich machen.

Zur Wahrnehmung dieser Aufgaben setzt die Konrad-Adenauer-Stiftung e.V. ihre ideellen, personellen und materiellen Möglichkeiten im In- und Ausland ein.

Quelle: Konrad-Adenauer-Stiftung. Pressestelle, St. Augustin.

IV/9 Satzung der Friedrich-Ebert-Stiftung

Vom 8. Dezember 1989 — Auszug

§ 2 Zweck und Aufgaben

(1) Der Zweck des Vereins ist nicht auf einen wirtschaftlichen Geschäftsbetrieb gerichtet. Der Verein hat ausschließlich den Zweck, die demokratische Erziehung des deutschen Volkes und die internationale Zusammenarbeit im demokratischen Geiste zu fördern.

(2) Zu diesem Zweck wird der Verein u.a.

a) wissenschaftlich hervorragend begabte und nach ihrer Persönlichkeit besonders geeignete Studenten und Nachwuchswissenschaftler aus dem In- und Ausland durch Stipendien unterstützen,

b) Ausbildungsstätten schaffen und in Lehrveranstaltungen praktische Volkserziehung zur Förderung des demokratischen Gedankens und der internationalen Zusammenarbeit durchführen,

c) um den Gedanken der internationalen Verständigung und der Partnerschaft zu den Entwicklungsländern zu vertiefen, Auslandsseminare und Auslandsstudien finanzieren, insbesondere aber die wirtschaftliche, soziale und kulturelle Förderung Afrikas, Asiens und Lateinamerikas anstreben,

d) wissenschaftliche Forschung, sei es durch Errichtung eigener, sei es durch Förderung fremder Institutionen bzw. durch ein- oder mehrsprachige Publikationen, ideell und finanziell unterstützen,

e) Förderung von Kunst und Kultur als Elemente lebendiger Demokratie, z.B. durch Vorträge und Ausstellungen eigener und fremder Exponate.

Quelle: Friedrich-Ebert-Stiftung. Pressestelle, Bonn.

IV/10 Organisationsplan der Friedrich-Ebert-Stiftung —

Vorstand	
Vorsitzender: Stellvertreter:	Holger Börner Johannes Rau Ernst Breit
Geschäftsführendes Vorstandsmitglied und Geschäftsführer:	Dr. Jürgen Burckhardt

Mitglieder der Geschäftsführung	Politische Bildung		Internationale Arbeit	
	Akademie der politischen Bildung Prof. Dr. Thomas Meyer Stv.: Reinhard Weil	**Gesellschaftspolitische Information** Frank D. Karl	**Internationale Entwicklungszusammenarbeit** Dr. Ernst-J. Kerbusch	**Industrieländer** Dr. Günter Esters
Christel Nickel-Mayer Dr. Manfred Stegger				
Presse- und Informationsstelle Klaus-Peter Schneider Stv.: Peter Donaiski	**Akademien** Kurt-Schumacher-Akademie Bad Münstereifel Dr. Helmut Morchen	**Politische Bildung in Nordrhein-Westfalen und Hessen (außerhalb der Bildungszentren)**	**Lateinamerika und Karibik** Peter Hengstenberg Gewerkschaftsbeauftragter: Dietmar Kneitschel	**Westliche Industrieländer** Dr. Reinhold Sohns Gewerkschaftsbeauftragter: Joachim Gottschalk
Koordination „Frauen und Gesellschaft" Christel Nickel-Mayer	Alfred-Nau-Akademie Bergneustadt Wolfgang Niservius	**Regionale Gesprächskreise** Frank D. Karl		
Zentrale Aufgaben Dr. Michael Domitra	Gustav-Heinemann-Akademie Freudenberg Dr. Johann Kandel	**Landesbüros** Berlin Axel Schmidt-Gödelitz	**Afrika** Dr. Volker Vinnai Gewerkschaftsbeauftragter: Hans Reimar von Mutius	**Osteuropa/Zentralasien** Dr. Winfried Veit Gewerkschaftsbeauftragter: Dr. Gero Maaß
Redaktion internationale Politik und Gesellschaft Dr. Alfred Pfaller	Fritz-Erler-Akademie Freudenstadt Alfred Braun	Niedersachsen (Hannover) Egmont Eckardt		
Neue Bundesländer/ Bundesbüros Uwe Ziegler	Gesellschaft für politische Bildung e.V., Akademie Frankenwarte Würzburg Dr. Margrit Grubmüller	Rheinland-Pfalz (Mainz) Rolf Mantowski	**Asien und Pazifik** Rüdiger Sielaff Gewerkschaftsbeauftragter: Erwin Schweißhelm	**Mittel- und Südosteuropa** Dr. Ernst Stetter Gewerkschaftsbeauftragter: Dr. Uwe Optenhögel
Brandenburg (Potsdam) Hans-Hellmut Duncke	Georg-von-Vollmar-Akademie e.V. Kochel Dr. Eckard Colberg	**Frauenpolitik** Dr. Monika Langkau-Herrmann		
Mecklenburg-Vorpommern Erik Gurgsches	**Regionalbüros** Saarbrücken (Elisabeth-Selbert-Akademie) Monika Sommer-Hasenstein (m.d.Wb.)		**Gewerkschaftskoordination International** Rüdiger Sielaff	**Nahost/ Östliches Mittelmeer** Dr. Wolfgang Lutterbach (m.d.Wb.)
Sachsen (Leipzig) Winfried Schneider-Deters				
– Chemnitz Karl-Heinz Becher	Julius-Leber-Forum Schleswig-Holstein Ahrensburg Wilfried Hoppe (m.d.Wb.)		**Wirtschafts- und Sozialentwicklung** Dr. Manfred Bardeleben	**Gewerkschaftskoordination Industrieländer** Dr. Uwe Optenhögel
– Dresden Christoph Wielepp	München Karola Kerscher		**Medien und Kommunikation** Gunter Lehrke (m.d.Wb.)	**Arbeitskreis Transformationsprozesse in Mittel- und Osteuropa** Dr. Ernst Stetter
Sachsen-Anhalt (Magdeburg) Ulrich Kasparick	Regensburg Harald Zintl		**Projektgruppe Entwicklungspolitik** Dr. Erfried Adam	
Thüringen (Erfurt) Dr. Werner Rechmann				
Kommunalpolitische Bildung Siegbert Heid	**Akademiegespräche** Prof. Dr. Thomas Meyer		**Grundsatzaufgaben** – Frauenförderung: Astrid Becker	**Redaktion Eurokolleg** Joachim Gottschalk
Revision Dr. Joachim Schubert	**Projekt Management und Politik** Werner Morfeld		– Menschenrechte: Pia Bungarten	
EDV NN	**Redaktion Neue Gesellschaft/Frankfurter Hefte** Dr. Norbert Seitz		– Umwelt: Dr. Elmar Römpczyk	
			– Nachkontakte: Ursula Hoffstadt	

Stand: 1995

Quelle: Friedrich-Ebert-Stiftung, Presse- und Informationsstelle.

IV/11 Staatsfinanzierung der parteinahen Stiftungen aus dem Bundeshaushalt 1965–1995

Jahr	Friedrich-Naumann-Stiftung	Friedrich-Ebert-Stiftung	Hanns-Seidel-Stiftung	Konrad-Adenauer-Stiftung	Stiftungs-verband Regenbogen	Gesamt
	Mio. DM					Mio. DM
1965						13,1
1966						14,2
1967						25,0
1968						30,1
1969						36,2
1970	12,2	32,8	1,6	27,7		74,3
1971	11,7	44,6	1,7	36,0		94,0
1972	15,4	52,3	2,4	38,4		108,5
1973	15,9	50,4	3,2	41,2		110,7
1974	22,7	71,1	4,7	49,0		147,5
1975	23,9	71,9	6,2	58,6		160,6
1976	25,7	66,4	6,1	56,2		154,4
1977	29,4	78,1	9,7	65,1		182,3
1978	33,7	90,2	13,8	73,5		211,2
1979	40,2	104,5	16,6	84,6		245,9
1980	44,0	115,0	23,6	88,3		270,9
1981	49,0	118,5	31,9	105,7		305,1
1982	50,0	120,8	37,4	109,1		317,3
1983	51,4	122,4	42,5	114,9		331,2
1984	53,8	124,8	46,6	118,0		343,2
1985	56,4	139,7	58,2	127,3		381,6
1986	65,0	136,5	60,9	136,1		398,5
1987	67,4	152,1	70,1	150,3		439,9
1988	73,3	166,6	76,7	159,9		476,5
1989	80,3	172,6	80,7	163,5	4,8	502,2
1990	83,5	185,3	83,0	177,7	15,3	544,8
1991	98,3	201,3	95,6	204,6	17,5	617,3
1992	102,5	211,9	102,3	207,8	25,8	650,3
1993	99,7	205,2	97,4	212,5	30,1	644,9
1994	92,7	191,8	92,9	188,1	30,8	596,3
1995	94,9	194,4	90,9	192,6	39,7	612,5

1965–1969: Berechnungen aufgrund der Haushaltsansätze der Jahre 1965–1969. Diese wurden mit dem Prozentsatz, den die politischen Stiftungen im Jahre 1970 aus den verschiedenen Haushaltsstellen erhielten, multipliziert. Zu beachten ist, daß die Hanns-Seidel-Stiftung erst 1967 und der Stiftungsverband Regenbogen erst 1988 gegründet wurden.

1970–1985: Bundestagsdrucksache 10/5281 (1970–1985 = Ist-Zahlen).

1986–1990: Angaben des Bundesministers der Finanzen in einem Schreiben vom 24. Juli 1990 (1986–1989 = Istbeträge, 1990 = Sollbeträge).

1991–1993: Bundestagsdrucksache 12/5560 (1991–1992 = Istbeträge, 1993 = Sollbeträge).

1994: Zusammenstellung nach Bundestagsdrucksache 13/1895 (Istbeträge).

1995: Zusammenstellung nach Angaben des Bundesministeriums des Innern (Istbeträge).

Quelle: Eigene Zusammenstellung

IV/12 Mitgliedsverbände der Bundesvereinigung der Deutschen Arbeitgeberverbände* — Stand: 1. 1. 1996

Fachverband	Sitz	Mitglieds-verbände
Landwirtschaft		
Bundesverband Garten-, Landschafts- und Sportplatzbau e. V.	Bad Honnef	14
Gesamtverband der Deutschen Land- und Forstwirtschaftlichen Arbeitgeberverbände e. V.	Bonn	20
Bergbau		
Wirtschaftsvereinigung Bergbau e. V.	Bonn	19
Gesamtverband des deutschen Steinkohlenbergbaus	Essen	4
Unternehmensverband Ruhrbergbau	Essen	—
Unternehmensverband Saarbergbau	Saarbrücken	—
Deutscher Braunkohlen-Ind.-Verein e. V.	Köln	—
Wirtschaftsverband Erdöl- und Erdgasgewinnung e. V.	Hannover	—
Kaliverein e. V.	Hannover	—
Verarbeitende Industrie (ohne Bauindustrie)		
Sozialpolitische Arbeitsgemeinschaft Steine und Erden	Frankfurt am Main	30
Gesamtverband der metallindustriellen Arbeitgeberverbände e. V. Gesamtmetall	Köln	16
Bundesarbeitgeberverband Chemie e. V.	Wiesbaden	21
Arbeitgeberverband der Deutschen Kautschukindustrie (ADK)	Hannover	—
Arbeitgebervereinigung Stahl[1]	Düsseldorf	—
Arbeitsgemeinschaft Keramische Industrie e. V.	Frankfurt am Main	8
Arbeitgeberverband der Deutschen Glasindustrie e. V.	München	—
Vereinigung Deutscher Sägewerksverbände e. V.	Wiesbaden	18
Vereinigung der Arbeitgeberverbände der Deutschen Papierindustrie e. V.	Düsseldorf	8
Hauptverband der Papier, Pappe und Kunststoff verarbeitenden Industrie e. V. — Sozialpolitischer Hauptausschuß —	Frankfurt am Main	12
Hauptverband der Deutschen Holz und Kunststoff verarbeitenden Industrie und verwandte Industriezweige e. V.	Wiesbaden	32
Bundesverband Druck e. V.	Wiesbaden	12
Arbeitsgemeinschaft Schuhe/Leder	Offenbach am Main	7
Arbeitgeberkreis Gesamttextil im Gesamtverband der Textilindustrie in der Bundesrepublik Deutschland e. V.	Eschborn	14
Bundesvereinigung der Arbeitgeber im Bundesverband Bekleidungsindustrie e. V.	Köln	21
Arbeitgebervereinigung Nahrung und Genuß	Bonn	24
Verein der Zuckerindustrie	Bonn	3
Arbeitgeberverband der Cigarettenindustrie	Hamburg	—
Bundesverband der Zigarrenindustrie e. V.	Bonn	—
Bauindustrie		
Hauptverband der Deutschen Bauindustrie	Wiesbaden	37
Handwerk		
Zentralverband des Deutschen Baugewerbes e. V.	Bonn	43
Bundesvereinigung der Fachverbände des Deutschen Handwerks	Bonn	52

Fachverband	Sitz	Mitglieds-verbände
Handel, Banken, Versicherungen, Verkehr		
Hauptverband des Deutschen Einzelhandels e. V.	Köln	16
Bundesarbeitsgemeinschaft der Mittel- und Großbetriebe des Einzelhandels e. V.	Köln	17
Bundesverband des Deutschen Groß- und Außenhandels e. V.	Bonn	29
Arbeitgeberverband des privaten Bankgewerbes e. V.	Köln	—
Arbeitgeberverband der Versicherungsunternehmen in Deutschland	München	—
Arbeitgeberverband der deutschen Binnenschiffahrt e. V.	Duisburg	—
Arbeitgeberverband Deutscher Eisenbahnen e. V.	Köln	—
Verband Deutscher Reeder e. V.	Hamburg	—
Deutscher Hotel- und Gaststättenverband e. V. (DEHOGA)	Bonn	19
ZGV — Zentralverband Gewerblicher Verbundgruppen	Bonn	6
DRV-Tarifgemeinschaft Arbeitgebervereinigung im Deutschen Reisebüro-Verband e. V.	Frankfurt am Main	—
Sozialpolitische Arbeitsgemeinschaft, Verkehr[1]	Frankfurt am Main	—
Sonstiges Gewerbe		
BDE Bundesverband der Deutschen Entsorgungswirtschaft e. V. — VPS —	Köln	—
Verband Deutscher Zeitschriftenverleger e. V.	Bonn	7
Bundesverband Deutscher Zeitungsverleger e. V. (Herausgeber der deutschen Tageszeitungen)	Bonn	12
Bundesverband Zeitarbeit e. V.	Bonn	—
Vereinigung der Arbeitgeberverbände energie- und versorgungs-wirtschaftlicher Unternehmen (VAEU)[1]	Hannover	7
Tarifverband Privater Rundfunk	Frankfurt am Main	—

* Zusätzlich zu den 48 Fachverbänden sind 15 Landesvereinigungen Mitglied bei der Bundesvereinigung der Deutschen Arbeitgeberverbände — Deutschland.
1 Gastmitglied.

Quelle: Statistisches Bundesamt, Statistisches Jahrbuch 1996, S. 725.

IV/13 Mitgliedsverbände des Bundesverbandes der Deutschen Industrie* — Stand: 1. 1. 1996

Verband	Sitz	Landes-verbände bzw. -gruppen	Angeschlossene Fachverbände bzw. -gemeinschaften
Elektrizitäts- und Gasversorgung			
Deutsche Verbundgesellschaft e. V.	Heidelberg	—	—
Bergbau			
Wirtschaftsvereinigung Bergbau e. V.	Bonn	—	18
Wirtschaftsverband Erdöl- und Erdgasgewinnung e. V.	Hannover	—	—
Grundstoff- und Produktionsgüterindustrien			
Bundesverband Steine und Erden e. V.	Frankfurt am Main	3	23
Wirtschaftsvereinigung Stahl	Düsseldorf	—	8
Wirtschaftsvereinigung Ziehereien und Kaltwalzwerke	Düsseldorf	1	8
Wirtschaftsvereinigung Metalle e. V.	Düsseldorf	—	6[1]
Deutscher Gießereiverband	Düsseldorf	8	6
Mineralölwirtschaftsverband e. V.	Hamburg	—	—
Verband der Chemischen Industrie e. V.	Frankfurt am Main	9	30
VDP — Verband Deutscher Papierfabriken e. V.	Bonn	7	16
Wirtschaftsverband der deutschen Kautschukindustrie e. V. (W. d. K.)	Frankfurt am Main	—	—
Investitionsgüterindustrien			
Wirtschaftsverband Stahlbau und Energietechnik (SET) e. V.	Köln	—	4
Verband Deutscher Maschinen- und Anlagenbau e. V. (VDMA)	Frankfurt am Main	8	33[2]
Verband der Automobilindustrie e. V. (VDA)	Frankfurt am Main	—	—
Verband für Schiffbau und Meerestechnik e. V.	Hamburg	2	—
Zentralverband Elektrotechnik und Elektroindustrie (ZVEI) e. V.	Frankfurt am Main	10	28
Verband der Deutschen Feinmechanischen und Optischen Industrie e. V.	Köln	8[3]	6
Wirtschaftsverband Stahlverformung e. V.	Hagen	—	7[4]
EBM Wirtschaftsverband	Düsseldorf	3	24
Bundesverband der Deutschen Luft- und Raumfahrtindustrie e. V.	Bonn	—	—

Verband	Sitz	Landes-verbände bzw. -gruppen	Angeschlossene Fachverbände bzw. -gemeinschaften
Verbrauchsgüterindustrien			
Arbeitsgemeinschaft Keramische Industrie e. V.	Frankfurt am Main	—	3
Bundesverband Glasindustrie und Mineralfaserindustrie e. V.	Düsseldorf	—	6
Bundesverband der Deutschen Entsorgungswirtschaft e. V.	Köln	—	—
Hauptverband der Deutschen Holz- und Kunst-stoffverarbeitenden Industrie und verwandter Industriezweige e. V./Vereinigung Deutscher Sägewerksverbände e. V.	Bad Honnef	30	17[5]
Arbeitsgemeinschaft Industriengruppe	[6]	—	4
Hauptverband der Papier, Pappe und Kunst-stoffe verarbeitenden Industrie e. V. (HPV)	Frankfurt am Main	10	20
Bundesverband Druck e. V.	Wiesbaden	12	—
Gesamtverband Kunststoffverarbeitende Industrie e. V. (GKV)	Frankfurt am Main	—	4[7]
Bundesverband Bekleidungsindustrie e. V.	Köln	12	9
Gesamtverband der Textilindustrie in der Bundesrepublik Deutschland – Gesamt-textil — e. V.	Eschborn	7	22
Nahrungs- und Genußmittelindustrien			
Bundesvereinigung der Deutschen Ernährungsindustrie e. V.	Bonn	—	25
Verein der Zuckerindustrie	Bonn	3	—
Verband der Cigarettenindustrie	Bonn	—	—
Bauindustrie			
Hauptverband der Deutschen Bauindustrie e. V.	Wiesbaden	25	13[8]

* Früheres Bundesgebiet.
1 Geschäftsbereiche.
2 Außerdem 18 Arbeitsgemeinschaften.
3 Außerdem 2 korporativ angeschlossene Verbände.
4 Fachbereiche.
5 Außerdem 3 Fachabteilungen, 3 Arbeitsausschüsse.
6 Wechselnd, z.Z. Pforzheim.
7 Außerdem 5 korporativ angeschlossene Verbände.
8 Außerdem 4 außerordentliche Mitgliedsverbände.

Quelle: Statistisches Bundesamt, Statistisches Jahrbuch 1996, S. 721.

IV/14 Mitgliedsverbände des Bundesverbandes der Freien Berufe* — Stand: 1. 1. 1996

Mitglied	Sitz	Landesverbände, -gruppen
Bundesärztekammer[1]	Köln	12
Kassenärztliche Bundesvereinigung[2]	Köln	23
Hartmannbund — Verband der Ärzte Deutschlands e. V.	Bonn	16
Verband der Privatärztlichen Verrechnungsstellen e. V.	Mühlheim a.d. Ruhr	15
Stift. zur Förd. der wiss. Forschung über Wesen u. Bedeutung der Freien Berufe — Ludwig-Sievers-Stiftung	Köln	—
Arbeitsgemeinschaft der Deutschen Zahnärztekammern e. V. — Bundeszahnärztekammer	Köln	18
Kassenzahnärztliche Bundesvereinigung[2]	Köln	17
Freier Verband Deutscher Zahnärzte e. V.	Bonn	17
Bundesverband praktischer Tierärzte e. V.	Frankfurt am Main	17
Bundesvereinig. Deutsch. Apothekerverbände — ABDA	Eschborn	17
Deutscher Verband für Physiotherapie — Zentralverband der Krankengymnasten/Physiotherap. (ZVK) e. V.	Köln	15
Verband Physikalische Therapie — Vereinigung für die physiotherapeutischen Berufe (VPT) e. V.	Hamburg	—
Interessenverband Freiberuflicher Krankengymnasten e. V.	Düsseldorf	—
Deutscher Bundesverband für Logopädie e. V.	Frechen	16
Vereinigung der Kassenpsychotherapeuten e. V.	Gelsenkirchen	—
Berufsverband Hauskrankenpflege in Deutschland e. V.	Hannover	—
Deutscher Verband der Ergotherapeuten (Beschäftigungs- und Arbeitstherapeuten) e. V.	Karlsbad-Ittersbach	16
Deutscher Berufsverband der Motopädinnen/Mototherapeutinnen DDM e. V.	Düsseldorf	7
Bundesrechtsanwaltskammer[2]	Bonn	28
Deutscher Anwaltverein e. V. (DAV)	Bonn	16
Bundesverband Deutscher Rechtsbeistände e. V.	München	—
Bundesverband der Rentenberater e. V.	Eutin	—
Patentanwaltskammer[2]	München	—
Bundesverband Deutscher Patentanwälte e. V.	Frankfurt am Main	—
Bundesnotarkammer[2]	Köln	21
Wirtschaftsprüferkammer[2]	Düsseldorf	7
Institut der Wirtschaftsprüfer in Deutschland e. V.	Düsseldorf	6
Bundessteuerberaterkammer[2]	Bonn	22
Deutscher Steuerberaterverband e.V.	Bonn	16
Bundesverband der Steuerberater e. V.	Köln	7
HLBS Hauptverband der landwirtschaftlichen Buchstellen und Sachverständigen e. V.	St. Augustin	8
Bundesverband der Wirtschaftsberater BVW e. V.	Bad Boll	—
Bundesverband Dtsch. Unternehmensberater BDU e. V.	Bonn	—
Deutsche Public Relations-Gesellschaft e. V. (DPRG) — Berufsverband Öffentlichkeitsarbeit	Bonn	8
Vereinig. d. unabhäng. freiberufl. Versicherungs- u. Wirtschaftsmathematiker Deutschland e. V.	Grünwald b. München	—
Bund Deutscher Verkaufsförderer und Trainer e. V. BDVT	Köln	15
Bund Deutscher Architekten BDA	Bonn	16
Vereinig. Freischaff. Architekten Deutschlands e. V. — VFA	Bonn	13
Bund Deutscher Landschafts Architekten BDLA e. V.	Bonn	13
Bund Deutscher Innenarchitekten BDIA	Bonn	—
Verband Beratender Ingenieure VBI e. V.	Bonn	12
Verband Selbständiger Ingenieure VSI e. V.	Essen	8

Mitglied	Sitz	Landes-verbände, -gruppen
Verband Selbständiger Ingenieure und Architekten VSIA	Ettlingen	—
Bund der Öffentlich bestellten Vermessungsingenieure (e. V.) BDVI	Köln	15
Bundesvereinigung der Prüfingenieure für Baustatik	Hamburg	16
Verein Selbständiger Revisionsingenieure VSR e. V.	Krefeld	—
Bundesverb. freiberufl. Sicherheitsingenieure — BFSI — e. V.	Köln	10
INGEWA Ingenieurverband Wasser- und Abfallwirtschaft e. V.	Bonn	7
INTER-EXPERT	Frankfurt am Main	—
Bundesverband öffentlich bestellter und vereidigter Sachverständiger e. V.	Bonn	13
Deutsche Weinanalytiker e. V.	Bretzenheim	—
Bundesverband d. freiberufl. u. unabhängigen Sachverständigen f. d. Kraftfahrzeugwesen e. V. BVSK	Berlin	15
TOS Technische Organisation von Sachverständigen e. V.	Fellbach	—
Bundeslotsenkammer[2]	Hamburg	—
BSHL — Bundesverband der See- und Hafenlotsen e. V.	Bremerhaven	—
Fachgruppe »Freiberufliche Chemiker« in der GESELLSCHAFT DEUTSCHER CHEMIKER	Frankfurt am Main	—
Bundesverband Deutscher Geologen, Geophysiker und Mineralogen e. V. BDG	Bonn	—
Verband Deutscher Biologen e. V. — Fachsektion Freiberufl. Biologen	Kiel	—
Freier Bau-, Beratungs-, Prüf- und Überwachungsverein Bundesrepublik Deutschland e. V. (BBUV)	Stuttgart	—
Deutscher Erfinderverband e. V.	Nürnberg	—
Institut der Umweltgutachter und -berater in Deutschland IdU	Köln	—
Verband der Umweltbetriebsprüfer und -gutachter	Ludwigsburg	—
Allgemeiner Deutscher Tanzlehrerverband	Hamburg	—
Vereinig. Dtsch. Tanzlehrer u. Tanzschulen (VDT) e. V.	Siegburg	—
Berufsverband Deutscher Psychologen (BDP)	Bonn	11
Bundesverband für Tanztherapie Deutschland e. V.	Monheim	—
Deutsches Institut für tiefenpsychologische Tanz- und Ausdruckstherapie e. V. (DITAT)	Bonn	—
Berufsverband Deutscher Diplom-Pädagog(inn)en e. V.	Bremen	—
Bundesverband d. Dolmetscher u. Übersetzer e. V. (BDÜ)	Bonn	10
Internationaler Verband der Konferenzdolmetscher (AIIC) — Regionalgruppe Deutschland —	Heidelberg	—
Freier Deutscher Autorenverband (FDA) e. V.	Birken-Honigsessen	—
Bundesverband Deutscher Schriftsteller — Ärzte e. V.	Bad Nauheim	—
Verband Deutscher Industrie-Designer e. V.	Stuttgart	6
Deutscher Verband Freiberufl. Restauratoren DVFR	Emkendorf	—
GEMA Gesellschaft für musik. Aufführungs- und mech. Vervielfältigungsrechte	Bonn	—
Deutsche Ocularistische Gesellschaft (DOG) e. V.	Köln	—

* Ohne Landesverbände und Arbeitsgemeinschaften der Freien Berufe in den Ländern sowie ohne fördernde Mitglieder — Früheres Bundesgebiet.
1 Arbeitsgemeinschaft der Deutschen Ärztekammern.
2 Körperschaft des öffentlichen Rechts.

Quelle: Statistisches Bundesamt, Statistisches Jahrbuch 1996, S. 723.

IV/15 Satzung des Verbandes Deutscher Maschinen- und Anlagenbau (VDMA) e. V.

Stand: 15. 10. 1992 — Auszüge

§ 1 Name, Rechtsform und Sitz

(1) Der Verein führt den Namen „Verband Deutscher Maschinen- und Anlagenbau (VDMA) e. V." (vormals Verein Deutscher Maschinenbau-Anstalten).

(2) Der Verein hat seinen Sitz in Frankfurt am Main.

§ 2 Dauer und Geschäftsjahr

(1) Die Dauer des Vereins ist nicht beschränkt.

(2) Das Geschäftsjahr ist das Kalenderjahr.

§ 3 Zweck

(1) Der Verein betätigt sich auf dem Fachgebiet des Maschinen-, Anlagen- und Apparatebaus, der Präzisionswerkzeuge, der Büro- und Informationstechnik und auf verwandten Gebieten. Sie werden im folgenden als „Maschinenbau" bezeichnet.

(2) Der Verein vertritt die gemeinsamen wirtschaftlichen, technischen und wissenschaftlichen Interessen des Maschinenbaus, insbesondere gegenüber nationalen und internationalen Behörden und Wirtschaftskreisen. Die Mitglieder haben im Rahmen dieser Interessenwahrnehmung Anspruch auf Unterrichtung, Beratung und Beistand. Im Rahmen der rechtlichen Zulässigkeit ist eine Haftung des Vereins für diese Tätigkeit jedoch ausgeschlossen.

(3) Der Verein verfolgt keine auf einen wirtschaftlichen Geschäftsbetrieb gerichteten Zwecke.

(4) Der Verein verfolgt keine parteipolitischen Zwecke.

. . .

§ 5 Rechte und Pflichten der Mitglieder

(1) Alle Mitglieder haben gleiche Rechte und Pflichten.

(2) Jedes Mitglied ist berechtigt, an den Einrichtungen, Vorteilen und Leistungen des Vereins teilzunehmen. Es hat Anspruch auf Rat und Unterstützung in allen Fragen, die in das Arbeitsgebiet des Vereins fallen.

(3) Die Mitglieder sind an die satzungsgemäß gefaßten Beschlüsse des Vereins gebunden. Sie sind ferner verpflichtet, der Hauptgeschäftsführung die zur Durchführung der Aufgaben des Vereins sachdienlichen Auskünfte wahrheitsgemäß und termingerecht zu erteilen. Als vertraulich gekennzeichnete Informationen dürfen von Mitgliedern an Dritte, insbesondere an Nichtmitgliedfirmen, nicht weitergegeben werden.

. . .

§ 7 Beiträge

(1) Zur Deckung der Kosten des Vereins werden von den Mitgliedern regelmäßig ein Beitrag und erforderlichenfalls Umlagen erhoben.

(2) Die Erhebung erfolgt nach einer Beitragsordnung, die auf Vorschlag des Hauptvorstandes von der Mitgliederversammlung festgesetzt wird.

§ 8 Organisation

Die Organe des Vereins sind

 a) die Mitgliederversammlung,
 b) der Hauptvorstand,
 c) der Engere Vorstand,
 d) der Vorsitzende (Präsident),
 e) die Hauptgeschäftsführung,
 f) die Fachgemeinschaften,
 g) die Landesgruppen.

§ 9 Mitgliederversammlung

(1) Alle Angelegenheiten des Vereins werden durch Beschlüsse der Mitgliederversammlung geordnet, soweit sie nicht satzungsgemäß vom Hauptvorstand oder einem anderen Organ des Vereins besorgt werden.

(2) Die Mitgliederversammlung beschließt insbesondere über

 a) die Wahl von Mitgliedern des Hauptvorstandes,
 b) die Entlastung des Vorstandes (Haupt- und Engerer Vorstand), des Vorsitzenden und der Hauptgeschäftsführung,
 c) die Festsetzung der Beitragsordnung und erforderlichenfalls die Erhebung von Umlagen,
 d) Satzungsänderungen,
 e) die Auflösung des Vereins.

(3) Mitgliederversammlungen finden statt:

 a) wenn das Interesse des Vereins es erfordert, in der Regel jedoch in jedem 3. Geschäftsjahr,
 b) auf Beschluß des Hauptvorstandes,
 c) binnen einer Frist von 8 Wochen, wenn mindestens 1/20 der Mitglieder dies schriftlich mit Angabe des Zweckes und der Gründe beantragt.

(4) Die Einladungen zu den Mitgliederversammlungen müssen unter Angabe der Tagesordnung schriftlich oder durch das Mitteilungsblatt des Vereins erfolgen. Sie sind mindestens 6 Wochen vor dem Versammlungstage zur Post zu geben oder im Mitteilungsblatt des Vereins zu veröffentlichen.

(5) Die Leitung der Mitgliederversammlung hat der Vorsitzende des Vereins, bei dessen Verhinderung einer seiner Stellvertreter, wenn auch diese verhindert sind, ein anderes anwesendes Mitglied des Hauptvorstandes.

(6) In den Mitgliederversammlungen hat jedes Mitglied eine Stimme. Für den Fall, daß mehrere Firmen zur Berechnung des Beitrags ihre Umsätze zusammenrechnen (§ 4 Ziff. 3),

haben diese Firmen in den Mitgliederversammlungen nur eine Stimme. Stimmberechtigt sind nur Inhaber, Vorstandsmitglieder und Geschäftsführer oder andere Angehörige von Mitgliedsfirmen, die durch Eintragung im Handelsregister oder schriftliche Vollmacht zur Vertretung des Mitgliedes berechtigt sind.

Ein Mitglied kann sich durch ein anderes auf Grund schriftlicher Vollmacht vertreten lassen. Ein Mitglied kann im Höchstfalle noch 4 andere Stimmen in der Versammlung auf sich vereinen.

(7) Alle Wahlen in der Mitgliederversammlung erfolgen in geheimer Abstimmung durch Stimmzettel. Auf Beschluß des Hauptvorstandes können Wahlen im Ausnahmefall auch außerhalb der Mitgliederversammlung durch schriftliche Stimmabgabe erfolgen, wobei die Geheimhaltung der Abstimmung durch geeignete Maßnahmen sicherzustellen ist.

Bei Wahlen ist gewählt, wer die meisten der abgegebenen Stimmen erhält. Bei Stimmengleichheit entscheidet eine Stichwahl zwischen denjenigen, die die gleiche Stimmenzahl erhalten haben.

(8) In allen anderen Vereinsangelegenheiten entscheidet der Leiter der Mitgliederversammlung über die Art der Abstimmung in der Versammlung, wenn nicht die Mehrheit der Anwesenden eine besondere Abstimmungsart wünscht.

(9) Die Mitgliederversammlung faßt Beschlüsse mit der Mehrheit der abgegebenen Stimmen. Bei Stimmengleichheit gilt ein Antrag als abgelehnt.

Beschlüsse über Satzungsänderungen und Auflösung des Vereins bedürfen der Zustimmung von mindestens 3/4 der abgegebenen Stimmen.

(10) Beschlüsse können im Ausnahmefall auch ohne Abhaltung einer Mitgliederversammlung auf Grund schriftlicher Abstimmung gefaßt werden, wenn der Hauptvorstand eine schriftliche Abstimmung beschließt. Sie sind alsdann gültig, wenn die Mehrheit, im Falle einer Satzungsänderung oder Auflösung des Vereins, die Dreiviertelmehrheit der abgegebenen berechtigten Stimmen zustimmt.

(11) Über Wahlen und Beschlüsse der Mitgliederversammlung ist eine Niederschrift anzufertigen, die von dem Leiter der Versammlung und der Hauptgeschäftsführung zu unterzeichnen ist.

§ 10 Hauptvorstand

(1) Der Hauptvorstand besteht aus:

a) den Vorsitzenden der Landesgruppen. Eine Landesgruppe, die aus mehr als 250 Firmen besteht, kann bis zu 2 weitere Mitglieder ihres Vorstandes in den Hauptvorstand des Vereins entsenden. Eine Landesgruppe, die mehrere Bundesländer umfaßt, kann statt dessen höchstens je einen Vertreter aus den zu ihrem Bereich gehörenden Ländern in den Hauptvorstand entsenden.

b) den Vorsitzenden der Fachgemeinschaften. Im Falle ständiger Verhinderung eines Vorsitzenden kann an dessen Stelle ein anderes Vorstandsmitglied der betreffenden Fachgemeinschaft in den Hauptvorstand entsandt werden.

c) von der Mitgliederversammlung gewählten Persönlichkeiten aus dem Mitgliederkreise des Vereins. Die Zahl dieser von der Mitgliederversammlung zu wählenden Personen soll etwa die Hälfte der Hauptvorstandsmitglieder nach a), b) und d) betragen. Vorschläge zur Wahl in den Hauptvorstand können vom Engeren Vorstand oder ge-

meinsam von 20 Mitgliedfirmen gemacht werden. Die Vorschläge müssen spätestens 3 Wochen vor dem Tag der Mitgliederversammlung bei der Hauptgeschäftsführung eingereicht werden.

d) den ggf. gemäß § 10 Ziffer 4 berufenen Mitgliedern.

(2) Von den von der Mitgliederversammlung gewählten Hauptvorstandsmitgliedern (siehe Ziffer 1 c) scheidet jeweils nach 3 Jahren die Hälfte (nach oben aufgerundet) aus dem Hauptvorstand aus, und zwar jeweils die Dienstältesten. Bei gleicher Amtsdauer entscheidet das Los. Die ausscheidenden Hauptvorstandsmitglieder bleiben im Amt bis Neuwahlen stattgefunden haben.

Wiederwahl ist zulässig, gilt aber in bezug auf die Amtsdauer als Neueintritt in den Hauptvorstand. Scheidet ein Hauptvorstandsmitglied während seiner Amtszeit aus, so kann der Hauptvorstand für die Zeit bis zur nächsten Vorstandswahl durch die Mitgliederversammlung es oder eine andere Persönlichkeit als Ersatzmann berufen.

(3) Mitglieder des Hauptvorstandes gemäß Ziffer 1 c können, soweit nicht eine Mitgliederversammlung im Einzelfall anders beschließt, nur Inhaber, Vorstandsmitglieder und Geschäftsführer von Mitgliedfirmen sein. Die Mitgliedschaft im Hauptvorstand ist persönlich und wird ehrenamtlich ausgeübt.

(4) In den Hauptvorstand können auf Vorschlag des Engeren Vorstandes die Vorsitzenden der gemäß § 11 Ziffer 6 c eingesetzten Ausschüsse des Vereins sowie auf Vorschlag des Präsidiums für die Dauer von einer Amtsperiode Repräsentanten von Mitgliedunternehmen und dem VDMA nahestehender Institutionen durch den Hauptvorstand berufen werden.

(5) Mitglieder des Hauptvorstandes, die diesem mindestens 10 Jahre angehört haben und aus Altersgründen auf eigenen Wunsch als ordentliche Mitglieder aus dem Hauptvorstand ausscheiden wollen, können auf Vorschlag des Engeren Vorstandes vom Hauptvorstand zu Seniormitgliedern auf die Dauer von sechs Jahren gewählt werden.

Soweit ein Mitglied des Hauptvorstandes des Vereins für eine Landesgruppe oder Fachgemeinschaft im Hauptvorstand tätig gewesen ist, ist vor der Wahl der Vorstand der betreffenden Landesgruppe oder Fachgemeinschaft zu hören.

Die Seniormitglieder sind berechtigt, an allen Veranstaltungen des Hauptvorstandes und den Mitgliederversammlungen des Vereins teilzunehmen. Sie haben beratende Funktion, sind jedoch nicht stimmberechtigt.

Dem Hauptvorstand können nicht gleichzeitig mehr als 10 Seniormitglieder angehören.

(6) Dem Hauptvorstand obliegt es insbesondere,

a) den Vorsitzenden und 2 stellvertretende Vorsitzende gemäß § 12 sowie die weiteren Mitglieder des Engeren Vorstandes gemäß § 11 zu wählen,

b) die Mitglieder des Hauptvorstandes gemäß § 10 Ziffer 4 zu berufen und Seniormitglieder gemäß § 10 Ziffer 5 zu wählen.

c) über Angelegenheiten zu entscheiden, wenn ein Organ des Vereins oder mindestens 2 Hauptvorstandsmitglieder die Entscheidung des Hauptvorstandes beantragen,

d) nach Bedarf Geschäftsordnungen und Richtlinien für die Organe des Vereins aufzustellen,

e) über Einsprüche gegen Maßnahmen des Vorsitzenden oder des Engeren Vorstandes sowie bei Meinungsverschiedenheiten zwischen Organen des Vereins zu entscheiden,

f) die Beratungsgegenstände und die Anträge für die Mitgliederversammlung vorzubereiten,

g) über den vom Engeren Vorstand aufgestellten Haushaltsplan zu beschließen,

h) den Jahresabschluß auf Grund des Berichtes des Engeren Vorstandes zu genehmigen und dem Vorsitzenden und der Hauptgeschäftsführung Entlastung für die Vermögensverwaltung des Vereins zu erteilen,

i) die ihm durch die Beitragsordnung (siehe § 7 Ziffer 2) übertragenen Aufgaben wahrzunehmen,

k) über die Berufung gegen Ausschlüsse von der Mitgliedschaft zu entscheiden,

l) einen vom Haushaltsausschuß vorgeschlagenen Wirtschaftsprüfer zu wählen.

(7) Für Abstimmungen im Hauptvorstand gelten sinngemäß die Bestimmungen des § 9 Ziffer 6, 9 und 10 mit der Maßgabe, daß jedes Mitglied des Hauptvorstandes, mit Ausnahme der Seniormitglieder (§ 10 Ziffer 5), eine Stimme hat.

§ 11 Engerer Vorstand

(1) Der Engere Vorstand besteht außer dem Vorsitzenden des Vereins und dessen beiden Stellvertretern gemäß § 12 (1) aus bis zu 15 weiteren Mitgliedern des Hauptvorstandes. Ferner kann der Engere Vorstand ehemalige Präsidenten für 2 weitere Amtsperioden und auf Vorschlag des Präsidiums höchstens 3 Repräsentanten von Mitgliedsunternehmen oder dem VDMA nahestehenden Institutionen für eine Amtsperiode in den Engeren Vorstand berufen.

(2) Die Wahlvorschläge sind möglichst so aufzustellen, daß bei der Wahl eine angemessene Repräsentanz in fachlicher und regionaler Hinsicht erreicht werden kann. Vorschlagsberechtigt sind:

a) das Präsidium,
b) mindestens 10 Hauptvorstandsmitglieder.

(3) Die Wahl der Mitglieder des Engeren Vorstandes erfolgt jeweils auf die Dauer von 3 Jahren in geheimer Wahl durch Stimmzettel, und zwar auf einer innerhalb von 6 Monaten nach Ablauf der Wahlperiode stattfindenden Sitzung des Hauptvorstandes. Gewählt ist, wer die meisten der abgegebenen Stimmen erhält. Bei Stimmengleichheit entscheidet eine Stichwahl zwischen denjenigen, die die gleiche Stimmenzahl erhalten haben.

(4) Von den gewählten Mitgliedern des Engeren Vorstands kann jeweils nach drei Jahren ein Drittel, und zwar jeweils die Dienstältesten, nicht wiedergewählt werden. Bei gleicher Amtsdauer entscheidet das Los. Die Wiederwahl der übrigen Mitglieder ist zulässig.

(5) Gemäß § 11 Abs. 4 aus dem Engeren Vorstand ausgeschiedene Mitglieder können nach Ablauf einer amtsfreien Wahlperiode neu in den Engeren Vorstand gewählt werden. Diese Neuwahl ist in bezug auf die Amtsdauer ein Neueintritt in den Engeren Vorstand.

(6) Dem Engeren Vorstand obliegt es insbesondere,

a) über kurzfristig zu entscheidende wichtige Fragen zu beschließen,

b) bestimmte Aufgaben und Arbeiten durchzuführen, die der Hauptvorstand ihm zur selbständigen Erledigung überträgt,

c) Ausschüsse zur Bearbeitung bestimmter Aufgaben einzusetzen. Der Vorsitzende wird vom jeweiligen Ausschuß gewählt. Die Wahlvorschläge sind vor der Wahl mit dem Engeren Vorstand abzustimmen,

d) über die Aufnahme und den Ausschluß von Mitgliedern zu entscheiden,

e) gemäß § 15 der Bildung von Arbeitsgemeinschaften und der Aufstellung ihrer Geschäftsordnungen und Beitragsordnungen zuzustimmen sowie über die damit zusammenhängenden Fragen zu entscheiden,

f) den Haushaltsplan aufzustellen und dem Hauptvorstand zur Beschlußfassung vorzulegen,

g) den Jahresabschluß auf Grund des Berichts des Haushaltsausschusses festzustellen und dem Hauptvorstand zur Annahme vorzulegen,

h) die ihm durch die Beitragsordnung (siehe § 7 Ziffer 2) übertragenen Aufgaben wahrzunehmen.

(7) Die Mitglieder des Engeren Vorstandes sind berechtigt, an den Versammlungen der Vorstände und der Mitglieder der Landesgruppen und Fachgemeinschaften teilzunehmen.

§ 12 Vorsitzender und stellvertretende Vorsitzende (Präsidium)

(1) Der Vorsitzende (Präsident) und 2 stellvertretende Vorsitzende (Vizepräsidenten) des Vereins werden jeweils auf die Dauer von 3 Jahren in geheimer Wahl durch Stimmzettel gewählt, und zwar auf einer innerhalb von 3 Monaten nach Ablauf der Wahlperiode stattfindenden Sitzung des Hauptvorstandes.

Die Mehrheit der abgegebenen Stimmen entscheidet. Erreicht kein Kandidat die Mehrheit, so entscheidet die Stichwahl zwischen den beiden Persönlichkeiten mit der größten Stimmenzahl.

Der Vorsitzende wird in seiner Amtsführung von den stellvertretenden Vorsitzenden unterstützt und beraten. Sie bilden zusammen das Präsidium.

Der Vorsitzende und seine Stellvertreter führen ihr Amt so lange, bis Neuwahlen stattgefunden haben.

Eine Wiederwahl des Vorsitzenden für die nächste Amtsperiode ist nicht zulässig.

(2) Der Vorsitzende ist Vorstand des Vereins im Sinne des § 26 BGB. Er vertritt den Verein gerichtlich und außergerichtlich.

(3) Der Vorsitzende führt die laufenden Geschäfte des Vorstandes. Er beruft und leitet die Mitgliederversammlungen sowie alle Sitzungen des Vorstandes.

(4) Der Vorsitzende hat die Innehaltung dieser Satzung und die Durchführung der Beschlüsse der in § 8 Ziffer a-c genannten Organe des Vereins sowie die Vermögensverwaltung der Geschäftsführung zu überwachen.

(5) Das Präsidium und die Hauptgeschäftsführung werden bei der Aufstellung und dem Vollzug des Haushaltes von dem Haushaltsausschuß beraten und unterstützt. Dieser schlägt den jährlich vom Hauptvorstand zu wählenden Wirtschaftsprüfer vor. Die Mitglieder des Haushaltsausschusses werden für die Dauer von 3 Jahren vom Vorsitzenden bestellt.

(6) Im Falle der Verhinderung des Vorsitzenden einigen sich die stellvertretenden Vorsitzenden fallweise darüber, wer die Aufgaben des Vorsitzenden übernimmt. Die Verhinderung braucht in keinem Falle nachgewiesen zu werden.

§ 13 Landesgruppen

(1) Der Verein gliedert sich regional in Landesgruppen, die sich jeweils auf das Gebiet eines oder mehrerer Länder erstrecken und ohne weiteres alle in den betreffenden Gebieten ansässigen Mitglieder des Vereins umfassen.

(2) Die Landesgruppen haben die Aufgabe, den Verein bei der Erfüllung des Vereinszwecks durch besondere Pflege der bezirklichen Belange zu unterstützen, indem sie

a) die gemeinsamen Interessen der Mitglieder in dem betreffenden Lande im Rahmen der allgemeinen Interessenwahrnehmung des Maschinenbaus gegenüber den Landesbehörden und sonstigen zuständigen Stellen sowie anderen Wirtschaftskreisen des Landes vertreten,

b) die Landesbehörden in allen den Maschinenbau betreffenden Fragen, insbesondere für beabsichtigte Landesgesetze und Verordnungen, beraten und ihnen die erforderlichen Auskünfte erteilen,

c) mit den in ihrem Gebiet ansässigen Firmen eine möglichst häufige persönliche Fühlungnahme pflegen und sie im Rahmen der allgemeinen Interessenwahrnehmung des Maschinenbaus unterrichten, beraten und fördern,

d) durch Abhaltung von Mitgliederversammlungen der Landesgruppe sowie Bezirksversammlungen Gelegenheit zur Aussprache unter den Mitgliedern und zu ihrer Information über die Arbeiten des Vereins geben,

e) dem Verein bei der Gewinnung und Aufrechterhaltung eines umfassenden und genauen Überblicks über den gesamten Maschinenbau behilflich sind und innerhalb ihres Zuständigkeitsbereiches den Vereinszweck in jeder Weise tatkräftig fördern.

(3) Die Landesgruppen beraten und beschließen selbständig über die ihr Gebiet betreffenden Sonderfragen.

(4) Die Aufgaben einer Landesgruppe werden wahrgenommen durch:

a) die Mitgliederversammlung,
b) den Vorstand,
c) den Vorsitzenden,
d) die Geschäftsführung.

(5) Mitgliederversammlung der Landesgruppen

Für Einberufung, Beschlußfassung usw. der Mitgliederversammlung gelten sinngemäß die Bestimmungen des § 9 Ziffer 4-11. Die Einberufungsfrist des § 9 Ziffer 4 kann durch die Geschäftsordnung der Landesgruppe verkürzt werden. Die Mitgliederversammlung der Landesgruppe beschließt über alle regionalen Sonderfragen, insbesondere über

a) Die Wahl der Vorstandsmitglieder der Landesgruppe,
b) etwa erforderliche Sonderumlagen.

(6) Vorstand der Landesgruppe

a) Der Vorstand besteht aus mindestens 6 Mitgliedern. In ihm sollen möglichst die wichtigsten Bezirke des heimischen Maschinenbaus vertreten sein.

b) Mitglieder des Vorstandes können nur Inhaber, Vorstandsmitglieder, Geschäftsführer oder im Handelsregister eingetragene leitende Angestellte von Mitgliedfirmen sein. Die Mitgliedschaft im Vorstand ist persönlich und wird ehrenamtlich ausgeübt.

c) Der Vorstand entscheidet — unbeschadet des grundsätzlichen Vorranges der Mitgliederversammlung — über die zu dem Zuständigkeitsbereich der Landesgruppe gehörigen Angelegenheiten, soweit diese nicht ausdrücklich der Beschlußfassung der Mitgliederversammlung der Landesgruppe vorbehalten sind.

d) Der Vorstand stellt den Personalbedarf der Geschäftsstelle der Landesgruppe und den Bedarf an sachlichen Aufwendungen fest und vertritt ihn im Hauptvorstand des Vereins durch seine diesem angehörenden Mitglieder. Kann der Bedarf im Rahmen der Gesamtfinanzen des Vereins nicht gedeckt werden, so macht der Vorstand der Mitgliederversammlung der Landesgruppe im Einvernehmen mit dem Engeren Vorstand des Vereins Vorschläge über die Erhebung einer Sonderumlage unter den Mitgliedern der Landesgruppe.

(7) Vorsitzender der Landesgruppe

Der Vorstand wählt jeweils auf die Dauer von 3 Jahren den Vorsitzenden in geheimer Wahl durch Stimmzettel, und zwar auf der ersten in einem Wahljahr stattfindenden Sitzung des Vorstandes, § 12 (1) zweiter Absatz gilt entsprechend.

Die Aufgaben der Vorsitzenden der Landesgruppen entsprechen für deren Bereich sinngemäß den in § 12 gekennzeichneten Aufgaben des Vorsitzenden des Vereins.

(8) Geschäftsführer der Landesgruppe

Der Geschäftsführer der Landesgruppe wird vom Vorstand der Landesgruppe im Einvernehmen mit dem Hauptgeschäftsführer des Vereins ausgewählt und im Verein angestellt. Für die Durchführung seiner Aufgaben ist er dem Vorstand der Landesgruppe verantwortlich. Er hat mit dem Hauptgeschäftsführer des Vereins im engsten Einvernehmen nach den Richtlinien des Gesamtverbandes gemäß den §§ 10, 12 und 16 der Satzung zusammenzuarbeiten. Die Mitarbeiter der Geschäftsstelle werden im Einvernehmen mit der Landesgruppe vom Verein angestellt.

(9) Geschäftsordnung

Die Landesgruppe kann sich eine eigene Geschäftsordnung geben.

. . .

§ 16 Geschäftsführung des Vereins

(1) Zur Bearbeitung der Aufgabengebiete des Vereins und zur Verwaltung seines Vermögens wird eine Hauptgeschäftsführung, die nach den Weisungen des Vorstandes, insbesondere des Vorsitzenden arbeitet, unter Leitung eines Hauptgeschäftsführers eingerichtet.

(2) Die Hauptgeschäftsführung ist dem Vorsitzenden, dem Vorstand und der Mitgliederversammlung verantwortlich.

(3) Der Hauptgeschäftsführer und gegebenenfalls ein oder zwei stellvertretende Hauptgeschäftsführer werden vom Hauptvorstand berufen. Die übrigen Mitglieder der Hauptgeschäftsführung werden vom Engeren Vorstand auf Vorschlag des Hauptgeschäftsführers ernannt.

Die Anstellungsverträge der Mitglieder der Hauptgeschäftsführung werden vom Vorsitzenden des Vereins abgeschlossen.

(4) Der Hauptgeschäftsführer bzw. in seiner Vertretung ein anderes Mitglied der Hauptgeschäftsführung ist berechtigt, an den Versammlungen und Sitzungen aller Organe und Gliederungen des Vereins teilzunehmen.

(5) Die Hauptgeschäftsführung ist zu streng unparteiischer Geschäftsführung verpflichtet. Dienstlich zu ihrer Kenntnis gelangende Geschäfts- und Betriebsgeheimnisse der einzelnen Mitglieder, insbesondere vertrauliches statistisches Material, hat sie geheimzuhalten.

Quelle: Verband Deutscher Maschinen- und Anlagenbau e. V., Frankfurt a. M.

IV/16 Gewerkschaftsmitglieder*

a.) Deutscher Gewerkschaftsbund

Stichtag 31.12. Gewerkschaft	Mitglieder			Arbeiter/Arbeiterinnen		Angestellte		Beamte/-Beamtinnen	
	insgesamt	männlich	weiblich	zusammen	weiblich	zusammen	weiblich	zusammen	weiblich
1993	10 290 152	7 054 556	3 235 596	6 441 060	1 354 850	2 957 059	1 642 947	773 362	177 680
1994	9 768 373	6 749 325	3 019 049	6 015 078	1 199 066	2 784 249	1 526 241	762 695	178 461
1995	9 354 670	6 493 216	2 861 454	5 727 395	1 118 934	2 651 502	1 443 225	748 151	179 170
davon (1995):									
Bau, Steine, Erden	639 851	577 890	61 961	575 382	41 960	64 469	20 001	—	—
Bergbau und Energie	376 366	348 434	27 932	289 924	10 119	86 210	17 813	232	—
Chemie, Papier, Keramik	723 240	554 944	168 296	573 915	117 081	149 325	51 215	—	—
Eisenbahner Deutschlands[1]	398 404	322 674	75 730	205 960	36 644	60 165	25 803	132 279	13 283
Erziehung und Wissenschaft	306 448	98 580	207 868	—	—	143 454	113 330	119 666	68 717
Gartenbau, Land- und Forstwirtschaft	82 725	59 336	23 389	67 556	17 319	12 573	5 959	2 596	111
Handel, Banken und Versicherungen	520 166	169 707	350 459	59 711	23 247	460 455	327 212	—	—
Holz und Kunststoff	170 908	139 174	31 734	134 306	19 952	12 532	4 309	—	—
Leder	23 081	12 302	10 779	20 842	9 958	2 239	821	—	—
Medien	206 786	139 124	67 644	88 932	21 213	48 464	18 963	—	—
Metall	2 869 469	2 357 734	511 735	2 363 947	357 884	505 522	153 851	—	—
Nahrung, Genuß, Gaststätten	322 019	193 888	128 131	252 401	89 732	69 618	38 399	—	—
Öffentliche Dienste, Transport und Verkehr	1 770 789	956 404	814 386	779 727	212 743	919 322	587 455	71 740	14 187
Polizei	198 897	171 043	27 854	10 745	3 112	22 729	11 695	165 423	13 047
Deutsche Postgewerkschaft	529 233	304 576	224 657	196 297	97 801	76 721	57 031	256 215	69 825
Textil – Bekleidung	216 288	87 388	128 900	107 750	60 169	17 704	9 368	—	—

* Die Zusammenstellung umfaßt nicht sämtliche vorhandenen Arbeitnehmerorganisationen — Deutschland.
1 Die Gewerkschaft der Eisenbahner Deutschlands gibt eine Gesamtzahl von 400 149 an, wobei die Differenz nicht auf die DGB-Strukturen zugewiesen werden kann (z.B. Beschäftigte im Ausland).

b.) Deutsche Angestellten-Gewerkschaft

Stichtag 31.12. Wirtschaftsgruppe	Mitglieder		
	insgesamt	männlich	weiblich
1992	578 352	287 476	290 876
1993	527 888	245 250	282 638
1994	520 709	242 792	277 917
1995	507 478	233 995	273 483
davon (1995):			
Industrie	73 111	53 017	20 094
Private Dienste	185 041	64 211	120 830
Banken und Versicherungen	67 016	34 844	32 172
Öffentlicher Dienst	182 310	81 923	100 387

c.) Christlicher Gewerkschaftsbund Deutschlands

Stichtag 31.12.	Mitglieder		
	insgesamt	männlich	weiblich
1993	310 677	235 813	74 864
1994	306 481	231 915	74 566
1995	303 840	227 453	76 387
dar. (1995) Deutscher Handels- und Industrieangestellten-Verband[1]	69 790	46 678	23 112

1 Stichtag 30.9.

d.) Deutscher Beamtenbund (Bund der Gewerkschaften des öffentlichen Dienstes)

Stichtag 30.9.	Mitglieder		
	insgesamt	männlich	weiblich
1993	1 078 794	759 214	319 580
1994	1 089 213	766 802	322 411
1995	1 075 652	757 120	318 532

Quelle: Statistisches Bundesamt, Statistisches Jahrbuch 1996, S. 726.3

IV/17 Grundsatzprogramm des Deutschen Gewerkschaftsbundes

Beschlossen auf dem 5. Außerordentlichen Bundeskongreß am 13. – 16. November 1996 in Dresden — Auszüge

a.) Inhaltsangabe

Unsere Zukunft — Aufforderung zur Mitarbeit

I. Zukunft der Arbeit

Arbeit schaffen und Arbeit teilen
Wandel der Arbeit
Wir wollen die Arbeit der Zukunft gestalten
Gestalten durch rechtliche Absicherung und Tarifvertrag
Beteiligung und Mitbestimmung ausbauen

II. Gestaltung der Ökonomie

Vollbeschäftigung verwirklichen
Ökologisch wachsen und umsteuern
Mehr soziale Gerechtigkeit verwirklichen
Gleichwertige Lebensbedingungen in den Regionen schaffen
Markt und Staat, Mitbestimmung und Gestaltung
Für eine gerechte Weltwirtschaftsordnung

III. Den Sozialstaat durch Reformen sichern

Öffentliche Dienste und Lebensqualität gehören zusammen
Das soziale Sicherungssystem durch Reformen festigen und erneuern

IV. Anforderungen an unsere demokratische Gesellschaft

Politische Freiheitsrechte erweitern
Menschenrechte, Frieden und Abrüstung
Kulturelle Vielfalt und demokratische Medien fördern
Bildung ist der Schlüssel zur Zukunft

V. Die Zukunft der Gewerkschaften

Vielfalt in der Einheit verwirklichen
Kompetenz und Beteiligung ausbauen
Organisationskultur erneuern
Die Zukunft gewerkschaftlicher Interessenvertretung in Europa

b.) Textauszüge

I. Zukunft der Arbeit

1. Arbeit schaffen und Arbeit teilen

Arbeit bedeutet mehr als bloße Existenzsicherung. Sie ist die wesentliche Voraussetzung für die Selbstverwirklichung der Menschen und für ihre Teilhabe am gesellschaftlichen Leben. Arbeit schafft gesellschaftlichen Wohlstand und Lebensqualität. Wohlstand entsteht nicht nur durch Erwerbsarbeit. Auch Familien- und Erziehungsarbeit sowie ehrenamtliches Engagement leisten dazu einen wichtigen Beitrag. Allerdings sind Erwerbsarbeit und unbezahlte Arbeit zwischen den Geschlechtern noch immer ungleich verteilt. Die Gestaltung der Erwerbsarbeit orientiert sich immer noch an dem Modell des „Normal-Arbeitnehmers". Auch überkomme Denkweisen und eine mangelhafte gesellschaftliche und private Unterstützung bei der Kinderbetreuung zwingen Frauen in die Doppelbelastung von Erwerbs- und Hausarbeit.

Gesellschaftliche Herrschaftsstrukturen behindern eine wirkliche Gleichstellung der Geschlechter. Besonders in Positionen mit gesellschaftlicher Macht und Verantwortung sind Frauen unterrepräsentiert. Diese geschlechtshierarchische Arbeitsteilung ist ein Strukturmerkmal der Erwerbsarbeit mit tiefgreifenden Folgen für Frauen, wie z.B. geringere Entlohnung und mangelnde Aufstiegschancen. Teilzeitarbeit und geringfügige Beschäftigung sind typische Formen der Frauenerwerbsarbeit. Das Recht auf Arbeit ist ein Menschenrecht. Jede Frau und jeder Mann muß die Chance haben, eine Arbeit auszuüben, die eine menschenwürdige Existenz ermöglicht.

Der Sozialstaat hat Massenarbeitslosigkeit zu bekämpfen. Sie schadet den Menschen und der Gesellschaft. Für Betroffene bedeutet Arbeitslosigkeit Zukunftsangst, einen sinkenden Lebensstandard, oftmals Not und Isolation. Qualifikationen, Kreativität und der Leistungswille von Millionen von Menschen gehen verloren. Gleichzeitig beschränken die Kosten der Arbeitslosigkeit die Mittel für dringend erforderliche Reformen. Deshalb hilft der Abbau der Massenarbeitslosigkeit nicht nur den Betroffenen. Er ist zugleich die wichtigste Voraussetzung, den Sozialstaat zu erhalten und auszubauen. Die Gewerkschaften werden all ihre Kräfte darauf konzentrieren, eine Politik durchzusetzen, die Massenarbeitslosigkeit abbaut. Dies schließt unseren Einsatz für eine qualitative und zukunftsorientierte Ausbildung sowie den anschließenden Einstieg in das Berufsleben ein. Dazu leisten die Gewerkschaften eigene Beiträge. Wir wollen die Politik zur Arbeitszeitverkürzung in ihrer ganzen Vielfalt fortführen. Angesichts von Massenarbeitslosigkeit und Produktivitätssteigerung muß die individuelle Erwerbsarbeitszeit weiterhin kontinuierlich verkürzt werden. Wohlstandsgewinn kann nicht nur in Einkommenszuwächsen, sondern muß auch im Zuwachs an erwerbsarbeitsfreier Zeit gesehen werden. Die Beschäftigten wünschen mehr Zeitsouveränität, planbare und verläßliche Zeiten für gemeinsames Leben, eine bessere Vereinbarkeit von Beruf und Familie und vor allem Beschäftigungssicherung. Vor allem aber werden wir uns mit allem Nachdruck dafür einsetzen, Arbeitgeber und politisch Verantwortliche auf das Vollbeschäftigungsziel zu verpflichten. Wir fordern von Unternehmern und von der öffentlichen Hand Investitionen und Innovationen, die eine nachhaltige Entwicklung fördern. Parlamente und Regierungen sind aufgerufen, sich für eine aktive Beschäftigungspolitik einzusetzen.

Wir werden eine solche Politik unterstützen, indem wir Initiativen zur Beschäftigungssicherung durchsetzen und Innovationen vorantreiben. Mit breiteren Produkt- und Dienstleistungspaletten, Produktkonversion und modernerer Produktions- und Dienstleistungsgestaltung müssen

Arbeitsplätze gesichert und neue geschaffen werden. Vollbeschäftigung wird aus vielen — gesellschaftlichen und individuellen — Gründen in einer Vielfalt von neuen Beschäftigungsverhältnissen, unterschiedlichen Beschäftigungsformen und Arbeitszeitregelungen verwirklicht werden müssen: Privatwirtschaftliche Arbeitsverhältnisse, öffentliche Dienste und öffentlich geförderte Beschäftigung, Phasen von Erwerbsarbeit und Nichterwerbsarbeit in der individuellen Lebensbiographie werden das künftige Bild der Arbeitsgesellschaft bestimmen. Erforderlich hierzu ist eine grundlegende soziale und rechtliche Absicherung.

Der Einsatz der Gewerkschaften wird künftig noch stärker darauf zielen, die Gleichstellung von Frauen und Männern im Arbeitsleben tatsächlich zu erreichen. Kürzere Arbeitszeiten können helfen, die Familienarbeit und Erwerbsarbeit gleichermaßen zwischen Frauen und Männern gerechter zu verteilen. Arbeitszeiten müssen so gestaltet sein, daß Erwerbspersonen mit Erziehungs- und Pflegeaufgaben nicht aus dem Erwerbsleben gedrängt werden. Frauenförderung und Quotenregelungen müssen dazu beitragen, Benachteiligungen abzubauen und beiden Geschlechtern gleiche Aufstiegschancen zu ermöglichen. Frauen sollen bei Einstellungen, Qualifizierungsmaßnahmen und der Personalentwicklung besonders gefördert werden. Betriebliche Frauenförderpläne müssen die Gleichstellungspolitik in den Betrieben verbindlich machen.

2. Wandel der Arbeit

Strukturelle Veränderungen der Weltwirtschaft und technisch-organisatorischer Wandel haben in den vergangenen Jahrzehnten die Arbeit verändert. Neue Organisations-, Produktions- und Dienstleistungskonzepte setzen auf die Ausschöpfung aller Produktivitätsreserven und auf die umfassende Nutzung von Qualifikationen, Kompetenzen und Motivation der Beschäftigten.

Es ist absehbar, daß diese neuen Konzepte und die weitere informationelle Vernetzung Rationalisierungsprozesse verstärken. Einerseits sind sie mit neuen Leistungsanforderungen und betrieblichen Auswahlprozessen verbunden; ältere, geringer qualifizierte und leistungsschwächere Arbeitnehmer und vor allem Arbeitnehmerinnen werden zunehmend ausgegrenzt. Andererseits bieten die neuen Unternehmensstrategien aber auch Möglichkeiten der Gestaltung von Produktions- und Dienstleistungsarbeit, erschließen Chancen, die Arbeit vielfältiger, kooperativer und unter Beteiligung der Betroffenen zu gestalten. Die kommunikationstechnische Vernetzung von Arbeitsplätzen, Betrieben und Unternehmen und die Anwendung von Multimedia führen zu neuen Formen der Telearbeit und Kooperation. Zunehmend läßt sich Wertschöpfung losgelöst von herkömmlichen Arbeitsstätten realisieren. In Datennetzen operierende Unternehmen begünstigen die Verlagerung von Arbeit und eine weitere Globalisierung der Arbeitsmärkte. Ohne rechtzeitige Gestaltung ist absehbar, daß dieser technische wie kulturelle Veränderungsprozeß das Normalarbeitsverhältnis in Frage stellt, den sozialen Charakter der Arbeit aufzulösen droht und den beschäftigungspolitischen Problemdruck verschärft.

Politische Deregulierung, die Privatisierung öffentlicher Bereiche und der angesichts der Massenarbeitslosigkeit wachsende Druck auf Arbeitnehmerinnen und Arbeitnehmer, ihre Ansprüche an einen Arbeitsplatz zu reduzieren, begünstigen darüber hinaus die Ausbreitung ungeschützter und geringfügiger Beschäftigung sowie die Herausbildung neuer Formen abhängiger Selbständigkeit. Dienstleistungsberufe, bei denen die soziale, pädagogische oder beratende Tätigkeit für Menschen im Mittelpunkt steht, werden — auch angesichts der neuen Medien — an Bedeutung gewinnen. Dies unterstreicht die Notwendigkeit einer humanen Gestaltung und Regulierung. Unsere Mitbestimmungsrechte und die gewachsenen Strukturen betrieblicher und tarifvertraglicher Interessenpolitik reichen nicht aus, die neuen, oftmals außerhalb betrieblicher Zusammenhänge angesiedelten Beschäftigungsverhältnisse zu regulieren und zu gestalten.

Die Entwicklung in diesem Bereich ist offen und politisch gestaltungsfähig. Wir brauchen aber mehr Klarheit über die Auswirkungen der informationstechnischen Vernetzung auf die Arbeits- und Sozialbedingungen. Deshalb fordern die Gewerkschaften einen gesellschaftlichen Dialog und verstärkte Forschungsaktivitäten über die Chancen und Risiken digitalisierter Welten. Wir werden uns verstärkt der Frage widmen, wie die Arbeit unter den veränderten Bedingungen humanisiert werden kann. Das kann nur gelingen, wenn die Erfahrung der Gewerkschafterinnen und Gewerkschafter in den Betrieben und Verwaltungen mit den Forschungsresultaten der Wissenschaft zusammenfließen und dies Auswirkungen auf die Forschungs- und Technologiepolitik hat.

. . .

III. Den Sozialstaat durch Reformen sichern

. . .

2. Das soziale Sicherungssystem durch Reformen festigen und erneuern

Notwendige Aufgaben der Sozialpolitik sind:

— die Sicherung von Erwerbschancen;
— die Verhinderung von Armut und sozialer Ausgrenzung;
— die Integration der Behinderten und ihr Schutz vor gesellschaftlicher und beruflicher Ausgrenzung;
— der Schutz vor gesundheitlichen Beeinträchtigungen und die Bereitstellung ausreichender medizinischer und pflegerischer Versorgung für alle Mitglieder der Gesellschaft;
— die weitgehende Sicherung des Lebensstandards, den sich die Erwerbstätigen erarbeitet haben, wenn eine Erwerbstätigkeit aufgrund des Alters, von Arbeitslosigkeit, von Erwerbsunfähigkeit und Erkrankung oder wegen der Betreuung von Kindern und Pflegebedürftigen nicht möglich ist;
— die Förderung der Familie und anderer Formen gemeinschaftlichen Lebens, genauso wie die Entwicklung und Erziehung von Kindern und Jugendlichen zu eigenverantwortlichen Persönlichkeiten durch Einrichtungen der Jugendhilfe und des Schulwesens;
— die Schaffung von Voraussetzungen zur Vereinbarkeit von Beruf und Familie, z.B. durch ausreichende ganztägige Betreuungseinrichtungen für Kinder aller Altersstufen, einen flexiblen Elternurlaub mit Lohnersatzleistungen, einen Rechtsanspruch auf abgesicherte Teilzeitarbeit für Männer und Frauen;
— der Ausbau der eigenständigen wirtschaftlichen und sozialen Sicherung von Frauen im Alter.

Freiheit und Selbstverantwortung können sich nur entfalten, wenn ausreichende materielle und soziale Grundlagen durch solidarische, gesellschaftliche Anstrengungen geschaffen werden. Gemeinsam verabredete und auf Solidarität gründende Regeln sind und bleiben Voraussetzung für Individualität. Der wirtschaftliche, soziale und demographische Wandel unserer Gesellschaft, anhaltende Massenarbeitslosigkeit und falsch verteilte Lasten der deutschen Einheit stellen neue Anforderungen an das System der sozialen Sicherheit. Die Bekämpfung der Arbeitslosigkeit ist der beste Weg, Armut und Not zu verhindern und die sozialen Sicherungssysteme auf eine tragfähige Grundlage zu stellen. Die Bürgerinnen und Bürger erwarten ein höheres Maß an Bürgernähe und mehr Möglichkeiten zur Mitwirkung und Selbsthilfe.

Um Lücken im sozialen Sicherungssystem zu schließen, fordern die Gewerkschaften, daß die Versicherungspflicht und der Versicherungsschutz alle Formen von Erwerbsarbeit einschließt. Illegale Beschäftigung und neue Formen von Arbeitsverhältnissen außerhalb der Sozialversicherungspflicht entstehen häufig nur, um Sozialversicherungsbeiträge und Steuern vorzuenthalten. Dagegen wenden sich die Gewerkschaften mit Nachdruck. Ebenso entschieden verurteilen wir den Mißbrauch von Leistungen des sozialen Sicherungssystems. Der Grundsatz der paritätischen Finanzierung der Beiträge durch Arbeitgeber einerseits und Arbeitnehmerinnen und Arbeitnehmer andererseits hat sich bewährt und muß erhalten bleiben. Aktuell werden jedoch aus dem Beitragsaufkommen insbesondere der Arbeitslosen- und Rentenversicherung auch in erheblichem Umfang Leistungen finanziert, die gesamtgesellschaftliche Aufgaben darstellen. Diese müssen aus dem allgemeinen Steueraufkommen finanziert werden. Daher bedarf das Prinzip der paritätischen Beitragsfinanzierung der Ergänzung durch erhöhte Zuwendungen aus steuerfinanzierten Bundesmitteln. Dies entlastet die Beiträge und damit auch die Lohnnebenkosten und ist zudem ein wichtiger Beitrag zu mehr sozialer Gerechtigkeit.

Prävention, also eine Politik der konsequenten Risikovermeidung, dient den Bedürfnissen der Menschen wie der Stabilität der sozialen Sicherungssysteme. Die Gewerkschaften fordern Investitionen in die vorbeugende Gesundheitssicherung, insbesondere in den betrieblichen Gesundheitsschutz. Es ist sinnvoller, Krankheiten zu vermeiden als nachträglich zu heilen. Die Gewerkschaften fordern ein System der Kranken- und Pflegeversicherung, das die Chancen der medizinischen und pflegerischen Betreuung unabhängig von der individuellen Einkommens- und Vermögenssituation gewährleistet. Dies erfordert eine solidarische Teilung der Lasten. Daher sollten die Versicherungspflichtgrenze in der Krankenversicherung aufgehoben, die Beitragsbemessungsgrenzen in der Kranken- und Pflegeversicherung erhöht werden.

Für die Gewerkschaften ist es nicht akzeptabel, daß in unserer Gesellschaft einerseits der Reichtum, andererseits aber auch Armut wächst. Viele Menschen sind nur deshalb auf Sozialhilfe angewiesen, weil ihnen die Sozialversicherung nicht oder nicht lange genug einen ausreichenden Schutz sichert. Die Gewerkschaften fordern deshalb, eine bedarfsorientierte, nicht diskriminierende Mindestsicherung in das jeweils zuständige Sozialversicherungssystem einzubauen. Dies gilt vordringlich bei Arbeitslosigkeit, aber auch für niedrige Renten. Sie muß aus Steuermitteln finanziert werden. Die Gewerkschaften treten dafür ein, die Mittel der sozialen Sicherungssysteme bedarfsgerecht, wirksam und wirtschaftlich einzusetzen, um die Qualität der Leistungen zu verbessern und die Kostenbelastung zu begrenzen. Vor allem fordern wir Investitionen in die aktive Arbeitsmarkt- und Beschäftigungspolitik. Die Bekämpfung der Arbeitslosigkeit ist der entscheidende Weg, Armut und Not zu verhindern und die sozialen Sicherungssysteme auf eine tragfähige Grundlage zu stellen.

Wir halten es unter all den genannten Voraussetzungen für richtig und möglich, die Sozialabgabenquote zu stabilisieren und mittel- bis langfristig zu senken. Die Lebens- und Familienformen verändern sich. Der Wunsch der Menschen nach individueller Selbständigkeit und Handlungsfreiheit wird stärker. Mit abnehmender Bedeutung gemeinschaftlicher Lebensformen sind die Menschen umso mehr auf den Sozialstaat angewiesen. Wir setzen uns dafür ein, Selbsthilfebestrebungen einen größeren Raum zu geben. Individuelle Entscheidungsspielräume und Wahlmöglichkeiten müssen ausgebaut werden. Wir treten für mehr Wirkungsmöglichkeiten der Selbstverwaltung in den einzelnen Zweigen des sozialen Sicherungssystems ein. Wir stehen vor Veränderungen der Altersstruktur mit nachhaltigen Rückwirkungen auf das System der sozialen Sicherung.

Die damit verbundenen Finanzierungsprobleme müssen und können durch einen fairen Interessenausgleich zwischen Bund, Beitragszahlern und Leistungsempfängern gelöst werden. Not-

wendig ist dabei auch eine Harmonisierung der verschiedenen Alterssicherungssysteme. Sie muß gewachsene Ansprüche anerkennen, aber mittelfristig allen Mitgliedern der Gesellschaft vergleichbare Sicherungschancen schaffen. Wir fordern einen höheren Bundeszuschuß zur Rentenversicherung. Auch ein flexiblerer Übergang vom Erwerbsleben in den Ruhestand kann einen wichtigen Beitrag zur Finanzierbarkeit der Sozialversicherung leisten. Teilzeitarbeitsplätze für ältere Arbeitnehmerinnen und Arbeitnehmer könnten deren Erwerbsquote erhöhen und zu einem späteren Eintritt in die Rente führen, wenn eine unzumutbare Minderung der Rente vermieden wird. Zugleich ist dies ein Beitrag zur humanen Gestaltung von Arbeitszeiten. Die Sozialpolitik hat junge Menschen in ihrer individuellen und sozialen Entwicklung zu fördern. Sie muß schon vorbeugend Benachteiligungen vermeiden und abbauen. Die Gewerkschaften werden sich für bessere Rahmenbedingungen und für den Ausbau von Angeboten für Kinder, Jugendliche und ihre Familien stark machen.

Eine wichtige, langfristige Aufgabe ist, den Wandel der Lebensformen bei der Ausgestaltung des sozialen Sicherungssystems stärker zu berücksichtigen. Noch immer beruht die Sozialversicherung auf dem Modell der Familien, in denen ein Ernährer mit ununterbrochener Erwerbstätigkeit für die soziale Sicherung sorgt. Dieses Modell geht aber zunehmend an der Realität vorbei. Notwendig ist, schrittweise die bislang abgeleiteten Ansprüche von Nichterwerbstätigen aus der Sozialversicherung durch eigenständige Ansprüche abzulösen. Insbesondere gilt dies für eine eigenständige Rentenversicherung von Frauen, die an die Stelle der bisherigen Hinterbliebenenversorgung treten muß. Die Gewerkschaften sind bereit, an einer solchen Reform des sozialen Sicherungssystems mitzuwirken.

. . .

V. Die Zukunft der Gewerkschaften

. . .

4. Die Zukunft gewerkschaftlicher Interessenvertretung in Europa

Gerade nach dem Ende des 2. Weltkrieges waren deutsche Gewerkschafter akzeptierte Repräsentanten in Europa, die sich für Frieden, Zusammenarbeit, Verständigung und Aussöhnung über die Grenzen hinweg für ein gemeinsames Europa engagierten mit dem Ziel, nationales Denken zu überwinden. Gewerkschaften haben als große Friedensbewegung eine besondere Verantwortung, für die europäische Idee einzutreten. Nach Auflösung der West-Ost-Blöcke steht die internationale und europäische Gewerkschaftsbewegung vor neuen Herausforderungen.

Die im Europäischen Gewerkschaftsbund zusammengeschlossenen Gewerkschaften wollen ein vereintes soziales und demokratisches Europa. Mit ihnen treten wir für Vollbeschäftigung, für sozial-ökologische Reformen und für ein hohes Maß an sozialem Schutz ein. Es ist eine zentrale Aufgabe der Gewerkschaften, die Grundgedanken von Sozialstaatlichkeit in Europa zu verankern, ohne ein nationales Modell vorgeben zu wollen. Unverzichtbar dafür sind eine finanziell und rechtlich abgesicherte aktive Beschäftigungspolitik sowie arbeits- und sozialrechtliche Mindeststandards. Europa muß die Grund- und Menschenrechte umfassend gewährleisten. Arbeitnehmerinnen und Arbeitnehmer müssen auch auf europäischer Ebene ihre Rechte durchsetzen können. Europa ist mehr als die Europäische Union. In diesem Bewußtsein unterstützt der DGB die schrittweise Erweiterung der Europäischen Union durch Aufnahme von Staaten Mittel-, Ost- und Südeuropas.

Die deutschen Gewerkschaften wissen, daß die Arbeitnehmerinnen und Arbeitnehmer in Europa mit einer starken gemeinsamen Stimme ihre Interessen zu Gehör bringen müssen. Effiziente gewerkschaftliche Gremien können für die Zukunft der gewerkschaftlichen Interessenvertretung in Europa wichtige Beiträge leisten. Deshalb plädieren wir für eine Stärkung des Europäischen Gewerkschaftsbundes und der europäischen Gewerkschaftsstrukturen in den verschiedenen Sektoren und Bereichen. Die zukünftige europäische Wirtschafts- und Währungsunion erfordert eine intensive gewerkschaftliche Zusammenarbeit in der Tarifpolitik. Darüber hinaus ist die Arbeit der interregionalen Gewerkschaftsräte auszubauen, um insbesondere die regionale Sozial-, Wirtschafts-, Struktur- und Kulturpolitik zu beeinflussen.

Unser Grundsatzprogramm ist ein Beitrag und ein Teil einer gemeinsamen europäischen und internationalen gewerkschaftlichen Interessenvertretung. Es beschreibt die gemeinsamen Grundwerte und die gewerkschaftspolitischen Ziele, die das verbindende politische Fundament der Arbeit aller Gewerkschaften darstellen und dadurch Solidarität stiften. Es gehört zu unserer Tradition und zu unserer Verantwortung, daß wir uns über Grenzen hinweg für Frieden, Zusammenarbeit, Verständigung und Aussöhnung engagieren. Unsere feste Überzeugung ist: Wer sich den unterschiedlichen Traditionen und Kulturen Europas öffnet, wird reicher und nicht ärmer. Wir betrachten Europa als einen Fortschritt auf dem Weg zu einer friedvollen Welt.

Quelle: Deutscher Gewerkschaftsbund, Düsseldorf.

IV/18 Gesetz zur Regelung des öffentlichen Vereinsrechts (Vereinsgesetz)

Vom 5. August 1964 (BGBl. I S. 593), zuletzt geändert durch Art. 14 Verbrechensbekämpfungsgesetz vom 28. Oktober 1994 (BGBl. I. S. 3186) — Auszüge

Der Bundestag hat mit Zustimmung des Bundesrates das folgende Gesetz beschlossen:

Erster Abschnitt. Allgemeine Vorschriften

§ 1 **Vereinsfreiheit.** (1) Die Bildung von Vereinen ist frei (Vereinsfreiheit).

(2) Gegen Vereine, die die Vereinsfreiheit mißbrauchen, kann zur Wahrung der öffentlichen Sicherheit oder Ordnung nur nach Maßgabe dieses Gesetzes eingeschritten werden.

§ 2 **Begriff des Vereins.** (1) Verein im Sinne dieses Gesetzes ist ohne Rücksicht auf die Rechtsform jede Vereinigung, zu der sich eine Mehrheit natürlicher oder juristischer Personen für längere Zeit zu einem gemeinsamen Zweck freiwillig zusammengeschlossen und einer organisierten Willensbildung unterworfen hat.

(2) Vereine im Sinne dieses Gesetzes sind nicht

1. politische Parteien im Sinne des Artikels 21 des Grundgesetzes,

2. Fraktionen des Deutschen Bundestages und der Parlamente der Länder,

3. Religionsgemeinschaften und Vereinigungen, die sich die gemeinschaftliche Pflege einer Weltanschauung zur Aufgabe machen, im Rahmen des Artikels 140 des Grundgesetzes in Verbindung mit Artikel 137 der deutschen Verfassung vom 11. August 1919.

Zweiter Abschnitt. Verbot von Vereinen

§ 3 Verbot. (1) Ein Verein darf erst dann als verboten (Artikel 9 Abs. 2 des Grundgesetzes) behandelt werden, wenn durch Verfügung der Verbotsbehörde festgestellt ist, daß seine Zwecke oder seine Tätigkeit den Strafgesetzen zuwiderlaufen oder daß er sich gegen die verfassungsmäßige Ordnung oder den Gedanken der Völkerverständigung richtet; in der Verfügung ist die Auflösung des Vereins anzuordnen (Verbot). Mit dem Verbot ist in der Regel die Beschlagnahme und die Einziehung

1. des Vereinsvermögens,

2. von Forderungen Dritter, soweit die Einziehung in § 12 Abs. 1 vorgesehen ist, und

3. von Sachen Dritter, soweit der Berechtigte durch die Überlassung der Sachen an den Verein dessen verfassungswidrige Bestrebungen vorsätzlich gefördert hat oder die Sachen zur Förderung dieser Bestrebungen bestimmt sind,

zu verbinden.

(2) Verbotsbehörde ist

1. die oberste Landesbehörde für Vereine und Teilvereine, deren erkennbare Organisation und Tätigkeit sich auf das Gebiet eines Landes beschränken;

2. der Bundesminister des Innern für Vereine und Teilvereine, deren Organisation oder Tätigkeit sich über das Gebiet eines Landes hinaus erstreckt.

Die oberste Landesbehörde entscheidet im Benehmen mit dem Bundesminister des Innern, wenn sich das Verbot gegen den Teilverein eines Vereins richtet, für dessen Verbot nach Satz 1 Nr. 2 der Bundesminister des Innern zuständig ist. Der Bundesminister des Innern entscheidet im Benehmen mit den obersten Landesbehörden, die nach Satz 1 Nr. 1 für das Verbot von Teilvereinen zuständig gewesen wären.

(3) Das Verbot erstreckt sich, wenn es nicht ausdrücklich beschränkt wird, auf alle Organisationen, die dem Verein derart eingegliedert sind, daß sie nach dem Gesamtbild der tatsächlichen Verhältnisse als Gliederung dieses Vereins erscheinen (Teilorganisationen). Auf nichtgebietliche Teilorganisationen mit eigener Rechtspersönlichkeit erstreckt sich das Verbot nur, wenn sie in der Verbotsverfügung ausdrücklich benannt sind.

(4) Das Verbot ist schriftlich abzufassen, zu begründen und dem Verein, im Falle des Absatzes 3 Satz 2 auch den Teilorganisationen, zuzustellen. Der verfügende Teil des Verbots ist im Bundesanzeiger und danach im amtlichen Mitteilungsblatt des Landes bekanntzumachen, in dem der Verein oder, sofern sich das Verbot hierauf beschränkt, der Teilverein seinen Sitz hat; Verbote nach § 15 werden nur im Bundesanzeiger bekanntgemacht. Das Verbot wird mit der Zustellung, spätestens mit der Bekanntmachung im Bundesanzeiger, wirksam und vollziehbar, § 80 der Verwaltungsgerichtsordnung bleibt unberührt.

(5) Die Verbotsbehörde kann das Verbot auch auf Handlungen von Mitgliedern des Vereins stützen, wenn

1. ein Zusammenhang zur Tätigkeit im Verein oder zu seiner Zielsetzung besteht,

2. die Handlungen auf einer organisierten Willensbildung beruhen und

3. nach den Umständen anzunehmen ist, daß sie vom Verein geduldet werden.

. . .

§ 14 Ausländervereine. (1) Vereine, deren Mitglieder oder Leiter sämtlich oder überwiegend Ausländer sind (Ausländervereine), können nach den Vorschriften dieses Gesetzes, abgesehen von den in Artikel 9 Abs. 2 des Grundgesetzes genannten Gründen, auch dann verboten werden, wenn sie durch politische Betätigung die innere oder äußere Sicherheit, die öffentliche Ordnung oder sonstige erhebliche Belange der Bundesrepublik Deutschland oder eines ihrer Länder verletzen oder gefährden. § 3 Abs. 1 Satz 2 und § 12 Abs. 1 und 2 sind mit der Maßgabe anzuwenden, daß die Beschlagnahme und die Einziehung von Forderungen und Sachen Dritter auch im Falle der Förderung politischer Betätigung im Sinne des Satzes 1 zulässing sind.

(2) Anstelle des Vereinsverbots kann die Verbotsbehörde gegenüber Ausländervereinen Betätigungsverbote erlassen, die sich auch auf bestimmte Handlungen oder bestimmte Personen beschränken. Im übrigen bleiben Ausländervereinen gegenüber die gesetzlichen Vorschriften zur Wahrung der öffentlichen Sicherheit oder Ordnung unberührt.

§ 15 Ausländische Vereine. (1) Für Vereine mit Sitz im Ausland (ausländische Vereine), deren Organisation oder Tätigkeit sich auf den räumlichen Geltungsbereich dieses Gesetzes erstreckt, gilt § 14 entsprechend. Zuständig für das Verbot ist der Bundesminister des Innern.

(2) Ausländische Vereine und die einem ausländischen Verein eingegliederten Teilvereine, deren Mitglieder und Leiter sämtlich oder überwiegend Deutsche sind, können nur aus den in Artikel 9 Abs. 2 des Grundgesetzes genannten Gründen verboten oder in ein Verbot einbezogen werden.

§ 16 Arbeitnehmer- und Arbeitgebervereinigungen. (1) Verbote nach § 3 Abs. 1 oder Verfügungen nach § 8 Abs. 2 Satz 1 gegen Vereinigungen, die den Schutz des Übereinkommens Nr. 87 der Internationalen Arbeitsorganisation vom 9. Juli 1948 für die Vereinigungsfreiheit und den Schutz des Vereinigungsrechts (Bundesgesetzbl. 1956 II S. 2072) genießen, werden erst wirksam, wenn das Gericht ihre Rechtmäßigkeit bestätigt hat. § 3 Abs. 4 und § 8 Abs. 2 Satz 3 und 4 sind nicht anzuwenden.

(2) Die Verbotsbehörde legte dem nach § 48 Abs. 2 und 3, § 50 Abs. 1 Nr. 2 der Verwaltungsgerichtsordnung zuständigen Gericht ihre schriftlich abgefaßte und begründete Entscheidung vor. Das Gericht stellt sie der Vereinigung und ihren darin benannten nicht gebietlichen Teilorganisationen mit eigener Rechtspersönlichkeit (§ 3 Abs. 3 Satz 2) zu. Beteiligt am Verfahren sind die Verbotsbehörde, die Vereinigung und ihre in der Entscheidung benannten nichtgebietlichen Teilorganisationen mit eigener Rechtspersönlichkeit sowie die nach § 63 Nr. 3 und 4 der Verwaltungsgerichtsordnung Beteiligten.

(3) Versagt das Gericht die Bestätigung, so hebt es in dem Urteil zugleich das Verbot oder die Verfügung auf.

(4) Auf Antrag der Verbotsbehörde kann das Gericht die nötigen einstweiligen Anordnungen treffen, insbesondere die Beschlagnahme des Vereinsvermögens verfügen. Betätigungsver-

bote und Beschlagnahmeanordnungen hat das Gericht entsprechend § 3 Abs. 4 Satz 2 bekanntzumachen.

§ 17 Kapitalgesellschaften, Genossenschaften, Versicherungsvereine auf Gegenseitigkeit.
Die Vorschriften dieses Gesetzes sind auf Aktiengesellschaften, Kommanditgesellschaften auf Aktien, Gesellschaften mit beschränkter Haftung, Genossenschaften und Versicherungsvereine auf Gegenseitigkeit nur anzuwenden,

1. wenn sie sich gegen die verfassungsmäßige Ordnung oder gegen den Gedanken der Völkerverständigung richten oder ihre Zwecke oder ihre Tätigkeit Strafgesetzen zuwiderlaufen, die aus Gründen des Staatsschutzes erlassen sind, oder

2. wenn sie von einem Verbot, das aus einem der in Nummer 1 genannten Gründe erlassen wurde, nach § 3 Abs. 3 als Teilorganisation erfaßt werden, oder

3. wenn sie Ersatzorganisation eines Vereins sind, der aus einem der in Nummer 1 genannten Gründe verboten wurde.

§ 18 Räumlicher Geltungsbereich von Vereinsverboten. Verbote von Vereinen, die ihren Sitz außerhalb des räumlichen Geltungsbereichs dieses Gesetzes, aber Teilorganisationen innerhalb dieses Bereichs haben, erstrecken sich nur auf die Teilorganisationen innerhalb dieses Bereichs. Hat der Verein im räumlichen Geltungsbereich dieses Gesetzes keine Organisation, so richtet sich das Verbot (§ 3 Abs. 1) gegen seine Tätigkeit in diesem Bereich.

IV/19 Satzung des Bundes für Umwelt und Naturschutz e. V. (BUND)

Stand: November 1995 — Auszüge

§ 1 Name und Sitz

Der Verein führt den Namen „Bund für Umwelt und Naturschutz Deutschland e.V" (BUND). Er hat seinen Sitz in Bonn und ist in das Vereinsregister eingetragen.

§ 2 Zweck

Absatz 1

Der *BUND* verfolgt den Zweck
— die Anwendung von Einsichten in ökologische Zusammenhänge als Grundlage für eine Bewertung der Landes- und Landschaftsentwicklung zu fördern,
— die Kenntnis der Umweltgefährdung in der Öffentlichkeit zu verbreiten und
— einen wirkungsvollen Schutz des Lebens und der natürlichen Umwelt durchzusetzen,
— die Verbraucher über die umwelt- und gesundheitsrelevanten Auswirkungen von Produkten, Dienstleistungen und Verhaltensweisen aufzuklären und zu beraten.

Absatz 2

Der *BUND* setzt sich ein für
— die Schaffung und Erhaltung einer menschenwürdigen Umwelt in einer das Leben fördernden gesunden Landschaft,
— eine ökologische Bewertung aller das Leben beeinflussenden Maßnahmen,
— eine sachgemäße und wirkungsvolle Erweiterung und Durchsetzung von Umwelt- und Naturschutzgesetzen,
— Verbesserungen des Tier- und Pflanzenschutzes,
— Naturschutz und Landschaftspflege,
— die Förderung des Verständnisses für notwendige Schutzmaßnahmen in allen Kreisen der Bevölkerung, in der Jugend- und Erwachsenenbildung und insbesondere bei den verantwortlichen Persönlichkeiten in Politik, Verwaltung und Wirtschaft,
— eine Verstärkung ökologischer Prinzipien in der Gesellschaft und insbesondere in den Schulen,
— die Schaffung von Stiftungen und Bereitstellung von Spenden, die dem Umwelt- und Naturschutz dienen.

Absatz 3

Der *BUND* übt seine Tätigkeit aus, indem er
— in einschlägigen Gesetzesvorhaben seine Ziele nachhaltig vertritt,
— mit allen publizistischen Möglichkeiten für die Gedanken des Umwelt- und Naturschutzes, insbesondere für die in Abs. 2 genannten Ziele, eintritt,
— Kenntnisse über Probleme der Lebens- und Umweltgefährdung durch eigene Veröffentlichungen, Vorträge, Führungen, Lehrgänge und Ausstellungen verbreitet,
— bei den zuständigen Ministerien eine stärker die Ökologie berücksichtigende Forschung anstrebt,
— mit Institutionen, Vereinigungen und Persönlichkeiten, die ähnliche Ziele verfolgen, Verbindung aufnimmt und auch auf internationaler Ebene eine enge Zusammenarbeit erwirkt,
— ständigen Kontakt zu allen Organisationen und Stellen pflegt, deren Maßnahmen oder Planungen zu Nachteilen oder Schädigungen für Leben und natürliche Umwelt führen können,
— bei verantwortlichen Stellen oder in der Öffentlichkeit lebens- oder umweltfeindlichen Planungen oder Maßnahmen mit Nachdruck entgegentritt,
— am Aufbau, der Entwicklung und Sicherung ökologischer Informationskataster für alle Länder mitwirkt und
— durch jährlich festzulegende Handlungsrichtlinien und durch konkrete Arbeitsprogramme eine Anpassung der Ziele gemäß Abs. 2 an aktuelle Entwicklungen sichert.

Absatz 4

Der *BUND* steht auf dem Boden der freiheitlich demokratischen Grundordnung des Grundgesetzes für die Bundesrepublik Deutschland; er ist überparteilich und überkonfessionell.

§ 3 Gemeinnützigkeit und Mittelverwendung

Der *BUND* dient ausschließlich und unmittelbar gemeinnützigen Zwecken im Sinne des Abschnittes „Steuerbegünstigte Zwecke" der Abgabenordnung. Mittel des Vereins dürfen nur für die satzungsgemäßen Zwecke verwendet werden.

Der Verein ist selbstlos tätig; er verfolgt nicht in erster Linie eigenwirtschaftliche Zwecke. Die Mitglieder erhalten keine Gewinnanteile und in ihrer Eigenschaft als Mitglieder auch keine sonstigen Zuwendungen aus Mitteln des Vereins.

Es darf keine Person durch Ausgaben, die den Zwecken des Vereins fremd sind oder durch unverhältnismäßig hohe Vergütungen begünstigt werden.

§ 4 Mitgliedschaft, Ehrenmitgliedschaft, Ehrenvorsitz

Absatz 1

Mitglieder können natürliche und juristische Personen werden.

. . .

§ 5 Organe

Absatz 1

Organe des *BUND* sind:

a) die Delegiertenversammlung;
b) der Vorstand;
c) der Verbandsrat;
d) der Wissenschaftliche Beirat;
e) der Gesamtrat.

Absatz 2

Den Organen können nur Mitglieder angehören.

§ 6 Delegiertenversammlung

Absatz 1

Der Delegiertenversammlung gehören an:

a) die gewählten Mitglieder des Vorstands;

b) der oder die Vorsitzende des Wissenschaftlichen Beirats und seine/ihre beiden Stellvertreter oder Stellvertreterinnen;

c) der oder die Vorsitzende des Verbandsrats und seine/ihre beiden Stellvertreter oder Stellvertreterinnen;

d) der oder die im Vorstand vertretene Sprecher oder Sprecherin der *BUND*jugend sowie drei weitere Mitglieder der Bundesjugendleitung;

e) von den Landesverbänden gewählte Delegierte, deren Zahl sich aus dem Beitragsaufkommen errechnet, das dem Bundesverband aus dem jeweiligen Bundesland zur Verfügung steht (§ 13 Abs. 5); dieses Beitragsaufkommen wird ins Verhältnis gesetzt zum Gesamtbeitragsaufkommen des Bundesverbands; der so ermittelte Prozentsatz entspricht der Zahl der Delegierten, wobei Werte hinter dem Komma bis 49 abzurunden, ab 50 aufzurunden sind.

Jedem Landesverband stehen mindestens vier Delegierte zu.

Absatz 2

Die Delegierten werden von den Mitgliederversammlungen bzw. den diesen entsprechenden Gremien (Vertreterversammlung, Delegiertenversammlung) der Landesverbände für drei Jahre gewählt.

Stichtag für die Errechnung des Beitragsaufkommens zur Bestimmung der Delegiertenzahl nach Abs. 1 Buchstabe e ist der 31. Dezember des Vorjahres der jeweiligen Bundesdelegiertenversammlung.

Jede/r Delegierte hat auch bei mehrfachem Vertretungsrecht nur eine Stimme; zur Stimmabgabe muß er oder sie persönlich anwesend sein.

Absatz 3

Aufgaben der Delegiertenversammlung sind:

a) Entgegennahme der Berichte des Vorstands, des Verbandsrats, des Wissenschaftlichen Beirats und der *BUND*jugend über das abgelaufene Geschäftsjahr;

b) Beschlußfassung über grundlegende Richtlinien und Arbeitsprogramme auf Bundesebene;

c) Genehmigung des Haushaltsplans und Festsetzung der Höhe der Mitgliedsbeiträge;

d) Entlastung des Vorstands;

e) Beschlußfassung über Anträge;

f) Wahl der Mitglieder des Vorstands — mit Ausnahme der Vorsitzenden des Verbandsrats und des Wissenschaftlichen Beirats sowie des Bundesjugendsprechers oder der Bundesjugendsprecherin — auf die Dauer von drei Jahren;

g) Einrichtung von höchstens 20 Arbeitskreisen; die Themen der Arbeitskreise sind so zu wählen, daß sie insgesamt das Spektrum des Natur- und Umweltschutzes abdecken; der Wissenschaftliche Beirat soll hierzu Vorschläge unterbreiten;

h) Wahl der Arbeitskreisleiter oder -leiterinnen für die Dauer von drei Jahren; sie sollen besondere Erfahrungen und Kenntnisse auf dem Gebiet des Umwelt- und Naturschutzes haben;

i) Bestätigung der vorgeschlagenen, stimmberechtigten Mitglieder des Verbandsrats gem. § 8 Abs. 1a;

j) Wahl von drei Rechnungsprüfern oder Rechnungsprüferinnen für das jeweilige Geschäftsjahr;

k) Wahl von Ehrenvorsitzenden auf Vorschlag der Organe oder Landesverbände;

l) Änderung der Satzung;

m) Auflösung des Vereins.

Absatz 4

Die Delegiertenversammlung wird vom Vorsitzenden/von der Vorsitzenden mit einer Frist von sechs Wochen einberufen; die Einladung mit der Angabe der Tagesordnung erfolgt brieflich.

Die ordentliche Delegiertenversammlung findet einmal im Jahr statt.

Eine außerordentliche Delegiertenversammlung ist einzuberufen, wenn es zwei Drittel der Mitglieder des Vorstands oder des Wissenschaftlichen Beirats, ein Viertel der Mitglieder der Delegiertenversammlung, eintausend Mitglieder des *BUND* oder vier Landesverbände schriftlich verlangen. In diesem Fall kann die Ladefrist auf drei Wochen verkürzt werden.

Absatz 5

Anträge zur Delegiertenversammlung müssen spätestens vier Wochen, bei außerordentlichen Delegiertenversammlungen spätestens zwei Wochen vor dem Versammlungstag bei der Bundesgeschäftsstelle eingegangen sein. Antragsberechtigt sind Delegierte, Organe (§ 5 Abs. 1), Landesverbände und Arbeitskreise des Bundesverbands und die Bundesjugendleitung der *BUND*jugend. Initiativanträge, die während der Delegiertenversammlung eingebracht werden, müssen von mindestens 10 v.H. der anwesenden Delegierten unterzeichnet sein. Initiativanträge zur Änderung der Satzung sind nicht zulässig. Initiativanträge sind nur zulässig, wenn der Gegenstand des Antrags nicht schon vor Ablauf der Antragsfrist bekannt war. Über die Zulässigkeit entscheidet die Antragskommission endgültig.

Absatz 6

Die Antragskommission überprüft die Einhaltung der Antragsfrist.

Sie unterbreitet der Delegiertenversammlung einen Behandlungs- oder Abstimmungsvorschlag und schlägt die Reihenfolge der Behandlung vor.

Über die Zurückweisung von Initiativanträgen muß einstimmig entschieden werden.

Der Antragskommission gehören je ein vom Vorstand, vom Verbandsrat, vom Wissenschaftlichen Beirat und von der *BUND*jugend benanntes Mitglied dieser Gremien sowie der Bundesgeschäftsführer oder die Bundesgeschäftsführerin an. Eine Vertretung ist möglich.

Absatz 7

Die Delegiertenversammlung gibt sich eine Geschäftsordnung. Zu Beginn der Versammlung wird ein aus drei Mitgliedern bestehendes Tagungspräsidium gewählt.

§ 7 Vorstand

Absatz 1

Der Vorstand besteht aus:

a) dem oder der Vorsitzenden und zwei Stellvertretern oder Stellvertreterinnen; sie bilden den Vorstand im Sinne von § 26 BGB und sind jede/r allein vertretungsberechtigt;

b) dem Schatzmeister oder der Schatzmeisterin;

c) zwei weiteren Mitgliedern;

d) dem oder der Vorsitzenden des Verbandsrats;

e) dem oder der Vorsitzenden des Wissenschaftlichen Beirats;

f) dem oder der hierzu von der Bundesjugendversammlung bestimmten Bundesjugendsprecher oder Bundesjugendsprecherin.

Absatz 2

Der Vorstand bestellt die Mitglieder der Bundesgeschäftsführung. Ihre Aufgabenbereiche bestimmen sich nach den Anstellungsverträgen.

Absatz 3

Der Vorstand hat insbesondere die folgenden Aufgaben und Befugnisse:

a) Bestimmung der Richtlinien der Verbandsarbeit und ihrer Umsetzung;

b) Vertretung des *BUND* nach außen;

c) Festlegung und Vorbereitung der Delegiertenversammlung, einschließlich der Federführung bei der Erstellung des Entwurfs von Haushaltsplan und Stellenplan;

d) Durchführung der Beschlüssse der Delegiertenversammlung und des Gesamtrats;

e) Aufnahme von Mitgliedern gem. § 4 Abs. 3;

f) Anerkennung von Landesverbänden gem. § 13 Abs. 1;

g) Beschlußfassung über Ausschlüsse gem. § 4 Abs. 9;

h) für den *BUND* zu handeln, soweit diese Satzung keine anderweitige Zuständigkeit festlegt.

Absatz 4

Der oder die Vorsitzende hat die Befugnis, dringliche Anordnungen zu treffen und unaufschiebbare Geschäfte zu besorgen; hiervon hat er oder sie dem sonst zuständigen Organ unverzüglich Kenntnis zu geben.

Absatz 5

Die stellvertretenden Vorsitzenden handeln einzeln an Stelle des/der Vorsitzenden, wenn diese/r verhindert ist oder sie beauftragt.

Absatz 6

Der Vorstand lenkt die Tätigkeit der Bundesgeschäftsstelle und bedient sich dazu der Bundesgeschäftsführung. Der oder die Vorsitzende ist weisungsbefugt gegenüber der Bundesgeschäftsführung.

§ 8 Verbandsrat

Absatz 1

Dem Verbandsrat gehören an:

a) je ein/e vom Landesvorstand aus seiner Mitte gewählte/r Vertreter oder Vertreterin eines jeden Landesverbands; für den Verhinderungsfall kann ein/e auf die Dauer von drei Jahren vom Landesvorstand aus seiner Mitte gewählte/r stimmberechtigte/r Stellvertreter oder Stellvertreterin entsandt werden; beim Ausscheiden aus dem Landesvorstand oder dauerhafter Verhinderung ist Nachwahl zulässig;

b) ein vom Beirat der *BUND*jugend auf die Dauer von drei Jahren gewähltes Mitglied einer Landesjugendleitung; für den Verhinderungsfall kann der Beirat der *BUND*jugend eine/n stimmberechtigte/n Stellvertreter oder Stellvertreterin aus der Bundesjugendleitung entsenden;

c) ein vom Bundesvorstand entsandtes Mitglied;

sowie mit beratender Stimme:

d) ein Mitglied der Bundesgeschäftsführung;

e) ein/e von den Geschäftsführern/Geschäftsführerinnen der Landesverbände gewählte/r Vertreter oder Vertreterin.

Absatz 2

Der Verbandsrat hat folgende Aufgaben und Befugnisse:

a) Bindeglied zwischen Bundesverband und Landesverbänden zu sein;

b) Schlichtungsstelle zwischen Landesverbänden zu sein;

c) an der Stärkung der inneren Struktur des *BUND* mitzuwirken;

d) die Tätigkeit der Landesverbände zu koordinieren und den Informationsfluß zwischen Bundesverband und Landesverbänden zu verbessern;

e) Anträge zur Delegiertenversammlung vorzubereiten;

f) die Durchführung der Beschlüsse der Delegiertenversammlung durch den Vorstand zu überwachen;

g) Vorschläge über die Mittelverteilung zwischen Landesverbänden untereinander sowie zwischen Landesverbänden und Bundesverband zu erarbeiten;

h) über Beschwerden gegen Ausschlußbeschlüsse (§ 4 Abs. 9) zu entscheiden.

Absatz 3

Der Verbandsrat wählt jeweils für die Dauer von drei Jahren aus seiner Mitte den oder die Vorsitzende/n und zwei Stellvertreter oder Stellvertreterinnen.

§ 9 Gemeinsame Aufgaben des Vorstands und des Verbandsrates

Absatz 1

Gemeinsame Aufgaben des Vorstands und des Verbandsrats sind Fragen der organisatorischen Entwicklung und innerverbandlicher Strukturen von weitreichender Bedeutung.

Absatz 2

Gemeinsame Aufgaben im Sinne des Abs. 1 sind insbesondere:

a) Darstellung des Verbands in der Öffentlichkeit (Werbeaussagen);

b) Mittelbeschaffung;

c) gemeinsame Verwaltungsstrukturen;

d) Vereinheitlichung der Mitgliedschaft;

e) Mittelverteilung zwischen Landesverbänden untereinander sowie zwischen Landesverbänden und Bundesverband;

f) sonstige gemeinsame Angelegenheiten im Sinne des Abs. 1; sie liegen vor, wenn der Vorstand dies mit einfacher, der Verbandsrat mit Zweidrittelmehrheit beschließt.

Das Einvernehmen ist hergestellt, wenn Vorstand und Verbandsrat in getrennten Abstimmungen zugestimmt haben.

Eine gemeinsame Tagung findet mindestens einmal jährlich statt.

Der oder die Vorsitzende des Vorstands lädt dazu ein und führt den Vorsitz.

§ 10 Wissenschaftlicher Beirat

Absatz 1

Dem Wissenschaftlichen Beirat gehören an:

die Leiter oder Leiterinnen der Arbeitskreise, im Verhinderungsfall deren Stellvertreter oder Stellvertreterinnen sowie ein Vertreter oder eine Vertreterin der Jugendorganisation, der oder die von der Bundesjugendleitung entsandt wird. Der Vertreter bzw. die Vertreterin der Jugendorganisation sind durch die Bundesdelegiertenversammlung zu bestätigen.

Absatz 2

Die Leiter oder Leiterinnen der Arbeitskreise berufen selbständig die weiteren Mitglieder. Die Vorstände der Landesverbände und die Bundesjugendleitung können je ein weiteres sachkundiges Mitglied in jeden Arbeitskreis entsenden.

Absatz 3

Der Wissenschaftliche Beirat hat folgende Aufgaben und Befugnisse:

a) fachliche Programme und Grundsatzaussagen zu natur- und umweltschutzpolitischen Themen zu entwickeln und in Abstimmung mit dem Vorstand zu veröffentlichen;

b) aus eigener Initiative oder auf Wunsch von Vorstand oder Verbandsrat zu aktuellen Problemen Stellung zu nehmen;

c) Aussagen des Verbands auf Wunsch eines Organs oder eines Arbeitskreises fachlich zu prüfen und zu koordinieren;

d) auf Wunsch als Schlichtungsstelle in Fachfragen zu dienen;

e) Vorstand, Verbandsrat und Bundesgeschäftsführung fachlich zu beraten;

f) Beschlüsse der Delegiertenversammlung in Fachfragen vorzubereiten;

g) die von der Delegiertenversammlung für den Wissenschaftlichen Beirat und die Arbeitskreise bewilligten Mittel zu verteilen;

h) der Delegiertenversammlung geeignete Personen als Mitglieder des Wissenschaftlichen Beirats vorzuschlagen.

Absatz 4

Der Wissenschaftliche Beirat wählt jeweils für die Dauer von drei Jahren aus seiner Mitte den oder die Vorsitzende/n und zwei Stellvertreter oder Stellvertreterinnen.

§ 11 Gemeinsame Aufgaben des Vorstands, des Verbandsrats und des Wissenschaftlichen Beirats

Absatz 1

Vorstand, Verbandsrat und Wissenschaftlicher Beirat haben folgende gemeinsame Aufgaben:

a) den Entwurf des Haushaltsplans einschließlich des Stellenplans zu verabschieden; ist bei einzelnen Positionen kein Einvernehmen herzustellen, macht der Vorstand bei der Vorlage des Entwurfs an die Delegiertenversammlung die abweichenden Meinungen kenntlich;

b) über bundesweite Kampagnen und Aktionen einvernehmlich zu beschließen;

c) inhaltliche Einzelfragen von weitreichender Bedeutung, die sowohl Bundesverband wie Landesverbände betreffen, zu beraten und darüber einvernehmlich zu beschließen;

d) über Mitgliedschaften in anderen Organisationen einvernehmlich zu beschließen.

Absatz 2

Das Einvernehmen ist hergestellt, wenn Vorstand, Verbandsrat und Wissenschaftlicher Beirat in getrennten Abstimmungen zugestimmt haben. Das Einvernehmen kann in dringlichen Fällen durch Beschluß des Gesamtrats (§ 12) hergestellt werden.

Absatz 3

Eine gemeinsame Tagung findet mindestens einmal jährlich statt.

Der oder die Vorsitzende des Vorstands lädt dazu ein und führt den Vorsitz. Für den Wissenschaftlichen Beirat nehmen sein/e Vorsitzende/r und die beiden Stellvertreter oder Stellvertreterinnen teil. Eine Angelegenheit ist zu behandeln, wenn ein Organ dies mit Zweidrittelmehrheit beschließt.

§ 12 Gesamtrat

Absatz 1

Der Gesamtrat setzt sich zusammen aus Vorstand, Verbandsrat und Wissenschaftlichem Beirat. Für den Wissenschaftlichen Beirat nehmen sein/e Vorsitzende/r und die beiden Stellvertreter oder Stellvertreterinnen teil.

Absatz 2

Eine Tagung des Gesamtrats findet mindestens einmal jährlich statt. Der oder die Vorsitzende des Vorstands lädt dazu ein und führt den Vorsitz.

Absatz 3

Eine Angelegenheit ist zu behandeln, wenn ein Organ dies mit Zweidrittelmehrheit beschließt.

Absatz 4

Der Gesamtrat faßt seine Beschlüsse mit der einfachen Mehrheit der anwesenden Mitglieder.

Absatz 5

In Fällen besonderer Dringlichkeit beschließt der Gesamtrat über Aufgaben, die sonst der Delegiertenversammlung vorbehalten sind. Zu diesen Fällen gehört der Beschluß über den Nachtragshaushalt bei Überschreitung des Gesamthaushaltes um 10 %.

Solche Beschlüsse bedürfen der Genehmigung der nächsten Delegiertenversammlung.

§ 13 Landesverbände

Absatz 1

Natur- und Umweltschutzverbände, deren Ziele und Tätigkeiten mit denen des *BUND* übereinstimmen und deren Wirkungsbereich sich auf mindestens ein Bundesland bezieht, können auf Antrag vom Vorstand im Einvernehmen mit dem Verbandsrat als Landesverband anerkannt

werden. Bundesverband und Landesverbände sind eingetragene Vereine. Für ein Bundesland darf jeweils nur ein Landesverband anerkannt werden.

Absatz 2

Der Bundesverband und die Landesverbände arbeiten solidarisch zusammen. Die Landesverbände verpflichten sich, Bundesverbandsmitglieder zu werben.

Absatz 3

Mit der Anerkennung werden die Landesverbände Untergliederungen des Bundesverbands.

Soweit nicht in dieser Satzung Aufgaben und Entscheidungen den Organen des Bundesverbands vorbehalten sind, regeln die Landesverbände ihre Angelegenheiten in eigener Zuständigkeit. Die Landesverbände verfügen selbständig und ausschließlich über ihr Einkommen und ihr Vermögen. Die Landesverbände sollen die Beschlüsse des Verbandsrats vollziehen.

Absatz 4

Wenn er die Voraussetzungen von Abs. 1 und Abs. 2 nicht mehr für gegeben erachtet, kann der Vorstand im Einvernehmen mit dem Verbandsrat und nach Anhörung des betreffenden Landesverbands die Anerkennung widerrufen.

Absatz 5

Die Landesverbände und der Bundesverband teilen sich sämtliche Mitgliedsbeiträge aller Bundes- und Landesverbandsmitglieder mit Wohnsitz in oder Zugehörigkeit zu einem Landesverband gemäß einem festen Schlüssel von 70 v.H. für den Landesverband und 30 v.H. für den Bundesverband auf.

Von Satz 1 abweichende Vereinbarungen zwischen dem Bundesverband und einem Landesverband sind bis zur Verwirklichung eines bundeseinheitlichen Mitgliedsbeitrags möglich.

Absatz 6

Auf Landesebene wird der Bundesverband im Einvernehmen mit dem zuständigen Landesverband tätig. Auf Bundesebene oder im internationalen Rahmen werden Landesverbände nach vorheriger Zustimmung des Bundesverbands tätig; über grenzüberschreitende Zusammenarbeit der Landesverbände mit Organisationen der jeweiligen Nachbarstaaten ist der Bundesverband zu verständigen.

Absatz 7

Die Landesverbände sollen den Titel des *BUND* tragen. Dieser ist zumindest als Untertitel zusammen mit dem *BUND*-Emblem zu führen.

Quelle: BUND-Bundesgeschäftsstelle, Bonn.

IV/20 Liste der beim Deutschen Bundestag registrierten Verbände — Auszüge

Anmerkung: Der Bundestag beschloß am 2. September 1972, beim Präsidenten des Bundestages eine öffentliche Liste einzurichten, in der alle Verbände, die Interessen gegenüber dem Bundestag oder der Bundesregierung vertreten, eintragen werden sollten (siehe auch Geschäftsordnung des Bundestages). Die Zahl der in dieser Liste registrierten Verbände wuchs von 635 im Jahre 1974 auf 1538 im Jahre 1995. Nicht in die Liste aufgenommen werden Körperschaften, Stiftungen und Anstalten des öffentlichen Rechts sowie deren Dachorganisationen. Ebenso sind regionale Organisationen, deren Interessen bereits auf überregionaler Basis vertreten werden, und Einzelfirmen nicht registriert. Bei der im folgenden abgedruckten Liste handelt es sich um das der offiziellen Bekanntmachung angefügte Stichwortverzeichnis. Aus diesem lassen sich erste Hinweise auf die Breite der verbandsmäßig vertretenen Interessen ableiten. Die Zahl der Einträge unter jedem Stichwort ist in Klammern angegeben.

Abfall (4); Absatzförderung (1); Abschleppunternehmen (1); Abwasser (4); Adreßbuch (1); Aerosole (1); Agrar (11); Agrarprodukt (23); Akademie (2); Akademiker/in (4); Aktie (4); Aktuar (1); Alkohol (7); Allergiker (2); Altenarbeit (1); Altenheim (2); Altenhilfe (1); Altersversorgung (1); Altlasten (1); Altöl (2); Aluminium (1); Angestellte (6); Anlagenbau (1); Anlagenberatung (1); Antenne (1); Antiquität (1); Anwalt (3); Anzeige (1); Apotheker (6); Aquarium (1); Arbeitgeber (10); Arbeitnehmer (4); Arbeitslose (1); Arbeitsschutz (4); Arbeitsvermittlung (2); Architekt (10); Archiv (1); Arzneimittel (5); Arzt (31); Arzthelferin (1); Assekuranz (1); Asthmatiker (2); Aufklärung (1); Augenoptik (1); Ausbildung (2); Auskunftei (4); Ausländerpolitik (2); Außenhandel (8); Ausstellung (1); Auto (11); Automat (4)

Backmittel (2); Bad (3); Bäcker (1); Bahn (3); Bank (10); Bau (22); Baumschule (1); Bausparkasse (2); Baustoff (28); Beamte (30); Behälter (2); Behinderte (28); Bekleidung (4); Beratung (1); Bergbau (8); Bergungsunternehmen (1); Beruf (6); Besamung (1); Beschlag (1); Bestattung (2); Besteck (1); Beton (3); Betriebswirt (3); Betriebswirtschaft (1); Bewachung (1); Bewährungshilfe (1); Bier (2); Bilanzbuchhalter (1); Bildagentur (1); Bildung (18); Bims (1); Binnenschiffahrt (2); Blinde (2); Blume (2); Blutungskrankheit (1); Bodenbelag (1); Börse (2); Brandschutz (1); Brauerei (3); Brennerei (2); Brennstoff (1); Briefmarkensammler (1); Buch (5); Buchbinder (1); Buchführung (1); Buchmacher (1); Buchprüfer (1); Buchstelle (1); Bühne (1); Bürger (3); Büro (2); Bürotechnik (2); Bundesbahn (6); Bundesgrenzschutz (1); Bundespost (2); Bundeswehr (6)

Camping (2); Caravan (2); Caritas (1); Chemie (12); Christbaumschmuck (1); Circus (1); Computer (1)

Dach (2); Dämmputz (1); Dämmstoff (1); Dampfkessel (1); Darm (1); Datenschutz (4); Datenverarbeitung (1); Denkmalschutz (1); Dental-Industrie (2); Detektei (3); Diabetiker (3); Diät (1); Diätassistent (1); Dichtungsbahnen (1); Dichtungstechnik (1); Dienstleistung (6); Direktmarketing (1); Direktvertrieb (3); Discothekenausstatter (1); Dokumentation (2); Dolmetscher (1); Dritte Welt (4); Drogen (1); Druck (2); Düngemittel (3)

Edelstein (2); Ehrenmal (1); Ei (2); Einzelhandel (11); Eisenbahn (6); Eisenhütte (1); Eisenwaren (1); Eisfabrik (1); Elektrizität (5); Elektronik (2); Elektrotechnik (2); Elterninitiative (2); Energie (16); Enteignung (1); Entsorgung (6); Entwicklung (1); Entwicklungshilfe (8); Entwicklungspolitik (1); Erde (2); Erdgas (1); Erdöl (1); Erfindungswesen (1); Ernährung (5); Erste Hilfe (1); Erziehung (4); Esperanto (1); Essenz (2); Essig (1); Europa (3); Export (3)

Fachhandel (40); Factoring (1); Fahrlehrer (1); Fahrrad (2); Familie (26); Farbe (1); Faser (1); Faserzement (1); Faß (1); Fassade (2); Feinkost (1); Feinmechanik (2); Fenster (1); Fernmeldewesen (3); Fernsehen (5); Fernwärme (1); Ferrolegierung (1); Fertigteil (1); Festartikel (1); Fett (4); Feuerfest-Industrie (1); Feuerlöschgeräte (1); Feuerschutz (1); Feuerung (1); Feuerwehr (2); Feuerwerker (1); Film (14); Finanzberatung (2); Finanzdienstleistung (4); Finanzierung (1); Finanzpolitik (1); Fisch (6); Fleisch (10); Fleischware (1); Flugverkehr (5); Folie (1); Forschung (8); Forst (9); Fortpflanzungstechnologie (1); Frau (19); Freikörper (1); Freiwilligendienst (1); Freizeit (1); Frieden (6); Frischzellen (1); Frieseur (1); Frucht (4); Führungskräfte (2); Fürsorge (13); Funk (10); Furnier (1); Fußboden (1); Fußgänger (1); Futtermittel (4)

Gablonzer Industrie (2); Gärtner (2); Galerie (1); Galvaniseur (1); Garage (3); Garn (1); Gartenbau (8); Gas (5); Gastgewerbe (2); Gebäudereiniger (1); Gefangenenhilfe (1); Geflügel (2); Geistesfreiheit (2); Gemeinnützig (1); Gemeinwirtschaft (1); Gemüse (1); Genealogie (2); Genossenschaft (7); Gentechnologie (1); Geographie (1); Geologe (1); Geophysiker (1); Geowissenschaft (1); Gerichtshilfe (1); Gerichtshof (1); Gerichtsvollzieher (1); Gerüst (1); Geschäftsführer (2); Geschenkartikel (1); Gesellschaft (2); Gesundheit (6); Gesundheitswesen (58); Getränk (8); Getreide (5); Gewässerschutz (2); Gewerbe (1); Gewerkschaft (38); Gewürz (1); Gießerei (1); Glas (5); Graveur (1); Großhandel (16); Grundbesitz (9); Gürtler (1); Güterverkehr (5); Gurt (1); Gynäkologie (2)

Haar (1); Hafen (1); Handel (17); Handelskammer (3); Handelsvertreter (2); Handwerk (18); Harz (1); Hausfrau (1); Hausrat (1); Haustechnik (1); Hauswirtschaft (2); Hebamme (2); Hefe (1); Heilbad (1); Heilbrunnen (1); Heilpraktiker (7); Heimatpflege (3); Heimatvertriebene (1); Heimerziehung (2); Heimtierbedarf (1); Heimwerker (1); Heizkosten (1); Heizung (6); Heraldik (1); Hilfsmaßnahme (11); Hinterbliebene (2); Hirnbeschädigte (1); Hobbyartikel (1); Hochschule (4); Hör- und Sprachgeschädigte (2); Hörgerät (1); Holz (8); Honig (2); Hopfen (2); Hotel (3); Humanismus (1); Hund (1)

Imbiß (1); Imker (1); Immobilienwirtschaft (1); Import (8); Industrie (4); Informatik (5); Information (3); Informationstechnik (4); Ingenieur (29); Inkasso (2); Innenarchitekt (1); Innovation (1); Instandhaltung (1); Internationale Beziehung (4); Internationale Zusammenarbeit (1); Investment (1); Islam (2)

Jagd (2); Journalist (4); Juden (2); Jugend (29); Jugendschutz (1); Jurist (4); Justiz (6); Juwelier (1)

Kältetechnik (1); Kaffee (2); Kakao (1); Kalk (1); Kalksandstein (1); Kaltwalzwerk (1); Kapitän (1); Kapitalanlage (4); Karnevalsartikel (1); Kartoffel (3); Kartographie (1); Katastrophenschutz (2); Katholik (1); Kaugummi (1); Kautschuk (1); Keramik (4); Kernenergie (3); Kerze (1); Kies (1); Kind (19); Klavier (1); Klebstoff (1); Klimatechnik (4); Knochenverwertung (1); Koch (1); Körperpflege (1); Kohle (2); Kolpingwerk (1); Kommunikation (7); Konditor (1); Kongreß (1); Konsum-Genossenschaft (2); Kontrolleure (1); Korrosion (1); Kosmetik (3); Kraftfahrer (1); Kraftfahrtversicherung (1); Kraftfahrzeug (14); Kraftwerk (2); Krankengymnastik (3); Krankenhaus (2); Krankenkasse (6); Krankenpflege (17); Krankenschwester (1); Krankentransport (3); Kredit (6); Kreditkarte (1); Kriegsdienstverweigerung (4); Kriegsopfer (9); Kriminalitätsopfer (1); Küche (2); Kühlhaus (1); Künstler (2); Künstleragent (1); Küste (1); Kultur (1); Kunst (9); Kunstgewerbe (1); Kunststoff (12); Kunststoffbeschichtung (1); Kur (3); Kurzschrift (2)

Labor (3); Lackrohstoff (1); Lärmbekämpfung (1); Lagerhaltung (2); Laienspiel (1); Landmaschinen (1); Landschaftsarchitekt (1); Landschaftsbau (4); Landschaftspflege (2); Landsmannschaft (3); Landwirtschaft (17); Leasing (2); Lebensmittel (23); Lebensmitteltechnologie (1);

Lebensrettung (1); Lebensschutz (1); Lebensversicherung (1); Leder (3); Legasthenie (1); Lehrer (14); Lehrmittel (1); Leichtbauplatten (1); Lepra (1); Liberale Bewegung (1); Lohngewerbe (1); Lohnsteuer (4); Lohnunternehmer (1); Lokomotivführer (1); Lotsen (2); Luftfahrt (12); Luftwaffe (1)

Mälzer (1); Magnetband (1); Makler (6); Margarine (1); Markenartikel (1); Marketing (3); Marktanalyse (1); Marktforschung (2); Marktkaufleute (1); Masche (1); Maschine (1); Maschinenbau (3); Mathematiker (3); Medien (7); Medizin (18); Medizinisches Fachpersonal (9); Mehrzweckhalle (1); Mensa (1); Menschenrechte (6); Messe (1); Metall (17); Metallarbeiter (1); Meteorologie (2); Mieter (1); Mikrofilm (1); Milch (7); Militär (2); Mineralbrunnen (1); Mineralfaser (1); Mineralöl (8); Mineraloge (1); Mittelstand (16); Modellbau (1); Möbel (4); Mörtel (1); Molkerei (3); Motorrad (4); Mühle (4); Müller (1); Münze (1); Museum (2); Musik (8); Musikinstrument (4); Mutter (1)

Nachrichtentechnik (1); Nahrungsmittel (1); Nahverkehr (1); Naßbagger (1); Naturschutz (20); Naturstein (2); Naturwissenschaft (2); Netz (1); Normung (1); Notarzt (1); Notfallhilfe (1); Notfallunterstützung (1)

Obst (2); Oecotrophologie (1); Öffentlicher Dienst (16); Öffentlichkeitsarbeit (2); Ökologie (6); Öl (1); Ölmühle (1); Optik (3); Orchidee (1); Orthopädie (2)

Pädagogik (3); Pankreatektomierte (1); Papier (7); Pappe (1); Parfüm (1); Parkett (1); Parkhaus (1); Partnerschaft (1); Patent (3); Patientenschutz (2); Pelz (2); Personalvermittlung (1); Personenverkehr (3); Pfadfinder (1); Pfandkredit (1); Pflanzenschutz (4); Pflanzenzucht (9); Pflegedienst (1); Pflegeeltern (1); Pflegeheim (2); Pharmazie (16); Philatelistik (2); Phono (3); Photographie (1); Physiotherapie (3); Planung (3); Poliermaterial (1); Politisch Verfolgte (1); Politische Bildung (2); Polizei (3); Porenbeton (1); Porzellan (1); Post (6); Präparator (1); Presse (15); Produzent (1); Projektsteuerung (1); Psychisch Kranke (1); Psychologie (5); Psychosomatik (2); Psychotherapie (6); Puddingpulver (1); Puppentheater (1)

Qualität (2)

Radio (1); Radioaktivität (1); Raiffeisen (3); Rationalisierung (2); Rauchen (1); Raumfahrt (1); Raumordnung (1); Recht (3); Rechtsberuf (19); Rechtsinformatik (1); Rechtspflege (1); Recycling (1); Reeder (1); Reformware (4); Rehabilitation (7); Reibbelag (1); Reifenhandel (1); Reinigung (2); Reis (1); Reise (4); Reiter (2); Religion (1); Religionsfreiheit (2); Religionsgemeinschaft (5); Rente (3); Rentner (6); Reprografie (1); Reservist (1); Resozialisierung (1); Restauration (2); Rettungsmittel (1); Rettungswesen (14); Rhetorik (1); Rheuma (1); Richter (6); Riechstoff (1); Rohr (3); Rohstoff (4); Rüstung (1)

Saatgut (4); Sachverständiger (10); Saft (1); Salz (1); Sammlung (1); Sand (1); Sanitär (6); Sanitätswesen (2); Sauerkonserve (1); Sauna (1); Schädlingsbekämpfung (1); Schausteller (2); Scheidung (1); Schiedsmann (1); Schiffahrt (15); Schiffsmakler (1); Schleifmittel (1); Schlepplift (1); Schloß (1); Schlüsseldienst (1); Schmalz (1); Schmelzhütte (1); Schmuck (5); Schneidwaren (1); Schornsteinfeger (2); Schraube (1); Schreibwaren (1); Schrift (1); Schrott (2); Schütze (3); Schuh (1); Schulbuch (1); Schule (9); Schweißtechnik (1); Schwergewebe (1); Schwerhörigkeit (1); Schwimmbad (2); Schwimmen (1); Seehafen (1); Seekajak (1); Seemannsfrauen (1); Segel (1); Segeln (2); Seil (2); Seilbahn (1); Sekretärin (2); Sekt (1); Selbständig (18); Selbstbedienung (2); Selbsthilfe (6); Seminar (1); Senf (1); Senioren (6); Sexualberatung (1); Sexualforschung (1); Sexualität (3); Sicherheit (2); Sicherheitsunternehmen (1); Siedlungswesen (2); Silberwaren (1); Software (1); Solarenergie (3); Soldat (3); Sonderabfall (1); Sozialarbeit (7); Sozialfürsorge (4); Sozialhilfe (1); Sozialpädagoge (3); Sozialpolitik (1); Sozialrentner (2); Sozialversicherung

(2); Sozialwissenschaft (5); Soziologie (2); Sparkasse (1); Spedition (7); Spende (1); Spielhalle (1); Spielwaren (2); Spirituosen (7); Spiritus (1); Sport (25); Sportanlagen (4); Sportartikel (1); Sprache (6); Spray (1); Sprechwissenschaft (1); Staat (1); Staatsanwalt (1); Stadthalle (1); Städtebau (1); Stärke (2); Stahl (6); Stahlrohr (1); Standesbeamte (1); Stein (3); Steinkohle (1); Steinmetz (1); Stenografie (1); Stenographie (2); Sterbehilfe (1); Steuer (4); Steuerberater (3); Stiftung (1); Strafvollzug (3); Strahlenschutz (1); Straßenverkehr (1); Studenten (5); Studentenverbindung (5); Sucht (5); Süßstoff (1); Süßware (1); Suppe (1)

Tabak (7); Tagesmutter (1); Tagung (1); Talg (1); Tankanlage (1); Tanklager (1); Tankstelle (4); Tanz (1); Tapete (1); Taucher (1); Taxi (1); Technik (5); Techniker (3); Technische Überwachung (2); Technischer Handel (1); Technologie (1); Tee (1); Teigware (1); Telegrafie (1); Telekommunikation (2); Terminhandel (1); Terpentin (1); Terrarien (1); Textil (14); Theater (5); Tiefkühlkost (1); Tier (2); Tierarzt (3); Tierarzthelferin (1); Tierkörperbeseitigung (1); Tierschutz (15); Tierzucht (9); Tonträger (2); Tor (1); Tourismus (14); Transport (4); Transportbeton (1); Traubensaft (1)

Übersetzer (2); Überwachung (2); Uhr (3); Umwelt (4); Umweltpolitik (1); Umweltschutz (27); Unfallgeschädigte (1); Unfallversicherung (1); Universität (3); Unlauterer Wettbewerb (3); Unterhaltspflicht (1); Unternehmensberatung (2); Unternehmer (15); Unternehmer (innen) (1); Unternehmerin (1); Urheberrecht (3)

Varieté (1); Verbandmittel (1); Verbraucher (10); Verbraucherschutz (2); Vereinte Nationen (1); Verfolgte (1); Verhaltenstherapie (1); Verkaufsberater (1); Verkaufsförderung (2); Verkauftstrainer (1); Verkehr (7); Verladeeinrichtung (1); Verleger (7); Vermessung (5); Vermögensberatung (2); Verpackung (6); Verpflegung (1); Versandhandel (5); Versandschlachterei (1); Versicherung (21); Verteileranlage (1); Vertrieb (2); Vertriebene (3); Verwaltung (4); Verwaltungs- und Wirtschafts-Akademie (1); Video (3); Vieh (6); Völkerverständigung (19); Vogelschutz (2); Volkskunst (1); Volkswirt (2); Vorstandsmitglied (1); Vulkaniseur-Handwerk (1)

Waffe (1); Wald (6); Ware (2); Warenhaus (1); Warenschutz (1); Waschmittel (1); Waschstraße (1); Wasser (8); Wassersport (2); Wasserstraße (2); Wassertechnik (1); Wehrtechnik (2); Wein (7); Weißblech (1); Weiterbildung (2); Werbung (13); Werkstoff (2); Werkverkehr (1); Werkzeug (5); Wertpapier (2); Werttransport (1); Widerstand (1); Wiedergutmachung (3); Wild (1); Wirtschaft (8); Wirtschaftliche Zusammenarbeit (1); Wirtschaftsberatung (3); Wirtschaftsbeziehung (1); Wirtschaftsförderung (1); Wirtschaftskriminalität (1); Wirtschaftsprüfer (1); Wirtschaftswissenschaft (6); Wissenschaft (9); Wissenschaftler (1); Wohnungsbau (6); Wohnungswesen (5); Wolle (1)

Zahnarzt (3); Zahnarzthelferin (1); Zahngesundheit (2); Zahntechniker (1); Zeichengerät (1); Zeitarbeit (2); Zeitschrift (2); Zement (1); Ziegel (1); Zieherei (1); Zierpflanzen (1); Zigarettenpapier (1); Zigarre (1); Zivilschutz (2); Zoll (1); Zoologie (1); Zucker (3); Zuckerrübe (2)

Quelle: Bekanntmachung der öffentlichen Liste über die Registrierung von Verbänden und deren Vertretern vom 31. März 1995, Bundesanzeiger 1995, S. 334 ff.

IV/21 Kirchliches Leben

a.) Katholische Kirche

Jahr	Pfarreien und sonstige Seelsorgestellen	Katholiken	Übertritte	Wiedereintritte	Austritte
	Anzahl	1 000	Anzahl		
Früheres Bundesgebiet					
1970............	12 329	27 195	4 132	1 725	69 454
1980............	12 440	26 713	4 103	3 630	66 438
1985............	12 407	26 309	4 210	4 517	74 172
1987............	12 421	26 306	4 175	5 075	81 598
1988............	12 438	26 483	4 136	5 009	79 562
1989............	12 436	...	3 955	4 912	93 010
Gebiet der ehemaligen DDR					
1989............	855	921	186	107	765
Bundesrepublik Deutschland					
1990............	13 313	28 252	3 975	4 913	143 530
1991............	13 306	28 198	3 915	4 734	167 933
1992............	13 331	27 663	3 705	4 666	192 766
1993............	13 329	27 552	3 619	5 038	153 753
1994............	13 321	27 465	3 758	5 591	155 797

b.) Evangelische Kirche

Jahr	Kirchengemeinden	Kirchenmitglieder	Aufnahmen[1]	Austritte
	Anzahl	1 000	Anzahl	
Früheres Bundesgebiet				
1970............	10 707	28 480	20 990	202 823
1980............	10 642	26 104	30 148	119 814
1985............	10 694	25 106	38 414	140 553
1987............	10 714	25 413	40 401	140 638
1988............	10 729	25 176	40 365	138 700
1989............	10 767	25 132	41 488	147 753
Gebiet der ehemaligen DDR				
1989............	7 388[2]	4 080[2]	4 041[3]	6 546[3]
Bundesrepublik Deutschland				
1990............	18 114	29 442	47 432	144 143
1991............	18 038	29 208	67 645	320 635
1992............	18 216	28 875	58 894	361 256
1993............	18 227	28 460	55 818	279 971
1994............	18 220	28 197	55 541	290 302

1 Einschließlich Übertritten und Wiederaufnahmen.
2 Nur ungefähr.
3 Ohne Thüringen.

Quellen: Statistisches Bundesamt, Statistisches Jahrbuch 1991, S. 108 f., Statistisches Bundesamt, Statistisches Jahrbuch 1993, S. 105 f., Statistisches Bundesamt, Statistisches Jahrbuch 1996, S. 98 f.

IV/22 Kirchensteuern und Kirchengeld im früheren Bundesgebiet*

a.) Katholische Kirche

1 000 DM

| Jahr | Kirchensteuern | | Kirchgeld | Insgesamt (brutto) | Verwaltungs-kosten | Insgesamt (netto) |
	vom Einkommen/ Arbeitslohn[1]	Sonstige				
1985............	5 695 256	4 646	13 164	5 713 066	182 816	5 530 250
1987............	6 285 729	5 955	12 447	6 304 131	201 342	6 102 789
1988............	6 492 787	1 496	13 021	6 507 304	207 274	6 300 030
1989............	7 089 165	2 039	13 378	7 104 582	223 477	6 881 105
1990............	6 771 202	3 710	15 741	6 790 653	217 761	6 572 892
1991............	7 849 167	1 806	14 992	7 865 965	255 077	7 610 888
1992............	8 729 715	1 710	13 066	8 744 491	277 181	8 467 310
1993............	8 656 443	2 543	7 259	8 666 245	275 505	8 390 740
1994............	8 496 142	2 326	7 115	8 505 583	275 509	8 230 074
1995............	8 666 414	1 690	4 934	8 673 038	281 783	8 391 255

b.) Evangelische Kirche

1 000 DM

| Jahr | Insgesamt | Kirchensteuern | | Kirchgeld |
		vom Einkommen/ Arbeitslohn[2]	Sonstige	
1985............	5 567 119	5 549 198	3 188	14 733
1987............	6 244 747	6 226 863	3 365	14 521
1988............	6 458 215	6 440 444	3 308	14 463
1989............	6 782 331	6 763 273	3 563	15 495
1990............	6 508 462[3]	6 489 579[3]	3 536	15 347
1991............	7 620 515	7 583 969	3 263	33 283
1992............	8 427 038	8 388 410	4 070	34 558
1993............	8 385 552	8 346 250	4 025	35 277
1994............	8 234 660	8 196 448	3 212	35 000
1995............	8 282 135	8 340 573	2 990	38 573

* Istaufkommen.
1 Unter Berücksichtigung des gegenseitigen Verrechnungsverkehrs.
2 Abzüglich der Erhebungskosten der Finanzämter und unter Berücksichtigung des gegenseitigen Verrechnungsverkehrs.
3 Außerdem Militärseelsorge in Höhe von 24 465 000 DM.

Quellen: Statistisches Bundesamt, Statistisches Jahrbuch 1991, S. 108 f., Statistisches Bundesamt, Statistisches Jahrbuch 1993, S. 105 f., Statistisches Bundesamt, Statistisches Jahrbuch 1996, S. 98 f.

V. Wahlen und Wähler

V/1 Bundeswahlgesetz

Vom 7. Mai 1956 i. d. F. der Bekanntmachung vom 23. Juli 1993 (BGBl. I S. 1288, ber. S. 1594), geändert durch Artikel 2 Sechstes Gesetz zur Änderung des Parteiengesetzes und anderer Gesetze vom 28. Januar 1994 (BGBl. I S. 142) und Artikel 1 Zwölftes Änderungsgesetz vom 10. Mai 1994 (BGBl. I S. 993) — Auszüge

Erster Abschnitt. Wahlsystem

§ 1 Zusammensetzung des Deutschen Bundestages und Wahlrechtsgrundsätze. (1) Der Deutsche Bundestag besteht vorbehaltlich der sich aus diesem Gesetz ergebenden Abweichungen aus 656 Abgeordneten. Sie werden in allgemeiner, unmittelbarer, freier, gleicher und geheimer Wahl von den wahlberechtigten Deutschen nach den Grundsätzen einer mit der Personenwahl verbundenen Verhältniswahl gewählt.

(2) Von den Abgeordneten werden 328 nach Kreiswahlvorschlägen in den Wahlkreisen und die übrigen nach Landeswahlvorschlägen (Landeslisten) gewählt.

. . .

§ 3 Wahlkreiskommission und Wahlkreiseinteilung. (1) Der Bundespräsident ernennt eine ständige Wahlkreiskommission. Sie besteht aus dem Präsidenten des Statistischen Bundesamtes, einem Richter des Bundesverwaltungsgerichts und fünf weiteren Mitgliedern.

(2) Die Wahlkreiskommission hat die Aufgabe, über Änderungen der Bevölkerungszahlen im Wahlgebiet zu berichten und darzulegen, ob und welche Änderungen der Wahlkreiseinteilung sie mit Hinblick darauf für erforderlich hält. Sie kann in ihrem Bericht auch aus anderen Gründen Änderungsvorschläge machen. Bei ihren Vorschlägen zur Wahlkreiseinteilung hat sie folgende Grundsätze zu beachten:

1. Die Ländergrenzen sind einzuhalten.

2. Die Bevölkerungszahl eines Wahlkreises soll von der durchschnittlichen Bevölkerungszahl der Wahlkreise nicht um mehr als 25 vom Hundert nach oben oder unten abweichen; beträgt die Abweichung mehr als $33\frac{1}{3}$ vom Hundert, ist eine Neuabgrenzung vorzunehmen.

3. Die Zahl der Wahlkreise in den einzelnen Ländern soll deren Bevölkerungsanteil soweit wie möglich entsprechen.

4. Der Wahlkreis soll ein zusammenhängendes Gebiet bilden.

5. Die Grenzen der Gemeinden, Kreise und kreisfreien Städte sollen nach Möglichkeit eingehalten werden.

Bei Ermittlung der Bevölkerungszahlen bleiben Ausländer (§ 1 Abs. 2 des Ausländergesetzes) unberücksichtigt.

(3) Der Bericht der Wahlkreiskommission ist dem Bundesministerium des Innern inner-
halb von fünfzehn Monaten nach Beginn der Wahlperiode des Deutschen Bundestages zu er-
statten. Das Bundesministerium des Innern leitet ihn unverzüglich dem Deutschen Bundestag
zu und veröffentlicht ihn im Bundesanzeiger. Auf Ersuchen des Bundesministeriums des In-
nern hat die Wahlkreiskommission einen ergänzenden Bericht zu erstatten; für diesen Fall gilt
Satz 2 entsprechend.

(4) Werden Landesgrenzen nach den gesetzlichen Vorschriften über das Verfahren bei son-
stigen Änderungen des Gebietsbestandes der Länder nach Artikel 29 Abs. 7 des Grundgesetzes
geändert, so ändern sich entsprechend auch die Grenzen der betroffenen Wahlkreise. Werden
im aufnehmenden Land zwei oder mehrere Wahlkreise berührt oder wird eine Exklave eines
Landes gebildet, so bestimmt sich die Wahlkreiszugehörigkeit des neuen Landesteiles nach der
Wahlkreiszugehörigkeit der Gemeinde, des Gemeindebezirks oder des gemeindefreien Gebie-
tes, denen er zugeschlagen wird. Änderungen von Landesgrenzen, die nach Ablauf des 32. Mo-
nats nach Beginn der Wahlperiode vorgenommen werden, wirken sich auf die Wahlkreisein-
teilung erst in der nächsten Wahlperiode aus.

§ 4 **Stimmen.** Jeder Wähler hat zwei Stimmen, eine Erststimme für die Wahl eines Wahl-
kreisabgeordneten, eine Zweitstimme für die Wahl einer Landesliste.

§ 5 **Wahl in den Wahlkreisen.** In jedem Wahlkreis wird ein Abgeordneter gewählt. Gewählt
ist der Bewerber, der die meisten Stimmen auf sich vereinigt. Bei Stimmengleichheit entschei-
det das vom Kreiswahlleiter zu ziehende Los.

§ 6 **Wahl nach Landeslisten.** (1) Für die Verteilung der nach Landeslisten zu besetzenden
Sitze werden die für jede Landesliste abgegebenen Zweitstimmen zusammengezählt. Nicht be-
rücksichtigt werden dabei die Zweitstimmen derjenigen Wähler, die ihre Erststimme für einen
im Wahlkreis erfolgreichen Bewerber abgegeben haben, der gemäß § 20 Abs. 3 oder von einer
Partei, für die in dem betreffenden Lande keine Landesliste zugelassen ist, vorgeschlagen ist.
Von der Gesamtzahl der Abgeordneten (§ 1 Abs. 1) wird die Zahl der erfolgreichen Wahlkreis-
bewerber abgezogen, die in Satz 2 genannt oder von einer nach Absatz 6 nicht zu berücksichti-
genden Partei vorgeschlagen sind.

(2) Die nach Absatz 1 Satz 3 verbleibenden Sitze werden auf die Landeslisten auf der
Grundlage der nach Absatz 1 Sätze 1 und 2 zu berücksichtigenden Zweitstimmen wie folgt
verteilt. Die Gesamtzahl der verbleibenden Sitze, vervielfacht mit der Zahl der Zweitstimmen,
die eine Landesliste im Wahlgebiet erhalten hat, wird durch die Gesamtzahl der Zweitstimmen
aller zu berücksichtigenden Landeslisten geteilt. Jede Landesliste erhält zunächst so viele Sitze,
wie ganze Zahlen auf sie entfallen. Danach zu vergebende Sitze sind den Landeslisten in der
Reihenfolge der höchsten Zahlenbruchteile, die sich bei der Berechnung nach Satz 2 ergeben,
zuzuteilen. Bei gleichen Zahlenbruchteilen entscheidet das vom Bundeswahlleiter zu ziehende
Los.

(3) Erhält bei der Verteilung der Sitze nach Absatz 2 eine Landesliste, auf die mehr als die
Hälfte der Gesamtzahl der Zweitstimmen aller zu berücksichtigenden Landeslisten entfallen
ist, nicht mehr als die Hälfte der zu vergebenden Sitze, wird ihr von den nach Zahlenbruchtei-
len zu vergebenden Sitzen abweichend von Absatz 2 Sätze 4 und 5 zunächst ein weiterer Sitz
zugeteilt. Danach zu vergebende Sitze werden nach Absatz 2 Sätze 4 und 5 zugeteilt.

(4) Von der für jede Landesliste so ermittelten Abgeordnetenzahl wird die Zahl der von der
Partei in den Wahlkreisen des Landes errungenen Sitze abgerechnet. Die restlichen Sitze wer-

den aus der Landesliste in der dort festgelegten Reihenfolge besetzt. Bewerber, die in einem Wahlkreis gewählt sind, bleiben auf der Landesliste unberücksichtigt. Entfallen auf eine Landesliste mehr Sitze als Bewerber benannt sind, so bleiben diese Sitze unbesetzt.

(5) In den Wahlkreisen errungene Sitze verbleiben einer Partei auch dann, wenn sie die nach den Absätzen 2 und 3 ermittelte Zahl übersteigen. In einem solchen Falle erhöht sich die Gesamtzahl der Sitze (§ 1 Abs. 1) um die Unterschiedszahl; eine erneute Berechnung nach den Absätzen 2 und 3 findet nicht statt.

(6) Bei Verteilung der Sitze auf die Landeslisten werden nur Parteien berücksichtigt, die mindestens 5 vom Hundert der im Wahlgebiet abgegebenen gültigen Zweitstimmen erhalten oder in mindestens drei Wahlkreisen einen Sitz errungen haben. Satz 1 findet auf die von Parteien nationaler Minderheiten eingereichten Listen keine Anwendung.

§ 7 Listenverbindung. (1) Landeslisten derselben Partei gelten als verbunden, soweit nicht erklärt wird, daß eine oder mehrere beteiligte Landeslisten von der Listenverbindung ausgeschlossen sein sollen.

(2) Verbundene Listen gelten bei der Sitzverteilung im Verhältnis zu den übrigen Listen als eine Liste.

(3) Die auf eine Listenverbindung entfallenden Sitze werden auf die beteiligten Landeslisten entsprechend § 6 Abs. 2 verteilt. § 6 Abs. 4 und 5 gilt entsprechend.

Zweiter Abschnitt. Wahlorgane

§ 8 Gliederung der Wahlorgane. (1) Wahlorgane sind
der Bundeswahlleiter und der Bundeswahlausschuß für das Wahlgebiet,
ein Landeswahlleiter und ein Landeswahlausschuß für jedes Land,
ein Kreiswahlleiter und ein Kreiswahlausschuß für jeden Wahlkreis,
ein Wahlvorsteher und ein Wahlvorstand für jeden Wahlbezirk und
mindestens ein Wahlvorsteher und ein Wahlvorstand für jeden Wahlkreis zur Feststellung des Briefwahlergebnisses.
Wieviel Briefwahlvorstände zu bilden sind, um das Ergebnis der Briefwahl noch am Wahltage feststellen zu können, bestimmt der Kreiswahlleiter.

(2) Für mehrere benachbarte Wahlkreise kann ein gemeinsamer Kreiswahlleiter bestellt und ein gemeinsamer Kreiswahlausschuß gebildet werden; die Anordnung trifft der Landeswahlleiter.

(3) Zur Feststellung des Briefwahlergebnisses können Wahlvorsteher und Wahlvorstände statt für jeden Wahlkreis für einzelne oder mehrere Gemeinden oder für jeden Kreis innerhalb des Wahlkreises eingesetzt werden; die Anordnung trifft die Landesregierung oder die von ihr bestimmte Stelle.

§ 9 Bildung der Wahlorgane. (1) Der Bundeswahlleiter und sein Stellvertreter werden vom Bundesministerium des Innern, die Landeswahlleiter, Kreiswahlleiter und Wahlvorsteher sowie ihre Stellvertreter von der Landesregierung oder der von ihr bestimmten Stelle ernannt.

(2) Der Bundeswahlausschuß besteht aus dem Bundeswahlleiter als Vorsitzendem und acht von ihm berufenen Wahlberechtigten als Beisitzern. Die übrigen Wahlausschüsse bestehen aus dem Wahlleiter als Vorsitzendem und sechs von ihm berufenen Wahlberechtigten als Beisitzern. Die Wahlvorstände bestehen aus dem Wahlvorsteher als Vorsitzendem, seinem Stellver-

treter und weiterer drei bis fünf vom Wahlvorsteher berufenen Wahlberechtigten als Beisitzern; die Landesregierung oder die von ihr bestimmte Stelle kann anordnen, daß die Beisitzer des Wahlvorstandes von der Gemeindebehörde und die Beisitzer des Wahlvorstandes zur Feststellung des Briefwahlergebnisses vom Kreiswahlleiter, im Falle einer Anordnung nach § 8 Abs. 3 von der Gemeindebehörde oder von der Kreisverwaltungsbehörde allein oder im Einvernehmen mit dem Wahlvorsteher berufen werden. Bei Berufung der Beisitzer sind die in dem jeweiligen Bezirk vertretenen Parteien nach Möglichkeit zu berücksichtigen.

(3) Niemand darf in mehr als einem Wahlorgan Mitglied sein. Wahlbewerber, Vertrauenspersonen für Wahlvorschläge und stellvertretende Vertrauenspersonen dürfen nicht zu Mitgliedern eines Wahlorgans bestellt werden.

. . .

Dritter Abschnitt. Wahlrecht und Wählbarkeit

§ 12 Wahlrecht. (1) Wahlberechtigt sind alle Deutschen im Sinne des Artikels 116 Abs. 1 des Grundgesetzes, die am Wahltage

1. das achtzehnte Lebensjahr vollendet haben,

2. seit mindestens drei Monaten im Geltungsbereich dieses Gesetzes eine Wohnung innehaben oder sich sonst gewöhnlich aufhalten,

3. nicht nach § 13 vom Wahlrecht ausgeschlossen sind.

(2) Wahlberechtigt sind bei Vorliegen der sonstigen Voraussetzungen auch diejenigen Deutschen im Sinne des Artikels 116 Abs. 1 des Grundgesetzes, die am Wahltage

1. als Beamte, Soldaten, Angestellte und Arbeiter im öffentlichen Dienst auf Anordnung ihres Dienstherrn außerhalb des Geltungsbereichs dieses Gesetzes leben, sowie die Angehörigen ihres Hausstandes,

2. in den Gebieten der übrigen Mitgliedstaaten des Europarates leben, sofern sie nach dem 23. Mai 1949 und vor ihrem Fortzug mindestens drei Monate ununterbrochen im Geltungsbereich dieses Gesetzes eine Wohnung innegehabt oder sich sonst gewöhnlich aufgehalten haben.

3. in anderen Gebieten außerhalb des Geltungsbereichs dieses Gesetzes leben, sofern sie vor ihrem Fortzug mindestens drei Monate ununterbrochen im Geltungsbereich dieses Gesetzes eine Wohnung innegehabt oder sich sonst gewöhnlich aufgehalten haben und seit dem Fortzug aus diesem Geltungsbereich nicht mehr als zehn Jahre verstrichen sind. Entsprechendes gilt für Seeleute auf Schiffen, die nicht die Bundesflagge führen, sowie die Angehörigen ihres Hausstandes.

Bei Rückkehr eines nach Satz 1 Wahlberechtigten in den Geltungsbereich dieses Gesetzes gilt die Dreimonatsfrist des Absatzes 1 Nr. 2 nicht.

(3) Wohnung im Sinne des Gesetzes ist jeder umschlossene Raum, der zum Wohnen oder Schlafen benutzt wird. Wohnwagen und Wohnschiffe sind jedoch nur dann als Wohnungen anzusehen, wenn sie nicht oder nur gelegentlich fortbewegt werden.

(4) Sofern sie im Geltungsbereich dieses Gesetzes keine Wohnung innehaben oder innegehabt haben, gilt als Wohnung im Sinne des Absatzes 1 Nr. 2 oder des Absatzes 2 Nr. 2 und 3

1. für Seeleute sowie für die Angehörigen ihres Hausstandes das von ihnen bezogene Schiff, wenn dieses nach dem Flaggenrechtsgesetz in der im Bundesgesetzblatt Teil III, Gliede-

rungsnummer 9514-1, veröffentlichten bereinigten Fassung, zuletzt geändert durch Artikel 3 des Gesetzes vom 10. Mai 1978 (BGBl. I S. 613), die Bundesflagge zu führen berechtigt ist,

2. für Binnenschiffer sowie für die Angehörigen ihres Hausstandes das von ihnen bezogene Schiff, wenn dieses in einem Schiffsregister im Geltungsbereich dieses Gesetzes eingetragen ist,

3. für im Vollzug gerichtlich angeordneter Freiheitsentziehung befindliche Personen sowie für andere Untergebrachte die Anstalt oder die entsprechende Einrichtung.

(5) Bei der Berechnung der Dreimonatsfrist nach Absatz 1 Nr. 2 und Absatz 2 Nr. 2 und 3 ist der Tag der Wohnungs- oder Aufenthaltsnahme in die Frist einzubeziehen.

§ 13 **Ausschluß vom Wahlrecht.** Ausgeschlossen vom Wahlrecht ist,

1. wer infolge Richterspruchs das Wahlrecht nicht besitzt,

2. derjenige, für den zur Besorgung aller seiner Angelegenheiten ein Betreuer nicht nur durch einstweilige Anordnung bestellt ist; dies gilt auch, wenn der Aufgabenkreis des Betreuers die in § 1896 Abs. 4 und § 1905 des Bürgerlichen Gesetzbuchs bezeichneten Angelegenheiten nicht erfaßt,

3. wer sich auf Grund einer Anordnung nach § 63 in Verbindung mit § 20 des Strafgesetzbuches in einem psychiatrischen Krankenhaus befindet.

4. (weggefallen)

§ 14 **Ausübung des Wahlrechts.** (1) Wählen kann nur, wer in ein Wählerverzeichnis eingetragen ist oder einen Wahlschein hat.

(2) Wer im Wählerverzeichnis eingetragen ist, kann nur in dem Wahlbezirk wählen, in dessen Wählerverzeichnis er geführt wird.

(3) Wer einen Wahlschein hat, kann an der Wahl des Wahlkreises, in dem der Wahlschein ausgestellt ist,

a) durch Stimmabgabe in einem beliebigen Wahlbezirk dieses Wahlkreises oder

b) durch Briefwahl
teilnehmen.

(4) Jeder Wahlberechtigte kann sein Wahlrecht nur einmal und nur persönlich ausüben.

§ 15 **Wählbarkeit.** (1) Wählbar ist, wer am Wahltage

1. seit mindestens einem Jahr Deutscher im Sinne des Artikels 116 Abs. 1 des Grundgesetzes ist und

2. das achtzehnte Lebensjahr vollendet hat.

(2) Nicht wählbar ist,

1. wer nach § 13 vom Wahlrecht ausgeschlossen ist,

2. wer infolge Richterspruchs die Wählbarkeit oder die Fähigkeit zur Bekleidung öffentlicher Ämter nicht besitzt oder

3. wer, ohne die deutsche Staatsangehörigkeit zu besitzen, Deutscher im Sinne des Artikels 116 Abs. 1 des Grundgesetzes ist und diese Rechtsstellung durch Ausschlagung der deut-

schen Staatsangehörigkeit nach dem Gesetz zur Regelung von Fragen der Staatsangehörigkeit vom 22. Februar 1955 (BGBl. I S. 65) erlangt hat.

Vierter Abschnitt. Vorbereitung zur Wahl

§ 16 Wahltag. Der Bundespräsident bestimmt den Tag der Hauptwahl (Wahltag). Wahltag muß ein Sonntag oder gesetzlicher Feiertag sein.

§ 17 Wählerverzeichnis und Wahlschein. (1) Die Gemeindebehörden führen für jeden Wahlbezirk ein Verzeichnis der Wahlberechtigten. Das Wählerverzeichnis ist an den Werktagen vom zwanzigsten bis zum sechzehnten Tag vor der Wahl öffentlich auszulegen.

(2) Ein Wahlberechtigter, der verhindert ist, in dem Wahlbezirk zu wählen, in dessen Wählerverzeichnis er eingetragen ist, oder aus einem von ihm nicht zu vertretenden Grund in das Wählerverzeichnis nicht aufgenommen worden ist, erhält auf Antrag einen Wahlschein.

§ 18 Wahlvorschlagsrecht, Beteiligungsanzeige. (1) Wahlvorschläge können von Parteien und nach Maßgabe des § 20 von Wahlberechtigten eingereicht werden.

(2) Parteien, die im Deutschen Bundestag oder einem Landtag seit deren letzter Wahl nicht auf Grund eigener Wahlvorschläge ununterbrochen mit mindestens fünf Abgeordneten vertreten waren, können als solche einen Wahlvorschlag nur einreichen, wenn sie spätestens am neunzigsten Tage vor der Wahl dem Bundeswahlleiter ihre Beteiligung an der Wahl schriftlich angezeigt haben und der Bundeswahlausschuß ihre Parteieigenschaft festgestellt hat. In der Anzeige ist anzugeben, unter welchem Namen sich die Partei an der Wahl beteiligen will. Die Anzeige muß von mindestens drei Mitgliedern des Bundesvorstandes, darunter dem Vorsitzenden oder seinem Stellvertreter, persönlich und handschriftlich unterzeichnet sein. Hat eine Partei keinen Bundesvorstand, so tritt der Vorstand der jeweils obersten Parteiorganisation an die Stelle des Bundesvorstandes. Die schriftliche Satzung und das schriftliche Programm der Partei sowie ein Nachweis über die satzungsgemäße Bestellung des Vorstandes sind der Anzeige beizufügen.

(3) Der Bundeswahlleiter hat die Anzeige nach Absatz 2 unverzüglich nach Eingang zu prüfen. Stellt er Mängel fest, so benachrichtigt er sofort den Vorstand und fordert ihn auf, behebbare Mängel zu beseitigen. Nach Ablauf der Anzeigefrist können nur noch Mängel an sich gültiger Anzeigen behoben werden. Eine gültige Anzeige liegt nicht vor, wenn

1. die Form oder Frist des Absatzes 2 nicht gewahrt ist,

2. die Parteibezeichnung fehlt,

3. die nach Absatz 2 erforderlichen gültigen Unterschriften und die der Anzeige beizufügenden Anlagen fehlen, es sei denn, diese Anlagen können infolge von Umständen, die die Partei nicht zu vertreten hat, nicht rechtzeitig vorgelegt werden,

4. die Vorstandsmitglieder mangelhaft bezeichnet sind, so daß ihre Person nicht feststeht.

Nach der Entscheidung über die Feststellung der Parteieigenschaft ist jede Mängelbeseitigung ausgeschlossen. Gegen Verfügungen des Bundeswahlleiters im Mängelbeseitigungsverfahren kann der Vorstand den Bundeswahlausschuß anrufen.

(4) Der Bundeswahlausschuß stellt spätestens am zweiundsiebzigsten Tage vor der Wahl für alle Wahlorgane verbindlich fest,

1. welche Parteien im Deutschen Bundestag oder in einem Landtag seit deren letzter Wahl auf Grund eigener Wahlvorschläge ununterbrochen mit mindestens fünf Abgeordneten vertreten waren,

2. welche Vereinigungen, die nach Absatz 2 ihre Beteiligung angezeigt haben, für die Wahl als Parteien anzuerkennen sind. Für die Ablehnung der Anerkennung als Partei für die Wahl ist Zweidrittelmehrheit erforderlich.

(5) Eine Partei kann in jedem Wahlkreis nur einen Kreiswahlvorschlag und in jedem Land nur eine Landesliste einreichen.

...

§ 20 Inhalt und Form der Kreiswahlvorschläge. (1) Der Kreiswahlvorschlag darf nur den Namen eines Bewerbers enthalten. Jeder Bewerber kann nur in einem Wahlkreis und hier nur in einem Kreiswahlvorschlag benannt werden. Als Bewerber kann nur vorgeschlagen werden, wer seine Zustimmung dazu schriftlich erteilt hat, die Zustimmung ist unwiderruflich.

(2) Kreiswahlvorschläge von Parteien müssen von dem Vorstand des Landesverbandes oder, wenn Landesverbände nicht bestehen, von den Vorständen der nächstniedrigen Gebietsverbände (§ 7 Abs. 2 des Parteiengesetzes), in deren Bereich der Wahlkreis liegt, persönlich und handschriftlich unterzeichnet sein. Kreiswahlvorschläge der in § 18 Abs. 2 genannten Parteien müssen außerdem von mindestens 200 Wahlberechtigten des Wahlkreises persönlich und handschriftlich unterzeichnet sein; die Wahlberechtigung muß im Zeitpunkt der Unterzeichnung gegeben sein und ist bei Einreichung des Kreiswahlvorschlages nachzuweisen. Das Erfordernis von 200 Unterschriften gilt nicht für Kreiswahlvorschläge von Parteien nationaler Minderheiten.

(3) Andere Kreiswahlvorschläge müssen von mindestens 200 Wahlberechtigten des Wahlkreises persönlich und handschriftlich unterzeichnet sein. Absatz 2 Satz 2 zweiter Halbsatz gilt entsprechend.

(4) Kreiswahlvorschläge von Parteien müssen den Namen der einreichenden Partei und, sofern sie eine Kurzbezeichnung verwendet, auch diese, andere Kreiswahlvorschläge ein Kennwort enthalten.

§ 21 Aufstellung von Parteibewerbern. (1) Als Bewerber einer Partei kann in einem Kreiswahlvorschlag nur benannt werden, wer in einer Mitgliederversammlung zur Wahl eines Wahlkreisbewerbers oder in einer besonderen oder allgemeinen Vertreterversammlung hierzu gewählt worden ist. Mitgliederversammlung zur Wahl eines Wahlkreisbewerbers ist eine Versammlung der im Zeitpunkt ihres Zusammentritts im Wahlkreis zum Deutschen Bundestag wahlberechtigten Mitglieder der Partei. Besondere Vertreterversammlung ist eine Versammlung der von einer derartigen Mitgliederversammlung aus ihrer Mitte gewählten Vertreter. Allgemeine Vertreterversammlung ist eine nach der Satzung der Partei (§ 6 des Parteiengesetzes) allgemein für bevorstehende Wahlen von einer derartigen Mitgliederversammlung aus ihrer Mitte bestellte Versammlung.

(2) In Kreisen und kreisfreien Städten, die mehrere Wahlkreise umfassen, können die Bewerber für diejenigen Wahlkreise, deren Gebiet die Grenze des Kreises oder der kreisfreien Stadt nicht durchschneidet, in einer gemeinsamen Mitglieder- oder Vertreterversammlung gewählt werden.

(3) Die Bewerber und die Vertreter für die Vertreterversammlungen werden in geheimer Abstimmung gewählt. Die Wahlen dürfen frühestens zweiunddreißig Monate, für die Vertre-

terversammlungen frühestens dreiundzwanzig Monate nach Beginn der Wahlperiode des Deutschen Bundestages stattfinden; dies gilt nicht, wenn die Wahlperiode vorzeitig endet.

(4) Der Vorstand des Landesverbandes oder, wenn Landesverbände nicht bestehen, die Vorstände der nächstniedrigen Gebietsverbände (§ 7 Abs. 2 des Parteiengesetzes), in deren Bereich der Wahlkreis liegt, oder eine andere in der Parteisatzung hierfür vorgesehene Stelle können gegen den Beschluß einer Mitglieder- oder Vertreterversammlung Einspruch erheben. Auf einen solchen Einspruch ist die Abstimmung zu wiederholen. Ihr Ergebnis ist endgültig.
. . .

§ 27 Landeslisten. (1) Landeslisten können nur von Parteien eingereicht werden. Sie müssen von dem Vorstand des Landesverbandes oder, wenn Landesverbände nicht bestehen, von den Vorständen der nächstniedrigen Gebietsverbände (§ 7 Abs. 2 des Parteiengesetzes), die im Bereich des Landes liegen, bei den in § 18 Abs. 2 genannten Parteien außerdem von 1 vom Tausend der Wahlberechtigten des Landes bei der letzten Bundestagswahl, jedoch höchstens 2000 Wahlberechtigten, persönlich und handschriftlich unterzeichnet sein. Die Wahlberechtigung der Unterzeichner eines Wahlvorschlages einer der in § 18 Abs. 2 genannten Parteien muß im Zeitpunkt der Unterzeichnung gegeben sein und ist bei Einreichung der Landesliste nachzuweisen. Das Erfordernis zusätzlicher Unterschriften gilt nicht für Landeslisten von Parteien nationaler Minderheiten.

(2) Landeslisten müssen den Namen der einreichenden Parteien und, sofern sie eine Kurzbezeichnung verwenden, auch diese enthalten.

(3) Die Namen der Bewerber müssen in erkennbarer Reihenfolge aufgeführt sein.

(4) Ein Bewerber kann nur in einem Land und hier nur in einer Landesliste vorgeschlagen werden. In eine Landesliste kann nur benannt werden, wer seine Zustimmung dazu schriftlich erklärt hat; die Zustimmung ist unwiderruflich.
. . .

Sechster Abschnitt. Feststellung des Wahlergebnisses . . .

Siebenter Abschnitt. Besondere Vorschriften für Nachwahlen und Wiederholungswahlen . . .

Achter Abschnitt. Erwerb und Verlust der Mitgliedschaft im Deutschen Bundestag . . .

Neunter Abschnitt. Schlußbestimmungen . . .

V/2 Sitzverteilung nach d'Hondt und Hare-Niemeyer

Eine verbreitete Methode zur Stimmenverrechnung in Verhältniswahlsystemen ist das von dem belgischen Mathematiker d'Hondt entwickelte Höchstzahlverfahren. Es wurde in Deutschland bei der Besetzung der Nationalversammlung von Weimar (1919) erstmals angewandt und ging nach dem Zweiten Weltkrieg in die Bundes- und Landeswahlgesetze der Bundesrepublik Deutschland ein. Nach dem d'Hondtschen Verfahren werden die Stimmenzahlen der einzelnen Parteien fortlaufend durch 1, 2, 3, 4 usw. geteilt. In der Reihenfolge nach der Größe der aus der Teilung hervorgehenden Höchstzahlen werden den einzelnen Parteien dann die Mandate zugewiesen. Das d'Hondtsche Verfahren ist für die größeren Parteien grundsätzlich günstiger als für die kleinen und führt auch bei der Unterverteilung der von den Parteien errungenen Bundestagsmandate auf die jeweiligen Landeslisten zur (parteiinternen) Benachteiligung der kleineren Länder.

Um die verzerrenden Wirkungen des d'Hondtschen Verfahrens zu vermeiden, wurde die Stimmenverrechnung im Bundeswahlgesetz (1987) und in mehreren Landes- und Kommunalwahlgesetzen auf das Verfahren der mathematischen Proportion (System Hare-Niemeyer) umgestellt. Auch der Bundestag macht bei der Besetzung der Ausschüsse von diesem Verfahren Gebrauch. Dieses Berechnungssystem bewirkt eine exaktere Übertragung des Stimmenverhältnisses auf das Sitzverhältnis und kommt damit dem Ideal der Erfolgswertgleichheit aller Wählerstimmen nahe. Das Hare-Niemeyersche Verfahren verlangt, daß für jede Partei eine Verteilungszahl nach der Formel „Gesamtzahl der Sitze × Stimmenzahl der Partei ÷ Gesamtzahl der Stimmen aller Parteien" ermittelt wird. Vor dem Komma der Verteilungszahl ist dann abzulesen, wieviel Sitze die jeweilige Partei mindestens erhält. Die noch verbleibenden Sitze werden in der Reihenfolge der größten Zahlenbruchteile hinter dem Komma zugeteilt.

Im folgenden Beispiel sind jeweils 11 Sitze zu vergeben:

	nach d'Hondt				nach Hare-Niemeyer		
	Partei A	Partei B	Partei C		Partei A	Partei B	Partei C
Stimmen-zahl	6 000	4 000	1 800	Stimmen-zahl	6 000	4 000	1 800
geteilt durch				Für jede Partei wird berechnet:			
1	6 000(1)	4 000(2)	1 800(6)	Gesamtzahl der Sitze × Stimmenzahl der Partei			
2	3 000(3)	2 000(4)	900	÷ Gesamtzahl der Stimmen aller Parteien			
3	2 000(5)	1 333(8)	600	=	5,59	3,73	1,68
4	1 500(7)	1 000(11)	450	Vor dem Komma ist abzulesen, wieviel Sitze jede			
5	1 200(9)	800	360	Partei mindestens erhält			
6	1 000(10)	666	300		5	3	1
Die zu vergebenden Sitze 1 bis 11 werden in der Reihenfolge der Höchstzahlen an die Parteien verteilt.				Die dann noch zu vergebenden Sitze werden den Parteien in der Reihenfolge der größten Zahlenbruchteile hinter dem Komma zugeteilt.			
						+ 1	+ 1
Sitze	6	4	1	Sitze	5	4	2

Quelle: Eigene Zusammenstellung

V/3 Wahlen zum Deutschen Bundestag

a.) Ergebnisse der Wahlen zum Bundestag am 14.8.1949; 6.9.1953; 15.9.1957; 17.9.1961; 19.9.1965; 28.9.1969; 19.11.1972; 3.10.1976; 5.10.1980; 6.3.1983 und 25.1.1987

Gegenstand der Nachweisung	Wahl	Einheit	Bundesgebiet ohne Berlin	Schleswig-Holstein	Hamburg	Niedersachsen	Bremen	Nordrhein-Westfalen	Hessen	Rheinland-Pfalz	Baden-Württemberg	Bayern	Saarland
Wahlberechtigte	1949	1 000	31 207,6	1 731,6	1 141,2	4 425,6	379,8	8 681,8	2 906,2	1 900,8	4 056,9	5 984,2	×
	1953	1 000	33 120,9	1 573,5	1 241,9	4 388,8	421,0	9 599,1	3 081,8	2 143,3	4 536,8	6 134,8	×
	1957	1 000	35 400,9	1 549,0	1 328,7	4 438,9	467,3	10 407,0	3 214,9	2 237,0	4 857,8	6 240,5	660,0
	1961	1 000	37 440,7	1 626,1	1 386,4	4 613,1	507,8	11 085,8	3 395,3	2 348,1	5 211,9	6 551,7	714,5
	1965	1 000	38 510,4	1 687,3	1 393,0	4 748,3	525,7	11 322,6	3 516,0	2 403,8	5 425,1	6 752,3	736,2
	1969	1 000	38 677,2	1 711,5	1 341,5	4 760,9	524,1	11 259,6	3 573,3	2 410,2	5 510,3	6 851,6	734,1
	1972	1 000	41 446,3	1 839,2	1 348,6	5 126,5	540,9	11 992,8	3 841,1	2 623,7	5 960,7	7 375,1	797,6
	1976	1 000	42 058,0	1 864,0	1 287,4	5 205,6	528,3	12 118,5	3 899,4	2 676,8	6 118,4	7 547,8	811,3
	1980	1 000	43 207,0	1 924,0	1 252,4	5 346,1	522,7	12 366,9	3 998,8	2 750,8	6 376,1	7 830,0	839,2
	1983	1 000	44 088,1	1 975,0	1 246,1	5 480,4	523,3	12 576,6	4 072,0	2 816,6	6 544,8	8 013,0	841,1
	1987	1 000	45 290,7	2 039,7	1 257,9	5 618,6	521,4	12 826,5	4 171,7	2 867,4	6 834,6	8 306,3	847,1
Wahlbeteiligung	1949	%	78,5	82,7	81,2	77,7	81,9	79,6	77,3	79,6	70,6	81,1	×
	1953	%	86,0	88,5	87,4	88,7	87,4	86,0	86,7	86,0	81,8	85,8	×
	1957	%	87,8	88,3	89,2	89,0	88,7	88,0	89,1	88,3	84,4	87,7	89,3
	1961	%	87,7	88,0	88,6	88,5	88,2	88,4	89,2	88,2	84,8	87,2	87,7
	1965	%	86,8	85,9	86,4	87,3	86,1	87,6	87,4	88,0	84,8	85,9	89,2
	1969	%	86,7	86,0	87,6	87,5	86,3	87,3	88,2	87,0	85,1	85,2	89,1
	1972	%	91,1	90,5	92,2	91,4	91,0	91,8	91,7	91,6	90,2	89,8	92,9
	1976	%	90,7	90,6	91,1	91,4	90,0	91,3	91,9	91,5	89,1	89,6	92,7
	1980	%	88,7	89,2	88,9	89,6	87,9	89,0	90,0	90,2	86,5	87,6	90,5
	1983	%	89,1	89,2	88,7	89,6	88,3	89,5	90,2	90,4	88,4	87,6	90,6
	1987	%	84,4	84,4	83,0	85,1	82,9	85,4	85,8	87,0	83,1	81,8	87,5

Gegenstand der Nachweisung	Wahl	Einheit	Bundesgebiet ohne Berlin	Schleswig-Holstein	Hamburg	Niedersachsen	Bremen	Nordrhein-Westfalen	Hessen	Rheinland-Pfalz	Baden-Württemberg	Bayern	Saarland
Von den gültigen Stimmen[1] entfallen auf													
SPD Sozialdemokratische Partei Deutschlands	1949	%	29,2	29,6	39,6	33,4	34,4	31,4	32,1	28,6	23,9	22,7	x
	1953	%	28,8	26,5	38,1	30,1	39,0	31,9	33,7	27,2	23,0	23,3	x
	1957	%	31,8	30,8	45,8	32,8	46,2	33,5	38,0	30,4	25,8	26,4	25,1
	1961	%	36,2	36,4	46,9	38,7	49,7	37,3	42,8	33,5	32,1	30,1	33,5
	1965	%	39,3	38,3	48,3	39,8	48,5	42,6	45,7	36,7	33,0	33,1	39,8
	1969	%	42,7	43,5	54,6	43,8	52,0	46,8	48,2	40,1	36,5	34,6	39,9
	1972	%	45,8	48,6	54,4	48,1	58,1	50,4	48,5	44,9	38,9	37,8	47,9
	1976	%	42,6	46,4	52,6	45,7	54,0	46,9	45,7	41,7	36,6	32,8	46,1
	1980	%	42,9	46,7	51,7	46,9	52,5	46,8	46,4	42,8	37,2	32,7	48,3
	1983	%	38,2	41,7	47,4	41,3	48,7	42,8	41,6	38,4	31,1	28,9	43,8
	1987	%	37,0	39,8	41,2	41,4	46,5	43,2	38,7	37,0	29,3	27,0	43,5
CDU bzw. CSU Christlich Demokratische Union Deutschlands, in Bayern (1957 auch im Saarland) Christlich Soziale Union	1949	%	31,0[2]	30,7	19,7	17,6	16,9	36,9	21,4	49,0	39,6	29,2	x
	1953	%	45,2[2]	47,1	36,7	35,2	24,8	48,9	33,2	52,1	52,4	47,8	x
	1957	%	50,2[2]	48,1	37,4	39,1	30,4	54,4	40,9	53,7	52,8	57,2	54,5
	1961	%	45,3[2]	41,8	31,9	39,0	27,0	47,6	34,9	48,9	45,3	54,9	49,0
	1965	%	47,6[2]	48,2	37,6	45,8	34,0	47,1	37,8	49,3	49,9	55,6	46,8
	1969	%	46,1[2]	46,2	34,0	45,2	32,3	43,6	38,4	47,8	50,7	54,4	46,1
	1972	%	44,9[2]	42,0	33,3	42,7	29,6	41,0	40,3	45,9	49,8	55,1	43,4
	1976	%	48,6[2]	44,1	35,9	45,7	32,5	44,5	44,8	49,9	53,3	60,0	46,2
	1980	%	44,5[2]	38,9	31,2	39,8	28,8	40,6	40,6	45,6	48,5	57,6	42,3
	1983	%	48,8[2]	46,5	37,6	45,6	34,2	45,2	44,3	49,6	52,6	59,5	44,8
	1987	%	44,3[2]	42,0	37,4	41,5	28,9	40,1	41,3	45,1	46,7	55,2	41,2

Gegenstand der Nachweisung	Wahl	Einheit	Bundesgebiet ohne Berlin	Schleswig-Holstein	Hamburg	Niedersachsen	Bremen	Nordrhein-Westfalen	Hessen	Rheinland-Pfalz	Baden-Württemberg	Bayern	Saarland
F.D.P. Freie Demokratische Partei	1949	%	11,9	7,4	15,8	7,5	12,9	8,6	28,1	15,8	17,6	8,5	×
	1953	%	9,5	4,5	10,3	6,9	7,5	8,5	19,7	12,1	12,7	6,2	×
	1957	%	7,7	5,6	9,4	5,9	5,8	6,3	8,5	9,8	14,4	4,6	18,2
	1961	%	12,8	13,8	15,7	13,2	15,2	11,8	15,2	13,2	16,6	8,7	12,9
	1965	%	9,5	9,4	9,4	10,9	11,7	7,6	12,0	10,2	13,1	7,3	8,6
	1969	%	5,8	5,2	6,3	5,6	9,3	5,4	6,7	6,3	7,5	4,1	6,7
	1972	%	8,4	8,6	11,2	8,5	11,1	7,8	10,2	8,1	10,2	6,1	7,1
	1976	%	7,9	8,8	10,2	7,9	11,8	7,8	8,5	7,6	9,1	6,2	6,6
	1980	%	10,6	12,7	14,1	11,3	15,1	10,9	10,6	9,8	12,0	7,8	7,8
	1983	%	7,0	6,3	6,3	6,9	6,5	6,4	7,6	7,0	9,0	6,2	6,0
	1987	%	9,1	9,4	9,6	8,8	8,8	8,4	9,1	9,1	12,0	8,1	6,9
GRÜNE	1980	%	1,5	1,4	2,3	1,6	2,7	1,2	1,8	1,4	1,8	1,3	1,1
	1983	%	5,6	5,2	8,2	5,7	9,7	5,2	6,0	4,5	6,8	4,7	4,8
	1987	%	8,3	8,0	11,0	7,5	14,5	7,5	9,4	7,5	10,0	7,7	7,1
Sonstige Parteien	1949	%	27,8	32,3	24,8	41,4	35,8	23,1	18,5	6,6	18,9	39,5	×
	1953	%	16,5	21,9	15,0	27,8	28,7	10,7	13,4	8,6	11,8	22,6	×
	1957	%	10,3	15,4	7,4	22,2	17,6	5,9	12,5	6,1	7,1	11,8	2,2
	1961	%	5,7	8,1	5,5	9,1	8,2	3,4	7,1	4,4	6,0	6,2	4,6
	1965	%	3,6	3,6	4,7	3,5	5,8	2,7	4,4	3,8	4,0	3,9	4,8
	1969	%	5,5	5,1	5,1	5,4	6,4	4,2	6,7	5,8	5,3	7,0	7,3
	1972	%	0,9	0,8	1,0	0,7	1,2	0,8	1,0	1,1	1,1	1,0	1,6
	1976	%	0,9	0,7	1,3	0,6	1,5	0,6	0,9	0,8	0,9	0,9	1,0
	1980	%	0,4	0,2	0,7	0,2	0,7	0,3	0,4	0,4	0,3	0,3	1,0
	1983	%	0,4	0,3	0,5	0,3	0,7	0,4	0,4	0,5	0,4	0,4	0,5
	1987	%	1,4	0,8	0,7	0,8	1,3	0,9	1,4	1,3	2,1	2,1	1,3

1 Seit 1953 Zweitstimmen

2 1949; CDU 25,2, CSU 5,8; 1953: CDU 36,4, CSU 8,8; 1957: CDU 39,7, CSU 10,5; 1961: CDU 35,8, CSU 9,6; 1965: CDU 38,0, CSU 9,6; 1969: CDU 36,6, CSU 9,5; 1972: CDU 35,2, CSU 9,7; 1976: CDU 38, CSU 10,6; 1980: CDU 34,2, CSU 10,3; 1983: CDU 38,2, CSU 10,6; 1987: CDU 34,5, CSU 9,8.

Quelle: Statistisches Bundesamt, Statistisches Jahrbuch 1980, S. 84 und Statistisches Jahrbuch 1991, S. 100.

b.) *Ergebnis der Wahl zum Bundestag am 2.12.1990*

Land	Ein-heit	Wahlberechtigte		Wähler		Zweitstimmen	
		insge-samt	dar. mit Wahl-schein	insge-samt[1]	dar. Brief-wähler	gültig	ungültig
Baden-Württemberg .	1 000	7 121,8	554,8	5 515,4	518,1	5 439,4	76,0
	%	×	7,8	77,4	9,4	×	1,4
Bayern	1 000	8 623,6	858,3	6 419,7	806,6	6 367,2	52,6
	%	×	10,0	74,4	12,6	×	0,8
Berlin.	1 000	2 537,3	207,3	2 043,9	190,2	2 012,7	31,2
	%	×	8,2	80,6	9,3	×	1,5
Brandenburg	1 000	1 956,7	39,7	1 444,1	35,9	1 423,4	20,7
	%	×	2,0	73,8	2,5	×	1,4
Bremen	1 000	523,5	40,6	400,5	36,1	396,3	4,1
	%	×	7,8	76,5	9,0	×	1,0
Hamburg.	1 000	1 263,6	132,9	988,6	125,4	980,7	7,8
	%	×	10,5	78,2	12,7	×	0,8
Hessen	1 000	4 294,1	355,3	3 484,1	331,2	3 443,0	41,1
	%	×	8,3	81,1	9,5	×	1,2
Mecklenburg-	1 000	1 432,3	33,6	1 015,0	29,6	997,1	17,9
Vorpommern.	%	×	2,3	70,9	2,9	×	1,8
Niedersachsen	1 000	5 760,4	439,6	4 640,2	410,9	4 603,4	36,8
	%	×	7,6	80,6	8,9	×	0,8
Nordrhein-	1 000	13 098,2	1 372,0	10 310,5	1 288,3	10 206,6	103,9
Westfalen.	%	×	10,5	78,7	12,5	×	1,0
Rheinland-Pfalz.	1 000	2 935,6	258,0	2 397,1	241,8	2 363,7	33,3
	%	×	8,8	81,7	10,1	×	1,4
Saarland.	1 000	848,4	85,2	721,7	80,0	711,2	10,5
	%	×	10,0	85,1	11,1	×	1,5
Sachsen	1 000	3 707,7	108,5	2 825,2	96,7	2 780,7	44,5
	%	×	2,9	76,2	3,4	×	1,6
Sachsen-Anhalt	1 000	2 237,8	56,2	1 615,7	49,9	1 591,4	24,3
	%	×	2,5	72,2	3,1	×	1,5
Schleswig-Holstein . .	1 000	2 085,9	164,9	1 639,5	147,9	1 624,7	14,9
	%	×	7,9	78,6	9,0	×	0,9
Thüringen	1 000	2 009,7	51,7	1 534,7	47,5	1 514,3	20,4
	%	×	2,6	76,4	3,1	×	1,3
Deutschland	1 000	60 436,6	4 158,7	46 995,9	4436,0	46 455,8	540,1
	%	×	7,9	77,8	9,4	×	1,1

| | | Von den gültigen Zweitstimmen entfielen auf | | | | |
SPD	CDU bzw. CSU	F.D.P.	GRÜNE	B90/ Gr[2]	PDS[3]	Sonstige
1 583,0	2 529,1	667,3	311,7	–	13,8	334,6
29,1	*46,5*	*12,3*	*5,7*	–	*0,3*	*6,2*
1 698,0	3 303,0	551,9	293,0	–	13,7	507,6
26,7	*51,9*	*8,7*	*4,6*	–	*0,2*	*8,0*
616,3	792,5	183,8	79,2	66,3	195,6	79,0
30,6	*39,4*	*9,1*	*3,9*	*3,3*	*9,7*	*3,9*
468,3	516,6	138,6	–	94,4	157,0	48,5
32,9	*36,3*	*9,7*	–	*6,6*	*11,0*	*3,4*
168,5	122,6	50,6	32,8	–	4,2	17,5
42,5	*30,9*	*12,8*	*8,3*	–	*1,1*	*4,4*
402,5	359,3	117,3	56,9	–	10,4	34,3
41,0	*36,6*	*12,0*	*5,8*	–	*1,1*	*3,5*
1 308,2	1 422,3	374,2	192,1	–	13,0	133,2
38,0	*41,3*	*10,9*	*5,6*	–	*0,4*	*3,9*
264,7	410,9	91,2	–	58,8	141,9	29,5
26,5	*41,2*	*9,1*	–	*5,9*	*14,2*	*3,0*
1 765,9	2 039,7	474,6	205,4	–	14,7	103,1
38,4	*44,3*	*10,3*	*4,5*	–	*0,3*	*2,2*
4 196,0	4 131,7	1 119,0	440,2	–	28,9	290,9
41,1	*40,5*	*11,0*	*4,3*	–	*0,3*	*2,8*
853,1	1 078,8	245,3	95,6	–	4,3	86,6
36,1	*45,6*	*10,4*	*4,0*	–	*0,2*	*3,7*
363,9	271,3	42,5	16,1	–	1,2	16,2
51,2	*38,1*	*6,0*	*2,3*	–	*0,2*	*2,3*
505,2	1 376,1	345,5	–	163,2	251,2	139,6
18,2	*49,5*	*12,4*	–	*5,9*	*9,0*	*5,0*
393,4	613,5	314,3	–	84,0	149,1	37,2
24,7	*38,6*	*19,7*	–	*5,3*	*9,4*	*2,3*
626,0	706,0	185,6	65,1	–	5,5	36,5
38,5	*43,5*	*11,4*	*4,0*	–	*0,3*	*2,2*
332,4	684,7	221,6	–	92,6	125,2	57,8
21,9	*45,2*	*14,6*	–	*6,1*	*8,3*	*3,8*
15 545,4	20 358,1	5 123,2	1 788,2	559,2	1 129,6	1 952,1
33,5	*43,8*[4]	*11,0*	*3,8*	*1,2*	*2,4*	*4,2*

1 Die Angaben in Prozent stehen für die Wahlbeteiligung.
2 Bündnis 90/Grüne (Listenvereinigung).
3 Partei des Demokratischen Sozialismus.
4 Davon CDU: 36,7 %, CSU: 7,1 %.

Quelle: Statistisches Bundesamt, Statistisches Jahrbuch 1991, S. 101.

c.) *Ergebnis der Wahl zum Bundestag am 16.10.1994*

Land	Ein-heit	Wahlberechtigte		Wähler/-innen		Zweitstimmen	
		insge-samt	dar. mit Wahl-schein	insge-samt[1]	dar. Brief-wähler	gültig	ungültig
Baden-Württemberg .	1 000	7 205,0	...	5 742,6	...	5 668,8	73,8
	%	×	...	79,7	...	×	1,3
Bayern	1 000	8 767,5	...	6 744,2	...	6 693,0	51,2
	%	×	...	76,9	...	×	0,8
Berlin.	1 000	2 505,9	...	1 970,5	...	1 950,1	20,4
	%	×	...	78,6	...	×	1,0
Brandenburg	1 000	1 935,0	...	1 383,5	...	1 370,3	13,1
	%	×	...	71,5	...	×	1,0
Bremen	1 000	510,0	...	400,6	...	394,2	6,4
	%	×	...	78,5	...	×	1,6
Hamburg.	1 000	1 241,9	...	990,4	...	982,8	7,6
	%	×	...	79,7	...	×	0,8
Hessen	1 000	4 290,3	...	3 532,9	...	3 485,9	47,0
	%	×	...	82,3	...	×	1,3
Mecklenburg-Vorpommern	1 000	1 379,2	...	1 004,2	...	9 82,2	22,0
	%	×	...	72,8	...	×	2,2
Niedersachsen	1 000	5 886,6	...	4 816,7	...	4 777,3	39,4
	%	×	...	81,8	...	×	0,8
Nordrhein-Westfalen.	1 000	13 089,7	...	10 716,5	...	10 513,7	202,8
	%	×	...	81,9	...	×	1,9
Rheinland-Pfalz.	1 000	2 985,4	...	2 456,2	...	2 426,2	29,9
	%	×	...	82,3	...	×	1,2
Saarland.	1 000	838,1	...	700,0	...	674,8	25,2
	%	×	...	83,5	...	×	3,6
Sachsen	1 000	3 592,0	...	2 588,0	...	2 562,2	25,8
	%	×	...	72,0	...	×	1,0
Sachsen-Anhalt	1 000	2 156,7	...	1 519,0	...	1 501,4	17,6
	%	×	...	70,4	...	×	1,2
Schleswig-Holstein . .	1 000	2 113,3	...	1 708,9	...	1 693,2	15,7
	%	×	...	80,9	...	×	0,9
Thüringen	1 000	1 955,6	...	1 464,1	...	1 429,0	35,1
	%	×	...	74,9	...	×	2,5
Deutschland	1 000	60 452,0	...	47 738,0	...	47 105,2	632,8
	%	×	...	79,0	...	×	1,3

| | Von den gültigen Zweitstimmen entfielen auf | | | | |
SPD	CDU bzw. CSU	F.D.P.	GRÜNE[2]	PDS[3]	Sonstige
1 742,6	2 451,9	560,7	544,8	43,0	325,8
30,7	43,3	9,9	9,6	0,8	5,7
1 984,0	3 427,2	430,1	419,8	36,6	395,4
29,6	51,2	6,4	6,3	0,5	5,9
663,1	612,2	100,6	199,2	289,5	85,4
34,0	31,4	5,2	10,2	14,8	4,4
617,4	385,4	36,0	39,6	264,2	27,8
45,1	28,1	2,6	2,9	19,3	2,0
179,3	119,1	28,4	43,7	10,7	13,1
45,5	30,2	7,2	11,1	2,7	3,3
389,9	343,4	71,1	123,6	22,0	32,9
39,7	34,9	7,2	12,6	2,2	3,3
1 296,8	1 417,7	283,2	322,5	37,3	128,5
37,2	40,7	8,1	9,3	1,1	3,7
283,0	378,3	33,4	35,2	231,8	20,5
28,8	38,5	3,4	3,6	23,6	2,1
1 938,3	1 971,7	368,2	338,1	46,7	114,3
40,6	41,3	7,7	7,1	1,0	2,4
4 534,8	3 997,3	804,0	781,4	102,4	293,8
43,1	38,0	7,6	7,4	1,0	2,8
955,4	1 061,6	168,5	150,6	15,1	75,0
39,4	43,8	6,9	6,2	0,6	3,1
329,3	251,0	29,3	39,0	4,8	21,4
48,8	37,2	4,3	5,8	0,7	3,2
621,6	1 229,3	98,5	122,6	427,7	62,4
24,3	48,0	3,8	4,8	16,7	2,4
502,2	582,3	61,0	53,6	270,2	32,2
33,4	38,8	4,1	3,6	18,0	2,1
670,8	702,4	126,0	140,4	19,0	34,6
39,6	41,5	7,4	8,3	1,1	2,0
431,9	586,4	59,3	70,4	245,1	35,8
30,2	41,0	4,1	4,9	17,2	2,5
17 140,4	19 517,2	3 258,4	3 424,3	2 066,2	1 698,8
36,4	41,4 [4]	6,9	7,3	4,4	3,6

1 Die Angaben in Prozent stehen für die Wahlbeteiligung.
2 Bündnis 90/Grüne (Listenvereinigung).
3 Partei des Demokratischen Sozialismus.
4 Davon 1990 CDU: 36,7 %, CSU: 7,1 %; 1994 CDU: 34,2 %, CSU: 7,3 %.

Quelle: Statistisches Bundesamt, Statistisches Jahrbuch 1995, S. 91.

d.) Sitzverteilung im Bundestag auf Grund der Wahlergebnisse 1949, 1953, 1957, 1961, 1965, 1969, 1972, 1976, 1980, 1983 und 1987

Bundestagswahl	Schleswig-Holstein	Hamburg	Niedersachsen	Bremen	Nordrhein-Westfalen	Hessen	Rheinland-Pfalz	Baden-Württemberg	Bayern	Saarland	Bundesgebiet ohne Berlin	Berlin[1] (West)	Bundesgebiet einschl. Berlin (West)
1949	23	13	58	5	109	36	25	55	78	–	402	19	421
1953	26	18	66	6	138	44	31	67	91	–	487	22	509
1957	23	19	61	6	154	46	31	67	82	8	497	22	519
1961	24	18	60	5	155	45	31	66	86	9	499	22	521
1965	21	17	62	5	153	45	31	68	86	8	496	22	518
1969	21	17	63	5	151	46	31	70	84	8	496	22	518
1972	22	16	62	4	148	47	31	72	86	8	496	22	518
1976	22	14	62	5	148	47	31	71	88	8	496	22	518
1980	23	13	63	4	147	46	32	72	89	8	497	22	519
1983	21	13	63	5	146	48	31	74	89	8	498	22	520
1987	22	14	63	7	143	45	32	74	87	10	497	22	519
SPD													
1949	8	6	24	3	37	13	7	15	18	–	131	9	140
1953	7	7	21	3	47	16	9	16	25	–	151	11	162
1957	7	9	22	3	54	19	10	18	25	2	169	12	181
1961	8	9	25	3	60	21	11	22	28	3	190	13	203
1965	8	9	26	3	66	21	12	23	30	4	202	15	217
1969	10	10	29	3	73	24	13	27	31	4	224	13	237
1972	11	9	30	3	75	23	14	28	33	4	230	12	242
1976	10	8	29	3	70	22	13	26	29	4	214	10	224
1980	11	7	30	3	70	22	14	27	30	4	218	10	228
1983	9	7	26	3	63	20	12	23	26	4	193	9	202
1987	9	6	26	3	62	18	12	22	24	4	186	7	193

Bundes-tagswahl	Schleswig-Holstein	Hamburg	Niedersachsen	Bremen	Nordrhein-Westfalen	Hessen	Rheinland-Pfalz	Baden-Württemberg	Bayern	Saarland	Bundesgebiet ohne Berlin	Berlin[1] (West)	Bundesgebiet einschl. Berlin (West)
CDU/CSU													
1949	8	3	12	1	43	9	13	26	24	–	139	5	144
1953	14	7	25	2	72	15	18	38	52	–	243	6	249
1957	14	7	27	2	87	20	18	37	53	5	270	7	277
1961	13	6	26	1	76	17	16	32	50	5	242	9	251
1965	11	7	29	2	74	18	16	35	49	4	245	6	251
1969	10	6	30	2	69	19	16	37	49	4	242	8	250
1972	9	5	27	1	61	19	15	36	48	4	225	9	234
1976	10	5	28	2	66	21	16	38	53	4	243	11	254
1980	9	4	26	1	60	19	15	36	52	4	226	11	237
1983	10	5	29	2	65	21	16	39	53	4	244	11	255
1987	9	5	26	2	58	19	15	36	49	4	223	11	234
FDP													
1949	2	2	5	–	10	12	4	10	7	–	52	5	57
1953	1	2	5	–	12	9	4	9	6	–	48	5	53
1957	1	2	4	–	11	4	3	11	4	1	41	3[2]	44
1961	3	3	9	1	19	7	4	12	8	1	67	–	67
1965	2	1	7	–	13	6	3	10	7	–	49	1	50
1969	1	1	4	–	9	3	2	6	4	–	30	1	31
1972	2	2	5	–	12	5	2	8	5	–	41	1	42
1976	2	1	5	–	12	4	2	7	6	–	39	1	40
1980	3	2	7	–	17	5	3	9	7	–	53	1	54
1983	1	–	4	–	10	4	2	7	6	–	34	1	35
1987	2	1	6	1	12	4	3	9	7	1	46	2	48
GRÜNE													
1983	1	1	4	–	8	3	1	5	4	–	27	1	28
1987	2	2	5	1	11	4	2	7	7	1	42	2	44

Bundes-tagswahl	Schles-wig-Holstein	Hamburg	Nieder-sachsen	Bremen	Nord-rhein-Westfalen	Hessen	Rhein-land-Pfalz	Baden-Württem-berg	Bayern	Saarland	Bundes-gebiet ohne Berlin	Berlin[1] (West)	Bundes-gebiet einschl. Berlin (West)
Sonstige[3]													
1949	5	2	17	1	19	2	1	4	29	–	80	–	80
1953	4	2	15	1	7	4	–	4	8	–	45	–	45
1957	1	1	8	1	2	3	–	1	–	–	17	–	17

1 Durch das Abgeordnetenhaus von Berlin gewählt.
2 Einschließlich 1 Abgeordneter der Freien Deutschen Volkspartei.
3 DP; GB/BHE.

Quelle: Statistisches Bundesamt, Statistisches Jahrbuch 1975, S. 144, Statistisches Jahrbuch 1980, S. 86 und Statistisches Jahrbuch 1991, S. 101.

e.) *Sitzverteilung im Deutschen Bundestag 1987 – 1994*

Bundestag

Land (a = in Wahlkreisen und aus Landeslisten, b = in Wahlkreisen)	Insgesamt 11.	Insgesamt 12.	Insgesamt 13.	SPD 11.	SPD 12.	SPD 13.	CDU 11.	CDU 12.	CDU 13.	CSU 11.	CSU 12.	CSU 13.	FDP 11.	FDP 12.	FDP 13.	GRÜNE[1] 11.	GRÜNE[1] 13.	B 90/Gr.[2] 12.	PDS[3] 12.	PDS[3] 13.
Baden Württemberg a	74	73	79	22	24	25	36	39	37	–	–	–	9	10	8	7	8	–	–	1
Baden Württemberg b	37	37	37	1	1	–	36	36	37	–	–	–	–	–	–	–	–	–	–	–
Bayern a	87	86	92	24	26	29	–	–	–	49	51	50	7	9	6	7	6	–	–	1
Bayern b	45	45	45	–	2	1	–	–	–	45	43	44	–	–	–	–	–	–	–	–
Berlin[4] a	22	28	27	7	9	9	11	12	9	–	–	–	2	3	2	2[5]	3	1	3	4
Berlin[4] b	x	13	13	x	4	3	x	8	6	–	–	–	x	–	–	x	–	–	3	4
Brandenburg a	x	22	23	x	7	12	x	8	6	–	–	–	x	2	1	x	–	2	3	4
Brandenburg b	x	12	12	x	5	12	x	7	–	–	–	–	x	–	–	x	–	–	–	–
Bremen a	7	6	6	3	3	3	2	2	2	–	–	–	1	1	1	1	1	–	–	–
Bremen b	3	3	3	3	3	3	–	–	–	–	–	–	–	–	–	–	–	–	–	–
Hamburg a	14	14	14	6	6	6	5	6	5	–	–	–	1	2	1	2	2	–	–	1
Hamburg b	7	7	7	5	6	6	2	1	1	–	–	–	–	–	–	–	–	–	–	–
Hessen a	45	48	49	18	20	19	19	22	20	–	–	–	4	6	4	4	5	–	2	3
Hessen b	22	22	22	8	9	8	14	13	14	–	–	–	–	–	–	–	–	–	–	–
Mecklenburg-Vorpommern a	x	16	15	x	4	4	x	8	7	–	–	–	x	1	1	x	–	1	2	3
Mecklenburg-Vorpommern b	x	9	9	x	1	2	x	8	7	–	–	–	x	–	–	x	–	–	–	–
Niedersachsen a	63	65	67	26	27	28	26	31	28	–	–	–	6	7	5	5	5	–	–	–
Niedersachsen b	31	31	31	13	11	14	18	20	17	–	–	–	–	–	–	–	–	–	–	–
Nordrhein-Westfalen a	143	146	148	62	65	66	58	63	58	–	–	–	12	17	12	11	11	–	1	1
Nordrhein-Westfalen b	71	71	71	38	38	40	33	33	31	–	–	–	–	–	–	–	–	–	–	–
Rheinland-Pfalz a	32	34	33	12	13	14	15	17	15	–	–	–	3	4	2	2	2	–	–	–
Rheinland-Pfalz b	16	16	16	5	4	4	11	12	12	–	–	–	1	1	–	1	–	–	–	–
Saarland a	10	11	9	4	6	5	4	4	4	–	–	–	1	1	–	1	–	–	–	–
Saarland b	5	5	5	3	5	5	2	–	–	–	–	–	–	–	–	–	–	–	–	–

Bundestag

Land (a = in Wahlkreisen und aus Landeslisten, b = in Wahlkreisen)	Insgesamt 11.	12.	13.	SPD 11.	12.	13.	CDU 11.	12.	13.	CSU 11.	12.	13.	FDP 11.	12.	13.	GRÜNE[1] 11.	13.	B 90/Gr.[2] 12.	PDS[3] 12.	13.
Sachsen ... a	×	40	39	×	8	9	×	21	21	×	–	–	×	5	1	×	2	2	4	6
Sachsen ... b	×	21	21	×	–	–	×	21	21	×	–	–	×	–	–	×	–	–	–	–
Sachsen-Anhalt ... a	×	26	23	×	6	7	×	12	10	×	–	–	×	5	1	×	1	1	2	4
Sachsen-Anhalt ... b	×	13	13	×	–	3	×	12	10	–	–	–	×	1	–	×	–	–	–	–
Schleswig-Holstein .. a	22	24	24	9	10	10	9	11	10	–	–	–	2	3	2	2	2	–	–	–
Schleswig-Holstein .. b	11	11	11	3	2	2	8	9	9	–	–	–	–	–	–	–	–	–	–	–
Thüringen ... a	×	23	24	×	5	6	×	12	12	×	–	–	×	3	1	×	1	1	2	4
Thüringen ... b	×	12	12	×	–	–	×	12	12	×	–	–	×	–	–	×	–	–	–	–
Deutschland[6] ... a	519[7]	662[8]	672[9]	193	239	252	185	268	244	49	51	50	48	79	47	44	49	8	17	30
Deutschland[6] ... b	248	328	328	79	91	103	124	192	177	45	43	44	–	1	–	–	–	–	1	4

1 Im 12. Deutschen Bundestag nicht vertreten.
2 Bündnis 90/Grüne (Listenvereinigung).
3 Partei des Demokratischen Sozialismus.
4 Für 11. Wahlperiode nur Angaben für Berlin (West).
5 Alternative Liste — Für Demokratie und Umweltschutz (AL).
6 11. Bundestagswahl: früheres Bundesgebiet.
7 Einschl. eines Überhangmandats für die CDU in Baden-Württemberg.
8 Einschl. 6 Überhangmandaten für die CDU: 2 in Mecklenburg-Vorpommern, 3 in Sachsen-Anhalt und 1 in Thüringen.
9 Einschl. 16 Überhangmandaten; 12 für die CDU: 2 in Baden-Württemberg, 2 in Mecklenburg-Vorpommern, 3 in Sachsen, 2 in Sachsen-Anhalt und 3 in Thüringen sowie 4 für die SPD: 3 in Brandenburg und 1 in Bremen.

Quelle: Statistisches Bundesamt, Statistisches Jahrbuch 1995, S. 92.

V/4 Ergebnis der Volkskammerwahl in der DDR vom 18. März 1990

Wahlbeteiligung: 93,38 %

Partei		Stimmen	%	Mandate
CDU	Christlich Demokratische Union	4 710 552	40,82	163
SPD	Sozialdemokratische Partei Deutschlands	2 525 473	21,88	88
PDS	Partei des Demokratischen Sozialismus	1 892 329	16,40	66
DSU	Deutsche Soziale Union	727 716	6,31	25
BFD	Bund Freier Demokraten:	608 918	5,28	21
	Deutsche Forumpartei			
	Liberaldemokratische Partei			
	Freie Demokratische Partei			
Bündnis '90	Neues Forum, Demokratie Jetzt, Initiative Freiheit und Menschenrechte	336 064	2,91	12
DBD	Demokratische Bauernpartei Deutschlands	251 210	2,18	9
Grüne-UFV	Grüne Partei + Unabhängiger Frauenverband	226 921	1,97	8
DA	Demokratischer Aufbruch — sozial + ökologisch	106 146	0,92	4
NDPD	National-Demokratische Partei Deutschlands	44 296	0,38	2
DFD	Demokratischer Frauenbund Deutschlands	38 190	0,33	1
AVL	Aktionsbündnis Vereinigte Linke, Die Nelken – VL	20 340	0,18	1
Sonstige		52 772	0,45*	0

* Davon: AJL Alternative Jugendliste (0,13 %), Christliche Liga (0,09 %), BDU Deutsche Biertrinker Union (0,02 %), Einheit Jetzt (0,02 %), EFP Europäische Föderalistische Partei (0,03 %), KPD Kommunistische Partei Deutschlands (0,08 %), SpAD Spartakist-Arbeiterpartei Deutschlands (0,02 %), USPD Unabhängige Sozialdemokratische Partei Deutschlands (0,03 %), UVP Unabhängige Volkspartei (0,03 %). — 0,0 % erhielten: BSA Bund Sozialistischer Arbeiter, EU der DDR Europa-Union der DDR, VAA Vereinigung der Arbeitskreise für Arbeitnehmerpolitik und Demokratie.

Quelle: Statistisches Amt der DDR, Statistisches Jahrbuch der Deutschen Demokratischen Republik 1990, S. 449.

V/5 Bayerisches Gesetz über Landtagswahl, Volksbegehren und Volksentscheid (Landeswahlgesetz)

Vom 29. März 1949 i.d.F. der Bekanntmachung vom 9. März 1994
(GVBl. S. 135) — Auszüge

Dritter Teil Besondere Bestimmungen über Volksbegehren und Volksentscheid

Abschnitt 1 Das unmittelbare Gesetzgebungsrecht des Volkes

Art. 63 Volksgesetzgebung

(1) Das Volk übt das unmittelbare Recht der Gesetzgebung aus durch die Vorlage von Gesetzentwürfen in Volksbegehren und durch die Abstimmung über Gesetze in Volksentscheiden.

(2) Über den Staatshaushalt findet kein Volksentscheid statt (Art. 73 der Verfassung). Ebenso sind Volksbegehren und Volksentscheid auf Verfassungsänderungen, die dem demokratischen Grundgedanken der Verfassung widersprechen, unzulässig.

1. Volksbegehren

Art. 64 Zulassungsantrag

(1) Der Antrag auf Zulassung eines Volksbegehrens ist schriftlich an das Staatsministerium des Innern zu richten. Ihm muß der ausgearbeitete, mit Gründen versehene Gesetzentwurf, der den Gegenstand des Volksbegehrens bilden soll, beigegeben sein. Der Antrag bedarf der Unterschrift von 25 000 Stimmberechtigten; das Stimmrecht der Unterzeichner ist bei der Einreichung des Zulassungsantrags nachzuweisen.

(2) In dem Zulassungsantrag sollen ein Beauftragter und ein Stellvertreter bezeichnet werden; fehlt diese Bezeichnung, so gilt der erste Unterzeichner als Beauftragter, der zweite als sein Stellvertreter. Der Beauftragte und sein Stellvertreter sind, jeder für sich, berechtigt, verbindliche Erklärungen zum Antrag abzugeben und entgegenzunehmen. Im Zweifelsfall gilt die Erklärung des Beauftragten.

Art. 65 Entscheidung über den Zulassungsantrag

(1) Erachtet das Staatsministerium des Innern die gesetzlichen Voraussetzungen für die Zulassung des Volksbegehrens nicht für gegeben, so hat es die Entscheidung des Verfassungsgerichtshofs herbeizuführen (Art. 67 der Verfassung). Dies gilt insbesondere dann, wenn angenommen wird, daß der Antrag eine unzulässige Verfassungsänderung (Art. 75 Abs. 1 Satz 2 der Verfassung) oder eine verfassungswidrige Einschränkung eines Grundrechts (Art. 98 der Verfassung) enthält.

(2) Auf das Verfahren vor dem Verfassungsgerichtshof finden die besonderen Verfahrensvorschriften über Verfassungsstreitigkeiten sinngemäß Anwendung. Die Entscheidung des Verfassungsgerichtshofs muß innerhalb eines Monats nach Schluß der mündlichen Verhandlung, bei Entscheidung im schriftlichen Verfahren nach Beendigung der Anhörung der Verfahrensbeteiligten getroffen werden, spätestens jedoch drei Monate nach Anrufung durch das

Staatsministerium des Innern. Sie ist im Staatsanzeiger und im Gesetz- und Verordnungsblatt bekanntzumachen.

Art. 66 Bekanntmachung des Volksbegehrens und der Eintragungsfrist

(1) Wird dem Zulassungsantrag stattgegeben, so macht das Staatsministerium des Innern das Volksbegehren in der gesetzlich vorgeschriebenen Form bekannt und setzt Beginn und Ende der Frist fest, während deren die Eintragungen für das Volksbegehren vorgenommen werden können (Eintragungsfrist).

(2) Die Bekanntmachung hat spätestens sechs Wochen nach dem Eingang des vollständigen Zulassungsantrags beim Staatsministerium des Innern, im Fall des Art. 65 vier Wochen nach der Verkündung der dem Zulassungsantrag stattgebenden Entscheidung des Verfassungsgerichtshofs zu ergehen.

(3) Die Eintragungsfrist beträgt 14 Tage. Sie beginnt frühestens acht, spätestens zehn Wochen nach der Veröffentlichung im Staatsanzeiger. Sind die Eintragungslisten aus Gründen, die die Unterzeichner des Zulassungsantrags nicht zu vertreten haben, nicht oder nicht ordnungsgemäß während der gesamten Eintragungsfrist zum Eintrag der Unterzeichnungserklärung bereitgehalten worden, so verlängert das Staatsministerium des Innern die Eintragungsfrist allgemein oder für einzelne Gemeinden entsprechend.

. . .

Art. 68 Auslegung der Eintragungslisten

(1) Die Unterzeichner des Zulassungsantrags haben den kreisfreien Gemeinden, für die kreisangehörigen Gemeinden den Landratsämtern die erforderliche Anzahl vorschriftsmäßiger Eintragungslisten gegen Empfangsnachweis spätestens zwei Wochen vor Beginn der Eintragungsfrist zuzuleiten. Diese müssen den vollen Inhalt des Volksbegehrens enthalten.

(2) Die Gemeinden sind verpflichtet, die Eintragungslisten für die Dauer der Eintragungsfrist zum Eintrag der Unterzeichnungserklärung bereitzuhalten. Die Eintragungsräume und -stunden sind so zu bestimmen, daß jeder Stimmberechtigte ausreichend Gelegenheit findet, sich an dem Volksbegehren zu beteiligen.

Art. 69 Eintragungsberechtigung und Inhalt der Eintragung

(1) Eintragungsberechtigt sind alle in der Gemeinde Stimmberechtigten.

(2) Die Eintragung muß Vor- und Familienname, Geburtsdatum und die Unterschrift enthalten. Die Unterschrift muß eigenhändig geleistet werden.

(3) Wer an Eides Statt versichert, daß er wegen Krankheit oder körperlicher Behinderung während der gesamten Eintragungszeit nicht oder nur unter unzumutbaren Schwierigkeiten in der Lage ist, einen Eintragungsraum aufzusuchen, erhält auf Antrag einen Eintragungsschein. Die Eintragung kann in diesem Fall dadurch bewirkt werden, daß die stimmberechtigte Person auf dem Eintragungsschein ihre Unterstützung des Volksbegehrens erklärt und eine Hilfsperson beauftragt, die Eintragung im Eintragungsraum für sie vorzunehmen.

(4) Die Eintragung kann nicht zurückgenommen werden.

. . .

Art. 71 Feststellung des Ergebnisses des Volksbegehrens

(1) Der Landeswahlausschuß stellt das Ergebnis des Volksbegehrens fest. Er ist dabei an die Auffassung der Gemeinde über Gültigkeit der Eintragungen nicht gebunden.

(2) Zur Rechtsgültigkeit des Volksbegehrens ist es erforderlich, daß das Verlangen nach Schaffung eines Gesetzes von mindestens einem Zehntel der Stimmberechtigten gestellt worden ist. In Gemeinden, in denen keine Eintragungslisten aufgelegt sind, bestimmt sich die Zahl der Stimmberechtigten nach dem Stand der letzten Wahl oder Abstimmung.

(3) Der Landeswahlleiter macht das vom Landeswahlausschuß festgestellte Ergebnis des Volksbegehrens bekannt.

Art. 72 Vorlage des Volksbegehrens an den Landtag

(1) Der Ministerpräsident hat rechtsgültige Volksbegehren innerhalb von vier Wochen namens der Staatsregierung unter Darlegung ihrer Stellungnahme dem Landtag zu unterbreiten. Außerdem hat die Staatsregierung die gutachtliche Stellungnahme des Senats einzuholen.

(2) In den Fällen des Art. 73 Abs. 2 hat der Ministerpräsident sämtliche Volksbegehren dem Landtag gemeinsam vorzulegen; die Frist des Absatzes 1 Satz 1 beginnt hier mit der Feststellung des Ergebnisses des vom Landeswahlausschuß zuletzt behandelten Volksbegehrens.

Art. 73 Behandlung des Volksbegehrens im Landtag

(1) Rechtsgültige Volksbegehren sind vom Landtag binnen drei Monaten nach Unterbreitung zu behandeln und — vorbehaltlich des Absatzes 3 — binnen weiterer drei Monate dem Volk zur Entscheidung vorzulegen. Bei Ablauf dieser Fristen während einer Vertagung des Landtags hat der Präsident den Landtag zu einer außerordentlichen Tagung einzuberufen.

(2) Mehrere rechtsgültige Volksbegehren, die den gleichen Gegenstand betreffen, werden vom Landtag gemeinsam behandelt und dem Volk gemeinsam zur Entscheidung vorgelegt, wenn ihre Laufzeit zusammengefallen war oder sich überschnitten hatte. Die Laufzeit im Sinn des Satzes 1 umfaßt den Zeitraum vom Eingang des Zulassungsantrags beim Staatsministerium des Innern (Art. 64 Abs. 1 Satz 1) bis zur Feststellung des Ergebnisses des Volksbegehrens durch den Landeswahlausschuß (Art. 71 Abs. 1 Satz 1).

(3) Nimmt der Landtag den begehrten Gesetzentwurf unverändert an, so entfällt ein Volksentscheid vorbehaltlich der Bestimmung des Art. 75 Abs. 2 der Verfassung.

(4) Lehnt der Landtag den im Volksbegehren unterbreiteten Gesetzesantrag ab, so kann er dem Volk einen eigenen Gesetzentwurf zur Entscheidung mit vorlegen.

(5) Wird durch den Landtag die Rechtsgültigkeit des Volksbegehrens bestritten, so ist der hierüber ergangene Beschluß durch das Staatsministerium des Innern öffentlich bekanntzumachen. Auf Antrag von Unterzeichnern des Volksbegehrens entscheidet hierüber der Verfassungsgerichtshof (Art. 67 der Verfassung). Art. 65 ist entsprechend anzuwenden.

Art. 74 Kosten

Die Kosten der Herstellung der Eintragungslisten und deren Versendung an die kreisfreien Gemeinden und an die Landratsämter tragen die Antragsteller. Die Kosten der Feststellung des Ergebnisses des Volksbegehrens fallen dem Staat, die übrigen Kosten den Gemeinden zur Last.

2. Volksentscheid

Art. 75 Bekanntmachung von Tag und Gegenstand des Volksentscheids

(1) Die Staatsregierung setzt den Tag der Abstimmung fest. Sie macht ihn mit dem Gegenstand des Volksentscheids bekannt.

(2) Die Bekanntmachung hat zu enthalten:

1. den Tag der Abstimmung,

2. den Text des Gesetzentwurfs,

3. eine Erläuterung der Staatsregierung (Art. 74 Abs. 7 der Verfassung), die bündig und sachlich sowohl die Begründung der Antragsteller wie die Auffassung der Staatsregierung, des Landtags und des Senats einschließlich der Abstimmungsergebnisse im Landtag und Senat über den Gegenstand darlegen soll.

Art. 76 Stimmzettel, Stimmabgabe

(1) Inhalt und Form des Stimmzettels werden vom Staatsministerium des Innern bestimmt. Der Stimmzettel hat den Text des zur Abstimmung vorgelegten Gesetzentwurfs zu enthalten. Vom Abdruck umfangreicher Gesetzentwürfe kann abgesehen werden; der Gesetzentwurf ist dann den Stimmberechtigten vor der Abstimmung zu übermitteln.

(2) Stehen mehrere Gesetzentwürfe, die den gleichen Gegenstand betreffen, inhaltlich aber miteinander nicht vereinbar sind, zur Abstimmung, so sind sie auf einem Stimmzettel gemeinsam aufzuführen; Absatz 1 Satz 3 gilt entsprechend. Ihre Reihenfolge richtet sich nach der vom Landeswahlausschuß festgelegten Zahl der gültigen Eintragungen. Hat der Landtag dem Volk einen eigenen Gesetzentwurf mit zur Abstimmung vorgelegt, so wird dieser vor den mit Volksbegehren gestellten Gesetzentwürfen aufgeführt.

(3) Die abstimmende Person hat ihre Entscheidung, ob sie dem Gesetzentwurf zustimmt oder diesen ablehnt, auf dem Stimmzettel durch ein Kreuz oder auf andere Weise eindeutig kenntlich zu machen. Im Fall des Absatzes 2 macht die abstimmende Person kenntlich, welchem Gesetzentwurf sie zustimmt oder ob sie alle Gesetzentwürfe ablehnt; die Zustimmung kann nur für einen Gesetzentwurf erklärt werden.

. . .

Art. 80 Ergebnis des Volksentscheids

(1) Ein Gesetzentwurf ist durch Volksentscheid angenommen, wenn die Mehrheit der abgegebenen gültigen Stimmen auf Zustimmung lautet.

(2) Im Fall des Art. 76 Abs. 2 ist der Gesetzentwurf angenommen, der die meisten Zustimmungen erhalten hat, wenn deren Zahl die Zahl der Ablehnungen übersteigt. Ist die Zahl der Zustimmungen für mehrere Gesetzentwürfe gleich, so wird über diese Gesetzentwürfe erneut abgestimmt.

Art. 81 Prüfung des Volksentscheids durch den Landtag

(1) Der Landtag prüft die Durchführung des Volksentscheids.

(2) Gegen die Beschlüsse des Landtags nach Absatz 1 können eine Minderheit des Landtags, die wenigstens ein Drittel der gesetzlichen Mitgliederzahl des Landtags umfaßt, ferner die Beauftragten der dem Volksentscheid unterstellten Volksbegehren den Verfassungsgerichtshof

anrufen. Für das Verfahren gelten Art. 41 Abs. 2 bis 5 des Gesetzes über den Verfassungsgerichtshof entsprechend.

(3) Wird das Ergebnis in einem oder mehreren Stimmbezirken für ungültig erklärt, so ist Art. 54 entsprechend anzuwenden.

Art. 82 Ausfertigung und Verkündung der Gesetze

Wird ein durch Volksbegehren verlangtes Gesetz durch Volksentscheid angenommen, so ist es als Gesetz auszufertigen und bekanntzumachen.

Abschnitt II Die Abberufung des Landtags durch das Volk

Art. 83 Allgemeines

Auf Antrag von einer Million Stimmberechtigter ist ein Volksentscheid über die Abberufung des Landtags herbeizuführen.

Art. 84 Volksbegehren

Für die Durchführung des Volksbegehrens finden Art. 64 bis 70, 71 Abs. 1, Art. 72, 73 Abs. 1 und 5 und Art. 74 entsprechende Anwendung.

Art. 85 Volksentscheid

Für die Durchführung des Volksentscheids finden Art. 75 bis 79 und 81 entsprechende Anwendung.

Art. 86 Ergebnis des Volksentscheids

Zur Abberufung des Landtags durch Volksentscheid ist die Mehrheit der abgegebenen gültigen Stimmen erforderlich.

Art. 87 Vollzug der Abberufung

Die Abberufung des Landtags ist durch seinen Präsidenten umgehend zu vollziehen.

Abschnitt III Volksentscheid über Beschlüsse des Landtags auf Änderung der Verfassung

Art. 88 Grundsätze

(1) Vom Landtag beschlossene Verfassungsänderungen sind dem Volk zur Entscheidung vorzulegen.

(2) Für die Durchführung des Volksentscheids finden die Art. 75 bis 82 entsprechende Anwendung.

. . .

V/6 Ergebnisse der jüngsten Landtagswahlen

Land	Datum der Landtagswahl	Einheit	Wahlberechtigte	Abgegebene Stimmen insgesamt[1]	gültige Stimmen	ungültige Stimmen	SPD	CDU, in Bayern CSU	FDP	GRÜNE	PDS	Sonstige
Baden-Württemberg	24.03.1996	1 000	7 189,9	4 859,3	4 784,1	75,1	1 199,1	1 974,6	458,5	580,8	×	571,1
		%	×	67,6	×	1,5	25,1	41,3	9,5	12,1	×	12
Bayern	25.09.1994	1 000	8 743,5	5 926,5	11 699,9[2]	182	3 506	6 163,9	327,3	713,7	×	958,3
		%	×	67,8	×	1,5	30	52,8	2,8	6,1	×	8,2
Berlin	22.10.1995	1 000	2 479,7	1 700	1 669,2	24,7	393,2	625	42,3	220	244,2	144,6
		%	×	68,6	×	1	23,6	37,4	2,5	13,2	14,6	7,7
Brandenburg	11.09.1994	1 000	1 933,7	1 089,2	1 072,0	17,1	580,4	200,7	23,5	31	200,6	35,7
		%	×	56,3	×	1,6	54,1	18,7	2,2	2,9	18,7	3,3
Bremen	14.05.1995	1 000	507,1	348	344,4	3,6	115	112,3	11,6	45	8,2	52,4
		%	×	68,6	×	1	33,4	32,6	3,4	13,1	2,4	15,2
Hamburg	19.09.1993	1 000	1 240,3	863,2	844,9	18,3	341,7	212,2	35,2	114,7	×	141,5
		%	×	69,6	×	2,1	40,4	25,1	4,2	13,5	×	16,8
Hessen	19.02.1995	1 000	4 275,0	2 833,0	2 768,8	64,2	1 051,5	1 084,1	206,2	309,9	×	117,2
		%	×	66,3	×	2,3	38	39,2	7,4	11,2	×	4,2
Mecklenburg-Vorpommern	16.10.1994	1 000	1 376,9	1 003,1	977,9	25,2	288,4	368,2	37,5	36	221,8	25,9
		%	×	72,9	×	2,5	29,5	37,7	3,8	3,7	22,7	2,6
Niedersachsen	13.03.1994	1 000	5 851,7	4 316,4	4 249	67,4	1 880,6	1 547,6	188,7	314,3	×	317,8
		%	×	73,8	×	1,6	44,3	36,4	4,4	7,4	×	7,5
Nordrhein-Westfalen	14.05.1995	1 000	13 042	8 353,1	8 294,2	58,8	3 816,6	3 124,8	332,6	830,9	×	189,3
		%	×	64	×	0,7	46	37,7	4	10	×	2,3
Rheinland-Pfalz	24.03.1996	1 000	2 987,1	2 114,9	2 063,7	51,2	821,5	798,2	184,4	142,7	×	116,9
		%	×	70,8	×	2,4	39,8	38,7	8,9	6,9	×	5,7
Saarland	16.10.1994	1 000	835,7	698	688,9	9,1	340,1	265,9	14,2	38,1	×	30,6
		%	×	83,5	×	1,3	49,4	38,6	2,1	5,5	×	4,4
Sachsen	11.09.1994	1 000	3 586,2	2 093,8	2 063,8	30	342,7	1 199,9	36,1	85,5	339,6	60
		%	×	58,4	×	1,4	16,6	58,1	1,7	4,1	16,5	2,9

Land	Datum der Landtagswahl	Einheit	Wahl-berechtigte	Abgegebene Stimmen insgesamt[1]	gültige Stimmen	ungültige Stimmen	SPD	CDU, in Bayern CSU	FDP	GRÜNE	PDS	Sonstige
Sachsen-Anhalt	26.06.1994	1 000	2 155,8	1 182,2	1 134,4	47,8	386	390,1	40,6	57,7	225,2	34,8
		%	x	54,8			34	34,4	3,6	5,1	19,9	3,1
Schleswig-Holstein	24.03.1996	1 000	2 112,5	1 516,3	1 502,1	14,2	597,8	559,1	86,2	121,9	x	137,1
		%	x	71,8	x	0,9	39,8	37,2	5,7	8,1	x	9,1
Thüringen	16.10.1994	1 000	1 954,2	1 462,1	1 422,7	39,4	420,5	606	45,7	64	235,7	50,7
		%	x	74,8	x	2,7	29,6	42,6	3,2	4,5	16,6	3,6

1 Die Angaben in Prozent stehen für die Wahlbeteiligung.
2 Jeder Wähler hatte zwei Stimmen.

Quelle: Statistisches Bundesamt, Statistisches Jahrbuch 1995, S. 94, mit eigenen Ergänzungen.

V/7 Sitze der Parteien in den Länderparlamenten[1]

Land	Datum der Landtagswahl	Abgeordnete insgesamt	SPD	CDU, in Bayern CSU	FDP	GRÜNE	PDS[2]	Sonstige
Baden-Württemberg	24.03.1996	155	39	69	14	19	–	14[2]
Bayern	25.09.1994	204	70	120	–	14	–	–
Berlin	22.10.1995	206	55	87	–	30	34	–
Brandenburg	11.09.1994	88	52	18	–	–	18	–
Bremen	14.05.1995	100	37	37	–	14	–	12[3]
Hamburg	19.09.1993	121	58	36	–	19	–	8[4]
Hessen	19.02.1995	110	44	45	8	13	–	–
Mecklenburg-Vorpommern	16.10.1994	71	23	30	–	–	18	–
Niedersachsen	13.03.1994	161	81	67	–	13	–	–
Nordrhein-Westfalen	14.05.1995	221	108	89	–	24	–	–
Rheinland-Pfalz	24.03.1996	101	43	41	10	7	–	–
Saarland	16.10.1994	51	27	21	–	3	–	–
Sachsen	11.09.1994	120	22	77	–	–	21	–
Sachsen-Anhalt	26.06.1994	99	36	37	–	5	21	–
Schleswig-Holstein	24.03.1996	75	33	30	4	6	–	2[5]
Thüringen	16.10.1994	88	29	42	–	–	17	–

1 Stand nach dem Ergebnis der Wahl.
2 DIE REPUBLIKANER (REP).
3 Arbeit für Bremen und Bremerhaven (AFB).
4 STATT Partei DIE UNABHÄNGIGEN (STATT Partei).
5 Südschleswigscher Wählerverband (SSW).

Quelle: Statistisches Bundesamt, Statistisches Jahrbuch 1995, S. 94 und eigene Ergänzungen.

V/8 Ratsmitglieder nach Parteien in Gemeinden mit 10 000 und mehr Einwohnern — 1. Januar 1995

Gemeinde	Ratsmitglieder								
	ingesamt		CDU/CSU	SPD	darunter				
	Anzahl	dar. Frauen			FDP	Bündnis 90/Die Grünen	PDS	Freie Wählergruppen	Grüne Wählergruppen
1 000 000 und mehr	407	150	153	142	3	58	34	8	2
500 000 — 1 000 000	713	238	252	320	8	97	0	18	0
200 000 — 500 000	1 659	487	603	641	39	191	108	29	1
100 000 — 200 000	2 375	698	857	910	87	230	84	130	26
100 000 und mehr	*5 154*	*1 573*	*1 865*	*2 013*	*137*	*576*	*226*	*185*	*29*
50 000 — 100 000	5 198	1 292	1 963	2 011	135	410	165	339	46
20 000 — 50 000	17 143	3 742	6 795	6 082	607	1 085	526	1 563	273
10 000 — 20 000	23 160	4 441	9 191	7 950	830	1 158	462	3 044	288
Zusammen	50 655	11 048	19 814	18 056	1 709	3 229	1 379	5 131	636

Quelle: Statistisches Jahrbuch Deutscher Gemeinden 1995, S. 27 f.

V/9 Wahlen der Abgeordneten des Europäischen Parlaments aus der Bundesrepublik Deutschland

a.) 1979 — 1989*

Gegenstand der Nachweisung	Wahl	Einheit	Früh. Bundes-gebiet ohne Berlin (West)	Schleswig-Holstein	Hamburg
Wahlberechtigte	1979	1 000	42 751,9	1 899,3	1 261,4
	1984	1 000	44 466,0	1 993,6	1 250,8
	1989	1 000	45 773,2	2 057,4	1 251,8
dar. mit Wahlschein.............	1979	1 000	3 359,4	143,0	144,0
	1984	1 000	3 037,8	111,9	128,3
	1989	1 000	4 082,8	158,7	151,2
Wähler	1979	1 000	28 098,9	1 245,8	837,9
	1984	1 000	25 238,8	1 146,4	729,9
	1989	1 000	28 508,6	1 201,3	707,3
dar. mit Wahlschein.............	1979	1 000	3 104,6	132,5	136,0
	1984	1 000	2 802,1	102,4	119,5
	1989	1 000	3 805,4	147,5	142,4
Wahlbeteiligung	1979	%	65,7	65,6	66,4
	1984	%	56,8	57,5	58,4
	1989	%	62,3	58,4	56,5
Ungültige Stimmen..............	1979	1 000	251,8	5,0	5,3
	1984	1 000	387,4	12,3	8,2
	1989	1 000	301,9	10,0	5,5
Von den gültigen Stimmen entfallen auf:					
SPD........................	1979	%	40,8	43,7	52,2
Sozialdemokratische Partei	1984	%	37,4	39,9	42,0
Deutschlands	1989	%	37,3	44,4	41,9
	1979	1 000	11 370,0	542,4	434,4
	1984	1 000	9 296,4	453,0	302,8
	1989	1 000	10 525,7	528,4	294,0
CDU.......................	1979	%	39,1	47,9	36,9
Christlich Demokratische	1984	%	37,5	44,4	36,6
Union Deutschlands	1989	%	29,5	36,4	31,5
	1979	1 000	10 883,1	593,8	307,5
	1984	1 000	9 308,4	503,1	264,3
	1989	1 000	8 332,8	433,9	220,9
CSU	1979	%	10,1	—	—
Christlich-Soziale Union	1984	%	8,5	—	—
	1989	%	8,2	—	—
	1979	1 000	2 817,1	—	—
	1984	1 000	2 109,1	—	—
	1989	1 000	2 326,3	—	—
F.D.P.......................	1979	%	6,0	5,2	6,3
Freie Demokratische Partei	1984	%	4,8	4,5	4,9
	1989	%	5,6	5,3	6,2
	1979	1 000	1 662,6	64,8	52,1
	1984	1 000	1 192,6	50,8	35,4
	1989	1 000	1 576,0	63,6	43,3
GRÜNE	1979	%	3,2	2,7	3,5
DIE GRÜNEN	1984	%	8,2	8,2	12,7
	1989	%	8,4	6,7	11,5
	1979	1 000	893,7	33,7	29,4
	1984	1 000	2 026,0	93,3	91,9
	1989	1 000	2 382,1	80,1	80,4
REP........................	1989	%	7,1	4,6	6,0
DIE REPUBLIKANER	1989	1 000	2 008,6	54,9	41,8
Sonstige.....................	1979	%	0,8	0,5	1,1
	1984	%	3,7	3,0	3,8
	1989	%	3,7	2,6	3,1
	1979	1 000	220,6	6,1	9,3
	1984	1 000	918,8	33,9	27,2
	1989	1 000	1 054,4	30,4	21,6

* Früheres Bundesgebiet ohne Berlin (West).

Nieder-sachsen	Bremen	Nord-rhein-Westfalen	Hessen	Rhein-land-Pfalz	Baden-Württem-berg	Bayern	Saarland
5 290,2	523,6	12 284,8	3 956,7	2 726,5	6 271,7	7 714,6	823,3
5 524,2	522,5	12 657,7	4 102,1	2 837,7	6 641,1	8 092,7	843,7
5 661,3	519,0	12 926,8	4 220,9	2 888,9	6 953,7	8 450,8	842,6
378,3	42,9	985,8	290,4	232,4	349,0	718,4	75,2
308,4	35,8	936,0	276,2	255,7	354,5	549,7	81,2
418,4	45,0	1 170,2	358,9	432,4	556,8	693,7	97,4
3 705,4	347,4	8 275,4	2 630,5	2 130,5	3 715,2	4 542,8	667,9
3 371,9	288,0	7 514,1	2 416,7	2 165,7	3 203,5	3 741,2	661,3
3 579,8	304,7	8 058,4	2 539,2	2 231,5	4 058,3	5 163,3	664,9
353,0	39,9	911,5	265,9	214,6	317,1	665,2	68,8
284,8	32,9	862,9	253,2	235,1	325,7	509,4	76,3
393,3	41,5	1 090,3	333,8	401,5	516,4	649,0	89,7
70,0	*66,3*	*67,4*	*66,5*	*78,1*	*59,2*	*58,9*	*81,1*
61,0	*55,1*	*59,4*	*58,9*	*76,3*	*48,2*	*46,2*	*78,4*
63,2	*58,7*	*62,3*	*60,2*	*77,2*	*58,4*	*61,1*	*78,9*
28,2	2,4	55,9	20,6	45,2	32,8	35,1	21,3
38,2	2,9	84,1	37,5	83,9	42,4	51,6	26,3
32,1	2,6	69,6	27,8	49,3	44,4	40,0	20,8
44,7	*53,0*	*44,6*	*45,4*	*41,1*	*34,3*	*29,2*	*44,0*
40,5	*48,0*	*41,7*	*41,8*	*38,6*	*27,3*	*27,6*	*43,6*
42,0	*46,4*	*43,6*	*40,5*	*40,2*	*29,1*	*24,2*	*45,3*
1 642,7	182,9	3 665,8	1 184,1	856,3	1 263,0	1 314,0	284,6
1 350,4	136,9	3 099,6	993,6	802,6	863,0	1 017,8	276,6
1 490,5	140,0	3 479,6	1 017,1	877,5	1 166,8	1 239,9	291,9
45,8	*32,7*	*45,8*	*44,8*	*49,2*	*52,3*	—	*46,4*
43,0	*31,0*	*42,8*	*41,4*	*46,6*	*50,9*	—	*42,6*
35,9	*23,3*	*35,7*	*33,3*	*38,7*	*39,3*	—	*34,5*
1 684,3	112,7	3 765,5	1 168,0	1 026,0	1 925,5	—	299,8
1 434,2	88,4	3 182,8	985,6	969,8	1 609,8	—	270,4
1 272,9	70,5	2 854,8	835,2	845,3	1 577,2	—	222,3
—	—	—	—	—	—	*62,5*	—
—	—	—	—	—	—	*57,2*	—
—	—	—	—	—	—	*45,4*	—
—	—	—	—	—	—	2 817,1	—
—	—	—	—	—	—	2 109,1	—
—	—	—	—	—	—	2 326,3	—
5,3	8,3	5,8	6,2	6,4	8,1	4,7	5,8
4,9	*4,5*	*4,2*	*5,0*	*5,0*	*7,1*	*4,0*	*3,9*
5,8	*7,0*	*5,7*	*5,5*	*5,7*	*7,2*	*4,0*	*4,8*
195,3	28,5	478,1	161,7	133,3	299,9	211,5	37,5
163,6	12,8	312,5	118,0	104,8	224,2	145,8	24,7
207,1	21,1	453,5	137,9	124,6	288,8	206,1	30,7
3,6	*4,7*	*3,0*	*2,8*	*2,4*	*4,5*	*2,9*	*2,4*
8,2	*11,9*	*8,0*	*7,8*	*6,6*	*10,1*	*6,8*	*6,6*
8,4	*13,8*	*7,9*	*9,9*	*7,3*	*10,0*	*7,8*	*6,2*
133,1	16,4	242,6	74,1	50,9	167,5	130,8	15,2
274,8	33,8	597,2	186,0	137,0	319,6	250,5	41,8
296,8	41,6	635,0	248,1	159,6	400,7	399,6	40,2
4,8	*4,5*	*4,1*	*6,5*	*4,6*	*8,7*	*14,6*	*5,8*
170,9	13,5	329,0	163,2	101,4	348,4	748,2	37,3
0,6	*1,3*	*0,8*	*0,8*	*0,9*	*0,7*	*0,8*	*1,5*
3,3	*4,6*	*3,2*	*4,0*	*3,2*	*4,6*	*4,5*	*3,4*
3,1	*5,1*	*3,0*	*4,4*	*3,4*	*5,8*	*4,0*	*3,4*
21,8	4,6	67,6	22,0	18,8	26,5	34,2	9,7
110,7	13,0	238,1	96,0	67,5	144,7	166,3	21,4
109,5	15,4	237,1	109,8	73,7	232,0	203,3	21,6

Quelle: Statistisches Bundesamt, Statistisches Jahrbuch 1991, S. 98.

b.) 1994

Gegenstand der Nachweisung	Deutschland Anzahl	%	Baden-Württemberg Anzahl	%	Bayern Anzahl	%	Berlin Anzahl	%	Brandenburg Anzahl	%	Bremen Anzahl	%
Wahlberechtigte	60 473 927	x	7 197 510	x	8 758 640	x	2 513 128	x	1 932 859	x	511 455	x
dar. mit Wahlschein[1]	4 391 435	7,3	573 014	8,0	620 304	7,1	196 760	7,8	44 341	2,3	36 559	7,1
Wähler/-innen[1]	36 295 529	60,0	4 782 742	66,4	4 940 540	56,4	1 343 515	53,5	801 432	41,5	269 668	52,7
dar. Briefwähler/-innen	3 954 874	10,9	495 825	10,4	564 861	11,4	182 384	13,6	38 386	4,8	31 197	11,6
Stimmen gültig	35 411 414	97,6	4 557 712	95,3	4 895 868	99,1	1 325 147	98,6	786 511	98,1	266 479	98,8
ungültig	884 115	2,4	225 030	4,7	44 672	0,9	18 368	1,4	14 921	1,9	3 189	1,2
Von den gültigen Stimmen entfallen auf												
SPD	11 389 697	32,2	1 210 476	26,6	1 162 117	23,7	372 559	28,1	290 487	36,9	108 511	40,7
CDU	11 346 073	32,0	1 912 493	42,0	–	–	375 889	28,4	184 097	23,4	74 523	28,0
GRÜNE	3 563 268	10,1	600 441	13,2	427 733	8,7	189 176	14,3	35 923	4,6	42 766	16,0
CSU	2 393 374	6,8	–	–	2 393 374	48,9	–	–	–	–	–	–
REP	1 387 070	3,9	270 965	5,9	322 702	6,6	44 197	3,3	18 348	2,3	8 000	3,0
F.D.P.	1 442 857	4,1	235 204	5,2	163 399	3,3	42 310	3,2	21 509	2,7	12 158	4,6
PDS[2]	1 670 316	4,7	23 078	05	18 828	0,4	211 055	15,9	177 746	22,6	5 519	2,1
STATT Partei	168 738	0,5	35 532	08	18 151	0,4	6 735	0,5	1 854	0,2	2 055	0,8
Sonstige	2 050 021	5,8	269 523	5,9	389 564	8,0	83 226	6,3	56 547	7,2	12 947	4,9

Gegenstand der Nachweisung	Hamburg		Hessen		Mecklenburg-Vorpommern		Niedersachsen		Nordrhein-Westfalen		Rheinland-Pfalz	
	Anzahl	%	Anzahl	%	Anzahl	%	Anzahl	%	Anzahl	%	Anzahl	%
Wahlberechtigte	1 245 025	x	4 300 917	x	1 380 514	x	5 881 254	x	13 105 149	x	2 980 932	x
dar. mit Wahlschein[1]	135 791	10,9	278 469	6,5	55 916	4,1	354 025	6,0	1 062 680	8,1	370 718	12,4
Wähler/-innen[1]	644 190	51,7	2 426 056	56,4	908 563	65,8	3 097 207	52,7	7 798 898	59,5	2 214 195	74,3
dar. Briefwähler/-innen	127 412	19,8	254 807	10,5	49 620	5,5	324 476	10,5	969 920	12,4	337 791	15,3
Stimmen gültig	637 112	98,9	2 384 699	98,3	844 432	92,9	3 063 640	98,9	7 715 312	98,9	2 144 767	96,9
ungültig	7 078	1,1	41 357	1,7	64 131	7,1	335 671	1,1	83 586	1,1	69 428	3,1
Von den gültigen Stimmen entfallen auf												
SPD	220 503	34,6	832 638	34,9	190 287	22,5	1 214 706	39,6	3 092 525	40,1	818 234	38,2
CDU	204 760	32,1	881 371	37,0	283 940	33,6	1 216 259	39,7	2 853 275	37,0	873 968	40,7
GRÜNE	177 417	18,4	291 865	12,2	40 269	4,8	298 780	9,8	860 861	11,2	186 698	8,7
CSU	–	–	–	–	–	–	–	–	–	–	–	–
REP	19 671	3,7	109 133	4,6	21 596	2,6	74 279	2,4	209 224	2,7	79 498	3,7
F.D.P.	23 419	3,7	111 194	4,7	19 041	2,3	119 555	3,9	333 144	4,3	85 984	4,0
PDS[2]	8 919	1,4	19 756	0,8	230 815	27,3	21 240	0,7	48 911	0,6	7 894	0,4
STATT Partei	11 670	1,8	10 826	0,5	2 777	0,3	11 220	0,4	30 162	0,4	6 897	0,3
Sonstige	30 753	4,8	127 916	5,4	55 707	6,6	107 601	3,5	287 210	3,7	85 594	4,0

Gegenstand der Nachweisung	Saarland		Sachsen		Sachsen-Anhalt		Schleswig-Holstein		Thüringen	
	Anzahl	%	Anzahl	%	Anzahl	%	Anzahl	%	Anzahl	%
Wahlberechtigte	838 901	x	3 594 791	x	2 162 802	x	2 110 508	x	1 959 542	x
dar. mit Wahlschein	81 105	9,7	249 086	6,9	98 296	4,5	131 549	6,2	102 822	5,2
Wähler/-innen[1]	621 709	74,1	2 524 945	70,2	1 428 907	66,1	1 083 713	51,3	1 409 249	71,9
dar. Briefwähler/-innen	72 059	11,6	216 363	8,6	85 254	6,0	113 615	10,5	90 904	6,5
Stimmen gültig	596 427	95,9	2 389 210	94,6	1 372 238	96,0	1 071 158	98,8	1 360 702	96,6
ungültig	25 282	4,1	135 735	5,4	56 669	4,0	12 555	1,2	48 547	3,4
Von den gültigen Stimmen entfallen auf										
SPD	258 990	43,4	500 695	21,0	383 337	27,9	380 506	35,5	353 126	26,0
CDU	212 618	35,6	937 424	39,2	413 506	30,1	434 376	40,6	487 574	35,8
GRÜNE	48 984	8,2	134 861	5,6	77 907	5,7	127 840	11,9	81 747	6,0
CSU	—		—		—		—		—	
REP	25 574	4,3	84 334	3,5	37 989	2,8	22 017	2,1	39 543	2,9
F.D.P.	22 240	3,7	90 296	3,8	64 628	4,7	40 879	3,8	57 897	4,3
PDS[2]	2 501	0,4	397 430	16,6	259 293	18,9	7 213	0,7	230 118	16,9
STATT Partei	1 891	0,3	7 520	0,3	5 472	0,4	8 807	0,8	7 169	0,5
Sonstige	23 629	4,0	236 650	9,9	130 106	9,5	49 520	4,6	103 528	7,6

1 Die Angaben in Prozent stehen für die Wahlbeteiligung.
2 Partei des Demokratischen Sozialismus.

Quelle: Statistisches Bundesamt, Statistisches Jahrbuch 1995, S. 88.

VI/1 Altersgliederung der Abgeordneten des Deutschen Bundestages

1. – 11. Wahlperiode

Geburts-jahrgänge	1. WP 1949–53	2. WP 1953–57	3. WP 1957–61	4. WP 1961–65	5. WP 1965–69	6. WP 1969–72	7. WP 1972–76	8. WP 1976–80	9. WP 1980–83	10. WP 1983–87	11. WP 1987–90
1875 – 1879	1,7	0,4	0,4	0,2	0,2	–	–	–	–	–	–
1880 – 1884	5,4	1,4	0,6	0,4	–	–	–	–	–	–	–
1885 – 1889	10,5	7,5	4,0	1,7	–	–	–	–	–	–	–
1890 – 1894	14,4	12,4	7,9	3,5	0,4	–	–	–	–	–	–
1895 – 1899	**21,7**	**20,4**	17,3	12,5	5,2	1,2	0,2	0,2	–	–	–
1900 – 1904	**20,0**	19,4	**20,2**	19,0	12,9	4,1	1,0	0,4	–	–	–
1905 – 1909	12,7	16,1	18,1	18,6	17,0	9,3	1,9	0,8	0,2	0,2	–
1910 – 1914	10,0	14,3	14,8	16,5	18,1	17,0	10,0	3,7	1,2	0,8	0,4
1915 – 1919	2,4	5,7	7,9	12,1	13,5	14,3	11,4	7,5	2,7	1,7	1,0
1920 – 1924	1,2	2,2	5,8	9,2	15,1	**20,7**	**22,4**	19,9	12,1	10,4	4,8
1925 – 1929	–	0,2	2,7	5,4	12,5	19,1	**21,8**	**22,0**	**20,6**	18,5	15,0
1930 – 1934	–	–	0,2	1,0	4,6	9,5	14,9	18,3	19,7	19,2	17,7
1935 – 1939	–	–	–	–	0,4	4,6	10,8	14,7	19,1	**21,5**	**21,0**
1940 – 1944	–	–	–	–	–	0,4	5,0	10,6	**20,0**	**21,0**	**25,0**
1945 – 1949	–	–	–	–	–	–	0,6	1,9	3,9	4,6	8,3
1950 – 1954	–	–	–	–	–	–	–	–	0,6	1,7	5,4
1955 – 1959	–	–	–	–	–	–	–	–	–	0,4	1,2
1960 – 1964	–	–	–	–	–	–	–	–	–	–	0,2

1 Prozentzahlen ab 20,0 sind **fett** gedruckt.

Quelle: Datenhandbuch zur Geschichte des Deutschen Bundestages 1949 bis 1982, (Baden-Baden: Nomos Verlagsgesellschaft), 1983, S. 167; und Datenhandbuch zur Geschichte des Deutschen Bundestages 1980 bis 1987, (Baden-Baden: Nomos Verlagsgesellschaft), 1988, S. 166.

12. Wahlperiode — Stand: 15. 2. 1992

	Männer						Frauen						
	CDU/CSU	SPD	FDP	PDS/LL	B'90/Gr		CDU/CSU	SPD	FDP	PDS/LL	B'90/Gr		
1911–1915	–	1	–	–	–	1	–	–	–	–	–	–	1
1916–1920	1	–	–	–	–	1	–	–	–	–	–	–	1
1921–1925	4	–	2	–	–	6	–	–	–	–	–	–	6
1926–1930	26	16	9	3	1	55	5	2	–	–	–	7	62
1931–1935	42	21	8	–	–	71	7	2	2	–	–	11	82
1936–1940	68	57	15	1	–	141	8	18	4	–	–	30	171
1941–1945	69	47	12	1	2	131	7	18	4	–	–	29	160
1946–1950	29	19	8	3	2	61	11	16	2	2	–	31	92
1951–1955	20	9	6	1	–	36	3	4	2	2	2	13	49
1956–1960	13	2	3	–	–	18	1	4	–	3	1	9	27
1961–1965	3	1	–	–	–	4	1	1	2	1	–	5	9
1966–1970	–	1	–	–	–	1	1	–	–	–	–	1	2
	275	174	63	9	5	526	44	65	16	8	3	136	662

Quelle: Kürschners Volkshandbuch Deutscher Bundestag 12. Wahlperiode, (Darmstadt: Neue Darmstädter Verlagsanstalt; 67. Auflage), 1992, S. 304.

13. Wahlperiode — Stand: 2. 5. 1995

	Männer						Frauen						BT gesamt
	CDU/CSU	SPD	GRÜNE	F.D.P.	PDS		CDU/CSU	SPD	GRÜNE	F.D.P.	PDS		
1911 – 1915	–	–	–	–	1	1	–	–	–	–	–	–	1
1916 – 1920	1	–	–	–	–	1	–	–	–	–	–	–	1
1921 – 1925	–	–	–	–	2	2	–	–	–	–	–	–	2
1926 – 1930	7	4	–	4	1	16	1	1	–	–	–	2	18
1931 – 1935	24	11	1	4	3	43	4	2	–	2	–	8	51
1936 – 1940	58	44	1	7	–	110	8	18	–	1	1	28	138
1941 – 1945	66	60	2	12	1	141	10	22	5	2	1	40	181
1946 – 1950	33	27	8	9	4	81	11	21	5	1	3	41	122
1951 – 1955	33	15	3	2	4	57	4	12	8	1	3	28	85
1956 – 1960	18	3	3	1	–	25	1	7	6	–	4	18	43
1961 – 1965	13	2	1	–	–	16	1	2	3	1	1	8	24
1966 – 1970	–	1	–	–	1	2	1	–	2	–	–	3	5
1971 – 1975	–	–	1	–	–	1	–	–	–	–	–	–	1
	253	167	20	39	17	496	41	85	29	8	13	176	672

Quelle: Kürschners Volkshandbuch Deutscher Bundestag 13. Wahlperiode, (Darmstadt: Neue Darmstädter Verlagsanstalt; 75. Auflage), 1995, S. 300.

VI/2 Berufsstruktur der Mitglieder des Deutschen Bundestages — 10. – 13. Wahlperiode

	CDU/CSU Fraktion				SPD Fraktion			
	10. WP 1983 – 87 %	11. WP 1987 – 90 %	12. WP 1990 – 94 %	13. WP 1994 – 97 %	10. WP 1983 – 87 %	11. WP 1987 – 90 %	12. WP 1990 – 94 %	13. WP 1994 – 97 %
Regierungsmitglieder[1]	14,9	17,5	15,7	9,9	13,4	7,3	1,3	1,6
Beamte	26,4	25,6	23,5	23,8	39,2	43,0	39,7	36,8
Angestellte des öffentlichen Dienstes	3,1	0,9	6,3	9,5	1,0	2,6	6,7	10,4
Pfarrer (ev.)	0,0	0,0	0,9	1,0	1,0	0,0	2,1	1,6
Angestellte politischer und gesellschaftlicher Organisationen	6,3	7,7	9,0	8,8	22,7	22,3	20,1	18,0
Angestellte in der Wirtschaft	9,5	9,8	11,6	17,7	6,9	5,2	11,3	14,8
Selbständige	20,0	18,0	15,1	13,6	2,5	3,1	2,5	2,0
Angehörige freier Berufe	17,7	18,8	14,1	10,5	6,0	8,8	9,7	8,4
Hausfrauen	1,6	1,3	2,2	2,4	2,0	1,6	2,5	1,6
Arbeiter	0,8	0,4	0,6	0,7	3,0	3,6	2,5	3,6
Keine Angaben	0,0	0,0	0,9	2,0	2,5	2,6	1,7	1,2
Insgesamt[2]	100,0	100,0	100,0	100,0	100,0	100,0	100,0	100,0

	FDP Fraktion				Fraktion der GRÜNEN				Fraktion der PDS	
	10. WP 1983–87 %	11. WP 1987–90 %	12. WP 1990–94 %	13. WP 1994–97 %	10. WP 1983–87 %	11. WP 1987–90 %	12. WP 1990–94 %	13. WP 1994–97 %	12. WP 1990–94 %	13. WP 1994–97 %
Regierungsmitglieder[1]	25,8	22,9	17,7	21,3	0,0	0,0	0,0	0,0	0,0	0,0
Beamte	11,5	14,6	20,3	19,1	39,1	38,7	37,5	28,6	29,4	23,3
Angestellte des öffentlichen Dienstes	0,0	0,0	6,3	2,1	7,1	4,5	12,5	22,4	11,8	13,3
Pfarrer (ev.)	0,0	0,0	0,0	0,0	0,0	0,0	12,5	0,0	0,0	3,3
Angestellte politischer und gesellschaftlicher Organisationen	17,2	14,6	7,6	8,5	10,7	9,1	12,5	22,4	23,5	20,0
Angestellte in der Wirtschaft	8,6	6,2	10,2	12,8	7,1	11,4	12,5	8,2	0,0	3,3
Selbständige	25,8	14,6	15,2	18,9	7,1	4,5	0,0	0,0	5,9	20,0
Angehörige freier Berufe	11,5	18,8	20,2	12,8	14,3	6,8	12,5	8,2	11,8	0,0
Hausfrauen	0,0	4,2	1,3	4,3	0,0	6,8	0,0	4,1	0,0	13,3
Arbeiter	0,0	0,0	0,0	0,0	7,1	2,3	0,0	2,0	0,0	3,3
keine Angaben u. a.	0,0	4,2	1,3	0,0	7,1	15,9	0,0	4,1	17,6	
Insgesamt[2]	100,0	100,0	100,0	100,0	100,0	100,0	100,0	100,0	100,0	100,0

1 Einschließlich ehemaliger Regierungsmitglieder.
2 Ein Über- oder Unterschreiten von 100 % ergibt sich aus der Verkürzung auf eine Dezimalstelle.

Quelle: Datenhandbuch zur Geschichte des Deutschen Bundestages 1980 bis 1987, (Baden-Baden: Nomos Verlagsgesellschaft), 1988, S. 195, Emil-Peter Müller, Strukturen des XII. Deutschen Bundestages, (Köln: Deutscher Instituts-Verlag), 1991, S. 22 f. und eigene Ergänzungen.

VI/3 Geschäftsordnung des Deutschen Bundestages

i.d.F. der Bekanntmachung vom 2. Juli 1980 (BGBl. I S. 1237), zuletzt geändert laut Bekanntmachung vom 16. Dezember 1994 (1995 BGBl. I S. 11)

a.) Inhaltsübersicht

VII. Ausschüsse

VIII. Vorlagen und ihre Behandlung

b.) Auszüge

§ 2 Wahl des Präsidenten und der Stellvertreter

(1) Der Bundestag wählt mit verdeckten Stimmzetteln (§ 49) in besonderen Wahlhandlungen den Präsidenten und seine Stellvertreter für die Dauer der Wahlperiode. Jede Fraktion des Deutschen Bundestages ist durch mindestens einen Vizepräsidenten oder eine Vizepräsidentin im Präsidium vertreten.

(2) Gewählt ist, wer die Stimmen der Mehrheit der Mitglieder des Bundestages erhält. Ergibt sich im ersten Wahlgang keine Mehrheit, so können für einen zweiten Wahlgang neue Bewerber vorgeschlagen werden. Ergibt sich auch dann keine Mehrheit der Stimmen der Mitglieder des Bundestages, so kommen die beiden Anwärter mit den höchsten Stimmenzahlen in die engere Wahl. Bei Stimmengleichheit entscheidet das Los durch die Hand des amtierenden Präsidenten.

. . .

§ 7 Aufgaben des Präsidenten

(1) Der Präsident vertritt den Bundestag und regelt seine Geschäfte. Er wahrt die Würde und die Rechte des Bundestages, fördert seine Arbeiten, leitet die Verhandlungen gerecht und unparteiisch und wahrt die Ordnung im Hause. Er hat beratende Stimme in allen Ausschüssen.

. . .

§ 10 Bildung der Fraktionen

(1) Die Fraktionen sind Vereinigungen von mindestens fünf vom Hundert der Mitglieder des Bundestages, die derselben Partei oder solchen Parteien angehören, die auf Grund gleichgerichteter politischer Ziele in keinem Land miteinander im Wettbewerb stehen. Schließen sich Mitglieder des Bundestages abweichend von Satz 1 zusammen, bedarf die Anerkennung als Fraktion der Zustimmung des Bundestages.

(2) Die Bildung einer Fraktion, ihre Bezeichnung, die Namen der Vorsitzenden, Mitglieder und Gäste sind dem Präsidenten schriftlich mitzuteilen.

(3) Fraktionen können Gäste aufnehmen, die bei der Feststellung der Fraktionsstärke nicht mitzählen, jedoch bei der Bemessung der Stellenanteile (§ 12) zu berücksichtigen sind.

(4) Mitglieder des Bundestages, die sich zusammenschließen wollen, ohne Fraktionsmindeststärke zu erreichen, können als Gruppe anerkannt werden. Für sie gelten die Absätze 2 und 3 entsprechend.

(5) Technische Arbeitsgemeinschaften zwischen Fraktionen können nicht zu einer Änderung der Stellenanteile führen, die den einzelnen Fraktionen nach ihrer Stärke zustehen.
. . .

§ 12 Stellenanteile der Fraktionen

Die Zusammensetzung des Ältestenrates und der Ausschüsse sowie die Regelung des Vorsitzes in den Ausschüssen ist im Verhältnis der Stärke der einzelnen Fraktionen vorzunehmen. Derselbe Grundsatz wird bei Wahlen, die der Bundestag vorzunehmen hat, angewandt.

§ 13 Rechte und Pflichten der Mitglieder des Bundestages

(1) Jedes Mitglied des Bundestages folgt bei Reden, Handlungen, Abstimmungen und Wahlen seiner Überzeugung und seinem Gewissen.

(2) Die Mitglieder des Bundestages sind verpflichtet, an den Arbeiten des Bundestages teilzunehmen. An jedem Sitzungstag wird eine Anwesenheitsliste ausgelegt, in die sich die Mitglieder des Bundestages einzutragen haben. Die Folgen der Nichteintragung und der Nichtbeteiligung an einer namentlichen Abstimmung ergeben sich aus dem Gesetz über die Rechtsverhältnisse der Mitglieder des Deutschen Bundestages (Abgeordnetengesetz).
. . .

§ 19 Sitzungen

Die Sitzungen des Bundestages sind öffentlich. Die Öffentlichkeit kann nach Artikel 42 Abs. 1 des Grundgesetzes ausgeschlossen werden.

§ 20 Tagesordnung

(1) Termin und Tagesordnung jeder Sitzung des Bundestages werden im Ältestenrat vereinbart, es sei denn, daß der Bundestag vorher darüber beschließt oder der Präsident sie nach § 21 Abs. 1 selbständig festsetzt.

(2) Die Tagesordnung wird den Mitgliedern des Bundestages, dem Bundesrat und der Bundesregierung mitgeteilt. Sie gilt, wenn kein Widerspruch erfolgt, mit Aufruf des Punktes 1 als festgestellt. Nach Eröffnung jeder Plenarsitzung kann vor Eintritt in die jeweilige Tagesordnung jedes Mitglied des Bundestages eine Änderung der Tagesordnung beantragen, wenn es diesen Antrag bis spätestens 18 Uhr des Vortages dem Präsidenten vorgelegt hat.
. . .

§ 25 Vertagung der Beratung oder Schluß der Aussprache

(1) Ist die Rednerliste erschöpft oder meldet sich niemand zum Wort, so erklärt der Präsident die Aussprache für geschlossen.

(2) Der Bundestag kann auf Antrag einer Fraktion oder von anwesenden fünf vom Hundert der Mitglieder des Bundestages die Beratung vertagen oder die Aussprache schließen. Der Antrag auf Schluß der Aussprache geht bei der Abstimmung dem Antrag auf Vertagung vor. Ein Antrag auf Schluß der Aussprache darf erst zur Abstimmung gestellt werden, wenn jede Fraktion mindestens einmal zu Wort gekommen ist.

§ 26 Vertagung der Sitzung

Die Sitzung kann nur vertagt werden, wenn es der Bundestag auf Vorschlag des Präsidenten oder auf Antrag einer Fraktion oder von anwesenden fünf vom Hundert der Mitglieder des Bundestages beschließt.

§ 27 Worterteilung und Wortmeldung

(1) Ein Mitglied des Bundestages darf nur sprechen, wenn ihm der Präsident das Wort erteilt hat. Will der Präsident selbst sich als Redner an der Aussprache beteiligen, so hat er während dieser Zeit den Vorsitz abzugeben. Mitglieder des Bundestages, die zur Sache sprechen wollen, haben sich in der Regel bei dem Schriftführer, der die Rednerliste führt, zum Wort zu melden. Zur Geschäftsordnung und zur Abgabe von Erklärungen können Wortmeldungen durch Zuruf erfolgen.

(2) Für Zwischenfragen an den Redner und für Zwischenbemerkungen in der Aussprache über einen Verhandlungsgegenstand melden sich die Mitglieder des Bundestages über die Saalmikrofone zum Wort. Zwischenfragen und Zwischenbemerkungen, die kurz und präzise sein müssen, dürfen erst gestellt werden, wenn der Redner sie auf eine entsprechende Frage des Präsidenten zuläßt. Im Anschluß an einen Debattenbeitrag, jedoch nicht vor Abschluß der ersten Runde, kann der Präsident das Wort zu einer Zwischenbemerkung von höchstens zwei Minuten erteilen; der Redner darf hierauf noch einmal antworten.

§ 28 Reihenfolge der Redner

(1) Der Präsident bestimmt die Reihenfolge der Redner. Dabei soll ihn die Sorge für sachgemäße Erledigung und zweckmäßige Gestaltung der Beratung, die Rücksicht auf die verschiedenen Parteirichtungen, auf Rede und Gegenrede und auf die Stärke der Fraktionen leiten; insbesondere soll nach der Rede eines Mitgliedes oder Beauftragten der Bundesregierung eine abweichende Meinung zu Wort kommen.

(2) Der erste Redner in der Aussprache zu Vorlagen von Mitgliedern des Bundestages soll nicht der Fraktion des Antragstellers angehören. Antragsteller und Berichterstatter können vor Beginn und nach Schluß der Aussprache das Wort verlangen. Der Berichterstatter hat das Recht, jederzeit das Wort zu ergreifen.

§ 29 Zur Geschäftsordnung

(1) Zu einem Geschäftsordnungsantrag erteilt der Präsident vorrangig das Wort. Der Antrag muß sich auf den zur Beratung stehenden Verhandlungsgegenstand oder auf die Tagesordnung beziehen.

(2) Der Präsident kann die Worterteilung bei Geschäftsordnungsanträgen, denen entsprochen werden muß (Verlangen), auf den Antragsteller, bei anderen Anträgen auf einen Sprecher jeder Fraktion beschränken.

(3) Meldet sich ein Mitglied des Bundestages zur Geschäftsordnung zum Wort, ohne zu einem Geschäftsordnungsantrag sprechen oder einen solchen stellen zu wollen, so erteilt der Präsident das Wort nach seinem Ermessen.

(4) Zur Geschäftsordnung darf der einzelne Redner nicht länger als fünf Minuten sprechen.

§ 30 Erklärung zur Aussprache

Zu einer Erklärung zur Aussprache wird das Wort nach Schluß, Unterbrechung oder Vertagung der Aussprache erteilt. Vorrangig kann der Präsident das Wort zur direkten Erwiderung erteilen. Der Anlaß ist ihm bei der Wortmeldung mitzuteilen. Mit einer Erklärung zur Aussprache dürfen nur Äußerungen, die sich in der Aussprache auf die eigene Person bezogen haben, zurückgewiesen oder eigene Ausführungen richtiggestellt werden; sie darf nicht länger als fünf Minuten dauern.

§ 31 Erklärung zur Abstimmung

(1) Nach Schluß der Aussprache kann jedes Mitglied des Bundestages zur abschließenden Abstimmung eine mündliche Erklärung, die nicht länger als fünf Minuten dauern darf, oder eine kurze schriftliche Erklärung abgeben, die in das Plenarprotokoll aufzunehmen ist. Der Präsident erteilt das Wort zu einer Erklärung in der Regel vor der Abstimmung.

(2) Jedes Mitglied des Bundestages kann vor der Abstimmung erklären, daß es nicht an der Abstimmung teilnehme.

§ 32 Erklärung außerhalb der Tagesordnung

Zu einer tatsächlichen oder persönlichen Erklärung außerhalb der Tagesordnung kann der Präsident das Wort vor Eintritt in die Tagesordnung, nach Schluß, Unterbrechung oder Vertagung einer Aussprache erteilen. Der Anlaß ist ihm bei der Wortmeldung mitzuteilen. Die Erklärung darf nicht länger als fünf Minuten dauern.

. . .

§ 35 Rededauer

(1) Gestaltung und Dauer der Aussprache über einen Verhandlungsgegenstand werden auf Vorschlag des Ältestenrates vom Bundestag festgelegt. Kommt es im Ältestenrat nicht zu einer Vereinbarung gemäß Satz 1 oder beschließt der Bundestag nichts anderes, darf der einzelne Redner in der Aussprache nicht länger als 15 Minuten sprechen. Auf Verlangen einer Fraktion kann einer ihrer Redner eine Redezeit bis zu 45 Minuten in Anspruch nehmen. Der Präsident kann diese Redezeiten verlängern, wenn der Verhandlungsgegenstand oder der Verlauf der Aussprache dies nahelegt.

(2) Spricht ein Mitglied der Bundesregierung, des Bundesrates oder einer ihrer Beauftragten länger als 20 Minuten, kann die Fraktion, die eine abweichende Meinung vortragen lassen will, für einen ihrer Redner eine entsprechende Redezeit verlangen.

(3) Überschreitet ein Mitglied des Bundestages seine Redezeit, so soll ihm der Präsident nach einmaliger Mahnung das Wort entziehen.

§ 36 Sach- und Ordnungsruf

Der Präsident kann den Redner, der vom Verhandlungsgegenstand abschweift, zur Sache verweisen. Er kann Mitglieder des Bundestages, wenn sie die Ordnung verletzen, mit Nennung des Namens zur Ordnung rufen. Der Ordnungsruf und der Anlaß hierzu dürfen von den nachfolgenden Rednern nicht behandelt werden.

§ 37 Wortentziehung

Ist ein Redner während einer Rede dreimal zur Sache oder dreimal zur Ordnung gerufen und beim zweiten Male auf die Folgen eines dritten Rufes zur Sache oder zur Ordnung hingewiesen worden, so muß ihm der Präsident das Wort entziehen und darf es ihm in derselben Aussprache zum selben Verhandlungsgegenstand nicht wieder erteilen.

§ 38 Ausschluß von Mitgliedern des Bundestages

(1) Wegen gröblicher Verletzung der Ordnung kann der Präsident ein Mitglied des Bundestages, auch ohne daß ein Ordnungsruf ergangen ist, für die Dauer der Sitzung aus dem Saal verweisen. Bis zum Schluß der Sitzung muß der Präsident bekanntgeben, für wieviel Sitzungstage der Betroffene ausgeschlossen wird. Ein Mitglied des Bundestages kann bis zu dreißig Sitzungstage ausgeschlossen werden.

(2) Der Betroffene hat den Sitzungssaal unverzüglich zu verlassen. Kommt er der Aufforderung nicht nach, wird er vom Präsidenten darauf hingewiesen, daß er sich durch sein Verhalten eine Verlängerung des Ausschlusses zuzieht.

(3) Der Betroffene darf während der Dauer seines Ausschlusses auch nicht an Ausschußsitzungen teilnehmen.

(4) Versucht der Betroffene, widerrechtlich an den Sitzungen des Bundestages oder seiner Ausschüsse teilzunehmen, findet Absatz 2 Satz 2 entsprechend Anwendung.

(5) Der Betroffene gilt als nicht beurlaubt. Er darf sich nicht in die Anwesenheitsliste eintragen.

. . .

§ 42 Herbeirufung eines Mitgliedes der Bundesregierung

Der Bundestag kann auf Antrag einer Fraktion oder von anwesenden fünf vom Hundert der Mitglieder des Bundestages die Herbeirufung eines Mitgliedes der Bundesregierung beschließen.

§ 43 Recht auf jederzeitiges Gehör

Die Mitglieder der Bundesregierung und des Bundesrates sowie ihre Beauftragten müssen nach Artikel 43 Abs. 2 des Grundgesetzes auf ihr Verlangen jederzeit gehört werden.

§ 44 Wiedereröffnung der Aussprache

(1) Ergreift nach Schluß der Aussprache oder nach Ablauf der beschlossenen Redezeit ein Mitglied der Bundesregierung, des Bundesrates oder einer ihrer Beauftragten zu dem Verhandlungsgegenstand das Wort, so ist die Aussprache wieder eröffnet.

(2) Erhält während der Aussprache ein Mitglied der Bundesregierung, des Bundesrates oder einer ihrer Beauftragten zu dem Verhandlungsgegenstand das Wort, so haben die Fraktionen, deren Redezeit zu diesem Tagesordnungspunkt bereits ausgeschöpft ist, das Recht, noch einmal ein Viertel ihrer Redezeit in Anspruch zu nehmen.

(3) Ergreift ein Mitglied der Bundesregierung, des Bundesrates oder einer ihrer Beauftragten das Wort außerhalb der Tagesordnung, so wird auf Verlangen einer Fraktion oder von anwesenden fünf vom Hundert der Mitglieder des Bundestages die Aussprache über seine Ausführungen eröffnet. In dieser Aussprache dürfen keine Sachanträge gestellt werden.

§ 45 Feststellung der Beschlußfähigkeit, Folgen der Beschlußunfähigkeit

(1) Der Bundestag ist beschlußfähig, wenn mehr als die Hälfte seiner Mitglieder im Sitzungssaal anwesend ist.

(2) Wird vor Beginn einer Abstimmung die Beschlußfähigkeit von einer Fraktion oder von anwesenden fünf vom Hundert der Mitglieder des Bundestages bezweifelt und auch vom Sitzungsvorstand nicht einmütig bejaht, so ist in Verbindung mit der Abstimmung die Beschlußfähigkeit durch Zählung der Stimmen (§ 51) festzustellen. Der Präsident kann die Abstimmung auf kurze Zeit aussetzen.

(3) Nach Feststellung der Beschlußunfähigkeit hebt der Präsident die Sitzung sofort auf. § 20 Abs. 5 findet Anwendung. Ein Verlangen auf namentliche Abstimmung bleibt dabei in Kraft. Stimmenthaltungen und ungültige Stimmen zählen bei der Feststellung der Beschlußfähigkeit mit.

§ 46 Fragestellung

Der Präsident stellt die Fragen so, daß sie sich mit „Ja" oder „Nein" beantworten lassen. Sie sind in der Regel so zu fassen, daß gefragt wird, ob die Zustimmung erteilt wird oder nicht. Über die Fassung kann das Wort zur Geschäftsordnung verlangt werden. Bei Widerspruch gegen die vorgeschlagene Fassung entscheidet der Bundestag.

§ 47 Teilung der Frage

Jedes Mitglied des Bundestages kann die Teilung der Frage beantragen. Ist die Zulässigkeit der Teilung zweifelhaft, so entscheidet bei Anträgen von Mitgliedern des Bundestages der Antragsteller, sonst der Bundestag. Unmittelbar vor der Abstimmung ist die Frage auf Verlangen vorzulesen.

§ 48 Abstimmungsregeln

(1) Abgestimmt wird durch Handzeichen oder durch Aufstehen oder Sitzenbleiben. Bei der Schlußabstimmung über Gesetzentwürfe (§ 86) erfolgt die Abstimmung durch Aufstehen oder Sitzenbleiben.

(2) Soweit nicht das Grundgesetz, ein Bundesgesetz oder diese Geschäftsordnung andere Vorschriften enthalten, entscheidet die einfache Mehrheit. Stimmengleichheit verneint die Frage.

(3) Wird durch das Grundgesetz, ein Bundesgesetz oder diese Geschäftsordnung für einen Beschluß oder eine Wahl eine bestimmte Mehrheit vorgeschrieben, stellt der Präsident ausdrücklich fest, daß die Zustimmung der erforderlichen Mehrheit vorliegt.

. . .

§ 51 Zählung der Stimmen

(1) Ist der Sitzungsvorstand über das Ergebnis der Abstimmung nicht einig, so wird die Gegenprobe gemacht. Bleibt er auch nach ihr uneinig, so werden die Stimmen gezählt. Auf Anordnung des Sitzungsvorstandes erfolgt die Zählung gemäß Absatz 2.

(2) Nachdem die Mitglieder des Bundestages auf Aufforderung des Präsidenten den Sitzungssaal verlassen haben, werden die Türen bis auf drei Abstimmungstüren geschlossen. An jeder dieser Türen stellen sich zwei Schriftführer auf. Auf ein Zeichen des Präsidenten betreten die Mitglieder des Bundestages durch die mit „Ja", „Nein" oder „Enthaltung" bezeichnete Tür

wieder den Sitzungssaal und werden von den Schriftführern laut gezählt. Zur Beendigung der Zählung gibt der Präsident ein Zeichen. Mitglieder des Bundestages, die später eintreten, werden nicht mitgezählt. Der Präsident und die diensttuenden Schriftführer geben ihre Stimme öffentlich ab. Der Präsident verkündet das Ergebnis.

§ 52 Namentliche Abstimmung

Namentliche Abstimmung kann bis zur Eröffnung der Abstimmung von einer Fraktion oder von anwesenden fünf vom Hundert der Mitglieder des Bundestages verlangt werden. Schriftführer sammeln in Urnen die Abstimmungskarten, die den Namen des Abstimmenden und die Erklärung „Ja" oder „Nein" oder „Enthalte mich" tragen. Nach beendeter Einsammlung erklärt der Präsident die Abstimmung für geschlossen. Die Schriftführer zählen die Stimmen. Der Präsident verkündet das Ergebnis.

§ 53 Unzulässigkeit der namentlichen Abstimmung

Namentliche Abstimmung ist unzulässig über

a) Stärke des Ausschusses,

b) Abkürzung der Fristen,

c) Sitzungszeit und Tagesordnung,

d) Vertagung der Sitzung,

e) Vertagung der Beratung oder Schluß der Aussprache,

f) Teilung der Frage,

g) Überweisung an einen Ausschuß.

§ 54 Ständige Ausschüsse und Sonderausschüsse

(1) Zur Vorbereitung der Verhandlungen setzt der Bundestag ständige Ausschüsse ein. Für einzelne Angelegenheiten kann er Sonderausschüsse einsetzen.

(2) Soweit das Grundgesetz oder Bundesgesetze die Einsetzung von Ausschüssen vorschreiben oder zulassen, richtet sich die Einsetzung und das Verfahren nach den Bestimmungen dieser Geschäftsordnung, es sei denn, daß im Grundgesetz, in den Bundesgesetzen oder in besonderen Geschäftsordnungen etwas anderes bestimmt ist.

§ 55 Einsetzung von Unterausschüssen

(1) Zur Vorbereitung seiner Arbeiten kann jeder Ausschuß aus seiner Mitte Unterausschüsse mit bestimmten Aufträgen einsetzen, es sei denn, daß ein Drittel seiner Mitglieder widerspricht. In Ausnahmefällen können die Fraktionen auch Mitglieder des Bundestages benennen, die nicht dem Ausschuß angehören . . .

§ 56 Enquete-Kommission

(1) Zur Vorbereitung von Entscheidungen über umfangreiche und bedeutsame Sachkomplexe kann der Bundestag eine Enquete-Kommission einsetzen. Auf Antrag eines Viertels seiner Mitglieder ist er dazu verpflichtet. Der Antrag muß den Auftrag der Kommission bezeichnen . . .

(4) Die Enquete-Kommission hat ihren Bericht so rechtzeitig vorzulegen, daß bis zum Ende der Wahlperiode eine Aussprache darüber im Bundestag stattfinden kann. Sofern ein abschließender Bericht nicht erstattet werden kann, ist ein Zwischenbericht vorzulegen, auf dessen Grundlage der Bundestag entscheidet, ob die Enquete-Kommission ihre Arbeit fortsetzen oder einstellen soll.

§ 56 a Technikfolgenanalysen

(1) Dem Ausschuß für Forschung, Technologie und Technikfolgenabschätzung obliegt es, Technikfolgenanalysen zu veranlassen und für den Deutschen Bundestag aufzubereiten und auszuwerten. Er kann mit der wissenschaftlichen Durchführung von Technikfolgenanalysen Institutionen außerhalb des Deutschen Bundestages beauftragen.

(2) Der Ausschuß für Forschung, Technologie und Technikfolgenabschätzung hat Grundsätze über die Erstellung von Technikfolgenanalysen aufzustellen und diese Grundsätze zum Ausgangspunkt seiner Entscheidung im Einzelfall zu machen.

§ 57 Mitgliederzahl der Ausschüsse

(1) Das System für eine dem § 12 entsprechende Zusammensetzung der Ausschüsse und die Zahl der Mitglieder bestimmt der Bundestag. Jedes Mitglied des Bundestages soll grundsätzlich einem Ausschuß angehören.

(2) Die Fraktionen benennen die Ausschußmitglieder und deren Stellvertreter. Der Präsident benennt fraktionslose Mitglieder des Bundestages als beratende Ausschußmitglieder...

§ 58 Bestimmung des Vorsitzenden und seines Stellvertreters

Die Ausschüsse bestimmen ihre Vorsitzenden und deren Stellvertreter nach den Vereinbarungen im Ältestenrat.

§ 59 Rechte und Pflichten des Vorsitzenden

(1) Dem Vorsitzenden obliegt die Vorbereitung, Einberufung und Leitung der Ausschußsitzungen sowie die Durchführung der Ausschußbeschlüsse.
. . .

§ 62 Aufgaben der Ausschüsse

(1) Die Ausschüsse sind zu baldiger Erledigung der ihnen überwiesenen Aufgaben verpflichtet. Als vorbereitende Beschlußorgane des Bundestages haben sie die Pflicht, dem Bundestag bestimmte Beschlüsse zu empfehlen, die sich nur auf die ihnen überwiesenen Vorlagen oder mit diesen in unmittelbarem Sachzusammenhang stehenden Fragen beziehen dürfen. Sie können sich jedoch mit anderen Fragen aus ihrem Geschäftsbereich befassen. Weitergehende Rechte, die einzelnen Ausschüssen durch Grundgesetz, Bundesgesetz, in dieser Geschäftsordnung oder durch Beschluß des Bundestag übertragen sind, bleiben unberührt.

(2) Zehn Sitzungswochen nach Überweisung einer Vorlage können eine Fraktion oder fünf vom Hundert der Mitglieder des Bundestages verlangen, daß der Ausschuß durch den Vorsitzenden oder Berichterstatter dem Bundestag einen Bericht über den Stand der Beratungen erstattet. Wenn sie es verlangen, ist der Bericht auf die Tagesordnung des Bundestages zu setzen.
. . .

§ 64 Verhandlungsgegenstände

(1) Verhandlungsgegenstände sind die dem Ausschuß überwiesenen Vorlagen und Fragen aus dem Geschäftsbereich des Ausschusses (§ 62 Abs. 1 Satz 3).

(2) Sind dem Ausschuß mehrere Vorlagen zum selben Gegenstand überwiesen, beschließt der Ausschuß, welche Vorlage als Verhandlungsgegenstand für seine Beschlußempfehlung an den Bundestag dienen soll. Andere Vorlagen zum selben Gegenstand können, auch wenn sie bei der Beratung nicht oder nur teilweise berücksichtigt wurden, für erledigt erklärt werden. Wird der Erledigterklärung von einer Fraktion im Ausschuß widersprochen, muß über die Vorlagen abgestimmt werden. Die Beschlußempfehlung, die Vorlagen für erledigt zu erklären oder abzulehnen, ist dem Bundestag vorzulegen.

. . .

§ 66 Berichterstattung

(1) Ausschußberichte an den Bundestag über Vorlagen sind in der Regel schriftlich zu erstatten. Sie können mündlich ergänzt werden.

(2) Die Berichte müssen die Beschlußempfehlung des federführenden Ausschusses mit Begründung sowie die Ansicht der Minderheit und die Stellungnahmen der beteiligten Ausschüsse enthalten. Wenn kommunale Spitzenverbände im Rahmen des § 69 Abs. 5 Stellung genommen haben, müssen, sofern Informationssitzungen nach § 70 Abs. 1 stattgefunden haben, die dargelegten Auffassungen in ihren wesentlichen Punkten im Bericht wiedergegeben werden.

. . .

§ 68 Herbeirufung eines Mitgliedes der Bundesregierung zu den Ausschußsitzungen

Das Recht des Ausschusses, die Anwesenheit eines Mitgliedes der Bundesregierung zu verlangen, gilt auch, wenn es in einer öffentlichen Sitzung gehört werden soll. Über einen entsprechenden Antrag ist in nichtöffentlicher Sitzung zu entscheiden.

§ 69 Nichtöffentliche Ausschußsitzungen

(1) Die Beratungen der Ausschüsse sind grundsätzlich nicht öffentlich. Der Ausschuß kann beschließen, für einen bestimmten Verhandlungsgegenstand oder Teile desselben die Öffentlichkeit zuzulassen. Die Öffentlichkeit einer Sitzung ist hergestellt, wenn der Presse und sonstigen Zuhörern im Rahmen der Raumverhältnisse der Zutritt gestattet wird. . . .

(5) Berät der Ausschuß eine ihm überwiesene Vorlage, durch die wesentliche Belange von Gemeinden und Gemeindeverbänden berührt werden, soll den auf Bundesebene bestehenden kommunalen Spitzenverbänden vor Beschlußfassung im Ausschuß Gelegenheit zur Stellungnahme gegeben werden. Dies gilt insbesondere bei Entwürfen von Gesetzen, die ganz oder teilweise von den Gemeinden oder Gemeindeverbänden auszuführen sind, ihre öffentlichen Finanzen unmittelbar betreffen oder auf ihre Verwaltungsorganisation einwirken. Von der Bestimmung des Satzes 1 kann bei Regierungsvorlagen abgesehen werden, wenn aus der Begründung der Vorlagen die Auffassungen der kommunalen Spitzenverbände ersichtlich sind. Die Rechte des Ausschusses aus § 70 Abs. 1 bleiben unberührt.

. . .

§ 75 Vorlagen

(1) Folgende Vorlagen können als Verhandlungsgegenstand auf die Tagesordnung des Bundestages gesetzt werden (selbständige Vorlagen):

a) Gesetzentwürfe,

b) Beschlußempfehlungen des Ausschusses nach Artikel 77 Abs. 2 des Grundgesetzes (Vermittlungsausschuß),

c) Anträge auf Zurückweisung von Einsprüchen des Bundesrates,

d) Anträge,

e) Berichte und Materialien zur Unterrichtung des Bundestages (Unterrichtungen),

f) Große Anfragen an die Bundesregierung und ihre Beantwortung,

g) Wahlvorschläge, soweit sie als Drucksachen verteilt worden sind,

h) Beschlußempfehlungen und Berichte in Wahlprüfungs-, Immunitäts- und Geschäftsordnungsangelegenheiten,

i) Beschlußempfehlungen und Berichte über Petitionen,

j) Beschlußempfehlungen und Berichte des Rechtsausschusses über Streitsachen vor dem Bundesverfassungsgericht,

k) Beschlußempfehlungen und Berichte von Untersuchungsausschüssen,

l) Zwischenberichte der Ausschüsse,

m) Rechtsverordnungen, soweit sie aufgrund gesetzlicher Grundlagen dem Bundestag zuzuleiten sind.

(2) Vorlagen zu Verhandlungsgegenständen sind (unselbständige Vorlagen):

a) Beschlußempfehlungen und Berichte der Ausschüsse,

b) Änderungsanträge,

c) Entschließungsanträge zu Gesetzentwürfen, Unterrichtungen, Regierungserklärungen, Großen Anfragen, Entschließungen des Europäischen Parlaments, EG-Vorlagen, Stabilitätsvorlagen und Rechtsverordnungen.

(3) Als Vorlagen im Sinne des § 76 gelten auch Kleine Anfragen; sie können nicht als Verhandlungsgegenstand auf die Tagesordnung gesetzt werden.

§ 76 Vorlagen von Mitgliedern des Bundestages

(1) Vorlagen von Mitgliedern des Bundestages (§ 75) müssen von einer Fraktion oder von fünf vom Hundert der Mitglieder des Bundestages unterzeichnet sein, es sei denn, daß die Geschäftsordnung etwas anderes vorschreibt oder zuläßt.

(2) Gesetzentwürfe müssen, Anträge können mit einer kurzen Begründung versehen werden.

. . .

§ 78 Beratungen

(1) Gesetzentwürfe werden in drei Beratungen, Verträge mit auswärtigen Staaten und ähnliche Verträge, welche die politischen Beziehungen des Bundes regeln oder sich auf Gegenstände der Bundesgesetzgebung beziehen (Artikel 59 Abs. 2 des Grundgesetzes), grundsätzlich in zwei

Beratungen und nur auf Beschluß des Bundestages in drei Beratungen, alle anderen Vorlagen grundsätzlich in einer Beratung behandelt. Für Nachtragshaushaltsvorlagen gilt § 95 Abs. 1 Satz 6.

(2) Anträge können ohne Aussprache einem Ausschuß überwiesen werden. Auch wenn sie nicht verteilt sind, kann über sie abgestimmt werden, es sei denn, daß von einer Fraktion oder von anwesenden fünf vom Hundert der Mitglieder des Bundestages widersprochen wird. Im übrigen gelten für Anträge sinngemäß die Vorschriften über die Beratung von Gesetzentwürfen.

(3) Werden Vorlagen gemäß Absatz 1 in zwei Beratungen behandelt, so finden für die Schlußberatung neben den Bestimmungen für die zweite Beratung (§§ 81, 82 und 83 Abs. 3) die Bestimmung über die Schlußabstimmung (§ 86) entsprechende Anwendung.

(4) Werden Vorlagen in einer Beratung behandelt, findet für Änderungsanträge § 82 Abs. 1 Satz 2 Anwendung.

(5) Soweit die Geschäftsordnung nichts anderes vorschreibt oder zuläßt, beginnen die Beratungen der Vorlagen frühestens am dritten Tage nach Verteilung der Drucksachen (§ 123).

§ 79 Erste Beratung von Gesetzentwürfen

In der ersten Beratung findet eine allgemeine Aussprache nur statt, wenn es vom Ältestenrat empfohlen, bis zum Aufruf des betreffenden Punktes der Tagesordnung von einer Fraktion oder von anwesenden fünf vom Hundert der Mitglieder des Bundestages verlangt oder gemäß § 80 Abs. 4 beschlossen wird. In der Aussprache werden nur die Grundsätze der Vorlagen besprochen. Sachanträge dürfen nicht gestellt werden.

§ 80 Überweisung an einen Ausschuß

(1) Am Schluß der ersten Beratung wird der Gesetzentwurf vorbehaltlich einer abweichenden Entscheidung gemäß Absatz 2 einem Ausschuß überwiesen; er kann nur in besonderen Fällen gleichzeitig mehreren Ausschüssen überwiesen werden, wobei der federführende Ausschuß zu bestimmen ist. Weitere Ausschüsse können sich im Benehmen mit dem federführenden Ausschuß an der Beratung bestimmter Fragen der Vorlage gutachtlich beteiligen.

(2) Auf Antrag einer Fraktion oder von fünf vom Hundert der Mitglieder des Bundestages kann der Bundestag mit einer Zweidrittelmehrheit der anwesenden Mitglieder beschließen, ohne Ausschußüberweisung in die zweite Beratung einzutreten. Für den Antrag gilt die Frist des § 20 Abs. 2 Satz 3. Bei Finanzvorlagen soll vor Eintritt in die zweite Beratung dem Haushaltsausschuß Gelegenheit gegeben werden, die Vorlage gemäß § 96 Abs.4 zu prüfen. Die Fristenregelung des § 96 Abs. 8 Satz 2 findet keine Anwendung.

(3) Vorlagen gemäß § 75 Abs. 1 Buchstabe e kann der Präsident, ohne sie auf die Tagesordnung zu setzen, nach Vereinbarung im Ältestenrat einem Ausschuß überweisen. Eine Berichterstattung an den Bundestag erfolgt nur, wenn der Ausschuß einen über die Kenntnisnahme hinausgehenden Beschluß empfehlen will.

(4) Vorlagen, die nach Vereinbarung im Ältestenrat im vereinfachten Verfahren behandelt werde sollen, werden in einem gemeinsamen Tagesordnungspunkt zusammengefaßt. Über die Überweisung dieser Vorlagen wird ohne Aussprache in einer einzigen Abstimmung insgesamt abgestimmt. Wird die Teilung der Abstimmung betragt (§ 47), bedarf es einer Abtrennung der Abstimmung über den Überweisungsvorschlag zu einer Vorlage nicht, falls dem Antrag eines Mitglieds des Bundestages zur Änderung des Überweisungsvorschlags des Ältestenrats nicht widersprochen wird. Wird zu einer Vorlage, für die das vereinfachte Verfahren vorgesehen ist,

von einem Mitglied des Bundestages die Aussprache beantragt, ist über diesen Antrag zuerst abzustimmen. Findet der Antrag die Mehrheit, wird die betroffene Vorlage als Zusatzpunkt auf die Tagesordnung der laufenden Sitzungswoche gesetzt.

§ 81 Zweite Beratung von Gesetzentwürfen

(1) Die zweite Beratung wird mit einer allgemeinen Aussprache eröffnet, wenn sie vom Ältestenrat empfohlen oder von einer Fraktion oder von anwesenden fünf vom Hundert der Mitglieder des Bundestages verlangt wird. Sie beginnt am zweiten Tage nach Verteilung der Beschlußempfehlung und des Ausschußberichts, früher nur, wenn auf Antrag einer Fraktion oder von fünf vom Hundert der Mitglieder des Bundestages zwei Drittel der anwesenden Mitglieder des Bundestages es beschließen; bei Gesetzentwürfen der Bundesregierung, die für dringlich erklärt worden sind (Artikel 81 des Grundgesetzes), kann die Fristverkürzung mit der Mehrheit der Mitglieder des Bundestages beschlossen werden. Für den Antrag gilt die Frist des § 20 Abs. 2 Satz 3.

(2) Über jede selbständige Bestimmung wird der Reihenfolge nach und zuletzt über Einleitung und Überschrift die Aussprache eröffnet und geschlossen. Nach Schluß der Aussprache über jede Einzelbestimmung wird abgestimmt.

(3) Auf Beschluß des Bundestages kann die Reihenfolge geändert, die Aussprache über mehrere Einzelbestimmungen verbunden oder über Teile einer Einzelbestimmung oder über verschiedene Änderungsanträge zu demselben Gegenstand getrennt werden.

(4) Über mehrere oder alle Teile eines Gesetzentwurfs kann gemeinsam abgestimmt werden. Über Verträge mit auswärtigen Staaten und ähnliche Verträge gemäß Artikel 59 Abs. 2 des Grundgesetzes wird im ganzen abgestimmt.

§ 82 Änderungsanträge und Zurückverweisung in zweiter Beratung

(1) Änderungen zu Gesetzentwürfen in zweiter Beratung können beantragt werden, solange die Beratung des Gegenstandes, auf den sie sich beziehen, noch nicht abgeschlossen ist. Die Anträge müssen von mindestens einem Mitglied des Bundestages unterzeichnet sein und können mit einer kurzen Begründung versehen werden; wenn sie noch nicht verteilt sind, werden sie verlesen.

(2) Zu Verträgen mit auswärtigen Staaten und ähnlichen Verträgen, welche die politischen Beziehungen des Bundes regeln oder sich auf Gegenstände der Bundesgesetzgebung beziehen (Artikel 59 Abs. 2 des Grundgesetzes), sind Änderungsanträge nicht zulässig.

(3) Solange nicht die letzte Einzelabstimmung erledigt ist, kann die Vorlage ganz oder teilweise auch an einen anderen Ausschuß zurückverwiesen werden; dies gilt auch für bereits beratene Teile.

. . .

§ 84 Dritte Beratung von Gesetzentwürfen

Die dritte Beratung erfolgt,

a) wenn in zweiter Beratung keine Änderungen beschlossen worden sind, anschließend,

b) wenn Änderungen beschlossen sind, am zweiten Tage nach Verteilung der Drucksachen mit den beschlossenen Änderungen, früher nur, wenn auf Antrag einer Fraktion oder von fünf vom Hundert der Mitglieder des Bundestages zwei Drittel der anwesenden Mitglieder des Bundestages es beschließen; bei Gesetzentwürfen der Bundesregierung, die für dring-

lich erklärt worden sind (Artikel 81 des Grundgesetzes), kann die Fristverkürzung mit der Mehrheit der Mitglieder des Bundestages beschlossen werden. Für den Antrag gilt die Frist des § 20 Abs. 2 Satz 3.

Sie beginnt mit einer allgemeinen Aussprache nur dann, wenn in zweiter Beratung keine allgemeine Aussprache stattgefunden hat und sie vom Ältestenrat empfohlen oder von anwesenden fünf vom Hundert der Mitglieder des Bundestages verlangt wird.

§ 85 Änderungsanträge und Zurückverweisung in dritter Beratung

(1) Änderungsanträge zu Gesetzentwürfen in dritter Beratung müssen von einer Fraktion oder von fünf vom Hundert der Mitglieder des Bundestages unterzeichnet sein und können mit einer kurzen Begründung versehen werden. Sie dürfen sich nur auf diejenigen Bestimmungen beziehen, zu denen in zweiter Beratung Änderungen beschlossen wurden. Die Einzelberatung ist auf diese Bestimmungen beschränkt.

(2) Vor der Schlußabstimmung kann die Vorlage ganz oder teilweise auch an einen anderen Ausschuß zurückverwiesen werden; § 80 Abs. 1 findet Anwendung. Schlägt der Ausschuß Änderungen gegenüber den Beschlüssen des Bundestages in zweiter Beratung vor, wird die Beschlußempfehlung erneut in zweiter Beratung behandelt.

§ 86 Schlußabstimmung

Nach Schluß der dritten Beratung wird über den Gesetzentwurf abgestimmt. Sind die Beschlüsse der zweiten Beratung unverändert geblieben, so folgt die Schlußabstimmung unmittelbar. Wurden Änderungen vorgenommen, so muß die Schlußabstimmung auf Verlangen einer Fraktion oder von anwesenden fünf vom Hundert der Mitglieder des Bundestages ausgesetzt werden, bis die Beschlüsse zusammengestellt und verteilt sind. Über Verträge mit auswärtigen Staaten und ähnliche Verträge findet keine besondere Schlußabstimmung statt.

§ 87 Verfahren zu Artikel 113 des Grundgesetzes

(1) Macht die Bundesregierung von Artikel 113 Abs. 1 Satz 3 des Grundgesetzes Gebrauch, so ist die Beschlußfassung auszusetzen. Der Gesetzentwurf darf frühestens nach Eingang der Stellungnahme der Bundesregierung oder sechs Wochen nach Zugang des Verlangens der Bundesregierung beim Bundestagspräsidenten auf die Tagesordnung gesetzt werden.

(2) Verlangt die Bundesregierung nach Artikel 113 Abs. 2 des Grundgesetzes, daß der Bundestag erneut Beschluß faßt, gilt der Gesetzentwurf als an den federführenden Ausschuß und an den Haushaltsausschuß zurückverwiesen.

(3) Ist das beschlossene Gesetz dem Bundesrat gemäß § 122 bereits zugeleitet worden, hat der Präsident den Bundesrat von dem Verlangen der Bundesregierung in Kenntnis zu setzen. In diesem Falle gilt die Zuleitung als nicht erfolgt.

§ 88 Behandlung von Entschließungsanträgen

(1) Über Entschließungsanträge (§ 75 Abs. 2 Buchstabe c) wird nach der Schlußabstimmung über den Verhandlungsgegenstand oder, wenn keine Schlußabstimmung möglich ist, nach Schluß der Aussprache abgestimmt. Über Entschließungsanträge zu Teilen des Haushaltsplanes kann während der dritten Beratung abgestimmt werden.

(2) Entschließungsanträge können einem Ausschuß nur überwiesen werden, wenn die Antragsteller nicht widersprechen. Auf Verlangen einer Fraktion oder von anwesenden fünf vom

Hundert der Mitglieder des Bundestages ist die Abstimmung auf den nächsten Sitzungstag zu verschieben.

§ 89 Einberufung des Vermittlungsausschusses

Auf Antrag einer Fraktion oder von fünf vom Hundert der Mitglieder des Bundestages kann der Bundestag beschließen, zu Gesetzen, die der Zustimmung des Bundesrates bedürfen, die Einberufung des Vermittlungsausschusses zu verlangen (Artikel 77 Abs.2 Satz 4 des Grundgesetzes, § 75 Abs. 1 Buchstabe d).

§ 90 Beratung von Beschlußempfehlungen des Vermittlungsausschusses

Sieht der Einigungsvorschlag des Vermittlungsausschusses eine Änderung des vom Bundestag beschlossenen Gesetzes vor, gilt für die Behandlung des Einigungsvorschlages im Bundestag § 10 der Geschäftsordnung des Vermittlungsausschusses.
[§ 10 Geschäftsordnung des Vermittlungsausschusses
§ 10 Verfahren im Bundestag
(1) Ein Einigungsvorschlag auf Änderung oder Aufhebung des vom Bundestag beschlossenen Gesetzes ist alsbald auf die Tagesordnung des Bundestages zu setzen. Ein vom Ausschuß bestimmtes Mitglied berichtet im Bundestag und im Bundesrat.
(2) Der Bundestag stimmt nur über den Einigungsvorschlag ab. Zu dem Vorschlag können vor der Abstimmung Erklärungen abgegeben werden. Ein anderer Antrag zur Sache ist nicht zulässig.
(3) Sieht der Einigungsvorschlag mehrere Änderungen des Gesetzesbeschlusses vor, so ist in ihm zu bestimmen, ob und inwieweit im Bundestag über Änderungen gemeinsam abzustimmen ist. Erfolgt eine Einzelabstimmung über mehrere Änderungen, so ist eine Schlußabstimmung über den Einigungsvorschlag im ganzen erforderlich.]

§ 91 Einspruch des Bundesrates

Über den Antrag auf Zurückweisung eines Einspruchs des Bundesrates gegen ein vom Bundestag beschlossenes Gesetz (Artikel 77 Abs. 4 des Grundgesetzes) wird ohne Begründung und Aussprache abgestimmt. Vor der Abstimmung können lediglich Erklärungen abgegeben werden. Über den Antrag wird durch Zählung der Stimmen gemäß § 51 abgestimmt, wenn nicht namentliche Abstimmung verlangt wird (§ 52).

§ 92 Rechtsverordnungen

Rechtsverordnungen der Bundesregierung, die der Zustimmung des Bundestages bedürfen oder deren Aufhebung der Bundestag innerhalb einer bestimmten Frist verlangen kann, überweist der Präsident im Benehmen mit dem Ältestenrat unmittelbar an die zuständigen Ausschüsse. Dabei hat er eine Frist zu bestimmen, innerhalb der der federführende Ausschuß dem Bundestag einen Bericht vorzulegen hat. Der Bericht des Ausschusses ist auf die Tagesordnung der nächsten Sitzung des Bundestages zu setzen. Legt der Ausschuß diesen Bericht nicht rechtzeitig vor, ist die Vorlage auch ohne Ausschußbericht zur Beschlußfassung auf die Tagesordnung der nächsten Sitzung des Bundestages zu setzen.

§ 93 Unionsvorlagen

(1) Vorhaben gemäß §§ 3 bis 5 des Gesetzes über die Zusammenarbeit von Bundesregierung und Deutschem Bundestag in Angelegenheiten der Europäischen Union und gemäß Artikel 2 des Gesetzes zu den Verträgen zur Gründung der EWG und EURATOM sowie Unter-

richtungen des Europäischen Parlaments (Unionsvorlagen) sind unmittelbar an den Ausschuß für Angelegenheiten der Europäischen Union zu leiten.

(2) Die zuständigen Ausschüsse können Unionsvorlagen und deren Entwürfe (Unionsdokumente) vor und unabhängig von der förmlichen Unterrichtung des Bundestages zum Verhandlungsgegenstand erklären. Die Ausschüsse haben dem Präsidenten und dem Vorsitzenden des Ausschusses für die Angelegenheiten der Europäischen Union anzuzeigen, welche Unionsdokumente sie zum Verhandlungsgegenstand erklärt haben.

(3) Der Vorsitzende des Ausschusses für die Angelegenheiten der Europäischen Union legt dem Präsidenten in Abstimmung mit den Fachausschüssen einen Überweisungsvorschlag für die eingegangenen Unionsvorlagen und für die von den Ausschüssen zum Verhandlungsgegenstand erklärten Unionsdokumente vor. Der Präsident überweist die Unionsvorlagen und Unionsdokumente im Benehmen mit dem Ältestenrat an einen Ausschuß federführend und an andere beteiligte Ausschüsse zur Mitberatung.

(4) Die Titel der überwiesenen Unionsdokumente werden in einer Sammelübersicht aufgenommen, die verteilt wird und aus der ersichtlich ist, welchen Ausschüssen die Vorlagen überwiesen sind. Ein Unionsdokument wird als Bundestagsdrucksache verteilt, wenn es der Ausschuß für die Angelegenheiten der Europäischen Union bei seinem Überweisungsvorschlag beantragt und der Ältestenrat zustimmt, wenn es im Ältestenrat vereinbart wird oder wenn der federführende Ausschuß eine über die Kenntnisnahme hinausgehende Beschlußempfehlung vorlegt.

(5) Die Ausschüsse können Mitglieder des Europäischen Parlaments sowie Mitglieder des Rates und der Kommission der Europäischen Union oder deren Beauftragte zu ihren Beratungen in Europaangelegenheiten hinzuziehen. Sie können Unionsdokumente gemeinsam mit Ausschüssen des Europäischen Parlaments gleicher Zuständigkeit beraten.

(6) Die Ausschüsse können zur Vorbereitung von Entscheidungen über Unionsdokumente Delegationen zu einem Ausschuß des Europäischen Parlaments mit gleicher Zuständigkeit oder zu anderen Organen der Europäischen Union entsenden.

§ 93 a Ausschuß für Angelegenheiten der Europäischen Union

(1) Dem gemäß Artikel 45 des Grundgesetzes vom Bundestag zu bestellenden Ausschuß für Angelegenheiten der Europäischen Union obliegt nach Maßgabe der Geschäftsordnung und der Beschlüsse des Bundestages die Behandlung der Unionsvorlagen gemäß § 93 Abs. 1.

(2) Der Bundestag kann auf Antrag einer Fraktion oder von fünf vom Hundert der Mitglieder des Bundestages den Ausschuß für Angelegenheiten der Europäischen Union ermächtigen, zu bestimmt bezeichneten Unionsvorlagen die Rechte des Bundestages gemäß Artikel 23 des Grundgesetzes gegenüber der Bundesregierung wahrzunehmen. Das Recht des Bundestages, über eine Angelegenheit der Europäischen Union jederzeit selbst zu beschließen, bleibt unberührt.

(3) Der Ausschuß für Angelegenheiten der Europäischen Union hat im Falle einer Ermächtigung gemäß Absatz 2 vor der Abgabe einer Stellungnahme gegenüber der Bundesregierung zu der Unionsvorlage eine Stellungnahme der beteiligten Fachausschüsse einzuholen. Er kann außerdem zu einer Unionsvorlage eine Stellungnahme abgeben, sofern nicht einer der beteiligten Fachausschüsse widerspricht. Will der Ausschuß für Angelegenheiten der Europäischen Union von der Stellungnahme eines oder mehrerer Fachausschüsse abweichen, soll eine gemeinsame Sitzung mit den mitberatenden Ausschüssen anberaumt werden. In eilbedürftigen Fällen können die Vorsitzenden der mitberatenden Ausschüsse entsprechend § 72 Satz 2

schriftlich abstimmen lassen. Zur Einberufung einer Sitzung des Ausschusses für Angelegenheiten der Europäischen Union außerhalb des Zeitplanes oder außerhalb des ständigen Sitzungsortes des Bundestages ist der Vorsitzende des Ausschusses abweichend von § 60 auch berechtigt, wenn es die Terminplanung der zuständigen Organe der Europäischen Union erfordert und die Genehmigung des Präsidenten erteilt worden ist.

(4) Über den Inhalt und die Begründung der vom Ausschuß für Angelegenheiten der Europäischen Union beschlossenen Stellungnahmen gegenüber der Bundesregierung zu einer Unionsvorlage erstattet der Ausschuß für Angelegenheiten der Europäischen Union einen Bericht, der als Bundestagsdrucksache verteilt wird und innerhalb von drei Sitzungswochen nach der Verteilung auf die Tagesordnung zu setzen ist. Eine Aussprache findet jedoch nur statt, wenn diese von einer Fraktion oder von anwesenden fünf vom Hundert der Mitglieder des Bundestages verlangt wird.

(5) Der Ausschuß für Angelegenheiten der Europäischen Union kann bei einer Unionsvorlage, die ihm zur Mitberatung überwiesen worden ist, Änderungsanträge zur Beschlußempfehlung des federführenden Ausschusses stellen; der Änderungsantrag muß bis spätestens 18 Uhr des Vortages der Beratung der Beschlußempfehlung zu der Unionsvorlage dem Präsidenten vorgelegt werden.

(6) Zu den Sitzungen des Ausschusses für Angelegenheiten der Europäischen Union erhalten deutsche Mitglieder des Europäischen Parlaments Zutritt; weitere deutsche Mitglieder des Europäischen Parlaments sind als Vertreter zur Teilnahme berechtigt. Die mitwirkungsberechtigten Mitglieder des Europäischen Parlaments werden vom Präsidenten des Deutschen Bundestages auf Vorschläge der Fraktionen des Bundestages, aus deren Parteien deutsche Mitglieder in das Europäische Parlament gewählt worden sind, bis zur Neuwahl des europäischen Parlaments, längstens bis zum Ende der Wahlperiode des Deutschen Bundestages berufen. Die berufenen Mitglieder des Europäischen Parlaments sind befugt, die Beratung von Verhandlungsgegenständen anzuregen sowie während der Beratungen des Ausschusses für Angelegenheiten der Europäischen Union Auskünfte zu erteilen und Stellung zu nehmen.

(7) Der Ausschuß für Angelegenheiten der Europäischen Union hat Grundsätze über die Behandlung der ihm gemäß § 93 zugeleiteten Unionsvorlagen aufzustellen und diese zum Ausgangspunkt seiner Beschlußempfehlungen an den Bundestag oder seiner Stellungnahme gegenüber der Bundesregierung zu machen.
. . .

§ 95 Haushaltvorlagen

(1) Haushaltsvorlagen sind der Entwurf des Haushaltsgesetzes und des Haushaltsplans, Änderungsvorlagen zu diesen Entwürfen (Ergänzungsvorlagen), Vorlagen zur Änderung des Haushaltsgesetzes und des Haushaltsplans (Nachtragshaushaltsvorlagen) sowie sonstige den Haushalt betreffende Vorlagen. Alle Haushaltsvorlagen sind dem Haushaltsausschuß zu überweisen; auf ihr Verlangen sind die Fachausschüsse gutachtlich zu hören. § 63 Abs. 2 gilt entsprechend. Der Haushaltsausschuß soll die Stellungnahmen der beteiligten Ausschüsse wiedergeben. Ergänzungsvorlagen überweist der Präsident grundsätzlich ohne erste Beratung. Nachtragshaushaltsvorlagen können auf Vorschlag des Ältestenrates durch den Präsidenten ohne erste Beratung überwiesen und in einer Beratung abschließend behandelt werden.

(2) Die zweite Beratung des Entwurfs des Haushaltsgesetzes und des Haushaltsplans darf frühestens sechs Wochen, die abschließende Beratung von Nachtragshaushaltsvorlagen frühestens drei Wochen nach Zuleitung erfolgen, es sei denn, die Stellungnahme des Bundesrates geht vor Ablauf der in Artikel 110 Abs. 3 des Grundgesetzes vorgesehenen Frist ein.

(3) Für die abschließende Beratung von Nachtragshaushaltsvorlagen findet neben den Bestimmungen für die zweite Beratung (§§ 81, 82) die Bestimmung über die Schlußabstimmung (§ 86) entsprechende Anwendung.

(4) Nachtragshaushaltsvorlagen hat der Haushaltsausschuß spätestens innerhalb der auf den Eingang der Stellungnahme des Bundesrates folgenden Sitzungswoche zu beraten. Der Bericht des Ausschusses ist auf die Tagesordnung der nächsten Sitzung des Bundestages zu setzen. Hat der Ausschuß seine Beratungen nicht innerhalb der Frist abgeschlossen, ist die Vorlage ohne Ausschußbericht auf die Tagesordnung der nächsten Sitzung des Bundestages zu setzen.

§ 96 Finanzvorlagen

(1) Finanzvorlagen sind alle Vorlagen, die wegen ihrer grundsätzlichen Bedeutung oder ihres finanziellen Umfangs geeignet sind, auf die öffentlichen Finanzen des Bundes oder der Länder erheblich einzuwirken und die nicht Haushaltsvorlagen im Sinne des § 95 sind. Bei Zweifeln über den Charakter der Vorlagen entscheidet der Bundestag nach Anhörung des Haushaltsausschusses.

(2) Finanzvorlagen werden nach der ersten Beratung dem Haushaltsausschuß und dem Fachausschuß überwiesen. Werden Gesetzentwürfe durch die Annahme eines Änderungsantrags im Ausschuß zu Finanzvorlagen, hat der Ausschuß den Präsidenten hiervon in Kenntnis zu setzen. Dieser überweist die vom Ausschuß beschlossene Fassung dem Haushaltsausschuß; die Überweisung kann mit einer Fristsetzung verbunden sein.

(3) Finanzvorlagen von Mitgliedern des Bundestages müssen in der Begründung die finanziellen Auswirkungen darlegen. Der Präsident gibt der Bundesregierung Gelegenheit, innerhalb von vier Wochen zu den Auswirkungen auf die öffentlichen Finanzen des Bundes und der Länder Stellung zu nehmen. Der Bericht des Haushaltsausschusses darf erst nach Eingang der Stellungnahme der Bundesregierung oder nach vier Wochen auf die Tagesordnung gesetzt werden.

(4) Soweit die Finanzvorlage auf die öffentlichen Finanzen des Bundes einwirkt, prüft der Haushaltsausschuß ihre Vereinbarkeit mit dem laufenden Haushalt und künftigen Haushalten. Ergibt die Prüfung des Haushaltsausschusses, daß die Vorlage Auswirkungen auf den laufenden Haushalt hat, legt er zugleich mit dem Bericht an den Bundestag einen Vorschlag zur Deckung der Mindereinnahmen oder Mehrausgaben vor; hat sie Auswirkungen auf die künftigen Haushalte, äußert sich der Haushaltsausschuß in seinem Bericht zu den Möglichkeiten künftiger Deckung. Hat die Bundesregierung zu der Vorlage Stellung genommen, äußert sich der Haushaltsausschuß in seinem Bericht zu dieser Stellungnahme. Kann der Haushaltsausschuß keinen Deckungsvorschlag machen, wird die Vorlage dem Bundestag vorgelegt, der nach Begründung durch einen Antragsteller lediglich über die Möglichkeit einer Deckung berät und beschließt. Wird die Möglichkeit zur Deckung auch vom Bundestag verneint, gilt die Vorlage als erledigt.

(5) Soweit die Finanzvorlage auf die öffentlichen Finanzen der Länder einwirkt, teilt der Haushaltsausschuß in seinem Bericht Art und Umfang der Einwirkungen mit.

(6) Ergibt der Bericht des Haushaltsausschusses, daß Mitglieder oder Beauftragte der Bundesregierung Bedenken gegen die finanziellen Auswirkungen der Vorlage, der Beschlüsse des federführenden Ausschusses oder des Deckungsvorschlages erheben, gibt der Präsident der Bundesregierung Gelegenheit zur Stellungnahme, soweit diese nicht bereits vorliegt. In diesem Fall kann der Bericht erst nach Eingang der Stellungnahme oder nach vier Wochen auf die Ta-

gesordnung gesetzt werden. Hat die Bundesregierung Stellung genommen, soll der Haushaltsausschuß sich zu dieser Stellungnahme dem Bundestag gegenüber äußern.

(7) Werden in der zweiten Beratung Änderungen mit finanziellen Auswirkungen von grundsätzlicher Bedeutung oder erheblichem finanziellen Umfang beschlossen, erfolgt die dritte Beratung — nach vorheriger Beratung im Haushaltsausschuß — erst in der zweiten Woche nach der Beschlußfassung.

(8) Berichte des Haushaltsausschusses, die einen Deckungsvorschlag enthalten, können ohne Einhaltung der für die zweite Beratung von Gesetzentwürfen vorgeschriebenen Frist (§ 81 Abs. 1 Satz 2) beraten werden. Für Berichte, die keinen Deckungsvorschlag enthalten, kann die für die zweite Beratung vorgeschriebene Frist weder verkürzt noch aufgehoben werden, es sei denn, der Bundestag beschließt, gemäß § 80 Abs. 2 zu verfahren.

§ 97 Mißtrauensantrag gegen den Bundeskanzler

(1) Der Bundestag kann auf Antrag gemäß Artikel 67 Abs.1 des Grundgesetzes dem Bundeskanzler das Mißtrauen aussprechen. Der Antrag ist von einem Viertel der Mitglieder des Bundestages oder einer Fraktion, die mindestens ein Viertel der Mitglieder des Bundestages umfaßt, zu unterzeichnen und in der Weise zu stellen, daß dem Bundestag ein namentlich benannter Kandidat als Nachfolger zur Wahl vorgeschlagen wird. Anträge, die diesen Voraussetzungen nicht entsprechen, dürfen nicht auf die Tagesordnung gesetzt werden.

(2) Ein Nachfolger ist, auch wenn mehrere Wahlvorschläge gemacht sind, in einem Wahlgang mit verdeckten Stimmzetteln (§ 49) zu wählen. Er ist nur dann gewählt, wenn er die Stimmen der Mehrheit der Mitglieder des Bundestages auf sich vereinigt.

(3) Für den Zeitpunkt der Wahl gilt Artikel 67 Abs. 2 des Grundgesetzes.

§ 98 Vertrauensantrag des Bundeskanzlers

(1) Der Bundeskanzler kann gemäß Artikel 68 des Grundgesetzes beantragen, ihm das Vertrauen auszusprechen; für den Zeitpunkt der Abstimmung über den Antrag gilt Artikel 68 Abs. 2 des Grundgesetzes.

(2) Findet der Antrag nicht die Zustimmung der Mehrheit der Mitglieder des Bundestages, kann der Bundestag binnen einundzwanzig Tagen auf Antrag eines Viertels der Mitglieder des Bundestages gemäß § 97 Abs. 2 einen anderen Bundeskanzler wählen.
. . .

§ 100 Große Anfragen

Große Anfragen an die Bundesregierung (§ 75 Abs. 1 Buchstabe f) sind dem Präsidenten einzureichen; sie müssen kurz und bestimmt gefaßt sein und können mit einer kurzen Begründung versehen werden. Wird in der Begründung auf andere Materialien verwiesen, findet § 77 Abs. 2 entsprechende Anwendung.

§ 101 Beantwortung und Beratung von Großen Anfragen

Der Präsident teilt der Bundesregierung die Große Anfrage mit und fordert zur Erklärung auf, ob und wann sie antworten werde. Nach Eingang der Antwort wird die Große Anfrage auf die Tagesordnung gesetzt. Die Beratung muß erfolgen, wenn sie von einer Fraktion oder von fünf vom Hundert der Mitglieder des Bundestages verlangt wird.
. . .

§ 104 Kleine Anfragen

(1) In Kleinen Anfragen (§ 75 Abs. 3) kann von der Bundesregierung Auskunft über bestimmt bezeichnete Bereiche verlangt werden. Die Fragen sind dem Präsidenten einzureichen; sie dürfen keine unsachlichen Feststellungen oder Wertungen enthalten. Eine kurze Begründung kann angefügt werden.

(2) Der Präsident fordert die Bundesregierung auf, die Fragen innerhalb von vierzehn Tagen schriftlich zu beantworten; er kann diese Frist im Benehmen mit dem Fragesteller verlängern.

§ 105 Fragen einzelner Mitglieder des Bundestages

Jedes Mitglied des Bundestages ist berechtigt, kurze Einzelfragen zur mündlichen oder schriftlichen Beantwortung an die Bundesregierung zu richten. Das Nähere wird in Richtlinien geregelt (Anlage 4).

§ 105 Aktuelle Stunde und Befragung der Bundesregierung

(1) Für die Aussprache über ein bestimmt bezeichnetes Thema von allgemeinem aktuellen Interesse in Kurzbeiträgen von fünf Minuten (Aktuelle Stunde) gelten, soweit diese Geschäftsordnung nichts anderes vorschreibt, die Richtlinien (Anlage 5).

(2) In Sitzungswochen findet eine Befragung der Bundesregierung statt, bei der die Mitglieder des Bundestages Fragen von aktuellem Interesse an die Bundesregierung im Rahmen ihrer Verantwortlichkeit, vorrangig jedoch zur vorangegangenen Sitzung der Bundesregierung, stellen können. Das Nähere wird in Richtlinien geregelt (Anlage 7).

§ 107 Immunitätsangelegenheiten

(1) Ersuchen in Immunitätsangelegenheiten sind vom Präsidenten unmittelbar an den Ausschuß für Wahlprüfung, Immunität und Geschäftsordnung weiterzuleiten.

(2) Dieser hat Grundsätze über die Behandlung von Ersuchen auf Aufhebung der Immunität von Mitgliedern des Bundestages aufzustellen (Anlage 6) und diese Grundsätze zum Ausgangspunkt seiner in Einzelfällen zu erarbeitenden Beschlußempfehlungen an den Bundestag zu machen . . .

§ 108 Zuständigkeit des Petitionsausschusses

(1) Dem gemäß Artikel 45 c des Grundgesetzes vom Bundestag zu bestellenden Petitionsausschuß obliegt die Behandlung der nach Artikel 17 des Grundgesetzes an den Bundestag gerichteten Bitten und Beschwerden. Aufgaben und Befugnisse des Wehrbeauftragten des Bundestages bleiben unberührt.

(2) Soweit sich aus dem Gesetz über die Befugnisse des Petitionsausschusses des Deutschen Bundestages nichts anderes ergibt, werden die Petitionen gemäß den nachfolgenden Bestimmungen behandelt.

§ 109 Überweisung der Petitionen

(1) Der Präsident überweist die Petitionen an den Petitionsausschuß. Dieser holt eine Stellungnahme der Fachausschüsse ein, wenn die Petitionen einen Gegenstand der Beratung in diesen Fachausschüssen betreffen.

(2) Mitglieder des Bundestages, die eine Petition überreichen, sind auf ihr Verlangen zu den Ausschußverhandlungen mit beratender Stimme zuzuziehen.

§ 110 Rechte des Petitionsausschusses

(1) Der Petitionsausschuß hat Grundsätze über die Behandlung von Bitten und Beschwerden aufzustellen und diese Grundsätze zum Ausgangspunkt seiner Entscheidung im Einzelfall zu machen.

(2) Soweit Ersuchen um Aktenvorlage, Auskunft oder Zutritt zu Einrichtungen unmittelbar an Behörden des Bundes, bundesunmittelbare Körperschaften, Anstalten und Stiftungen des öffentlichen Rechts gerichtet werden, ist das zuständige Mitglied der Bundesregierung zu verständigen.

(3) Von der Anhörung des Petenten, Zeugen oder Sachverständigen ist das zuständige Mitglied der Bundesregierung rechtzeitig zu unterrichten.

. . .

§ 112 Beschlußempfehlung und Bericht des Petitionsausschusses

(1) Der Bericht über die vom Petitionsausschuß behandelten Petitionen wird mit einer Beschlußempfehlung dem Bundestag in einer Sammelübersicht vorgelegt. Der Bericht soll monatlich vorgelegt werden. Darüber hinaus erstattet der Petitionsausschuß dem Bundestag jährlich einen schriftlichen Bericht über seine Tätigkeit.

(2) Die Berichte werden gedruckt, verteilt und innerhalb von drei Sitzungswochen nach der Verteilung auf die Tagesordnung gesetzt; sie können vom Berichterstatter mündlich ergänzt werden. Eine Aussprache findet jedoch nur statt, wenn diese von einer Fraktion oder von anwesenden fünf vom Hundert der Mitglieder des Bundestages verlangt wird.

(3) Den Einsendern wird die Art der Erledigung ihrer Petition mitgeteilt. Diese Mitteilung soll mit Gründen versehen sein.

. . .

Quelle: Deutscher Bundestag, Hauptabteilung Z.

VI/4 Geschäftsordnung der Fraktion der SPD im Bundestag

i.d.F. vom 19. Mai 1992

Die Fraktion

§ 1 (Begriff)

Die in den Deutschen Bundestag gewählten Mitglieder der Sozialdemokratischen Partei Deutschlands bilden die Fraktion der SPD im Bundestag.

§ 2 (Allgemeine Pflichten der Fraktionsmitglieder)

(1) Die Fraktionsmitglieder sind zur Teilnahme an den Sitzungen und Arbeiten der Fraktion und des Bundestages und seiner Ausschüsse verpflichtet. Zur Sicherung der Teilnahme und für die Beurlaubung beschließt die Fraktion nähere Regelungen.

(2) Außer aus Krankheitsgründen darf ein Fraktionsmitglied einer Plenarsitzung nur mit ausdrücklicher Zustimmung des zuständigen Mitgliedes der Parlamentarischen Geschäftsführung fernbleiben. Im Krankheitsfalle ist das zuständige Mitglied der Parlamentarischen Geschäftsführung über die voraussichtliche Dauer der Abwesenheit zu unterrichten.

(3) Absätze 1 und 2 gelten für das Fehlen bei Ausschußsitzungen entsprechend mit der Maßgabe, daß der Sprecher/die Sprecherin zustimmt oder zu unterrichten ist. Wenn nicht die Anwesenheit eines bestimmten Ausschußmitgliedes aus besonderen Gründen erforderlich ist, hat der Sprecher/die Sprecherin beim Eintreten eines stellvertretenden Mitgliedes die Zustimmung zu erteilen.

(4) Beurlaubte oder zeitweilig von der Sitzung Abwesende müssen jederzeit kurzfristig erreichbar sein. Sie haben bei Plenarsitzungen dem zuständigen Mitglied der Parlamentarischen Geschäftsführung, bei Ausschußsitzungen dem Sprecher/der Sprecherin vorher ihren Aufenthalt und ihre telefonischen Erreichbarkeiten mitzuteilen. Andernfalls haben sie selbst ihre rechtzeitige Anwesenheit zu Abstimmungen sicherzustellen.

(5) Urlaubsgesuche an den Präsidenten/die Präsidentin des Bundestages müssen vor ihrer Einreichung dem zuständigen Mitglied der Parlamentarischen Geschäftsführung zur Gegenzeichnung vorgelegt werden. Für längere Abwesenheit von den Arbeiten aus anderen als Gesundheitsgründen bedarf es darüber hinaus der Zustimmung des Fraktionsvorstandes.

(6) Auch in allen sitzungsfreien Wochen und Parlamentsferien müssen die Fraktionsmitglieder erreichbar sein. Von der Heimatanschrift abweichende Anschriften müssen dem zuständigen Mitglied der Parlamentarischen Geschäftsführung mitgeteilt werden.

§ 3 (Redner und Rednerinnen der Fraktion im Plenum)

Die Fraktion bestimmt die Redner und Rednerinnen, die im Plenum die Auffassung der Fraktion zu vertreten haben.

§ 4 (Beteiligung an Plenardebatten)

Will ein Mitglied der Fraktion mit einer Zwischenbemerkung („Kurzintervention") nach § 27 Abs. 2 der Geschäftsordnung des Deutschen Bundestages in eine Plenardebatte eingreifen, so verständigt es sich darüber mit dem zuständigen Sprecher/der Sprecherin und dem jeweils anwesenden Mitglied der Parlamentarischen Geschäftsführung.

§ 5 (Besetzung von Ausschüssen, Gremien, Delegationen u. ä.)

Die Fraktion entscheidet über die Besetzung von Ausschüssen, Gremien und Delegationen und wählt für Ämter und Funktionen die von der Bundestagsfraktion zu benennenden Kandidaten und Kandidatinnen aufgrund von Vorschlägen des Fraktionsvorstandes. Werden aus der Mitte der Fraktion weitere Vorschläge gemacht, wird der Fraktion eine Liste aller Vorgeschlagenen in alphabetischer Reihenfolge vorgelegt. Die Wahl erfolgt § 15 entsprechend mit der Maßgabe, daß gewählt ist, wer die höchste Stimmenzahl erhalten hat.

§ 6 (Einbringung von Anfragen, Anträgen und Gesetzentwürfen)

(1) Die Fraktion beschließt über die Einbringung von Gesetzentwürfen und sonstigen Anträgen sowie von Großen Anfragen und von Kleinen Anfragen mit dem Zusatz: „Fraktionsvorsitzende/r und Fraktion der SPD".

(2) Kleine Anfragen einzelner Abgeordneter werden mit Zustimmung der zuständigen Arbeitsgruppe über die Geschäftsführung eingebracht. In Eilfällen tritt die Zustimmung des Sprechers/der Sprecherin an die Stelle der Zustimmung der Arbeitsgruppe.

(3) Andere Initiativen einzelner Fraktionsmitglieder, die nicht von der Fraktion eingebracht werden sollen, sind vor Einbringung dem Fraktionsvorstand über die zuständige Arbeitsgruppe vorzulegen. Diese haben den Initiatoren und Initiatorinnen Gelegenheit zur Teilnahme an der Beratung zu geben. Lehnt der Fraktionsvorstand eine Vorlage ab, muß der Fraktion auf Verlangen des/der Betroffenen hiervon Mitteilung gemacht werden. Die Fraktion entscheidet endgültig.

(4) Fragen für die Fragestunde werden über das zuständige Mitglied der Parlamentarischen Geschäftsführung eingereicht.

§ 7 (Interfraktionelle Anträge)

Für die Mitunterzeichnung von Gesetzentwürfen und sonstigen Anträgen sowie den Großen und Kleinen Anfragen, die von Mitgliedern verschiedener Fraktionen oder von anderen Fraktionen ausgehen, gilt § 6 Abs. 3 sinngemäß.

§ 8 (Beantragung namentliche Abstimmung)

(1) Auf Antrag von 5 % der Mitglieder der Fraktion entscheidet die Fraktion, ob zu einem bestimmten Punkt in der Fraktion namentlich abgestimmt wird.

(2) Der Antrag auf eine namentliche Abstimmung soll zu Beginn der Fraktionssitzung angekündigt werden.

§ 9 (Beschlußfähigkeit)

(1) Die Fraktion ist beschlußfähig, wenn mehr als die Hälfte der Mitglieder anwesend ist.

(2) Die Beschlußfähigkeit ist festzustellen, wenn sie vor einer Abstimmung angezweifelt wird.

Der Fraktionsvorstand

§ 10 (Zusammensetzung)

(1) Der Fraktionsvorstand setzt sich zusammen aus dem/der Fraktionsvorsitzenden, den stellvertretenden Fraktionsvorsitzenden, den Vorsitzenden der Querschnittsgruppen, den übrigen aus der Fraktion gewählten Mitgliedern und den Parlamentarischen Geschäftsführern und Geschäftsführerinnen.

(2) Dem Fraktionsvorstand sollen mindestens sechs Mitglieder aus den neuen Bundesländern oder den neuen Bezirken des Landes Berlin angehören.

(3) Der Präsident/die Präsidentin und die Vizepräsidenten/Vizepräsidentinnen des Bundestages gehören, wenn sie Mitglieder der Fraktion sind, kraft Amtes dem Fraktionsvorstand mit beratender Stimme an.

(4) Sozialdemokratische Mitglieder der Bundesregierung und sozialdemokratische Parlamentarische Staatssekretäre und Staatssekretärinnen nehmen an den Sitzungen des Fraktionsvorstandes mit beratender Stimme teil.

(5) Der/die Vorsitzende oder stellvertretende Vorsitzende der deutschen Mitglieder in der Sozialistischen Fraktion des Europäischen Parlaments sowie Präsident/Präsidentin oder die Vizepräsidenten/Vizepräsidentinnen des Europäischen Parlaments, wenn sie deutsche Mitglieder der Sozialistischen Fraktion sind, nehmen an den Sitzungen des Fraktionsvorstandes mit beratender Stimme teil.

§ 11 (Geschäftsführung)

(1) Der Fraktionsvorstand führt die Geschäfte der Fraktion und plant ihre Arbeit in Übereinstimmung mit den Richtlinien der Partei.

(2) Der Fraktionsvorstand verteilt die Aufgaben unter den stellvertretenden Fraktionsvorsitzenden und den Vorsitzenden der Querschnittsgruppen.

(3) Die Parlamentarischen Geschäftsführer und Geschäftsführerinnen erledigen die parlamentarischen, juristischen und organisatorischen Aufgaben der Fraktion. Der Fraktionsvorstand verteilt die Aufgabengebiete.

(4) Der/die Vorsitzende, die stellvertretenden Vorsitzenden, die Vorsitzenden der Querschnittsgruppen und die Parlamentarischen Geschäftsführer und Geschäftsführerinnen bilden den Geschäftsführenden Fraktionsvorstand, der den Fraktionsvorstand regelmäßig über die Regelung laufender Angelegenheiten der Geschäftsführung zwischen den Zusammenkünften des Fraktionsvorstandes unterrichtet.

§ 12 (Fraktionssitzungen)

(1) Der Fraktionsvorstand bereitet die Fraktionssitzungen vor und berichtet der Fraktion über seine Beratungen. In dem Bericht sollen auch von der Mehrheit abweichende Auffassungen im Fraktionsvorstand zum Ausdruck kommen. Er unterrichtet die Fraktion über wesentliche politische Vorgänge und Besprechungen.

(2) Die deutschen Mitglieder der Sozialistischen Fraktion des Europäischen Parlaments nehmen an den Sitzungen der Fraktion mit beratender Stimme teil.

§ 13 (Einberufung der Fraktionssitzungen)

(1) Der Fraktionsvorstand beruft die Fraktionssitzungen ein und setzt sie zeitlich so an, daß eine gründliche Behandlung der Vorlagen möglich ist.

(2) Auf Verlangen von mindestens einem Viertel der Fraktionsmitglieder beruft der Fraktionsvorstand eine außerordentliche Fraktionssitzung ein.

§ 14 (Wahl des Fraktionsvorstandes)

(1) Die Fraktion wählt in geheimer Wahl in getrennten Wahlgängen den Fraktionsvorsitzenden/die Fraktionsvorsitzende, die Stellvertreter und Stellvertreterinnen, die Vorsitzenden der Querschnittsgruppen, die Parlamentarischen Geschäftsführer und Geschäftsführerinnen und die weiteren Mitglieder des Fraktionsvorstandes. Ein Mitglied der parlamentarischen Geschäftsführung soll aus den neuen Bundesländern oder den neuen Bezirken des Landes Berlin kommen.

(2) § 11 Abs. 1 und § 41 (9) Ziff. 2 des Organisationsstatuts der Partei gelten entsprechend.

(3) Die erste Wahl erfolgt für die Dauer von 12 Monaten. Neuwahlen erfolgen in Abständen von 18 Monaten. Die Parlamentarischen Geschäftsführer und Geschäftsführerinnen werden für die Dauer der Legislaturperiode gewählt.

§ 15 (Wahlverfahren)

(1) Der bisherige Fraktionsvorstand unterbreitet spätestens drei Tage vor der Wahl einen Wahlvorschlag für die Wahl des neuen Fraktionsvorstandes. Die Vorgeschlagenen sind in alphabetischer Reihenfolge aufzuführen. Werden aus der Mitte der Fraktion zusätzliche Vorschläge gemacht, so ist der Wahlvorschlag in alphabetischer Reihenfolge neu zu fassen. Die Wahl erfolgt frühestens einen Tag nach Vorliegen des neuen Vorschlages.

(2) Bei der Wahl der stellvertretenden Fraktionsvorsitzenden, der Parlamentarischen Geschäftsführer und Geschäftsführerinnen und der weiteren Mitglieder des Fraktionsvorstandes sind im ersten Wahlgang die Kandidaten und Kandidatinnen mit der höchsten Stimmenzahl gewählt, sofern sie die Mehrheit der gültigen Stimmen erhalten haben.

(3) Sind nicht alle erforderlichen Kandidaten und Kandidatinnen gemäß Absatz 2 gewählt worden, schließt sich ein neuer Wahlgang an, für den neue Kandidaten und Kandidatinnen vorgeschlagen werden können. Für das Verfahren gilt Absatz 1 mit der Maßgabe, daß die Fristen durch Beschluß des Vorstandes verkürzt werden können.

(4) Im neuen Wahlgang sind die Kandidaten und Kandidatinnen mit der höchsten Stimmenzahl gewählt.

(5) In beiden Wahlgängen findet bei Stimmengleichheit eine Stichwahl statt; bei erneuter Stimmengleichheit entscheidet das Los.

§ 16 (Weiterführung der Geschäfte)

Bei Neuwahl des Bundestages führt der bisherige Fraktionsvorstand die Geschäfte bis zur Wahl eines neuen Fraktionsvorstandes weiter. Er setzt sich nach dem Wahltag aus den wiedergewählten bisherigen Mitgliedern des Fraktionsvorstandes zusammen.

Querschnitts- und Arbeitsgruppen

§ 17 (Querschnittsgruppen)

(1) Für einzelne Aufgabenbereiche können Querschnittsgruppen gebildet werden.

(2) Die Mitglieder der Querschnittsgruppen werden auf Vorschlag des Fraktionsvorstandes von der Fraktion gewählt.

§ 18 (Arbeitsgruppen)

(1) Die Mitglieder eines Ausschusses bilden eine Arbeitsgruppe.

(2) Neben den Arbeitsgruppen gemäß Absatz 1 können Arbeitsgruppen zur Behandlung bestimmter Fragen gebildet werden. Diese Arbeitsgruppen ordnet der Fraktionsvorstand, soweit erforderlich, einer Arbeitsgruppe nach Abs. 1 oder einer Querschnittsgruppe federführend zu.

(3) Zur ersten Sitzung der Arbeitsgruppe nach Beginn der Legislaturperiode lädt der/die Fraktionsvorsitzende ein.

(4) Die Arbeitsgruppen legen ihre Beratungsergebnisse der Fraktion zur Beschlußfassung vor.

§ 19 (Verantwortlichkeit der Sprecher und Sprecherinnen)

(1) Der/die Vorsitzende der Arbeitsgruppe (Sprecher/Sprecherin) ist der Fraktion und dem Fraktionsvorstand für die Arbeit im Ausschuß verantwortlich.

(2) Die Sprecher und Sprecherinnen werden auf Vorschlag der Arbeitsgruppe und des Fraktionsvorstandes von der Fraktion gewählt. § 14 Abs. 3 und § 15 Abs. 1 gelten entsprechend.

§ 20 (Vorbesprechungen der Arbeitsgruppen)

Soweit erforderlich, beruft der Sprecher/die Sprecherin zur Besprechung der Tagesordnung eine Sitzung der Mitglieder und der stellvertretenden Mitglieder des Ausschusses vor der Ausschußsitzung ein.

§ 21 (Zusammenarbeit mehrerer Ausschüsse)

Die Sprecher und Sprecherinnen stellen in Absprache mit dem Geschäftsführenden Fraktionsvorstand die Koordination der Arbeit der Arbeitsgruppen und die Zusammenarbeit in den verschiedenen Ausschüssen sicher, insbesondere wenn mehrere Ausschüsse an der Beratung einer Vorlage beteiligt sind.

§ 22 (Zusammenarbeit mit dem Parteivorstand)

Die Sprecher und Sprecherinnen sorgen für die Zusammenarbeit mit den Referenten und Referentinnen des Parteivorstandes.

§ 23 (Wahl der stellvertretenden Sprecher und Sprecherinnen)

Die beiden stellvertretenden Sprecher/Sprecherinnen werden von der Arbeitsgruppe gewählt. Jeweils einer oder eine der stellvertretenden Sprecher und Sprecherinnen soll aus den neuen Bundesländern oder den neuen Bezirken des Landes Berlin kommen.

§ 24 (Sitzungen der Arbeitsgruppen)

Die Fraktionsmitglieder sind berechtigt, an den Sitzungen jeder Querschnitts- und Arbeitsgruppe teilzunehmen.

§ 25 (Justitiar/Justitiarin)

(1) Die Fraktion kann eines ihrer Mitglieder mit den Aufgaben eines Justitiars/einer Justitiarin beauftragen.

(2) Der Justitiar/die Justitiarin soll bei Rechtsstreitigkeiten, an denen die Fraktion beteiligt ist, die notwendigen juristischen Arbeiten koordinieren, Schriftsätze fertigen und die Fraktion nach Absprache mit dem/der Fraktionsvorsitzenden vor Gericht vertreten und den Mitgliedern der Fraktion bei Rechtsstreitigkeiten, die im Zusammenhang mit ihrer politischen Funktion stehen, juristisch beistehen.

(3) Der Justitiar/die Justitiarin soll ferner besondere Aufgaben im Auftrag des/der Fraktionsvorsitzenden wahrnehmen.

Haushalts- und Rechnungswesen

§ 26 (Sonderbeitrag)

Die Fraktionsmitglieder entrichten einen monatlichen Sonderbeitrag an die Partei, der von der Fraktion im Benehmen mit dem Parteivorstand zu Beginn der Legislaturperiode festgesetzt wird.

§ 27 (Rechnungsprüfung)

(1) Die Fraktion bestellt eine Rechnungsprüfungskommission aus drei Mitgliedern, die mindestens einmal im Kalenderjahr zu berichten hat.

(2) Die Mitglieder der Kommission dürfen nicht dem Fraktionsvorstand angehören.

(3) In dem Bericht ist die Anzahl der Fraktionsmitarbeiter und -mitarbeiterinnen mitzuteilen.

Mitarbeiter und Mitarbeiterinnen der Fraktion

§ 28 (Einstellung von Mitarbeitern und Mitarbeiterinnen)

(1) Der Geschäftsführende Fraktionsvorstand entscheidet über die Einrichtung und Verteilung der Stellen sowie die Einstellung, Höhergruppierung und Entlassung von Mitarbeitern und Mitarbeiterinnen der Fraktion. Personalentscheidungen werden von dem zuständigen Mitglied der parlamentarischen Geschäftsführung vorbereitet. Soweit Arbeitsgruppen betroffen sind, wirkt auch deren Sprecher oder Sprecherin mit.

(2) Der Einsatz für die Arbeitsgruppen tätiger Mitarbeiter und Mitarbeiterinnen obliegt insoweit grundsätzlich dem Sprecher/der Sprecherin; über den Einsatz der übrigen Mitarbeiter und Mitarbeiterinnen entscheidet grundsätzlich das jeweils zuständige Mitglied des Geschäftsführenden Vorstandes.

(3) Der Einsatz der für mehrere Arbeitsgruppen tätigen Mitarbeiter/Mitarbeiterinnen obliegt dem/der von dem für Personalfragen zuständigen Mitglied des Geschäftsführenden Vorstandes benannten Sprecher/Sprecherin.

§ 29 (Personalvertretung der Mitarbeiter und Mitarbeiterinnen)

Für die Wahrnehmung der Interessen der Mitarbeiter und Mitarbeiterinnen der Fraktion ist zwischen dem Fraktionsvorstand und dem Personalrat, der nach den Bestimmungen des Personalvertretungsgesetzes gewählt wird, eine Betriebsvereinbarung zu treffen.

Fraktionsverwaltung

§ 30 (Leiter/Leiterin der Fraktionsverwaltung)

Der Leiter/die Leiterin der Fraktionsverwaltung nimmt an den Sitzungen des Geschäftsführenden Fraktionsvorstandes und des Fraktionsvorstandes teil und hat das Recht, an den Sitzungen der Fraktion sowie der Querschnitts- und Arbeitsgruppen teilzunehmen.

Pressestelle

§ 31 (Sprecher/Sprecherin der Fraktion)

(1) Bei der Fraktion besteht eine Pressestelle, die von dem Sprecher/der Sprecherin der Fraktion geleitet wird.

(2) Der Sprecher/die Sprecherin der Fraktion hat das Recht, an den Sitzungen des Geschäftsführenden Fraktionsvorstandes und des Fraktionsvorstandes, er/sie und die anderen Mitarbeiter und Mitarbeiterinnen der Pressestelle haben das Recht, an den Sitzungen der Fraktion sowie der Querschnitts- und Arbeitsgruppen teilzunehmen.

Auslegungen und Änderungen der Fraktionsgeschäftsordnung

§ 32 (Auslegung der Fraktionsgeschäftsordnung)

(1) Die Auslegung der Fraktionsgeschäftsordnung obliegt im Einzelfall dem/der Fraktionsvorsitzenden.

(2) Bei Zweifelsfragen von grundsätzlicher Bedeutung entscheidet die Fraktion auf Vorschlag des Fraktionsvorstandes.

§ 33 (Änderungen der Fraktionsgeschäftsordnung)

Änderungen der Fraktionsgeschäftsordnung müssen schriftlich beantragt und von der Mehrheit der Mitglieder der Fraktion beschlossen werden.

Übergangsvorschrift

§ 8 gilt zunächst bis Ende 1992.

Die §§ 10 Absatz 2 und 23 Satz 2 gelten für die Dauer der Legislaturperiode des 12. Deutschen Bundestages.

Anhang

Beschluß zum Selbstverständnis der Fraktion vom 23. 6. 1981 in der Fassung vom 19. 05. 1992

Die SPD-Bundestagsfraktion ist die parlamentarische Vertretung der SPD. Sie hat den Auftrag, die sozialdemokratische Politik im Deutschen Bundestag zu vertreten. Sie erfüllt diesen Auftrag dadurch, daß sie nach gründlicher Diskussion in Arbeitsgruppen, Querschnittsgruppen, im Fraktionsvorstand und in der Gesamtfraktion ihre Entscheidungen durch Abstimmung trifft und die so getroffenen Entscheidungen im Bundestag geschlossen vertritt.

Dabei entspricht es dem Selbstverständnis der Fraktion, daß bei der Vertretung und Begründung ihrer Entscheidung im Bundestag und in der Öffentlichkeit auch solche Meinungen und sachliche Bedenken aufgenommen werden, die in der Meinungs- und Willensbildung der Fraktion von Bedeutung waren, aber in der Minderheit geblieben sind. Wer in der Minderheit geblieben ist, muß die Argumente der Mehrheit in der Öffentlichkeit bei Wahrung der eige-

nen Meinung sachlich und fair darstellen. Die Einbringung von mit der Fraktion nicht abgestimmten Anträgen im Plenum widerspricht der Fraktionssolidarität. Die Fraktion bestimmt die Redner, die im Plenum die Auffassung der Fraktion zu vertreten haben. Darüber hinausgehende Redebeiträge müssen auf begründete Ausnahmen beschränkt bleiben. Sie sind der Fraktion rechtzeitig mitzuteilen und mit dem Fraktionsvorstand zu besprechen. Über die Absicht, im Plenum eine Erklärung abzugeben, ist die Fraktion ebenfalls rechtzeitig zu informieren.

Die Legitimität von abweichendem Stimmverhalten im Bundestag in Gewissensfragen bleibt davon unberührt. Die Absicht, abweichend von den Beschlüssen der Fraktion zu stimmen, ist der Fraktion spätestens in der der Abstimmung vorausgehenden Fraktionssitzung mitzuteilen.

Dieses Selbstverständnis der Fraktion muß für das Verhalten ihrer Mitglieder bestimmend sein. Es ist der Ausdruck der Solidarität von Sozialdemokraten und Voraussetzung sozialdemokratischer Handlungsfähigkeit in Parlament und Regierung.

Quelle: SPD-Bundestagsfraktion. Bonn.

VI/5 Aus dem Urteil des Bundesverfassungsgerichts vom 13. Juni 1989 zur Rechtsstellung eines fraktionslosen Abgeordneten des Deutschen Bundestages („Wüppesahl-Urteil") — Leitsätze

1.a) Maßnahme im Sinne des § 64 Abs. 1 BVerfGG kann auch eine Vorschrift der Geschäftsordnung sein; sie ist auch dann alleiniger Angriffsgegenstand im Organstreitverfahren, wenn auf ihrer Grundlage weitere Entscheidungen getroffen werden, diese aber die Geschäftsordnung lediglich anwenden und daher ihrerseits keine weitere Beschwer enthalten.

b) Eine Geschäftsordnungsvorschrift stellt allerdings eine Maßnahme erst dann dar, wenn sie beim Antragsteller eine aktuelle rechtliche Betroffenheit auszulösen vermag.

2.a) Der durch Art. 38 Abs. 1 GG gewährleistete repräsentative verfassungsrechtliche Status des Abgeordneten ist Grundlage für die repräsentative Stellung des Bundestages, der als „besonderes Organ" (Art. 20 Abs. 2 GG) die vom Volke ausgehende Staatsgewalt ausübt.

b) Dem Bundestag obliegt es, in dem von der Verfassung vorgezeichneten Rahmen seine Arbeit und die Erledigung seiner Aufgaben auf der Grundlage des Prinzips der Beteiligung aller zu organisieren (Art. 40 Abs. 1 Satz 2 GG).

c) Alle Abgeordneten sind berufen, an der Arbeit des Bundestages mit gleichen Rechten und Pflichten teilzunehmen. Dies folgt vor allem daraus, daß die Repräsentation des Volkes vom Parlament als ganzem, d. h. in der Gesamtheit seiner Mitglieder als Repräsentanten, bewirkt wird. Dies setzt die gleiche Mitwirkungsbefugnis aller Abgeordneten voraus.

3.a) Die den einzelnen Abgeordneten aus ihrem verfassungsrechtlichen Status zufließenden Rechte werden durch die Geschäftsordnung nicht erst begründet, sie regelt vielmehr nur die Art und Weise ihrer Ausübung. Dabei dürfen die Rechte des einzelnen Abgeordneten zwar im einzelnen ausgestaltet und insofern auch eingeschränkt, ihm jedoch grundsätzlich nicht entzogen werden.

b) Politisches Gliederungsprinzip für die Arbeit des Bundestages sind heute die Fraktionen. Ihre Bildung beruht auf der in Ausübung des freien Mandats getroffenen Entscheidung des

Abgeordneten (Art. 38 Abs. 1 Satz 2 GG). Der Bundestag hat daher in der Geschäftsordnung die Befugnisse der Fraktionen im parlamentarischen Geschäftsgang unter Beachtung der Rechte der Abgeordneten festzulegen.

c) Das Parlament hat bei der Entscheidung darüber, welcher Regeln es zu seiner Selbstorganisation und zur Gewährleistung eines ordnungsgemäßen Geschäftsganges bedarf, einen weiten Gestaltungsspielraum; verfassungsgerichtlicher Kontrolle unterliegt jedoch, ob dabei das Prinzip der Beteiligung aller Abgeordneten an den Aufgaben des Parlaments gewahrt bleibt.

4.a) Die Ausschüsse sind durch ihre Aufgabenstellung in die Repräsentation des Volkes durch das Parlament einbezogen. Deshalb muß grundsätzlich jeder Ausschuß ein verkleinertes Abbild des Plenums sein.

b) Eine prinzipielle Mitwirkungsmöglichkeit hat für den einzelnen Abgeordneten angesichts des Umstandes, daß ein Großteil der eigentlichen Sacharbeit des Bundestages von den Ausschüssen bewältigt wird, eine der Mitwirkung im Plenum vergleichbare Bedeutung. Von daher darf ein Abgeordneter nicht ohne gewichtige, an der Funktionstüchtigkeit des Parlaments orientierte Gründe von jeder Mitarbeit in den Ausschüssen ausgeschlossen werden.

c) Wenn — wie derzeit — der Zahl der Abgeordneten eine entsprechend große Zahl von Ausschußsitzen gegenübersteht, hat jeder einzelne Abgeordnete Anspruch darauf, in einem Ausschuß mit Rede- und Antragsrecht mitzuwirken; hingegen ist es verfassungsrechtlich nicht geboten, dem fraktionslosen Abgeordneten im Ausschuß ein — notwendigerweise überproportional wirkendes — Stimmrecht zu geben.

5. Bei der Bemessung der Redezeit eines fraktionslosen Abgeordneten ist auf das Gewicht und die Schwierigkeit des Verhandlungsgegenstandes wie auf die Gesamtdauer der Aussprache und darauf Bedacht zu nehmen, ob er gleichgerichtete politische Ziele wie andere fraktionslose Mitglieder des Bundestages verfolgt und sich auch für diese äußert.

6.a) Fraktionslose Abgeordnete haben keinen Anspruch auf finanzielle Gleichstellung mit den Fraktionen.

b) Soweit fraktionsangehörigen Abgeordneten aus der Arbeit der Fraktionen eine Reihe von Vorteilen zufließt, hat dies der Deutsche Bundestag gegenüber dem fraktionslosen Abgeordneten auszugleichen.

Quelle: Entscheidungen des Bundesverfassungsgerichts, Band 80, 1990, S. 188 f.

VI/6 Die ständigen Ausschüsse des Bundestages in der
13. Wahlperiode — Stand: 24. März 1995

		Zahl der Mitglieder	Vorsitz/ stellv. Vorsitz
1	Ausschuß für Wahlprüfung, Immunität und Geschäftsordnung	17	SPD/CDU
2	Petitionsausschuß	32	BÜ90/GR/SPD
3	Auswärtiger Ausschuß	39	CDU/SPD
4	Innenausschuß	39	SPD/CDU
5	Sportausschuß	17	CDU/FDP
6	Rechtsausschuß	32	CDU/SPD
7	Finanzausschuß	39	FDP/CDU
8	Haushaltsausschuß	41	SPD/CSU
9	Ausschuß für Wirtschaft	39	CDU/SPD
10	Ausschuß für Ernährung, Landwirtschaft und Forsten	32	CDU/SPD
11	Ausschuß für Arbeit und Sozialordnung	39	SPD/CDU
12	Verteidigungsausschuß	39	CSU/SPD
13	Ausschuß für Familie, Senioren, Frauen und Jugend	39	SPD/CDU
14	Ausschuß für Gesundheit	32	FDP/CDU
15	Ausschuß für Verkehr	39	CSU/SPD
16	Ausschuß für Umwelt, Naturschutz und Reaktorsicherheit	39	CDU/BÜ90/GR
17	Ausschuß für Post und Telekommunikation	17	SPD/CDU
18	Ausschuß für Raumordnung, Bauwesen und Städtebau	32	CDU/SPD
19	Ausschuß für Bildung, Wissenschaft, Forschung, Technologie und Technikfolgenabschätzung	35	SPD/FDP
20	Ausschuß für wirtschaftliche Zusammenarbeit und Entwicklung	32	CDU/BÜ90/GR
21	Ausschuß für Fremdenverkehr und Tourismus	17	BÜ90/GR/CSU
22	Ausschuß für die Angelegenheiten der Europäischen Union	39	SPD/CDU

Quelle: Deutscher Bundestag, Hauptabteilung Z.

VI/7 Vom Deutschen Bundestag eingesetzte Untersuchungsausschüsse

1. Wahlperiode (1949 – 53)

— Untersuchungsausschuß zur Überprüfung der Einfuhren in das Vereinigte Wirtschaftsgebiet und in das Gebiet der Bundesrepublik
— Untersuchungsausschuß zur Überprüfung der Verhältnisse auf dem Gebiete des Kraftstoffvertriebs
— Untersuchungsausschuß zur Überprüfung der im Raume Bonn vergebenen Aufträge
— Untersuchungsausschuß zur Untersuchung der Ursachen der Grubenkatastrophe auf der Zeche „Dahlbusch" (Gelsenkirchen)
— Untersuchungsausschuß zur Hauptstadtfrage (Spiegelausschuß)
— Untersuchungsausschuß gemäß Drucksache 2655 betr. Antrag der Fraktion der CDU/ CSU betr. Dokumentendiebstahl Bundeskanzleramt
— Untersuchungsausschuß gemäß Drucksache 2657 betr. Antrag der Fraktion der SPD betr. Einsetzung eines Untersuchungsausschusses zur Überprüfung von Mißständen in der Bundesverwaltung (Platow-Ausschuß)
— Untersuchungsausschuß gemäß Drucksache 2680 betr. Antrag der Fraktion der SPD auf Einsetzung eines Untersuchungsausschusses zur Prüfung, ob durch die Personalpolitik Mißstände im auswärtigen Dienst eingetreten sind
— Untersuchungsausschuß gemäß Drucksache 3645 betr. Antrag der Fraktion der SPD auf Einsetzung eines Untersuchungsausschusses zur Prüfung der unzulänglichen Einstellung von Schwerbeschädigten bei den Bundesdienststellen

2. Wahlperiode (1953 – 57)

— 1. Untersuchungsausschuß (Untersuchung des Falles John)
— 2. Untersuchungsausschuß (Bereinigung des Reichs- und Bundesrechts; Gesetzgebungsenquête)
— 3. Untersuchungsausschuß (zur Prüfung von Vorgängen in der Einfuhr- und Vorratsstelle für Fette)

3. Wahlperiode (1957 – 61)

keine Untersuchungsausschüsse

4. Wahlperiode (1961 – 65)

— 1. Untersuchungsausschuß (Prüfung von öffentlich aufgestellten Behauptungen über die Tätigkeit des Bundesministers *Franz Josef Strauß* bei der Vorbereitung eines Bauprojekts für die Errichtung von Wohnungen für die US-Streitkräfte; FIBAG-Ausschuß)
— 2. Untersuchungsausschuß (Prüfung der durch das Bundesamt für Verfassungsschutz über alliierte Dienststellen eingeleitete Verfahren zur Post-, Telefon- oder Fernschreibüberwachung; „Telefon-Abhöraffäre")

5. Wahlperiode (1965 – 69)

— 1. Untersuchungsausschuß (Prüfung, ob bei Vertragsschluß und Abwicklung des Projektes Schützenpanzer HS 30 Unregelmäßigkeiten vorgekommen sind; „HS-30-Ausschuß")

— 2. Untersuchungsausschuß (Überprüfung der gegenwärtigen Organisation, Kompetenzverteilung, personellen und sachlichen Ausstattung der für den Staatsschutz und die Spionageabwehr zuständigen Nachrichtendienste)

6. Wahlperiode (1969 – 72)

— 1. Untersuchungsausschuß (Prüfung eventueller Zweifel des Bundesverkehrsministeriums gegenüber der Zuverlässigkeit und Leistungsfähigkeit des Luftfahrtunternehmens Pan International; „Pan International-Ausschuß")

7. Wahlperiode (1972 – 76)

— 1. Untersuchungsausschuß (Prüfung, ob Entscheidungen von Abgeordneten des 6. Bundestages im Zusammenhang mit den Abstimmungen über das konstruktive Mißtrauensvotum und über die Ostverträge beeinflußt worden sind; „Steiner/Wienand-Ausschuß")
— 2. Untersuchungsausschuß (Überprüfung der Anstellung des unter Spionageverdachts verhafteten *Günter Guillaume* im Kanzleramt; „Guillaume-Ausschuß")

8. Wahlperiode (1976 – 80)

— 1. Untersuchungsausschuß (Überprüfung des Abhörvorfalles eines Telefongespräches mit *Franz Josef Strauß)*

9. Wahlperiode (1980 – 83)

— Untersuchungsausschuß („Fall *Rauschenbach*": Klärung der Vorgänge beim Übertritt des Oberstleutnants der Nationalen Volksarmee, *Klaus Dieter Rauschenbach*, in die Bundesrepublik Deutschland und seiner Rückkehr in die DDR)

10. Wahlperiode (1983 – 87)

— 1. Untersuchungsausschuß (*Flick*-Spenden-Affäre)
— 2. Untersuchungsausschuß (Spionageabwehr während der Amtszeit von Bundesinnenminister Dr. *Zimmermann)*
— 3. Untersuchungsausschuß „Neue Heimat"
— 4. Untersuchungsausschuß („U-Boot-Pläne")

11. Wahlperiode (1987 – 90)

— 1. Untersuchungsausschuß („U-Boot-Pläne")
— 2. Untersuchungsausschuß („Transnuklear/Atomskandal")

12. Wahlperiode (1990 – 94)

— 1. Untersuchungsausschuß („Kommerzielle Koordinierung/Schalck-Golodkowksi")
— 2. Untersuchungsausschuß (Treuhandanstalt)

13. Wahlperiode (1994 –) (Stand 11. März 1996)

— 1. Untersuchungsausschuß (Plutonium)
— 2. Untersuchungsausschuß (DDR-Vermögen)

Anmerkung: Zusätzlich konstituierte sich seit 1953 der Verteidigungsausschuß in 11 Fällen als Untersuchungsausschuß.

Quelle: Datenhandbuch zur Geschichte des Deutschen Bundestages 1949 bis 1982, (Baden-Baden: Nomos Verlagsgesellschaft), 1984, 3., durchges. Auflage, S. 618 ff.; Datenhandbuch zur Geschichte des Deutschen Bundestages 1980 bis 1987, (Baden-Baden: Nomos Verlagsgesellschaft), 1988, S. 498 ff. und eigene Ergänzungen.

VI/8 Vom Deutschen Bundestag eingesetzte Enquête-Kommissionen

Anmerkung: Das Instrument der Enquête-Kommission wurde im Jahre 1969 geschaffen.

6. Wahlperiode (1969 – 72)

— Auswärtige Kulturpolitik
— Fragen der Verfassungsreform

7. Wahlperiode (1972 – 76)

— Auswärtige Kulturpolitik
— Verfassungsreform
— Frau und Gesellschaft

8. Wahlperiode (1976 – 80)

— Frau und Gesellschaft
— Zukünftige Energiepolitik

9. Wahlperiode (1980 – 83)

— Neue Informations- und Kommunikationstechniken
— Jugendprotest im demokratischen Staat
— Zukünftige Kernenergiepolitik

10. Wahlperiode (1983 – 87)

— Chancen und Risiken der Gentechnologie
— Einschätzung und Bewertung von Technikfolgen; Gestaltung von Rahmenbedingungen der technischen Entwicklung

11. Wahlperiode (1987 – 90)

— Gefahren von AIDS und wirksame Wege zu ihrer Eindämmung
— Strukturreform der gesetzlichen Krankenversicherung
— Vorsorge zum Schutz der Erdatmosphäre

— Einschätzung und Bewertung von Technikfolgen; Gestaltung von Rahmenbedingungen der technischen Entwicklung
— Zukünftige Bildungspolitik — Bildung 2000

12. Wahlperiode (1990 –94)

— Vorsorge zum Schutz der Erdatmosphäre
— Schutz des Menschen und der Umwelt
— Aufarbeitung der Geschichte und der Folgen der SED-Diktatur
— Demographischer Wandel

13. Wahlperiode (1994 –) (Stand 11. März 1996)
— Überwindung der Folgen der SED-Diktatur im Prozeß der deutschen Einheit

Quelle: Datenhandbuch zur Geschichte des Deutschen Bundestages 1980 bis 1987, (Baden-Baden: Nomos Verlagsgesellschaft), 1988, S. 514 ff. und eigene Ergänzungen.

VI/9 Tätigkeit des Deutschen Bundestages und des Bundesrates

Gegenstand der Nachweisung	\multicolumn Wahlperiode									
	4.	5.	6.	7.	8.	9.	10.	11.	12.	13.[1]
Eingebrachte Gesetzesentwürfe										
der Bundesregierung	368	415	351	461	322	146	280	321	407	134
des Bundestages	245	225	171	136	111	58	183	227	297	118
des Bundesrates	8	14	24	73	52	38	59	47	96	107
Insgesamt	621	654	546	670	485	242	522	595	800	359
Gesetzesbeschlüsse auf Initiative von:										
Bundesregierung	326	372	259	427	288	104	237	267	345	45
Bundestag	97	80	58	62	39	16	42	68	99	16
Bundesrat	3	9	13	17	15	8	32	15	28	12
Bundesregierung/Bundestag/Bundesrat[2]	.	.	5	10	12	11	9	19	50	4
Insgesamt	426	461	335	516	354	139	320	369	507	77
Vermittlungsausschuß angerufen durch:										
Bundesregierung	3	4	2	7	7	3	–	–	14	1
Bundestag	2	1	–	1	1	–	–	–	–	1
Bundesrat	34	34	31	96	69	17	6	13	71	8
Insgesamt	39	39	33	104	77[3]	20	6	13	85	10
dar. als Gesetz verkündet	35	29	30	89	57	17	6	12	62	5

Gegenstand der Nachweisung	Wahlperiode									
	4.	5.	6.	7.	8.	9.	10.	11.	12.	13.[1]
Sonstige Tätigkeit										
Bundestag										
Regierungsvorlagen	480	670	633	79	76	194	312	799	316	285
EG-Vorlagen				1 189	1 761	1 355	1 828	2 413	2 070	633
Vorlagen von Abgeordneten, die keinen Gesetzesentwurf enthalten (früher: selbständige Vorlagen)	181	187	102	141	139	165	1 409	2 698	1 321	484
Große Anfragen	34	45	31	23	47	32	175	145	98	62
Kleine Anfragen	308	487	569	483	434	297	1 006	1 419	1 382	752
Mündliche und schriftliche Fragen[4]	4 786	10 733	11 073	18 497	23 467	14 384	22 864	20 251	20 876	6 057
Aktuelle Stunden	2	17	8	18	9	12	117	126	103	21
Sonstige Vorlagen[5]	469	563	499	718	681	273	499	426	440	135
Petitionen (ohne Masseneingaben)	29 993	23 232	22 882	49 204	48 846	27 308	49 118	52 528	81 881	23 510
Bundesrat										
Verordnungen	692	651	485	730	554	298	448	546	639	185
Verwaltungsvorschriften	72	62	60	81	78	45	71	61	47	28
Vorlagen aus den Europäischen Gemeinschaften	478	826	759	1 017	660	405	634	769	783	175
Sonstige Vorlagen	230	298	290	391	337	183	301	405	528	190
Plenarsitzungen										
des Bundestages[6]	198	247	199	259	230	142	256	236	243	78
des Bundesrates	50	56	43	55	51	28	52	53	51	16
Sitzungen von Ausschüssen und Unterausschüssen										
des Bundestages	2 986	2 692	1 449	2 223	1 955	1 099	2 305	2 297	3 024	690
des Bundesrates	705	803	650	820	796	436	828	988	1 138	270
Fraktions- und Fraktionsvorstandssitzungen des Bundestages	727	802	529	718	674	400	900	840	1 147	286
Ältestenratssitzungen des Bundestages	96	114	102	103	86	53	103	95	87	24
EU-/Europakammer-Sitzungen	×	×	×	×	×	×	×	3	4	1

1 Stand: 31. 12. 1995.
2 Ohne Zuordnung des Schwerpunktes der Initiative.
3 Zu 71 Gesetzesbeschlüssen.
4 Mündliche Fragen werden in der Fragestunde beantwortet.
5 Dazu zählen z.B.: Sammelübersichten des Petitionsausschusses über Anträge zu Petitionen; Entschließungen des Europäischen Parlaments.
6 Ohne Gedenksitzungen.

Quelle: Statistisches Bundesamt, Statistisches Jahrbuch 1996, S. 95.

VI/10 Geschäftsordnung des Bundesrates
i.d.F. vom 25. November 1994 — Auszüge

I. Allgemeine Bestimmungen

Artikel 50 GG

Durch den Bundesrat wirken die Länder bei der Gesetzgebung und Verwaltung des Bundes und in Angelegenheiten der Europäischen Union mit.

Artikel 51 GG

Der Bundesrat besteht aus Mitgliedern der Regierungen der Länder, die sie bestellen und abberufen. Sie können durch andere Mitglieder ihrer Regierungen vertreten werden.

Jedes Land hat mindestens drei Stimmen, Länder mit mehr als zwei Millionen Einwohnern haben vier, Länder mit mehr als sechs Millionen Einwohnern fünf, Länder mit mehr als sieben Millionen Einwohnern sechs Stimmen.

Jedes Land kann so viele Mitglieder entsenden, wie es Stimmen hat. Die Stimmen eines Landes können nur einheitlich und nur durch anwesende Mitglieder oder deren Vertreter abgegeben werden.

§ 1 Mitglieder

Die Regierungen der Länder teilen dem Präsidenten des Bundesrates die Namen der Mitglieder des Bundesrates, den Zeitpunkt ihrer Bestellung als Mitglieder des Bundesrates und der Landesregierungen und den Zeitpunkt des Erlöschens ihrer Mitgliedschaft mit.

§ 2 Inkompatibilität

Die Mitglieder des Bundesrates dürfen nicht gleichzeitig dem Bundestag angehören. Wird ein Mitglied des Bundesrates in den Bundestag gewählt, so muß es dem Präsidenten des Bundesrates in angemessener Frist mitteilen, welches der beiden Ämter es niederlegt.

§ 3 Geschäftsjahr

Das Geschäftsjahr des Bundesrates beginnt am 1. November eines jeden Jahres und endet am 31. Oktober des folgenden Jahres.

. . .

II. Organe und Einrichtungen des Bundesrates

Artikel 52 Abs. 1 GG

(1) Der Bundesrat wählt seinen Präsidenten auf ein Jahr.

§ 5 Wahl des Präsidenten und der Vizepräsidenten

(1) Der Bundesrat wählt ohne Aussprache für ein Jahr aus seinen Mitgliedern einen Präsidenten und drei Vizepräsidenten.

(2) Endet das Amt des Präsidenten oder eines Vizepräsidenten vorzeitig, so soll innerhalb von vier Wochen eine Nachwahl stattfinden.

§ 6 Stellung des Präsidenten

(1) Der Präsident vertritt die Bundesrepublik Deutschland in allen Angelegenheiten des Bundesrates. Er ist oberste Dienstbehörde für die Beamten des Bundesrates.

(2) Beamte des höheren Dienstes werden mit vorheriger Zustimmung des Ständigen Beirats, der Direktor und Stellvertretende Direktor mit vorheriger Zustimmung des Bundesrates vom Präsidenten eingestellt, befördert, entlassen und in den Ruhestand versetzt; gleiches gilt für die Einstellung, Höhergruppierung und Entlassung der Angestellten von Vergütungsgruppe BAT II a an aufwärts.

(3) Der Präsident übt das Hausrecht für die der Verwaltung des Bundesrates unterstehenden Gebäude, Gebäudeteile und Grundstücke aus.

§ 7 Stellung der Vizepräsidenten

(1) Die Vizepräsidenten vertreten den Präsidenten im Falle seiner Verhinderung oder bei vorzeitiger Beendigung seines Amtes nach Maßgabe ihrer Reihenfolge. Ein Fall der Verhinderung liegt auch vor, solange der Präsident des Bundesrates nach Artikel 57 des Grundgesetzes die Befugnisse des Bundespräsidenten wahrnimmt.

(2) Die Vizepräsidenten beraten den Präsidenten bei der Erledigung seiner Aufgaben.

§ 8 Präsidium

(1) Der Präsident und die Vizepräsidenten bilden das Präsidium.

(2) Das Präsidium stellt nach Beratung im Ständigen Beirat den Entwurf des Haushaltsplanes für den Bundesrat auf. Es entscheidet über die inneren Angelegenheiten des Bundesrates, soweit die Befugnis zur Entscheidung weder dem Bundesrat vorbehalten ist noch dem Präsidenten obliegt. Der Bundesrat kann das Präsidium mit der Ausführung seiner Beschlüsse beauftragen.

(3) Der Präsident beruft das Präsidium ein und leitet dessen Sitzungen. Er hat das Präsidium einzuberufen, wenn ein Vizepräsident es verlangt.

(4) Das Präsidium ist beschlußfähig, wenn mindestens drei Mitglieder anwesend sind. Es beschließt mit der Mehrheit der anwesenden Mitglieder. Bei Stimmengleichheit gibt die Stimme des Präsidenten den Ausschlag.

(5) In dringenden Fällen kann der Präsident Beschlüsse des Präsidiums im Wege der Umfrage herbeiführen.

(6) Über jede Sitzung des Präsidiums ist eine Niederschrift zu fertigen. Diese muß mindestens die Namen der Teilnehmer, die Anträge, das Ergebnis der Beratungen und bei Beschlüssen das Stimmverhältnis enthalten.

§ 9 Ständiger Beirat

(1) Beim Präsidium besteht ein Ständiger Beirat. Ihm gehören die Bevollmächtigten der Länder an. Er tritt in der Regel einmal wöchentlich zusammen.

(2) Der Ständige Beirat berät und unterstützt den Präsidenten und das Präsidium bei der Vorbereitung der Sitzungen und der Führung der Verwaltungsgeschäfte des Bundesrates. Er entscheidet in den in § 6 Abs. 2 genannten Personalangelegenheiten. Seine Beschlüsse werden in eine Niederschrift aufgenommen.

(3) Der Ständige Beirat wirkt bei der Aufrechterhaltung der laufenden Verbindung zwischen Bundesrat und Bundesregierung mit. Der für die Angelegenheiten des Bundesrates und der Länder zuständige Bundesminister kann insoweit an den Sitzungen des Ständigen Beirates teilnehmen und muß jederzeit gehört werden.

(4) Der Direktor des Bundesrates nimmt an den Sitzungen des Ständigen Beirates teil.

(5) Der Vorsitz im Ständigen Beirat steht in folgender Reihenfolge zu:

1. einem Mitglied des Präsidiums,

2. dem Bevollmächtigten, der zugleich Mitglied des Bundesrates ist,

3. jedem anderen Bevollmächtigten.

(6) Kommen nach Absatz 5 Nr. 2 oder 3 mehrere Personen als Vorsitzende in Betracht, so führt das Mitglied des Ständigen Beirates den Vorsitz, das ihm ohne Unterbrechung am längsten angehört.

. . .

Artikel 52 Abs. 4 GG

(4) Den Ausschüssen des Bundesrates können andere Mitglieder oder Beauftragte der Regierungen der Länder angehören.

§ 11 Ausschüsse

(1) Der Bundesrat bildet ständige Ausschüsse. Er kann für besondere Angelegenheiten weitere Ausschüsse einsetzen.

(2) Die Länder sind in jedem Ausschuß durch ein Mitglied des Bundesrates, ein anderes Mitglied oder einen Beauftragten ihrer Regierung vertreten.

(3) Die Regierungen der Länder teilen dem Präsidenten den Zeitpunkt der Bestellung und Abberufung der Ausschußmitglieder schriftlich mit. Diese Mitteilungen werden den Ausschüssen bekanntgegeben.

(4) Absatz 3 Satz 1 gilt auch für die Entsendung der Mitglieder des Vermittlungsausschusses. Der Präsident oder in seinem Auftrag der Direktor des Bundesrates teilt die Namen der Mitglieder und der Stellvertreter dem Vorsitzenden des Vermittlungsausschusses mit.

§ 12 Wahl der Vorsitzenden der Ausschüsse

(1) Der Bundesrat wählt für jedes Geschäftsjahr die Vorsitzenden der Ausschüsse aus deren Mitgliedern. Die Ausschüsse sollen vor der Wahl gehört werden.

(2) Die Ausschüsse wählen aus ihren Mitgliedern stellvertretende Vorsitzende.

(3) Endet das Amt eines Vorsitzenden oder eines stellvertretenden Vorsitzenden vorzeitig, so soll für den Rest seiner Amtszeit ein Nachfolger gewählt werden.

§ 13 **Vertreter des Bundesrates in anderen Organen**

Bestellt der Bundesrat Mitglieder von Organen einer juristischen Person des öffentlichen oder des privaten Rechts, von Beiräten einer Dienststelle der Bundesregierung, von Verwaltungsräten oder ähnlichen Einrichtungen, so können der Bundesrat oder seine Ausschüsse verlangen, daß diese Mitglieder über ihre Tätigkeit berichten.

. . .

III. Die Sitzungen des Bundesrates

1. Vorbereitung der Sitzungen

Artikel 52 Abs. 2 GG

(2) Der Präsident beruft den Bundesrat ein. Er hat ihn einzuberufen, wenn die Vertreter von mindestens zwei Ländern oder die Bundesregierung es verlangen.

§ 15 **Einberufung und Bekanntgabe**

(1) Der Präsident hat den Bundesrat unverzüglich einzuberufen, wenn ein Land oder die Bundesregierung es verlangt.

(2) Der Präsident bereitet die Sitzungen vor. Zur Vorbereitung der Sitzungen werden die zu beratenden Vorlagen in vorläufigen Tagesordnungen zusammengestellt.

(3) Die vorläufige Tagesordnung, die Vorlagen sowie die Niederschriften und Empfehlungen der Ausschüsse sollen den Vertretungen der Länder so früh wie möglich zugestellt werden.

(4) Kann die Zustellung nicht spätestens am sechsten Tag vor der Sitzung erfolgen, so sind die vorläufige Tagesordnung, die Vorlagen und die Berichte der beteiligten Ausschüsse den Vertretungen der Länder und gleichzeitig den Mitgliedern des Bundesrates unmittelbar zuzustellen.

(5) Ort, Zeit und die vorläufige Tagesordnung jeder Sitzung werden der Bundesregierung mitgeteilt. Die Sitzungen des Bundesrates werden durch Anschlag im Sitzungsgebäude bekanntgegeben.

§ 16 **Anwesenheitsliste**

Für jede Sitzung des Bundesrates wird eine Anwesenheitsliste ausgelegt, in die sich die Teilnehmer der Sitzung eintragen.

2. Allgemeine Verfahrensgrundsätze

Artikel 52 Abs. 3 Satz 3 und 4 GG

Er (der Bundesrat) verhandelt öffentlich. Die Öffentlichkeit kann ausgeschlossen werden.

§ 17 Ausschluß der Öffentlichkeit

(1) Über den Ausschluß der Öffentlichkeit für einen Beratungsgegenstand wird in nichtöffentlicher Sitzung beraten und beschlossen. Die Wiederherstellung der Öffentlichkeit ist bekanntzugeben.

(2) Die Verhandlungen in nichtöffentlicher Sitzung sind vertraulich, soweit der Bundesrat nichts anderes beschließt.

Artikel 53 Satz 1 und 2 GG

Die Mitglieder der Bundesregierung haben das Recht und auf Verlangen die Pflicht, an den Verhandlungen des Bundesrates und seiner Ausschüsse teilzunehmen. Sie müssen jederzeit gehört werden.

§ 18 Teilnahme an den Verhandlungen

(1) An den Verhandlungen des Bundesrates können auch die Berichterstatter des Vermittlungsausschusses und die Staatssekretäre des Bundes teilnehmen; andere Personen nur, wenn der Präsident dies zuläßt.

(2) Zur Unterstützung der Mitglieder des Bundesrates und der Bundesregierung sowie der anderen Teilnehmer an den Verhandlungen können Beauftragte der Länder und des Bundes zugezogen werden.

Artikel 53 Satz 3 GG

Der Bundesrat ist von der Bundesregierung über die Führung der Geschäfte auf dem laufenden zu halten.

§ 19 Fragerecht

(1) Jedes Mitglied des Bundesrates kann in der Sitzung zu den Gegenständen der Tagesordnung Fragen an die Bundesregierung oder deren Mitglieder richten.

(2) Jedes Land kann außerdem an die Bundesregierung Fragen stellen, die nicht im Zusammenhang mit einem Gegenstand der Tagesordnung stehen. Diese Fragen sind dem Präsidenten spätestens zwei Wochen vor der Sitzung, in der sie beantwortet werden sollen, schriftlich mitzuteilen. Der Präsident leitet sie an die Bundesregierung weiter und setzt sie auf die Tagesordnung.

(3) Die Fragen nach Absatz 2 sollen zu Beginn der dafür vorgesehenen Sitzung behandelt werden. Das fragestellende Land kann seine Frage mündlich begründen. Auf Antrag des fragestellenden Landes stellt der Präsident fest, ob die Frage von der Mehrheit des Bundesrates übernommen wird.

(4) Bezieht sich die Frage auf einen Gegenstand, hinsichtlich dessen die Bundesregierung nach Artikel 53 Satz 3 des Grundgesetzes verpflichtet ist, den Bundesrat auf dem laufenden zu

halten, so ist auf Verlangen der Bundesregierung die Öffentlichkeit für die Dauer der Behandlung der Frage auszuschließen. § 17 findet entsprechend Anwendung.

(5) Die Behandlung einer Frage in der Sitzung unterbleibt, wenn sich das fragestellende Land mit schriftlicher Beantwortung einverstanden erklärt hat. Die Antwort der Bundesregierung ist allen Ländern mitzuteilen.

§ 20 Leitung der Sitzung

(1) Der Präsident leitet die Sitzungen des Bundesrates.

(2) Sind Präsident und Vizepräsidenten gleichzeitig verhindert, eine Sitzung zu leiten, so übernimmt der dem Lebensalter nach älteste Regierungschef die Leitung der Sitzung.

§ 21 Beteiligung des Präsidenten an den Verhandlungen

Beabsichtigt der Präsident, sich als Redner an den Verhandlungen zu beteiligen, so gibt er für diese Zeit die Leitung der Sitzung ab.
. . .

3. Der Geschäftsgang im Bundesrat

§ 23 Feststellung und Durchführung der Tagesordnung

(1) Der Präsident gibt zu Beginn der Sitzung Änderungen in der Zusammensetzung des Bundesrates bekannt.

(2) Vor Eintritt in die Verhandlungen stellt der Bundesrat durch Beschluß die Tagesordnung fest. § 19 Abs. 2 Satz 3 bleibt unberührt.

(3) Hat ein Land unter Berufung auf seine Rechte aus § 15 Abs. 1 spätestens zwei Wochen vor der Sitzung verlangt, daß ein Beratungsgegenstand auf die Tagesordnung gesetzt wird, so muß diesem Verlangen entsprochen werden, wenn das Land nicht auf die Behandlung in dieser Sitzung verzichtet.

(4) Sind die Vorlage, die vorläufige Tagesordnung oder die Empfehlungen der Ausschüsse bezüglich eines Gegenstandes nicht spätestens am sechsten Tag vor der Sitzung gemäß § 15 Abs. 3 zugestellt worden, so darf dieser Gegenstand nicht auf die Tagesordnung gesetzt werden, wenn ein Land widerspricht, es sei denn, daß eine für die Beschlußfassung des Bundesrates vorgesehene gesetzliche Frist in weniger als sieben Tagen abläuft oder daß es sich um einen Eilfall gemäß § 45 d Abs. 1 handelt.

(5) Über Gegenstände, die nicht auf der Tagesordnung stehen, darf nicht verhandelt und beschlossen werden, wenn ein Land widerspricht.

§ 24 Verhandlungen

Der Präsident soll darauf hinwirken, daß unabhängig von der Berichterstattung der Ausschüsse bei Beratungsgegenständen von allgemeinem Interesse oder von besonderer Bedeutung die Gründe dargelegt werden, die für die Entscheidung über die Ausschußempfehlungen oder Anträge von Bedeutung sind.

§ 25 Berichterstattung

(1) Die Ausschüsse sollen in der Sitzung des Bundesrates über Beratungsgegenstände von wesentlicher Bedeutung mündlich berichten.

(2) Die Berichte müssen die Beratungen in den Ausschüssen objektiv wiedergeben, sollen sich aber auf die politisch bedeutsamen Ergebnisse beschränken. Über fachliche oder rechtstechnische Beratungen und deren Ergebnis kann mit Zustimmung des Präsidenten ein schriftlicher Bericht unter Verzicht auf seinen Vortrag zu dem Bericht über die Sitzung gegeben werden.

§ 26 Anträge und Empfehlungen

(1) Jedes Land hat das Recht, im Bundesrat Anträge zu stellen.

(2) Das Präsidium kann Anträge zu den inneren Angelegenheiten des Bundesrates stellen.

(3) Die Ausschüsse legen dem Bundesrat zu den ihnen überwiesenen Beratungsgegenständen Empfehlungen vor. Empfiehlt ein Ausschuß dem Bundesrat die Änderung oder Ablehnung einer Vorlage, so hat er eine Begründung mit vorzulegen.

Artikel 51 Abs. 2 GG

Jedes Land hat mindestens drei Stimmen, Länder mit mehr als zwei Millionen Einwohnern haben vier, Länder mit mehr als sechs Millionen Einwohnern fünf, Länder mit mehr als sieben Millionen Einwohnern sechs Stimmen.

§ 27 Anzahl der Stimmen

Die Anzahl der Stimmen, die dem Land nach Artikel 51 Abs. 2 des Grundgesetzes zusteht, bemißt sich nach den Ergebnissen der amtlichen Bevölkerungsfortschreibung, sofern nicht die Ergebnisse einer amtlichen Volkszählung vorliegen.

Artikel 52 Abs. 3 Satz 1 GG

Der Bundesrat faßt seine Beschlüsse mit mindestens der Mehrheit seiner Stimmen.

§ 28 Beschlußfähigkeit

(1) Der Bundesrat ist beschlußfähig, wenn die Mehrheit seiner Stimmen vertreten ist.

(2) Bei Beschlußunfähigkeit hat der Präsident die Sitzung aufzuheben und den Zeitpunkt der nächsten Sitzung bekanntzugeben.

(3) Bei der Beschlußfassung des Bundesrates gemäß Artikel 37, Artikel 84 Abs. 3 und 4 und Artikel 91 Abs. 2 des Grundgesetzes ist das betroffene Land stimmberechtigt.

Artikel 51 Abs. 3 Satz 2 GG

Die Stimmen eines Landes können nur einheitlich und nur durch anwesende Mitglieder oder deren Vertreter abgegeben werden.

§ 29 Abstimmung

(1) Abgestimmt wird durch Handaufheben. Auf Verlangen eines Landes wird durch Aufruf der Länder abgestimmt. Die Länder werden in alphabetischer Reihenfolge aufgerufen.

(2) Soweit eine Abstimmung über die Empfehlungen der Ausschüsse nicht beantragt ist und keine einander widersprechenden Empfehlungen, keine Anträge oder Wortmeldungen vorliegen, kann der Präsident feststellen, daß der Bundesrat gemäß den Empfehlungen der Ausschüsse beschlossen hat; er kann die Abstimmung über mehrere Beratungsgegenstände zusammenfassen. Satz 1 gilt für die Feststellung der Tagesordnung nach § 23 Abs. 2 entsprechend.

(3) Der Präsident kann die Abstimmung über einen Gegenstand der Tagesordnung oder dazu vorliegende Anträge bis spätestens zum Schluß der Sitzung zurückstellen. Die Abstimmung muß zurückgestellt werden, wenn mindestens zwei Länder es verlangen.

§ 30 Abstimmungsregeln

(1) Im Gesetzgebungsverfahren nach den Artikeln 76 bis 78 des Grundgesetzes sind die Abstimmungsfragen so zu fassen, daß sich aus der Abstimmung zweifelsfrei ergibt, ob der Bundesrat mit der Mehrheit seiner Stimmen beschlossen hat,

eine Gesetzesvorlage beim Bundestag einzubringen
(Artikel 76 Abs. 1 des Grundgesetzes),

zu einer Gesetzesvorlage der Bundesregierung Stellung zu nehmen und welchen Inhalt diese Stellungnahme hat
(Artikel 76 Abs. 2 des Grundgesetzes),

einem vom Bundestag beschlossenen Gesetz zuzustimmen
(Artikel 78 des Grundgesetzes),

wegen eines vom Bundestag beschlossenen Gesetzes die Einberufung des Vermittlungsausschusses zu verlangen
(Artikel 77 Abs. 2 Satz 1 des Grundgesetzes),

gegen ein vom Bundestag beschlossenes Gesetz Einspruch einzulegen oder ihn zurückzunehmen
(Artikel 77 Abs. 3 Satz 1 und Artikel 78 des Grundgesetzes).

Auch in allen anderen Fällen, in denen eine Zustimmung des Bundesrates erforderlich ist, muß die Abstimmung eindeutig ergeben, ob der Bundesrat mit der Mehrheit seiner Stimmen die Zustimmung erteilt. Mit der Abstimmung über die Erteilung der Zustimmung wird über Anträge, die Zustimmung zu verweigern, mitentschieden.

(2) Sind zu demselben Gegenstand mehrere Anträge gestellt, so ist über den weitestgehenden Antrag zuerst abzustimmen. Entscheidend ist der Grad der Abweichung von der Vorlage. In Zweifelsfällen entscheidet der Bundesrat. Bei zustimmungsbedürftigen Gesetzen ist über einen Antrag gemäß Artikel 77 Abs. 2 Satz 1 des Grundgesetzes vor der Beschlußfassung über die Zustimmung abzustimmen.

(3) Absatz 1 Satz 3 und Absatz 2 gelten für die Empfehlungen der Ausschüsse entsprechend.

§ 31 Verfahren bei Beschlüssen nach Artikel 77 Abs. 2 Satz 1 des Grundgesetzes

Im Verfahren nach Artikel 77 Abs. 2 Satz 1 des Grundgesetzes stellt der Präsident, sofern über mehrere Anrufungsgründe zu einem Gesetz abzustimmen ist, zunächst allgemein fest, ob eine Mehrheit für die Anrufung des Vermittlungsausschusses vorhanden ist. Ist dies der Fall, so läßt er über die Einzelanträge beraten und abstimmen. Anschließend kann er nach erneuter Beratung darüber abstimmen lassen, ob der Vermittlungsausschuß unter Zugrundelegung aller gefaßten Einzelbeschlüsse angerufen werden soll; er hat abstimmen zu lassen, wenn ein Land es verlangt.

§ 32 Wirksamwerden der Beschlüsse

Die Beschlüsse des Bundesrates werden mit dem Ende der Sitzung wirksam. Über Gegenstände, deren Behandlung abgeschlossen ist, darf nicht erneut beraten und abgestimmt werden, wenn ein Land widerspricht.

Artikel 43 Abs. 2 GG

(2) Die Mitglieder des Bundesrates und der Bundesregierung sowie ihre Beauftragten haben zu allen Sitzungen des Bundestages und seiner Ausschüsse Zutritt. Sie müssen jederzeit gehört werden.

§ 33 Teilnahme an den Verhandlungen des Bundestages

Der Bundesrat kann seine Mitglieder beauftragen, seine Beschlüsse im Bundestag und in dessen Ausschüssen zu vertreten. Die Ausschüsse können Vorschläge hierzu machen.
. . .

§ 35 Vereinfachtes Verfahren

Bei Vorlagen, die dem Bundesrat lediglich zur Kenntnisnahme zugeleitet werden, gelten die Empfehlungen der zuständigen Ausschüsse, der Bundesrat möge von der Vorlage Kenntnis nehmen oder gegen die Vorlage keine Bedenken erheben, als Stellungnahme des Bundesrates, sofern bis zur nächsten Sitzung des Bundesrates kein Land den Antrag auf Behandlung dieser Vorlage stellt.

IV. Das Verfahren in den Ausschüssen

§ 36 Zuweisung der Vorlagen

(1) Der Präsident weist die Vorlagen den zuständigen Ausschüssen zu und bestimmt den federführenden Ausschuß. Die Beteiligung mehrerer Ausschüsse an der Beratung einer Vorlage soll möglichst beschränkt werden. Der Präsident kann den Direktor des Bundesrates mit der Zuweisung der Vorlagen und der Bestimmung des federführenden Ausschusses beauftragen.

(2) Der Präsident hat Vorlagen eines Landes auf dessen Verlangen unmittelbar auf die vorläufige Tagesordnung des Bundesrates zu setzen.

§ 37 Tagungsort, Öffentlichkeit, Anwesenheitsliste

(1) Die Ausschüsse tagen am Sitz des Bundesrates. Ausnahmen bedürfen der vorherigen Zustimmung des Präsidenten. Für die Bekanntgabe der Sitzungen gilt § 15 Abs. 5 entsprechend.

(2) Die Sitzungen der Ausschüsse sind nicht öffentlich. Die Verhandlungen sind vertraulich, soweit der Ausschuß nichts anderes beschließt.

(3) Für jede Ausschußsitzung wird eine Anwesenheitsliste ausgelegt, in die sich die Teilnehmer der Sitzung eintragen.

§ 38 Einberufung, Leitung, Tagesordnung

(1) Der Vorsitzende beruft den Ausschuß ein. Er hat ihn unverzüglich einzuberufen, wenn ein Ausschußmitglied es verlangt. Der Vorsitzende bereitet die Sitzungen des Ausschusses vor und leitet sie.

(2) Die Tagesordnung wird den Vertretungen der Länder so früh wie möglich, spätestens am sechsten Tag vor der Sitzung zugestellt. Kann diese Frist nicht eingehalten werden, so ist die Tagesordnung den Vertretungen der Länder und gleichzeitig fernschriftlich den Mitgliedern des Ausschusses mitzuteilen.

(3) Soweit der Ausschuß nicht federführend ist, soll die Tagesordnung den Zweck der Beratung der einzelnen Gegenstände angeben.

§ 39 Beratung

(1) Die Ausschüsse bereiten die Beschlußfassung des Bundesrates vor.

(2) Der Präsident kann die Ausschüsse mit der Ausarbeitung gutachtlicher Stellungnahmen beauftragen.

(3) Mehrere Ausschüsse können gemeinsam beraten. Ist ein Beratungsgegenstand für die Fachgebiete mehrerer Ausschüsse von gleicher Bedeutung, so kann der Präsident gemeinsame Beratung anordnen.

(4) Die Ausschüsse können Unterausschüsse einsetzen.

(5) Die Ausschüsse sollen ihre Beratungen am achten Tag vor der nächsten Sitzung des Bundesrates abgeschlossen haben.

Artikel 53 Satz 1 und 2 GG

Die Mitglieder der Bundesregierung haben das Recht und auf Verlangen die Pflicht, an den Verhandlungen des Bundesrates und seiner Ausschüsse teilzunehmen. Sie müssen jederzeit gehört werden.

§ 40 Teilnahme und Fragerecht

(1) Mitglieder des Bundesrates und Beauftragte der Landesregierungen, die nicht Mitglieder der Ausschüsse sind, sowie Beauftragte der Bundesregierung können an den Verhandlungen der Ausschüsse und Unterausschüsse ohne Stimmrecht teilnehmen.

(2) In den Sitzungen können die Mitglieder der Ausschüsse sowie die Beauftragten der Landesregierungen an die Mitglieder der Bundesregierung und deren Beauftragte Fragen stellen.

(3) Die Ausschüsse können Sachverständige oder andere Personen, deren Teilnahme sie für erforderlich halten, anhören.

§ 41 Berichterstattung im Ausschuß

Der Ausschuß bestellt, soweit dies für seine Beratungen erforderlich ist, für die einzelnen Beratungsgegenstände Berichterstatter. Die Berichte werden mündlich erstattet, soweit der Ausschuß nichts anderes beschließt.

§ 42 Beschlüsse

(1) Die Ausschüsse sind beschlußfähig, wenn mehr als die Hälfte der Länder vertreten ist.

(2) Jedes Land hat in den Ausschüssen eine Stimme.

(3) Die Ausschüsse fassen ihre Beschlüsse mit einfacher Mehrheit.

§ 43 Umfrageverfahren

Hält der Vorsitzende die mündliche Beratung einer Vorlage für entbehrlich, so kann die Stellungnahme der Mitglieder des Ausschusses im Wege der Umfrage eingeholt werden. Die Umfrage soll so frühzeitig erfolgen, daß auf Antrag eines Landes noch rechtzeitig eine Sitzung einberufen werden kann.

§ 44 Sitzungsniederschrift

(1) Über jede Sitzung eines Ausschusses fertigt der Sekretär eine Niederschrift. Diese muß mindestens die Namen der Teilnehmer, die Anträge, das Ergebnis der Beratungen und bei Beschlüssen das Stimmverhältnis sowie das Abstimmungsergebnis nach Ländern enthalten. Die Aufschlüsselung des Abstimmungsergebnisses nach Ländern in einer Niederschrift über eine Sitzung eines Unterausschusses kann unterbleiben, wenn der Unterausschuß im Einzelfall entsprechend beschließt.

(2) Die Niederschrift ist vertraulich, soweit nicht der Ausschuß gemäß § 37 Abs. 2 Satz 2 die Vertraulichkeit der Verhandlungen aufgehoben hat.

(3) Der Wortlaut der von einem Ausschuß gefaßten Beschlüsse und die dazu formulierten Begründungen können der Öffentlichkeit zugänglich gemacht werden, soweit der Ausschuß nichts anderes beschließt.

§ 45 Mitteilung der Empfehlungen der Ausschüsse

Der Sekretär des federführenden Ausschusses stellt die Empfehlungen der Ausschüsse zu jeder Vorlage zusammen und leitet sie den Vertretungen der Länder zu.

IVa. Das Verfahren in Angelegenheiten der Europäischen Gemeinschaften

Artikel 23 Abs. 2, 4 – 6 GG

(2) In Angelegenheiten der Europäischen Union wirken der Bundestag und durch den Bundesrat die Länder mit. Die Bundesregierung hat den Bundestag und den Bundesrat umfassend und zum frühestmöglichen Zeitpunkt zu unterrichten.

(4) Der Bundesrat ist an der Willensbildung des Bundes zu beteiligen, soweit er an einer entsprechenden innerstaatlichen Maßnahme mitzuwirken hätte oder soweit die Länder innerstaatlich zuständig wären.

(5) Soweit in einem Bereich ausschließlicher Zuständigkeit des Bundes Interessen der Länder berührt sind oder soweit im übrigen der Bund das Recht zur Gesetzgebung hat, berücksichtigt die Bundesregierung die Stellungnahme des Bundesrates. Wenn im Schwerpunkt Gesetzgebungsbefugnisse der Länder, die Einrichtung ihrer Behörden oder ihre Verwaltungsverfahren betroffen sind, ist bei der Willensbildung des Bundes insoweit die Auffassung des Bundesrates maßgeblich zu berücksichtigen; dabei ist die gesamtstaatliche Verantwortung des Bundes zu wahren. In Angelegenheiten, die zu Ausgabenerhöhungen oder Einnahmeminderungen für den Bund führen könnten, ist die Zustimmung der Bundesregierung erforderlich.

(6) Wenn im Schwerpunkt ausschließliche Gesetzgebungsbefugnisse der Länder betroffen sind, soll die Wahrnehmung der Rechte, die der Bundesrepublik Deutschland als Mitgliedstaat der Europäischen Union zustehen, vom Bund auf einen vom Bundesrat benannten Vertreter der Länder übertragen werden. Die Wahrnehmung der Rechte erfolgt unter Beteiligung und in Abstimmung mit der Bundesregierung; dabei ist die gesamtstaatliche Verantwortung des Bundes zu wahren.

§ 2 EUZBLG

(1) Die Bundesregierung unterrichtet den Bundesrat unbeschadet des Artikels 2 des Gesetzes zu den Verträgen vom 25. März 1957 zur Gründung der Europäischen Wirtschaftsgemeinschaft und der Europäischen Atomgemeinschaft vom 27. Juli 1957 (BGBl. II S. 753) umfassend und zum frühestmöglichen Zeitpunkt über alle Vorhaben im Rahmen der Europäischen Union, die für die Länder von Interesse sein könnten.

§ 45 a Zuweisung von Unterrichtungen über Vorhaben im Rahmen der Europäischen Union an die Ausschüsse

(1) Der Präsident wählt aus den Unterrichtungen über Vorhaben im Rahmen der Europäischen Union diejenigen aus, welche für eine Beratung im Bundesrat in Betracht kommen, und weist sie den Ausschüssen zu. Der Präsident kann den Direktor mit der Auswahl und der Zuweisung der Unterrichtungen beauftragen. Jedes Land und jeder Ausschuß können verlangen, daß weitere Unterrichtungen den Ausschüssen zugewiesen werden.

(2) Die Beteiligung mehrerer Ausschüsse an der Beratung einer Unterrichtung soll möglichst beschränkt werden. Dies gilt insbesondere für Unterrichtungen, deren Eilbedürftigkeit (§ 45 d Abs. 2) bereits zum Zeitpunkt der Zuweisung absehbar ist.

(3) Die Zuweisung wirkt bis zum Abschluß des Vorhabens in der Europäischen Union. Sind mehrere Ausschüsse beteiligt, so sollen diese ihre Beratungen über Empfehlungen an den Bundesrat oder die Europakammer zeitlich abgestimmt durchführen, soweit dies möglich ist.

(4) Die beteiligten Ausschüsse haben während des Entscheidungsverfahrens in den Gremien der Europäischen Union die Aufgabe, die Vertreter der Länder fachlich zu begleiten, zu den Stellungnahmen des Bundesrates die Erfolgskontrolle durchzuführen und dem Bundesrat etwa notwendige Folgebeschlüsse vorzuschlagen.

Artikel 52 Abs. 3 a GG

Für Angelegenheiten der Europäischen Union kann der Bundesrat eine Europakammer bilden, deren Beschlüsse als Beschlüsse des Bundesrates gelten; Artikel 51 Abs. 2 und 3 Satz 2 gilt entsprechend.

§ 45 b Europakammer

(1) Der Bundesrat bildet eine Europakammer, deren Beschlüsse als Beschlüsse des Bundesrates gelten. Die Zuständigkeit der Europakammer richtet sich nach § 45 d.

(2) Jedes Land entsendet ein Mitglied oder ein stellvertretendes Mitglied des Bundesrates als Mitglied in die Europakammer. Seine weiteren Mitglieder und stellvertretenden Mitglieder des Bundesrates sind stellvertretende Mitglieder der Europakammer.

(3) Die Regierungen der Länder teilen dem Präsidenten den Zeitpunkt der Bestellung und Abberufung des Mitgliedes der Europakammer schriftlich mit. Die Mitteilung wird der Europakammer bekanntgegeben.

§ 45 c Vorsitzende der Europakammer

(1) Der Bundesrat wählt ohne Aussprache den Vorsitzenden, den ersten, den zweiten und den dritten stellvertretenden Vorsitzenden der Europakammer für ein Jahr aus der Mitte der Mitglieder der Europakammer.

(2) Endet das Amt eines Vorsitzenden oder eines stellvertretenden Vorsitzenden vorzeitig, so soll für den Rest seiner Amtszeit ein Nachfolger gewählt werden.

§ 3 EUZBLG

Vor der Festlegung der Verhandlungsposition zu einem Vorhaben der Europäischen Union gibt die Bundesregierung dem Bundesrat rechtzeitig Gelegenheit zur Stellungnahme binnen angemessener Frist, soweit Interessen der Länder berührt sind.

§ 4 Abs. 1 EUZBLG

Soweit der Bundesrat an einer entsprechenden innerstaatlichen Maßnahme mitzuwirken hätte, oder soweit die Länder innerstaatlich zuständig wären, beteiligt die Bundesregierung vom Bundesrat benannte Vertreter der Länder an Beratungen zur Festlegung der Verhandlungsposition zu dem Vorhaben.

§ 5 EUZBLG

(1) Soweit in einem Bereich ausschließlicher Zuständigkeit des Bundes Interessen der Länder berührt sind oder soweit im übrigen der Bund das Recht zur Gesetzgebung hat, berücksichtigt die Bundesregierung die Stellungnahme des Bundesrates bei der Festlegung der Verhandlungsposition zu dem Vorhaben.

(2) Wenn bei einem Vorhaben im Schwerpunkt Gesetzgebungsbefugnisse der Länder betroffen sind und der Bund kein Recht zur Gesetzgebung hat oder ein Vorhaben im Schwerpunkt die Einrichtung der Behörden der Länder oder ihre Verwaltungsverfahren betrifft, ist insoweit bei der Festlegung der Verhandlungsposition durch die Bundesregierung die Stellungnahme des Bundesrates maßgeblich zu berücksichtigen; im übrigen gilt Absatz 1. Die gesamtstaatliche Verantwortung des Bundes, einschließlich außen-, verteidigungs- und integrationspolitisch zu bewertender Fragen, ist zu wahren. Stimmt die Auffassung der Bundesregierung nicht mit der Stellungnahme des Bundesrates überein, ist ein Einvernehmen anzustreben. Zur Herbeiführung dieses Einvernehmens erfolgt erneute Beratung der Bundesregierung mit Vertretern der Länder. Kommt ein Einvernehmen nicht zustande und bestätigt der Bundesrat daraufhin seine Auffassung mit einem mit zwei Dritteln seiner Stimmen gefaßten Beschluß, so ist die Auf-

fassung des Bundesrates maßgebend. Die Zustimmung der Bundesregierung ist erforderlich, wenn Entscheidungen zu Ausgabenerhöhungen oder Einnahmeminderungen des Bundes führen können.

(3) Vor der Zustimmung zu Vorhaben, die auf Artikel 235 EWG-Vertrag gestützt werden, stellt die Bundesregierung das Einvernehmen mit dem Bundesrat her, soweit dessen Zustimmung nach innerstaatlichem Recht erforderlich wäre oder soweit die Länder zuständig wären.

§ 6 Abs. 1 Satz 1 und Abs. 2 Satz 1 und 2 EUZBLG

(1) Bei einem Vorhaben, bei dem der Bundesrat an einer entsprechenden innerstaatlichen Maßnahme mitzuwirken hätte oder bei dem die Länder innerstaatlich zuständig wären oder das sonst wesentliche Interessen der Länder berührt, zieht die Bundesregierung auf Verlangen Vertreter der Länder zu den Verhandlungen in den Beratungsgremien der Kommission und des Rates hinzu, soweit ihr dies möglich ist.

(2) Bei einem Vorhaben, das im Schwerpunkt ausschließliche Gesetzgebungsbefugnisse der Länder betrifft, soll die Bundesregierung die Verhandlungsführung in den Beratungsgremien der Kommission und des Rates und bei Ratstagungen in der Zusammensetzung der Minister auf einen Vertreter der Länder übertragen. Für diese Ratstagungen kann vom Bundesrat nur ein Mitglied einer Landesregierung im Ministerrang benannt werden.

§ 7 EUZBLG

(1) Die Bundesregierung macht auf Verlangen des Bundesrates unbeschadet eigener Klagerechte der Länder von den im Vertrag über die Europäische Union vorgesehenen Klagemöglichkeiten Gebrauch, soweit die Länder durch ein Handeln oder Unterlassen von Organen der Union in Bereichen ihrer Gesetzgebungsbefugnisse betroffen sind und der Bund kein Recht zur Gesetzgebung hat. Dabei ist die gesamtstaatliche Verantwortung des Bundes, einschließlich außen-, verteidigungs- und integrationspolitisch zu bewertender Fragen, zu wahren.

(2) Absatz 1 gilt entsprechend, wenn die Bundesregierung im Verfahren vor dem Europäischen Gerichtshof Gelegenheit zur Stellungnahme hat.

(3) Hinsichtlich der Prozeßführung vor dem Europäischen Gerichtshof stellt die Bundesregierung in den in den Absätzen 1 und 2 genannten Fällen sowie für Vertragsverletzungsverfahren, in denen die Bundesrepublik Deutschland Partei ist, mit dem Bundesrat Einvernehmen her, soweit Gesetzgebungsbefugnisse der Länder betroffen sind und der Bund kein Recht zur Gesetzgebung hat.

§ 45 d Zuständigkeit der Europakammer

(1) Die Europakammer ist in Eilfällen oder bei zu wahrender Vertraulichkeit nach Zuweisung eines Beratungsgegenstandes zuständig für die Wahrnehmung der Mitwirkungsrechte des Bundesrates in Angelegenheiten der Europäischen Union.

(2) Ein Eilfall liegt vor, wenn die Beschlußfassung des Bundesrates im Hinblick auf den Beratungsstand in den Gremien der Europäischen Union keinen Aufschub bis zur nächsten bereits einberufenen Sitzung des Bundesrates duldet.

(3) Ein Fall, in dem die Vertraulichkeit zu wahren ist, kann insbesondere vorliegen, wenn

1. dies in einschlägigen Vorschriften der Europäischen Union vorgesehen ist;

2. die Bundesregierung die vertrauliche Behandlung des Beratungsgegenstandes für erforderlich erklärt;

3. ein Land oder ein Ausschuß die vertrauliche Behandlung eines Beratungsgegenstandes anregen.

(4) Stellt der Präsident fest, daß die Zuständigkeit der Europakammer gegeben ist, weist er dieser den betreffenden Beratungsgegenstand zu, wenn er nicht den Bundesrat einberuft. Der Präsident kann den Direktor damit beauftragen, im Einvernehmen mit dem Vorsitzenden des Ausschusses für Fragen der Europäischen Union Beratungsgegenstände der Europakammer zuzuweisen.

(5) Die Zuweisung eines Beratungsgegenstandes an die Europakammer steht bis zu deren Beschlußfassung der Beratung in den Ausschüssen und der Verhandlung und Beschlußfassung durch den Bundesrat nicht entgegen.

§ 45 e Vorbereitung der Sitzungen der Europakammer

(1) Die Sitzungen der Europakammer sollen durch die Ausschüsse vorbereitet werden, soweit dies zeitlich möglich ist.

(2) Der Vorsitzende beruft die Europakammer ein, wenn ihr Zusammentreten erforderlich wird. Jedes Land kann die Einberufung der Europakammer zu einer ihr zugewiesenen Vorlage verlangen.

(3) Die Einberufungsfrist beträgt eine Woche. Sie kann in Eilfällen so verkürzt werden, wie es der Beratungsstand erfordert. Die Einberufung erfolgt durch Übermittlung der vorläufigen Tagesordnung.

§ 45 f Öffentlichkeit

(1) Die Europakammer verhandelt öffentlich. Die Öffentlichkeit kann ausgeschlossen werden. Soweit die Zuständigkeit der Europakammer auf der Wahrung der Vertraulichkeit beruht, beschließt sie über den Ausschluß der Öffentlichkeit. Im übrigen ist § 17 entsprechend anzuwenden.

(2) Die Beschlüsse der Europakammer und ihre Begründungen werden veröffentlicht, soweit die Europakammer nichts anderes beschließt.

§ 45 g Teilnahme an den Verhandlungen

An den Verhandlungen der Europakammer können auch Mitglieder und Beauftragte der Bundesregierung und Beauftragte der Landesregierungen teilnehmen; andere Personen nur, soweit der Vorsitzende dies zuläßt.

§ 45 h Anzahl der Stimmen, Beschlußfähigkeit, Beschlußfassung

(1) Die Anzahl der Stimmen der Länder in der Europakammer richtet sich nach Artikel 51 Abs. 2 des Grundgesetzes. Die Stimmen eines Landes können nur einheitlich und nur durch Anwesende abgegeben werden. Zur Stimmabgabe sind das Mitglied und die stellvertretenden Mitglieder der Europakammer des Landes berechtigt.

(2) Die Europakammer ist beschlußfähig, wenn die Mehrheit ihrer Stimmen vertreten ist. Bei Beschlußunfähigkeit hat der Vorsitzende die Sitzung aufzuheben.

(3) Die Europakammer faßt ihre Beschlüsse mit mindestens der Mehrheit ihrer Stimmen.

§ 45 i Vertreter der Länder

(1) Benennt der Bundesrat Vertreter zu Verhandlungen über Vorhaben im Rahmen der Europäischen Union, so sind diese Vertreter an Beschlüsse des Bundesrates gebunden. Das den Vertreter stellende Land soll auf weitere Beschlüsse hinwirken, sofern im Hinblick auf den Fortgang der Verhandlungen hierzu Anlaß besteht. Auch jedes andere Land kann weitere Beschlüsse beantragen. Das gleiche kann ein Ausschuß empfehlen, dem der entsprechende Beratungsgegenstand zugewiesen ist.

(2) Die Vertreter berichten unverzüglich im Anschluß an eine Sitzung des jeweiligen Gremiums über die die Länder insbesondere interessierenden Gesichtspunkte. Die Berichte werden in der Regel schriftlich erstattet. Die Vertreter berichten darüber hinaus, wenn im Hinblick auf die Verhandlungen erneuter Beratungsbedarf besteht, oder wenn ein Land oder ein beteiligter Ausschuß dies verlangen.

§ 45 j Sitzungsbericht

Über die Sitzungen der Europakammer ist eine Niederschrift zu fertigen. Diese muß mindestens die Namen der Teilnehmer, die Anträge und das Ergebnis der Beratungen enthalten. Der Bericht ist vertraulich, soweit die Verhandlungen vertraulich sind (§ 45 f Abs. 1 Satz 2–4).

§ 45 k Anwendung von Verfahrensvorschriften

§ 15 Abs. 3 und 5, §§ 16, 18 Abs. 2, § 19 Abs. 1, §§ 22, 23 Abs. 2 Satz 1 und Abs. 5, § 26 Abs. 3, §§ 29, 30 und 32 sind entsprechend anzuwenden.

V. Schlußbestimmungen

Artikel 51 Abs. 1 GG

(1) Der Bundesrat besteht aus Mitgliedern der Regierungen der Länder, die sie bestellen und abberufen. Sie können durch andere Mitglieder ihrer Regierungen vertreten werden.

Artikel 52 Abs. 4 GG

(4) Den Ausschüssen des Bundesrates können andere Mitglieder oder Beauftragte der Regierungen der Länder angehören.

§ 46 Stellvertreter

Mitglieder des Bundesrates und seiner Ausschüsse im Sinne dieser Geschäftsordnung sind auch die stellvertretenden Mitglieder.

§ 47 Auslegung der Geschäftsordnung

(1) Während einer Sitzung entscheidet der Präsident Meinungsverschiedenheiten über die Auslegung der Geschäftsordnung für diese Sitzung.

(2) Im übrigen entscheidet auf Verlangen des Präsidenten oder eines Landes der Bundesrat.

§ 48 **Abweichung von der Geschäftsordnung**

Will der Bundesrat im einzelnen Fall von der Geschäftsordnung abweichen, so bedarf es eines einstimmigen Beschlusses.

§ 49 **Inkrafttreten**

Diese Geschäftsordnung tritt am 1. Oktober 1966 in Kraft. Gleichzeitig tritt die Geschäftsordnung des Bundesrates vom 31. Juli 1953 (BGBl. II S. 527) außer Kraft.

Quelle: Bundesgesetzblatt, Teil I, 1994, S. 3736.

VI/11 Die Ausschüsse des Bundesrates
— Stand: 1. Dezember 1996

	Vorsitz/stellv. Vorsitz
Agrarausschuß	RPf (FDP)/NRW (B90/GR)
Ausschuß für Arbeit und Sozialpolitik	Hess (SPD)/Bay (CSU)
Ausschuß für Auswärtige Angelegenheiten	Sa (CDU)/N.N.
Ausschuß für Fragen der Europäischen Union	BW (CDU)/N.N.
Ausschuß für Familie und Senioren	Bln (SPD)/Sa (CDU)
Finanzausschuß	NRW (SPD)/Sa (CDU)
Ausschuß für Frauen und Jugend	SA (SPD)/SH (B90/GR)
Gesundheitsausschuß	Saar (SPD)/Br (SPD)
Ausschuß für Innere Angelegenheiten	SH (SPD)/Hbg (SPD)
Ausschuß für Kulturfragen	Thü (SPD)/SA (SPD)
Rechtsausschuß	Hbg (parteilos)/Saar (SPD)
Ausschuß für Städtebau, Wohnungswesen und Raumordnung	Bra (SPD)/Bln (CDU)
Ausschuß für Umwelt, Naturschutz und Reaktorsicherheit	Nds (SPD)/Sa (CDU)
Ausschuß für Verkehr und Post	Br (SPD)/Bay (CSU)
Ausschuß für Verteidigung	MV (SPD)/RPf (SPD)
Wirtschaftsausschuß	Bay (CSU)/NRW (SPD)
mit Sonderstatus: Europakammer	

Quelle: Eigene Zusammenstellung nach Bundesrat, Handbuch des Bundesrates für das Geschäftsjahr 1996/97, 1996, S. 225 ff.

VI/12 Stimmengewichtung der Länder im Bundesrat gemäß Artikel 51 Abs. 2 GG — Stand: 1977

Land:	Zahl der Stimmen:
Baden-Württemberg	6
Bayern	6
Berlin	4
Brandenburg	4
Bremen	3
Hamburg	3
Hessen	5
Mecklenburg-Vorpommern	3
Niedersachsen	6
Nordrhein-Westfalen	6
Rheinland-Pfalz	4
Saarland	3
Sachsen	4
Sachsen-Anhalt	4
Schleswig-Holstein	4
Thüringen	4
Insgesamt:	69

VII. Regieren und Verwalten

VII/1 Die Geschäftsordnung der Bundesregierung

Vom 11. 5. 1951 (GMBl. S. 137) i.d.F. der Bekanntmachung vom 17. 7. 1987 (GMBl. S. 382) — Auszüge

Die Bundesregierung hat nach Artikel 65 des Grundgesetzes folgende von dem Bundespräsidenten genehmigte Geschäftsordnung beschlossen:

I. Der Bundeskanzler

§ 1 (Richtlinienkompetenz)

(1) Der Bundeskanzler bestimmt die Richtlinien der inneren und äußeren Politik. Diese sind für die Bundesminister verbindlich und von ihnen in ihrem Geschäftsbereich selbständig und unter eigener Verantwortung zu verwirklichen. In Zweifelsfällen ist die Entscheidung des Bundeskanzlers einzuholen.

(2) Der Bundeskanzler hat das Recht und die Pflicht, auf die Durchführung der Richtlinien zu achten.

§ 2 (Geschäftsführung)

Neben der Bestimmung der Richtlinien der Politik hat der Bundeskanzler auch auf die Einheitlichkeit der Geschäftsführung in der Bundesregierung hinzuwirken.

§ 3 (Unterrichtung)

Der Bundeskanzler ist aus dem Geschäftsbereich der einzelnen Bundesminister über Maßnahmen und Vorhaben zu unterrichten, die für die Bestimmung der Richtlinien der Politik und die Leitung der Geschäfte der Bundesregierung von Bedeutung sind.

§ 4 (Entscheidung)

Hält ein Bundesminister eine Erweiterung oder Änderung der Richtlinien der Politik für erforderlich, so hat er dem Bundeskanzler unter Angabe der Gründe hiervon Mitteilung zu machen und seine Entscheidung zu erbitten.

§ 5 (Unterrichtung des Bundespräsidenten)

Der Bundeskanzler unterrichtet den Bundespräsidenten laufend über seine Politik und die Geschäftsführung der einzelnen Bundesminister durch Übersendung der wesentlichen Unterlagen, durch schriftliche Berichte über Angelegenheiten von besonderer Bedeutung sowie nach Bedarf durch persönlichen Vortrag.

§ 6 (Leitung der Geschäfte)

Der Bundeskanzler leitet die Geschäfte der Bundesregierung nach Maßgabe des IV. Abschnittes.

§ 7 (Staatssekretär)

(1) Der Staatssekretär des Bundeskanzleramtes nimmt zugleich die Geschäfte eines Staatssekretärs der Bundesregierung wahr.

(2) Er kann die an den Bundeskanzler gerichteten oder ihm von dem Bundespräsidenten überwiesenen Schreiben unmittelbar an den zuständigen Bundesminister weiterleiten. Empfiehlt der zuständige Bundesminister eine Beantwortung durch den Bundeskanzler, so legt er dem Bundeskanzler einen entsprechenden Entwurf vor.

II. Stellvertretung des Bundeskanzlers

§ 8 (Vertreter des Kanzlers)

Ist der Bundeskanzler an der Wahrnehmung der Geschäfte allgemein verhindert, so vertritt ihn der gemäß Artikel 69 des Grundgesetzes zu seinem Stellvertreter ernannte Bundesminister in seinem gesamten Geschäftsbereich. Im übrigen kann der Bundeskanzler den Umfang seiner Vertretung näher bestimmen.

III. Die Bundesminister

§ 9 (Geschäftsbereich)

Der Geschäftsbereich der einzelnen Bundesminister wird in den Grundzügen durch den Bundeskanzler festgelegt. Bei Überschneidungen und sich daraus ergebenden Meinungsverschiedenheiten zwischen den einzelnen Bundesministern entscheidet die Bundesregierung durch Beschluß.

§ 10 (Abordnungen)

(1) Abordnungen (Deputationen) sollen in der Regel nur von dem federführenden Fachminister oder seinem Vertreter empfangen werden. Sie sind vorher um Angabe des Verhandlungsgegenstandes zu ersuchen. Erscheint ein gemeinsamer Empfang angezeigt, so benachrichtigt der angegangene Bundesminister die außer ihm noch in Frage kommenden Bundesminister.

(2) Der Bundeskanzler empfängt Abordnungen nur in besonderen Fällen.

§ 11 (Empfang)

(1) Mitglieder und Vertreter auswärtiger Regierungen sowie Vertreter zwischenstaatlicher Einrichtungen sollen nur nach vorherigem Benehmen mit dem Auswärtigen Amt empfangen werden.

(2) Verhandlungen mit dem Ausland oder im Ausland dürfen nur mit Zustimmung des Auswärtigen Amtes, auf sein Verlangen auch nur unter seiner Mitwirkung geführt werden.

(3) Die Bestimmungen der Absätze 1 und 2 gelten nicht für den Bundesminister für den Marshallplan, soweit er in Ausübung der ihm übertragenen Aufgaben tätig ist. Er hat jedoch das Auswärtige Amt über Verhandlungen mit dem Ausland oder im Auslande und über solche Besprechungen mit Vertretern auswärtiger Regierungen sowie Vertretern zwischenstaatlicher Einrichtungen zu unterrichten, die über die Erledigung laufender Angelegenheiten seines Geschäftsbereiches hinausgehen.

§ 12 (Äußerungen in der Öffentlichkeit)

Äußerungen eines Bundesministers, die in der Öffentlichkeit erfolgen oder für die Öffentlichkeit bestimmt sind, müssen mit den vom Bundeskanzler gegebenen Richtlinien der Politik in Einklang stehen.

§ 13 (Abwesenheit)

(1) Jeder Bundesminister macht, bevor er den Sitz der Bundesregierung länger als 1 Tag verläßt, dem Bundeskanzler Mitteilung. Bei Abwesenheit von mehr als 3 Tagen und bei Auslandsreisen ist das Einvernehmen mit dem Bundeskanzler herzustellen.

(2) Zur Annahme von Einladungen in das Ausland ist die Zustimmung des Bundeskanzlers erforderlich.

(3) Bevor ein Bundesminister den Sitz der Bundesregierung verläßt, gibt er dem Bundeskanzler die Anschrift an, unter der er während seiner Abwesenheit zu erreichen ist.

§ 14 (Verhinderung)

(1) Ist ein Bundesminister verhindert, so wird er in der Regierung durch den dazu bestimmten Bundesminister vertreten.

(2) Für Erklärungen vor dem Bundestag, vor dem Bundesrat und in den Sitzungen der Bundesregierung wird der Bundesminister durch den Parlamentarischen Staatssekretär vertreten. Der Bundesminister kann für Einzelfälle anordnen, daß solche Erklärungen durch den Staatssekretär abgegeben werden.

(3) Als Leiter einer obersten Bundesbehörde wird ein Bundesminister im Falle seiner Verhinderung durch den Staatssekretär und in dem Aufgabenbereich, der dem Parlamentarischen Staatssekretär nach § 14 a übertragen worden ist, sowie in den von ihm bestimmten Einzelfällen von diesem vertreten.

§ 14 a (Parlamentarische Staatssekretäre)

Der Bundesminister bestimmt im einzelnen, welche Aufgaben der Parlamentarische Staatssekretär wahrnehmen soll.

IV. Die Bundesregierung

§ 15 (Beratung und Beschlußfassung)

(1) Der Bundesregierung sind zur Beratung und Beschlußfassung zu unterbreiten alle Angelegenheiten von allgemeiner innen- oder außenpolitischer, wirtschaftlicher, sozialer, finanzieller oder kultureller Bedeutung, insbesondere

a) alle Gesetzentwürfe,

b) alle Entwürfe von Verordnungen der Bundesregierung,

c) sonstige Verordnungsentwürfe, wenn sie von besonderer politischer Bedeutung sind,

d) die Stellungnahme des Bundesrates zu den Vorlagen der Bundesregierung,

e) alle Angelegenheiten, für welche Grundgesetz oder Gesetz dieses vorschreiben,

f) Meinungsverschiedenheiten zwischen verschiedenen Bundesministern, Meinungsverschiedenheiten über die Entwürfe der Finanzplanung, des Haushaltsgesetzes und des

Haushaltsplans, wenn es sich um Angelegenheiten von grundsätzlicher Bedeutung für den betroffenen Bundesminister oder erheblicher finanzieller Bedeutung handelt.

(2) Ihr sind außerdem zu unterbreiten

a) Vorschläge zur Ernennung von Beamten, die jederzeit in den einstweiligen Ruhestand versetzt werden können, von sonstigen Beamten, die nach der Besoldungsordnung feste Gehälter beziehen, sowie von Ministerialräten und Ministerialbeamten gleichen Ranges,

b) Vorschläge zur Einstellung oder Eingruppierung von Angestellten bei obersten Bundesbehörden nach Vergütungsgruppe I BAT oder zur Vereinbarung einer höheren Vergütung,

c) zur Beratung ohne Beschlußfassung: Vorschläge für die Zustimmung des zuständigen Bundesministers zur Ernennung von Richtern bei den obersten Gerichtshöfen des Bundes.

§ 15 a (Angelegenheiten von frauenpolitischer Bedeutung)

(1) Im Einvernehmen mit dem Bundeskanzler kann der Bundesminister für Jugend, Familie, Frauen und Gesundheit verlangen, daß Angelegenheiten von frauenpolitischer Bedeutung der Bundesregierung zur Beratung und Beschlußfassung unterbreitet werden, auch wenn diese zum Geschäftsbereich eines anderen Bundesministers gehören; die Vorlage an die Bundesregierung erfolgt durch den federführenden Bundesminister.

(2) In Angelegenheiten von besonderer frauenpolitischer Bedeutung kann der Bundesminister für Jugend, Familie, Frauen und Gesundheit im Benehmen mit dem federführenden Bundesminister Gesetzesvorhaben vor Bundestag und Bundesrat einschließlich deren Ausschüsse neben dem federführenden Bundesminister vertreten. § 15 Abs. 1 Buchstabe f, §§ 17 und 28 bleiben unberührt.

§ 16 (Gesetzentwürfe)

(1) Alle Angelegenheiten, die der Bundesregierung unterbreitet werden, sind vorher zwischen den beteiligten Bundesministerien zu beraten, sofern nicht im Einzelfall die Dringlichkeit der Entscheidung eine Ausnahme notwendig macht.

(2) Die bei den Beratungen strittig gebliebenen Punkte sind in dem Anschreiben an den Staatssekretär des Bundeskanzleramtes (§ 21 Abs. 2) oder in sonst geeigneter Weise mit kurzer Begründung der vorgeschlagenen Lösung aufzuführen.

(3) Bei der Vorlage von Gesetzentwürfen ist mitzuteilen, daß die Ausführung des Gesetzes Bund, Länder und Gemeinden nicht mit Kosten belastet oder, wenn dies der Fall ist, ob der Bundesminister der Finanzen nach Kenntnis von dem Plane des Gesetzes Widerspruch erhoben hat. Fehlt der Vermerk, so sorgt der Staatssekretär des Bundeskanzleramtes dafür, daß er nachgeholt wird.

(4) Ist keine mündliche Erörterung im Kabinett erforderlich, so ist bei der Vorlage zu bemerken, daß ein Beschluß auf schriftlichem Wege ausreichen wird (§ 20 Abs. 2).

§ 17 (Meinungsverschiedenheiten)

(1) Meinungsverschiedenheiten zwischen den Bundesministern sind der Bundesregierung erst zu unterbreiten, wenn ein persönlicher Verständigungsversuch zwischen den beteiligten

Bundesministern oder im Falle ihrer Behinderung zwischen ihren Vertretern ohne Erfolg geblieben ist.

(2) Der Bundeskanzler kann Meinungsverschiedenheiten vor der Beratung im Kabinett zunächst in einer Ministerbesprechung mit den beteiligten Bundesministern unter seinem Vorsitz erörtern.

. . .

§ 20 (Beschlußfassung)

(1) Die Bundesregierung faßt ihre Beschlüsse in der Regel in gemeinschaftlicher Sitzung.

(2) Ist die mündliche Beratung einer Angelegenheit nicht erforderlich, so soll der Staatssekretär des Bundeskanzleramtes die Zustimmung der Mitglieder der Bundesregierung auf schriftlichem Wege einholen (Umlaufsache). Bestehen über die Notwendigkeit einer mündlichen Beratung Zweifel, so hat er die Entscheidung des Bundeskanzlers herbeizuführen.

§ 21 (Sitzungen)

(1) Die Sitzungen der Bundesregierung werden durch den Staatssekretär des Bundeskanzleramtes nach näherer Anweisung des Bundeskanzlers festgesetzt. Er veranlaßt die Einladung zu den Sitzungen unter Beifügung einer Tagesordnung.

(2) Die von den Bundesministern vorgelegten Entwürfe und Ausführungen sind dem Staatssekretär des Bundeskanzlers in der gewünschten Zahl von Abdrucken einzureichen; sie sind gleichzeitig sämtlichen Bundesministern und dem Chef des Bundespräsidialamtes unmittelbar zuzuleiten.

(3) Die Übersendung von Kabinettsvorlagen hat so zeitig zu erfolgen, daß für eine sachliche Prüfung vor der Beratung noch ausreichend Zeit bleibt. Zwischen der Zustellung der Vorlage an den Staatssekretär des Bundeskanzleramtes und die Bundesminister und der Beratung soll mindestens eine Woche liegen. Handelt es sich um umfangreichere Gesetzesvorlagen oder sonstige Vorlagen von weittragender Bedeutung und ist die Frist nicht eingehalten, so ist auf Antrag von zwei Bundesministern oder deren Vertretern die Angelegenheit von der Tagesordnung abzusetzen, es sei denn, daß der Bundeskanzler die sofortige Beratung für notwendig hält.

(4) Der Bundesminister für Jugend, Familie, Frauen und Gesundheit oder dessen Vertreter kann die Absetzung von der Tagesordnung verlangen, wenn es sich um eine frauenpolitische Angelegenheit von besonderer Tragweite handelt und er bei der Vorbereitung der Kabinettvorlage nicht hinreichend beteiligt worden ist, es sei denn, daß der Bundeskanzler die sofortige Beratung für notwendig hält.

§ 22 (Vorsitz)

(1) Die Sitzungen der Bundesregierung finden unter dem Vorsitz des Bundeskanzlers, im Falle seiner Behinderung unter dem Vorsitz des Stellvertreters des Bundeskanzlers statt. Ist auch der Stellvertreter verhindert, so führt den Vorsitz der vom Bundeskanzler oder seinem Stellvertreter besonders bezeichnete Bundesminister oder mangels solcher Bezeichnungen der Bundesminister, der am längsten ununterbrochen der Bundesregierung angehört; bei mehreren Bundesministern mit gleicher Amtszeit übernimmt den Vorsitz der an Lebensjahren älteste Bundesminister.

(2) Die Sitzungen beginnen pünktlich zu der in der Einladung angegebenen Zeit. Verhinderte Bundesminister haben für ihre Vertretung zu sorgen.

(3) Die Sitzungen der Bundesregierung sind vertraulich. Insbesondere sind Mitteilungen über Ausführungen einzelner Bundesminister, über das Stimmenverhältnis und über den Inhalt der Niederschrift ohne besondere Ermächtigung des Bundeskanzlers unzulässig.

§ 23 (Teilnehmer)

(1) An den Sitzungen der Bundesregierung nehmen außer den Bundesministern und dem Chef des Bundeskanzleramtes sowie dem Parlamentarischen Staatssekretär beim Bundeskanzler regelmäßig teil:

der Chef des Bundespräsidialamtes,
der Bundespressechef,
der Persönliche Referent des Bundeskanzlers,
der Schriftführer.

(2) Ist ein Bundesminister an der Teilnahme an einer Sitzung der Bundesregierung verhindert, so nimmt für ihn der Parlamentarische Staatssekretär an der Sitzung teil. Der Bundesminister kann für Einzelfälle anordnen, daß der Staatssekretär an der Sitzung teilnimmt.

(3) Hält ein Bundesminister die Zuziehung eines Beamten seines Ministeriums außer dem Staatssekretär für erwünscht, so hat er dies unter Benennung des Beamten schriftlich anzuzeigen. Über die Zulassung zur Sitzung entscheidet der Vorsitzende. Der Beamte nimmt an der Sitzung nur für die Dauer der Verhandlungen über den Punkt, zu dem er zugezogen ist, teil.

(4) Der Bundeskanzler kann die Sitzung auf die Bundesminister beschränken.

§ 24 (Beschlußfähigkeit)

(1) Die Bundesregierung ist beschlußfähig, wenn einschließlich des Vorsitzenden die Hälfte der Bundesminister anwesend ist.

(2) Die Bundesregierung faßt ihre Beschlüsse mit Stimmenmehrheit. Bei Stimmengleichheit entscheidet die Stimme des Vorsitzenden.
. . .

§ 26 (Widerspruch)

(1) Beschließt die Bundesregierung in einer Frage von finanzieller Bedeutung gegen oder ohne die Stimme des Bundesministers der Finanzen, so kann dieser gegen den Beschluß ausdrücklich Widerspruch erheben. Wird Widerspruch nach Satz 1 oder in gesetzlich vorgesehenen Fällen erhoben, so ist über die Angelegenheit in einer weiteren Sitzung der Bundesregierung erneut abzustimmen. Die Durchführung der Angelegenheit, der der Bundesminister der Finanzen widersprochen hat, muß unterbleiben, wenn sie nicht in der neuen Abstimmung in Anwesenheit des Bundesministers der Finanzen oder seines Vertreters von der Mehrheit sämtlicher Bundesminister beschlossen wird und der Bundeskanzler mit der Mehrheit gestimmt hat.

(2) Entsprechendes gilt, wenn der Bundesminister der Justiz oder der Bundesminister des Innern gegen einen Gesetz- oder Verordnungsentwurf oder eine Maßnahme der Bundesregierung wegen ihrer Unvereinbarkeit mit geltendem Recht Widerspruch erhebt.
. . .

§ 28 (Zuleitung)

(1) Die von der Bundesregierung beschlossenen Vorlagen werden den gesetzgebenden Körperschaften durch den Bundeskanzler zugeleitet und vor ihnen durch den in der Sache zuständigen Bundesminister vertreten.

(2) Die Vertretung hat einheitlich zu erfolgen, auch wenn einzelne Bundesminister anderer Auffassung sein sollten. Gegen die Auffassung der Bundesregierung zu wirken ist den Bundesministern nicht gestattet.

(3) Bevor das Einverständnis mit wesentlichen Änderungen einer Gesetzesvorlage im Bundestag oder Bundesrat oder in den Ausschüssen erklärt wird, ist die Bundesregierung zu befragen. Ist dies aus Zeitmangel nicht möglich und doch eine Stellungnahme geboten, so soll wenigstens eine Einigung mit den erreichbaren Ministerien gesucht werden.

§ 29 (Gesetze)

(1) Gesetze sind dem Bundespräsidenten erst nach der Gegenzeichnung durch den Bundeskanzler und den zuständigen Bundesministern zur Vollziehung vorzulegen. Berührt der Inhalt des Gesetzes den Geschäftsbereich mehrerer Bundesminister, so zeichnen diese in der Regel auch die Ausfertigung.

(2) Verfügungen und Anordnungen sind dem Bundespräsidenten erst nach der Gegenzeichnung durch den zuständigen Bundesminister zur Vollziehung vorzulegen. Absatz 1 Satz 2 gilt entsprechend.

§ 30 (Verordnungen)

(1) Verordnungen der Bundesregierung werden nach Gegenzeichnung durch den zuständigen Fachminister vom Bundeskanzler gezeichnet. Sonstige Verordnungen werden — auch wenn sie der Bundesregierung vorgelegen haben — grundsätzlich von dem zuständigen Bundesminister allein gezeichnet.

(2) Unter der ausdrücklichen Bezeichnungen „Die Bundesregierung" sollen — abgesehen von Fällen besonderer Ermächtigung durch die Bundesregierung — nur der Bundeskanzler oder mit ihm der zuständige oder alle Bundesminister zeichnen.

§ 31 (Landesregierungen)

Die präsidierenden Mitglieder der Landesregierungen sollen mehrmals im Jahre persönlich zu gemeinsamen Besprechungen mit der Bundesregierung vom Bundeskanzler eingeladen werden, um wichtige politische, wirtschaftliche, soziale und finanzielle Fragen zu erörtern und in persönlicher Fühlungnahme zu einer verständnisvollen einheitlichen Politik in Bund und Ländern beizutragen.

VII/2 Inhaltsübersicht der Gemeinsamen Geschäftsordnung der Bundesministerien

i.d.F. der Bekanntmachung vom 15. 10. 1976 (GMBl. S. 550), zuletzt geändert durch Kabinettsbeschluß vom 4. 10. 1989 (GMBl. S. 696) und durch Bekanntmachungen des BMI vom 18. 6. 1991 (GMBl. S. 570) und 10. 8. 1993 (GMBl. S. 576)

a.) Allgemeiner Teil (GGO 1)

I. KAPITEL: ORGANISATIONSGRUNDSÄTZE

II. KAPITEL: GESCHÄFTSGANG

II. KAPITEL: WEG DER GESETZGEBUNG

1. Abschnitt: Vorbereitung der Entwürfe

V. KAPITEL: VERÖFFENTLICHUNG IN DEN AMTLICHEN BLÄTTERN

VII/3 Organisationsstruktur der Bundesfinanzverwaltung — Stand: 1. 8. 1994

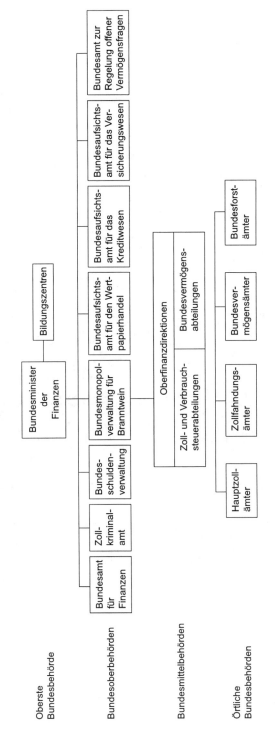

Quelle: Bundesministerium der Finanzen, Zentralabteilung.

VII/4 Organisationsplan des Bundeskanzleramtes
— Stand: Januar 1996

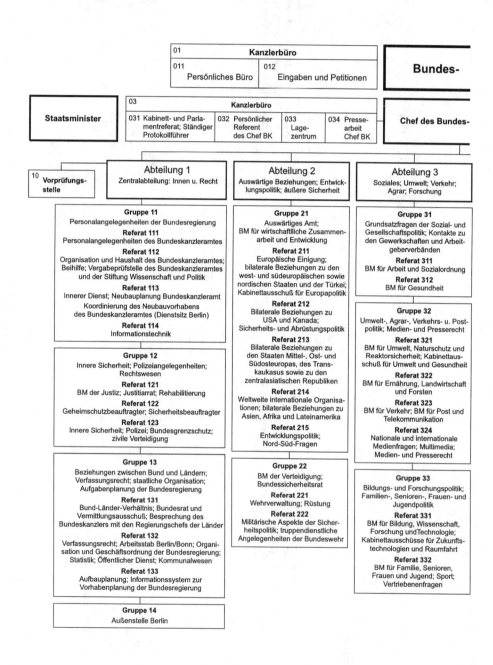

kanzler

02	Arbeitsstab Öffentlichkeitsarbeit und Medienpolitik		
	021 Öffentlichkeitsarbeit; Verbindung zu gesellschaftlichen Gruppen	022 Pressestelle; Besuchergruppen	023 Medienbeobachtung

kanzleramtes

04	Arbeitsstab Chef BK neue Länder*		Staatsminister
	041 Grundsatz-fragen	042 Verbindung zu den Abgeordneten der neuen Länder; Sonderaufgaben	

Abteilung 4*	Abteilung 5	Abteilung 6
Wirtschafts- und Finanzpolitik; Koordinierung neue Länder	Gesellschaftliche und politische Analysen; kulturelle Angelegenheiten	Soziales; Umwelt; Verkehr; Agrar; Forschung

Gruppe 41
Außenwirtschaftspolitik; europäische Wirtschafts-integration; europäischer Binnenmarkt (BM für Wirtschaft: Abt. E); EG-rechtliche Fragen
Referat 411
Wirtschaftliche Aspekte der europäischen Integration; Wirtschafts- und Währungsunion
Referat 412
Außenwirtschaft; Geld u. Währung; Finanzmärkte; multinationale Organisationen; BM für Wirtschaft: Abt. V; BM der Finanzen: Abt. VII und IX teilw.

Gruppe 42
Wirtschaftspolitik; Mittelstand; Wirtschaftsrecht; Koordinierung neue Länder; BM für Wirtschaft (außer Abt. E u. V); BM der Finanzen (Abt. I teilw. u. VIII teilw.); Kabinettausschuß neue Bundesländer
Referat 421
Grundsatzfragen; wirtschaftspolitische Sonder-aufgaben; gesamtwirtschaftliche Entwicklung; Kabinettausschuß für Wirtschaft
Referat 422
Koordinierung neue Länder
Referat 423
Wirtschaftsrecht und Wettbewerbspolitik; offene Vermögensfragen in den neuen Ländern
Referat 424
Mittelstand; regionale Wirtschaftspolitik; Wirtschaftsfragen neue Länder

Gruppe 43
Haushalts-, Finanz- und Steuerpolitik; BM der Finanzen (Abt. Z, II–IV, I teilw. und VIII teilw.)
Referat 431
Bundeshaushalt; Bund-Länder-Finanz-beziehungen; Bundesliegenschaften
Referat 432
Steuerpolitik; Zölle

Gruppe 44
Gewerbl. Wirtschaft; Raumordnungs- u. Baupolitik
Referat 441
Industrie; Energiepolitik; Treuhandnachfolge
Referat 442
BM für Raumordnung, Bauwesen und Städtebau; Mietrecht

Gruppe 51
Kommunikation; gesellschaftliche und politische Analysen
Referat 511
Mitwirkung bei der Öffentlichkeits-arbeit des Bundeskanzlers im Inland
Referat 512
Mitwirkung bei der Öffentlichkeitsar-beit des Bundeskanzlers im Ausland
Referat 513
Auswertung von Programmen und Modellen politischer Problemlösung
Referat 514
Dokumentation; Pressematerialien

Gruppe 52
Kulturelle Angelegenheiten
Referat 521
Verbindung zum Bereich Kunst und Kultur sowie zu den Kirchen
Referat 522
Deutsche kulturelle und wissen-schaftliche Einrichtungen im Ausland; Mittlerorganisationen
Referat 523
Trends kultureller und gesellschaft-licher Entwicklungen; politische Bildung; Geisteswissenschaften

Gruppe 61
Bundesnachrichtendienst; Grundsatzangelegenheiten der Dienstaufsicht; Haushalt; parlamentarische Angelegenheiten; Vergabeprüfstelle
Referat 611
Bundesnachrichtendienst; Organisation, Personal, Recht der Informationsgewinnung, Sicherheit
Referat 612
Nachrichtendienstliche Lage-information; Auftragssteuerung des Bundesnachrichtendienstes

Gruppe 62
Koordinierung der Nachrichten-dienste; Organisation und Haushaltsangelegenheiten
Referat 621
Koordinierungsangelegenheiten; Staatssekretärausschuß für das geheime Nachrichtenwesen; parlamentarische Kontrollgremien; Bundesamt für Verfassungsschutz; Militärischer Abschirmdienst
Referat 622
Proliferation, internationaler Waffen- und Rauschgifthandel, Geldwäsche, Nuklearschmuggel; nachrichtendienstliche Informations-verwertung

* Der Arbeitsstab Chef BK neue Län-der ist gleichzeitig dem Abteilungs-leiter 4 fachlich zugeordnet.

Quelle: Bundeskanzleramt, Zentralabteilung.

VII/5 Organisationsplan des Bundesministeriums für Bildung und Wissenschaft — Stand: 3. 11. 1995

Minister

Parl. Staatssekretär	Persönliche Referentin	Staatssekretär	Persönlicher Referent

Abteilung Z Zentralabteilung	Z 01 Vorprüfungs- stelle	Abteilung 1 Innovation, Strategische Orien- tierungen; Internat. Zus.arbeit	Abteilung 2 Allgemeine und berufliche Bildung

UA Z 1	UA Z 2		UA 11	UA 12	UA 13	UA 21	UA 22	UA 23
Personal, Recht	Haushalt, Controlling		Grundsatzfra- gen i. Bildung u. Forschung	Europäische u. multilater. Zus.arbeit	Bilaterale Zusammen- arbeit	Strukturen, Entwicklung	Recht, Förderung	Weiter- bildung
Ref. Z 11 Personal, Aus- und Fortbildung	**Ref. Z 21** Haushalt	**Außenstelle Berlin** Neue Länder Gesch.stelle	**Ref. 111** Grundsätze der Bildungs- und Forschungs- politik	**Ref. 121** Europ. Union – übergreifende Fragen; FuT- Politik der EU	**Ref. 131** Übergrf. Frg.; Int. Rechts- u. Kon- trollfrg.;Personal- angel.; Protokoll; Sprachendienst	**Ref. 211** Übergreifende Fragen der beruflichen Bildung	**Ref. 221** Finanzierungs- fragen d. berufl. Bildung, Berufl. Bildungsstätten	**Ref. 231** Konzertierte Aktion Weiterbildung
Ref. Z 12 Personal- Ausgaben	**Ref. Z 22** Controlling von Großprojekten; Vergabe- prüfstelle	**Ref. AB 1** Programm For- schungskoope- ration, Sonder- progr. neue L.	**Ref. 112** Zusammen- arbeit Bund/Länder	**Ref. 122** Europ. Zus.arb. In allg. u. Hoch- schulbildung; Progr. Sokrates	**Ref. 132** Europäische Forschungs- Organisa- tionen	**Ref. 212** Entwicklung der Ausbil- dungsberufe	**Ref. 222** Bildungsrecht, Bildungsbezüge in Familien- und Sozialpolitik	**Ref. 232** Ordnung der beruflichen Weiterbildung
Ref. Z 13 Pers.angeleg. der For- schungseinr.	**Ref. Z 23** Grundsatzfragen der Förderver- fahren; Projektträger	**Ref. AB 2** Zus.arbeit m. den neuen L. und Berlin	**Ref. 113** Forsch.koordin. auf Bu.ebene, Bu.forsch.bericht; Forsch.budget	**Ref. 123** Europ. Zus.arb. In d. berufl. Bil- dung, Programm Leonardo	**Ref. 133** Zus.arb. mit Westeuropa, Mittelmeerraum und Afrika	**Ref. 213** Berufsbildung und Arbeitsmarkt	**Ref. 223** Weiterbildung, Bildungsbezüge in Familien- und Sozialpolitik	**Ref. 233** Weiterbildung, Fernunterricht, Bibliotheks- wesen
Ref. Z 14 Organisation, Organisa- tionsentwickl.	**Ref. Z 24** Innerer Dienst	**Ref. AB 3** Stukturfragen d. berufl. Weiterbil- dung, bes. i. d. neuen Ländern	**Ref. 114** Querschnitts- fragen der Forschungs- einrichtungen	**Ref. 124** EU-Forschungs- Programme; COST; EURE- KA; EURATOM	**Ref. 134** Zus.arb. m. Staa. Mittel- u. Osteur.; Europ. Stiftung f. Berufsbildung	**Ref. 214** Frauen in Bildung und Forschung	**Ref. 224** Begabtenför- derung, Beruf- liche Bildung	**Ref. 234** Personal in der berufl. Bildung; Besondere Pers. i. Bildungswesen
Ref. Z 15 Allg. Rechtsfra- gen in Bildung und Forschung, Sicherheit	**Ref. Z 25** IT- Infrastruktur	**Ref. AB 4** Admin. Fragen GKSS,UFZ, Ein- richtungen der Umweltforschung	**Ref. 115** Technik- folgen- abschätzung	**Ref. 125** Multilat.Zus.arb.; Internat. Organ.; Studenten- und Wissenschaftler- austausch; Aus-	**Ref. 135** Zus.arb. mit Nord- u. Süd- amerika; Inter- nationale Büros	**Ref. 215** Innovationen i. allgemeinen Berufswesen	**Ref. 225** Kunst, Kultur und Sport	**Ref. 235** Lehrpersonal/ Medien
Ref. Z 16 Rechtsfragen d. Förderung, Pa- tentwesen, Er- finderförderung, Datenschutz Stiftg. CAESAR	**Ref. Z 26** IT- Anwendungs- systeme		**Ref. 116** Wirtschafts- u. fi- nanzpol. Fragen, Mittelstand, Inno- vationsförd.; PhG	tausch in der berufl. Bildung **Referat** Wissenschaft, Forschung und	**Ref. 136** Zus.arb. mit Asien und Australien	**Ref. 216** Modell- versuche, Berufsschulen		**Ref. AB 3** siehe Außenstelle
	Ref. Z 27 Besucherdienst, Bibliothek, Wissenschafts- studio		**Ref. 117** Statistik; Bildungs- und Hochschul- statistik	Technologie der Ständigen Ver- tretung der BRD in der EU				
			Ref. AB 1 siehe Außenstelle					
			Ref. AB 2 siehe Außenstelle					

Projektgruppe (P 1) Rat für Forschung, Technologie und Innovation	Projektgruppe (P 2) Abbau von Forschungs- und Innovations- hemmnissen

Leitungsstab (LS)					
	MB		**Kab/Parl**	**Pr**	**Ö**
Ministerbüro	Pers. Referent des Ministers	Politische Analysen	Kabinett/ Parlament	Presse	Öffentlich- keitsarbeit

Staatssekretär	Persönlicher Referent	**Parl. Staatssekretärin**	Persönlicher Referent

Abteilung 3 Hochschulen und Wissenschafts- förderung; Grundlagenfoschung	**Abteilung 4** Energie und Umwelt	**Abteilung 5** Biowissenschaften und Informationstechnik	**Abteilung 6** Luft- und Raumfahrt, Verkehr; Neue Technologien

UA 31 Hochschul- politik, Ausbil- dungsförd.	**UA 32** Hochschul- bau, Fach- hochschulen	**UA 33** Wissensch.- förd., Grund- lagenforsch.	**UA 41** Energie	**UA 42** Umwelt, Geo- wiss., Mee- resforschung	**UA 51** Gesundheit, Biowissen- schaften	**UA 52** Informations- u. Kommuni- kationstechn.	**UA 61** Luft- u. Raum- fahrt, Verkehr; Meerestechn.	**UA 62** Neue Technologien
Ref. 311 Allgemeine Hochschul- angelegenh.	**Ref. 321** Hochschulrah- menplanung, Wissenschafts- rat, HIS	**Ref. 331** Wissenschafts- pol., Wissensch.- förderung, allg. Frag. d. Forsch.	**Ref. 411** Rationelle Ener- gieverwendung; Grundsatzfragen d. Energieforsch	**Ref. 421** Ökologie; Grundsatzfragen der Umwelt- forschung	**Ref. 511** Grundsatz- u. Planungs- fragen	**Ref. 521** Grundsatzfragen d. Informations- und Kommuni- kationstechnik	**Ref. 611** Grundsatz- u. Querschnitts- fragen der Mobilität	**Ref. 621** Grundsatz- u. Querschnitts- fragen neuer Technologien
Ref. 312 Hochschulrecht, Hochschul- gang, Aus- länderstudium	**Ref. 322** Naturw.schaftl. Planung, Struktur- fragen d. Hoch- schulmedizin	**Ref. 332** Grundlagenfor- schung, DESY, GSI, HMI	**Ref. 412** Erneuerbare Energien	**Ref. 422** Klima u. Atmo- sphäre, Globaler Wandel, Koordi- nierung Umwelt- u. Energieforsch	**Ref. 512** Medizinische Forschung, Projekte	**Ref. 522** Basis- technologien d. Informations- technik	**Ref. 612** Weltraumpro- gramm, Koordi- nation im Welt- raumbereich	**Ref. 622** Neue Materialien
Ref. 313 Studium und Prüfungen, Stu- dentenange- legenheiten	**Ref. 323** Durchführung der Hochschul- rahmenplanung	**Ref. 333** MPG, DFG	**Ref. 413** Neue Energie- umwandlungs- techniken	**Ref. 423** Umwelttechno- logie, Produk- tionsintegrierter Umweltschutz	**Ref. 513** Med. Forschung, Einr. der med. u. biol. Forschg.; FKFZ, MDC, GSF, GBF	**Ref. 523** Informatik; GMD	**Ref. 613** Administrative Fragen DLR, DARA	**Ref. 623** Physikalische Technologien; chem. Forschg. u. Entwicklung
Ref. 314 Gesetzgebung und Grundsatz- fragen der Aus- bildungsförderg.	**Ref. 324** Förderung von Fach- hochschulen	**Ref. 334** Akademien, Geisteswissen- schaften, Aus- landsinstitute	**Ref. 414** Fusion; IPP	**Ref. 424** Forschungs- einrichtungen KFA, FZK	**Ref. 514** Biologische Forschung u. Technologie	**Ref. 524** Mikro- system- technik	**Ref. 614** Luftfahrt- forschung und -technik	**Ref. 624** Laser- forschung
Ref. 315 Vollzug des BAföG	**Ref. 325** Wissen- schaftsraum Bonn	**Ref. 335** Sozialwissen- schaften, Wissenschafts- forschung	**Ref. 415** Reaktor- sicherheit; Entsorgung	**Ref. 425** Meeresforschg., Polarforschung, Geowissen- schaften	**Ref. 515** Bauen und Wohnen	**Ref. 525** Mikro- elektronik	**Ref. 615** Bodengebun- dene Transport- und Verkehrs- systeme	**Ref. 625** Produktions- technik, Quali- tätssicherung
Ref. 316 Wissenschaftl. Nachwuchs, Be- gabtenförderung in Hochschulen und Forschung			**Ref. 416** Stillegung und Rückbau Kern- technischer Anlagen	**Ref. 426** Administrat. Frg. AWI, BAH, GFZ; Einrichtungen d. Meeresforschg.	**Ref. 516** Arbeit und Technik	**Ref. 526** Sozialwissen- schaftliche As- pekte der Infor- mationstechnik	**Ref. 616** Meeres- technik	**Ref. 626** Fach- information
			Ref. AB 4 siehe Außenstelle					

Projektgruppe (P 3) Ergebniskontrolle Innovations- und Anwendungspotentiale

Quelle: Bundesministerium für Bildung und Wissenschaft, Zentralabteilung.

VII/6 Das System der Staatsorgane der DDR (vereinfacht)

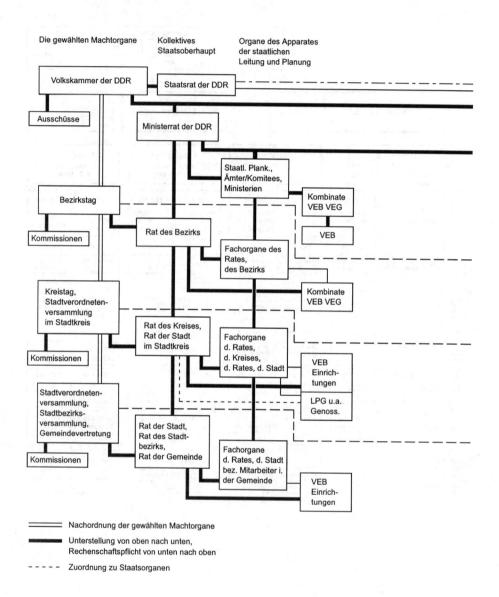

Die gewählten Machtorgane

Kollektives
Staatsoberhaupt

Organe des Apparates
der staatlichen
Leitung und Planung

Volkskammer der DDR	Staatsrat der DDR	
Ausschüsse	Ministerrat der DDR	
		Staatl. Plank., Ämter/Komitees, Ministerien
Bezirkstag		Kombinate VEB VEG
Kommissionen	Rat des Bezirks	VEB
		Fachorgane des Rates, des Bezirks
Kreistag, Stadtverordnetenversammlung im Stadtkreis		Kombinate VEB VEG
Kommissionen	Rat des Kreises, Rat der Stadt im Stadtkreis	Fachorgane d. Rates, d. Kreises, d. Rates, d. Stadt
		VEB Einrichtungen
		LPG u.a. Genoss.
Stadtverordnetenversammlung, Stadtbezirksversammlung, Gemeindevertretung	Rat der Stadt, Rat des Stadtbezirks, Rat der Gemeinde	Fachorgane d. Rates, d. Stadt bez. Mitarbeiter i. der Gemeinde
Kommissionen		VEB Einrichtungen

═══ Nachordnung der gewählten Machtorgane

▬▬▬ Unterstellung von oben nach unten,
Rechenschaftspflicht von unten nach oben

‑ ‑ ‑ ‑ Zuordnung zu Staatsorganen

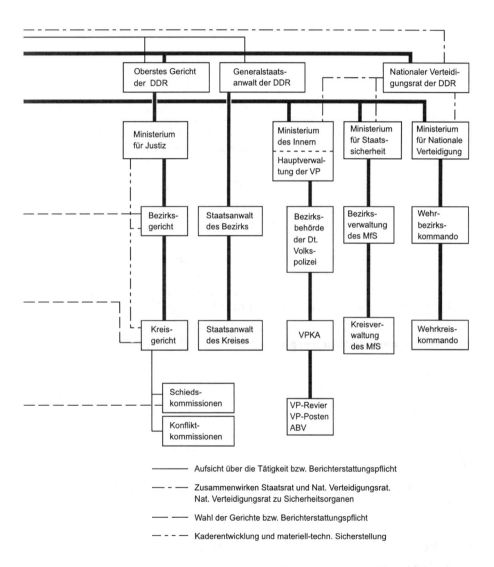

Quelle: Bundesministerium für innerdeutsche Beziehungen, DDR Handbuch (Köln: Verlag Wissenschaft und Politik; 3., überarb. und erweiterte Auflage), 1985, S. 1271.

VII/7 (Nordrhein-westfälisches) Gesetz über die Organisation der Landesverwaltung (Landesorganisationsgesetz (LOG NW))

Vom 10. Juli 1962 (GV. NW. S. 421), zuletzt geändert durch Gesetz vom 20. Dezember 1994 (GV. NW. S. 1114) — Auszüge

I. Geltungsbereich

§ 1

(1) Dieses Gesetz gilt für die Behörden und Einrichtungen des Landes. Für die Gemeinden und Gemeindeverbände gilt das Gesetz nur, soweit es dies bestimmt. Unter der gleichen Voraussetzung gilt es auch für die der Aufsicht des Landes unterstehenden sonstigen Körperschaften sowie Anstalten und Stiftungen des öffentlichen Rechts mit eigener Rechtspersönlichkeit.

(2) Dieses Gesetz gilt nicht

a) für den Landesrechnungshof und die Staatlichen Rechnungsprüfungsämter,

b) für den Landesbeauftragten für Datenschutz,

c) für die Organe der Rechtspflege (Gerichte, Staatsanwaltschaften, Vollzugsanstalten und Gnadenstellen),

d) für die staatlichen wissenschaftlichen Hochschulen, Kunsthochschulen und Fachhochschulen gemäß § 1 Abs. 2 des Fachhochschulgesetzes.

(3) Dieses Gesetz gilt nicht für Kirchen und Religionsgemeinschaften und die ihnen zugehörigen Körperschaften, Anstalten und Stiftungen des öffentlichen Rechts.

II. Behörden und Einrichtungen des Landes

§ 2
Einteilung der Landesbehörden

Landesbehörden sind die obersten Landesbehörden, die Landesoberbehörden, die Landesmittelbehörden und die unteren Landesbehörden.

§ 3
Oberste Landesbehörden

Oberste Landesbehörden sind die Landesregierung, der Ministerpräsident und die Landesministerien.

§ 4
Zuständigkeiten und Geschäftsbereiche der obersten Landesbehörden

(1) Der Ministerpräsident und die Landesminister sind — unbeschadet der Zuständigkeiten der Landesregierung — jeweils für ihren Geschäftsbereich die zuständige oberste Landesbehörde.

(2) Der Ministerpräsident gibt die Geschäftsbereiche der obersten Landesbehörden im Gesetz- und Verordnungsblatt bekannt.

(3) Werden Geschäftsbereiche neu abgegrenzt, so gehen auch die in Gesetzen und Rechtsverordnungen der bisher zuständigen obersten Landesbehörde zugewiesenen Zuständigkeiten auf die nach der Neuabgrenzung zuständige oberste Landesbehörde über; der Ministerpräsident weist hierauf sowie auf den Zeitpunkt des Übergangs im Gesetz- und Verordnungsblatt hin.

§ 5
Leitung und Beaufsichtigung der Landesverwaltung; Durchführung von Bundesrecht und Recht der Europäischen Gemeinschaften

(1) Die Landesregierung und im Rahmen ihres Geschäftsbereichs der Ministerpräsident und die Landesministerien leiten und beaufsichtigen die Landesverwaltung. Für Verwaltungsaufgaben in Einzelfällen sind sie insoweit zuständig, als dies durch Gesetz oder Rechtsverordnung bestimmt ist. Darüber hinaus sollen sie solche Aufgaben nur wahrnehmen, soweit es die Leitung ihres Geschäftsbereichs erfordert.

(2) Ist eine oberste Landesbehörde durch Bundes- oder Landesrecht ermächtigt, Befugnisse zu übertragen, so ist von dieser Ermächtigung durch Rechtsverordnung Gebrauch zu machen, sofern nicht besondere Gründe die Zuständigkeit der obersten Landesbehörde erfordern.

(3) Wenn das Land oder die nach Landesrecht zuständige Stelle Bundesrecht oder Recht der Europäischen Gemeinschaften durchzuführen hat, so bestimmt die Landesregierung nach Anhörung des fachlich zuständigen Ausschusses des Landtags durch Rechtsverordnung, welche Behörde zuständig ist. Dabei kann auch bestimmt werden, daß diese Aufgaben als Pflichtaufgaben zur Erfüllung nach Weisung wahrgenommen werden; der Umfang des Weisungsrechts und die Aufsichtsbehörden sind in der Rechtsverordnung zu bestimmen. Satz 2 gilt auch für Zuständigkeitsregelungen aufgrund bundesrechtlicher Ermächtigung.

(4) Wenn nach Bundesrecht eine höhere Verwaltungsbehörde, eine staatliche Mittelbehörde oder eine untere Verwaltungsbehörde zuständig ist, so bestimmt die Landesregierung durch Rechtsverordnung, welche Behörde als zuständig im Sinne des Bundesrechts zu gelten hat.

(5) Die zuständige Behörde ist nach den Grundsätzen einer einfachen Verwaltung möglichst ortsnah zu bestimmen.

(6) Das Innenministerium kann durch Rechtsverordnung im Einvernehmen mit den Ministerien, deren Geschäftsbereich berührt wird, Rechtsverordnungen aufheben, soweit sie wegen Veränderung der Verhältnisse entbehrlich geworden oder durch spätere Rechtsvorschriften überholt sind und eine sonstige Ermächtigung für die Aufhebung nicht vorhanden ist.

§ 6
Landesoberbehörden

(1) Landesoberbehörden sind Behörden, die einer obersten Landesbehörde unmittelbar unterstehen und für das ganze Land zuständig sind.

(2) Landesoberbehörden sind
die Ausführungsbehörde für Unfallversicherung,
das Geologische Landesamt,
das Landesamt für Besoldung und Versorgung,
das Landesamt für Datenverarbeitung und Statistik,
das Landesamt für Agrarordnung,
das Landesamt für Ausbildungsförderung,
das Landesamt für Ernährungswirtschaft und Jagd,
die Landeseichdirektion,

das Landeskriminalamt,
das Landesoberbergamt,
das Landesumweltamt,
das Landesvermessungsamt,
das Landesversicherungsamt,
das Landesversorgungsamt,
das Rechenzentrum der Finanzverwaltung,
die Zentralstelle für den Bergmannsversorgungsschein.

(3) Andere Landesoberbehörden dürfen nur durch Gesetz oder aufgrund eines Gesetzes errichtet werden.

§ 7
Landesmittelbehörden

(1) Landesmittelbehörden sind die einer obersten Landesbehörde unmittelbar unterstehenden Behörden, die für einen Teil des Landes zuständig sind.

(2) Landesmittelbehörden sind die Bezirksregierung, die Direktoren der Landwirtschaftskammern als Landesbeauftragte und die Oberfinanzdirektionen.

(3) Landesmittelbehörden anderer als in Absatz 2 genannter Art dürfen nur durch Gesetz oder aufgrund eines Gesetzes errichtet werden.

(4) Sitz und Bezirk der Landesmittelbehörden bestimmt die Landesregierung oder aufgrund einer von ihr erteilten Ermächtigung das zuständige Landesministerium. Die Landesregierung oder — aufgrund einer von ihr erteilten Ermächtigung — das zuständige Landesministerium kann einer Landesmittelbehörde Aufgaben im Bezirk anderer Landesmittelbehörden übertragen; abweichende gesetzliche Vorschriften bleiben unberührt.

§ 8
Die Bezirksregierung

(1) Die Bezirksregierung ist die allgemeine Vertretung der Landesregierung im Bezirk. Sie hat die Entwicklung auf allen Lebensbereichen im Bezirk zu beobachten und den zuständigen obersten Landesbehörden darüber zu berichten.

(2) Die Bezirksregierung ist zuständig für alle Aufgaben der Landesverwaltung, die nicht ausdrücklich anderen Behörden übertragen sind.

§ 9
Untere Landesbehörden

(1) Untere Landesbehörden sind Behörden, die einer Landesoberbehörde oder einer Landesmittelbehörde unterstehen.

(2) Untere Landesbehörden sind

die Oberkreisdirektoren als untere staatliche Verwaltungsbehörden und
die Ämter für Agrarordnung,
die Staatlichen Ämter für Arbeitsschutz,
die Staatlichen Bauämter,
die Bergämter,
die Eichämter,
die Finanzämter,

die Staatlichen Forstämter und die Leiter der Forstämter der Landwirtschaftskammern als Landesbeauftragte,

die Kreispolizeibehörden,

die Geschäftsführer der Kreisstellen der Landwirtschaftskammern als Landesbeauftragte im Kreise,

die Schulämter,

die Seemannsämter,

die Staatlichen Umweltämter,

die Versorgungsämter.

(3) § 7 Abs. 3 und Abs. 4 gilt entsprechend.

§ 10
Bekanntmachung der Bezirke der Landesmittelbehörden und der unteren Landesbehörden

Der Ministerpräsident gibt die Bezirke der Landesmittelbehörden und der unteren Landesbehörden und ihre späteren Veränderungen im Gesetz- und Verordnungsblatt nachrichtlich bekannt.

§ 11
Dienstaufsicht und Fachaufsicht

Die nachgeordneten Landesbehörden unterstehen der Dienstaufsicht und der Fachaufsicht.

§ 12
Dienstaufsicht und Dienstaufsichtsbehörden

(1) Die Dienstaufsicht erstreckt sich auf den Aufbau, die innere Ordnung, die allgemeine Geschäftsführung und die Personalangelegenheiten der Behörde.

(2) Die Dienstaufsicht führen

1. die obersten Landesbehörden über die ihnen im Rahmen ihres Geschäftsbereichs unterstehenden Landesoberbehörden und Landesmittelbehörden,

2. das Innenministerium über die Bezirksregierungen, soweit sich nicht aus Absatz 3 etwas anderes ergibt,

3. die Landesoberbehörden und die Landesmittelbehörden über die ihnen unterstehenden unteren Landesbehörden.

Die obersten Landesbehörden führen zugleich die oberste Dienstaufsicht über die ihnen im Rahmen ihres Geschäftsbereichs unterstehenden unteren Landesbehörden.

(3) Die Dienstaufsicht des Innenministeriums über die Bezirksregierungen berührt die Befugnisse der übrigen obersten Landesbehörden als oberste Dienstbehörden im Sinne des § 3 Abs. 1 des Landesbeamtengesetzes oder aufgrund besonderer gesetzlicher Vorschriften nicht.

§ 13
Fachaufsicht und Fachaufsichtsbehörden

(1) Die Fachaufsicht erstreckt sich auf die rechtmäßige und zweckmäßige Wahrnehmung der Aufgaben.

(2) Die Fachaufsicht führen

1. die obersten Landesbehörden im Rahmen ihres Geschäftsbereichs über die Landesoberbehörden und Landesmittelbehörden,

2. die Landesoberbehörden und die Landesmittelbehörden über die ihnen unterstehenden unteren Landesbehörden.

Die obersten Landesbehörden führen zugleich im Rahmen ihres Geschäftsbereichs die oberste Fachaufsicht über die unteren Landesbehörden.

(3) In Ausübung der Fachaufsicht können sich die Fachaufsichtsbehörden unterrichten, Weisungen erteilen und bei Gefahr im Verzuge oder aufgrund besonderer gesetzlicher Ermächtigung die Befugnisse der nachgeordneten Behörden selbst ausüben.

§ 14
Einrichtungen des Landes

(1) Einrichtungen des Landes, insbesondere Institute, Archive, Untersuchungsanstalten, Schulen, Ausbildungsstätten, Forschungsanstalten und zentrale Forschungseinrichtungen, Kuranstalten und sonstige nichtrechtsfähige öffentliche Anstalten, die einen eigenen Bestand an Personal und sächlichen Mitteln haben, werden — vorbehaltlich der besonderen hierfür geltenden Vorschriften — von den obersten Landesbehörden im Rahmen ihres Geschäftsbereichs errichtet. Die obersten Landesbehörden können ihre Dienst- oder Fachaufsicht auf nachgeordnete Behörden übertragen.

(2) Die einzelnen Einrichtungen müssen sich aus dem Haushaltsplan ergeben.

III. Gemeinden und Gemeindeverbände

§ 15
Mitwirkung bei der Landesverwaltung

Die Gemeinden und Gemeindeverbände wirken bei der Landesverwaltung nach Maßgabe der hierfür geltenden gesetzlichen Vorschriften mit.

§ 16
Weisungen und Auftragsangelegenheiten kraft Bundesrechts

(1) Die Gemeinden und Gemeindeverbände sind bei der Durchführung von Bundesgesetzen, die das Land im Auftrag des Bundes ausführt (Art. 85 des Grundgesetzes), an die Weisungen der Aufsichtsbehörden gebunden. Das gleiche gilt, soweit die Bundesregierung in den Fällen des Art. 84 Abs. 5 des Grundgesetzes Einzelweisungen erteilt.

(2) Aufgaben, die der Verteidigung einschließlich des Wehrersatzwesens und des Schutzes der Zivilbevölkerung dienen und die das Land im Auftrag des Bundes ausführt (Art. 87 b Abs. 2 Satz 1 des Grundgesetzes), obliegen, falls sie von Gemeinden oder Kreisen durchzuführen sind, den Hauptverwaltungsbeamten dieser Gebietskörperschaften. Die für die Erfüllung dieser Aufgaben erforderlichen Dienstkräfte und Einrichtungen sind von den Gemeinden und Kreisen zur Verfügung zu stellen. Diese Aufgaben führen die Gemeinden und Kreise unter Haftung des Landes durch.

§ 17
Übertragung von Aufgaben

Die Gemeinden und Gemeindeverbände können aufgrund des § 5 dieses Gesetzes für zuständig erklärt werden.

IV. Körperschaften, Anstalten und Stiftungen des öffentlichen Rechts

§ 18
Errichtung und Aufhebung

Körperschaften des öffentlichen Rechts mit eigener Rechtspersönlichkeit (Körperschaften) können nur durch Gesetz oder aufgrund eines Gesetzes errichtet werden.

§ 19
Mitwirkung bei der Landesverwaltung

(1) Die Körperschaften wirken bei der Landesverwaltung nach Maßgabe der hierfür geltenden gesetzlichen Vorschriften mit.

(2) Körperschaften, ihren Organen oder ihren leitenden Beamten oder Angestellten können Hoheitsaufgaben des Landes nur durch Gesetz oder aufgrund eines Gesetzes übertragen werden, das die Übertragung auf Körperschaften ausdrücklich vorsieht oder zuläßt.

§ 20
Aufsicht

(1) Die Aufsicht über die Körperschaften erstreckt sich darauf, daß sie ihre Aufgaben im Einklang mit dem geltenden Recht erfüllen (allgemeine Körperschaftsaufsicht); die §§ 107 bis 111 und 113 der Gemeindeordnung für das Land Nordrhein-Westfalen gelten entsprechend. Abweichende gesetzliche Vorschriften bleiben unberührt.

(2) Soweit die Körperschaften ihre Aufgaben nach Weisung erfüllen, richtet sich die Aufsicht nach den hierfür geltenden gesetzlichen Vorschriften (besondere Körperschaftsaufsicht).

§ 21
Anstalten und Stiftungen des öffentlichen Rechts

Die §§ 18 bis 20 gelten entsprechend für Anstalten und Stiftungen des öffentlichen Rechts mit eigener Rechtspersönlichkeit.

V. Schluß und Übergangsbestimmungen

(§§ 20–30)

VII/8 Organisationsplan der Landesregierung Nordrhein-Westfalen — Stand: Juli 1996

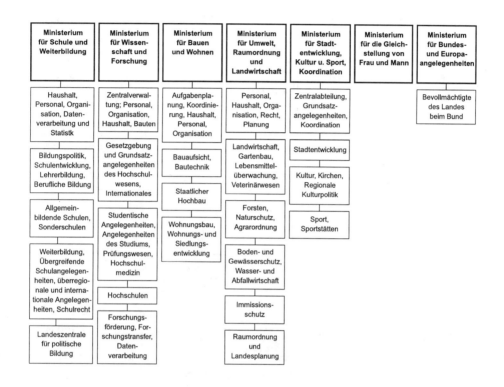

Ministerium für Schule und Weiterbildung	Ministerium für Wissenschaft und Forschung	Ministerium für Bauen und Wohnen	Ministerium für Umwelt, Raumordnung und Landwirtschaft	Ministerium für Stadtentwicklung, Kultur u. Sport, Koordination	Ministerium für die Gleichstellung von Frau und Mann	Ministerium für Bundes- und Europaangelegenheiten
Haushalt, Personal, Organisation, Datenverarbeitung und Statistk	Zentralverwaltung; Personal, Organisation, Haushalt, Bauten	Aufgabenplanung, Koordinierung, Haushalt, Personal, Organisation	Personal, Haushalt, Organisation, Recht, Planung	Zentralabteilung, Grundsatzangelegenheiten, Koordination		Bevollmächtigte des Landes beim Bund
Bildungspolitik, Schulentwicklung, Lehrerbildung, Berufliche Bildung	Gesetzgebung und Grundsatzangelegenheiten des Hochschulwesens, Internationales	Bauaufsicht, Bautechnik	Landwirtschaft, Gartenbau, Lebensmittelüberwachung, Veterinärwesen	Stadtentwicklung		
Allgemeinbildende Schulen, Sonderschulen	Studentische Angelegenheiten, Angelegenheiten des Studiums, Prüfungswesen, Hochschulmedizin	Staatlicher Hochbau	Forsten, Naturschutz, Agrarordnung	Kultur, Kirchen, Regionale Kulturpolitik		
Weiterbildung, Übergreifende Schulangelegenheiten, überregionale und internationale Angelegenheiten, Schulrecht	Hochschulen	Wohnungsbau, Wohnungs- und Siedlungsentwicklung	Boden- und Gewässerschutz, Wasser- und Abfallwirtschaft	Sport, Sportstätten		
Landeszentrale für politische Bildung	Forschungsförderung, Forschungstransfer, Datenverarbeitung		Immissionsschutz			
			Raumordnung und Landesplanung			

Quelle: Innenministerium des Landes Nordrhein-Westfalen.

VII/9 Aufbau der Landesbehörden in Nordrhein-Westfalen — Stand: August 1996

	Minister-präsident	Finanz-ministerium	Innen-ministerium[1]	Justiz-ministerium	Ministerium für Wirtschaft und Mittelstand, Technologie und Verkehr	Ministerium für Arbeit, Gesundheit und Soziales
Oberste Landes-behörden	Minister-präsident	Finanz-ministerium	Innen-ministerium[1]	Justiz-ministerium	Ministerium für Wirtschaft und Mittelstand, Technologie und Verkehr	Ministerium für Arbeit, Gesundheit und Soziales
Landesober-behörden		Landesamt für Besoldung und Versorgung	Landesamt für Datenverarbeitung und Statistik		Geologisches Landesamt	Landes-versicherungsamt
		Rechenzentrum der Finanz-verwaltung	Landes-kriminalamt		Landes-oberbergamt	Ausführungs-behörde für Unfall-versicherung
			Landes-vermessungsamt		Landes-eichdirektion	Landes-versorgungsamt
Landesmittel-behörden		Oberfinanz-direktion	Bezirks-regierungen[5]	Generalstaats-anwaltschaften[6]		
				Justiz-vollzugsämter[8]		
Untere Landesbehörden		Finanzämter	Oberkreisdirektoren/Landräte als untere staatl. Verwaltungsbehörden[9]	Staats-anwaltschaften[6]	Bergämter	Versorgungs-ämter
			Kreispolizei-behörden[9]	Justizvollzugs-anstalten[8]	Eichämter	Staatliche Ämter für Arbeitsschutz
				Jugendarrest-anstalten[8]	Seemanns-ämter	

Das jeweilige Ministerium führt die oberste Dienst- und Fachaufsicht über die ihm im Rahmen seines Geschäftsbereichs unterstehenden unteren Landesbehörden; in dem Schaubild gehören zu dem Geschäftsbereich des Ministeriums die unter seinem Bereich aufgeführten Behörden.

1 Dem Innenministerium angegliedert: Der Landesbeauftragte für den Datenschutz.
2 Zum Geschäftsbereich des Ministeriums für Wissenschaft und Forschung gehören die wissenschaftlichen Hochschulen (Techn. Hochschule, Universitäten, Sporthochschule, Universitäten-Gesamthochschulen, Fernuniversität), die Kunsthochschulen und die Fachhochschulen.
3 Das Landesamt für Ausbildungsförderung unterliegt teilweise der Fachaufsicht des Ministeriums für Wissenschaft und Forschung.
4 Das Landesamt für Ökologie, Bodenordnung und Forsten / Landesamt für Agrarordnung ist Einrichtung des Landes i.S. des § 14 LOG und zugleich zuständig für den Aufgabenbereich Landesamt für Agrarordnung und die damit verbundene Dienst- und Fachaufsicht über die Ämter für Agrarordnung als Landesoberbehörde.
5 Die Bezirksregierung hat die Funktion einer allgemeinen Verwaltungsbehörde in der Mittelinstanz und ist die allgemeine Vertretung der Landesregierung im Bezirk. Sie bündelt die meisten staatlichen Aufgaben und unterliegt insoweit der Aufsicht der zuständigen Fachministerien.

Ministerium für Schule und Weiterbildung	Ministerium für Wissenschaft und Forschung[2]	Ministerium für Bauen und Wohnen	Ministerium für Umwelt, Raumordnung und Landwirtschaft	Ministerium für Stadtentwicklung, Kultur u. Sport, Koordination	Ministerium für die Gleichstellung von Frau und Mann	Ministerium für Bundes- und Europaangelegenheiten
Landesamt für Ausbildungsförderung[3]			Landesamt für Ernährungswirtschaft und Jagd			
			Landesumweltamt			
			Landesanstalt für Ökologie, Bodenordnung und Forsten / Landesamt für Agrarordnung[4]			
			Direktoren der Landwirtschaftskammern als Landesbeauftragte[7]			
Schulämter		Staatliche Bauämter[10]	Ämter für Agrarordnung			
			Staatliche Forstämter, Leiter der Forstämter der Landwirtschaftskammern als Landesbeauftragte			
			Geschäftsführer der Kreisstellen[11]			
			Staatliche Umweltämter			

6 Diese Behörden fallen als Organe der Rechtspflege nicht in den Behördenkatalog des Landesorganisationsgesetzes.

7 Zugleich Höhere Forstbehörde.

8 Diese Behörden fallen als Einrichtungen des Justizvollzugs nicht in den Behördenkatalog des Landesorganisationsgesetzes.

9 Die Oberkreisdirektoren/Landräte (§ 48 KrO 1984/§ 59 KrO 1994) als untere staatliche Verwaltungsbehörde sind (mit Ausnahme der Kreise Aachen und Recklinghausen) zugleich Kreispolizeibehörde.

10 Die Bezirksregierungen üben die Dienstaufsicht über die staatlichen Bauämter aus. Die Fachaufsicht über die Bundesbauaufgaben wird durch die Oberfinanzdirektionen ausgeübt. Den Bezirksregierungen obliegt die Fachaufsicht über die Landesbauaufgaben.

11 Die genaue Bezeichnung dieser Behörde lautet: Geschäftsführer der Kreisstellen der Landwirtschaftskammern als Landesbeauftragte im Kreise.

Quelle: Innenministerium des Landes Nordrhein-Westfalen.

VII/10 Behördenorganisation in Bayern (Grundzüge) — Stand: Juni 1994

Erläuterungen:

* Die „Landesämter" sind den Ministerien unmittelbar nachgeordnete Behörden, insofern keine echte Mittelstufe.

——— hierarchische Unterordnung innerhalb des staatlichen Behördenapparates (unmittelbare Staatsverwaltung).

– – – – Beziehung der staatlichen Aufsichtsbehörde zu selbständigen Körperschaften (zur mittelbaren Staatsverwaltung).

–··–··– Polizeiorganisation.

Quelle: Bayerisches Staatsministerium des Innern, Abteilung I.

VII/11 Die hamburgische Landesverwaltung — Stand: Juli 1994

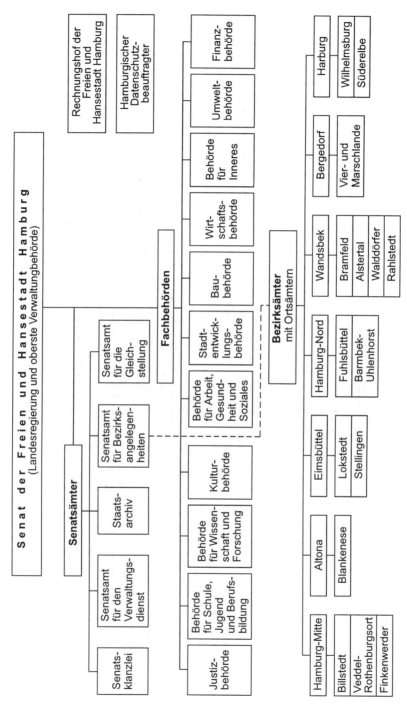

Quelle: Hamburgisches Senatsamt für den Verwaltungsdienst.

VII/12 Organisationsplan der Thüringer Staatskanzlei — Stand: Mai 1995

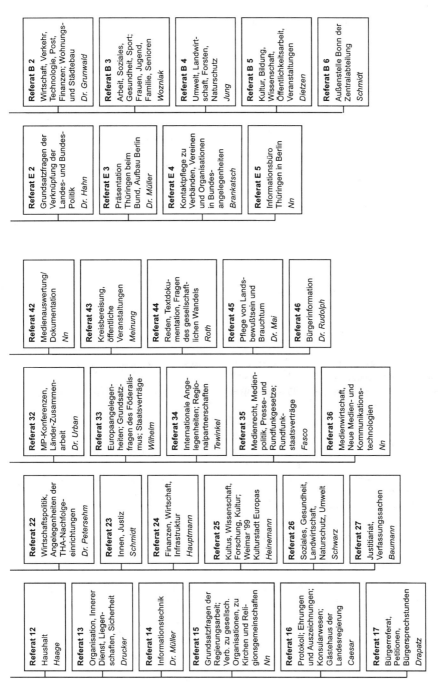

Quelle: Thüringer Innenministerium, Abteilung 1, Zentrale Aufgaben.

Referat 12
Haushalt
Haage

Referat 13
Organisation, Innerer Dienst, Liegenschaften, Sicherheit
Drucker

Referat 14
Informationstechnik
Dr. Müller

Referat 15
Grundsatzfragen der Regierungsarbeit; Verb. zu gesellsch. Organisationen, zu Kirchen und Religionsgemeinschaften
Nn

Referat 16
Protokoll; Ehrungen und Auszeichnungen; Konsularwesen; Gästehaus der Landesregierung
Caesar

Referat 17
Bürgerreferat, Petitionen, Bürgersprechstunden
Drapatz

Referat 22
Wirtschaftspolitik, Angelegenheiten der THA-Nachfolgeeinrichtungen
Dr. Petersehm

Referat 23
Innen, Justiz
Schmidt

Referat 24
Finanzen, Wirtschaft, Infrastruktur
Hauptmann

Referat 25
Kultus, Wissenschaft, Forschung, Kultur; Weimar '99 Kulturstadt Europas
Heinemann

Referat 26
Soziales, Gesundheit, Landwirtschaft, Naturschutz, Umwelt
Schwarz

Referat 27
Justitiariat, Verfassungssachen
Baumann

Referat 32
MP-Konferenzen, Länder-Zusammenarbeit
Dr. Urban

Referat 33
Europaangelegenheiten; Grundsatzfragen des Föderalismus; Staatsverträge
Wilhelm

Referat 34
Internationale Angelegenheiten; Regionalpartnerschaften
Tewinkel

Referat 35
Medienrecht, Medienpolitik, Presse- und Rundfunkgesetze; Rundfunkstaatsverträge
Fasco

Referat 36
Medienwirtschaft, Neue Medien- und Kommunikationstechnologien
Nn

Referat 42
Medienauswertung/Dokumentation
Nn

Referat 43
Kreisbereisung, öffentliche Veranstaltungen
Meinung

Referat 44
Reden, Textdokumentation, Fragen des gesellschaftlichen Wandels
Roth

Referat 45
Pflege von Landsbewußtsein und Brauchtum
Dr. Mai

Referat 46
Bürgerinformation
Dr. Rudolph

Referat E 2
Grundsatzfragen der Verknüpfung der Landes- und Bundespolitik
Dr. Hahn

Referat E 3
Präsentation Thüringen beim Bund, Aufbau Berlin
Dr. Müller

Referat E 4
Kontaktpflege zu Verbänden, Vereinen und Organisationen in Bundesangelegenheiten
Brankatsch

Referat E 5
Informationsbüro Thüringen in Berlin
Nn

Referat B 2
Wirtschaft, Verkehr, Technologie, Post, Finanzen; Wohnungs- und Städtebau
Dr. Grunwald

Referat B 3
Arbeit, Soziales, Gesundheit, Sport; Frauen, Jugend, Familie, Senioren
Wozniak

Referat B 4
Umwelt, Landwirtschaft, Forsten, Naturschutz
Jung

Referat B 5
Kultur, Bildung, Wissenschaft, Öffentlichkeitsarbeit, Veranstaltungen
Dietzen

Referat B 6
Außenstelle Bonn der Zentralabteilung
Schmidt

VII/13 Zur Stellung Politischer Beamter

a.) Artikel 31 Beamtenrechtsrahmengesetz

§ 31

(1) Durch Gesetz kann bestimmt werden, daß der Beamte auf Lebenszeit jederzeit in den einstweiligen Ruhestand versetzt werden kann, wenn er ein Amt bekleidet, bei dessen Ausübung er in fortdauernder Übereinstimmung mit den grundsätzlichen politischen Ansichten und Zielen der Regierung stehen muß. Welche Beamten hierzu gehören, ist gesetzlich zu bestimmen.

(2) Der Beamte auf Probe, der ein Amt im Sinne des Absatzes 1 bekleidet, kann jederzeit entlassen werden.

Quelle: Rahmengesetz zur Vereinheitlichung des Beamtenrechts (Beamtenrechtsrahmengesetz — BRRG) i.d.F. der Bekanntmachung vom 27. 2. 1985 (BGBl. I S. 462), zuletzt geändert durch Gesetz vom 27. 4. 1995 (BGBl. I S. 962).

b.) Artikel 36 Bundesbeamtengesetz

§ 36 Einstweiliger Ruhestand

(1) Der Bundespräsident kann jederzeit in den einstweiligen Ruhestand versetzen
1. Staatssekretäre und Ministerialdirektoren,
2. sonstige Beamte des höheren Dienstes im auswärtigen Dienst von der Besoldungsgruppe A 16 an aufwärts,
3. Beamte des höheren Dienstes des Bundesamtes für Verfassungsschutz und des Bundesnachrichtendienstes von der Besoldungsgruppe A 16 an aufwärts,
4. den Chef des Presse- und Informationsamtes der Bundesregierung, dessen Stellvertreter und den Stellvertretenden Sprecher der Bundesregierung,
5. den Generalbundesanwalt beim Bundesgerichtshof und den Oberbundesanwalt beim Bundesverwaltungsgericht,
6. den Bundesbeauftragten für den Zivildienst,
7. Beamte des höheren Dienstes in der Ständigen Vertretung der Bundesrepublik Deutschland bei der Deutschen Demokratischen Republik von der Besoldungsgruppe B 3 an aufwärts,

soweit sie Beamte auf Lebenszeit sind.

(2) Gesetzliche Vorschriften, nach denen andere Beamte in den einstweiligen Ruhestand versetzt werden können, bleiben unberührt.

Quelle: Bundesbeamtengesetz (BBG) i.d.F. der Bekanntmachung vom 27. 2. 1985 (BGBl. I S. 279), zuletzt geändert durch Gesetz vom 14. 9. 1994 (BGBl. I S. 2325).

c.) Es fallen unter Artikel 36 BBG

Im einzelnen:

Nr. 1: Staatssekretäre und Ministerialdirektoren. Dazu gehören nicht die Parlamentarischen Staatssekretäre, die als Mitglieder des Bundestags den Mitgliedern der Regierung in einem öffentlich-rechtlichen Amtsverhältnis beigegeben sind (§ 1 d. G ü. d. Rechtsverhältnisse der Parlamentarischen Staatssekretäre v. 24. 7. 1974 — BGBl. I S. 1538 —) und die nach § 4 ParlStG jederzeit entlassen werden können.

Nr. 2: Sonstige Beamte des höheren Dienstes im auswärtigen Dienst von der Besoldungsgruppe A 16 an aufwärts. Das sind unterhalb der Ministerialdirektoren, die unter Nr. 1 fallen, Botschafter, Botschaftsrat I. Klasse, Generalkonsul, Gesandter, Vortragender Legationsrat I. Klasse, Ministerialdirigent. Auswärtiger Dienst bedeutet nicht, daß diese Beamten einer auswärtigen Vertretung angehören müßten; die Regelung gilt nicht weniger für Beamte des Ministeriums. Nur planmäßige, nicht abgeordnete Beamte sind gemeint.

Nr. 3: Beamte des höheren Dienstes des Bundesamtes für Verfassungsschutz und des Bundesnachrichtendienstes von der Besoldungsgruppe A 16 an aufwärts.

Nr. 4: Der Chef des Presse- und Informationsamtes der Bundesregierung, dessen Stellvertreter und der Stellvertretende Sprecher der Bundesregierung. Beide würden als Ministerialdirektoren ohnehin unter Nr. 1 fallen.

Nr. 5: Der Generalbundesanwalt beim Bundesgerichtshof und der Oberbundesanwalt beim Bundesverwaltungsgericht, nicht dagegen der Bundesdisziplinaranwalt und der Bundeswehrdisziplinaranwalt, deren politischer Einfluß bei starker Unabhängigkeit (vgl. Teil 5 T § 122 Rz 3) nicht geringer ist, als der des Oberbundesanwalts beim BVerwG. Doch ist ohnehin zu überlegen, ob Staatsanwälte ihrer Unabhängigkeit wegen überhaupt zu den politischen Beamten gerechnet werden sollten.

Nr. 6: Der Bundesbeauftragte für den Zivildienst.

Nr. 7: Beamte des höheren Dienstes in der Ständigen Vertretung der Bundesrepublik Deutschland bei der Deutschen Demokratischen Republik von der Besoldungsgruppe B 3 an aufwärts, also bereits die Ministerialräte. Die „Ständige Vertretung" gehört nicht zum Auswärtigen Amt, so daß Nr. 2 nicht anwendbar ist.

Anderweitige Möglichkeiten einer Versetzung in den einstweiligen Ruhestand finden sich:

— in § 176 Abs. 2 BBG für den Direktor beim Deutschen Bundestag und den Direktor des Bundesrats, die nach früherem Recht Ministerialräte waren,

— in § 130 Abs. 2 BRRG, nach dem die aufnehmende oder neue Körperschaft bei Umbildung von Körperschaften die entbehrlichen Beamten, deren Aufgabengebiet von der Umbildung berührt wurde, in den einstweiligen Ruhestand versetzen kann,

— in § 31 Nr. 2 DRiG, wonach Richter auf Lebenszeit oder auf Zeit in den einstweiligen Ruhestand versetzt werden können, wenn Tatsachen außerhalb ihrer richterlichen Tätigkeit eine Maßnahme dieser Art zwingend gebieten, um eine schwere Beeinträchtigung der Rechtspflege abzuwenden (vgl. Teil 5 T § 31).

Die Länder haben alle den einstweiligen Ruhestand für bestimmte Beamte auf Lebenszeit die §§ 36 ff. entsprechend geregelt. Zur Bestimmung dieser Beamten:

Baden-Württemberg: § 60 LBG Ministerialdirektoren, Regierungspräsidenten, dazu § 38 Abs. 2 LBG bei Auflösung und Umbildung einer Behörde die betroffenen Beamten.

Bayern: Art. 51 i. V. m. Art. 36 Abs. 3, 37 LBG nur bei Auflösung oder Umbildung von Behörden die betroffenen Beamten.

Berlin: § 72 LBG Staatssekretäre, Leiter der Presse- und Informationsabteilung der Senatskanzlei, Leiter der Protokoll- und Auslandsabteilung der Senatskanzlei, Leiter des Landesamtes für Verfassungsschutz, Generalsekretär der ständigen Konferenz der Kultusminister.

Bremen: § 41 a LBG Staatsräte, Senatsdirektoren, Sprecher des Senats.

Hamburg: § 41 LBG Staatsräte, Leiter der staatlichen Pressestelle und dessen Stellvertreter.

Hessen: § 57 LBG Staatssekretäre, Staatsräte, Ministerialdirektoren, Regierungspräsidenten, Leiter des Amtes für Verfassungsschutz, Pressereferenten und persönliche Referenten bei der Landesregierung und dem Landtag, Generalstaatsanwalt und Oberstaatsanwälte als Behördenleiter, Polizeipräsidenten und Polizeidirektoren, Leiter der Landeszentrale für politische Bildung, Fraktionsassistenten bei den Fraktionen des Landtags.

Niedersachsen: § 47 LBG Staatssekretäre, Regierungspräsidenten, Leiter der für den Verfassungsschutz zuständigen Abteilung des Ministeriums des Innern, Leiter der Pressestelle der Landesregierung, Generalstaatsanwalt, Polizeipräsidenten.

Nordrhein-Westfalen: § 38 LBG Chef der Staatskanzlei, Staatssekretäre, Regierungspräsidenten, Leiter der für den Verfassungsschutz zuständigen Abteilung, Regierungssprecher, Generalstaatsanwälte, Polizeipräsidenten.

Rheinland-Pfalz: § 50 LBG Staatssekretäre, Ministerialdirektoren, Sprecher der Landesregierung sowie Beamte, die mit ihrer Zustimmung schriftlich zu Referenten für Presse- und Öffentlichkeitsarbeit bei einer obersten Landesbehörde bestellt werden, Regierungspräsidenten, Generalstaatsanwälte, Landräte (auch wenn nicht Beamte auf Lebenszeit), Polizeipräsidenten und Polizeidirektoren.

Saarland: § 58 LBG Chef der Staatskanzlei, ständiger Vertreter eines Ministers, Bevollmächtigter des Saarlandes beim Bund, Generalstaatsanwalt, Leiter des Landesamtes für Verfassungsschutz, Pressechef der Landesregierung, Landräte.

Schleswig-Holstein: § 48 LBG Staatssekretäre, Pressechef der Landesregierung, Leiter der Abteilung für Verfassungsschutz, Generalstaatsanwalt.

Quelle: Eigene Zusammenstellung.

VII/14 Gesetz zur Gleichstellung von Frau und Mann im öffentlichen Dienst des Landes Bremen (Landesgleichstellungsgesetz)

Vom 20. November 1990 (Brem. Ges.-Bl. S. 433) — Auszüge

Der Senat verkündet das nachstehende von der Bürgerschaft (Landtag) beschlossene Gesetz:

Artikel 1

Abschnitt I

Allgemeine Vorschriften

§ 1 **Ziel des Gesetzes**

Zur Verwirklichung der Gleichstellung von Frauen und Männern werden Frauen im bremischen öffentlichen Dienst nach Maßgabe dieses Gesetzes gefördert.

§ 2 **Geltungsbereich**

Dieses Gesetz gilt für die Verwaltungen des Landes Bremen und der Stadtgemeinden Bremen und Bremerhaven und die sonstigen nicht bundesunmittelbaren Körperschaften, Anstalten und Stiftungen des öffentlichen Rechts im Lande Bremen sowie die Gerichte des Landes Bremen.

Abschnitt II

Quotierung

§ 3 **Ausbildungsplatzquoten**

(1) Bei der Vergabe von Ausbildungsplätzen sind Frauen mindestens zur Hälfte je Ausbildungsgang zu berücksichtigen.

(2) Bei der Besetzung von Ausbildungsplätzen für Berufe, die auch außerhalb des öffentlichen Dienstes ausgeübt werden und für die nur innerhalb des öffentlichen Dienstes ausgebildet wird, findet eine vorrangige Berücksichtigung von Bewerberinnen nicht statt.

§ 4 **Einstellung, Übertragung eines Dienstpostens und Beförderung**

(1) Bei der Einstellung, einschließlich der Begründung eines Beamten- und Richterverhältnisses, die nicht zum Zwecke der Ausbildung erfolgt, sind Frauen bei gleicher Qualifikation wie ihre männlichen Mitbewerber in den Bereichen vorrangig zu berücksichtigen, in denen sie unterrepräsentiert sind.

(2) Bei der Übertragung einer Tätigkeit in einer höheren Lohn-, Vergütungs- und Besoldungsgruppe sind Frauen bei gleicher Qualifikation wie ihre männlichen Mitbewerber vorrangig zu berücksichtigen, wenn sie unterrepräsentiert sind. Das gilt auch bei der Übertragung eines anderen Dienstpostens und bei Beförderung.

(3) Unbeschadet dienstrechtlicher Regelungen dürfen bei Bewerbungen um eine andere Stelle den Bediensteten keine Nachteile aus einer Beurlaubung, Ermäßigung der Arbeitszeit oder Teilzeitbeschäftigung erwachsen.

(4) Die Qualifikation ist ausschließlich an den Anforderungen des Berufes, der zu besetzenden Stelle oder der Laufbahn zu messen. Spezifische, zum Beispiel durch Familienarbeit, durch soziales Engagement oder ehrenamtliche Tätigkeit erworbene Erfahrungen und Fähigkeiten sind Teil der Qualifikation im Sinne des Absatzes 1 und 2, wenn sie bei der Ausübung der jeweiligen Tätigkeit dienlich sind.

(5) Eine Unterrepräsentation liegt vor, wenn in den einzelnen Lohn-, Vergütungs- und Besoldungsgruppen der jeweiligen Personalgruppe einer Dienststelle nicht mindestens zur Hälfte Frauen vertreten sind. Dies gilt auch für die nach dem Geschäftsverteilungsplan vorgesehenen Funktionsebenen.

§ 5 Benennung und Entsendung

Bei Benennungen für und Entsendungen in Gremien, öffentliche Ämter, Delegationen, Kommissionen, Konferenzen, repräsentative Funktionen, Veranstaltungen und Personalauswahlgremien sollen Frauen zur Hälfte berücksichtigt werden.

Abschnitt III

Fördermaßnahmen

§ 6 Frauenförderpläne

(1) Die Behörden und Dienststellen haben für ihren Bereich geeignete Maßnahmen zu ergreifen, um Frauen gezielt zu fördern. Es sind in jeder Dienststelle Daten zur Erstellung einer Analyse über die Beschäftigungsstruktur zu erheben. Die Analyse ist jährlich fortzuschreiben. Zum Abbau der Unterrepräsentation der Frauen sind Frauenförderpläne in den Dienststellen aufzustellen, die Zielvorgaben und einen Zeitrahmen enthalten sollen. Für die Erstellung der Analyse sind die diesem Gesetz als Anlage beigefügten Vorgaben für die Datenerhebung maßgebend.

(2) Wenn Aufgaben des Personalwesens, insbesondere Personalentwicklungsplanung, -förderung, -einsatz, Ausbildung und berufliche Weiterbildung zentral von einer Behörde für mehrere Behörden wahrgenommen werden, erstellt diese, gegebenenfalls in Abstimmung mit der abgebenden Behörde, einen behörden- und dienststellenübergreifenden Frauenförderplan nach Absatz 1.

(3) Die Frauenförderpläne nach Absatz 2 sind der Zentralstelle für die Verwirklichung der Gleichberechtigung der Frau zur Stellungnahme vorzulegen.

§ 7 Stellenausschreibungen

(1) Stellenausschreibungen müssen in weiblicher und männlicher Form der Stellenbezeichnung erfolgen. In Bereichen, in denen Frauen unterrepräsentiert sind, ist der Ausschreibungstext so zu gestalten, daß Frauen aufgefordert werden, sich zu bewerben. Dabei ist auf die Zielsetzung dieses Gesetzes, die Unterrepräsentation der Frauen zu beseitigen, hinzuweisen.

(2) Absatz 1 gilt auch für Ausschreibungen von Ausbildungsplätzen.

(3) Stellenausschreibungen müssen mit den Anforderungen der zu besetzenden Stelle übereinstimmen.

(4) Fragen nach einer bestehenden Schwangerschaft sind im Einstellungsverfahren unzulässig.

§ 8 Familiengerechte Arbeitsplatzgestaltung

(1) Grundsätzlich sind Vollzeitarbeitsplätze zur Verfügung zu stellen. Im übrigen sind Arbeitsplätze so zu gestalten, daß sie auch vorübergehend in der Form der Teilzeitbeschäftigung oder bei Ermäßigung der Arbeitszeit wahrgenommen werden können. Dies gilt insbesondere auch auf der Funktionsebene des gehobenen und höheren Dienstes sowie für entsprechende Positionen bei Arbeiterinnen und Arbeitern sowie Angestellten.

(2) Die Regelung des § 78a des Bremischen Beamtengesetzes gilt auch für Arbeiterinnen und Arbeiter sowie Angestellte im Geltungsbereich dieses Gesetzes (§ 2).

(3) Dem Wunsch von Teilzeitbeschäftigten nach Aufstockung ihrer wöchentlichen Arbeitszeit ist im Rahmen der stellenplanmäßigen Möglichkeiten zu entsprechen.

§ 9 Fort- und Weiterbildung

(1) In die Fort- und Weiterbildungsangebote ist die Thematik „Gleichberechtigung von Mann und Frau" aufzunehmen. Das gilt insbesondere für solche Bildungsveranstaltungen, die auf die Übernahme von Vorgesetztenpositionen vorbereiten.

(2) Frauen sind vermehrt als Leiterinnen und Referentinnen von Fortbildungsveranstaltungen einzusetzen.

(3) Es sind Veranstaltungen anzubieten, die gezielt der Fort- und Weiterbildung von Frauen dienen, insbesondere auch solche, die Frauen auf die Übernahme höherwertiger Stellen vorbereiten.

(4) Fort- und Weiterbildungsangebote sind so zu gestalten, daß Frauen besonders zur Teilnahme motiviert werden. Die Veranstaltungen sind so zu planen, daß Bedienstete mit Familienarbeit an ihnen teilnehmen können.

§ 10 Berufstätigkeitsunterbrechung

(1) Beurlaubten Bediensteten ist die Möglichkeit zu eröffnen, Kontakte zum Beruf aufrechtzuerhalten. Ihnen sollen zeitlich befristete Beschäftigungsmöglichkeiten (Aushilfen, Urlaubs- und Krankheitsvertretungen) angeboten werden.

(2) Fortbildungsveranstaltungen sind für beurlaubte Bedienstete kostenfrei zu öffnen. Auch die beurlaubten Bediensteten sind regelmäßig über das Fortbildungsangebot zu informieren.

(3) Für beurlaubte Bedienstete sind besondere Fortbildungsveranstaltungen anzubieten, die geeignet sind, einen Wiedereinstieg in den Beruf zu erleichtern.

(4) Die Fortbildungsveranstaltungen nach Absatz 2 und 3 sind dienstliche Veranstaltungen. Besoldung oder Arbeitsentgelt werden den beurlaubten Bediensteten aus Anlaß der Teilnahme jedoch nicht gewährt; eine Anrechnung auf die ruhegehaltsfähige Dienstzeit erfolgt nicht.

Abschnitt IV

Frauenbeauftragte

§ 11 Wahl

(1) In jeder Dienststelle, in der ein Personalrat oder ein Richterrat zu wählen ist, werden eine Frauenbeauftragte sowie eine Stellvertreterin, die die Frauenbeauftragte bei Verhinderung vertritt, gewählt.

(2) Wahlberechtigt sind die Frauen, die nach dem Bremischen Personalvertretungsgesetz oder nach dem Bremischen Richtergesetz für die Wahl des Personalrates oder des Richterrates wahlberechtigt sind.

(3) Wählbar sind die Frauen, die nach dem Bremischen Personalvertretungsgesetz oder dem Bremischen Richtergesetz für die Wahl des Personalrates oder Richterrates wählbar sind.

(4) Die Wahlen finden alle vier Jahre zeitgleich mit den Personalratswahlen oder Richterratswahlen statt. Außerhalb des regelmäßigen Wahlzeitraumes finden die Wahlen statt, wenn

1. das Amt der Frauenbeauftragten vorzeitig erlischt und keine Stellvertreterin nachrückt,

2. die Wahl mit Erfolg angefochten worden ist oder

3. eine Frauenbeauftragte noch nicht gewählt ist.

Hat eine Wahl außerhalb des regelmäßigen Wahlzeitraumes stattgefunden, ist die Frauenbeauftragte im nächsten regelmäßigen Wahlzeitraum neu zu wählen. Ist die Frauenbeauftragte zu Beginn des nächsten regelmäßigen Wahlzeitraumes noch nicht ein Jahr im Amt, findet die Neuwahl im übernächsten Wahlzeitraum statt.

(5) Die Frauenbeauftragte und ihre Stellvertreterin werden in geheimer und unmittelbarer Wahl in getrennten Wahlgängen nach den Grundsätzen der Mehrheitswahl gewählt. Im übrigen sind die Vorschriften über die Wahlvorschläge, die Bestellung des Wahlvorstandes durch die Dienststelle, die Aufgaben des Wahlvorstandes, den Schutz der Wahl, die Wahlkosten und die Wahlanfechtung für die Wahl des Personalrates oder Richterrates in ihrer jeweils geltenden Fassung sinngemäß anzuwenden.

(6) Der Senat wird ermächtigt, durch Rechtsverordnung eine Regelung über die Vorbereitung und Durchführung der Wahl der Frauenbeauftragten und ihrer Stellvertreterin zu erlassen.

§ 12 Amtszeit

Die regelmäßige Amtszeit der Frauenbeauftragten beträgt vier Jahre. Die Amtszeit beginnt mit der Bekanntgabe des Wahlergebnisses oder, wenn die Amtszeit der bisherigen Frauenbeauftragten noch nicht beendet ist, mit deren Ablauf. Sie endet spätestens am 15. April des Jahres, in dem nach § 11 Abs. 4 Satz 1 die regelmäßigen Wahlen oder nach § 11 Abs. 4 Satz 3 oder 4 die Neuwahlen stattfinden. Das Amt erlischt vorzeitig, wenn die Frauenbeauftragte es niederlegt, aus dem Beschäftigungsverhältnis oder aus der Dienststelle ausscheidet oder die Wählbarkeit verliert. Die Stellvertreterin rückt für den Rest der Amtszeit nach.

§ 13 Aufgaben der Frauenbeauftragten

(1) Die Frauenbeauftragte hat die Aufgabe, den Vollzug dieses Gesetzes in der Dienststelle zu fördern. Im Rahmen dieser Aufgabe ist sie von der Dienststellenleitung sowohl an der Planung als auch bei der Entscheidung der Dienststellenleitung, insbesondere bei personellen, sozialen und organisatorischen Maßnahmen, mitberatend zu beteiligen. Zur Erfüllung dieser Aufgaben ist der Frauenbeauftragten Einsicht in Akten, Planungs- und Bewerbungsunterlagen zu gewähren. Personalakten darf die Frauenbeauftragte nur mit Zustimmung der betroffenen Beschäftigten einsehen. An der Aufstellung des Frauenförderplanes ist sie zu beteiligen.

(2) Hält die Frauenbeauftragte eine beabsichtigte Maßnahme nach Absatz 1 oder eine Personalentscheidung im Sinne der §§ 3 und 4 oder eine Entscheidung über die Zulassung zu Fort- und Weiterbildungsveranstaltungen, Aufstiegslehrgängen, Arbeitszeitreduzierung oder Beurlaubung für unvereinbar mit den Bestimmungen dieses Gesetzes, so kann sie binnen einer

Woche nach ihrer Unterrichtung widersprechen. Über diesen Widerspruch entscheidet, auch bei Maßnahmen nachgeordneter Dienststellen, die zuständige Senatorin oder der zuständige Senator. Wird dem Widerspruch der Frauenbeauftragten nicht abgeholfen, so kann die beabsichtigte Maßnahme erst dann dem zuständigen Personalrat nach § 58 des Bremischen Personalvertretungsgesetzes vorgelegt werden, wenn sie zuvor **gegenüber** der Landesbeauftragten für die Verwirklichung der Gleichberechtigung der Frau schriftlich begründet worden ist.

(3) Beantragt der Personalrat eine Maßnahme, wie sie im vorstehenden Absatz benannt ist, nach § 58 Abs. 4 des Bremischen Personalvertretungsgesetzes, so hat die Dienststellenleitung die Frauenbeauftragte unverzüglich zu unterrichten. Die Frauenbeauftragte kann der beantragten Maßnahme binnen einer Woche der Dienststellenleitung gegenüber widersprechen. Schließt sich die Dienststellenleitung den Bedenken der Frauenbeauftragten nicht an, so gilt für die Entscheidung der Dienststellenleitung das im Absatz 2 geregelte Verfahren entsprechend. Läßt sich eine Entscheidung der zuständigen Senatorin oder des zuständigen Senators innerhalb der Frist des § 58 Abs. 1 Satz 2 Bremisches Personalvertretungsgesetz unter Darlegung der Bedenken der Frauenbeauftragten nicht herbeiführen, so ist dem Antrag des Personalrates von Seiten der Dienststelle zu widersprechen. Das weitere Verfahren ergibt sich aus den §§ 59, 60 ff. des Bremischen Personalvertretungsgesetzes.

(4) Bei der Stadtgemeinde Bremerhaven tritt an die Stelle der Senatorin oder des Senators das zuständige Magistratsmitglied, bei der Bremischen Bürgerschaft der Vorstand, bei den sonstigen Körperschaften, Anstalten und Stiftungen das zuständige Vertretungsorgan.

(5) Bei Maßnahmen, die der Natur der Sache nach keinen Aufschub dulden, kann die Dienststellenleitung bis zur endgültigen Entscheidung vorläufige Regelungen treffen. Diese sind der Frauenbeauftragten gegenüber als solche zu bezeichnen. Die Frauenbeauftragte ist von der vorläufigen Regelung unverzüglich zu benachrichtigen.

(6) Die Frauenbeauftragte ist verpflichtet, mit den Personalräten in Angelegenheiten, die die Zielvorstellungen dieses Gesetzes betreffen, eng zusammenzuarbeiten. Die Frauenbeauftragte hat das Recht, an allen Sitzungen des Personalrates mit beratender Stimme teilzunehmen.

(7) Die Frauenbeauftragte hat das Recht, in regelmäßigen Abständen Einladungen der Zentralstelle für die Verwirklichung der Gleichberechtigung der Frau zu folgen, um gemeinsame Belange zu koordinieren.

(8) Die Frauenbeauftragte ist berechtigt, Sprechstunden abzuhalten, die Beschäftigten zu unterrichten und zu beraten sowie Wünsche, Anregungen und Beschwerden entgegenzunehmen.

(9) Die Frauenbeauftragte hat das Recht, mindestens einmal im Kalenderjahr eine Versammlung der in der Dienststelle beschäftigten Frauen durchzuführen. Die für die Personalversammlung geltenden Vorschriften des Bremischen Personalvertretungsgesetzes sind entsprechend anzuwenden.

. . .

VII/15 Urteil des Gerichtshofes der Europäischen Gemeinschaften zum Bremer Landesgleichstellungsgesetz vom 17. Oktober 1995 — Auszug

. . .

Die Fragen des vorlegenden Gerichts gehen im wesentlichen dahin, ob Artikel 2 Absätze 1 und 4 der Richtlinie einer nationalen Regelung entgegensteht, nach der, wie im vorliegenden Fall, bei gleicher Qualifikation von Bewerbern unterschiedlichen Geschlechts um eine Beförderung in Bereichen, in denen die Frauen unterrepräsentiert sind, den weiblichen Bewerbern automatisch der Vorrang eingeräumt wird, wobei eine Unterrepräsentation dann vorliegen soll, wenn in den einzelnen Vergütungsgruppen der jeweiligen Personalgruppe nicht mindestens zur Hälfte Frauen vertreten sind, und dies auch für die nach dem Geschäftsverteilungsplan vorgesehenen Funktionsebenen gelten soll.

Das vorlegende Gericht führt in seinem Vorlagebeschluß aus, eine Quotenregelung wie die hier vorliegende könne dazu beitragen, die vorhandenen faktischen Nachteile für Frauen, durch die frühere Ungleichheiten perpetuiert würden, für die Zukunft überwinden zu helfen, indem sie daran gewöhne, daß Frauen auch bestimmte höherwertige Aufgaben wahrnähmen. Die traditionelle Zuweisung bestimmter beruflicher Tätigkeiten an Frauen und die Konzentration von Frauenarbeit auf hierarchisch untergeordnete Positionen widerspreche heute geltenden Maßstäben von Gleichberechtigung. Das vorlegende Gericht verweist in diesem Zusammenhang auf Zahlen, die den geringen Frauenanteil im höheren Dienst der Stadt Bremen aufzeigten, insbesondere, wenn man die Beschäftigungsbereiche wie den Schuldienst herausnehme, in denen die Existenz von Frauen im höheren Dienst inzwischen selbstverständlicher geworden sei.

Wie sich aus Artikel 1 Absatz 1 der Richtlinie ergibt, hat diese zum Ziel, daß in den Mitgliedstaaten der Grundsatz der Gleichbehandlung von Männern und Frauen u. a. hinsichtlich des Zugangs zur Beschäftigung einschließlich des Aufstiegs verwirklicht wird. Dieser Grundsatz der Gleichbehandlung beinhaltet nach Artikel 2 Absatz 1 der Richtlinie, „daß keine unmittelbare oder mittelbare Diskriminierung auf Grund des Geschlechts ... erfolgen darf".

Eine nationale Regelung, wonach Frauen, die die gleiche Qualifikation wie ihre männlichen Mitbewerber besitzen, in Bereichen, in denen die Frauen unterrepräsentiert sind, bei einer Beförderung automatisch der Vorrang eingeräumt wird, bewirkt aber eine Diskriminierung der Männer aufgrund des Geschlechts.

Es ist jedoch zu prüfen, ob eine solche nationale Regelung nach Artikel 2 Absatz 4 der Richtlinie zulässig ist, wonach die Richtlinie „nicht den Maßnahmen zur Förderung der Chancengleichheit für Männer und Frauen, insbesondere durch Beseitigung der tatsächlich bestehenden Ungleichheiten, die die Chancen der Frauen ... beeinträchtigen, entgegen(steht)".

Diese Vorschrift dient dem bestimmten und begrenzten Zweck der Zulassung von Maßnahmen, die zwar dem Anschein nach diskriminierend sind, tatsächlich aber in der sozialen Wirklichkeit bestehende faktische Ungleichheiten beseitigen oder verringern sollen (Urteil vom 25. Oktober 1988 in der Rechtssache 312/86, Kommission/Frankreich Slg. 1988, 6315, Randnr. 15).

So sind danach nationale Maßnahmen im Bereich des Zugangs zur Beschäftigung einschließlich des Aufstiegs zulässig, die die Frauen spezifisch begünstigen und darauf ausgerichtet sind,

deren Fähigkeit zu verbessern, auf dem Arbeitsmarkt mit anderen zu konkurrieren und unter den gleichen Bedingungen wie die Männer eine berufliche Laufbahn zu verwirklichen.

Wie der Rat in der dritten Begründungserwägung seiner Empfehlung 84/635/EWG vom 13. Dezember 1984 zur Förderung positiver Maßnahmen für Frauen (ABI. L 331, S. 34) festgestellt hat, reichen die „geltenden Rechtsvorschriften über die Gleichbehandlung, die zur Stärkung der Rechte des einzelnen erlassen wurden, ... nicht aus, um alle faktischen Ungleichheiten zu beseitigen, wenn nicht die Regierungen, die Sozialpartner und sonstige beteiligte Stellen gleichzeitig tätig werden, um gegen die Benachteiligung der Frauen in der Arbeitswelt vorzugehen, die durch Einstellungen, Verhaltensmuster und Strukturen in der Gesellschaft verursacht wird".

Dem ist jedoch hinzuzufügen, daß Artikel 2 Absatz 4 als Ausnahme von einem in der Richtlinie verankerten individuellen Recht eng auszulegen ist (Urteil vom 15. Mai 1986 in der Rechtssache 222/84, Johnston, Slg. 1986, 1651, Randnr. 36).

Eine nationale Regelung, die den Frauen bei Ernennung oder Beförderung absolut und unbedingt den Vorrang einräumt, geht aber über eine Förderung der Chancengleichheit hinaus und überschreitet damit die Grenze der in Artikel 2 Absatz 4 der Richtlinie vorgesehenen Ausnahme.

Außerdem setzt eine solche Regelung, insofern, als sie darauf abzielt, daß in allen Vergütungsgruppen und auf allen Funktionsebenen einer Dienststelle mindestens ebenso viele Frauen wie Männer vertreten sind, an die Stelle der in Artikel 2 Absatz 4 vorgesehenen Förderung der Chancengleichheit das Ergebnis, zu dem allein die Verwirklichung einer solchen Chancengleichheit führen könnte.

Auf die Fragen des vorlegenden Gerichts ist demgemäß zu antworten, daß Artikel 2 Absätze 1 und 4 der Richtlinie einer nationalen Regelung entgegensteht, nach der, wie im vorliegenden Fall, bei gleicher Qualifikation von Bewerbern unterschiedlichen Geschlechts um eine Beförderung in Bereichen, in denen die Frauen unterrepräsentiert sind, den weiblichen Bewerbern automatisch der Vorrang eingeräumt wird, wobei eine Unterrepräsentation dann vorliegen soll, wenn in den einzelnen Vergütungsgruppen der jeweiligen Personalgruppe nicht mindestens zur Hälfte Frauen vertreten sind, und dies auch für die nach dem Geschäftsverteilungsplan vorgesehenen Funktionsebenen gelten soll.

...

Quelle: Gerichtshof der Europäischen Gemeinschaften, Sammlung der Rechtsprechung des Gerichtshofes und des Gerichts erster Instanz, Teil I, 9/10 — 1995, S. 3069 ff.

VII/16 Gemeindeverfassungen

a.) Magistratsverfassung

b.) Bürgermeisterverfassung

c.) Norddeutsche Ratsverfassung

d.) Süddeutsche Ratsverfassung

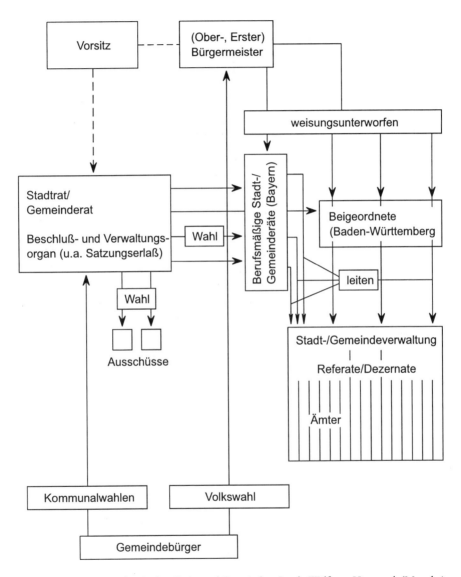

Quelle: Wie funktioniert das? Städte, Kreise und Gemeinden. Bearb. Wolfgang Haus et al. (Mannheim: Bibliographisches Institut), 1986, S. 69 ff.

e.) Die neue Gemeindeverfassung Nordrhein-Westfalens

Quelle: Eigene Zusammenstellung.

VII/17 Gliederung der Selbstverwaltung mit den Behörden der allgemeinen Aufsicht im Lande Nordrhein-Westfalen — Stand: 17.10.1994

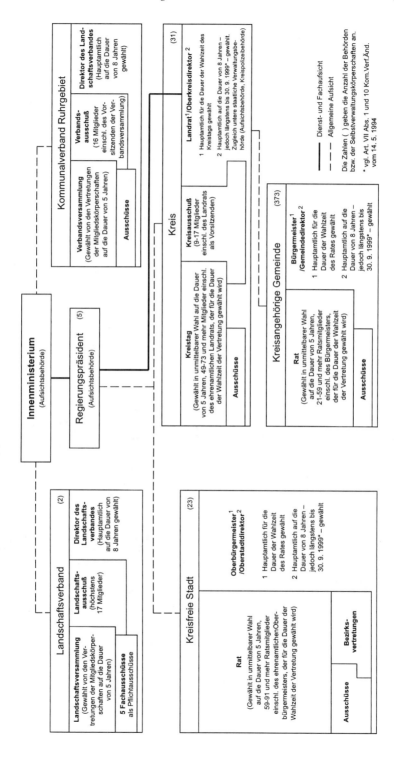

Quelle: Innenministerium des Landes Nordrhein-Westfalen.

VII/18 Verwaltungsgliederungsplan der Stadt Köln
— Stand: 1. 8. 1994

1 **Allgemeine Verwaltung**		**2** **Finanzverwaltung**		**3** **Rechts-, Sicherheits- u.** **Ordnungsverwaltung**		**4** **Schul- und** **Kulturverwaltung**	
01	Büro des Ober- stadtdirektors	20	**Kämmerei**	30	**Rechts- und Ver-** **sicherungsamt**	40	**Schulverwaltungs-** **amt**
02	Büro der Stadt- vertretung	201	Allgemeine Haushalts- und Finanzangelegenhei- ten	300	Zivilrechtliche Angelegen- heiten	400	Abt. Schulergänzende Ein- richtungen
03	Frauenamt	202	Verwaltungs- und Vermö- genshaushalt	301	Öffentlich-rechtliche Ange- legenheiten	4002	EDV + AV-Service-Center
10	Hauptamt	203	Vermögens- und Schul- denverwaltung	302	Versicherungs- und Scha- densangelegenheiten	4003	Schulpsychologischer Dienst
100	Zentrale Verwaltungsauf- gaben	21	**Kassen- und** **Steueramt**	32	**Amt für öffentliche** **Ordnung**	401	Schulamt für die Stadt Köln
1001	Eingangs- und Versand- stelle	210	Stadthauptkasse	320	Verwaltungs- und allge- meine	402	Schulplanung, Schulbau und Einrichtung, Schul- sport
101	Organisationsabteilung	211	Gemeindesteuern		Ordnungsangelegenheiten	403	Abteilung Verwaltungs- und Haushaltsangelegen- heiten
102	DV-Entwicklung	212	Zentrale Angelegenheiten	321	Gewerbeangelegenheiten		
1020	Rechenzentrum	23	**Liegenschaftsamt**	322	Straßenverkehrsangele- genheiten	404	Abt. Realschulen, Gymna- sien, berufsbildende Schu- len u. Gesamtschulen
103	Informations- und Kommu- nikationsgrundlagen	230	Grundstücksabteilung	323	Ausländerangelegenheiten		
11	**Personalamt**	231	Grundwertabteilung	324	Verkehrsüberwachung, Verwarnungs- und Buß- gelder, ruhender Verkehr	41	**Kulturamt**
110	Zentrale Personalangele- genheiten	234	Abteilung für Bodenord- nung			4100	Bühnen
•1100	Zusatzversorgung	235	Verwaltungsabteilung	325	Bußgeldangelegenheiten	4101	Orchester
•1102	Gemeinsame Betriebs- krankenkasse	24	**Amt für Verteidi-** **gungslasten**	326	Zentrale Ausländer- behörde	4102	Puppenspiele
111	Abteilung für Personalan- gelegenheiten der Beam- ten und Angestellten	25	**Vermessungs- und** **Kataseramt**	34	**Amt für Personen-** **standswesen**	4105	Historisches Archiv
						4106	Stadtbücherei
112	Abteilung für Personalan- gelegenheiten der Arbeiter	251	Vermessungsabteilung	340	Standesamtsaufsicht, Namens- und Staatsange- hörigkeitsangelegenheiten	411	Abteilung Museen
115	Abteilung für soziale Per- sonalangelegenheiten	252	Katasterabteilung			4110	Wallraf-Richartz-Museum
		253	Abteilung für Automation, Kartographie und Ortsbau- recht	341	Standesamt	4111	Museum Ludwig
12	**Amt für Statistik** **und Einwohner-** **wesen**			•3500	Eigenunfallversicherung	4112	Römisch-Germanisches Museum
				37	**Berufsfeuerwehr,** **Amt für Feuer-** **schutz, Rettungs-** **dienst und Bevöl-** **kerungsschutz**	4113	Rautenstrauch-Joest- Museum
120	Zentralabteilung					4114	Museum für angewandte Kunst
121	Stadtforschung, Statisti- sches Informationssystem, Statistik					4115	Museum für Ostasiatische Kunst
13	**Presse- und** **Informationsamt**			370	Verwaltung und Bevölke- rungsschutz	4116	Schnutgen-Museum
				371	Brandschutz, Hilfeleistun- gen und Rettungsdienst	4117	Archäologische Boden- denkmalpflege
14	**Rechnungs-** **prüfungsamt**			372	Fahrzeug und Geräte- technik	4118	Kölnisches Stadtmuseum
				373	Kommunikationstechnik	4119	Josef-Haubrich-Kunsthalle
15	**Amt für Stadtent-** **wicklungsplanung**			374	Einsatzdienst, Stadt- bezirke 3,4,5,6,9	•412	Konservator
16	**Amt für Stadt-** **erneuerung und** **Sanierung**			375	Einsatzdienst, Stadt- bezirke 1,2,7,8	42	**Amt für** **Weiterbildung**
160	Abteilung Projektsteue- rung, übergreifende Aufgaben			376	Vorbeugender Brand- schutz	420	Verwaltungsabteilung
161	Abteilung Finanzierung und Liegenschaften					421	Bildungsberatung und Bil- dungswertung
162	Abteilung Städtebauliche Planung, Sozialplanung					422	Qualifizierung und Fortbil- dung
163	Sanierungs-, Erneue- rungsteams					423	Sprachliche Weiterbildung
						424	Gesellschaftliche Weiter- bildung

5	6
Sozial- und Gesundheitsverwaltung	**Bauverwaltung**

50	**Sozialamt**	**55**	**Ausgleichsamt**	**60**	**Bauverwaltungs-**	**67**	**Grünflächenamt**
500	Allgem. Verwaltungsange-legenheiten, Behinderteneinrichtungen, Sozialplanung	551	Leistungsabteilung		**amt**	670	Verwaltung und betriebli-che Angelegenheiten
		552	Feststellungsabteilung	600	Verwaltungsangelegenhei-ten	671	Planung, Entwurf, Neubau und Unterhaltung
		56	**Amt für**	•6000	Projektgruppe Altstadt/ Dom-Rhein/Rheinauhafen	673	Forstabteilung
501	Abteilung Sozialhilfe		**Wohnungswesen**			6741	Botanischer Garten
502	Abteilung für Kriegsopfer, Schwerbehinderte, Vertrie-bene und Flüchtlinge	560	Verwaltungsabteilung und Wohnungspflege	601	Abteilung Bauwirtschaft	**68**	**Amt für Stadt-**
		561	Wohnungsbauförderungs-abteilung	602	Bauleitstelle		**entwässerung**
503	Abteilung Hilfe in beson-deren Lebenslagen	562	Wohnhilfen	**61**	**Stadtplanungsamt**	680	Entwurf
5003	**Altenheime**	563	Wohnversorgung und Be-legungskontrolle	610	Zentrale Planungsange-genheiten	681	Neubau
51	**Jugendamt**	**57**	**Amt für**	611	Planungsteam 1	682	Betrieb u. Unterhaltung
510	Allgemeine Fach- und Ver-waltungsangelegenheiten		**Umweltschutz**	612	Planungsteam 2	683	Klärwerke
		570	Verwaltungsabteilung	613	Planungsteam 3	684	Abwasserinstitut
511	Pädagogische und Soziale Dienste	571	Untere Landschafts-behörde	614	Verkehrsplanung	685	Zentrale Angelegenheiten; Projektleitung AKO 2000
•5110	Familienberatungsstelle	572	Untere Wasser- und Ab-fallwirtschaftsbehörde	**62**	**Tiefbau-**	**69**	**Amt für Brücken-**
•5111	Kinderheime	573	Boden- und Grundwasser-schutz		**verwaltungsamt**		**und U-Bahnbau**
513	Tageseinrichtungen und Tagesbetreuung für Kinder	574	Umweltplanung und Um-weltvorsorge	620	Erschließungs- und Stra-ßenrechtsangelegenheiten	690	Entwurf
514	Jugendförderung	**58**	**Amt für Kinder-**	621	Erschließungsbeitrags-angelegenheiten	691	Neubau
52	**Sport- und**		**interessen**	622	Allgemeine Verwaltungs-und Grundsatzangelegen-heiten	692	Unterhaltung
	Bäderamt	•5800	Arbeitsmedizinischer Dienst			693	Zentrale Aufgaben
520	Verwaltungsabteilung	**59**	**Amt für Lebensmit-**	**63**	**Bauaufsichtsamt**		
521	Bäderabteilung		**telüberwachung,**	630	Bauaufsichtsabteilung		
522	Sportabteilung		**Veterinärwesen**	631	Statische Abteilung		
523	Abt. Stadionbetrieb und -unterhaltung		**und Verbraucher-**	632	Verwaltungsabteilung		
53	**Gesundheitsamt**		**schutz**	**65**	**Hochbauamt**		
530	Verwaltungsabteilung	590	Überwachung der Lebens-mittel und Bedarfsgegen-stände. Abteilung Verwaltungs- und ord-nungsbehördliche Angelegenheiten	651	Entwurf und Ausführung		
531	Abteilung Medizinalwesen/ Amtsärztlicher Dienst			652	Unterhaltung		
532	Abteilung Umwelt- und Seuchenhygiene			653	Haustechnik		
533	Abteilung Jugendärztlicher Dienst/Gesundheitliche Beratung			655	Energiewirtschaft		
534	Abteilung Soziale Psychia-trie	591	Tierärztliche Angelegen-heiten – Veterinäramt	**66**	**Amt für Straßen**		
54	**Kliniken**	592	Institut für Lebensmittel-und Wasseruntersuchun-gen		**und Verkehrs-**		
540	Organisation/Datenverar-beitung				**technik**		
541	Personalabteilung	593	Institut für Umweltuntersu-chungen	660	Regionalabteilung links-rheinisch – Süd		
542	Einkauf			661	Regionalabteilung links-rheinisch – Nord		
543	Finanz- und Rechnungs-wesen, Sonderkasse			662	Regionalabteilung rechtsrheinisch		
544	Bauangelegenheiten			663	Verkehrstechnik		
5400	Krankenhaus Merheim			664	Zentrale Aufgaben		
5402	Kinderkrankenhaus Amsterdamer Straße						
5404	Waldkrankenhaus Rosbach/Sieg						
5407	Krankenhaus Holweide						

7 Verwaltung für öffentliche Einrichtungen	8 Verwaltung für Wirtschaft und Verkehr	9 Bezirksämter
70 Amt für Abfallwirtschaft, Stadtreinigung und Fuhrwesen	80 Amt für Wirtschafts- und Beschäftigungsförderung	91 Bezirksamt Innenstadt
700 Verwaltungsabteilung	801 Auslandsaquisition/Köln-Promotion	92 Bezirksamt Rodenkirchen
701 Betrieb und Technik	802 Grundsatzfragen, Gewerbestandortangelegenheiten, Technische Wirtschaftsförderung	93 Bezirksamt Lindenthal
702 Anlagenbau und Bautechnik, Bauunterhaltung		94 Bezirksamt Ehrenfeld
703 Abfallwirtschaft	803 Betriebsservice	95 Bezirksamt Nippes
	804 Kommunale Beschäftigungsförderung	96 Bezirksamt Chorweiler
72 Marktamt	81 Verkehrsamt	97 Bezirksamt Porz
73 Pfandkreditanstalt		98 Bezirksamt Kalk
		99 Bezirksamt Mülheim

• Dem Dezernenten unmittelbar unterstehende Dienststelle

Dezernats-Verteilungsplan				
Dez.	Dezernent	Geschäftskreis Dienststellen	1. Vertr.	2. Vertr.
			Dezernat	
OI	Oberstadtdirektor Ruschmeier	01. 03. 13	OII	II
OII	Stadtdirektor von der Mühlen	23.25.30.3500. 91	II	I
I	Beigeordneter Kappius	02. 10. 11. 1100. 1102. 14. 32. 34	III	II
II	Stadtkämmerer Gleitze	20. 21. 24. 73. 98	I	OII
III	Beigeordneter Dr. Schröder	37. 57. 59. 67. 70	VIII	X
IV	Beigeordneter Henseler	40. 42. 52. 97	VII	VI
V	Beigeordneter Dr. Christiansen	50. 5003. 53. 54. 56. 5800. 92	VI	II
VI	Beigeordneter Dr. Schulte	34. 51. 5110. 5111. 55. 58. 93	V	IV
VII	Beigeordneter Dr. Dittrich van Wenngh	41. 412	IV	V
VIII	Beigeordneter Fruhner	12. 15. 6000. 61. 72. 80. 81. 95	X	IX
IX	Beigeordneter Blume	16. 60. 63. 65. 99	X	VIII
X	Beigeordneter Oelmann		IX	III

Quelle: Hauptamt der Stadt Köln.

VII/19 Verwaltungsgliederungsplan der Stadt Erfurt — Stand: April 1995

Einzelverwaltung 1	Einzelverwaltung 2	Einzelverwaltung 3	Einzelverwaltung 4	Einzelverwaltung 5	Einzelverwaltung 6	Einzelverwaltung 7	Einzelverwaltung 8
Allgemeine Verwaltung	Finanzen	Recht, Sicherheit und Ordnung	Schulen und Kultur	Soziales, Jugend und Gesundheit	Bauwesen	Öffentliche Einrichtungen	Wirtschaft und Verkehr
10 Hauptamt	20 Stadtkämmerei	30 Rechtsamt	40 Schulverwaltungsamt	50 Sozialamt	60 Bauverwaltungsamt	70 Amt für Kommunalwirtschaft	80 Amt für Wirtschaftsförderung
11 Personalamt	21 Stadtkasse	32 Ordnungsamt	41 Kulturdirektion	51 Jugendamt	61 Stadtplanungsamt		83 Naturschutzamt
12 Amt für Stadtentwicklung, Statistik und Wahlen	22 Steueramt	33 Einwohner- und Meldeamt	42 Stadtbibliothek	52 Sportamt	62 Vermessungsamt		84 Umweltschutzamt
14 Rechnungsprüfungsamt	23 Liegenschaftsamt	34 Standesamt	43 Amt für Musikschule, Volkshochschule und Schülerakademie	53 Gesundheitsamt	63 Bauordnungsamt		85 Umweltuntersuchungsamt
17 Amt für kommunale Datenverarbeitung	25 Amt zur Reg. offener Vermögensfragen	37 Amt für Brandschutz, Rettungsdienst und Katastrophenschutz	46 Fremdenverkehrsamt		64 Wohnungsamt		
			47 Stadt- u. Verwaltungsarchiv		65 Hochbauamt		
					66 Tiefbauamt		
					67 Garten- und Friedhofsamt		
					68 Amt für Verkehrswesen		
					69 Denkmalschutz		

Quelle: Hauptamt der Landeshauptstadt Erfurt.

VII/20 Gesamtzuweisungen des Landes Nordrhein-Westfalen an die Gemeinden und Gemeindeverbände im Haushaltsjahr 1996

Quelle: Innenministerium des Landes Nordrhein-Westfalen.

VIII/1 Übersicht über den Gerichtsaufbau in der Bundesrepublik Deutschland[1] — Stand: 1996

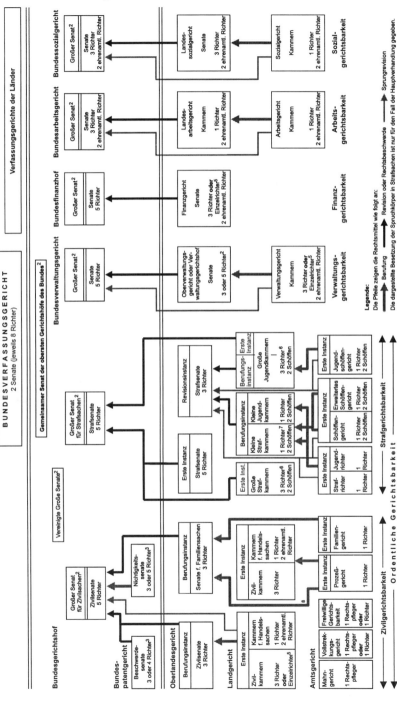

Anmerkungen zu VIII/1

1 Nicht dargestellt sind: das Rechtsmittel der Beschwerde, in der ordentlichen Gerichtsbarkeit die Landwirtschaftsgerichte, die Schiffahrtsgerichte und das Bayerische Oberste Landesgericht; in der Strafgerichtsbarkeit die Tätigkeit der Strafvollstreckungskammern.

2 Entscheidet nur in Ausnahmefällen; die Besetzung richtet sich nach der jeweiligen Anzahl der Senate.

3 Die Besetzung bestimmt sich nach der Zuständigkeit (Juristen und Techniker).

4 Die Besetzung — in einigen Ländern auch mit zwei ehrenamtlichen Richtern — ist landesrechtlich geregelt.

5 Einzelrichter in Sachen, die rechtlich und tatsächlich einfach und nicht von grundsätzlicher Bedeutung sind.

6 Bis 28. 2. 1998 entscheidet in bestimmten Verfahren das Gericht in der Besetzung mit nur zwei Berufsrichtern und zwei Schöffen.

7 In Verfahren über Berufungen gegen ein Urteil des erweiterten Schöffengerichts ist ein zweiter Berufsrichter hinzuzuziehen.

8 Rechtszug in Kindschaftssachen.

Quelle: Bundesministerium der Justiz, Zentralabteilung.

VIII/2 Rechtsvorschriften des Bundes

Gesetze

Gesetzentwurf	Eingebrachte Gesetze insgesamt			Zustandegekommen[1] (Art. 78, 82 GG)			Anderweitig erledigt			Nicht mehr erledigt		
	10.	11.	12.	10.	11.	12.	10.	11.	12.	10.	11.	12.
					Wahlperiode							
Gesamtzahl der beim Bundestag und Bundesrat eingebrachten Gesetzentwürfe der Bundesregierung	285	324	419	237	265	371	2	7	10	35	34	38
davon federführendes Ressort[2]:												
Auswärtiges	8	12	34	7	10	34	—	—	—	1	1	—
Arbeit und Sozialordnung	35	38	28	31	30	21	—	2	1	2	3	6
Ernährung, Landwirtschaft und Forsten	19	16	16	18	16	13	1	—	—	—	—	3
Finanzen	44	55	64	35	47	62	—	2	—	5	1	2
Inneres	37	39	45	25	27	39	—	1	—	8	7	6
Justiz	49	55	69	38	42	57	—	—	—	9	11	12
Verkehr	25	17	46	25	16	41	—	—	1	1	1	4
Post und Telekommunikation												
Verteidigung	5	10	3	2	9	3	—	—	—	3	—	—
Wirtschaft[3]	30	32	42	27	27	40	—	—	1	3	5	1
Raumordnung, Bauwesen und Städtebau	3	10	6	3	7	5	—	—	1	—	1	—
Jugend, Familie, Frauen und Gesundheit[4]	16	20	36	14	15	28	1	2	5	1	3	3
Umwelt, Naturschutz und Reaktorsicherheit	7	14	24	6	14	23	—	—	—	1	—	—
Bildung und Wissenschaft	6	4	5	5	3	3	—	—	1	1	1	1
Forschung und Technologie	1	2	1	1	2	1	—	—	—	—	—	—
Gesetzentwürfe												
des Bundestages	183	227	297	42	67	92	75	65	110	53	78	58
des Bundesrates	144	136	179	32	15	27	69	50	46	39	18	105
Vereinigungen von Initiativen	—	—	—	9	19	39	—	—	—	1	—	—
Insgesamt	612	687	895	320	366	529	146	122	166	128	130	201

Rechtsverordnungen[1][5]

Federführendes Ressort[2][4]	Rechtsverordnungen insgesamt			Veröffentlicht im					
				Bundesgesetzblatt			Bundesanzeiger		
	\<Wahlperiode\>								
	10.	11.	12.	10.	11.	12.	10.	11.	12.
Auswärtiges	5	8	16	5	8	16	—	—	—
Arbeit und Sozialordnung	90	107	127	87	105	127	3	2	—
Ernährung, Landwirtschaft und Forsten	138	187	247	108	161	186	30	26	61
Finanzen	160[6]	132[6]	142[6]	136	121	141	24	11	1
Inneres	81[7]	61[7]	77[7]	79	58	77	2	3	—
Justiz	17[8]	26[8]	43[8]	17	26	43	—	—	—
Verkehr	427[9]	452[9]	618[9]	155	139	196	272	313	422
Post und Telekommunikation	30	39	30	30	39	30	1	—	—
Verteidigung	13	12	23	12	12	23	1	—	—
Wirtschaft[3]	149	152	162	126	116	100	23	36	62
Raumordnung, Bauwesen und Städtebau	6	9	9	6	9	9	—	—	—
Jugend, Familie, Frauen und Gesundheit	83	83	123	83	83	108	—	—	15
Umwelt, Naturschutz und Reaktorsicherheit	6	39	53	6	38	53	—	1	—
Bildung und Wissenschaft	24	22	25	24	22	25	—	—	—
Forschung und Technologie	—	1	—	—	1	—	—	—	—
Präsident des Deutschen Bundestages	—	—	—	—	—	—	—	—	—
Insgesamt	1 229	1 330	1 695	874	938	1 134	355	392	561

1 Zustimmung des Bundesrates, Verkündung.
2 Stand: Ende 12. Wahlperiode.
3 Einschl. »Wirtschaftliche Zusammenarbeit«.
4 In der 12. Wahlperiode drei Ressorts: »Frauen und Jugend«, »Familie und Senioren« und »Gesundheit«.
5 Unberücksichtigt ist, ob die Rechtsverordnung von der Bundesregierung, mehreren Bundesministern oder von einer nachgeordneten Stelle erlassen wurde.
6 Einschl. der von der Bundesmonopolverwaltung für Branntwein und den Bundesaufsichtsämtern für das Kreditwesen und das Versicherungswesen erlassenen Rechtsverordnungen.
7 Einschl. der vom Bundesausgleichsamt erlassenen Rechtsverordnungen.
8 Einschl. der vom Deutschen Patentamt erlassenen Rechtsverordnungen.
9 Einschl. der vom Luftfahrt-Bundesamt, der Bundesanstalt für Flugsicherung und den Wasser- und Schiffahrtsdirektionen erlassenen Rechtsverordnungen.

Quelle: Statistisches Bundesamt, Statistisches Jahrbuch 1996, S. 96.

VIII/3 Gerichte am 31. 12. 1995*

Land	Amtsgerichte	Landgerichte			Oberlandesgerichte			Arbeitsgerichte		Verwaltungsgerichte		Sozialgerichte		Finanzgerichte	
		Gerichte	mit Zivil-[1] kammern	Straf-[2] kammern	Gerichte	mit Zivil-[1] senaten	Straf- senaten	Gerichte[3]	Kammern bei den Landesarbeitsgerichten	Gerichte[3]	Senate bei den Oberverwaltungsgerichten[4]	Gerichte[3]	Senate bei den Landessozialgerichten	Gerichte[3]	mit Senaten
Baden-Württemberg........	108	17	173	251	2	46	8	9	17	4	17	8	13	1	14
Bayern..................	72	22	213	186	4[5]	67[5]	14[5]	11	17	6	26	7	20	2	23
Berlin..................	12	1	76	66	1	27	5	1	18	1	12	1	16	1	9
Brandenburg............	25	4	34	23	1	17	2	7	8	3	4	4	7	1	4
Bremen.................	3	1	18	30	1	9	2	2	4	1	4	1	7	1	4
Hamburg...............	6	1	55	50	1	19	5	1	8	1	7	1	6	1	7
Hessen.................	58	9	125	119	1	37	6	12	16	5	12	7	14	1	14
Mecklenburg-Vorpommern ..	31	4	42	19	1	11	5	4	6	2	10	4	5	1	2
Niedersachsen...........	80	11	135	175	3	46	11	15	16	7	18	8	10	1	15
Nordrhein-Westfalen......	130	19	318	294	3	115	12	30	48	7	25	8	18	3	47
Rheinland-Pfalz.........	47	8	74	71	2	25	5	5	11	4	12	4	7	1	6
Saarland...............	11	1	19	17	1	8	2	3	2	1	8	1	3	1	2
Sachsen................	30	6	84	73	1	19	2	5	11	3	6	3	4	1	3
Sachsen-Anhalt..........	35	4	41	49	1	12	2	6	9	3	10	4	6	1	2
Schleswig-Holstein.......	28	4	51	48	1	22	5	5	6	1	10	4	9	1	5
Thüringen..............	30	4	47	23	1	10	2	7	9[6]	3	8	4	5	1	2
Deutschland........	706	116	1 505	1 494	25	490	88	123	206	52	189	69	150	19	159

Anmerkungen zu VIII/3

* Gerichte der Länder. – Senate bei den obersten Bundesgerichten: Bundesverfassungsgericht 2, Bundesgerichtshof in Zivilsachen 12, in Strafsachen 5 (außerdem für beide Rechtsgebiete: 1 Senat für Landwirtschaftssachen, 1 Kartellsenat, 1 Senat für Anwaltssachen, 1 Senat für Notarsachen, 1 Senat für Patentanwaltssachen, 1 Senat für Wirtschaftsprüfersachen, 1 Senat für Steuerberater- und Steuerbevollmächtigtensachen, Bundesarbeitsgericht 10, Bundesverwaltungsgericht 9 (außerdem: 2 Disziplinar- und 2 Wehrdienstsenate), Bundessozialgericht 12. Bundesfinanzhof 11.

1 Einschl. der Kammern bzw. Senate für Handelssachen, Wiedergutmachungssachen, Entschädigungssachen u. dgl.

2 Einschl. der Strafvollstreckungskammern und Rehabilitierungskammern.

3 Nur erstinstanzliche Gerichte.

4 In Baden-Württemberg, Bayern und Hessen: Verwaltungsgerichtshof.

5 Einschl. Bayerisches Oberstes Landesgericht mit 4 Zivilsenaten, 1 Fideikommißsenat und 9 Strafsenaten.

6 Einschl. 2 Hilfskammern.

Quelle: Statistisches Bundesamt, Statistisches Jahrbuch 1996, S. 358.

VIII/4 Richter und Richterinnen im Bundes- und Landesdienst* — Stand: 1995

Stichtag 1.1.	Richter und Richterinnen[1] insgesamt	Verfassungsgerichten	Bei						
			Ordentlichen Gerichten[2]	Arbeitsgerichten	Verwaltungsgerichten	Sozialgerichten	Finanzgerichten	Dienst- und Disziplinargerichten	
Ingesamt									
Insgesamt	22 134	107	16 600	1 111	2 573	1 182	610	687	
Bundesdienst	510	16	262	34	67	41	60	30	
Landesdienst[3]	21 624	91	16 338	1 077	2 506	1 141	550	657	
dar. weiblich									
Zusammen	5 824	14	4 518	297	613	327	61	91	
Bundesdienst	47	5	25	1	3	3	8	3	
Landesdienst	5 777	9	4 493	296	610	324	53	88	
nach Ländern[3]									
Baden-Württemberg	2 304	6	1 768	102	279	138	56	106	
Bayern	2 904	25	2 191	124	335	165	89	45	
Berlin	1 428	–	1 076	96	153	80	23	36	
Brandenburg	563	2	421	39	60	35	9	13	
Bremen	238	4	173	15	32	14	7	69	
Hamburg	821	6	614	36	110	32	23	17	
Hessen	1 824	6	1 358	91	233	91	51	38	
Mecklenburg-Vorpommern	399	–	290	39	45	25	2	–	
Niedersachsen	2 037	11	1 555	73	253	102	55	126	
Nordrhein-Westfalen	5 005	8	3 828	213	549	240	183	63	
Rheinland-Pfalz	1 077	7	811	47	136	60	23	32	
Saarland	324	6	234	12	49	23	6	60	
Sachsen	831	4	654	79	79	37	4	–	
Sachsen-Anhalt	541	6	388	61	52	29	5	12	
Schleswig-Holstein	728	–	552	29	88	44	15	40	
Thüringen	600	–	456	47	64	28	6	–	

Anmerkungen zu VIII/4

* **Deutschland.**

1 Richter und Richterinnen auf Lebenszeit, auf Zeit, kraft Auftrags und auf Probe. Die Spalte »Richter und Richterinnen insgesamt« enthält die Summe der Zahlen für die einzelnen Gerichtszweige abzüglich der Zahlen für diejenigen Richter und Richterinnen, die ihre Planstelle in einer anderen Gerichtsbarkeit haben.

2 Einschl. Bundespatentgericht.

3 Einschl. Richter und Richterinnen, die ihre Tätigkeit in mehreren Bundesländern ausüben; Doppelzählungen sind möglich.

Quelle: Statistisches Bundesamt, Statistisches Jahrbuch 1996, S. 358.

VIII/5 Staatsanwälte, Rechtsanwälte und Notare*

Stichtag 1.1.	Staatsanwälte			Andere Vertreter/-innen des öffentlichen Interesses[1]	Rechtsanwälte/-innen	Anwaltsnotare/-innen	Notare/-innen
	insgesamt	männlich	weiblich				
1989	3 759	3 098	661	73	46 397	7 710	1 014
1991	3 887	3 131	756	79	51 266	8 180	1 014
1993	4 920	3 648	1 272	82	58 504	8 616	1 562
1995	5 375	3 821	1 554	59	65 576	8 715	1 628

* **Früheres Bundesgebiet**; ab 1993 Deutschland.
1 In der Verwaltungs- und Disziplinargerichtsbarkeit; ohne Wehrdisziplinaranwälte.

Quelle: Statistisches Bundesamt, Statistisches Jahrbuch 1995, S. 367 und Statistisches Bundesamt, Statistisches Jahrbuch 1996, S. 358.

VIII/6　Gesetz zur Entlastung der Rechtspflege

a.) Gesetzentwurf des Bundesrates zur Entlastung der Rechtspflege
　　— Auszüge

A. Zielsetzung

Die Erweiterung der Bundesrepublik Deutschland um fünf neue Länder hat zu einer besonderen Belastung der Justiz im geeinten Deutschland geführt. Der begonnene Aufbau einer funktionierenden rechtsstaatlichen Justiz in den neuen Ländern und die durch den Einigungsprozeß erweiterten Aufgaben der Gerichte erfordern zusätzliche finanzielle und personelle Mittel. Da die Justiz bereits am Rande der Belastbarkeit arbeitet, sind personelle Ressourcen auf herkömmliche Weise nicht mehr zu gewinnen. Es müssen deshalb alle Möglichkeiten zu einer Vereinfachung und Straffung der Gerichtsverfahren ausgeschöpft werden.

B. Lösung

Der Entwurf sieht als zentrale Verfahrensvereinfachungen und -verbesserungen in der Zivil-, Straf-, Sozial-, Verwaltungs- und Finanzgerichtsbarkeit — ohne daß dadurch der angemessene Rechtsschutz gefährdet würde — folgende Maßnahmen vor:

1. Beschränkung des Angebots an Rechtsmitteln:

 a) Einführung der Zulassungsberufung in der Zivil-, Straf-, Sozial- und Verwaltungsgerichtsbarkeit;

 b) Erhöhung der Berufungssumme in der Zivilgerichtsbarkeit;

 c) Einführung der Zulassungsrevision in der Strafgerichtsbarkeit und der reinen Zulassungsrevision in der Zivilgerichtsbarkeit;

2. Verstärkter Einsatz des Einzelrichters in den Gerichtsbarkeiten;

3. Einschränkung der Besetzung der Spruchkörper;

4. Erweiterung der amtsgerichtlichen Zuständigkeit in der Zivilgerichtsbarkeit;

5. Einschränkung des Beweisantragsrechts in der Strafgerichtsbarkeit;

6. Einführung eines Gerichtsbescheids und Erweiterung des Vorverfahrens in der Sozialgerichtsbarkeit.

Ein Teil der Maßnahmen soll befristet werden.

C. Alternativen

Keine

D. Kosten

Keine

Begründung

1. Teil — Allgemeines —

A. Allgemeine Zielsetzung und Ausgangslage

Die Erweiterung der Bundesrepublik Deutschland um fünf neue Länder hat zu einer besonderen Situation für die Justiz im geeinten Deutschland geführt. Neben der anhaltenden Belastung der Rechtspflege in den alten Ländern steht nunmehr die mit dem Einigungsprozeß verbundene grundlegende Aufgabe im Vordergrund, eine funktionierende rechtsstaatliche Justiz in den neuen Ländern aufzubauen.

Die Entscheidung von Rechtsstreitigkeiten durch unabhängige Gerichte in einem gesetzlich festgelegten Verfahren ist eines der unverzichtbaren Elemente einer Demokratie. Zum Rechtsstaatsprinzip zählen nicht nur die Gewaltenteilung und die Gewährleistung persönlicher Grundrechte, sondern auch die Meßbarkeit und Voraussehbarkeit staatlichen Handelns sowie der Rechtsschutz bei Rechtsverletzungen durch die öffentliche Gewalt. Um den verfassungsmäßig garantierten Rechtsschutz nicht zu entwerten, ist die Entscheidungsfindung in einem angemessenen Zeitraum — wie sie von Artikel 6 Abs. 1 der Konvention über Menschenrechte und Grundfreiheiten ausdrücklich gefordert wird — von entscheidender Bedeutung.

Der begonnene Aufbau der Justiz in den neuen Ländern darf nicht scheitern oder durch eine dauernde Hypothek unerledigter Verfahren belastet werden. Es würde sonst nicht nur das Vertrauen in die Rechtspflege langfristig in Frage gestellt, sondern auch der normative Geltungsanspruch des Rechts überhaupt gefährdet werden.

Bei der Bereitstellung der Ressourcen für den Aufbau der Justiz in den neuen Ländern ist zu berücksichtigen, daß die Erwartungen der Bürger in ein rechtsstaatliches Verfahren nicht nur den laufenden Rechtsschutz betreffen, sondern auch die Aufarbeitung alten Unrechts. Dies gilt insbesondere für die im strafgerichtlichen Bereich ständig steigende Zahl von Rehabilitierungsverfahren, deren Bewältigung als eine der vordringlichen neuen Aufgaben der Justiz angesehen werden muß. Artikel 18 Abs. 2 des Einigungsvertrages eröffnet über die frühere Regelung hinausgehend jedem durch ein Strafgericht der ehemaligen Deutschen Demokratischen Republik Verurteilten die Möglichkeit, Antrag auf gerichtliche Kassation der rechtskräftigen Entscheidung beim Bezirksgericht zu stellen. Da die einjährige Kassationsantragsfrist des § 313 DDR-StPO für diese Fälle ausdrücklich aufgehoben worden ist, können damit sämtliche Strafurteile seit Gründung der Deutschen Demokratischen Republik im Jahre 1949 einer erneuten Nachprüfung unterzogen werden. Daneben sieht Artikel 17 des Einigungsvertrages in Verbindung mit dem Rehabilitierungsgesetz vom 6. September 1990 vor, daß auf Antrag eines Betroffenen oder im Todesfall dessen Ehegatte oder naher Verwandter ein gerichtliches Feststellungsverfahren über die Voraussetzungen einer Rehabilitierung von Personen, die aus politischen Gründen bei der Wahrnehmung von Verfassungsrechten verurteilt wurden, durchgeführt wird. Allein in den beiden vorgenannten Bereichen wird mit etwa 100 000 Rehabilitierungsverfahren in den neuen Ländern einschließlich Berlins gerechnet. Hinzu kommen Strafverfahren gegen eine größere Anzahl früherer Regierungs- und Parteifunktionäre der Deutschen Demokratischen Republik. Weitere Belastungen für die Justiz sind bereits vorgegeben: Im Zivilrecht haben offene Eigentums- und Vermögensfragen zu einer Flut von Anträgen geführt. Es wird für das Gebiet der ehemaligen Deutschen Demokratischen Republik mit etwa einer Million derartiger Anträge gerechnet, die eine entsprechende Anzahl von Gerichtsverfahren nach sich ziehen werden. Ähnliches ist für den Bereich des Mietrechts zu erwarten, sobald die nach Anlage 1, Kapitel XIV, Ab-

schnitt II Nr. 7 des Einigungsvertrags vorgesehenen Rechtsverordnungen der Bundesregierung zur Mietzinserhöhung und Umlegung der Betriebskosten sowie der Modernisierungskosten erlassen worden sind. Daneben wird die mit der Einführung der Marktwirtschaft verbundene Nachfrage nach Rechtsschutz und Rechtsberatung, insbesondere auch im Verbraucherschutzbereich, zu einer nachhaltigen Erhöhung der Prozeßverfahren beitragen. Letztlich erfordert die Einrichtung der öffentlich-rechtlichen Gerichtszweige in der ehemaligen Deutschen Demokratischen Republik einen erheblichen Aufwand, da diese Gerichtsbarkeiten bisher nicht existierten.

Diese Aufgaben können auf herkömmliche Weise nicht bewältigt werden. Die gegenwärtige personelle Ausstattung der Justiz in den neuen Ländern ist völlig unzureichend. Es amtieren derzeit etwa 1 300 Richter und 850 Staatsanwälte in den neuen Ländern, von denen ein erheblicher Teil noch ausscheiden wird, da die Überprüfung durch die Ausschüsse der Landtage noch weitgehend bevorsteht. Der künftige Bedarf wird den Bestand um ein Mehrfaches übersteigen. Besonderer Bedarf besteht an berufserfahrenen, mit dem Recht der Bundesrepublik Deutschland vertrauten Richtern, der durch Neueinstellungen nicht gedeckt werden kann. Wegen der geringen Zahl von Rechtsstudenten in der ehemaligen Deutschen Demokratischen Republik wird auch der juristische Nachwuchs auf längere Sicht nicht ausreichen, um den Bedarf auszugleichen. Die stark defizitäre Situation im gesamten personellen Bereich der Rechtspflege in den neuen Ländern nimmt ständig zu und kann nur durch weitere personelle Unterstützung aus den alten Ländern, die selbst am Rande ihrer Kapazität arbeiten, aufgefangen werden. Da ein weiterer Ausbau der Justiz nur noch eingeschränkt finanzierbar ist, müssen alle Möglichkeiten zur Straffung der Verfahren und zu einem sparsamen Einsatz des Personals genutzt werden.

Die Justizminister und -senatoren haben deshalb auf einer Sondersitzung am 24. April 1991 in Berlin einen Beschluß gefaßt, in dem es unter anderem heißt:

„Die Justizminister und -senatoren halten den Aufbau einer funktionierenden rechtsstaatlichen Justiz in den neuen Ländern für eine zentrale Aufgabe des Einigungsprozesses. Eine funktionsfähige, unabhängige Rechtspflege war ein wesentliches Ziel der Menschen in der ehemaligen Deutschen Demokratischen Republik, für das sie sich mit ihrer friedlichen Revolution eingesetzt haben. Bund und Länder sind gefordert, alle Anstrengungen zu unternehmen, um dieses Ziel zu erreichen und so das Vertrauen in den Rechtsstaat zu stärken.

Der gegenwärtige Zustand der Justiz in den neuen Ländern und die angespannte Personallage in der Rechtspflege zwingen zur Ausschöpfung aller Möglichkeiten einer Vereinfachung und Straffung der Gerichtsverfahren und zum sparsamen Einsatz des Justizpersonals.

Die Justizminister und -senatoren sehen Möglichkeiten dazu — ohne daß dadurch der angemessene Rechtsschutz gefährdet würde — vor allem in einer Beschränkung des sehr großzügigen Angebots an Rechtsmitteln, in einer Erweiterung der Zuständigkeit des Einzelrichters und in einer Einschränkung der Besetzung der Spruchkörper. Ein Teil der Maßnahmen soll befristet werden . . ."

Der Entwurf sieht demgemäß als zentrale Verfahrensvereinfachungen und -verbesserungen in den Gerichtsbarkeiten den verstärkten Einsatz des Einzelrichters und eine Beschränkung der Rechtsmittel vor. Die Befristung einzelner Maßnahmen macht deutlich, daß die Neuregelungen einer Behebung des (vorübergehenden) personellen Engpasses in den neuen Ländern dienen sollen.

B. Die vorgeschlagenen Maßnahmen und die Ausgangslage in den einzelnen Gerichtsbarkeiten

I. Zivilgerichtsbarkeit

1. Ausgangslage

Der Gesetzgeber hat in der Vergangenheit mehrfach versucht, dem ständigen Anstieg des Geschäftsanfalls und der Arbeitsbelastung bei den Zivilgerichten durch Verfahrensreformen entgegenzuwirken. Die in den letzten Jahren verstärkten Entlastungsbestrebungen haben zu Gesetzentwürfen der Bundesregierung und des Bundesrates geführt, die in dem Rechtspflege-Vereinfachungsgesetz vom 17. Dezember 1990 (BGBl. I S. 2847) zusammengeführt wurden. Das Rechtspflege-Vereinfachungsgesetz trägt zwar durch die Erhöhung von Rechtsmittel- und Beschwerdesummen, Verfahrensvereinfachungen bei Rechtsstreitigkeiten mit geringem Streitwert einer Erweiterung der Zuständigkeit der Amtsgerichte sowie einer verstärkten Förderung der außergerichtlichen Streitbeilegung zu einer Entlastung der Zivilgerichte bei. Das Gesetz ist jedoch in weiten Bereichen hinter den Vorstellungen des Bundesrates, die in dem Gesetzentwurf zur Entlastung der Zivilgerichte (BR-Drucksache 447/88) zum Ausdruck gekommen sind, zurückgeblieben. Dies gilt insbesondere für die von dem Bundesrat geforderte deutliche Erweiterung der Zuständigkeit der Amtsgerichte und die Eindämmung der Rechtsmittelverfahren durch eine nachhaltige Erhöhung der Berufungssumme. Die von dem Bundesrat bereits 1988 in der Begründung seines Gesetzentwurfs geäußerte Befürchtung, daß der gerichtliche Rechtsschutz in die Lage geraten könnte, aufgrund der durch die Verfahrensmenge bedingten Dauer für eine Rechtsschutzgewährung teilweise funktionsunfähig zu werden, hat sich durch die jüngste Entwicklung in den neuen Ländern verschärft. Der zügige Aufbau der sozialen Marktwirtschaft und des freien Handelsverkehrs in den neuen Ländern setzt voraus, daß die Einhaltung der hierfür bestehenden Regeln notfalls durch die Einschaltung der Gerichte erzwungen werden kann. Dies ist aber nur bei einer zügigen Rechtsschutzgewährung garantiert.

Der Gesetzentwurf soll deshalb eine über die Wirkung des Rechtspflege-Vereinfachungsgesetzes erheblich hinausgehende Straffung der Gerichtsverfahren und Reduzierung des Verfahrensaufwands erreichen. Durch Verfahrenserleichterungen und Beschränkung von Rechtsmitteln sollen Kapazitäten gewonnen werden, die für die Sicherung einer funktionierenden Rechtspflege im vereinigten Deutschland dringend benötigt werden.
. . .

II. Strafgerichtsbarkeit

1. Ausgangslage

Im strafrechtlichen Justizbereich war der Grad der Belastung bereits vor dem Beitritt der fünf neuen Länder außerordentlich hoch. Der Aufbau einer rechtsstaatlichen Justiz in den neuen Ländern erfordert dort auch in der Strafjustiz einen erhöhten Personalbedarf. Die Unterstützung der neuen Länder durch Mitarbeiter aus den alten Ländern und Neueinstellungen ist nur in beschränktem Umfang möglich. Zudem ist eine Entlastung im Bereich der alten Länder nicht zu erwarten. Erforderlich sind deshalb zum Zweck eines effektiveren Personaleinsatzes Maßnahmen zur Verfahrensvereinfachung, Straffung des Rechtsmittelzuges, Erweiterung des

Sanktionsrahmens im Strafbefehlsverfahren und Erweiterung des Anwendungsbereichs des Opportunitätsprinzips.

Es ist dabei gleichzeitig sicherzustellen, daß keine unangemessene Verkürzung des Rechtsschutzes eintritt, die rechtsstaatlichen Prinzipien des Straf- und Strafverfahrensrechts also gewahrt werden.

. . .

III. Sozialgerichtsbarkeit

1. Ausgangslage

In der Zivil- und in der Verwaltungsgerichtsbarkeit haben die langjährigen Bemühungen um eine Entlastung der Gerichte und um die Vereinfachung der Verfahren in Gestalt des Rechtspflege-Vereinfachungsgesetzes vom 17. Dezember 1990 (BGBl. I S. 2847) und des Vierten Gesetzes zur Änderung der Verwaltungsgerichtsordnung vom 17. Dezember 1990 (BGBl. I S. 2809) zu ersten Ergebnissen geführt, und in der Finanzgerichtsbarkeit sind Reformbestrebungen, die dieselbe Zielsetzung haben, durch den Regierungsentwurf eines FGO-Änderungsgesetzes (BT-Drucksache 11/2386) konkretisiert worden.

Eine Entlastung der Sozialgerichtsbarkeit und eine Vereinfachung des sozialgerichtlichen Verfahrens ist nicht weniger dringlich als entsprechende Maßnahmen für andere Gerichtsbarkeiten. Sozialgerichtliche Verfahren dauern zu lange. Eine wesentliche Ursache ist die zunehmende Belastung der Sozialgerichte, die sich 1989 bundesweit nochmals um ca. 6 % erhöht hat. Dementsprechend haben sich trotz erhöhter Erledigungsleistung die Bestände von Jahr zu Jahr vergrößert. Bei dieser Entwicklung zeichnet sich ab, daß Rechtsschutz insbesondere bei Inanspruchnahme der Berufungsinstanz nicht mehr in angemessener Zeit gewährt werden kann. Es besteht dringender Anlaß, verfahrensrechtliche Maßnahmen zur Entlastung der Sozialgerichtsbarkeit und zur Verkürzung der Dauer sozialgerichtlicher Verfahren zu ergreifen, zumal die Aufgabe, in den neuen Ländern einen rechtsstaatlichen Anforderungen entsprechenden Rechtsschutz in Sozialrechtsangelegenheiten zur Verfügung zu stellen, es nicht zuläßt, Entlastungsmöglichkeiten ungenutzt zu lassen.

. . .

IV. Verwaltungsgerichtsbarkeit

1. Ausgangslage

Der Gesetzgeber hat in der Vergangenheit mehrfach den Versuch unternommen, der zu großen Geschäftsbelastung in der Verwaltungsgerichtsbarkeit durch Änderung des Prozeßrechts zu begegnen. Zuletzt ist durch das Gesetz zur Neuregelung des verwaltungsgerichtlichen Verfahrens (Viertes Gesetz zur Änderung der Verwaltungsgerichtsordnung — 4. VwGO-ÄndG) vom 17. Dezember 1990 (BGBl. I S. 2809) ein Beitrag zur Verbesserung, Beschleunigung und Entlastung des verwaltungsgerichtlichen Verfahrens geleistet worden.

Im Mittelpunkt dieser Novelle stand jedoch nur die Überführung der prozeßrechtlichen Regelungen für die Verwaltungsgerichtsbarkeit aus dem Gesetz zur Entlastung der Gerichte in der Verwaltungs- und Finanzgerichtsbarkeit vom 31. März 1978 (BGBl. I S. 446) in Dauerrecht. Änderungsvorschläge, denen das Attribut „grundlegend" zukommen könnte, enthielt die Novelle nach der eigenen Einschätzung der Bundesregierung nicht (vgl. BT-Drucksache 11/7030,

S. 17). Soweit dies damit begründet wurde, daß solche Vorschläge seit langem in ihrer rechtspolitischen Zielsetzung und in ihrem praktischen Wert umstritten seien, blieb diese Einschätzung hinter dem erreichten Diskussions- und Erkenntnisstand zurück. Sie wird auch dem Erfordernis einer fühlbaren Entlastung der Verwaltungsgerichtsbarkeit nicht gerecht.

Bereits in den von der Bundesregierung eingebrachten Entwürfen zur Verwaltungsprozeßordnung (VwPO) war die allgemeine Zulassungsberufung ebenso wie ein dem § 348 ZPO entsprechendes Modell für den Einzelrichter enthalten (vgl. §§ 4, 141 VwPO, BR-Drucksache 100/82 und BR-Drucksache 148/83). Auch der Bundesrat hatte aus Anlaß der Beratung des 4. VwGO-ÄndG in Übereinstimmung mit der Mehrheit der Bund-Länder-Arbeitsgruppe „Verwaltungsgerichtsbarkeit" die Einführung der allgemeinen Zulassungsberufung gefordert (vgl. BR-Drucksache 135/90 — Beschluß — und BR-Drucksache 836/90 — Beschluß — Bericht der Bund-Länder-Arbeitsgruppe, S. 48 ff.).

Die hohen Eingangszahlen, die häufig zu lange Verfahrensdauer, die begrenzten Möglichkeiten eines weiteren personellen Ausbaus (auch) für die Verwaltungsgerichtsbarkeit zwingen jedoch zur Verfahrenskonzentration und zur Beschränkung der Rechtsmittel. Nur so können die Gerichte ihrem Rechtsschutzauftrag, dem der verfassungsrechtlich gewährleistete Anspruch des Bürgers auf wirksamen Rechtsschutz korrespondiert, entsprechen.

Darüber hinaus verlangen neue Situationen und neue Aufgaben grundlegende Änderungen auch des verwaltungsgerichtlichen Rechtsschutzsystems.

Zum einen erfordert die zu erwartende Belastung insbesondere im Asylbereich, rechtzeitig die prozeßrechtlichen Regelungen zu treffen, die die Verwaltungsgerichte in den Stand versetzen, ihrem Rechtsschutzauftrag nachzukommen. 1990 hat die Asylbewerberzahl beim Bundesamt für die Anerkennung ausländischer Flüchtlinge eine neue Höchstmarke erreicht. Mit einer gewissen zeitlichen Verzögerung wird dieser Anstieg zu einer deutlich größeren Belastung der Verwaltungsgerichte führen, so daß gerade im Asylbereich die knappen personellen Ressourcen, die mit Blick auf den begrenzten finanzwirtschaftlichen Spielraum nicht beliebig vermehrbar sind, durch eine wesentliche Erweiterung des Einzelrichtereinsatzes auszuschöpfen sind.

Zum anderen verlangt auch der Aufbau einer funktionsfähigen rechtsstaatlichen Rechtspflege in den neuen Ländern, alle Möglichkeiten zur Straffung des Verfahrens und zum sinnvollen Einsatz des richterlichen Personals zu nutzen. Gerade in den öffentlich-rechtlichen Gerichtsbarkeiten werden Grundfragen unseres Gemeinwesens thematisiert, so daß das Vertrauen des Bürgers in den Rechtsstaat nicht durch einen unzureichenden Rechtsschutz enttäuscht werden darf.
. . .

V. Finanzgerichtsbarkeit

1. Ausgangslage

Die Lage in der Finanzgerichtsbarkeit ist besorgniserregend. Die Stabilisierung der Eingänge auf einem hohen Niveau, die durchgängig erheblich zu lange Verfahrensdauer und ein viel zu umfangreicher Bestand an unerledigten Verfahren führen dazu, daß die Einschätzung, der finanzgerichtliche Rechtsschutz sei in der Krise, inzwischen Allgemeingut ist.
. . .

b.) Gesetz zur Entlastung der Rechtspflege

i.d.F. der Bekanntmachung vom 15. Januar 1993 (BGBl. I S. 50) — Inhaltsangabe

Artikel 1 — Änderung der Zivilprozeßordnung
. . .

Artikel 2 — Änderung der Strafprozeßordnung
. . .

Artikel 3 — Änderung des Gerichtsverfassungsgesetzes
. . .

Artikel 4 — Änderung des Rechtspflege-Anpassungsgesetzes
. . .

Artikel 5 — Änderung des Deutschen Richtergesetzes
. . .

Artikel 6 — Änderung des Strafgesetzbuches
. . .

Artikel 7 — Änderung des Jugendgerichtsgesetzes
. . .

Artikel 8 — Änderung des Sozialgerichtsgesetzes
. . .

Artikel 9 — Änderung der Verwaltungsgerichtsordnung
. . .

Artikel 10 — Änderung des Gesetzes über das Wohneigentum und das Dauerwohnrecht
. . .

Artikel 11 — Änderung von Kostengesetzen
. . .

Artikel 12 — Änderung weiterer Gesetze
. . .

Artikel 13 — Anpassung des Einigungsvertrages
. . .

Artikel 14 — Überleitungsvorschriften
. . .

Artikel 15 — Inkrafttreten, Außerkrafttreten
. . .

VIII/7 Gesetz über das Bundesverfassungsgericht

Vom 12. Dezember 1985 (BGBl. I S. 2229) i.d.F. der Bekanntmachung
vom 11. August 1993 (BGBl. I S. 1473) — Auszüge

I. Teil. Verfassung und Zuständigkeit des Bundesverfassungsgerichts

§ 1 [Stellung und Sitz des Gerichts]. (1) Das Bundesverfassungsgericht ist ein allen übrigen
Verfassungsorganen gegenüber selbständiger und unabhängiger Gerichtshof des Bundes.

(2) Der Sitz des Bundesverfassungsgerichts ist Karlsruhe.

(3) Das Bundesverfassungsgericht gibt sich eine Geschäftsordnung, die das Plenum be-
schließt.

§ 2 [Senate]. (1) Das Bundesverfassungsgericht besteht aus zwei Senaten.

(2) In jeden Senat werden acht Richter gewählt.

(3) Drei Richter jedes Senats werden aus der Zahl der Richter an den obersten Gerichtshö-
fen des Bundes gewählt. Gewählt werden sollen nur Richter, die wenigstens drei Jahre an ei-
nem obersten Gerichtshof des Bundes tätig gewesen sind.

§ 3 [Qualifikation für das Richteramt]. (1) Die Richter müssen das 40. Lebensjahr vollen-
det haben, zum Bundestag wählbar sein und sich schriftlich bereit erklärt haben, Mitglied des
Bundesverfassungsgerichts zu werden.

(2) Sie müssen die Befähigung zum Richteramt nach dem Deutschen Richtergesetz besit-
zen.

(3) Sie können weder dem Bundestag, dem Bundesrat, der Bundesregierung noch den ent-
sprechenden Organen eines Landes angehören. Mit ihrer Ernennung scheiden sie aus solchen
Organen aus.

(4) Mit der richterlichen Tätigkeit ist eine andere berufliche Tätigkeit als die eines Lehrers
des Rechts an einer deutschen Hochschule unvereinbar. Die Tätigkeit als Richter des Bundes-
verfassungsgerichts geht der Tätigkeit als Hochschullehrer vor.

§ 4 [Amtszeit]. (1) Die Amtszeit der Richter dauert zwölf Jahre, längstens bis zur Altersgren-
ze.

(2) Eine anschließende oder spätere Wiederwahl der Richter ist ausgeschlossen.

(3) Altersgrenze ist das Ende des Monats, in dem der Richter das 68. Lebensjahr vollendet.

(4) Nach Ablauf der Amtszeit führen die Richter ihre Amtsgeschäfte bis zur Ernennung des
Nachfolgers fort.

§ 5 [Wahlorgane]. (1) Die Richter jedes Senats werden je zur Hälfte vom Bundestag und
Bundesrat gewählt. Von den aus der Zahl der Richter an den obersten Gerichtshöfen des Bun-
des zu berufenden Richtern werden einer von dem einen, zwei von dem anderen Wahlorgan,
von den übrigen Richtern drei von dem einen, zwei von dem anderen Wahlorgan in die Senate
gewählt.

(2) Die Richter werden frühestens drei Monate vor Ablauf der Amtszeit ihrer Vorgänger oder, wenn der Bundestag in dieser Zeit aufgelöst ist, innerhalb eines Monats nach dem ersten Zusammentritt des Bundestages gewählt.

(3) Scheidet ein Richter vorzeitig aus, so wird der Nachfolger innerhalb eines Monats von demselben Bundesorgan gewählt, das den ausgeschiedenen Richter gewählt hat.

§ 6 [**Wahlverfahren im Bundestag**]. (1) Die vom Bundestag zu berufenden Richter werden in indirekter Wahl gewählt.

(2) Der Bundestag wählt nach den Regeln der Verhältniswahl einen Wahlausschuß für die Richter des Bundesverfassungsgerichts, der aus zwölf Mitgliedern des Bundestages besteht. Jede Fraktion kann einen Vorschlag einbringen. Aus den Summen der für jeden Vorschlag abgegebenen Stimmen wird nach dem Höchstzahlverfahren (d'Hondt) die Zahl der auf jeden Vorschlag gewählten Mitglieder errechnet. Gewählt sind die Mitglieder in der Reihenfolge, in der ihr Name auf dem Vorschlag erscheint. Scheidet ein Mitglied des Wahlausschusses aus oder ist es verhindert, so wird es durch das nächste auf der gleichen Liste vorgeschlagene Mitglied ersetzt.

(3) Das älteste Mitglied des Wahlausschusses beruft die Mitglieder des Wahlausschusses unverzüglich unter Einhaltung einer Ladungsfrist von einer Woche zur Durchführung der Wahl und leitet die Sitzung, die fortgesetzt wird, bis alle Richter gewählt sind.

(4) Die Mitglieder des Wahlausschusses sind zur Verschwiegenheit über die ihnen durch ihre Tätigkeit im Wahlausschuß bekanntgewordenen persönlichen Verhältnisse der Bewerber sowie über die hierzu im Wahlausschuß gepflogenen Erörterungen und über die Abstimmung verpflichtet.

(5) Zum Richter ist gewählt, wer mindestens acht Stimmen auf sich vereinigt.

§ 7 [**Wahlverfahren im Bundesrat**]. Die vom Bundesrat zu berufenden Richter werden mit zwei Dritteln der Stimmen des Bundesrates gewählt.

§ 7 a [**Wahlverfahren in besonderen Fällen**]. (1) Kommt innerhalb von zwei Monaten nach dem Ablauf der Amtszeit oder dem vorzeitigen Ausscheiden eines Richters die Wahl eines Nachfolgers auf Grund der Vorschriften des § 6 nicht zustande, so hat der älteste Mitglied des Wahlausschusses unverzüglich das Bundesverfassungsgericht aufzufordern, Vorschläge für die Wahl zu machen.

(2) Das Plenum des Bundesverfassungsgerichts beschließt mit einfacher Mehrheit, wer zur Wahl als Richter vorgeschlagen wird. Ist nur ein Richter zu wählen, so hat das Bundesverfassungsgericht drei Personen vorzuschlagen; sind gleichzeitig mehrere Richter zu wählen, so hat das Bundesverfassungsgericht doppelt so viele Personen vorzuschlagen, als Richter zu wählen sind. § 16 Abs. 2 gilt entsprechend.

(3) Ist der Richter vom Bundesrat zu wählen, so gelten die Absätze 1 und 2 mit der Maßgabe, daß an die Stelle des ältesten Mitglieds des Wahlausschusses der Präsident des Bundesrates oder sein Stellvertreter tritt.

(4) Das Recht des Wahlorgans, einen nicht vom Bundesverfassungsgericht Vorgeschlagenen zu wählen, bleibt unberührt.

§ 8 [**Vorschlagslisten**]. (1) Das Bundesministerium der Justiz stellt eine Liste aller Bundesrichter auf, die die Voraussetzungen des § 3 Abs. 1 und 2 erfüllen.

(2) Das Bundesministerium der Justiz führt eine weitere Liste, in die alle Personen aufzunehmen sind, die von einer Fraktion des Bundestages, der Bundesregierung oder einer Landesregierung für das Amt eines Richters am Bundesverfassungsgericht vorgeschlagen werden und die Voraussetzungen des § 3 Abs. 1 und 2 erfüllen.

(3) Die Listen sind laufend zu ergänzen und spätestens eine Woche vor einer Wahl den Präsidenten des Bundestages und des Bundesrates zuzuleiten.

§ 9 [Wahl des Präsidenten und seines Stellvertreters]. (1) Bundestag und Bundesrat wählen im Wechsel den Präsidenten des Bundesverfassungsgerichts und den Vizepräsidenten. Der Vizepräsident ist aus dem Senat zu wählen, dem der Präsident nicht angehört.

(2) Bei der ersten Wahl wählt der Bundestag den Präsidenten, der Bundesrat den Vizepräsidenten.

(3) Die Vorschriften der §§ 6 und 7 gelten entsprechend.

§ 10 [Ernennung der Gewählten]. Der Bundespräsident ernennt die Gewählten.

§ 11 [Vereidigung der Richter]. (1) Die Richter des Bundesverfassungsgerichts leisten bei Antritt ihres Amtes vor dem Bundespräsidenten folgenden Eid:

„Ich schwöre, daß ich als gerechter Richter allezeit das Grundgesetz der Bundesrepublik Deutschland getreulich wahren und meine richterlichen Pflichten gegenüber jedermann gewissenhaft erfüllen werde. So wahr mir Gott helfe."

§ 12 [Recht auf jederzeitige Entlassung]. Die Richter des Bundesverfassungsgerichts können jederzeit ihre Entlassung aus dem Amt beantragen. Der Bundespräsident hat die Entlassung auszusprechen.

§ 13 [Zuständigkeit des Gerichts]. Das Bundesverfassungsgericht entscheidet in den vom Grundgesetz bestimmten Fällen, und zwar
1. über die Verwirkung von Grundrechten (Artikel 18 des Grundgesetzes),
2. über die Verfassungswidrigkeit von Parteien (Artikel 21 Abs. 2 des Grundgesetzes),
3. über Beschwerden gegen Entscheidungen des Bundestages, die die Gültigkeit einer Wahl oder den Erwerb oder Verlust der Mitgliedschaft eines Abgeordneten beim Bundestag betreffen (Artikel 41 Abs. 2 des Grundgesetzes),
4. über Anklagen des Bundestages oder des Bundesrates gegen den Bundespräsidenten (Artikel 61 des Grundgesetzes),
5. über die Auslegung des Grundgesetzes aus Anlaß von Streitigkeiten über den Umfang der Rechte und Pflichten eines obersten Bundesorgans oder anderer Beteiligter, die durch das Grundgesetz oder in der Geschäftsordnung eines obersten Bundesorgans mit eigenen Rechten ausgestattet sind (Artikel 93 Abs. 1 Nr. 1 des Grundgesetzes),
6. bei Meinungsverschiedenheiten oder Zweifeln über die förmliche oder sachliche Vereinbarkeit von Bundesrecht oder Landesrecht mit dem Grundgesetz oder die Vereinbarkeit von Landesrecht mit sonstigem Bundesrecht auf Antrag der Bundesregierung, einer Landesregierung oder eines Drittels der Mitglieder des Bundestages (Artikel 93 Abs. 1 Nr. 2 des Grundgesetzes),
7. bei Meinungsverschiedenheiten über Rechte und Pflichten des Bundes und der Länder, insbesondere bei der Ausführung von Bundesrecht durch die Länder und bei der Aus-

übung der Bundesaufsicht (Artikel 93 Abs. 1 Nr. 3 und Artikel 84 Abs. 4 Satz 2 des Grundgesetzes),

8. in anderen öffentlich-rechtlichen Streitigkeiten zwischen dem Bund und den Ländern, zwischen verschiedenen Ländern oder innerhalb eines Landes, soweit nicht ein anderer Rechtsweg gegeben ist (Artikel 93 Abs. 1 Nr. 4 des Grundgesetzes),

8a. über Verfassungsbeschwerden (Artikel 93 Abs. 1 Nr. 4a und 4b des Grundgesetzes),

9. über Richteranklagen gegen Bundesrichter und Landesrichter (Artikel 98 Abs. 2 und 5 des Grundgesetzes),

10. über Verfassungsstreitigkeiten innerhalb eines Landes, wenn diese Entscheidung durch Landesgesetz dem Bundesverfassungsgericht zugewiesen ist (Artikel 99 des Grundgesetzes),

11. über die Vereinbarkeit eines Bundesgesetzes oder eines Landesgesetzes mit dem Grundgesetz oder die Vereinbarkeit eines Landesgesetzes oder sonstigen Landesrechts mit einem Bundesgesetz auf Antrag eines Gerichts (Artikel 100 Abs. 1 des Grundgesetzes),

12. bei Zweifeln darüber, ob eine Regel des Völkerrechts Bestandteil des Bundesrechts ist oder ob sie unmittelbar Rechte und Pflichten für den einzelnen erzeugt, auf Antrag des Gerichts (Artikel 100 Abs. 2 des Grundgesetzes),

13. wenn das Verfassungsgericht eines Landes bei der Auslegung des Grundgesetzes von einer Entscheidung des Bundesverfassungsgerichts oder des Verfassungsgerichts eines anderen Landes abweichen will, auf Antrag dieses Verfassungsgerichts (Artikel 100 Abs. 3 des Grundgesetzes),

14. bei Meinungsverschiedenheiten über das Fortgelten von Recht als Bundesrecht (Artikel 126 des Grundgesetzes),

15. in den ihm sonst durch Bundesrecht zugewiesenen Fällen (Artikel 93 Abs. 2 des Grundgesetzes).

. . .

§ 31 [Verbindlichkeit der Entscheidungen]. (1) Die Entscheidungen des Bundesverfassungsgerichts binden die Verfassungsorgane des Bundes und der Länder sowie alle Gerichte und Behörden.

(2) In den Fällen des § 13 Nr. 6, 11, 12 und 14 hat die Entscheidung des Bundesverfassungsgerichts Gesetzeskraft. Das gilt auch in den Fällen des § 13 Nr. 8a, wenn das Bundesverfassungsgericht ein Gesetz als mit dem Grundgesetz vereinbar oder unvereinbar oder für nichtig erklärt. Soweit ein Gesetz als mit dem Grundgesetz oder sonstigem Bundesrecht vereinbar oder unvereinbar oder für nichtig erklärt wird, ist die Entscheidungsformel durch das Bundesministerium der Justiz im Bundesgesetzblatt zu veröffentlichen. Entsprechendes gilt für die Entscheidungsformel in den Fällen des § 13 Nr. 12 und 14.

§ 32 [Einstweilige Anordnungen]. (1) Das Bundesverfassungsgericht kann im Streitfall einen Zustand durch einstweilige Anordnung vorläufig regeln, wenn dies zur Abwehr schwerer Nachteile, zur Verhinderung drohender Gewalt oder aus einem anderen wichtigen Grund zum gemeinen Wohl dringend geboten ist.

(2) Die einstweilige Anordnung kann ohne mündliche Verhandlung ergehen. Bei besonderer Dringlichkeit kann das Bundesverfassungsgericht davon absehen, den am Verfahren zur Hauptsache Beteiligten, zum Beitritt Berechtigten oder Äußerungsberechtigten Gelegenheit zur Stellungnahme zu geben.

(3) Wird die einstweilige Anordnung durch Beschluß erlassen oder abgelehnt, so kann Widerspruch erhoben werden. Das gilt nicht für den Beschwerdeführer im Verfahren der Verfas-

sungsbeschwerde. Über den Widerspruch entscheidet das Bundesverfassungsgericht nach mündlicher Verhandlung. Diese muß binnen zwei Wochen nach dem Eingang der Begründung des Widerspruchs stattfinden.

(4) Der Widerspruch gegen die einstweilige Anordnung hat keine aufschiebende Wirkung. Das Bundesverfassungsgericht kann die Vollziehung der einstweiligen Anordnung aussetzen.

(5) Das Bundesverfassungsgericht kann die Entscheidung über die einstweilige Anordnung oder über den Widerspruch ohne Begründung bekanntgeben. In diesem Fall ist die Begründung den Beteiligten gesondert zu übermitteln.

(6) Die einstweilige Anordnung tritt nach sechs Monaten außer Kraft. Sie kann mit einer Mehrheit von zwei Dritteln der Stimmen wiederholt werden.

(7) Ist ein Senat nicht beschlußfähig, so kann die einstweilige Anordnung bei besonderer Dringlichkeit erlassen werden, wenn mindestens drei Richter anwesend sind oder der Beschluß einstimmig gefaßt wird. Sie tritt nach einem Monat außer Kraft. Wird sie durch den Senat bestätigt, so tritt sie sechs Monate nach ihrem Erlaß außer Kraft.
. . .

Fünfzehnter Abschnitt. Verfahren in den Fällen des § 13 Nr. 8 a

§ 90 [Aktivlegitimation]. (1) Jedermann kann mit der Behauptung, durch die öffentliche Gewalt in einem seiner Grundrechte oder in einem seiner in Artikel 20 Abs. 4, Artikel 33, 38, 101, 103 und 104 des Grundgesetzes enthaltenen Rechte verletzt zu sein, die Verfassungsbeschwerde zum Bundesverfassungsgericht erheben.

(2) Ist gegen die Verletzung der Rechtsweg zulässig, so kann die Verfassungsbeschwerde erst nach Erschöpfung des Rechtswegs erhoben werden. Das Bundesverfassungsgericht kann jedoch über eine vor Erschöpfung des Rechtswegs eingelegte Verfassungsbeschwerde sofort entscheiden, wenn sie von allgemeiner Bedeutung ist oder wenn dem Beschwerdeführer ein schwerer und unabwendbarer Nachteil entstünde, falls er zunächst auf den Rechtsweg verwiesen würde.

(3) Das Recht, eine Verfassungsbeschwerde an das Landesverfassungsgericht nach dem Recht der Landesverfassung zu erheben, bleibt unberührt.

§ 91 Gemeinden und Gemeindeverbände können die Verfassungsbeschwerde mit der Behauptung erheben, daß ein Gesetz des Bundes oder des Landes die Vorschrift des Artikels 28 des Grundgesetzes verletzt. Die Verfassungsbeschwerde zum Bundesverfassungsgericht ist ausgeschlossen, soweit eine Beschwerde wegen Verletzung des Rechts auf Selbstverwaltung nach dem Rechte des Landes beim Landesverfassungsgericht erhoben werden kann.

§ 91 a (weggefallen)

§ 92 [Begründung der Beschwerde]. In der Begründung der Beschwerde sind das Recht, das verletzt sein soll, und die Handlung oder Unterlassung des Organs oder der Behörde, durch die der Beschwerdeführer sich verletzt fühlt, zu bezeichnen.

§ 93 [Einlegungsfrist]. (1) Die Verfassungsbeschwerde ist binnen eines Monats zu erheben und zu begründen. Die Frist beginnt mit der Zustellung oder formlosen Mitteilung der in vollständiger Form abgefaßten Entscheidung, wenn diese nach den maßgebenden verfahrens-

rechtlichen Vorschriften von Amts wegen vorzunehmen ist. In anderen Fällen beginnt die Frist mit der Verkündung der Entscheidung oder, wenn diese nicht zu verkünden ist, mit ihrer sonstigen Bekanntgabe an den Beschwerdeführer; wird dabei dem Beschwerdeführer eine Abschrift der Entscheidung in vollständiger Form nicht erteilt, so wird die Frist des Satzes 1 dadurch unterbrochen, daß der Beschwerdeführer schriftlich oder zu Protokoll der Geschäftsstelle die Erteilung einer in vollständiger Form abgefaßten Entscheidung beantragt. Die Unterbrechung dauert fort, bis die Entscheidung in vollständiger Form dem Beschwerdeführer von dem Gericht erteilt oder von Amts wegen oder von einem an dem Verfahren Beteiligten zugestellt wird.

(2) War ein Beschwerdeführer ohne Verschulden verhindert, diese Frist einzuhalten, ist ihm auf Antrag Wiedereinsetzung in den vorigen Stand zu gewähren. Der Antrag ist binnen zwei Wochen nach Wegfall des Hindernisses zu stellen. Die Tatsachen zur Begründung des Antrags sind bei der Antragstellung oder im Verfahren über den Antrag glaubhaft zu machen. Innerhalb der Antragsfrist ist die versäumte Rechtshandlung nachzuholen; ist dies geschehen, kann die Wiedereinsetzung auch ohne Antrag gewährt werden. Nach einem Jahr seit dem Ende der versäumten Frist ist der Antrag unzulässig. Das Verschulden des Bevollmächtigten steht dem Verschulden eines Beschwerdeführers gleich.

(3) Richtet sich die Verfassungsbeschwerde gegen ein Gesetz oder gegen einen sonstigen Hoheitsakt, gegen den ein Rechtsweg nicht offensteht, so kann die Verfassungsbeschwerde nur binnen eines Jahres seit dem Inkrafttreten des Gesetzes oder dem Erlaß des Hoheitsaktes erhoben werden.

(4) Ist ein Gesetz vor dem 1. April 1951 in Kraft getreten, so kann die Verfassungsbeschwerde bis zum 1. April 1952 erhoben werden.

§ 93 a [Annahme zur Entscheidung]. (1) Die Verfassungsbeschwerde bedarf der Annahme zur Entscheidung.

(2) Sie ist zur Entscheidung anzunehmen,
a) soweit ihr grundsätzliche verfassungsrechtliche Bedeutung zukommt,
b) wenn es zur Durchsetzung der in § 90 Abs. 1 genannten Rechte angezeigt ist; dies kann auch der Fall sein, wenn dem Beschwerdeführer durch die Versagung der Entscheidung zur Sache ein besonders schwerer Nachteil entsteht.

§ 93 b [Befugnisse der Kammer]. Die Kammer kann die Annahme der Verfassungsbeschwerde ablehnen oder die Verfassungsbeschwerde im Falle des § 93c zur Entscheidung annehmen. Im übrigen entscheidet der Senat über die Annahme.

§ 93 c [Stattgabe der Beschwerde durch die Kammer]. (1) Liegen die Voraussetzungen des § 93a Abs. 2 Buchstabe b vor und ist die für die Beurteilung der Verfassungsbeschwerde maßgebliche verfassungsrechtliche Frage durch das Bundesverfassungsgericht bereits entschieden, kann die Kammer der Verfassungsbeschwerde stattgeben, wenn sie offensichtlich begründet ist. Der Beschluß steht einer Entscheidung des Senats gleich. Eine Entscheidung, die mit der Wirkung des § 31 Abs. 2 ausspricht, daß ein Gesetz mit dem Grundgesetz oder sonstigem Bundesrecht unvereinbar oder nichtig ist, bleibt dem Senat vorbehalten.

(2) Auf das Verfahren finden § 94 Abs. 2 und 3 und § 95 Abs. 1 und 2 Anwendung.

§ 93 d [Verfahren vor der Kammer]. (1) Die Entscheidung nach § 93b und § 93c ergeht ohne mündliche Verhandlung. Sie ist unanfechtbar. Die Ablehnung der Annahme der Verfassungsbeschwerde bedarf keiner Begründung.

(2) Solange und soweit der Senat nicht über die Annahme der Verfassungsbeschwerde entschieden hat, kann die Kammer alle das Verfassungsbeschwerdeverfahren betreffenden Entscheidungen erlassen. Eine einstweilige Anordnung, mit der die Anwendung eines Gesetzes ganz oder teilweise ausgesetzt wird, kann nur der Senat treffen; § 32 Abs. 7 bleibt unberührt. Der Senat entscheidet auch in den Fällen des § 32 Abs. 3.

(3) Die Entscheidungen der Kammer ergehen durch einstimmigen Beschluß. Die Annahme durch den Senat ist beschlossen, wenn mindestens drei Richter ihr zustimmen.
. . .

VIII/8 Geschäftsabwicklung beim Bundesverfassungsgericht

Stand und Art der Erledigung	Erster Senat			Zweiter Senat		
	1993	1994	1995	1993	1994	1995
Unerledigte Verfahren zu Jahresbeginn	1 245	1 183	1 506	1 211	1 257	932
Neuzugänge .	2 319	2 551	2 776	3 121	2 773	3 135
Verfassungsbeschwerden.	2 276	2 505	2 725	2 970	2 689	3 041
Normenkontrollverfahren	26	35	40	64	20	16
Andere Verfahren.	17	11	11	87	64	78
Erledigte Verfahren	2 381	2 228	2 442	3 075	3 098	2 622
Nach der Art der Erledigung						
Senatsentscheidungen	25	25	15	10	13	16
Beschlüsse gemäß § 93b BVerfGG	2 123	2 036	2 241	2 482	2 644	2 293
dadurch mitentschieden.	55	43	41	198	90	70
Abgabe an den anderen Senat	4	4	3	3	6	5
Andere Erledigungsart	169	114	142	379	331	238
Unerledigte Verfahren am Jahresende	1 183	1 506	1 840	1 257	932	1 445

Quelle: Statistisches Bundesamt, Statistisches Jahrbuch 1996, S. 363.

VIII/9 Tätigkeit der Landesverfassungsgerichte

Land		Staatsgerichtshof für das Land Baden-Württemberg	Bayerischer Verfassungsgerichtshof	Verfassungsgerichtshof des Landes Berlin	Verfassungsgericht des Landes Brandenburg	Staatsgerichtshof der Freien Hansestadt Bremen	Hamburgisches Verfassungsgericht	Staatsgerichtshof des Landes Hessen	Landesverfassungsgericht Mecklenburg-Vorpommern
1980	a)	3	189			2	–	13	
	b)	2¹	b)²			–	b)⁵	b)⁷	
	c)	–	56				c)⁶ –	6	
1981	a)	1	176			1	3	22	
	b)	1				1			
	c)	4	79				2	10	
1982	a)	–	184			1	3	39	
	b)	–				2			
	c)	–	63				3	39	
1983	a)	1	153			1	4	22	
	b)	1				3			
	c)	–	56				5	26	
1984	a)	2	156			–	4	11	
	b)	2				1			
	c)	–	51				3	15	
1985	a)	1	140			2	–	16	
	b)	1				–			
	c)	3	54				1	18	
1986	a)	1	89			–	2	27	
	b)	–				1			
	c)	1	30				–	21	
1987	a)	5	156			–	3	8	
	b)	3				–			
	c)	–	43				5	15	

Land		Staatsgerichtshof für das Land Baden-Württemberg	Bayerischer Verfassungsgerichtshof	Verfassungsgerichtshof des Landes Berlin	Verfassungsgericht des Landes Brandenburg	Staatsgerichtshof der Freien Hansestadt Bremen	Hamburgisches Verfassungsgericht	Staatsgerichtshof des Landes Hessen	Landesverfassungsgericht Mecklenburg-Vorpommern
1988	a)	2	89			3	7	9	
	b)	1				–	5	10	
	c)	3	46						
1989	a)	1	134			–	–	20	
	b)	–				2	2	11	
	c)	5	31						
1990	a)	1	131			–	–	13	
	b)	1				–	–	21	
	c)	2	30						
1991	a)	1	134			4	1	23	
	b)	1				2	–	20	
	c)	1	42						
1992	a)	5	178	55		1	–	20	
	b)[3]					1	2	21	
	c)	–	65	40		3			
1993	a)	2	176	148		2	1	30	
	b)					2	3	16	
	c)	4	71	98		1			
1994	a)	–	170	108	31	1	4	16	1
	b)[4]					1	0	17	–
	c)	1	52	116	27	1			
1995	a)	3	145	92		3	2	28	5
	b)					3	4	23	–
	c)	2	63	111		1			

Land		Niedersächsischer Staatsgerichtshof	Verfassungsgerichtshof für das Land Nordrhein-Westfalen	Verfassungsgerichtshof Rheinland-Pfalz	Verfassungsgerichtshof des Saarlandes	Verfassungsgerichtshof des Freistaates Sachsen	Landesverfassungsgericht Sachsen-Anhalt	BVerfG Entscheidungen über Verfassungsstreitigkeiten in Schleswig-Holstein	Thüringer Verfassungsgerichtshof
1980	a)	1	7	6	3				
	b)	–	9 [8]	–	2				
	c)	–	[9]	–	1				
1981	a)	–	2	2	2			1	
	b)	–	12	1	1				
	c)	–		–	1			1	
1982	a)	1	4	9	5				
	b)	1	1	4	5				
	c)	–		4	–				
1983	a)	1	7	9	2				
	b)	1	6	3	2				
	c)	2		2	6				
1984	a)	3	10	5	5				
	b)	3	–	2	2				
	c)	1		–	2				
1985	a)	–	7	4	7				
	b)	2	22	–	6				
	c)	2		–	5				
1986	a)	–	3	4	4				
	b)	–	1	–	4				
	c)	2		–	3				
1987	a)	–	1	7	3				
	b)	–	2	2	3				
	c)	–		2	4				

Land		Niedersächsischer Staatsgerichtshof	Verfassungsgerichtshof für das Land Nordrhein-Westfalen	Verfassungsgerichtshof Rheinland-Pfalz	Verfassungsgerichtshof des Saarlandes	Verfassungsgerichtshof des Freistaates Sachsen	Landesverfassungsgericht Sachsen-Anhalt	BVerfG Entscheidungen über Verfassungsstreitigkeiten in Schleswig-Holstein	Thüringer Verfassungsgerichtshof
1988	a)	–		3	5				
	b)	–	1	–	4				
	c)	–	2	–	7				
1989	a)	–		10	4				
	b)	–	–	2	2				
	c)	–	1	2	2				
1990	a)	–		8	3				
	b)	–	9	–	2				
	c)	–	4	–	1				
1991	a)	–		3	3				
	b)	–	8	2	3				
	c)	–	8	–	2				
1992	a)	–		7	2				
	b)	–	12	3					
	c)	–	20[10]	3	2				
1993	a)	10		24	4	26	2	1[12]	
	b)		6	11		3[11]	2		
	c)	1	23	22	3	3	2	–	
1994	a)	27		4	13	55	21	1	
	b)		6	4			21		
	c)	1	23	4	13	35	20	–	
1995	a)	25		13	3	25	15	2	23
	b)		20	3			15		[13]
	c)	13	35	10	1	27	5	–	1

Anmerkungen zu VIII/9

a) Zahl der Verfahrenseingänge.
b) Zahl der zur Entscheidung angenommenen Verfahren.
c) Zahl der durch Richterspruch erledigten Verfahren.
 1 Die Einrichtung der Annahme bzw. Nichtannahme von Verfahren kennt der baden-württembergische Staatsgerichtshof nicht. Es wurden jedoch einige Verfahren durch Beschluß als unzulässig verworfen.
 2 Die Einrichtung der Annahme bzw. Nichtannahme von Verfahren kennt der bayerische Verfassungsgerichtshof nicht.
 3 Die Einrichtung der Annahme bzw. Nichtannahme von Verfahren kennt der berliner Verfassungsgerichtshof nicht.
 4 Die Einrichtung der Annahme bzw. Nichtannahme von Verfahren kennt das brandenburgische Verfassungsgerichts nicht.
 5 Die Möglichkeit der Nichtannahme besteht nach hamburgischem Verfassungsrecht nicht.
 6 Einschließlich auf andere Weise erledigter Verfahren.
 7 Eingänge ohne unechte Verfassungsbeschwerden.
 8 Eingänge ohne unechte Verfassungsbeschwerden.
 9 Erledigung ohne unechte Verfassungsbeschwerden (einschließlich auf andere Weise erledigter Verfahren).
10 Ab 1992 Erledigung einschließlich unechte Verfassungsbeschwerden.
11 Die Einrichtung der Annahme bzw. Nichtannahme von Verfahren kennt der sächsische Verfassungsgerichtshof nicht.
12 Die Einrichtung der Annahme bzw. Nichtannahme von schleswig-holsteinischen Verfassungsstreitigkeiten kennt das Bundesverfassungsgericht nicht.
13 Die Einrichtung der Annahme bzw. Nichtannahme von Verfahren kennt der thüringer Verfassungsgerichtshof nicht.

Quelle: Laut Auskunft der Gerichte.

IX. Angaben zur Staatstätigkeit

IX/1 Personal der öffentlichen Haushalte*
Beschäftigte nach Beschäftigungsbereichen** — 1950 – 1995

Jahr (Stichtag) Beschäftigungsbereich	Insgesamt	Vollzeitbeschäftigte			
		zusammen	Beamte und Richter[1]	Angestellte	Arbeiter
Öffentlicher Dienst					
2. 9. 1950	2 282 000	2 214 800	794 200	606 600	814 000
2. 9. 1955	2 632 100	2 527 200	1 060 200	647 100	819 900
2. 10. 1960	3 002 100	2 808 300	1 181 400	776 400	850 500
2. 10. 1965	3 350 900	3 080 100	1 309 200	916 800	854 100
2. 10. 1970	3 643 700	3 265 600	1 417 100	1 040 200	808 300
30. 6. 1975	4 184 400	3 668 800	1 597 300	1 229 800	841 700
30. 6. 1980	4 419 900	3 801 500	1 694 500	1 295 900	811 100
30. 6. 1985	4 594 230	3 824 493	1 702 776	1 318 479	803 238
30. 6. 1986	4 624 559	3 826 386	1 691 142	1 332 494	802 750
30. 6. 1987	4 633 735	3 838 124	1 686 292	1 347 316	804 516
30. 6. 1988	4 625 697	3 809 092	1 675 167	1 344 149	789 776
30. 6. 1989	4 617 389	3 774 249	1 660 016	1 340 406	773 827
30. 6. 1990	4 666 618	3 796 251	1 659 260	1 361 763	775 228
30. 6. 1991	6 682 844	5 625 585	1 918 557	2 433 344	1 273 684
30. 6. 1992	6 650 700	5 566 248	1 950 474	2 434 368	1 181 406
30. 6. 1993	6 502 646	5 368 977	1 979 128	2 301 135	1 088 714
30. 6. 1994	6 174 344	4 919 766	1 979 442	2 099 267	841 055
30. 6. 1995	5 371 699	4 310 718	1 698 010	1 957 154	655 554
davon (1995):					
Unmittelbarer öffentlicher Dienst					
Gebietskörperschaften	4 731 636	3 747 486	1 538 604	1 618 656	590 226
Bund	546 299	521 589	325 536	101 677	94 376
Länder	2 451 414	1 940 933	1 047 003	732 020	161 910
Gemeinden/Gv.	1 733 923	1 284 964	166 065	784 959	333 940
Kommunale Zweckverbände	66 473	50 755	2 637	31 244	16 874
Bundeseisenbahnvermögen	119 838	118 114	112 158	652	5 304
Zusammen.......	4 917 947	3 916 355	1 653 399	1 650 552	612 404
Mittelbarer öffentlicher Dienst[2]					
Sozialversicherungsträger[3]	266 851	232 972	16 787	207 635	8 550
Bundesanstalt für Arbeit	96 396	82 454	18 027	62 649	1 778
Deutsche Bundesbank	17 278	15 444	6 823	8 269	352
Träger der Zusatzversorgung[4]	1 486	1 358	211	1 121	26
Rechtlich selbstständige Anstalten, Körperschaften und Stiftungen	71 741	62 135	2 763	26 928	32 444
Zusammen.......	453 752	394 363	44 611	306 602	43 150

* bis 1990: früheres Bundesgebiet, ab 1991: Deutschland

** bis einschl. 1980 bereinigte, teilweise geschätzte Zahlen (ohne Beurlaubte); 1950 und 1955 ohne das Saarland

1 ab 1991: einschließlich Berufs- und Zeitsoldaten

2 soweit erfaßt, Angestellte einschließlich Dienstordnungsangestellter (Angestellte, die aufgrund einer Dienstordnung ein Gehalt nach beamtenrechtlichen Grundsätzen erhalten)

Jahr (Stichtag) Beschäftigungsbereich	Teilzeitbeschäftigte			
	zusammen	Beamte und Richter[1]	Angestellte	Arbeiter
2. 9. 1950	67 200	—	12 100	55 100
2. 9. 1955	104 900	—	20 400	84 500
2. 10. 1960	193 800	—	44 600	149 200
2. 10. 1965	270 800	2 200	84 900	183 700
2. 10. 1970	378 100	8 200	145 900	224 000
30. 6. 1975	515 600	30 600	224 000	261 000
30. 6. 1980	618 400	62 900	288 800	266 700
30. 6. 1985	769 737	136 524	354 600	278 613
30. 6. 1986	798 173	147 620	376 286	274 267
30. 6. 1987	795 611	157 935	371 203	266 473
30. 6. 1988	816 605	167 366	386 729	262 510
30. 6. 1989	843 140	175 518	402 491	265 131
30. 6. 1990	870 367	180 005	422 584	267 778
30. 6. 1991	1 057 259	183 409	528 623	345 227
30. 6. 1992	1 084 452	193 003	565 338	326 111
30. 6. 1993	1 133 669	197 382	617 568	318 719
30. 6. 1994	1 174 578	205 303	636 267	333 044
30. 6. 1995	1 060 981	197 153	624 439	239 389
Gebietskörperschaften	984 150	192 779	570 988	220 383
Bund	24 710	2 909	17 404	4 397
Länder	510 481	178 848	292 720	38 913
Gemeinden/Gv.	448 959	11 022	260 864	177 073
Kommunale Zweckverbände	15 718	113	9 340	6 265
Bundeseisenbahnvermögen	1 724	1 577	82	65
Zusammen	1 001 592	194 469	580 410	226 713
Sozialversicherungsträger[3]	33 879	947	26 297	6 635
Bundesanstalt für Arbeit	13 942	1 446	10 317	2 179
Deutsche Bundesbank	1 834	184	1 010	640
Träger der Zusatzversorgung[4]	128	14	101	13
Rechtlich selbstständige Anstalten, Körperschaften und Stiftungen	9 606	93	6 304	3 209
Zusammen	59 389	2 684	44 029	12 676

3 unter Aufsicht des Bundes bzw. der Länder
4 des Bundes, der Länder und der Gemeinden/Gv.
5 des öffentlichen Dienstes mit Dienstherrnfähigkeit

Quelle: Statistisches Bundesamt, Statistisches Jahrbuch 1996, S. 516 und frühere Jahrgänge.

IX/2 Personal der öffentlichen Haushalte*
Vollzeitbeschäftigte der Gebietskörperschaften nach Aufgabenbereichen — 1950 – 1994

Aufgabenbereich	2. 9. 1950	2. 10. 1960	2. 10. 1970	30. 6. 1980	30. 6. 1990	30. 6. 1991	30. 6. 1992	30. 6. 1993	30. 6. 1994
					Insgesamt (1 000)				
Allgemeine Dienste	498,3	883,2	1 149,8	1 304,9	1 346,5	1 341,4	1 321,7	1 303,3	1 286,8
Politische Führung und zentrale Verwaltung, auswärtige Angelegenheiten	293,9	370,8	413,8	479,0	480,3	481,8	483,2	482,3	483,3
Verteidigung	–	235,4	402,9	409,4	408,7	399,7	374,3	350,9	322,9
Öffentliche Sicherheit und Ordnung	135,2	184,0	226,5	291,1	312,4	314,9	317,5	322,4	331,3
Rechtsschutz	69,2	93,0	106,6	125,4	145,1	145,0	146,6	147,7	149,3
Bildungswesen, Wissenschaft, Forschung, kulturelle Angelegenheiten	269,5	361,8	576,9	849,7	809,2	809,7	812,9	817,7	821,6
dar.: Schulen und vorschulische Bildung[1]	218,0	272,2	401,4	575,2	494,5	496,1	496,9	488,7	505,5
Hochschulen	30,0	55,6	130,4	209,7	237,5	237,8	239,2	240,5	241,0
Soziale Sicherung, soziale Kriegsfolgeaufgaben, Wiedergutmachung	98,1	111,2	106,6	124,3	140,5	143,2	146,9	147,0	152,7
Gesundheit, Sport und Erholung	116,0	173,0	241,1	332,7	354,0	361,5	363,0	351,9	344,3
Wohnungswesen, Raumordnung und kommunale Gemeinschaftsdienste	57,0	91,4	111,5	149,9	165,3	167,3	167,3	167,0	164,1
Ernährung, Landwirtschaft und Forsten	15,6	20,5	22,0	25,7	22,8	22,8	22,4	21,3	21,5
Energie- und Wasserwirtschaft, Gewerbe, Dienstleistungen	10,3	16,6	21,5	20,5	19,6	19,8	19,8	19,5	20,2
Verkehrs- und Nachrichtenwesen	67,9	93,5	121,5	103,7	101,0	96,8	97,3	93,9	90,5
Rechtlich unselbständige Wirtschaftsunternehmen	195,1	201,6	153,6	130,3	133,0	131,9	131,6	128,4	94,6
Insgesamt	1 327,8	1 952,8	2 504,5	3 041,7	3 091,9	3 094,2	3 083,0	3 050,0	2 996,4

1 000

Aufgabenbereich	2. 9. 1950	2. 10. 1960	2. 10. 1970	30. 6. 1980	30. 6. 1990	30. 6. 1991	30. 6. 1992	30. 6. 1993	30. 6. 1994
					Bund[2]				
Allgemeine Dienste	37,8	324,4	496,2	510,7	511,8	502,5	476,8	458,3	430,2
Politische Führung und zentrale Verwaltung, auswärtige Angelegenheiten	37,5	70,2	70,1	70,6	71,4	71,4	71,4	72,4	70,6
Verteidigung	–	235,4	402,9	409,4	408,7	399,7	374,3	350,9	322,9
Öffentliche Sicherheit und Ordnung	0,2	17,6	21,5	28,8	27,7	27,5	27,1	30,6	32,5
Rechtsschutz	0,2	1,2	1,7	2,0	3,9	3,9	4,0	4,4	4,1
Bildungswesen, Wissenschaft, Forschung, kulturelle Angelegenheiten	1,5	5,2	7,4	9,3	10,1	10,0	10,6	10,8	11,0
dar.: Hochschulen	–	–	–	0,1	0,1	0,1	0,1	0,2	0,2
Soziale Sicherung, soziale Kriegsfolgeaufgaben, Wiedergutmachung	0,1	1,0	0,7	1,0	2,0	2,1	2,6	3,7	4,9
Gesundheit, Sport und Erholung	1,9	0,4	0,1	0,5	1,0	1,1	1,1	1,2	1,2
Ernährung, Landwirtschaft und Forsten	0,6	0,4	0,5	0,5	0,6	0,6	0,6	0,6	0,6
Energie- und Wasserwirtschaft, Gewerbe, Dienstleistungen	1,9	2,9	3,9	3,5	1,4	1,5	1,6	1,7	1,7
Verkehrs- und Nachrichtenwesen	17,9	22,8	23,5	24,3	22,6	22,3	23,6	24,5	22,2
Rechtlich unselbständige Wirtschaftsunternehmen	2,5	4,6	4,4	3,6	4,4	4,5	4,2	3,6	3,0
Insgesamt	62,4	361,3	536,7	553,4	553,7	544,6	521,2	504,4	474,9

1 000

Aufgabenbereich	2. 9. 1950	2. 10. 1960	2. 10. 1970	30. 6. 1980	30. 6. 1990	30. 6. 1991	30. 6. 1992	30. 6. 1993	30. 6. 1994
					Länder				
Allgemeine Dienste	285,2	367,2	434,0	547,3	574,1	571,5	574,8	578,3	592,2
Politische Führung und zentrale Verwaltung	122,2	157,4	184,6	219,3	216,9	213,4	213,8	214,7	218,6
Öffentliche Sicherheit und Ordnung	94,0	118,0	144,5	204,5	216,0	217,0	218,4	220,2	228,4
Rechtsschutz	69,0	91,8	104,9	123,5	141,2	141,1	142,6	143,3	145,2
Bildungswesen, Wissenschaft, Forschung, kulturelle Angelegenheiten	213,0	309,6	504,7	739,1	685,6	683,7	686,9	687,6	696,0
dar.: Schulen und vorschulische Bildung[1]	174,0	240,2	356,7	504,3	420,6	418,9	420,4	420,6	428,2
Hochschulen	30,0	55,6	130,4	209,6	237,4	237,7	239,1	240,3	240,8
Soziale Sicherung, soziale Kriegsfolgeaufgaben, Wiedergutmachung	46,0	55,7	46,2	51,1	49,7	50,6	49,0	47,6	47,6
Gesundheit, Sport und Erholung	41,0	51,0	60,0	68,4	68,4	69,8	69,5	67,8	68,1
Wohnungswesen, Raumordnung und kommunale Gemeinschaftsdienste	15,0	28,4	29,5	29,7	28,6	28,7	28,2	28,2	27,5
Ernährung, Landwirtschaft und Forsten	14,0	18,7	19,9	21,6	20,4	20,0	19,8	19,5	19,7
Energie- und Wasserwirtschaft, Gewerbe, Dienstleistungen	6,4	11,6	13,3	11,7	12,6	12,6	12,6	12,8	13,2
Verkehrs- und Nachrichtenwesen	20,0	32,2	42,0	40,8	37,4	37,2	37,1	37,0	36,5
Rechtlich unselbständige Wirtschaftsunternehmen	81,6	75,2	60,3	58,2	59,1	58,6	57,1	56,4	24,7
Insgesamt	722,2	949,6	1 209,9	1 567,9	1 535,9	1 532,6	1 534,9	1 535,2	1 525,6

1 000

Aufgabenbereich	2. 9. 1950	2. 10. 1960	2. 10. 1970	30. 6. 1980	30. 6. 1990	30. 6. 1991	30. 6. 1992	30. 6. 1993	30. 6. 1994
					Gemeinde/Gv.[3]				
Allgemeine Dienste	175,2	191,6	219,6	246,9	260,7	267,4	270,1	266,8	264,4
Politische Führung und zentrale Verwaltung	134,2	143,2	159,1	189,1	192,0	197,0	198,0	195,2	194,1
Öffentliche Sicherheit und Ordnung	41,0	48,4	60,5	57,7	68,6	70,4	12,1	11,6	70,3
Bildungswesen, Wissenschaft, Forschung, kulturelle Angelegenheiten	55,0	47,0	64,8	101,3	113,5	116,0	115,4	119,3	114,7
dar.: Schulen und vorschulische Bildung[1]	44,0	32,0	44,7	70,9	73,9	77,2	76,5	68,2	77,3
Soziale Sicherung, soziale Kriegsfolgeaufgaben, Wiedergutmachung	52,0	54,5	59,7	72,2	88,9	90,5	95,4	95,7	100,2
Gesundheit, Sport und Erholung	75,0	122,0	181,0	263,8	284,6	290,6	292,4	282,9	275,0
Wohnungswesen, Raumordnung und kommunale Gemeinschaftsdienste	42,0	63,0	82,0	120,5	138,7	138,6	139,1	138,8	136,6
Ernährung, Landwirtschaft und Forsten	1,0	1,4	1,6	3,3	1,9	2,2	2,0	1,2	1,2
Energie- und Wasserwirtschaft, Gewerbe, Dienstleistungen	2,0	2,1	4,3	5,3	5,6	5,7	5,6	5,0	5,3
Verkehrs- und Nachrichtenwesen	30,0	38,5	56,0	38,6	41,0	37,3	36,5	32,5	31,8
Rechtlich unselbständige Wirtschaftsunternehmen	111,0	121,8	88,9	68,6	69,5	68,7	70,4	68,3	66,9
Insgesamt	543,2	641,9	757,9	920,4	1 002,2	1 017,0	1 026,8	1 010,5	995,9

* Bis einschl. 1980 bereinigte Zahlen; 1950 ohne das Saarland; einschl. Sonderrechnungen (z.B. Krankenhäuser bzw. Hochschulkliniken mit kaufmännischem Rechnungswesen, Eigenbetriebe) — Früheres Bundesgebiet.

1 Einschl. Verwaltung.

2 Einschl. Soldaten/-innen.

3 Kommunale Aufgabenbereiche entsprechend zugeordnet.

Quelle: Statistisches Bundesamt, Statistisches Jahrbuch 1996, S. 518 f.

IX/3 Personal der öffentlichen Haushalte
Öffentlicher Dienst am 30. 6. 1994 nach Laufbahngruppen*

Dienstverhältnis Laufbahngruppe	Insgesamt	Unmittelbarer öffentlicher Dienst								Mittelbarer öffentlicher Dienst
		zusammen	Gebietskörperschaften				Kommunale Zweck-verbände	Bundes-eisenbahn-vermögen	Deutsche Bundespost	
			zusammen	Bund	Länder	Gemein-den/Gv.				
			Vollzeitbeschäftigte							
Beamte/-innen, Richter/-innen u. Soldaten/-innen[1]	1 979 442	1 938 568	1 538 795	342 804	1 029 545	166 446	2 570	120 799	276 404	40 874
dar. Frauen	435 055	422 720	353 750	18 673	292 936	42 141	318	5 386	63 266	12 335
Höherer Dienst	363 358	357 741	352 245	32 595	294 764	24 886	586	1 587	3 323	5 617
dar. Frauen	68 359	67 451	67 086	2 417	62 132	2 537	39	47	279	908
Gehobener Dienst	686 650	655 033	590 866	65 886	440 321	84 659	1 316	18 178	44 673	31 617
dar. Frauen	218 046	207 109	199 374	6 635	169 433	23 306	146	886	6 703	10 937
Mittlerer Dienst	774 336	770 970	537 803	196 178	285 425	56 200	617	93 368	139 182	3 366
dar. Frauen	135 968	135 493	85 741	8 550	60 955	16 236	124	4 414	45 214	475
Einfacher Dienst	155 098	154 824	57 881	48 145	9 035	701	51	7 666	89 226	274
dar. Frauen	12 682	12 667	1 549	1 071	416	62	9	39	11 070	15
Angestellte	2 099 269	1 801 359	1 707 041	108 175	766 011	832 855	31 194	498	62 626	297 910[2]
dar. Frauen	1 311 181	1 129 667	1 070 436	58 774	477 048	534 614	16 809	300	42 122	181 514
Höherer Dienst	195 820	178 943	171 785	6 422	107 703	57 660	3 594	58	3 506	16 877
dar. Frauen	54 068	50 434	48 842	1 550	30 479	16 813	735	32	825	3 634
Gehobener Dienst	576 856	493 141	464 867	18 474	256 812	189 581	7 203	157	20 914	83 715
dar. Frauen	294 924	259 653	246 433	6 235	149 759	90 439	2 247	64	10 909	35 271
Mittlerer Dienst	1 258 760	1 067 149	1 009 522	80 264	374 510	554 748	19 161	281	38 185	191 611
dar. Frauen	916 352	772 819	733 212	48 980	279 131	405 101	13 035	202	30 370	139 533
Einfacher Dienst	67 833	62 126	60 867	3 015	26 986	30 866	1 236	2	21	5 707
dar. Frauen	45 837	42 761	41 949	2 009	17 679	22 261	792	2	18	3 076
Arbeiter/-innen	841 055	799 845	626 856	102 748	173 854	350 254	17 427	5 674	149 888	41 210
dar. Frauen	193 265	184 828	142 181	16 154	42 639	83 388	3 196	270	39 181	8 437
Insgesamt	4 919 766	4 539 772	3 872 692	553 727	1 969 410	1 349 555	51 191	126 971	488 918	379 994
dar. Frauen	1 939 501	1 737 215	1 566 367	93 601	812 623	660 143	20 323	5 956	144 569	202 286

Teilzeitbeschäftigte T 1[3]

Dienstverhältnis Laufbahngruppe	Insgesamt	Unmittelbarer öffentlicher Dienst								Mittelbarer öffentlicher Dienst
	zusammen	Gebietskörperschaften				Kommunale Zweckverbände	Bundeseisenbahnvermögen	Deutsche Bundespost		
		zusammen	Bund	Länder	Gemeinden/Gv.					
Beamte/-innen und										
Richter/-innen	205 303	203 013	184 289	2 370	171 801	10 118	108	1 395	17 221	2 290
dar. Frauen	189 183	187 057	169 055	2 045	157 673	9 337	96	1 265	16 641	2 126
Höherer Dienst	37 122	36 926	36 871	344	35 311	1 216	24	8	23	196
dar. Frauen	29 905	29 733	29 689	270	28 458	961	19	6	19	172
Gehobener Dienst	133 711	131 729	130 379	1 174	123 703	5 502	49	257	1 044	1 982
dar. Frauen	126 254	124 402	123 268	1 040	117 133	5 095	45	219	870	1 852
Mittlerer Dienst	33 194	33 082	16 936	830	12 727	3 379	34	1 125	14 987	112
dar. Frauen	31 898	31 796	16 045	721	12 052	3 272	32	1 035	14 684	102
Einfacher Dienst	1 276	1 276	103	22	60	21	1	5	1 167	–
dar. Frauen	1 126	1 126	53	14	30	9	–	5	1 068	–
Angestellte	532 119	498 269	471 143	16 675	232 474	221 994	7 771	31	19 324	33 850[2]
dar. Frauen	485 775	452 811	426 617	16 081	199 624	210 912	7 362	31	18 801	32 964
Höherer Dienst	37 829	37 070	36 858	682	31 154	5 022	187	2	23	759
dar. Frauen	18 938	18 328	18 168	414	13 944	3 810	140	2	18	610
Gehobener Dienst	114 811	111 082	109 483	892	84 248	24 343	901	2	696	3 729
dar. Frauen	98 898	95 423	94 033	775	72 646	20 612	723	2	665	3 475
Mittlerer Dienst	360 694	332 123	307 214	14 408	111 116	181 690	6 287	27	18 595	28 571
dar. Frauen	350 630	322 475	298 203	14 216	107 582	176 405	6 136	27	18 109	28 155
Einfacher Dienst	18 785	17 994	17 588	693	5 956	10 939	396	–	10	791
dar. Frauen	17 309	16 585	16 213	676	5 452	10 085	363	–	9	724
Arbeiter/-innen	261 971	254 611	194 388	4 217	37 084	153 087	4 161	22	56 040	7 360
dar. Frauen	231 939	224 768	170 266	4 040	33 885	132 341	3 957	20	50 525	7 171
Insgesamt	999 393	955 893	849 820	23 262	441 359	385 199	12 040	1 448	92 585	43 500
dar. Frauen	906 697	864 636	765 938	22 166	391 182	352 590	11 415	1 316	85 967	42 261

Dienstverhältnis Laufbahngruppe	Insgesamt	Unmittelbarer öffentlicher Dienst								Mittelbarer öffentlicher Dienst
		zusammen	Gebietskörperschaften				Kommunale Zweckverbände	Bundes-eisenbahn-vermögen	Deutsche Bundespost	
			zusammen	Bund	Länder	Gemein-den/Gv.				
				Teilzeitbeschäftigte T 2[4]						
Angestellte	104 148	102 523	94 459	243	63 287	30 929	1 534	46	6 484	1 625
dar. Frauen..............	63 396	61 925	54 623	203	29 184	25 236	1 181	45	6 076	1 471
Arbeiter/-innen	71 037	68 138	48 992	319	7 918	40 755	2 085	35	17 026	2 899
dar. Frauen.............	63 058	60 234	42 960	302	5 705	36 953	1 942	17	15 315	2 824
Insgesamt....	175 185	170 661	143 451	562	71 205	71 684	3 619	81	23 510	4 524
dar. Frauen	126 454	122 159	97 583	505	34 889	62 189	3 123	62	21 391	4 295

* Deutschland.
1 Berufs- und Zeitsoldaten/-innen.
2 Einschl. Dienstordnungsangestellter (Angestellte, die aufgrund einer Dienstordnung ein Gehalt nach beamtenrechtlichen Grundsätzen erhalten).
3 Teilzeitbeschäftigte mit mindestens der Hälfte der regelmäßigen Wochenarbeitszeit eines Vollzeitbeschäftigten.
4 Teilzeitbeschäftigte mit weniger als der Hälfte der regelmäßigen Wochenarbeitszeit eines Vollzeitbeschäftigten.

Quelle: Statistisches Bundesamt, Statistisches Jahrbuch 1996, S. 517.

IX/4 Personalausgaben der öffentlichen Haushalte 1993 nach Arten und Aufgabenbereichen*

Mill. DM

Art der Personalausgaben Aufgabenbereich	Insgesamt	Bund[1]	Länder, Gemeinden/Gv. und Zweckverbände nach Arten						
			Baden-Württemberg	Bayern	Brandenburg	Hessen	Mecklenburg-Vorpommern	Niedersachsen	Nordrhein-Westfalen
Aufwendungen für Abgeordnete und ehrenamtlich Tätige	1 840	420	115	282	69	101	40	155	248
Bezüge der Beamten/-innen und Richter/-innen[2]	98 972	12 069	12 874	14 542	504	7 202	604	9 382	21 411
Bezüge der Soldaten/-innen	16 096	16 096	–	–	–	–	–	–	–
Angestelltenvergütungen	149 730	20 830	13 978	15 421	6 626	8 605	4 611	10 305	20 359
Arbeiterlöhne	30 974	6 756	3 161	3 617	798	1 992	574	2 232	4 580
Beschäftigungsentgelte u. dgl., nicht aufteilbare Personalausgaben	9 742	1 120	1 197	563	568	415	397	645	1 870
Beihilfen und Unterstützungen	9 557	2 175	1 101	1 329	15	541	18	749	2 172
Personalbezogene Sachausgaben	2 091	1 242	113	136	29	75	29	70	170
Versorgungsbezüge u. dgl.	39 745	11 562	3 892	4 832	3	2 651	12	2 952	6 929
Insgesamt	358 747	72 270	36 430	40 721	8 612	21 582	6 285	26 490	57 738
dar. Gemeinden/Gv., Zweckverbände	106 717	–	13 876	16 820	4 580	8 733	3 044	10 020	24 708

Mill. DM

Art der Personalausgaben Aufgabenbereich	Länder, Gemeinden/Gv. und Zweckverbände						Stadtstaaten		
	Rheinland-Pfalz	Saarland	Sachsen	Sachsen-Anhalt	Schleswig-Holstein	Thüringen	Berlin	Bremen	Hamburg
	nach Arten								
Aufwendungen für Abgeordnete und ehrenamtlich Tätige.........	96	22	71	46	56	49	39	13	19
Bezüge der Beamten/-innen und Richter/-innen[2]	4 756	1 294	896	981	3 168	632	4 614	1 154	2 890
Bezüge der Soldaten/-innen.........	–	–	–	–	–	–	–	–	–
Angestelltenvergütungen	3 821	1 334	11 466	7 599	3 783	6 495	10 034	1 476	2 985
Arbeiterlöhne.........	827	320	1 512	993	801	853	1 396	228	335
Beschäftigungsentgelte u. dgl., nicht aufteilbare Personalausgaben	546	98	713	540	103	457	292	33	187
Beihilfen und Unterstützungen	447	120	28	20	260	15	242	71	253
Personalbezogene Sachausgaben.........	26	7	59	40	25	34	5	7	24
Versorgungsbezüge u. dgl.	1 567	531	198	4	1 143	5	1 734	443	1 287
Insgesamt.........	12 086	3 725	14 942	10 225	9 339	8 541	18 355	3 426	7 980
dar. Gemeinden/Gv., Zweckverbände	3 935	1 107	7 634	4 982	3 380	3 900	–	–	–

Mill. DM

Länder, Gemeinden/Gv. und Zweckverbände

nach Aufgabenbereichen

Art der Personalausgaben Aufgabenbereich	Insgesamt	Bund[1]	Baden-Württemberg	Bayern	Brandenburg	Hessen	Mecklenburg-Vorpommern	Niedersachsen	Nordrhein-Westfalen
Politische Führung und zentrale Verwaltung	44 337	7 414	4 352	4 836	1 467	2 689	982	3 255	7 720
darunter:									
Innere Verwaltung	11 854	126	1 343	1 552	523	911	372	1 025	2 412
Hochbauverwaltung[3]	5 813	49	664	703	143	348	112	584	1 655
Steuer- und Finanzverwaltung	14 165	2 662	1 541	1 645	365	886	238	1 014	2 489
Auswärtige Angelegenheiten	786	779	4	–	0	0	–	0	1
Öffentliche Sicherheit und Ordnung	24 287	2 074	2 435	2 863	707	1 577	499	1 963	4 647
dar. Bundesgrenzschutz, Polizei	17 318	2 058	1 763	2 125	436	1 103	298	1 324	2 892
Rechtsschutz	10 604	388	1 166	1 399	208	874	135	987	2 544
Schulen und vorschulische Bildung	69 149	–	8 127	8 479	2 990	4 679	2 103	6 439	13 466
darunter:									
Grund- und Hauptschulen	22 662	–	2 646	3 583	723	1 358	294	2 583	4 652
Sonderschulen	4 697	–	596	567	216	276	167	432	1 025
Realschulen	5 992	–	958	600	10	516	558	422	1 085
Gymnasien	11 381	–	1 607	1784	111	861	267	956	2 953
Gesamtschulen	3 779	–	10	36	704	208	45	517	974
Hochschulen	27 368	16	3 931	3 615	183	2 149	576	2 362	5464
darunter:									
Universitäten	13 137	–	1 834	1 700	154	1 000	190	1 128	2 928
Hochschulkliniken	10 996	–	1 503	1 518	–	891	342	864	2 008
Fachhochschulen	1 972	–	308	234	29	170	33	173	367

Mill. DM

Art der Personalausgaben Aufgabenbereich	Länder, Gemeinden/Gv. und Zweckverbände						Berlin	Stadtstaaten	
	Rheinland-Pfalz	Saarland	Sachsen	Sachsen-Anhalt	Schleswig-Holstein	Thüringen		Bremen	Hamburg
nach Aufgabenbereichen									
Politische Führung und zentrale Verwaltung	1 851	550	2 172	1 458	1 205	1 261	1 962	438	724
darunter:									
Innere Verwaltung	531	126	906	613	309	516	360	62	167
Hochbauverwaltung[3]	328	65	253	156	214	122	304	42	70
Steuer- und Finanzverwaltung . .	582	162	594	319	366	322	558	119	301
Auswärtige Angelegenheiten	–	–	–	–	–	–	2	–	–
Öffentliche Sicherheit und Ordnung	868	271	1 044	758	729	502	2 162	319	869
dar. Bundesgrenzschutz, Polizei	634	209	623	485	482	334	1 699	221	633
Rechtsschutz	485	143	321	234	346	167	696	123	387
Schulen und vorschulische Bildung	2 875	798	4 953	3 693	2 055	3 149	3 097	744	1 503
darunter:									
Grund- und Hauptschulen	1 117	266	937	1 946	631	142	1 246	134	404
Sonderschulen	182	53	382	170	178	28	252	53	119
Realschulen	232	76	1 005	60	331	–	140	–	–
Gymnasien	561	158	619	105	457	50	556	2	333
Gesamtschulen	43	57	3	3	66	1	425	434	255
Hochschulen	985	521	1 393	823	922	738	2 544	243	904
darunter:									
Universitäten	513	205	746	376	269	304	1 236	188	366
Hochschulkliniken	336	282	443	401	563	384	1 044	–	416
Fachhochschulen	107	20	152	26	62	30	128	47	87

Mill. DM

Art der Personalausgaben Aufgabenbereich	Insgesamt	Bund[1]	Länder, Gemeinden/Gv. und Zweckverbände nach Aufgabenbereichen						
			Baden-Württemberg	Bayern	Brandenburg	Hessen	Mecklenburg-Vorpommern	Niedersachsen	Nordrhein-Westfalen
Übriges Bildungswesen	1 954	18	232	176	54	135	50	218	475
Wissenschaft, Forschung, Entwicklung außerhalb der Hochschulen	2 307	1 162	132	181	21	78	31	108	220
Kulturelle Angelegenheiten	5 419	–	691	767	204	388	208	276	946
Soziale Sicherung, soziale Kriegsfolgeaufgaben, Wiedergutmachung	32 307	18 596	1 225	1 127	557	883	306	1 110	2 728
dar. Sozialversicherung	18 193	18 192	–	–	–	–	–	–	–
Gesundheit, Sport und Erholung	38 848	132	5 487	6 828	1 385	2 949	750	3 768	5 781
dar. Krankenhäuser	31 536	–	4 754	6 106	1 073	2 439	573	3 115	4 205
Wohnungswesen, Raumordnung, Städtebauförderung	4 552	–	593	568	155	335	103	442	1 228
Kommunale Gemeinschaftsdienste	8 104	–	1 367	1 190	135	703	112	785	2 045
Wirtschaftsförderung	3 850	209	522	843	142	315	110	318	457
Verkehr und Nachrichtenwesen	6 377	2 029	546	839	159	262	109	569	525
dar. Straßen einschl. Verwaltung	4 110	–	546	839	159	262	109	500	525
Allgemeine Finanzwirtschaft[4]	48 753	13 046	5 078	6 375	15	3 187	23	3 700	9 249
Übrige Aufgabenbereiche[5]	29 743	26 407[5]	540	633	232	377	188	192	241

Mill. DM

Art der Personalausgaben Aufgabenbereich	Länder, Gemeinden/Gv. und Zweckverbände						Stadtstaaten		
	Rheinland-Pfalz	Saarland	Sachsen	Sachsen-Anhalt	Schleswig-Holstein	Thüringen	Berlin	Bremen	Hamburg
	nach Aufgabenbereichen								
Übriges Bildungswesen	55	15	96	63	79	50	184	30	21
Wissenschaft, Forschung, Entwicklung außerhalb der Hochschulen	41	1	776	38	62	43	44	12	54
Kulturelle Angelegenheiten	169	20	488	246	117	244	584	38	33
Soziale Sicherung, soziale Kriegsfolgeaufgaben, Wiedergutmachung	452	126	711	570	505	320	2 539	142	410
dar. Sozialversicherung	–	–	–	–	–	–	–	1	–
Gesundheit, Sport und Erholung	1 181	326	2 269	1 496	1 168	1 215	2 349	619	1 144
dar. Krankenhäuser	931	236	1 806	1 137	983	936	1 692	566	984
Wohnungswesen, Raumordnung, Städtebauförderung	223	55	246	138	117	117	103	38	90
Kommunale Gemeinschaftsdienste ...	202	127	421	267	238	268	74	57	112
Wirtschaftsförderung	176	30	163	131	154	134	57	14	75
Verkehr und Nachrichtenwesen	249	54	160	134	214	131	123	36	238
dar. Straßen einschl. Verwaltung ...	249	54	160	134	211	130	122	28	83
Allgemeine Finanzwirtschaft[4]	2 035	649	221	9	1 387	20	1 830	521	1 410
Übrige Aufgabenbereiche	237	39	206	166	40	183	4	53	6

* Deutschland — Einschl. Ausgaben der Krankenhäuser und Hochschulkliniken mit kaufmännischem Rechnungswesen.
1 Einschl. Sozialversicherung.
2 Einschl. der Bezüge des Bundespräsidenten, des Bundeskanzlers, der Ministerpräsidenten usw.
3 Einschl. kommunaler Tiefbauverwaltung.
4 Versorgungsbezüge u. dgl. (dar. 2 688 Mill. DM Versorgung nach G 131), zentral nachgewiesene Beihilfen und Unterstützungen.
5 Darunter Verteidigung 26 347 Mill. DM.

Quelle: Statistisches Bundesamt, Statistisches Jahrbuch 1996, S. 500 f.

IX/5 Die Bundesausgaben nach Aufgabenbereichen in den Haushaltsjahren 1952 bis 1999 — in Mio DM (Finanzplanung in Mrd DM)

Funktions-kenn-ziffer	Aufgabenbereich	1952	1957	1962	1963	1964	1965	1966
					Ist-Ergebnis			
	Ausgaben zusammen[1]	20 408	31 594	49 864	54 762	58 150	64 192	66 874
0	Allgemeine Dienste	8 993	9 044	18 731	21 812	21 284	21 805	22 803
	darunter:							
01	Politische Führung und zentrale Verwaltung	921	972	1 314	1 584	1 605	1 718	1 741
02	Auswärtige Angelegenheiten	61	266	1 153	1 203	1 325	1 723	2 147
03	Verteidigung	7 898	7 594	15 897	18 574	17 923	17 935	18 473
1	Bildungswesen, Wissenschaft, Forschung, kulturelle Angelegenheiten ..	69	278	925	1 057	1 294	1 421	1 840
	darunter:							
13	Hochschulen[2]	3	76	277	302	331	356	530
16/17	Wissenschaft, Forschung, Entwicklung außerhalb der Hochschulen[3]	38	122	520	619	796	884	1 102
2	Soziale Sicherung, soziale Kriegsfolgeaufgaben, Wiedergutmachung	6 996	12 415	15 754	16 014	18 074	21 019	22 004
	darunter:							
22	Sozial-, einschließlich Arbeitslosenversicherung	1 945	5 013	6 648	7 414	7 779	8 424	9 407
23	Familien-, Sozial- und Jugendhilfe ..	602	672	1 407	1 086	2 060	3 336	3 671
24	Soziale Leistungen für Folgen von Krieg und politischen Ereignissen...	3 245	5 876	6 976	6 697	7 171	7 867	7 379
25	Arbeitsmarktpolitik	1 165	373	69	88	93	76	89
27	Förderung der Vermögensbildung. ..	—	228	282	335	539	847	942
3	Gesundheit und Sport	34	34	79	103	98	93	102
4	Wohnungswesen, Raumordnung und kommunale Gemeinschaftsdienste	497	1 383	1 761	1 622	1 514	1 560	1 371
	darunter:							
41	Wohnungswesen	454	1 350	1 723	1 560	1 429	1 465	1 300
5	Ernährung, Landwirtschaft und Forsten	767	2 196	2 889	3 046	3 196	3 517	3 173
	darunter:							
52	Verbesserung der Agrarstruktur.....	39	913	1 392	1 464	1 646	1 895	1 602
53	Einkommenstabilisierende Maßnahmen	667	1 198	1 398	1 523	1 448	1 527	1 483

1 Zur Abgrenzung des Ausgabevolumens vergleiche im einzelnen die Anmerkungen zur Tabelle 1.
2 Einschließlich Sonderforschungsbereiche und Deutsche Forschungsgemeinschaft mit deren Programmen.
3 Ohne Forschung der Verteidigung 036.

Hier 1952 bis 1978

1967	1968	1969	1970	1971	1972	1973	1974	1975	1976	1977	1978
					Ist-Ergebnis						
74 642	75 765	82 256	87 982	98 472	111 086	122 557	134 035	156 894	162 514	171 952	189 509
24 756	22 328	26 115	26 241	30 649	33 407	37 977	41 782	42 367	43 727	44 691	48 816
1 873	1 952	2 165	2 377	2 758	3 114	3 308	3 799	3 907	4 348	4 400	4 746
2 332	2 820	3 796	3 292	5 163	4 650	6 345	6 154	5 088	4 715	4 626	5 769
20 113	17 075	19 632	19 971	22 009	24 833	27 333	30 680	32 104	33 302	34 207	36 653
2 277	2 430	2 756	3 447	4 889	6 322	6 784	7 503	8 481	8 447	8 625	9 763
698	802	842	1 127	1 484	1 818	1 722	1 778	1 614	1 562	1 388	1 446
1 357	1 405	1 663	1 916	2 600	3 091	3 455	3 989	4 536	4 671	4 928	5 557
22 986	24 553	24 820	26 732	29 485	31 241	32 165	38 059	57 053	59 094	62 114	67 139
9 598	11 137	11 441	11 857	12 899	14 084	14 889	18 855	26 213	27 236	26 598	31 820
3 372	3 299	3 298	3 469	3 977	4 194	4 043	4 183	14 111	13 905	14 952	16 362
8 218	8 077	7 844	8 762	9 506	9 888	10 520	11 554	12 353	12 949	13 566	13 779
206	319	157	187	185	266	241	341	452	618	950	1 177
1 039	1 237	1 577	1 980	2 417	2 283	1 919	2 576	3 217	3 629	5 292	3 325
141	122	118	197	491	1 154	1 272	1 310	1 220	1 354	1 317	1 465
1 431	1 344	954	987	1 158	1 551	1 720	1 694	1 712	2 045	2 040	1 758
1 344	890	1 262	872	1 020	1 403	1 501	1 410	1 319	1 674	1 656	1 259
3 702	5 317	5 764	6 502	3 708	3 217	2 858	2 176	2 251	1 918	1 923	2 071
1 790	1 644	1 658	1 703	1 686	1 203	1 370	1 312	1 367	1 151	1 216	1 227
1 825	3 593	4 047	4 744	1 962	1 918	1 403	751	788	658	596	718

Abweichungen in den Summen durch Runden der Zahlen.

Funktions-kenn-ziffer	Aufgabenbereich	1952	1957	1962	1963	1964	1965	1966
					Ist-Ergebnis			
6	Energie- und Wasserwirtschaft, Gewerbe, Dienstleistungen......... darunter:	160	490	802	952	1 182	1 228	1 163
62	Energie- und Wasserwirtschaft, Kulturbau....................	51	169	455	458	784	789	658
63	Bergbau, verarbeitendes Gewerbe und Baugewerbe.........	1	5	98	220	145	186	236
69	Regionale Förderungsmaßnahmen ..	79	129	133	159	154	148	146
7	Verkehrs- und Nachrichtenwesen.... darunter:	503	1 394	2 963	3 508	3 947	4 139	4 256
72	Straßen......................	214	845	2 202	2 630	2 998	3 147	3 285
73	Wasserstraßen und Häfen, Förderung der Schiffahrt.........	213	329	403	458	483	486	434
75	Luftfahrt.....................	11	30	81	96	113	130	144
8	Wirtschaftsunternehmen, Allgemeines Grund- und Kapital-vermögen, Sondervermögen........ darunter:	89	1 179	1 367	1 455	1 716	3 115	3 073
83	Verkehrsunternehmen............	62	1 081	1 225	1 286	1 559	2 882	2 842
9	Allgemeine Finanzwirtschaft darunter:	2 299	3 181	4 593	5 193	5 847	6 296	7 091
91	Allgemeine Finanzzuweisungen.....	850	690	1 030	1 341	1 467	1 667	2 062
92	Schulden.....................	232	688	1 053	1 158	1 296	1 347	1 718
93	Versorgung	880	1 601	2 279	2 494	2 782	3 019	3 080
98	Globalposten..................	—	—	—	—	—	—	—

Fortsetzung Quelle IX/5; hier 1952 bis 1978

1967	1968	1969	1970	1971	1972	1973	1974	1975	1976	1977	1978
					Ist-Ergebnis						
1 389	1 577	1 632	1 876	2 064	2 598	3 663	3 616	3 680	3 031	3 607	5 250
612	551	417	714	882	761	847	1 124	1 761	1 253	1 516	1 518
520	576	577	533	531	706	1 129	1 339	1 076	951	1 031	2 228
160	237	306	383	455	544	973	710	571	555	526	602
5 752	5 665	6 943	7 603	8 763	9 926	10 130	11 002	11 464	11 487	11 894	12 978
4 410	4 171	5 000	5 412	5 983	6 549	6 697	6 960	6 797	6 916	6 904	7 594
524	549	668	738	876	943	1 001	1 155	1 342	1 324	1 441	1 755
163	172	239	243	288	375	372	444	454	400	426	407
3 979	3 743	3 925	4 150	5 361	7 939	10 353	9 598	9 263	9 616	11 152	13 627
3 717	3 326	3 602	3 847	4 951	7 455	9 208	9 211	8 826	9 227	10 761	12 919
8 200	8 684	9 229	10 247	11 905	13 732	15 635	17 295	19 403	21 796	24 589	26 642
2 153	2 461	2 516	2 754	3 368	4 482	5 030	5 205	5 740	6 298	6 910	7 638
2 350	2 272	2 478	2 748	2 898	3 194	3 719	4 630	5 657	7 339	8 997	9 996
3 422	3 677	4 018	4 531	5 369	5 779	6 556	7 056	7 654	7 816	8 315	8 614
—	—	—	—	—	—	—	—	—	—	—	—

Abweichungen in den Summen durch Runden der Zahlen.

Funk-tions-kenn-ziffer	Aufgabenbereich	1979	1980	1981	1982	1983	1984
		\multicolumn Ist-Ergebnis					
	Ausgaben zusammen[1]	203 358	215 710	232 995	244 646	246 748	251 781
0	Allgemeine Dienste	52 377	55 369	59 308	61 769	64 924	66 879
	darunter:						
01	Politische Führung und zentrale Verwaltung	5 166	5 443	5 623	5 848	6 356	6 348
02	Auswärtige Angelegenheiten	6 938	7 382	7 669	8 036	8 190	9 047
03	Verteidigung	38 537	40 877	44 161	46 019	48 470	49 546
1	Bildungswesen, Wissenschaft, For-schung, kulturelle Angelegenheiten . .	11 080	11 953	12 346	13 503	13 261	12 807
	darunter: Hochschulen[2]	1 254	1 304	1 317	1 450	1 774	1 766
13 16/17	Wissenschaft, Forschung, Entwicklung außerhalb der Hochschulen[3]	6 793	7 235	7 639	8 663	8 301	8 471
2	Soziale Sicherung, soziale Kriegsfolgeaufgaben, Wiedergutmachung	69 470	75 209	84 340	86 736	81 648	81 869
22	darunter: Sozial-, einschließlich Arbeits-losenversicherung	32 285	35 685	39 659	42 004	36 695	36 847
23	Familien-, Sozial- und Jugendhilfe . .	18 897	19 757	21 998	19 579	17 841	17 000
24	Soziale Leistungen für die Folgen von Krieg und politischen Ereignissen . . .	14 049	15 134	15 564	15 650	15 433	15 287
25	Arbeitsmarktpolitik	1 228	1 537	3 906	5 957	7 796	9 635
27	Förderung der Vermögensbildung . . .	2 315	2 256	2 392	2 663	2 869	1 918
3	Gesundheit und Sport	1 585	1 791	1 592	1 871	2 016	1 549
4	Wohnungswesen, Raumordnung und kommunale Gemeinschafts-dienste .	2 234	2 293	2 846	2 609	2 468	2 813
41	darunter: Wohnungswesen	1 600	1 664	2 191	2 085	2 026	2 354
5	Ernährung, Landwirtschaft und Forsten	2 162	2 145	1 631	1 663	1 565	1 770
52	darunter: Verbesserung der Agrarstruktur	1 253	1 129	874	836	854	851
53	Einkommenstabilisierende Maßnahmen	743	826	569	655	548	740

1 Zur Abgrenzung des Ausgabevolumens vergleiche im einzelnen die Anmerkungen zur Tabelle 1.
2 Sonderforschungsbereiche und Deutsche Forschungsgemeinschaft mit deren Programmen.
3 Ohne Forschung der Verteidigung 036.

Fortsetzung Quelle IX/5; hier 1979 bis 1994

1985	1986	1987	1988	1989	1990	1991	1992	1993	1994
				Ist-Ergebnis					
257 111	261 525	269 047	275 374	289 779	380 176	401 770	427 169	457 461	471 247
69 663	69 489	71 512	72 218	74 606	78 124	95 406	85 849	83 721	79 233
6 534	6 923	7 752	7 918	8 498	9 655	11 227	11 680	12 234	12 268
10 302	8 452	8 504	8 856	9 371	10 940	25 847	16 149	16 703	14 830
50 834	52 053	53 004	53 153	54 466	55 189	55 504	54 713	51 142	48 381
13 203	13 432	13 417	13 166	13 533	14 544	19 613	20 639	20 479	19 133
1 616	1 745	1 650	1 653	1 862	1 990	2 926	3 230	3 322	3 248
8 870	9 013	9 029	9 142	9 154	9 638	11 292	12 122	12 423	12 164
83 178	85 881	88 423	91 109	97 642	103 554	137 321	148 315	172 683	171 713
38 721	39 698	41 715	45 430	49 247	53 589	70 424	76 171	96 038	91 316
16 712	18 433	19 580	19 760	20 653	21 952	31 387	33 892	33 002	31 649
14 749	14 550	14 346	14 303	14 763	15 005	15 907	16 555	16 933	17 142
9 978	10 153	10 167	9 216	9 057	8 873	17 410	19 376	24 185	29 023
1 901	1 730	1 393	846	838	538	552	577	583	491
743	1 099	753	791	894	1 134	1 775	1 951	1 437	1 393
2 799	2 960	2 936	2 765	2 653	2 954	4 398	4 653	3 453	5 380
2 360	2 430	2 228	1 918	1 777	2 211	2 909	3 548	2 497	4 417
1 959	2 180	2 414	3 249	4 214	3 755	7 420	7 117	5 553	4 687
934	990	1 125	1 145	1 296	1 365	2 337	2 499	2 499	2 185
852	1 000	1 086	1 873	2 737	2 202	4 837	4 371	2 715	2 209

Abweichungen in den Summen durch Runden der Zahlen.

Funk-tions-kenn-ziffer	Aufgabenbereich	1979	1980	1981	1982	1983	1984
		Ist-Ergebnis					
6	**Energie- und Wasserwirtschaft, Gewerbe, Dienstleistungen.........** darunter:	5 336	6 474	5 921	5 581	5 526	7 516
62	Energie- und Wasserwirtschaft, Kulturbau...................	1 405	1 711	1 173	1 049	999	914
63	Bergbau, verarbeitendes Gewerbe und Baugewerbe.........	2 460	2 937	3 074	2 523	1 864	3 118
69	Regionale Förderungsmaßnahmen ..	657	649	499	414	402	402
7	**Verkehrs- und Nachrichtenwesen....** darunter:	14 507	14 004	13 752	13 276	12 743	12 732
72	Straßen......................	8 312	7 864	7 422	7 187	7 188	7 109
73	Wasserstraßen und Häfen, Förderung der Schiffahrt.........	1 612	1 636	1 644	1 505	1 631	1 760
75	Luftfahrt.....................	489	576	528	554	538	666
8	**Wirtschaftsunternehmen, Allgemeines Grund- und Kapital-vermögen, Sondervermögen........** darunter:	14 918	12 798	12 528	14 054	14 252	14 299
83	Verkehrsunternehmen...........	13 861	12 260	11 966	13 070	13 200	12 927
9	**Allgemeine Finanzwirtschaft** darunter:	29 689	33 675	38 731	43 586	48 345	49 546
91	Allgemeine Finanzzuweisungen.....	8 288	9 031	9 620	10 087	10 403	10 792
92	Schulden.....................	11 786	14 510	18 565	22 783	27 270	28 433
93	Versorgung	9 195	9 715	10 096	10 256	10 246	9 903
98	Globalposten..................	—	—	—	—	—	—
	Übergeleiteter DDR-Haushalt 2. Hj. 1990....................	—	—	—	—	—	—

Fortsetzung Quelle IX/5; hier 1979 bis 1994

1985	1986	1987	1988	1989	1990	1991	1992	1993	1994
					Ist-Ergebnis				
6 719	6 413	7 760	8 388	12 274	12 957	21 622	16 137	20 275	18 739
943	883	751	729	736	715	736	1 111	1 019	1 122
2 144	2 163	3 122	3 700	4 902	4 379	5 289	4 783	4 003	3 248
595	636	792	762	3 176	3 559	11 605	5 609	6 622	5 283
12 969	13 107	13 502	13 352	13 394	14 731	17 878	23 254	21 655	21 901
7 322	7 393	7 610	7 402	7 472	7 881	11 136	14 826	15 460	15 726
1 785	1 818	1 838	1 763	1 688	1 755	2 091	2 112	2 364	2 318
544	582	613	635	738	828	874	1 086	561	670
14 455	13 762	13 697	13 978	13 894	13 885	22 941	32 615	29 189	35 998
13 376	13 185	13 212	13 397	13 360	13 476	19 505	22 114	22 855	17 983
51 423	53 200	54 631	56 358	56 675	62 429	73 396	86 641	99 015	113 070
11 161	11 462	11 851	12 137	12 449	15 608	20 599	28 122	37 787	44 144
29 892	31 093	31 887	33 160	32 961	35 185	40 355	44 541	46 571	53 725
9 947	10 193	10 341	10 386	10 478	10 778	11 602	13 148	13 862	14 398
—	—	—	—	—	—	—	—	—	—
—	—	—	—	—	72 110	—	—	—	—

Abweichungen in den Summen durch Runden der Zahlen.

Funk-tions-kenn-ziffer	Aufgabenbereich	1995 Soll	1996 Reg.-Entwurf	1997	1998	1999
				Finanzplanung		
	Ausgaben zusammen[1]	477 685	452 000	458,0	470,0	483,0
0	Allgemeine Dienste...............	77 778	78 550	79,3	79,8	79,4
	darunter:					
01	Politische Führung und zentrale Verwaltung..............	12 758	13 453	14,2	14,3	13,9
02	Auswärtige Angelegenheiten	12 653	11 938	11,8	11,7	11,7
03	Verteidigung..................	48 197	48 685	48,7	49,1	49,1
1	Bildungswesen, Wissenschaft, For-schung, kulturelle Angelegenheiten ..	19 722	19 747	19,1	19,2	19,3
	darunter:					
	Hochschulen[2]..................	3 486	3 569	3,5	3,6	3,5
13 16/17	Wissenschaft, Forschung, Entwicklung außerhalb der Hochschulen[3]..................	12 066	12 692	12,5	12,5	12,6
2	Soziale Sicherung, soziale Kriegsfolgeaufgaben, Wiedergutmachung	175 365	145 787	141,8	141,5	143,7
	darunter:					
22	Sozial-, einschließlich Arbeits-losenversicherung	92 994	88 767	91,8	96,0	99,3
23	Familien-, Sozial- und Jugendhilfe ..	32 486	13 439	12,7	12,6	12,5
24	Soziale Leistungen für Folgen von Krieg und politischen Ereignissen...	16 961	15 960	14,8	14,3	13,8
25	Arbeitsmarktpolitik..............	30 559	26 189	21,1	17,5	16,3
27	Förderung der Vermögensbildung	350	280	0,2	0,1	0,7
3	Gesundheit und Sport	2 551	2 515	2,5	2,5	2,5
4	Wohnungswesen, Raumordnung und kommunale Gemeinschafts-dienste........................	6 181	5 802	6,0	6,1	5,7
	darunter:					
41	Wohnungswesen...............	5 003	4 548	4,9	5,1	4,7
5	Ernährung, Landwirtschaft und Forsten[4]....................	4 896	4 028	3,9	3,8	3,8
	darunter:					
52	Verbesserung der Agrarstruktur[4].... Einkommenstabilisierende	2 731	2 624	2,5	2,4	2,4
53	Maßnahmen	1 856	1 130	1,1	1,1	1,1

1 Zur Abgrenzung des Ausgabevolumens vergleiche im einzelnen die Anmerkungen zur Tabelle 1.
2 Einschließlich Sonderforschungsbereiche und Deutsche Forschungsgemeinschaft mit deren Programmen.
3 Ohne Forschung der Verteidigung 036.
4 Bundesanteil an der GA „Verbesserung der Agrarstruktur und des Küstenschutzes" 1991 bis 1995 funktio-nal nicht aufgeteilt (Nachweis bei Oberfunktion 52).

Fortsetzung Quelle IX/5; hier 1995 bis 1999

Funk-tions-kenn-ziffer	Aufgabenbereich	1995 Soll	1996 Reg.-Entwurf	1997 Finanzplanung	1998	1999
6	Energie- und Wasserwirtschaft, Gewerbe, Dienstleistungen[4].......	24 429	30 515	30,5	29,2	26,5
	darunter:					
62	Energie- und Wasserwirtschaft, Kulturbau[4]..................	492	371	0,4	0,4	0,4
63	Bergbau, verarbeitendes Gewerbe und Baugewerbe........	3 586	11 405	11,6	11,1	9,9
69	Regionale Förderungsmaßnahmen ..	11 715	11 001	11,1	9,9	8,3
7	Verkehrs- und Nachrichtenwesen....	22 266	21 510	19,0	19,2	19,4
	darunter:					
72	Straßen......................	15 679	14 890	12,5	12,5	12,5
73	Wasserstraßen und Häfen, Förderung der Schiffahrt.........	2 676	2 334	2,4	2,4	2,4
75	Luftfahrt.....................	290	312	0,3	0,3	0,3
8	Wirtschaftsunternehmen, Allgemeines Grund- und Kapital-vermögen, Sondervermögen........	62 727	60 588	60,7	62,8	61,7
	darunter:					
83	Verkehrsunternehmen............	20 395	10 060	9,8	9,5	9,2
9	Allgemeine Finanzwirtschaft	81 771	82 956	95,1	106,0	121,1
	darunter:					
91	Allgemeine Finanzzuweisungen.....	9 509	9 506	9,5	9,5	9,5
92	Schulden.....................	55 045	56 337	63,4	67,4	70,8
93	Versorgung...................	14 794	15 596	15,8	15,8	16,0
98	Globalposten..................	1 400	739	5,6	12,5	23,9
	Übergeleiteter DDR-Haushalt 2. Hj. 1990	—	—	—	—	—

Abweichungen in den Summen durch Runden der Zahlen.

Quelle: Bundesministerium der Finanzen, Finanzbericht 1996, S. 160 ff.

IX/6 Rechnungsmäßige Ausgaben und Einnahmen der öffentlichen Haushalte — 1992 und 1993

a.) Ausgaben und Einnahmen nach Körperschaftsgruppen und Arten*

Mill. DM

Lfd. Nr.	Art der Ausgaben/Einnahmen	Insgesamt		dar. Krankenhäuser[1]		Bund		Lastenausgleichsfonds, ERP-Sondervermögen, EU-Anteile[2]	
		1992	1993	1992	1993	1992	1993	1992	1993
	Ausgaben nach Arten								
1	Personalausgaben	342 719	358 747	38 841	42 349	51 494	52 713	—	—
2	Laufender Sachaufwand	354 589	355 031	19 508	20 931	43 486	41 160	– 360	– 163
3	Zinsausgaben	101 701	103 069	309	295	43 825	45 800	20 980	16 796
4	an öffentlichen Bereich	771	679	89	77	—	—	—	—
5	an andere Bereiche	100 930	102 390	220	218	43 825	45 800	20 980	16 796
6	Laufende Zuweisungen und Zuschüsse, Schuldendiensthilfen	939 910	1 059 959	119	184	225 600	256 440	69 023	72 804
7	an öffentlichen Bereich[3]	321 953	384 516	119	184	140 575	166 192	33 921	35 226
8	an andere Bereiche	617 957	675 443	—	—	85 025	90 248	35 102	37 579
9	dar. Renten, Unterstützungen u.ä.	511 370	564 083	—	—	52 168	57 348	689	644
10	abzüglich Zahlungen von gleicher Ebene	327 606	386 962	—	—	—	—	—	—
11	Ausgaben der laufenden Rechnung	1 411 314	1 489 843	58 776	63 758	364 405	396 113	89 643	89 437
12	Baumaßnahmen	82 602	80 117	3 369	3 622	10 980	10 084	—	—
13	Erwerb von unbeweglichen Sachen	11 532	11 600	102	56	985	937	—	—
14	Erwerb von beweglichen Sachen	15 510	14 356	2 749	2 803	1 819	1 458	—	—
15	Vermögensübertragungen	114 821	114 378	102	54	43 798	40 715	160	128
16	an öffentlichen Bereich	54 702	54 345	102	54	20 781	19 554	—	—
17	an andere Bereiche	60 125	60 033	—	—	23 017	21 161	160	128
18	Darlehen	30 369	31 891	2	16	8 052	11 880	12 263	9 659
19	an öffentlichen Bereich[3]	2 207	1 767	—	—	887	763	470	64
20	an andere Bereiche	28 162	30 124	2	16	7 165	11 116	11 793	9 595
21	Erwerb von Beteiligungen u.ä.	5 975	6 103	64	54	1 640	1 319	—	250
22	Tilgungsausgaben an öffentlichen Bereich	1 750	1 925	149	235	—	—	—	—
23	abzüglich Zahlungen von gleicher Ebene	55 164	56 363	—	—	—	—	—	—
24	Ausgaben der Kapitalrechnung	207 401	204 007	6 538	6 841	67 275	66 392	12 422	10 037
25	Bereinigte Ausgaben	1 618 715	1 693 850	65 314	70 599	431 679	462 505	102 065	99 474

Mill. DM

Einnahmen nach Arten

Lfd. Nr.	Art der Ausgaben/Einnahmen	Insgesamt		dar. Krankenhäuser[1]		Bund		Lastenausgleichsfonds, ERP-Sondervermögen, EU-Anteile[2]	
		1992	1993	1992	1993	1992	1993	1992	1993
26	Steuern und steuerähnliche Abgaben	1 264 999	1 315 786	—	—	356 817	360 338	34 412	36 934
27	Einnahmen aus wirtschaftlicher Tätigkeit	37 280	36 792	—	—	17 571	16 143	5	2
28	Zinseinnahmen	19 549	19 311	—	—	1 773	2 610	2 685	2 858
29	vom öffentlichen Bereich	401	413	—	—	228	238	33	28
30	von anderen Bereichen	19 148	18 897	—	—	1 545	2 372	2 652	2 830
31	Laufende Zuweisungen und Zuschüsse, Schuldendiensthilfen	357 123	415 014	6 112	6 481	4 213	4 241	31 177	36 818
32	vom öffentlichen Bereich[3]	327 206	386 549	5 642	5 962	1 433	1 719	23 528	32 640
33	von anderen Bereichen	29 917	28 465	470	519	2 780	2 522	7 649	4 178
34	Sonstige laufende Einnahmen	115 991	123 937	52 790	57 434	7 324	7 778	612	33
35	dar. Gebühren, sonstige Entgelte	99 529	106 518	49 048	53 248	4 410	4 650	—	—
36	abzüglich Zahlungen von gleicher Ebene	327 606	386 962	—	—	—	—	—	—
37	**Einnahmen der laufenden Rechnung**	1 467 335	1 523 878	58 901	63 915	387 697	391 110	66 890	76 645
38	Veräußerung von Sachvermögen	11 403	13 259	299	334	957	829	—	—
39	Vermögensübertragungen	58 195	60 694	5 257	5 555	125	97	—	123
40	vom öffentlichen Bereich	51 484	53 022	5 141	5 432	98	92	—	95
41	von anderen Bereichen	6 711	7 671	116	123	27	4	—	28
42	Darlehensrückflüsse	11 231	14 986	1	17	3 490	3 367	4 361	7 521
43	vom öffentlichen Bereich[3]	1 221	1 313	—	—	863	827	106	104
44	von anderen Bereichen	10 010	13 673	1	17	2 627	2 540	4 275	7 417
45	Veräußerung von Beteiligungen	813	1 237	21	6	39	124	212	0
46	Schuldenaufnahmen beim öffentlichen Bereich	2 460	2 027	230	290	—	—	—	—
47	abzüglich Zahlungen von gleicher Ebene	55 164	56 363	—	—	—	—	—	—
48	**Einnahmen der Kapitalrechnung**	28 937	35 841	5 808	6 202	4 612	4 416	4 592	7 644
49	**Bereinigte Einnahmen**	1 496 272	1 559 719	64 709	70 116	392 308	395 526	73 482	84 290

Fortsetzung Quelle IX/6a

Mill. DM

Lfd. Nr.	Art der Ausgaben/Einnahmen	Insgesamt		dar. Krankenhäuser[1]		Bund		Lastenausgleichsfonds, ERP-Sondervermögen, EU-Anteile[2]	
		1992	1993	1992	1993	1992	1993	1992	1993
					Finanzierungsübersicht				
50	Finanzierungssaldo[4]	− 122 471	− 133 400	− 605	− 483	− 39 349	− 66 948	− 28 583	− 15 184
	Besondere Finanzierungsvorgänge								
51	Ausgaben	203 792	186 345	191	217	98 236	70 227	18 406	18 835
52	Schuldentilgung am Kreditmarkt	165 547	148 508	191	217	98 236	70 227	16 787	17 322
53	Rückzahlung von inneren Darlehen	40	69	—	—	—	—	—	—
54	Zuführungen an Rücklagen	35 184	34 356	—	—	—	—	1 619	1 513
55	Abwicklung von Fehlbeträgen aus Vorjahren	3 020	3 412	—	—	—	—	—	—
56	Einnahmen	324 182	318 331	328	373	137 584	137 176	48 277	33 942
57	Schuldenaufnahmen am Kreditmarkt	273 928	281 131	328	373	129 392	130 290	47 900	32 323
58	Innere Darlehen	197	146	—	—	—	—	—	—
59	Münzeinnahmen	728	793	—	—	728	793	—	—
60	Entnahmen aus Rücklagen	48 203	35 561	—	—	7 464	6 092	377	1 619
61	Abwicklung von Überschüssen aus Vorjahren	1 125	701	—	—	—	—	—	—
62	Finanzstatistischer Abschluß	− 2 081	− 1 414	− 468	− 326	0	0	1 289	− 78

Mill. DM

Lfd. Nr.	Art der Ausgaben/Einnahmen	Sozialversicherung		Länder			
				zusammen		dar. Krankenhäuser[1]	
		1992	1993	1992	1993	1992	1993
	Ausgaben nach Arten						
1	Personalausgaben....................	18 213	19 557	169 471	179 760	14 730	16 241
2	Laufender Sachaufwand.............	201 093	198 137	45 967	49 610	8 270	9 203
3	Zinsausgaben.......................	70	113	25 840	28 429	19	14
4	an öffentlichen Bereich	—	—	245	252	10	7
5	an andere Bereiche	70	113	25 595	28 177	9	7
6	Laufende Zuweisungen und Zuschüsse, Schuldendiensthilfen...............	409 864	471 206	127 396	135 131	102	171
7	an öffentlichen Bereich[3]	13 514	33 371	79 467	87 389	102	171
8	an andere Bereiche	396 350	437 835	47 929	47 742	—	—
9	dar. Renten, Unterstützungen u.ä...	394 753	436 997	20 837	19 200	—	—
10	abzüglich Zahlungen von gleicher Ebene	13 410	33 258	8 973	8 800	—	—
11	Ausgaben der laufenden Rechnung	615 830	655 755	359 702	384 130	23 121	25 630
12	Baumaßnahmen	612	719	12 735	12 272	885	906
13	Erwerb von unbeweglichen Sachen ...	1 070	1 286	1 485	1 562	18	7
14	Erwerb von beweglichen Sachen	659	615	5 992	5 664	1 118	1 182
15	Vermögensübertragungen	10 203	10 958	53 476	54 564	6	10
16	an öffentlichen Bereich	—	—	30 488	31 150	6	10
17	an andere Bereiche	10 203	10 958	22 988	23 414	—	—
18	Darlehen..........................	1 004	1 139	7 042	7 282	2	16
19	an öffentlichen Bereich[3]	—	—	708	815	—	—
20	an andere Bereiche	1 004	1 139	6 334	6 468	2	16
21	Erwerb von Beteiligungen u.ä.......	73	163	1 901	1 903	33	23
22	Tilgungsausgaben an öffentlichen Bereich.	—	—	623	722	—	—
23	abzüglich Zahlungen von gleicher Ebene	—	—	1 807	2 034	—	—
24	Ausgaben der Kapitalrechnung........	13 621	14 881	81 448	81 936	2 061	2 144
25	Bereinigte Ausgaben......	629 451	670 636	441 150	466 065	25 182	27 775

Fortsetzung Quelle IX/6a

Mill. DM

Lfd. Nr.	Art der Ausgaben/Einnahmen	Sozialversicherung		Länder			
				zusammen		dar. Krankenhäuser[1]	
		1992	1993	1992	1993	1992	1993
	Einnahmen nach Arten						
26	Steuern und steuerähnliche Abgaben	530 332	562 421	257 793	268 902	—	—
27	Einnahmen aus wirtschaftlicher Tätigkeit	400	423	6 903	7 033	—	—
28	Zinseinnahmen	10 516	9 581	1 329	1 314	—	—
29	vom öffentlichen Bereich	—	—	6	48	—	—
30	von anderen Bereichen	10 516	9 581	1 323	1 266	—	—
31	Laufende Zuweisungen und Zuschüsse, Schuldendiensthilfen	93 168	133 534	95 342	94 244	4 916	5 364
32	vom öffentlichen Bereich[3]	90 767	130 879	87 950	85 622	4 511	4 910
33	von anderen Bereichen	2 401	2 655	7 393	8 622	405	455
34	Sonstige laufende Einnahmen	1 968	1 864	31 643	33 635	18 337	20 207
35	dar. Gebühren, sonstige Entgelte	6	90	27 196	28 299	16 926	18 480
36	abzüglich Zahlungen von gleicher Ebene	13 410	33 258	8 973	8 800	—	—
37	**Einnahmen der laufenden Rechnung**	622 975	674 565	384 037	396 328	23 253	25 572
38	Veräußerung von Sachvermögen	86	112	1 327	1 537	153	108
39	Vermögensübertragungen	—	239	23 646	24 552	1 834	2 025
40	vom öffentlichen Bereich	—	239	22 842	23 593	1 764	1 949
41	von anderen Bereichen	587	570	804	959	70	76
42	Darlehensrückflüsse	587	570	1 978	2 460	1	17
43	vom öffentlichen Bereich[3]	—	—	134	213	1	17
44	von anderen Bereichen	587	570	1 844	2 247	1	17
45	Veräußerung von Beteiligungen	0	0	123	190	16	3
46	Schuldenaufnahmen beim öffentlichen Bereich	—	—	805	667	—	—
47	abzüglich Zahlungen von gleicher Ebene	—	—	1 807	2 034	—	—
48	**Einnahmen der Kapitalrechnung**	673	921	26 073	27 371	2 005	2 153
49	**Bereinigte Einnahmen**	623 648	675 486	410 110	423 700	25 258	27 725

Mill. DM

Lfd. Nr.	Art der Ausgaben/Einnahmen	Sozialversicherung		Länder			
				zusammen		dar. Krankenhäuser[1]	
		1992	1993	1992	1993	1992	1993
	Finanzierungsübersicht						
50	**Finanzierungssaldo**[4]	**– 5 884**	**+ 5 311**	**– 31 004**	**– 42 130**	**+ 76**	**– 50**
	Besondere Finanzierungsvorgänge						
51	Ausgaben	22 890	21 834	44 005	49 479	—	—
52	Schuldentilgung am Kreditmarkt	98	—	40 776	47 432	—	—
53	Rückzahlung von inneren Darlehen	—	—	—	—	—	—
54	Zuführungen an Rücklagen	21 811	20 607	2 659	2 026	—	—
55	Abwicklung von Fehlbeträgen aus Vorjahren	981	1 227	570	21	—	—
56	Einnahmen	28 774	16 523	76 733	91 467	—	—
57	Schuldenaufnahmen am Kreditmarkt	95	—	72 472	88 022	—	—
58	Innere Darlehen	—	—	—	—	—	—
59	Münzeinnahmen	—	—	—	—	—	—
60	Entnahmen aus Rücklagen	28 651	16 429	3 165	2 838	—	—
61	Abwicklung von Überschüssen aus Vorjahren	28	94	1 097	607	—	—
62	Finanzstatistischer Abschluß	0	0	+ 1 724	– 142	+ 76	– 50

Fortsetzung Quelle IX/6a

Mill. DM

Lfd. Nr.	Art der Ausgaben/Einnahmen	Gemeinden und Gemeindeverbände				Zweckverbände			
		zusammen		dar. Krankenhäuser[1]		zusammen		dar. Krankenhäuser[1]	
		1992	1993	1992	1993	1992	1993	1992	1993
	Ausgaben nach Arten								
1	Personalausgaben.	100 476	103 664	22 794	24 729	3 066	3 053	1 317	1 379
2	Laufender Sachaufwand	61 453	63 254	10 614	11 085	2 952	3 033	624	643
3	Zinsausgaben.	10 369	11 280	269	260	616	651	20	20
4	an öffentlichen Bereich	483	385	79	69	43	42	0	0
5	an andere Bereiche	9 886	10 895	190	191	573	609	20	20
6	Laufende Zuweisungen und Zuschüsse,								
	Schuldendiensthilfen.	106 858	123 083	17	11	1 168	1 294	—	1
7	an öffentlichen Bereich[3]	53 526	61 305	17	11	949	1 032	—	1
8	an andere Bereiche	53 332	61 778	—	—	220	262	—	—
9	dar. Renten, Unterstützungen u.ä..	42 909	49 879	—	—	14	14	—	—
10	abzüglich Zahlungen von gleicher Ebene	43 210	49 899	—	—	109	88	—	—
11	**Ausgaben der laufenden Rechnung . . .**	235 946	251 382	33 694	36 086	7 693	7 943	1 961	2 043
12	Baumaßnahmen	54 888	53 243	2 373	2 615	3 386	3 799	111	102
13	Erwerb von unbeweglichen Sachen . .	7 875	7 692	77	48	117	123	7	2
14	Erwerb von beweglichen Sachen . . .	6 703	6 296	1 542	1 556	336	322	90	65
15	Vermögensübertragungen	7 083	7 864	94	40	107	148	3	3
16	an öffentlichen Bereich	3 359	3 559	94	40	74	81	3	3
17	an andere Bereiche	3 724	4 305	—	—	33	67	—	—
18	Darlehen.	1 993	1 911	—	—	16	21	—	—
19	an öffentlichen Bereich[3]	138	120	—	—	5	5	—	—
20	an andere Bereiche	1 855	1 791	—	—	11	16	—	—
21	Erwerb von Beteiligungen u.ä.	2 294	1 992	30	30	66	476	1	1
22	Tilgungsausgaben an öffentlichen Bereich . . .	1 038	1 105	149	235	89	98	0	0
23	abzüglich Zahlungen von gleicher Ebene	2 178	2 388	—	—	31	40	—	—
24	**Ausgaben der Kapitalrechnung.**	79 697	77 716	4 265	4 523	4 087	4 947	213	173
25	**Bereinigte Ausgaben.**	315 643	329 098	37 958	40 609	11 780	12 890	2 174	2 216

Mill. DM

Lfd. Nr.	Art der Ausgaben/Einnahmen	Gemeinden und Gemeindeverbände				Zweckverbände			
		zusammen		dar. Krankenhäuser[1]		zusammen		dar. Krankenhäuser[1]	
		1992	1993	1992	1993	1992	1993	1992	1993
	Einnahmen nach Arten								
26	Steuern und steuerähnliche Abgaben	85 645	87 186	—	—	—	5	—	—
27	Einnahmen aus wirtschaftlicher Tätigkeit	12 263	12 994	—	—	139	197	—	—
28	Zinseinnahmen	3 082	2 795	—	—	163	153	—	—
29	vom öffentlichen Bereich	129	95	—	—	5	5	—	—
30	von anderen Bereichen	2 954	2 700	—	—	157	149	—	—
31	Laufende Zuweisungen und Zuschüsse, Schuldendiensthilfen	128 356	141 498	1 100	1 042	4 866	4 679	96	75
32	vom öffentlichen Bereich[3]	119 053	131 052	1 041	987	4 476	4 637	90	65
33	von anderen Bereichen	9 304	10 446	60	55	391	42	6	10
34	Sonstige laufende Einnahmen	70 718	76 511	32 549	35 278	3 727	4 117	1 903	1 948
35	dar. Gebühren, sonstige Entgelte	64 446	69 678	30 363	32 964	3 471	3 802	1 760	1 804
36	abzüglich Zahlungen von gleicher Ebene	43 210	49 899	—	—	109	88	—	—
37	Einnahmen der laufenden Rechnung	256 855	271 084	33 649	36 320	8 786	9 064	1 999	2 023
38	Veräußerung von Sachvermögen	8 923	10 676	137	217	111	105	10	8
39	Vermögensübertragungen	32 484	33 590	3 284	3 392	1 939	2 094	139	138
40	vom öffentlichen Bereich	26 828	27 161	3 240	3 346	1 715	1 842	137	137
41	von anderen Bereichen	5 656	6 428	44	46	224	252	2	1
42	Darlehensrückflüsse	782	1 046	—	—	13	22	—	—
43	vom öffentlichen Bereich[3]	113	160	—	—	5	10	—	—
44	von anderen Bereichen	669	886	—	—	8	12	—	—
45	Veräußerung von Beteiligungen	421	531	4	3	18	391	0	0
46	Schuldenaufnahmen beim öffentlichen Bereich	1 511	1 244	228	290	143	117	2	0
47	abzüglich Zahlungen von gleicher Ebene	2 178	2 388	—	—	31	40	—	—
48	Einnahmen der Kapitalrechnung	41 943	44 699	3 653	3 902	2 193	2 689	150	146
49	**Bereinigte Einnahmen**	298 798	315 783	37 302	40 222	10 979	11 753	2 150	2 170

Fortsetzung Quelle IX/6a

Mill. DM

Lfd. Nr.	Art der Ausgaben/Einnahmen	Gemeinden und Gemeindeverbände				Zweckverbände			
		zusammen		dar. Krankenhäuser[1]		zusammen		dar. Krankenhäuser[1]	
		1992	1993	1992	1993	1992	1993	1992	1993
				Finanzierungsübersicht					
50	Finanzierungssaldo[4]	– 16 850	– 13 311	– 657	– 386	– 801	– 1 137	– 24	– 47
	Besondere Finanzierungsvorgänge								
51	Ausgaben.	19 008	24 370	169	182	1 248	1 601	22	35
52	Schuldentilgung am Kreditmarkt .	9 012	12 784	169	182	639	743	22	35
53	Rückzahlung von inneren Darlehen .	39	67	—	—	1	3	—	—
54	Zuführungen an Rücklagen.	8 513	9 415	—	—	582	795	—	—
55	Abwicklung von Fehlbeträgen aus Vorjahren.	1 444	2 104	—	—	25	60	—	—
56	Einnahmen	30 754	36 356	315	352	2 059	2 868	13	21
57	Schuldenaufnahmen am Kreditmarkt .	22 431	28 166	315	352	1 638	2 330	13	21
58	Innere Darlehen.	191	142	—	—	6	4	—	—
59	Münzeinnahmen.	—	—	—	—	—	—	—	—
60	Entnahmen aus Rücklagen	8 132	8 048	—	—	414	534	—	—
61	Abwicklung von Überschüssen aus Vorjahren	—	—	—	—	—	—	—	—
62	Finanzstatistischer Abschluß	– 5 104	– 1 324	– 510	– 216	+ 10	+ 130	– 34	– 60

* **Deutschland.**

1 Krankenhäuser und Hochschulkliniken mit kaufmännischem Rechnungswesen.
2 Einschl. Fonds „Deutsche Einheit" und Kreditabwicklungsfonds.
3 Einschl. Zahlungen an bzw. von Krankenhäusern und Hochschulkliniken mit kaufmännischem Rechnungswesen.
4 Einschl. des Saldos der haushaltstechnischen Verrechnungen.

Quelle: Statistisches Bundesamt, Statistisches Jahrbuch 1996, S. 496 f.

b.) Ausgaben nach Körperschaftsgruppen und Aufgabenbereichen*

Mill. DM

Lfd. Nr.	Aufgabenbereich	Insgesamt[1,2]		Bund		Lastenausgleichsfonds	
		1992	1993	1992	1993	1992	1993
1	Politische Führung und zentrale Verwaltung	59 859	61 560	11 688	12 109	—	—
2	dar.: Politische Führung	13 396	13 726	3 920	3 980	—	—
3	Innere Verwaltung	19 375	19 176	221	236	—	—
4	Hochbauverwaltung	6 378	6 689	618	654	—	—
5	Steuer- und Finanzverwaltung	16 207	17 243	3 527	3 711	—	—
6	Auswärtige Angelegenheiten	39 856	41 242	14 802	16 703	—	—
7	dar.: Wirtschaftliche Zusammenarbeit	33 157	32 650	8 174	8 170	—	—
8	Verteidigung	54 705	51 169	54 705	51 169	—	—
9	Öffentliche Sicherheit und Ordnung	30 874	32 950	2 654	2 984	—	—
10	dar.: Polizei/Bundesgrenzschutz	19 755	21 128	2 345	2 698	—	—
11	Rechtsschutz	14 103	15 244	652	658	—	—
12	Schulen und vorschulische Bildung	88 735	96 827	1	1	—	—
13	dar.: Allgemeinbildende Schulen	57 424	63 620	—	—	—	—
14	Berufliche Schulen	9 720	10 366	—	—	—	—
15	Hochschulen	42 604	45 509	3 230	3 322	—	—
16	Förderung des Bildungswesens	8 037	7 553	3 085	2 814	—	—
17	Sonstiges Bildungswesen	4 528	4 718	893	783	—	—
18	Wissenschaft, Forschung, Entwicklung außerhalb der Hochschulen	16 533	17 181	12 109	12 414	—	—
19	Kulturelle Angelegenheiten	14 161	14 399	1 284	1 112	—	—

Fortsetzung Quelle IX/6b

Mill. DM

Lfd. Nr.	Aufgabenbereich	Insgesamt[1,2]		Bund		Lastenausgleichsfonds	
		1992	1993	1992	1993	1992	1993
20	Soziale Sicherung, soziale Kriegsfolgeaufgaben, Wiedergutmachung	787 902	840 642	148 108	172 601	621	577
21	dar.: Sozialverwaltung	8 948	8 900	896	1 225	3	3
22	Sozialversicherung	627 633	667 969	76 152	96 031	—	—
23	Familien-, Sozial- und Jugendhilfe	102 012	108 619	33 807	32 913	—	—
24	dar.: Sozialhilfe einschl. Einrichtungen	47 545	55 088	6	9	—	—
25	Jugendhilfe einschl. Einrichtungen	14 244	14 123	583	726	—	—
26	Soziale Leistungen für Folgen von Krieg und politischen Ereignissen	21 620	22 195	16 173	16 466	618	574
27	Gesundheit, Sport und Erholung	72 266	75 172	1 985	1 449	—	—
28	dar.: Krankenhäuser	51 353	54 573	2	3	—	—
29	Sport und Erholung	11 630	11 538	282	216	—	—
30	Reinhaltung von Luft, Wasser, Erde u. dgl.	5 245	5 100	1 371	909	—	—
31	Wohnungswesen, Raumordnung, kommunale Gemeinschaftsdienste	62 943	61 688	3 977	2 626	—	—
32	Wohnungswesen	13 965	13 162	2 933	1 732	—	—
33	Raumordnung, Landesplanung, Vermessungswesen	7 188	7 616	1	1	—	—
34	Städtebauförderung	3 635	3 480	955	816	—	—
35	Kommunale Gemeinschaftsdienste	38 155	37 430	88	76	—	—
36	dar.: Abwasserbeseitigung	15 445	15 625	– 46	– 46	—	—
37	Abfallbeseitigung	11 941	11 167	– 3	– 3	—	—
38	Straßenreinigung	1 291	1 354	—	—	—	—
39	Ernährung, Landwirtschaft und Forsten	24 019	24 999	7 114	5 550	—	—
40	Energie- und Wasserwirtschaft, Gewerbe, Dienstleistungen	45 239	47 331	18 239	20 903	—	—
41	dar.: Energie- und Wasserwirtschaft, Kulturbau	7 265	6 535	2 414	1 019	—	—
42	Bergbau, Verarbeitendes Gewerbe und Baugewerbe	10 866	9 639	5 837	4 755	—	—
43	Regionale Förderungsmaßnahmen	18 592	18 892	5 357	6 499	—	—

Mill. DM

Lfd. Nr.	Aufgabenbereich	Insgesamt[1,2]		Bund		Lastenausgleichsfonds	
		1992	1993	1992	1993	1992	1993
44	Verkehr und Nachrichtenwesen............	47 672	45 890	23 119	21 520	—	—
45	dar.: Straßen......................	34 945	35 014	14 821	15 460	—	—
46	dar.: Bundesautobahnen.............	5 284	5 567	5 071	5 338	—	—
47	Bundes- und Landesstraßen.........	9 204	9 187	4 549	4 872	—	—
48	Kreisstraßen......................	1 539	1 418	—	—	—	—
49	Gemeindestraßen..................	15 157	16 439	3 627	5 195	—	—
50	Wasserstraßen und Häfen, Förderung der Schifffahrt..	3 375	3 717	2 525	2 803	—	—
51	Eisenbahnen und öffentl. Personennahverkehr	6 447	4 578	3 276	1 021	—	—
52	Wirtschaftsunternehmen..................	38 071	39 013	22 495	22 975	—	—
53	Allgemeines Grund- und Kapitalvermögen, Sondervermögen.....	14 797	15 116	9 066	5 463	—	—
54	dar.: Allgemeines Grundvermögen..........	14 473	14 565	1 418	1 285	—	—
55	Allgemeine Finanzwirtschaft	151 812	155 643	89 851	102 472	– 552	– 478
56	dar.: Steuern und Allgemeine Finanzzuweisungen	3 470	2 911	32 067	42 083	– 552	– 478
57	Schulden.......................	100 918	102 587	44 584	46 571	—	—
58	Versorgung.....................	42 392	44 393	12 367	13 024	—	—
59	Beihilfen.......................	4 959	5 666	582	588	—	—
60	Insgesamt.............	1 618 715	1 693 850	429 057	459 628	69	99

Fortsetzung Quelle IX/6b

Mill. DM

Lfd. Nr.	Aufgabenbereich	ERP-Sondervermögen[2]		EU-Anteile		Sozialversicherung	
		1992	1993	1992	1993	1992	1993
1	Politische Führung und zentrale Verwaltung	0	0	—	—	—	—
2	dar.: Politische Führung	—	—	—	—	—	—
3	Innere Verwaltung	—	—	—	—	—	—
4	Hochbauverwaltung	—	—	—	—	—	—
5	Steuer- und Finanzverwaltung	—	—	—	—	—	—
6	Auswärtige Angelegenheiten	103	141	24 801	24 256	—	—
7	dar. Wirtschaftliche Zusammenarbeit	93	131	24 801	24 256	—	—
8	Verteidigung	—	—	—	—	—	—
9	Öffentliche Sicherheit und Ordnung	—	—	—	—	—	—
10	dar. Polizei/Bundesgrenzschutz	—	—	—	—	—	—
11	Rechtsschutz	—	—	—	—	—	—
12	Schulen und vorschulische Bildung	—	—	—	—	—	—
13	dar.: Allgemeinbildende Schulen	—	—	—	—	—	—
14	Berufliche Schulen	—	—	—	—	—	—
15	Hochschulen	—	—	—	—	—	—
16	Förderung des Bildungswesens	—	—	—	—	—	—
17	Sonstiges Bildungswesen	—	—	—	—	—	—
18	Wissenschaft, Forschung, Entwicklung außerhalb der Hochschulen	2	0	—	—	—	—
19	Kulturelle Angelegenheiten	—	—	—	—	—	—

Mill. DM

Lfd. Nr.	Aufgabenbereich	ERP-Sondervermögen²		EU-Anteile		Sozialversicherung	
		1992	1993	1992	1993	1992	1993
20	Soziale Sicherung, soziale Kriegsfolgeaufgaben, Wiedergutmachung	—	—	—	—	550 735	571 298
21	dar: Sozialverwaltung	—	—	—	—	—	—
22	Sozialversicherung	—	—	—	—	550 735	571 298
23	Familien-, Sozial- und Jugendhilfe	—	—	—	—	—	—
24	dar: Sozialhilfe einschl. Einrichtungen	—	—	—	—	—	—
25	Jugendhilfe einschl. Einrichtungen	—	—	—	—	—	—
26	Soziale Leistungen für Folgen von Krieg und politischen Ereignissen	—	—	—	—	—	—
27	Gesundheit, Sport und Erholung	1 189	1 136	—	—	—	—
28	dar: Krankenhäuser	—	—	—	—	—	—
29	Sport und Erholung	—	—	—	—	—	—
30	Reinhaltung von Luft, Wasser, Erde u. dgl.	1 189	1 136	—	—	—	—
31	Wohnungswesen, Raumordnung, kommunale Gemeinschaftsdienste	—	—	—	—	—	—
32	Wohnungswesen	—	—	—	—	—	—
33	Raumordnung, Landesplanung, Vermessungswesen	—	—	—	—	—	—
34	Städtebauförderung	—	—	—	—	—	—
35	Kommunale Gemeinschaftsdienste	—	—	—	—	—	—
36	dar: Abwasserbeseitigung	—	—	—	—	—	—
37	Abfallbeseitigung	—	—	—	—	—	—
38	Straßenreinigung	—	—	—	—	—	—
39	Ernährung, Landwirtschaft und Forsten	—	—	9 612	12 678	—	—
40	Energie- und Wasserwirtschaft, Gewerbe, Dienstleistungen	10 746	8 080	—	—	—	—
41	dar: Energie- und Wasserwirtschaft, Kulturbau	—	—	—	—	—	—
42	Bergbau, Verarbeitendes Gewerbe und Baugewerbe	2 853	2 647	—	—	—	—
43	Regionale Förderungsmaßnahmen	5 774	3 789	—	—	—	—

Fortsetzung Quelle IX/6b

Mill. DM

Lfd. Nr.	Aufgabenbereich	ERP-Sondervermögen[2]		EU-Anteile		Sozialversicherung	
		1992	1993	1992	1993	1992	1993
44	Verkehr und Nachrichtenwesen	30	3	—	—	—	—
45	dar.: Straßen	—	—	—	—	—	—
46	dar.: Bundesautobahnen	—	—	—	—	—	—
47	Bundes- und Landesstraßen	—	—	—	—	—	—
48	Kreisstraßen	—	—	—	—	—	—
49	Gemeindestraßen	—	—	—	—	—	—
50	Wasserstraßen und Häfen, Förderung der Schifffahrt	30	3	—	—	—	—
51	Eisenbahnen und öffentl. Personennahverkehr	—	—	—	—	—	—
52	Wirtschaftsunternehmen	—	250	—	—	—	—
53	Allgemeines Grund- und Kapitalvermögen, Sondervermögen	− 7 509	− 4 039	—	—	—	—
54	dar. Allgemeines Grundvermögen	—	—	—	—	—	—
55	Allgemeine Finanzwirtschaft	39 356	24 002	—	—	1 359	1 478
56	dar.: Steuern und Allgemeine Finanzzuweisungen	18 376	7 511	—	—	—	—
57	Schulden	20 980	16 491	—	—	70	113
58	Versorgung	—	—	—	—	1 289	1 365
59	Beihilfen	—	—	—	—	—	—
60	Insgesamt	43 916	29 575	34 413	36 934	552 094	572 776

Mill. DM

Lfd. Nr.	Aufgabenbereich	Länder[1]		Gemeinden und Gemeindeverbände[1]		Zweckverbände[1]	
		1992	1993	1992	1993	1992	1993
1	Politische Führung und zentrale Verwaltung	21 760	22 953	25 906	26 036	505	461
2	dar.: Politische Führung	6 502	6 689	2 961	3 047	13	11
3	Innere Verwaltung	3 865	3 978	14 908	14 642	381	321
4	Hochbauverwaltung	1 278	1 454	4 465	4 562	17	19
5	Steuer- und Finanzverwaltung	9 013	9 636	3 572	3 785	94	111
6	Auswärtige Angelegenheiten	149	143	—	—	—	—
7	dar. Wirtschaftliche Zusammenarbeit	88	93	—	—	—	—
8	Verteidigung	—	—	—	—	—	—
9	Öffentliche Sicherheit und Ordnung	19 195	20 316	8 995	9 619	31	30
10	dar. Polizei/Bundesgrenzschutz	17 310	18 328	100	103	—	—
11	Rechtsschutz	13 451	14 587	—	—	—	—
12	Schulen und vorschulische Bildung	62 054	67 388	26 712	29 442	− 31	− 4
13	dar.: Allgemeinbildende Schulen	43 120	48 735	14 346	14 895	− 42	− 10
14	Berufliche Schulen	7 439	8 146	2 278	2 220	3	0
15	Hochschulen	39 375	42 187	—	—	—	—
16	Förderung des Bildungswesens	3 034	2 898	1 875	1 794	44	48
17	Sonstiges Bildungswesen	1 694	1 913	1 904	1 985	36	38
18	Wissenschaft, Forschung, Entwicklung außerhalb der Hochschulen	4 032	4 391	389	376	—	− 0
19	Kulturelle Angelegenheiten	6 168	6 468	6 670	6 786	39	34

Fortsetzung Quelle IX/6b

Mill. DM

Lfd. Nr.	Aufgabenbereich	Länder[1]		Gemeinden und Gemeindeverbände[1]		Zweckverbände[1]	
		1992	1993	1992	1993	1992	1993
20	Soziale Sicherung, soziale Kriegsfolgeaufgaben, Wiedergutmachung	38 609	43 033	49 740	53 051	89	83
21	dar.: Sozialverwaltung	3 641	3 111	4 408	4 551	1	10
22	Sozialversicherung	747	640	—	—	—	—
23	Familien-, Sozial- und Jugendhilfe	24 386	28 744	43 731	46 889	88	73
24	dar.: Sozialhilfe einschl. Einrichtungen	14 581	18 521	32 878	36 486	80	72
25	Jugendhilfe einschl. Einrichtungen	4 571	4 895	9 082	8 501	8	1
26	Soziale Leistungen für Folgen von Krieg und politischen Ereignissen	3 780	4 032	1 050	1 123	—	– 0
27	Gesundheit, Sport und Erholung	19 779	20 793	47 348	49 752	1 965	2 042
28	dar.: Krankenhäuser	13 423	14 096	35 998	38 471	1 930	2 003
29	Sport und Erholung	1 946	2 100	9 370	9 185	32	36
30	Reinhaltung von Luft, Wasser, Erde u. dgl.	2 617	2 838	68	216	—	—
31	Wohnungswesen, Raumordnung, kommunale Gemeinschaftsdienste	14 527	14 351	42 218	42 197	2 221	2 514
32	Wohnungswesen	7 732	8 280	3 276	3 149	24	1
33	Raumordnung, Landesplanung, Vermessungswesen	1 808	1 968	5 367	5 633	13	14
34	Städtebauförderung	2 680	2 664	—	—	—	—
35	Kommunale Gemeinschaftsdienste	2 308	1 440	33 575	33 415	2 184	2 499
36	dar.: Abwasserbeseitigung	912	614	13 480	13 357	1 099	1 700
37	Abfallbeseitigung	717	256	10 157	10 136	1 070	777
38	Straßenreinigung	162	154	1 128	1 199	1	1
39	Ernährung, Landwirtschaft und Forsten	6 848	6 376	431	382	14	13
40	Energie- und Wasserwirtschaft, Gewerbe, Dienstleistungen	13 199	14 700	2 923	3 485	133	163
41	dar.: Energie- und Wasserwirtschaft, Kulturbau	4 226	4 850	543	573	83	93
42	Bergbau, Verarbeitendes Gewerbe und Baugewerbe	2 176	2 237	—	—	—	—
43	Regionale Förderungsmaßnahmen	5 030	5 622	2 380	2 912	51	70

Mill. DM

Lfd. Nr.	Aufgabenbereich	Länder¹		Gemeinden und Gemeindeverbände¹		Zweckverbände¹	
		1992	1993	1992	1993	1992	1993
44	Verkehr und Nachrichtenwesen	12 835	12 961	11 669	11 391	19	14
45	dar.: Straßen	8 437	8 148	11 669	11 391	19	14
46	dar.: Bundesautobahnen	213	229	—	—	—	—
47	Bundes- und Landesstraßen	4 023	3 751	632	564	0	—
48	Kreisstraßen	364	402	1 174	1 016	1	0
49	Gemeindestraßen	2 073	1 908	9 439	9 322	18	14
50	Wasserstraßen und Häfen, Förderung der Schifffahrt	820	911	—	—	—	—
51	Eisenbahnen und öffentl. Personennahverkehr	3 170	3 557	—	—	—	—
52	Wirtschaftsunternehmen	7 670	7 054	7 383	7 760	522	974
53	Allgemeines Grund- und Kapitalvermögen, Sondervermögen	4 696	5 314	8 532	8 324	13	55
54	dar. Allgemeines Grundvermögen	4 658	5 084	8 384	8 140	13	55
55	Allgemeine Finanzwirtschaft	51 119	58 932	− 29 297	− 30 706	− 24	− 57
56	dar.: Steuern und Allgemeine Finanzzuweisungen	− 572	2 697	− 45 282	− 48 258	− 567	− 644
57	Schulden	25 242	28 089	9 549	10 767	493	555
58	Versorgung	22 935	23 965	5 692	5 939	108	101
59	Beihilfen	3 358	4 008	1 005	1 057	14	13
60	Insgesamt	340 192	366 756	213 397	221 674	5 576	6 408

* Nettoausgaben — Deutschland.
1 Einschl. Krankenhäusern und Hochschulkliniken mit kaufmännischem Rechnungswesen.
2 Einschl. Fonds „Deutsche Einheit" und Kreditabwicklungsfonds.

Quelle: Statistisches Bundesamt, Statistisches Jahrbuch 1996, S. 498 f.

IX/7 Ausgaben der öffentlichen Haushalte 1993 nach ausgewählten Aufgabenbereichen*

Mill. DM

Aufgabenbereich	Insgesamt	Bund[1]	Länder, Gemeinden/Gv. und Zweckverbände						
			Baden-Württemberg	Bayern	Brandenburg	Hessen	Mecklenburg-Vorpommern	Niedersachsen	Nordrhein-Westfalen
Politische Führung und zentrale Verwaltung									
Politische Führung	13 726	3 980	972	1 119	503	622	462	781	1 355
Innere Verwaltung	19 176	236	2 285	2 686	767	1 574	474	1 649	3 854
Hochbauverwaltung	6 689	654	636	607	212	375	159	560	1 694
Steuer- und Finanzverwaltung	17 243	3 711	1 824	1 956	472	1 080	219	1 177	2 906
Sonstiges	4 726	3 528	111	112	53	41	21	82	195
Insgesamt	61 560	12 109	5 827	6 480	2 007	3 693	1 335	4 248	10 004
dar. Gemeinden/Gv., Zweckverbände	26 497	—	3 527	3 695	1 182	2 194	729	2 450	6 245
Öffentliche Sicherheit und Ordnung, Rechtsschutz									
Bundesgrenzschutz, Polizei	21 128	2 698	2 052	2 627	619	1 344	402	1 526	3 431
Sonstige Öffentliche Sicherheit und Ordnung	11 822	287	1 192	1 344	518	811	337	1 175	2 606
Ordentliche Gerichte und Staatsanwaltschaften	10 191	147	1 151	1 435	208	897	168	981	2 436
Sonstiger Rechtsschutz	5 053	511	436	721	135	406	51	346	1 206
Insgesamt	48 195	3 642	4 831	6 126	1 480	3 459	958	4 027	9 680
dar. Gemeinden/Gv., Zweckverbände	9 650	—	1 097	1 192	453	732	323	1 085	2 489
Schulen und vorschulische Bildung									
Kindergärten	15 595	—	1 397	2 145	1 192	1 170	544	1 133	3 425
Grund- und Hauptschulen	29 057	—	3 357	5 026	923	1 753	411	2 979	5 795
Sonderschulen	6 354	—	842	1 044	259	331	205	503	1 406
Realschulen	7 302	—	1 032	895	29	561	648	422	1 446
Gymnasien	15 225	—	2 030	2 446	191	1 295	323	1 193	4 082
Gesamtschulen	5 681	—	32	54	801	482	53	1 142	1 548
Berufliche Schulen	10 366	—	1 707	1 676	216	750	177	1 154	1 887
Unterrichtsverwaltung und Sonstiges	7 246	1	75	495	311	438	204	610	1 110
Insgesamt	96 827	1	10 473	13 782	3 921	6 781	2 565	9 136	20 699
dar. Gemeinden/Gv., Zweckverbände	29 438	—	2 456	4 490	1 533	2 276	1 148	3 048	6 535

Mill. DM

Aufgabenbereich	Länder, Gemeinden/Gv. und Zweckverbände						Stadtstaaten		
	Rheinland-Pfalz	Saarland	Sachsen	Sachsen-Anhalt	Schleswig-Holstein	Thüringen	Berlin	Bremen	Hamburg
Politische Führung und zentrale Verwaltung									
Politische Führung	474	208	595	546	390	444	812	250	211
Innere Verwaltung.	827	207	1 247	877	496	942	670	77	308
Hochbauverwaltung.	205	64	343	206	177	161	482	47	107
Steuer- und Finanzverwaltung. .	670	177	766	348	424	400	651	119	343
Sonstiges	55	36	55	40	32	28	172	42	124
Insgesamt	**2 232**	**691**	**3 006**	**2 018**	**1 520**	**1 975**	**2 786**	**535**	**1 093**
dar. Gemeinden/Gv., Zweckverbände.	1 192	326	1 914	1 213	794	1 036	—	—	—
Öffentliche Sicherheit und Ordnung, Rechtsschutz									
Bundesgrenzschutz, Polizei	726	247	801	618	570	427	2 044	259	739
Sonstige Öffentliche Sicherheit und Ordnung	452	112	711	457	452	318	587	140	323
Ordentliche Gerichte und Staatsanwaltschaften . .	474	136	348	234	366	175	591	114	330
Sonstiger Rechtsschutz	183	68	122	120	108	72	302	62	203
Insgesamt	**1 835**	**563**	**1 981**	**1 429**	**1 496**	**992**	**3 523**	**576**	**1 596**
dar. Gemeinden/Gv., Zweckverbände.	408	96	639	412	432	291	—	—	—
Schulen und vorschulische Bildung									
Kindergärten.	791	148	1 117	1 307	207	945	—	75	—
Grund- und Hauptschulen.	1 459	335	1 128	2 195	908	439	1 650	156	543
Sonderschulen.	266	61	458	215	209	71	275	57	152
Realschulen.	295	90	1 130	185	408	—	159	—	—
Gymnasien	774	165	762	264	529	157	619	2	393
Gesamtschulen	81	70	4	9	85	4	528	480	307
Berufliche Schulen	457	149	471	268	386	271	410	32	355
Unterrichtsverwaltung und Sonstiges	221	71	329	274	142	2 297	378	48	241
Insgesamt	**4 345**	**1 090**	**5 399**	**4 717**	**2 873**	**4 185**	**4 019**	**850**	**1 990**
dar. Gemeinden/Gv., Zweckverbände.	1 365	305	2 291	1 777	916	1 296	—	—	—

Fortsetzung Quelle IX/7

Mill. DM

Aufgabenbereich	Insgesamt	Bund[1]	Länder, Gemeinden/Gv. und Zweckverbände						
			Baden-Württemberg	Bayern	Brandenburg	Hessen	Mecklenburg-Vorpommern	Niedersachsen	Nordrhein-Westfalen
Hochschulen									
Universitäten	18 213	867	2 316	2 404	226	1 309	218	1 453	3 736
Hochschulkliniken	20 466	542	2 745	2 747	—	1 443	515	1 468	3 748
Fachhochschulen	3 163	241	440	351	56	322	44	247	487
Übrige Hochschulen und Sonstiges	3 667	1 671	373	278	3	166	17	257	301
Insgesamt	45 509	3 322	5 874	5 781	285	3 241	795	3 405	8 272
dar. Gemeinden/Gv., Zweckverbände	—	—	—	—	—	—	—	—	—
Übriges Bildungswesen									
Förderungsmaßnahmen für Schüler/-innen	839	474	48	51	18	15	13	26	64
Förderungsmaßnahmen für Studierende[2]	4 365	2 340	302	248	33	132	44	168	360
Schülerbeförderung	2 352	—	81	484	58	192	39	332	568
Sonstiges Bildungswesen[3]	4 716	783	542	467	113	273	75	404	849
Insgesamt	12 271	3 597	972	1 250	222	613	170	931	1 842
dar. Gemeinden/Gv., Zweckverbände	3 864	—	375	501	118	356	84	568	1 084
Kulturelle Angelegenheiten									
Theater und Musik	6 241	43	862	831	139	403	67	400	1 283
Museen, Sammlungen, Ausstellungen	2 085	26	278	292	51	160	39	134	364
Sonstiges	6 073	1 044	651	872	254	437	205	388	516
Insgesamt	14 399	1 112	1 791	1 994	444	1 000	310	922	2 163
dar. Gemeinden/Gv., Zweckverbände	6 820	—	1 027	992	199	557	143	478	1 764

Mill. DM

Aufgabenbereich	Länder, Gemeinden/Gv. und Zweckverbände						Stadtstaaten		
	Rheinland-Pfalz	Saarland	Sachsen	Sachsen-Anhalt	Schleswig-Holstein	Thüringen	Berlin	Bremen	Hamburg
Hochschulen									
Universitäten................	684	269	915	378	330	493	1 788	272	573
Hochschulkliniken............	589	464	845	673	983	744	2 145	—	814
Fachhochschulen.............	145	36	198	51	93	49	221	65	117
Übrige Hochschulen und Sonstiges.	46	9	25	72	57	33	280	18	60
Insgesamt........	1 463	778	1 984	1175	1 463	1 319	4 433	355	1 564
dar. Gemeinden/Gv., Zweckverbände.	—	—	—	—	—	—	—	—	—
Übriges Bildungswesen									
Förderungsmaßnahmen für Schüler/-innen	20	5	20	11	10	26	14	4	19
Förderungsmaßnahmen für Studierende[2]	77	17	175	55	35	65	232	21	61
Schülerbeförderung.........	166	10	93	151	84	64	19	2	9
Sonstiges Bildungswesen[3]	124	32	101	104	153	204	292	53	145
Insgesamt.......	388	64	388	321	282	359	557	80	234
dar. Gemeinden/Gv., Zweckverbände.	235	22	130	139	173	79	—	—	—
Kulturelle Angelegenheiten									
Theater und Musik..........	220	50	415	172	147	268	647	80	214
Museen, Sammlungen, Ausstellungen.	53	10	140	93	30	107	234	14	62
Sonstiges.................	223	46	370	221	200	211	316	19	101
Insgesamt.......	497	106	925	486	377	585	1 198	113	377
dar. Gemeinden/Gv., Zweckverbände.	264	43	523	325	168	237	—	—	—

Fortsetzung Quelle IX/7

Mill. DM

Aufgabenbereich	Insgesamt	Bund[1]	Länder, Gemeinden/Gv. und Zweckverbände						
			Baden-Württemberg	Bayern	Brandenburg	Hessen	Mecklenburg-Vorpommern	Niedersachsen	Nordrhein-Westfalen
Soziale Sicherung, soziale Kriegsfolgeaufgaben, Wiedergutmachung									
Sozialverwaltung	8 900	1 228	676	801	398	594	177	702	1 731
Sozialversicherung	667 969	667 330	35	39	1	28	4	32	42
Kindergeld, Mutterschutz, Wohngeld	34 397	31 683	184	145	223	117	151	– 42	511
Sozialhilfeleistungen	49 455	9	4 855	5 247	1 493	4 351	883	5 261	12 725
Einrichtungen der Sozialhilfe	5 633	—	515	556	87	696	135	615	1 246
Leistungen und Einrichtungen der Jugendhilfe	14 123	726	1 073	1 046	398	940	478	975	2 549
Förderung der freien Wohlfahrtspflege und Jugendhilfe	5 011	494	1 176	436	121	171	89	263	563
Leistungen und Einrichtungen der Kriegsopferversorgung	11 318	11 289	1	– 3	—	1	2	0	14
Sonstige soziale Leistungen für Folgen von Krieg und politischen Ereignissen	9 492	4 602	773	1 266	20	612	16	203	1 432
Arbeitsmarktpolitik und Arbeitsschutz	28 737	24 729	112	118	340	67	193	105	753
Sonstige soziale Sicherung	5 606	2 385	546	251	85	146	31	184	881
Insgesamt	840 642	744 476	9 946	9 903	3 165	7 722	2 160	8 300	22 448
dar. Gemeinden/Gv., Zweckverbände	53 133	—	7 491	6 673	892	5 499	787	4 850	17 829
Gesundheit, Sport und Erholung									
Krankenhäuser	54 573	3	8 205	10 645	1 984	3 943	1 125	4 995	7 192
Sonstige Einrichtungen und Maßnahmen des Gesundheitswesens	3 961	321	350	407	153	243	111	308	664
Sport und Erholung	11 538	216	1 806	1 617	208	919	153	916	2 341
Reinhaltung von Luft, Wasser, Erde u. dgl.	5 100	2 045	261	277	256	206	49	159	70
Insgesamt	75 172	2 586	10 621	12 946	2 602	5 311	1 437	6 377	10 267
dar. Gemeinden/Gv., Zweckverbände	51 794	—	8 495	11 310	1 613	4 822	1 053	5 378	8 810

Mill. DM

Aufgabenbereich	Länder, Gemeinden/Gv. und Zweckverbände						Stadtstaaten		
	Rheinland-Pfalz	Saarland	Sachsen	Sachsen-Anhalt	Schleswig-Holstein	Thüringen	Berlin	Bremen	Hamburg
Soziale Sicherung, soziale Kriegsfolgeaufgaben, Wiedergutmachung									
Sozialverwaltung	310	100	180	227	197	165	720	90	604
Sozialversicherung	15	4	185	23	9	23	179	8	11
Kindergeld, Mutterschutz, Wohngeld	82	32	401	208	97	204	287	40	73
Sozialhilfeleistungen	2 192	886	1 895	1 118	2 006	490	3 103	863	2 079
Einrichtungen der Sozialhilfe	170	15	258	341	438	126	404	5	25
Leistungen und Einrichtungen der Jugendhilfe	554	134	1 153	405	420	286	2 178	127	682
Förderung der freien Wohlfahrtspflege und Jugendhilfe	130	32	113	72	139	462	580	66	105
Leistungen und Einrichtungen der Kriegsopferversorgung	1	—	0	—	3	—	—	9	0
Sonstige soziale Leistungen für Folgen von Krieg und politischen Ereignissen	152	33	59	16	63	76	108	40	21
Arbeitsmarktpolitik und Arbeitsschutz	85	44	609	572	67	303	343	72	226
Sonstige soziale Sicherung	250	25	368	30	57	19	301	15	32
Insgesamt	3 942	1 304	5 221	3 012	3 496	2 155	8 202	1 334	3 857
dar. Gemeinden/Gv., Zweckverbände	2 339	636	1 915	1 327	2 113	782	—	—	—
Gesundheit, Sport und Erholung									
Krankenhäuser	1 631	400	3 468	2 002	1 629	1 835	2 949	936	1 629
Sonstige Einrichtungen und Maßnahmen des Gesundheitswesens	112	36	281	142	103	151	418	65	98
Sport und Erholung	506	131	504	355	291	282	1 064	65	162
Reinhaltung von Luft, Wasser, Erde u. dgl.	59	10	678	611	42	137	147	18	75
Insgesamt	2 308	577	4 931	3 111	2 065	2 406	4 578	1 084	1 964
dar. Gemeinden/Gv., Zweckverbände	1 684	436	3 092	1 877	1 628	1 594	—	—	—

Fortsetzung Quelle IX/7

Mill. DM

Aufgabenbereich	Ins-gesamt	Bund[1]	Länder, Gemeinden/Gv. und Zweckverbände						
			Baden-Württem-berg	Bayern	Branden-burg	Hessen	Mecklen-burg-Vor-pommern	Nieder-sachsen	Nordrhein-Westfalen
Wohnungswesen, Raumordnung und kommunale Gemeinschaftsdienste									
Wohnungswesen	13 162	1 732	1 052	1 562	652	879	504	884	1 264
Raumordnung, Landesplanung, Vermessungswesen	7 616	1	1 194	1 007	232	623	208	723	1 498
Städtebauförderung	3 480	816	458	250	170	101	129	61	601
Abwasserbeseitigung	15 625	– 46	2 022	2 879	427	1 218	107	1 691	4 639
Abfallbeseitigung	11 167	– 3	1 521	2 193	265	1 314	231	948	2 874
Straßenreinigung	1 354	—	134	212	22	138	24	95	393
Sonstige kommunale Gemeinschaftsdienste	9 284	125	1 817	1 363	194	935	114	700	1 774
Insgesamt	61 688	2 626	8 199	9 465	1 961	5 207	1 315	5 101	13 044
dar. Gemeinden/Gv., Zweckverbände	44 711	—	6 845	8 160	1 084	4 544	710	4 107	11 537
Wirtschaftsförderung									
Ernährung, Landwirtschaft und Forsten	24 999	18 228	882	1 621	472	440	417	593	692
Energie- und Wasserwirtschaft, Kulturbau	6 535	1 019	642	1 147	349	342	232	260	750
Bergbau, Verarbeitendes Gewerbe und Baugewerbe	9 639	7 402	18	13	131	2	60	0	1 800
Regionale Förderungsmaßnahmen	18 892	10 288	456	921	1 030	192	790	488	430
Sonstiges Gewerbe und Dienstleistungen	12 265	10 275	227	301	57	78	29	274	370
Insgesamt	72 330	47 212	2 225	4 003	2 040	1 054	1 528	1 616	4 043
dar. Gemeinden/Gv., Zweckverbände	4 043	—	540	692	223	236	232	354	621

Mill. DM

Aufgabenbereich	Länder, Gemeinden/Gv. und Zweckverbände						Stadtstaaten		
	Rheinland-Pfalz	Saarland	Sachsen	Sachsen-Anhalt	Schleswig-Holstein	Thüringen	Berlin	Bremen	Hamburg
Wohnungswesen, Raumordnung und kommunale Gemeinschaftsdienste									
Wohnungswesen	387	38	274	458	154	412	2 553	126	232
Raumordnung, Landesplanung, Vermessungswesen	407	77	540	332	227	309	97	31	110
Städtebauförderung	106	10	197	117	43	147	231	8	34
Abwasserbeseitigung	42	201	481	407	706	236	293	59	262
Abfallbeseitigung	59	125	506	216	436	325	69	30	56
Straßenreinigung	31	6	56	23	43	25	127	24	3
Sonstige kommunale Gemeinschaftsdienste	513	178	434	273	185	289	211	95	85
Insgesamt	**1 546**	**636**	**2 488**	**1 825**	**1 794**	**1 744**	**3 580**	**374**	**782**
dar. Gemeinden/Gv., Zweckverbände	944	570	2 148	1 302	1 603	1 155	—	—	—
Wirtschaftsförderung									
Ernährung, Landwirtschaft und Forsten	347	30	307	310	210	330	69	16	34
Energie- und Wasserwirtschaft, Kulturbau	299	65	247	522	174	251	107	15	112
Bergbau, Verarbeitendes Gewerbe und Baugewerbe	4	3	28	—	26	92	11	28	20
Regionale Förderungsmaßnahmen	383	135	1 763	549	55	1 078	148	133	52
Sonstiges Gewerbe und Dienstleistungen	79	26	91	41	95	56	152	34	82
Insgesamt	**1 113**	**259**	**2 436**	**1 422**	**561**	**1 806**	**487**	**226**	**301**
dar. Gemeinden/Gv., Zweckverbände	250	27	242	275	85	267	—	—	—

Fortsetzung Quelle IX/7

Mill. DM

Aufgabenbereich	Insgesamt	Bund[1]	Länder, Gemeinden/Gv. und Zweckverbände						
			Baden-Württemberg	Bayern	Brandenburg	Hessen	Mecklenburg-Vorpommern	Niedersachsen	Nordrhein-Westfalen
Verkehr und Nachrichtenwesen									
Verwaltung für Straßen- und Brückenbau[4]	1 751	—	289	174	131	116	38	102	—
Bundesautobahnen	5 567	5 338	- 9	65	46	39	18	22	—
Bundes- und Landesstraßen	9 187	4 872	419	600	264	308	149	321	929
Kreisstraßen	1 418	—	16	375	45	71	59	235	204
Gemeindestraßen	16 439	5 195	1 671	2 261	316	689	220	1 032	1 769
Sonstiges Straßenwesen	653	56	87	123	50	80	6	28	106
Verwaltung der Wasserstraßen und Häfen.	502	454	0	—	—	—	0	22	0
Wasserstraßen und Häfen, Förderung der Schiffahrt	3 214	2 352	5	73	2	—	0	192	42
Sonstiges Verkehrs- und Nachrichtenwesen	7 159	3 257	504	618	212	164	82	140	759
Insgesamt	45 890	21 523	2 982	4 289	1 067	1 467	573	2 093	3 809
dar. Gemeinden/Gv., Zweckverbände	11 405	—	1 369	2 490	194	789	290	1 322	2 246
Wirtschaftsunternehmen, allgemeines Grund- und Kapitalvermögen, Sondervermögen									
Wirtschaftsunternehmen	39 013	23 225	2 259	2 895	532	1 069	395	907	1 905
Allgemeines Grund- und Kapitalvermögen, Sondervermögen	15 116	1 424	2 782	1 383	424	644	467	944	2 069
Insgesamt	54 130	24 649	5 041	4 278	956	1 714	862	1 851	3 974
dar. Gemeinden/Gv., Zweckverbände	17 114	—	3 398	3 342	527	1 162	525	1 422	3 031
Allgemeine Finanzwirtschaft									
Steuern und allgemeine Finanzzuweisungen	2 911	49 116	2 456	181	-5 803	2 338	- 3 991	- 2 604	1 133
Schulden	102 587	63 176	4 158	3 689	562	3 518	240	4 519	11 264
Versorgung	44 393	14 388	4 134	4 995	3	2 754	177	3 025	7 386
Beihilfen	5 666	588	834	1 125	11	347	10	458	1 672
Sonstiges	87	207	- 21	14	- 11	26	-106	27	- 8
Insgesamt	155 643	127 475	11 562	10 004	-5 237	8 984	-3 669	5 425	21 447
dar. Gemeinden/Gv., Zweckverbände	-30 762	—	-966	-2 284	-3 293	-1 459	-2 146	-3 607	-4 924

Mill. DM

Aufgabenbereich	Länder, Gemeinden/Gv. und Zweckverbände						Stadtstaaten		
	Rheinland-Pfalz	Saarland	Sachsen	Sachsen-Anhalt	Schleswig-Holstein	Thüringen	Berlin	Bremen	Hamburg
Verkehr und Nachrichtenwesen									
Verwaltung für Straßen- und Brückenbau⁴	89	20	60	193	94	141	187	33	83
Bundesautobahnen	27	—	49	-23	88	—	7	-3	-10
Bundes- und Landesstraßen	364	55	468	70	88	274	—	1	4
Kreisstraßen	164	24	-15	44	66	130	—	—	—
Gemeindestraßen	650	114	578	536	309	438	441	48	172
Sonstiges Straßenwesen	38	8	9	9	10	10	14	6	13
Verwaltung der Wasserstraßen und Häfen	—	- 0	—	—	—	—	2	—	24
Wasserstraßen und Häfen, Förderung der Schiffahrt	6	16	—	0	23	—	14	15	475
Sonstiges Verkehrs- und Nachrichtenwesen	83	30	172	- 8	166	149	664	60	107
Insgesamt	**1 421**	**266**	**1 322**	**821**	**757**	**1 141**	**1 328**	**160**	**870**
dar. Gemeinden/Gv., Zweckverbände	808	135	405	470	346	543	—	—	—
Wirtschaftsunternehmen, allgemeines Grund- und Kapitalvermögen, Sondervermögen									
Wirtschaftsunternehmen	511	86	695	550	222	832	2 131	398	400
Allgemeines Grund- und Kapitalvermögen, Sondervermögen	468	95	1 321	532	321	447	1 676	53	69
Insgesamt	**979**	**181**	**2 016**	**1 081**	**543**	**1 279**	**3 807**	**451**	**469**
dar. Gemeinden/Gv., Zweckverbände	591	98	1 265	696	380	675	—	—	—
Allgemeine Finanzwirtschaft									
Steuern und allgemeine Finanzzuweisungen	- 1 555	- 872	- 9 530	- 6 504	- 859	- 6 117	- 13 080	- 1 241	- 157
Schulden	2 276	1 247	631	587	1 812	273	1 854	1 215	1 566
Versorgung	1 681	569	198	238	1 159	81	1 788	447	1 370
Beihilfen	316	74	11	4	153	15	—	46	—
Sonstiges	10	2	- 46	7	11	- 10	—	25	- 24
Insgesamt	**2 728**	**1 021**	**- 8 736**	**- 5 682**	**2 276**	**- 5 759**	**- 9 439**	**492**	**2 754**
dar. Gemeinden/Gv., Zweckverbände	- 563	- 341	- 4 102	- 3 418	- 1 038	- 2 619	—	—	—

Legende zu Quelle IX/7

* Deutschland — In der Abgrenzung der Haushaltssystematik von Bund und Ländern. — Einschl. Ausgaben der Krankenhäuser und Hochschulkliniken mit kaufmännischem Rechnungswesen.
1 Einschl. Sozialversicherung, Lastenausgleichsfonds, ERP-Sondervermögen und EU-Anteilen (Ernährung, Landwirtschaft und Forsten: 12 678 Mill. DM) sowie Fonds „Deutsche Einheit" und Kreditabwicklungsfonds.
2 Einschl. Studentenwohnraumförderung.
3 Volkshochschulen, Bibliothekswesen, übrige außerschulische Jugend- und Erwachsenenbildung.
4 Ohne kommunale Ausgaben.

Quelle: Statistisches Bundesamt, Statistisches Jahrbuch 1996, S. 504 ff.

IX/8 Investitionsausgaben der öffentlichen Haushalte 1993 nach Arten und Aufgabenbereichen*

Art der Investitionsausgaben Aufgabenbereich	Insgesamt	Bund[1]	Länder, Gemeinden/Gv. und Zweckverbände (Mill. DM)						
			Baden-Württemberg	Bayern	Brandenburg	Hessen	Mecklenburg-Vorpommern	Niedersachsen	Nordrhein-Westfalen
nach Arten									
Baumaßnahmen	80 117	10 803	8 663	12 014	3 404	4 596	2 269	4 907	10 484
Erwerb von unbeweglichen Sachen	11 600	2 223	1 524	2 077	245	491	283	912	1 563
Erwerb von beweglichen Sachen	14 356	2 074	1 586	1 838	539	776	416	960	1 975
Erwerb von Beteiligungen usw.	6 103	1 732	796	576	55	130	66	121	696
Darlehen an andere Bereiche	30 124	21 850	601	1 451	401	911	521	701	1 174
Zuschüsse für Investitionen an andere Bereiche	58 361	31 167	2 075	3 062	2 547	939	1 349	1 578	4 252
Insgesamt	200 662	69 849	15 244	21 018	7 192	7 843	4 904	9 180	20 144
dar. Gemeinden/Gv., Zweckverbände	80 045	—	11 259	15 185	3 506	5 321	2 443	6 302	14 447
nach Aufgabenbereichen									
Schulen und vorschulische Bildung	10 459	—	1 223	1 926	331	804	278	882	1 757
darunter:									
Grund- und Hauptschulen	3 297	—	440	728	97	204	51	205	429
Sonderschulen	516	—	44	101	30	26	20	28	98
Realschulen	504	—	74	44	10	27	41	—	97
Gymnasien	1 121	—	75	150	69	88	82	1	160
Gesamtschulen	944	—	10	20	42	144	1	262	339
Hochschulen	5 536	84	870	836	96	455	59	397	620
darunter:									
Universitäten[2]	2 387	—	359	422	75	174	33	218	271
Hochschulkliniken	2 167	—	394	307	—	99	18	137	314
Fachhochschulen	525	—	85	90	21	131	5	33	22
Förderung des Bildungswesens	1 895	—	242	250	45	140	39	154	363
Wissenschaft, Forschung, Entwicklung außerhalb der Hochschulen	4 019	3 173	81	155	25	37	20	105	158

Fortsetzung Quelle IX/8

Mill. DM

Art der Investitionsausgaben Aufgabenbereich	Länder, Gemeinden/Gv. und Zweckverbände						Stadtstaaten		
	Rheinland-Pfalz	Saarland	Sachsen	Sachsen-Anhalt	Schleswig-Holstein	Thüringen	Berlin	Bremen	Hamburg
nach Arten									
Baumaßnahmen	2 574	745	7 326	3 686	1 685	3 783	1 711	469	998
Erwerb von unbeweglichen Sachen	354	36	464	240	181	448	457	35	67
Erwerb von beweglichen Sachen	405	113	1 115	585	326	685	524	107	333
Erwerb von Beteiligungen usw.	75	51	120	141	41	307	1 123	3	69
Darlehen an andere Bereiche	483	41	203	409	158	261	765	96	97
Zuschüsse für Investitionen an andere Bereiche	754	213	2 504	2 435	674	2 131	1 972	221	489
Insgesamt	4 645	1 199	11 733	7 496	3 064	7 614	6 551	931	2 054
dar. Gemeinden/Gv., Zweckverbände	2 898	704	7 749	4 167	2 027	4 035	—	—	—
nach Aufgabenbereichen									
Schulen und vorschulische Bildung	494	87	892	521	273	460	342	37	151
darunter:									
Grund- und Hauptschulen	167	28	251	159	91	175	220	9	42
Sonderschulen	6	4	70	27	9	42	2	1	8
Realschulen	12	7	117	38	34	—	2	—	—
Gymnasien	33	11	182	128	18	94	15	0	16
Gesamtschulen	16	5	3	2	16	3	51	17	14
Hochschulen	167	115	408	134	152	264	659	89	133
darunter:									
Universitäten[2]	54	41	241	9	44	139	152	—	79
Hochschulkliniken	59	49	97	53	89	97	413	76	42
Fachhochschulen	13	23	33	7	16	9	14	11	10
Förderung des Bildungswesens	102	17	143	47	39	50	174	30	61
Wissenschaft, Forschung, Entwicklung außerhalb der Hochschulen	22	10	48	60	34	33	26	19	13

Mill. DM

Länder, Gemeinden/Gv. und Zweckverbände

nach Aufgabenbereichen

Art der Investitionsausgaben Aufgabenbereich	Insgesamt	Bund[1]	Baden-Württemberg	Bayern	Brandenburg	Hessen	Mecklenburg-Vorpommern	Niedersachsen	Nordrhein-Westfalen
Soziale Sicherung, soziale Kriegsfolgeaufgaben, Wiedergutmachung	21 050	16 121	620	450	147	264	134	235	1 008
dar. Förderung der Vermögensbildung	634	583	51	—	—	– 0	—	—	– 0
Gesundheit, Sport und Erholung	14 823	1 769	1 756	2 534	799	731	270	810	1 753
dar. Krankenhäuser	8 523	3	981	1 798	617	409	180	538	1 232
Wohnungswesen, Raumordnung, Städtebauförderung	13 373	147	1 255	1 918	809	1 195	715	689	1 944
Kommunale Gemeinschaftsdienste	17 007	—	2 161	3 747	640	1 227	245	1 599	3 647
davon:									
Abwasserbeseitigung	12 586	—	1 491	2 704	552	800	196	1 168	2 999
Abfallbeseitigung	2 041	—	268	639	19	169	20	265	323
Übrige kommunale Gemeinschaftsdienste	2 380	—	402	404	70	258	29	166	324
Wirtschaftsförderung	31 712	16 959	544	1 523	1 891	255	1 301	915	1 263
dar. Ernährung, Landwirtschaft und Forsten	2 759	24	209	603	281	110	292	210	150
Verkehr und Nachrichtenwesen	29 796	9 850	2 405	2 894	1 021	1 141	606	1 541	2 909
darunter:									
Bundesautobahnen	4 667	4 394	1	79	46	48	—	28	—
Bundes- und Landesstraßen	7 672	3 839	394	485	200	268	101	216	1 019
Kreisstraßen	1 493	—	176	278	104	69	70	166	193
Gemeindestraßen	10 112	—	1 272	1 868	442	545	322	868	1 165
Wirtschaftsunternehmen	17 209	9 613	1 001	1 836	167	269	195	282	1 616
darunter:									
Versorgungsunternehmen	1 730	1	243	571	125	100	31	48	112
Verkehrsunternehmen	11 572	9 353	60	671	11	31	66	79	831
Kombinierte Versorgungs- und Verkehrsunternehmen	979	—	45	315	4	17	18	4	507
Sonstige Aufgabenbereiche	33 782	12 133	3 086	2 948	1 222	1 325	1 043	1 571	3 105

Fortsetzung Quelle IX/8

Mill. DM

Art der Investitionsausgaben Aufgabenbereich	Länder, Gemeinden/Gv. und Zweckverbände						Stadtstaaten		
	Rheinland-Pfalz	Saarland	Sachsen	Sachsen-Anhalt	Schleswig-Holstein	Thüringen	Berlin	Bremen	Hamburg
nach Aufgabenbereichen									
Soziale Sicherung, soziale Kriegsfolgeaufgaben, Wiedergutmachung	217	30	597	511	103	133	264	22	194
dar. Förderung der Vermögensbildung	—	–0	—	—	–0	—	—	—	—
Gesundheit, Sport und Erholung	440	96	1 200	623	273	550	840	137	243
dar. Krankenhäuser	241	53	822	353	182	336	480	112	183
Wohnungswesen, Raumordnung, Städtebauförderung	624	77	675	832	273	808	1 244	40	128
Kommunale Gemeinschaftsdienste	232	274	1 293	687	453	535	213	32	23
davon:									
Abwasserbeseitigung	37	237	981	553	374	303	169	6	17
Abfallbeseitigung	1	4	145	42	30	105	7	3	—
Übrige kommunale Gemeinschaftsdienste	195	33	168	92	48	126	37	23	6
Wirtschaftsförderung	450	174	1 897	1 878	263	1 761	320	144	173
dar. Ernährung, Landwirtschaft und Forsten	129	7	237	218	58	211	8	9	3
Verkehr und Nachrichtenwesen	1 065	145	1 931	775	572	1 164	1 129	118	530
darunter:									
Bundesautobahnen	32	—	38	—	—	—	—	—	—
Bundes- und Landesstraßen	320	44	417	74	71	220	—	2	0
Kreisstraßen	132	12	98	48	51	95	—	—	—
Gemeindestraßen	548	78	1 086	546	240	651	274	73	134
Wirtschaftsunternehmen	104	12	489	263	128	645	381	111	97
darunter:									
Versorgungsunternehmen	16	1	241	107	35	83	3	14	—
Verkehrsunternehmen	37	5	129	17	44	14	92	96	37
Kombinierte Versorgungs- und Verkehrsunternehmen	5	0	1	31	19	13	—	—	—
Sonstige Aufgabenbereiche	730	162	2 161	1 166	502	1 210	958	153	309

Legende zu Quelle IX/8

* Deutschland — In der Abgrenzung der Haushaltssystematik von Bund und Ländern; einschl. Ausgaben der Krankenhäuser und Hochschulkliniken mit kaufmännischem Rechnungswesen.
1 Einschl. Sozialversicherung, Lastenausgleichsfonds und ERP-Sondervermögen.
2 Einschl. Technischer Universitäten, Technischer und Pädagogischer Hochschulen sowie Gesamthochschulen.

Quelle: Statistisches Bundesamt, Statistisches Jahrbuch 1996, S. 502 f.

IX/9　Die Ausgaben des Bundeshaushalts und ihre Finanzierung in den Haushaltsjahren 1950 bis 1999 — Gesamtüberblick

Gegenstand der Nachweisung	Haushaltsjahr[1]					
	1950	1951	1952	1953	1954	1955
	Ist-Ergebnis					
	in Mio DM					
I. Ermittlung des Finanzierungssaldos						
1. Ausgaben zusammen[2]	12 385	18 518	20 408	19 728	20 882	22 419
Veränderung gegenüber dem Vorjahr in vH	+ 49,5	+ 10,2	− 3,3	+ 5,8	+ 7,4
2. Einnahmen zusammen[3]	11 411	17 136	20 205	21 587	23 472	26 028
Veränderung gegenüber dem Vorjahr in vH	+ 50,2	+ 17,9	+ 6,8	+ 8,7	+ 10,9
3. Saldo der durchlaufenden Mittel	+ 80	− 47	− 1	− 219	+ 192	+ 5
4. Finanzierungssaldo						
4.1 Finanzierungsüberschuß (+)	—	—	—	+ 1 641	+ 2 783	+ 3 615
4.2 Finanzierungsdefizit (–)	− 894	−1 429	− 203	—	—	—
II. Zusammensetzung des Finanzierungssaldos						
5. Nettoneuverschuldung/Nettotilgung am Kreditmarkt						
5.1 Einnahmen aus Krediten vom Kreditmarkt	196	37	751	1 147	267	60
5.2 Ausgaben zur Schuldentilgung am Kreditmarkt	—	48	69	643	512	364
Nettokreditaufnahme (–)/Nettotilgung (+)	− 196	+ 11	− 682	− 504	+ 245	+ 304
5.3 Kassenmäßiger Fehlbetrag	257	1 309	—	641	227	—
5.4 Ausgaben zur Deckung kassenmäßiger Fehlbeträge	—	162	640	1 002	641	227
Saldo 5	− 453	− 1 135	− 42	− 143	+ 659	+ 530
6. Überschüsse						
6.1 Einnahmen aus kassenmäßigen Überschüssen	—	—	—	—	—	—
6.2 Kassenmäßiger Überschuß	—	—	6	—	—	3 121
Saldo 6	—	—	+ 6	—	—	+ 3 121
7. Rücklagenbewegung						
7.1 Entnahmen aus Rücklagen	—	—	—	—	—	—
7.2 Zuführungen an Rücklagen	—	—	—	1 863	2 157	—
Saldo 7	—	—	—	+ 1 863	+ 2 157	—
8. Münzeinnahmen	− 441	− 294	− 167	− 79	− 34	− 36
9. Finanzierungssaldo (Summe 5 bis 8)						
9.1 Finanzierungsüberschuß (+)	—	—	—	+ 1 641	+ 2 783	+ 3 615
9.2 Finanzierungsdefizit (–)	− 894	− 1 429	− 203	—	—	—
III. Haushaltsabschluß						
10. Gesamtausgaben (formale Abschlußsumme)	14 685	20 868	23 097	27 950	28 189	29 700
11. Gesamteinnahmen (formale Abschlußsumme) ..	14 428	19 559	23 102	27 309	27 963	32 821
12. Kassenmäßiger Fehltrag (–) bzw. Überschuß (+)	− 257	− 1 309	+ 6	− 641	− 227	+ 3 121
13. Kassenmäßige Jahresergebnisse früherer Haushaltsjahre (soweit nicht abgedeckt)	− 244	− 339	− 1 008	—	—	—
14. Haushaltsreste	319	659	918	1 427	2 124	6 329
15. Rechnungsmäßiger Gesamtfehlbetrag	− 820	− 2 307	− 1 920	− 2 068	− 2 351	− 3 208

Legende s. Seite 657.

Fortsetzung Quelle IX/9; hier: 1950 bis 1965

Haushaltsjahr[1]									
1956	1957	1958	1959	1960[4]	1961	1962	1963	1964	1965
Ist-Ergebnis									
in Mio DM									
27 712	31 594	33 756	36 865	30 287	43 054[5]	49 864	54 762	58 150[5]	64 192[5]
+ 23,6	+ 14,0	+ 6,8	+ 9,2	.	.	+ 15,8	+ 9,8	+ 6,2	+ 10,4
28 142	28 823	31 515	34 968	30 205	44 085	49 407	52 372	57 748	63 125
+ 8,1	+ 2,4	+ 9,3	+ 11,0	.	.	+ 12,1	+ 6,0	+ 10,3	+ 9,3
+ 5	+ 25	− 6	− 54	+ 21	− 196	− 147	+ 172	+ 137	+ 69
+ 435	—	—	—	—	+ 835	—	—	—	—
—	− 2 747	− 2 247	− 1 950	− 60	—	− 603	− 2 217	− 266	− 998
40	272	136	1 907	324	62[5]	925	2 749	2 041[5]	1 427[5]
700	810	546	1 417	385	998	628	784	1 458	1 314
+ 660	+ 538	+ 410	− 490	+ 61	+ 936	− 297	− 1 965	− 583	− 113
49	—	23	173	51	161	409	512	32	728
—	—	—	—	—	154	207	411	512	—
+ 612	+ 538	+ 387	− 663	+ 10	+ 929	− 499	− 2 066	− 103	− 840
91	2 981	744	—	—	—	—	—	—	—
—	791	—	—	—	—	—	—	—	—
− 91	− 2 190	− 744	—	—	—	—	—	—	—
—	1 020	1 811	1 190	—	—	—	—	—	—
—	—	—	—	—	—	—	—	—	—
—	− 1 020	− 1 811	− 1 190	—	—	—	—	—	—
− 85	− 76	− 79	− 98	− 70	− 94	− 104	− 151	− 163	− 158
+ 435	—	—	—	—	+ 835	—	—	—	—
—	− 2 747	− 2 247	− 1 950	− 60	—	− 603	− 2 217	− 266	− 998
33 371	36 437	40 607	42 959	33 129	52 260	57 948	58 857	65 933	69 178
33 322	37 228	40 584	42 786	33 078	52 099	57 538	58 345	65 902	68 450
− 49	+ 791	− 23	− 173	− 51	− 161	− 409	− 512	− 32	− 728
+ 2 981	—	—	—	− 154	− 46	—	—	—	− 32
6 087	8 111	10 135	7 031	4 858	2 373	2 413	2 980	3 601	3 703
− 3 155	− 7 320	− 10 158	− 7 204	− 5 063	− 2 580	− 2 822	− 3 491	− 3 633	− 4 462

Gegenstand der Nachweisung	Haushaltsjahr[1]					
	1966	1967	1968	1969	1970	1971
	Ist-Ergebnis					
	in Mio DM					
I. Ermittlung des Finanzierungssaldos						
1. Ausgaben zusammen[2]	66 874[5]	74 642[5]	75 765	82 256	87 982	98 472[7]
Veränderung gegenüber dem Vorjahr in vH	+ 4,1	+ 11,6	+ 1,5	+ 8,6	+ 7,0	+ 13,0[7]
2. Einnahmen zusammen[3]...................	65 758	67 033	70 693	83 371	88 398	97 397[7]
Veränderung gegenüber dem Vorjahr in vH	+ 4,2	+ 1,9	+ 5,5	+ 17,9	+ 6,0	+ 11,2[7]
3. Saldo der durchlaufenden Mittel	– 71	– 6	+ 156	+ 70	– 63	– 309
4. Finanzierungssaldo						
4.1 Finanzierungsüberschuß (+)	—	—	—	+ 1 185	+ 353	—
4.2 Finanzierungsdefizit (–).................	– 1 188	– 7 616	– 4 916	—	—	– 1 385
II. Zusammensetzung des Finanzierungssaldos						
5. Nettoneuverschuldung/Nettotilgung am Kreditmarkt						
5.1 Einnahmen aus Krediten vom Kreditmarkt	1 674[5]	8 867[5]	9 029[6]	8 502	4 895	5 549
5.2 Ausgaben zur Schuldentilgung am Kreditmarkt......................	1 456	2 225	3 272	8 501	3 788	4 108
Nettokreditaufnahme (–)/Nettotilgung (+)	– 218	– 6 642	– 5 757	– 1	– 1 107	– 1 442
5.3 Kassenmäßiger Fehlbetrag	1 026	1 348	2	—	—	—
5.4 Ausgaben zur Deckung kassenmäßiger Fehlbeträge	232	528	1 026	1 350	—	—
Saldo 5.............................	– 1 012	– 7 462	– 4 733	+ 1 348	– 1 107	– 1 442
6. Überschüsse						
6.1 Einnahmen aus kassenmäßigen Überschüssen........................	—	—	—	—	—	—
6.2 Kassenmäßiger Überschuß..............	—	—	—	—	—	—
Saldo 6.............................	—	—	—	—	—	—
7. Rücklagenbewegung						
7.1 Entnahmen aus Rücklagen	—	—	—	—	—	260
7.2 Zuführungen an Rücklagen..............	—	—	—	—	1 760	1 000
Saldo 7.............................	—	—	—	—	+ 1 760	+ 740
8. Münzeinnahmen	– 176	– 153	– 183	– 163	– 300	– 683
9. Finanzierungssaldo (Summe 5 bis 8)						
9.1 Finanzierungsüberschuß (+)	—	—	—	+ 1 185	+ 353	—
9.2 Finanzierungsdefizit (–).................	– 1 188	– 7 616	– 4 916	—	—	– 1 385
III. Haushaltsabschluß						
10. Gesamtausgaben (formale Abschlußsumme)	72 660	80 986	88 479	97 801	94 227	102 885
11. Gesamteinnahmen (formale Abschlußsumme) ..	71 634	79 638	88 477	97 801	94 227	102 885
12. Kassenmäßiger Fehltrag (–) bzw. Überschuß (+)	– 1 026	– 1 348	– 2	—	—	—
13. Kassenmäßige Jahresergebnisse früherer Haushaltsjahre (soweit nicht abgedeckt)	– 528	– 1 026	– 1 350	—	—	—
14. Haushaltsreste	3 429	4 098	3 304	3 860	3 880	4 110
15. Rechnungsmäßiger Gesamtfehlbetrag	– 4 982	– 6 473	– 4 656	– 3 860	– 3 880	– 4 110

Legende s. Seite 657.

Fortsetzung Quelle IX/9; hier: 1966 bis 1977

Gegenstand der Nachweisung	Haushaltsjahr[1]					
	1972	1973	1974	1975	1976[8]	1977[8]
	Ist-Ergebnis					
	in Mio DM					
I. Ermittlung des Finanzierungssaldos						
1. Ausgaben zusammen[2]	111 086[4]	122 557	134 035	156 894	162 514	171 952
Veränderung gegenüber dem Vorjahr in vH	+ 12,8	+ 10,3	+ 9,4	+ 12,7[7]	+ 3,6	+ 5,8
2. Einnahmen zusammen[3]...................	106 338	119 177[5,6]	123 572[2]	123 788	136 627	149 755
Veränderung gegenüber dem Vorjahr in vH	+ 9,2	+ 12,1	+ 3,7	+ 0,2	+ 10,4	+ 9,6
3. Saldo der durchlaufenden Mittel.............	− 29	+ 182	+ 126	+ 23	+ 31	− 10
4. Finanzierungssaldo						
4.1 Finanzierungsüberschuß (+)	—	—	—	—	—	—
4.2 Finanzierungsdefizit (−)................	− 4 777	− 3 199	− 10 337	− 33 083	− 25 856	− 22 206
II. Zusammensetzung des Finanzierungssaldos						
5. Nettoneuverschuldung/Nettotilgung am Kreditmarkt						
5.1 Einnahmen aus	(6 993[4])	(8 318)	(15 329)	(36 754)	(46 316)	(36 755)
− Krediten vom Kreditmarkt.............	6 993	8 318)	15 329	36 754	46 316	36 755
− Mehreinnahmen Bundesbankgewinn[10] ...	—	—	—	—	—	—
5.2 Tilgung durch	(3 017)	(5 641)	(5 854)	(6 829)	(20 533)	(15 043)
− Krediten vom Kreditmarkt[9]	3 017	5 641	5 854	6 829	20 533	15 043
− Mehreinnahmen Bundesbankgewinn[10] ...	—	—	—	—	—	—
Nettokreditaufnahme (−)/Nettotilgung (+)	− 3 976	− 2 677	− 9 475	− 29 925	− 25 782	− 21 712
5.3 Kassenmäßiger Fehlbetrag	—	—	—	—	—	—
5.4 Ausgaben zur Deckung kassenmäßiger Fehlbeträge	—	—	—	—	—	—
Saldo 5.....................	− 3 976	− 2 677	− 9 475	− 29 925	− 25 782	− 21 712
6. Überschüsse						
6.1 Einnahmen aus kassenmäßigen Überschüssen......................	—	—	—	—	—	—
6.2 Kassenmäßiger Überschuß.............	—	—	—	—	—	—
Saldo 6.....................	—	—	—	—	—	—
7. Rücklagenbewegung						
7.1 Entnahmen aus Rücklagen	—	—	610	2 354	—	—
7.2 Zuführungen an Rücklagen.............	—	—	—	—	—	—
Saldo 7.....................	—	—	− 610	− 2 354	—	—
8. Münzeinnahmen.......................	− 800	− 522	− 252	− 805	− 74	− 494
9. Finanzierungssaldo (Summe 5 bis 8)						
9.1 Finanzierungsüberschuß (+)	—	—	—	—	—	—
9.2 Finanzierungsdefizit (−)................	− 4 777	− 3 199	− 10 337	− 33 083	− 25 856	− 22 206
III. Haushaltsabschluß						
10. Gesamtausgaben (formale Abschlußsumme)	112 799	127 134	136 433	160 079	166 415	173 431
11. Gesamteinnahmen (formale Abschlußsumme) ..	112 799	127 134	136 433	160 079	166 415	173 431
12. Kassenmäßiger Fehltrag (−) bzw. Überschuß (+) .	—	—	—	—	—	—
13. Kassenmäßige Jahresergebnisse früherer Haushaltsjahre (soweit nicht abgedeckt)	—	—	—	—	—	—
14. Haushaltsreste	3 864	4 073	4 050	4 186	4 298	5 270
15. Rechnungsmäßiger Gesamtfehlbetrag	− 3 864	− 4 073	− 4 050	− 4 186	− 4 298	− 5 270

Gegenstand der Nachweisung	Haushaltsjahr[1]					
	1978[8]	1979[8]	1980[8]	1981	1982	1983
	Ist-Ergebnis					
	in Mio DM					
I. Ermittlung des Finanzierungssaldos						
1. Ausgaben zusammen[2]	189 509	203 358	215 710	232 995	244 646	246 748
Veränderung gegenüber dem Vorjahr in vH	+ 10,2	+ 7,3	+ 6,1	+ 8,0	+ 5,0	+ 0,9
2. Einnahmen zusammen[3]....................	163 152	177 515	188 090	195 034	206 968	214 808
Veränderung gegenüber dem Vorjahr in vH	+ 8,9	+ 8,8	+ 6,0	+ 3,7	+ 6,1	+ 3,8
3. Saldo der durchlaufenden Mittel	+ 43	– 210	+ 26	+ 21	+ 21	+ 22
4. Finanzierungssaldo						
4.1 Finanzierungsüberschuß (+)	—	—	—	—	—	—
4.2 Finanzierungsdefizit (–).................	– 26 313	– 26 053	– 27 594	– 37 940	– 37 658	– 31 917
II. Zusammensetzung des Finanzierungssaldos						
5. Nettoneuverschuldung/Nettotilgung am Kreditmarkt						
5.1 Einnahmen aus	(46 505)	(54 542)	(59 604)	(85 754)	(79 609)	(76 359[9])
– Krediten vom Kreditmarkt.............	46 505	54 542	59 604	85 754	79 609	76 359
– Mehreinnahmen Bundesbankgewinn[15]....	—	—	—	—	—	—
5.2 Tilgung durch	(20 565)	(28 931)	(32 496)	(48 364)	(42 435)	(44 884)
– Krediten vom Kreditmarkt[9]	20 565	28 931	32 496	48 364	42 435	44 884
– Mehreinnahmen Bundesbankgewinn[15] ...	—	—	—	—	—	—
Nettokreditaufnahme (–)/Nettotilgung (+)	– 25 940	– 25 611	– 27 108	– 37 390	– 37 175	– 31 475
5.3 Kassenmäßiger Fehlbetrag...............	—	—	—	—	—	—
5.4 Ausgaben zur Deckung kassenmäßiger Fehlbeträge	—	—	—	—	—	—
Saldo 5.............................	– 25 940	– 25 611	– 27 108	– 37 390	– 37 175	– 31 475
6. Überschüsse						
6.1 Einnahmen aus kassenmäßigen Überschüssen.........................	—	—	—	—	—	—
6.2 Kassenmäßiger Überschuß..............	—	—	—	—	—	—
Saldo 6.............................	—	—	—	—	—	—
7. Rücklagenbewegung						
7.1 Entnahmen aus Rücklagen	—	—	—	—	—	—
7.2 Zuführungen an Rücklagen.............	—	—	—	—	—	—
Saldo 7.............................	—	—	—	—	—	—
8. Münzeinnahmen........................	– 373	– 443	– 487	– 550	– 483	– 442
9. Finanzierungssaldo (Summe 5 bis 8)						
9.1 Finanzierungsüberschuß (+)	—	—	—	—	—	—
9.2 Finanzierungsdefizit (–).................	– 26 313	– 26 053	– 27 594	– 37 940	– 37 658	– 31 917
III. Haushaltsabschluß						
10. Gesamtausgaben (formale Abschlußsumme)	190 946	204 663	216 147	233 355	245 018	247 104
11. Gesamteinnahmen (formale Abschlußsumme) ..	190 946	204 663	216 147	233 355	245 018	247 104
12. Kassenmäßiger Fehltrag (–) bzw. Überschuß (+) .	—	—	—	—	—	—
13. Kassenmäßige Jahresergebnisse früherer Haushaltsjahre (soweit nicht abgedeckt)	—	—	—	—	—	—
14. Haushaltsreste	6 156	5 972	5 608	5 424	3 892	3 904
15. Rechnungsmäßiger Gesamtfehlbetrag	– 6 156	– 5 972	– 5 608	– 5 424	– 3 892	– 3 904

Legende s. Seite 657.

Fortsetzung Quelle IX/9; hier: 1978 bis 1993

Haushaltsjahr[1]									
1984	1985	1986	1987	1988	1989[1]	1990[11]	1991	1992	1993
Ist-Ergebnis									
in Mio DM									
251 781	257 111	261 525	269 047	275 374	289 779	380 176	401 169	427 169	457 461
+ 2,0	+ 2,1	+ 1,7	+ 2,9	+ 2,4	+ 5,2	.	.	+ 6,3	+ 7,1
223 133	234 346	238 244	241 129	239 382	269 709	332 098	348 569	387 798	390 482
+ 3,9	+ 5,0	+ 1,7	+ 1,2	− 0,7	+ 12,7	.	.	+ 11,3	+ 0,7
+ 23	+ 26	+ 28	+ 30	+ 28	+ 29	+ 30	+ 1	+ 22	+ 30
—	—	—	—	—	—	—	—	—	—
− 28 624	− 22 740	− 23 254	− 27 888	− 35 963	− 20 041	− 48 045	− 53 200	− 39 349	− 66 948
(73 063)	(67 958)	(83 353)	(90 511)	(90 912)	(84 139)	(131 514)	(153 547)	(136 856)	(136 382)
73 063	67 958	83 353	90 511	90 912	79 098	128 550	152 282	129 392	130 290
						5 041	2 964	7 464	6 092
(44 758)	(45 572)	(60 426)	(63 056)	(55 524)	(64 913)	(84 787)	(92 082)	(98 236)	(70 227)
44 758	45 572	60 426	63 056	55 524	59 872	81 823	90 817	90 772	64 135
—	—	—	—	—		5 041	2 964	1 265	6 092
− 28 305	− 22 386	− 22 926	− 27 455	− 35 388	− 19 226	− 46 727	− 52 028[12]	− 38 620	− 66 155
—	—	—	—	—	—	—	—	—	—
− 28 305	− 22 386	− 22 926	− 27 455	− 35 388	− 19 226	− 46 727	− 52 028	− 38 620	− 66 155
—	—	—	—	—	—	—	—	—	—
—	—	—	—	—	—	—	—	—	—
—	—	—	—	—	—	—	—	—	—
− 319	− 353	− 327	− 433	− 575	− 815	− 1 318	− 2 272	− 738	− 793
− 28 624	− 22 740	− 23 254	− 27 888	− 35 963	− 20 041	− 48 045	− 53 200	− 39 349	− 66 948
252 168	257 544	261 979	269 504	275 801	290 242	380 678	402 331	427 744	457 981
252 168	257 544	261 979	269 504	275 801	290 242	380 678	402 331	427 744	457 981
—	—	—	—	—	—	—	—	—	—
3 673	3 620	3 527	3 286	2 704	3 009	3 037	3 476	9 364	9 580
− 3 673	− 3 620	− 3 527	− 3 286	− 2 704	− 3 009	− 3 037	− 3 476	− 9 364	− 9 580

Fortsetzung Quelle IX/9; hier: 1994 bis 1999

	Haushaltsjahr[1]					
	1994	1995	1996	1997	1998	1999
	Ist	Soll	Reg.-Entw.	Finanzplanung		
	in Mio DM			in Mrd DM		
I. Ermittlung des Finanzierungssaldos						
1. Ausgaben zusammen[2]	471 247	477 685	452 000	458,0	470,0	483,0
Veränderung gegenüber dem Vorjahr in vH	+ 3,0	+ 1,4	− 5,4	+ 1,3	+ 2,6	+ 2,8
2. Einnahmen zusammen[3]	420 635	428 209	391 990	408,3	428,8	453,8
Veränderung gegenüber dem Vorjahr in vH	+ 7,7	+ 1,8	− 8,5	+ 4,1	+ 5,0	+ 5,8
3. Saldo der durchlaufenden Mittel	+ 24	—	—	—	—	—
4. Finanzierungssaldo						
4.1 Finanzierungsüberschuß (+)	—	—	—	—	—	—
4.2 Finanzierungsdefizit (−)	− 50 588	− 49 476	− 60 010	− 49,8	− 41,3	− 29,3
II. Zusammensetzung des Finanzierungssaldos						
5. Nettoneuverschuldung/Nettotilgung am Kreditmarkt						
5.1 Einnahmen aus	(139 164)	(196 294)	(223 375)	(263,9)	(238,9)	(208,1)
− Krediten vom Kreditmarkt	127 908	196 294	223 375	263,9	238,9	208,1
− Mehreinnahmen Bundesbankgewinn[10]	11 255	—	—	—	—	—
5.2 Tilgung durch	(89 090)	(147 309)	(163 535)	(214,4)	(197,9)	(179,1)
− Krediten vom Kreditmarkt[9]	77 835	147 309	163 535	214,4	197,9	179,1
− Mehreinnahmen Bundesbankgewinn[10]	11 255	—	—	—	—	—
Nettokreditaufnahme (−)/Nettotilgung (+)	− 50 073	− 48 985	− 59 840	− 49,5	− 41,0	− 29,0
5.3 Kassenmäßiger Fehlbetrag						
5.4 Ausgaben zur Deckung kassenmäßiger Fehlbeträge	—	—	—	—	—	—
Saldo 5	− 50 073	− 48 985	− 59 840	− 49,5	− 41,0	− 29,0
6. Überschüsse						
6.1 Einnahmen aus kassenmäßigen Überschüssen	—	—	—	—	—	—
6.2 Kassenmäßiger Überschuß	—	—	—	—	—	—
Saldo 6	—	—	—	—	—	—
7. Rücklagenbewegung						
7.1 Entnahmen aus Rücklagen	—	—	610	2 354	—	—
7.2 Zuführungen an Rücklagen	—	—	—	—	—	—
Saldo 7	—	—	—	—	—	—
8. Münzeinnahmen	− 514	− 491	− 170	− 0,3	− 0,3	− 0,3
9. Finanzierungssaldo (Summe 5 bis 8)						
9.1 Finanzierungsüberschuß (+)	—	—	—	—	—	—
9.2 Finanzierungsdefizit (−)	− 50 588	− 49 476	− 60 010	− 49,8	− 41,3	− 29,3
III. Haushaltsabschluß						
10. Gesamtausgaben (formale Abschlußsumme)	471 769	477 685	452 000	458,0	470,0	483,0
11. Gesamteinnahmen (formale Abschlußsumme)	471 769	477 685	452 000	458,0	470,0	483,0
12. Kassenmäßiger Fehltrag (−) bzw. Überschuß (+)						
13. Kassenmäßige Jahresergebnisse früherer Haushaltsjahre (soweit nicht abgedeckt)	—	—	—	—	—	—
14. Haushaltsreste	.	—	—	—	—	—
15. Rechnungsmäßiger Gesamtfehlbetrag	.	—	—	—	—	—

Legende s. Seite 657.

Legende zu Quelle IX/9

Abweichungen in den Summen durch Runden der Zahlen

zu S. 650 – 652

1 Es gelten: die Haushaltsjahre bis 1959 jeweils vom 1. April bis 31. März (bis einschließlich 1953 zuzüglich Auslaufperiode), das Haushaltsjahr 1960 vom 1. April bis 31. Dezember 1960, ab Haushaltsjahr 1961 vom 1. Januar bis 31. Dezember (= Kalenderjahr).

2 Ohne Tilgung von Krediten am Kreditmarkt, ohne Ausgaben zur Deckung von kassenmäßigen Fehlbeträgen der Vorjahre, ohne Zuführung an Rücklagen sowie ohne haushaltstechnische Verrechnungen. Einschließlich Einfuhrumsatzsteuer und Zölle für Regierungskäufe im Ausland.

3 Ohne Einnahmen aus Krediten vom Kreditmarkt, ohne Münzeinnahmen, Entnahmen aus Rücklagen, Überschüssen aus Vorjahren sowie ohne haushaltstechnische Verrechnungen. Einschließlich Einfuhrumsatzsteuer und Zölle für Regierungskäufe im Ausland.

4 Rumpfrechnungsjahr 9 Monate.

5 Ohne die Zuschüsse an die Sozialversicherung, die durch Zuteilung von Schuldbuchforderungen (Schuldurkunden) abgegolten wurden, und zwar 1961: 2 100 Mio DM; 1964: 500 Mio DM; 1965 und 1966: je 750 Mio DM; 1967: 1 450 Mio DM.

zu S. 653 – 656

1 Zurückliegende Jahre methodisch an die Veranschlagung ab 1971 bzw. ab 1978 und 1979 angeglichen (ab 1971 Nettostellung EAGFL, Bruttostellung der Umwälzkosten für Verpflegungsvorräte der Münzeinnahmen und Prägekosten; ab 1978 Bruttostellung der Gewährleistungen und ab 1979 der Darlehns-Rückflüsse aus bilateraler finanzieller Zusammenarbeit.

2 Ohne Tilgung von Krediten am Kreditmarkt, ohne Zuführung an Rücklagen sowie ohne haushaltstechnische Verrechnungen; einschließlich Einfuhrumsatzsteuer und Zölle für Regierungskäufe im Ausland.

3 Ohne Einnahmen aus Krediten vom Kreditmarkt, ohne Münzeinnahmen, Entnahmen aus Rücklagen sowie ohne haushaltstechnische Verrechnungen; einschließlich Einfuhrumsatzsteuer und Zölle für Regierungskäufe im Ausland.

4 Ohne 1 000 Mio DM Zuschüsse an die Sozialversicherung, die durch Zuteilung von Schuldbuchforderungen (Schuldurkunden abgegolten wurden.

5 Ohne Bundesanteil an Stabilitätszuschlag und Investitionssteuer.

6 Nach Abzug stillgelegter Steuereinnahmen von 610 Mio DM, die haushaltstechnisch als Minuseinnahmen behandelt wurden.

7 Gegenüber methodisch umgerechnetem Ist-Ergebnis 1974 wegen Neuregelung des Familienlastenausgleichs ab 1975.

8 Ohne Konjunktur- und Sonderprogramme von September und Dezember 1974 sowie vom August 1975.

9 1983 einschließlich Erhebung, ab 1984 einschließlich Rückzahlung Investitionshilfe-Abgabe (vgl. Tabelle 9 des Finanzberichts – Sonderdarstellungen I.).

10 Über dem Soll liegende Beträge i.S. des § 2 Abs. 2 Satz 2 des jeweiligen Haushaltsgesetzes.

11 Einschließlich übergeleiteter Haushalt der ehemaligen DDR für das 2. Halbjahr 1990: Ausgaben = 72 110, Einnahmen = 47 919, Nettokreditaufnahme = – 14 919 Mio DM.

12 Nach Abzug der Übergangsfinanzierung von 9 426 Mio DM.

Quelle: Bundesministerium der Finanzen, Finanzbericht 1996, S. 154 ff.

IX/10 Kassenmäßige Steuereinnahmen 1995

Mill. DM

Lfd. Nr.	Steuerart	Deutsch-land	Baden-Württem-berg	Bayern	Branden-burg	Hessen	Mecklen-burg-Vor-pommern	Nieder-sachsen	Nordrhein-Westfalen	Rheinland-Pfalz
1	Gemeinschaftsteuern nach Art. 106 Abs. 3 GG[1]	579 177	82 901	91 384	7 136	56 080	4 070	43 341	151 610	36 085
2	Lohnsteuer	282 700	41 402	45 531	4 477	28 026	3 056	23 302	69 925	11 274
3	Veranlagte Einkommensteuer	13 997	2 632	2 479	-543	455	-407	1 733	6 141	534
4	Nicht veranlagte Steuern vom Ertrag	16 914	2 232	2 643	77	2 605	47	1 079	4 713	585
5	Zinsabschlag	12 807	1 401	2 129	18	4 699	16	630	2 107	278
6	Körperschaftsteuer	16 136	3 805	3 284	-109	1 622	- 77	1 386	4 828	1 070
7	Umsatzsteuer	198 496	28 030	31 923	2 969	16 182	1 392	13 864	57 342	8 225
8	Einfuhrumsatzsteuer	36 126	3 399	3 194	246	2 489	43	1 347	6 555	14 118
9	**Bundessteuern**[1]	134 066	9 363	13 163	2 712	5 682	408	8 319	43 523	7 042
10	Gesellschaftsteuer	44	4	12	—	14	—	1	11	1
11	Börsenumsatzsteuer	9	1	3	—	0	—	0	3	1
12	Versicherungsteuer	14 104	910	4 375	—	1 272	—	1 316	4 090	82
13	Tabaksteuer	20 595	0	3	3	1	1	0	20 582	0
14	Kaffeesteuer	2 186	92	28	0	6	2	129	110	55
15	Branntweinsteuer	4 837	74	11	1	9	12	2	106	4 593
16	Schaumweinsteuer	1 083	73	52	0	278	2	6	76	500
17	Zwischenerzeugnissteuer	42	3	1	0	5	0	12	10	2
18	Mineralölsteuer	64 888	4 303	4 375	2 360	1 207	153	4 686	12 080	762
19	Pauschalierte Eingangsabgaben	10	1	3	2	2	1	0	- 3	1
20	Solidaritätszuschlag	26 267	3 902	4 301	346	2 888	238	2 166	6 459	1 040
21	Übrige Bundessteuern	0	- 0	0	0	0	- 0	- 0	0	- 0

Mill. DM

Lfd. Nr.	Steuerart	Saarland	Sachsen	Sachsen-Anhalt	Schleswig-Holstein	Thüringen	Stadtstaaten			Nachrichtlich:	
							Berlin	Bremen	Hamburg	früheres Bundesgebiet	neue Länder u. Berlin-Ost
1	Gemeinschaftsteuern nach Art. 106 Abs. 3 GG[1]	6 667	11 348	6 466	16 655	5 557	22 628	6 515	30 734	538 674	40 503
2	Lohnsteuer	3 249	7 881	4 674	8 007	4 110	12 529	3 329	11 925	255 259	27 442
3	Veranlagte Einkommensteuer	58	-898	-550	1 085	-659	372	348	1 217	17 206	-3 209
4	Nicht veranlagte Steuern vom Ertrag	145	160	100	258	59	989	132	992	16 182	732
5	Zinsabschlag	83	43	20	211	24	595	119	433	12 678	129
6	Körperschaftsteuer	146	-354	-168	996	-135	449	255	1 138	18 767	-631
7	Umsatzsteuer	2 856	4 161	2 152	5 617	2 106	7 667	1 520	12 490	163 431	15 065
8	Einfuhrumsatzsteuer	130	354	239	481	52	128	812	2 539	35 151	975
9	**Bundessteuern[1]**	414	1 223	2 504	1 010	627	6 934	2 037	29 105	.	.
10	Gesellschaftsteuer	0	—	—	0	—	-0	0	1	.	.
11	Börsenumsatzsteuer	0	—	—	0	—	-0	1	1	.	.
12	Versicherungsteuer	88	—	0	186	—	556	87	1 143	.	.
13	Tabaksteuer	0	1	0	15	0	1	0	2	.	.
14	Kaffeesteuer	0	0	9	15	0	620	856	265	.	.
15	Branntweinsteuer	2	3	7	-3	9	-3	2	11	.	.
16	Schaumweinsteuer	19	3	47	3	1	1	1	21	.	.
17	Zwischenerzeugnissteuer	0	0	0	1	1	0	1	6	.	.
18	Mineralölsteuer	18	608	2 088	23	308	4 620	792	26 505	.	.
19	Pauschalierte Eingangsabgaben	0	2	0	0	0	0	0	0	.	.
20	Solidaritätszuschlag	287	606	353	784	308	1 139	298	1 151	.	.
21	Übrige Bundessteuern	0	0	0	0	0	—	0	0	.	.

Fortsetzung Quelle IX/10

Mill. DM

Lfd. Nr.	Steuerart	Deutschland	Baden-Württemberg	Bayern	Brandenburg	Hessen	Mecklenburg-Vorpommern	Niedersachsen	Nordrhein-Westfalen	Rheinland-Pfalz
22	**Landessteuern**[1,2]	**36 602**	5 354	6 377	725	3 055	455	3 178	8 724	1 469
23	Vermögensteuer	7 855	1 350	1 472	− 0	845	0	645	2 142	328
24	Erbschaftsteuer	3 548	610	807	12	265	4	275	985	135
25	Grunderwerbsteuer	6 067	849	963	247	492	136	465	1 124	0
26	Kraftfahrzeugsteuer	13 805	1 938	2 231	383	1 058	253	1 395	2 986	725
27	Rennwett- und Lotteriesteuer	2 785	392	476	36	222	21	249	689	161
28	Feuerschutzsteuer	761	69	54	14	78	10	64	291	18
29	Biersteuer	1 779	145	373	32	96	31	85	507	101
30	**Zölle**[1]	**7 117**	483	564	10	594	2	222	1 524	2 633
31	**Gemeindesteuern**[3,4]	**57 322**	8 116	9 084	620	5 447	401	5 155	15 335	2 750
32	Grundsteuer A	614	77	148	21	33	23	106	60	33
33	Grundsteuer B	13 130	1 793	1 891	251	987	153	1 360	3 202	562
34	Gewerbesteuer (brutto)	42 152	6 069	7 011	326	4 293	207	3 569	11 757	1 846
35	Grunderwerbsteuer	296	—	7	—	1	—	—	—	233
36	Sonstige Steuern und steuerähnliche Einnahmen	1 130	177	27	22	133	18	120	315	75
37	**Insgesamt**[5]	**814 284**	106 217	120 572	11 202	70 858	5 336	60 215	220 717	49 979
38	Zerlegungsbeträge Lohnsteuer	x	− 1 737	108	1 999	− 1 927	828	2 962	− 3 343	2 197
39	Zerlegungsbeträge Zinsabschlag	x	474	117	121	− 3 477	87	439	884	305
40	Zerlegungsbeträge Körperschaftsteuer	x	− 132	156	62	− 1 672	64	214	1 403	141
41	Differenzbeträge Länderanteil an den Steuern vom Umsatz vor und nach der Verteilung	x	− 2 668	− 2 495	3 559	− 1 718	3 303	1 703	− 8 775	− 5 536
42	Finanzierungsbeiträge der Länder an den Bund zum Fonds „Deutsche Einheit"	6 850	− 1 250	− 1 445	—	− 731	—	− 250	− 2 167	− 347
43	Bundesergänzungszuweisungen	24 736	—	—	2 598	—	1 968	1 035	—	920
44	Länderfinanzierungsausgleichsbeträge	x	− 2 789	− 2 514	865	− 2 137	771	453	− 3 400	231

Mill. DM

Lfd. Nr.	Steuerart	Saarland	Sachsen	Sachsen-Anhalt	Schleswig-Holstein	Thüringen	Stadtstaaten Berlin	Bremen	Hamburg	Nachrichtlich: früheres Bundesgebiet	neue Länder u. Berlin-Ost
22	**Landessteuern**[1,2]	**396**	**1 415**	**666**	**1 182**	**631**	**1 534**	**318**	**1 123**	**32 431**	**4 171**
23	Vermögensteuer	69	0	0	229	0	299	84	393	7 857	– 1
24	Erbschaftsteuer	11	20	6	89	6	163	43	117	3 494	54
25	Grunderwerbsteuer	27	541	188	220	181	471	21	140	4 501	1 565
26	Kraftfahrzeugsteuer	195	639	384	507	362	405	100	244	11 784	2 021
27	Rennwett- und Lotteriesteuer	37	75	40	90	37	115	24	122	2 574	211
28	Feuerschutzsteuer	8	23	15	23	14	35	8	36	686	76
29	Biersteuer	50	118	33	24	31	46	38	70	1 535	244
30	**Zölle**[1]	**13**	**12**	**4**	**112**	**9**	**12**	**269**	**656**	·	·
31	**Gemeindesteuern**[3,4]	**605**	**1 285**	**602**	**1 696**	**534**	**2 361**	**783**	**2 550**	**53 448**	**3 874**
32	Grundsteuer A	3	24	36	32	17	0	0	2	494	120
33	Grundsteuer B	169	492	216	402	183	774	202	494	11 601	1 530
34	Gewerbesteuer (brutto)	387	746	330	1 178	321	1 553	542	2 012	40 030	2 122
35	Grunderwerbsteuer	28	—	—	—	—	—	28	—	296	—
36	Sonstige Steuern und steuerähnliche Einnahmen	18	23	20	83	13	34	11	43	1 028	102
37	**Insgesamt**[5]	**8 093**	**15 282**	**10 243**	**20 654**	**7 357**	**33 469**	**9 923**	**64 167**	×	×
38	Zerlegungsbeträge Lohnsteuer	53	2 006	778	1 825	910	– 1 356	– 987	– 4 314	– 7 574	7 574
39	Zerlegungsbeträge Zinsabschlag	21	181	166	269	117	137	48	113	– 737	737
40	Zerlegungsbeträge Körperschaftsteuer	76	208	102	– 78	101	– 305	– 57	– 284	– 538	538
41	Differenzbeträge Länderanteil an den Steuern vom Umsatz vor und nach der Verteilung	56	7 444	4 998	261	4 586	332	– 289	– 4 762	·	·
42	Finanzierungsbeträge der Länder an den Bund zum Fonds „Deutsche Einheit"	– 31	—	—	– 148	—	– 224	– 24	– 235	·	·
43	Bundesergänzungszuweisungen	2 030	4 472	2 861	399	2 618	3 703	2 133	—	·	·
44	Länderfinanzierungsausgleichsbeträge	180	1 783	1 123	– 140	1 017	4 104	564	111	·	·

Fortsetzung Quelle IX/10

Mill. DM

Lfd. Nr.	Steuerart	Deutschland	Baden-Württemberg	Bayern	Brandenburg	Hessen	Mecklenburg-Vorpommern	Niedersachsen	Nordrhein-Westfalen	Rheinland-Pfalz
45	**EU-Eigenmittel insgesamt**	**40 005**	x	x	x	x	x	x	x	x
46	Zölle .	7 117	x	x	x	x	x	x	x	x
47	Mehrwertsteuer-Eigenmittel	24 774	x	x	x	x	x	x	x	x
48	BSP-Eigenmittel[6]	8 113	x	x	x	x	x	x	x	x
49	**Steuereinnahmen des Bundes[7]**	**366 072**								
50	dar.: Steuern vom Einkommen (42,5 bzw. 50 bzw. 44%) . . .	149 257	x	x	x	x	x	x	x	x
51	Steuern vom Umsatz (56%)[8] . .	138 238	x	x	x	x	x	x	x	x
52	**Steuereinnahmen der Länder[2,9]** . . .	**312 699**	35 290	40 560	11 779	20 422	8 681	27 136	61 876	13 975
53	dar.: Steuern vom Einkommen (42,5 bzw. 50 bzw. 44%)[10]	149 257	21 754	24 580	2 598	13 101	1 540	13 708	37 695	7 107
54	Steuern vom Umsatz (44%)[8] . .	96 384	9 912	11 512	4 974	5 767	3 935	8 146	17 173	3 948
55	**Steuereinnahmen der Gemeinden/Gv.[3]**	**94 535**	13 190	14 925	1 476	8 723	906	8 670	24 215	4 446
56	dar.: Gemeindeanteil an der Einkommensteuer[11]	45 526	6 459	7 311	896	4 115	528	4 330	11 101	2 078
57	Gewerbesteuerumlage (Ausgabe)	8 313	1 384	1 471	40	839	24	814	2 220	382

1 Quelle: Bundesministerium der Finanzen, Bonn.
2 Ohne den gemeindlichen Bereich der Stadtstaaten.
3 Einschl. des gemeindlichen Bereichs der Stadtstaaten.
4 Quelle: Statistische Ämter der Länder.
5 Bei der Aufgliederung nach EU-Anteilen und Gebietskörperschaften (lfd. Nr. 45, 49, 52 und 55) handelt es sich um die Einnahmen *nach* der Steuerverteilung, deren Addition infolge zeitlicher Überschneidungen von der Gesamtsumme der lfd. Nr. 37 (Steueraufkommen vor der Verteilung) abweicht.
6 Eigenmittelbeträge auf der Basis des Bruttosozialprodukts zu Marktpreisen (Spitzenfinanzierung).

Mill. DM

Lfd. Nr.	Steuerart	Saarland	Sachsen	Sachsen-Anhalt	Schleswig-Holstein	Thüringen	Stadtstaaten			Nachrichtlich:	
							Berlin	Bremen	Hamburg	früheres Bundesgebiet	neue Länder u. Berlin-Ost
45	**EU-Eigenmittel insgesamt**	x	x	x	x	x	x	x	x	x	x
46	Zölle	x	x	x	x	x	x	x	x	x	x
47	Mehrwertsteuer-Eigenmittel	x	x	x	x	x	x	x	x	x	x
48	BSP-Eigenmittel[6]	x	x	x	x	x	x	x	x	x	x
49	**Steuereinnahmen des Bundes**[7]										
50	dar.: Steuern vom Einkommen (42,5 bzw. 50 bzw. 44%) ..	x	x	x	x	x	x	x	x	x	x
51	Steuern vom Umsatz (56%)[8] ..	x	x	x	x	x	x	x	x	x	x
52	**Steuereinnahmen der Länder**[2,9] ...:	5 664	21 062	12 902	9 880	11 745	18 718	5 187	7 820	239 489	73 210
53	dar.: Steuern vom Einkommen (42,5 bzw. 50 bzw. 44%)[10] .	1 657	3 926	2 182	5 438	1 928	5 745	1 381	4 915	135 038	14 218
54	Steuern vom Umsatz (44%)[8] ..	1 339	9 430	6 050	2 796	5 536	3 538	713	1 615	.	
55	**Steuereinnahmen der Gemeinden/Gv.**[3] ..	1 059	2 611	1 332	3 102	1 211	3 991	1 103	3 575	86 095	8 440
56	dar.: Gemeindeanteil an der Einkommensteuer[11]	525	1 397	768	1 670	715	1 819	424	1 390	40 749	4 777
57	Gewerbesteuerumlage (Ausgabe)	71	71	38	263	38	189	103	365	8 102	211

7 Nach Bundesergänzungszuweisungen; nach Abführung MWSt.- und BSP-Eigenmittel an EU.
8 Nach Fonds „Deutsche Einheit".
9 Nach Bundesergänzungszuweisungen und Länderfinanzausgleich.
10 Nach Zerlegung.
11 Lohn-, veranlagte Einkommensteuer und Zinsabschlag.

Quelle: Statistisches Bundesamt, Statistisches Jahrbuch 1996, S. 514 f.

IX/11 Die Steuereinnahmen des Bundes im einzelnen in den Haushaltsjahren 1950 bis 1996 — in Mio DM

Steuer- bzw. Abgabearten	Haushaltsjahr[1]						
	1950[2]	1951	1952	1953	1954	1955	1956
	Ist-Ergebnis						
1. Bundesanteile an den Gemeinschaftsteuern und der Gewerbesteuerumlage							
Einkommen- und Körperschaftsteuer	—	2 278	3 926	4 390	4 630	4 120	5 013
(Anteilsatz in vH)...............	*(—)*	*(27)*	*(37)*	*(38)*	*(38)*	*($33^1/_3$)*	*($33^1/_3$)*
Umsatzsteuer	4 739	7 159	7 979	8 530	9 425	10 818	11 502
(Anteilsatz in vH)...............	*(100)*	*(100)*	*(100)*	*(100)*	*(100)*	*(100)*	*(100)*
Einfuhrumsatzsteuer[4]	181	315	444	448	534	680	775
(Anteilsatz in vH)...............	*(100)*	*(100)*	*(100)*	*(100)*	*(100)*	*(100)*	*(100)*
Gewerbesteuerumlage	—	—	—	—	—	—	—
(Anteilsatz in vH)...............	*(—)*	*(—)*	*(—)*	*(—)*	*(—)*	*(—)*	*(—)*
1. zusammen	4 920	9 752	12 349	13 368	14 589	15 617	17 289
2. Bundessteuern							
Zölle[5]	707	853	1 121	1 319	1 551	1 849	2 014
Tabaksteuer	2 093	2 370	2 361	2 273	2 347	2 625	2 816
Kaffeesteuer	356	452	561	441	305	368	412
Teesteuer	33	37	41	25	14	16	17
Zuckersteuer	388	421	340	56	380	380	170
Salzsteuer	40	39	40	42	38	41	39
Branntweinabgaben	479	535	527	549	516	611	710
Schaumweinsteuer	20	24	18	17	21	29	36
Essigsäuresteuer	10	9	9	9	7	8	7
Zündwarensteuer	61	60	58	58	58	58	4
Aus dem Zündwarenmonopol	3	4	1	4	4	5	7
Leuchtmittelsteuer	16	23	20	23	26	29	32
Spielkartensteuer	1	1	1	1	2	2	2
Mineralölsteuer	97	553	635	716	810	1 256	1 510
Ergänzungsabgabe zur Einkommen- und Körperschaftsteuer................	—	—	—	—	—	—	—
Beförderungsteuer[6]	240	335	378	166	178	232	263
Notopfer Berlin.....................	384	646	814	1 004	1 128	1 308	1 090
Süßstoffsteuer	4	3	2	2	2	2	2
Sonstige Steuern	—	0	1	0	0	– 0	– 0
2. zusammen	4 930	6 365	6 926	7 006	7 386	8 817	9 131
Steuern zusammen	9 850	16 117	19 275	20 374	21 975	24 434	26 420
Nachrichtlich: **Steuern nach Arten**							
Direkte Steuern	384	2 924	4 740	5 394	5 758	5 428	6 103
Indirekte Steuern....................	9 466	13 193	14 535	14 980	16 217	19 007	20 318
Direkte Steuern (in vH der Steuereinnahmen)	3,9	18,1	24,6	26,5	26,2	22,2	23,1
Indirekte Steuern (in vH der Steuereinnahmen)	96,1	81,9	75,4	73,5	73,8	77,8	76,9

Abweichungen in den Summen durch Runden der Zahlen.

(hier: 1950 bis 1968)

		Rumpfj.¹	Haushaltsjahr¹								
1957	1958	1959³	1960	1961	1962	1963	1964	1965	1966	1967	1968
Ist- Ergebnis											
5 366	6 108	7 049	6 682	10 393	11 719	13 732	15 392	16 013	17 264	16 232	17 939
(33¹/₃)	*(35)*	*(35)*	*(35)*	*(35)*	*(35)*	*(38)*	*(39)*	*(39)*	*(39)*	*(37)*	*(37)*
11 827	12 165	13 643	11 299	16 417	17 523	18 021	19 655	21 567	22 415	22 013	18 699
(100)	*(100)*	*(100)*	*(100)*	*(100)*	*(100)*	*(100)*	*(100)*	*(100)*	*(100)*	*(100)*	*(100)*
875	998	1 144	1 002	1 444	1 685	2 022	2 272	2 651	2 649	2 710	6 979
(100)	*(100)*	*(100)*	*(100)*	*(100)*	*(100)*	*(100)*	*(100)*	*(100)*	*(100)*	*(100)*	*(100)*
(—)	*(—)*	*(—)*	*(—)*	*(—)*	*(—)*	*(—)*	*(—)*	*(—)*	*(—)*	*(—)*	*(—)*
18 069	19 271	21 836	18 983	28 254	30 927	33 775	37 319	40 232	42 328	40 955	43 615
2 002	2 255	2 473	2 157	3 130	3 447	3 641	2 986	2 898	2 780	2 663	2 437
2 960	3 124	3 342	2 725	3 892	4 205	4 311	4 416	4 697	4 982	5 801	5 992
461	498	644	521	745	767	872	921	954	948	1 051	1 044
18	18	27	20	27	29	29	34	32	33	35	36
164	154	161	140	178	174	184	181	116	115	114	129
39	39	38	28	39	39	42	39	39	41	40	41
788	889	912	797	1 097	1 222	1 335	1 441	1 508	1 779	1 831	1 989
43	50	59	42	74	86	98	112	135	188	199	199
6	6	5	4	5	4	6	5	5	5	5	5
8	8	8	6	9	10	9	9	10	10	9	11
11	13	14	12	14	14	15	14	15	16	15	15
32	35	39	30	47	51	52	57	67	69	61	71
2	2	2	2	3	3	3	3	4	4	3	4
1 613	1 822	2 133	2 153	3 325	3 699	4 139	6 071	7 428	8 016	9 423	9 875
—	—	—	—	—	—	—	—	—	—	—	625
284	632	721	600	804	826	879	918	884	925	905	87
544	148	121	31	41	35	25	18	6	17	7	4
2	2	3	2	2	2	2	3	1	0	- 0	—
- 0	—	26	3	7	2	0	1	0	0	0	0
8 976	9 694	10 727	9 274	13 438	14 616	15 641	17 228	18 799	19 925	22 163	22 564
27 045	28 965	32 564	28 257	41 692	45 542	49 416	54 546	59 031	62 254	63 118	66 179
5 911	6 256	7 170	6 713	10 434	11 754	13 757	15 409	16 019	17 281	16 239	18 567
21 134	22 709	25 393	21 544	31 257	33 788	35 659	39 137	43 012	44 973	46 879	47 612
21,9	21,6	22,0	23,8	25,0	25,8	27,8	28,2	27,1	27,8	25,7	28,1
78,1	78,4	78,0	76,2	75,0	74,2	72,2	71,8	72,9	72,2	74,3	71,9

Steuer- bzw. Abgabearten	Haushaltsjahr					
	1969	1970	1971[7]	1972[7]	1973	1974
	Ist-Ergebnis					
1. Bundesanteile an den Gemeinschaftsteuern und der Gewerbesteuerumlage						
Lohnsteuer		15 087	18 405	21 401	26 339	30 943
(Anteilsatz in vH).................		*(43)*	*(43)*	*(43)*	*(43)*	*(43)*
Veranlagte Einkommensteuer		6 881	7 886	9 950	11 374	11 521
(Anteilsatz in vH).................	19 819	*(43)*	*(43)*	*(43)*	*(43)*	*(43)*
Nicht veranlagte Steuern vom Ertrag	*(35)*	1 010	1 037	1 095	1 012	1 287
(Anteilsatz in vH).................		*(50)*	*(50)*	*(50)*	*(50)*	*(50)*
Körperschaftsteuer		4 358	3 584	4 247	5 444	5 202
(Anteilsatz in vH).................		*(50)*	*(50)*	*(50)*	*(50)*	*(50)*
Umsatzsteuer[8]	26 429	18 754	21 609	22 203	22 699	20 697
(Anteilsatz in vH).................	*(100)*	*(70)*	*(70)*	*(65)*	*(65)*	*(63)*
Einfuhrumsatzsteuer[8]	7 507	7 935	8 420	8 335	9 466	11 540
(Anteilsatz in vH).................	*(100)*	*(70)*	*(70)*	*(65)*	*(65)*	*(63)*
Gewerbesteuerumlage	—	2 177	2 578	2 926	3 511	3 672
(Anteilsatz in vH).................	*(—)*	*(50)*	*(50)*	*(50)*	*(50)*	*(50)*
1. zusammen[8]	57 756	56 201	63 518	70 157	79 846	84 862
2. Bundessteuern						
Straßengüterverkehrsteuer..............	381	439	468	46	3	2
Gesellschaftsteuer	—	291	349	333	296	210
Börsenumsatzsteuer..................	—	84	91	114	107	64
Versicherungsteuer...................	—	617	799	937	1 054	1 119
Wechselsteuer	—	233	245	270	219	222
Zölle[10].............................	2 980	2 980	2 233	1 691	1 009	571
Tabaksteuer	6 233	6 537	6 863	7 826	8 872	8 952
Kaffeesteuer........................	1 132	1 057	1 136	1 168	1 231	1 190
Teesteuer...........................	38	37	34	41	43	44
Zuckersteuer	123	125	126	129	135	140
Salzsteuer..........................	41	43	42	42	42	43
Branntweinabgaben..................	2 142	2 228	2 403	2 870	3 175	3 288
Schaumweinsteuer...................	214	233	267	295	330	344
Essigsäuresteuer.....................	4	4	4	4	4	4
Zündwarensteuer....................	11	11	11	10	9	9
Aus dem Zündwarenmonopol..........	15	16	16	17	16	16
Leuchtmittelsteuer...................	89	104	104	114	115	112
Spielkartensteuer....................	4	5	5	5	6	6
Mineralölsteuer	10 601	11 512	12 417	14 227	16 589	16 052
Ergänzungsabgabe zur Einkommen- und Körperschaftsteuer..................	814	948	1 098	1 405	1 853	2 160
Beförderungsteuer	7	3	− 1	1	0	1
Notopfer Berlin......................	4	1	2	1	1	0
Pauschalierte Eingangsabgaben[11].........	—	—	—	—	—	—
Besondere Ausgleichsabgaben auf eingeführten Branntwein..............	—	—	—	3	2	2
2. zusammen	24 832	27 505	28 708	31 549	35 112	34 551

Abweichungen in den Summen durch Runden der Zahlen.

Fortsetzung Quelle IX/11; hier: 1969 bis 1985

Haushaltsjahr										
1975	1976	1977	1978	1979	1980	1981	1982	1983	1984	1985
Ist-Ergebnis										
30 612	34 662	39 033	39 566	41 739	47 413	49 537	52 448	54 778	57 949	62 743
(43)	*(43)*	*(43)*	*(43)*	*(43)*	*(42,5)*	*(42,5)*	*(42,5)*	*(42,5)*	*(42,5)*	*(42,5)*
12 040	13 270	15 268	16 093	16 147	15 638	13 994	13 006	12 017	11 206	12 142
(43)	*(43)*	*(43)*	*(43)*	*(43)*	*(42,5)*	*(42,5)*	*(42,5)*	*(42,5)*	*(42,5)*	*(42,5)*
1 123	1 157	1 690	1 683	1 905	2 087	2 315	2 352	2 354	2 796	3 103
(50)	*(50)*	*(50)*	*(50)*	*(50)*	*(50)*	*(50)*	*(50)*	*(50)*	*(50)*	*(50)*
5 027	5 920	8 415	9 912	11 456	10 661	10 081	10 729	11 837	13 156	15 918
(50)	*(50)*	*(50)*	*(50)*	*(50)*	*(50)*	*(50)*	*(50)*	*(50)*	*(50)*	*(50)*
21 624	22 358	22 940	26 230	28 296	29 579	29 317	28 310	30 188	26 874	23 844
(68,25)	*(69)*	*(69)*	*(67,5)*	*(67,5)*	*(67,5)*	*(67,5)*	*(67,5)*	*(66,5)*	*(65,5)*	*(65,5)*
12 531	15 111	16 096	17 976	22 417	27 403	30 357[13]	29 690	31 043	36 014	38 250
(68,25)	*(69)*	*(69)*	*(67,5)*	*(67,5)*	*(67,5)*	*(67,5)*	*(67,5)*	*(66,5)*	*(65,5)*	*(65,5)*
3 444	3 659	370	4 380	4 798	3 232	3 122	3 097	2 189	2 067	2 245
(50)	*(50)*	*(50)*	*(50)*	*(50)*	*(50)*	*(50)*	*(50)*	*(50)*	*(50)*	*(50)*
86 402	96 136	107 813	115 840	126 758	136 014	138 724	139 632	144 407	150 062	158 246
1	0	0	0	0	0	2	− 1	0	0	0
236	231	234	240	234	256	240	313	348	356	424
124	122	124	148	117	136	153	196	307	341	562
1 146	1 239	1 353	1 470	1 635	1 779	1 924	2 038	2 164	2 276	2 476
237	259	269	264	292	319	374	386	396	406	400
67	93	92	76	83	68	66	91	78	64	52
8 886	9 379	9 803	10 459	10 701	11 288	11 253	12 208	13 881	14 429	14 452
1 266	1 293	1 275	1 317	1 465	1 478	1 548	1 538	1 588	1 569	1 567
43	46	53	49	56	62	66	65	62	64	62
135	136	132	138	141	140	140	144	139	139	143
41	42	42	43	44	40	42	43	42	42	42
3 122	3 367	3 743	3 919	4 012	3 885	4 480	4 281	4 277	4 238	4 153
351	419	435	484	505	536	569	636	683	695	684
5	3	2	2	3	3	− 0	—	—	—	—
9	7	6	5	4	3	0	—	—	—	—
14	12	8	6	5	4	3	1	5	—	—
95	104	116	121	136	124	119	117	120	122	129
6	6	7	6	8	7	− 1	0	− 0	—	—
17 121	18 121	19 184	20 462	21 140	21 351	22 180	22 835	23 338	24 033	24 521
694	762	241	120	64	39	43	39	21	16	9
1	1	0	0	0	0	0	0	0	0	0
0	0	− 0	0	0	0	0	0	0	0	0
9	8	10	10	10	11	10	10	11	11	9
3	− 1	0	0	0	—	0	—	—	—	—
33 611	35 647	37 130	39 343	40 656	41 528	43 209	44 940	47 459	48 803	49 684

Steuer- bzw. Abgabearten	Haushaltsjahr				
	1986	1987	1988	1989	1990[20]
	Ist-Ergebnis				
1. Bundesanteile an den Gemeinschaftsteuern und der Gewerbesteuerumlage					
Lohnsteuer	64 699	69 775	71 189	77 279	75 476
(Anteilsatz in vH)	*(42,5)*	*(42,5)*	*(42,5)*	*(42,5)*	*(42,5)*
Veranlagte Einkommensteuer	12 699	13 045	14 105	15 640	15 521
(Anteilsatz in vH)	*(42,5)*	*(42,5)*	*(42,5)*	*(42,5)*	*(42,5)*
Nicht veranlagte Steuern vom Ertrag	4 060	3 940	4 366	6 324	5 416
(Anteilsatz in vH)	*(50)*	*(50)*	*(50)*	*(50)*	*(50)*
Körperschaftsteuer	16 151	13 651	15 001	17 091	15 045
(Anteilsatz in vH)	*(50)*	*(50)*	*(50)*	*(50)*	*(50)*
Umsatzsteuer[16]	25 310	30 988	29 665	29 697	36 545
(Anteilsatz in vH)	*(65)*	*(65)*	*(65)*	*(65)*	*(65)*
Einfuhrumsatzsteuer[16]	34 159	33 417	36 156	41 265	45 222
(Anteilsatz in vH)	*(65)*	*(65)*	*(65)*	*(65)*	*(65)*
Gewerbesteuerumlage	2 336	2 264	2 484	2 655	2 786
(Anteilsatz in vH)	*(50)*	*(50)*	*(50)*	*(50)*	*(50)*
Zinsabschlag	—	—	—	—	—
(Anteilsatz in vH)					
Steuerliche Maßnahmen	—	—	—	—	—
1. zusammen[16]	159 415	167 081	172 967	189 949	196 011
2. Bundessteuern					
Straßengüterverkehrsteuer	0	0	0	—	—
Gesellschaftsteuer .	485	449	376	562	753
Börsenumsatzsteuer	748	648	585	831	826
Versicherungsteuer	2 578	2 725	2 904	4 190	4 432
Wechselsteuer .	366	322	293	304	291
Zölle .	50	37	0	0	0
Tabaksteuer .	14 480	14 507	14 555	15 509	17 402
Kaffeesteuer .	1 657	1 693	1 752	1 793	1 928
Teesteuer .	60	61	61	58	61
Zuckersteuer .	145	139	147	143	154
Salzsteuer .	42	42	42	42	45
Branntweinabgaben	4 065	4 072	3 999	3 920	4 229
Schaumweinsteuer	698	776	831	857	966
Leuchtmittelsteuer	134	137	142	154	163
Mineralölsteuer .	25 644	26 176	27 032	32 965	34 621
Ergänzungsabgabe zur Einkommen- und Körperschaftsteuer	9	5	7	– 0	1
Beförderungsteuer	0	0	0	—	—
Notopfer Berlin .	– 0	0	0	—	—
Pauschalierte Eingangsabgaben	8	8	7	8	7
Ausgelaufene Steuern der neuen Länder . . .	—	—	—	—	—
2. zusammen	51 170	51 757	52 733	61 338	65 879

Abweichungen in den Summen durch Runden der Zahlen.

Fortsetzung Quelle IX/11; hier: 1986 bis 1996

Haushaltsjahr					
1991	1992	1993	1994	1995	1996
Ist-Ergebnis				Soll	Reg.-Entwurf
91 023	105 120	109 634	113 271	120 913	132 685
(42,5)	*(42,5)*	*(42,5)*	*(42,5)*	*(42,5)*	*(42,5)*
17 639	17 674	14 128	10 842	12 325	12 495
(42,5)	*(42,5)*	*(42,5)*	*(42,5)*	*(42,5)*	*(42,5)*
5 690	5 637	5 992	8 873	7 300	7 200
(50)	*(50)*	*(50)*	*(50)*	*(50)*	*(50)*
15 841	15 637	13 924	97 84	13 600	14 450
(50)	*(50)*	*(50)*	*(50)*	*(50)*	*(50)*
44 976	54 267	89 436	99 992	87 812	96 944
(65)	*(65)*	*(65)*	*(63)*	*(56)*	*(56)*
53 588[18]	54 825[18]	36 046[18]	40 102[18]	28 606[18]	28 634[18]
(65)	*(65)*	*(65)*	*(63)*	*(56)*	*(56)*
2 887	3 060	1 601	2 263	2 386	2 546
(50)	*(50)*	*(50)*	*(50)*	*(50)*	*(50)*
—	—	4 730	6 032	6 248	6 248
		(44)	*(44)*	*(44)*	*(44)*
—	—	—	—	—	− 31 972
231 645	256 220	275 491	291 158	279 190	269 230
—	—	—	—	—	—
575	214	59	54	20	—
138	30	19	21	10	—
5 862	8 094	9 290	11 400	14 700	15 200
328	48	1	1	—	—
0	2	0	0	—	—
19 591	19 253	19 459	20 264	20 300	20 800
2 151	2 125	2 164	2 270	2 350	2 250
67	59	6	0	—	—
180	183	12	0	—	—
53	54	3	0	—	—
5 648	5 544	5 133	4 889	4 850	4 750
1 051	1 083	1 136	1 150	1 200	1 250
217	200	215	0	—	—
47 266	55 166	56 113	63 847	68 120	57 800
10 487[21]	13 028[21]	135[21]	1 580[21]	26 000[21]	30 300[21]
—	0	—	—	—	—
− 0	− 0	—	—	—	—
9	9	10	10	10	10
83	− 33	12	79	—	—
93 707	105 060	93 770	105 565	137 560	132 360

Steuer- bzw. Abgabearten	Haushaltsjahr					
	1969	1970	1971[7]	1972[7]	1973	1974
	Ist-Ergebnis					
3. Sonstiges						
Ergänzungszuweisungen an Länder	− 750
Steuern zusammen[9]	78 587	83 706	92 226	101 706	114 958[12]	118 663
Nachrichtlich:						
Bundesanteil an						
Investitionssteuer....................	—	—	—	—	221	467
Stabilitätszuschlag	—	—	—	—	718	852
Steuern nach Arten						
Direkte Steuern[14]	20 637	28 285	32 012	38 100	46 023[15]	51 112[15]
Indirekte Steuern....................	57 951	55 421	60 215	63 607	68 935	67 550
Direkte Steuern (in vH der Steuereinnahmen)	26,3	33,8	34,7	37,5	40,0	43,1
Indirekte Steuern (in vH der Steuereinnahmen)	73,7	66,2	65,3	62,5	60,0	56,9

Steuer- bzw. Abgabearten	Haushaltsjahr				
	1986	1987	1988	1989	1990[20]
	Ist-Ergebnis				
3. Sonstiges					
Ergänzungszuweisungen an Länder	− 1 674	− 1 817	− 2 408	− 2 656	− 2 999
BSP-Eigenmittel der EG	—	—	− 3 028	− 1 502	− 58
Steuern zusammen[17]	208 910	217 021	220 263	247 129	258 833
Nachrichtlich:					
Steuern nach Arten					
Direkte Steuern[19]	97 619	100 416	104 669	116 333	111 459
Indirekte Steuern....................	111 291	116 605	115 595	130 796	147 374
Direkte Steuern (in vH der Steuereinnahmen)	46,7	46,3	47,5	47,1	43,1
Indirekte Steuern (in vH der Steuereinnahmen)	53,3	53,7	52,5	52,9	56,9

Abweichungen in den Summen durch Runden der Zahlen.

Legende zu Quelle IX/11:

1 Es gelten: die Haushaltsjahre bis 1959 jeweils vom 1.4. bis 31.3. (bis einschließlich 1953 zuzüglich Auslaufperiode) das Haushaltsjahr 1960 vom 1.4. bis 31.12., ab Haushaltsjahr 1961 vom 1.1. bis 31.12. (Kalenderjahr).

2 Vor der Gleichstellung Berlins mit den Bundesländern.

3 Ab Juli 1959 einschließlich Bundeseinnahmen im Saarland.

4 Einschließlich Einfuhrumsatzsteuer für Regierungskäufe, jedoch ohne vergütete Einfuhrumsatzsteuer gemäß Absicherungsgesetz, die bei den haushaltstechnischen Verrechnungen nachgewiesen ist.

5 Einschließlich Zölle für Regierungskäufe.

6 Ab 1958 einschließlich Beförderungsteuer der DB.

7 Nach Ausgliederung der EG-Finanzierung.

8 Unter Hinzurechnung der Ergänzungszuweisungen an Länder in Höhe von 1,5 vH (1973 und davor als Ausgabe veranschlagt).

9 Nach Abzug der Ergänzungszuweisungen an Länder in Höhe von 1,5 vH (1973 und davor als Ausgabe veranschlagt).

Fortsetzung Quelle IX/11; hier: 1969 bis 1996

Haushaltsjahr										
1975	1976	1977	1978	1979	1980	1981	1982	1983	1984	1985
Ist-Ergebnis										
− 802	− 883	− 939	− 1 096	− 1 278	− 1 366	− 1 479	− 1 464	− 1 586	− 1 660	− 1 634
119 210	130 900	144 005	154 087	166 135	176 177	180 455	183 108	190 280	197 205	206 296
—	—	—	—	—	—	—	—	—	—	—
—	—	—	—	—	—	—	—	—	—	—
49 497	55 770	64 647	67 374	71 311	75 838	75 971	78 574	81 008	85 123	93 915
69 714	75 130	79 357	86 712	94 824	100 339	104 484	104 535	109 272	112 082	112 381
41,5	42,6	44,9	43,7	42,9	43,0	42,1	42,9	42,6	43,2	45,5
58,5	57,4	55,1	56,3	57,1	57,0	57,9	57,1	57,4	56,8	54,5

Haushaltsjahr					
1991	1992	1993	1994	1995	1996
Ist-Ergebnis				Soll	Reg.-Entwurf
− 3532	− 3945	− 4296	− 7247	− 25178	− 25245
− 3945	− 4474	− 8930	− 10499	− 8900	− 15000
317 874	352 861	356 036	378 978	382 672	361 345
140 681	157 095	148 542	150 382	186 386	171 406
177 192	195 766	207 494	228 596	196 286	189 939
44,3	44,5	41,7	39,7	48,7	47,4
55,7	55,5	58,3	60,3	51,3	52,6

10 Einschließlich Zölle für Regierungskäufe.
11 Bis 1974 bei den Zöllen nachgewiesen.
12 Unter Hinzurechnung stillgelegter Steuern von 610 Mio DM, die haushaltstechnisch als Minuseinnahmen behandelt wurden (vgl. Anmerkung 6 zu Tabelle 1.)
13 Einschließlich Zahlung der Länder von 1 Mrd DM zum teilweisen Ausgleich der finanziellen Folgen des Steuerentlastungsprogramms.
14 Ohne Gewerbesteuerumlage, die entsprechend der VGR den indirekten Steuern zugerechnet wird.
15 Ohne Investitionsteuer und Stabilitätszuschlag.
16 Unter Hinzurechnung der Ergänzungszuweisungen an Länder in Höhe von 2 vH des Umsatzsteueraufkommens.
17 Nach Abzug der Ergänzungszuweisungen an Länder in Höhe von 2 vH des Umsatzsteueraufkommens.
18 Einschließlich (1991 = 1 000, 1992 = 2 550, 1993 = 6 850, 1996 = 6 850 Mio DM) Beitrag der Länder zum Fonds „Deutsche Einheit" aus ihrem Umsatzsteueranteil.
19 Ohne Gewerbesteuerumlage, die entsprechend der VGR den direkten Steuern zugerechnet wird.
20 Ohne 17 368 Mio DM Steuereinnahmen des übergeleiteten DDR-Haushalts für das 2. Halbjahr 1990.
21 Einschließlich Solidaritätszuschlag.

Quelle: Bundesministerium der Finanzen, Finanzbericht 1996, S. 202 ff.

IX/12 Schulden der öffentlichen Haushalte

Mill. DM

Art der Schulden	insgesamt	Bund	Sonder-ERP-Sonder-vermögen
	Kreditmarktschulden im weiteren Sinne		
Kreditmarktschulden im engeren Sinne	1 556 666	701 522	27 938
Wertpapierschulden	895 938	683 762	10 193
Anleihen	466 632	359 835	10 193
Bundesschatzbriefe	59 334	59 334	—
Kassenobligationen	94 257	66 987	—
Unverzinsliche Schatzanweisungen	5 944	1 292	—
Finanzierungsschätze	14 577	14 577	—
Bundesobligationen	181 737	181 737	—
Landesobligalionen/-schatzanweisungen	73 458	—	—
Sonstige Wertpapierschulden	—	—	—
Direkte Darlehen (von)	660 728	17 759	17 745
Inländ. Banken u. Sparkassen	598 158	14 453	17 745
Inländ. Bausparkassen	2 297	—	—
Inländ. Versicherungsunternehmen	11 330	579	—
Bundesbahn und Bundespost	71	—	—
Der Bundesanstalt für Arbeit	660	—	—
Öffentlichen Zusatzversorgungseinrichtungen	3 977	13	—
Sonstigen Sozialversicherungen	691	50	—
Sonstigen inländ. Stellen	6 895	281	—
Ausländischen Stellen	36 648	2 383	—
DM-Schulden	36 360	2201	—
Fremdwährungsschulden	288	182	—
Ausgleichsforderungen der(s)	88 476	10 966	—
Deutschen Bundesbank	8 685	8 684	—
Banken und Sparkassen	172	6	—
Versicherungsunternehmen	91	45	—
Postgiro-(Postsparkassen-)Ämter	336	212	—
Ankaufsfonds der Deutschen Bundesbank	2 549	630	—
Sonstigen Gläubiger	76 642	1 391	—
Kreditmarktschulden im weiteren Sinne	1 645 142	712 488	27 938
	Schulden bei öffentlichen Haushalten		
beim Bund: für Wohnungsbau	25 891	—	—
sonstige	5 099	—	—
beim ERP-Sondervermögen	2 418	—	—
bei Ländern	5 681	—	—
bei Gemeinden/Gv.	1 025	—	—
bei Zweckverbänden	64	—	—
Zusammen	40 178	—	—
	Innere Darlehen, Kassenverstärkungskredite		
Innere Darlehen	681	—	—
Innere Kassenkredite	—	—	—
Kassenverstärkungskredite	15 904	—	—
	Bürgschaften, Garantien und sonstige Gewährleistungen		
Haftungssumme insgesamt	391 176	303 346	567
	Kreditähnliche Rechtsgeschäfte		
Nachrichtlich:			
Hypotheken-, Grund- und Rentenschulden	597	—	—
Restkaufgelder	828	—	—
Leasingverträge	411	—	—

* **Deutschland.** 1 Einschl. Krankenhäusern mit kaufmännischem Rechnungswesen.

— Schuldenstand am 31.12.1994*

Mill. DM

vermögen des Bundes			Länder	Gemeinden/ Gv.[1]	Zweck- verbände[1]
Fonds „Deutsche Einheit"	Kreditabwicklungsfonds	Bundeseisenbahnvermögen			
Kreditmarktschulden im weiteren Sinne					
89 483	27 304	71 173	458 421	159 570	21 256
53 622	3 740	34 676	109 444	500	—
43 859	—	29 467	22 778	500	—
—	—	—	—	—	—
8 867	—	5 208	13 194	—	—
897	3 740	—	15	—	—
—	—	—	—	—	—
—	—	—	—	—	—
—	—	—	73 458	—	—
—	—	—	—	—	—
35 861	23 564	36 497	348 977	159 070	21 256
28 075	18 923	26 513	319 956	151 985	20 508
—	—	65	30	2 035	167
950	50	1 392	7 646	685	28
—	—	—	66	5	0
—	—	—	32	619	9
—	—	65	1 009	2 831	60
5	2	—	596	37	1
866	1 194	300	2 996	779	480
5 965	3 395	8 162	16 646	94	3
5 965	3 395	8 130	16 644	25	—
—	—	32	2	69	3
—	75 250	—	2 259	—	—
—	—	—	2	—	—
—	—	—	167	—	—
—	—	—	46	—	—
—	—	—	124	—	—
—	—	—	1 919	—	—
—	75 250	—	0	—	—
89 483	102 554	71 173	460 680	159 570	21 256
Schulden bei öffentlichen Haushalten					
—	—	—	25 891	—	—
—	—	—	3 946	1 078	74
—	—	160	187	1 700	370
—	—	5	5	5 246	426
—	—	—	—	912	112
—	—	—	—	43	22
—	—	165	30 030	8 980	1 004
Innere Darlehen, Kassenverstärkungskredite					
—	—	—	0	642	39
—	—	—	—	—	—
—	—	—	10 041	5 632	232
Bürgschaften, Garantien und sonstige Gewährleistungen					
—	—	193	59 215	27 164	692
Kreditähnliche Rechtsgeschäfte					
—	—	—	343	249	5
—	—	—	1	813	15
—	—	—	57	310	45

Quelle: Statistisches Bundesamt, Statistisches Jahrbuch 1996, S. 509.

IX/13 Rechnungsmäßige Ausgaben und Einnahmen der öffentlichen Haushalte — 1950 – 1995

a.) Entwicklung der Ausgaben und Einnahmen nach ausgewählten Arten*

Rechnungs-jahr	Ausgaben						
	insgesamt	darunter					
		Personal-ausgaben	Laufender Sach-aufwand	Zins-ausgaben	Renten und Unter-stützungen	Baumaß-nahmen	Vermögens-übertra-gungen
Mill. DM							
Früheres Bundesgebiet							
1950.....	28 141	6 667	8 218	624	5 042	2 131	315
1955.....	51 234	13 315	11 914	1 525	6 408	4 872	1 486
1960.....	64 555	16 748	15 435	1 919	5 834	7 253	2 272
1970.....	196 330	61 484	31 713	6 864	18 663	25 797	9 837
1975.....	527 240	124 716	110 873	14 832	168 785	38 034	16 698
1977.....	529 977	139 860	125 124	20 902	194 693	35 296	19 330
1978.....	636 954	148 772	135 645	22 077	202 930	38 754	21 946
1979.....	688 919	158 853	147 879	25 080	217 301	43 126	24 125
1980.....	741 627	171 491	161 381	29 597	230 894	48 685	24 254
1981.....	791 199	182 063	173 613	36 705	250 972	46 551	23 769
1982.....	828 482	187 792	178 363	45 203	268 272	43 264	26 467
1983.....	849 178	193 227	183 676	51 423	272 474	39 674	25 591
1984.....	876 812	196 317	196 119	53 587	278 438	38 074	24 990
1985.....	907 128	203 606	206 070	55 999	283 718	39 420	25 148
1986.....	941 710	213 059	215 078	57 845	293 085	41 868	25 643
1987.....	978 701	222 245	222 738	58 596	307 609	42 953	25 769
1988.....	1 021 106	227 954	233 918	60 471	322 654	44 590	25 360
1989.....	1 053 249	234 635	235 498	61 198	336 770	46 081	26 139
1990.....	1 144 607	248 816	254 141	64 773	354 538	50 171	21 665
1991[1]....	1 411 825	276 530	302 046	77 062	445 540	56 092	39 719
Deutschland							
1992.....	1 618 715	342 719	354 589	100 930	511 310	82 602	60 125
1993.....	1 693 850	358 747	355 031	102 390	564 083	80 117	60 033
1994[2]....	1 774 583	376 549	399 206	114 586	574 050	76 422	52 668
1995[2]....	1 852 464	386 943	400 853	130 504	627 787	73 917	55 640

Rechnungs-jahr	Einnahmen					Netto-Kredit-aufnahme
	insgesamt	darunter				
		Steuern und steuer-ähnliche Abgaben	Gebühren, sonstige Entgelte	Einnahmen aus wirt-schaftlicher Tätigkeit	Einnahmen der Kapital rechnung	
Mill. DM						
Früheres Bundesgebiet						
1950.....	26 443	21 091	1 565	1 676	161	606
1955.....	53 798	44 071	3 194	3 122	987	1 349
1960.....	65 460	53 554	3 847	3 154	2 236	605
1970.....	188 305	155 005	13 097	7 203	5 932	6 302
1975.....	460 712	397 964	25 485	8 257	10 718	54 237
1977.....	559 056	486 994	30 592	10 508	11 894	31 981
1978.....	596 366	516 739	33 584	12 884	12 874	40 918
1979.....	643 824	556 813	35 417	14 961	13 672	43 673
1980.....	690 009	596 379	37 751	16 687	14 872	54 096
1981.....	723 581	620 043	40 792	19 757	16 062	69 877
1982.....	763 480	642 464	44 468	29 566	19 095	68 689
1983.....	792 636	667 177	47 127	30 851	18 827	56 252
1984.....	827 497	698 451	49 453	32 252	18 147	49 756
1985.....	869 929	735 000	52 109	34 138	17 872	40 560
1986.....	905 677	766 353	54 915	33 914	19 907	41 476
1987.....	932 671	795 164	57 572	27 402	22 036	48 790
1988.....	967 521	829 634	60 168	20 567	23 579	55 808
1989.....	1 039 967	892 912	62 839	25 963	21 757	28 999
1990.....	1 091 309	931 565	68 644	28 967	21 569	72 600
1991[1]....	1 306 181	1 124 525	77 775	31 295	24 790	114 735
Deutschland						
1992.....	1 496 272	1 264 999	99 529	37 280	28 937	10 8381
1993.....	1 559 719	1 315 787	106 518	36 792	35 841	132 623
1994[2]....	1 664 130	1 390 452	112 883	39 381	45 802	82 290
1995[2]....	1 745 750	1 455 302	112 711	37 670	56 486	94 236

Rechnungs-jahr	Ausgaben						
	insgesamt	darunter					
		Personal-ausgaben	Laufender Sach-aufwand	Zins-ausgaben	Renten und Unter-stützungen	Baumaß-nahmen	Vermögens-übertra-gungen

DM je Einwohner

Früheres Bundesgebiet

1950.....	590	140	172	13	106	45	7
1955.....	997	259	232	30	125	95	29
1960.....	1 162	301	278	35	105	131	41
1970.....	3 194	1 000	516	112	304	420	160
1975.....	8 527	2 017	1 793	240	2 730	615	270
1977.....	9 653	2 278	2 038	340	3 171	575	315
1978.....	10 389	2 427	2 212	360	3 310	632	358
1979.....	11 232	2 590	2 411	409	3 543	703	393
1980.....	12 047	2 786	2 621	481	3 751	791	394
1981.....	12 830	2 952	2 815	595	4 070	755	385
1982.....	13 441	3 047	2 894	733	4 352	702	429
1983.....	13 826	3 146	2 990	837	4 436	646	417
1984.....	14 331	3 209	3 206	876	4 551	622	408
1985.....	14 867	3 337	3 377	918	4 650	646	412
1986.....	15 426	3 490	3 523	948	4 801	686	420
1987.....	16 020	3 638	3 646	959	5 035	703	422
1988.....	16 626	3 712	3 809	985	5 253	726	413
1989.....	16 991	3 785	3 799	987	5 433	758	422
1990.....	18 102	3 935	4 019	1 024	5 607	793	438

Deutschland

1992.....	20 091	4 254	4 401	1 253	6 347	1 025	746
1993.....	20 754	4 381	4 668	1 259	6 114	958	150
1994.....	21 597	4 423	4 899	1 341	7 051	934	673
1995.....	22 690	4 739	4 910	1 598	7 689	905	682

Fortsetzung Quelle IX/13a

Rechnungs-jahr	insgesamt	Einnahmen				Netto-Kredit-aufnahme
		darunter				
		Steuern und steuer-ähnliche Abgaben	Gebühren, sonstige Entgelte	Einnahmen aus wirt-schaftlicher Tätigkeit	Einnahmen der Kapital rechnung	
		DM je Einwohner				
		Früheres Bundesgebiet				
1950.....	554	442	33	35	3	13
1955.....	1 047	857	62	61	19	26
1960.....	1 178	964	69	57	40	11
1970.....	3 063	2 521	213	117	96	103
1975.....	7 451	6 436	412	134	173	877
1977.....	9 100	7 932	498	171	194	521
1978.....	9 727	8 428	548	210	210	667
1979.....	10 497	9 078	577	244	223	712
1980.....	11 209	9 688	613	271	242	879
1981.....	11 734	10 055	662	320	260	1 133
1982.....	12 387	10 423	721	480	310	1 114
1983.....	12 905	10 862	767	502	307	916
1984.....	13 525	11 416	803	527	297	813
1985.....	14 258	12 046	854	559	293	665
1986.....	14 836	12 553	900	556	326	679
1987.....	15 266	13 106	942	449	361	799
1988.....	15 753	13 508	980	335	384	909
1989.....	16 776	14 404	1 014	419	351	468
1990.....	11 259	14 732	1 086	458	341	1 148
		Deutschland				
1992.....	18 571	15 701	1 235	463	359	1 345
1993.....	19 131	16 182	1 283	449	426	1562
1994.....	20 308	17 080	1 393	480	561	997
1995.....	21 383	17 825	1 381	461	692	1 154

* Bund, Lastenausgleichsfonds, ERP-Sondervermögen (ab 1962), Fonds „Deutsche Einheit" (ab 1990) und Kreditabwicklungsfonds (1991), Länder und Gemeinden/Gv. (ab 1961 einschl. des Saarlandes), ab 1974 einschl. Sozialversicherungsträgern, Bundesanstalt für Arbeit, Zusatzversorgungskassen, kommunaler Zweckverbände, Finanzanteilen der Bundesrepublik Deutschland an der Europäischen Union sowie Finanzen der Krankenhäuser und Hochschulkliniken mit kaufmännischem Rechnungswesen — 1960 Rumpfrechnungsjahr (1.4. – 31.12.1960).
1 Mit den Vorjahren nur eingeschränkt vergleichbar.
2 Teilweise geschätzt.

Quelle: Statistisches Bundesamt, Statistisches Jahrbuch 1996, S. 486.

b.) Entwicklung der Ausgaben nach ausgewählten Aufgabenbereichen*

Mill. DM

Rechnungs-jahr	Insgesamt	Darunter										
		Vertei-digung	Öffentl. Sicherheit und Ordnung, Rechts-schutz	Schulen, Hoch-schulen, übriges Bildungs-wesen	Wissenschaft, Forschung, Entwicklung außerhalb der Hochschulen	Kulturelle Angelegen-heiten	Soziale Sicherung	Gesundheit, Sport und Erholung	Wohungs-wesen und Raum-ordnung[1]	Wirtschafts-förderung[2]	Verkehr und Nachrich-tenwesen	
Früheres Bundesgebiet												
1950	28 141	4 695	1 128	1 975	108	317	7 619	1 014	3 038	1 925	1 271	
1955	51 234	6 078	2 312	4 196	223	594	13 715	1 921	5 281	2 892	3 000	
1960	64 555	8 460	2 588	5 559	496	737	15 455	2 540	6 207	4 657	4 629	
1970	196 330	19 831	7 889	24 783	2 819	2 134	40 355	10 208	10 727	14 418	17 585	
1975	527 240	32 356	15 253	53 813	5 846	3 032	248 730	21 954	19 185	17 367	23 656	
1976	559 894	33 661	16 038	54 942	5 985	3 254	267 800	23 576	21 993	17 804	23 091	
1977	592 977	34 335	17 363	57 432	6 888	3 576	284 585	23 726	21 519	19 666	24 423	
1978	636 954	36 666	18 678	61 372	7 648	3 940	298 863	26 344	24 090	24 974	26 941	
1979	688 919	38 579	20 312	66 335	9 065	4 399	318 008	28 903	27 963	26 822	30 689	
1980	741 627	40 937	22 224	73 061	9 707	5 088	339 409	32 314	31 196	29 162	31 331	
1981	791 199	44 200	23 526	76 546	10 240	5 465	368 095	33 617	32 490	26 895	30 499	
1982	828 482	46 019	24 151	77 583	11 412	5 538	389 649	34 547	31 509	24 958	28 733	
1983	849 178	48 465	24 864	78 061	11 189	5 691	397 404	35 533	32 027	28 292	27 266	
1984	876 812	49 542	25 425	77 572	11 537	5 986	412 978	36 367	32 513	31 139	27 702	
1985	907 128	50 849	26 465	80 765	12 327	6 530	425 957	38 077	34 246	31 578	28 528	
1986	941 710	52 049	27 634	83 523	12 579	7 157	443 501	40 019	36 317	33 300	29 307	
1987	978 701	52 997	29 120	86 520	11 980	7 732	464 648	41 011	37 146	36 159	29 600	
1988	1 021 106	53 146	30 132	88 181	11 888	8 000	490 749	42 320	37 012	39 736	29 964	
1989	1 053 249	54 457	31 135	91 211	12 025	8 499	502 528	45 000	38 576	41 977	30 507	
1990	1 144 607	55 180	33 152	97 082	12 611	9 023	538 872	48 055	42 759	44 641	32 431	
1991[3]	1 411 825	55 495	36 033	107 823	14 981	11 133	688 184	53 493	50 661	67 219	37 006	
Deutschland												
1992	1 618 715	54 705	44 977	143 904	16 533	14 161	787 902	72 266	62 943	69 258	47 672	
1993	1 693 850	51 169	48 195	154 607	17 181	14 399	840 642	75 172	61 688	72 330	45 890	

DM je Einwohner

	Früheres Bundesgebiet										
1950	590	98	24	41	2	7	160	21	64	40	27
1955	997	118	45	82	4	12	267	37	103	56	58
1960	1 162	152	47	100	9	13	278	46	112	84	83
1970	3 194	323	128	403	46	35	656	166	174	235	286
1975	8 527	523	247	870	95	49	4 023	355	310	281	383
1976	9 095	547	261	893	97	53	4 346	383	358	289	375
1977	9 653	559	283	935	112	58	4 631	386	350	320	398
1978	10 389	598	305	1 001	125	64	4 875	430	393	407	439
1979	11 232	629	331	1 081	148	72	5 185	471	456	437	500
1980	12 047	665	361	1 187	158	83	5 513	525	507	474	509
1981	12 830	717	382	1 241	166	89	5 969	545	527	436	495
1982	13 441	747	392	1 259	185	90	6 322	560	511	405	466
1983	13 826	789	405	1 271	182	93	6 470	579	521	461	444
1984	14 331	810	416	1 268	189	98	6 750	594	531	509	453
1985	14 867	833	434	1 324	202	107	6 981	624	561	518	468
1986	15 426	853	453	1 368	206	117	7 265	656	595	545	480
1987	16 020	867	477	1 416	195	127	7 606	671	608	592	485
1988	16 626	865	491	1 436	195	130	7 990	689	603	647	488
1989	16 991	878	502	1 472	194	131	8 101	126	622	677	492
1990	18 102	873	524	1 535	199	143	8 522	760	676	706	513
Deutschland											
1992	20 091	679	558	1 786	205	176	9 779	897	781	860	592
1993	20 863	630	594	1 904	212	177	10 354	925	760	891	565

* Bund, Lastenausgleichsfonds, ERP-Sondervermögen (ab 1962), Fonds „Deutsche Einheit" (ab 1990) und Kreditabwicklungsfonds (1991), Länder und Gemeinden/Gv. (ab 1961 einschl. des Saarlandes), ab 1974 einschl. Sozialversicherungsträgern, Bundesanstalt für Arbeit, Zusatzversorgungskassen, kommunaler Zweckverbände, Finanzanteilen der Bundesrepublik Deutschland an der Europäischen Union sowie Finanzen der Krankenhäuser und Hochschulkliniken mit kaufmännischem Rechnungswesen — 1960 Rumpfrechnungsjahr (1.4. – 31.12.1960).
1 Einschl. kommunaler Gemeinschaftsdienste.
2 Ernährung, Landwirtschaft und Forsten, Energie- und Wasserwirtschaft, Gewerbe, Dienstleistungen.
3 Mit den Vorjahren nur eingeschränkt vergleichbar.

Quelle: Statistisches Bundesamt, Statistisches Jahrbuch 1996, S. 487.

IX/14 Bundeshaushaltsordnung (BHO)

Vom 19. August 1969 (BGBl. I S. 1284), zuletzt geändert am 15. 12. 1995 (BGBl. I S. 1838) — Inhaltsverzeichnis

Teil I Allgemeine Vorschriften zum Haushaltsplan

Teil II Aufstellung dem Haushaltsplans

Teil III Ausführungen des Haushaltsplans

Teil IV Zahlungen, Buchführung und Rechnungslegung

Teil V Rechnungsprüfung

Teil VI Bundesunmittelbare juristische Personen des öffentlichen Rechts

Teil VII Sondervermögen

Teil VIII Entlastung

Teil IX Übergangs- und Schlußbestimmungen

IX/15 Gesetz über die Grundsätze des Haushaltsrechts des Bundes und der Länder (Haushaltsgrundsätzegesetz)

Vom 19. August 1969 (BGBl. I S. 1272), zuletzt geändert durch Art. 29 Agrarsozialreformgesetz 1995 vom 29. Juli 1994 (BGBl. I S. 1890) — Auszüge

Teil I
Vorschriften für die Gesetzgebung des Bundes und der Länder

§ 1 Gesetzgebungsauftrag

Die Vorschriften dieses Teils enthalten Grundsätze für die Gesetzgebung des Bundes und der Länder. Bund und Länder sind verpflichtet, ihr Haushaltsrecht bis zum 1. Januar 1972 nach diesen Grundsätzen zu regeln. Die Länder Mecklenburg-Vorpommern, Brandenburg, Sachsen-Anhalt, Sachsen und Thüringen sowie das Land Berlin für den Teil, für den das Gesetz bisher nicht galt, haben den Gesetzgebungsauftrag nach Satz bis zum 31. März 1991 zu erfüllen.

Abschnitt I
Allgemeine Vorschriften zum Haushaltsplan

§ 2 Bedeutung des Haushaltsplans

Der Haushaltsplan dient der Feststellung und Deckung des Finanzbedarfs, der zur Erfüllung der Aufgaben des Bundes oder des Landes im Bewilligungszeitraum voraussichtlich notwendig ist. Der Haushaltsplan ist die Grundlage für die Haushalts- und Wirtschaftsführung. Bei seiner Aufstellung und Ausführung ist den Erfordernissen des gesamtwirtschaftlichen Gleichgewichts Rechnung zu tragen.

§ 3 Wirkungen des Haushaltsplans

(1) Der Haushaltsplan ermächtigt die Verwaltung, Ausgaben zu leisten und Verpflichtungen einzugehen.

(2) Durch den Haushaltsplan werden Ansprüche oder Verbindlichkeiten weder begründet noch aufgehoben.

§ 4 Haushaltsjahr

Rechnungsjahr (Haushaltsjahr) ist das Kalenderjahr. Der für die Finanzen zuständige Minister kann für einzelne Bereiche etwas anderes bestimmen.

§ 5 Notwendigkeit der Ausgaben und Verpflichtungsermächtigungen

Bei Aufstellung und Ausführung des Haushaltsplans sind nur die Ausgaben und die Ermächtigungen zum Eingehen von Verpflichtungen zur Leistung von Ausgaben in künftigen Jahren (Verpflichtungsermächtigungen) zu berücksichtigen, die zur Erfüllung der Aufgaben des Bundes oder des Landes notwendig sind.

§ 6 Wirtschaftlichkeit und Sparsamkeit, Nutzen-Kosten-Untersuchungen

(1) Bei Aufstellung und Ausführung des Haushaltsplans sind die Grundsätze der Wirtschaftlichkeit und Sparsamkeit zu beachten.

(2) Für geeignete Maßnahmen von erheblicher finanzieller Bedeutung sind Nutzen-Kosten-Untersuchungen anzustellen.

§ 7 Grundsatz der Gesamtdeckung

Alle Einnahmen dienen als Deckungsmittel für alle Ausgaben. Auf die Verwendung für bestimmte Zwecke dürfen Einnahmen nur beschränkt werden, soweit dies durch Gesetz vorgeschrieben ist oder Ausnahmen im Haushaltsplan zugelassen worden sind.

Abschnitt II
Aufstellung des Haushaltsplans

§ 8 Vollständigkeit und Einheit, Fälligkeitsprinzip

(1) Für jedes Haushaltsjahr ist ein Haushaltsplan aufzustellen.

(2) Der Haushaltsplan enthält alle im Haushaltsjahr

1. zu erwartenden Einnahmen,

2. voraussichtlich zu leistenden Ausgaben und

3. voraussichtlich benötigten Verpflichtungsermächtigungen.

§ 9 Geltungsdauer der Haushaltspläne

(1) Der Haushaltsplan kann für zwei Haushaltsjahre, nach Jahren getrennt, aufgestellt werden.

(2) Der Haushaltsplan kann in einen Verwaltungshaushalt und in einen Finanzhaushalt gegliedert werden; beide können jeweils für zwei Haushaltsjahre, nach Jahren getrennt, aufgestellt werden. Die Bewilligungszeiträume für beide Haushalte können in aufeinanderfolgenden Haushaltsjahren beginnen.

§ 10 Einzelpläne, Gesamtplan, Gruppierungsplan

(1) Der Haushaltsplan besteht aus den Einzelplänen und dem Gesamtplan.

(2) Die Einzelpläne enthalten die Einnahmen, Ausgaben und Verpflichtungsermächtigungen eines einzelnen Verwaltungszweigs oder bestimmte Gruppen von Einnahmen, Ausgaben und Verpflichtungsermächtigungen. Die Einzelpläne sind in Kapitel und Titel einzuteilen. Die Einteilung in Titel richtet sich nach Verwaltungsvorschriften über die Gruppierung der Einnahmen und Ausgaben des Haushaltsplans nach Arten (Gruppierungsplan)

. . .

§ 13 Krediterermächtigungen

(1) Das Haushaltsgesetz bestimmt, bis zu welcher Höhe der für die Finanzen zuständige Minister Kredite aufnehmen darf

1. zur Deckung von Ausgaben,

2. zur Aufrechterhaltung einer ordnungsmäßigen Kassenwirtschaft (Kassenverstärkungskredite). Soweit diese Kredite zurückgezahlt sind, kann die Ermächtigung wiederholt in Anspruch genommen werden. Kassenverstärkungskredite dürfen nicht später als sechs Monate nach Ablauf des Haushaltsjahres, für das sie aufgenommen worden sind, fällig werden.

(2) Die Ermächtigungen nach Absatz 1 Nr. 1 gelten bis zum Ende des nächsten Haushaltsjahres und, wenn das Haushaltsgesetz für das zweitnächste Haushaltsjahr nicht rechtzeitig verkündet wird, bis zur Verkündung dieses Haushaltsgesetzes. Die Ermächtigungen nach Absatz 1 Nr. 2 gelten bis zum Ende des laufenden Haushaltsjahres und, wenn das Haushaltsgesetz für das nächste Haushaltsjahr nicht rechtzeitig verkündet wird, bis zur Verkündung dieses Haushaltsgesetzes.

(3) Durch Gesetz kann bestimmt werden, daß im Haushaltsplan die Ausgaben zu bezeichnen sind, die durch Einnahmen aus Krediten gedeckt werden sollen.

. . .

§ 15 Übertragbarkeit, Deckungsfähigkeit

(1) Ausgaben für Investitionen und Ausgaben aus zweckgebundenen Einnahmen sind übertragbar. Andere Ausgaben können im Haushaltsplan für übertragbar erklärt werden, wenn sie für eine sich auf mehrere Jahre erstreckende Maßnahme bestimmt sind und wenn die Übertragbarkeit eine sparsame Bewirtschaftung der Mittel fördert.

(2) Im Haushaltsplan können Ausgaben für gegenseitig oder einseitig deckungsfähig erklärt werden, wenn ein verwaltungsmäßiger oder sachlicher Zusammenhang besteht. Ausgaben, die ohne nähere Angabe des Verwendungszwecks veranschlagt sind, dürfen nicht für deckungsfähig erklärt werden.

. . .

§ 18 Betriebe, Sondervermögen

(1) Betriebe des Bundes oder des Landes haben einen Wirtschaftsplan aufzustellen, wenn ein Wirtschaften nach Einnahmen und Ausgaben des Haushaltsplans nicht zweckmäßig ist. Der Wirtschaftsplan oder eine Übersicht über den Wirtschaftsplan ist dem Haushaltsplan als Anlage beizufügen oder in die Erläuterungen aufzunehmen. Im Haushaltsplan sind nur die Zuführungen oder die Ablieferungen zu veranschlagen. Planstellen sind nach Besoldungsgruppen und Amtsbezeichnungen im Haushaltsplan auszubringen.

(2) Bei Sondervermögen sind nur die Zuführungen oder die Ablieferungen im Haushaltsplan zu veranschlagen. Über die Einnahmen, Ausgaben und Verpflichtungsermächtigungen der Sondervermögen sind Übersichten dem Haushaltsplan als Anlagen beizufügen oder in die Erläuterungen aufzunehmen.

Abschnitt III
Ausführung des Haushaltsplans
. . .

§ 22 **Verpflichtungsermächtigungen**

(1) Maßnahmen, die den Bund oder das Land zur Leistung von Aufgaben in künftigen Haushaltsjahren verpflichten können sind nur zulässig, wenn der Haushaltsplan dazu ermächtigt. Im Falle eines unvorhergesehenen und unabweisbaren Bedürfnisses kann der für die Finanzen zuständige Minister Ausnahmen zulassen.

(2) Maßnahmen nach Absatz 1 bedürfen der Einwilligung des für die Finanzen zuständigen Ministers, soweit er nicht darauf verzichtet. Durch Gesetz kann zugelassen werden, daß die Einwilligung des für die Finanzen zuständigen Ministers nicht erforderlich ist, soweit im Haushaltsplan die voraussichtlichen Verpflichtungen zu Lasten mehrerer Haushaltsjahre nach Jahresbeträgen angegeben werden und von diesen Angaben bei der Ausführung des Haushaltsplans nicht erheblich abgewichen wird.

(3) Der für die Finanzen zuständige Minister ist bei Maßnahmen nach Absatz 1 von grundsätzlicher oder erheblicher finanzieller Bedeutung über den Beginn und Verlauf von Verhandlungen zu unterrichten.

(4) Verpflichtungen für laufende Geschäfte dürfen eingegangen werden, ohne daß die Voraussetzungen der Absätze 1 und 2 vorliegen. Das Nähere regelt der für die Finanzen zuständige Minister.

(5) Die Absätze 1 bis 4 sind auf Verträge im Sinne von Artikel 59 Abs. 2 Satz 1 des Grundgesetzes nicht anzuwenden.

§ 23 **Gewährleistungen, Kreditzusagen**

(1) Die Übernahme von Bürgschaften, Garantien oder sonstigen Gewährleistungen, die zu Ausgaben in künftigen Haushaltsjahren führen können, bedarf einer Ermächtigung durch Gesetz, die der Höhe nach bestimmt ist.

(2) Kreditzusagen sowie die Übernahme von Bürgschaften, Garantien oder sonstigen Gewährleistungen bedürfen der Einwilligung des für die Finanzen zuständigen Ministers. Er ist an den Verhandlungen zu beteiligen. Er kann auf die Befugnisse nach den Sätzen 1 und 2 verzichten.

(3) Bei Maßnahmen nach Absatz 2 haben die zuständigen Stellen auszubedingen, daß sie oder ihre Beauftragten bei den Beteiligten jederzeit prüfen können, soweit dies im Zusammenhang mit der Verpflichtung notwendig ist. Von der Ausbedingung eines Prüfungsrechts kann ausnahmsweise mit Einwilligung des für die Finanzen zuständigen Ministers abgesehen werden.

§ 24 Andere Maßnahmen von finanzieller Bedeutung

Der Erlaß von Verwaltungsvorschriften, der Abschluß von Tarifverträgen und die Gewährung von über- oder außertariflichen Leistungen sowie die Festsetzung oder Änderung von Entgelten für Verwaltungsleistungen bedürfen der Einwilligung des für die Finanzen zuständigen Ministers, wenn diese Regelungen zu Einnahmeminderungen oder zu zusätzlichen Ausgaben im laufenden Haushaltsjahr oder in künftigen Haushaltsjahren führen können. Satz 1 ist auf sonstige Maßnahmen von grundsätzlicher oder erheblicher finanzieller Bedeutung anzuwenden, wenn sie zu Einnahmeminderungen im laufenden Haushaltsjahr oder in künftigen Haushaltsjahren oder zu zusätzlichen Ausgaben im laufenden Haushaltsjahr führen können.

§ 25 Haushaltswirtschaftliche Sperre

Wenn die Entwicklung der Einnahmen oder Ausgaben es erfordert, kann es der für die Finanzen zuständige Minister von seiner Einwilligung abhängig machen, ob Verpflichtungen eingegangen oder Ausgaben geleistet werden.

. . .

§ 28 Personalwirtschaftliche Grundsätze

(1) Ein Amt darf nur zusammen mit der Einweisung in eine besetzbare Planstelle verliehen werden.

(2) Personalausgaben, die nicht auf Gesetz oder Tarifvertrag beruhen, dürfen nur geleistet werden, wenn dafür Ausgabemittel besonders zur Verfügung gestellt sind.

. . .

§ 30 Öffentliche Ausschreibung

Dem Abschluß von Verträgen über Lieferungen und Leistungen muß eine öffentliche Ausschreibung vorausgehen, sofern nicht die Natur des Geschäfts oder besondere Umstände eine Ausnahme rechtfertigen.

. . .

Abschnitt IV
Zahlungen, Buchführung und Rechnungslegung

. . .

Abschnitt V
Prüfung und Entlastung

§ 42 Aufgaben der Rechnungshofes

(1) Die gesamte Haushalts- und Wirtschaftsführung des Bundes und der Länder einschließlich ihrer Sondervermögen und Betriebe wird von Rechnungshöfen geprüft.

(2) Der Rechnungshof prüft insbesondere

1. die Einnahmen, Ausgaben und Verpflichtungen zur Leistung von Ausgaben,

2. Maßnahmen, die sich finanziell auswirken können,

3. das Vermögen und die Schulden.

(3) Der Rechnungshof kann nach seinem Ermessen die Prüfung beschränken und Rechnungen ungeprüft lassen.

(4) Die Durchführung der Prüfung von geheimzuhaltenden Angelegenheiten kann gesetzlich besonders geregelt werden.

(5) Auf Grund von Prüfungserfahrungen kann der Rechnungshof beraten. Das Nähere wird durch Gesetz geregelt.

§ 43 Prüfung bei Stellen außerhalb der Verwaltung

(1) Der Rechnungshof ist, unbeschadet weitergehender landesrechtlicher Bestimmungen, berechtigt, bei Stellen außerhalb der Verwaltung des Bundes oder des Landes zu prüfen, wenn sie

1. Teile des Haushaltsplans ausführen oder vom Bund oder vom Land Ersatz von Aufwendungen erhalten,

2. Mittel oder Vermögensgegenstände des Bundes oder des Landes verwalten oder

3. vom Bund oder Land Zuwendungen erhalten.

Leiten diese Stellen die Mittel an Dritte weiter, so kann der Rechnungshof auch bei diesen prüfen.

(2) Die Prüfung erstreckt sich auf die bestimmungsmäßige und wirtschaftliche Verwaltung und Verwendung. Bei Zuwendungen kann sie sich auch auf die sonstige Haushalts- und Wirtschaftsführung des Empfängers erstrecken, soweit es der Rechnungshof für seine Prüfung für notwendig hält.

(3) Bei der Gewährung von Krediten aus Haushaltsmitteln sowie bei der Übernahme von Bürgschaften, Garantien oder sonstigen Gewährleistungen durch den Bund oder das Land kann der Rechnungshof bei den Beteiligten prüfen, ob sie ausreichende Vorkehrungen gegen Nachteile für den Bund oder das Land getroffen oder ob die Voraussetzungen für eine Inanspruchnahme des Bundes oder des Landes vorgelegen haben.

§ 44 Prüfung staatlicher Betätigung bei privatrechtlichen Unternehmen

(1) Der Rechnungshof prüft die Betätigung des Bundes oder des Landes bei Unternehmen in einer Rechtsform des privaten Rechts, an denen der Bund oder das Land unmittelbar oder mittelbar beteiligt ist, unter Beachtung kaufmännischer Grundsätze.

(2) Absatz 1 gilt entsprechend bei Erwerbs- und Wirtschaftsgenossenschaften, in denen der Bund oder das Land Mitglied ist.

§ 45 Gemeinsame Prüfung

Sind für die Prüfung mehrere Rechnungshöfe zuständig, so soll gemeinsam geprüft werden. Soweit nicht die Prüfung durch einen bestimmten Rechnungshof verfassungsrechtlich vorgeschrieben ist, können die Rechnungshöfe einander durch Vereinbarung Prüfungsaufgaben übertragen.

§ 46 Ergebnis der Prüfung

(1) Der Rechnungshof faßt das Ergebnis seiner Prüfung, soweit es für die Entlastung der Regierung von Bedeutung sein kann, jährlich in einem Bericht für die gesetzgebenden Körperschaften zusammen.

(2) In den Bericht können Feststellungen auch über spätere oder frühere Haushaltsjahre aufgenommen werden.

(3) Über Angelegenheiten von besonderer Bedeutung kann der Rechnungshof die gesetzgebenden Körperschaften und die Regierung jederzeit unterrichten.

§ 47 Entlastung, Rechnung des Rechnungshofes

(1) Die gesetzgebenden Körperschaften beschließen auf Grund der Rechnung und des jährlichen Berichts des Rechnungshofes über die Entlastung der Regierung.

(2) Die Rechnung des Rechnungshofes wird von den gesetzgebenden Körperschaften geprüft, die auch die Entlastung erteilen.

Abschnitt VI
Sondervermögen des Bundes oder des Landes und bundesunmittelbare oder landesunmittelbare juristische Personen des öffentlichen Rechts
. . .

Teil II
Vorschriften, die einheitlich und unmittelbar gelten

§ 49 Grundsatz

Die Vorschriften dieses Teils gelten einheitlich und unmittelbar für den Bund und die Länder.

§ 50 Verfahren bei der Finanzplanung

(1) Bund und Länder legen ihrer Haushaltswirtschaft je für sich eine fünfjährige Finanzplanung zugrunde (§ 9 Abs. 1 und § 14 des Gesetzes zur Förderung der Stabilität und des Wachstums der Wirtschaft vom 8. Juni 1967 — Bundesgesetzbl. I S. 582 —).

(2) Das erste Planungsjahr der Finanzplanung ist das laufende Haushaltsjahr.

(3) Der Finanzplan (§ 9 Abs. 2 Satz 2 des Gesetzes zur Förderung der Stabilität und des Wachstums der Wirtschaft) ist den gesetzgebenden Körperschaften spätestens im Zusammenhang mit dem Entwurf des Haushaltsgesetzes für das nächste Haushaltsjahr vorzulegen. Die gesetzgebenden Körperschaften können die Vorlage von Alternativrechnungen verlangen.

(4) Im Finanzplan sind die vorgesehenen Investitionsschwerpunkte zu erläutern und zu begründen.

(5) Den gesetzgebenden Körperschaften sind die auf der Grundlage der Finanzplanung überarbeiteten mehrjährigen Investitionsprogramme (§ 10 des Gesetzes zur Förderung der Stabilität und des Wachstums der Wirtschaft) vorzulegen.

(6) Die Planung nach § 11 Satz 1 des Gesetzes zur Förderung der Stabilität und des Wachstums der Wirtschaft ist für Investitionsvorhaben des dritten Planungsjahres in ausreichendem Umfang so vorzubereiten, daß mit ihrer Durchführung kurzfristig begonnen werden kann.

(7) Die Regierung soll rechtzeitig geeignete Maßnahmen treffen, die nach der Finanzplanung erforderlich sind, um eine geordnete Haushaltsentwicklung unter Berücksichtigung des voraussichtlichen gesamtwirtschaftlichen Leistungsvermögens in den einzelnen Planungsjahren zu sichern.

§ 51 Finanzplanungsrat

(1) Bei der Bundesregierung wird ein Finanzplanungsrat gebildet. Dem Finanzplanungsrat gehören an:

1. die Bundesminister der Finanzen und für Wirtschaft,

2. die für die Finanzen zuständigen Minister der Länder,

3. vier Vertreter der Gemeinden und Gemeindeverbände, die vom Bundesrat auf Vorschlag der kommunalen Spitzenverbände bestimmt werden.

Die Deutsche Bundesbahn kann an den Beratungen des Finanzplanungsrates teilnehmen.

(2) Der Finanzplanungsrat gibt Empfehlungen für eine Koordinierung der Finanzplanungen des Bundes, der Länder und der Gemeinden und Gemeindeverbände. Dabei sollen eine einheitliche Systematik der Finanzplanungen aufgestellt sowie einheitliche volks- und finanzwirtschaftliche Annahmen für die Finanzplanungen und Schwerpunkte für eine den gesamtwirtschaftlichen Erfordernissen entsprechende Erfüllung der öffentlichen Aufgaben ermittelt werden. Die vom Konjunkturrat für die öffentliche Hand zur Erreichung der Ziele des Gesetzes zur Förderung der Stabilität und des Wachstums der Wirtschaft für erforderlich gehaltenen Maßnahmen sollen berücksichtigt werden.

(3) Die voraussichtlichen Einnahmen und Ausgaben der in § 52 genannten Einrichtungen sollen in die Beratungen und Empfehlungen einbezogen werden, soweit sie nicht schon in den Finanzplanungen des Bundes, der Länder und der Gemeinden und Gemeindeverbände enthalten sind.

(4) Den Vorsitz im Finanzplanungsrat führt der Bundesminister der Finanzen.

(5) Der Finanzplanungsrat gibt sich eine Geschäftsordnung.

§ 52 Auskunftspflicht

(1) Bund und Länder erteilen durch ihre für die Finanzen zuständigen Minister dem Finanzplanungsrat die Auskünfte, die dieser zur Wahrnehmung seiner Aufgaben benötigt. Die Auskunftserteilung umfaßt auch die Vorlage der in den jeweiligen Zuständigkeitsbereichen aufgestellten Finanzplanungen.

(2) Die Länder erteilen auch die Auskünfte für ihre Gemeinden und sonstigen kommunalen Körperschaften. Das gleiche gilt für Sondervermögen und Betriebe der Länder, der Gemeinden und der Gemeindeverbände sowie für die landesunmittelbaren juristischen Personen des öffentlichen Rechts, deren Einbeziehung in die Finanzplanung und die Beratungen des Finanzplanungsrates erforderlich ist. Die Länder regeln das Verfahren.

(3) Sondervermögen und Betriebe des Bundes sowie die bundesunmittelbaren juristischen Personen des öffentlichen Rechts erteilen die erforderlichen Auskünfte dem Bundesminister der Finanzen, der sie dem Finanzplanungsrat zuleitet.

(4) Die Träger der gesetzlichen Krankenversicherung, der gesetzlichen Unfallversicherung und der gesetzlichen Rentenversicherungen einschließlich der Altershilfe für Landwirte, ihre Verbände sowie die sonstigen Vereinigungen auf dem Gebiet der Sozialversicherung und die Bundesanstalt für Arbeit erteilen dem Bundesminister der Finanzen die für den Finanzplanungsrat erforderlichen Auskünfte über den Bundesminister für Arbeit und Sozialordnung; landesunmittelbare Körperschaften leiten die Auskünfte über die für die Sozialversicherung zuständige oberste Verwaltungsbehörde des Landes zu.

. . .

IX/16 Transfers für Ostdeutschland

in Mrd. DM

	1991	1992	1993	1994	1995	1996
I. Leistungen Bundeshaushalt	74,6	88,2	113,6	113,5	145,5	129,8
1. Zahlungen an die Länder	21,0	24,7	28,2	32,1	20,9	17,7
Investitionsfördergesetz	5,3	0,0	1,5	0,0	6,6	6,6
GA BMWi	2,0	2,7	3,7	3,2	3,8	3,3
GA BML	0,5	1,0	1,0	1,0	1,0	0,9
Kommunaler Straßenbau/ÖPNV	1,8	3,1	1,8	1,7	1,5	1,5
Fonds „Deutsche Einheit"	4,0	9,9	14,2	19,5	0,0	0,0
Sonstiges (BAföG, Wohngeld etc.)	7,4	8,0	6,0	6,7	8,0	5,4
2. Leistungen an die Bevölkerung	30,1	36,7	60,6	41,7	43,7	28,6
Sozialversicherung	9,5	10,2	11,0	13,4	15,0	16,0
Arbeitslosenhilfe	2,8	4,7	4,5	5,5	6,7	4,5
Altersübergangsgeld	5,7	5,1	5,0	7,2	7,2	5,5
Sonstiges	12,1	15,7	30,1	15,6	14,8	2,6
3. Sonstige Ausgaben	23,5	27,8	34,8	39,7	45,7	42,3
Eisenbahnen des Bundes	7,7	9,5	10,1	15,0	14,6	13,5
Straßenbauplan	2,1	4,0	3,2	3,7	4,6	4,3
THA-Nachfolgegesellschaften	–	–	–	–	5,1	3,8
Sonstiges (EKH, Gasöl, Wismut etc.)	13,7	14,3	21,5	21,0	21,4	20,7
4. Einnahmeminderung Kindergeld	–	–	–	–	–	5,2
5. Steuerverzicht Finanzausgleich	–	–	–	–	35,2	36,0
II. Andere Leistungen	58,1	69,1	54,0	54,0	48,0	50,0
(Fonds „Deutsche Einheit", EU, Rentenver-sicherung, Bundesanstalt für Arbeit, Länder/ Gemeinden West)						
III. Treuhandanstalt	19,9	29,6	38,1	34,4	–	–
(1995 u. 1996 s. I.3.)						
IV. Steuermindereinnahmen durch steuerliche Fördermaßnahmen						
(I-Zulage, Sonderabschreibung etc.)	3,2	7,4	9,2	10,0	14,0	16,4
Summe:	*155,8*	*194,3*	*214,9*	*211,9*	*207,5*	*196,2*
V. Rückflüsse						
Steuer- und Verwaltungsmehreinnahmen	33,0	37,0	39,0	43,0	46,0	52,0
Gesamtsumme:	*122,8*	*157,3*	*175,9*	*168,9*	*161,5*	*144,2*

Quelle: Deutscher Bundestag, Bundestags-Drucksache 13/2489.

IX/17 Nennkapital und buchmäßiges Eigenvermögen der Unternehmen, an denen der Bund und seine Sondervermögen unmittelbar beteiligt sind

Ressort/Sondervermögen	Anzahl der Beteiligungen	davon mit Bundesanteil über 50 vH	Nennkapital am 31.12.1993	Anteil des Bundes am Nennkapital	Anteil des Bundes am buchm. Eigenvermögen[1]
			TDM	TDM	TDM
Finanzen	13	8	5 446 269[2]	2 114 212[2]	12 634 372[3]
Verkehr	16	5	3 757 044	1 811 885	2 458 024[4]
Raumordnung, Bauwesen und Städtebau	47	3	672 361	91 495	280 071[5]
Ernährung, Landwirtschaft und Forsten (ohne 3 ruhende Gesellschaften)	4	1	27 570	6 422	47 805
Wirtschaftliche Zusammenarbeit und Entwicklung	5	4	1 240 415	1 240 136	980 748
Forschung und Technologie (ohne 2 ruhende bzw. in Liquidation befindliche Gesellschaften)	15	10	3 843	3 403	3 403
Verteidigung	1	1	2 500	2 500	5 479
Inneres	5	2	550	475	2 754[6]
Justiz	2	2	11 244	9 200	24 857
Wirtschaft	3	3	250	250	35[7]
Bildung und Wissenschaft	1	–	96	32	32
Arbeit und Sozialordnung	1	1	119	119	573
Umwelt, Naturschutz und Reaktorsicherheit	1	–	52	24	24
Post und Telekommunikation	1	–	50	25	25
Presse- und Informationsamt	3	1	850	615	615
Auswärtiges Amt	1	1	50	50	50
Ressorts	119	42	11 163 263	5 280 843	16 438 867
ERP	2	1	1 715 00	471 000	1 984 477
Ausgleichsfonds	1	–	715 000	44 000	210 235
Deutsche Bundespost					
– Deutsche Bundespost TELEKOM	37	16	923 014	572 876	811 987
– Deutsche Bundespost POSTDIENST	21	10	350 754	205 253	245 231[8]
– Deutsche Bundespost POSTBANK	6	3	1 687 713	176 804	257 104
Deutsche Bundesbahn	32	18	3 018 007	1 120 910	1 029 623
	99	48	8 409 488	2 610 843	4 538 657
davon Mehrfachbeteiligungen	9		4 028 885		
Sondervermögen	90	48	4 380 603	2 610 843	4 538 657
Summe Ressorts und Sondervermögen	209	90	15 543 866	7 891 686	20 977 524
Ruhende und in Liquidation befindliche Unternehmen	5	5			

Legende zu Quelle IX/17

1 Nennkapital zuzüglich offener Rücklagen und nicht ausgeschüttetem Gewinn, ggf. abzüglich eines Bilanzverlustes und ausstehender Einlagen auf das Nennkapital
2 ohne Treuhandanstalt
3 ohne GBB Genossenschafts-Holding Berlin, Treuhandanstalt
4 ohne Berlin Brandenburg Flughafen Holding GmbH
5 ohne 35 Wohnungsbaugesellschaften
6 ohne Deutsches Historisches Museum GmbH, Kunst- und Ausstellungshalle der Bundesrepublik Deutschland GmbH
7 ohne Wismut GmbH, DFA Fertigungs- und Anlagenbau GmbH
8 ohne „GEWOBAU" Gemeinnützige Wohnungsbaugesellschaft mbH, deren Bilanzen zum 31.12.1993 noch nicht vorliegen

Quelle: Bundesministerium der Finanzen, Beteiligungen des Bundes im Jahre 1993, 1995, S. 3.

IX/18 Beteiligungen des Bundes — Stand: 1993

A. Bundesbeteiligungen aus dem Bereich des Bundesministers der Finanzen (BMF)

 I. Allgemeines

 II. Treuhandanstalt
 Treuhandanstalt, Berlin (THA)

 III. Industrieunternehmen

 1. Saarbergwerke AG
 Entwicklung des Konzerns im Geschäftsjahr 1993
 a) Saarbergwerke AG, Saarbrücken
 b) Saar-Gummiwerk GmbH, Wadern-Büschfeld
 c) Saarländische Kraftwerksgesellschaft mbH, Quierschied
 d) Saarberg-Fernwärme GmbH, Saarbrücken
 e) Saarberg-Oekotechnik GmbH, Saarbrücken
 f) Saarberg-Interplan Gesellschaft für Rohstoff-, Energie- und Ingenieurtechnik mbH, Saarbrücken
 g) Saar Ferngas AG, Saarbrücken
 h) Saarberg Handel GmbH, Saarbrücken
 i) Kohlbecher & Co GmbH, Völklingen
 j) UNISPED Spedition und Transportgesellschaft mbH, Saarbrücken
 k) INDUSTRIE-RING Sach- und Versicherungsvermittlungsgesellschaft mbH, Saarbrücken
 l) TÜB Gesellschaft für technische Überwachung im Bergbau mbH, Saarbrücken
 Konzernabschluß
 Konzernschaubild

2. Industrieverwaltungsgesellschaft AG, Bonn

3. GEFI Gesellschaft für Industriebeteiligungen mbH, Bonn
 a) Fernleitungs-Betriebsgesellschaft mbH, Bonn
 b) GRV Gesellschaft zur Rekultivierung und Verwertung von Grundstücken mbH (GRV), Pätz
 c) MDBG-Materialdepot-Betriebsgesellschaft mbH, Bonn
 d) VEBEG Gesellschaft mbH, Frankfurt/Main

IV. Kreditinstitute

1. Kreditanstalt für Wiederaufbau, Frankfurt/Main
2. Deutsche Ausgleichsbank, Bonn
3. Deutsche Siedlungs- und Landesrentenbank, Berlin/Bonn (DSL Bank)
4. Staatsbank Berlin, Berlin
5. Deutsche Aussenhandelsbank AG, Berlin
6. GBB Genossenschafts-Holding Berlin, Berlin

V. Andere Unternehmen

1. Bayerischer Lloyd AG, Regensburg
2. C & L TREUARBEIT DEUTSCHE REVISION AG Wirtschaftsprüfungsgesellschaft Steuerberatungsgesellschaft, Berlin und Frankfurt/Main
3. Mon Repos Erholungsheim Davos AG, Davos-Dorf

B. Bundesbeteiligungen aus dem Bereich des Bundesministers für Verkehr (BMV)

I. Allgemeines

II. Deutsche Lufthansa AG

Entwicklung des Konzerns im Geschäftsjahr 1993
a) Deutsche Lufthansa AG, Köln
b) Condor Flugdienst GmbH, Frankfurt/Main
c) Lufthansa Commercial Holding GmbH, Köln
d) Delvag Luftfahrtversicherungs-AG, Köln
e) Lufthansa Cargo Airlines GmbH, Kelsterbach
f) LSG Lufthansa Service GmbH, Frankfurt/Main
g) Lufthansa Hotel-Gesellschaft mbH, Kriftel
Schaubild über unmittelbare Beteiligungen der Deutschen Lufthansa AG

III. Flughafengesellschaften
1. Berlin Brandenburg Flughafen Holding GmbH, Berlin
 a) Berliner Flughafengesellschaft mbH, Berlin
 b) Flughafen Berlin-Schönefeld GmbH, Berlin
2. Flughafen Frankfurt/Main AG, Frankfurt/Main
3. Flughafen Hamburg GmbH, Hamburg
4. Flughafen Köln/Bonn GmbH, Köln
5. Flughafen München GmbH, München

IV. Hafengesellschaften

1. Duisburg-Ruhrorter Häfen AG, Duisburg
2. Lübecker Hafen-Gesellschaft mbH, Lübeck

V. Wasserbau- und Wasserbaufinanzierungsgesellschaften

1. Rhein-Main-Donau AG, München
 a) Donaukraftwerk Jochenstein AG, Passau
 b) Donau-Wasserkraft AG, München
 c) Mittlere Donau Kraftwerke AG, München
 d) Obere Donau Kraftwerke AG, München
 e) Mainkraftwerk Schweinfurt GmbH, München
2. Internationale Mosel-Gesellschaft mbH, Trier
3. Neckar AG, Stuttgart

VI. Sonstige Gesellschaften

1. Gesellschaft für Nebenbetriebe der Bundesautobahnen mbH, Bonn
2. Osthannoversche Eisenbahnen AG, Celle
3. DEGES Deutsche Einheit Fernstraßenplanungs- und -bau-GmbH, Berlin
4. DFS Deutsche Flugsicherung GmbH, Offenbach/Main

C. Bundesbeteiligungen aus dem Bereich des Bundesministers für Raumordnung, Bauwesen und Städtebau (BMBau)

I. Allgemeines

II. Wohnungsbaugesellschaften

1. Frankfurter Siedlungsgesellschaft mbH (FSG), Frankfurt/Main
2. Gemeinnützige Deutsche Wohnungsbaugesellschaft mbH, Organ der staatlichen Wohnungspolitik, Berlin
3. GEWOBAG Gemeinnützige Wohnungsbau-AG Groß-Berlin, Berlin

III. Heimstätten und Landesentwicklungsgesellschaften

1. Heimstätte Rheinland-Pfalz GmbH, Organ der staatlichen Wohnungspolitik, Mainz
2. Hessische Heimstätte GmbH Staatliche Treuhandstelle für Wohnungs- und Kleinsiedlungswesen, Organ der staatlichen Wohnungspolitik, Kassel
3. Landeswohnungs- und Städtebaugesellschaft Bayern GmbH, München
4. Nassauische Heimstätte Wohnungs- und Entwicklungsgesellschaft mbH, Organ der staatlichen Wohnungspolitik, Frankfurt/Main
5. LEG Saar, Landesentwicklungsgesellschaft Saarland mbH, Saarbrücken
6. NILEG Niedersächsische Gesellschaft für Landesentwicklung und Wohnungsbau mbH, Hannover

IV. Bundesbaugesellschaft Berlin mbH, Berlin

V. Deutsche Baurevision AG Wirtschaftsprüfungsgesellschaft, Berlin

D. Bundesbeteiligungen aus dem Bereich des Bundesministers für Ernährung, Landwirtschaft und Forsten (BML)

 I. Allgemeines

 II. Siedlungsgesellschaften

 1. Deutsche Bauernsiedlung — Deutsche Gesellschaft für Landentwicklung (DGL) GmbH, Düsseldorf
 2. Landsiedlung Rheinland-Pfalz GmbH, Koblenz
 3. Schleswig-Holsteinische Landgesellschaft mbH, Kiel

 III. Sonstige und ruhende Gesellschaften

 1. Gesellschaft für Lagereibetriebe mbH, Frankfurt/Main
 2. Oberschlesische Landgesellschaft mbH, Bonn
 3. Ostpreußische Landgesellschaft mbH, Bonn
 4. Pommersche Landgesellschaft mbH, Bonn

E. Bundesbeteiligungen aus dem Bereich des Bundesministers für wirtschaftliche Zusammenarbeit und Entwicklung (BMZ)

 I. Allgemeines

 II. Entwicklung der wichtigsten Gesellschaften

 1. DEG — Deutsche Investitions- und Entwicklungsgesellschaft mbH, Köln
 2. Deutsche Gesellschaft für Technische Zusammenarbeit (GTZ) GmbH, Eschborn/Ts.
 3. Deutscher Entwicklungsdienst Gemeinnützige Gesellschaft mbH, Berlin
 4. DEUTSCHES INSTITUT FÜR ENTWICKLUNGSPOLITIK gemeinnützige Gesellschaft mbH, Berlin

F. Bundesbeteiligungen aus dem Bereich des Bundesministers für Forschung und Technologie (BMFT)

 I. Allgemeines

 II. Großforschungseinrichtungen

 1. Forschungszentrum Jülich GmbH, Jülich
 2. Gesellschaft für Biotechnologische Forschung mbH (GBF), Braunschweig
 3. Gesellschaft für Mathematik und Datenverarbeitung mbH, Bonn
 4. Gesellschaft für Schwerionenforschung mbH, Darmstadt
 5. GKSS-Forschungszentrum Geesthacht GmbH, Geesthacht
 6. GSF — Forschungszentrum für Umwelt und Gesundheit GmbH, München
 7. Hahn-Meitner-Institut Berlin GmbH, Berlin
 8. Kernforschungszentrum Karlsruhe GmbH, Karlsruhe
 9. UFZ-Umweltforschungszentrum Leipzig-Halle GmbH, Leipzig

III. Andere Einrichtungen

1. Deutsche Agentur für Raumfahrtangelegenheiten (DARA) GmbH, Bonn
2. Deutsches Primatenzentrum GmbH, Göttingen
3. Fachinformationszentrum Chemie GmbH, Berlin
4. Fachinformationszentrum Karlsruhe, Gesellschaft für wissenschaftlich-technische Information mbH, Karlsruhe
5. Gesellschaft für Information und Dokumentation mbH i.L., Frankfurt/Main
6. Heinrich-Hertz-Institut für Nachrichtentechnik Berlin GmbH, Berlin
7. Wissenschaftszentrum Berlin für Sozialforschung gemeinnützige Gesellschaft mbH, Berlin

G. Bundesbeteiligungen aus dem Bereich der übrigen Bundesressorts

1. Berliner Festspiele GmbH, Berlin
2. Bundesanzeiger Verlagsgesellschaft mbH, Bonn
3. Deutsche Film- und Fernsehakademie Berlin GmbH, Berlin
4. Deutsches Historisches Museum GmbH, Berlin
5. DFA-Fertigungs- und Anlagenbau GmbH, Chemnitz
6. DRF Deutsche Reportagefilm Produktions-, Verlags- und Vertriebsgesellschaft mbH, Bonn
7. Gästehaus Petersberg GmbH, Königswinter
8. Genossenschaft Höhenklinik Valbella Davos, Davos-Dorf
9. Gesellschaft für Anlagen- und Reaktorsicherheit (GRS) mbH, Köln
10. Heimbetriebsgesellschaft mbH, Bonn
11. HIS Hochschul-Informations-System GmbH, Hannover
12. JURIS GmbH Juristisches Informationssystem für die Bundesrepublik Deutschland, Saarbrücken
13. Kunst- und Ausstellungshalle der Bundesrepublik Deutschland GmbH, Bonn
14. Presseclub-Wirtschafts-GmbH, Bonn
15. Transit-Filmgesellschaft mbH, München
16. „trans-tel" Gesellschaft für Deutsche Fernsehtranskription mbH, Köln
17. Wissenschaftliches Institut für Kommunikationsdienste GmbH (WIK), Bad Honnef

H. Beteiligungen des ERP-Sondervermögens

J. Beteiligungen des Sondervermögens Deutsche Bundespost

I. Allgemeines

II. Deutsche Bundespost TELEKOM

1. De·Te·Bau Deutsche Telekom Planungs- und Bauorganisations-GmbH, Frankfurt/Main
2. De·Te·Berkom Gesellschaft für Forschung und Entwicklung von Anwendungen in der Telekommunikation mbH, Berlin
3. De·Te·CSM Computer Services Magdeburg GmbH, Magdeburg
4. De·Te·Medien Deutsche Telekom Medien GmbH, Frankfurt/Main
5. De·Te·Mobil Deutsche Telekom Mobilfunk GmbH, Bonn

6. De·Te·System Deutsche Telekom Systemlösungen GmbH, Frankfurt/Main
7. Deutsche Fernkabel-Gesellschaft mbH, Berlin/Rastatt
8. Infonet Network Services Deutschland GmbH, Frankfurt/Main
9. TKS Telepost Kabel-Servicegesellschaft mbH, Bonn
10. DANET Gesellschaft für Beratung und Softwareentwicklung mbH, Darmstadt
11. DETECON Deutsche Telepost Consulting GmbH, Bonn
12. TeleCash Kommunikations-Service GmbH, Stuttgart
13. TELEPORT MediaPark Köln GmbH, Köln
14. EUCOM Gesellschaft für Telekommunikations-Mehrwertdienste mbH, Saarbrücken
15. Romantis-Gesellschaft für Satellitenkommunikation mbH, Bonn
16. VideoTel Infoservice GmbH & Co. KG, Hamburg

III. Deutsche Bundespost POSTDIENST

a) Unternehmen aus dem Bereich des Postwesens
1. EMS Kurierpost Gesellschaft mbH, Bonn
2. ISP — Immobilien Service POSTDIENST GmbH, Bonn
3. PSG — Postdienst Service Gesellschaft mbH, Berlin
4. Deutsche Post Consult GmbH, Bonn
5. PDB POSTDIENST Beteiligungen GmbH, Berlin

b) Wohnungswirtschaftliche Unternehmen
1. POSTDIENST Wohnbau GmbH, Bonn
2. Postbau Düsseldorf GmbH, Düsseldorf
3. Post-Bau- und Wohnungsgesellschaft Köln mbH, Köln
4. DAHEIM Gemeinnützige Wohnungsbaugesellschaft mbH, Darmstadt
5. WohnBau Rhein-Main AG, Frankfurt/Main
6. GWG Gesellschaft für Wohnungs- und Gewerbebau Baden-Württemberg AG, Stuttgart
7. AG Hellerhof, Frankfurt/Main

IV. Deutsche Bundespost POSTBANK
1. Postbank Data GmbH, Bonn
2. Postbank Immobilien und Baumanagement GmbH (PIB), Bonn
3. Deutsche Postbank International s. A. Luxemburg

K. Beteiligungen des Sondervermögens Deutsche Bundesbahn

I. Allgemeines

II. Deutsche Bundesbahn Holding

Deutsche Bundesbahn Holding GmbH, Frankfurt/Main

III. Verkehrswirtschaftlich tätige Gesellschaften
1. Frankfurter Verkehrs- und Tarifverbund GmbH, Frankfurt/Main
2. Münchner Verkehrs- und Tarifverbund GmbH, München
3. Verkehrs- und Tarifverbund Stuttgart GmbH, Stuttgart
4. Verkehrsverbund Großraum Nürnberg GmbH (VGN), Nürnberg

IV. Kreditinstitut

EUROFIMA Europäische Gesellschaft für die Finanzierung von Eisenbahnmaterial, Basel

V. Wohnungsbau- und Siedlungsgesellschaften

1. Bundesbahn-Wohnungsbaugesellschaft Kassel mbH, Kassel
2. BUNDESBAHN-WOHNUNGSBAUGESELLSCHAFT REGENSBURG mbH, Regensburg
3. BWG Frankfurt am Main, Gemeinnützige Bundesbahn-Wohnungsgesellschaft mbH, Frankfurt/Main
4. Eisenbahn-Siedlungsgesellschaft Stuttgart, Gemeinnützige Gesellschaft mbH, Stuttgart
5. Eisenbahn-Wohnungsbaugesellschaft Nürnberg mbH, Nürnberg
6. Gemeinnützige Baugesellschaft Bayern mbH, München
7. Gemeinnützige Eisenbahn-Siedlungsgesellschaft Augsburg mbH (Siegau), Augsburg
8. Gemeinnützige Eisenbahn-Wohnungsbau-Gesellschaft Karlsruhe GmbH, Karlsruhe
9. Gemeinnützige Eisenbahn-Wohnungsbaugesellschaft Köln mbH, Köln
10. Gemeinnützige Eisenbahn-Wohnungsbau-Gesellschaft mbH, Wuppertal
11. Gemeinnützige Eisenbahn-Wohnungsgesellschaft mbH, Saarbrücken
12. Gemeinnützige Wohnungsgesellschaft Nordwestdeutschland GmbH, Münster
13. SIEGE Siedlungsgesellschaft für das Verkehrspersonal, gemeinnützige Gesellschaft mbH, Mainz
14. Vestische Wohnungsgesellschaft mbH, Herne
15. Wohnungsbau Niedersachsen gemeinnützige Wohnungsbaugesellschaft mbH, Hannover
16. Wohnungsgesellschaft Norden mbH, Hamburg
17. Wohnungsgesellschaft Ruhr-Niederrhein mbH, Essen

Quelle: Bundesministerium der Finanzen, Beteiligungen des Bundes im Jahre 1993, 1995, S. V ff.

IX/19 Entwicklung der Finanzhilfen und Steuervergünstigungen des Bundes 1970 bis 1999

in Mio. DM[1]

Bezeichnung	1970 absolut	1970 in v.H.	1980 absolut	1980 in v.H.
I. Ernährung, Landwirtschaft und Forsten	4 755	*34,0*	3 673	*15,0*
1. Landwirtschaft allgemein	4 209	*30,1*	3 511	*14,4*
2. EG-bedingte Maßnahmen[2]	546	*3,9*	162	*0,7*
Gewerbliche Wirtschaft (ohne Verkehr) davon:	3 702	*26,5*	9 163	*37,5*
1. Bergbau .	532	*3,8*	2 587	*10,6*
darunter: Verstromungshilfen	–	–	–	–
2. Energie- und Rohstoffversorgung	19	*0,1*	278	*1,1*
3. Technologie- und Innovationsförderung	150	*1,1*	527	*2,2*
4. Hilfen für bestimmte Industriebereiche, darunter				
— Schiffbau .	23	*0,2*	254	*1,0*
— Luftfahrt .	150	*1,1*	372	*1,5*
— Stahl .	–	–	49	*0,2*
5. Regionale Strukturmaßnahmen	2 051	*14,7*	4 249	*17,4*
II. 6. Gewerbliche Wirtschaft allgemein	772	*5,5*	847	*3,5*
III. Verkehr .	906	*6,5*	2 467	*10,1*
IV. Wohnungswesen .	1 310	*9,4*	3 862	*15,8*
V. Sparförderung und Vermögensbildung[3]	2 695	*19,3*	3 841	*15,7*
VI. Sonstige Finanzhilfen und Steuervergünstigungen	604	*4,3*	1 451	*5,9*
Summe I. bis VI. — ohne Verstromungshilfen	13 972	*100,0*	24 457	*100,0*
Summe I. bis VI. — mit Verstromungshilfen	–	–	–	–
Nachrichtlich: Ernährung, Landwirtschaft und Forsten EAGFL (Marktordnungsausgaben)				
1. Abteilung Garantie .	2 850[4]		6 239	
2. Abteilung Ausrichtung .	–		171	

1 Abweichungen in den Summen durch Runden der Zahlen.
2 Umsatzsteuerlicher Einkommensausgleich für die Landwirtschaft wegen Abbaus des Währungsausgleichs.
3 Einschließlich Mehraufwendungen von rd. 800 Mio DM im Zuge der Entflechtung der Mischfinanzierung ab 1985.
4 Schätzung.
5 Einschließlich EU-Strukturfondszahlungen und EU-Sonderprogramm für die neuen Länder.
6 Stand: Regierungsentwurf.
7 Für 1996 liegen noch keine Zahlen vor.

1985		1990		1991		1994		1996[6]	
absolut	in v.H.	absolut	in v.H.	absolut	in v.H.	absolut	in v.H.	absolut	in v.H.
4 741	17,3	5 764	19,5	9 623	25,8	5 851	16,5	4 591	10,7
3 041	11,1	4 098	13,8	8 001	21,4	4 912	13,9	4 591	10,7
1 700	6,2	1 666	5,6	1 622	4,3	939	2,7	–	–
11 079	40,4	14 534	49,1	17 821	47,8	14 977	42,3	23 452	54,9
1 604	5,8	3 323	11,2	3 631	9,7	2 919	8,2	2 500	5,9
–	–	–	–	–	–	–	–	7 500	17,6
420	1,5	199	0,7	141	0,4	174	0,5	45	0,1
919	3,3	534	1,8	399	1,1	610	1,7	674	1,6
148	0,5	381	1,3	597	1,6	489	1,4	442	1,0
405	1,5	1 134	3,8	1 373	3,7	301	0,9	239	0,6
703	2,6	–	–	–	–	–	–	–	–
5 429	19,8	7 157	24,2	9 568	25,6	7 639	21,6	8 319	19,5
1 451	5,3	1 806	6,1	2 112	5,7	2 846	8,0	3 733	8,7
1 665	6,1	1 974	6,7	1 130	3,0	1 445	4,1	1 459	3,4
5 294	19,3	4 606	15,6	5 802	15,6	9 415	26,6	10 268	24,0
3 105	11,3	1 213	4,1	1 133	3,0	1 090	3,1	570	1,3
1 572	5,7	1 508	5,1	1 795	4,8	2 633	7,4	2 385	5,6
27 456	100,0	29 599	100,0	37 304	100,0	35 411	100,0	35 226	–
–	–	–	–	–	–	–	–	42 726	100,0
8 037		9 462		10 473		11 293		7	
62		44[4]		226[5]		720			

Quelle: Bundestagsdrucksache 13/2230, 15. Subventionsbericht, S. 12 f.

IX/20 Stand der Privatisierung von Treuhandunternehmen — 30. September 1994

Hauptbranchen[1]	Unternehmen[2] insgesamt (Bruttobestand)	vollständig privatisierte Unternehmen	mehrheitlich privatisierte Unternehmen	vollständig reprivatisierte Unternehmen	in Liquidation	Darunter[3] Unternehmen zusammen	darunter: Unternehmen im Angebot	Nettobestand[4] mit Beschäftigten zusammen	darunter: Unternehmen im Angebot	Struktur[5] zusammen	darunter: Unternehmen im Angebot
Insgesamt	12 363	6 236	228	1 571	3 661	354	144	97 252	42 556	100	100
Land- und Forstwirtschaft	570	82	15	9	372	51	0	886	0	0,9	0,0
Energiewirtschaft und Wasserversorgung	247	196	2	2	16	8	0	2 474	0	2,5	0,0
Bergbau	31	18	2	3	5	3	1	12 333	645	12,7	1,5
Chemische Industrie	261	131	4	37	79	10	2	14 288	1 018	14,7	2,4
Kunststoff-, Gummi- und Asbestverarbeitung	180	76	0	40	63	1	1	219	219	0,2	0,5
Gewinnung und Verarbeitung von Steinen und Erden; Feinkeramik und Glasgewerbe	486	305	1	73	96	8	2	665	35	0,7	0,1
Eisen- und NE-Metallerzeugung, Gießerei und Stahlverformung	254	132	3	34	71	14	12	7 601	7 533	7,8	17,7
Stahl- und Leichtmetallbau	207	93	2	49	36	26	20	10 332	9 572	10,6	22,5
Maschinenbau	1 114	614	7	128	316	47	34	13 509	9 512	13,9	22,4
Fahrzeugbau	371	231	1	43	90	4	2	728	557	0,7	1,3
Elektrotechnik, Elektronik	488	212	6	59	197	13	11	4 641	4 635	4,8	10,9

EBM-Waren, Musikinstrumente, Sportgeräte, Spiel- und Schmuckwaren	328	120	1	78	125	2	0	25	0	0,0	0,0
Feinmechanik und Optik	86	35	0	21	29	1	0	102	0	0,1	0,0
Holzindustrie	498	188	1	136	167	5	3	601	355	0,6	0,8
Papier- und Druckgewerbe	249	132	0	42	74	1	0	0	0	0,0	0,0
Leder- und Schuhindustrie	165	36	0	26	102	1	1	66	66	0,1	0,2
Textil- und Bekleidungsindustrie	532	128	1	123	263	15	11	3 485	2 959	3,6	7,0
Nahrungs- und Genußmittelgewerbe	869	451	12	128	264	4	1	2	0	0,0	0,0
Bauhauptgewerbe	1 020	675	19	191	113	6	4	1 829	1 416	1,9	3,3
Ausbau- und Bauhilfsgewerbe	211	120	0	68	19	0	0	0	0	0,0	0,0
Handel	1 377	731	48	90	468	34	24	2 685	2 149	2,9	5,0
Verkehrswesen, Nachrichtenübermittlung, Spedition, Lagerei	417	210	11	17	113	3	0	322	0	0,3	0,0
Kredit- und sonstige Finanzierungsinstitute; Versicherungsgewerbe	18	9	2	0	1	1	0	484	0	0,5	0,0
Dienstleistungen	2 169	1 213	70	107	555	95	14	19 975	1 885	20,5	4,4
Nicht zuzuordnen	215	98	20	67	27	1	1	0	0	0,0	0,0

1 Nach der Abgrenzung der Treuhandanstalt.
2 Alle von der Treuhandanstalt seit 1. Juli 1990 übernommenen und neu entstandenen Unternehmen; nicht enthalten sind 1 418 Unternehmen (durch Fusion/Aufspaltung aufgelöst, Treuhandanstalt-Vermögensteile, Treuhandbeteiligung in Prüfung, Bergwerksrechte, sonstige Gesellschaften außerhalb des Bruttobestandes), die die Treuhandanstalt in ihr Gesamtportfolio von dann 13 781 Unternehmen einrechnet.
3 Nicht gesondert aufgeführt sind 447 Unternehmen, von denen 263 in Kommunaleigentum übertragen wurden, für 50 vorläufige Besitzeinweisungen vorgenommen wurden sowie 134 durch Liquidation aus dem Bestand der Treuhandanstalt ausgeschieden sind.
4 Unternehmen, die mehrheitlich im Treuhandbesitz sind und sich nicht in der Gesamtvollstreckung/Liquidation befinden.
5 Anteil der Beschäftigten in den noch zu privatisierenden Unternehmen in vH.

Quelle: Sachverständigenrat zur Begutachtung der gesamtwirtschaftlichen Entwicklung, Jahresgutachten 1994/95, S. 84.

IX/21 Leitfaden Aufgabenanalyse. Empfehlungen der Stabsstelle Verwaltungsstruktur, Information und Kommunikation im Innenministerium Baden-Württemberg — Auszüge

1. Ziel des Leitfadens

Der Aufgabenbestand der öffentlichen Verwaltung weitet sich ständig aus. Eine regelmäßige Aufgabenkritik in ausgewählten Bereichen der Landesverwaltung muß sicherstellen, daß das Personal und die finanziellen Mittel wirksam eingesetzt und die Aufgaben optimal erfüllt werden. Im Rahmen von Organisations- und Wirtschaftlichkeitsuntersuchungen kommt der aufgabenkritischen Durchleuchtung der Organisationseinheiten eine wesentliche Bedeutung zu.

Dieser Leitfaden soll den für die Organisation in der Landesverwaltung Verantwortlichen als Arbeitsgrundlage für Aufgabenanalysen dienen. Er beruht auf Erfahrungen und methodischen Hinweisen, die einzelne Ressorts sowie die Stabsstelle in Zusammenarbeit mit Unternehmensberatern bei Organisationsuntersuchungen im Landesbereich gewonnen haben. Der Leitfaden wendet sich an „interne" Auftragnehmer innerhalb der einzelnen Ressorts (z.B. Organisationsreferate, Arbeitsgruppen). Für externe oder gemischte Untersuchungsgruppen und für ressortübergreifende Aufgabenanalysen gelten zum Teil abweichende Regeln.

. . .

2. Was sind Aufgaben?

Ausgangspunkt jeden behördlichen Handelns sind die jeweils zugewiesenen Aufgaben. Aufgaben sind Handlungsvorgaben, die von außerhalb, von den politisch dazu legitimierten Organen zugewiesen werden. Öffentliche Aufgaben entstehen in einem Prozeß, der idealtypisch folgende Phasen durchläuft:

— Entstehen eines öffentlichen Bedürfnisses, dessen Befriedigung durch Leistungen der öffentlichen Hand erwartet wird.

— Legitimation dieses Bedürfnisses als öffentliche Aufgabe durch Gesetz, Rechtsverordnung, Verwaltungsvorschrift oder eine andere, relevante politische Erklärung.

— Bereitstellung der erforderlichen Ressourcen.

Je nach dem Verwaltungszweck, der nach Auffassung der politischen Entscheidungsträger erreicht werden soll, ist das behördliche Handeln in unterschiedlichen Handlungsprogrammen festgelegt:

Arbeitsprogramme legen die handlungsauslösenden Stimuli, die möglichen Alternativen und die Entscheidungsregeln fest.

Auswahlprogramme legen für das behördliche Handeln Grundlinien fest, lassen dem Bearbeiter aber bei der Auslegung von unbestimmten Rechtsbegriffen sowie bei der Ermessensausübung Handlungsspielräume.

Zweckprogramme schreiben der Verwaltung nur eine grobe Marschroute vor. Es ist der zuständigen Dienststelle im wesentlichen überlassen, wie sie — im Rahmen der verfügbaren personellen und sachlichen Mittel — den Zweck erreicht.

Suchprogramme überlassen es der Verwaltung, im Rahmen allgemein abgesteckter Zielvorgaben und der vorhandenen Mittel ein bestimmtes Ergebnis zu erreichen.

Diese unterschiedlichen Typen behördlicher Handlungsprogramme prägen

* die jeweilige *Arbeitsorganisation:* Abläufe mit hohen, automatisierbaren Routineanteilen einerseits, mehr schöpferische, Initiative erfordernde Arbeiten andererseits;

* die jeweilige *Aufbauorganisation/Führungsstruktur:* z.B. enge Verfahrens- und Rechtskontrolle oder mehr ergebnisorientierte Kontrolle;

* den jeweiligen *Personalbedarf:* solide ausgebildete Fachspezialisten oder mehr flexible Querdenker.

Die verschiedenen Handlungsprogramme lassen der Verwaltung erhebliche Gestaltungsspielräume beim Aufgabenvollzug. Das *WIE* der Ausführung ist weitgehend der Verwaltung überlassen, und zwar nicht nur beschränkt auf die Festlegung von Prioritäten oder Zeithorizonten:

(1) Bei vielen Aufgabenfeldern sind der erwünschte Vollzugsgrad oder die anzustrebenden *Qualitätsstandards* nicht festgelegt. Beispiel: Bei Ordnungsaufgaben entscheiden Experten des Brand- oder des Wasserschutzes nach pflichtgemäßem Ermessen über die Eingriffsintensität. Dabei neigen Fachleute häufig dazu, von sehr hohen Standards auszugehen.

(2) Die Intensität der Aufgabenerfüllung wird auch durch *behördeninterne Ressourcenentscheidungen* beeinflußt. Die Haushaltszuweisungen stecken in der Regel nur einen Rahmen ab, innerhalb dessen die Verwaltung Manövrierraum hat. Die Behördenleitung, die Querschnittseinheiten Personal und Haushalt und die betroffenen Facheinheiten können durch die Verteilung der Ressourcen auf die verschiedenen Aufgabenfelder den jeweiligen Aufgabenvollzug maßgeblich beeinflussen.

(3) Nicht selten werden allerdings einzelnen Verwaltungszweigen durch Gesetz neue, kompliziertere oder erweiterte Aufgaben übertragen, ohne daß die dafür erforderlichen Ressourcen (z.B. Personalstellen) im Haushalt ausgebracht werden. Kann in diesem Fall die betroffene Dienststelle keine Rationalisierungsreserven ausschöpfen, so bleibt ihr nur die Entscheidung, welche der Vorgaben sie erfüllen will und „welches Recht sie versickern läßt" (Frido Wagener).

3. Warum Aufgabenanalyse?

Nach dem „Gesetz der wachsenden Staatstätigkeit" (Adolph Wagner) haben sich die Aufgabenfelder des Staates in jüngster Vergangenheit immer rasanter ausgedehnt. Dabei wird der überkommene Aufgabenbestand meist nicht in Frage gestellt. Dies hat mehrere Ursachen:

— Bürger und Interessengruppen sind an bestimmte Leistungen gewöhnt. Für sie kommt die Beschneidung der Leistungen einem Eingriff in ihren Besitzstand gleich.

— Die Mitarbeiter in der Landesverwaltung sind auf den Vollzug der Aufgabe eingestellt; sie engagieren sich für sie und verteidigen ihren Bestand als unabdingbar notwendig.

— Die (zwei-)jährliche Fortschreibung der Haushaltsansätze trägt zu einer weiteren Verfestigung bei.

Durch eine regelmäßige Durchforstung des Aufgabenbestandes soll der ständigen Aufgabenvermehrung entgegengewirkt werden. Die Landesverwaltung muß davor bewahrt werden, unter

der Aufgabenlast zu ersticken. Andererseits sollen Freiräume für die Erfüllung neuer Aufgaben geschaffen werden. Durch *Aufgabenanalysen und Aufgabenkritik* soll daher der Kernbestand an öffentlichen Aufgaben herauskristallisiert werden. Diese Instrumente haben im wesentlichen zwei Stoßrichtungen:

— Es wird überprüft, ob Aufgaben in der bisherigen Form von der Landesverwaltung weitergeführt werden sollen, ob sie reduziert werden oder ob sie ganz entfallen können. Adressat dieser sog. *Zweckkritik* sind vorrangig die politischen Instanzen, die für die Festlegung der Aufgaben verantwortlich sind.

— Ein weiterer Prüfungsschwerpunkt konzentriert sich auf die Frage, ob die Intensität der Aufgabenerfüllung reduziert werden kann (sog. *Vollzugskritik).* Adressat ist hier in vielen Fällen die Verwaltung selbst.

4. Vorgehensplanung und Projektorganisation

4.1 *Aufgabenanalyse als Auftakt jeder Organisationsanalyse*

Die Aufgabenanalyse ist im Regelfall in eine Organisationsuntersuchung eingebunden. Das heißt, daß sich an eine erste Phase, die die Aufgaben sichtet und bereinigt, weitere Phasen anschließen, die etwa die Arbeitsorganisation und/oder den Stellenbedarf zum Gegenstand haben. Einzelheiten zur Verknüpfung der Aufgabenanalyse mit Organisations- und Wirtschaftlichkeitsanalysen finden Sie im Abschnitt Nr. 7. Der Vorlauf einer Aufgabenanalyse ist schon deshalb unverzichtbar, weil anderenfalls die Gestaltungsentscheidungen über den Zuschnitt der Organisation, den Technikeinsatz und über den Personalbedarf auf einem zu dickleibigen und falsch gewichteten Aufgabenbestand aufbauen.

4.2 *Untersuchungsauftrag als Arbeitsgrundlage*

Der schriftlich fixierte *Untersuchungsauftrag* markiert den Beginn der Aufgabenanalyse und stellt die Basis für die weitere Zusammenarbeit zwischen dem Auftraggeber (Behördenleitung) und den Auftragsbearbeitern dar (z.B. Arbeitsgruppe, Organisationsreferat). Der Untersuchungsauftrag sollte im wesentlichen folgende Aussagen enthalten:

* Anlaß des Organisationsauftrags (nicht zwingend);

* Ziele des Auftrags;

* Untersuchungsbereich (strategisch wichtige Felder mit Übertragungsmöglichkeiten/Hebelwirkung für andere Bereiche);

* Mitarbeiter und Organisationsform der Untersuchungsgruppe;

* Beginn, voraussichtlicher Abschluß und Kosten der Untersuchung;

* Informations- und Berichtswesen (bezogen auf die Arbeitsfortschritte und Ergebnisse der Untersuchung).

Wichtig ist, daß der Auftraggeber und die Auftragsbearbeiter sich über die Inhalte der geplanten Aufgabenanalyse einig sind. Der Untersuchungsauftrag sollte daher *gemeinsam erarbeitet* werden. Dies gilt vor allem für die Festlegung der Ziele, für die Abgrenzung des Untersuchungsbereichs und für die Terminvorgaben: Je genauer z.B. die Zielvorstellungen geklärt sind, umso sicherer werden unnötige Arbeit und Enttäuschungen über den Erfolg der Untersuchung vermie-

den. In den Untersuchungsbereich müssen alle Verwaltungsebenen einbezogen werden, die mit der Aufgabe betraut sind (aufgabenbezogener Ressort-Sektor, Aufsichtsinstanzen ebenso wie nachgeordnete Dienststellen). Die Auftragsbearbeiter müssen ferner wissen, wer, wann und in welcher Form über was zu unterrichten ist, und welche Stellen u.U. beratend einzuschalten sind.

4.3 *Insbesondere: Projektorganisation*

Die Aufgabenanalyse kann durchgeführt werden vom Organisationsreferat, von einer ständigen (ressortinternen) Projektgruppe oder von einer speziell eingesetzten Projektgruppe (der Fall, daß externe Berater beauftragt werden, wird hier ausgeklammert). Bei der Festlegung der Organisationsform sollten folgende Fragen gestellt werden:

— Verfügt die beauftragte Projektgruppe über genügend methodisch und fachlich qualifiziertes Personal?

— Kann durch die direkte Beteiligung von Mitarbeitern des Untersuchungsbereichs die Qualität und die spätere Akzeptanz der Untersuchung erhöht werden?

— Läßt sich das Know-How durch die Beteiligung Dritter oder externer Spezialisten vergrößern?

Je nach der gewählten Organisationsform sind zu regeln die Kompetenzen innerhalb der Untersuchungsgruppe, die Weisungsrechte der Auftraggeber und die Informationsrechte und -pflichten der Untersuchungsgruppe. Besonders wichtig ist die Festlegung von Zwischenberichten, die auch dem Schutz der Gruppe dienen, da dann die Auftraggeber z.B. notwendig werdende Änderungen der Analyse nach Abschluß der Arbeiten nicht mit Nichtwissen bestreiten können.

4.4 *Breite Information zur Sicherung der Akzeptanz*

Die *Leitungskräfte* (Behördenleiter, Dezernenten, Referatsleiter usw.) sowie die *Mitarbeiter* des untersuchten Bereichs müssen umfassend und offen über die Ziele, den Umfang und die einzusetzenden Instrumente unterrichtet werden. Über die gesetzlich vorgesehenen Mitbestimmungs- und Mitwirkungsrechte hinaus ist auch der *Personalrat* des Untersuchungsbereichs über das Projekt möglichst frühzeitig zu informieren und auf dem laufenden zu halten. In den weiteren Ablauf der Untersuchung sollten die Betroffenen eng eingebunden werden. Hier handelt es sich nicht nur um eine Informationspflicht, deren Verletzung das Projekt stranden lassen kann. Vielmehr müssen die Betroffenen des Untersuchungsbereichs möglichst aktiv die Aufgabenanalyse mittragen. Ohne die Detailkenntnisse, ohne die Ideen und Anregungen der Betroffenen können die gutgemeinten Arbeiten der Untersuchungsgruppe zu einem kümmerlichen, wenig ergiebigen Ergebnis geraten.

Bei der Vorbereitung und Fixierung des Untersuchungsauftrags wurde bereits eine logische Ordnung für die Durchführung festgelegt, die durch eine *Vorgehensplanung* noch ausgefüllt werden muß. Im wesentlichen geht es um drei Bereiche:

4.5 *Vorgehensplanung als logische Ordnung der Arbeiten*

(1) *Planung des Ablaufs:* Die Untersuchungsgruppe stellt zunächst systematisch zusammen welche Arbeiten insgesamt von ihr durchgeführt werden müssen, um das Untersuchungsziel zu erreichen. Zum Beispiel:

○ Welche Techniken werden zur Ist-Erhebung, Analyse und Kritik der Aufgaben zweckmäßigerweise eingesetzt? Die möglichen Techniken finden Sie im Teil B des Handbuchs für Organisationsuntersuchungen in der Bundesverwaltung (vgl. Abschnitt Nr. 8). Als Techniken kommen beispielsweise in Betracht:

— Dokumentenanalyse

— Mündliche Befragung

— Schriftliche Befragung

— Selbstaufschreibung

— Aufgabengliederungstechnik

— Funktionsdiagramm

— Prüfraster zur Aufgabenkritik

— Kosten-Nutzen-Analyse

— Wertanalyse

— Vergleich mit anderen Bundesländern

Neben der Eignung der Technik ist dabei die Überlegung wichtig, wie die Belastung für die Betroffenen möglichst gering gehalten werden kann (vgl. im einzelnen Abschnitt Nr. 5).

○ Müssen diese Techniken auf das Untersuchungsfeld besonders zugeschnitten werden?

○ Welche Arbeiten fallen beim Einsatz der Techniken und bei der Auswertung der erhobenen Informationen an?

○ Welche Teilarbeiten übernimmt welches Mitglied der Untersuchungsgruppe?

An diese Vorfragen schließt sich die Planung des Ablaufs an: die insgesamt von der Untersuchungsgruppe zu erledigenden Arbeiten werden in eine zeitliche und logische Reihenfolge gebracht. Der erforderliche Zeitbedarf wird geschätzt; daraus wiederum leiten sich Zwischen- und Endtermine ab. Diese Abläufe sollten in einem *Balkendiagramm* für alle Beteiligten visualisiert werden.

(2) *Planung des Aufwandes:* Die Planung der Arbeiten gibt bereits Hinweise, mit welchem Aufwand für die Untersuchung zu rechnen ist. Dieser Aufwand sollte vor Beginn der Untersuchung zumindest grob abgeschätzt werden, um Überraschungen zu vermeiden. Als Aufwand fallen beispielsweise an:

— Personalbedarf,

— Sachmittelbedarf (z.B. Reisekosten, Rechnerkapazität),

— Dienstleistungsbedarf von Dritten (z.B. externer Sachverstand),

— sonstiger Finanzbedarf.

(3) *Planung des Abschlußberichts:* Die Erhebungsunterlagen und andere Arbeitspapiere müssen geordnet und für Auswertungen in späteren Untersuchungsphasen, z.B. über den Personalbedarf der untersuchten Einheit, aufbereitet werden (Dokumentation). In erster Li-

nie sind sie aber Grundlage für den Abschlußbericht der Aufgabenanalyse, der folgende Gliederungspunkte enthalten sollte:

○ Auftrag und Zielsetzung,

○ Zusammenfassung der Ergebnisse, der Vorschläge und des weiteren Vorgehens,

○ Methodik und Vorgehensweise der Untersuchung,

○ detaillierter Untersuchungsbericht, einschließlich der Vorschläge und Empfehlungen,

○ Anlagen.

5. Ist-Erfassung

Aufgaben lassen sich unter zwei Aspekten erfassen. Zum einen müssen Aufgaben als externe Handlungsvorgaben durch eine Legitimationsgrundlage gedeckt sein. Dies kann eine Rechtsvorschrift (Gesetz, Rechtsverordnung, Verwaltungsvorschrift u.a.), eine politische Festlegung (z.B. über die Schwerpunkte der Wohnbauförderung) oder eine Weisung der Aufsichtsbehörde sein (regelmäßige Vorlage von Statistiken, Berichten usw.). Zum anderen schlagen sich alle Aufgaben in Arbeitsvorgängen innerhalb einer Dienststelle nieder.

Zur Ist-Erfassung der Aufgaben bieten sich daher zwei Wege an:

(1) *Suche nach den Legitimationsgrundlagen:* Die einzelnen Aufgabenblöcke lassen sich grob aus dem Geschäftsverteilungsplan und anderen Unterlagen des untersuchten Bereichs ableiten: Was tut die Behörde? Daran schließt sich die Gretchenfrage an: Warum tut sie dies? Dabei liegt es nahe, zu jeder Einzelaufgabe ihre rechtliche oder sonstige Ermächtigungsgrundlage zu notieren.

(2) *Erhebung der Arbeitsvorgänge:* Hier bietet sich das von der KGSt entwickelte Raster zur Aufgabenanalyse an (Zergliederung der Arbeitsvorgänge und der Arbeitsobjekte, vgl. Abschnitt Nr. 8).

Grundlage für beide Analysestränge ist zunächst die Dokumentenanalyse, die durch Befragungen und Beobachtungen ergänzt werden müssen. Aufgabenteile, für die sich keine oder keine ausreichende Legitimationsgrundlage ermitteln läßt, sind besonders zu kennzeichnen.

Ein weiterer Erhebungsschritt ist der *Aufwand der Aufgabenerledigung*. Daraus können möglicherweise bei der Aufgabenkritik (vgl. Abschnitt Nr. 6) Schlüsse gezogen werden, ob die Intensität der Aufgabenerfüllung und/oder die Qualitätsstandards sachgerecht angesetzt sind (hausgemachte Aufgabenaufblähung oder defizitäre Aufgabenerfüllung). Hier können einige Indikatoren, die von Bereich zu Bereich verschieden sind, Anhaltspunkte liefern, zum Beispiel

— der quantitative Arbeitsanfall (z.B. Eingänge) in den vergangenen drei Jahren,

— Erledigungsziffern in den vergangenen drei Jahren,

— die Stellenentwicklung in den vergangenen drei Jahren,

— die Entwicklung der Sachmittelansätze,

— Zahl und Dauer der Dienstreisen in einem bestimmten Zeitraum.

6. Aufgabenkritik und Vorschläge für die Bereinigung

Soweit eine Aufgabe durch eine Entscheidung der Politik (Gesetz, Verordnung, Beschluß o.ä.) begründet wurde, kann sie nur durch eine entsprechende Entscheidung wieder aufgehoben oder eingeschränkt werden. Soweit der zeitliche Rahmen oder der Standard der Aufgabenerfüllung von der politischen Ebene nicht festgelegt sind, kann auch die Verwaltung über Änderungen entscheiden. In vielen Fällen hat es die Verwaltung auch in der Hand, wo eine Aufgabe erledigt wird (z.B. zentral, dezentral oder (teil-)privatisiert).

Aus diesem Vorspann ergeben sich im wesentlichen drei Analyseblöcke:

(1) *(Teil-)Abbau*

Auslöser sind beispielsweise folgende Fragen:

+ Ist das gesellschaftliche Problem, dem durch die Aufgabe abgeholfen werden sollte, noch vorhanden?

+ Hat die für die Aufgabe relevante Zielgruppe zahlenmäßig und von der Betreuungsnotwendigkeit noch die ursprüngliche Bedeutung?

+ Kann die Aufgabenerfüllung (unter den inzwischen geänderten Bedingungen) einen wirksamen Beitrag zur Problemlösung leisten?

+ Ist dieser Beitrag nach den gegenwärtigen politischen Zielsetzungen noch erforderlich?

+ Muß diese Aufgabe wegen anderer Prioritäten, die finanziert werden müssen, ganz oder teilweise ausgeschieden werden? (Aufstellung einer Prioritätenliste, in der dann beispielsweise das untere Drittel der Aufgaben abgeschnitten wird)

Die Beantwortung dieser Fragen setzt u.U. eine Wertung voraus, die letztlich dem Politiker vorbehalten ist. Dennoch muß die Verwaltung initiativ werden, wenn ein Abbau oder eine Einschränkung im Einzelfall naheliegt.

Maßnahmen: ○ Vorschlag (evtl. unter Darstellung verschiedener Szenarien) an die Ressortspitze, beim Bund oder auf Landesebene entsprechend initiativ zu werden.

(2) *Aufgabenabschichtung*

Häufig wird gegen das Subsidiaritätsprinzip als Grundregel staatlichen Handelns verstoßen. Zunächst ist zu fragen, ob die Aufgabe ganz oder teilweise an Private übertragen werden kann. Im übrigen müssen die öffentlichen Leistungen nach Zuständigkeit und Aufwand möglichst an der Front, nicht in der Etappe verortet sein. Hier können etwa folgende Fragen hilfreich sein:

+ Können Aufgaben(-teile) an Private zur Erledigung übertragen werden?

+ Können bestimmte Leistungen von Privaten zugekauft werden?

+ Können Aufgaben(-teile) dezentralisiert, d.h. auf Körperschaften, Anstalten oder Stiftungen übertragen werden?

+ Können Aufgaben(-teile) dekonzentriert, d.h. auf nachgeordnete Dienststellen im Landesbereich zur eigenständigen Erledigung übertragen werden? (z.B. weil Leitungsinstanzen und Intendantureinheiten zu viel Fett angesetzt haben)

Bei der Beantwortung dieser Fragen können Entscheidungstechniken (z.B. Wirtschaftlichkeitsvergleichsrechnungen, Wertanalyse, Nutzwertanalyse) weiterhelfen.

Maßnahmen: ○ Vorschläge zur (Teil-)Privatisierung
○ Vorschläge zur Dezentralisierung (evtl. Kommunalisierung) einer Aufgabe
○ Vorschläge zur Dekonzentration (Delegation) auf eine nachgeordnete Behörde

(3) *Vollzugskritik*

Hier wird das WIE der Aufgabenerfüllung hinterfragt. Die Verwaltung kann zum einen durch den Hang zur Perfektion und zu technisch unnötig hohen Anforderungen an sich selbst und an den Bürger den Aufwand in die Höhe treiben. Zum anderen kann das Nutzen-/Kosten-Verhältnis verschoben sein, weil zum Beispiel für bestimmte Leistungen ein unangemessen hoher Aufwand an Personal- und Sachkosten anfällt.

Als Prüffragen kommen beispielsweise in Betracht:

+ Sofern der Erfüllungsgrad abgesenkt wird: Wie wirkt sich dies auf den Aufwand aus? Wird der gesetzliche Zweck dann noch erreicht?

+ Wäre die Aufgabenerfüllung noch ausreichend gewährleistet, wenn der Einsatz von Personal/Sachmitteln
— um 40 %
— um 20 %
gedrosselt würde?

+ Wo bestehen Ansatzpunkte für eine Verbesserung des Aufwand/Leistungsverhältnisses?

+ Ist der mit der Fachaufsicht verbundene Aufwand gerechtfertigt?

Ein Sonderfall der Vollzugskritik ist die *Entfeinerung* unnötig aufwendiger oder komplizierter Rechts- und Verwaltungsvorschriften. Möglicherweise kann dasselbe politisch gewollte Ziel — etwa durch die *Pauschalierung* von Geldleistungen — mit einem viel geringeren Aufwand erreicht werden. Adressat für die Verbesserung ist die jeweils für den Erlaß der Vorschrift verantwortliche Instanz.

7. Verknüpfung mit der Organisations- und Wirtschaftlichkeitsanalyse

Die Aufgabenanalyse ist in aller Regel nur die *Startphase einer Organisationsuntersuchung:* Überlegungen zur Aufbau- und Ablauforganisation, zur Führungs- und Kommunikationsstruktur oder zum Personalbedarf geben erst Sinn, wenn die Aufgaben als Grundlage jeder behördlichen Tätigkeit bereinigt sind. Dennoch sollte die Organisationsuntersuchung schon bei der Aufgabenanalyse mitgeplant werden. Im Regelfall erscheint es sogar sinnvoll, die Ist-Erfassung für die Aufgaben *und* für die Organisation/den Personalbedarf in einer Aktion zu erledigen. Diese verbreiterte Informationsbasis gibt die Möglichkeit, mit der untersuchten Verwaltung offenkundige Gewichtsverschiebungen beim Aufgabenbestand, beim Aufgabenvollzug oder beim Personal/Sachmitteleinsatz zu besprechen und auf dem kurzen Weg zu korrigieren.

Insbesondere bei überlasteten Verwaltungen soll durch Aufgabenabbau und durch Rationalisierungen eine tragbare Arbeitsbelastung gefunden werden, z.b. auch dadurch, daß das Personal und die verfügbaren Sachmittel wirkungsvoller als bisher eingesetzt werden.

Die Aufgabenbereinigung muß aber wenigstens abschätzbar sein, wenn ein *Konzeptionsvorschlag* entworfen wird. Die Organisatoren müssen wissen, welcher Aufgabenbestand organisatorisch umzusetzen und mit Personal zu bestücken ist. Wenn daher der Erfolg einzelner Vorschläge zur Aufgabenbereinigung noch nicht absehbar ist, muß pragmatisch entschieden werden, ob mit der Erarbeitung des Konzeptionsvorschlags noch zugewartet wird, oder ob — je nach dem Erfolg der Aufgabenbereinigung — verschiedene Alternativen entwickelt werden.

Im übrigen muß schon bei der Aufgabenanalyse die anschließende Organisationsanalyse vorgedacht werden. Denn die Aufgabenanalyse kann zahlreiche Daten und Einsichten liefern, die gleichzeitig für die Organisationsuntersuchung genutzt werden können (z.B. Mengengerüste des Geschäftsanfalls, der Leistungen, des Sachmitteleinsatzes). Um den Erhebungsaufwand möglichst gering zu halten, sollten daher beim Einsatz der Techniken und deren Zuschnitt die Bedürfnisse der anschließenden Organisationsanalyse mitbedacht werden.

Quelle: Innenministerium Baden-Württemberg, Leitfaden Aufgabenanalyse. Schriftenreihe „Verwaltung 2000" der Stabsstelle Verwaltungsstruktur, Information und Kommunikation, Band 7, 1991, S. 1 ff.

IX/22 Gesetz über die Rechtsstellung der Soldaten (Soldatengesetz)

Vom 19. März 1956 (BGBl. I S. 114) i.d.F. der Bekanntmachung vom 15. Dezember 1995 (BGBl. I S. 1737) — Auszüge

2. PFLICHTEN UND RECHTE DER SOLDATEN

§ 6 Staatsbürgerliche Rechte des Soldaten

Der Soldat hat die gleichen staatsbürgerlichen Rechte wie jeder andere Staatsbürger. Seine Rechte werden im Rahmen der Erfordernisse des militärischen Dienstes durch seine gesetzlich begründeten Pflichten beschränkt.

§ 7 Grundpflicht des Soldaten

Der Soldat hat die Pflicht, der Bundesrepublik Deutschland treu zu dienen und das Recht und die Freiheit des deutschen Volkes tapfer zu verteidigen.

§ 8 Eintreten für die demokratische Grundordnung

Der Soldat muß die freiheitliche demokratische Grundordnung im Sinne des Grundgesetzes anerkennen und durch sein gesamtes Verhalten für ihre Erhaltung eintreten.

§ 9 Eid und feierliches Gelöbnis

(1) Berufssoldaten und Soldaten auf Zeit haben folgenden Diensteid zu leisten:

„Ich schwöre, der Bundesrepublik Deutschland treu zu dienen und das Recht und die Freiheit des deutschen Volkes tapfer zu verteidigen, so wahr mir Gott helfe."

Der Eid kann auch ohne die Worte „so wahr mir Gott helfe" geleistet werden. Gestattet ein Bundesgesetz den Mitgliedern einer Religionsgesellschaft, an Stelle der Worte „ich schwöre" andere Beteuerungsformeln zu gebrauchen, so kann das Mitglied einer solchen Religionsgesellschaft diese Beteuerungsformel sprechen.

(2) Soldaten, die auf Grund der Wehrpflicht Wehrdienst leisten, bekennen sich zu ihren Pflichten durch das folgende feierliche Gelöbnis:

„Ich gelobe, der Bundesrepublik Deutschland treu zu dienen und das Recht und die Freiheit des deutschen Volkes tapfer zu verteidigen."

. . .

§ 11 Gehorsam

(1) Der Soldat muß seinen Vorgesetzten gehorchen. Er hat ihre Befehle nach besten Kräften vollständig, gewissenhaft und unverzüglich auszuführen. Ungehorsam liegt nicht vor, wenn ein Befehl nicht befolgt wird, der die Menschenwürde verletzt oder der nicht zu dienstlichen Zwecken erteilt worden ist; die irrige Annahme, es handele sich um einen solchen Befehl, befreit den Soldaten nur dann von der Verantwortung, wenn er den Irrtum nicht vermeiden konnte und ihm nach den ihm bekannten Umständen nicht zuzumuten war, sich mit Rechtsbehelfen gegen den Befehl zu wehren.

(2) Ein Befehl darf nicht befolgt werden, wenn dadurch eine Straftat begangen würde. Befolgt der Untergebene den Befehl trotzdem, so trifft ihn eine Schuld nur, wenn er erkennt oder wenn es nach den ihm bekannten Umständen offensichtlich ist, daß dadurch eine Straftat begangen wird.

. . .

§ 15 Politische Betätigung

(1) Im Dienst darf sich der Soldat nicht zugunsten oder zu ungunsten einer bestimmten politischen Richtung betätigen. Das Recht des Soldaten, im Gespräch mit Kameraden seine eigene Meinung zu äußern, bleibt unberührt.

(2) Innerhalb der dienstlichen Unterkünfte und Anlagen findet während der Freizeit das Recht der freien Meinungsäußerung seine Schranken an den Grundregeln der Kameradschaft. Der Soldat hat sich so zu verhalten, daß die Gemeinsamkeit des Dienstes nicht ernstlich gestört wird. Der Soldat darf insbesondere nicht als Werber für eine politische Gruppe wirken, indem er Ansprachen hält, Schriften verteilt oder als Vertreter einer politischen Organisation arbeitet. Die gegenseitige Achtung darf nicht gefährdet werden.

(3) Der Soldat darf bei politischen Veranstaltungen keine Uniform tragen.

(4) Ein Soldat darf als Vorgesetzter seine Untergebenen nicht für oder gegen eine politische Meinung beeinflussen.

. . .

§ 25 **Wahl in den Deutschen Bundestag, in die gesetzgebende Körperschaft eines Landes oder in eine kommunale Vertretung; Ernennung zum Mitglied der Bundesregierung oder einer Landesregierung oder zum Parlamentarischen Staatssekretär**

(1) Stimmt ein Soldat seiner Aufstellung als Bewerber für die Wahl zum Deutschen Bundestag, zu der gesetzgebenden Körperschaft eines Landes oder zu einer kommunalen Vertretung zu, so hat er dies unverzüglich seinem nächsten Disziplinarvorgesetzten mitzuteilen.

(2) Für die Rechtsstellung der nach dem 1. Juni 1978 in die gesetzgebende Körperschaft eines Landes gewählten Berufssoldaten und Soldaten auf Zeit gelten die für in den Deutschen Bundestag gewählte Berufssoldaten und Soldaten auf Zeit maßgebenden Vorschriften in den §§ 5 bis 7, 8 Abs. 2, § 23 Abs. 5 und in § 36 Abs. 1 des Abgeordnetengesetzes vom 18. Februar 1977 (BGBl. I S. 297) entsprechend. Steht dem Soldaten auf Grund seiner Mitgliedschaft in der gesetzgebenden Körperschaft keine Entschädigung mit Alimentationscharakter zu, werden ihm fünfzig vom Hundert seiner zuletzt bezogenen Besoldung weitergewährt; allgemeine Besoldungserhöhungen nach § 14 des Bundesbesoldungsgesetzes werden berücksichtigt.

(3) Für die Tätigkeit als Mitglied einer kommunalen Vertretung, eines nach Kommunalverfassungsrecht gebildeten Ausschusses oder vergleichbarer Einrichtungen in Gemeindebezirken ist dem Soldaten der erforderliche Urlaub unter Belassung der Geld- und Sachbezüge zu gewähren. Satz 1 gilt auch für die von einer kommunalen Vertretung gewählten ehrenamtlichen Mitglieder von Ausschüssen, die auf Grund eines Gesetzes gebildet worden sind.

(4) Wird ein Berufssoldat zum Mitglied der Bundesregierung oder zum Parlamentarischen Staatssekretär bei einem Mitglied der Bundesregierung ernannt, gelten § 18 Abs. 1 und 2 und § 20 des Bundesministergesetzes entsprechend. Das gilt auch für die Ernennung zum Mitglied der Regierung eines Landes oder für den Eintritt in ein Amtsverhältnis, das dem eines Parlamentarischen Staatssekretärs im Sinne des Gesetzes über die Rechtsverhältnisse der Parlamentarischen Staatssekretäre entspricht. Die Sätze 1 und 2 gelten für Soldaten auf Zeit entsprechend mit der Maßgabe, daß bei Anwendung des § 18 Abs. 2 des Bundesministergesetzes an die Stelle des Eintritts in den Ruhestand die Beendigung des Dienstverhältnisses tritt.

. . .

X. Die Bundesrepublik im internationalen Staatensystem

X/1 Vertrag über die Gründung der Europäischen Gemeinschaft für Kohle und Stahl

Vom 18. April 1951 — Auszüge

DER PRÄSIDENT DER BUNDESREPUBLIK DEUTSCHLAND, SEINE KÖNIGLICHE HOHEIT DER KRONPRINZ VON BELGIEN, DER PRÄSIDENT DER FRANZÖSISCHEN REPUBLIK, DER PRÄSIDENT DER ITALIENISCHEN REPUBLIK, IHRE KÖNIGLICHE HOHEIT DIE GROSSHERZOGIN VON LUXEMBURG, IHRE MAJESTÄT DIE KÖNIGIN DER NIEDERLANDE,

in der Erwägung, daß der Weltfriede nur durch schöpferische, den drohenden Gefahren angemessene Anstrengungen gesichert werden kann,

in der Überzeugung, daß der Beitrag, den ein organisiertes und lebendiges Europa für die Zivilisation leisten kann, zur Aufrechterhaltung friedlicher Beziehungen unerläßlich ist,

in dem Bewußtsein, daß Europa nur durch konkrete Leistungen, die zunächst eine tatsächliche Verbundenheit schaffen, und durch die Errichtung gemeinsamer Grundlagen für die wirtschaftliche Entwicklung aufgebaut werden kann,

in dem Bemühen, durch die Ausweitung ihrer Grundproduktionen zur Hebung des Lebensstandards und zum Fortschritt der Werke des Friedens beizutragen,

entschlossen, an die Stelle der jahrhundertealten Rivalitäten einen Zusammenschluß ihrer wesentlichen Interessen zu setzen, durch die Errichtung einer wirtschaftlichen Gemeinschaft den ersten Grundstein für eine weitere und vertiefte Gemeinschaft unter Völkern zu legen, die lange Zeit durch blutige Auseinandersetzungen entzweit waren, und die institutionellen Grundlagen zu schaffen, die einem nunmehr allen gemeinsamen Schicksal die Richtung weisen können,

haben beschlossen, eine Europäische Gemeinschaft für Kohle und Stahl zu gründen, und zu diesem Zweck als Bevollmächtigte bestellt:

Der Präsident der Bundesrepublik Deutschland:
 Herrn Dr. Konrad Adenauer, Bundeskanzler und Bundesminister des Auswärtigen;

Seine Königliche Hoheit der Kronprinz von Belgien:
 Herrn Paul van Zeeland, Minister für Auswärtige Angelegenheiten;
 Herrn Joseph Meurice, Minister für den Außenhandel;

Der Präsident der Französischen Republik:
 Herrn Robert Schuman, Minister für Auswärtige Angelegenheiten;

Der Präsident der Italienischen Republik:
 Herrn Carlo Sforza, Minister für Auswärtige Angelegenheiten;

Ihre Königliche Hoheit die Großherzogin von Luxemburg:
 Herrn Josef Bech, Minister für Auswärtige Angelegenheiten;

Ihre Majestät die Königin der Niederlande:
 Herrn Dirk Udo Stikker, Minister für Auswärtige Angelegenheiten,

Herrn Johannes Roelof Maria van den Brink, Wirtschaftsminister;

die nach Austausch ihrer als gut und gehörig befundenen Vollmachten die folgenden Bestimmungen vereinbart haben.

ERSTER TITEL

Die Europäische Gemeinschaft für Kohle und Stahl

Artikel 1

Durch diesen Vertrag begründen die Hohen Vertragschließenden Teile unter sich eine Europäische Gemeinschaft für Kohle und Stahl; sie beruht auf einem gemeinsamen Markt, verfolgt gemeinsame Ziele und hat gemeinsame Organe.

Artikel 2

Die Europäische Gemeinschaft für Kohle und Stahl ist dazu berufen, im Einklang mit der Gesamtwirtschaft der Mitgliedstaaten und auf der Grundlage eines gemeinsamen Marktes, wie er in Artikel 4 näher bestimmt ist, zur Ausweitung der Wirtschaft, zur Steigerung der Beschäftigung und zur Hebung der Lebenshaltung in den Mitgliedstaaten beizutragen.

Die Gemeinschaft hat in fortschreitender Entwicklung die Voraussetzungen zu schaffen, die von sich aus die rationellste Verteilung der Erzeugung auf dem höchsten Leistungsstande sichern; sie hat hierbei dafür zu sorgen, daß keine Unterbrechung in der Beschäftigung eintritt, und zu vermeiden, daß im Wirtschaftsleben der Mitgliedstaaten tiefgreifende und anhaltende Störungen hervorgerufen werden.

Artikel 97

Dieser Vertrag gilt für die Dauer von fünfzig Jahren vom Zeitpunkt seines Inkrafttretens an.

Artikel 98

Jeder europäische Staat kann einen Antrag auf Beitritt zu diesem Vertrag stellen. Der Antrag ist an den Rat zu richten, der nach Stellungnahme der Hohen Behörde einstimmig Beschluß faßt und ebenfalls einstimmig die Bedingungen für den Beitritt festsetzt. Der Beitritt wird mit dem Tage des Eingangs der Beitrittsurkunde bei der Regierung wirksam, bei welcher der Vertrag hinterlegt ist.

Quelle: Bundesgesetzblatt, Teil II, 1952, S. 448.

X/2 Europäische Integration als Richtlinie deutscher Politik

Schreiben des Bundeskanzlers Dr. Konrad Adenauer an die Bundesminister —
Vom 19. Januar 1956

Die gegenwärtige außenpolitische Lage enthält außerordentliche Gefahren. Um sie abzuwenden und eine günstige Entwicklung einzuleiten, bedarf es entschlossener Maßnahmen. Dazu gehören vor allem eine klare, positive deutsche Haltung zur europäischen Integration.

In dieser europäischen Integration sehen die entscheidenden Staatsmänner des Westens den Angelpunkt der Entwicklung, wie besonders meine Gespräche mit Pinay und Spaak und sehr bestimmte amerikanische politische Erklärungen gezeigt haben. Diese Auffassung ist zweifellos richtig. Wenn die Integration gelingt, können wir bei den Verhandlungen sowohl über die Sicherheit wie über die Wiedervereinigung als wesentliches neues Moment das Gewicht eines einigen Europas in die Waagschale werfen. Umgekehrt sind ernsthafte Konzessionen der Sowjetunion nicht zu erwarten, solange die Uneinigkeit Europas ihr Hoffnung gibt, diesen oder jenen Staat zu sich herüberzuziehen, dadurch den Zusammenhalt des Westens zu sprengen und die schrittweise Angliederung Europas an das Satellitensystem einzuleiten. Hinzu kommt, daß die dauerhafte Ordnung unseres Verhältnisses zu Frankreich nur auf dem Wege der europäischen Integration möglich ist. Sollte die Integration durch unser Widerstreben oder unser Zögern scheitern, so wären die Folgen unabsehbar.

Daraus ergibt sich als Richtlinie unserer Politik, daß wir den Beschluß von Messina entschlossen und unverfälscht durchführen müssen. Noch stärker als bisher muß der politische Charakter dieses Beschlusses beachtet werden, der nicht allein eine technische Kooperation aus fachlichen Erwägungen, sondern eine Gemeinschaft herbeiführen soll, die (auch im Interesse der Wiedervereinigung) die gleiche Richtung des politischen Willens und Handelns sichert. Der OEEC-Rahmen genügt dafür nicht. In den Dienst dieser politischen Zielsetzung müssen alle fachlichen Erwägungen treten.

Insbesondere muß für die Durchführung des Programms von Messina folgendes gelten:

1. Die Integration zunächst unter den Sechs ist mit *allen* in Betracht kommenden Methoden zu fördern, also sowohl auf dem Gebiet der allgemeinen (horizontalen) Integration wie bezüglich der geeigneten (vertikalen) Teilintegration.

2. Hierbei ist von vornherein nach Möglichkeit die Schaffung geeigneter gemeinsamer Institutionen anzustreben, um im Sinne der großen politischen Zielsetzung eine feste Bindung der Sechs herbeizuführen.

3. Die recht gut gelaufenen Beratungen über die Herstellung eines gemeinsamen europäischen Marktes — d.h. eines Marktes, der einem Binnenmarkt ähnlich ist — müssen mit Nachdruck zu Ende geführt werden. Dabei müssen europäische Organe mit Entscheidungsbefugnissen geschaffen werden, um das Funktionieren dieses Marktes zu sichern und gleichzeitig die politische Weiterentwicklung zu fördern.

4. Ausgehend von dem Gedanken des Gemeinsamen Marktes muß auch für den Verkehr eine echte Integration der Sechs angestrebt werden. Das gilt insbesondere von der Luftfahrt; eine grundsätzliche Ablehnung oder Verzögerung von Integrationsplänen für die Produktion, das Beschaffungswesen und die Betriebsführung auf diesem Gebiet ist politisch nicht zu verantworten.

5. Das gleiche gilt für die Energie, insbesondere die Kernenergie. Es ist eine zwingende politische Notwendigkeit, jeden Zweifel darüber zu beseitigen, daß wir nach wie vor zu unseren Erklärungen von Messina stehen, wonach eine europäische Atomgemeinschaft mit Entscheidungsbefugnissen, gemeinsamen Organen und gemeinsamen Finanz- und sonstigen Durchführungsmitteln gegründet werden soll. Die Amerikaner sehen, wie sie offiziell erklärt haben, in einer europäischen Atomgemeinschaft, die im Gegensatz zur OEEC eigene Rechte und Verantwortlichkeiten hat, ein entscheidendes Moment der politischen Entwicklung. Sie sind bereit, eine solche Atomgemeinschaft mit allem Nachdruck zu unterstützen.

Andererseits läßt sich nach Auffassung der Weltöffentlichkeit die friedliche Nutzung der Atomenergie von der Möglichkeit der Herstellung von Atombomben praktisch nicht trennen. Der deutsche Versuch einer rein nationalen Atomregelung würde daher vom Ausland mit größtem Mißtrauen aufgenommen werden. Insbesondere können wir, wenngleich selbstverständlich Deutschland nicht diskriminiert werden darf und die deutsche Forschung und Indu-

strie möglichst freien Raum erhalten müssen, eine gemeinsame europäische Bewirtschaftung einzelner Stoffe nicht ablehnen, wenn sie aus Sicherheitsgründen erforderlich ist.

Ich bitte, das vorstehend Dargelegte als Richtlinien der Politik der Bundesregierung (Art. 65 GG) zu betrachten und danach zu verfahren.

gez. Adenauer

Quelle: Auswärtiges Amt, Die Auswärtige Politik der Bundesrepublik Deutschland, (Köln: Verlag Wirtschaft und Politik), 1972, S. 317f.

X/3 Vertrag zur Gründung der Europäischen Wirtschaftsgemeinschaft

Vom 25. März 1957 — Auszüge

a.) Inhaltsverzeichnis des Vertrages

Präambel

Der Vertrag zur Gründung der Europäischen Wirtschaftsgemeinschaft gliedert sich wie folgt:

ERSTER TEIL: GRUNDSÄTZE

ZWEITER TEIL: GRUNDLAGEN DER GEMEINSCHAFT

Titel I: Freier Warenverkehr
 Kapitel 1: Zollunion, Erster Abschnitt: Abschaffung der Zölle zwischen den Mitgliedstaaten. Zweiter Abschnitt: Aufstellung des Gemeinsamen Zolltarifs.
 Kapitel 2: Beseitigung der mengenmäßigen Beschränkungen zwischen den Mitgliedstaaten

Titel II: Landwirtschaft

Titel III: Freier Personen-, Dienstleistungs- und Kapitalverkehr
 Kapitel 1: Arbeitnehmer
 Kapitel 2: Niederlassungsrecht
 Kapitel 3: Dienstleistungen
 Kapitel 4: Kapital

Titel IV: Verkehr

DRITTER TEIL: POLITIK DER GEMEINSCHAFT

Titel I: Gemeinsame Regeln
 Kapitel 1: Wettbewerbsregeln. Erster Abschnitt: Vorschriften für die Unternehmen. Zweiter Abschnitt: Dumping-Praktiken. Dritter Abschnitt: Staatliche Beihilfen.
 Kapitel 2: Fiskalische Bestimmungen
 Kapitel 3: Angleichung der Rechtsvorschriften

Titel II: Wirtschaftspolitik
 Kapitel 1: Konjunkturpolitik
 Kapitel 2: Zahlungsbilanz
 Kapitel 3: Handelspolitik

Titel III: Sozialpolitik
 Kapitel 1: Sozialbestimmungen
 Kapitel 2: Europäische Sozialfonds

Titel IV: Eurpäische Investitionsbank

VIERTER TEIL: ASSOZIIERUNG DER ÜBERSEEISCHEN LÄNDER UND GEBIETE

FÜNFTER TEIL: ORGANE DER GEMEINSCHAFT

Titel I: Bestimmungen über die Organe
 Kapitel 1: Organe. Erster Abschnitt: Versammlung. Zweiter Abschnitt: Rat. Dritter Abschnitt: Kommission. Vierter Abschnitt: Gerichtshof.
 Kapitel 2: Wirtschafts- und Sozialausschuß. Für mehrere Gemeinschaften gemeinsame Einrichtungen.

Titel II: Finanzbestimmungen

SECHSTER TEIL: ALLGEMEINE BESTIMMUNGEN UND SCHLUSSBESTIMMUNGEN

b.) Auszug aus Teil 1 des Vertrages

Artikel 1 [Gründung der Europäischen Wirtschaftsgemeinschaft]

Durch diesen Vertrag gründen die Hohen Vertragsparteien untereinander eine Europäische Wirtschaftsgemeinschaft.

Artikel 2 [Aufgabe der Gemeinschaft]

Aufgabe der Gemeinschaft ist es, durch die Errichtung eines Gemeinsamen Marktes und die schrittweise Annäherung der Wirtschaftspolitik der Mitgliedstaaten eine harmonische Entwicklung des Wirtschaftslebens innerhalb der Gemeinschaft, eine beständige und ausgewogene Wirtschaftsausweitung, eine größere Stabilität, eine beschleunigte Hebung der Lebenshaltung und engere Beziehungen zwischen den Staaten zu fördern, die in dieser Gemeinschaft zusammengeschlossen sind.

Artikel 3 [Tätigkeit der Gemeinschaft]

Die Tätigkeit der Gemeinschaft im Sinne des Artikels 2 umfaßt nach Maßgabe dieses Vertrages und der darin vorgesehenen Zeitfolge

a) die Abschaffung der Zölle und mengenmäßigen Beschränkung bei der Ein- und Ausfuhr von Waren sowie aller sonstigen Maßnahmen gleicher Wirkung zwischen den Mitgliedstaaten;
b) die Einführung eines Gemeinsamen Zolltarifs und einer gemeinsamen Handelspolitik gegenüber dritten Ländern;

c) die Beseitigung der Hindernisse für den freien Personen-, Dienstleistungs- und Kapitalverkehr zwischen den Mitgliedstaaten;

d) die Einführung einer gemeinsamen Politik auf dem Gebiet der Landwirtschaft;

e) die Einführung einer gemeinsamen Politik auf dem Gebiet des Verkehrs;

f) die Errichtung eines Systems, das den Wettbewerb innerhalb des Gemeinsamen Marktes vor Verfälschungen schützt;

g) die Anwendung von Verfahren, welche die Koordinierung der Wirtschaftspolitik der Mitgliedstaaten und die Behebung von Störungen im Gleichgewicht ihrer Zahlungsbilanzen ermöglichen;

h) die Angleichung der innerstaatlichen Rechtsvorschriften, soweit dies für das ordnungsmäßige Funktionieren des Gemeinsamen Marktes erforderlich ist;

i) die Schaffung eines Europäischen Sozialfonds, um die Beschäftigungsmöglichkeiten der Arbeitnehmer zu verbessern und zur Hebung ihrer Lebenshaltung beizutragen;

j) die Errichtung einer Europäischen Investitionsbank, um durch Erschließung neuer Hilfsquellen die wirtschaftliche Ausweitung in der Gemeinschaft zu erleichtern;

k) die Assoziierung der überseeischen Länder und Hoheitsgebiete, um den Handelsverkehr zu steigern und die wirtschaftliche und soziale Entwicklung durch gemeinsame Bemühungen zu fördern.

Artikel 4 [Organe der Gemeinschaft]

(1) Die der Gemeinschaft zugewiesenen Aufgaben werden durch folgende Organe wahrgenommen:

eine Versammlung,
einen Rat,
eine Kommission,
einen Gerichtshof.

Jedes Organ handelt nach Maßgabe der ihm in diesem Vertrag zugewiesenen Befugnisse.

(2) Der Rat und die Kommission werden von einem Wirtschafts- und Sozialausschuß mit beratender Aufgabe unterstützt.

Artikel 5 [Aufgaben der Mitgliedstaaten]

Die Mitgliedstaaten treffen alle geeigneten Maßnahmen allgemeiner oder besonderer Art zur Erfüllung der Verpflichtungen, die sich aus diesem Vertrag oder aus Handlungen der Organe der Gemeinschaft ergeben. Sie erleichtern dieser die Erfüllung ihrer Aufgabe.

Sie unterlassen alle Maßnahmen, welche die Verwirklichung der Ziele dieses Vertrages gefährden könnten.

Artikel 6 [Zusammenarbeit der Mitgliedstaaten mit den Organen der Gemeinschaft]

(1) Die Mitgliedstaaten koordinieren in enger Zusammenarbeit mit den Organen der Gemeinschaft ihre Wirtschaftspolitik, soweit dies zur Erreichung dieses Vertrags erforderlich ist.

(2) Die Organe der Gemeinschaft achten darauf, die innere und äußere finanzielle Stabilität der Mitgliedstaaten nicht zu gefährden.

Artikel 7 [Diskriminierungsverbot]

Unbeschadet besonderer Bestimmungen dieses Vertrags ist in seinem Anwendungsbereich jede Diskriminierung aus Gründen der Staatsangehörigkeit verboten.

Der Rat kann mit qualifizierter Mehrheit auf Vorschlag der Kommission und nach Anhörung der Versammlung Regelungen für das Verbot solcher Diskriminierungen treffen.

Artikel 8 [Übergangszeit]

(1) Der Gemeinsame Markt wird während einer Übergangszeit von zwölf Jahren schrittweise verwirklicht.
Die Übergangszeit besteht aus drei Stufen von je vier Jahren; die Dauer jeder Stufe kann nach Maßgabe der folgenden Bestimmungen geändert werden.
(2) Jeder Stufe entspricht eine Gesamtheit von Maßnahmen, die zusammen eingeleitet und durchgeführt werden müssen.
(3) Der Übergang von der ersten zur zweiten Stufe hängt von der Feststellung ab, daß die in diesem Vertrag für die erste Stufe ausdrücklich festgelegten Ziele im wesentlichen tatsächlich erreicht und daß vorbehaltlich der in diesem Vertrag vorgesehenen Ausnahmen und Verfahren die Verpflichtungen eingehalten worden sind.
Diese Feststellung wird vom Rat am Ende des vierten Jahres auf Grund eines Berichts der Kommission einstimmig getroffen. Ein Mitgliedstaat kann die Einstimmigkeit nicht verhindern, indem er sich auf die Nichterfüllung seiner eigenen Verpflichtungen beruft. Kommt keine Einstimmigkeit zustande, so wird die erste Stufe ohne weiteres um ein Jahr verlängert.
Am Ende des fünften Jahres trifft der Rat die Feststellung unter denselben Bedingungen. Kommt keine Einigkeit zustande, so wird die erste Stufe ohne weiteres um ein zusätzliches Jahr verlängert.
Am Ende des sechsten Jahres trifft der Rat die Feststellung mit qualifizierter Mehrheit auf Grund des Berichts der Kommission.
(4) Verbleibt ein Mitgliedstaat in der Minderheit, so kann er binnen einem Monat nach der zuletzt genannten Abstimmung beim Rat die Bestellung einer Schiedsstelle beantragen, deren Entscheidung für alle Mitgliedstaaten und für die Organe der Gemeinschaft verbindlich ist; wir die erforderliche Mehrheit nicht erreicht, so gilt das gleiche für jeden Mitgliedstaat. Die Schiedsstelle besteht aus drei Mitgliedern, die vom Rat einstimmig auf Vorschlag der Kommission bestellt werden.
Kommt die Bestellung durch den Rat binnen einem Monat nach Antragstellung nicht zustande, so werden die Mitglieder der Schiedsstelle innerhalb eines weiteren Monats vom Gerichtshof bestellt.
Die Schiedsstelle wählt ihren Vorsitzenden selbst.
Sie erläßt ihren Schiedsspruch binnen sechs Monaten nach der im letzten Unterabsatz vom Absatz (3) genannten Abstimmung des Rates.
(5) Die zweite und dritte Stufe können nur durch eine einstimmige, vom Rat auf Vorschlag der Kommission erlassene Entscheidung verlängert oder abgekürzt werden.
(6) Die Bestimmungen der vorstehenden Absätze dürfen nicht zur Folge haben, daß die Übergangszeit länger als fünfzehn Jahre, vom Inkrafttreten dieses Vertrages an gerechnet, dauert.
(7) Vorbehaltlich der in diesem Vertrag vorgesehenen Ausnahmen oder Abweichungen ist das Ende der Übergangszeit gleichzeitig der Endtermin für das Inkrafttreten aller vorgesehenen Vorschriften sowie für die Durchführung aller Maßnahmen, die zur Errichtung des Gemeinsamen Marktes gehören.

Quelle: Bundesgesetzblatt, Teil II, 1957, S. 766 betr. S. 1678 und Teil II, 1958, S. 64.

X/4 Einheitliche Europäische Akte[1]

Vom 17./28. Februar 1986 — Auszüge

Titel I. Gemeinsame Bestimmungen

Art. 1 Die Europäischen Gemeinschaften und die Europäische Politische Zusammenarbeit verfolgen das Ziel, gemeinsam zu konkreten Fortschritten auf dem Wege zur Europäischen Union beizutragen.

Die Europäischen Gemeinschaften beruhen auf den Verträgen zur Gründung der Europäischen Gemeinschaft für Kohle und Stahl, der Europäischen Wirtschaftsgemeinschaft und der Europäischen Atomgemeinschaft sowie auf den nachfolgenden Verträgen und Akten zur Änderung oder Ergänzung dieser Verträge.

Die Europäische Politische Zusammenarbeit wird durch Titel III geregelt. Die Bestimmungen dieses Titels bestätigen und ergänzen die in den Berichten von Luxemburg (1970), Kopenhagen (1973) und London (1981) sowie in der Feierlichen Deklaration zur Europäischen Union (1983) vereinbarten Verfahren und die Praktiken, die sich nach und nach zwischen den Mitgliedstaaten herausgebildet haben.

Art. 2 Im Europäischen Rat kommen die Staats- und Regierungschefs der Mitgliedstaaten sowie der Präsident der Kommission der Europäischen Gemeinschaften zusammen. Sie werden von den Ministern für auswärtige Angelegenheiten und einem Mitglied der Kommission unterstützt.

Der Europäische Rat tritt mindestens zweimal jährlich zusammen.

Art. 3 Die von nun an wie nachstehend bezeichneten Organe der Europäischen Gemeinschaften üben ihre Befugnisse und Zuständigkeiten unter den Bedingungen und im Hinblick auf die Ziele aus, die in den Verträgen zur Gründung der Europäischen Gemeinschaften und den nachfolgenden Verträgen und Akten zur Änderung oder Ergänzung dieser Verträge sowie in Titel II vorgesehen sind.

Die für die Europäische Politische Zusammenarbeit zuständigen Institutionen und Organe üben ihre Befugnisse und Zuständigkeiten unter den Bedingungen und im Hinblick auf die Ziele aus, die in Titel III sowie in den in Artikel 1 Absatz 3 genannten Dokumenten festgelegt sind.

Titel II. Bestimmungen zur Änderung der Verträge zur Gründung der Europäischen Gemeinschaften

(Art. 4-29)

1 In Kraft seit dem 1. 7. 1987.

Titel III. Vertragsbestimmung über die Europäische Zusammenarbeit in der Außenpolitik

Art. 30 Für die Europäische Zusammenarbeit in der Außenpolitik gelten folgende Bestimmungen:

(1) Die Hohen Vertragsparteien, die Mitglieder der Europäischen Gemeinschaften sind, bemühen sich, gemeinsam eine europäische Außenpolitik auszuarbeiten und zu verwirklichen.

(2) a) Die Hohen Vertragsparteien verpflichten sich, einander in allen außenpolitischen Fragen von allgemeinem Interesse zu unterrichten und zu konsultieren, damit sichergestellt ist, daß sie durch Abstimmung, Angleichung ihrer Standpunkte und Durchführung gemeinsamer Maßnahmen ihren gemeinsamen Einfluß so wirkungsvoll wie möglich ausüben.

b) Die Konsultationen finden statt, ehe die Hohen Vertragsparteien ihre endgültige Haltung festlegen.

c) Jede Hohe Vertragspartei trägt bei ihren Stellungnahmen und einzelstaatlichen Maßnahmen den Standpunkten der übrigen Partner in vollem Umfang Rechnung und berücksichtigt in gebührendem Maße die Wichtigkeit der Festlegung und Verwirklichung gemeinsamer europäischer Standpunkte.

Um ihre Fähigkeit zum gemeinsamen Handeln im Bereich der Außenpolitik zu erweitern, stellen die Hohen Vertragsparteien die schrittweise Entwicklung und die Festlegung gemeinsamer Grundsätze und Ziele sicher.

d) Die Hohen Vertragsparteien bemühen sich, Maßnahmen oder Stellungnahmen zu vermeiden, die ihre Wirksamkeit als kohärente Kraft in den internationalen Beziehungen oder in internationalen Organisationen schaden würden.

(3) a) Die Außenminister und ein Mitglied der Kommission treten mindestens viermal jährlich im Rahmen der Europäischen Politischen Zusammenarbeit zusammen. Auch anläßlich der Tagungen des Rates der Europäischen Gemeinschaften können sie im Rahmen der Europäischen Politischen Zusammenarbeit außenpolitische Fragen behandeln.

b) Die Kommission wird an der Arbeit der Europäischen Politischen Zusammenarbeit in vollem Umfang beteiligt.

c) Um rasch gemeinsame Standpunkte einnehmen und gemeinsame Maßnahmen durchführen zu können, verzichten die Hohen Vertragsparteien im Rahmen des Möglichen darauf, die Herausbildung eines Konsenses und das gemeinsame Handeln, das hieraus hervorgehen könnte, zu behindern.

(4) Die Hohen Vertragsparteien gewährleisten, daß das Europäische Parlament eng an der Europäischen Politischen Zusammenarbeit beteiligt wird. Zu diesem Zweck unterrichtet die Präsidentschaft das Europäische Parlament regelmäßig über die im Rahmen der Arbeit der Europäischen Politischen Zusammenarbeit geprüften außenpolitischen Themen und trägt dafür Sorge, daß die Auffassungen des Europäischen Parlaments bei dieser Arbeit gebührend berücksichtigt werden.

(5) Die auswärtigen Politiken der Europäischen Gemeinschaft und die im Rahmen der Europäischen Politischen Zusammenarbeit vereinbarten Politiken müssen kohärent sein.

Es fällt unter die besondere Verantwortung der Präsidentschaft und der Kommission, in ihrem jeweiligen Zuständigkeitsbereich dafür Sorge zu tragen, daß diese Kohärenz angestrebt und aufrechterhalten wird.

(6) a) Die Hohen Vertragsparteien sind der Auffassung, daß eine engere Zusammenarbeit in Fragen der europäischen Sicherheit geeignet ist, wesentlich zur Entwicklung einer außenpoli-

tischen Identität Europas beizutragen. Sie sind zu einer stärkeren Koordinierung ihrer Standpunkte zu den politischen und wirtschaftlichen Aspekten der Sicherheit bereit.

b) Dir Hohen Vertragsparteien sind entschlossen, die für ihre Sicherheit notwendigen technologischen und industriellen Voraussetzungen aufrechtzuerhalten. Sie setzen sich hierfür sowohl auf einzelstaatlicher Ebene als auch, wo dies angebracht ist, im Rahmen der zuständigen Institutionen und Organe ein.

c) Dieser Titel steht einer engeren Zusammenarbeit auf dem Gebiet der Sicherheit zwischen einigen Hohen Vertragsparteien im Rahmen der Westeuropäischen Union und des Atlantischen Bündnisses nicht entgegen.

(7) a) In den internationalen Institutionen und auf internationalen Konferenzen, bei denen die Hohen Vertragsparteien vertreten sind, arbeiten diese auf die Annahme gemeinsamer Standpunkte zu Themen, die von diesem Titel erfaßt werden, hin.

b) In den internationalen Institutionen und auf internationalen Konferenzen, bei denen nicht alle Hohen Vertragsparteien vertreten sind, berücksichtigen diejenigen, die dort vertreten sind, in vollem Umfang die im Rahmen der Europäischen Politischen Zusammenarbeit vereinbarten Standpunkte.

(8) Die Hohen Vertragsparteien führen immer, wenn sie es für notwendig halten, einen politischen Dialog mit Drittländern und regionalen Gruppierungen herbei.

(9) Die Hohen Vertragsparteien und die Kommission intensivieren die Zusammenarbeit zwischen ihren in Drittländern und bei internationalen Organisationen akkreditierten Vertretungen, indem sie einander unterstützen und informieren.

(10) a) Die Präsidentschaft in der Europäischen Politischen Zusammenarbeit wird von der Hohen Vertragspartei wahrgenommen, die den Vorsitz im Rat der Europäischen Gemeinschaften innehat.

b) Die Präsidentschaft ist verantwortlich für Initiativen, für die Koordinierung und für die Vertretung der Mitgliedstaaten gegenüber Drittländern bei Tätigkeiten, die unter die Europäische Politische Zusammenarbeit fallen. Sie ist ferner verantwortlich für die Führung der Geschäfte der Europäischen Politischen Zusammenarbeit, im besonderen für die Festlegung des Terminplans für die Treffen, ihre Einberufung und Durchführung.

c) Die Politischen Direktoren treten regelmäßig im Politischen Komitee zusammen, um die nötigen Anstöße zu geben, die Kontinuität der Europäischen Politischen Zusammenarbeit zu gewährleisten und die Ministergespräche vorzubereiten.

d) Auf Antrag von mindestens drei Mitgliedstaaten wird innerhalb von 48 Stunden das Politische Komitee oder nötigenfalls ein Ministertreffen einberufen.

e) Die europäische Korrespondentengruppe hat die Aufgabe, entsprechend den Richtlinien des Politischen Komitees über die Durchführung der Europäischen Politischen Zusammenarbeit zu wachen und Fragen der allgemeinen Organisation zu prüfen.

f) Arbeitsgruppen treten entsprechend den Richtlinien des Politischen Komitees zusammen.

g) Ein in Brüssel eingerichtetes Sekretariat unterstützt die Präsidentschaft bei der Vorbereitung und Durchführung der Arbeit der Europäischen Politischen Zusammenarbeit sowie in Verwaltungsfragen. Bei der Wahrnehmung seiner Aufgaben untersteht es der Präsidentschaft.

(11) Hinsichtlich der Vorrechte und Immunitäten sind die Mitglieder des Sekretariats der Europäischen Politischen Zusammenarbeit den Mitgliedern der diplomatischen Missionen der Hohen Vertragsparteien am Ort des Sekretariatssitzes gleichgestellt.

(12) Die Hohen Vertragsparteien prüfen fünf Jahre nach Inkrafttreten dieser Akte, ob Titel III einer Revision bedarf.

Titel IV. Allgemeine und Schlußbestimmungen

Art. 31 Die Bestimmungen des Vertrages über die Gründung der Europäischen Gemeinschaft für Kohle und Stahl, des Vertrages zur Gründung der Europäischen Wirtschaftsgemeinschaft und des Vertrages zur Gründung der Europäischen Atomgemeinschaft betreffend die Zuständigkeit des Gerichtshofes der Europäischen Gemeinschaften und die Ausübung dieser Zuständigkeit gelten nur für die Bestimmungen des Titels II und für Artikel 32, und zwar unter den gleichen Bedingungen wie für die Bestimmungen der genannten Verträge.

Art. 32 Vorbehaltlich des Artikels 3 Absatz 1, des Titels II und des Artikels 31 werden die Verträge zur Gründung der Europäischen Gemeinschaften sowie die nachfolgenden Verträge und Akte zur Änderung oder Ergänzung dieser Verträge durch die vorliegende Akte in keiner Weise berührt.

Art. 33 (1) Diese Akte bedarf der Ratifizierung durch die Hohen Vertragsparteien gemäß ihren verfassungsrechtlichen Vorschriften. Die Ratifikationsurkunden werden bei der Regierung der Italienischen Republik hinterlegt.

(2) Diese Akte tritt am ersten Tag des auf die Hinterlegung der letzten Ratifikationsurkunde folgenden Monats in Kraft.

Art. 34 Diese Akte ist in einer Urschrift in dänischer, deutscher, englischer, französischer, griechischer, irischer, italienischer, niederländischer, portugiesischer und spanischer Sprache abgefaßt, wobei jeder Wortlaut gleichermaßen verbindlich ist; sie wird im Archiv der Regierung der Italienischen Republik hinterlegt; diese übermittelt der Regierung jedes anderen Unterzeichnerstaates eine beglaubigte Abschrift.

Schlußakte

Die Konferenz der Vertreter der Regierungen der Mitgliedstaaten, die für den 9. September 1985 nach Luxemburg einberufen wurde, ihre Beratungen in Luxemburg und Brüssel fortgesetzt hat, hat den folgenden Text beschlossen:

I. Einheitliche Europäische Akte

II.

Bei der Unterzeichnung dieses Textes hat die Konferenz die folgenden, dieser Schlußakte beigefügten Erklärungen[2] angenommen:

1. Erklärung zu den Durchführungsbefugnissen der Kommission

2. Erklärung betreffend den Gerichtshof

2 Hier nicht abgedruckt.

3. Erklärung zu Artikel 8a des EWG-Vertrags

4. Erklärung zu Artikel 100a des EWG-Vertrags

5. Erklärung zu Artikel 100b des EWG-Vertrags

6. Allgemeine Erklärung zu den Artikeln 13 bis 19 der Einheitlichen Europäischen Akte

7. Erklärung zu Artikel 118a Absatz 2d des EWG-Vertrags

8. Erklärung zu Artikel 130d des EWG-Vertrags

9. Erklärung zu Artikel 130r des EWG-Vertrags

10. Erklärung der Hohen Vertragsparteien zu Titel III der Einheitlichen Europäischen Akte

11. Erklärung zu Artikel 30 Nummer 10 Buchstabe g) der Einheitlichen Europäischen Akte

Die Konferenz hat ferner die folgenden, dieser Schlußakte beigefügten Erklärungen zur Kenntnis genommen:

1. Erklärung des Vorsitzes zu der Frist, innerhalb welcher der Rat in erster Lesung Stellung nimmt (Artikel 149 Absatz 2 des EWG-Vertrags)

2. Politische Erklärung der Regierungen der Mitgliedstaaten zur Freizügigkeit

3. Erklärung der Regierung der Griechischen Republik zu Artikel 8a des EWG-Vertrags

4. Erklärung der Kommission zu Artikel 28 des EWG-Vertrags

5. Erklärung der Regierung von Irland zu Artikel 57 Absatz 2 des EWG-Vertrags

6. Erklärung der Regierung der Portugiesischen Republik zu Artikel 59 Absatz 2 und Artikel 84 des EWG-Vertrags

7. Erklärung der Regierung des Königreichs Dänemark zu Artikel 100a des EWG-Vertrags

8. Erklärung des Vorsitzes und der Kommission zu den währungspolitischen Befugnissen der Gemeinschaft

9. Erklärung der Regierung des Königreichs Dänemark zur Europäischen Politischen Zusammenarbeit.

Geschehen zu Luxemburg am siebzehnten Februar neunzehnhundertsechsundachtzig und in Den Haag am achtundzwanzigsten Februar neunzehnhundertsechsundachtzig.
(Es folgen die Namen der Bevollmächtigten)

Quelle: Bundesgesetzblatt, Teil II, 1986, S. 1102.

X/5 Vertrag über die Europäische Union

Vom 7. Februar 1992 — Auszüge

SEINE MAJESTÄT DER KÖNIG DER BELGIER,

IHRE MAJESTÄT DIE KÖNIGIN VON DÄNEMARK,

DER PRÄSIDENT DER BUNDESREPUBLIK DEUTSCHLAND,

DER PRÄSIDENT DER GRIECHISCHEN REPUBLIK,

SEINE MAJESTÄT DER KÖNIG VON SPANIEN,

DER PRÄSIDENT DER FRANZÖSISCHEN REPUBLIK,

DER PRÄSIDENT IRLANDS,

DER PRÄSIDENT DER ITALIENISCHEN REPUBLIK,

SEINE KÖNIGLICHE HOHEIT DER GROSSHERZOG VON LUXEMBURG,

IHRE MAJESTÄT DIE KÖNIGIN DER NIEDERLANDE,

DER PRÄSIDENT DER PORTUGIESISCHEN REPUBLIK,

IHRE MAJESTÄT DIE KÖNIGIN DES VEREINIGTEN KÖNIGREICHS GROSSBRITANNIEN UND NORDIRLAND.

ENTSCHLOSSEN, den mit der Gründung der Europäischen Gemeinschaften eingeleiteten Prozeß der europäischen Integration auf eine neue Stufe zu heben,

EINGEDENK der historischen Bedeutung der Überwindung der Teilung des europäischen Kontinents und der Notwendigkeit, feste Grundlagen für die Gestalt des zukünftigen Europas zu schaffen,

IN BESTÄTIGUNG ihres Bekenntnisses zu den Grundsätzen der Freiheit, der Demokratie und der Achtung der Menschenrechte und Grundfreiheiten und der Rechtsstaatlichkeit,

IN DEM WUNSCH, die Solidarität zwischen ihren Völkern unter Achtung ihrer Geschichte, ihrer Kultur und ihrer Traditionen zu stärken,

IN DEM WUNSCH, Demokratie und Effizienz in der Arbeit der Organe weiter zu stärken, damit diese in die Lage versetzt werden, die ihnen übertragenen Aufgaben in einem einheitlichen institutionellen Rahmen besser wahrzunehmen,

ENTSCHLOSSEN, die Stärkung und die Konvergenz ihrer Volkswirtschaften herbeizuführen und eine Wirtschafts- und Währungsunion zu errichten, die im Einklang mit diesem Vertrag eine einheitliche, stabile Währung einschließt,

IN DEM FESTEN WILLEN, im Rahmen der Verwirklichung des Binnenmarkts sowie der Stärkung des Zusammenhalts und des Umweltschutzes den wirtschaftlichen und sozialen Fortschritt ihrer Völker zu fördern und Politiken zu verfolgen, die gewährleisten, daß Fortschritte bei der wirtschaftlichen Integration mit parallelen Fortschritten auf anderen Gebieten einhergehen,

ENTSCHLOSSEN, eine gemeinsame Unionsbürgerschaft für die Staatsangehörigen ihrer Länder einzuführen,

ENTSCHLOSSEN, eine gemeinsame Außen- und Sicherheitspolitik zu verfolgen, wozu auf längere Sicht auch die Festlegung einer gemeinsamen Verteidigungspolitik gehört, die zu gegebener Zeit zu einer gemeinsamen Verteidigung führen könnte, und so die Identität und Unabhängigkeit Europas zu stärken, um Frieden, Sicherheit und Fortschritt in Europa und in der Welt zu fördern,

IN BEKRÄFTIGUNG ihres Ziels, die Freizügigkeit unter gleichzeitiger Gewährleistung der Sicherheit ihrer Bürger durch die Einfügung von Bestimmungen über Justiz und Inneres in diesen Vertrag zu fördern,

ENTSCHLOSSEN, den Prozeß der Schaffung einer immer engeren Union der Völker Europas, in der die Entscheidungen entsprechend dem Subsidiaritätsprinzip möglichst bürgernah getroffen werden, weiterzuführen,

IM HINBLICK auf weitere Schritte, die getan werden müssen, um die europäische Integration voranzutreiben,

HABEN BESCHLOSSEN, eine Europäische Union zu gründen; sie haben zu diesem Zweck zu ihren Bevollmächtigten ernannt:

. . .

Titel I: Gemeinsame Bestimmungen

ARTIKEL A

Durch diesen Vertrag gründen die Hohen Vertragsparteien untereinander eine Europäische Union, im folgenden als „Union" bezeichnet.

Dieser Vertrag stellt eine neue Stufe bei der Verwirklichung einer immer engeren Union der Völker Europas dar, in der die Entscheidungen möglichst bürgernah getroffen werden.

Grundlage der Union sind die Europäischen Gemeinschaften, ergänzt durch die mit diesem Vertrag eingeführten Politiken und Formen der Zusammenarbeit. Aufgabe der Union ist es, die Beziehungen zwischen den Mitgliedstaaten sowie zwischen ihren Völkern kohärent und solidarisch zu gestalten.

ARTIKEL B

Die Union setzt sich folgende Ziele:

— die Förderung eines ausgewogenen und dauerhaften wirtschaftlichen und sozialen Fortschritts, insbesondere durch Schaffung eines Raumes ohne Binnengrenzen, durch Stärkung des wirtschaftlichen und sozialen Zusammenhalts und durch Errichtung einer Wirtschafts- und Währungsunion, die auf längere Sicht auch eine einheitliche Währung nach Maßgabe dieses Vertrags umfaßt;

— die Behauptung ihrer Identität auf internationaler Ebene, insbesondere durch eine gemeinsame Außen- und Sicherheitspolitik, wozu auf längere Sicht auch die Festlegung einer gemeinsamen Verteidigungspolitik gehört, die zu gegebener Zeit zu einer gemeinsamen Verteidigung führen könnte;

— die Stärkung des Schutzes der Rechte und Interessen der Angehörigen ihrer Mitgliedstaaten durch Einführung einer Unionsbürgerschaft;

— die Entwicklung einer engen Zusammenarbeit in den Bereichen Justiz und Inneres;

— die volle Wahrung des gemeinschaftlichen Besitzstands und seine Weiterentwicklung, wobei nach dem Verfahren des Artikels N Absatz 2 geprüft wird, inwieweit die durch diesen Vertrag eingeführten Politiken und Formen der Zusammenarbeit mit dem Ziel zu revidieren sind, die Wirksamkeit der Mechanismen und Organe der Gemeinschaft sicherzustellen.

Die Ziele der Union werden nach Maßgabe dieses Vertrags entsprechend den darin enthaltenen Bedingungen und der darin vorgesehenen Zeitfolge unter Beachtung des Subsidiaritätsprinzips, wie es in Artikel 3 b des Vertrags zur Gründung der Europäischen Gemeinschaft bestimmt ist, verwirklicht.

ARTIKEL C

Die Union verfügt über einen einheitlichen institutionellen Rahmen, der die Kohärenz und Kontinuität der Maßnahmen zur Erreichung ihrer Ziele unter gleichzeitiger Wahrung und Weiterentwicklung des gemeinschaftlichen Besitzstands sicherstellt.

Die Union achtet insbesondere auf die Kohärenz aller von ihr ergriffenen außenpolitischen Maßnahmen im Rahmen ihrer Außen-, Sicherheits-, Wirtschafts- und Entwicklungspolitik. Der Rat und die Kommission sind für diese Kohärenz verantwortlich. Sie stellen jeweils in ihrem Zuständigkeitsbereich die Durchführung der betreffenden Politiken sicher.

ARTIKEL D

Der Europäische Rat gibt der Union die für ihre Entwicklung erforderlichen Impulse und legt die allgemeinen politischen Zielvorstellungen für diese Entwicklung fest.

Im Europäischen Rat kommen die Staats- und Regierungschefs der Mitgliedstaaten sowie der Präsident der Kommission zusammen. Sie werden von den Ministern für auswärtige Angelegenheiten der Mitgliedstaaten und einem Mitglied der Kommission unterstützt. Der Europäische Rat tritt mindestens zweimal jährlich unter dem Vorsitz des Staats- oder Regierungschefs des Mitgliedstaats zusammen, der im Rat den Vorsitz innehat.

Der Europäische Rat erstattet dem Europäischen Parlament nach jeder Tagung Bericht und legt ihm alljährlich einen schriftlichen Bericht über die Fortschritte der Union vor.

ARTIKEL E

Das Europäische Parlament, der Rat, die Kommission und der Gerichtshof üben ihre Befugnisse nach Maßgabe und im Sinne der Verträge zur Gründung der Europäischen Gemeinschaften sowie der nachfolgenden Verträge und Akte zu deren Änderung oder Ergänzung einerseits und der übrigen Bestimmungen des vorliegenden Vertrags andererseits aus.

ARTIKEL F

(1) Die Union achtet die nationale Identität ihrer Mitgliedstaaten, deren Regierungssysteme auf demokratischen Grundsätzen beruhen.

(2) Die Union achtet die Grundrechte, wie sie in der am 4. November 1950 in Rom unterzeichneten Europäischen Konvention zum Schutze der Menschenrechte und Grundfreiheiten gewährleistet sind und wie sie sich aus den gemeinsamen Verfassungsüberlieferungen der Mitgliedstaaten als allgemeine Grundsätze des Gemeinschaftsrechts ergeben.

(3) Die Union stattet sich mit den Mitteln aus, die zum Erreichen ihrer Ziele und zur Durchführung ihrer Politiken erforderlich sind.
. . .

Titel II: Bestimmungen zur Änderung des Vertrags zur Gründung der Europäischen Wirtschaftsgemeinschaft im Hinblick auf die Gründung der Europäischen Gemeinschaft

ARTIKEL G [Änderung des EWG-Vertrags]

Der Vertrag zur Gründung der Europäischen Wirtschaftsgemeinschaft wird nach Maßgabe dieses Artikels im Hinblick auf die Gründung einer Europäischen Gemeinschaft geändert.[3]

Titel III: Bestimmungen zur Änderung des Vertrags über die Gründung der Europäischen Gemeinschaft für Kohle und Stahl

ARTIKEL H [Änderung des EGKS-Vertrags]

Der Vertrag über die Gründung der Europäischen Gemeinschaft für Kohle und Stahl wird nach Maßgabe dieses Artikels geändert.[4]

Titel IV: Bestimmungen zur Änderung des Vertrags zur Gründung der Europäischen Atomgemeinschaft

ARTIKEL I [Änderung des EAG-Vertrags]

Der Vertrag zur Gründung der Europäischen Atomgemeinschaft wird nach Maßgabe dieses Artikels geändert.[5]

Titel V: Bestimmungen über die Gemeinsame Außen- und Sicherheitspolitik

ARTIKEL J [GASP]

Hiermit wird eine Gemeinsame Außen- und Sicherheitspolitik eingeführt, die durch die nachstehenden Bestimmungen geregelt wird.

ARTIKEL J.1 [Ziele der GASP; Handlungsformen; Kohärenz]

(1) Die Union und ihre Mitgliedstaaten erarbeiten und verwirklichen eine Gemeinsame Außen- und Sicherheitspolitik nach Maßgabe dieses Titels, die sich auf alle Bereiche der Außen- und Sicherheitspolitik erstreckt.

3 Die Änderungen wurden in den EG-Vertrag aufgenommen.
4 Hier nicht abgedruckt.
5 Hier nicht abgedruckt.

(2) Die Gemeinsame Außen- und Sicherheitspolitik hat zum Ziel

— die Wahrung der gemeinsamen Werte, der grundlegenden Interessen und der Unabhängigkeit der Union;

— die Stärkung der Sicherheit der Union und ihrer Mitgliedstaaten in allen ihren Formen;

— die Wahrung des Friedens und die Stärkung der internationalen Sicherheit entsprechend den Grundsätzen der Charta der Vereinten Nationen sowie den Prinzipien der Schlußakte von Helsinki und den Zielen der Charta von Paris;

— die Förderung der internationalen Zusammenarbeit;

— die Entwicklung und Stärkung von Demokratie und Rechtsstaatlichkeit sowie die Achtung der Menschenrechte und Grundfreiheiten.

(3) Die Union verfolgt diese Ziele

— gemäß Artikel J.2 durch Einrichtung einer regelmäßigen Zusammenarbeit der Mitgliedstaaten bei der Führung ihrer Politik;

— gemäß Artikel J.3 durch stufenweise Durchführung gemeinsamer Aktionen in den Bereichen, in denen wichtige gemeinsame Interessen der Mitgliedstaaten bestehen.

(4) Die Mitgliedstaaten unterstützen die Außen- und Sicherheitspolitik der Union aktiv und vorbehaltlos im Geist der Loyalität und gegenseitigen Solidarität. Sie enthalten sich jeder Handlung, die den Interessen der Union zuwiderläuft oder ihrer Wirksamkeit als kohärente Kraft in den internationalen Beziehungen schaden könnte. Der Rat trägt für die Einhaltung dieser Grundsätze Sorge.

ARTIKEL J.2 [Abstimmung zwischen den Mitgliedstaaten; gemeinsame Standpunkte]

(1) Zu jeder außen- und sicherheitspolitischen Frage von allgemeiner Bedeutung findet im Rat eine gegenseitige Unterrichtung und Abstimmung zwischen den Mitgliedstaaten statt, damit gewährleistet ist, daß ihr vereinter Einfluß durch konvergierendes Handeln möglichst wirksam zum Tragen kommt.

(2) In allen Fällen, in denen er dies als erforderlich erachtet, legt der Rat einen gemeinsamen Standpunkt fest.

Die Mitgliedstaaten tragen dafür Sorge, daß ihre einzelstaatliche Politik mit den gemeinsamen Standpunkten im Einklang steht.

(3) Die Mitgliedstaaten koordinieren ihr Handeln in internationalen Organisationen und auf internationalen Konferenzen. Sie treten dort für die gemeinsamen Standpunkte ein.

In den internationalen Organisationen und auf internationalen Konferenzen, bei denen nicht alle Mitgliedstaaten vertreten sind, setzen sich diejenigen, die dort vertreten sind, für die gemeinsamen Standpunkte ein.

ARTIKEL J.3 [Gemeinsame Aktion; Verfahren]

Für die Annahme einer gemeinsamen Aktion in den Bereichen der Außen- und Sicherheitspolitik gilt folgendes Verfahren:

1. Der Rat beschließt auf der Grundlage allgemeiner Leitlinien des Europäischen Rates, daß eine Angelegenheit Gegenstand einer gemeinsamen Aktion wird.

Beschließt der Rat grundsätzlich eine gemeinsame Aktion, so legt er den genauen Umfang der Aktion, die allgemeinen und besonderen Ziele, welche die Union bei dieser Aktion verfolgt, sowie die Mittel, Verfahren und Bedingungen sowie erforderlichenfalls den Zeitraum für ihre Durchführung fest.

2. Bei der Annahme einer gemeinsamen Aktion und in jedem Stadium ihres Verlaufs bestimmt der Rat die Fragen, über die mit qualifizierter Mehrheit zu entscheiden ist.
 Bei den Beschlüssen des Rates, für die nach Unterabsatz 1 eine qualifizierte Mehrheit erforderlich ist, werden die Stimmen der Mitglieder nach Artikel 148 Absatz 2 des Vertrags zur Gründung der Europäischen Gemeinschaft gewogen; Beschlüsse kommen mit einer Mindeststimmenzahl von vierundfünfzig Stimmen zustande, welche die Zustimmung von mindestens acht Mitgliedern umfassen.

3. Tritt eine Änderung der Umstände mit erheblichen Auswirkungen auf eine Angelegenheit ein, die Gegenstand einer gemeinsamen Aktion ist, so überprüft der Rat die Grundsätze und Ziele dieser Aktion und trifft die erforderlichen Entscheidungen. Solange der Rat keinen Beschluß gefaßt hat, bleibt die gemeinsame Aktion bestehen.

4. Die gemeinsamen Aktionen sind für die Mitgliedstaaten bei ihren Stellungnahmen und ihrem Vorgehen bindend.

5. Jede einzelstaatliche Stellungnahme oder Maßnahme, die im Rahmen einer gemeinsamen Aktion geplant ist, wird so rechtzeitig mitgeteilt, daß erforderlichenfalls eine vorherige Abstimmung im Rat stattfinden kann. Die Pflicht zur vorherigen Unterrichtung gilt nicht für Maßnahmen, die eine bloße praktische Umsetzung der Entscheidungen des Rates auf einzelstaatlicher Ebene darstellen.

6. Bei zwingender Notwendigkeit aufgrund der Entwicklung der Lage und mangels einer Entscheidung des Rates können die Mitgliedstaaten unter Berücksichtigung der allgemeinen Ziele der gemeinsamen Aktion die erforderlichen Sofortmaßnahmen ergreifen. Der betreffende Mitgliedstaat unterrichtet den Rat sofort über die von ihm getroffenen Maßnahmen.

7. Ein Mitgliedstaat befaßt den Rat, wenn sich bei der Durchführung einer gemeinsamen Aktion größere Schwierigkeiten ergeben; der Rat berät darüber und sucht nach angemessenen Lösungen. Diese dürfen nicht im Widerspruch zu den Zielen der gemeinsamen Aktion stehen oder ihrer Wirksamkeit schaden.

ARTIKEL J.4 [Fragen der Sicherheit; gemeinsame Verteidigungspolitik; Rolle der WEU; Revision]

(1) Die Gemeinsame Außen- und Sicherheitspolitik umfaßt sämtliche Fragen, welche die Sicherheit der Europäischen Union betreffen, wozu auf längere Sicht auch die Festlegung einer gemeinsamen Verteidigungspolitik gehört, die zu gegebener Zeit zu einer gemeinsamen Verteidigung führen könnte.

(2) Die Union ersucht die Westeuropäische Union (WEU), die integraler Bestandteil der Entwicklung der Europäischen Union ist, die Entscheidungen und Aktionen der Union, die verteidigungspolitische Bezüge haben, auszuarbeiten und durchzuführen. Der Rat trifft im Einvernehmen mit den Organen der WEU die erforderlichen praktischen Regelungen.

(3) Die Fragen, die verteidigungspolitische Bezüge haben und die nach diesem Artikel behandelt werden, unterliegen nicht den Verfahren des Artikels J.3.

(4) Die Politik der Union nach diesem Artikel berührt nicht den besonderen Charakter der Sicherheits- und Verteidigungspolitik bestimmter Mitgliedstaaten; sie achtet die Verpflichtungen einiger Mitgliedstaaten aus dem Nordatlantikvertrag und ist vereinbar mit der in jenem Rahmen festgelegten gemeinsamen Sicherheits- und Verteidigungspolitik.

(5) Dieser Artikel steht der Entwicklung einer engeren Zusammenarbeit zwischen zwei oder mehr Mitgliedstaaten auf zweiseitiger Ebene sowie im Rahmen der WEU und der Atlantischen Allianz nicht entgegen, soweit sie der nach diesem Titel vorgesehenen Zusammenarbeit nicht zuwiderläuft und diese nicht behindert.

(6) Zur Förderung der Ziele dieses Vertrags und im Hinblick auf den Termin 1998 im Zusammenhang mit Artikel XII des Brüsseler Vertrags in seiner geänderten Fassung kann dieser Artikel nach Artikel N Absatz 2 auf der Grundlage eines dem Europäischen Rat 1996 vom Rat vorzulegenden Berichts, der eine Bewertung der bis dahin erzielten Fortschritte und gesammelten Erfahrungen enthalten wird, revidiert werden.

ARTIKEL J.5 [Aufgaben des Vorsitzes; Vertretung nach außen; Troika]

(1) Der Vorsitz vertritt die Union in Angelegenheiten der Gemeinsamen Außen- und Sicherheitspolitik.

(2) Der Vorsitz ist für die Durchführung der gemeinsamen Aktionen verantwortlich; daher wird in internationalen Organisationen und auf internationalen Konferenzen der Standpunkt der Union grundsätzlich vom Vorsitz dargelegt.

(3) Bei den Aufgaben gemäß den Absätzen 1 und 2 wird der Vorsitz gegebenenfalls von dem Mitgliedstaat, der den vorhergehenden Vorsitz innehatte, und dem Mitgliedstaat, der den nachfolgenden Vorsitz wahrnimmt, unterstützt. Die Kommission wird an diesen Aufgaben in vollem Umfang beteiligt.

(4) Unbeschadet des Artikels J.2 Absatz 3 und des Artikels J.3 Ziffer 4 unterrichten die Mitgliedstaaten, die in internationalen Organisationen oder auf internationalen Konferenzen vertreten sind, die dort nicht vertretenen Mitgliedstaaten laufend über alle Fragen von gemeinsamem Interesse.

Die Mitgliedstaaten, die auch Mitglieder des Sicherheitsrats der Vereinten Nationen sind, werden sich abstimmen und die übrigen Mitgliedstaaten in vollem Umfang unterrichten. Die Mitgliedstaaten, die ständige Mitglieder des Sicherheitsrats sind, werden sich bei der Wahrnehmung ihrer Aufgaben unbeschadet ihrer Verantwortlichkeiten aufgrund der Charta der Vereinten Nationen für die Standpunkte und Interessen der Union einsetzen.

ARTIKEL J.6 [Zusammenarbeit der diplomatischen und konsularischen Vertretungen]

Die diplomatischen und konsularischen Vertretungen der Mitgliedstaaten und die Delegationen der Kommission in dritten Ländern und auf internationalen Konferenzen sowie ihre Vertretungen bei internationalen Organisationen stimmen sich ab, um die Einhaltung und Umsetzung der vom Rat festgelegten gemeinsamen Standpunkte und gemeinsamen Aktionen zu gewährleisten.

Sie intensivieren ihre Zusammenarbeit durch Informationsaustausch, gemeinsame Bewertungen und Beteiligung an der Durchführung des Artikels 8c des Vertrags zur Gründung der Europäischen Gemeinschaft.

ARTIKEL J.7 [Beteiligung des Parlaments]

Der Vorsitz hört das Europäische Parlament zu den wichtigsten Aspekten und den grundlegenden Weichenstellungen der Gemeinsamen Außen- und Sicherheitspolitik und achtet darauf, daß die Auffassungen des Europäischen Parlaments gebührend berücksichtigt werden. Das Europäische Parlament wird vom Vorsitz und von der Kommission regelmäßig über die Entwicklung der Außen- und Sicherheitspolitik der Union unterrichtet.

Das Europäische Parlament kann Anfragen oder Empfehlungen an den Rat richten. Einmal jährlich führt es eine Aussprache über die Fortschritte bei der Durchführung der Gemeinsamen Außen- und Sicherheitspolitik.

ARTIKEL J.8 [Europäischer Rat; Ministerrat; Politisches Komitee]

(1) Der Europäische Rat bestimmt die Grundsätze und die allgemeinen Leitlinien der Gemeinsamen Außen- und Sicherheitspolitik.

(2) Der Rat trifft die für die Festlegung und Durchführung der Gemeinsamen Außen- und Sicherheitspolitik erforderlichen Entscheidungen auf der Grundlage der vom Europäischen Rat festgelegten allgemeinen Leitlinien. Er trägt für ein einheitliches, kohärentes und wirksames Vorgehen der Union Sorge.

Außer in Verfahrensfragen und außer im Fall des Artikels J.3 Ziffer 2 beschließt der Rat einstimmig.

(3) Jeder Mitgliedstaat oder die Kommission kann den Rat mit einer Frage der Gemeinsamen Außen- und Sicherheitspolitik befassen und ihm Vorschläge unterbreiten.

(4) In den Fällen, in denen eine rasche Entscheidung notwendig ist, beruft der Vorsitz von sich aus oder auf Antrag der Kommission oder eines Mitgliedstaats innerhalb von achtundvierzig Stunden, bei absoluter Notwendigkeit in kürzerer Zeit, eine außerordentliche Tagung des Rates ein.

(5) Unbeschadet des Artikels 151 des Vertrags zur Gründung der Europäischen Gemeinschaft verfolgt ein Politisches Komitee, das sich aus den Politischen Direktoren zusammensetzt, die internationale Lage in den Bereichen der Gemeinsamen Außen- und Sicherheitspolitik und trägt auf Ersuchen des Rates oder von sich aus durch an den Rat gerichtete Stellungnahmen zur Festlegung der Politiken bei. Ferner überwacht es die Durchführung vereinbarter Politiken; dies gilt unbeschadet der Zuständigkeiten des Vorsitzes und der Kommission.

ARTIKEL J.9 [Beteiligung der Kommission]

Die Kommission wird in vollem Umfang an den Arbeiten im Bereich der Gemeinsamen Außen- und Sicherheitspolitik beteiligt.

ARTIKEL J.10 [Folgekonferenz]

Bei einer etwaigen Revision der sicherheitspolitischen Bestimmungen nach Artikel J.4 prüft die dafür einberufene Konferenz auch, ob weitere Änderungen der Bestimmungen über die Gemeinsame Außen- und Sicherheitspolitik erforderlich sind.

ARTIKEL J.11 [Institutionelle Bestimmungen des EG-Vertrags; Finanzierung der GASP]

(1) Die Artikel 137, 138, 139 bis 142, 146, 147, 150 bis 153, 157 bis 163 und 217 des Vertrags zur Gründung der Europäischen Gemeinschaft finden auf die Bestimmungen über die in diesem Titel genannten Bereiche Anwendung.

(2) Die Verwaltungsausgaben, die den Organen aus den Bestimmungen über die Gemeinsame Außen- und Sicherheitspolitik entstehen, gehen zu Lasten des Haushalts der Europäischen Gemeinschaften.

Der Rat kann ferner

— entweder einstimmig beschließen, daß die operativen Ausgaben im Zusammenhang mit der Durchführung der genannten Bestimmungen zu Lasten des Haushalts der Europäischen Gemeinschaften gehen; in diesem Fall findet das im Vertrag zur Gründung der Europäischen Gemeinschaft vorgesehene Haushaltsverfahren Anwendung;

— oder feststellen, daß derartige Ausgaben, gegebenenfalls nach einem noch festzulegenden Schlüssel, zu Lasten der Mitgliedstaaten gehen.

Titel VI: Bestimmungen über die Zusammenarbeit in den Bereichen Justiz und Inneres

ARTIKEL K [Zusammenarbeit in der Rechts- und Innenpolitik]

Die Zusammenarbeit in den Bereichen Justiz und Inneres wird durch die nachstehenden Bestimmungen geregelt.

ARTIKEL K.1 [Ziele der Zusammenarbeit]

Zur Verwirklichung der Ziele der Union, insbesondere der Freizügigkeit, betrachten die Mitgliedstaaten unbeschadet der Zuständigkeiten der Europäischen Gemeinschaft folgende Bereiche als Angelegenheiten von gemeinsamem Interesse:

1. Die Asylpolitik;

2. die Vorschriften für das Überschreiten der Außengrenzen der Mitgliedstaaten durch Personen und die Ausübung der entsprechenden Kontrollen;

3. die Einwanderungspolitik und die Politik gegenüber den Staatsangehörigen dritter Länder:

 a) die Voraussetzungen für die Einreise und den Verkehr von Staatsangehörigen dritter Länder im Hoheitsgebiet der Mitgliedstaaten;

 b) die Voraussetzungen für den Aufenthalt von Staatsangehörigen dritter Länder im Hoheitsgebiet der Mitgliedstaaten, einschließlich der Familienzusammenführung und des Zugangs zur Beschäftigung;

 c) die Bekämpfung der illegalen Einwanderung, des illegalen Aufenthalts und der illegalen Arbeit von Staatsangehörigen dritter Länder im Hoheitsgebiet der Mitgliedstaaten;

4. die Bekämpfung der Drogenabhängigkeit, soweit dieser Bereich nicht durch die Ziffern 7, 8 und 9 erfaßt ist;

5. die Bekämpfung von Betrügereien im internationalen Maßstab, soweit dieser Bereich nicht durch die Ziffern 7, 8 und 9 erfaßt ist;

6. die justitielle Zusammenarbeit in Zivilsachen;

7. die justitielle Zusammenarbeit in Strafsachen;

8. die Zusammenarbeit im Zollwesen;

9. die polizeiliche Zusammenarbeit zur Verhütung und Bekämpfung des Terrorismus, des illegalen Drogenhandels und sonstiger schwerwiegender Formen der internationalen Kriminalität, erforderlichenfalls einschließlich bestimmter Aspekte der Zusammenarbeit im Zollwesen, in Verbindung mit dem Aufbau eines unionsweiten Systems zum Austausch von Informationen im Rahmen eines Europäischen Polizeiamts (Europol).

ARTIKEL K.2 [Menschenrechte und Grundfreiheiten; Vorbehaltsrechte der Mitgliedstaaten]

(1) Die in Artikel K.1 genannten Angelegenheiten werden unter Beachtung der Europäischen Konvention vom 4. November 1950 zum Schutze der Menschenrechte und Grundfreiheiten und des Abkommens vom 28. Juli 1951 über die Rechtsstellung der Flüchtlinge sowie unter Berücksichtigung des Schutzes, den die Mitgliedstaaten politisch Verfolgten gewähren, behandelt.

(2) Dieser Titel berührt nicht die Ausübung der den Mitgliedstaaten obliegenden Verantwortung für die Aufrechterhaltung der öffentlichen Ordnung und den Schutz der inneren Sicherheit.

ARTIKEL K.3 [Verfahren der Zusammenarbeit]

(1) In den Bereichen des Artikels K.1 unterrichten und konsultieren die Mitgliedstaaten einander im Rat, um ihr Vorgehen zu koordinieren. Sie begründen hierfür eine Zusammenarbeit zwischen ihren zuständigen Verwaltungsstellen.

(2) Der Rat kann

— in Bereichen des Artikels K.1 Ziffern 1 bis 6 auf Initiative eines Mitgliedstaats oder der Kommission,

— in Bereichen des Artikels K.1 Ziffern 7, 8 und 9 auf Initiative eines Mitgliedstaats

a) gemeinsame Standpunkte festlegen sowie in geeigneter Form und nach geeigneten Verfahren jede Art der Zusammenarbeit fördern, die den Zielen der Union dient;

b) gemeinsame Maßnahmen annehmen, soweit sich die Ziele der Union aufgrund des Umfangs oder der Wirkungen der geplanten Maßnahme durch gemeinsames Vorgehen besser verwirklichen lassen als durch Maßnahmen der einzelnen Mitgliedstaaten; er kann beschließen, daß Maßnahmen zur Durchführung einer gemeinsamen Maßnahme mit qualifizierter Mehrheit angenommen werden;

c) unbeschadet des Artikels 220 des Vertrags zur Gründung der Europäischen Gemeinschaft Übereinkommen ausarbeiten, die er den Mitgliedstaaten zur Annahme gemäß ihren verfassungsrechtlichen Vorschriften empfiehlt.

Sofern in den Übereinkommen nichts anderes bestimmt ist, werden etwaige Maßnahmen zur Durchführung der Übereinkommen im Rat mit der Mehrheit von zwei Dritteln der Stimmen der Hohen Vertragsparteien angenommen.

In diesen Übereinkommen kann vorgesehen werden, daß der Gerichtshof für die Auslegung der darin enthaltenen Bestimmungen und für alle Streitigkeiten über ihre Anwen-

dung zuständig ist; entsprechende Einzelheiten können in diesen Übereinkommen festgelegt werden.

ARTIKEL K.4 [Koordinierungsausschuß; Beschlüsse des Rates]

(1) Es wird ein aus hohen Beamten bestehender Koordinierungsausschuß eingesetzt. Zusätzlich zu seiner Koordinierungstätigkeit hat er die Aufgabe,

— auf Ersuchen des Rates oder von sich aus Stellungnahmen an den Rat zu richten;

— unbeschadet des Artikels 151 des Vertrags zur Gründung der Europäischen Gemeinschaft zur Vorbereitung der Arbeiten des Rates in den in Artikel K.1 und — nach Maßgabe des Artikels 100 d des Vertrags zur Gründung der Europäischen Gemeinschaft — in Artikel 100c jenes Vertrags genannten Bereichen beizutragen.

(2) Die Kommission wird in vollem Umfang an den Arbeiten in den in diesem Titel genannten Bereichen beteiligt.

(3) Außer in Verfahrensfragen und den Fällen, in denen Artikel K.3 ausdrücklich eine andere Abstimmungsregel vorsieht, beschließt der Rat einstimmig.

Ist für einen Beschluß des Rates die qualifizierte Mehrheit erforderlich, so werden die Stimmen der Mitglieder nach Artikel 148 Absatz 2 des Vertrags zur Gründung der Europäischen Gemeinschaft gewogen: Beschlüsse kommen mit einer Mindeststimmenzahl von vierundfünfzig Stimmen zustande, welche die Zustimmung von mindestens acht Mitgliedern umfassen.

ARTIKEL K.5 [Internationale Organisationen und Konferenzen]

Die Mitgliedstaaten vertreten in internationalen Organisationen und auf internationalen Konferenzen, bei denen sie vertreten sind, die im Rahmen dieses Titels festgelegten gemeinsamen Standpunkte.

ARTIKEL K.6 [Beteiligung des Parlaments]

Der Vorsitz und die Kommission unterrichten das Europäische Parlament regelmäßig über die in den Bereichen dieses Titels durchgeführten Arbeiten.

Der Vorsitz hört das Europäische Parlament zu den wichtigsten Aspekten der Tätigkeit in den in diesem Titel genannten Bereichen und achtet darauf, daß die Auffassungen des Europäischen Parlaments gebührend berücksichtigt werden.

Das Europäische Parlament kann Anfragen oder Empfehlungen an den Rat richten. Einmal jährlich führt es eine Aussprache über die Fortschritte bei der Durchführung der Maßnahmen in den in diesem Titel genannten Bereichen.

ARTIKEL K.7 [Spezielle Zusammenarbeit zwischen den Mitgliedstaaten]

Dieser Titel steht der Begründung oder der Entwicklung einer engeren Zusammenarbeit zwischen zwei oder mehr Mitgliedstaaten nicht entgegen, soweit sie der nach diesem Titel vorgesehenen Zusammenarbeit nicht zuwiderläuft und diese nicht behindert.

ARTIKEL K.8 [Institutionelle Bestimmungen des EG-Vertrags; Finanzierung der Zusammenarbeit]

(1) Die Artikel 137, 138, 139 bis 142, 146, 147, 150 bis 153, 157 bis 163 und 217 des Vertrags zur Gründung der Europäischen Gemeinschaft finden auf die Bestimmungen über die in diesem Titel genannten Bereiche Anwendung.

(2) Die Verwaltungsausgaben, die den Organen aus den Bestimmungen über die in diesem Titel genannten Bereiche entstehen, gehen zu Lasten des Haushalts der Europäischen Gemeinschaften.

Der Rat kann ferner

— entweder einstimmig beschließen, daß die operativen Ausgaben im Zusammenhang mit der Durchführung der genannten Bestimmungen zu Lasten des Haushalts der Europäischen Gemeinschaften gehen; in diesem Fall findet das im Vertrag zur Gründung der Europäischen Gemeinschaft vorgesehene Haushaltsverfahren Anwendung;

— oder feststellen, daß derartige Ausgaben, gegebenenfalls nach einem noch festzulegenden Schlüssel, zu Lasten der Mitgliedstaaten gehen.

ARTIKEL K.9 [Visumzwang; einheitliche Visagestaltung]

Der Rat kann auf Initiative der Kommission oder eines Mitgliedstaats einstimmig beschließen, daß Artikel 100c des Vertrags zur Gründung der Europäischen Gemeinschaft auf Maßnahmen in den in Artikel K.1 Ziffern 1 bis 6 genannten Bereichen anwendbar ist, und das entsprechende Abstimmungsverfahren festlegen. Er empfiehlt den Mitgliedstaaten, diesen Beschluß gemäß ihren verfassungsrechtlichen Vorschriften anzunehmen.

. . .

Protokoll über die Konvergenzkriterien nach Artikel 109j des Vertrags zur Gründung der Europäischen Gemeinschaft

DIE HOHEN VERTRAGSPARTEIEN —

IN DEM WUNSCH, die in Artikel 109j Absatz 1 des Vertrags zur Gründung der Europäischen Gemeinschaft aufgeführten Konvergenzkriterien, welche die Gemeinschaft bei der Beschlußfassung über den Eintritt in die dritte Stufe der Wirtschafts- und Währungsunion leiten sollen, näher festzulegen —

SIND über folgende Bestimmungen ÜBEREINGEKOMMEN, die dem Vertrag zur Gründung der Europäischen Gemeinschaft beigefügt sind:

Artikel 1

Das in Artikel 109j Absatz 1 erster Gedankenstrich dieses Vertrags genannte Kriterium der Preisstabilität bedeutet, daß ein Mitgliedstaat eine anhaltende Preisstabilität und eine während des letzten Jahres vor der Prüfung gemessene durchschnittliche Inflationsrate aufweisen muß, die um nicht mehr als 1,5 Prozentpunkte über der Inflationsrate jener — höchstens drei — Mitgliedstaaten liegt, die auf dem Gebiet der Preisstabilität das beste Ergebnis erzielt haben. Die Inflation wird anhand des Verbraucherpreisindexes auf vergleichbarer Grundlage unter Berücksichtigung der unterschiedlichen Definitionen in den einzelnen Mitgliedstaaten gemessen.

Artikel 2

Das in Artikel 109j Absatz 1 zweiter Gedankenstrich dieses Vertrags genannte Kriterium der Finanzlage der öffentlichen Hand bedeutet, daß zum Zeitpunkt der Prüfung keine Ratsentscheidung nach Artikel 104c Absatz 6 dieses Vertrags vorliegt, wonach in dem betreffenden Mitgliedstaat ein übermäßiges Defizit besteht.

Artikel 3

Das in Artikel 109j Absatz 1 dritter Gedankenstrich dieses Vertrags genannte Kriterium der Teilnahme am Wechselkursmechanismus des Europäischen Währungssystems bedeutet, daß ein Mitgliedstaat die im Rahmen des Wechselkursmechanismus des Europäischen Währungssystems vorgesehenen normalen Bandbreiten zumindest in den letzten zwei Jahren vor der Prüfung ohne starke Spannungen eingehalten haben muß. Insbesondere darf er den bilateralen Leitkurs seiner Währung innerhalb des gleichen Zeitraums gegenüber der Währung eines anderen Mitgliedstaats nicht von sich aus abgewertet haben.

Artikel 4

Das in Artikel 109j Absatz 1 vierter Gedankenstrich dieses Vertrags genannte Kriterium der Konvergenz der Zinssätze bedeutet, daß im Verlauf von einem Jahr vor der Prüfung in einem Mitgliedstaat der durchschnittliche langfristige Nominalzinssatz um nicht mehr als 2 Prozentpunkte über dem entsprechenden Satz in jenen — höchstens drei — Mitgliedstaaten liegt, die auf dem Gebiet der Preisstabilität das beste Ergebnis erzielt haben. Die Zinssätze werden anhand langfristiger Staatsschuldverschreibungen oder vergleichbarer Wertpapiere unter Berücksichtigung der unterschiedlichen Definitionen in den einzelnen Mitgliedstaaten gemessen.

Artikel 5

Die zur Anwendung dieses Protokolls erforderlichen statistischen Daten werden von der Kommission zur Verfügung gestellt.

Artikel 6

Der Rat erläßt auf Vorschlag der Kommission und nach Anhörung des Europäischen Parlaments und des EWI bzw. der EZB sowie des in Artikel 109c genannten Ausschusses einstimmig geeignete Vorschriften zur Festlegung de Einzelheiten der in Artikel 109j dieses Vertrags genannten Konvergenzkriterien, die dann an die Stelle dieses Protokolls treten.

. . .

Quelle: Bulletin des Presse- und Informationsamtes der Bundesregierung, 1992, Nr. 16, S. 113 ff.

X/6 Aus dem Urteil des Bundesverfassungsgerichts vom 12. Oktober 1993 zum Vertrag über die Europäische Union vom 7. Februar 1992 („Maastricht-Urteil") — Auszug

1. Im Anwendungsbereich des Art. 23 GG schließt Art. 38 GG aus, die durch die Wahl bewirkte Legitimation und Einflußnahme auf die Ausübung von Staatsgewalt durch die Verlagerung von Aufgaben und Befugnissen des Bundestages so zu entleeren, daß das demokratische Prinzip, soweit es Art. 79 Abs. 3 in Verbindung mit Art. 20 Abs. 1 und 2 GG für unantastbar erklärt, verletzt wird.

2. Das Demokratieprinzip hindert die Bundesrepublik Deutschland nicht an einer Mitgliedschaft in einer — supranational organisierten — zwischenstaatlichen Gemeinschaft. Voraussetzung der Mitgliedschaft ist aber, daß eine vom Volk ausgehende Legitimation und Einflußnahme auch innerhalb des Staatsverbundes gesichert ist.

3. a) Nimmt ein Verbund demokratischer Staaten hoheitliche Aufgaben wahr und übt dazu hoheitliche Befugnisse aus, sind es zuvörderst die Staatsvölker der Mitgliedstaaten, die dies über die nationalen Parlamente zu legitimieren haben. Mithin erfolgt demokratische Legitimation durch die Rückkoppelung des Handelns europäischer Organe an die Parlamente der Mitgliedstaaten; hinzu tritt — im Maße des Zusammenwachsens der europäischen Nationen zunehmend — innerhalb des institutionellen Gefüges der Europäischen Union die Vermittlung demokratischer Legitimation durch das von den Bürgern der Mitgliedstaaten gewählte Europäische Parlament.

 b) Entscheidend ist, daß die demokratischen Grundlagen der Union schritthaltend mit der Integration ausgebaut werden und auch im Fortgang der Integration in den Mitgliedstaaten eine lebendige Demokratie erhalten bleibt.

4. Vermitteln — wie gegenwärtig — die Staatsvölker über die nationalen Parlamente demokratische Legitimation, sind der Ausdehnung der Aufgaben und Befugnisse der Europäischen Gemeinschaft vom demokratischen Prinzip her Grenzen gesetzt. Dem Deutschen Bundestag müssen Aufgaben und Befugnisse von substantiellem Gewicht bleiben.

5. Art. 38 GG wird verletzt, wenn ein Gesetz, das die deutsche Rechtsordnung für die unmittelbare Geltung und Anwendung von Recht der — supranationalen — Europäischen Gemeinschaften öffnet, die zur Wahrnehmung übertragenen Rechte und das beabsichtigte Integrationsprogramm nicht hinreichend bestimmbar festlegt (vgl. BVerfGE 58, 1 [37]). Das bedeutet zugleich, daß spätere wesentliche Änderungen des im Unions-Vertrag angelegten Integrationsprogramms und seiner Handlungsermächtigungen nicht mehr vom Zustimmungsgesetz zu diesem Vertrag gedeckt sind. Das Bundesverfassungsgericht prüft, ob Rechtsakte der europäischen Einrichtungen und Organe sich in den Grenzen der Ihnen eingeräumten Hoheitsrechte halten oder aus ihnen ausbrechen (vgl. BVerfGE 75, 223).

6. Bei der Auslegung von Befugnisnormen durch Einrichtungen und Organe der Gemeinschaften ist zu beachten, daß der Unions-Vertrag grundsätzlich zwischen der Wahrnehmung einer begrenzt eingeräumten Hoheitsbefugnis und der Vertragsänderung unterscheidet, seine Auslegung deshalb in ihrem Ergebnis nicht einer Vertragserweiterung gleichkommen darf; eine solche Auslegung von Befugnisnormen würde für Deutschland keine Bindewirkung entfalten.

7. Auch Akte einer besonderen, von der Staatsgewalt der Mitgliedstaaten geschiedenen öffentlichen Gewalt einer supranationalen Organisation betreffen die Grundrechtsberechtigten in Deutschland. Sie berühren damit die Gewährleistungen des Grundgesetzes und die Aufgaben des Bundesverfassungsgerichts, die den Grundrechtsschutz in Deutschland und insoweit nicht nur gegenüber deutschen Staatsorganen zum Gegenstand haben (Abweichung von BVerfGE 58, 1 [27]). Allerdings übt das Bundesverfassungsgericht seine Rechtsprechung über die Anwendbarkeit von abgeleitetem Gemeinschaftsrecht in Deutschland in einem „Kooperationsverhältnis" zum Europäischen Gerichtshof aus.

8. Der Unions-Vertrag begründet einen Staatenverbund zur Verwirklichung einer immer engeren Union der — staatlich organisierten — Völker Europas (Art. A EUV), keinen sich auf ein europäisches Staatsvolk stützenden Staat.

9. a) Art. F Abs. 3 EUV ermächtigt die Union nicht, sich aus eigener Macht die Finanzmittel oder sonstige Handlungsmittel zu verschaffen, die sie zur Erfüllung ihrer Zwecke für erforderlich erachtet.

b) Art. L EUV schließt die Gerichtsbarkeit des Europäischen Gerichtshofs nur für solche Vorschriften des Unions-Vertrags aus, die nicht zu Maßnahmen der Union mit Durchgriffswirkung auf den Grundrechtsträger im Hoheitsbereich der Mitgliedstaaten ermächtigen.

c) Die Bundesrepublik Deutschland unterwirft sich mit der Ratifikation des Unions-Vertrags nicht einem unüberschaubaren, in seinem Selbstlauf nicht mehr steuerbaren „Automatismus" zu einer Währungsunion; der Vertrag öffnet den Weg zu einer stufenweisen weiteren Integration der europäischen Rechtsgemeinschaft, der in jedem weiteren Schritt entweder von gegenwärtig für das Parlament voraussehbaren Voraussetzungen oder aber von einer weiteren, parlamentarisch zu beeinflussenden Zustimmung der Bundesregierung abhängt.

Quelle: Entscheidungen des Bundesverfassungsgerichts, Band 89, 1993, S. 155 ff.

X/7 Entwurf des Vertrags von Amsterdam[1]

Vom 19. Juni 1997 — Auszüge

. . .

Neuer Titel im EGV

Freier Personenverkehr, Asylrecht und Einwanderung

Artikel A

Zum schrittweisen Aufbau eines Raums der Freiheit, der Sicherheit und des Rechts erläßt der Rat

1 Bei Drucklegung war nur diese vorläufige Fassung des Vertragswerkes verfügbar. Zum weiteren Vorgehen beschloß der Europäische Rat am 19. Juli 1997 folgenden Zeitplan: „Die notwendige endgültige rechtliche Überarbeitung und Harmonisierung der Texte wird rechtzeitig abgeschlossen werden, damit der Vertrag im Oktober 1997 in Amsterdam unterzeichnet werden kann".

a) innerhalb eines Zeitraums von fünf Jahren nach dem Inkrafttreten dieses Vertrags Maßnahmen zur Gewährleistung des freien Personenverkehrs nach Artikel 7 a in Verbindung mit unmittelbar damit zusammenhängenden Begleitmaßnahmen in bezug auf die Kontrollen an den Außengrenzen, Asylrecht und Einwanderung nach Artikel B Nummern 2 und 3, Artikel C Nummer 1 Buchstabe a und Nummer 2 Buchstabe a sowie Maßnahmen zur Verhütung und Bekämpfung der Kriminalität nach Artikel K.3 Buchstabe e des Vertrags über die Europäische Union;

b) sonstige Maßnahmen in den Bereichen Asylrecht, Einwanderung und Schutz der Rechte von Drittstaatsangehörigen nach Artikel C;

c) Maßnahmen im Bereich der justitiellen Zusammenarbeit in Zivilsachen nach Artikel E;

d) geeignete Maßnahmen zur Förderung und Verstärkung der Zusammenarbeit der Verwaltungen nach Artikel F;

e) Maßnahmen im Bereich der polizeilichen und justitiellen Zusammenarbeit in Strafsachen, die durch die Verhütung und Bekämpfung der Kriminalität in der Union nach dem Vertrag über die Europäische Union auf ein hohes Maß an Sicherheit abstellen.

Artikel B

Der Rat erläßt nach dem Verfahren des Artikels G innerhalb eines Zeitraums von fünf Jahren nach Inkrafttreten dieses Vertrags

(1) Maßnahmen, die nach Artikel 7 a sicherstellen, daß Personen, seien es Bürger der Union oder Staatsangehörige dritter Länder, beim Überschreiten der Binnengrenzen nicht kontrolliert werden;

(2) Maßnahmen bezüglich des Überschreitens der Außengrenzen der Mitgliedstaaten, mit denen folgendes festgelegt wird:

 a) Normen und Verfahren, die von den Mitgliedstaaten bei der Durchführung der Personenkontrollen an diesen Grenzen einzuhalten sind;

 b) Visumvorschriften für geplante Aufenthalte von höchstens drei Monaten einschließlich

 i) der Liste der Drittländer, deren Staatsangehörige beim Überschreiten der Außengrenzen im Besitz eines Visums sein müssen, sowie der Drittländer, deren Staatsangehörige von dieser Visumpflicht befreit sind;

 ii) der Verfahren und Voraussetzungen für die Visumerteilung durch die Mitgliedstaaten;

 iii) der einheitlichen Visagestaltung;

 iv) der Vorschriften für ein einheitliches Visum.

(3) Maßnahmen, mit denen die Bedingungen festgelegt werden, unter denen Staatsangehörige dritter Länder im Hoheitsgebiet der Mitgliedstaaten während eines Aufenthalts von höchstens drei Monaten Reisefreiheit genießen.

Artikel C

Der Rat erläßt nach dem Verfahren des Artikels G innerhalb eines Zeitraums von fünf Jahren nach Inkrafttreten dieses Vertrags

1. in Übereinstimmung mit dem Abkommen vom 28. Juli 1951, dem Protokoll vom 31. Januar 1967 über die Rechtsstellung der Flüchtlinge und einschlägigen anderen Verträgen Asylmaßnahmen in folgenden Bereichen:

 a) Kriterien und Verfahren zur Festlegung des Mitgliedstaates, der für die Prüfung eines Asylantrags zuständig ist, den ein Staatsangehöriger eines dritten Landes in einem Mitgliedstaat gestellt hat;

 b) Mindestnormen für die Aufnahme von Asylbewerbern in den Mitgliedstaaten;

 c) Mindestnormen für die Anerkennung von Staatsangehörigen dritter Länder als Flüchtlinge;

 d) Mindestnormen für die Verfahren in den Mitgliedstaaten zur Zuerkennung oder Aberkennung der Flüchtlingseigenschaft;

2. Flüchtlinge und vertriebene Personen betreffende Maßnahmen in folgenden Bereichen:

 a) Mindestnormen für den vorübergehenden Schutz von vertriebenen Personen aus dritten Ländern, die nicht in ihr Herkunftsland zurückkehren können, und von Personen, die anderweitig internationalen Schutz benötigen;

 b) Förderung einer ausgewogenen Verteilung der Belastungen, die mit der Aufnahme von Flüchtlingen und vertriebenen Personen und den Folgen dieser Aufnahme verbunden sind, auf die Mitgliedstaaten;

3. einwanderungspolitische Maßnahmen in folgenden Bereichen:

 a) Einreise- und Aufenthaltsvoraussetzungen sowie Normen für die Verfahren zur Erteilung von langfristigen Visa und Aufenthaltstiteln, einschließlich solcher zur Familienzusammenführung, durch die Mitgliedstaaten;

 b) illegale Einwanderung und illegaler Aufenthalt, einschließlich der Rückführung illegal eingewanderter Personen;

4. Maßnahmen zur Festlegung der Rechte und der Bedingungen, gemäß denen Staatsangehörige dritter Länder, die sich legal in einem Mitgliedstaat aufhalten, sich in anderen Mitgliedstaaten aufhalten dürfen.

5. Maßnahmen, die vom Rat gemäß den Nummern 3 und 4 erlassen worden sind, hindern keinen Mitgliedstaat daran, in den betreffenden Bereichen innerstaatliche Bestimmungen beizubehalten oder einzuführen, die mit diesem Vertrag und mit internationalen Übereinkünften vereinbar sind.

Für gemäß Nummer 2 Buchstabe b, Nummer 3 Buchstabe a und Nummer 4 zu erlassende Maßnahmen gilt nicht der vorgenannte Fünfjahreszeitraum.

Artikel D

(1) Dieser Titel berührt nicht die Wahrnehmung der Zuständigkeiten der Mitgliedstaaten für die Aufrechterhaltung von Recht und Ordnung sowie für die Gewährleistung der inneren Sicherheit.

(2) Sind ein oder mehrere Mitgliedstaaten mit einer Notlage aufgrund eines plötzlichen Zustroms von Staatsangehörigen eines dritten Landes konfrontiert, so kann der Rat unbeschadet des Absatzes 1 auf Vorschlag der Kommission mit qualifizierter Mehrheit zugunsten der betreffenden Mitgliedstaaten vorläufige Maßnahmen mit einer Geltungsdauer von höchstens sechs Monaten erlassen.

Artikel E

Zu den Maßnahmen im Bereich der justitiellen Zusammenarbeit in Zivilsachen mit grenzüberschreitenden Bezügen, die, soweit sie für das reibungslose Funktionieren des Binnenmarktes erforderlich sind, nach Artikel G getroffen werden, zählt folgendes:

a) Verbesserung und Vereinfachung

— des Systems für die grenzüberschreitende Zustellung gerichtlicher und außergerichtlicher Schriftstücke;

— der Zusammenarbeit bei der Erhebung von Beweismitteln;

— der Anerkennung und Vollstreckung gerichtlicher und außergerichtlicher Entscheidungen in Zivil- und Handelssachen;

b) Förderung der Vereinbarkeit der in den Mitgliedstaaten geltenden Kollisionsnormen und Vorschriften zur Vermeidung von Kompetenzkonflikten;

c) Beseitigung der Hindernisse für eine reibungslose Abwicklung von Zivilverfahren, erforderlichenfalls durch Förderung der Vereinbarkeit der in den Mitgliedstaaten geltenden zivilrechtlichen Verfahrensvorschriften.

Artikel F

Der Rat erläßt nach dem Verfahren des Artikels G Maßnahmen, um die Zusammenarbeit zwischen den entsprechenden Dienststellen der Behörden der Mitgliedstaaten in den Bereichen dieses Titels sowie die Zusammenarbeit zwischen diesen Dienststellen und der Kommission zu gewährleisten.

Artikel G

(1) Der Rat handelt während eines Übergangszeitraums von fünf Jahren nach Inkrafttreten dieses Vertrags einstimmig auf Vorschlag der Kommission oder auf Initiative eines Mitgliedstaats und nach Anhörung des Europäischen Parlaments.

(2) Nach Ablauf dieser fünf Jahre

— handelt der Rat auf der Grundlage von Vorschlägen der Kommission; die Kommission prüft jeden Antrag eines Mitgliedstaats, daß die Kommission dem Rat einen Vorschlag unterbreitet;

— faßt der Rat einstimmig nach Anhörung des Europäischen Parlaments einen Beschluß, wonach auf alle Bereiche oder Teile der Bereiche, die unter diesen Titel fallen, das Verfahren des Artikels 189 b anzuwenden ist und die Bestimmungen über die Befugnisse des Gerichtshofs angepaßt werden.

(3) Abweichend von den Absätzen 1 und 2

— werden die in Artikel B Nummer 2 Buchstabe b Ziffern i und iii genannten Maßnah-
men vom Zeitpunkt des Inkrafttretens dieses Vertrags an vom Rat mit qualifizierter
Mehrheit auf Vorschlag der Kommission und nach Anhörung des Europäischen Parla-
ments erlassen;

— werden die in Artikel B Nummer 2 Buchstabe b Ziffern ii und iv genannten Maßnah-
men nach Ablauf von fünf Jahren nach Inkrafttreten dieses Vertrags vom Rat nach dem
Verfahren des Artikels 189 b erlassen.

Artikel H

(1) Artikel 177 findet auf diesen Titel unter folgenden Umständen und Bedingungen Anwen-
dung: Wenn eine Frage zur Auslegung dieses Titels sowie zur Geltung und Auslegung von
auf diesen Titel gestützten Rechtsakten der Organe der Gemeinschaft in einer Rechtssa-
che aufgeworfen wird, die bei einem Gericht eines Mitgliedstaats anhängig ist, dessen
Entscheidungen selbst nicht mehr mit Rechtsmitteln des innerstaatlichen Rechts ange-
fochten werden können, so ersucht dieses Gericht den Gerichtshof um eine Entscheidung
in dieser Frage, wenn es eine Entscheidung darüber zum Erlaß seines Urteils für erforder-
lich hält.

(2) In jedem Fall ist der Gerichtshof nicht für Entscheidungen über Maßnahmen oder Be-
schlüsse gemäß Artikel B Absatz 1 zuständig, die die Aufrechterhaltung der öffentlichen
Ordnung und die Gewährleistung der inneren Sicherheit betreffen.

(3) Der Rat, die Kommission oder ein Mitgliedstaat können den Gerichtshof um Entschei-
dung in einer Frage der Auslegung dieses Titels oder von auf diesen Titel gestützten
Rechtsakten der Organe der Gemeinschaft ersuchen. Die Entscheidung, die der Gerichts-
hof auf dieses Ersuchen hin fällt, gilt nicht für Urteile von Gerichten der Mitgliedstaaten,
die rechtskräftig geworden sind.

Artikel I

Für die Anwendung dieses Titels gelten unbeschadet des Protokolls X über die Anwendung
bestimmter Aspekte des Artikels 7 a EGV auf das Vereinigte Königreich und auf Irland die Be-
stimmungen des Protokolls Y über die Position des Vereinigten Königreichs und Irlands und
des Protokolls Z über die Position Dänemarks.

. . .

KAPITEL 3. BESCHÄFTIGUNG

Änderung des Artikels B EUV

Die Union setzt sich folgende Ziele:

— die Förderung eines ausgewogenen und dauerhaften wirtschaftlichen und sozialen Fort-
schritts und eines hohen Beschäftigungsniveaus, insbesondere ...

Änderung des Artikels 2 EGV

Aufgabe der Gemeinschaft ist es, ... eine harmonische und ausgewogene Entwicklung des Wirtschaftslebens innerhalb der Gemeinschaft, ein hohes Beschäftigungsniveau, ein hohes Maß an sozialem Schutz, ein beständiges, nichtinflationäres und umweltverträgliches Wachstum, einen hohen Grad an Wettbewerbsfähigkeit und Konvergenz der Wirtschaftsleistungen ... zu fördern.

Änderung des Artikels 3 EGV zusätzlicher Buchstabe vor Buchstabe i

(...) die Förderung der Koordinierung der Beschäftigungspolitik der Mitgliedstaaten im Hinblick auf die Verstärkung ihrer Wirksamkeit durch die Entwicklung einer koordinierten Beschäftigungsstrategie.

Neuer Titel zur Beschäftigung — einzufügen nach Titel VI EGV

Artikel 1

Die Mitgliedstaaten und die Gemeinschaft arbeiten gemäß diesem Titel auf die Entwicklung einer koordinierten Beschäftigungsstrategie und insbesondere die Förderung der Qualifizierung, Ausbildung und Flexibilität der Arbeitnehmer sowie der Anpassung der Arbeitsmärkte an die Erfordernisse des wirtschaftlichen Wandels hin, um die Ziele des Artikels B des Vertrags über die Europäische Union und des Artikels 2 des vorliegenden Vertrags zu erreichen.

Artikel 2

(1) Die Mitgliedstaaten tragen durch ihre Beschäftigungspolitik in Übereinstimmung mit den gemäß Artikel 103 Absatz 2 verabschiedeten Grundzügen der Wirtschaftspolitik der Mitgliedstaaten und der Gemeinschaft zur Erreichung der in Artikel [1] genannten Ziele bei.

(2) Die Mitgliedstaaten betrachten die Förderung der Beschäftigung als Angelegenheit von gemeinsamem Interesse und stimmen ihre diesbezüglichen Tätigkeiten nach Maßgabe des Artikels [4] im Rat aufeinander ab, wobei die einzelstaatlichen Gepflogenheiten in bezug auf die Verantwortung der Sozialpartner berücksichtigt werden.

Artikel 3

(1) Die Gemeinschaft trägt zu einem hohen Beschäftigungsniveau bei, indem sie die Zusammenarbeit zwischen den Mitgliedstaaten fördert und deren Maßnahmen in diesem Bereich unterstützt und erforderlichenfalls ergänzt. Hierbei wird die Zuständigkeit der Mitgliedstaaten geachtet.

(2) Das Ziel eines hohen Beschäftigungsniveaus ist bei der Festlegung und Durchführung der Gemeinschaftspolitik und gemeinschaftlicher Maßnahmen zu berücksichtigen.

Artikel 4

(1) Anhand eines gemeinsamen Jahresberichts des Rates und der Kommission prüft der Europäische Rat jährlich die Beschäftigungslage in der Gemeinschaft und nimmt hierzu entsprechende Schlußfolgerungen an.

(2) Anhand der Schlußfolgerungen des Europäischen Rates legt der Rat auf Vorschlag der Kommission und nach Anhörung des Europäischen Parlaments, des Wirtschafts- und Sozialausschusses, des Ausschusses der Regionen und des in Artikel [6] genannten Beschäftigungsausschusses jährlich mit qualifizierter Mehrheit Leitlinien fest, die die Mitgliedstaaten in ihrer Beschäftigungspolitik berücksichtigen. Diese Leitlinien müssen mit den gemäß Artikel 103 Absatz 2 verabschiedeten Grundzügen vereinbar sein.

(3) Jeder Mitgliedstaat übermittelt dem Rat und der Kommission jährlich einen Bericht über die wichtigsten Maßnahmen, die er zur Verwirklichung seiner Beschäftigungspolitik anhand der beschäftigungspolitischen Leitlinien nach Absatz 2 getroffen hat.

(4) Anhand der in Absatz 3 genannten Berichte und nach Stellungnahme des Beschäftigungsausschusses unterzieht der Rat die Durchführung der Beschäftigungspolitik der Mitgliedstaaten im Lichte der beschäftigungspolitischen Leitlinien jährlich einer Prüfung. Der Rat kann dabei auf Empfehlung der Kommission mit qualifizierter Mehrheit Empfehlungen an die Mitgliedstaaten richten, wenn er dies aufgrund der Ergebnisse dieser Prüfung für angezeigt hält.

(5) Auf der Grundlage der Ergebnisse der genannten Prüfung erstellen der Rat und die Kommission einen gemeinsamen Jahresbericht für den Europäischen Rat über die Beschäftigungslage in der Gemeinschaft und über die Umsetzung der beschäftigungspolitischen Leitlinien.

Artikel 5

Der Rat kann, sofern er dies für angezeigt hält, nach Anhörung des Wirtschafts- und Sozialausschusses und des Ausschusses der Regionen nach dem Verfahren des Artikels 189 b Anreize beschließen zur Förderung der Zusammenarbeit zwischen den Mitgliedstaaten und zur Unterstützung ihrer Beschäftigungsmaßnahmen durch Initiativen, die darauf abzielen, den Austausch von Informationen und bewährten Praktiken zu entwickeln, vergleichende Analysen und Gutachten bereitzustellen sowie innovative Ansätze zu fördern und Erfahrungen zu evaluieren, und zwar insbesondere durch den Rückgriff auf Pilotprojekte.

Diese Maßnahmen schließen keinerlei Harmonisierung der Rechtsvorschriften und sonstigen Regelungen der Mitgliedstaaten ein.

Artikel 6

Der Rat setzt nach Anhörung des Europäischen Parlaments einen Beschäftigungsausschuß mit beratender Funktion zur Förderung der Koordinierung der Beschäftigungs- und Arbeitsmarktpolitik der Mitgliedstaaten ein. Der Ausschuß hat folgende Aufgaben:

— Er verfolgt die Beschäftigungslage und die Beschäftigungspolitik in den Mitgliedstaaten und der Gemeinschaft;

— er gibt unbeschadet des Artikels 151 auf Ersuchen des Rates oder der Kommission oder von sich aus Stellungnahmen ab und trägt zur Vorbereitung der in Artikel [4] genannten Beratungen des Rates bei.

Bei der Erfüllung seines Auftrags hört der Ausschuß die Sozialpartner.

Die Mitgliedstaaten und die Kommission entsenden je zwei Mitglieder in den Ausschuß.

...

KAPITEL 12. DIE GEMEINSAME AUSSEN- UND SICHERHEITSPOLITIK

Änderung des Artikels C Absatz 2 EUV

Die Union achtet insbesondere auf die Kohärenz aller von ihr ergriffenen außenpolitischen Maßnahmen im Rahmen ihrer Außen-, Sicherheits-, Wirtschafts- und Entwicklungspolitik. Der Rat und die Kommission sind für diese Kohärenz verantwortlich und arbeiten zu diesem Zweck zusammen. Sie stellen jeweils in ihrem Zuständigkeitsbereich die Durchführung der betreffenden Politiken sicher.

TITEL V

Bestimmungen über die Gemeinsame Außen- und Sicherheitspolitik

Artikel J.1

(1) Die Union erarbeitet und verwirklicht eine Gemeinsame Außen- und Sicherheitspolitik, die sich auf alle Bereiche der Außen- und Sicherheitspolitik erstreckt und folgendes zum Ziel hat:

 — die Wahrung der gemeinsamen Werte, der grundlegenden Interessen, der Unabhängigkeit und der Unversehrtheit der Union im Einklang mit den Grundsätzen der Charta der Vereinten Nationen;

 — die Stärkung der Sicherheit der Union in allen ihren Formen;

 — die Wahrung des Friedens und die Stärkung der internationalen Sicherheit entsprechend den Grundsätzen der Charta der Vereinten Nationen sowie den Prinzipien der Schlußakte von Helsinki und den Zielen der Charta von Paris, einschließlich derjenigen, die die Außengrenzen betreffen;

 — die Förderung der internationalen Zusammenarbeit;

 — die Entwicklung und Stärkung von Demokratie und Rechtsstaatlichkeit sowie die Achtung der Menschenrechte und Grundfreiheiten.

(2) Die Mitgliedstaaten unterstützen die Außen- und Sicherheitspolitik der Union aktiv und vorbehaltlos im Geist der Loyalität und gegenseitigen Solidarität.

 Die Mitgliedstaaten arbeiten zusammen, um ihre gegenseitige politische Solidarität zu stärken und weiterzuentwickeln. Sie enthalten sich jeder Handlung, die den Interessen der Union zuwiderläuft oder ihrer Wirksamkeit als kohärente Kraft in den internationalen Beziehungen schaden könnte.

 Der Rat trägt für die Einhaltung dieser Grundsätze Sorge.

Artikel J.2 (früher J.1 Absatz 3)

Die Union verfolgt die in Artikel J.1 aufgeführten Ziele:

— durch Bestimmung der Grundsätze und der allgemeinen Leitlinien für die Gemeinsame Außen- und Sicherheitspolitik,

— durch Beschlüsse über gemeinsame Strategien,

— durch Annahme gemeinsamer Aktionen,

— durch Festlegung gemeinsamer Standpunkte

— und durch Ausbau der regelmäßigen Zusammenarbeit der Mitgliedstaaten bei der Führung ihrer Politik.

Artikel J.3 (früher J.8 Absatz 1 und Absatz 2 Unterabsatz 1)

(1) Der Europäische Rat bestimmt die Grundsätze und die allgemeinen Leitlinien der Gemeinsamen Außen- und Sicherheitspolitik, und zwar auch bei Fragen mit verteidigungspolitischen Bezügen.

(2) Der Europäische Rat beschließt gemeinsame Strategien, die in Bereichen, in denen wichtige gemeinsame Interessen der Mitgliedstaaten bestehen, von der Union durchzuführen sind.

(3) In den gemeinsamen Strategien sind jeweils Zielsetzung, Dauer und die von der Union und den Mitgliedstaaten bereitzustellenden Mittel anzugeben.

(4) Der Rat trifft die für die Festlegung und Durchführung der Gemeinsamen Außen- und Sicherheitspolitik erforderlichen Entscheidungen auf der Grundlage der vom Europäischen Rat festgelegten allgemeinen Leitlinien.

Der Rat empfiehlt dem Europäischen Rat gemeinsame Strategien und führt diese durch, indem er insbesondere gemeinsame Aktionen annimmt und gemeinsame Standpunkte festlegt.

Der Rat trägt für ein einheitliches, kohärentes und wirksames Vorgehen der Union Sorge.

Artikel J.4 (früher J.3)

(1) Der Rat nimmt gemeinsame Aktionen an. Gemeinsame Aktionen betreffen spezifische Situationen, in denen eine operationelle Aktion für notwendig erachtet wird. In den gemeinsamen Aktionen sind ihre Ziele, ihr Umfang, die der Union zur Verfügung zu stellenden Mittel sowie die Bedingungen und erforderlichenfalls der Zeitraum für ihre Durchführung festgelegt.

(2) Tritt eine Änderung der Umstände mit erheblichen Auswirkungen auf eine Angelegenheit ein, die Gegenstand einer gemeinsamen Aktion ist, so überprüft der Rat die Grundsätze und Ziele dieser Aktion und trifft die erforderlichen Entscheidungen. Solange der Rat keinen Beschluß gefaßt hat, bleibt die gemeinsame Aktion bestehen.

(3) Die gemeinsamen Aktionen sind für die Mitgliedstaaten bei ihren Stellungnahmen und ihrem Vorgehen bindend.

(4) Der Rat kann die Kommission ersuchen, ihm geeignete Vorschläge betreffend die gemeinsame Außen- und Sicherheitspolitik zur Gewährleistung der Durchführung einer gemeinsamen Aktion zu unterbreiten.

(5) Jede einzelstaatliche Stellungnahme oder Maßnahme, die im Rahmen einer gemeinsamen Aktion geplant ist, wird so rechtzeitig mitgeteilt, daß erforderlichenfalls eine vorherige Abstimmung im Rat stattfinden kann. Die Pflicht zur vorherigen Unterrichtung gilt nicht für Maßnahmen, die eine bloße praktische Umsetzung der Entscheidungen des Rates auf einzelstaatlicher Ebene darstellen.

(6) Bei zwingender Notwendigkeit aufgrund der Entwicklung der Lage und mangels einer Entscheidung des Rates können die Mitgliedstaaten unter Berücksichtigung der allgemeinen Ziele der gemeinsamen Aktion die erforderlichen Sofortmaßnahmen ergreifen. Der betreffende Mitgliedstaat unterrichtet den Rat sofort über die von ihm getroffenen Maßnahmen.

(7) Ein Mitgliedstaat befaßt den Rat, wenn sich bei der Durchführung einer gemeinsamen Aktion größere Schwierigkeiten ergeben; der Rat berät darüber und sucht nach angemessenen Lösungen. Diese dürfen nicht im Widerspruch zu den Zielen der gemeinsamen Aktion stehen oder ihrer Wirksamkeit schaden.

Artikel J.5 (früher J.2 Absatz 2)

Der Rat legt gemeinsame Standpunkte fest. In den gemeinsamen Standpunkten wird das Konzept der Union für eine bestimmte Frage geographischer oder thematischer Art bestimmt. Die Mitgliedstaaten tragen dafür Sorge, daß ihre einzelstaatliche Politik mit den gemeinsamen Standpunkten in Einklang steht.

Artikel J.6 (früher J.2 Absatz 1)

Zu jeder außen- und sicherheitspolitischen Frage von allgemeiner Bedeutung findet im Rat eine gegenseitige Unterrichtung und Abstimmung zwischen den Mitgliedstaaten statt, damit gewährleistet ist, daß der Einfluß der Union durch konzertiertes und konvergierendes Handeln möglichst wirksam zum Tragen kommt.

Artikel J.7 (früher J.4)

(1) Die Gemeinsame Außen- und Sicherheitspolitik umfaßt sämtliche Fragen, welche die Sicherheit der Europäischen Union betreffen, wozu auch die schrittweise Festlegung einer gemeinsamen Verteidigungspolitik im Sinne des Unterabsatzes 2 gehört, die zu einer gemeinsamen Verteidigung führen könnte, wenn der Europäische Rat dies beschließen sollte. Er wird in diesem Fall den Mitgliedstaaten empfehlen, einen solchen Beschluß im Einklang mit ihren jeweiligen verfassungsrechtlichen Vorschriften anzunehmen.

Die Westeuropäische Union (WEU) ist integraler Bestandteil der Entwicklung der Europäischen Union; sie eröffnet der Union den Zugang zu einer operativen Kapazität insbesondere im Zusammenhang mit Absatz 2. Sie unterstützt die Union bei der Festlegung der verteidigungspolitischen Aspekte der Gemeinsamen Außen- und Sicherheitspolitik gemäß diesem Artikel. Die Union pflegt daher engere institutionelle Beziehungen zur WEU im Hinblick auf die Möglichkeit einer Integration der WEU in die Union für den Fall, daß der Europäische Rat dies beschließt. Sie wird in diesem Fall den Mitgliedstaaten

die Annahme eines solchen Beschlusses im Einklang mit ihren jeweiligen verfassungs-rechtlichen Vorschriften empfehlen.

Die Politik der Union nach diesem Artikel berührt nicht den besonderen Charakter der Sicherheits- und Verteidigungspolitik bestimmter Mitgliedstaaten; sie achtet die Ver-pflichtungen einiger Mitgliedstaaten, die ihre gemeinsame Verteidigung in der NATO verwirklicht sehen, aus dem Nordatlantikvertrag und ist vereinbar mit der in jenem Rah-men festgelegten gemeinsamen Sicherheits- und Verteidigungspolitik.

Die schrittweise Festlegung einer gemeinsamen Verteidigungspolitik wird in einer von den Mitgliedstaaten als angemessen erachteten Weise durch eine rüstungspolitische Zu-sammenarbeit zwischen ihnen unterstützt.

(2) Die Fragen, auf die in diesem Artikel Bezug genommen wird, umfassen humanitäre Auf-gaben und Rettungseinsätze, friedenserhaltende Aufgaben sowie Kampfeinsätze bei der Krisenbewältigung einschließlich friedensschaffender Maßnahmen.

(3) Die Union nimmt die WEU in Anspruch, um die Entscheidungen und Aktionen der Union, die verteidigungspolitische Bezüge haben, auszuarbeiten und durchzuführen.

Die Befugnis des Europäischen Rates zur Festlegung von Leitlinien gemäß Artikel J.3 gilt auch in bezug auf die WEU bei denjenigen Angelegenheiten, für die die Union die WEU in Anspruch nimmt.

Nimmt die Union die WEU in Anspruch, um Entscheidungen der Union über die in Ab-satz 2 genannten Aufgaben auszuarbeiten und durchzuführen, so können sich alle Mit-gliedstaaten der Union in vollem Umfang an den betreffenden Aufgaben beteiligen. Der Rat trifft im Einvernehmen mit den Organen der WEU die erforderlichen praktischen Regelungen, damit alle Mitgliedstaaten, die sich an den betreffenden Aufgaben beteiligen, in vollem Umfang und gleichberechtigt an der Planung und Beschlußfassung in der WEU teilnehmen können.

Beschlüsse mit verteidigungspolitischen Bezügen nach diesem Absatz werden unbescha-det der Politiken und Verpflichtungen im Sinne des Absatzes 1 Unterabsatz 3 gefaßt.

(4) Dieser Artikel steht der Entwicklung einer engeren Zusammenarbeit zwischen zwei oder mehr Mitgliedstaaten auf zweiseitiger Ebene sowie im Rahmen der WEU und der Atlanti-schen Allianz nicht entgegen, soweit sie der nach diesem Titel vorgesehenen Zusammen-arbeit nicht zuwiderläuft und diese nicht behindert.

(5) Im Hinblick auf die Förderung der Ziele dieses Artikels werden die Bestimmungen dieses Artikels gemäß Artikel N überprüft.

Artikel J.8 (früher J.5)

(1) Der Vorsitz vertritt die Union in Angelegenheiten der Gemeinsamen Außen- und Sicher-heitspolitik.

(2) Der Vorsitz ist für die Durchführung der gemeinsamen Aktionen verantwortlich; daher wird in internationalen Organisationen und auf internationalen Konferenzen der Stand-punkt der Union grundsätzlich vom Vorsitz dargelegt.

(3) Der Vorsitz wird vom Generalsekretär des Rates unterstützt, der die Aufgabe eines Hohen Vertreters für die Gemeinsame Außen- und Sicherheitspolitik wahrnimmt. Der General-sekretär/Hohe Vertreter für die Gemeinsame Außen- und Sicherheitspolitik wird von dem

in Artikel 151 des EGV genannten stellvertretenden Generalsekretär des Rates unterstützt, der das Generalsekretariat leitet.

(4) Die Kommission wird an den Aufgaben gemäß den Absätzen 1 und 2 in vollem Umfang beteiligt. Der Vorsitz wird gegebenenfalls von dem Mitgliedstaat, der den nachfolgenden Vorsitz wahrnimmt, bei diesen Aufgaben unterstützt.

(5) Der Rat kann einen Sonderbeauftragten für besondere politische Fragen ernennen, wenn er dies für notwendig hält.

Artikel J.9 (früher J.2 Absatz 3 und J.5 Absatz 4)

(1) Die Mitgliedstaaten stimmen ihr Handeln in internationalen Organisationen und auf internationalen Konferenzen aufeinander ab. Sie treten dort für die gemeinsamen Standpunkte ein.

In den internationalen Organisationen und auf internationalen Konferenzen, bei denen nicht alle Mitgliedstaaten vertreten sind, setzen sich diejenigen, die dort vertreten sind, für die gemeinsamen Standpunkte ein.

(2) Unbeschadet des Absatzes 1 und des Artikels J.4 Absatz 3 unterrichten die Mitgliedstaaten, die in internationalen Organisationen oder auf internationalen Konferenzen vertreten sind, die dort nicht vertretenen Mitgliedstaaten laufend über alle Fragen von gemeinsamem Interesse.

Die Mitgliedstaaten, die auch Mitglieder des Sicherheitsrates der Vereinten Nationen sind, werden sich abstimmen und die übrigen Mitgliedstaaten in vollem Umfang unterrichten. Die Mitgliedstaaten, die ständige Mitglieder des Sicherheitsrates sind, werden sich bei der Wahrnehmung ihrer Aufgaben unbeschadet ihrer Verantwortlichkeiten aufgrund der Charta der Vereinten Nationen für die Standpunkte und Interessen der Union einsetzen.

Artikel J.10 (früher Artikel J.6)

Die diplomatischen und konsularischen Vertretungen der Mitgliedstaaten und die Delegationen der Kommission in dritten Ländern und auf internationalen Konferenzen sowie ihre Vertretungen bei internationalen Organisationen stimmen sich ab, um die Einhaltung und Umsetzung der vom Rat festgelegten gemeinsamen Standpunkte und gemeinsamen Aktionen zu gewährleisten.

Sie intensivieren ihre Zusammenarbeit durch Informationsaustausch, gemeinsame Bewertungen und Beteiligung an der Durchführung des Artikels 8 c des Vertrags zur Gründung der Europäischen Gemeinschaft.

Artikel J.11 (früher J.7)

Der Vorsitz hört das Europäische Parlament zu den wichtigsten Aspekten und den grundlegenden Weichenstellungen der Gemeinsamen Außen- und Sicherheitspolitik und achtet darauf, daß die Auffassungen des Europäischen Parlaments gebührend berücksichtigt werden. Das Europäische Parlament wird vom Vorsitz und von der Kommission regelmäßig über die Entwicklung der Außen- und Sicherheitspolitik der Union unterrichtet.

Das Europäische Parlament kann Anfragen oder Empfehlungen an den Rat richten. Einmal jährlich führt es eine Aussprache über die Fortschritte bei der Durchführung der Gemeinsamen Außen- und Sicherheitspolitik.

Artikel J.12 (früher J.8 Absätze 3 und 4)

(1) Jeder Mitgliedstaat oder die Kommission kann den Rat mit einer Frage der Gemeinsamen Außen- und Sicherheitspolitik befassen und ihm Vorschläge unterbreiten.

(2) In den Fällen, in denen eine rasche Entscheidung notwendig ist, beruft der Vorsitz von sich aus oder auf Antrag der Kommission oder eines Mitgliedstaats innerhalb von achtundvierzig Stunden, bei absoluter Notwendigkeit in kürzerer Zeit, eine außerordentliche Tagung des Rates ein.

Artikel J.13

(1) Beschlüsse nach diesem Titel werden vom Rat einstimmig gefaßt. Die Stimmenthaltung von anwesenden oder vertretenen Mitgliedern steht dem Zustandekommen dieser Beschlüsse nicht entgegen.

Bei einer Stimmenthaltung kann jedes Ratsmitglied zu seiner Enthaltung eine förmliche Erklärung im Sinne dieses Unterabsatzes abgeben. In diesem Fall ist es nicht verpflichtet, den Beschluß durchzuführen, akzeptiert jedoch, daß der Beschluß für die Union bindend ist. Im Geiste gegenseitiger Solidarität unterläßt der betreffende Mitgliedstaat alles, was das auf diesem Beschluß beruhende Vorgehen der Union beeinträchtigen oder verhindern könnte, und die anderen Mitgliedstaaten respektieren seinen Standpunkt. Verfügen die Mitglieder des Rates, die sich auf diese Weise enthalten, über mehr als ein Drittel der nach Artikel 148 Absatz 2 des EGV gewogenen Stimmen, so wird der Beschluß nicht angenommen

(2) Abweichend von Absatz 1 beschließt der Rat mit qualifizierter Mehrheit, wenn er

— auf der Grundlage einer gemeinsamen Strategie gemeinsame Aktionen annimmt, gemeinsame Standpunkte festlegt oder andere Beschlüsse faßt,

— einen Beschluß zur Durchführung einer gemeinsamen Aktion oder eines gemeinsamen Standpunktes faßt.

Erklärt ein Mitglied des Rates, daß es aus wichtigen Gründen der nationalen Politik, die es auch nennen muß, die Annahme eines mit qualifizierter Mehrheit zu fassenden Beschlusses abzulehnen beabsichtigt, so erfolgt keine Abstimmung. Der Rat kann mit qualifizierter Mehrheit verlangen, daß die Frage zur einstimmigen Beschlußfassung an den Europäischen Rat verwiesen wird.

Die Stimmen der Ratsmitglieder werden nach Artikel 148 Absatz 2 des Vertrags zur Gründung der Europäischen Gemeinschaft gewogen. Beschlüsse kommen zustande mit einer Mindeststimmenzahl von 62 Stimmen, welche die Zustimmung von mindestens zehn Mitgliedern umfassen.

Dieser Absatz gilt nicht für Beschlüsse mit militärischen oder verteidigungspolitischen Bezügen.

(3) In Verfahrensfragen beschließt der Rat mit der Mehrheit seiner Mitglieder.

Neuer Artikel J.14

Wenn in Durchführung dieses Titels der Abschluß einer Übereinkunft mit einem oder mehreren Staaten oder mit internationalen Organisationen erforderlich ist, kann der Rat den Vorsitz, der gegebenenfalls von der Kommission unterstützt wird, durch einstimmigen Beschluß ermächtigen, Verhandlungen zu diesem Zweck aufzunehmen. Solche Übereinkünfte werden vom Rat auf der Grundlage eines einstimmigen Beschlusses auf Empfehlung des Vorsitzes geschlossen. Ein Mitgliedstaat, dessen Vertreter im Rat erklärt hat, daß in seinem Land bestimmte verfassungsrechtliche Verfahren durchgeführt werden müssen, ist durch eine solche Übereinkunft nicht gebunden; die anderen Mitglieder des Rates können übereinkommen, daß die Übereinkunft für sie vorläufig gilt.

Dieser Artikel gilt auch für Angelegenheiten des Titels VI.

Artikel J.15 (früher J.8 Absatz 5)

Unbeschadet des Artikels 151 des Vertrags zur Gründung der Europäischen Gemeinschaft verfolgt ein Politisches Komitee die internationale Lage in den Bereichen der Gemeinsamen Außen- und Sicherheitspolitik und trägt auf Ersuchen des Rates oder von sich aus durch an den Rat gerichtete Stellungnahmen zur Festlegung der Politiken bei. Ferner überwacht es die Durchführung vereinbarter Politiken; dies gilt unbeschadet der Zuständigkeiten des Vorsitzes und der Kommission.

Artikel J.16

Der Generalsekretär des Rates/Hohe Vertreter für die Gemeinsame Außen- und Sicherheitspolitik unterstützt den Rat in Angelegenheiten der Gemeinsamen Außen- und Sicherheitspolitik, indem er insbesondere zur Formulierung, Vorbereitung und Durchführung politischer Entscheidungen beiträgt und gegebenenfalls auf Ersuchen des Vorsitzes im Namen des Rates einen politischen Dialog mit Dritten führt.

Artikel J.17 (früher J.9)

Die Kommission wird in vollem Umfang an den Arbeiten im Bereich der Gemeinsamen Außen- und Sicherheitspolitik beteiligt.

Artikel J.18 (früher J.11)

(1) Die Artikel 137, 138, 139 bis 142, 146, 147, 150 bis 153, 157 bis 163, 191 a und 217 des Vertrags zur Gründung der Europäischen Gemeinschaft finden auf die Bestimmungen über die in diesem Titel genannten Bereiche Anwendung.

(2) Die Verwaltungsausgaben, die den Organen aus den Bestimmungen über die in diesem Teil genannten Bereiche entstehen, gehen zu Lasten des Haushalts der Europäischen Gemeinschaften.

Die operativen Ausgaben im Zusammenhang mit der Durchführung der genannten Bestimmungen gehen ebenfalls zu Lasten des Haushalts der Europäischen Gemeinschaften, mit Ausnahme der Ausgaben aufgrund von Maßnahmen mit militärischen oder verteidigungspolitischen Bezügen und von Fällen, in denen der Rat einstimmig etwas anderes beschließt.

(3) In Fällen, in denen die Ausgaben nicht zu Lasten des Haushalts der Europäischen Gemeinschaften gehen, gehen sie nach dem BSP-Schlüssel zu Lasten der Mitgliedstaaten, sofern der Rat nicht einstimmig etwas anderes beschließt. Die Mitgliedstaaten, die eine förmliche Erklärung gemäß Artikel J.13 Absatz 1 Unterabsatz 2 abgegeben haben, sind nicht verpflichtet, zur Finanzierung von Ausgaben für Maßnahmen mit militärischen und verteidigungspolitischen Bezügen beizutragen.

(4) Das im Vertrag zur Gründung der Europäischen Gemeinschaft vorgesehene Haushaltsverfahren findet auf die zu Lasten des Haushalts der Europäischen Gemeinschaften gehenden Ausgaben Anwendung.

...

ABSCHNITT IV: DIE ORGANE DER UNION

...

KAPITEL 14. DAS EUROPÄISCHE PARLAMENT

Rechtsetzungsverfahren

Zustimmungsverfahren

Das Zustimmungsverfahren wird für die folgenden Bestimmungen gelten

Neue Vertragsbestimmungen

Artikel F a	Sanktionen bei schwerwiegender und anhaltender Verletzung von Grundrechten durch einen Mitgliedstaat

Bestehende Vertragsbestimmungen

Artikel 0	Beitrittsverfahren
Artikel 130 d	Strukturfonds sowie Kohäsionsfonds
Artikel 138 Absatz 3	Vorschläge des Europäischen Parlaments für ein einheitliches Wahlverfahren
Artikel 228 Absatz 3 Unterabsatz 2	Abschluß bestimmter internationaler Übereinkünfte

Mitentscheidungsverfahren

Das Mitentscheidungsverfahren wird für folgende Bestimmungen gelten:

Neue Vertragsbestimmungen

Artikel (5)	Beschäftigung — Maßnahmen zur Förderung der Beschäftigung
Artikel 119	Sozialpolitik — Chancengleichheit und Gleichbehandlung

Artikel 129	Gesundheitswesen (früher gestützt auf Artikel 43 — Anhörung)
	— Mindestanforderungen für die Qualität und Sicherheit von Organen
	— Unmittelbar dem Gesundheitsschutz dienende veterinär- und pflanzenschutzrechtliche Maßnahmen
Artikel 191 a	Allgemeine Grundsätze der Transparenz
Artikel 209 a	Bekämpfung von Betrug zu Lasten der finanziellen Interessen der Gemeinschaft
Neuer Artikel	Zusammenarbeit im Zollwesen
Artikel 213 a	Statistik
Artikel 213 b	Schaffung einer unabhängigen beratenden Behörde für den Datenschutz

Bestehende Vertragsbestimmungen

Artikel 6	Vorschriften für das Verbot der Diskriminierung aus Gründen der Staatsangehörigkeit (Zusammenarbeit)
Artikel 8 a Absatz 2	Bestimmungen über die Erleichterung der Ausübung des Rechts der Unionsbürger, sich im Hoheitsgebiet der Mitgliedstaaten frei zu bewegen und aufzuhalten (Zustimmung)
Artikel 51	Binnenmarkt (Anhörung)
	— Vorschriften über die soziale Sicherheit für Wanderarbeitnehmer in der Gemeinschaft
Artikel 56 Absatz 2	Koordinierung der Rechts- und Verwaltungsvorschriften über Sonderregelungen für Ausländer (Niederlassungsrecht)
Artikel 57 (2) (17)	Koordinierung der Rechts- und Verwaltungsvorschriften der Mitgliedstaaten über die Aufnahme und Ausübung selbständiger Tätigkeiten (Anhörung)
	Änderung bestehender gesetzlicher Grundsätze der Berufsordnung hinsichtlich der Ausbildung und der Bedingungen für den Zugang natürlicher Personen zum Beruf (Anhörung)
Artikel 75 Absatz 1	Verkehrspolitik (Zusammenarbeit)
	— Gemeinsame Regeln für den internationalen Verkehr aus oder nach dem Hoheitsgebiet eines Mitgliedstaats oder für den Durchgangsverkehr durch das Hoheitsgebiet eines oder mehrerer Mitgliedstaaten

	— Bedingungen für die Zulassung von Verkehrsunternehmen zum Verkehr innerhalb eines Mitgliedstaats, in dem sie nicht ansässig sind
	— Maßnahmen zur Verbesserung der Verkehrssicherheit
Artikel 84	Verkehrspolitik (Zusammenarbeit)
	— Seeverkehr und Luftverkehr
Sozialpolitik	Artikel, die sich aus der Übernahme des Abkommens über die Sozialpolitik (Artikel 2 Absatz 2) in den Vertrag ergeben, ausgenommen die Aspekte dieses Abkommens, für die derzeit noch Einstimmigkeit vorgeschrieben ist (Artikel 2 Absatz 3) (siehe Kapitel 4 — Sozialvorschriften) (Zusammenarbeit)
Artikel 125	Durchführungsbeschlüsse betreffend den Europäischen Sozialfonds (Zusammenarbeit)
Artikel 127 Absatz 4	Berufliche Bildung (Zusammenarbeit)
	— Maßnahmen zur Verwirklichung der Ziele des Artikels 127
Artikel 129 d Absatz 3	Übrige Maßnahmen (TEN) (Zusammenarbeit)
Artikel 130 e	Den EFRE betreffende Durchführungsbeschlüsse (Zusammenarbeit)
Artikel 130 o Absatz 2	Annahme von Maßnahmen nach den Artikeln 130 k und 130 l — Forschung (Zusammenarbeit)
Artikel 130 s Absatz 1	Umwelt (Zusammenarbeit)
	— Tätigwerden der Gemeinschaft zur Verwirklichung der Ziele des Artikels 130 r
Artikel 130 w	Entwicklungszusammenarbeit (Zusammenarbeit)

Vereinfachung des Mitentscheidungsverfahrens

Änderung des Artikels 189 b EGV

(1) Wird in diesem Vertrag hinsichtlich der Annahme eines Rechtsakts auf diesen Artikel Bezug genommen, so gilt das nachstehende Verfahren.

(2) Die Kommission unterbreitet dem Europäischen Parlament und dem Rat einen Vorschlag.

— Nach Stellungnahme des Europäischen Parlaments verfährt der Rat mit qualifizierter Mehrheit wie folgt:

— Billigt er alle in der Stellungnahme des Europäischen Parlaments enthaltenen Abänderungen, so kann er den vorgeschlagenen Rechtsakt in der abgeänderten Fassung erlassen;

— schlägt das Europäische Parlament keine Abänderungen vor, so kann er den vorgeschlagenen Rechtsakt erlassen;

— anderenfalls legt er seinen gemeinsamen Standpunkt fest und übermittelt ihn dem Europäischen Parlament. Der Rat unterrichtet das Europäische Parlament in allen Einzelheiten über die Gründe, aus denen er seinen gemeinsamen Standpunkt festgelegt hat. Die Kommission unterrichtet das Europäische Parlament in allen Einzelheiten über ihren Standpunkt.

Hat das Europäische Parlament binnen drei Monaten nach der Übermittlung

a) den gemeinsamen Standpunkt gebilligt oder keinen Beschluß gefaßt, so gilt der betreffende Rechtsakt als entsprechend diesem gemeinsamen Standpunkt erlassen;

b) den gemeinsamen Standpunkt mit der absoluten Mehrheit seiner Mitglieder abgelehnt, so gilt der vorgeschlagene Rechtsakt als nicht angenommen;

c) mit der absoluten Mehrheit seiner Mitglieder Abänderungen an dem gemeinsamen Standpunkt vorgeschlagen, so wird die abgeänderte Fassung dem Rat und der Kommission zugeleitet; die Kommission gibt eine Stellungnahme zu diesen Abänderungen ab.

(3) Billigt der Rat mit qualifizierter Mehrheit binnen drei Monaten nach Eingang der Abänderungen des Europäischen Parlaments alle diese Abänderungen, so gilt der betreffende Rechtsakt als in der so abgeänderten Fassung des gemeinsamen Standpunkts angenommen; über Abänderungen, zu denen die Kommission eine ablehnende Stellungnahme abgegeben hat, beschließt der Rat jedoch einstimmig. Billigt der Rat nicht alle Abänderungen, so beruft der Präsident des Rates im Einvernehmen mit dem Präsidenten des Europäischen Parlaments binnen sechs Wochen den Vermittlungsausschuß ein.

(4) Der Vermittlungsausschuß, der aus den Mitgliedern des Rates oder deren Vertretern und ebenso vielen Vertretern des Europäischen Parlaments besteht, hat die Aufgabe, mit der qualifizierten Mehrheit der Mitglieder des Rates oder deren Vertreter und der Mehrheit der Vertreter des Europäischen Parlaments eine Einigung über einen gemeinsamen Entwurf zu erzielen. Die Kommission nimmt an den Arbeiten des Vermittlungsausschusses teil und ergreift alle erforderlichen Initiativen, um auf eine Annäherung der Standpunkte des Europäischen Parlaments und des Rates hinzuwirken. Der Vermittlungsausschuß befaßt sich hierbei mit dem gemeinsamen Standpunkt auf der Grundlage der vom Europäischen Parlament vorgeschlagenen Abänderungen.

(5) Billigt der Vermittlungsausschuß binnen sechs Wochen nach seiner Einberufung einen gemeinsamen Entwurf, so verfügen das Europäische Parlament und der Rat ab dieser Billigung über eine Frist von sechs Wochen, um den betreffenden Rechtsakt entsprechend dem gemeinsamen Entwurf zu erlassen, wobei im Europäischen Parlament die absolute Mehrheit der abgegebenen Stimmen und im Rat die qualifizierte Mehrheit erforderlich ist. Nimmt eines der beiden Organe den vorgeschlagenen Rechtsakt nicht innerhalb dieser Frist an, so gilt er als nicht angenommen.

(6) Billigt der Vermittlungsausschuß keinen gemeinsamen Entwurf, so gilt der vorgeschlagene Rechtsakt als nicht angenommen.

(7) Die in diesem Artikel genannten Fristen von drei Monaten bzw. sechs Wochen werden auf Initiative des Europäischen Parlaments oder des Rates um höchstens einen Monat bzw. zwei Wochen verlängert.

. . .

Organisation und Zusammensetzung des Europäischen Parlaments

Änderung des Artikels 137 EGV

Das Europäische Parlament besteht aus Vertretern der Völker der in der Gemeinschaft zusammengeschlossenen Staaten; es übt die Befugnisse aus, die ihm nach diesem Vertrag zustehen. Die Anzahl der Mitglieder des Europäischen Parlaments darf siebenhundert nicht überschreiten.

...

KAPITEL 15. DER RAT

Beschlußfassung mit qualifizierter Mehrheit

Neue Vertragsbestimmungen

Artikel 4, neuer Titel über Beschäftigung	— Beschäftigungsleitlinien
Artikel 5, neuer Titel über Beschäftigung	— Maßnahmen zur Förderung der Beschäftigung
Artikel 118 Absatz 2	— Soziale Ausgrenzung
Artikel 119 Absatz 3	— Chancengleichheit und Gleichbehandlung von Männern und Frauen
Artikel 129 Absatz 4	— Gesundheitswesen
Artikel 191 a	— Transparenz
Artikel 209 a	— Bekämpfung von Betrug
Artikel 213 a	— Statistik
Artikel 213 b	— Schaffung einer unabhängigen beratenden Behörde für den Datenschutz
Artikel 227 Absatz 2	— Gebiete in äußerster Randlage
neuer Artikel	— Zusammenarbeit im Zollwesen

Bestehende Vertragsbestimmungen

Artikel 45 Absatz 3	— Ausgleichszahlungen für Rohstoffeinfuhren
Artikel 56 Absatz 2	— Koordinierung der Rechts- und Verwaltungsvorschriften über Sonderregelungen für Ausländer (Niederlassungsrecht)
Artikel 130 i Absatz 1	— Aufstellung des Forschungs-Rahmenprogramms
Artikel 130 i Absatz 2	— Anpassung oder Ergänzung des Forschungs-Rahmenprogramms
Artikel 130 o	— Gründung gemeinsamer Unternehmen in den Bereichen Forschung und technologische Entwicklung

...

KAPITEL 16. DIE KOMMISSION

Änderung des Artikels 158 Absatz 2 Unterabsätze 1 und 2 des EGV

Die Regierungen der Mitgliedstaaten benennen im gegenseitigen Einvernehmen die Persönlichkeit, die sie zum Kommissionspräsidenten zu ernennen beabsichtigen; diese Benennung bedarf der Zustimmung des Europäischen Parlaments.

Die Regierungen der Mitgliedstaaten benennen im Einvernehmen mit dem designierten Präsidenten die übrigen Personen, die sie zu Mitgliedern der Kommission zu ernennen beabsichtigen.

Zusammensetzung und Organisation der Kommission

Neuer Absatz 1 des Artikels 163 des EGV

Die Kommission übt ihre Tätigkeit unter der politischen Führung ihres Präsidenten aus

. . .

ABSCHNITT V: ENGERE ZUSAMMENARBEIT — „FLEXIBILITÄT"

A. GENERALKLAUSELN, DIE ALS NEUER TITEL IN DIE GEMEINSAMEN BESTIMMUNGEN DES EUV AUFZUNEHMEN SIND

Artikel (1)

(1) Die Mitgliedstaaten, die beabsichtigen, untereinander eine engere Zusammenarbeit zu begründen, können die in den Verträgen vorgesehenen Organe, Verfahren und Mechanismen in Anspruch nehmen, sofern die Zusammenarbeit

 a) darauf ausgerichtet ist, die Ziele der Union zu fördern und ihre Interessen zu schützen und ihnen zu dienen;

 b) die Grundsätze der Verträge und den einheitlichen institutionellen Rahmen der Union beachtet;

 c) nur als letztes Mittel herangezogen wird, wenn die Ziele der Verträge mit den darin festgelegten einschlägigen Verfahren nicht erreicht werden konnten;

 d) mindestens die Mehrheit der Mitgliedstaaten betrifft;

 e) den Besitzstand der Gemeinschaft und die nach Maßgabe der sonstigen Bestimmungen der Verträge getroffenen Maßnahmen nicht beeinträchtigt;

 f) die Zuständigkeiten, Rechte, Pflichten und Interessen der nicht an der Zusammenarbeit beteiligten Mitgliedstaaten nicht beeinträchtigt;

 g) allen Mitgliedstaaten offensteht und es ihnen gestattet, sich der Zusammenarbeit jederzeit anzuschließen, sofern sie dem Grundbeschluß und den in jenem Rahmen bereits gefaßten Beschlüssen nachkommen;

h) je nach Bereich den spezifischen zusätzlichen Kriterien gemäß Artikel 5 a EGV und Artikel K.12 dieses Vertrages genügt und vom Rat nach den darin festgelegten Verfahren genehmigt wird.

(2) Die Mitgliedstaaten wenden, soweit sie betroffen sind, die Rechtsakte und Beschlüsse an, die für die Durchführung der Zusammenarbeit, an der sie sich beteiligen, erforderlich sind. Die Mitgliedstaaten, die sich an dieser Zusammenarbeit nicht beteiligen, stehen deren Durchführung durch die daran beteiligten Mitgliedstaaten nicht im Wege.

Artikel (2)

(1) Für die Annahme der Rechtsakte und Beschlüsse, die für die Durchführung der Zusammenarbeit gemäß Artikel (1) erforderlich sind, gelten die einschlägigen institutionellen Bestimmungen der Verträge. Alle Mitglieder des Rates können an den Beratungen teilnehmen, jedoch nehmen nur die Vertreter der an der Zusammenarbeit beteiligten Mitgliedstaaten an der Beschlußfassung teil; als qualifizierte Mehrheit gilt derselbe Anteil der gewogenen Stimmen der betroffenen Mitglieder des Rates, der in Artikel 148 Absatz 2 des Vertrags zur Gründung der Europäischen Gemeinschaft festgelegt ist; auch die Einstimmigkeit bezieht sich allein auf die betroffenen Mitglieder des Rates.

(2) Die sich aus der Durchführung der Zusammenarbeit ergebenden Ausgaben, mit Ausnahme der Verwaltungskosten der Organe, werden von den beteiligten Mitgliedstaaten finanziert, sofern der Rat nicht einstimmig etwas anderes beschließt.

Artikel (3)

Der Rat und die Kommission unterrichten das Europäische Parlament regelmäßig über die Entwicklung der durch diesen Titel begründeten engeren Zusammenarbeit.

B. EGV-SPEZIFISCHE BESTIMMUNGEN

Artikel 5 a EGV

(1) Die Mitgliedstaaten, die beabsichtigen, untereinander eine engere Zusammenarbeit zu begründen, können vorbehaltlich der Artikel (1) und (2) des EUV ermächtigt werden, die in diesem Vertrag vorgesehenen Organe, Verfahren und Mechanismen in Anspruch zu nehmen, sofern die beabsichtigte Zusammenarbeit

a) keine in die ausschließliche Zuständigkeit der Gemeinschaft fallenden Bereiche betrifft;

b) die Gemeinschaftspolitiken, -aktionen und -programme nicht beeinträchtigt;

c) nicht die Unionsbürgerschaft betrifft und auch keine Diskriminierung zwischen Staatsangehörigen der Mitgliedstaaten beinhaltet;

d) die der Gemeinschaft durch diesen Vertrag zugewiesenen Befugnisse nicht überschreitet;

e) und keine Diskriminierung und keine Beschränkung des Handels zwischen den Mitgliedstaaten darstellt und die Wettbewerbsbedingungen zwischen den Mitgliedstaaten nicht verzerrt.

(2) Die Ermächtigung nach Absatz 1 wird vom Rat mit qualifizierter Mehrheit auf Vorschlag der Kommission nach Anhörung des Europäischen Parlaments erteilt.

Erklärt ein Mitglied des Rates, daß es aus wichtigen Gründen der nationalen Politik, die es auch nennen muß, eine mit qualifizierter Mehrheit zu erteilende Ermächtigung abzulehnen beabsichtigt, so erfolgt keine Abstimmung. Der Rat kann mit qualifizierter Mehrheit verlangen, daß die Frage zur einstimmigen Beschlußfassung an den Europäischen Rat verwiesen wird.

Die Mitgliedstaaten, die beabsichtigen, eine engere Zusammenarbeit gemäß Absatz 1 zu begründen, können einen Antrag an die Kommission richten, die dem Rat einen entsprechenden Vorschlag vorlegen kann. Legt die Kommission keinen Vorschlag vor, so unterrichtet sie die betroffenen Mitgliedstaaten und gibt ihre Gründe dafür an.

(3) Ein Mitgliedstaat, der sich der Zusammenarbeit gemäß diesem Artikel anschließen will, teilt dies dem Rat und der Kommission mit; die Kommission legt dem Rat binnen drei Monaten nach Eingang der Mitteilung eine Stellungnahme dazu vor. Innerhalb von vier Monaten vom Tag der Mitteilung an gerechnet beschließt die Kommission über den Antrag und über etwaige spezifische Regelungen, die sie für notwendig hält.

(4) Die für die Durchführung der Tätigkeiten im Rahmen der Zusammenarbeit erforderlichen Rechtsakte und Beschlüsse unterliegen allen einschlägigen Bestimmungen dieses Vertrags, sofern in diesem Artikel und in den Artikeln (1) und (2) des Vertrags über die Europäische Union nichts anderes vorgesehen ist.

(5) Dieser Artikel läßt das Protokoll zur Einbeziehung des Schengen-Besitzstands in den Rahmen der Europäischen Union unberührt.

C. SPEZIFISCHE BESTIMMUNGEN FÜR TITEL VI DES EUV (JI)

Siehe Artikel K.12 in Kapitel 2

X/8 Leistungen der Bundesrepublik Deutschland zum Haushalt der Europäischen Gemeinschaften seit 1968* (in Mio. DM)

	Bruttoleistung	Bruttorückflüsse	Nettoleistung
1968	1 193	829	364
1969	2 290	1 470	820
1970	2 737	2 278	459
1971	2 654	200	454
1972	3 573	2 400	1 173
1973	5 401	3 473	1 928
1974	5 373	3 633	1 740
1975	7 088	3 597	3 491
1976	7 744	4 412	3 332
1977	9 680	5 985	3 695
1978	10 679	8 396	2 283
1979	12 064	7 961	4 103
1980	12 412	8 313	4 099
1981	13 817	7 405	6 412
1982	14 613	7 103	7 510
1983	15 927	9 909	6 018
1984	17 830	10 558	7 272
1985	18 441	10 098	8 343
1986	19 591	11 355	8 236
1987	20 161	9 770	10 391
1988	25 328	12 313	13 015
1989	24 386	11 019	13 367
1990	22 509	10 874	11 635
1991	32 478	13 424	19 055
1992	35 297	13 250	22 047
1993	37 810	14 186	23 624
1994	41 707	15 177	26 630
1995	40 958	14 950	26 053
1996	40 286	17 838	22 448

* d.h. seit der Zusammenlegung der Einzelhaushalte von EGKS, EAG und EWG.

Quelle: 1968 – 1990: Auswärtiges Amt, Deutsche Außenpolitik 1990/1991, 1991, S. 411.
1991 – 1996: Laut Auskunft des Auswärtigen Amtes.

X/9 Nordatlantikvertrag

Vom 4. April 1949, in der durch das Protokoll über den Beitritt Griechenlands und der Türkei geänderten Fassung

Die Parteien dieses Vertrags*
bekräftigen erneut ihren Glauben an die Ziele und Grundsätze der Satzung der Vereinten Nationen und ihren Wunsch, mit allen Völkern und allen Regierungen in Frieden zu leben.

Sie sind entschlossen, die Freiheit, das gemeinsame Erbe und die Zivilisation ihrer Völker, die auf den Grundsätzen der Demokratie, der Freiheit der Person und der Herrschaft des Rechts beruhen, zu gewährleisten.

Sie sind bestrebt, die innere Festigkeit und das Wohlergehen im nordatlantischen Gebiet zu fördern.

Sie sind entschlossen, ihre Bemühungen für die gemeinsame Verteidigung und für die Erhaltung des Friedens und der Sicherheit zu vereinigen.

Sie vereinbaren daher diesen Nordatlantikvertrag:

Artikel 1 [Verpflichtung zur friedlichen Streitschlichtung]

Die Parteien verpflichten sich, in Übereinstimmung mit der Satzung der Vereinten Nationen jeden internationalen Streitfall, an dem sie beteiligt sind, auf friedlichem Wege so zu regeln, daß der internationale Friede, die Sicherheit und die Gerechtigkeit nicht gefährdet werden, und sich in ihren internationalen Beziehungen jeder Gewaltandrohung oder Gewaltanwendung zu enthalten, die mit den Zielen der Vereinten Nationen nicht vereinbar ist.

Artikel 2 [Internationale Zusammenarbeit]

Die Parteien werden zur weiteren Entwicklung friedlicher und freundschaftlicher internationaler Beziehungen beitragen, indem sie ihre freien Einrichtungen festigen, ein besseres Verständnis für die Grundsätze herbeiführen, auf denen diese Einrichtungen beruhen, und indem sie die Voraussetzungen für die innere Festigkeit und das Wohlergehen fördern. Sie werden bestrebt sein, Gegensätze in ihrer internationalen Wirtschaftspolitik zu beseitigen und die wirtschaftliche Zusammenarbeit zwischen einzelnen oder allen Parteien zu fördern.

Artikel 3 [Verteidigungsfähigkeit]

Um die Ziele dieses Vertrages besser zu verwirklichen, werden die Parteien einzeln und gemeinsam durch ständige und wirksame Selbsthilfe und gegenseitige Unterstützung die eigene und die gemeinsame Widerstandskraft gegen bewaffnete Angriffe erhalten und fortentwikkeln.

* *Vertragsparteien:* Belgien, Bundesrepublik Deutschland (6. Mai 1955), Dänemark, Frankreich, Griechenland (18. Oktober 1952), Island, Italien, Kanada, Luxemburg, Niederlande, Norwegen, Portugal, Spanien (30. Mai 1982), Türkei (18. Februar 1952), Vereinigtes Königreich, USA, vgl. die Bek. v. 9. Mai 1955 (BGBl. 1955 II 630) und vom 20. Juli 1982 (BGBl. 1982 II 749).

Artikel 4 [Konsultationsverpflichtung]

Die Parteien werden einander konsultieren, wenn nach Auffassung einer von ihnen die Unversehrtheit des Gebiets, die politische Unabhängigkeit oder die Sicherheit einer der Parteien bedroht sind.

Artikel 5 [Beistandsverpflichtung]

Die Parteien vereinbaren, daß ein bewaffneter Angriff gegen eine oder mehrere von ihnen in Europa oder Nordamerika als ein Angriff gegen sie alle angesehen werden wird; sie vereinbaren daher, daß im Falle eines solchen bewaffneten Angriffs jede von ihnen in Ausübung des in Artikel 51 der Satzung der Vereinten Nationen anerkannten Rechts der individuellen oder kollektiven Selbstverteidigung der Partei oder den Parteien, die angegriffen werden, Beistand leistet, indem jede von ihnen unverzüglich für sich und im Zusammenwirken mit den anderen Parteien die Maßnahmen, einschließlich der Anwendung von Waffengewalt, trifft, die sie für erforderlich erachtet, um die Sicherheit des nordatlantischen Gebiets wiederherzustellen und zu erhalten.

Von jedem bewaffneten Angriff und allen daraufhin getroffenen Gegenmaßnahmen ist unverzüglich dem Sicherheitsrat Mitteilung zu machen. Die Maßnahmen sind einzustellen, sobald der Sicherheitsrat diejenigen Schritte unternommen hat, die notwendig sind, um den internationalen Frieden und die internationale Sicherheit wiederherzustellen und zu erhalten.

Artikel 6[1] [Bewaffneter Angriff]

Im Sinne des Artikels 5 gilt als bewaffneter Angriff auf eine oder mehrere Parteien jeder bewaffnete Angriff

(i) auf das Gebiet eines dieser Staaten in Europa oder Nordamerika, auf die algerischen Departements Frankreichs[2], auf das Gebiet der Türkei oder auf die der Gebietshoheit einer der Parteien unterliegenden Inseln im nordatlantischen Gebiet nördlich des Wendekreises des Krebses;

(ii) auf die Streitkräfte, Schiffe oder Flugzeuge einer der Parteien, wenn sie sich in oder über diesen Gebieten oder irgendeinem anderen europäischen Gebiet, in dem eine der Parteien bei Inkrafttreten des Vertrags eine Besatzung unterhält, oder wenn sie sich im Mittelmeer oder im nordatlantischen Gebiet nördlich des Wendekreises des Krebses befinden.

Artikel 7 [Verpflichtung aus der UN-Charta]

Dieser Vertrag berührt weder die Rechte und Pflichten, welche sich für die Parteien, die Mitglieder der Vereinten Nationen sind, aus deren Satzung ergeben, oder die in erster Linie bestehende Verantwortlichkeit des Sicherheitsrates für die Erhaltung des internationalen Friedens und der internationalen Sicherheit, noch kann er in solcher Weise ausgelegt werden.

1 Text in der durch das Protokoll über den Beitritt Griechenlands und der Türkei vom 17. Oktober 1951 (BGBl. 1955 II S. 293) geänderten Fassung.

2 Am 16. Januar 1963 gab der französische Vertreter im Nordatlantikrat eine Erklärung ab, in der er feststellte, daß sich das algerische Volk in der Volksabstimmung vom 1. Juli 1962 für die Unabhängigkeit Algeriens und die Zusammenarbeit mit Frankreich ausgesprochen habe. Der Präsident der französischen Republik habe dementsprechend am 3. Juli 1962 die Unabhängigkeit Algeriens formell anerkannt. Daraus ergebe sich, daß die „algerischen Departements Frankreichs" als solche nicht mehr beständen und mithin ihre Erwähnung im Nordatlantikvertrag bedeutungslos geworden sei.

Im Anschluß an diese Erklärung stellte der Rat fest, daß die Bestimmungen des Nordatlantikvertrages, soweit sie die früheren algerischen Departements Frankreichs betreffen, mit Wirkung vom 3. Juli 1962 gegenstandslos geworden sind.

Artikel 8 [Ausschluß widersprechender Vereinbarungen]

Jede Partei erklärt, daß keine der internationalen Verpflichtungen, die gegenwärtig zwischen ihr und einer anderen Partei oder einem dritten Staat bestehen, den Bestimmungen dieses Vertrages widerspricht, und verpflichtet sich, keine diesem Vertrag widersprechende internationale Verpflichtung einzugehen.

Artikel 9 [NATO-Rat]

Die Parteien errichten hiermit einen Rat, in dem jede von ihnen vertreten ist, um Fragen zu prüfen, welche die Durchführung dieses Vertrages betreffen. Der Aufbau dieses Rates ist so zu gestalten, daß er jederzeit schnell zusammentreten kann. Der Rat errichtet, soweit erforderlich, nachgeordnete Stellen; insbesondere setzt er unverzüglich einen Verteidigungsausschuß ein, der Maßnahmen der Durchführung der Artikel 3 und 5 zu empfehlen hat.

Artikel 10 [Beitritt]

Die Parteien können durch einstimmigen Beschluß jeden anderen europäischen Staat, der in der Lage ist, die Grundsätze dieses Vertrages zu fördern und zur Sicherheit des nordatlantischen Gebiets beizutragen, zum Beitritt einladen. Jeder so eingeladene Staat kann durch Hinterlegung seiner Beitrittsurkunde bei der Regierung der Vereinigten Staaten von Amerika Mitglied dieses Vertrages werden. Die Regierung der Vereinigten Staaten von Amerika unterrichtet jede der Parteien von der Hinterlegung einer solchen Beitrittsurkunde.

Artikel 11 [Inkrafttreten]

Der Vertrag ist von den Parteien in Übereinstimmung mit ihren verfassungsmäßigen Verfahren zu ratifizieren und in seinen Bestimmungen durchzuführen. Die Ratifikationsurkunden werden sobald wie möglich bei der Regierung der Vereinigten Staaten von Amerika hinterlegt, die alle anderen Unterzeichnerstaaten von jeder Hinterlegung unterrichtet. Der Vertrag tritt zwischen den Staaten, die ihn ratifiziert haben, in Kraft, sobald die Ratifikationsurkunden der Mehrzahl der Unterzeichnerstaaten, einschließlich derjenigen Belgiens, Kanadas, Frankreichs, Luxemburgs, der Niederlande, des Vereinigten Königreichs und der Vereinigten Staaten, hinterlegt worden sind; für andere Staaten tritt er am Tage der Hinterlegung ihrer Ratifikationsurkunden in Kraft.

Artikel 12 [Überprüfung]

Nach zehnjähriger Geltungsdauer des Vertrages oder zu jedem späteren Zeitpunkt werden die Parteien auf Verlangen einer von ihnen miteinander beraten, um den Vertrag unter Berücksichtigung der Umstände zu überprüfen, die dann den Frieden und die Sicherheit des nordatlantischen Gebiets berühren, zu denen auch die Entwicklung allgemeiner und regionaler Vereinbarungen gehört, die im Rahmen der Satzung der Vereinten Nationen zur Aufrechterhaltung des internationalen Friedens und der internationalen Sicherheit dienen.

Artikel 13 [Kündigung]

Nach zwanzigjähriger Geltungsdauer des Vertrages kann jede Partei aus dem Vertrag ausscheiden, und zwar ein Jahr, nachdem sie der Regierung der Vereinigten Staaten von Amerika die Kündigung mitgeteilt hat; diese unterrichtet die Regierungen der anderen Parteien von der Hinterlegung jeder Kündigungsmitteilung.

Artikel 14 [Hinterlegung]

Der Vertrag, dessen englischer und französischer Wortlaut in gleicher Weise maßgebend ist, wird in den Archiven der Regierung der Vereinigten Staaten von Amerika hinterlegt. Diese Regierung übermittelt den Regierungen der anderen Unterzeichnerstaaten ordnungsgemäß beglaubigte Abschriften.

Zu Urkund dessen haben die unterzeichneten Bevollmächtigten diesen Vertrag unterschrieben.

Geschehen zu Washington am 4. April 1949.

(es folgen die Unterschriften der Vertreter des Königreichs Belgiens, Kanadas, des Königreichs Dänemark, Frankreichs, Islands, Italiens, des Großherzogtums Luxemburg, des Königreichs der Niederlande, des Königreichs Norwegens, Portugals, des Vereinigten Königreichs von Großbritannien und Nordirlands und der Vereinigten Staaten von Amerika)

Quelle: Bundesgesetzblatt, Teil II, 1955, S. 289; Bundesgesetzblatt, Teil II, 1955, S. 293.

Protokoll zum Nordatlantikvertrag über den Beitritt der Bundesrepublik Deutschland

Paris, 23. Oktober 1954

Die Parteien des am 4. April 1949 in Washington unterzeichneten Nordatlantikvertrags
Sind überzeugt, daß die Sicherheit des Nordatlantikgebiets durch den Beitritt der Bundesrepublik Deutschland zu diesem Vertrag verstärkt wird, und
Stellen fest, daß die Bundesrepublik Deutschland durch ihre Erklärung vom 3. Oktober 1954 die in Artikel 2 der Satzung der Vereinten Nationen niedergelegten Verpflichtungen übernommen und sich verpflichtet hat, mit ihrem Beitritt zum Nordatlantikvertrag sich jeglicher Handlung zu enthalten, die mit dem rein defensiven Charakter dieses Vertrages unvereinbar ist, und
Stellen ferner fest, daß die Regierungen aller Parteien sich der im Zusammenhang mit der genannten Erklärung der Bundesrepublik Deutschland ebenfalls am 3. Oktober 1954 abgegebenen Erklärung der Regierungen der Vereinigten Staaten von Amerika, des Vereinigten Königreichs von Großbritannien und Nordirland und der Französischen Republik angeschlossen haben,
Und vereinbaren:

Artikel I

Mit dem Inkrafttreten dieses Protokolls wird die Regierung der Vereinigten Staaten von Amerika im Namen aller Parteien der Regierung der Bundesrepublik Deutschland eine Einladung übermitteln, dem Nordatlantikvertrag beizutreten. Daraufhin wird die Bundesrepublik Deutschland an dem Tage, an dem sie gemäß Artikel 10 des Vertrags die Beitrittsurkunde bei der Regierung der Vereinigten Staaten von Amerika hinterlegt, Partei dieses Vertrags.

Artikel II

Dieses Protokoll tritt in Kraft, wenn

a) alle Parteien des Nordatlantikvertrags der Regierung der Vereinigten Staaten von Amerika die Annahme dieses Protokolls mitgeteilt haben,

b) alle Ratifikationsurkunden zu dem Protokoll zur Änderung und Ergänzung des Brüsseler Vertrags bei der belgischen Regierung hinterlegt worden sind und

c) alle Ratifikations- und Genehmigungsurkunden zu dem Abkommen über den Aufenthalt ausländischer Streitkräfte in der Bundesrepublik Deutschland bei der Regierung der Bundesrepublik Deutschland hinterlegt worden sind. Die Regierung der Vereinigten Staaten von Amerika teilt den übrigen Parteien des Nordatlantikvertrags das Eingangsdatum jeder Benachrichtigung von der Annahme dieses Protokolls sowie den Tag des Inkrafttretens dieses Protokolls mit.

Artikel III

Dieses Protokoll, dessen englischer und französischer Wortlaut in gleicher Weise maßgebend ist, wird in den Archiven der Regierung der Vereinigten Staaten von Amerika hinterlegt. Diese übermittelt den Regierungen der übrigen Parteien des Nordatlantikvertrags ordnungsgemäß beglaubigte Abschriften.

Quelle: Bundesgesetzblatt, Teil II, 1955, S. 293.

X/10 Urteil des Bundesverfassungsgerichts zum Auslandseinsatz der Bundeswehr vom 12. Juli 1994 — Auszug

1. Die Ermächtigung des Art. 24 Abs. 2 GG berechtigt den Bund nicht nur zum Eintritt in ein System gegenseitiger kollektiver Sicherheit und zur Einwilligung in damit verbundene Beschränkungen seiner Hoheitsrechte. Sie bietet vielmehr auch die verfassungsrechtliche Grundlage für die Übernahme der mit der Zugehörigkeit zu einem solchen System typischerweise verbundenen Aufgaben und damit auch für eine Verwendung der Bundeswehr zu Einsätzen, die im Rahmen und nach den Regeln dieses Systems stattfinden.

2. Art. 87a GG steht der Anwendung des Art. 24 Abs. 2 GG als verfassungsrechtliche Grundlage für den Einsatz bewaffneter Streitkräfte im Rahmen eines Systems gegenseitiger kollektiver Sicherheit nicht entgegen.

3. a) Das Grundgesetz verpflichtet die Bundesregierung, für einen Einsatz bewaffneter Streitkräfte die — grundsätzlich vorherige — konstitutive Zustimmung des Deutschen Bundestages einzuholen.

b) Es ist Sache des Gesetzgebers, jenseits der im Urteil dargelegten Mindestanforderungen und Grenzen des Parlamentsvorbehalts für den Einsatz bewaffneter Streitkräfte die Form und das Ausmaß der parlamentarischen Mitwirkung näher auszugestalten.

4. Zur Friedenswahrung darf die Bundesrepublik Deutschland gemäß Art. 24 Abs. 2 GG in eine „Beschränkung" ihrer Hoheitsrechte einwilligen, indem sie sich an Entscheidungen einer

internationalen Organisation bindet, ohne dieser damit schon im Sinne des Art. 24 Abs. 1 GG Hoheitsrechte zu übertragen.

5. a) Ein System gegenseitiger kollektiver Sicherheit im Sinne des Art. 24 Abs. 2 GG ist dadurch gekennzeichnet, daß es durch ein friedensicherndes Regelwerk und den Aufbau einer eigenen Organisation für jedes Mitglied einen Status völkerrechtlicher Gebundenheit begründet, der wechselseitig zur Wahrung des Friedens verpflichtet und Sicherheit gewährt. Ob das System dabei ausschließlich oder vornehmlich unter den Mitgliedstaaten Frieden garantieren oder bei Angriffen von außen zum kollektiven Beistand verpflichten soll, ist unerheblich.

b) Auch Bündnisse kollektiver Selbstverteidigung können Systeme gegenseitiger kollektiver Sicherheit im Sinne von Art. 24 Abs. 2 GG sein, wenn und soweit sie strikt auf die Friedenswahrung verpflichtet sind.

6. Hat der Gesetzgeber der Einordnung in ein System gegenseitiger kollektiver Sicherheit zugestimmt, so ergreift diese Zustimmung auch die Eingliederung von Streitkräften in integrierte Verbände des Systems oder eine Beteiligung von Soldaten an militärischen Aktionen des Systems unter dessen militärischem Kommando, soweit Eingliederung oder Beteiligung in Gründungsvertrag oder Satzung, die der Zustimmung unterlegen haben, bereits angelegt sind. Die darin liegende Einwilligung in die Beschränkung von Hoheitsrechten umfaßt auch die Beteiligung deutscher Soldaten an militärischen Unternehmungen auf der Grundlage des Zusammenwirkens von Sicherheitssystemen in deren jeweiligem Rahmen, wenn sich Deutschland mit gesetzlicher Zustimmung diesen Systemen eingeordnet hat.

7. a) Akte der auswärtigen Gewalt, die vom Tatbestand des Art. 59 Abs. 2 Satz 1 GG nicht erfaßt werden, sind grundsätzlich dem Kompetenzbereich der Regierung zugeordnet. Art. 59 Abs. 2 Satz 1 GG kann nicht entnommen werden, daß immer dann, wenn ein Handeln der Bundesregierung im völkerrechtlichen Verkehr die politischen Beziehungen der Bundesrepublik Deutschland regelt oder Gegenstände der Bundesgesetzgebung betrifft, die Form eines der gesetzgeberischen Zustimmung bedürftigen Vertrages gewählt werden muß. Auch insoweit kommt eine analoge oder erweiternde Auslegung dieser Vorschrift nicht in Betracht (im Anschluß an BVerfGE 68, 1 <84f.>).

b) Zur Reichweite des Zustimmungsrechtes des Gesetzgebers aus Art. 59 Abs. 2 Satz 1 GG.

Quelle: Entscheidungen des Bundesverfassungsgerichts, 90. Band, 1994, S. 286f.

X/11 Grundakte über Gegenseitige Beziehungen, Zusammenarbeit und Sicherheit zwischen der Nordatlantikvertrags-Organisation und der Russischen Föderation

Unterzeichnet in Paris, 27 Mai 1997 — Auszüge

Die Nordatlantikvertrags-Organisation und ihre Mitgliedstaaten einerseits und die Russische Föderation andererseits, im folgenden als NATO und Rußland bezeichnet, gestützt auf eine auf höchster politischer Ebene eingegangene dauerhafte politische Verpflichtung, werden ge-

meinsam im euroatlantischen Raum einen dauerhaften und umfassenden Frieden auf der Grundlage der Prinzipien der Demokratie und der kooperativen Sicherheit schaffen.

Die NATO und Rußland betrachten einander nicht als Gegner. Sie verfolgen gemeinsam das Ziel, die Spuren der früheren Konfrontation und Konkurrenz zu beseitigen und das gegenseitige Vertrauen und die Zusammenarbeit zu stärken. Diese Akte bekräftigt die Entschlossenheit der NATO und Rußlands, ihrer gemeinsamen Verpflichtung zum Bau eines stabilen, friedlichen und ungeteilten, geeinten und freien Europas zum Nutzen aller seiner Völker konkreten Ausdruck zu verleihen. Die Übernahme dieser Verpflichtung auf höchster politischer Ebene stellt den Beginn grundlegend neuer Beziehungen zwischen der NATO und Rußland dar. Beide Seiten beabsichtigen, auf der Grundlage gemeinsamen Interesses, der Gegenseitigkeit und der Transparenz eine starke, stabile und dauerhafte Partnerschaft zu entwickeln.

Diese Akte legt die Ziele und den Mechanismus für Konsultation, Zusammenarbeit, gemeinsame Entscheidungsfindung und gemeinsames Handeln fest, die den Kern der Beziehungen zwischen der NATO und Rußland bilden werden.

. . .

I. Grundsätze

Ausgehend von dem Grundsatz, daß die Sicherheit aller Staaten in der euroatlantischen Gemeinschaft unteilbar ist, werden die NATO und Rußland zusammenarbeiten, um einen Beitrag dazu zu leisten, daß in Europa gemeinsame und umfassende Sicherheit auf der Grundlage des Bekenntnisses zu gemeinsamen Werten, Verpflichtungen und Verhaltensnormen im Interesse aller Staaten geschaffen wird.

Die NATO und Rußland werden zur Stärkung der Organisation für Sicherheit und Zusammenarbeit in Europa (OSZE) beitragen, darunter auch zur Weiterentwicklung ihrer Rolle als eines der Hauptinstrumente für präventive Diplomatie, Konfliktverhütung, Krisenbewältigung, Normalisierungsmaßnahmen nach einem Konflikt und regionale Sicherheitszusammenarbeit, und die Verbesserung ihrer operationellen Fähigkeiten zur Durchführung dieser Aufgaben unterstützen. Der OSZE als einziger gesamteuropäischer Sicherheitsorganisation kommt eine Schlüsselrolle für Frieden und Stabilität in Europa zu. Im Zuge der Stärkung der OSZE werden die NATO und Rußland zusammenarbeiten, um jede Möglichkeit einer Rückkehr zu einem Europa der Spaltung und Konfrontation oder der Isolierung irgendeines Staates auszuschließen.

Im Einklang mit der Arbeit der OSZE an einem gemeinsamen und umfassenden Sicherheitsmodell für Europa im 21. Jahrhundert und unter Berücksichtigung der Beschlüsse des Lissabonner Gipfels betreffend eine Europäische Sicherheitscharta werden die NATO und Rußland eine möglichst umfassende Zusammenarbeit unter den Teilnehmerstaaten der OSZE mit dem Ziel anstreben, in Europa einen gemeinsamen Sicherheits- und Stabilitätsraum ohne Trennlinien oder Einflußsphären zu schaffen, die die Souveränität irgendeines Staates einschränken.

Die NATO und Rußland gehen von der Voraussetzung aus, daß das gemeinsame Ziel der Stärkung von Sicherheit und Stabilität im euroatlantischen Raum zum Nutzen aller Staaten eine Antwort auf neue Risiken und Herausforderungen erfordert, wie z.B. aggressiven Nationalismus, die Verbreitung nuklearer, biologischer und chemischer Waffen, Terrorismus, die systematische Verletzung der Menschenrechte und der Rechte von Personen, die nationalen Minderheiten angehören, sowie ungelöste Gebietsstreitigkeiten, die eine Bedrohung für unser aller Frieden, Wohlstand und Stabilität darstellen.

Diese Akte ist nicht so auszulegen, als berühre sie die Hauptverantwortung des VN-Sicherheitsrats für die Wahrung des Weltfriedens und der internationalen Sicherheit oder die Rolle der OSZE als der alle einschließenden und umfassenden Organisation für Konsultationen, Entscheidungsprozesse und Zusammenarbeit in ihrem Raum und als regionale Abmachung nach Kapitel VIII der Charta der Vereinten Nationen.

Bei der Umsetzung dieser Akte werden die NATO und Rußland ihre Verpflichtungen nach dem Völkerrecht und aus internationalen Übereinkünften, einschließlich der Verpflichtungen aus der Charta der Vereinten Nationen und der Allgemeinen Erklärung der Menschenrechte sowie der Schlußakte von Helsinki und der späteren OSZE-Dokumente, darunter der Charta von Paris und der auf dem Lissabonner OSZE-Gipfel angenommenen Dokumente, gewissenhaft einhalten.

Zur Verwirklichung der Ziele dieser Akte verpflichten sich die NATO und Rußland gemeinsam dazu, ihre Beziehungen an folgenden Grundsätzen auszurichten:

— Aufbau einer starken, stabilen, dauerhaften und gleichberechtigten Partnerschaft und der Zusammenarbeit auf der Grundlage der Transparenz mit dem Ziel, die Sicherheit und Stabilität im euroatlantischen Raum zu stärken;

— Anerkennung der Schlüsselrolle, die Demokratie, politischer Pluralismus, Rechtsstaatlichkeit und die Achtung der Menschenrechte und bürgerlichen Freiheiten sowie die Entfaltung freier Marktwirtschaften für die Schaffung allgemeinen Wohlstands und umfassender Sicherheit spielen;

— Verzicht auf die Androhung oder Anwendung von Gewalt gegeneinander oder gegen irgendeinen anderen Staat, seine Souveränität, territoriale Unversehrtheit oder politische Unabhängigkeit in einer Weise, die mit der Charta der Vereinten Nationen oder der in der Schlußakte von Helsinki enthaltenen Erklärung über die Prinzipien, die die Beziehungen der Teilnehmerstaaten leiten, unvereinbar ist;

— Achtung der Souveränität, Unabhängigkeit und territorialen Unversehrtheit aller Staaten sowie ihres naturgegebenen Rechtes, die Mittel zur Gewährleistung ihrer eigenen Sicherheit sowie der Unverletzlichkeit von Grenzen und des Selbstbestimmungsrechts der Völker, wie es in der Schlußakte von Helsinki und anderen OSZE-Dokumenten verankert ist, selbst zu wählen;

— gegenseitige Transparenz bei der Ausarbeitung und Umsetzung verteidigungspolitischer und militärischer Doktrinen;

— Verhütung von Konflikten und Beilegung von Streitigkeiten durch friedliche Mittel im Einklang mit den Prinzipien der VN und der OSZE;

— Unterstützung friedenserhaltender Operationen von Fall zu Fall, die unter der Autorität des VN-Sicherheitsrats oder der Verantwortung der OSZE durchgeführt werden.

II. Mechanismus für Konsultation und Zusammenarbeit — Der Ständige Gemeinsame NATO-Rußland-Rat

Zur Umsetzung der Aktivitäten und Ziele dieser Akte und zur Entwicklung gemeinsamer Ansätze bei europäischen Sicherheitsproblemen und politischen Fragen werden die NATO und Rußland den Ständigen Gemeinsamen NATO-Rußland-Rat einrichten. Hauptaufgabe dieses Ständigen Gemeinsamen Rates wird es sein, immer mehr Vertrauen zu bilden, einheitliche

Ziele zu formulieren und die Praxis ständiger Konsultation und Zusammenarbeit zwischen der NATO und Rußland zu entwickeln, um die Sicherheit der jeweils anderen Seite und die aller Staaten im euroatlantischen Raum zu verbessern, ohne die Sicherheit eines Staates zu beeinträchtigen. Im Falle von Meinungsverschiedenheiten werden die NATO und Rußland sich bemühen, diese auf der Grundlage des Prinzips des guten Willens und des gegenseitigen Respekts im Rahmen politischer Konsultationen beizulegen.

Mit dem Ständigen Gemeinsamen Rat wird ein Mechanismus für Konsultation, Koordination und, im größtmöglichen Umfang, wo dies angebracht ist, für gemeinsame Entscheidungen und gemeinsames Handeln in bezug auf Sicherheitsfragen von beiderseitigem Interesse geschaffen. Die Konsultationen erstrecken sich nicht auf innere Angelegenheiten der NATO, der NATO-Mitgliedstaaten oder Rußlands.

. . .

Die Bestimmungen dieser Akte räumen der NATO oder Rußland in keinerlei Hinsicht ein Vetorecht über die Handlungen der jeweils anderen Seite ein, noch beeinträchtigen oder beschränken sie die Rechte der NATO oder Rußlands auf unabhängige Entscheidungsfindung und unabhängiges Handeln. Sie dürfen nicht als Mittel zur Beeinträchtigung der Interessen anderer Staaten dienen.

. . .

III. Bereiche für Konsultation und Zusammenarbeit

Beim Ausbau ihrer Beziehungen werden sich die NATO und Rußland auf konkrete Bereiche von beiderseitigem Interesse konzentrieren. In folgenden Bereichen werden sie einander möglichst umfassend konsultieren und sich um Zusammenarbeit bemühen:

— Fragen von gemeinsamem Interesse, die die Sicherheit und Stabilität im euroatlantischen Raum oder konkrete Krisen betreffen, einschließlich des Beitrags der NATO und Rußlands zu Sicherheit und Stabilität in diesem Raum;

— Konfliktverhütung einschließlich vorbeugender Diplomatie, Krisenbewältigung und Konfliktbeilegung unter Berücksichtigung der Rolle und Verantwortung der VN und der OSZE sowie der Arbeit dieser Organisationen in diesen Bereichen;

— von Fall zu Fall gemeinsame Operationen einschließlich friedenserhaltender Operationen unter der Autorität des VN-Sicherheitsrats oder der Verantwortung der OSZE sowie, falls dabei Alliierte Streitkräftekommandos (CJTF) zum Einsatz kommen sollten, frühzeitige Teilnahme daran;

— Beteiligung Rußlands an dem euroatlantischen Partnerschaftsrat und der Partnerschaft für den Frieden;

— Informationsaustausch und Konsultationen über Strategie, Verteidigungspolitik, die Militärdoktrinen der NATO und Rußlands sowie über Haushalte und Infrastrukturentwicklungsprogramme;

— Rüstungskontrollthemen;

— das gesamte Spektrum von Fragen der nuklearen Sicherheit;

— Verhinderung der Verbreitung nuklearer, biologischer und chemischer Waffen und ihrer Einsatzmittel, Bekämpfung des Nuklearschmuggels sowie Stärkung der Zusammenarbeit

in konkreten Rüstungskontrollbereichen einschließlich der politischen und verteidigungs-
politischen Aspekte der Verbreitung;

— mögliche Zusammenarbeit auf dem Gebiet der Abwehr taktischer Flugkörper;

— Verbesserung der regionalen Luftverkehrssicherheit, Erhöhung der Luftverkehrskapazitä-
ten und Verstärkung des wechselseitigen Austauschs, soweit angebracht, zur Förderung
von Vertrauen durch verstärkte Maßnahmen der Transparenz und des Informationsaus-
tauschs betreffend Luftverteidigung und damit zusammenhängende Aspekte der Luft-
raumregelung/-kontrolle. Hierzu gehört auch die Prüfung der Möglichkeit einer Zusam-
menarbeit in geeigneten Luftverteidigungsfragen;

— Verbesserung der Transparenz, der Berechenbarkeit und des gegenseitigen Vertrauens be-
treffend den Umfang und die Aufgaben der konventionellen Streitkräfte der NATO-Mit-
gliedstaaten und Rußlands;

— wechselseitiger Austausch, soweit angebracht, über Fragen betreffend Nuklearwaffen ein-
schließlich Doktrinen und Strategien der NATO und Rußlands;

— Koordinierung eines Programms der erweiterten Zusammenarbeit zwischen den jeweiligen
Militärbehörden, wie weiter unten ausgeführt;

— Verfolgung einer möglichen Rüstungszusammenarbeit durch die Assoziierung Rußlands
mit der Konferenz der Nationalen Rüstungsdirektoren der NATO;

— Konversion von Verteidigungsindustrien;

— Entwicklung von beiderseits vereinbarten Kooperationsvorhaben mit verteidigungspoliti-
schen Bezügen in den Bereichen Wirtschaft, Umwelt und Wissenschaft;

— Durchführung gemeinsamer Initiativen und Übungen im Zivil- und Katastrophenschutz;

— Bekämpfung des Terrorismus und des Drogenhandels;

— Verbesserung des Verständnisses in der Öffentlichkeit für die sich entwickelnden Bezie-
hungen zwischen der NATO und Rußland, wozu auch die Einrichtung eines NATO-Do-
kumentationszentrums oder -Informationsbüros in Moskau gehört.

Weitere Bereiche können im gegenseitigen Einvernehmen hinzugefügt werden.

. . .

Quelle: NATO Office for Information and Press, Brüssel.

X/12　Charta der Vereinten Nationen

Vom 26. Juni 1945 in der durch Beschlüsse der UN-Generalversammlung vom 17. Dezember 1963, 20. Dezember 1965 und 20. Dezember 1971 geänderten Fassung — Auszüge

WIR, DIE VÖLKER DER VEREINTEN NATIONEN —
FEST ENTSCHLOSSEN,

künftige Geschlechter vor der Geißel des Krieges zu bewahren, die zweimal zu unseren Lebzeiten unsagbares Leid über die Menschheit gebracht hat,
unseren Glauben an die Grundrechte des Menschen, an Würde und Wert der menschlichen Persönlichkeit, an die Gleichberechtigung von Mann und Frau sowie von allen Nationen, ob groß oder klein, erneut zu bekräftigen,
Bedingungen zu schaffen, unter denen Gerechtigkeit und die Achtung vor den Verpflichtungen aus Verträgen und anderen Quellen des Völkerrechts gewahrt werden können,
den sozialen Fortschritt und einen besseren Lebensstandard in größerer Freiheit zu fördern,

UND FÜR DIESE ZWECKE

Duldsamkeit zu üben und als gute Nachbarn in Frieden miteinander zu leben,
unsere Kräfte zu vereinen, um den Weltfrieden und die internationale Sicherheit zu wahren,
Grundsätze anzunehmen und Verfahren einzuführen, die gewährleisten, daß Waffengewalt nur noch im gemeinsamen Interesse angewendet wird,
und
internationale Einrichtungen in Anspruch zu nehmen, um den wirtschaftlichen und sozialen Fortschritt aller Völker zu fördern —

HABEN BESCHLOSSEN, IN UNSEREM BEMÜHEN UM DIE ERREICHUNG DIESER ZIELE ZUSAMMENZUWIRKEN.

Dementsprechend haben unsere Regierungen durch ihre in der Stadt San Franzisko versammelten Vertreter, deren Vollmachten vorgelegt und in guter und gehöriger Form befunden wurden, diese Charta der Vereinten Nationen angenommen und errichten hiermit eine internationale Organisation, die den Namen „Vereinte Nationen" führen soll.

Kapitel I. Ziele und Grundsätze

Art. 1　[Ziele der Vereinten Nationen]

Die Vereinten Nationen setzen sich folgende Ziele:

1. den Weltfrieden und die internationale Sicherheit zu wahren und zu diesem Zweck wirksame Kollektivmaßnahmen zu treffen, um Bedrohungen des Friedens zu verhüten und zu beseitigen, Angriffshandlungen und andere Friedensbrüche zu unterdrücken und internationale Streitigkeiten oder Situationen, die zu einem Friedensbruch führen könnten, durch friedliche Mittel nach den Grundsätzen der Gerechtigkeit und des Völkerrechts zu bereinigen oder beizulegen;

2. freundschaftliche, auf der Achtung vor dem Grundsatz der Gleichberechtigung und Selbstbestimmung der Völker beruhende Beziehungen zwischen den Nationen zu entwickeln und andere geeignete Maßnahmen zur Festigung des Weltfriedens zu treffen;

3. eine internationale Zusammenarbeit herbeizuführen, um internationale Probleme wirtschaftlicher, sozialer, kultureller und humanitärer Art zu lösen und die Achtung vor den Menschenrechten und Grundfreiheiten für alle ohne Unterschied der Rasse, des Geschlechts, der Sprache oder der Religion zu fördern und zu festigen;

4. ein Mittelpunkt zu sein, in dem die Bemühungen der Nationen zur Verwirklichung dieser gemeinsamen Ziele aufeinander abgestimmt werden.

Art. 2 [Grundsätze]

Die Organisation und ihre Mitglieder handeln im Verfolg der in Artikel 1 dargelegten Ziele nach folgenden Grundsätzen:

1. Die Organisation beruht auf dem Grundsatz der souveränen Gleichheit aller ihrer Mitglieder.

2. Alle Mitglieder erfüllen, um ihnen allen die aus der Mitgliedschaft erwachsenden Rechte und Vorteile zu sichern, nach Treu und Glauben die Verpflichtungen, die sie mit dieser Charta übernehmen.

3. Alle Mitglieder legen ihre internationalen Streitigkeiten durch friedliche Mittel so bei, daß der Weltfriede, die internationale Sicherheit und die Gerechtigkeit nicht gefährdet werden.

4. Alle Mitglieder unterlassen in ihren internationalen Beziehungen jede gegen die territoriale Unversehrtheit oder die politische Unabhängigkeit eines Staates gerichtete oder sonst mit den Zielen der Vereinten Nationen unvereinbare Androhung oder Anwendung von Gewalt.

5. Alle Mitglieder leisten den Vereinten Nationen jeglichen Beistand bei jeder Maßnahme, welche die Organisation im Einklang mit dieser Charta ergreift; sie leisten einem Staat, gegen den die Organisation Vorbeugungs- oder Zwangsmaßnahmen ergreift, keinen Beistand.

6. Die Organisation trägt dafür Sorge, daß Staaten, die nicht Mitglieder der Vereinten Nationen sind, insoweit nach diesen Grundsätzen handeln, als dies zur Wahrung des Weltfriedens und der internationalen Sicherheit erforderlich ist.

7. Aus dieser Charta kann eine Befugnis der Vereinten Nationen zum Eingreifen in Angelegenheiten, die ihrem Wesen nach zur inneren Zuständigkeit eines Staates gehören, oder eine Verpflichtung der Mitglieder, solche Angelegenheiten einer Regelung auf Grund dieser Charta zu unterwerfen, nicht abgeleitet werden; die Anwendung von Zwangsmaßnahmen nach Kapitel VII wird durch diesen Grundsatz nicht berührt.

Kapitel II. Mitgliedschaft

Art. 3 [Ursprüngliche Mitglieder]

Ursprüngliche Mitglieder der Vereinten Nationen sind die Staaten, welche an der Konferenz der Vereinten Nationen über eine Internationale Organisation in San Franzisko teilgenommen oder bereits vorher die Erklärung der Vereinten Nationen vom 1. Januar 1942 unterzeichnet haben und nunmehr diese Charta unterzeichnen und nach Artikel 110 ratifizieren.

Art. 4 [Aufnahme neuer Mitglieder]

(1) Mitglied der Vereinten Nationen können alle sonstigen friedliebenden Staaten werden, welche die Verpflichtungen aus dieser Charta übernehmen und nach dem Urteil der Organisation fähig und willens sind, diese Verpflichtungen zu erfüllen.

(2) Die Aufnahme eines solchen Staates als Mitglied der Vereinten Nationen erfolgt auf Empfehlung des Sicherheitsrats durch Beschluß der Generalversammlung.

Art. 5 [Zeitweiliger Entzug der Mitgliedschaft]

Einem Mitglied der Vereinten Nationen, gegen das der Sicherheitsrat Vorbeugungs- oder Zwangsmaßnahmen getroffen hat, kann die Generalversammlung auf Empfehlung des Sicherheitsrats die Ausübung der Rechte und Vorrechte aus seiner Mitgliedschaft zeitweilig entziehen. Der Sicherheitsrat kann die Ausübung dieser Rechte und Vorrechte wieder zulassen.

Art. 6 [Ausschluß]

Ein Mitglied der Vereinten Nationen, das die Grundsätze dieser Charta beharrlich verletzt, kann auf Empfehlung des Sicherheitsrats durch die Generalversammlung aus der Organisation ausgeschlossen werden.

Kapitel III. Organe

Art. 7 [Haupt- und Nebenorgane]

(1) Als Hauptorgane der Vereinten Nationen werden eine Generalversammlung, ein Sicherheitsrat, ein Wirtschafts- und Sozialrat, ein Treuhandrat, ein Internationaler Gerichtshof und ein Sekretariat eingesetzt.

(2) Je nach Bedarf können in Übereinstimmung mit dieser Charta Nebenorgane eingesetzt werden.

Art. 8 [Gleichberechtigung von Mann und Frau bei Ämtervergabe]

Die Vereinten Nationen schränken hinsichtlich der Anwartschaft auf alle Stellen in ihren Haupt- und Nebenorganen die Gleichberechtigung von Männern und Frauen nicht ein.

Kapitel IV. Die Generalversammlung

Zusammensetzung

Art. 9 [Mitglieder]

(1) Die Generalversammlung besteht aus allen Mitgliedern der Vereinten Nationen.

(2) Jedes Mitglied hat höchstens fünf Vertreter in der Generalversammlung.

Aufgaben und Befugnisse

Art. 10 [Umfassendes Erörterungsrecht; Empfehlungsbefugnis]

Die Generalversammlung kann alle Fragen und Angelegenheiten erörtern, die in den Rahmen dieser Charta fallen oder Befugnisse und Aufgaben eines in dieser Charta vorgesehenen Organs betreffen; vorbehaltlich des Artikels 12 kann sie zu diesen Fragen und Angelegenheiten Empfehlungen an die Mitglieder der Vereinten Nationen oder den Sicherheitsrat oder an beide richten.

Art. 11 [Wahrung von Weltfrieden und -sicherheit]

(1) Die Generalversammlung kann sich mit den allgemeinen Grundsätzen der Zusammenarbeit zur Wahrung des Weltfriedens und der internationalen Sicherheit einschließlich der Grundsätze für die Abrüstung und Rüstungsregelung befassen und in bezug auf diese Grundsätze Empfehlungen an die Mitglieder oder den Sicherheitsrat oder an beide richten.

(2) Die Generalversammlung kann alle die Wahrung des Weltfriedens und der internationalen Sicherheit betreffenden Fragen erörtern, die ihr ein Mitglied der Vereinten Nationen oder der Sicherheitsrat oder nach Artikel 35 Absatz 2 ein Nichtmitgliedstaat der Vereinten Nationen vorlegt; vorbehaltlich des Artikels 12 kann sie zu diesen Fragen Empfehlungen an den oder die betreffenden Staaten oder den Sicherheitsrat oder an beide richten. Macht eine derartige Frage Maßnahmen erforderlich, so wird sie von der Generalversammlung vor oder nach der Erörterung an den Sicherheitsrat überwiesen.

(3) Die Generalversammlung kann die Aufmerksamkeit des Sicherheitsrats auf Situationen lenken, die geeignet sind, den Weltfrieden und die internationale Sicherheit zu gefährden.

(4) Die in diesem Artikel aufgeführten Befugnisse der Generalversammlung schränken die allgemeine Tragweite des Artikels 10 nicht ein.

Art. 12 [Vorrecht des Sicherheitsrates]

(1) Solange der Sicherheitsrat in einer Streitigkeit oder einer Situation die ihm in dieser Charta zugewiesenen Aufgaben wahrnimmt, darf die Generalversammlung zu dieser Streitigkeit oder Situation keine Empfehlung abgeben, es sei denn auf Ersuchen des Sicherheitsrats.

(2) Der Generalsekretär unterrichtet mit Zustimmung des Sicherheitsrats die Generalversammlung bei jeder Tagung über alle die Wahrung des Weltfriedens und der internationalen Sicherheit betreffenden Angelegenheiten, die der Sicherheitsrat behandelt; desgleichen unterrichtet er unverzüglich die Generalversammlung oder, wenn diese nicht tagt, die Mitglieder der Vereinten Nationen, sobald der Sicherheitsrat die Behandlung einer solchen Angelegenheit einstellt.

Art. 13 [Internationale Zusammenarbeit und Völkerrecht]

(1) Die Generalversammlung veranlaßt Untersuchungen und gibt Empfehlungen ab,
a) um die internationale Zusammenarbeit auf politischem Gebiet zu fördern und die fortschreitende Entwicklung des Völkerrechts sowie seine Kodifizierung zu begünstigen;
b) um die internationale Zusammenarbeit auf den Gebieten der Wirtschaft, des Sozialwesens, der Kultur, der Erziehung und der Gesundheit zu fördern und zur Verwirklichung der Menschenrechte und Grundfreiheiten für alle ohne Unterschied der Rasse, des Geschlechts, der Sprache oder der Religion beizutragen.

(2) Die weiteren Verantwortlichkeiten, Aufgaben und Befugnisse der Generalversammlung in bezug auf die in Absatz 1 Buchstabe b genannten Angelegenheiten sind in den Kapiteln IX und X dargelegt.

Art. 14 [Empfehlung von Maßnahmen]

Vorbehaltlich des Artikels 12 kann die Generalversammlung Maßnahmen zur friedlichen Bereinigung jeder Situation empfehlen, gleichviel wie sie entstanden ist, wenn diese Situation nach ihrer Auffassung geeignet ist, das allgemeine Wohl oder die freundschaftlichen Beziehungen zwischen Nationen zu beeinträchtigen; dies gilt auch für Situationen, die aus einer Verletzung der Bestimmungen dieser Charta über die Ziele und Grundsätze der Vereinten Nationen entstehen.

Art. 15 [Prüfung der Berichte anderer Organe]

(1) Die Generalversammlung erhält und prüft Jahresberichte und Sonderberichte des Sicherheitsrats; diese Berichte enthalten auch eine Darstellung der Maßnahmen, die der Sicherheitsrat zur Wahrung des Weltfriedens und der internationalen Sicherheit beschlossen oder getroffen hat.

(2) Die Generalversammlung erhält und prüft Berichte der anderen Organe der Vereinten Nationen.

Art. 16 [Aufsicht im Rahmen des Treuhandsystems]

Die Generalversammlung nimmt die ihr bezüglich des internationalen Treuhandsystems in den Kapiteln XII und XIII zugewiesenen Aufgaben wahr; hierzu gehört die Genehmigung der Treuhandabkommen für Gebiete, die nicht als strategische Zonen bezeichnet sind.

Art. 17 [Haushaltsrecht]

(1) Die Generalversammlung prüft und genehmigt den Haushaltsplan der Organisation.

(2) Die Ausgaben der Organisation werden von den Mitgliedern nach einem von der Generalversammlung festzusetzenden Verteilungsschlüssel getragen.

(3) Die Generalversammlung prüft und genehmigt alle Finanz- und Haushaltsabmachungen mit den in Artikel 57 bezeichneten Sonderorganisationen; sie prüft deren Verwaltungshaushalt mit dem Ziel, Empfehlungen an sie zu richten.

Abstimmung

Art. 18 [Erforderliche Mehrheiten]

(1) Jedes Mitglied der Generalversammlung hat eine Stimme.

(2) Beschlüsse der Generalversammlung über wichtige Fragen bedürfen einer Zweidrittelmehrheit der anwesenden und abstimmenden Mitglieder. Zu diesen Fragen gehören: Empfehlungen hinsichtlich der Wahrung des Weltfriedens und der internationalen Sicherheit, die Wahl der nichtständigen Mitglieder des Sicherheitsrats, die Wahl der Mitglieder des Wirtschafts- und Sozialrats, die Wahl von Mitgliedern des Treuhandrats nach Artikel 86 Absatz 1 Buchstabe c, die Aufnahme neuer Mitglieder in die Vereinten Nationen, der zeitweilige Entzug der Rechte und Vorrechte aus der Mitgliedschaft, der Ausschluß von Mitgliedern, Fragen betreffend die Wirkungsweise des Treuhandsystems sowie Haushaltsfragen.

(3) Beschlüsse über andere Fragen, einschließlich der Bestimmung weiterer Gruppen von Fragen, über die mit Zweidrittelmehrheit zu beschließen ist, bedürfen der Mehrheit der anwesenden und abstimmenden Mitglieder.

Art. 19 [Stimmrecht bei Beitragsrückstand]

Ein Mitglied der Vereinten Nationen, das mit der Zahlung seiner finanziellen Beiträge an die Organisation im Rückstand ist, hat in der Generalversammlung kein Stimmrecht, wenn der rückständige Betrag die Höhe der Beiträge erreicht oder übersteigt, die dieses Mitglied für die vorausgegangenen zwei vollen Jahre schuldet. Die Generalversammlung kann ihm jedoch die Ausübung des Stimmrechts gestatten, wenn nach ihrer Überzeugung der Zahlungsverzug auf Umständen beruht, die dieses Mitglied nicht zu vertreten hat.

Verfahren

Art. 20 [Ordentliche und außerordentliche Tagungen]

Die Generalversammlung tritt zu ordentlichen Jahrestagungen und, wenn die Umstände es erfordern, zu außerordentlichen Tagungen zusammen. Außerordentliche Tagungen hat der Generalsekretär auf Antrag des Sicherheitsrats oder der Mehrheit der Mitglieder der Vereinten Nationen einzuberufen.

Art. 21 [Geschäftsordnung, Präsident]

Die Generalversammlung gibt sich eine Geschäftsordnung. Sie wählt für jede Tagung ihren Präsidenten.

Art. 22 [Nebenorgane]

Die Generalversammlung kann Nebenorgane einsetzen, soweit sie dies zur Wahrnehmung ihrer Aufgaben für erforderlich hält.

Kapitel V. Der Sicherheitsrat

Zusammensetzung

Art. 23 [Mitglieder]

(1) Der Sicherheitsrat besteht aus fünfzehn Mitgliedern der Vereinten Nationen. Die Republik China, Frankreich, die Union der Sozialistischen Sowjetrepubliken, das Vereinigte Königreich Großbritannien und Nordirland sowie die Vereinigten Staaten von Amerika sind ständige Mitglieder des Sicherheitsrats. Die Generalversammlung wählt zehn weitere Mitglieder der Vereinten Nationen zu nichtständigen Mitgliedern des Sicherheitsrats; hierbei sind folgende Gesichtspunkte besonders zu berücksichtigen: in erster Linie der Beitrag von Mitgliedern der Vereinten Nationen zur Wahrung des Weltfriedens und der internationalen Sicherheit und zur Verwirklichung der sonstigen Ziele der Organisation sowie ferner eine angemessene geographische Verteilung der Sitze.

(2) Die nichtständigen Mitglieder des Sicherheitsrats werden für zwei Jahre gewählt. Bei der ersten Wahl der nichtständigen Mitglieder, die nach Erhöhung der Zahl der Ratsmitglieder

von elf auf fünfzehn stattfindet, werden zwei der vier zusätzlichen Mitglieder für ein Jahr gewählt. Ausscheidende Mitglieder können nicht unmittelbar wiedergewählt werden.

(3) Jedes Mitglied des Sicherheitsrats hat in diesem einen Vertreter.

Aufgaben und Befugnisse

Art. 24 [Aufgaben]

(1) Um ein schnelles und wirksames Handeln der Vereinten Nationen zu gewährleisten, übertragen ihre Mitglieder dem Sicherheitsrat die Hauptverantwortung für die Wahrung des Weltfriedens und der internationalen Sicherheit und erkennen an, daß der Sicherheitsrat bei der Wahrnehmung der sich aus dieser Verantwortung ergebenden Pflichten in ihrem Namen handelt.

(2) Bei der Erfüllung dieser Pflichten handelt der Sicherheitsrat im Einklang mit den Zielen und Grundsätzen der Vereinten Nationen. Die ihm hierfür eingeräumten besonderen Befugnisse sind in den Kapiteln VI, VII, VIII und XII aufgeführt.

(3) Der Sicherheitsrat legt der Generalversammlung Jahresberichte und erforderlichenfalls Sonderberichte zur Prüfung vor.

Art. 25 [Bindende Wirkung der Beschlüsse]

Die Mitglieder der Vereinten Nationen kommen überein, die Beschlüsse des Sicherheitsrats im Einklang mit dieser Charta anzunehmen und durchzuführen.
. . .

Kapitel VI. Die friedliche Beilegung von Streitigkeiten

Art. 33 [Verpflichtung zur friedlichen Streiterledigung]

(1) Die Parteien einer Streitigkeit, deren Fortdauer geeignet ist, die Wahrung des Weltfriedens und der internationalen Sicherheit zu gefährden, bemühen sich zunächst um eine Beilegung durch Verhandlung, Untersuchung, Vermittlung, Vergleich, Schiedsspruch, gerichtliche Entscheidung, Inanspruchnahme regionaler Einrichtungen oder Abmachungen oder durch andere friedliche Mittel eigener Wahl.

(2) Der Sicherheitsrat fordert die Parteien auf, wenn er dies für notwendig hält, ihre Streitigkeit durch solche Mittel beizulegen.

Art. 34 [Untersuchungsrecht des Sicherheitsrates]

Der Sicherheitsrat kann jede Streitigkeit sowie jede Situation, die zu internationalen Reibungen führen oder eine Streitigkeit hervorrufen könnte, untersuchen, um festzustellen, ob die Fortdauer der Streitigkeit oder der Situation die Wahrung des Weltfriedens und der internationalen Sicherheit gefährden könnte.

Art. 35 [Zuständigkeit bei Friedensgefährdung]

(1) Jedes Mitglied der Vereinten Nationen kann die Aufmerksamkeit des Sicherheitsrats oder der Generalversammlung auf jede Streitigkeit sowie auf jede Situation der in Artikel 34 bezeichneten Art lenken.

(2) Ein Nichtmitgliedstaat der Vereinten Nationen kann die Aufmerksamkeit des Sicherheitsrats oder der Generalversammlung auf jede Streitigkeit lenken, in der er Partei ist, wenn er im voraus hinsichtlich dieser Streitigkeit die in dieser Charta für eine friedliche Beilegung festgelegten Verpflichtungen annimmt.

(a) Das Verfahren der Generalversammlung in Angelegenheiten, auf die ihre Aufmerksamkeit gemäß diesem Artikel gelenkt wird, bestimmt sich nach den Artikeln 11 und 12.

Art. 36 [Empfehlungen zur Bereinigung von Streitigkeiten]

(1) Der Sicherheitsrat kann in jedem Stadium einer Streitigkeit im Sinne des Artikels 33 oder einer Situation gleicher Art geeignete Verfahren oder Methoden für deren Bereinigung empfehlen.

(2) Der Sicherheitsrat soll alle Verfahren in Betracht ziehen, welche die Parteien zur Beilegung der Streitigkeit bereits angenommen haben.

(3) Bei seinen Empfehlungen auf Grund dieses Artikels soll der Sicherheitsrat ferner berücksichtigen, daß Rechtsstreitigkeiten im allgemeinen von den Parteien dem Internationalen Gerichtshof im Einklang mit dessen Statut zu unterbreiten sind.

Art. 37 [Letzte Zuständigkeit des Sicherheitsrates]

(1) Gelingt es den Parteien einer Streitigkeit der in Artikel 33 bezeichneten Art nicht, diese mit den dort angegebenen Mitteln beizulegen, so legen sie die Streitigkeit dem Sicherheitsrat vor.

(2) Könnte nach Auffassung des Sicherheitsrats die Fortdauer der Streitigkeit tatsächlich die Wahrung des Weltfriedens und der internationalen Sicherheit gefährden, so beschließt er, ob er nach Artikel 36 tätig werden oder die ihm angemessen erscheinenden Empfehlungen für eine Beilegung abgeben will.

Art. 38 [Vermittlungskompetenz]

Unbeschadet der Artikel 33 bis 37 kann der Sicherheitsrat, wenn alle Parteien einer Streitigkeit dies beantragen, Empfehlungen zu deren friedlicher Beilegung an die Streitparteien richten.

Kapitel VII. Maßnahmen bei Bedrohung oder Bruch des Friedens und bei Angriffshandlungen

Art. 39 [Feststellung der Gefahrsituation]

Der Sicherheitsrat stellt fest, ob eine Bedrohung oder ein Bruch des Friedens oder eine Angriffshandlung vorliegt; er gibt Empfehlungen ab oder beschließt, welche Maßnahmen auf Grund der Artikel 41 und 42 zu treffen sind, um den Weltfrieden und die internationale Sicherheit zu wahren oder wiederherzustellen.

Art. 40 [Vorläufige Maßnahmen]

Um einer Verschärfung der Lage vorzubeugen, kann der Sicherheitsrat, bevor er nach Artikel 39 Empfehlungen abgibt oder Maßnahmen beschließt, die beteiligten Parteien auffordern, den von ihm für notwendig oder erwünscht erachteten vorläufigen Maßnahmen Folge zu lei-

sten. Diese vorläufigen Maßnahmen lassen die Rechte, die Ansprüche und die Stellung der beteiligten Parteien unberührt. Wird den vorläufigen Maßnahmen nicht Folge geleistet, so trägt der Sicherheitsrat diesem Versagen gebührend Rechnung.

Art. 41 [Gewaltlose Sanktionen]

Der Sicherheitsrat kann beschließen, welche Maßnahmen — unter Ausschluß von Waffengewalt — zu ergreifen sind, um seinen Beschlüssen Wirksamkeit zu verleihen; er kann die Mitglieder der Vereinten Nationen auffordern, diese Maßnahmen durchzuführen. Sie können die vollständige oder teilweise Unterbrechung der Wirtschaftsbeziehungen, des Eisenbahn-, See- und Luftverkehrs, der Post-, Telegraphen- und Funkverbindungen sowie sonstiger Verkehrsmöglichkeiten und den Abbruch der diplomatischen Beziehungen einschließen.

Art. 42 [Militärische Sanktionen]

Ist der Sicherheitsrat der Auffassung, daß die in Artikel 41 vorgesehenen Maßnahmen unzulänglich sein würden oder sich als unzulänglich erwiesen haben, so kann er mit Luft-, See- oder Landstreitkräften die zur Wahrung oder Wiederherstellung des Weltfriedens und der internationalen Sicherheit erforderlichen Maßnahmen durchführen. Sie können Demonstrationen, Blockaden und sonstige Einsätze der Luft-, See- oder Landstreitkräfte von Mitgliedern der Vereinten Nationen einschließen.

Art. 43 [Allgemeine Beistandspflicht der UN-Mitglieder]

(1) Alle Mitglieder der Vereinten Nationen verpflichten sich, zur Wahrung des Weltfriedens und der internationalen Sicherheit dadurch beizutragen, daß sie nach Maßgabe eines oder mehrerer Sonderabkommen dem Sicherheitsrat auf sein Ersuchen Streitkräfte zur Verfügung stellen, Beistand leisten und Erleichterungen einschließlich des Durchmarschrechts gewähren, soweit dies zur Wahrung des Weltfriedens und der internationalen Sicherheit erforderlich ist.

(2) Diese Abkommen haben die Zahl und Art der Streitkräfte, ihren Bereitschaftsgrad, ihren allgemeinen Standort sowie die Art der Erleichterungen und des Beistands vorzusehen.

(3) Die Abkommen werden auf Veranlassung des Sicherheitsrats so bald wie möglich im Verhandlungswege ausgearbeitet. Sie werden zwischen dem Sicherheitsrat einerseits und Einzelmitgliedern oder Mitgliedergruppen andererseits geschlossen und von den Unterzeichnerstaaten nach Maßgabe ihres Verfassungsrechts ratifiziert.

Art. 44 [Beiladung eines Helfer-Staates]

Hat der Sicherheitsrat die Anwendung von Gewalt beschlossen, so lädt er ein in ihm nicht vertretenes Mitglied, bevor er es zur Stellung von Streitkräften auf Grund der nach Artikel 43 übernommenen Verpflichtungen auffordert, auf dessen Wunsch ein, an seinen Beschlüssen über den Einsatz von Kontingenten der Streitkräfte dieses Mitglieds teilzunehmen.

Art. 45 [Bereithaltung von Luftstreitkräften]

Um die Vereinten Nationen zur Durchführung dringender militärischer Maßnahmen zu befähigen, halten Mitglieder der Organisation Kontingente ihrer Luftstreitkräfte zum sofortigen Einsatz bei gemeinsamen internationalen Zwangsmaßnahmen bereit. Stärke und Bereitschaftsgrad dieser Kontingente sowie die Pläne für ihre gemeinsamen Maßnahmen legt der Sicherheitsrat mit Unterstützung des Generalstabsausschusses im Rahmen der in Artikel 43 erwähnten Sonderabkommen fest.

Art. 46 [Pläne für den Waffengebrauch]

Die Pläne für die Anwendung von Waffengewalt werden vom Sicherheitsrat mit Unterstützung des Generalstabsausschusses aufgestellt.

Art. 47 [Generalstabsausschuß]

(1) Es wird ein Generalstabsausschuß eingesetzt, um den Sicherheitsrat in allen Fragen zu beraten und zu unterstützen, die dessen militärische Bedürfnisse zur Wahrung des Weltfriedens und der internationalen Sicherheit, den Einsatz und die Führung der dem Sicherheitsrat zur Verfügung gestellten Streitkräfte, die Rüstungsregelung und eine etwaige Abrüstung betreffen.

(2) Der Generalstabsausschuß besteht aus den Generalstabschefs der ständigen Mitglieder des Sicherheitsrats oder ihren Vertretern. Ein nicht ständig im Ausschuß vertretenes Mitglied der Vereinten Nationen wird vom Ausschuß eingeladen, sich ihm zu assoziieren, wenn die Mitarbeit dieses Mitglieds für die wirksame Durchführung der Aufgaben des Ausschusses erforderlich ist.

(3) Der Generalstabsausschuß ist unter der Autorität des Sicherheitsrats für die strategische Leitung aller dem Sicherheitsrat zur Verfügung gestellten Streitkräfte verantwortlich. Die Fragen bezüglich der Führung dieser Streitkräfte werden später geregelt.

(4) Der Generalstabsausschuß kann mit Ermächtigung des Sicherheitsrats nach Konsultation mit geeigneten regionalen Einrichtungen regionale Unterausschüsse einsetzen.

Art. 48 [Durchführung der Beschlüsse]

(1) Die Maßnahmen, die für die Durchführung der Beschlüsse des Sicherheitsrats zur Wahrung des Weltfriedens und der internationalen Sicherheit erforderlich sind, werden je nach dem Ermessen des Sicherheitsrats von allen oder von einigen Mitgliedern der Vereinten Nationen getroffen.

(2) Diese Beschlüsse werden von den Mitgliedern der Vereinten Nationen unmittelbar sowie durch Maßnahmen in den geeigneten internationalen Einrichtungen durchgeführt, deren Mitglieder sie sind.

Art. 49 [Gegenseitige Beistandspflicht]

Bei der Durchführung der vom Sicherheitsrat beschlossenen Maßnahmen leisten die Mitglieder der Vereinten Nationen einander gemeinsam handelnd Beistand.

Art. 50 [Anhörungsrecht mitbetroffener Staaten]

Ergreift der Sicherheitsrat gegen einen Staat Vorbeugungs- oder Zwangsmaßnahmen, so kann jeder andere Staat, ob Mitglied der Vereinten Nationen oder nicht, den die Durchführung dieser Maßnahmen vor besondere wirtschaftliche Probleme stellt, den Sicherheitsrat zwecks Lösung dieser Probleme konsultieren.

Art. 51 [Selbstverteidigungsrecht bis zum Eingreifen des Sicherheitsrates]

Diese Charta beeinträchtigt im Falle eines bewaffneten Angriffs gegen ein Mitglied der Vereinten Nationen keineswegs das naturgegebene Recht zur individuellen oder kollektiven Selbstverteidigung, bis der Sicherheitsrat die zur Wahrung des Weltfriedens und der internationalen Sicherheit erforderlichen Maßnahmen getroffen hat. Maßnahmen, die ein Mitglied

in Ausübung dieses Selbstverteidigungsrechts trifft, sind dem Sicherheitsrat sofort anzuzeigen; sie berühren in keiner Weise dessen auf dieser Charta beruhende Befugnis und Pflicht, jederzeit die Maßnahmen zu treffen, die er zur Wahrung oder Wiederherstellung des Weltfriedens und der internationalen Sicherheit für erforderlich hält.

Kapitel VIII. Regionale Abmachungen
. . .

Kapitel IX. Internationale Zusammenarbeit auf wirtschaftlichem und sozialem Gebiet
. . .

Kapitel X. Der Wirtschafts- und Sozialrat
. . .

Kapitel XI. Erklärung über Hoheitsgebiete ohne Selbstregierung
. . .

Kapitel XII. Das internationale Treuhandsystem
. . .

Kapitel XIII. Der Treuhandrat
. . .

Kapitel XIV. Der Internationale Gerichtshof

Art. 92 [Aufgaben]

Der Internationale Gerichtshof ist das Hauptrechtsprechungsorgan der Vereinten Nationen. Er nimmt seine Aufgaben nach Maßgabe des beigefügten Statuts wahr, das auf dem Statut des Ständigen Internationalen Gerichtshofs beruht und Bestandteil dieser Charta ist.

Art. 93 [Vertragsparteien der Satzung]

(1) Alle Mitglieder der Vereinten Nationen sind ohne weiteres Vertragsparteien des Statuts des Internationalen Gerichtshofs.

(2) Ein Staat, der nicht Mitglied der Vereinten Nationen ist, kann zu Bedingungen, welche die Generalversammlung jeweils auf Empfehlung des Sicherheitsrats festsetzt, Vertragspartei des Statuts des Internationalen Gerichtshofs werden.

Art. 94 [Wirksamkeit der Entscheidungen]

(1) Jedes Mitglied der Vereinten Nationen verpflichtet sich, bei jeder Streitigkeit, in der es Partei ist, die Entscheidung des Internationalen Gerichtshofs zu befolgen.

(2) Kommt eine Streitpartei ihren Verpflichtungen aus einem Urteil des Gerichtshofs nicht nach, so kann sich die andere Partei an den Sicherheitsrat wenden; dieser kann, wenn er es für erforderlich hält, Empfehlungen abgeben oder Maßnahmen beschließen, um dem Urteil Wirksamkeit zu verschaffen.

Art. 95 [Andere Gerichte]

Diese Charta schließt nicht aus, daß Mitglieder der Vereinten Nationen auf Grund bestehender oder künftiger Abkommen die Beilegung ihrer Streitigkeiten anderen Gerichten zuweisen.

Art. 96 [Gutachten des Gerichtshofs]

(1) Die Generalversammlung oder der Sicherheitsrat kann über jede Rechtsfrage ein Gutachten des Internationalen Gerichtshofs anfordern.

(2) Andere Organe der Vereinten Nationen und Sonderorganisationen können mit jeweiliger Ermächtigung durch die Generalversammlung ebenfalls Gutachten des Gerichtshofs über Rechtsfragen anfordern, die sich in ihrem Tätigkeitsbereich stellen.

Kapitel XV. Das Sekretariat

Art. 97 [Zusammensetzung]

Das Sekretariat besteht aus einem Generalsekretär und den sonstigen von der Organisation benötigten Bediensteten. Der Generalsekretär wird auf Empfehlung des Sicherheitsrats von der Generalversammlung ernannt. Er ist der höchste Verwaltungsbeamte der Organisation.

Art. 98 [Aufgaben des Generalsekretärs]

Der Generalsekretär ist in dieser Eigenschaft bei allen Sitzungen der Generalversammlung, des Sicherheitsrats, des Wirtschafts- und Sozialrats und des Treuhandrats tätig und nimmt alle sonstigen ihm von diesen Organen zugewiesenen Aufgaben wahr. Er erstattet der Generalversammlung alljährlich über die Tätigkeit der Organisation Bericht.

Art. 99 [Hinweise an den Sicherheitsrat]

Der Generalsekretär kann die Aufmerksamkeit des Sicherheitsrats auf jede Angelegenheit lenken, die nach seinem Dafürhalten geeignet ist, die Wahrung des Weltfriedens und der internationalen Sicherheit zu gefährden.

Art. 100 [Unabhängigkeit und internationale Verantwortung]

(1) Der Generalsekretär und die sonstigen Bediensteten dürfen bei der Wahrnehmung ihrer Pflichten von einer Regierung oder von einer Autorität außerhalb der Organisation Weisungen weder erbitten noch entgegennehmen. Sie haben jede Handlung zu unterlassen, die ihrer Stellung als internationale, nur der Organisation verantwortliche Bedienstete abträglich sein könnte.

(2) Jedes Mitglied der Vereinten Nationen verpflichtet sich, den ausschließlich internationalen Charakter der Verantwortung des Generalsekretärs und der sonstigen Bediensteten zu achten und nicht zu versuchen, sie bei der Wahrnehmung ihrer Aufgaben zu beeinflussen.

Art. 101 [Ernennung und Zuteilung der Bediensteten]

(1) Die Bediensteten werden vom Generalsekretär im Einklang mit Regelungen ernannt, welche die Generalversammlung erläßt.

(2) Dem Wirtschafts- und Sozialrat, dem Treuhandrat und erforderlichenfalls anderen Organen der Vereinten Nationen werden geeignete ständige Bedienstete zugeteilt. Sie gehören dem Sekretariat an.

(3) Bei der Einstellung der Bediensteten und der Regelung ihres Dienstverhältnisses gilt als ausschlaggebend der Gesichtspunkt, daß es notwendig ist, ein Höchstmaß an Leistungsfähigkeit, fachlicher Eignung und Ehrenhaftigkeit zu gewährleisten. Der Umstand, daß es wichtig ist, die Auswahl der Bediensteten auf möglichst breiter geographischer Grundlage vorzunehmen, ist gebührend zu berücksichtigen.

Kapitel XVI. Verschiedenes
. . .

Kapitel XVII. Übergangsbestimmungen betreffend die Sicherheit
. . .

Kapitel XVIII. Änderungen
. . .

Kapitel XIX. Ratifizierung und Unterzeichnung
. . .

Quelle: Bundesgesetzblatt, Teil II, 1973, S. 430, zuletzt geändert und durch Bekanntmachung vom 28.8.1980 (Bundesgesetzblatt, Teil II, S. 1252) bereinigte Fassung.

X/13 Schlußakte der Konferenz über Sicherheit und Zusammenarbeit in Europa (KSZE) vom 1. August 1975 — Auszüge

a.) Gliederung des Dokumentes

FRAGEN DER SICHERHEIT IN EUROPA

Präambel

1.

a) Erklärung über die Prinzipien, die die Beziehungen der Teilnehmerstaaten leiten

 Vorbemerkung

 I. Souveräne Gleichheit, Achtung der Souveränität innewohnenden Rechte
 II. Enthaltung von der Androhung oder Anwendung von Gewalt
 III. Unverletzlichkeit der Grenzen
 IV. Territoriale Integrität der Staaten

V. Friedliche Regelung von Streitfällen
VI. Nichteinmischung in innere Angelegenheiten
VII. Achtung der Menschenrechte und Grundfreiheiten, einschließlich der Gedanken-, Gewissens-, Religions- und Überzeugungsfreiheit
VIII. Gleichberechtigung und Selbstbestimmungsrecht der Völker
IX. Zusammenarbeit zwischen den Staaten
X. Erfüllung völkerrechtlicher Verpflichtungen nach Treu und Glauben

b) Fragen der Verwirklichung einiger der vorstehenden Prinzipien

2. Dokumente über vertrauensbildende Maßnahmen und bestimmte Aspekte der Sicherheit und Abrüstung

 Präambel

 I. Vorherige Ankündigung von größeren militärischen Manövern
 — Vorherige Ankündigung anderer militärischer Manöver
 — Austausch von Beobachtern
 — Vorherige Ankündigung größerer militärischer Bewegungen
 — Andere vertrauensbildende Maßnahmen
 II. Fragen in Zusammenhang mit der Abrüstung
 III. Allgemeine Erwägungen

ZUSAMMENARBEIT IN DEN BEREICHEN DER WIRTSCHAFT, DER WISSENSCHAFT UND DER TECHNIK SOWIE DER UMWELT

Präambel

1. Handel

 Allgemeine Bestimmungen
 Geschäftskontakte und -möglichkeiten
 Information über Handel und Wirtschaft
 Handelsförderung

2. Industrielle Kooperation und Projekte gemeinsamen Interesses

 Industrielle Kooperation
 Projekte gemeinsamen Interesses

3. Bestimmungen, die Handel und industrielle Kooperation betreffen

 Harmonisierung der Normen
 Schiedsverfahren
 Spezifische bilaterale Vereinbarungen

4. Wissenschaft und Technik

 Möglichkeiten zur Verbesserung der Zusammenarbeit
 Gebiete der Zusammenarbeit
 Formen und Methoden der Zusammenarbeit

5. Umwelt

 Ziele der Zusammenarbeit
 Gebiete der Zusammenarbeit
 Formen und Methoden der Zusammenarbeit

6. Zusammenarbeit in anderen Gebieten

 Entwicklung des Verkehrswesens
 Förderung des Tourismus
 Wirtschaftliche und soziale Aspekte der Wanderarbeit
 Ausbildung von Fachkräften

Fragen der Zusammenarbeit im Mittelmeerraum

Zusammenarbeit in humanitären und anderen Bereichen

Präambel

1. Menschliche Kontakte
 a) Kontakte und regelmäßige Begegnungen auf der Grundlage familiärer Bindungen
 b) Familienzusammenführung
 c) Eheschließung zwischen Bürgern verschiedener Staaten
 d) Reisen aus persönlichen oder beruflichen Gründen
 e) Verbesserung der Bedingungen für den Tourismus auf individueller oder kollektiver Grundlage
 f) Begegnungen der Jugend
 g) Sport
 h) Erweiterung der Kontakte

2. Information
 a) Verbesserung der Verbreitung von, des Zugangs zu und des Austausches von Information
 (i) Mündliche Information
 (ii) Gedruckte Information
 (iii) Gefilmte und gesendete Information
 b) Zusammenarbeit im Bereich der Information
 c) Verbesserung der Arbeitsbedingungen für Journalisten

3. Zusammenarbeit und Austausch im Bereich der Kultur
 Erweiterung der Beziehungen
 Gegenseitige Kenntnis
 Austausch und Verbreitung
 Zugang
 Kontakte und Zusammenarbeit
 Bereiche und Formen der Zusammenarbeit

4. Zusammenarbeit und Austausch im Bereich der Bildung
 a) Ausbau der Beziehungen
 b) Zugang und Austausch
 c) Wissenschaft
 d) Fremde Sprachen und Zivilisationen
 c) Unterrichtsmethoden

FOLGEN DER KONFERENZ

(Schlußbemerkungen)
(Unterschriften)

b.) Auszüge

Die Konferenz über Sicherheit und Zusammenarbeit in Europa, die am 3. Juli 1973 in Helsinki eröffnet und vom 18. September 1973 bis zum 21. Juli 1975 in Genf fortgesetzt wurde, fand ihren Abschluß in Helsinki am 1. August 1975 durch die Hohen Vertreter Belgiens, Bulgariens, Dänemarks, der Deutschen Demokratischen Republik, der Bundesrepublik Deutschland, Finnlands, Frankreichs, Griechenlands, des Heiligen Stuhls, Irlands, Islands, Italiens, Jugoslawiens, Kanadas, Liechtensteins, Luxemburgs, Maltas, Monacos, der Niederlande, Norwegens, Österreichs, Polens, Portugals, Rumäniens, San Marinos, Schwedens, der Schweiz, Spaniens, der Tschechoslowakei, der Türkei, Ungarns, der Union der Sozialistischen Sowjetrepubliken, des Vereinigten Königreichs, der Vereinigten Staaten von Amerika, Zyperns.

Während der Eröffnungs- und der Schlußphase der Konferenz richtete der Generalsekretär der Vereinten Nationen als Ehrengast das Wort an die Teilnehmer. Der Generaldirektor der UNESCO und der Exekutivsekretär der Wirtschaftskommission der Vereinten Nationen für Europa leisteten während der zweiten Phase der Konferenz Beiträge.

Im Verlauf der Beratungen der zweiten Phase erfolgten auch Beiträge zu einzelnen Punkten der Tagesordnung durch die Vertreter der folgenden nichtteilnehmenden Mittelmeerstaaten: Demokratische Volksrepublik Algerien, Arabische Republik Ägypten, Israel, Königreich Marokko, Arabische Republik Syrien, Tunesische Republik.

Von dem politischen Willen getragen, im Interesse der Völker ihre Beziehungen zu verbessern und zu verstärken, in Europa zum Frieden, zur Sicherheit, zur Gerechtigkeit und zur Zusammenarbeit sowie zur Annäherung zwischen ihnen und zu den anderen Staaten der Welt beizutragen,

Demzufolge entschlossen, den Ergebnissen der Konferenz volle Wirksamkeit zu verleihen und die Vorteile, die aus diesen Ergebnissen hervorgehen, zwischen ihren Staaten und in ganz Europa zu gewährleisten und dadurch den Prozeß der Entspannung zu erweitern, zu vertiefen und ihn fortschreitend und dauerhaft zu machen,

Haben die Hohen Vertreter der Teilnehmerstaaten feierlich folgendes angenommen:

Fragen der Sicherheit in Europa

Die Teilnehmerstaaten der Konferenz über Sicherheit und Zusammenarbeit in Europa,

Unter Bekräftigung ihres Zieles, bessere Beziehungen untereinander zu fördern sowie Bedingungen zu gewährleisten, unter denen ihre Völker in echtem und dauerhaftem Frieden, frei von jeglicher Bedrohung oder Beeinträchtigung ihrer Sicherheit leben können;

Überzeugt von der Notwendigkeit, Anstrengungen zu unternehmen, um die Entspannung im universellen Sinne sowohl zu einem dauerhaften als auch zu einem immer lebensfähigeren und umfassenderen Prozeß zu machen und überzeugt davon, daß die Durchführung der Ergebnisse der Konferenz über Sicherheit und Zusammenarbeit in Europa ein bedeutender Beitrag zu diesem Prozeß sein wird;

In der Erwägung, daß die Solidarität zwischen den Völkern sowie das gemeinsame Anliegen der Teilnehmerstaaten, die Ziele zu erreichen, wie sie von der Konferenz über Sicherheit und Zusammenarbeit in Europa gesetzt worden sind, zur Entwicklung besserer und engerer Beziehungen untereinander auf allen Gebieten und damit zur Überwindung der aus dem Charakter ihrer früheren Beziehungen herrührenden Konfrontation sowie zu besserem gegenseitigem Verständnis führen sollten;

Eingedenk ihrer gemeinsamen Geschichte und in der Erkenntnis, daß die vorhandenen gemeinsamen Elemente ihrer Traditionen und Werte bei der Entwicklung ihrer Beziehungen dienlich sein können, und von dem Wunsch geleitet, unter voller Berücksichtigung der Eigenart und Vielfalt ihrer Standpunkte und Auffassungen, nach Möglichkeiten zu suchen, ihre Bemühungen zur Überwindung des Mißtrauens und zur Vergrößerung des Vertrauens zu vereinigen, die Probleme, die sie trennen, zu lösen und zum Wohl der Menschheit zusammenzuarbeiten;

In der Erkenntnis der Unteilbarkeit der Sicherheit in Europa sowie ihres gemeinsamen Interesses an der Entwicklung der Zusammenarbeit überall in Europa und untereinander sowie unter Bekundung ihrer Absicht, weiterhin entsprechende Anstrengungen zu unternehmen;

In der Erkenntnis der engen Verbindung zwischen Frieden und Sicherheit in Europa und in der ganzen Welt und im Bewußtsein der Notwendigkeit, daß jeder von ihnen seinen Beitrag zur Festigung des Friedens und der Sicherheit in der Welt und zur Förderung der Grundrechte, des wirtschaftlichen und sozialen Fortschritts und des Wohlergehens aller Völker leistet;

Haben folgendes angenommen:

1.

a) Erklärung über die Prinzipien, die die Beziehungen der Teilnehmerstaaten leiten

Die Teilnehmerstaaten,

Unter Bekräftigung ihrer Verpflichtung zu Frieden, Sicherheit und Gerechtigkeit und zur stetigen Entwicklung freundschaftlicher Beziehungen und der Zusammenarbeit;

In der Erkenntnis, daß diese Verpflichtung, die das Interesse und die Bestrebungen der Völker widerspiegelt, für jeden Teilnehmerstaat eine durch Erfahrungen aus der Vergangenheit erhöhte Verantwortung in Gegenwart und Zukunft darstellt;

Unter Bekräftigung ihrer vollen und aktiven Unterstützung für die Vereinten Nationen und für die Stärkung ihrer Rolle und Wirksamkeit bei der Festigung des internationalen Friedens sowie der internationalen Sicherheit und Gerechtigkeit und bei der Förderung der Lösung internationaler Probleme sowie bei der Entwicklung freundschaftlicher Beziehungen und der Zusammenarbeit zwischen den Staaten, soweit sie als Mitglieder der Vereinten Nationen dazu gehalten sind und im Einklang mit den Zielen und Grundsätzen der Vereinten Nationen;

In Bekundung ihrer einmütigen Zustimmung zu den Prinzipien, die unten aufgeführt sind und die mit der Charta der Vereinten Nationen übereinstimmen, sowie ihres einmütigen Willens, bei der Anwendung dieser Prinzipien in Übereinstimmung mit den Zielen und Grundsätzen der Charta der Vereinten Nationen zu handeln;

Erklären ihre Entschlossenheit, die folgenden Prinzipien, die alle von grundlegender Bedeutung sind und ihre gegenseitigen Beziehungen leiten, ein jeder in seinen Beziehungen zu allen anderen Teilnehmerstaaten, ungeachtet ihrer politischen, wirtschaftlichen oder sozialen Systeme, als auch ihrer Größe, geographischen Lage oder ihres wirtschaftlichen Entwicklungsstandes, zu achten und in die Praxis umzusetzen:

I. Souveräne Gleichheit, Achtung der der Souveränität innewohnenden Rechte

Die Teilnehmerstaaten werden gegenseitig ihre souveräne Gleichheit und Individualität sowie alle ihrer Souveränität innewohnenden und von ihr umschlossenen Rechte achten, einschließlich insbesondere des Rechtes eines jeden Staates auf rechtliche Gleichheit, auf territoriale Integrität sowie auf Freiheit und politische Unabhängigkeit. Sie werden ebenfalls das Recht jedes anderen Teilnehmerstaates achten, sein politisches, soziales, wirtschaftliches und kulturelles System frei zu wählen und zu entwickeln sowie sein Recht, seine Gesetze und Verordnungen zu bestimmen.

Im Rahmen des Völkerrechts haben alle Teilnehmerstaaten gleiche Rechte und Pflichten. Sie werden das Recht jedes anderen Teilnehmerstaates achten, seine Beziehungen zu anderen Staaten im Einklang mit dem Völkerrecht und im Geiste der vorliegenden Erklärung zu bestimmen und zu gestalten, wie er es wünscht. Sie sind der Auffassung, daß ihre Grenzen, in Übereinstimmung mit dem Völkerrecht, durch friedliche Mittel und durch Vereinbarung, verändert werden können. Sie haben ebenfalls das Recht, internationalen Organisationen anzugehören oder nicht anzugehören, Vertragspartei bilateraler oder multilateraler Verträge zu sein oder nicht zu sein, einschließlich des Rechtes, Vertragspartei eines Bündnisses zu sein oder nicht zu sein; desgleichen haben sie das Recht auf Neutralität.

II. Enthaltung von der Androhung oder Anwendung von Gewalt

Die Teilnehmerstaaten werden sich in ihren gegenseitigen Beziehungen sowie in ihren internationalen Beziehungen im allgemeinen der Androhung oder Anwendung von Gewalt, die gegen die territoriale Integrität oder politische Unabhängigkeit irgendeines Staates gerichtet oder auf irgendeine andere Weise mit den Zielen der Vereinten Nationen und mit der vorliegenden Erklärung unvereinbar ist, enthalten. Die Geltendmachung von Erwägungen zur Rechtfertigung eines gegen dieses Prinzip verstoßenden Rückgriffs auf die Androhung oder Anwendung von Gewalt ist unzulässig.

Die Teilnehmerstaaten werden sich dementsprechend jeglicher Handlung enthalten, die eine Gewaltandrohung oder eine direkte oder indirekte Gewaltanwendung gegen einen anderen

Teilnehmerstaat darstellt. Sie werden sich gleichermaßen jeglicher Gewaltmanifestation, die den Zweck hat, einen anderen Teilnehmerstaat zum Verzicht auf die volle Ausübung seiner souveränen Rechte zu bewegen, enthalten. Sie werden sich ebenso in ihren gegenseitigen Beziehungen jeglicher gewaltsamen Repressalie enthalten.

Keine solche Androhung oder Anwendung von Gewalt wird als Mittel zur Regelung von Streitfällen oder von Fragen, die zu Streitfällen zwischen ihnen führen können, verwendet werden.

III. Unverletzlichkeit der Grenzen

Die Teilnehmerstaaten betrachten gegenseitig alle ihre Grenzen sowie die Grenzen aller Staaten in Europa als unverletzlich und werden deshalb jetzt und in der Zukunft keinen Anschlag auf diese Grenzen verüben.

Dementsprechend werden sie sich auch jeglicher Forderung oder Handlung enthalten, sich eines Teiles oder des gesamten Territoriums irgendeines Teilnehmerstaates zu bemächtigen.

IV. Territoriale Integrität der Staaten

Die Teilnehmerstaaten werden die territoriale Integrität eines jeden Teilnehmerstaates achten.

Dementsprechend werden sie sich jeder mit den Zielen und Grundsätzen der Charta der Vereinten Nationen unvereinbaren Handlung gegen die territoriale Integrität, politische Unabhängigkeit oder Einheit eines jeden Teilnehmerstaates enthalten, insbesondere jeder derartigen Handlung, die eine Androhung oder Anwendung von Gewalt darstellt.

Die Teilnehmerstaaten werden ebenso davon Abstand nehmen, das Territorium eins jeden anderen Teilnehmerstaates zum Gegenstand einer militärischen Besetzung oder anderer direkter oder indirekter Gewaltmaßnahmen unter Verletzung des Völkerrechts oder zum Gegenstand der Aneignung durch solche Maßnahmen oder deren Androhung zu machen. Keine solche Besetzung oder Aneignung wird als rechtmäßig anerkannt werden.

V. Friedliche Regelung von Streitfällen

Die Teilnehmerstaaten werden Streitfälle zwischen ihnen mit friedlichen Mitteln auf solche Weise regeln, daß der internationale Frieden und die internationale Sicherheit sowie die Gerechtigkeit nicht gefährdet werden.

Sie werden bestrebt sein, nach Treu und Glauben und im Geiste der Zusammenarbeit eine rasche und gerechte Lösung auf der Grundlage des Völkerrechts zu erreichen.

Zu diesem Zweck werden sie Mittel wie Verhandlung, Untersuchung, Vermittlung, Vergleich, Schiedsspruch, gerichtliche Regelung oder andere friedliche Mittel eigener Wahl verwenden, einschließlich jedes Streitregelungsverfahrens, auf das sich die beteiligten Parteien vor Entstehen des Streitfalles geeinigt haben.

Sollte sich durch keines der vorgenannten friedlichen Mittel eine Lösung erzielen lassen, werden die an einem Streitfall beteiligten Parteien weiterhin nach einem gegenseitig zu vereinbarenden Weg zur friedlichen Regelung des Streitfalles suchen.

Teilnehmerstaaten, die Parteien eines zwischen ihnen bestehenden Streitfalles sind, sowie alle anderen Teilnehmerstaaten werden sich jeder Handlung enthalten, welche die Lage in einem solchen Maße verschärfen könnte, daß die Erhaltung des internationalen Friedens und der internationalen Sicherheit gefährdet und dadurch eine friedliche Regelung des Streitfalles erschwert wird.

VI. Nichteinmischung in innere Angelegenheiten

Die Teilnehmerstaaten werden sich ungeachtet ihrer gegenseitigen Beziehungen jeder direkten oder indirekten, individuellen oder kollektiven Einmischung in die inneren oder äußeren Angelegenheiten enthalten, die in die innerstaatliche Zuständigkeit eines anderen Teilnehmerstaates fallen.

Sie werden sich dementsprechend jeder Form der bewaffneten Intervention oder der Androhung einer solchen Intervention gegen einen anderen Teilnehmerstaat enthalten.

Sie werden sich gleichermaßen unter allen Umständen jeder militärischen wie auch politischen, wirtschaftlichen oder sonstigen Zwangsmaßnahme enthalten, die darauf gerichtet ist, ihrem eigenen Interesse die Ausübung der Rechte eines anderen Teilnehmerstaates, die dessen Souveränität innewohnen, unterzuordnen und sich damit Vorteile irgendwelcher Art zu verschaffen.

Dementsprechend werden sie sich unter anderem der direkten oder indirekten Unterstützung terroristischer Tätigkeiten oder subversiver oder anderer Tätigkeiten enthalten, die auf den gewaltsamen Umsturz des Regimes eines anderen Teilnehmerstaates gerichtet sind.

VII. Achtung der Menschenrechte und Grundfreiheiten, einschließlich der Gedanken-, Gewissens-, Religions- oder Überzeugungsfreiheit

Die Teilnehmerstaaten werden die Menschenrechte und Grundfreiheiten, einschließlich der Gedanken-, Gewissens-, Religions- oder Überzeugungsfreiheit für alle ohne Unterschied der Rasse, des Geschlechts, der Sprache oder der Religion achten.

Sie werden die wirksame Ausübung der zivilen, politischen, wirtschaftlichen, sozialen, kulturellen sowie der anderen Rechte und Freiheiten, die sich alle aus der dem Menschen innewohnenden Würde ergeben und für seine freie und volle Entfaltung wesentlich sind, fördern und ermutigen.

In diesem Rahmen werden die Teilnehmerstaaten die Freiheit des Individuums anerkennen und achten, sich allein oder in Gemeinschaft mit anderen zu einer Religion oder einer Überzeugung in Übereinstimmung mit dem, was sein Gewissen ihm gebietet, zu bekennen und sie auszuüben.

Die Teilnehmerstaaten, auf deren Territorium nationale Minderheiten bestehen, werden das Recht von Personen, die zu solchen Minderheiten gehören, auf Gleichheit vor dem Gesetz achten; sie werden ihnen jede Möglichkeit für den tatsächlichen Genuß der Menschenrechte und Grundfreiheiten gewähren und werden auf diese Weise ihre berechtigten Interessen in diesem Bereich schützen.

Die Teilnehmerstaaten anerkennen die universelle Bedeutung der Menschenrechte und Grundfreiheiten, deren Achtung ein wesentlicher Faktor für den Frieden, die Gerechtigkeit

und das Wohlergehen ist, die ihrerseits erforderlich sind, um die Entwicklung freundschaftlicher Beziehungen und der Zusammenarbeit zwischen ihnen sowie zwischen allen Staaten zu gewährleisten.

Sie werden diese Rechte und Freiheiten in ihren gegenseitigen Beziehungen stets achten und sich einzeln und gemeinsam, auch in Zusammenarbeit mit den Vereinten Nationen, bemühen, die universelle und wirksame Achtung dieser Rechte und Freiheiten zu fördern.

Sie bestätigen das Recht des Individuums, seine Rechte und Pflichten auf diesem Gebiet zu kennen und auszuüben.

Auf dem Gebiet der Menschenrechte und Grundfreiheiten werden die Teilnehmerstaaten in Übereinstimmung mit den Zielen und Grundsätzen der Charta der Vereinten Nationen und mit der Allgemeinen Erklärung der Menschenrechte handeln. Sie werden ferner ihre Verpflichtungen erfüllen, wie diese festgelegt sind in den internationalen Erklärungen und Abkommen auf diesem Gebiet, soweit sie an sie gebunden sind, darunter auch in den Internationalen Konventionen über die Menschenrechte.

VIII. Gleichberechtigung und Selbstbestimmungsrecht der Völker

Die Teilnehmerstaaten werden die Gleichberechtigung der Völker und ihr Selbstbestimmungsrecht achten, indem sie jederzeit in Übereinstimmung mit den Zielen und Grundsätzen der Charta der Vereinten Nationen und den einschlägigen Normen des Völkerrechts handeln, einschließlich jener, die sich auf die territoriale Integrität der Staaten beziehen.

Kraft des Prinzips der Gleichberechtigung und des Selbstbestimmungsrechts der Völker haben alle Völker jederzeit das Recht, in voller Freiheit, wann und wie sie es wünschen, ihren inneren und äußeren politischen Status ohne äußere Einmischung zu bestimmen und ihre politische, wirtschaftliche, soziale und kulturelle Entwicklung nach eigenen Wünschen zu verfolgen.

Die Teilnehmerstaaten bekräftigen die universelle Bedeutung der Achtung und der wirksamen Ausübung der Gleichberechtigung und des Selbstbestimmungsrechts der Völker für die Entwicklung freundschaftlicher Beziehungen zwischen ihnen sowie zwischen allen Staaten; sie erinnern auch an die Bedeutung der Beseitigung jeglicher Form der Verletzung dieses Prinzips.

IX. Zusammenarbeit zwischen den Staaten

Die Teilnehmerstaaten werden ihre Zusammenarbeit miteinander und mit allen Staaten in allen Bereichen gemäß den Zielen und Grundsätzen der Charta der Vereinten Nationen entwickeln. Bei der Entwicklung ihrer Zusammenarbeit werden die Teilnehmerstaaten besonderes Gewicht auf die Bereiche legen, so wie sie im Rahmen der Konferenz über Sicherheit und Zusammenarbeit in Europa festgelegt sind, wobei jeder von ihnen seinen Beitrag unter Bedingungen voller Gleichheit leistet.

Sie werden sich bei der Entwicklung ihrer Zusammenarbeit als Gleiche bemühen, gegenseitiges Verständnis und Vertrauen, freundschaftliche und gutnachbarliche Beziehungen untereinander, internationalen Frieden, internationale Sicherheit und Gerechtigkeit zu fördern. Sie werden sich gleichermaßen bemühen, bei der Entwicklung ihrer Zusammenarbeit das Wohlergehen der Völker zu verbessern und zur Erfüllung ihrer Wünsche beizutragen, unter anderem durch die Vorteile, die sich aus größerer gegenseitiger Kenntnis sowie dem Fortschritt und den Leistungen im wirtschaftlichen, wissenschaftlichen, technischen, sozialen, kulturellen und

humanitären Bereich ergeben. Sie werden Schritte zur Förderung von Bedingungen unternehmen, die den Zugang aller zu diesen Vorteilen begünstigen; sie werden das Interesse aller berücksichtigen, insbesondere das Interesse der Entwicklungsländer in der ganzen Welt, Unterschiede im Stand der wirtschaftlichen Entwicklung zu verringern.

Sie bestätigen, daß Regierungen, Institutionen, Organisationen und Personen eine relevante und positive Rolle zukommt, zur Erreichung dieser Ziele ihrer Zusammenarbeit beizutragen.

Sie werden bei der Verstärkung ihrer Zusammenarbeit wie oben dargelegt, danach streben, engere Beziehungen untereinander auf einer verbesserten und dauerhafteren Grundlage zum Nutzen der Völker zu entwickeln.

X. Erfüllung völkerrechtlicher Verpflichtungen nach Treu und Glauben

Die Teilnehmerstaaten werden ihre völkerrechtlichen Verpflichtungen nach Treu und Glauben erfüllen, und zwar jene Verpflichtungen, die sich aus den allgemein anerkannten Grundsätzen und Regeln des Völkerrechts ergeben, wie auch jene Verpflichtungen, die sich aus mit dem Völkerrecht übereinstimmenden Verträgen oder sonstigen Abkommen, deren Vertragspartei sie sind, ergeben.

Bei der Ausübung ihrer souveränen Rechte, einschließlich des Rechtes, ihre Gesetze und Verordnungen zu bestimmen, werden sie ihren rechtlichen Verpflichtungen aus dem Völkerrecht entsprechen; sie werden ferner die Bestimmungen der Schlußakte der Konferenz über Sicherheit und Zusammenarbeit in Europa gebührend berücksichtigen und durchführen.

Die Teilnehmerstaaten bestätigen, daß im Falle eines Widerspruchs zwischen den Verpflichtungen der Mitglieder der Vereinten Nationen aus der Charta der Vereinten Nationen und ihren Verpflichtungen aus irgendeinem Vertrag oder sonstigen internationalen Abkommen ihre Verpflichtungen aus der Charta der Vereinten Nationen gemäß ihrem Artikel 103 Vorrang haben.

Alle die vorstehend aufgeführten Prinzipien sind von grundlegender Bedeutung und werden folglich gleichermaßen und vorbehaltlos angewendet, wobei ein jedes von ihnen unter Beachtung der anderen ausgelegt wird.

Die Teilnehmerstaaten erklären ihre Entschlossenheit, diese Prinzipien, so wie sie in der vorliegenden Erklärung dargelegt sind, voll in allen Aspekten in ihren gegenseitigen Beziehungen und ihrer Zusammenarbeit zu achten und anzuwenden, um jedem Teilnehmerstaat die Vorteile zu sichern, die sich aus der Achtung und der Anwendung dieser Prinzipien durch alle ergeben.

Indem die Teilnehmerstaaten die vorstehenden Prinzipien gebührend berücksichtigen, insbesondere den ersten Satz des zehnten Prinzips, „Erfüllung völkerrechtlicher Verpflichtungen nach Treu und Glauben", stellen sie fest, daß die vorliegende Erklärung weder ihre Rechte und Verpflichtungen noch die diesbezüglichen Verträge und Abkommen und Abmachungen berührt.

Die Teilnehmerstaaten geben der Überzeugung Ausdruck, daß die Achtung dieser Prinzipien die Entwicklung normaler und freundschaftlicher Beziehungen und den Fortschritt der Zusammenarbeit zwischen ihnen auf allen Gebieten fördern wird. Ferner geben sie der Überzeugung Ausdruck, daß die Achtung dieser Prinzipien die Entwicklung politischer Kontakte zwi-

schen ihnen begünstigen wird, die ihrerseits zum besseren Verständnis ihrer Standpunkte und Auffassungen beitragen würde.

Die Teilnehmerstaaten erklären ihre Absicht, ihre Beziehungen zu allen anderen Staaten im Geiste der in dieser Erklärung enthaltenen Prinzipien zu gestalten.

Quelle: Presse- und Informationsamt der Bundesregierung, Dokumentation zur Ostpolitik der Bundesregierung, 13. Auflage, 1990, S. 157 ff.

X/14 Budapester Treffen der Staats- und Regierungschefs der Teilnehmerstaaten der KSZE vom 6. Dezember 1994 — Auszüge

a.) Gipfelerklärung von Budapest

1.

Wir, die Staats- und Regierungschefs der Teilnehmerstaaten der Konferenz über Sicherheit und Zusammenarbeit in Europa, sind in Budapest zusammengekommen, um gemeinsam die jüngere Vergangenheit zu bewerten, die Gegenwart zu betrachten und einen Blick in die Zukunft zu werfen. Wir tun dies am Vorabend des 50. Jahrestags des Endes des Zweiten Weltkriegs und des 20. Jahrestags der Unterzeichnung der Schlußakte von Helsinki sowie im Gedenken an den 5. Jahrestag des Falls der Berliner Mauer.

2.

Wir glauben an die zentrale Rolle der KSZE beim Aufbau einer sicheren und stabilen, von Einheit und Freiheit geprägten KSZE-Gemeinschaft. Wir bekräftigen die Prinzipien der Schlußakte von Helsinki und der nachfolgenden KSZE-Dokumente. Diese bringen die gemeinsamen Werte zum Ausdruck, von denen wir und, einzeln und gemeinsam, in unserer Politik in allen Organisationen und Institutionen, denen wir angehören, leiten lassen.

3.

Die KSZE ist die Sicherheitsstruktur, die Staaten von Vancouver bis Wladiwostok umspannt. Wir sind entschlossen, der KSZE eine neue politische Dynamik zu verleihen, um sie auf diese Weise in die Lage zu versetzen, bei der Bewältigung der Herausforderungen des einundzwanzigsten Jahrhunderts eine maßgebliche Rolle zu spielen. Um diese Entschlossenheit zum Ausdruck zu bringen, wird die KSZE künftig den Namen Organisation für Sicherheit und Zusammenarbeit in Europa (OSZE) tragen.

4.

Die KSZE hat eine wesentliche Rolle bei der Überwindung von Schranken und bei der Bewältigung des Wandels in unserer gesamten Region gespielt. Seit unserem letzten Treffen hat es weitere ermutigende Entwicklungen gegeben. Die meisten Spuren des kalten Krieges sind verweht. Freie Wahlen sind abgehalten worden und die Demokratie hat immer weitere und tiefe-

re Wurzeln geschlagen. Doch der Weg zu einer stabilen Demokratie, einer gut funktionieren-den Marktwirtschaft und sozialer Gerechtigkeit ist steinig.

5.

Die Ausbreitung der Freiheiten ging einher mit der Entstehung neuer und dem Wiederaufle-ben alter Konflikte. In der KSZE-Region wird im Streben nach Hegemonie und territorialer Expansion weiterhin Krieg geführt. Menschenrechte und Grundfreiheiten werden noch im-mer mit Füßen getreten, Intoleranz dauert an und Minderheiten werden nach wie vor diskri-miniert. Aggressiver Nationalismus, Rassismus, Chauvinismus, Fremdenfeindlichkeit, Antise-mitismus und ethnische Spannungen geißeln uns immer noch in starkem Maße. Dies sind, zu-sammen mit der sozialen und wirtschaftlichen Instabilität, die Hauptursachen für Krisen, Tod und menschliches Elend. Dies macht deutlich, daß es nicht gelungen ist, die KSZE-Prinzipien und -Verpflichtungen umzusetzen. In dieser Situation sind wir gefordert, entschlossen zu han-deln. Um das Leid zu mildern, müssen wir gemeinsam sicherstellen, daß diese Prinzipien und Verpflichtungen in vollem Umfang geachtet werden, daß wirksame Solidarität geübt und daß zusammengearbeitet wird.

6.

Wir erkennen, daß die Gesellschaften in der KSZE-Region immer stärker durch den Terroris-mus bedroht sind. Wir bekräftigen unsere uneingeschränkte Verurteilung aller Akte und Prak-tiken des Terrorismus, die unter keinen Umständen zu rechtfertigen sind. Wir unterstreichen erneut unsere Entschlossenheit, den Terrorismus zu bekämpfen, sowie unser Bekenntnis zu ei-ner verstärkten Zusammenarbeit, um diese Bedrohung der Sicherheit der Demokratie und der Menschenrechte zu beseitigen.

7.

Die KSZE wird ein Forum sein, in dem die Anliegen der Teilnehmerstaaten erörtert, ihre Si-cherheitsinteressen gehört und entsprechend umgesetzt werden. Wir werden ihre Rolle als In-strument zur Einbindung dieser Staaten bei der Bewältigung von Sicherheitsproblemen weiter stärken. Durch die KSZE werden wir eine echte Sicherheitspartnerschaft zwischen allen Teil-nehmerstaaten aufbauen, ungeachtet dessen, ob diese auch anderen Sicherheitsorganisationen angehören oder nicht. Wir werden uns dabei von dem umfassenden Sicherheitskonzept der KSZE und der Unteilbarkeit der Sicherheit leiten lassen, wie auch von unserer Verpflichtung, einzelstaatliche Sicherheitsinteressen nicht auf Kosten anderer zu verfolgen. Die demokrati-schen Werte der KSZE sind von grundlegender Bedeutung für unser Ziel einer Staatengemein-schaft ohne alte oder neue Teilungen, in der die souveräne Gleichheit und die Unabhängigkeit aller Staaten in vollem Umfang geachtet werden, in der es keine Einflußsphären gibt und in der die Menschenrechte und die Grundfreiheiten aller, ungeachtet von Rasse, Hautfarbe, Ge-schlecht, Sprache, Religion, sozialer Herkunft oder der Zugehörigkeit zu einer Minderheit nachdrücklich geschützt werden.

8.

Die KSZE wird eines der Hauptinstrumente zur Frühwarnung, Konfliktverhütung und Kri-senbewältigung in der Region sein. Wir sind übereingekommen, daß die Teilnehmerstaaten in Ausnahmefällen gemeinsam beschließen können, den Sicherheitsrat der Vereinten Nationen im Namen der KSZE mit einem Streitfall zu befassen. Wir haben darüber hinaus beschlossen, eine systematischere und praktischere Zusammenarbeit zwischen KSZE und europäischen

und anderen regionalen und transatlantischen Organisationen und Institutionen zu pflegen, die die Werte und Ziele der KSZE teilen.

9.

Die KSZE hat neue Instrumente zur Bewältigung neuer Herausforderungen geschaffen. In dieser Hinsicht begrüßen wir das Inkrafttreten des Übereinkommens über Vergleichs- und Schiedsverfahren innerhalb der KSZE. Wir werden die Rolle und die Fähigkeiten der KSZE im Hinblick auf Frühwarnung, Konfliktverhütung und Krisenbewältigung unter anderem durch Nutzung friedenserhaltender Operationen und Missionen der KSZE weiter stärken. Wir werden der KSZE in ihren Bemühungen fortdauernde politische Unterstützung sowie angemessene Ressourcen gewähren. Wir sind übereingekommen, die politischen Beratungs- und Beschlußfassungsgremien der KSZE sowie deren exekutive Maßnahme durch den amtierenden Vorsitzenden mit Unterstützung der Troika sowie sonstige KSZE-Verfahren und -Institutionen, insbesondere den Generalsekretär und das Sekretariat, den Hohen Kommissar für nationale Minderheiten und das Büro für demokratische Institutionen und Menschenrechte zu stärken. Wir haben auch beschlossen, unsere Kontakte und den Dialog mit der Parlamentarischen Versammlung der KSZE zu verstärken.

10.

In Weiterführung der Rolle der KSZE im Hinblick auf Normsetzung haben wir einen „Verhaltenskodex zu politisch-militärischen Aspekten der Sicherheit" ausgearbeitet, der unter anderem Prinzipien für die Rolle von Streitkräften in demokratischen Gesellschaften enthält.

11.

Wir begrüßen die Annahme substantieller Maßnahmen, einschließlich eines neuen, weiterentwickelten Wiener Dokuments 1994, durch das KSZE-Forum für Sicherheitskooperation. Eine Zusammenstellung einschlägiger Maßnahmen ist Beschluß VI des Budapester Dokuments beigefügt. Um der Rüstungskontrolle, der Abrüstung und der Vertrauens- und Sicherheitsbildung über frühere Beschlüsse und Vereinbarungen hinaus neue Impulse zu verleihen, haben wir das Forum angewiesen, seine Arbeit gemäß seinem Mandat fortzusetzen und einen Rahmen auszuarbeiten, der als Grundlage für ein Programm zur Schaffung neuer Rüstungskontrollmaßnahmen dienen wird, einschließlich insbesondere die Vertrauens- und Sicherheitsbildung. Wir haben es auch damit beauftragt, sich mit konkreten regionalen Sicherheitsproblemen zu befassen und dabei besonderen Wert auf längerfristige Stabilität in Südosteuropa zu legen.

12.

In Anbetracht der neuen Bedrohungen durch die Verbreitung von Massenvernichtungswaffen haben wir grundlegende Prinzipien vereinbart, die uns und unsere einzelstaatliche Politik leiten und uns auf unsere gemeinsamen Ziele der Nichtverbreitung hinführen sollten. Wir legen ein festes Bekenntnis zur uneingeschränkten Erfüllung sowie zur unbefristeten und bedingungslosen Verlängerung des Vertrags über die Nichtverbreitung von Kernwaffen ab. Wir begrüßen die jüngsten Erklärungen der vier Kernwaffenstaaten in der KSZE-Region in bezug auf Kernwaffentests, da diese mit der Aushandlung eines umfassenden Kernwaffen-Teststoppvertrags in Einklang stehen. Wir fordern alle Unterzeichnerstaaten des Übereinkommens über das Verbot der Entwicklung, der Produktion, der Lagerung und des Einsatzes chemischer Waffen und über deren Vernichtung auf, das Ratifizierungsverfahren so rasch wie möglich abzu-

schließen. Wir betonen ferner die Bedeutung eines frühzeitigen Inkrafttretens und einer raschen Umsetzung des Vertrags über den Offenen Himmel.

13.

Im Lichte des fortwährenden raschen Wandels erachten wir es für wichtig, auf der Grundlage der KSZE-Prinzipien und -Verpflichtungen Diskussionen über ein Modell für eine gemeinsame und umfassende Sicherheit in unserer Region im einundzwanzigsten Jahrhundert aufzunehmen. Im Rahmen dieser Diskussionen wird dem Beitrag der KSZE zur Sicherheit, Stabilität und Zusammenarbeit Rechnung getragen. Der amtierende Vorsitzende wird dem Ministerrat auf seinem nächsten Treffen in Budapest 1995 einen Tätigkeitsbericht vorlegen. Die Ergebnisse der Diskussionen über ein solches Sicherheitsmodell werden auf unserem nächsten Gipfeltreffen in Lissabon 1996 vorgelegt.

14.

Wir bekräftigen die Bedeutung der menschlichen Dimension für sämtliche Aktivitäten der KSZE. Die Achtung der Menschenrechte und Grundfreiheiten, der Demokratie und Rechtsstaatlichkeit ist ein wesentlicher Bestandteil der Sicherheit und der Zusammenarbeit in der KSZE-Region. Sie muß eines der vorrangigen Ziele der Tätigkeit der KSZE bleiben. Regelmäßige Überprüfungen der Durchführung unserer Verpflichtungen, die in der gesamten KSZE von grundlegender Bedeutung sind, sind im Bereich der menschlichen Dimension absolut erforderlich. Das Büro für demokratische Institutionen und Menschenrechte wird auf der Grundlage seiner erweiterten Fähigkeiten die Teilnehmerstaaten auch weiterhin unterstützen, insbesondere diejenigen im Übergang. Wir unterstreichen die Bedeutung menschlicher Kontakte im Hinblick auf die Bewältigung des Erbes alter Teilungen.

15.

Wir sind uns dessen bewußt, daß Marktwirtschaft und eine nachhaltige wirtschaftliche Entwicklung Bestandteil des umfassenden Sicherheitskonzepts der KSZE sind. Wir ermutigen zur Stärkung der Zusammenarbeit, um den Übergangsprozeß, die regionale Zusammenarbeit und eine verantwortungsvolle Umweltpolitik zu unterstützen. Wir begrüßen die Rolle der einschlägigen internationalen Organisationen und Institutionen, wie etwa der Wirtschaftskommission der Vereinten Nationen für Europa, der OECD, der Europäischen Bank für Wiederaufbau und Entwicklung (EBRD) und der Europäischen Investitionsbank (EIB), die diese bei der Unterstützung der vorrangigen Aufgaben in der wirtschaftlichen Dimension der KSZE spielen. Wir verpflichten uns, das Wirtschaftsforum und die anderen Aktivitäten der KSZE im Rahmen der wirtschaftlichen Dimension wirksamer zu gestalten. Wir ersuchen den amtierenden Vorsitzenden, zu erkunden, wie Fragen der wirtschaftlichen Dimension in die von der KSZE zu bewältigenden Aufgaben einbezogen werden können, und auf unserem nächsten Gipfeltreffen einen Tätigkeitsbericht vorzulegen.

16.

Wir begrüßen die Erklärung von Paris, die den auf die Errichtung eines Stabilitätspakts ausgerichteten Prozeß eingeleitet hat, sowie die darin zum Ausdruck gebrachte Absicht, die KSZE damit zu beauftragen, die Umsetzung des Pakts zu verfolgen.

17.

Die Stärkung der Sicherheit und der Zusammenarbeit im Mittelmeerraum ist für die Stabilität in der KSZE-Region von Bedeutung. Wir begrüßen die im Hinblick auf den Frieden im Nahen Osten erzielten Fortschritte und deren positive Auswirkungen auf die Sicherheit in Europa. Die gemeinsam von Ägypten, Algerien, Israel, Marokko und Tunesien bezüglich der Beziehungen zwischen der KSZE und den Mittelmeerstaaten zum Ausdruck gebrachte Haltung ermutigt uns, die seit langem bestehende Beziehung zwischen der KSZE und den nichtteilnehmenden Mittelmeerstaaten zu vertiefen und die Zusammenarbeit zwischen ihnen zu verstärken.

18.

Wir vermerken mit Genugtuung die Entwicklung unserer Beziehung zu Japan. Wir begrüßen das Interesse der Republik Korea, die zum ersten Mal einem Gipfeltreffen der KSZE bewohnte, und anderer Staaten an den Erfahrungen und an der Tätigkeit der KSZE und bekunden unsere Bereitschaft, mit ihnen in Bereichen von beiderseitigem Interesse zusammenzuarbeiten.

19.

Auf dem Weg zu echter Partnerschaft in einem neuen Zeitalter haben wir heute die Beschlüsse von Budapest angenommen, die wir vollständig und nach Treu und Glauben durchführen werden.

20.

Wir betrauen den Ministerrat mit den weiteren Schritten, die zu ihrer Durchführung erforderlich sein können. Der Rat kann jede Änderung der Beschlüsse vornehmen, die er für angemessen hält.

21.

Der volle Wortlaut des Budapester Dokuments wird in jedem Teilnehmerstaat veröffentlicht; dieser wird ihn so umfassend wie möglich bekanntmachen.

22.

Die Regierung Ungarns wird ersucht, dem Genaralsekretär der Vereinten Nationen den Wortlaut des Budapester Dokuments, das für eine Registrierung nach Artikel 102 der Charta der Vereinten Nationen nicht in Betracht kommt, zur Weiterleitung an alle Mitglieder der Organisation als offizielles Dokument der Vereinten Nationen zu übermitteln.

Budapest, 6. Dezember 1994

b.) Beschlüsse von Budapest

I. Stärkung der KSZE

1. Das neue Zeitalter der Sicherheit und Zusammenarbeit in Europa hat zu einem grundlegenden Wandel in der KSZE und zu einer dramatischen Stärkung ihrer Rolle im Hinblick auf die Gestaltung unseres gemeinsamen Sicherheitsgebiets geführt. Um dies zum Ausdruck zu bringen, wird die KSZE künftig unter dem Namen Organisation für Sicherheit und Zusammenarbeit in Europa (OSZE) bekannt sein. Der Namenswechsel gilt ab dem 1. Januar 1995. Von diesem Zeitpunkt an werden alle Bezugnahmen auf die KSZE künftig als Bezugnahme auf die OSZE betrachtet.

2. Die Teilnehmerstaaten sind entschlossen, das Potential der KSZE in vollem Umfang auszuschöpfen, und sind in diesem Geiste über folgende Zielsetzungen übereingekommen sowie über strukturelle Veränderungen, die erforderlich sind, um die KSZE zu stärken und so effektiv wie möglich zu gestalten. Sinn und Zweck dieser Bemühungen ist es, den Beitrag der KSZE zur Sicherheit, Stabilität und Zusammenarbeit in der KSZE-Region zu verstärken, so daß diese bei der Förderung eines gemeinsamen Sicherheitsraums auf der Grundlage der Prinzipien der Schlußakte von Helsinki eine zentrale Rolle übernimmt.

3. Die Staats- und Regierungschefs haben verfügt, daß die KSZE künftig unter anderem folgende Rolle und folgende Aufgaben wahrnehmen wird: Sie wird

4. — bei der Gestaltung eines gemeinsamen Sicherheitsraums von ihren Normen und Standards umfassenden Gebrauch machen;

5. — die umfassende Durchführung aller KSZE-Verpflichtungen gewährleisten;

6. — auf der Grundlage der Konsensregeln als übergeordnetes und umfassendes Forum für Konsultation, Entscheidungsfindung und Zusammenarbeit in Europa dienen;

7. — durch die Förderung des Abschlusses bilateraler, regionaler und möglicher das ganze KSZE-Gebiet umfassender Vereinbarungen zwischen den Teilnehmerstaaten gutnachbarliche Beziehungen stärken;

8. — die Fähigkeit der KSZE zur vorbeugenden Diplomatie sowie ihre diesbezügliche Tätigkeit weiter stärken;

9. — ihre Prinzipien fördern und ihre Fähigkeiten zur Konfliktlösung, Krisenbewältigung und Friedenserhaltung sowie zur Rehabilitation in der Zeit nach Konflikten entwickeln, unter anderem durch die Unterstützung des Wiederaufbaus;

10. — die Sicherheit und die Stabilität durch Rüstungskontrolle, Abrüstung sowie Vertrauens- und Sicherheitsbildung in der KSZE-Region insgesamt und auf regionaler Ebene fördern;

11. — die Arbeit der KSZE im Bereich der Menschenrechte und Grundfreiheiten sowie in anderen Bereichen der menschlichen Dimension weiterentwickeln;

12. — die Zusammenarbeit unter den Teilnehmerstaaten fördern, um in der ganzen KSZE-Region starke Marktwirtschaften zu errichten;

13. — unter Berücksichtigung des gesamten Spektrums ihrer Verantwortlichkeiten, die sich nach der Annahme der Schlußakte von Helsinki entwickelt haben, die Aktivitäten und Fähigkeiten der KSZE zur Problemlösung weiter stärken, um sich den neuen Herausforderungen und Risiken stellen zu können.

14. Um diese Ziele zu erreichen, wird die KSZE ihre Aufgabe folgendermaßen wahrnehmen:

15. Das nächste Treffen der Staats- und Regierungschefs wird 1996 in Lissabon im Anschluß an ein Vorbereitungstreffen stattfinden. Das Gipfeltreffen wird über die Häufigkeit künftiger Gipfeltreffen entscheiden.

16. Der Ministerrat (vormals der Rat der KSZE) wird als das zentrale beschlußfassende und lenkende Gremium der KSZE in der Regel gegen Ende der Amtsperiode jedes Vorsitzenden auf Außenministerebene zusammentreten.

17. Der Hohe Rat (anstelle des Ausschusses Hoher Beamter) wird mindestens zweimal jährlich in Prag zusammentreten. Ein zusätzliches Treffen wird vor dem Treffen des Ministerrats stattfinden. Der Hohe Rat wird grundsatzpolitische und allgemeine haushaltspolitische Richtlinien erörtern und vorgeben. Es wird angeregt, daß die Teilnehmerstaaten auf der Ebene der politischen Direktoren oder einer entsprechenden Ebene vertreten sind. Der Hohe Rat wird auch als Wirtschaftsforum einberufen.

18. Der Ständige Rat (vormals der Ständige Ausschuß) wird das reguläre, für die politische Konsultation und Entscheidungsfindung zuständige Gremium sein. Er kann auch aus Dringlichkeitsgründen einberufen werden. Er wird in Wien zusammentreten und sich aus den ständigen Vertretern der Teilnehmerstaaten zusammensetzen.

19. Die übergreifende Verantwortung für exekutive Maßnahmen wird weiterhin der amtierende Vorsitzende tragen. Dieser wird sein Mandat auch weiterhin in vollem Umfang nutzen, unter anderem durch die Entsendung persönlicher Vertreter. Der amtierende Vorsitzende wird durch die Troika unterstützt. Die Amtszeit des Vorsitzenden beträgt normalerweise ein Kalenderjahr.

20. Der Generalsekretär wird sein Mandat auch weiterhin in vollem Umfang nutzen und zur Unterstützung des amtierenden Vorsitzenden aktiver in alle Aspekte der Verwaltung der KSZE eingebunden sein. Er nimmt an den Ministertreffen der Troika teil.

21. Der Hohe Kommissar für nationale Minderheiten wird in der Weiterführung seiner Tätigkeit unterstützt und seine Ressourcen werden aufgestockt. Die Teilnehmerstaaten werden sich verstärkt darum bemühen, seine Empfehlungen umzusetzen.

22. Die KSZE-Missionen werden in ihrer Tätigkeit durch den Ständigen Rat politisch sowie im Hinblick auf die praktische Umsetzung unterstützt. Um die Erfüllung ihrer Aufgaben zu gewährleisten, werden sich die Teilnehmerstaaten zur Bereitstellung der notwendigen menschlichen und finanziellen Ressourcen verpflichten.

23. Das Büro für demokratische Institutionen und Menschenrechte der KSZE wird im Hinblick auf seine bedeutende Rolle im Rahmen von KSZE-Aktivitäten gestärkt.

24. Der amtierende Vorsitzende wird auch weiterhin enge Kontakte und einen aktiven Dialog mit der Parlamentarischen Versammlung (PV) pflegen. Er wird die Empfehlungen der PV dem Ständigen Rat unterbreiten und die PV über die Aktivitäten der KSZE informieren.

25. Das gegenwärtige Verfahren der Überprüfung der Durchführung aller KSZE-Verpflichtungen wird beibehalten. Das jedem Gipfeltreffen vorausgehende Überprüfungstreffen wird in Wien stattfinden.

26. Die KSZE wird die Zusammenarbeit mit den Vereinten Nationen und mit europäischen und anderen regionalen und transatlantischen Organisationen verstärken und dabei Doppelarbeit vermeiden. Als Teilnehmer an einer regionalen Abmachung nach Kapitel VIII der Char-

ta der Vereinten Nationen werden Die KSZE-Teilnehmerstaaten alle erdenklichen Bemühungen unternehmen, um örtlich begrenzte Streitigkeiten einer friedlichen Regelung zuzuführen, bevor sie den Sicherheitsrat der Vereinten Nationen mit diesen befassen.

27. Als umfassende Rahmenstruktur für die Sicherheit wird die KSZE bereit sein, als Sammelstelle für frei ausgehandelte bilaterale und multilaterale Vereinbarungen und Übereinkünfte zu fungieren, sowie deren Umsetzung, falls von den Parteien gewünscht, zu verfolgen.

28. Der amtierende Vorsitzende wird bis zum Treffen des Rates in Budapest 1995 einen konsolidierten Text über die die KSZE-Strukturen und -Institutionen betreffenden Beschlüsse vorbereiten.

29. Durch den Namenswechsel von KSZE zu OSZE ändert sich weder der Charakter unserer KSZE-Verpflichtung noch der Status der KSZE und ihrer Institutionen. Die KSZE wird in ihrer organisatorischen Entwicklung flexibel und dynamisch bleiben. Sie wird ihre Arbeit zu Fragen der künftigen institutionellen Entwicklung der KSZE fortsetzen, einschließlich der Stärkung und Rationalisierung ihrer Instrumente und Mechanismen. Die KSZE wird ihre Zielsetzungen, ihre Aktivitäten und ihren strukturellen Rahmen regelmäßig überprüfen. Die KSZE wird die Umsetzung der vom Rat in Rom getroffenen Beschlüsse über Rechtsfähigkeit sowie über Vorrechte und Immunitäten überprüfen und gegebenenfalls die Möglichkeit weiterer Abmachungen rechtlicher Art prüfen. Die Teilnehmerstaaten werden darüber hinaus Möglichkeiten untersuchen, ihre Verpflichtungen in ihre jeweilige innerstaatliche Gesetzgebung zu überführen und, falls angebracht, Verträge abzuschließen.

Quelle: Bulletin des Presse- und Informationsamtes der Bundesregierung, 1994, Nr. 120, Sicherheit. 1097 ff.

X/15 Deutsches Personal bei internationalen Organisationen — Stand: 1996

	Besetzte Stellen insgesamt	davon Deutsche	Anteil in %
Vereinte Nationen davon:	18 296	724	3,96
⇒ VN-Sekretariat (einschl. Unterorgane und Hilfswerke etc.)	(6 447)	(262)	(4,1)
⇒ VN-Sonderorganisationen	(4 747)	(221)	(4,7)
⇒ Autonome Organisationen (IAEO, WTO)	(825)	(48)	(5,8)
⇒ Finanz- und Bankinstitute (IWF, Weltbankgruppe)	(6 277)	(194)	(3,1)
Koordinierte Organisationen (ESA, Europarat, OECD, WEU, internationaler Stab der NATO)	2 885	448	15,5
Europäische Union	7 722	1 020	13,2
Sonstige Organisationen (CERN, EBWE, EMBL, EPA, ESO, EUROCONTROL, ION, OSZE, OVCW Regionale Entwicklungsbanken, Satellitenorganisationen)	7 317	959	13,1
	36 220	3 151	8,7

Quelle: Laut Auskunft des Auswärtigen Amtes.

X/16 Auslandsreisen des Bundeskanzlers

1989	1990	1991	1992	1993	1994	1995
Februar: Sevilla (Dt.-span Konsultationen)	Januar: Frankreich	Februar: Paris	Februar: Ungarn	Januar: Niederlande	Januar: Brüssel (NATO-Gipfel)	Februar: USA
März: Den Haag (Umweltgipfel)	Februar: Schweiz	April: Luxemburg (Sondertagung des Europäischen Rates)	Februar: CSFR	Februar: Straßburg	Januar: Washington	März: Kopenhagen (VN-Sozialgipfel)
April: Paris (Treffen mit EG-Präsident Delors)	Februar: Sowjetunion	April: Paris	März: USA	Februar/März: Indien, Singapore, Indonesien, Japan, Korea, Russische Föderation	April: Ungarn	Mai: London, Paris, Moskau (50. Jahrestag des Endes des II. Weltkriegs)
April: Schweiz	Februar: Paris	Mai: Lanzarote (Dt.-span. Konsultationen)	Mai: New York	März: USA	April: London (Dt.-brit. Konsultationen)	Mai: Niederlande
April: Paris (Dt.-frz. Konsultationen)	Februar: Camp David	Mai: USA	Mai: La Rochelle (Dt.-frz. Konsultationen)	Mai: Türkei	Mai: Heiliger Stuhl	Juni: Ägypten, Jordanien, Israel
Mai: Rom	März: Brüssel (NATO)	Mai: Edinburgh (Ehrendoktor der Universität Edinburgh)	Juni: New York	Juni: Beaune (Dt.-frz. Konsultationen)	Mai: Mulhouse (Dt.-frz. Konsultationen)	Juni: Halifax (G7-Gipfel)
Mai: Brüssel (NATO)	März: Brüssel (EG-Kommission)	Mai: Griechenland	Juni: Rio de Janeiro (Umweltgipfel)	Juni: Ukraine, Bulgarien	Juni: Chicago	Juni: Cannes (Europäischer Rat)
Juni: New York	März: Cambridge (Dt.-brit. Konsultationen)	Mai: Lille (Dt.-frz. Konsultationen)	Juni: Zürich	Juni: Kopenhagen (Europäischer Rat)	Juni: Korfu (EU-Rat)	Juli: Polen
Juni: Madrid (Europäischer Rat)	April: Paris (Dt.-frz. Konsultationen)	Juni: Chequers (Dt.-brit. Konsultationen)	Juni: Lissabon (Europäischer Rat)	Juli: Tokio (Weltwirtschaftsgipfel)	Juli: Neapel (Weltwirtschaftsgipfel)	Juli: Straßburg (Dt.-frz. Gipfel)
Juli: Paris (Wirtschaftsgipfel)	April: Dublin (Sondertagung des Europäischen Rats)	Juni: Luxemburg	Juli: Helsinki (KSZE-Gipfel)	Juli: Irkutsk/Russische Föderation	Juli: Brüssel (Sondertagung des Europäischen Rats)	Juli: Santiago de Compostela Dt.-span. Gipfel)

1989	1990	1991	1992	1993	1994	1995
November: Polen	Mai: Washington	Juni: Paris	September: Florenz (Dt.-ital. Konsultationen)	September: Schweden	Dezember: Budapest (KSZE-Gipfel)	September: Rußland
Dezember: Brüssel (NATO)	Juni: USA	Juni: Luxemburg (Europäischer Rat)	September: Luxemburg	September: Paris	Dezember: Straßburg (Plenarsitzung des EU-Parlaments)	September: Südafrika, Namibia, Niger (Zwischenaufenthalt)
Dezember: Straßburg (Europäischer Rat)	Juni: Dublin (Europäischer Rat)	Juli: Kiew	Oktober: Birmingham (Europäischer Rat)	Oktober: Wien (Europaratsgipfel)		September: Mallorca (informeller EU-Gipfel)
Dezember: Basel	Juli: London (NATO-Gipfel)	Juli: London (Weltwirtschaftsgipfel)	November: London (Dt.-brit. Konsultationen)	Oktober: Brüssel (Sondertagung Europäischer Rat)		September: Straßburg (Parlamentarische Versammlung des Europarats)
Dezember: Ungarn	Juli: Houston (Wirtschaftsgipfel)	September: USA	Dezember: Edinburgh (Europäischer Rat)	November: China, Hongkong		November: China, Vietnam, Singapore
	Juni: Sowjetunion	Oktober: Chile, Brasilien	Dezember: Rußland	November: Granada (Dt.-span. Konsultationen)		Dezember: Madrid (Europäischer Rat)
	Oktober: Venedig (Dt.-ital. Konsultationen)	November: Rom (NATO-Gipfel)		Dezember: Treffen mit StP Jelzin (Europäischer Rat)		
	Oktober: Rom (Sondertagung des Europäischen Rats)	November: Straßburg				
	November: Paris (KSZE-Gipfel)	Dezember: Maastricht (Europäischer Rat)				
	Dezember: Paris					
	Dezember: Rom (Europäischer Rat)					

Quelle: Laut Auskunft des Auswärtigen Amtes.

X/17 Verzeichnis der Kooperationsvereinbarungen des Landes Baden-Württemberg — Interregionale Zusammenarbeit

Stand: 8. 3. 1996

a.) Völkerrechtlich unverbindliche Absprachen

Multilaterale Zusammenarbeit

10. Dezember 1987	Gemeinsame Erklärung des Landes Baden-Württemberg, der Region Alsace, des Kantons Basel-Stadt und des Kantons Basel-Landschaft anläßlich des 3. Symposiums „Universitäten und Regionen" am 10./11. Dezember 1987 in Basel.

Bilaterale Zusammenarbeit

Rhône-Alpes, Katalonien und der Lombardei

Rhône-Alpes

I.1	17. Juni 1986	Gemeinsame Erklärung von Ministerpräsident Späth und dem Präsidenten des Conseil Régional Rhône-Alpes, Charles Béraudier
I.2	28. Oktober 1987	Gemeinsame Erklärung der Präsidenten über bilaterale Kooperationsprojekte
I.3	13. November 1989	Vereinbarung zwischen dem Staatsrat für Kunst des Landes Baden-Württemberg und dem Bevollmächtigten der Region Rhône-Alpes für kulturelle Angelegenheiten über die Intensivierung der Zusammenarbeit im Bereich der Kultur

Katalonien

I.4	08. Februar 1988	Vereinbarung über die Zusammenarbeit in der beruflichen Bildung zwischen dem Ministerium für Kultus und Sport Baden-Württemberg und dem Erziehungsministerium Kataloniens
I.5	03. November 1988	Gemeinsame Erklärung von Ministerpräsident Späth und dem Präsidenten der Generalitat de Catalunya, Jordi Pujol
I.6	20. Juni 1989	Gemeinsame Erklärung über die Intensivierung der Zusammenarbeit im Bereich der Kultur zwischen dem Staatsrat für Kunst des Landes Baden-Württemberg und dem Ministerium für Kultur Kataloniens

I.7	03. Mai 1990	Vereinbarung eines bilateralen Arbeitsprogramms durch die „Gemeinsame Arbeitsgruppe"
I.8	27. März 1991	Gemeinsame Erklärung von Ministerpräsident Teufel und dem Präsidenten der Generalitat de Catalunya, Jordi Pujol
I.9	30. April 1991	Gemeinsame Erklärung zwischen dem Ministerium für Ländlichen Raum, Ernährung, Landwirtschaft und Forsten Baden-Württemberg und dem Ministerium für Landwirtschaft, Viehzucht und Fischfang der Region Katalonien über die weitere Vertiefung der Beziehungen in den Bereichen Landwirtschaft und Ländlicher Raum
I.10	22. Mai 1991	Vertrag zwischen dem Land Baden-Württemberg und der Comunitat Autonoma de Catalunya zum Schutz sowie der Wiederherstellung und Regenerierung des teilweisen Naturschutzgebietes des Delta de Llobregat
	29. Mai 1991	Vertrag zwischen der Stiftung Naturschutzfonds Baden-Württemberg beim Ministerium für Umwelt und der Stiftung Europäisches Naturerbe über die Durchführung des Naturschutz-Modellprojekts „Llobregat-Delta"
I.11	12. Juli 1991	Kommuniqué und Arbeitsprogramm der Sitzung der Gemeinsamen Arbeitsgruppe Baden-Württemberg/Katalonien im Juli 1991 in Stuttgart

Lombardei

I.12	30. Mai 1988	Gemeinsame Erklärung von Ministerpräsident Späth und dem Präsidenten der Giunta Regionale der Lombardei, Bruno Tabacci
I.13	11. Juli 1989	Vereinbarung eines bilateralen Arbeitsprogramms durch die „Gemeinsame Arbeitsgruppe"

Arbeitsgemeinschaft „Vier Motoren für Europa"
(Baden-Württemberg, Rhône-Alpes, Katalonien und Lombardei)

I.14	09. September 1988	Memorandum über die Bildung der Arbeitsgemeinschaft „Vier Motoren für Europa"
I.15	09. September 1988	Memorandum über die Durchführung des gemeinsamen Ausstellungsvorhabens „Vier Motoren für Europa"
I.16	08. November 1989	Memorandum der Arbeitsgemeinschaft „Vier Motoren für Europa" zu Verkehrs- und Kommunikationsfragen
I.17	25. Juni 1990	„Declaration of Partnership and Memorandum of Understanding on Cooperation" zwischen der Arbeitsgemeinschaft „Vier Motoren für Europa" und Ontario

I.18	15. November 1990	Memorandum der Arbeitsgemeinschaft „Vier Motoren für Europa" zu Fragen der Telekommunikation
I.19	21. November 1990	Umweltcharta der Regionen (unter Beteiligung von Ontario)
I.20	17. Februar 1993	Gemeinsames Kommuniqué anläßlich des Präsidententreffens am 17. Februar 1993 in Stuttgart
I.21	23. April 1993	Gemeinsame Erklärung der Landwirtschaftsminister der Arbeitsgemeinschaft „Vier Motoren für Europa"
I.22	10. Mai 1993	Gemeinsame Erklärung der Präsidenten der Arbeitsgemeinschaft „Vier Motoren für Europa" über ein gemeinsames Engagement im Bereich der Entwicklungszusammenarbeit
I.23	18. Oktober 1993	Memorandum der Partnerregionen der „Vier Motoren" zur Existenz- und Zukunftssicherung ihrer Textil- und Bekleidungsindustrien

Sonstige Partnerregionen und Regionen in Europa

Wales

II.1	27. März 1990	Gemeinsame Erklärung von Ministerpräsident Späth und dem Secretary of State for Wales, Peter Walker
II.2	5./6. Juni 1991	Kommuniqué über die Sitzung der gemeinsamen Arbeitsgruppe Baden-Württemberg/Wales im Juni 1991 in Stuttgart
II.3	5./6. Juni 1991	Vereinbarung des bilateralen Arbeitsprogramms für die Jahre 1991/1992
II.4	2./3. November 1993	Vereinbarung des bilateralen Arbeitsprogramms für die Jahre 1994/1995 und Kommuniqué

Flandern

| II.5 | 30. Mai 1990 | Gemeinsame Erklärung von Ministerpräsident Späth und dem Vorsitzenden der flämischen Exekutive, Gaston Geens |
| II.6 | 21. Januar 1993 | Gemeinsame Erklärung über eine Intensivierung der Zusammenarbeit zwischen Flandern und Baden-Württemberg |

Região do Centro

| II.7 | 26. Februar 1991 | Protokoll über die Vereinbarung einer Zusammenarbeit auf dem Gebiet der beruflichen Aus- und Weiterbildung zwischen dem Instituto de Emprego e Formação Profissional, Lissabon, Portugal, und dem Ministerium für Wirtschaft, Mittelstand und Technologie Baden-Württemberg |

II.8 05. November 1992 Gemeinsame Erklärung von Baden-Württemberg und der Região do Centro, unterzeichnet durch Herrn Ministerpräsident Teufel und dem Presidente da Comissão Viegas Abreu

Russische Sozialistische Föderative Sowjetrepublik (RSFSR)

II.9 06. April 1990 Gemeinsame Erklärung über die Zusammenarbeit auf den Gebieten der Kultur, des Sports und des Jugendaustauschs

II.10 20. Juni 1990 Gemeinsame Erklärung über die Erweiterung der Zusammenarbeit und den Ausbau der freundschaftlichen Beziehungen zwischen dem Land Baden-Württemberg und der RSFSR

II.11 20. Juni 1990 Memorandum zur Förderung der Zusammenarbeit zwischen dem Land Baden-Württemberg und der Russischen Sozialistischen Föderativen Sowjetrepublik in den Bereichen Management und Marketing

II.12 20. Juni 1990 Memorandum zur Förderung der Zusammenarbeit zwischen dem Lande Baden-Württemberg und der Russischen Sozialistischen Föderativen Sowjetrepublik in den Bereichen Wissenschaft und Forschung

II.13 12. Dezember 1990 Memorandum des Landes Baden-Württemberg und der RSFSR über die Vertiefung der Zusammenarbeit auf den Gebieten der Wirtschaft, des Transportwesens, der Wissenschaft, der Forschung, der Landwirtschaft, der Bildung, der Kultur und in anderen Bereichen

II.14 12. Dezember 1990 Vereinbarung zwischen dem Lande Baden-Württemberg und der RSFSR über die Unterstützung bei der Entwicklung der Zusammenarbeit bei der Aus- und Weiterbildung von Fach- und Führungskräften der Wirtschaft

II.15 12. Dezember 1990 Vereinbarung zwischen dem Land Baden-Württemberg und der RSFSR über die Durchführung von Praktika russischer Landwirte in bäuerlichen Betrieben und Einrichtungen Baden-Württembergs

II.16 30. August 1991 Protokoll über die Ergebnisse der Gespräche der Delegation unter der Leitung des Stellvertretenden Ministerpräsidenten der RSFSR, Herrn A.F. Kamenew, und des Ministers für Wirtschaft, Mittelstand und Technologie des Landes Baden-Württemberg, Herrn H. Schaufler, in Stuttgart, vom 25. – 31. August 1991

II.17 30. August 1991 Vereinbarung zwischen dem Land Baden-Württemberg und der RSFSR über die Fortsetzung der Zusammenarbeit im Rahmen des Projekts „Zentrum für Management und Marketing ‚Progress' (ZMM)" beim Ministerrat der RSFSR in Leningrad

II.18	23. November 1991	Gemeinsame Erklärung der Regierung der RSFSR und der Regierung des Landes Baden-Württemberg über die Zusammenarbeit beim Aufbau und Betrieb eines Zentrums zur Förderung kleiner und mittlerer privater Unternehmen (Mittelstandsförderungszentrum) in der RSFSR
II.19	13. Dezember 1991	Protokoll über die Gespräche der russischen Delegation unter der Leitung des Gouverneurs der Oblast Jekaterinburg/Sverdlovsk, Herrn Eduard E. Rossel, mit der Landesregierung von Baden-Württemberg vom 9. – 13. Dezember 1991 in Stuttgart
II.20	17. Januar 1992	Absprache über die Zusammenarbeit zwischen dem Ministerium für Bildung der Russischen Föderation und dem Ministerium für Kultus und Sport Baden-Württemberg
II.21	14. April 1992	Protokoll über das Mittelstandsförderungszentrum Jekaterinburg und über die wirtschaftliche Zusammenarbeit mit der Russischen Föderation aufgrund der Gemeinsamen Erklärung vom 23.11.1991
II.22	23. Juni 1992	Gemeinsame Erklärung zwischen dem Ministerium für Wissenschaft und Forschung Baden-Württemberg und dem Hochschulkomitee des Ministeriums für Wissenschaft, Hochschulen und Technikpolitik der Russischen Föderation über eine Zusammenarbeit im Hochschulbereich
II.23	24. Juni 1992	Gemeinsame Erklärung des Ministerpräsidenten des Landes Baden-Württemberg und des Leiters der Administration des Sverdlovsker Gebiets über die Zusammenarbeit beim Aufbau eines Zentrums zur Förderung kleiner und mittlerer privater Unternehmen und zur Weiterbildung betrieblicher Führungskräfte im Bereich Management und Marketing in Jekaterinburg (Mittelstandsförderungszentrum, MFZ-ZSP)
II.24	1. Oktober 1992	Gemeinsame Erklärung zwischen dem Ministerium für Ländlichen Raum, Ernährung, Landwirtschaft und Forsten Baden-Württemberg, dem Landesbauernverband in Baden-Württemberg e.V. und dem Ministerium für Landwirtschaft der Russischen Föderation und der AKKOR über die Durchführung von Praktika russischer Landwirte in Baden-Württemberg
	11. November 1992	Vereinbarung zwischen dem Ministerium für Wissenschaft und Forschung Baden-Württemberg und dem Hochschulkomitee des Ministeriums für Wissenschaft, Hochschulen und Technische Politik der Russischen Föderation über die Zusammenarbeit im Hochschulbereich
II.25	30. November 1992	Protokoll zwischen der Regierung des Landes Baden-Württemberg (BRD) und der Administration des Sverdlovsker

Gebietes (Russische Föderation) zur Durchführung eines Projektes zum Aufbau und zur Entwicklung des Mittelstandförderungszentrum (MFZ-ZSP)

II.26	30. November 1992	Gemeinsame Erklärung des Minsterpräsidenten des Landes Baden-Württemberg und des Leiters der Administration des Sverdlovsker Gebiets zur Zusammenarbeit
II.27	09. März 1993	Gemeinsame Erklärung des Ministerpräsidenten des Landes Baden-Württemberg, Erwin Teufel und des Oberbürgermeisters der Stadt St. Petersburg, Herr Anatolij A. Sobtschak zur Zusammenarbeit
II.28	1993	Gemeinsame Erklärung zwischen dem Land Baden-Württemberg und der Stadt St. Petersburg über die Fortsetzung der Zusammenarbeit im Rahmen des Projektes „Zentrum für Management und Marketing ‚Progress'" (ZMM) in St. Petersburg

Tschechische Republik

III.1	07. März 1991	Gemeinsame Erklärung des Ministeriums für Wirtschaftspolitik und Entwicklung der Tschechischen Republik und dem Ministerium für Wirtschaft, Mittelstand und Technologie des Landes Baden-Württemberg über die Zusammenarbeit beim Aufbau eines Zentrums für Mittelstandsförderung in Prag
III.2	02. September 1991	Memorandum zwischen dem Land Baden-Württemberg und der Tschechischen Republik über die Intensivierung der Zusammenarbeit, vor allem in den Bereichen der Wirtschaft, Hochschulen, Umwelt und Landwirtschaft
	20. März 1992	Gemeinsame Erklärung zwischen dem Ministerium für Schulwesen, Jugend und Leibeserziehung der Tschechischen Republik und dem Ministerium für Wissenschaft und Kunst Baden-Württemberg über eine Zusammenarbeit im Hochschulbereich
III.3	18. September 1992	Gemeinsame Erklärung des Ministeriums für Wirtschaftspolitik und Entwicklung der Tschechischen Republik und des Wirtschaftsministeriums des Landes Baden-Württemberg über die Fortführung der Zusammenarbeit beim Aufbau des Zentrums zur Förderung der kleinen und mittleren Unternehmen in Prag
III.4	8./9. Dezember 1993	Protokoll über die 2. Sitzung der Arbeitgruppe 1993 Baden-Württemberg/Tschechische Republik in Stirin bei Prag
III.5	28. September 1994	Gemeinsame Absprache über die Zusammenarbeit auf dem Gebiet der Hochschulen zwischen dem Ministerium für Wissenschaft und Forschung Baden-Württemberg und

dem Ministerium für Schulwesen, Jugend und Körpererziehung der Tschechischen Republik

III.6 4. April 1995 Protokoll über die 3. Sitzung der Arbeitsgruppe Tschechische Republik/Baden-Württemberg in Maurach am Bodensee

Polen

III.7 24. August 1991 Protokoll über die Ergebnisse des Besuchs einer Delegation aus den Wojewodschaften Breslau und Oppeln in Baden-Württemberg vom 21. – 24. August 1991

III.8 24. Februar 1992 Gemeinsame Erklärung des Ministeriums für Wirtschaft, Mittelstand und Technologie des Landes Baden-Württemberg und des Wojewoden der Wojewodschaft Oppeln, Ryszard Zembaczynski

III.9 28. Juni 1994 Gemeinsame Erklärung des Wirtschaftsministeriums des Landes Baden-Württemberg und des Wojewoden der Wojewodschaft Oppeln, Ryszard Zembaczynski

Ungarn

III.10 10. Oktober 1991 Protokoll zwischen dem Innenministerium des Landes Baden-Württembeg und dem Innenministerium der Republik Ungarn

III.11 30./31. Oktober 1991 Ergebnisse der konstituierenden Sitzung der Gemischten Kommission Baden-Württemberg/Ungarn in Budapest (Arbeitsprogramm 1991/92)

III.12 29. Jan./06. März 1992 Gemeinsames Protokoll über ein Praktikantenprogramm für Landwirte zwischen dem Ministerium für Landwirtschaft der Republik Ungarn und dem Ministerium für Ländlichen Raum, Ernährung, Landwirtschaft und Forsten, Baden-Württemberg

III.13 09. März 1992 Gemeinsame Erklärung zwischen dem Ministerium für Kultur und Bildung der Republik Ungarn und dem Ministerium für Wissenschaft und Kunst über eine Zusammenarbeit im Hochschulbereich

III.14 11. März 1993 Gemeinsame Erklärung des Ministeriums für Ländlichen Raum, Ernährung, Landwirtschaft und Forsten BW und des Ministeriums für Landwirtschaft der Republik Ungarn über die Durchführung eines Praktikantenprogramms für Junglandwirte aus Ungarn in Baden-Württemberg im Jahr 1993

III.15 09. Juni 1993 Arbeitsprogramm der Jahre 1993/94 der Gemischten Kommission Baden-Württemberg/Ungarn

Kroatien

20. Februar 1991 Absichtserklärung zwischen dem Ministerium für Wissenschaft, Technologie und Informatik der Republik Kroatien und dem Ministerium für Wissenschaft und Kunst Baden-Württemberg über eine Zusammenarbeit im Bereich von Forschung und Lehre

Partnerregionen und Regionen außerhalb Europas

Ontario

IV.1 18. Februar 1987 Absichtserklärung des Ministers für Industrie, Handel und Technologie der Provinz Ontario und des Wirtschaftsministers des Landes Baden-Württemberg über die Intensivierung der künftigen Zusammenarbeit

IV.2 03. Oktober 1988 „Joint Announcement" über wissenschaftliche und technologische Forschung und Entwicklung von Ministerpräsident Späth und dem Premier der Provinz Ontario, David Peterson

IV.3 23. März 1990 Absichtserklärung des Ontario Ministry of Culture and Communications und des Ministeriums für Wissenschaft und Kunst Baden-Württemberg über die Intensivierung der Zusammenarbeit im Bereich der Kultur

IV.4 28. März 1990 Absichtserklärung des Ministers of Education, Colleges and Universities and Skills Development der Provinz Ontario und dem Wirtschaftsminister des Landes Baden-Württemberg über die Planung eines Projekts im Bereich der beruflichen Bildung

IV.5 23. Mai 1990 Absichtserklärung des Ontario Ministry of Colleges and Universities und des Ministeriums für Wissenschaft und Kunst Baden-Württemberg über eine Zusammenarbeit auf dem Hochschulsektor

IV.6 10. Juni 1991 Übereinkunft über die Zusammenarbeit auf dem Gebiet der beruflichen Bildung zwischen dem Ministry of Colleges and Universities and the Ministry of Skills Development of the Province of Ontario und dem Ministerium für Wirtschaft, Mittelstand und Technologie, Land Baden-Württemberg

IV.7 19. November 1991 Gemeinsame Erklärung von Ministerpräsident Teufel und Premierminister Bob Rae über die Intenisivierung der Zusammenarbeit

Kanagawa

IV.8 24. November 1989 Partnerschaftserklärung von Ministerpräsident Späth und dem Governor der Präfektur Kanagawa, Kazuji Nagasu

Jiangsu

IV.9 11. Juli 1991 Protokoll über die Gespräche zwischen einer Arbeitsdelegation der Provinzregierung Jiangsu, VR China und dem Ministerium für Wirtschaft, Mittelstand und Technologie des Landes Baden-Württemberg, BRD, vom 08. – 11. Juli 1991

IV.10 23. April 1994 Partnerschaftserklärung zwischen der Provinz Jiangsu und dem Land Baden-Württemberg; unterzeichnet von dem Gouverneur der Provinz Jiangsu, Herrn Chen Huanyou, und dem Ministerpräsidenten von Baden-Württemberg, Herrn Erwin Teufel

IV.11 20. Mai 1995 Memorandum über den Besuch der Delegation des Ministeriums für Wissenschaft und Forschung des Landes Baden-Württemberg in der Provinz Jiangsu vom 18. – 21. Mai 1995

Liaoning

IV.12 20. Juni 1986 Gemeinsame Erklärung über den Aufbau freundschaftlicher Beziehungen zwischen Ministerpräsident Späth und dem Gouverneur der Provinz Liaoning

IV.13 12. April 1991 Protokoll über die Gespräche zwischen einer Delegation für wirtschaftliche und technische Zusammenarbeit der Provinzregierung Liaoning, VR China, und dem Ministerium für Wirtschaft, Mittelstand und Technologie des Landes Baden-Württemberg, Bundesrepublik Deutschland, vom 09. – 12. April 1991

IV.14 02. Juli 1992 Protokoll über die Gespräche zwischen einer Regierungsdelegation der Provinz Liaoning, VR China, und dem Wirtschaftsministerium des Landes Baden-Württemberg, BRD, vom 30. Juni bis 2. Juli 1992

Shanghai

IV.15 4. – 18. Mai 1991 Gemeinsames Kommuniqué anläßlich des Besuches der Delegation der Kommission für Wissenschaft und Technologie der Stadt Shanghai beim Ministerium für Wissenschaft und Kunst Baden-Württemberg

IV.16 30. Oktober 1992 Gemeinsame Erklärung der Regierung des Landes Baden-Württemberg/BRD und der Volksregierung der Stadt Shanghai/VR China über eine engere Zusammenarbeit auf

		den Gebieten von Wissenschaft, Forschung und Technologie
IV.17	05. November 1993	Memorandum über den Besuch einer Delegation der Kommission für Wissenschaft und Technik der Stadt Shanghai in Baden-Württemberg vom 23. Oktober bis 6. November 1993
IV.18	27. April 1994	Gemeinsame Erklärung der Regierung des Landes Baden-Württemberg/BRD und der Volksregierung der Stadt Shanghai/VR China; unterzeichnet vom Ministerpräsidenten des Landes Baden-Württemberg, Herrn Erwin Teufel, und vom Oberbürgermeister der Stadt Shanghai, Herrn Huang Ju
IV.19	24. Mai 1995	Memorandum über den Besuch der Delegation des Ministeriums für Wissenschaft und Forschung des Landes Baden-Württemberg in Shanghai vom 21. – 24. Mai 1995

Ho-Chi-Minh-Stadt

	April 1993	Entwurf für den fachlich-technischen Teil der Note über das Vorhaben „Ausbau der Pädagogisch-Technischen Hochschule Thu-Duc (Ho-Chi-Minh-Stadt, Sozialistische Republik Vietnam)" in Zusammenhang mit dem Abkommen zwischen der Regierung der Bundesrepublik Deutschland und der Regierung der Sozialistischen Republik Vietnam über Technische Zusammenarbeit vom 20. November 1991

Connecticut

IV.20	11./16. Mai 1989	Entschließung des Landtags und Senate Joint Resolution über eine Parlamentspartnerschaft zwischen Baden-Württemberg mit Connecticut

Michigan

IV.21	08. September 1989	Vereinbarung zwischen dem Erziehungsministerium des Staates Michigan und dem Ministerium für Kultus und Sport des Landes Baden-Württemberg zur Durchführung eines Lehreraustauschprogramms

Iran

	27. Januar 1993	Protokoll über die Ergebnisse der Delegationsreise unter Leitung des Stellvertretenden Ministerpräsidenten Spoeri vom 23. bis 27. Januar 1993 in die Islamische Republik Iran anläßlich der Erweiterung der technischen und technologischen Beziehungen

b.) Völkerrechtlich verbindliche Vereinbarungen

Multilaterale Zusammenarbeit

I.1	27. Oktober 1960	Übereinkommen zwischen Baden-Württemberg, Bayern, Österreich und der Schweiz über den Schutz des Bodensees gegen Verunreinigungen
I.2	19. April 1989	Gemeinsame Erklärung zwischen Baden-Württemberg, Basel-Stadt, Basel-Landschaft und dem Elsaß zum Regio-Klima-Projekt REKLIP
I.3	02. Oktober 1990	Vertrag zwischen den Ländern Baden-Württemberg, Freistaat Bayern, Freie Hansestadt Bremen, Freie Hansestadt Hamburg, Hessen, Niedersachsen, Nordrhein-Westfalen, Rheinland-Pfalz, Saarland, Schleswig-Holstein und der Französischen Republik zum Europäischen Fernsehkulturkanal
I.4	12. Oktober 1992	Absprache zwischen Baden-Württemberg, Rheinland-Pfalz und Saarland und den Departements Niederrhein, Hochrhein und Mosel über die polizeiliche Zusammenarbeit in den Grenzgebieten

Bilaterale Zusammenarbeit

Frankreich

II.1	02. April 1951	Vertrag zwischen Baden und Frankreich über den Bau einer Behelfsstraßenbrücke über den Rhein zwischen Straßburg und Kehl
II.2	19. Oktober 1951	Abkommen zwischen Baden und dem „Port Autonome de Strasbourg" über eine gemeinsame Verwaltung des Hafens von Kehl
II.3	30. September 1966	Vereinbarung zwischen Baden-Württemberg und dem Departement du Bas-Rhin über den Betrieb und die Unterhaltung der drei im beiderseitigem Einverständnis und auf gemeinsame Kosten 1961 errichteten Rheinübergänge für den Straßenverkehr: der Schiffsbrücke Marckolsheim-Sasbach, der Hochseilfähre Gerstheim-Ottenheim und der Hochseilfähre Drusenheim-Greffern
II.4	22. März 1974	Vereinbarung zur Änderung der Vereinbarung zwischen Baden-Württemberg und dem Departement du Bas-Rhin über den Betrieb und die Unterhaltung der drei im beiderseitigen Einverständnis und auf gemeinsame Kosten 1961 errichteten Rheinübergänge für den Straßenverkehr: der Schiffsbrücke Marckolsheim-Sasbach, der Hochseilfähre

		Gerstheim-Ottenheim und der Hochseilfähre Drusenheim-Greffern
	22. Dezember 1982	Vereinbarung zwischen Baden-Württemberg und der Gemeinde Rhinau, Departement du Bas-Rhin, über die Bewirtschaftung der gemeindeeigenen Wiesenflächen und über die Ausübung von Fischerei und Jagd auf dem Gebiet der Bundesrepublik Deutschland sowie über Entschädigungen für vereinbarte Nutzungsbeschränkungen im Naturschutz gebiet „Taubergießen"
II.5	09. Dezember 1991	Abkommen zwischen Baden-Württemberg und der Republik Frankreich zur Gründung und Statut eines „Deutsch-Französischen Instituts für Umweltforschung" (DFIU/IFARE)
II.6	23. September 1992	Abkommen zwischen Baden-Württemberg und der Französischen Republik über die Zusammenarbeit zwischen den Hafenverwaltungen von Kehl und Straßburg

Schweiz

III.1	05. Juni 1954	Vereinbarung zwischen Baden-Württemberg und dem Kanton Thurgau betreffend die gemeinschaftliche Wasserjagd auf dem Untersee und Rhein *(aufgehoben, GBl. 1985 S. 253)*
III.2	01. November 1957	Übereinkunft zwischen Baden-Württemberg und der Schweiz über die Fischerei in den Stauhaltungen des Rheins beim Kraftwerk Rheinau
III.3	13. September, 10./12. Oktober 1966	Gegenrechtserklärungen über die Anerkennung der Jägerprüfung im Bereich des Regierungspräsidiums Südbaden und im Kanton Solothurn
III.4	10. September/ 10. Oktober 1969	Vertrag zwischen Baden-Württemberg und dem Kanton Schaffhausen über die Änderung der Fischereigrenze in der Wutach
III.5	26. Juli 1974	Vereinbarung zwischen Baden-Württemberg und den Schweizerischen Bundesbahnen über die Fortführung des Eisenbahnbetriebs auf den Strecken Ramsen-Singen und Rafz-Neuhausen
III.6	07. Mai 1976	Vereinbarung zwischen Baden-Württemberg und dem Kanton Basel-Stadt über die Regelung technischer Einzelheiten im Zusammenhang mit Bau, Betrieb und Unterhaltung der Verbindungsstraße zwischen Weil am Rhein und Lörrach
III.7	17. August 1976	Staatsvertrag zwischen Baden-Württemberg und dem Kanton Schaffhausen über die Beseitigung der Abwässer aus dem Bibertal und dem Hegau

III.8	26. Februar 1983	Abkommen zwischen Baden-Württemberg und dem Kanton Aargau über die Erneuerung und die Unterhaltung der Rheinbrücke Kaiserstuhl-Hohentengen
III.9	01. August 1987	Absprache zwischen Baden-Württemberg und dem Kanton Aargau zur Intensivierung der grenzüberschreitenden Zusammenarbeit im Umweltbereich
III.10	17. Mai 1990	Abkommen zwischen Baden-Württemberg und dem Schweizerischen Bundesrat betreffend den gemeinsamen Bau und Betrieb einer Meß- und Kontrollstation unterhalb Basel zur Überwachung der Wasserqualität des Rheins
	13. Dezember 1990	Vertrag zwischen der Schweizerischen Eidgenossenschaft, dem Kanton Aargau sowie dem Land Baden-Württemberg und der Kraftwerk Augst AG und der Kraftübertragungswerke Rheinfelden AG über die Verlängerung der Schifffahrtsschleuse bei Augst auf 110 m
III.11	19. November 1991	Vertrag zwischen Baden-Württemberg und der Schweiz über die Fischerei im Untersee und Seerhein (Unterseefischereiordnung); Fassung entsprechend dem Änderungsvertrag vom 19. November 1991

Quelle: Staatsministerium Baden-Württemberg, Pressestelle.

X/18 Leistungen der Bundesrepublik Deutschland* an Entwicklungsländer und multilaterale Stellen (Nettoauszahlungen in Mio. DM)

Jahr	Öffentliche Entwicklungs-Zusammenarbeit[1]			Sonstige öffentliche Leistungen			Private Leistungen					Gesamt-leistungen
	zusammen	bilateral	multilateral	zusammen	bilateral	multilateral[2]	private Entwicklungshilfe[3]	Leistungen zu marktüblichen Bedingungen				
								zusammen	bilateral	multilateral[4]		
1	2	3	4	5	6	7	8	9	10	11		12
bis '59	2 788,7	2 251,6	537,1	2 813,7	1 213,5	1 600,2	—	6 457,2	6 195,5	261,7		12 059,6
1960	938,8	690,8	248,0	539,0	363,0	176,0	—	1 160,5	1 145,8	14,7		2 638,3
1961	1 464,2	1 169,2	295,0	1 008,4	160,4	848,0	—	915,8	926,6	-10,8		3 388,4
1962	1 620,3	1 199,1	421,2	245,1	257,1	-12,0	—	572,0	573,7	-1,7		2 437,4
1963	1 555,9	1 436,6	119,3	183,3	201,4	-18,1	—	743,6	698,2	45,4		2 482,8
1964	1 835,7	1 737,1	98,6	-144,2	-84,2	-60,0	—	1 134,2	905,5	228,7		2 825,7
1965	1 824,1	1 674,7	149,4	60,0	54,0	6,0	—	1 054,5	752,9	301,6		2 938,6
1966	1 677,7	1 492,3	185,4	265,9	305,9	-40,0	—	1 210,4	1 234,5	-24,1		3 154,0
1967	2 034,8	1 745,1	289,7	152,6	176,6	-24,0	—	2 394,2	2 415,3	-21,1		4 581,6
1968	2 227,6	1 787,7	439,9	152,9	152,9	—	(196,2)	4 273,1	3 095,7	1 177,4		6 653,6
1969	2 271,0	1 770,2	500,8	-202,8	62,8	-265,6	284,6	5 882,8	4 466,9	1 415,9		7 951,0
1970	2 202,8	1 705,9	496,9	483,5	291,4	192,1	378,1	2 482,3	2 251,4	230,9		5 453,2
1971	2 754,6	2 040,1	714,5	379,2	310,2	69,0	398,4	3 171,5	2 766,5	405,0		6 683,4
1972	2 604,7	1 938,2	666,5	478,5	373,5	105,0	419,5	2 177,8	1 470,8	707,0		5 659,4
1973	2 941,1	2 112,3	828,8	611,6	596,8	14,8	459,5	849,9	525,9	324,0		4 822,1
1974	3 715,2	2 628,5	1 086,7	248,6	244,3	3,9	505,0	3 804,9	3 880,9	-76,0		8 228,2
1975	4 165,2	2 859,3	1 305,9	22,4	-30,3	52,7	515,1	7 534,1	6 664,1	870,0		12 226,7
1976	4 008,4	2 628,4	1 380,0	108,2	38,7	69,5	522,3	9 269,1	6 927,0	2 342,1		13 900,8
1977	3 985,4	2 399,2	1 586,2	141,6	134,2	7,4	570,3	9 476,2	7 383,4	2 092,8		14 125,5
1978	4 714,5	3 134,4	1 580,1	445,5	436,7	8,8	713,8	9 455,2	7 816,0	1 639,2		15 185,5
1979	6 219,2	4 039,4	2 179,8	204,6	201,5	3,1	763,9	6 300,7	4 599,7	1 701,0		13 438,3
1980	6 476,1	4 219,0	2 257,1	1 144,1	1 149,5	-5,4		10 923,9	8 461,9	2 462,0		19 308,0

Jahr	Öffentliche Entwicklungs-Zusammenarbeit[1]			Sonstige öffentliche Leistungen			Private Leistungen				Gesamt-leistungen
	zusammen	bilateral	multilateral	zusammen	bilateral	multilateral[2]	private Entwicklungshilfe[3]	Leistungen zu marktüblichen Bedingungen			
								zusammen	bilateral	multilateral[4]	
1	2	3	4	5	6	7	8	9	10	11	12
1981	7 192,6	5 073,8	2 118,8	1 511,7	1 511,7	—	839,1	8 740,8	7 958,3	782,5	18 284,2
1982	7 654,1	5 501,6	2 152,5	1 315,5	1 361,2	-45,7	949,2	6 982,9	6 073,9	909,0	16 901,7
1983	8 116,3	5 368,4	2 747,9	1 540,8	1 522,9	17,9	946,4	7 300,4	6 244,4	1 056,0	17 903,9
1984	7 916,5	5 315,7	2 600,8	2 417,8	2 446,3	-28,5	1 088,1	6 680,6	5 721,6	959,0	18 103,0
1985	8 656,7	5 826,1	2 830,6	1 985,0	2 017,1	-31,1	1 246,9	4 314,0	3 194,2	1 119,8	16 202,6
1986	8 317,5	5 736,2	2 581,3	1 994,4	2 003,1	-8,7	1 182,5	5 162,0	4 140,4	1 021,6	16 656,4
1987	7 895,1	5 556,8	2 338,3	1 621,4	1 625,0	-3,6	1 159,6	4 237,6	3 521,5	716,1	14 913,7
1988	8 318,7	5 577,7	2 741,0	2 275,7	2 274,4	1,3	1 222,8	8 951,3	8 160,3	791,0	20 768,5
1989	9 309,7	5 973,3	3 336,4	1 929,0	1 935,6	-6,6	1 276,7	10 338,5	9 418,6	919,9	22 853,9
1990	10 213,3	7 238,4	2 974,9	3 409,9	3 412,7	-2,8	1 222,7	7 073,0	5 939,2	1 133,8	21 918,9
1991	11 446,7	7 601,3	3 845,4	3 103,6	3 100,6	3,0	1 266,9	5 939,5	8 163,3	-2 223,8	21 756,7
bis '91	159 063,2	111 428,4	47 634,8	32 446,5	29 820,9	2 625,6	17 931,4	166 964,5	143 693,9	23 270,6	376 405,6

1 Zuschüsse sowie Kredite und sonstige Kapitalleistungen zu Vorzugsbedingungen.
2 Kredite der Bundesbank.
3 Zuschüsse nichtstaatlicher Organisationen (z.B. Kirchen, Stiftungen) aus Eigenmitteln und Spenden (erstmals 1970 erfaßt und ausgewiesen).
4 Emissionen von Schuldtiteln multilateraler Finanzierungsinstitutionen am deutschen Kapitalmarkt sowie Kreditaufnahmen bei deutschen Banken.
* Angaben für die Bundesrepublik Deutschland nach dem Gebietsstand vor dem 3. Oktober 1990; sie schließen Berlin (West) ein.

Quelle: Bundestags-Drucksache 12/4096, Neunter Bericht zur Entwicklungspolitik der Bundesregierung, 1990, S. 149.

X/19 Entwicklungshilfeleistungen der Länder (ohne Studienplatzkosten; 1 000 DM)

Land	1962[1]	1970	1975	1980	1985	1986	1987	1988	1989	1990	1991	1962 bis 1991
Baden-Württemberg	4 249	9 310	10 229	16 450	32 370	31 198	34 508	34 827	36 417	35 090	42 802	537 046
Bayern	620	2 126	3 661	6 219	9 179	7 809	8 288	8 952	6 770	9 032	12 520	147 439
Berlin	6 500	9 085	5 294	6 965	7 542	10 202	10 603	9 621	9 589	12 617	10 286	251 347
Brandenburg											—	0
Bremen	100	208	666	2 494	1 416	1 247	1 862	1 979	3 252	2 952	2 915	35 998
Hamburg	1 000	5 066	6 407	7 454	8 016	8 972	8 180	8 368	9 405	9 083	9 146	184 680
Hessen	3 200	4 235	1 682	5 627	3 200	2 933	4 403	10 837	13 391	10 110	7 421	148 566
Mecklenburg-Vorpommern											—	0
Niedersachsen	148	1 259	2 357	6 181	11 115	10 056	9 952	9 074	11 215	9 951	10 897	139 510
Nordrhein-Westfalen	3 400	8 812	7 196	6 965	12 464	16 006	15 790	15 869	17 442	16 991	31 211	297 886
Rheinland-Pfalz	184	1 009	529	774	5 236	4 408	5 139	6 555	6 934	6 045	7 545	67 838
Saarland	571	396	665	948	448	474	467	452	598	581	646	18 611
Sachsen											—	0
Sachsen-Anhalt											101	101
Schleswig-Holstein	100	498	266	312	376	658	800	1 721	1 877	1 555	1 950	17 345
Thüringen											—	0
zusammen	20 073	42 004	38 952	60 389	91 362	93 962	100 109	108 138	116 890	114 007	137 440	1 846 367

1 Haushaltsansätze.

Quelle: Bundestags-Drucksache 12/4096, Neunter Bericht zur Entwicklungspolitik der Bundesregierung, 1990, S. 168.

X/20 Statistik der deutschen kommunalen Partnerschaften — Stand: 1993

	Städte/Gemeinden	Kreise	Gesamtergebnis
EUROPA			3 119
Belgien	128	3	131
Dänemark	62	5	67
Finnland	55	8	63
Frankreich	1456	29	1 485
Griechenland	8		8
Großbritannien	416	56	472
Irland	5	1	6
Island	2		2
Italien	234	16	250
Liechtenstein	1		1
Luxemburg	13	1	14
Monaco	1		1
Niederlande	202	11	213
Norwegen	11		11
Österreich	219	6	225
Portugal	10		10
Schweden	38	1	39
Schweiz	77	2	79
Spanien	29	2	31
Türkei	9		9
Zypern	2		2
OSTEUROPA			530
Armenien	1		1
Aserbeidschan	2		2
Bosnien-Hercegovina	8		8
Bulgarien	8	1	9
Tschechische Rep.	67	13	80
Estland	6		6
Georgien	4		4
Kroatien	13		13
Lettland	6		6
Litauen	7		7
Mazedonien	2		2
Moldawien	1		1
Polen	115	17	132
Rumänien	8		8
Russische Föderation	56	7	63
Serbien	4		4
Slowenien	12		12
Slowakische Republik	9	2	11
Tadschikistan	1		1
Ukraine	17		17
Ungarn	125	7	132
Usbekistan	1		1
Weißrußland	10		10

	Städte/Gemeinden	Kreise	Gesamtergebnis
AFRIKA			55
Ägypten	4	1	5
Algerien	1		1
Burkina Faso	8		8
Elfenbeinküste	1		1
Ghana		1	1
Kamerun	2		2
Kap Verde	1		1
Kenia	1		1
Kongo	1		1
Malawi	1		1
Mali	5	1	6
Ruanda	8	4	12
Senegal	3		3
Togo	2		2
Tunesien	8	1	9
Zimbabwe	1		1
AMERIKA			159
Argentinien	1		1
Bahamas	1		1
Brasilien	4		4
Honduras	1		1
Kanada	7		7
Mexico	1		1
Nicaragua	26	1	27
USA	109	8	117
ASIEN			146
VR China	16	1	17
Indien	4		4
Indonesien	2		2
Israel	65	10	75
Japan	40		40
Mongolei	1		1
Philippinen	3	1	4
Taiwan R.O.C.	1	2	3
AUSTRALIEN	1		1

Quelle: Deutscher Städtetag Köln.